Vorwort

In den letzten Jahren hat sich das Büro als Arbeitsplatz stark verändert. Ein Grund dafür ist die rasante elektronische Entwicklung. Neue Technologien im Büro sorgen einerseits für spürbare Arbeitserleichterung, andererseits für eine Fülle von Informationen, die verwertet und aufgearbeitet werden müssen. Dies stellt starke Anforderungen an die Mitarbeiter im Büro und die Arbeitsabläufe. Von dem effizienten Umgang mit Information und Wissen hängt immer stärker der Erfolg des Unternehmens ab.

Vor diesem Hintergrund werden Mitarbeiter und Mitarbeiterinnen mit umfassenden Qualifikationen zur Bearbeitung von komplexen Büro- und Geschäftsprozessen benötigt. Dem trägt auch die Ausbildung im neuen Ausbildungsberuf *Kaufmann/Kauffrau für Büromanagement* Rechnung. Um sowohl den Auszubildenden als auch den Ausbildungsbetrieben ein attraktives, klar strukturiertes und modernes Angebot für unterschiedliche Branchen zu machen, sind die drei ehemaligen Berufe *Bürokaufmann, Kaufmann für Bürokommunikation und Fachangestellte für Bürokommunikation* zu einem einzigen Beruf zusammengefasst worden. Ziel dieses Ausbildungsberufs ist eine ganzheitliche, prozessorientierte Handlungskompetenz der Auszubildenden.

Um diese Handlungskompetenz bei den Schülerinnen und Schülern zu entwickeln, folgt der KMK-Rahmenlehrplan für den neuen Ausbildungsberuf der Lernfeldkonzeption, die das Lernen an berufstypischen Situationen und in vollständigen Handlungen vollziehen lässt. Die **Reihe** *Büro & Co.* bildet den neuen KMK-Rahmenlehrplan ab und unterstützt den handlungsorientierten Unterricht, indem sie neben der Darbietung von Fachinhalten auch die Methoden- und Medienkompetenz fördert, die die Voraussetzung für selbstständiges, zielgerichtetes Arbeiten sind. Das **Schulbuch** erfüllt nach unserem Ermessen die Aufgabe einer Informationsquelle, aus der die Schüler Lerninhalte entnehmen, die sie zur Lösung umfangreicher Problemstellungen aus den betrieblichen Handlungssituationen benötigen.

Durchgehend basiert die Schulbuchreihe auf einem Modellunternehmen – der Hoffmann KG –, sodass es den Lernenden erleichtert wird, die Strukturen, Prozesse, Phänomene und Probleme abzubilden und nachzuvollziehen, mit denen sie auch in ihrer betrieblichen Praxis konfrontiert werden.

Die einzelnen Kapitel des umfassenden und verständlichen Schulbuchs sind einheitlich gegliedert:

1. **Einstieg:** Jedes Kapitel beginnt mit einer anschaulichen Fallschilderung oder Darstellung, die auf eine Problemstellung des Kapitels hinweist.
2. **Information:** Es schließt sich ein ausführlicher Informationsteil mit einer großen Anzahl von Beispielen und weiteren Veranschaulichungen an.
3. **Aufgaben:** Lernaufgaben dienen der Erschließung des Textes. Sie sollen von den Schülern mithilfe des Informationsteils selbstständig gelöst werden.
4. **Aktionen:** Durch Anwendung wichtiger Lern-, Arbeits- oder Präsentationstechniken im Zusammenhang mit dem behandelten Thema werden Grundlagen zum Erwerb der beruflich geforderten Handlungskompetenz gelegt. Die interaktive Arbeit in Teams fördert die Sozialkompetenz.
5. **Zusammenfassung:** Am Ende des Kapitels werden die wesentlichen Lerninhalte in einer Übersicht zusammengefasst, die Zusammenhänge grafisch und farblich verdeutlicht und dadurch das Lernen und Widerholen unterstützt.

Das Symbol Web weist auf herunterladbare Materialien im Rahmen unseres BuchPlusWeb-Angebotes hin.

Dieses Buch wird durch weitere Medien unterstützt:

- Das Arbeitsbuch (ISBN 978-3-8045-7457-1) zu diesem Schulbuch enthält Lernsituationen, die auf die Durchführung eines handlungsorientierten Unterrichts ausgerichtet sind. Sie weisen einen klaren Bezug zu beruflichen Situationen aus und enthalten komplexe Handlungsaufgaben, die problemlösend bearbeitet werden. Im Rahmen der Bearbeitung vollziehen die Schüler vollständige berufliche Handlungen nach. Das Arbeitsbuch stellt somit eine ideale Ergänzung des Schulbuchs dar und ermöglicht die Erarbeitung, Sicherung und Vertiefung der Unterrichtsinhalte im Rahmen komplexer Handlungen und ergänzender Aufgaben. Die Bearbeitung der Aufgaben erweitert die berufliche Handlungskompetenz.
- Passend zum Lehrwerk stehen zahlreiche digitale Materialien zur Erhöhung des Lernzuwachses bei den Schülerinnen und Schülern zur Verfügung – Filme, Erklär- und Scribble-Videos, interaktive Lernquizze und mehr.

In diesem Buch werden viele Begriffe wie z. B. Verkäufer und Kunde neutral verwendet, d. h., sie bezeichnen Personen beider Geschlechter. Wir bitten speziell die Leserinnen um Verständnis dafür, dass wir zugunsten der Lesefreundlichkeit auf die zusätzliche Erwähnung der weiblichen Formen verzichtet haben.

Sommer 2020 — Die Verfasser

Vorwort zur 4. Auflage

Seit der letzten Auflage hat es verschiedene rechtliche, ökonomische und technische Neuerungen von hoher Relevanz gegeben. Als nur ein Beispiel ist die gesetzlichen Veränderungen im Rahmen der Schlechtleistung zu nennen. Diese wurden eingearbeitet. Das Buch befindet sich nun auf dem Stand der Gesetzgebung vom 1. Juli 2023.

In die Kapitel der Textverarbeitung wurden die Regeln der aktuellen DIN 5008 und DIN 5009 eingearbeitet. Insbesondere die Themenbereiche Geschäftsbrief, E-Mail, Formulare und Checklisten, Präsentationen und Texte in Tabellenform wurden angepasst. Die Schreib- und Gestaltungsregeln sind aus bewährten Erfahrungen der Praxis und Erkenntnissen der Rationalisierung entstanden. Ziel der Norm ist es, durch einfache und verständliche Regeln, Texte und Informationen so dazustellen, dass sie unter Berücksichtigung der Lese- und Nutzungsgewohnheiten der Anwender in unterschiedlichen Kontexten schnell erfasst werden können.

Ein besonderes Augenmerk wurde auch auf veränderte Arbeitsprozesse gelegt, die sich durch die Digitalisierung ergeben haben.

Zudem haben wir die Anregungen und Vorschläge sehr vieler Kolleginnen und Kollegen eingearbeitet. Bei diesen bedanken wir uns explizit.

Frühjahr 2023 — Verfasser und Verlag

Zu diesem Produkt sind digitale Zusatzmaterialien kostenlos online für Sie erhältlich. Sie können diese ganz einfach über die Eingabe des nachfolgenden Codes im Suchfeld unter www.westermann.de abrufen.

BVE-457455-004

Sollten Sie zu diesem Produkt bereits eine BiBox mit Material erworben haben, so sind die Zusatzmaterialien selbstverständlich dort bereits integriert.

LERNFELD 1: Die eigene Rolle im Betrieb mitgestalten und den Betrieb präsentieren

LERNFELD 2: Büroprozesse gestalten und Arbeitsvorgänge organisieren

Unternehmensziele
Vertretungsvollmachten
Mitbestimmungsrechte
Betrieb erkunden
Feedback geben und annehmen
Tarifrecht
Leitbild
Ausbildungsvertrag
Wirtschaftskreislauf
Berufsausbildung
Fort- und Weiterbildung
Rechte und Pflichten
Produktionsfaktoren
Präsentieren
Modellunternehmen
Arbeitsteilige Wirtschaft

Lernfeld 1

Die eigene Rolle im Betrieb mitgestalten und den Betrieb präsentieren

1.1 Wir erkunden einen Betrieb

Einstieg

Carolin Saager, Katarzyna Lindemann, Dominik Schlote und Volkan Karaca beginnen ihre Ausbildung zur Kauffrau bzw. zum Kaufmann für Büromanagement bei der Hoffmann KG in Hannover. Am ersten Tag der Ausbildung informiert die Ausbildungsleiterin Julia Schneider die Auszubildenden über das Unternehmen.

1. Vergleichen Sie dieses Unternehmen mit den Abteilungen Ihres Ausbildungsbetriebs.
2. Führen Sie auf, wo es Gemeinsamkeiten bzw. Unterschiede gibt.

INFORMATIONEN

Hoffmann KG – das Unternehmen

Kurz nach dem Zweiten Weltkrieg gründete Carl Hoffmann die Textilgroßhandlung Hoffmann in Hannover. Später übernahm sein Sohn Wolfgang Hoffmann das Unternehmen. Seitdem eröffnete er nach und nach weitere Häuser. Im Zuge der Expansion wurde das Einzelunternehmen zur Hoffmann KG. Sie hat nun die Rechtsform einer Kommanditgesellschaft. Eingetragen ist sie beim Amtsgericht Hannover unter HRA 200147 Hannover. Komplementäre (Vollhafter) sind mittlerweile Michael Hoffmann – der Enkel von Carl Hoffmann – und Susanne Hahne. Hinzu kommen noch fünf Kommanditisten (Teilhafter).

Ein Ausschnitt aus der Festschrift zum 70-jährigen Betriebsjubiläum 2019:

1949 Carl Hoffmann gründet 1949 eine Firma mit der Bezeichnung „Carl Hoffmann Textilgroßhandel". Das damalige Sortiment besteht hauptsächlich aus Meterware, Tüchern und Tischdecken.

1954 Trotz der schwierigen Nachkriegslage kann der Umsatz kontinuierlich gesteigert werden. 1954 hat der Betrieb schon fünf Mitarbeiter. Das Verkaufsgebiet beschränkt sich auf Geschäfte rund um Hannover.

1959 Der ältere Sohn Wolfgang Hoffmann tritt in die Firma ein, die er später übernehmen wird.

1962 Der Umsatz übersteigt erstmals die Millionengrenze. Ein neues Geschäftsgebäude wird errichtet.

1965 In Hamburg wird die erste Niederlassung eröffnet. Im Laufe der Jahre folgen noch Häuser in Braunschweig, Berlin, Frankfurt, Köln, Stuttgart, München, Leipzig und Rostock.

1967 Die Hoffmann KG beginnt mit der Produktion von Textilien in einer eigenen Fabrikationsstätte.

70er-Jahre Anfang der 70er-Jahre heiratet Wolfgang Hoffmann Martha Hahne, Tochter eines Sportartikelgroßhändlers. Die Verantwortlichen beschließen, das Unternehmen mit dem der befreundeten Unternehmerfamilie Hahne zusammenzulegen. Durch die Gründung der Hoffmann KG wird das Sortiment erheblich erweitert.

1977	Bisher wurde mit Prospekten auf das Sortiment aufmerksam gemacht. 1977 wird der erste umfangreiche Katalog gedruckt.
1980	Ab 1980 finden in den Häusern der Großhandlung jährlich Verkaufsmessen statt.
80er-Jahre	Mitte der 80er-Jahre wird das Sortiment ein weiteres Mal vergrößert. Schmuck und Accessoires werden nun zusätzlich ins Programm aufgenommen.
1989	Die steigenden Umsätze bzw. Stückzahlen zwingen die Firma Hoffmann KG zum Neubau eines zentralen Büro- und Lagergebäudes.
1995	Im August 1995 stirbt Wolfgang Hoffmann. Sein Sohn Michael Hoffmann tritt als neuer Kommanditist in die Firma ein. Ebenfalls neue Kommanditistin wird Susanne Hahne, eine Cousine von Michael Hoffmann.
1997	Die Hoffmann KG entschließt sich, in ausgewählten Sortimentsbereichen Sportartikel nicht nur zu vertreiben, sondern auch herzustellen. Im November 1997 beginnt die Hoffmann KG, eine Fahrradproduktion aufzubauen.
1998	Die Hoffmann KG beginnt mit dem Aufbau eines Internetshops.
2000	Im April 2000 stirbt Peter Hoffmann, der Bruder von Wolfgang Hoffmann. Michael Hoffmann und Susanne Hahne werden daraufhin neue Komplementäre.
2007	Die Hoffmann KG erzielt erstmals einen Umsatz von mehr als 100 Mio. Euro.
2009	Die Hoffmann KG feiert 60-jähriges Betriebsjubiläum.

Die Hoffmann KG umfasst Niederlassungen in zehn deutschen Städten. Sie haben insgesamt eine Lagerfläche von 1,5 Mio. m². 300 Mitarbeiter arbeiten bei der Hoffmann KG. Der Umsatz betrug im letzten Jahr 110 Mio. Euro. Die Filialen befinden sich überwiegend in Gewerbegebieten des jeweiligen Standorts. Die Hoffmann KG möchte sich dort als Textilgroßhandlung der Zukunft positionieren.

Die Zentrale befindet sich am Stammsitz in Hannover. Hier werden alle wichtigen Unternehmensentscheidungen getroffen. Die Beschaffung der Ware erfolgt bislang ausschließlich durch die Zentrale, um Kostenvorteile bei der Beschaffung größerer Mengen auszunutzen. Aus diesem Grund bieten alle Filialen der Hoffmann KG in den meisten Bereichen ein einheitliches Sortiment an, das durch regionale Besonderheiten ergänzt wird.

In Hannover befindet sich aber nicht nur die Zentrale. Der Stammsitz dient gleichzeitig auch als Filiale.

Sitz der Firma:
Bergener Str. 6 a, 30625 Hannover
Postfach 21 31 41, 30604 Hannover
USt-ID: DE 183 034 912

Steuernummer: 2320 041 014
EORI-Nr. (Zoll-Nr.) DE6115209
HRA 200147

Erfüllungsort und Gerichtsstand: Hannover
Geschäftsjahr: 1. Januar bis 31. Dezember

Bankverbindungen:

Sparkasse Hannover	
Kontonummer:	517 321
BLZ:	250 501 80
BIC:	SPKHDE2H
IBAN:	DE53 2505 0180 0000 5173 21
Postbank Hannover	
Kontonummer:	15 305
BLZ:	250 100 30
BIC:	PBNKDEFF
IBAN:	DE82 2501 0030 000 0153 05
Commerzbank Hannover	
Kontonummer:	141 919 100
BLZ:	250 400 66
BIC:	COBADEFF
IBAN:	DE09 2504 0066 0141 9191 00

Die betrieblichen Grundfunktionen der Hoffmann KG

Die Hoffmann KG bietet ihren Kunden ein breites und überwiegend tiefes Sortiment an:

- Dies geschieht durch einen zweimal jährlich erscheinenden Katalog. Die Kunden bestellen schriftlich. Ein Teil des Sortiments wird aber auch in Verkaufsgesprächen per Telefon abgesetzt.
- Gleichzeitig hat jedes Haus einen Showroom, der das Sortiment vorstellt. Dort kann das Fachpersonal die Kunden beraten, insbesondere z. B. bei erklärungsbedürftigen Artikeln.
- Zwei Reisende können das Sortiment aber auch direkt beim Kunden vor Ort vorstellen.
- Über einen von der Zentrale geführten Webshop kann auch über das Internet bestellt werden. Zusätzlich tritt die Hoffmann KG sowohl im Einkauf als auch auf der Absatzseite auf verschiedenen Onlineplattformen (Marktplätzen) auf.

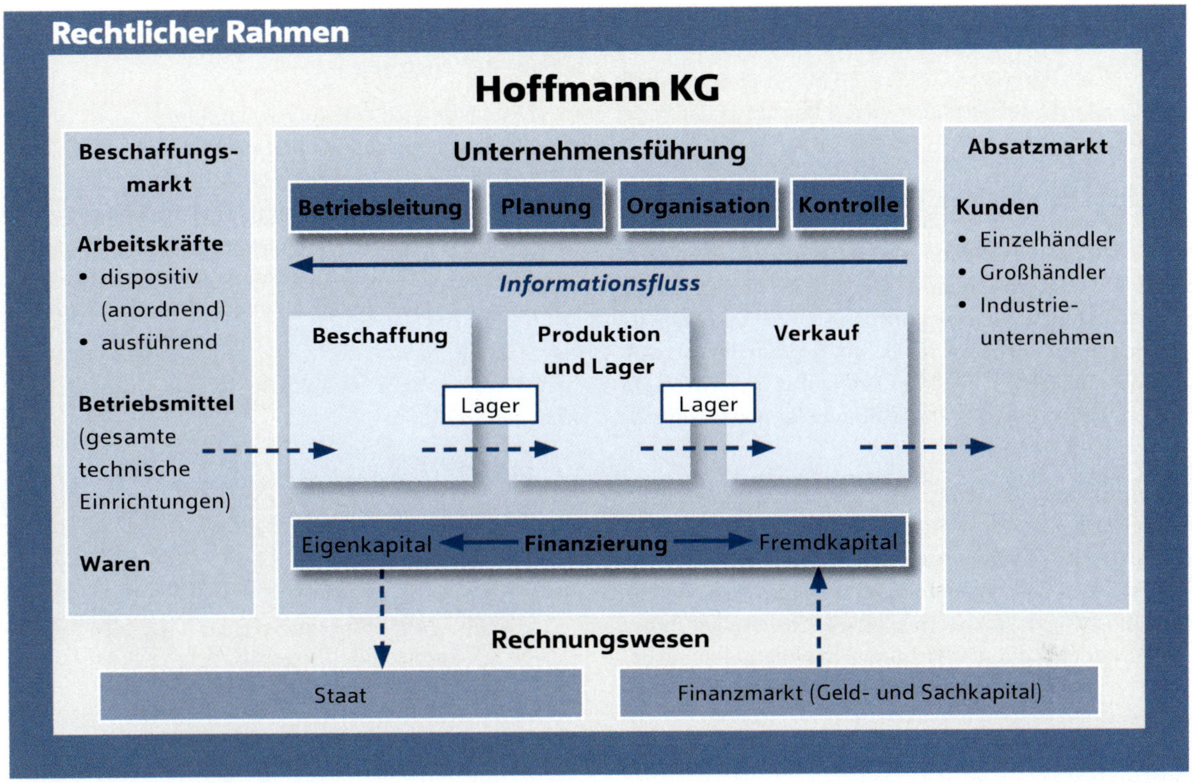

Im Internet stellt die Hoffmann KG ihr Firmenprofil vor:

www.hoffmann-kg-wvd.de

Hoffmann KG WEITER | E-MAIL | ADRESSE

Die Firma Hoffmann KG präsentiert sich mit über 70-jähriger Erfahrung sowohl auf dem nationalen als auch auf dem internationalen Textilmarkt. Wir sind ein altes, sich aber dennoch jung fühlendes und innovatives Unternehmen, das es sich zur Aufgabe gemacht hat, Qualität zu günstigen Preisen zu liefern. Durch ständige Qualitätskontrollen und regelmäßige Verhandlungen mit unseren langjährigen Geschäftspartnern können wir eine breite Produktpalette mit gutem Qualitätsniveau zu günstigen Konditionen anbieten. Diese Kompetenz kommt unseren Kunden zugute.

Zu unserem Kundenkreis in Deutschland gehören Einzelhändler, Textilfilialisten, Großhändler und Textilmärkte. Auf Wunsch nennen wir Ihnen gerne Referenzkunden.

Nicht zuletzt neben guter Qualität ist der konkurrenzfähige Preis unsere Stärke.

Mit unserem Team von ausgewählten Mitarbeitern und einer modernen Technologie sind wir für Sie stets erreichbar. Anfragen und Aufträge werden von uns schnellstens und mit größter Sorgfalt zu Ihrer Zufriedenheit bearbeitet.

Damit Sie sich bei uns wohlfühlen, achten wir natürlich stets auf absolute Freundlichkeit und uneingeschränkte Hilfsbereitschaft.

Als Textilgroßhandel und als Textilproduzent beliefern wir lediglich Wiederverkäufer. Somit steht Endverbrauchern der Onlineshop zum Einkaufen leider nicht zur Verfügung. Da wir aber mittlerweile über 2000 Händler beliefern, gibt es sicherlich auch in Ihrer Nähe ein Geschäft, in dem Sie als Endverbraucher unsere hochwertige Mode zum günstigen Preis vorfinden.

Seit Kurzem haben wir uns ein neues Standbein zugelegt: Wir produzieren jetzt auch Sportartikel und Fahrräder.

Das Unternehmen in Hannover

In der Filiale Hannover sind fast 50 Mitarbeiter beschäftigt. Der Anteil der Auszubildenden beträgt in der Regel etwa 10 %.

Zum 1. August haben Carolin Saager, Katarzyna Lindemann, Dominik Schlote und Volkan Karaca bei der Hoffmann KG eine Ausbildung zur Kauffrau bzw. zum Kaufmann für Büromanagement begonnen. Am 5. August entschließt sich Michael Hoffmann kurzfristig, Tamara Nestmann, die Tochter eines Geschäftsfreundes, als weitere Auszubildende im ersten Lehrjahr in das Unternehmen zu übernehmen. Daniela Stange ist Auszubildende im zweiten Lehrjahr.

Die Hoffmann KG ist bisher nach Funktionsbereichen organisiert. Für jeden Funktionsbereich ist ein Abteilungsleiter zuständig. Um einen reibungslosen Ablauf im betrieblichen Geschehen zu gewährleisten, wird mindestens einmal pro Woche eine Abteilungsleiterkonferenz einberufen, bei der alle wichtigen Informationen ausgetauscht und Themen von Bedeutung durchgesprochen werden.

Die Funktionsbereiche der Hoffmann KG werden von folgenden Personen geleitet:

- Funktionsbereich Einkauf: Uwe Hetzel
- Funktionsbereich Logistik: Hans Kreipe
- Funktionsbereich Verkauf: Bernd Staub
- Funktionsbereich Verwaltung: Tanja Schwab
- Funktionsbereich Rechnungswesen: Martina Bertram
- Funktionsbereich Fahrradproduktion: Ekkehard Klante
- Funktionsbereich Textilproduktion: Roland Matthes

Komplementäre der Hoffmann KG sind Michael Hoffmann und Susanne Hahne. Beide sind auch als Geschäftsführer tätig.

Über die Beschäftigten, die am 1. August bei der Hoffmann KG am Standort Hannover angestellt sind, gibt der folgende Gesamtstellenplan Auskunft:

Planstelle	Abteilung	Tätigkeitsbezeichnung	Name
101	Stabsstelle Organisation/EDV	Organisator/EDV-Unterstützung	Herr Mitschke
102	Sekretariat Geschäftsleitung	Sekretärin	Frau Sander
201	Verwaltung	Abteilungsleiterin	Frau Schwab
202	Verwaltung	Sachbearbeiter	Herr Wehrheim
203	Verwaltung	Sachbearbeiter	Herr Wilkinson
204	Verwaltung	Sachbearbeiterin	Frau Wolicki
205	Verwaltung	Sachbearbeiterin	Frau Adam
206	Verwaltung	Sachbearbeiter	Herr Halfpap
207	Verwaltung	Sachbearbeiter	Herr Kretzschmar
208	Verwaltung	Sachbearbeiterin	Frau Mestanovic
209	Verwaltung	Sachbearbeiterin	Frau Pahlevan
210	Verwaltung	Sachbearbeiter	Herr Pauer
211	Verwaltung	Ausbildungsleitung	Frau Schneider
212	Verwaltung	Sachbearbeiter Poststelle	Herr Kreckler
301	Rechnungswesen	Abteilungsleiterin	Frau Bertram
302	Rechnungswesen	Sachbearbeiterin	Frau Diedrichs
303	Rechnungswesen	Sachbearbeiterin	Frau Duchnik
304	Rechnungswesen	Sachbearbeiter	Herr Eris

Planstelle	Abteilung	Tätigkeitsbezeichnung	Name
305	Rechnungswesen	Sachbearbeiter	Herr Frank
401	Einkauf	Abteilungsleiter	Herr Hetzel
402	Einkauf	Sachbearbeiter	Herr Hickel
403	Einkauf	Sachbearbeiter	Herr Hoffmann
404	Einkauf	Sachbearbeiterin	Frau Janssen
405	Einkauf	Sachbearbeiter (Ausland)	Herr Bittner
406	Einkauf	Sachbearbeiterin (Ausland)	Frau Kolrep
501	Logistik	Abteilungsleiter	Herr Kreipe
502	Logistik	Lagerarbeiter	Herr Kruk
503	Logistik	Lagerarbeiter	Herr Landsberg
504	Logistik	Lagerarbeiter	Herr Schwalenberg
505	Logistik	Lagerarbeiter	Herr Spöhr
601	Verkauf	Abteilungsleiter	Herr Staub
602	Verkauf	Sachbearbeiterin	Frau Vosges
603	Verkauf	Sachbearbeiter	Herr Weidner
604	Verkauf	Sachbearbeiterin	Frau Zahn
605	Verkauf	Sachbearbeiter	Herr Fellmann
606	Verkauf	Reisender (Nord)	Herr Flohr
607	Verkauf	Reisender (Süd)	Herr Kibowski
701	Produktion Fahrräder Eigenmarke	Abteilungsleiter	Herr Klante
702	Produktion Fahrräder Eigenmarke	Stellv. Abteilungsleiter	Herr Tomczak
703	Produktion Fahrräder Eigenmarke	Arbeiter	Herr Witt
704	Produktion Fahrräder Eigenmarke	Arbeiter	Herr Stegenmann
801	Produktion Textilien	Abteilungsleiter	Herr Matthes
802	Produktion Textilien	Stellv. Abteilungsleiter	Herr Barthold
803	Produktion Textilien	Design	Frau Baron
804	Produktion Textilien	Arbeiterin	Frau Bode
805	Produktion Textilien	Arbeiter	Herr Bringewat
806	Produktion Textilien	Arbeiter	Herr Held

Personalvertretung

Im Unternehmen sind ein Betriebsrat und eine Jugend- und Auszubildendenvertretung eingerichtet. Der Betriebsrat vertritt die Interessen der Arbeitnehmer gegenüber dem Arbeitgeber und hat Rechte bei Kündigungen und Einstellungen. Er wird für jeweils vier Jahre durch die Arbeitnehmer gewählt. Die letzte Wahl fand vor einem halben Jahr statt. Vorsitzende des Betriebsrats ist Frau Diedrichs, ihr Stellvertreter Herr Weidner. Daniela Stange ist Vorsitzende der Jugend- und Auszubildendenvertretung. Diese vertritt die Interessen der jugendlichen Arbeitnehmer.

Einmal im Quartal wird eine Betriebsversammlung durchgeführt, bei der alle Mitarbeiter die Gelegenheit bekommen, neue Ideen vorzuschlagen, Verbesserungsvorschläge zu machen, aber auch aktuelle Probleme anzusprechen. Dadurch herrscht bei der Hoffmann KG ein ausgesprochen gutes Betriebsklima. In regelmäßigen Abständen finden für die Mitarbeiter Schulungen statt. Insgesamt gilt bei allen Mitarbeitern der Hoffmann KG das Motto: Der Kunde steht im Mittelpunkt. Weiterhin wird auf die Warenpflege besonderen Wert gelegt.

Vollmachten

Um den reibungslosen Geschäftsablauf der Hoffmann KG zu gewährleisten haben die Geschäftsinhaber einen Teil ihrer Aufgaben und Handlungsvollmachten an ihre Mitarbeiterinnen und Mitarbeiter abgegeben.

Bei den Handlungsvollmachten unterscheidet man:

- **allgemeine Handlungsvollmacht**
  Sie berechtigt zur Ausübung aller gewöhnlichen Rechtsgeschäfte, die in dem Betrieb vorkommen.

  BEISPIELE

  - übliche Zahlungsgeschäfte erledigen
  - Ware verkaufen
  - einkaufen
  - Mitarbeiter einstellen und entlassen

  Filialleiter und Abteilungsleiter haben meist eine allgemeine Handlungsvollmacht.

- **Artvollmacht**
  Sie berechtigt Angestellte, bestimmte Rechtsgeschäfte dauernd zu erledigen. Eine Artvollmacht besitzen z. B. Verkäufer, Einkäufer, Kassierer.

- **Einzelvollmacht**
  Wer eine Einzelvollmacht erhält, darf den erhaltenen Auftrag nur einmal ausführen.

  BEISPIEL

  Ein Angestellter wird beauftragt, als Bote eine Ware in die Wohnung eines Kunden zu bringen und dort den Rechnungsbetrag zu kassieren.

Eine Handlungsvollmacht kann der Geschäftsinhaber formlos (schriftlich, mündlich oder stillschweigend) erteilen. Jeder Bevollmächtigte kann innerhalb seiner Vollmacht Untervollmachten erteilen, d. h.:

- ein Angestellter mit allgemeiner Handlungsvollmacht darf innerhalb seiner Vollmacht Artvollmacht,
- ein Artbevollmächtigter innerhalb seiner Artvollmacht Einzelvollmachten erteilen.

Handlungsbevollmächtigte versehen ihre Unterschrift mit dem Zusatz „i. V." (in Vollmacht) oder „i. A." (im Auftrag).

Sortiment und Produktionsprogramm

Die meisten Kunden begreifen die Hoffmann KG vor allem als Großhandelsunternehmen.

Das Sortiment der Hoffmann KG umfasst die folgenden Warengruppen:

- Herrenbekleidung
- Damenoberbekleidung
- Kindermode
- Herrenwäsche
- Damenwäsche
- Fashion
- Sportartikel
- Sport- und Freizeitbekleidung
- Haushaltswäsche
- Accessoires
- Schmuck

Sehr früh ergänzte die Hoffmann KG ihre reinen Großhandelsaktivitäten um eine Fabrikationsanlage in Hannover. Die dort hergestellten Artikel werden über die eigenen Großhandlungen, aber auch über Warenhäuser, Textilketten und andere Großhandlungen vertrieben.

Das produzierte Textilsortiment der Hoffmann KG

Damenmode	Herrenmode	Kindermode	Sportmode
• Shirts • Blusen • Pullover • Strickjacken • Hosen • Jeans • Röcke • Blazer	• Shirts • Hemden • Pullover • Hosen • Jeans • Anzüge • Sakkos • Mäntel	• Mädchenmode • Jungenmode	• Fitness • Trekking • Bademode • Kindersportmode

In allen vier Sortimentsbereichen werden in fast allen Warengruppen jeweils zwei Linien hergestellt:

- **Basic:** Diese Artikel sind vergleichsweise zeitlos.
- **Trend:** Hier handelt es sich um hochmoderne, dem Zeitgeist angepasste Produkte.

745514

Die Hoffmann KG produziert jedoch heute noch in einem anderen Bereich. Sie stellt in einer eigenen Abteilung in Hildesheim die Fahrräder der Eigenmarke „Blizzard" her. Das Produktionsprogramm enthält unterschiedliche Fahrradtypen in verschiedenen Preislagen. Innerhalb der einzelnen Produktarten werden verschiedene Ausführungen bzw. Varianten (Modelle) hergestellt und angeboten.

Auszug aus dem Produktionsprogramm Fahrräder					
Herrenfahrräder	**Damenfahrräder**	**Kinderfahrräder**	**Rennräder**	**Trekkingräder/ Tourenräder**	**Mountainbikes**
• Modell „City" • Modell „Star" • Modell „Go" • Modell „Rocky"	• Modell „Katie" • Modell „Julia" • Modell „City-Lady"	• Modell „Wickie" • Modell „Micky"	• Modell „Vuelta" • Modell „Tour" • Modell „Giro"	• Modell „Touringstar" • Modell „Landscape"	• Modell „Alpinstar" • Modell „High Mountain"

Um die gewünschten Waren jederzeit präsent zu halten bzw. eine optimale Belieferung der Verbraucher zu gewährleisten, hat jede Filiale der Hoffmann KG – also auch die in Hannover – ein eigenes Lager. Durch die Größe des Lagers können gut laufende Artikel in größeren Mengen zu günstigen Preisen eingekauft werden, wodurch dem Kunden weitere Vorteile entstehen.

Hochregallager

Ein ausgeklügeltes EDV-gestütztes Warenwirtschaftssystem (WWS) diente bisher der artikel-, artikelgruppen- oder warengruppengenauen sowie stück-, mengen- und wertgenauen Bestandserfassung und -führung des vorhandenen Sortiments und Lagerbestands an Waren. Es wurde sowohl im Zentrallager Hannover als auch in den Filialen der Hoffmann KG eingesetzt. Die Erfassung der Warendaten bei Bestellung bzw. Wareneingang und im gesamten Warenfluss erfolgte mittels Personal Computers, z. T. auch durch MDE-Geräte. Bei Verkauf der Waren wird durch das WWS – das die Daten über die Kassen bekommt – automatisch die Warendisposition bzw. auch die Bestellung gesteuert. Erweitert wurde das WWS durch ein Rechnungswesenprogramm.

Ein WWS dient als Informationsquelle, um

- laufend das Sortiment bedarfsgerecht an Kundenwünsche anzupassen,
- den Lagerumschlag zu optimieren (optimale Bestellmenge),
- exakte Daten für die Inventur zu erhalten (Bilanzierung) sowie
- den Personaleinsatz zu planen und
- Warenverluste und Auszeichnungsfehler zu vermeiden.

Momentan übernimmt ein ERP-System (Enterprise-Resource-Planning-System) in der Hoffmann KG die Aufgaben des WWS.

Die Geschäftsleitung der Hoffmann KG strebt eine hochwertige Ausbildung ihrer Auszubildenden an, um sich langfristig qualifiziertes Personal zu sichern. Besonders gefordert wird daher der Erwerb von Fachkenntnissen. Zu einem weiteren wesentlichen Aspekt der Ausbildung ist die gezielte Förderung der Kundenbetreuung geworden, mit der Zielsetzung, den Kunden als König zu betrachten und ihn entsprechend zu behandeln. Neben der Ausbildungsleiterin schulen auch die Abteilungsleiter die Auszubildenden und informieren sie über wesentliche Betriebsabläufe und -zusammenhänge. Die Geschäftsführung bzw. Julia Schneider als Ausbildungsleiterin halten einen engen Kontakt zu den ortsansässigen Berufsschulen, um die Ausbildung zu optimieren und eine Abstimmung der Lerninhalte und Lernziele beider Lernorte sicherzustellen.

Wie jeder andere gewerbesteuerpflichtige Betrieb ist auch die Hoffmann KG Mitglied der örtlichen Industrie- und Handelskammer. Diese informiert und berät die Mitgliedsunternehmen in wirtschaftlichen Angelegenheiten. Sie erstellt Gutachten und Berichte. Bei Streitigkeiten zwischen Unternehmen versucht sie über ihre Schlichtungsstelle auszugleichen. Eine der Hauptaufgaben der Industrie- und Handelskammer ist die Überwachung der Berufsausbildung. In diesem Zusammenhang sind Herr Hoffmann, Herr Matthes und Frau Vosges Mitglied von Prüfungsausschüssen.

Unternehmensphilosophie

Immer mehr ist in der Wirtschaft das Bewusstsein für wirtschaftsethische Fragen gestiegen. Viele Kunden halten die folgenden Aspekte bei der Produktion bzw. dem Verkauf von Gütern für sehr wichtig:

- **Umweltverträglichkeit der Produkte**
  Verbrauchern wird zunehmend deutlich, dass das Kollektivgut Umwelt immer mehr bedroht ist. Die Umweltaktivitäten von Unternehmen werden deshalb beobachtet und kritisch hinterfragt.
- **Gesundheitsverträglichkeit von Waren**
  Die Produktion bzw. der Verkauf gesundheitsverträglicher Artikel wird immer mehr zu einem entscheidenden Verkaufsargument bei Verhandlungen zwischen Lieferanten und Kunden.
- **Sozialverträglichkeit von Waren**
  Viele Unternehmen verpflichten sich, soziale, menschenrechtliche und arbeitsmedizinische Mindeststandards in der eigenen Produktion und in der ihrer Lieferanten einzuhalten.

Die Hoffmann KG hat beschlossen, diese Aspekte in Zukunft besonders zu beachten. Sie nimmt regelmäßig an einem Ökoaudit[1] teil und hat sich eine Umweltcharta gegeben. Auch das Unternehmensleitbild geht darauf ein.

Ein Auszug aus dem Leitbild der Hoffmann KG, das die Unternehmensphilosophie wiedergibt:

- Wer nicht ständig versucht, besser zu werden, hat aufgehört, gut zu sein. Dieser Erkenntnis ist die Hoffmann KG verpflichtet.
- Zu Recht erwarten unsere Kunden und die Öffentlichkeit auch in den Bereichen
  – Umwelt und
  – Gesellschaftspolitik
  großes Verantwortungsbewusstsein und überdurchschnittliche Leistungen. Wir sind konsequent bestrebt, diese Ansprüche mit Spitzenleistungen zu erfüllen – zum Nutzen aller.
- Der Schutz natürlicher Ressourcen ist ein wichtiger Bestandteil unserer unternehmerischen Tätigkeit.
  Dabei haben wir nicht nur innerhalb des Konzerns große Fortschritte für den Umweltschutz erzielt. Die Hoffmann KG bezieht konsequent auch Lieferanten und Partnerunternehmen in ihre Bemühungen mit ein.
- Viele Menschen sind weltweit direkt oder indirekt für die Hoffmann KG tätig – innerhalb des Unternehmens ebenso wie bei Produzenten und Zulieferern.
  Um der großen sozialen Verantwortung für diese Menschen gerecht zu werden, versuchen wir Beschaffungsverhaltensregeln einzuhalten, die die Einhaltung von Sozial- und Umweltstandards gewährleisten.
- Wir pflegen den kooperativen Führungsstil.
  Jede Filiale erhält Umsatzvorgaben. Mit welchen Mitteln und Aktivitäten diese Zielgrößen erfüllt werden, liegt im Ermessen der jeweiligen Niederlassung. Dabei beteiligen die Filialleiter/-innen die Mitarbeiter/-innen am Entscheidungsprozess. Ihr Partizipationsmaß umfasst zumindest die Beratungsfunktion.
- Wir fördern die kontinuierliche Weiterbildung unserer Beschäftigten.
  Neben fachlichem Wissen – wie Warenkunde und Kundenberatung – werden auch Schlüsselqualifikationen gefördert. Wir arbeiten auch ständig daran, methodische Kompetenzen sowie soziale Kompetenzen (wie Eigeninitiative und Selbstständigkeit) auszubauen.
- Wir stellen vorzugsweise Mitarbeiter/-innen ein, die aufgrund ihrer Lebensumstände und/oder Arbeitserfahrungen über ein hohes Maß an Methoden- und Sozialkompetenzen verfügen.
- In unsere Unternehmenspolitik fließt die Erkenntnis ein, dass motivierte und zufriedene Mitarbeiter einen entscheidenden Wettbewerbsfaktor darstellen.
- Wir streben flexible Arbeitszeiten an.
  Wir realisieren daher ein Arbeitszeitmodell, nach dem die Mitarbeiter/-innen sowohl den Umfang als auch die Lage ihrer Arbeitszeit selbst bestimmen können. Das auf die individuellen Gegebenheiten zugeschnittene Wochenarbeitszeitkontingent wird so verteilt, dass ein

1 siehe Kap. 3.6

Tag frei bleibt und ganz für familiäre Verpflichtungen zur Verfügung steht. Die Abstimmung über die Arbeitseinsätze findet zwischen den Mitarbeiter/-innen in den Abteilungen statt. Die Führungskraft spielt bei den Absprachen die Rolle des neutralen Faktors und legt die getroffenen Entscheidungen in den wöchentlichen Dienstplänen nieder.

- Die Organisationsstruktur der Hoffmann KG soll eine flache Hierarchie mit wenigen Stufen aufweisen.

Einige wichtige Geschäftspartner der Hoffmann KG				
Lieferanten				
22006	BaBa GmbH	Neuer Weg 27	26135 Oldenburg	Textilwaren
25012	Bäte Spedition	Bavenstedter Str.22	30627 Hannover	Spedition
21012	Bätje OHG	Brühlstr. 13	30165 Hannover	Textilwaren
25007	Dieter Molzanski GmbH	Lehnhast 40	55122 Mainz	Textilwaren
25011	Düwel Bürotechnik	Nußriede 23	30627 Hannover	Bürotechnik
21011	Dynamo GmbH	Goschenstr. 12	30175 Hannover	Fahrradteile
25004	Elser GmbH & Co KG	Wangener Str. 22	88069 Tettnang	Textilwaren
25006	Ernst Puszkat KG	Pfarrer-Brantzen-Str. 84	31542 Bad Nenndorf	Textilwaren
25002	Hessing GmbH	Sickingerstr. 9	01309 Leipzig	Textilwaren
25001	Kierer KG	Menzinger Allee 25	80638 München	Fahrradzubehör
25003	Kinke AG	An der Bojewiese 80 A	21033 Hamburg	Textilwaren
25010	Mathesmat KG	Heinkelstr. 15	88520 Weingarten	Versandmaterial
23008	Martin Kaiser	Rheinstr. 25	35260 Schweinsberg	Sportartikel
21013	Nachhaltige Produkte GmbH	Brühlstr. 7	30165 Hannover	Textilwaren
23007	PAGRO AG	Blumenweg 118	55595 Gutenberg	Sportartikel
21003	Paulmann KG	Ruhrstr. 198	45219 Essen	Haushaltswaren
25005	Peter Pührt	Kohlerstr. 33	90480 Nürnberg	Textilwaren
25008	Pinolart	Eulenkamp 46 B	22049 Hamburg	Werbeagentur
21002	Robert König GmbH	Kabelweg 18	12347 Berlin	Schmuck
21004	StaWa AG	Mainzer Str. 75	60329 Frankfurt	Textilwaren
25009	Stefan Maibaum	Neustädter Markt 52	31134 Hildesheim	Steuerberater
24009	STO AG	Nadelweg 5	44532 Lünen	Textilwaren
24010	Stockmann OHG	Bachstr. 38	75180 Pforzheim	Textilwaren
21001	Tankert AG	Heerstr. 109	81247 München	Textilwaren
21010	Wodsack KG	Soltaustr. 17	31134 Hildesheim	Textilwaren

Kunden				
10005	Adlatus GmbH	Rosenstr. 3	50733 Köln	Sportartikel
10110	Ambiente Warenhaus AG	Groner Str. 22-24	34567 Schönstadt	Einzelhandel
10007	Beckermann Moden	Im Feld 48	47228 Duisburg	Textileinzelhandel
10008	Bykes-Fascination	Ziegelstr. 20	23556 Lübeck	Fahrradhandel
10006	ELKO AG	Marktstr. 55	44289 Dortmund	Textilgroßhandel
10002	Franz Stallmann Fashion OHG	Vogesenstr. 3	45468 Mülheim	Textileinzelhandel
10011	Grotex GmbH	Herrenhäuser Str. 55	30169 Hannover	Textilgroßhandel
10001	Holzhäuser GmbH & Co KG	Turmstr. 18	45470 Mülheim	Textileinzelhandel
10003	Silke Bachmann e. Kffr.	Balgstr. 98	45147 Essen	Textileinzelhandel
10010	Spindler KG	Goseriede 12	30625 Hannover	Textilgroßhandel
10004	STOLCO eG	Birkenwald 12	47447 Moers	Textileinzelhandel

AUFGABEN

1. Was bedeutet der Handelsregistereintrag HRA 200147 Hannover?
2. Erläutern Sie den Zusatz *KG* in Hoffmann KG?
3. Wie ist die Hoffmann KG Hannover organisiert?
4. Wozu dienen Warenwirtschaftssysteme?
5. Welche Aussagen kann ein Unternehmensleitbild enthalten?
6. Worauf legt die Hoffmann KG bei der Einstellung von Mitarbeitern besonderen Wert?
7. Wer kann Kunde der Hoffmann KG sein?
   a) Textilabteilung der Ambiente Warenhaus AG
   b) Privatkundin Sabine Porth
   c) Textilgroßhandlung Grotex GmbH
8. Beschreiben Sie den Weg einer Ware vom Beschaffungsmarkt durch die Hoffmann KG bis zum Absatz.
9. Welche Beziehungen bestehen zwischen der Hoffmann KG und
   a) dem Finanzamt,
   b) weiteren Behörden des Staates?

AKTIONEN

1. Erstellen Sie – am besten mithilfe eines entsprechenden Programms – eine Mindmap[1], die das Unternehmen Hoffmann KG beschreibt.
2. Im Kapitel 1.1 finden Sie eine Übersicht über alle Beschäftigten der Filiale Hannover der Hoffmann KG.
   a) Entscheiden Sie, welche Vollmachten jeder einzelne Mitarbeiter benötigt, um seine Aufgaben erfüllen zu können.
   b) Gestalten Sie mit der Ihnen zur Verfügung stehenden Standardsoftware eine Übersicht, in der den einzelnen Mitarbeitern die jeweils notwendigen Vollmachten zugeordnet sind.
   c) Präsentieren Sie Ihre Übersicht in Ihrer Klasse und begründen Sie Ihre getroffenen Entscheidungen.
3. Erkunden Sie Ihr Ausbildungsunternehmen. Anschließend sollen Sie dieses kurz der Klasse vorstellen. Fertigen Sie dazu ein Plakat an, das alle wichtigen Angaben visualisiert, also übersichtlich darstellt.

1 siehe Kap. 1.3 und Kap. 1.21

745518

Das Plakat könnte beispielsweise
- den Namen des Unternehmens,
- die Branche,
- die Betriebsform,
- die Anzahl der Beschäftigten,
- die Anzahl der Auszubildenden,
- die Lagerfläche,
- die Verkaufsfläche usw.

enthalten.

Beachten Sie die Regeln zur Erstellung eines Plakats.

Regeln zur Erstellung eines Plakats:
- Nehmen Sie maximal sieben Inhaltspunkte auf.
- Formulieren Sie verständlich. Schreiben Sie deutlich und leserlich.
- Bilden Sie Blöcke: Setzen Sie für die vom Sinn her zusammengehörenden Sachverhalte immer die gleiche Form und Farbe ein.
- Verwenden Sie maximal vier Farben pro Darstellung. Verwenden Sie die Farben als Bedeutungsträger. Wechseln Sie die Farbe nur, wenn die Bedeutung wechselt.
- Nutzen Sie die Wirkungen von Symbolen, Zeichnungen oder Grafiken, die stimulieren können. ☺
- Heben Sie **Wichtiges** hervor.

ZUSAMMENFASSUNG

Unternehmen haben u. a.

Aufbauorganisationen
Gliederung des Unternehmens in Abteilungen und Stellen

Verkaufsformen und Produktionsformen
- Art und Weise, wie der Kunde Ware auswählen kann
- Art und Weise, wie das Unternehmen Produkte herstellt

Warensortimente
ein von der Branche und der Betriebsgröße abhängiges Warenangebot

Rechtsform
Aus der Rechtsform lassen sich Art und Ausmaß der Merkmale
- Haftung,
- Leitungsbefugnis,
- Gewinnverwendung,
- Kapitalaufbringung usw.

erkennen.

Betriebsformen
Art des Unternehmens, die sich unterscheiden kann nach Merkmalen wie
- Standort,
- Größe,
- Umfang des Sortiments,
- Abnehmer.

1.2 Wir orientieren uns im neuen Unternehmen

Einstieg

Carolin Saager hat ihren ersten Tag in der Abteilung hinter sich. Kurz vor Feierabend kommt ihre Ausbildungsleiterin, Frau Schneider, zu ihr.

Carolin Saager:
„Hallo Frau Schneider!"

Julia Schneider:
„Na, Carolin, wie geht es Ihnen so nach Ihrem ersten Tag in der Abteilung?"

Carolin Saager:
„Ich glaube, ich bin sonst nicht auf den Kopf gefallen, aber heute bin ich doch etwas verunsichert: So viel Neues auf einmal ...!"

1. Führen Sie Gründe auf, warum Carolin an ihrem ersten Tag in der Abteilung verunsichert ist.
2. Machen Sie Vorschläge, wie Carolin sich möglichst schnell an ihrem Arbeitsplatz zurechtfinden kann.

INFORMATIONEN

Orientierungsschwerpunkte der ersten Arbeitstage

Die ersten Tage in einem neuen Unternehmen werden oft als sehr schwierig empfunden:

- Das gesamte Unternehmen ist unbekannt. Das betrifft sowohl den Aufbau des Betriebs als auch die Hierarchie und die Stellung bzw. die Aufgaben der Abteilungen.
- Unternehmen haben häufig eine eigene Unternehmensphilosophie, nach der sie und die Mitarbeiter handeln.
- Die unternehmenseigenen Arbeitsabläufe sind noch nicht vertraut.
- Auszubildende kannten bisher nur die Schule, jetzt sind sie in einer neuen Welt. Mit dem Eintritt in ein Unternehmen gelten bestimmte Regeln, die für die Arbeit am Arbeitsplatz unerlässlich sind.

Der erste Eindruck, den ein neuer Mitarbeiter macht, ist besonders wichtig: Er wirkt sich darauf aus, wie man zukünftig im Unternehmen wahrgenommen wird. Auf diese ersten Tage sollte man gut vorbereitet sein. Je schneller Auszubildende die Unsicherheit der ersten Tage ablegen, desto erfolgreicher wird die Ausbildungszeit werden.

Folgende Punkte sollten daher so früh wie möglich geklärt werden:

- Wie verhält man sich – gerade in den ersten Tagen – erfolgreich am Arbeitsplatz?
- Welche Strukturen und Besonderheiten kennzeichnen das Unternehmen?

Verhalten am neuen Arbeitsplatz

Tritt ein Auszubildender in ein Unternehmen ein, muss er sich klarmachen, dass dort die Regeln der Arbeitswelt gelten. Manche sind zwar schon aus der Schule bekannt, viele sind jedoch neu:

- **Kleidung**
  Wer ernst genommen werden möchte, muss sich angemessen und der Unternehmenskultur entsprechend kleiden.
- **Siezen**
  Grundsätzlich beginnt der erste Kontakt im Geschäftsleben mit dem „Sie". Wenn in einigen Abteilungen das „Du" üblich ist, wartet man, bis es einem offiziell angeboten wird.
- **Ordnung**
  Ein ordentlicher Arbeitsplatz signalisiert Übersicht und Verantwortungsgefühl.
- **Einsatzfreude**
  Gerade von neuen Mitarbeitern wird viel Engagement erwartet.
- **Pünktlichkeit**
  Die Einsatzbereitschaft neuer Mitarbeiter wird von Kollegen und Vorgesetzten auch an der Pünktlichkeit gemessen. Dies gilt nicht nur für den Beginn der Arbeitszeit, sondern auch für betriebsinterne Termine wie z. B. Besprechungen.

- **Mut zum Fragen**
  Zwar will man oft beweisen, dass man die richtige Person für den Ausbildungsplatz ist. Aber in der Ausbildung – und gerade zu Beginn der Ausbildungszeit – ist es wichtig und ein Zeichen von Interesse, Fragen zu stellen und so Fehler zu vermeiden. Gerade am Anfang kann man im Unternehmen noch nicht alles richtig machen.
- **Höflichkeit**
  Eine Selbstverständlichkeit ist die Höflichkeit: Sie sorgt für einen angenehmen und rücksichtsvollen Umgang, wenn Menschen aufeinandertreffen. Zudem ist sie ein Ausdruck von Respekt gegenüber dem anderen.

BEISPIEL

Dominik Schlote wird von allen in der Abteilung, aber auch von vielen im Privatleben als höflich empfunden:

- Er grüßt andere und verabschiedet sich von ihnen.
- Andere Personen werden von ihm nicht in peinliche Situationen oder in Verlegenheit gebracht.
- Er bedankt sich, fordert aber selber keinen Dank ein.
- Mit anderen spricht er in einer angemessenen Form. Er verwendet weder Slang noch Schimpfwörter.
- In der Straßenbahn bietet er älteren Menschen oder Frauen mit Kindern seinen Sitzplatz an.

Immer höflich sein!

Wenn sich neue Mitarbeiter nicht vorstellen und die anderen auch nicht grüßen, empfinden das viele Kolleginnen und Kollegen als unhöflich und sogar respektlos. Es gibt aber viele weitere Verstöße gegen das Gebot der Höflichkeit, die die gute Zusammenarbeit in den Abteilungen stört.

„Man freut sich, wenn man freundlich behandelt wird, egal ob dies ein Kunde, ein Lieferant oder ein Mitarbeiter ist", sagt Barbara Bremer, Personalchefin einer Großhandlung. „Mit höflichem Verhalten kann man nur gewinnen. Dieses bekommt man dadurch oft auch zurück", führt sie weiter auf. Sie hat schon oft erlebt, in welchem Ausmaß unhöfliches Verhalten die

Gesprächspartner enttäuscht und frustriert und die Geschäfts- und zwischenmenschlichen Beziehungen langfristig belastet.

Erkundung des neuen Unternehmens

Um das eigene Interesse am Unternehmen zu verdeutlichen, sollten neue Mitarbeiter und Auszubildende so viel Wissen wie möglich über das Unternehmen in Erfahrung bringen. In den ersten Tagen müssen dazu sehr viele Informationen gesammelt werden:

Besonders wichtige Fragen

Ein besonderes Augenmerk muss auf die Beantwortung der folgenden Fragen gelegt werden.

Wie ist das Sortiment/Produktionsprogramm/Leistungsangebot des Unternehmens?
Das Unternehmen lebt vom reibungslosen Angebot und Absatz seiner Produktpalette. Daher sollte ein neuer Mitarbeiter die Produktpalette so schnell wie möglich kennenlernen.

Welche Informationen werden benötigt, um sofort mit der Arbeit am Arbeitsplatz loslegen zu können?
Als Erstes ist die direkte Umgebung des Arbeitsplatzes zu erkunden.

BEISPIEL

Für einen erfolgreichen Start am Arbeitsplatz klärt Carolin Saager erst einmal:

- Wie werden Postein- und -ausgänge gehandhabt?
- Wie wird die Post verteilt?
- Wie funktioniert die Telefonanlage?
- Wie meldet man sich am Telefon?
- Wer ist für welche Unterschriften zuständig?
- Woher bekommt man Formulare und anderes Büromaterial?
- Wo befinden sich Arbeitsunterlagen, auf die jeder zugreifen können muss?
- Wo sind Kopierer und Faxgerät?

Wie ist die Aufbauorganisation im Unternehmen gestaltet?
Unter der Aufbauorganisation versteht man die hierarchische Struktur eines Unternehmens. Unternehmen können unterschiedlich aufgebaut sein. Erfolgt eine Abteilungsbildung nach im Unternehmen vorkommenden Tätigkeiten (z. B. Einkauf, Produktion, Lager, Verkauf), liegen **Liniensysteme** vor.

- Um ein **Einliniensystem** handelt es sich, wenn jeder Untergebene einen direkten Vorgesetzten hat.
- Im **Mehrliniensystem** dagegen kann jeder Untergebene bei der Lösung einer Aufgabe Weisungen von unterschiedlichen Vorgesetzten bekommen, je nachdem, zu welchem Bereich die Aufgabe gehört.

745522

- Eine Mischform ist das **Stabliniensystem.** Dies ist ein Einliniensystem, das durch Stabsstellen erweitert wurde, die keine Weisungsbefugnis haben, aber beraten dürfen.

BEISPIEL

Die Hoffmann KG ist ein Stabliniensystem. Dies kann Carolin Saager dem Gesamtstellenplan entnehmen (siehe S. 12 f.). Herr Frank als Sachbearbeiter im Rechnungswesen hat als direkte Vorgesetzte nur Frau Bertram als Abteilungsleiterin. Diese wiederum hat als direkten Vorgesetzten nur Michael Hoffmann. Herr Mitschke von der Stabsstelle Organisation/EDV darf sie beraten, ist aber nicht weisungsbefugt.

Wie ist die Unternehmensphilosophie?

Immer mehr Unternehmen sehen einen direkten Zusammenhang zwischen der Zufriedenheit der Kunden und einer erfolgreichen Geschäftstätigkeit. Sie setzen daher konsequent auf eine kundenorientierte Unternehmensausrichtung.

Im Rahmen der **Kundenorientierung** versucht ein Unternehmen, alle Kundenerwartungen zunächst zu ermitteln und zu analysieren. Anschließend wird versucht, diese mit den betrieblichen Leistungen weitgehend zu erfüllen, um langfristig stabile und vorteilhafte Beziehungen zu den Kunden aufzubauen.

Nach welchem Prinzip werden betriebliche Abläufe gestaltet?

In der herkömmlichen Ablauforganisation wird eine Aufgabe von verschiedenen Abteilungen (z. B. personell) getrennt bearbeitet. Da hier niemand die Verantwortung für den Gesamtprozess hat, führt dies oft zu Problemen.

Ist das Unternehmen dagegen an **Geschäftsprozessen** ausgerichtet, bearbeitet beispielsweise eine Person abteilungsübergreifend den Fall. Ein Geschäftsprozess ist also eine zusammengehörende Folge von betrieblichen Tätigkeiten mit dem Ziel, vom Kunden erwartete Leistungen optimal zu erzeugen.

AUFGABEN

1. Warum ist es wichtig, sich so schnell wie möglich im Unternehmen zurechtzufinden?
2. Führen Sie fünf wichtige Regeln für das Verhalten am Arbeitsplatz auf.
3. Welche Informationen werden in den ersten Tagen am Arbeitsplatz benötigt?
4. Was ist ein Stabliniensystem?
5. Wozu dient die Kundenorientierung?
6. Was ist ein Geschäftsprozess?

AKTION

Überprüfen Sie mithilfe der Mindmap auf S. 22, inwieweit Sie sich schon an Ihrem neuen Arbeitsplatz und in Ihrem neuen Unternehmen auskennen.

ZUSAMMENFASSUNG

Neu im Unternehmen

entscheidend für erfolgreiche Arbeit am Arbeitsplatz

- Beachtung von Regeln der Arbeitswelt für das Verhalten am Arbeitsplatz
- sofortige Gewinnung von Informationen über das Unternehmen

1.3 Wir benötigen als Arbeitnehmer umfassende Handlungskompetenzen

Einstieg

Die Klasse von Carolin Saager bekommt vom Klassenlehrer den Arbeitsauftrag, ein Kapitel des Schulbuchs durchzulesen. Gleichzeitig verteilt er den folgenden Text und fordert zum aktiven Lesen auf.

Aktives Lesen

Über 80 % unseres Wissens eignen wir uns durch das Lesen an. Wenn das Lesen ein so zentraler Informationsweg ist, werden sich schlechte Lesegewohnheiten umso nachteiliger auswirken. Sie werden also um die Frage, wie gut Ihr Leseverhalten ist, nicht herumkommen. Unwirksam ist es vor allem dann, wenn Sie einen passiven Lesestil praktizieren. Passiv bedeutet, einen Text lediglich mit dem Auge zu bearbeiten und ihn so ein oder mehrere Male durchzulesen. Dadurch wird das Gedächtnis unterversorgt, die Konzentration belastet und weniger gelernt. Die Alternative zum passiven ist das aktive Lesen: Sie nehmen dabei den Lesestoff auf mehreren Lernwegen auf. Es wird mehr getan als nur gelesen. Wissenschaftliche Untersuchungen haben gezeigt, dass ein aktives Leseverhalten zu deutlich besseren Aufnahme-, Verarbeitungs- und Behaltensleistungen führt als das übliche passive Leseverhalten. Darüber hinaus wird auch Zeit gespart.

Zum aktiven Lesen gehören:

1. das Unterstreichen und Markieren wichtiger Textstellen
2. das Anbringen von Merk- und Arbeitszeichen

   Bringen Sie dort, wo Textstellen eine bestimmte Bedeutung haben, am Rand Zeichen oder Buchstaben an.
3. das systematische und schrittweise Herangehen an den Text mit der **5-Schritt-Methode**:

Schritt 1:

Überfliegen Sie den Text grob.

Sie verschaffen sich durch diagonales Lesen einen ersten Überblick über den Inhalt des Gesamttextes. Um eine gewisse Vorinformation zu bekommen, lesen Sie rasch – ohne Zeile für Zeile durchzugehen – Überschriften, Einleitungen und Zusammenfassungen. Dadurch wird eine spätere Einordnung der Informationen erleichtert.

Schritt 2:

Stellen Sie Fragen zum Text.

Grundlage sind die Informationen, die Sie im ersten Schritt gesammelt haben. Solche Fragen können sein:

- Welche Kapitel, Absätze, Begriffe sind unbekannt, unverständlich?
- Wo kann auf gründliches Lesen verzichtet werden?
- Wo kann auf Vorkenntnisse zurückgegriffen werden?
- Welche Informationsquellen müssen bereitgelegt werden?
- Können alte Aufzeichnungen verwendet werden?

Schritt 3:

Lesen Sie den Text gründlich und konzentriert.

Schritt 1 und 2 waren nur die Vorbereitung für das eigentliche Lesen, das dadurch jedoch aktiver, konzentrierter und mit dem Blick auf das Wesentliche erfolgt.

- Lesen Sie den Text Absatz für Absatz intensiv durch.
- Unterteilen Sie diese Lesephase in kleine Schritte.

  Überlegen Sie nach jedem Schritt, ob die an den Text gestellten Fragen hinreichend beantwortet sind.
- Schenken Sie Zeichnungen, Abbildungen, Tabellen besondere Aufmerksamkeit. Diese können zum besseren Verständnis des Textes beitragen.
- Werten Sie andere Informationsquellen aus, um unbekannte Fachausdrücke und Definitionen kennenzulernen.

Schritt 4:

Verkürzen Sie den Textinhalt auf das Wesentliche.

Durch Unterstreichen wichtiger Textstellen und das Anbringen von Merk- und Arbeitszeichen sollen Sie die wichtigsten Aussagen sichtbar machen. Dieser Schritt ist auch eine Art Selbstkontrolle. Sie überprüfen, ob Sie den eigentlichen Inhalt verstanden haben.

Schritt 5:

Wiederholen Sie den Gesamttext.

Ohne alles gründlich zu lesen, wiederholen Sie vor allem die unterstrichenen bzw. markierten Stellen. Optimal wäre es, wenn Sie die wichtigsten Aussagen in einer Struktur darzustellen versuchen.

Auch wenn Ihnen das aktive Lesen zunächst etwas zeitraubend und umständlich erscheint, werden Sie nach einiger Übung damit sicherlich merken, wie viel schneller und besser Sie sich den Lernstoff einprägen und behalten können.

1. Begründen Sie, warum der Klassenlehrer von Carolin Saager nicht nur Fachwissen vermittelt.
2. Geben Sie an, welche Methoden man im ersten Jahr Ihrer Ausbildung beherrschen (lernen) sollte.
3. Führen Sie auf, welche Methoden Sie schon in früheren Schulformen angewendet haben.

INFORMATIONEN

Anforderungen an Arbeitnehmer

Nach Ihrer Ausbildung in der Berufsschule und Ihrem jetzigen Ausbildungsbetrieb werden Sie in ein Unternehmen eintreten. Dort werden in Zukunft folgende Anforderungen an Sie gestellt werden:

Qualifikationsprofil kaufmännischer Angestellter

Kaufmännischen Angestellten wurde die Frage gestellt: „Worauf kommt es bei Ihrer Arbeit an?" Das Ergebnis dieser Umfrage (siehe rechte Spalte, Mehrfachnennungen waren möglich) macht deutlich, dass nicht mehr allein nur Fachkenntnisse (die im Laufe der Zeit durch neue Entwicklungen relativ rasch veralten) von Ihnen erwartet werden. Als immer wichtiger wird die Beherrschung von Schlüsselqualifikationen durch Arbeitnehmer angesehen.

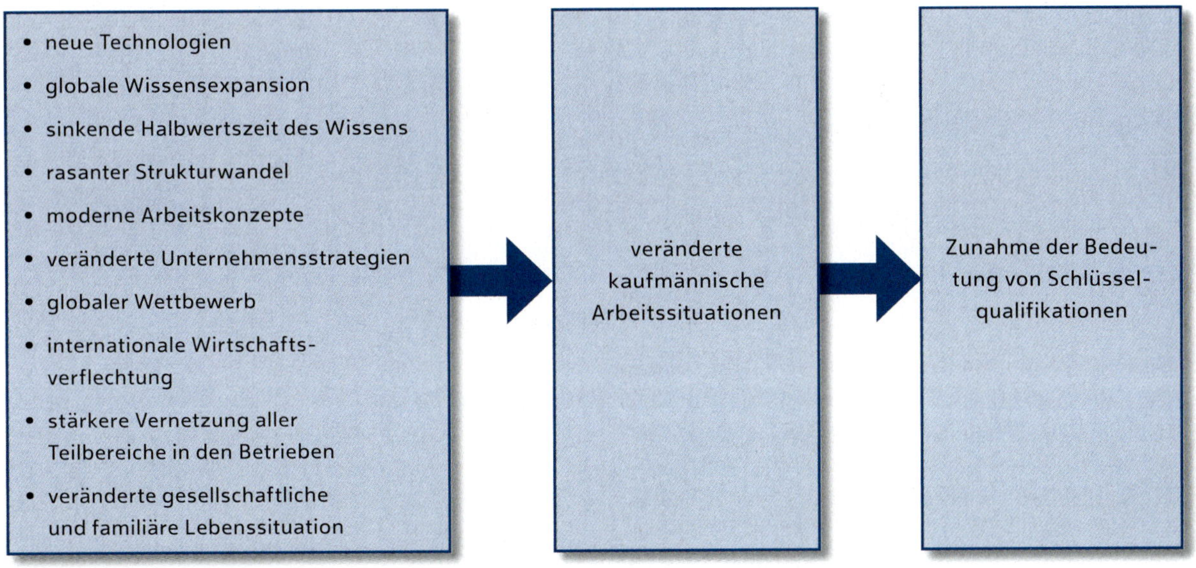

Schlüsselqualifikationen

Schlüsselqualifikationen				
Dimension I **Organisation und Ausführung der Übungsaufgabe**	**Dimension II** **Kommunikation und Kooperation**	**Dimension III** **Anwenden von Lerntechniken**	**Dimension IV** **Selbstständigkeit und Verantwortung**	**Dimension V** **Belastbarkeit**
Zielbereich				
Arbeitsplanung, Arbeitsausführung, Ergebniskontrolle	Verhalten in der Gruppe, Kontakt zu anderen, Teamarbeit	Lernverhalten, Auswerten und Weitergeben von Informationen	Eigen- und Mitverantwortung bei der Arbeit	Psychische und physische Beanspruchung
Wesentliche Einzelqualifikationen				
• Zielstrebigkeit • Sorgfalt • Genauigkeit • Selbststeuerung • Selbstbewertung • systematisches Vorgehen • rationelles Arbeiten • Organisationsfähigkeit • flexibles Disponieren • Koordinationsfähigkeit	• schriftliche und mündliche Ausdrucksfähigkeit • Sachlichkeit in der Argumentation • Aufgeschlossenheit • Kooperationsfähigkeit • Einfühlungsvermögen • Integrationsfähigkeit • kundengerechtes Verhalten • soziale Verantwortung • Fairness	• Weiterbildungsbereitschaft • Einsatz von Lerntechniken • Verstehen und Umsetzen von Zeichnungen und Schaltplänen • Analogieschlüsse ziehen können • formallogisches Denken • Abstrahieren • vorausschauendes Denken • Transferfähigkeit • Denken in Systemen, z. B. in Funktionsblöcken • Umsetzen von theoretischen Grundlagen in praktisches Handeln • problemlösendes Denken • Kreativität	• Mitdenken • Zuverlässigkeit • Disziplin • Qualitätsbewusstsein • eigene Meinung vertreten • umsichtiges Handeln • Initiative • Entscheidungsfähigkeit • Selbstkritikfähigkeit • Erkennen eigener Defizite und Grenzen • Urteilsfähigkeit	• Konzentrationsfähigkeit • Ausdauer, z. B. bei Langzeitaufgaben, wiederkehrenden Aufgaben, Unterforderung und Schwierigkeiten • Vigilanz, d. h. Aufmerksamkeit bei abwechslungsarmen Beobachtungstätigkeiten • Frustrationstoleranz • Umstellungsfähigkeit

Schlüsselqualifikationen ermöglichen Ihnen eine umfassende Handlungsfähigkeit in Ihrem zukünftigen Beruf. Um die Arbeit in Ihrem späteren Berufsleben selbstständig planen, ausführen und kontrollieren zu können, sollten Sie also bereits in der Berufsausbildung – von konkreten Handlungssituationen ausgehend – die Möglichkeit haben, neben Fachkompetenz auch Methoden- und Sozialkompetenz zu erwerben. Sie sollten sich also mit den wichtigsten Lern-, Arbeits-, Gesprächs- und Kooperationstechniken vertraut machen. Dies soll Sie in die Lage versetzen, an die mehr oder weniger komplexen Arbeitsaufgaben, die in Ihrer beruflichen Zukunft auf Sie warten, routiniert und kompetent heranzugehen. Dies wird erfolgreich sein, wenn Sie die Bereitschaft mitbringen,

- neue Inhalte, aber auch neue Methoden kennenzulernen und offen und vorurteilsfrei an diese heranzugehen,

- die Arbeitsaufträge (gemeinsam mit Ihren Mitschülern und Mitschülerinnen) selbstständig zu bearbeiten,
- selber aktiv im Unterricht zu handeln (statt passiv eine Informationsvermittlung nur durch den Lehrer zu „erdulden").

Zu den Schlüsselqualifikationen eines Arbeitnehmers gehören u. a. sowohl die Methodenkompetenz als auch die Sozialkompetenz:

- **Methodenkompetenz** ist die Fähigkeit, Arbeitstechniken, Verfahrensweisen und Lernstrategien zur Lösung beruflicher oder privater Problemstellungen sachgerecht, situationsbezogen und zielgerichtet einzusetzen.
- Unter **Sozialkompetenz** versteht man die Summe der Fertigkeiten, die für die soziale Interaktion nützlich oder notwendig sind. Ein sozialkompetenter Arbeitnehmer kann das Verhalten und die Einstellungen anderer positiv beeinflussen.

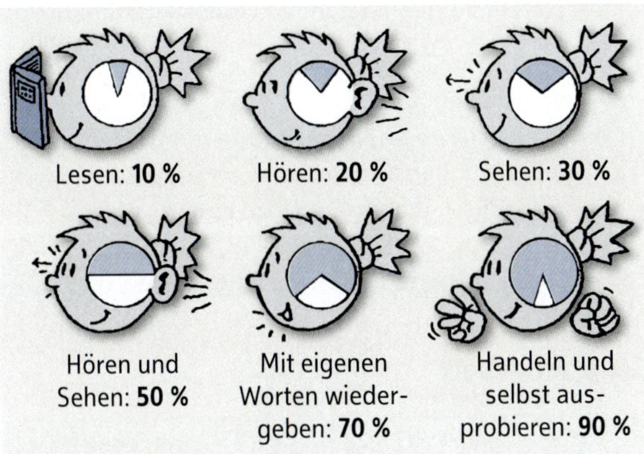

Methodenkompetenz: Arbeitstechniken und Methoden

Um in der zukünftigen Arbeitswelt bestehen zu können, müssen Sie eine Vielzahl von Methoden beherrschen, mit denen Sie unterschiedliche Aufgaben z. B. im Betrieb optimal erfüllen können.

Strategien zum planvollen Lösen von Aufgaben

Komplexe Probleme können im Rahmen der Arbeit durch die systematische Anwendung von **Arbeitsstrategien** gelöst werden. Dieselben Techniken sind oft auch beim Lernen hilfreich. Solche **Lernstrategien** helfen bei der Aufnahme, Verarbeitung und Speicherung neuen Wissens.

Wenn ein Lernender ganz bewusst neues Wissen in bestehendes Vorwissen des Gedächtnisses einbindet, werden die neuen Lerninhalte besser verstanden und können später auch besser behalten und abgerufen werden. Eine solche Vorgehensweise wird auch **Elaborationsstrategie** genannt.

BEISPIEL

Gelerntes mit eigenen Worten wiedergeben

Hilfreich sowohl für das bessere Verstehen als auch das bessere Behalten von Lerninhalten sind zudem **Organisationsstrategien.** Dabei werden unübersichtliche und schwer zu lernende Informationen in leicht zu verstehende Strukturen umgewandelt.

BEISPIEL

Erarbeiten eines Themas mit einer Mindmap, die hilft, Beziehungen zwischen den neuen Lerninhalten herauszuarbeiten

Wir halten neben anderen die im Folgenden aufgeführten Arbeitstechniken und Methoden für so wichtig, dass sie Ihnen bereits in der Schule vermittelt werden sollten.

Methoden zur selbstständigen Informationsgewinnung

Eine der wichtigsten Schlüsselqualifikationen, die von Arbeitnehmern in Zukunft verlangt werden, ist die Fähigkeit zur selbstständigen Informationsgewinnung. In Ihrer Ausbildung, erst recht aber in Ihrem späteren Arbeitsleben, müssen Sie alle Methoden beherrschen, um rasch und sinnvoll an wichtige Informationen heranzukommen. Wichtigste Methoden in diesem Bereich sind:

- aktives Lesen (vgl. Einstiegsfall)
- kritisches Lesen
- Exzerpieren (einen Auszug aus einem Text anfertigen)
- Notizen und Mitschriften machen
- Erkundung
- Interview/Sachverständigenbefragung

Methoden zur selbstständigen Informationsverarbeitung

Sowohl in der Schulpraxis als auch im Berufsleben müssen gewonnene Informationen verarbeitet werden. Sie müssen also alle Methoden beherrschen, um Informationen aufbereiten zu können. Diese Methoden befähigen Sie, Inhalte

- zu reduzieren,
- zu strukturieren,
- wiederzugeben,
- darzustellen.

Zu den wichtigsten Methoden in diesem Bereich zählen:
- Inhalte reduzieren und Wesentliches erkennen
- Informationen ordnen und strukturieren
- Bericht schreiben
- Protokoll schreiben
- Tabellen und Schaubilder erstellen und auswerten

Visualisieren, Präsentieren, Moderieren

In Ihrem späteren Berufsleben – aber auch schon jetzt in der Schule – werden Sie häufig gefordert sein, in bestimmten Situationen frei zu sprechen bzw. auch zu argumentieren. Manch einer hat jedoch Hemmungen, vor anderen Personen aufzutreten.

Kundenorientiertes Verhalten und die Fähigkeit, sich selbst mitzuteilen, werden im Berufsleben immer wichtiger. Dazu gehören auch die Bereitschaft und die Fähigkeit zur Teamarbeit. Diese Qualifikationen verlangen von Ihnen die Beherrschung von Methoden, die für eine gedeihliche Zusammenarbeit und Diskussion unabdingbar sind.

Hierfür geeignete Methoden sind:
- Präsentation
- Visualisierung
- Diskussion
- Rollenspiel

Innere und äußere Vorbereitung

Nicht optimale Lernbedingungen können den Lernprozess beträchtlich stören. Deshalb sollten Sie einmal genauer untersuchen, wie Ihre Lernumwelt aussieht und wie sie sich auf Ihr Lernverhalten auswirkt. Vielleicht müssen Sie als Konsequenz daraus einiges lernfördernder gestalten und ändern.

Wenn Sie sich innerlich auf eine bestimmte Arbeits- bzw. Lernsituation vorbereiten, werden Sie diese erfolgreich bestehen. Sie sollten also

- Ziele, die Sie anstreben, festlegen;
- versuchen, sich zu motivieren, die festgelegten Ziele zu erreichen;
- konzentriert an der Zielerreichung arbeiten;
- für die Zielerreichung störenden Stress abbauen.

Ideenfindung und Kreativität

Ein wichtiger Baustein zur Wettbewerbsfähigkeit und zum wirtschaftlichen Erfolg von Unternehmen sind Innovationen. Besondere Wertschätzung werden Mitarbeiter erfahren, die eigene Ideen entwickeln und umsetzen können, aber auch an der Gestaltung ihrer Arbeitsplätze mitwirken können. Deshalb fordern die Unternehmen in den kaufmännischen Berufen Kreativität als Bestandteil des Qualifikationsprofils ein. Es ist für Sie daher sinnvoll, sich Methoden anzueignen, die Ihr kreatives Potenzial steigern: Einfallsreichtum, Improvisationsfähigkeit und schöpferische Fähigkeiten werden in kaufmännischen Berufen eine immer wichtigere Rolle spielen. Dazu können solche Methoden führen wie z. B.:
- Brainstorming
- Mindmapping
- Kartenabfrage

Lernen für Prüfungen

Die Unternehmen sind in der Wirtschaft einem ständigen Veränderungsprozess ausgesetzt. Neue Entwicklungen, Positionen, Herausforderungen und Ansprüche, die man an Sie stellt, werden Sie dazu zwingen, sich neue Inhalte anzueignen. Mit der Schule hört das Lernen also nicht auf, sondern es fängt erst richtig an: Jeder Berufstätige muss heute während seiner Berufslaufbahn häufig Weiterbildungsmaßnahmen besuchen. Nur so kann er den Entwicklungen an seinem Arbeitsplatz oder an neuen Arbeitsplätzen folgen oder ihnen voranschreiten.

Deshalb ist es für Sie entscheidend, über geeignete Strategien zu verfügen, um
- Inhalte effektiv zu üben und zu wiederholen,
- sich auf Prüfungen angemessen vorzubereiten,
- selbstständig und ohne Druck zu lernen.

Exemplarische Erläuterung einiger Methoden

Gruppenarbeit

Die wichtigsten Regeln der Gruppenarbeit

- Jeder fasst sich kurz.
- Es redet immer nur eine Person.
- Alle sind für das Gruppenergebnis mitverantwortlich.
- Jeder arbeitet mit.
- An der Ergebnispräsentation sollten möglichst alle Gruppenmitglieder teilnehmen oder diese zumindest gemeinsam vorbereiten und dann einen Sprecher wählen.
- Über den „richtigen“ Weg wird diskutiert.
- Diskussionsbeiträge dürfen nicht persönlich verletzend sein.
- Jedes Gruppenmitglied darf sich frei äußern und ausreden. Alle Meinungen werden gegenseitig akzeptiert.
- Fühlt sich jemand unwohl, sagt er es sofort.
- Vereinbarte Termine werden eingehalten.
- Jeder ist gegenüber der Gruppe für übernommene Aufgaben verantwortlich.

745528

Die ideale Gruppengröße liegt bei vier bis sechs Teilnehmern. Bilden Sie die Gruppen selbst nach Sympathie. Nur bei Problemen bitten Sie den Lehrer um sein Eingreifen.

Die Gruppen sollen selbstständig arbeiten: Die Gruppenmitglieder planen selbst die Herangehensweise an die jeweiligen Handlungsanweisungen oder Arbeitsaufträge, deren Lösung bzw. Durchführung und die sich eventuell anschließende Präsentation. Dabei kann die Gruppe entscheiden, Teilaufgaben in Einzel- oder Partnerarbeit durchzuführen, die Ergebnisse sollten zu einem gemeinsamen Endergebnis zusammengeführt werden.

Um eine effektive Gruppenarbeit zu fördern, ist die Verteilung von Rollen in den Gruppen sinnvoll. Für die Gruppenarbeit werden grundsätzlich die folgenden fünf Rollen vergeben:

Die Zeitnehmerin/ der Zeitnehmer

achtet darauf, dass die vereinbarte Zeit eingehalten wird. Sie/er erinnert, wenn die Gefahr besteht, dass die Zeit „davonläuft".

Die Gesprächsleiterin/ der Gesprächsleiter

ist Vorsitzende/-r der Gruppe, verteilt die Rollen in der Gruppe, eröffnet das Thema und leitet das Gespräch.

Die Wadenbeißerin/ der Wadenbeißer

achtet darauf, dass abgesprochene Regeln eingehalten werden, z. B.:

- es redet immer nur eine Person
- wir bleiben beim Thema
- spricht per „ich", nicht per „man"

Die Protokollführerin/der Protokollführer

schreibt die Ergebnisse der Gruppenarbeit auf.

Die Präsentierende/ der Präsentierende

trägt die Ergebnisse der Gruppenarbeit vor der Klasse vor.

Die folgenden Rollen können bei umfangreichen Gruppenarbeiten und größeren Gruppen zusätzlich vergeben werden:

Die Gastgeberin/ der Gastgeber

sorgt für eine gute Atmosphäre:

- lüftet den Raum
- regelt die Temperatur
- gestaltet die Sitzordnung
- ...

Die Logbuchführerin/ der Logbuchführer

schreibt Fragen und/oder Anmerkungen auf, die im Anschluss an die Gruppenarbeit im Plenum geklärt werden müssen.

Referat

Die Vorbereitung und Durchführung eines Referats erfolgt in verschiedenen Phasen:

- **Information**
  Zunächst einmal müssen Sie sich zum Thema des Referats kundig machen. Mögliche Informationsquellen können Bücher, Lexika, Zeitschriften, das Internet oder Experten sein.
- **Erarbeitung**
  Wählen Sie zunächst die wesentlichen Informationen aus, ordnen Sie diese und erstellen Sie anschließend eine Gliederung. Dann formulieren Sie das Referat aus. Legen Sie parallel einen Stichwortzettel für den Vortrag an. Überlegen Sie, ob Sie ein Handout an die Zuhörer verteilen wollen.
- **Vortrag**
  Beachten Sie die Regeln der Präsentation und nutzen Sie nach Möglichkeit Medien zur Visualisierung (s. u.). Tragen Sie frei vor in Form kurzer Sätze.
- **Auswertung**
  Regen Sie nach dem Vortrag eine Diskussion an oder fordern Sie die Zuhörer auf, Fragen zu stellen.

Präsentation[1]

Beginnen Sie eine Präsentation pünktlich und halten Sie die eventuell vereinbarte Zeit ein. Sprechen Sie laut, aber mit einem normalen Sprechtempo. Machen Sie Pausen und unterstreichen Sie Inhalte durch Gestik. Halten Sie immer Blickkontakt zum Publikum. Visualisieren Sie wichtige Inhalte durch Medien.

Beachten sollten Sie, dass eine Präsentation in der Regel einen typischen Aufbau hat. Sie setzt sich fast immer aus drei Teilen zusammen:

- **Einleitung**
  Nach einer eventuellen Begrüßung und Vorstellung des Präsentierenden sollte über Thema, Ziel, Inhalte und Ablauf der Präsentation informiert werden.
- **Hauptteil**
  Die Inhalte des Vortrags werden dargestellt: Beispielsweise können die Ergebnisse einer Projektarbeit in zeitlicher oder sachlogischer Reihenfolge präsentiert werden.
- **Schluss**
  Die wichtigsten Aussagen werden zusammengefasst und häufig wird aus ihnen ein Fazit gezogen. Auch zu einer folgenden Diskussion kann aufgefordert werden.

Durchführung der Präsentation	
Schritte der Präsentation	**Zeitanteil**
Einleitung • Begrüßung • Thema/Inhalt/Ablauf • Anwärmen	ca. 15 %
Hauptteil • Gliederung der Inhalte • logischer Aufbau • Medien/Visualisierung	ca. 75 %
Schluss • Zusammenfassung • Aufforderung/Appell	ca. 10 %

1 siehe auch Kap. 1.19

Feedback-Regeln

Sie erhalten Feedback	Sie geben Feedback
• Hören Sie zu. • Unterbrechen Sie den Feedbackgeber nicht. • Rechtfertigen Sie sich nicht. • Fragen Sie bei Unklarheiten. • Geben Sie Rückmeldung, ob das Feedback hilfreich war.	• Geben Sie der Zielperson zunächst die Möglichkeit, sich kurz zu äußern. • Starten Sie nach Möglichkeit mit positiver Kritik. • Beschreiben Sie nur das, was Sie tatsächlich beobachtet haben und der Wahrheit entspricht. • Sprechen Sie in der Ich-Form. • Führen Sie mögliche Verbesserungsvorschläge auf.

Visualisierung

Für die Visualisierung gilt:
- Stellen Sie nur Wesentliches prägnant dar.
- Die Inhalte müssen für die Zuhörer leicht erkennbar und lesbar sein.
- Gliedern Sie deutlich.
- Zeigen Sie nicht mit dem Finger auf Sachverhalte, sondern mit Stift, Zeigestock oder Laserpointer.

Beispiel einer Visualisierung

Überschrift
- markant
- zum Lesen animieren
- hervorheben durch:
  - Farbe
  - Größe
  - Schriftart
  - Rahmen

Text
- nur Wesentliches gliedern
- saubere Schrift
- einfache Sätze
- evtl. Hervorhebungen

Grafik

Veranschaulichung und Hervorhebung durch:
- Bilder
- Symbole
- Diagramme

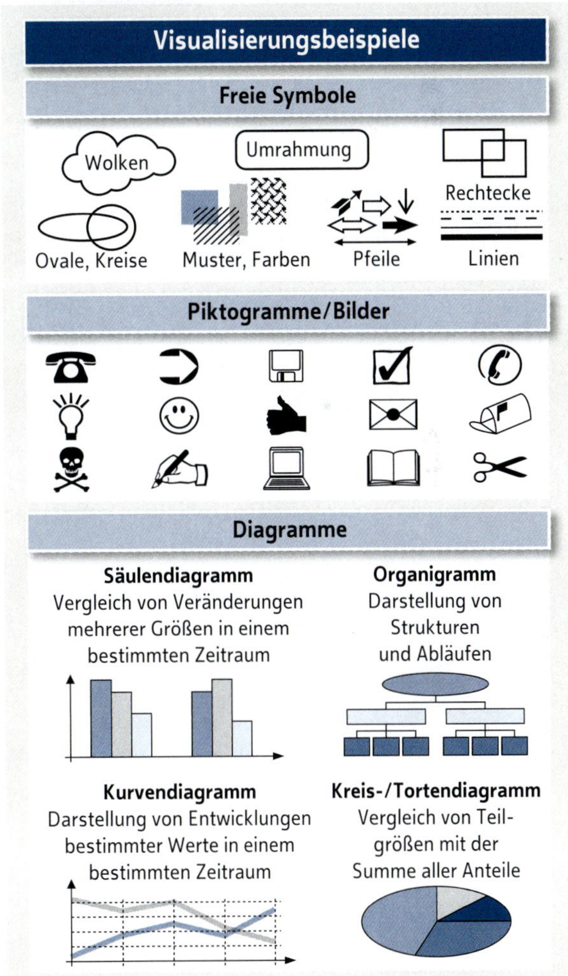

Mindmap[1]

Das Mindmapping ist eine Arbeitstechnik, Notizen und Gedanken, Gespräche und Ideen auf einfache Weise aufzuschreiben.

Eine Mindmap (wörtlich übersetzt: Gedankenlandkarte) lässt sich in unterschiedlichen Situationen anwenden:

- zur Zusammenfassung eines Vortrags, eines Artikels, eines Buchs
- zur Ergebnisdokumentation einer Gesprächsrunde: Arbeitsergebnisse können sichtbar gemacht werden.
- für die Planung, Durchführung und Kontrolle von Projekten
- zur Vorbereitung auf Prüfungen und Tests
- als Visualisierungstechnik für Besprechungen und Konferenzen
- zur Kreativität und Ideenfindung: Einfälle und Ideen können festgehalten werden.

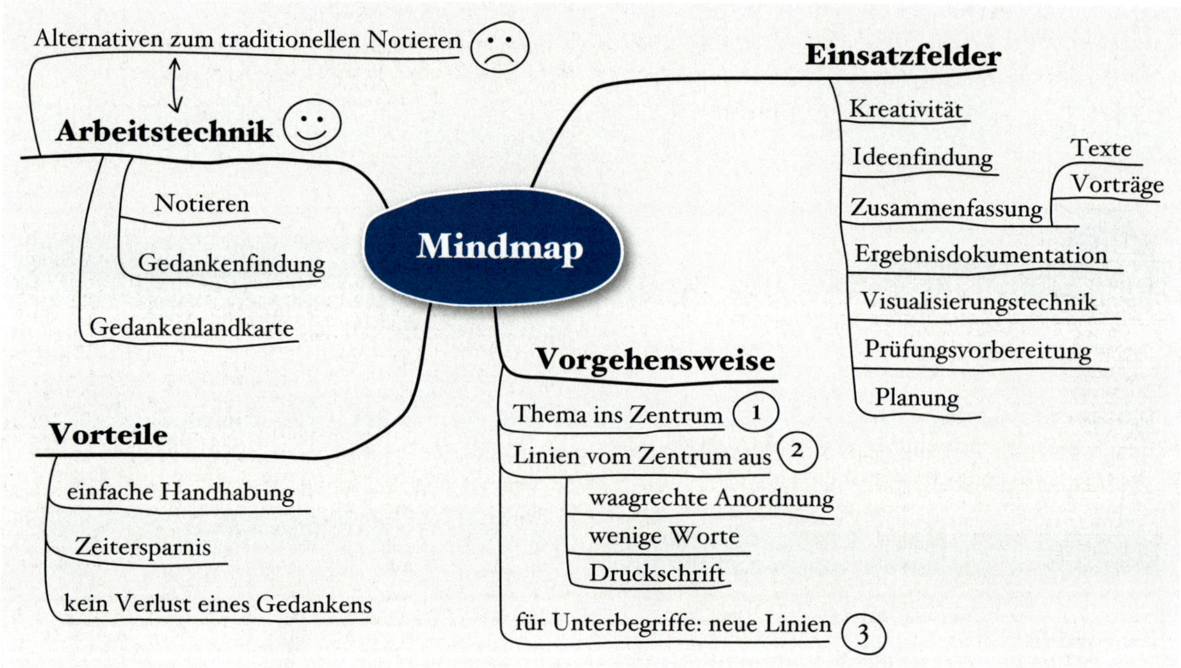

Für die Erstellung einer Mindmap per Hand sollte man sich an die folgende Ablauffolge halten:

1. Schreiben Sie ein **Schlüsselwort** für das Thema in die Mitte eines Blattes.

   Statt des Themas kann auch ein Symbol dafür ins Zentrum des Papiers gezeichnet werden.

2. Zeichnen Sie – vom Zentrum ausgehend – Linien (**„Äste“**), die in verschiedene Richtungen gehen.
   - Versuchen Sie die Linien so anzuordnen, dass Sie weitgehend waagrecht schreiben können.
   - Schreiben Sie auf jede Linie nur wenige Wörter in Druckschrift.
   - Verwenden Sie nur solche Begriffe, die eine Vielzahl von Fakten und Assoziationen zum Thema beinhalten.

3. Um Unterbegriffe aufzunehmen, werden bestehenden Linien neue („dünnere Nebenzweige“) hinzugefügt.

4. Zur Verbesserung des Arbeitsergebnisses können Sie evtl. Symbole, Pfeile, Zeichen und Farben verwenden.

Kartenabfrage

Mit einer Kartenabfrage sollen alle Mitglieder einer Gruppe (z. B. Klasse, Arbeitsgruppe, Projektteam) an der Lösung eines Problems beteiligt werden, indem möglichst viele Lösungsvorschläge erfasst werden. Die folgenden Regeln sind zu beachten:

- Notieren Sie die Ausgangs- oder Leitfrage an einer Pinnwand oder Tafel.
- Schreiben Sie Ihre Antworten in Druckbuchstaben mit möglichst wenig Worten auf die zur Verfügung gestellten Karten. Formulieren Sie nur eine Aussage auf einer Karte.

1 siehe auch Kap. 1.21

- Die Karten werden eingesammelt, vorgelesen und an die Pinnwand bzw. Tafel mit der Ausgangsfrage befestigt.
- Die Karten werden in gemeinsamer Diskussion nach akzeptierten Merkmalen – zu denen Oberbegriffe gefunden werden – in Gruppen zusammengefasst. Diesen Vorgang nennt man Clustern.
- Anschließend erfolgt eine Diskussion der einzelnen Lösungsansätze.
- Falls sehr viele Äußerungen vorhanden sind, bietet sich eine Punktabfrage an, um die Wertigkeit der Meinungen festzulegen. Jeder Teilnehmer erhält dann drei bis fünf Klebepunkte und darf diese auf die für ihn wichtigsten Cluster oder Karten kleben.

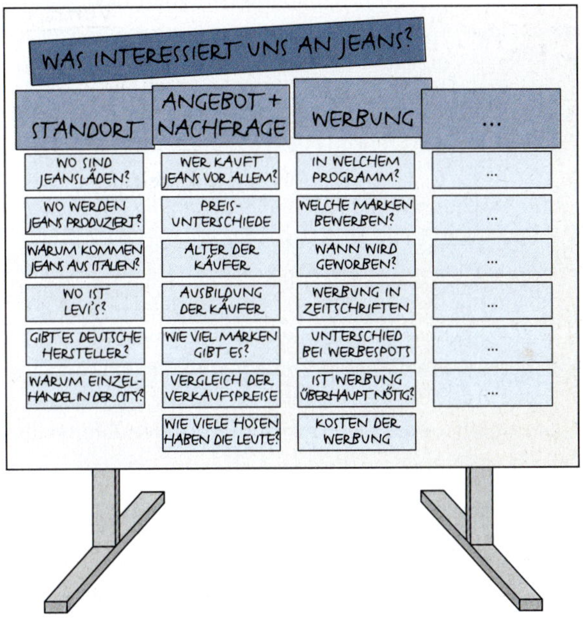

Brainstorming

Das Brainstorming (frei übersetzt: Gehirnsturm) ist ein Verfahren zur Problemlösung und zur Ideenfindung: In einer Gruppe wird versucht, zu einer vorher festgelegten Fragestellung möglichst kreative Antworten zu erhalten. Dabei gelten folgende Regeln:

- Jede Idee ist erwünscht und sei sie noch so ausgefallen.
- Die geäußerten Ideen können aufgegriffen und abgeändert werden.
- Eine Bewertung und Kritik der Beiträge ist nicht zugelassen, um den Ideenfluss nicht einzuschränken.
- Die Ideen müssen festgehalten werden.
- Im Nachhinein erfolgt eine Auswertung im Rahmen einer Diskussion durch Beurteilung.

Kopfstandmethode

Diese Methode führt nicht immer zu völlig neuen Lösungen, hilft aber in der Regel, Denkblockaden aufzubrechen. Dabei wird eine interessierende Problemstellung in ihr Gegenteil verkehrt und anschließend ein Brainstorming durchgeführt. Zu jeder genannten Idee wird eine Gegenlösung gesucht, die zur Lösungsfindung führen soll.

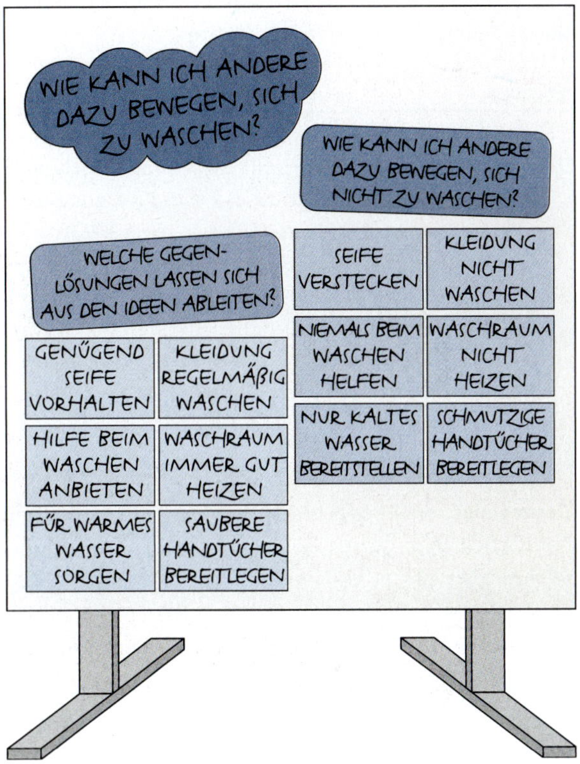

Pro-Kontra-Diskussion

In einer Pro-Kontra-Diskussion treffen unterschiedliche Meinungen zu einem bestimmten Thema aufeinander. Die Diskussionsteilnehmer versuchen, die anderen Beteiligten oder ein zuhörendes Publikum zu überzeugen.

Es ist empfehlenswert, einen Diskussionsleiter bzw. Moderator zu wählen, der auf die Einhaltung der Regeln achtet, die Diskussion an- und abmoderiert sowie für einen ordnungsgemäßen Ablauf sorgt.

Als Diskussionsteilnehmer sollten Sie auf folgende Punkte achten:

- Tragen Sie Ihre Meinung eindeutig und begründet vor.
- Setzen Sie sich mit den Meinungen der Gegenseite argumentativ auseinander.
- Vermeiden Sie nach Möglichkeit Killerphrasen oder andere rhetorische Tricks.

Rollenspiel

Mit einem Rollenspiel können Sie ein als vorteilhaft oder konstruktiv empfundenes Verhalten einüben (was erheblich effizienter ist, als über das gewünschte Verhalten nur zu sprechen). Durch die spielerische Ausgestaltung eines Problems kann das Problem häufig simulierend gelöst werden. Sie versetzen sich, ausgehend von einem vorgegebenen Fall, in die Rolle einer Person. Gelernt wird sowohl durch das direkte Erleben als auch durch die Rückmeldungen der vielen Beobachter.

BEISPIEL

Eine Schülerin spielt eine verärgerte Kundin, die wütend eine Reklamation vorbringt, ein anderer Schüler übt, sich trotz arger Angriffe der Kundin freundlich und kundenorientiert zu verhalten. In einer der Realität angenäherten Situation wird ein Vorgang bzw. Verhalten beliebig oft wiederholbar und analysierbar gemacht. Die Handelnden werden von den Beobachtern mit zusätzlichen Tipps zur Verhaltensverbesserung versehen. Eine Wiederholung macht eine systematische Veränderung in Details möglich.

Gerade auch die Beobachter lernen richtiges Verhalten. Beobachtet man gezielt gelungenes oder nicht erfolgreiches Handeln – und wertet diese Beobachtungen bewusst aus –, wird sich dies mit Sicherheit positiv in eigenen Handlungssituationen in der Praxis auswirken.

Die Vorteile davon, Handlungen in Rollenspielen zu üben, werden noch verstärkt, wenn man sie mithilfe der Videotechnik aufzeichnet: Das Anschauen der Videoaufzeichnung ermöglicht noch größere Selbsterfahrung.

Durchführung

Für die erfolgreiche Durchführung eines Rollenspiels sollten folgende Phasen eingehalten werden:

- Aufstellen und Bekanntmachen der Spielregeln
- Problemstellung
- Verteilung der Rollen
  Die Spieler erhalten häufig auf Rollenkarten eine Vorgabe der Rolle, die Nichtmitspieler übernehmen Be-obachtungsaufgaben.
- Vorbereitung des Rollenspiels
  Die Spieler besorgen sich wichtige Sachinformationen und denken sich in ihre Rolle ein:
  - Sie sollten sich die Vorgaben zum Rollenspiel genau anschauen.
  - Sie sollten sich überlegen, was sie an Informationen benötigen.
  - Sie sollten sich ihr Vorgehen überlegen.

  BEISPIELE

  - Wie könnten sich die Mitspieler im gemeinsamen Rollenspiel verhalten?
  - Wie könnte auf mögliches Verhalten der Mitspieler reagiert werden?

  Auch die Beobachter bereiten sich auf ihre Aufgabe vor:
  - Welche Person soll beobachtet werden?
  - Auf welches Verhalten soll geachtet werden?
- Spielphase
- Reflexionsphase

Reflexion

Nach dem Spiel wird die Konfliktsituation bewusst gemacht und analysiert. Spieler und Beobachter werden nach ihren Eindrücken gefragt.

- Zunächst drücken die Rollenspielteilnehmer ihre Empfindungen und Gedanken aus.
- Die Beobachter geben dann Rückmeldungen anhand ihrer Aufzeichnungen ab. Dabei haben die Rollenspieler Gelegenheit zu Rückfragen an die Beobachter.
- In jedem Fall muss beachtet werden, dass die gespielten Rollen beurteilt werden, nicht die spielenden Personen! Das Klima in der Klasse muss vertrauensvoll sein.
- Kritik sollte aufbauend und konstruktiv sein, genauso sollte auf Lobhudeleien verzichtet werden. Wichtig sind also aufbauende, wohlwollende, positive Empfehlungen.

Nach der Reflexionsphase ist das Rollenspiel beendet. Die spielenden Personen werden aus den Rollen entlassen.

Erkundung (Exkursion)

Eine Erkundung bietet Ihnen die Chance, anschauliche Informationen direkt vor Ort (und nicht in der abgeschlossenen Lernumwelt Schule) aus erster Hand zu erhalten. Sie wird für Sie und die besuchte Institution erfolgreich sein, wenn Sie sich auf die Gastinstitution vorbereiten.

- Formulieren Sie das Ziel Ihrer Erkundung.
- Überlegen Sie sich die wichtigsten Fragen.
- Führen Sie eventuell ein Vorbereitungsgespräch.
- Klären Sie die organisatorischen Rahmenbedingungen wie Treffpunkt, Uhrzeit, Wegbeschreibung rechtzeitig und genau ab.
- Informieren Sie alle Beteiligten rechtzeitig über die getroffenen organisatorischen Verabredungen.

Interview/Sachverständigenbefragung

Interviews bzw. Sachverständigenbefragung sind besondere Formen der Informationsbeschaffung, die häufig auch in Zusammenhang mit Exkursionen durchgeführt werden.

- Bereiten Sie sich gründlich auf das zu behandelnde Thema, aber auch auf den Interviewpartner vor. Besorgen Sie sich dazu alle verfügbaren Informationen.
- Halten Sie alle Fragen, die Sie stellen wollen, schriftlich fest. Klären Sie den Einstieg in das Gespräch.
- Versuchen Sie, Ihr Interview abwechslungsreich zu gestalten. Dazu können Sie beispielsweise unterschiedliche Fragearten wie offene oder geschlossene Fragen verwenden.

Wandzeitung

Eine Wandzeitung ist ein großes Plakat, auf dem in übersichtlicher Form Informationen und Meinungen zu einem Thema dargestellt werden. Wandzeitungen werden in Gruppen oder durch die Zusammenarbeit aller Schüler erstellt. Die Informationen können dann leicht in dieser Form anderen Schülern/der Öffentlichkeit zugänglich gemacht werden.

Hauptvorteil eines Plakats ist es, die Ergebnisse des Lernprozesses zusammengefasst und übersichtlich wiederzugeben. Des Weiteren stehen im Mittelpunkt die erarbeiteten zentralen Aspekte, die durch das Plakat zum Nachdenken und zu einer eigenen Meinungsbildung angeregt werden. Außerdem wird durch die Gestaltung die kreativ-gestalterische Kompetenz gefördert. Speziell wird die Fähigkeit geschult, komplexe Themenzusammenhänge auf das Wesentliche zu reduzieren.

Der Betrachter muss die Aussagen der Wandzeitung schnell erfassen können, sonst verliert er evtl. das Interesse und wendet sich anderen Dingen zu. Wichtig ist:

- die Wandzeitung nicht überladen
- die Überschrift des Plakats groß und deutlich schreiben, damit man sofort erkennt, um welches Thema es sich handelt
- das Oberthema in Abschnitte unterteilen; gleiche Inhalte dazu unter einer Zwischenüberschrift zusammenfassen
- Überschriften und Bildern Raum lassen, damit sie wirken können: Weniger sagt oft mehr.
- Überschriften und Schlagzeilen griffig und einprägsam formulieren
- sich kurzfassen und nur wenig Text schreiben: Kurze Sätze lassen sich leicht lesen und prägen sich besser ein.
- wichtige Informationen hervorheben, damit sie vom Betrachter schnell erfasst werden können, z. B. durch Farbe, Schriftgröße, Schriftart
- Schriftgröße so wählen, dass sie auch aus größerer Entfernung klar lesbar ist, und je nach Wichtigkeit der Aussage abstufen
- Farben und Symbole so einsetzen, dass sie inhaltlich immer die gleiche Bedeutung haben
- Bilder zur Visualisierung einsetzen; allerdings sparsam und daher besonderen Wert auf die Eindeutigkeit der Bilder legen
- eventuell eigene Zeichnungen erstellen, um eine Thematik besser zu verdeutlichen

Strukturieren von Arbeitsprozessen und Kontrollieren von Arbeitsergebnissen mithilfe von Listen

Eine in vielen Fällen sehr hilfreiche Methode zur Erleichterung von Arbeitsprozessen ist das Anfertigen von Listen. Mit ihnen bekommt man einen Überblick über die Teilelemente eines Arbeitsprozesses (bzw. einer Sache). Eine sehr bekannte Art von Listen ist die **Checkliste:** In dieser werden Tätigkeiten (bzw. Merkmale), die einen Arbeitsprozess (bzw. eine Sache) ausmachen, schriftlich aufgeführt. Mit Checklisten können Arbeitsprozesse sowohl im Vorhinein beschrieben als auch während der Durchführung dokumentiert werden. Ziel der Arbeit mit einer Checkliste ist es, keinen Einzelaspekt zu übergehen oder zu vergessen.

Ein Beispiel für eine Checkliste ist die **To-do-Liste:** In dieser Liste hält man zu erledigende Tätigkeiten oder Aufgaben schriftlich fest. Das Erstellen einer To-do-Liste ist durch das Finden einer Struktur einerseits der erste Schritt zur erfolgreichen Organisation eines Arbeitsablaufs. Andererseits kann damit später gut kontrolliert werden, was im Rahmen des geplanten Arbeitsprozesses schon erledigt wurde.

Methodenkompetenzen in Ausbildung und Prüfung

Weil methodische Kompetenzen immer stärker in der beruflichen Praxis verlangt werden, sind sie natürlich auch immer bedeutsamer für das Bestehen der praktischen Prüfung am Ende der Ausbildung. Sie sollen dort die Beherrschung komplexer Fachaufgaben und ganzheitlicher Geschäftsprozesse sowie Problemlösungsfähigkeiten nachweisen. Dazu sollten Sie einerseits in Ihrer Ausbildung so viel Fachkompetenz gewonnen haben, dass Sie mit dem entsprechenden Fachwissen berufstypische Problemsituationen selbstständig bewältigen können. Dazu müssen Sie aber andererseits auch über ausreichend Methodenkompetenzen verfügen. Darunter versteht man die Fähigkeiten, die zum Erwerb bzw. zur Entwicklung und zur Erstellung sowie Vermittlung von Fachkompetenzen nötig sind.

Die praktische Prüfung besteht aus einem Fachreport und einem Fachgespräch. Hier sollen Sie zeigen, dass Sie die gestellte Fachaufgabe in Gesamtzusammenhänge einordnen und dabei Hintergründe bzw. Ergebnisse bewerten können. Methodische Kompetenzen benötigen Sie hierzu mehrfach:

Zunächst einmal ist für die Prüfung nach Genehmigung der Fachaufgabe eine mehrseitige schriftliche Ausarbeitung zu erstellen. Diese wird häufig **Report** genannt und dient der Information und Einstimmung des Prüfungsausschusses. Zur Erstellung des Reports gelten die Regeln zur Erstellung eines Referats. Um eine aussagekräftige und formal einwandfreie schriftliche Ausarbeitung vorzulegen, sind also methodische Fähigkeiten erforderlich.

Im Rahmen einer **Präsentation** sollen Sie auf der Grundlage des Reports dann in der Prüfung zeigen, dass Sie die Sachverhalte und die Ergebnisse der bearbeiteten Fachaufgabe erläutern und mit in der Praxis üblichen Mitteln darstellen können. Wichtig ist also nicht nur, was vorgetragen wird, sondern auch, wie dies gemacht wird.

Auch in dem der Präsentation folgenden **Fachgespräch** wird geprüft, ob die Sachbearbeitung in einem speziellen Geschäftsfeld inhaltlich und methodisch beherrscht wird. Für ein erfolgreiches Fachgespräch sind neben Fachkompetenz auch kommunikative und andere soziale Kompetenzen[1] erforderlich.

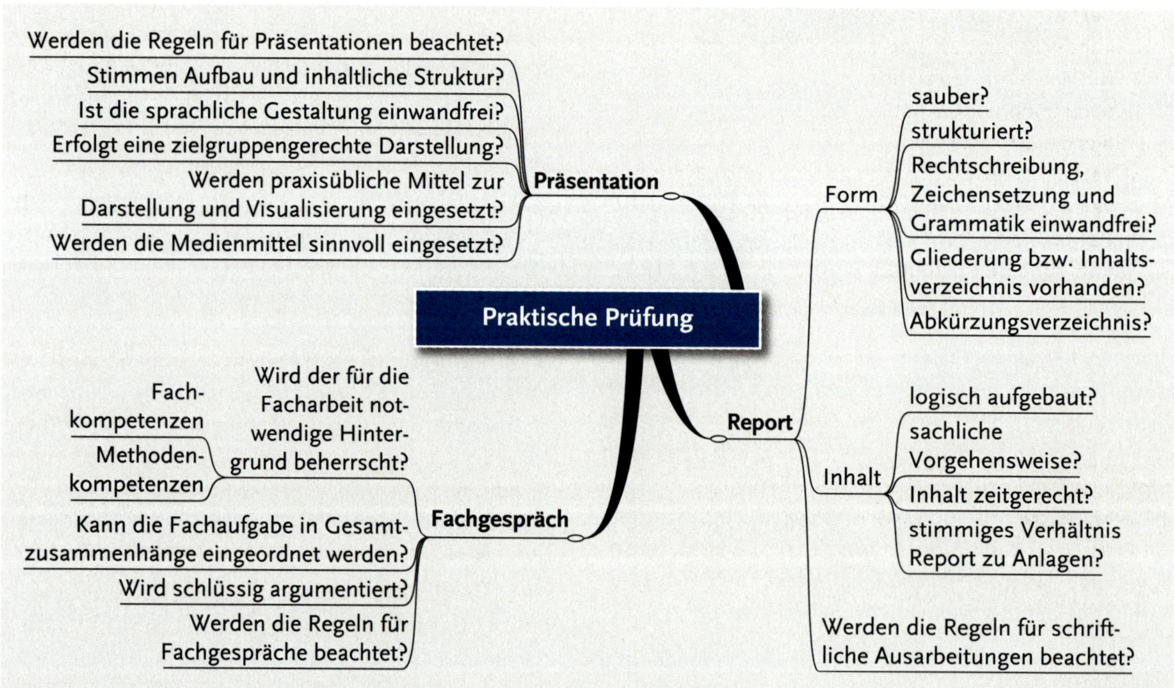

1 siehe Kap. 1.4

AUFGABEN

1. Was sind Schlüsselqualifikationen?
2. Welche Schlüsselqualifikationen werden von der Wirtschaft bei Arbeitnehmern als wichtig angesehen?
3. Welche Regeln gelten bei der Gruppenarbeit?
4. Erläutern Sie mögliche Rollen für Gruppenmitglieder für die Durchführung einer effektiven Gruppenarbeit.
5. Wozu dienen Mindmaps?
6. Aus welchen Teilen besteht eine Präsentation?
7. Welche Regeln gelten für die Visualisierung einer Präsentation?
8. Welche Vorteile hat eine Kartenabfrage?
9. Erläutern Sie das aktive Lesen.
10. Erläutern Sie den Ablauf eines Rollenspiels.
11. Begründen Sie, warum Rollenspiele für das Berufsleben und in Unternehmen wichtig sind.
12. Was sind die Aufgaben von Checklisten?
13. Schildern Sie in Schlagworten die Vorgehensweise bei Erkundungen.
14. Erläutern Sie, warum Methodenkompetenzen auch für Prüfungen immer wichtiger werden.

AKTIONEN

1. Die Lösung dieser Aufgabe soll in Gruppenarbeit erfolgen. Bilden Sie deshalb in Ihrer Klasse eine angemessene Anzahl von Arbeitsgruppen.
   a) Bereiten Sie sich in Ihrer Gruppe darauf vor, ein kurzes Referat zu einer in diesem Kapitel aufgeführten Methode zu halten. Versuchen Sie dabei, auch andere Informationsquellen zu nutzen (z. B. aus der Schulbücherei).
   b) Versuchen Sie Ihr Referat unter Zuhilfenahme verschiedener Medien zu visualisieren.
   c) Halten Sie Ihr Referat unter Beachtung der Regeln für eine Präsentation.
2. Führen Sie ein Brainstorming durch und wenden Sie dabei die Kopfstandmethode an. Die Problemstellung lautet: „Was muss ich tun, um bei einer Bewerbung erfolgreich zu sein?"
3. Führen Sie eine Pro-Kontra-Diskussion als Rollenspiel durch. Diskutiert werden soll über die „Ausweitung der Geschäftszeiten".
4. Versuchen Sie das Lehrbuchkapitel zum nächsten Thema, das der Lehrer mit Ihnen durchnimmt, nach der Methode des aktiven Lesens durchzuarbeiten. Schildern Sie Ihre Erfahrungen.

ZUSAMMENFASSUNG

Anforderungen an die Beschäftigten in der Zukunft

↓

Neben den Fachkenntnissen wird die Beherrschung von Schlüsselqualifikationen immer wichtiger.

↓

Schlüsselqualifikationen ermöglichen eine umfassende Handlungsfähigkeit im Beruf.

↓

Konsequenz: eine Vielzahl von Methoden beherrschen

1.4 Wir reagieren auf bestimmte berufliche Situationen mit sozialer Kompetenz

Einstieg

Carolin Saager und Dominik Schlote fahren gemeinsam am Feierabend nach Hause.

Dominik Schlote:
„Also mit der Katarzyna und dem Volkan kann man ja wirklich gut zusammenarbeiten. Die Erstellung der Referate hat richtig gut geklappt ... Aber die Tamara – na ja, mit der ist es echt nicht einfach ..."

Carolin Saager:
„Ja, das sehe ich auch so. Ich habe auch zufällig mitbekommen – obwohl ich das gar nicht wollte –, dass sich unsere Ausbildungsleiterin Frau Schneider mit Frau Schwab von der Verwaltung, die auch für das Personal zuständig ist, über sie unterhalten hat. Da war irgendwie die Rede vom Fehlen sozialer Kompetenzen ..."

Führen Sie auf, was man bei der Zusammenarbeit mit anderen Mitarbeitern oder mit Vorgesetzten alles falsch machen kann.

INFORMATIONEN

Sozialkompetenz in Ausbildung und Beruf

Im Berufsleben werden von Vorgesetzten und Kollegen nicht nur die fachlichen Leistungen der Mitarbeiter ge- und bewertet. Auftreten und Umgangsformen des Einzelnen werden tagtäglich am Arbeitsplatz (aber natürlich auch an der Berufsschule) wahrgenommen. Als sozialkompetenter Mitarbeiter, der sich in jeder beruflichen Situation angemessen und vorteilhaft benehmen kann, ist man für verantwortungsvolle Aufgaben wie Verhandlungen oder Präsentationen besonders prädestiniert. Ein angenehmes soziales Verhalten am Arbeitsplatz wird sich in jedem Fall auszahlen. So achten einstellende Unternehmen bei neuen Mitarbeitern immer mehr auf das Vorhandensein sozialer Kompetenzen. Darunter versteht man alle Fertigkeiten, die für die soziale Interaktion notwendig oder nützlich sind. Zur Sozialkompetenz gehören:

- **Kommunikationsfähigkeit**
  Dies ist die Fähigkeit, sich mit anderen effektiv und konstruktiv zu verständigen.
- **Kooperationsfähigkeit**
  Ist diese vorhanden, kann wirkungsvoll mit Kollegen und Vorgesetzten, mit Kunden und Lieferanten zusammengearbeitet werden.
- **Konfliktfähigkeit**
  Liegt diese Kompetenz vor, können Konflikte am Arbeitsplatz mit Problemlösungstechniken und -strategien gelöst werden.

Kommunikationsfähigkeit

Zu den wichtigsten Schlüsselqualifikationen gehört es auch, mit anderen gut kommunizieren und zusammenarbeiten zu können. Unternehmen sind angewiesen auf einen optimal funktionierenden Informationsaustausch. Dieser kann sowohl durch innerbetriebliche als auch durch außerbetriebliche Kommunikation erfolgen. Gibt es in der Kommunikation Störungen, so kann dies gewaltige Auswirkungen auf die Geschäftsprozesse des Unternehmens haben.

Einfaches Kommunikationsmodell

Von Kommunikation spricht man, wenn eine Person – der Sender – einer anderen Person – dem Empfänger – eine Nachricht übermittelt. Jeder der beiden verwendet als wichtigstes Kommunikationsmittel die Sprache (Fachausdruck: Code).

Der Sprechende (der Sender) verschlüsselt seine Informationen, Gedanken und Meinungen, die er mitteilen will, mithilfe von Sprache.

Der Hörende (Empfänger) versucht aufgrund der sprachlichen Äußerung des Sprechenden auf das Gemeinte zu schließen. Dies nennt man Dekodieren.

Damit die Kommunikation funktioniert, ist es notwendig, dass der Code des Senders und der Code des Empfängers sich zumindest teilweise decken. In Gesprächen muss der Sender also sicherstellen, dass der jeweilige Empfänger tatsächlich auch das versteht, was der Sender sagen wollte.

BEISPIEL

Ein Verkäufer führt gerade ein Verkaufsgespräch durch. Dazu hat er in der Phase der Bedarfsermittlung (in diesem Fall als Empfänger) die Äußerungen des Kunden (hier der Sender) interpretiert. Nun muss er als Sender in der Phase der Verkaufsargumentation sicherstellen, dass der Kunde als Empfänger die Verkaufsargumente auch so wahrnimmt, wie sie vom Verkäufer gemeint sind.

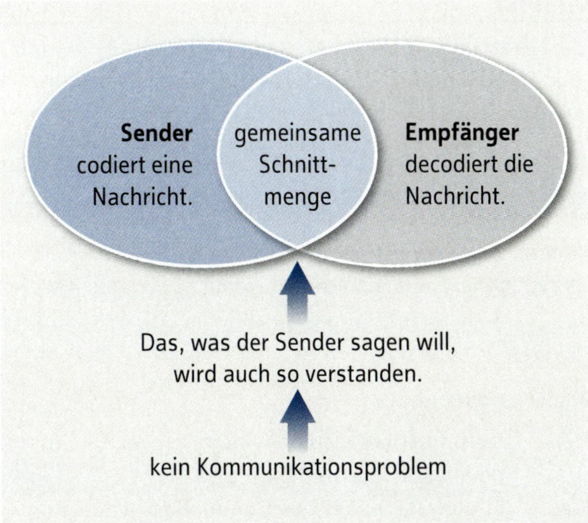

4-Ohren-Modell der Kommunikation

Nach dem 4-Ohren-Modell von Friedemann Schulz von Thun nimmt der Empfänger jede Nachricht auf vier verschiedenen Ebenen wahr:

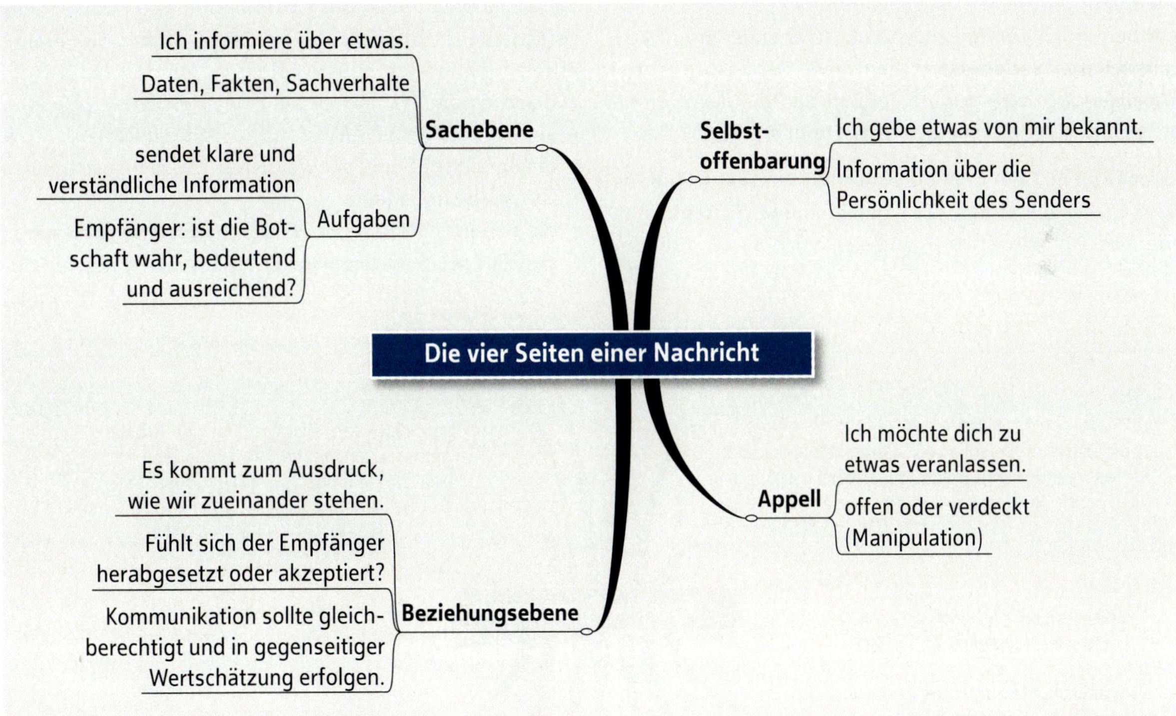

Der Sender schickt vier Botschaften, der Empfänger hört vier Botschaften. Die Qualität der Kommunikation hängt davon ab, wie diese Ebenen zusammenspielen. Jede der vier Botschaften kann vom Sender und/oder dem Empfänger falsch verstanden werden. Kommunikationsprobleme treten also besonders dann auf, wenn der Sender eine Botschaft falsch verpackt oder der Empfänger sie falsch entschlüsselt.

BEISPIEL

Eine Frau fährt Auto, ihr Mann begleitet sie. Es kommt zu folgendem Dialog:
Der Mann (Sender): „Du, die Ampel da vorn ist grün."
Die Frau (Empfänger): „Fährst du oder ich?"

Die vier Botschaften der Nachricht und wie sie aufgefasst werden:

Sachebene:
Mann: „Die Ampel da vorn ist grün."
Frau: „Die Ampel da vorn ist grün."

Selbstoffenbarung:
Mann: „Ich fahre gerne zügig und bin für den Fall der Fälle ja auch reaktionsschnell."
Frau: „Er ist immer so ungeduldig und will unbedingt noch über die Ampel, bevor sie umspringt."

Beziehungsebene:
Mann: „Sie braucht manchmal einen Stupser, um aus den Füßen zu kommen."
Frau: „Er gibt mir immer das Gefühl, dass ich nicht fahren kann."

Appellebene:
Mann: „Drück auf die Tube, damit wir nicht anhalten müssen."
Frau: „Ich soll schneller fahren."

Teamfähigkeit

Vor allem in Teams kommt es auf eine gute Kommunikation an.

Teams werden in der Regel dann gebildet, wenn eine bestimmte Aufgabe erledigt werden muss, die eine Zusammenarbeit von Spezialisten aus verschiedenen Wissensgebieten verlangt. Ein Team stellt somit eine institutionalisierte Arbeitsgruppe auf Zeit dar, die durch einen bestimmten Arbeitsstil gekennzeichnet ist.

Jeder kann mit jedem in persönlichen Kontakt treten, es herrschen nach einiger Zeit gemeinsame Normen – es entsteht ein Wirgefühl – und die einzelnen Mitglieder nehmen unterschiedliche Rollen und damit verschiedenartige Funktionen im Team wahr.

Mit steigender Komplexität des anstehenden Problems steigt die Wichtigkeit der Koordination und Kooperation verschiedener Spezialisten im Team. Damit die Teamarbeit funktioniert, sollten folgende Mindestvoraussetzungen für die Teamarbeit beachtet werden:

- eine gut funktionierende Gruppenkommunikation
- die Bereitschaft und der Wille jedes Einzelnen, sich in der Gruppe zu engagieren
- die Bereitschaft und der Wille jedes Einzelnen, die eigenen Fähigkeiten zu erproben

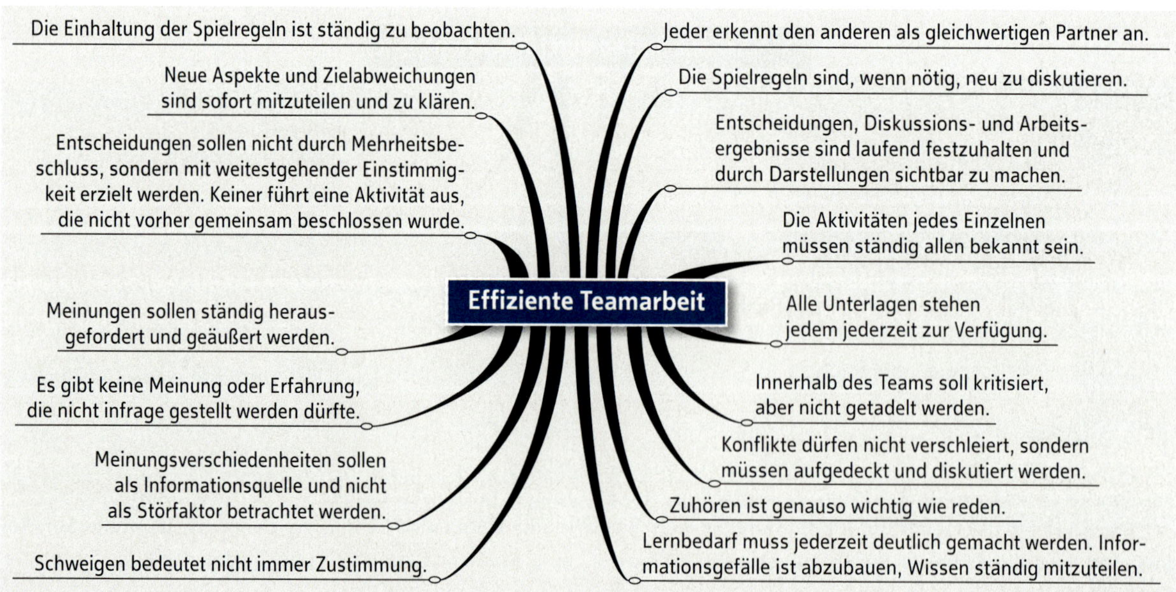

Konfliktfähigkeit

„Wenn zwei Menschen immer wieder die gleichen Ansichten haben, ist einer von ihnen überflüssig!"

Quelle: zitate.at GmbH: Zitate von Sir Winston Spencer Churchill. In: www.zitate.eu. o. ED. https://www.zitate.eu/autor/sir-winston-spencer-churchill-zitate/2732 [17.08.2022].

In Unternehmen treten immer wieder Konflikte auf. Solche Spannungen und Auseinandersetzungen zwischen einzelnen Mitarbeitern, Arbeitsgruppen und Abteilungen können durch wirkungsvolles Konfliktmanagement früher erkennbar, überschaubarer und leichter handhabbar werden.

Konflikte werden oftmals als Störfaktoren gesehen. Aus diesem Grund wird häufig versucht, Konflikte eher zu leugnen und unter den „Teppich zu kehren", als sie zu lösen.

Konflikte und Widerstände können jedoch auch als Motor von Dynamik und Weiterentwicklung gesehen werden: Wo keine Auseinandersetzung stattfindet, gibt es auch keine Veränderung. Das Problematische ist daher nicht der Konflikt selbst, sondern die mangelnde Fähigkeit, ihn vernünftig auszutragen. Im Team sollten die Chancen von Konflikten und Widerständen genutzt werden.

Negative Auswirkungen von Konflikten	Positive Auswirkungen von Konflikten
• Konflikt ist ein Zeitfaktor. • Konflikte vergiften das Arbeitsklima. • Konflikte nehmen die Arbeitsfreude. • Konflikte blockieren die Kreativität. • Konflikte verursachen Kosten.	• Missstände und Missverständnisse werden deutlich. • Ideen und Problemlösungen werden angestoßen. • Verbesserungen werden entwickelt und ausprobiert. • Neue Kommunikationsformen werden gefunden. • „Reinigende Gewitter" klären die Luft.

Ist ein Konflikt festgestellt worden, stehen unterschiedliche Strategien zur Konfliktbewältigung zur Verfügung:

- Um einen Konflikt richtig bewältigen zu können, ist er zunächst einmal gründlich zu analysieren. Es ist festzustellen:
  - Wer ist alles am Konflikt beteiligt?
  - Um welchen Konflikt handelt es sich?
  - Wie wichtig ist die Streitfrage?

  Je früher ein Konflikt erkannt wird, desto besser können Gestaltungs- und Steuerungsmaßnahmen ergriffen werden.
- Nachdem die Konfliktursache festgestellt worden ist, muss entschieden werden, wie man den Konflikt löst. Es gibt dabei drei grundlegende Möglichkeiten:
  - Der Konflikt kann unterdrückt werden.
  - Der Konflikt kann vermieden werden.
  - Der Konflikt kann aktiv angegangen werden.

  Es geht also darum, entweder abzuwarten, was passiert, oder den Konflikt bewusst zu bewältigen.

Der Konflikt sollte nicht nur vom eigenen Standpunkt aus betrachtet werden. Durch einen perspektivischen Wechsel ist ein Verständnis sowohl für die eigene Situation als auch für die Situation des Konfliktpartners zu erreichen.

Vorgehensweise im allgemeinen Konfliktfall	
Wahrnehmen ↓	• Der Konflikt muss natürlich erst einmal erkannt werden. • Welche direkten oder indirekten Parteien befinden sich in welcher Eskalationsstufe? • Wer ist direkt, wer indirekt betroffen und wer fühlt sich betroffen?
Austragen ↓	• Der Konflikt darf nicht verschwiegen, sondern muss offen angegangen werden. • Der Konflikt sollte geregelt ausgetragen werden, sonst besteht die Gefahr der späteren Konfliktsteigerung.
Lösen ↓	• Keine der Parteien sollte mit dem Gefühl der Unterlegenheit aus dem Konflikt hervorgehen. • Eine kooperative Problemlösung sollte angestrebt werden.
Nacharbeiten	• Eine nachträgliche Konfliktanalyse zeigt eventuell ständig bestehendes Konfliktpotenzial oder zumindest Parallelen auf. • Die Parteien müssen sich an die Vereinbarungen halten. • Ein Lerneffekt sollte folgen.

AUFGABEN

1. Was versteht man unter der Sozialkompetenz?
2. Was versteht man unter dem einfachen Kommunikationsmodell?
3. Was muss man aus Sicht des einfachen Kommunikationsmodells in einem Gespräch beachten?
4. Erläutern Sie die vier Seiten einer Nachricht nach dem 4-Ohren-Modell?
5. Die Abteilungsleiterin fragt eine Auszubildende: „Wann sind Sie fertig mit der Arbeit?“ Die Auszubildende nimmt vier Botschaften mit dieser Nachricht wahr:
   a) Beeilen Sie sich!
   b) Diese Auszubildende schafft das nicht. Ich traue ihr das nicht zu.
   c) Wenn die Arbeit nicht fertig wird, bekomme ich als Abteilungsleiterin Ärger.
   d) Sie will wissen, wann ich fertig bin.

   Welche Ebene wird jeweils angesprochen?
6. Unterscheiden Sie Methoden- und Sozialkompetenzen.
7. Was sind die Mindestvoraussetzungen für Teamarbeit?
8. Führen Sie Regeln für eine effiziente Teamarbeit auf.
9. Welche positiven Auswirkungen können Konflikte haben?
10. Wie sollte man bei einem Konflikt vorgehen?
11. Führen Sie negative Auswirkungen von Konflikten auf.

AKTION

Im Showroom der Hoffmann KG sagt der Abteilungsleiter zu einer Mitarbeiterin: „Frau Zahn, da kommt gerade ein Kunde!“

Halten Sie fest, welche vier Botschaften die Aussage des Abteilungsleiters enthalten kann.

ZUSAMMENFASSUNG

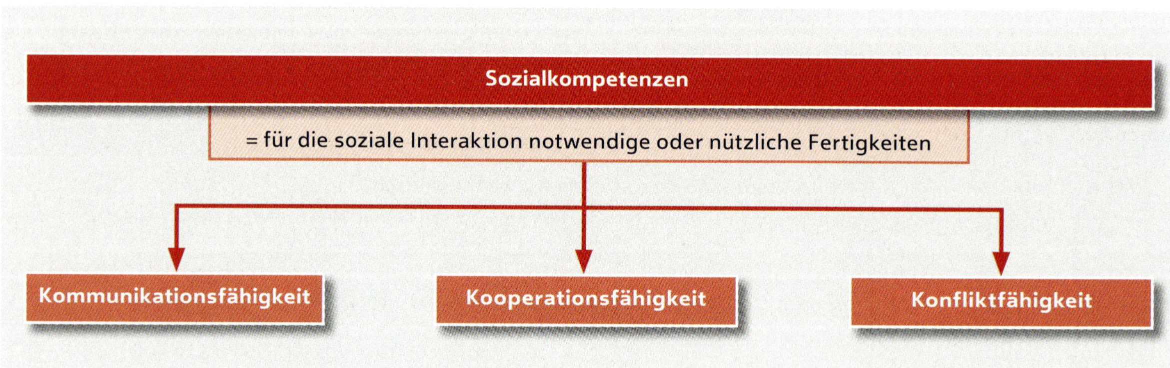

1.5 Wir orientieren uns in der dualen Berufsausbildung

Einstieg

Carolin Saager, Katarzyna Lindemann, Dominik Schlote und Volkan Karaca werden im Stammhaus der Hoffmann KG in Hannover ausgebildet. Außerdem besuchen alle vier zweimal in der Woche die Berufsbildende Schule in Hannover.

1. Begründen Sie, warum die vier Auszubildenden der Hoffmann KG an zwei verschiedenen Lernorten lernen.
2. Stellen Sie fest, wo die Auszubildenden Informationen über Inhalte und Ablauf ihrer Ausbildung zur Kauffrau bzw. zum Kaufmann für Büromanagement finden können.

Im Büro des Ausbildungsbetriebs

In der Klasse der Berufsschule

INFORMATIONEN

Auszubildende werden während ihrer Ausbildung an zwei Lernorten ausgebildet: im Ausbildungsbetrieb und in der Berufsschule. Deshalb nennt man das System der Berufsausbildung in der Bundesrepublik Deutschland auch „duales Berufsausbildungssystem".

Im Ausbildungsbetrieb sollen die Auszubildenden die im Ausbildungsrahmenplan vorgeschriebenen Fähigkeiten und Fertigkeiten lernen und durch praktische Tätigkeit einüben.

In der Berufsschule werden den Auszubildenden allgemeinbildende und berufsbezogene theoretische Lerninhalte vermittelt, die durch Richtlinien der Kultusministerien der Länder vorgeschrieben sind.

Der Berufsschulunterricht kann in Form von Teilzeitunterricht oder als Blockunterricht stattfinden. Wird er in Teilzeitform erteilt, so besuchen die Auszubildenden einmal oder zweimal in der Woche die Berufsschule. An den anderen Arbeitstagen werden die Auszubildenden in ihren Ausbildungsbetrieben ausgebildet.

Beim Blockunterricht besuchen die Auszubildenden an mehreren aufeinanderfolgenden Tagen die Berufsschule (z. B. zwei oder drei Wochen). Anschließend arbeiten sie mehrere Wochen in ihrem Ausbildungsbetrieb, ohne in dieser Zeit die Berufsschule zu besuchen.

Informationen über Inhalte sowie die zeitliche Gliederung der betrieblichen Berufsausbildung in einem staatlich anerkannten Ausbildungsberuf findet man in den Ausbildungsordnungen, die vom Bundesministerium für Wirtschaft oder den sonstigen zuständigen Fachministerien für die einzelnen Ausbildungsberufe erlassen werden.

Die Ausbildungsordnung für den Ausbildungsberuf „Kaufmann/Kauffrau für Büromanagement" enthält das Ausbildungsberufsbild, den Ausbildungsrahmenplan, Angaben zur Ausbildungsdauer und zur Prüfung.

- Das Ausbildungsberufsbild beschreibt die Kenntnisse und Fertigkeiten, die Gegenstand der Berufsausbildung sind.
- Der Ausbildungsrahmenplan regelt die Inhalte der betrieblichen Berufsausbildung verbindlich.
- Die Dauer der Ausbildung beträgt drei Jahre.
- Die Bestimmungen über die Prüfung regeln Art und Inhalt der einzelnen Prüfungsteile.

Die Prüfung wird als sogenannte gestreckte Abschlussprüfung in zwei Teilen durchgeführt. Dabei findet Teil 1 der gestreckten Abschlussprüfung in der Mitte des zweiten Ausbildungsjahres und der 2. Teil der Abschlussprüfung am Ende der Berufsausbildung statt.

Die gestreckte Abschlussprüfung

Prüfungsabschnitt	Bereich	Prüfungsanforderungen	Prüfungsform
Teil 1 zur Mitte des 2. Ausbildungsjahres	Informationstechnisches Büromanagement	Ausbildungsinhalte der ersten 15 Ausbildungsmonate und zu vermittelnder Berufsschulstoff, soweit für die Berufsausbildung wesentlich **Der Prüfling soll nachweisen, dass er** • im Rahmen eines ganzheitlichen Arbeitsauftrags Büro- und Beschaffungsprozesse organisieren und kundenorientiert bearbeiten kann, • unter Anwendung von Textverarbeitung sowie Tabellenkalkulation recherchieren, dokumentieren und kalkulieren kann.	schriftlich computergestützte Bearbeitung berufstypischer Aufgaben Dauer: 120 Min.
Teil 2 gegen Ende des 3. Ausbildungsjahres zur Feststellung der beruflichen Handlungsfähigkeit Fachübergreifende Anforderungen nach der Ausbildungsordnung: Der Prüfling soll in der Abschlussprüfung nachweisen, dass er die erforderlichen beruflichen Fertigkeiten beherrscht, die notwendigen beruflichen Kenntnisse und Fähigkeiten besitzt und mit dem im Berufsschulunterricht zu vermittelnden, für die Berufsausbildung wesentlichen Lehrstoff vertraut ist Gegenstand: Inhalte der gesamten Berufsausbildung und Berufsschulstoff, soweit für die Berufsausbildung wesentlich	1. Kundenbeziehungsprozesse	**Der Prüfling soll nachweisen, dass er** • komplexe Arbeitsaufträge handlungsorientiert bearbeiten kann, • Aufträge kundenorientiert abwickeln kann, • personalbezogene Aufgaben wahrnehmen kann, • Instrumente der kaufmännischen Steuerung fallbezogen einsetzen kann.	schriftlich Bearbeitung berufstypischer Aufgaben Dauer: 150 Min.
	2. Fachaufgabe in der Wahlqualifikation	**Der Prüfling soll nachweisen, dass er** • berufstypische Aufgabenstellungen erfassen, Probleme und Vorgehensweisen erörtern sowie Lösungswege entwickeln, begründen und reflektieren kann, • kunden- und serviceorientiert handeln kann, • betriebspraktische Aufgaben unter Berücksichtigung wirtschaftlicher, ökologischer und rechtlicher Zusammenhänge planen, durchführen und auswerten kann, • Kommunikations- und Kooperationsbedingungen berücksichtigen kann.	praktisch/mündlich fallbezogenes Fachgespräch, eingeleitet durch eine Darstellung des Prüflings Dauer: 20 Min. **Vorbereitung auf das Fachgespräch:** • Durchführung einer betrieblichen Fachaufgabe in beiden Wahlqualifikationen und Dokumentierung in max. dreiseitigen Reporten. Der Prüfungsausschuss wählt eine Fachaufgabe als Grundlage für das Prüfungsgespräch aus. oder • Bearbeitung einer von zwei zur Wahl gestellten Fachaufgaben, die der Prüfungsausschuss vorgibt (Bearbeitungszeit 20 Min.). Grundlage für die Fachaufgaben ist eine der beiden Wahlqualifikationen.
	3. Wirtschafts- und Sozialkunde	**Der Prüfling soll nachweisen, dass er** allgemeine wirtschaftliche und gesellschaftliche Zusammenhänge der Berufs- und Arbeitswelt darstellen und beurteilen kann.	schriftlich Bearbeitung fallbezogener Aufgaben Dauer: 60 Min.

Vgl. Verordnung über die Berufsausbildung zum Kaufmann für Büromanagement und zur Kauffrau für Büromanagement (Büromanagementkaufleute-Ausbildungsverordnung – BüroMKfAusbV) vom 11. Dezember 2013. In:
Bundesgesetzblatt Jahrgang 2013 Teil I Nr. 72, ausgegeben zu Bonn am 17. Dezember 2013, S. 4125ff.

AUFGABEN

1. Erläutern Sie das „duale Berufsausbildungssystem".
2. Wer legt die Inhalte des Berufsschulunterrichts fest?
3. Unterscheiden Sie Teilzeitunterricht und Blockunterricht.
4. Welche berufsbezogenen Unterrichtsfächer werden in der Berufsschule angeboten?
5. Was sollen die Auszubildenden im Ausbildungsbetrieb vor allem lernen?
6. Beantworten Sie folgende Fragen zum Ausbildungsberuf „Kaufmann/Kauffrau für Büromanagement":
   a) Wie lange dauert normalerweise die Ausbildung?
   b) Wann müssen die Auszubildenden Teil 1 der gestreckten Abschlussprüfung ablegen?
   c) Was wird im Teil 1 der gestreckten Abschlussprüfung geprüft?
   d) In welchen Prüfungsbereichen werden die Auszubildenden am Ende ihrer Ausbildung schriftlich geprüft?
   e) Was wird im Rahmen der mündlichen Prüfung geprüft?
7. Welche Teile der Ausbildungsordnung legen die Inhalte der betrieblichen Berufsausbildung fest?

AKTION

- Vergleichen Sie die Inhalte des Ausbildungsrahmenplans mit den Inhalten des Rahmenlehrplans für den Ausbildungsberuf „Kaufmann/Kauffrau für Büromanagement".
- Erarbeiten Sie in der Gruppe inhaltliche Gemeinsamkeiten und Unterschiede der Ausbildung im Ausbildungsbetrieb und in der Berufsschule.
- Benutzen Sie dazu den Ausbildungsrahmenplan und den Rahmenlehrplan für den Ausbildungsberuf „Kaufmann/Kauffrau für Büromanagement" als Informationsquellen.
- Präsentieren Sie die Gemeinsamkeiten und die Unterschiede mit einem Plakat.

ZUSAMMENFASSUNG

System der dualen Berufsausbildung

Ausbildungsbetrieb
- überwiegend praktische Ausbildung
- berufsbezogene Ausbildungsinhalte
- Ausbildungsinhalte sind durch den Ausbildungsrahmenplan vorgeschrieben.

Berufsschule
- überwiegend theoretische Ausbildung
- Unterricht in berufsbezogenen und allgemeinbildenden Unterrichtsfächern
- Unterrichtsinhalte sind durch Richtlinien der Kultusministerien vorgeschrieben.

1.6 Wir verstehen Rechte und Pflichten der Auszubildenden

Einstieg

Die Hoffmann KG hat mit Carolin Saager, Katarzyna Lindemann, Dominik Schlote und Volkan Karaca einen Ausbildungsvertrag über die Ausbildung zur Kauffrau bzw. zum Kaufmann für Büromanagement abgeschlossen.

Stellen Sie fest, welche Pflichten Carolin Saager, Katarzyna Lindemann, Dominik Schlote und Volkan Karaca und die Hoffmann KG mit Abschluss des Ausbildungsvertrags übernommen haben.

INFORMATIONEN

Das Berufsbildungsgesetz enthält die wichtigsten Bestimmungen über die Berufsausbildung. Es regelt den Abschluss von Berufsausbildungsverträgen, die Pflichten von Ausbildenden und Auszubildenden, die Dauer der Probezeit sowie Kündigung und Beendigung des Ausbildungsverhältnisses.

Abschluss des Berufsausbildungsvertrags

Der Ausbildungsvertrag wird zwischen dem Ausbildenden (= Inhaber des Ausbildungsbetriebs) und dem Auszubildenden abgeschlossen.

Ist der Auszubildende noch keine 18 Jahre alt, so muss ein Erziehungsberechtigter (Vater, Mutter oder Vormund) den Ausbildungsvertrag mit unterschreiben.

Der abgeschlossene Ausbildungsvertrag wird anschließend der zuständigen Industrie- und Handelskammer (IHK) oder Handwerkskammer vorgelegt. Die IHK oder Handwerkskammer prüft, ob die Inhalte des Ausbildungsvertrags den gesetzlichen Bestimmungen entsprechen, und trägt das Ausbildungsverhältnis in ein Verzeichnis der Berufsausbildungsverhältnisse ein. Sie wacht darüber, dass ordnungsgemäß ausgebildet wird.

Pflichten des Ausbildenden

1. Ausbildungspflicht	Der Ausbildende muss dafür sorgen, dass dem Auszubildenden die Kenntnisse und Fertigkeiten vermittelt werden, die zum Erreichen des Ausbildungsziels erforderlich sind.
2. Bereitstellung von Ausbildungsmitteln	Der Ausbildende muss Ausbildungsmittel, die für die betriebliche Ausbildung erforderlich sind, kostenlos zur Verfügung stellen.
3. Freistellung für den Berufsschulunterricht	Der Ausbildende muss den Auszubildenden zum Besuch der Berufsschule anhalten und freistellen. Auszubildenden müssen freigestellt werden: – für die Teilnahme am Berufsschulunterricht, an einem Berufsschultag mit mehr als fünf Unterrichtsstunden von je mindestens 45 Minuten, einmal in der Woche, – in Berufsschulwochen mit einem planmäßigen Blockunterricht von 25 oder mehr Stunden an mindestens fünf Tagen sowie – an dem Arbeitstag unmittelbar vor dem Tag der schriftlichen Abschlussprüfung. Dabei spielt es keine Rolle, ob der Auszubildende jugendlich oder volljährig ist. Beginnt der Berufsschulunterricht vor 9 Uhr, darf ein Auszubildender nicht mehr vorher in seinem Betrieb beschäftigt werden.
4. Sorgepflicht	Der Ausbildende darf dem Auszubildenden nur Tätigkeiten übertragen, die dem Ausbildungszweck dienen und seinen körperlichen Kräften angemessen sind. Der Auszubildende darf keinen gesundheitlichen und sittlichen Gefahren ausgesetzt werden.

5. Vergütungspflicht	Der Ausbildende muss dem Auszubildenden eine angemessene Vergütung bezahlen. Für Auszubildende, deren Ausbildung im Jahr 2022 beginnt, muss diese Vergütung im ersten Ausbildungsjahr mindestens 585,00 € betragen (Mindestausbildungsvergütung). Diese Mindestausbildungsvergütung erhöht sich im zweiten Ausbildungsjahr um 18 Prozent und im dritten Ausbildungsjahr um 35 Prozent. Für Ausbildungen, die 2023 beginnen, steigt die Mindestausbildungsvergütung im ersten Ausbildungsjahr auf 620,00 €. In den darauffolgenden Jahren werden die Mindestausbildungsvergütungen jährlich an die durchschnittliche Entwicklung aller Ausbildungsvergütungen angepasst.

Pflichten des Auszubildenden

1. Lernpflicht	Der Auszubildende muss sich bemühen, die notwendigen Kenntnisse und Fertigkeiten zu erwerben, die erforderlich sind, um das Ausbildungsziel zu erreichen.
2. Befolgung von Weisungen	Der Auszubildende muss die Weisungen befolgen, die ihm im Rahmen der Berufsausbildung vom Ausbildenden, vom Ausbilder oder anderen Weisungsberechtigten (z. B. dem Abteilungsleiter) erteilt werden.
3. Besuch der Berufsschule	Der Auszubildende muss am Berufsschulunterricht teilnehmen.
4. Führen des Berichtsheftes	Der Auszubildende muss ein vorgeschriebenes Berichtsheft führen und regelmäßig vorlegen.
5. Einhaltung der Betriebsordnung	Der Auszubildende muss die für die Ausbildungsstätte geltende Ordnung einhalten.
6. Schweigepflicht	Der Auszubildende muss über Betriebs- und Geschäftsgeheimnisse Stillschweigen bewahren.

Probezeit

Das Berufsausbildungsverhältnis beginnt mit der Probezeit. Sie muss mindestens einen Monat und darf höchstens vier Monate betragen.

Kündigung des Berufsausbildungsverhältnisses

Während der Probezeit kann das Berufsausbildungsverhältnis vom Auszubildenden oder vom Ausbildenden ohne Einhaltung einer Kündigungsfrist und ohne Angabe von Gründen gekündigt werden.

Nach Ablauf der Probezeit kann das Berufsausbildungsverhältnis nur gekündigt werden:

- aus einem wichtigen Grund ohne Einhaltung einer Kündigungsfrist,
- vom Auszubildenden mit einer Kündigungsfrist von vier Wochen, wenn er die Berufsausbildung aufgeben oder sich für eine andere Berufstätigkeit ausbilden lassen will.

Ende des Berufsausbildungsverhältnisses

Das Berufsausbildungsverhältnis endet mit Ablauf der vorgeschriebenen Ausbildungszeit. Besteht der Auszubildende die Abschlussprüfung vor Ablauf der vereinbarten Ausbildungszeit, so endet das Ausbildungsverhältnis mit dem Bestehen der Abschlussprüfung.
Besteht der Auszubildende die Abschlussprüfung nicht, so verlängert sich das Ausbildungsverhältnis auf Wunsch des Auszubildenden bis zur nächstmöglichen Wiederholungsprüfung, höchstens um ein Jahr.

Wird der Auszubildende im Anschluss an das Berufsausbildungsverhältnis weiterbeschäftigt, ohne dass hierüber ausdrücklich etwas vereinbart wurde, so gilt er als auf unbestimmte Zeit angestellt.

AUFGABEN

1. Zwischen welchen Personen wird ein Ausbildungsvertrag abgeschlossen?
2. Wer überwacht die ordnungsgemäße Durchführung der Berufsausbildung?
3. Beurteilen Sie folgende sieben Fälle:
   a) Kirsten Lange meint, nach zehn Schuljahren genug gelernt zu haben. Sie bittet ihren Ausbilder, sie vom Berufsschulbesuch freizustellen.
   b) Vor seinen Freunden prahlt ein Auszubildender damit, welche Geldbeträge jeden Abend in der Firmenkasse seien.
   c) Ein Autohändler untersagt wegen der vielen Arbeit vor Weihnachten seinem Auszubildenden den Berufsschulbesuch.
   d) Herr Carstens erklärt sich nach langem Bitten des Ehepaars Jansen bereit, deren Tochter Anna in seinem Betrieb auszubilden. Da er aber eigentlich keinen Auszubildenden benötigt, will er keine Ausbildungsvergütung bezahlen.
   e) In einem Berufsausbildungsvertrag ist eine Probezeit von vier Monaten vereinbart. Nach zwei Monaten kündigt der Auszubildende fristlos.
   f) Maren Ludwig gefällt die Ausbildung zur Kauffrau für Büromanagement nicht mehr. Sie möchte daher ihr Ausbildungsverhältnis nach nunmehr sechs Monaten fristlos kündigen.
   g) Nach sechs Monaten kündigt ein Ausbildender fristlos mit der Begründung: „Die Leistungen reichen nicht aus."

AKTIONEN

1. Informieren Sie Ihre Mitschülerinnen und Mitschüler über die Dauer der Ausbildung zur Kauffrau bzw. zum Kaufmann für Büromanagement und über die Rechte der Auszubildenden während der Ausbildung. Entnehmen Sie die dafür notwendigen Informationen aus einem Ausbildungsvertragsmuster.
2. a) Führen Sie eine Internetrecherche über das Berichtsheft durch. Eine gute Adresse dafür ist u. a. *https://www.ausbildung.de/ratgeber/berichtsheft/*.
   b) Halten Sie die Ergebnisse in einer Mindmap fest.
   c) Bereiten Sie sich darauf vor, Ihre Ergebnisse zu präsentieren.

ZUSAMMENFASSUNG

Ausbildender → **Ausbildungsvertrag** ← **Auszubildender**

regelt unter anderem

Pflichten des Ausbildenden
- Ausbildungspflicht
- Pflicht, den Auszubildenden für den Berufsschulbesuch freizustellen
- Vergütungspflicht
- Sorgepflicht
- Bereitstellung von Arbeitsmitteln

Pflichten des Auszubildenden
- Lernpflicht
- Pflicht zum Besuch der Berufsschule
- Einhalten der Betriebsordnung
- Schweigepflicht
- Befolgen von Weisungen
- Führen des Berichtsheftes

Kündigung
- innerhalb der Probezeit (ein bis vier Monate) sofort ohne Angabe von Gründen
- nach der Probezeit: durch den Ausbildenden nur noch aus wichtigem Grund, durch den Auszubildenden fristlos aus wichtigem Grund oder mit vierwöchiger Kündigungsfrist bei Berufswechsel oder Aufgabe der Berufsausbildung

1.7 Wir informieren uns über die Bestimmungen des Jugendarbeitsschutzgesetzes

Einstieg

Während der Mittagspause unterhält sich die Vorsitzende der Jugend- und Auszubildendenvertretung der Hoffmann KG mit Katarzyna Lindemann und Dominik Schlote:

„Da ihr beide noch keine achtzehn Jahre alt seid, gelten für euch im Betrieb besondere Schutzvorschriften. Seid ihr darüber informiert?"

„Ja, na klar, das Jugendarbeitsschutzgesetz. Da steht alles genau drin: Arbeitszeit, Pausen und so."

Stellen Sie die entsprechenden Regelungen des Jugendarbeitsschutzgesetzes in einer Übersicht zusammen.

INFORMATIONEN

Das Jugendarbeitsschutzgesetz (JArbSchG) soll jugendliche Arbeitnehmerinnen, Arbeitnehmer und Auszubildende vor Überforderungen im Berufsleben schützen. Es gilt für 14- bis 17-jährige Personen.

Arbeitszeitregelungen

Die wöchentliche Arbeitszeit darf 40 Stunden pro Woche nicht überschreiten. Jugendliche dürfen nur an fünf Tagen in der Woche beschäftigt werden.

Die regelmäßige tägliche Arbeitszeit beträgt 8 Stunden. Sie darf auf 8,5 Stunden erhöht werden, wenn dadurch die wöchentliche Arbeitszeit von 40 Stunden nicht überschritten wird.

Jugendliche dürfen frühestens um 6 Uhr mit der Arbeit beginnen und nach 20 Uhr nicht mehr beschäftigt werden. Ausnahmen von dieser Regelung sind für das Gaststätten- und Schaustellergewerbe, mehrschichtige Betriebe, die Landwirtschaft, Bäckereien und Konditoreien vorgesehen. In Bäckereien und Konditoreien dürfen über 16-Jährige ab 5 Uhr beschäftigt werden. Über 17-Jährige dürfen in Bäckereien ab 4 Uhr arbeiten.

Bis auf wenige Ausnahmen (z. B. Beschäftigung im Gaststättengewerbe und in Krankenanstalten sowie Alten-, Pflege- und Kinderheimen) dürfen Jugendliche nicht an Sonntagen beschäftigt werden.

An Samstagen dürfen Jugendliche nur

- in Krankenanstalten sowie in Alten-, Pflege- und Kinderheimen,
- in offenen Verkaufsstellen, Betrieben mit offenen Verkaufsstellen,
- in Bäckereien und Konditoreien,
- im Friseurhandwerk,
- im Marktverkehr,
- im Verkehrswesen,
- in Landwirtschaft und Tierhaltung,
- im Familienhaushalt,
- im Gaststätten- und Schaustellergewerbe,
- bei Musikaufführungen, Theatervorstellungen und anderen Vorführungen,
- bei Aufnahmen im Hörfunk und Fernsehen, auf Ton- und Bildträgern sowie bei Film- und Fotoaufnahmen,
- bei außerbetrieblichen Ausbildungsmaßnahmen,
- beim Sport,
- im ärztlichen Notdienst,
- in Reparaturwerkstätten für Kraftfahrzeuge

beschäftigt werden.

Pausen

Bei einer täglichen Arbeitszeit von mehr als 4,5 Stunden müssen Jugendlichen mindestens 30 Minuten Pause gewährt werden. Bei mehr als 6 Stunden sind es mindestens 60 Minuten.

Die Pausen werden nicht auf die tägliche Arbeitszeit angerechnet. Eine Pause muss mindestens 15 Minuten lang sein. Jugendliche dürfen nicht länger als 4,5 Stunden ohne Ruhepause beschäftigt werden.

Urlaub

15-jährige Jugendliche haben einen Anspruch auf 30 Werktage Urlaub im Jahr. Für 16-jährige Arbeitnehmerinnen, Arbeitnehmer und Auszubildende sieht das Jugendarbeitsschutzgesetz 27 Werktage und für 17-jährige Beschäftigte 25 Werktage Jahresurlaub vor. Werktage sind alle Wochentage außer Sonntag.

Anrechnung des Berufsschulbesuchs auf die Arbeitszeit

Beginnt der Berufsschulunterricht vor 9 Uhr, dürfen Jugendliche vorher nicht mehr im Ausbildungsbetrieb beschäftigt werden. Dies gilt auch für Personen, die über 18 Jahre alt und noch berufsschulpflichtig sind.

Jugendliche sind an einem Tag in der Woche den ganzen Tag von der Arbeit befreit, wenn sie an diesem Tag mehr als fünf Unterrichtsstunden die Berufsschule besuchen. Dieser Berufsschultag wird mit acht Stunden auf die wöchentliche Arbeitszeit angerechnet.

Für einen zweiten Berufsschultag gilt diese Regelung nicht. Dieser zweite Berufsschultag wird auf die wöchentliche Arbeitszeit nur mit den Stunden angerechnet, die der Auszubildende in der Berufsschule verbringen musste (Unterrichtsstunden + Pausen).

Beschäftigungsverbote

Jugendliche unter 15 Jahren dürfen nur in einem Ausbildungsverhältnis beschäftigt werden. Akkordarbeit wird für Jugendliche durch das Jugendarbeitsschutzgesetz untersagt. Außerdem dürfen Jugendliche nicht mit Arbeiten betraut oder an Orten beschäftigt werden, die eine sittliche Gefährdung darstellen.

Gesundheitsgefährdende Arbeiten sind für Jugendliche unter 16 Jahren grundsätzlich verboten. Für 16- und 17-jährige Beschäftigte sind gesundheitsgefährdende Arbeiten nur dann erlaubt, wenn im Rahmen der Ausbildung nicht auf sie verzichtet werden kann.

Gesundheitliche Betreuung

Vor Beginn einer Ausbildung müssen alle Jugendlichen von einem Arzt untersucht worden sein. Die Untersuchung darf nicht länger als 14 Monate zurückliegen (Erstuntersuchung). Nach dem 1. Ausbildungsjahr müssen sich alle Jugendlichen einer 1. Nachuntersuchung unterziehen (Pflichtuntersuchung). Weitere Nachuntersuchungen sind freiwillig.

AUFGABEN

1. Für welche Personen gilt das Jugendarbeitsschutzgesetz?
2. Ein Jugendlicher arbeitet 7,5 Stunden am Tag. Wie viel Minuten Pause stehen ihm zu?
3. Wie viel Stunden dürfen Jugendliche täglich höchstens arbeiten?
4. Wie viel Stunden dürfen Jugendliche wöchentlich höchstens arbeiten?
5. Wie viel Werktage Jahresurlaub stehen einer 16-jährigen Auszubildenden nach dem Jugendarbeitsschutzgesetz zu?
6. Eine 17-jährige Auszubildende soll an der Inventur in einer Elektrogroßhandlung teilnehmen. Bis wie viel Uhr darf sie höchstens im Betrieb beschäftigt werden?
7. Eine 16-jährige Auszubildende besucht an zwei Tagen in der Woche die Berufsschule. Am 1. Berufsschultag werden sechs Unterrichtsstunden in der Zeit von 07:45 Uhr bis 12:45 Uhr erteilt. Am 2. Berufsschultag hat sie von 07:45 Uhr bis 11:00 Uhr vier Unterrichtsstunden. Mit wie viel Stunden wird der Berufsschulbesuch auf die wöchentliche Arbeitszeit angerechnet?
8. Für welche Arbeiten dürfen Jugendliche nicht eingesetzt werden?
9. An wie viel Pflichtuntersuchungen müssen Jugendliche teilnehmen?

AKTIONEN

1. Sammeln Sie in Ihrer Klasse Gründe für die Notwendigkeit des Jugendarbeitsschutzgesetzes. Verwenden Sie dazu die Methode der Kartenabfrage.
2. Der Abteilungsleiter von Dominik Schlote möchte für Dominik einen Wocheneinsatzplan aufstellen. Stellen Sie den betrieblichen Wocheneinsatzplan auf. Berücksichtigen Sie dabei folgende Punkte:
   - Die Filiale Hannover der Hoffmann KG ist von Montag bis Freitag von 07:00 Uhr bis 20:00 Uhr geöffnet.
   - Dominik hat am Mittwoch von 08:00 Uhr bis 14:45 Uhr und am Freitag von 08:00 Uhr bis 13:00 Uhr Berufsschulunterricht.
   - Dominik ist 16 Jahre alt.

ZUSAMMENFASSUNG

Jugendarbeitsschutzgesetz

gilt für 14- bis 17-jährige Jugendliche; enthält Regeln über:

Arbeitszeit und Freizeit

- tägliche Arbeitszeit: bis 8,5 Stunden
- wöchentliche Arbeitszeit: 40 Stunden
- 5-Tage-Woche
- Berufsschule: arbeitsfrei an einem Tag der Woche nach mehr als 5 Unterrichtsstunden
- Ruhepausen: 4,5 bis 6 Stunden = 30 Minuten
mehr als 6 Stunden = 60 Minuten
- keine Sonntagsarbeit
- Samstagsarbeit: Mindestens zwei Samstage sollen arbeitsfrei bleiben.
- Nachtruhe: normalerweise 20:00 Uhr bis 06:00 Uhr

Urlaub

- 30 Werktage für 15-Jährige
- 27 Werktage für 16-Jährige
- 25 Werktage für 17-Jährige

Beschäftigungsverbote und -beschränkungen

- gesundheitsgefährdende Arbeiten
- Akkordarbeit
- Arbeiten, die die Leistungsfähigkeit der Jugendlichen überschreiten
- Arbeiten, bei denen Jugendliche sittlichen Gefährdungen ausgesetzt sind

gesundheitliche Betreuung

- Erstuntersuchung
- erste Nachuntersuchung
- weitere freiwillige Nachuntersuchungen

1.8 Wir erkennen die Bedeutung von Tarifverträgen

Einstieg

In ihrem Ausbildungsvertrag liest Carolin Saager, dass für die Höhe ihrer Ausbildungsvergütung der jeweils gültige Tarifvertrag des Großhandels maßgebend ist.

1. Stellen Sie fest, welche Ausbildungsvergütung einer Auszubildenden zur Kauffrau für Büromanagement im 1. Ausbildungsjahr laut gültigem Tarifvertrag zusteht.
2. Erläutern Sie den Einfluss tarifvertraglicher Regelungen auf die Ausbildung von Carolin Saager.

INFORMATIONEN

Tarifparteien

Zwischen Gewerkschaften und Arbeitgeberverbänden oder einzelnen Arbeitgebern – den sogenannten Tarifparteien – werden die Höhe von Löhnen und Gehältern, Arbeitszeit, Urlaub, Arbeitsbedingungen und anderes mehr ausgehandelt. Die Ergebnisse dieser Verhandlungen werden in Tarifverträgen festgehalten. Tarifverträge zwischen Gewerkschaften und Arbeitgeberverbänden werden als **Flächentarifverträge**, Tarifverträge zwischen Gewerkschaften und einzelnen Arbeitgebern als **Haustarifverträge** bezeichnet. Die Gewerkschaften und die Arbeitgeberverbände bzw. einzelnen Arbeitgeber haben das Recht, diese Tarifverträge ohne Einmischung des Staates auszuhandeln. Dieses Recht wird als **Tarifautonomie** bezeichnet.

Gewerkschaften

In der Bundesrepublik Deutschland haben sich annähernd acht Millionen Arbeitnehmer in Gewerkschaften zusammengeschlossen. Gewerkschaften sind Selbsthilfeorganisationen der Arbeitnehmer, die sich für die Verbesserung der Situation der arbeitenden Menschen einsetzen. Die Mitgliedschaft in einer Gewerkschaft ist freiwillig. Der größte Gewerkschaftsdachverband ist der Deutsche Gewerkschaftsbund (DGB). Im Rahmen dieses Dachverbands vertritt z.B. die Gewerkschaft ver.di die Interessen der Arbeitnehmer im Handel, im Bankwesen, in Versicherungsbetrieben, im öffentlichen Dienst und im Transportgewerbe.

Arbeitnehmer können sich aber auch im Christlichen Gewerkschaftsbund (CGB) organisieren.

Arbeitgeberverbände

Die Arbeitgeber haben sich in Arbeitgeberverbänden zusammengeschlossen. Der Bundesvereinigung der Deutschen Arbeitgeberverbände gehören direkt oder indirekt über 88 Einzelverbände an. Auch die Mitgliedschaft in Arbeitgeberverbänden ist freiwillig.

Ablauf von Tarifverhandlungen

Zu Beginn der Tarifverhandlungen zwischen Gewerkschaften und Arbeitgeberverbänden stellen die Gewerkschaften ihre Forderungen auf. Die Arbeitgeber machen ein Angebot, das niedriger ist als die Gewerkschaftsforderungen. Im Laufe der Verhandlungen versucht man einen Kompromiss zu erreichen, dem beide Tarifparteien zustimmen können. Kommt es zu keiner Einigung, können die Tarifparteien das Scheitern der Tarifverhandlungen erklären. Lässt eine der Tarifparteien die Verhandlungen scheitern, so schließt sich ein **Schlichtungsverfahren** nur dann an, wenn dieses zwischen den Tarifparteien zuvor in einem Abkommen vereinbart worden ist. An dem Schlichtungsverfahren nehmen die gleiche Anzahl Gewerkschafts- und Arbeitgebervertreter teil. Die Schlichtung wird von einem unparteiischen Vorsitzenden geleitet. Am Ende der Schlichtung steht ein mehrheitlich gefasster Einigungsvorschlag. Stimmen beide Tarifparteien dem Einigungsvorschlag zu, wird dieser als neuer Tarifvertrag abgeschlossen. Wird der Einigungsvorschlag von einer der beiden Tarifparteien abgelehnt, beginnt entweder eine neue Schlichtungsrunde oder es kommt zum **Arbeitskampf.**

Die Arbeitskampfmaßnahme der Gewerkschaften ist der **Streik.** Bei einem Streik legen die gewerkschaftlich organisierten Arbeitnehmer für einen vorübergehenden Zeitraum die Arbeit nieder. Bevor die Gewerkschaft einen Streik erklärt, stellt sie die Streikbereitschaft durch eine Abstimmung unter ihren Mitgliedern fest. Diese Abstimmung wird als **Urabstimmung** bezeichnet. Die Gewerkschaft ruft offiziell zum Streik auf, wenn bei der Urabstimmung mindestens 75 % der Gewerkschaftsmitglieder für einen Streik gestimmt haben. Ein Streik kann auf einzelne Betriebe beschränkt sein, aber auch ganze Wirtschaftszweige, z. B. alle Maschinenbaubetriebe, umfassen. Ziel des Streiks ist es, durch Produktionsausfall oder Umsatzeinbußen die Arbeitgeber zu zwingen, auf die Forderungen der Gewerkschaften einzugehen.

Die Arbeitskampfmaßnahme der Arbeitgeber ist die **Aussperrung.** Als Reaktion auf einen Streik verweigern die Arbeitgeber gewerkschaftlich organisierten und nicht organisierten Arbeitnehmern die Möglichkeit zu arbeiten.

Während des Arbeitskampfs erhalten die Arbeitnehmer weder Gehalt, Urlaub noch Gehaltsfortzahlung im Krankheitsfall. Die gewerkschaftlich organisierten Arbeitnehmer erhalten jedoch Streikgeld von ihrer Gewerkschaft. Die Höhe des Streikgelds richtet sich nach dem monatlichen Gewerkschaftsbeitrag des Einzelnen. Arbeitnehmer, die nicht in einer Gewerkschaft organisiert sind, bekommen kein Streikgeld. Die bestreikten Arbeitgeber werden aus dem Arbeitskampffonds ihres Arbeitgeberverbands unterstützt.

Der Arbeitskampf wird beendet, wenn sich die beiden Tarifparteien in neuen Verhandlungen oder im Rahmen eines besonderen Schlichtungsverfahrens einigen. Es kommt zu einem neuen Tarifvertrag, wenn beide Seiten der in der Verhandlung oder dem Schlichtungsverfahren erzielten Einigung zustimmen. Aufseiten der Gewerkschaften müssen dazu in einer erneuten Urabstimmung mindestens 25 % der Gewerkschaftsmitglieder zustimmen.

Solange der neue Tarifvertrag gültig ist, besteht für die beiden Tarifparteien **Friedenspflicht**, d. h., dass während der Gültigkeitsdauer des Tarifvertrags von den vertragsschließenden Gewerkschaften und Arbeitgeberverbänden keine Arbeitskampfmaßnahmen (Streik und Aussperrung) durchgeführt werden dürfen.

Bindung des Tarifvertrags

Tarifverträge gelten nur für die Mitglieder der Tarifparteien (Gewerkschaften und Arbeitgeberverbände). Auf Antrag einer Tarifpartei kann das Bundesministerium für Arbeit einen Tarifvertrag auch für **allgemein verbindlich** erklären. Damit ist der Tarifvertrag dann auch für nicht organisierte Arbeitgeber und Arbeitnehmer gültig.

Inhalt der Tarifverträge

Nach dem Inhalt werden Mantel- oder Rahmentarifverträge und Lohn- und Gehaltstarifverträge unterschieden:

- **Manteltarifverträge**
  Manteltarifverträge – auch Rahmentarifverträge genannt – regeln allgemeine Arbeitsbedingungen, wie z. B. Kündigungsfristen, Urlaubsregelungen, Dauer der täglichen und wöchentlichen Arbeitszeit, Nachtarbeit, Mehrarbeit, Sonn- und Feiertagszulagen, Vorschrift über Schlichtungsverfahren.

- **Entgelttarifverträge**
  In Entgelttarifverträgen sind die getroffenen Vereinbarungen über Lohn- und Gehaltshöhen enthalten. In diesen Verträgen werden sehr häufig Tätigkeitsmerkmale für verschiedene Lohn- und Gehaltsgruppen beschrieben, nach denen die Arbeitnehmer eingruppiert werden.

Die Bestimmungen der Tarifverträge sind Mindestbedingungen. Abmachungen in Einzelarbeitsverträgen zwischen Arbeitgeber und Arbeitnehmer dürfen die Normen des Tarifvertrags nicht unterschreiten. Die Vereinbarungen im Einzelarbeitsvertrag dürfen den Arbeitnehmer jedoch besserstellen, als es die Bestimmungen des Tarifvertrags regeln.

Zwischen den Tarifparteien können auch **Rationalisierungsschutzabkommen** abgeschlossen werden. Rationalisierungsschutzabkommen regeln Versetzungen und Umschulungen bei Personalabbau und die Zahlung von Abfindungen bei unvermeidbaren Kündigungen durch den Arbeitgeber.

AUFGABEN

1. Wer sind die beiden Tarifparteien?
2. Für wen gelten die Bestimmungen eines Tarifvertrags, wenn er nicht für allgemein verbindlich erklärt wurde?
3. Wer darf Tarifverträge für allgemein verbindlich erklären?
4. Beschreiben Sie den möglichen Ablauf von Tarifverhandlungen.

AKTIONEN

1. Erstellen Sie eine Übersicht über die Arbeitszeit-, Pausen- und Urlaubsregelungen des zurzeit für Sie maßgeblichen Tarifvertrags.
2. Bei Tarifverhandlungen versuchen Gewerkschaften, möglichst hohe Gehaltserhöhungen zu erreichen. Die Arbeitgeber versuchen hingegen, möglichst geringe Gehaltssteigerungen zu erreichen.

   Sammeln Sie Argumente für und gegen Gehaltserhöhungen.

   Bilden Sie dazu in Ihrer Klasse zwei Gruppen:

   a) Gruppe 1 sammelt Argumente für Gehaltserhöhungen.
   b) Gruppe 2 sammelt Argumente gegen Gehaltserhöhungen.

   Präsentieren Sie die Argumente in Ihrer Klasse mit einem Visualisierungsmittel Ihrer Wahl.

ZUSAMMENFASSUNG

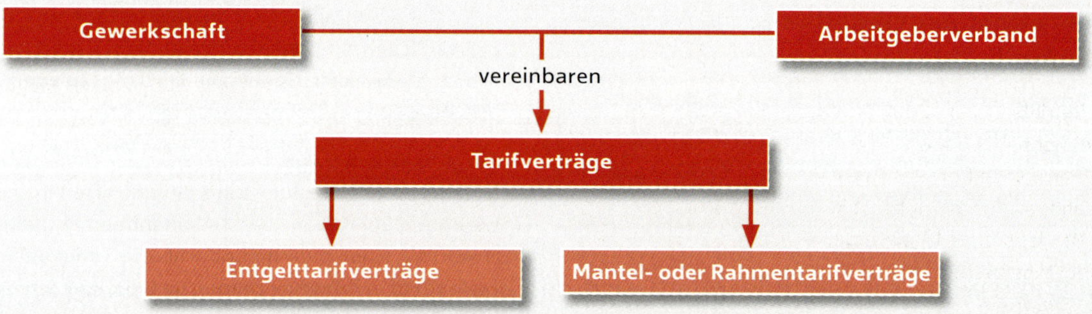

- Bei Tarifverhandlungen ist die Tarifautonomie gewährleistet.
- Arbeitskampfmaßnahmen sind Streik und Aussperrung.
- Tarifverträge sind Kollektivverträge: Grundsätzlich gelten die Bestimmungen nur für Mitglieder der beteiligten Tarifparteien.
- Durch eine Allgemeinverbindlichkeitserklärung des zuständigen Arbeitsministers wird der Tarifvertrag für alle Arbeitnehmer und Arbeitgeber der betroffenen Branche gültig.
- Während der Laufzeit des Tarifvertrags gilt für die Tarifparteien die Friedenspflicht.

1.9 Wir nutzen Möglichkeiten der innerbetrieblichen Mitbestimmung

Einstieg

Der Vorsitzende des Betriebsrats und die Vorsitzende der Jugend- und Auszubildendenvertretung der Hoffmann KG begrüßen die neuen Auszubildenden:

„Liebe Kolleginnen und Kollegen, wir freuen uns, dass Sie eine Ausbildung in unserem Unternehmen begonnen haben. Wir möchten uns Ihnen heute als Ihre Arbeitnehmerinnen- und Arbeitnehmervertreter vorstellen. Wann immer Sie Fragen zu Ihrer Ausbildung haben oder Hilfe und Unterstützung brauchen, kommen Sie zu uns. Sie finden uns während der angegebenen Sprechzeiten im Betriebsratsbüro."

Stellen Sie fest, welche Aufgaben der Betriebsrat und die Jugend- und Auszubildendenvertretung haben.

INFORMATIONEN

Im Betriebsverfassungsgesetz von 1972 sind die Mitwirkungs- und Mitbestimmungsrechte des Betriebsrats, der Jugend- und Auszubildendenvertretung und der einzelnen Arbeitnehmer in Betrieben der Privatwirtschaft geregelt. Die Mitbestimmungs- und Mitwirkungsrechte der Arbeitnehmer im öffentlichen Dienst sind im Bundespersonalrätegesetz und in den Personalvertretungsgesetzen der Länder festgelegt.

Betriebsrat

Wahl des Betriebsrats

Der Betriebsrat ist die wichtigste Interessenvertretung der Arbeitnehmer in einem Betrieb. Er wird von allen Arbeitnehmern eines Betriebs, die mindestens 16 Jahre alt sind, gewählt. In den Betriebsrat können alle Arbeitnehmer eines Betriebs über 18 Jahre gewählt werden, wenn sie seit mindestens sechs Monaten in diesem Betrieb beschäftigt sind. Die Amtsdauer des Betriebsrats beträgt vier Jahre. Betriebsräte dürfen in allen Betrieben gewählt werden, die mindestens fünf Arbeitnehmer über 18 Jahre beschäftigen.

Die Mitglieder des Betriebsrats wählen aus ihrer Mitte den Betriebsratsvorsitzenden und seinen Stellvertreter. Für ihre Tätigkeit müssen die Betriebsratsmitglieder so viele Stunden von ihrer beruflichen Arbeit befreit werden, wie zur Erfüllung ihrer Betriebsratsaufgaben notwendig sind. Sind in einem Betrieb mindestens zweihundert Arbeitnehmer beschäftigt, muss mindestens ein Betriebsratsmitglied ganz von der Arbeit freigestellt werden.

Die Mitgliederzahl des Betriebsrats ist abhängig von der Anzahl der wahlberechtigten Arbeitnehmer eines Betriebs. Bei fünf bis zwanzig wahlberechtigten Arbeitnehmern wird nur ein einzelner Betriebsobmann gewählt.

Betriebsrat	
Wahlberechtigte Arbeitnehmer im Betrieb	**Mitgliederzahl**
21 bis 50	3
51 bis 100	5
101 bis 200	7
201 bis 400	9
401 bis 700	11
701 bis 1000	13
1001 bis 1500	15
1501 bis 2000	17
2001 bis 2500	19
2501 bis 3000	21
3001 bis 3500	23
3501 bis 4000	25
4001 bis 4500	27
4501 bis 5000	29
5001 bis 6000	31
6001 bis 7000	33
7001 bis 9000	35
In Betrieben mit mehr als 9000 Arbeitnehmern erhöht sich die Zahl der Betriebsratsmitglieder um zwei Mitglieder je weiteren angefangenen 3000 Arbeitnehmern.	

Allgemeine Aufgaben des Betriebsrats

Zu den Aufgaben des Betriebsrats gehört es, darüber zu wachen, dass im Betrieb alle zum Schutz der Arbeitnehmer erlassenen Gesetze, Verordnungen, Unfallverhütungsvorschriften und Tarifverträge eingehalten werden. Darüber hinaus hat der Betriebsrat eine Reihe von Mitwirkungs- und Mitbestimmungsrechten.

Mitbestimmung
Mitbestimmung des Betriebsrats bedeutet: Die betriebliche Maßnahme wird erst mit Zustimmung des Betriebsrats wirksam.

Mitwirkung
Mitwirkung des Betriebsrats bedeutet: Der Betriebsrat hat ein Informations-, Beratungs- oder Anhörungsrecht. Durch seinen Widerspruch wird die vom Arbeitgeber angeordnete Maßnahme jedoch nicht unwirksam.

Mitbestimmung in sozialen Angelegenheiten

Ein volles Mitbestimmungsrecht hat der Betriebsrat in sozialen Angelegenheiten. Dazu gehören:

- Kurzarbeit und Überstunden
- Beginn und Ende der täglichen Arbeitszeit
- Errichtung betrieblicher Sozialeinrichtungen (z. B. Kantinen und Aufenthaltsräume)
- Entscheidung über Arbeitsplätze mit leistungsbezogenem Entgelt (Akkordlöhne oder Prämien)
- Einführung von Arbeitskontrollen

Verweigert der Betriebsrat in diesen Angelegenheiten seine Zustimmung, so entscheidet eine **Einigungsstelle.** Sie setzt sich aus der gleichen Anzahl von Vertretern des Arbeitgebers und des Betriebsrats sowie einem unparteiischen Vorsitzenden zusammen.

Mitwirkung und Mitbestimmung in personellen Angelegenheiten

Ein Zustimmungsverweigerungs- oder Widerspruchsrecht hat der Betriebsrat bei folgenden personellen Angelegenheiten:

- Arbeitsplatzgestaltung
- Beurteilungsfragen
- Berufung und Abberufung von Ausbildern
- Versetzungen
- Umgruppierungen
- Einstellungen

In einem Unternehmen mit mehr als zwanzig wahlberechtigten Arbeitnehmern dürfen Einstellungen und Versetzungen grundsätzlich nur durchgeführt werden, wenn der Betriebsrat vorher zugestimmt hat (= volles Mitbestimmungsrecht). Verweigert der Betriebsrat die Zustimmung, kann der Arbeitgeber das Arbeitsgericht anrufen. Das Arbeitsgericht ersetzt die Zustimmung des Betriebsrats, wenn die Verweigerung der Zustimmung unbegründet war.

Bei Kündigungen von Arbeitnehmern hat der Betriebsrat nur ein Anhörungsrecht. Wird der Betriebsrat vor einer Kündigung nicht gehört, ist die Kündigung unwirksam. Ein Widerspruch des Betriebsrats kann eine Kündigung jedoch nicht verhindern; der Arbeitgeber kann den Arbeitnehmer trotzdem entlassen. Hat der Betriebsrat einer ordentlichen Kündigung binnen einer Woche widersprochen und hat der Arbeitnehmer Kündigungsschutzklage erhoben, so muss der Arbeitnehmer jedoch auf sein Verlangen bis zum rechtskräftigen Abschluss des Rechtsstreits weiterbeschäftigt werden.

Mitwirkung in wirtschaftlichen Angelegenheiten

In wirtschaftlichen Angelegenheiten hat der Betriebsrat nur ein Informations-, Unterrichtungs- und Beratungsrecht.

In Unternehmen mit mehr als einhundert Arbeitnehmern wird ein **Wirtschaftsausschuss** eingerichtet. Die Mitglieder dieses Ausschusses werden vom Betriebsrat bestimmt. Die Unternehmensleitung ist verpflichtet, den Wirtschaftsausschuss umfassend über die wirtschaftliche und finanzielle Lage des Unternehmens zu unterrichten. Ein Widerspruch des Betriebsrats in wirtschaftlichen Angelegenheiten bleibt ohne Folgen. Letztlich kann hier der Arbeitgeber alleine entscheiden.

Betriebsvereinbarungen

Zwischen dem Betriebsrat und dem Arbeitgeber können Vereinbarungen geschlossen werden, die für die Arbeitnehmer eines Betriebs unmittelbar gelten. Diese Betriebsvereinbarungen müssen in schriftlicher Form getroffen und von Arbeitgeber und Betriebsrat unterzeichnet werden. Der Arbeitgeber ist verpflichtet, Betriebs-

745556

vereinbarungen durch Auslegen oder Aushang an einer geeigneten Stelle im Betrieb bekannt zu machen.

Eine Sonderform der Betriebsvereinbarung ist der **Sozialplan.** Er soll die wirtschaftlichen Nachteile, die dem Arbeitnehmer infolge einer geplanten Betriebsänderung (z. B. Stilllegung oder Verlegung des Betriebs) entstehen, ausgleichen oder mildern.

Betriebsversammlungen

Der Betriebsrat muss einmal in jedem Kalendervierteljahr auf einer Betriebsversammlung alle Arbeitnehmer (einschließlich der Auszubildenden) über seine Tätigkeit informieren und sich zur Diskussion stellen. Der Arbeitgeber, der ebenfalls eingeladen werden muss, hat das Recht, auf den Betriebsversammlungen zu sprechen.

Mindestens einmal im Jahr muss der Arbeitgeber oder sein Vertreter in einer Betriebsversammlung berichten über:

- das Personal- und Sozialwesen, einschließlich
  - Stand der Gleichstellung von Frauen und Männern im Betrieb
  - Integration der im Betrieb beschäftigten ausländischen Arbeitnehmer
- die wirtschaftliche Lage und Entwicklung des Betriebs
- den betrieblichen Umweltschutz

An den Betriebsversammlungen können Beauftragte der im Betrieb vertretenen Gewerkschaften beratend teilnehmen. Der Arbeitgeber kann Vertreter seines Arbeitgeberverbands hinzuziehen, wenn er an einer Betriebsversammlung teilnimmt.

Jugend- und Auszubildendenvertretung

Die besonderen Belange der jugendlichen Arbeitnehmer unter 18 Jahren und Auszubildenden (ohne Altersbeschränkung) werden durch die Jugend- und Auszubildendenvertretung wahrgenommen.

Eine Jugend- und Auszubildendenvertretung kann in Betrieben gewählt werden, in denen mindestens fünf Arbeitnehmer bis 18 Jahre oder Auszubildende beschäftigt sind. Sie wird von allen Arbeitnehmern unter 18 Jahren und allen Auszubildenden gewählt. In die Jugend- und Auszubildendenvertretung können alle Arbeitnehmer des Betriebs gewählt werden, die noch nicht 25 Jahre alt sind. Die Amtsdauer der Jugend- und Auszubildendenvertretung beträgt zwei Jahre.

Die Jugend- und Auszubildendenvertretung bei der Arbeit

Die Zahl der Vertreter in der Jugend- und Auszubildendenvertretung richtet sich nach der Zahl der in dem Betrieb beschäftigten Jugendlichen bis 18 Jahre und Auszubildenden bis 25 Jahre.

Vertretung in der JAV	
Jugendliche bis 18 Jahre bzw. Azubis bis 25 Jahre im Betrieb	Zahl der Vertreter
5 bis 20	1
21 bis 50	3
51 bis 200	5
201 bis 300	7
301 bis 600	9
601 bis 1000	11
über 1000	13

Ansprechpartner für die Jugend- und Auszubildendenvertretung ist der Betriebsrat. An allen Sitzungen des Betriebsrats kann ein Vertreter der Jugend- und Auszubildendenvertretung teilnehmen. Stehen besondere Probleme der Jugendlichen und Auszubildenden im Betrieb zur Debatte, kann die gesamte Jugend- und Auszubildendenvertretung an der Betriebsratssitzung teilnehmen.

Die Jugend- und Auszubildendenvertreter haben im Betriebsrat dann Stimmrecht, wenn die Beschlüsse des Betriebsrats überwiegend jugendliche Arbeitnehmer oder Auszubildende betreffen.

Mitwirkungs- und Beschwerderechte des einzelnen Arbeitnehmers

Bei den im Betriebsverfassungsgesetz aufgeführten Rechten des einzelnen Arbeitnehmers handelt es sich in erster Linie um Informations- und Anhörungsrechte in Angelegenheiten, die die Person des Arbeitnehmers und seinen Arbeitsplatz betreffen.

Der Arbeitnehmer kann z.B. verlangen, dass ihm die Berechnung und die Zusammensetzung seines Gehalts erläutert werden. Auch seine Leistungsbeurteilung und seine beruflichen Entwicklungsmöglichkeiten im Betrieb müssen mit ihm erörtert werden, wenn er es wünscht. Dazu kann er ein Mitglied des Betriebsrats hinzuziehen. Der Arbeitnehmer hat das Recht, sich über den Inhalt der vom Arbeitgeber über ihn geführten Personalakte zu informieren. Auch dazu kann er ein Betriebsratsmitglied hinzuziehen. Er hat die Möglichkeit, zum Inhalt der Personalakte Erklärungen abzugeben, und kann verlangen, dass diese Erklärungen der Personalakte beigefügt werden.

Der Arbeitnehmer darf sich bei der zuständigen Stelle des Betriebs (z.B. Geschäftsinhaber, Geschäftsführer) beschweren, wenn er sich benachteiligt oder ungerecht behandelt fühlt. Dabei kann er ein Betriebsratsmitglied zu seiner Unterstützung hinzuziehen.

AUFGABEN

1. Wie viele wahlberechtigte Arbeitnehmer müssen in einem Betrieb beschäftigt sein, damit ein Betriebsrat gewählt werden darf?
2. In welchen Fällen ist eine Entscheidung des Arbeitgebers ohne Zustimmung des Betriebsrats ungültig?
3. In welchen Angelegenheiten hat der Betriebsrat nur ein Informationsrecht?
4. Welche Folgen hat es, wenn einem Angestellten ohne Einschaltung des Betriebsrats gekündigt wurde?
5. Ein Unternehmer will einen zusätzlichen Angestellten einstellen. Der Betriebsrat stimmt der Einstellung nicht zu. Kann der Angestellte trotzdem eingestellt werden? Begründen Sie Ihre Antwort.
6. Welche Personen dürfen zu Jugend- und Auszubildendenvertretern gewählt werden?
7. An wen muss sich die Jugend- und Auszubildendenvertretung in Streitfällen wenden?
8. Zwischen wem werden Betriebsvereinbarungen abgeschlossen?
9. Wie oft müssen Betriebsversammlungen in einem Jahr mindestens stattfinden?
10. Ein Angestellter liest in seiner Personalakte, dass er häufig zu spät gekommen sei. Tatsächlich ist er bisher nur zweimal verspätet zur Arbeit gekommen. Was kann er tun?
11. Was kann durch Betriebsvereinbarungen geregelt werden?

AKTION

Auf der nächsten Sitzung des Betriebsrats der Hoffmann KG sollen Fragen und Probleme der Auszubildenden des Unternehmens behandelt werden. Aus diesem Grund ist zu dieser Sitzung die gesamte Jugend- und Auszubildendenvertretung eingeladen. In einer Sitzung der Jugend- und Auszubildendenvertretung bereiten die Jugend- und Auszubildendenvertreter die gemeinsame Sitzung mit dem Betriebsrat vor.

Führen Sie die Sitzung der Jugend- und Auszubildendenvertretung im Rollenspiel durch.

ZUSAMMENFASSUNG

Der Betriebsrat

- achtet auf Gleichbehandlung aller Betriebsangehörigen,
- überwacht die Einhaltung von Arbeitsgesetzen, Verordnungen, Tarifverträgen und Betriebsvereinbarungen,
- schließt mit dem Arbeitgeber Betriebsvereinbarungen ab,
- führt regelmäßig Betriebsversammlungen durch.

Wahl des Betriebsrats

- Er kann in Betrieben mit mindestens fünf wahlberechtigten Arbeitnehmern für vier Jahre gewählt werden.
- Wahlberechtigt sind alle Arbeitnehmer über 16 Jahre.
- Wählbar sind alle wahlberechtigten Arbeitnehmer, die seit mindestens sechs Monaten in dem Betrieb beschäftigt sind.

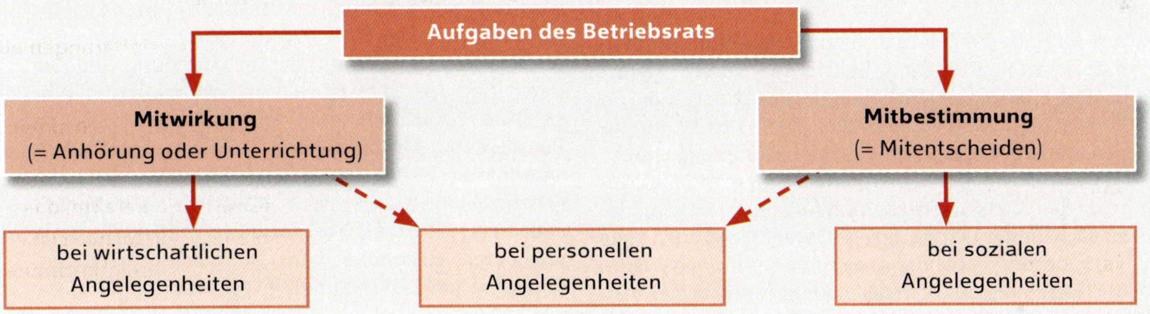

Jugend- und Auszubildendenvertretung (JAV)

- Sie vertritt in Betrieben mit mindestens fünf Arbeitnehmern unter 18 Jahren oder Auszubildenden die Interessen der Jugendlichen und Auszubildenden im Betrieb.
- Sie wird von allen Arbeitnehmern unter 18 Jahren und Auszubildenden unter 25 Jahren für zwei Jahre gewählt.
- Wählbar sind Arbeitnehmer, die noch nicht 25 Jahre alt sind und alle Auszubildenden.

Rechte des einzelnen Arbeitnehmers

- Informations- und Anhörungsrecht in Angelegenheiten, die seine Person oder seinen Arbeitsplatz betreffen
- Recht, seine Personalakte einzusehen
- Beschwerderecht

1.10 Wir informieren uns über die Möglichkeiten der beruflichen Fort- und Weiterbildung

Einstieg

Katarzyna Lindemann und Dominik Schlote lesen den folgenden Artikel über die Notwendigkeit des lebenslangen Lernens im Beruf.

Lebenslanges Lernen

Früher Kür, heute Pflicht – Weiterbildung wird immer wichtiger

[...]

Viele müssen gar nicht lange überlegen. Dann fällt ihnen eine Veränderung in ihrem persönlichen Arbeitsalltag ein. Da ist ein neues Betriebssystem, das ganz anders aussieht als das alte. Es gibt ein neues Gerät, das den alten Arbeitsablauf verkürzt. Da sind neue Kommunikationskanäle, die neue Fähigkeiten verlangen. Scheinbar von einem Tag auf den anderen verändert sich die eigene Arbeitswelt – und plötzlich schleicht sich das Gefühl ein, nicht mehr up to date zu sein.

Auf der Höhe der Zeit zu bleiben, ist laut Prof. Lutz Bellmann vom Institut für Arbeitsmarkt- und Berufsforschung eine der wesentlichen Herausforderungen an den Berufstätigen von morgen. „Denn die Bedingungen am Arbeitsplatz wandeln sich immer schneller." Der technische Fortschritt und die Internationalisierung des Wirtschaftslebens zwinge viele Firmen dazu, sich immer neu anzupassen. Das bringe auch viele Veränderungen für die Arbeitnehmer mit sich – und die Notwendigkeit, sich permanent weiterzubilden.

„Niemand darf heute mehr damit rechnen, seinen Arbeitsplatz für die nächsten zwanzig Jahre zu haben", sagt Bellmann. Es sei auch unwahrscheinlich, dass jemand, der heute in den Beruf einsteigt, über dreißig oder vierzig Jahre dieselbe Arbeit macht. Umso wichtiger sei es, dafür zu sorgen, auf der Höhe der Zeit zu bleiben. „Früher war Weiterbildung im Job eher die Kür, heute ist sie eine Notwendigkeit."

Weiterbildung – das ist ein vager Begriff. Gemeint ist damit jedes Dazulernen nach dem ersten Berufsabschluss. Abgesehen von dem erhöhten Anpassungsdruck sind die Motive für einen Fernlehrgang, ein Seminar oder einen Workshop seit Jahren immer die gleichen: „Einer möchte etwas für seine Karriere tun, der nächste will mehr Geld verdienen, der Dritte will in seinem Job besser werden, und der Vierte will sich vor Arbeitslosigkeit schützen", sagt Knut Diekmann, zuständig für den Bereich Weiterbildung beim Deutschen Industrie- und Handelskammertag (DIHK).

Das Engagement der Deutschen ist beim Thema Weiterbildung seit Jahren verhältnismäßig konstant: So hat 2010 fast jeder zweite Erwachsene im Erwerbsalter (42 Prozent) eine Weiterbildung gemacht. Das hat eine repräsentative Umfrage von TNS Infratest Sozialforschung ergeben. Für die Studie wurden im Auftrag des Bundesministeriums für Forschung und Bildung 7 035 Personen befragt. Schon zehn Jahre zuvor lag die Teilnahmequote bei Weiterbildungen ähnlich hoch – nämlich bei 43 Prozent. Im Vergleich zu 2007 ist der Wert leicht zurückgegangen (44 Prozent).

Dem gegenüber steht ein für den Einzelnen kaum zu überschauender Markt. Die Zahl der Angebote liegt laut der Datenbank Kursnet der Bundesagentur für Arbeit bei circa 670 000. Nach jüngsten Daten des Bundesinstituts für Berufsbildung und des Deutschen Instituts für Erwachsenenbildung gibt es rund 20 000 Anbieter von Weiterbildungen in Deutschland. Am häufigsten sind kommerzielle Privatanbieter (29 Prozent), gefolgt von gemeinnützigen Privatanbietern (16 Prozent). Rund jede siebte Veranstaltung (15 Prozent) wird von einer Volkshochschule angeboten. Aber woher weiß der Einzelne überhaupt, dass es an der Zeit ist für eine Weiterbildung?

„Googeln", rät die Karriereberaterin Svenja Hofert. Sie empfiehlt, sich einmal pro Jahr hinzusetzen und nach Stellenausschreibungen zu suchen, die auf die derzeitige Position passen. „Spätestens, wenn dort etwas verlangt wird, das ich nicht beherrsche, sollte ich mich weiterbilden."

Als Ziel könnten sich Berufstätige setzen, eine Weiterbildung pro Jahr zu machen. Das müsse nicht immer eine fachliche Fortbildung sein. Gut sei auch, Soft Skills wie Teamarbeit zu schulen. Wer sich zu diesem jährlichen Modernisierungskurs zwingt, läuft weniger Gefahr, irgendwann hinterherzuhinken.

Gut sei auch, bei Gehaltsverhandlungen nach einem Weiterbildungsbudget zu fragen. In vielen Firmen hätten Mitarbeiter pro Jahr einen bestimmten Freibetrag zur Verfügung, den sie für Weiterbildungen nutzen können.

„Wichtig ist, sich nicht erst weiterzubilden, wenn die Probleme da sind und ein Arbeitnehmer droht, den Anschluss zu verpassen", sagt Prof. Bellmann. Besser sei, kontinuierlich am Ball zu bleiben. Dabei sind einige Gruppen weniger aktiv als andere.

„Es sind vor allem Geringqualifizierte, Frauen in Teilzeitpositionen und Berufstätige mit Migrationshintergrund, die sich laut Statistik weniger stark als andere Berufstätige weiterbilden", sagt Diekmann vom DIHK. Sie sollten deshalb besonders darauf achten, dass sie den Anschluss nicht verpassen. Aber auch alle anderen sollten sich ranhalten, sagt Knut Diekmann. „Die Zeit, in der man dachte, nach der Schule liegen die Prüfungen hinter einem, sind definitiv vorbei".

Quelle: Kruthaup, Kristin: Lebenslanges Lernen/SERIE Früher Kür, heute Pflicht – Weiterbildungen werden immer wichtiger. © dpa, 04.03.2013.

1. Stellen Sie fest, warum es notwendig ist, dass sich Katarzyna Lindemann und Dominik Schlote auch nach Abschluss ihrer Ausbildung weiterbilden.

2. Stellen Sie fest, wie die Geschäftsführung der Hoffmann KG die Weiterqualifizierung ihrer Mitarbeiterinnen und Mitarbeiter fördern kann.

INFORMATIONEN

Notwendigkeit der Weiterqualifizierung

Die in der Ausbildung zur Kauffrau bzw. zum Kaufmann für Büromanagement erworbenen **Qualifikationen** (Kenntnisse, Fertigkeiten und Fähigkeiten) reichen nicht aus, um ein ganzes Berufsleben lang als Kauffrau bzw. Kaufmann für Büromanagement bestehen zu können. Veränderungen und neue Entwicklungen in der Arbeitswelt führen zu veränderten Anforderungen an die Qualifikation der kaufmännischen Mitarbeiterinnen und Mitarbeiter in Industrie-, Handels- und Dienstleitungsunternehmen sowie des öffentlichen Dienstes.

Qualifizierungsänderungen ergeben sich u. a. aus

- der Einführung integrierter Unternehmenssoftware in den Unternehmen,
- steigenden Ansprüchen der Kunden, z. B. nach mehr Beratung und mehr Service,
- häufigen Veränderungen im Produktionsprogramm oder Sortiment, z. B. durch Modeänderungen oder neue technische Entwicklungen,
- neuen Vertriebswegen, z. B. der Nutzung von E-Commerce.

In Zukunft werden für Kaufleute für Büromanagement immer mehr Qualifikationsanforderungen und Kenntnisse wie die folgenden eine entscheidende Rolle spielen:

- EDV-Kenntnisse
- Organisations- und Planungsaufgaben
- Denken in arbeitsplatzübergreifenden Zusammenhängen
- Gesprächsführung und Kundenbetreuung
- Fremdsprachen

Über die für die berufliche Tätigkeit notwendigen Fachqualifikationen hinaus erfordern der technische Fortschritt und der internationale Wettbewerb verstärkt Qualifikationen, die früher nicht unbedingt für die Berufsausübung erforderlich waren:

- Feedbackfähigkeit
- Flexibilität
- Führungsfähigkeit
- Kommunikationsfähigkeit
- Konfliktfähigkeit
- Konzentrationsfähigkeit
- Kooperationsfähigkeit
- Kreativität
- Leistungsbereitschaft
- Lernfähigkeit
- Problemlösefähigkeit
- Selbstständigkeit
- Teamfähigkeit
- Veränderungsbereitschaft
- Verantwortungsbewusstsein
- Zuverlässigkeit

Diese **Soft Skills** (= „weiche" Fähigkeiten) sind für jedes zweite Unternehmen genauso wichtig wie die Fachqualifikationen. Ein Drittel der Unternehmen würde sogar den Soft Skills im Zweifelsfall Vorrang einräumen.

Weiterbildung am Arbeitsplatz

Einen Teil der neuen Kenntnisse, Fertigkeiten und Fähigkeiten kann sich der Arbeitnehmer am Arbeitsplatz aneignen, z. B.:

- durch innerbetriebliche Schulungen
- durch Fragen an erfahrene Arbeitskollegen und Vorgesetzte
- durch Studium von Produkt- und Verkaufsinformationen, Prospekten und Katalogen der Hersteller

Seine Produktkenntnisse erweitern kann er durch:

- Fachbücher und Fachzeitschriften
- Schulungsmaterial der Hersteller
- Informationsmaterial von Fachverbänden und Gütezeichengemeinschaften

Fort- und Weiterbildungsmaßnahmen

Für Personen, die in ihrem Beruf vorankommen wollen, ist die Teilnahme an Fort- und Weiterbildungsmaßnahmen unumgänglich.

Möglichkeiten der Fort- und Weiterbildung für Kaufleute für Büromanagement bieten u. a.:

- betriebsinterne Weiterbildungsmaßnahmen
- die Industrie- und Handelskammern
- Fachschulen

BEISPIEL

An verschiedenen Fachschulen kann man sich in einem bis zu zweijährigen Studium zum Betriebswirt in einer bestimmten Fachrichtung ausbilden lassen.

- Volkshochschulen
  In Volkshochschulen können Arbeitnehmer nützliche Zusatzkenntnisse auf vielen Gebieten (z. B. Fremdsprachen, EDV) erwerben und eventuell vorhandene Wissenslücken (z. B. Mathematik, Buchführung, Rechtschreibung) auffüllen.

Weiterbildungseinrichtungen bieten u. a. Verkaufstrainingskurse, Lehrgänge zu Fragen der Warenbeschaffung, der Absatzplanung, des kaufmännischen Rechnungswesens, Steuerrechts, Personalwesens an.

Da der externe Weiterbildungsmarkt sehr unübersichtlich und die unterschiedlichen Weiterbildungsangebote so vielschichtig und schwer vergleichbar sind, ist die Information und die Auswahl geeigneter Veranstaltungen nicht einfach. Wichtige Informationsquellen sind:

- öffentliche Weiterbildungsberatungsstellen
- die IHK-Datenbank WiS – Das Weiterbildungs-Informationssystem
- die Datenbank für Aus- und Weiterbildung der Agentur für Arbeit KURS *(http://kursnet-finden.arbeitsagentur.de/kurs/)*

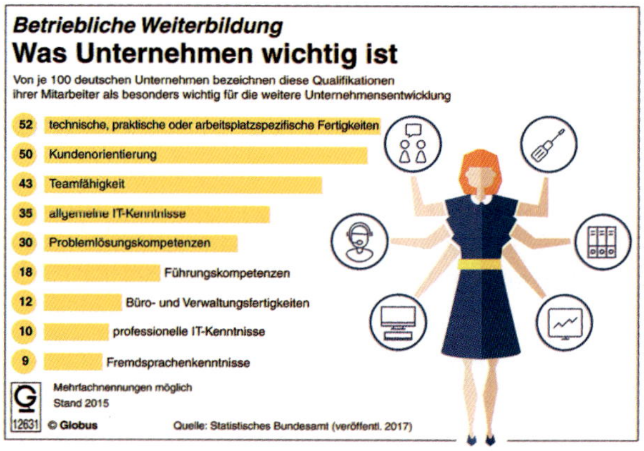

Computer Based Training

Informationstechnologien und elektronische Medien eröffnen neue Möglichkeiten der beruflichen Weiterbildung. Lernprogramme sind auf DVD erhältlich und im Internet abrufbar. Computer-Based-Trainings-Programme (CBT-Programme) werden von verschiedenen Anbietern zu fast allen Themenbereichen angeboten. Die häufigsten Anwendungsfelder sind bislang EDV, Sprache, Technik, betriebswirtschaftliche Grundlagen, Produktkenntnisse sowie Kommunikation und Verhalten.

Computer Based Training
- qualifiziert schnell und flexibel,
- stellt bedarfsgerechtes Training zur rechten Zeit zur Verfügung,
- ermöglicht strukturiertes Lernen am Arbeitsplatz,
- fördert Lernen außerhalb der Arbeitszeit,
- individualisiert und verkürzt den Zeitaufwand für Lernen und Training,
- nimmt auf individuelle Lerngewohnheiten Rücksicht.

AUFGABEN

1. Welche Qualifikationen sind für Ihre berufliche Tätigkeit in Zukunft besonders wichtig?
2. Welche Möglichkeiten gibt es, neue Kenntnisse und Fähigkeiten am Arbeitsplatz zu erwerben?
3. Welche Fort- und Weiterbildungseinrichtungen kann ein Arbeitnehmer nutzen?
4. Welche Vorteile bieten CBT-Programme im Vergleich zu herkömmlichen Fort- und Weiterbildungsveranstaltungen?

AKTIONEN

1. Erstellen Sie eine Übersicht der Soft Skills, die Sie für Ihre Tätigkeit in Ihrem Ausbildungsbetrieb benötigen.
2. Erstellen Sie eine Liste von beruflichen Weiterbildungsangeboten für Kaufleute für Büromanagement zu einem von Ihnen ausgewählten Schwerpunkt. Nutzen Sie dazu als Informationsquellen auch die Datenbanken für Aus- und Weiterbildung der Industrie- und Handelskammer und der Bundesagentur für Arbeit im Internet.

ZUSAMMENFASSUNG

Veränderungen und neue Entwicklungen in der Arbeitswelt

↓ führen zu

veränderten Anforderungen an die Qualifikation der Kaufleute für Büromanagement

↓ erfordern

Aneignen neuer Kenntnisse, Fertigkeiten und Fähigkeiten am Arbeitsplatz (**Lernen am Arbeitsplatz**)	Teilnahme an **Fort- und Weiterbildungsmaßnahmen**

1.11 Wir erkennen die Bedürfnisse als Grundlage menschlichen Verhaltens

Einstieg

Dominik Schlote und Carolin Saager sind zu Beginn ihrer Ausbildung in der Abteilung Verkauf eingesetzt. Am ersten Tag haben sie ein Gespräch mit dem Abteilungsleiter, Herrn Staub.

Herr Staub:
„Guten Morgen Frau Saager, guten Morgen Herr Schlote."

Dominik Schlote, Carolin Saager:
„Guten Morgen, Herr Staub."

Herr Staub:
„Ich hoffe, dass Sie sich gut in der Abteilung integrieren werden. Zunächst einmal ist es wichtig, dass wir im Ver-kauf die Bedürfnisse unserer Kunden kennen. Nur so kann der Bedarf entsprechend gedeckt werden."

Carolin Saager:
„Bedürfnisse – Bedarf ... ist das nicht das Gleiche?"

Herr Staub:
„Nein, das ist nicht das Gleiche."

1. Diskutieren Sie mit einem Mitschüler, was Herr Staub damit gemeint haben könnte.
2. Erläutern Sie, welche Auswirkungen sich aus diesen Überlegungen für unsere Marktwirtschaft ergeben.
3. Nennen Sie fünf Ihrer persönlichen Bedürfnisse und sortieren Sie diese nach Wichtigkeit.

INFORMATIONEN

Bedürfnisse als Grundlage wirtschaftlichen Handelns

Bedürfnisse sind persönliche Mangelempfindungen mit dem Wunsch, den Mangel zu beseitigen. Jeder kennt sie, jeder hat bestimmte Bedürfnisse. Wünsche werden in der Volkswirtschaftstheorie den Bedürfnissen gleichgesetzt. Es gibt verschiedene Einteilungsmöglichkeiten der Bedürfnisse, eine ist die nach **Dringlichkeit:**

- **Existenzbedürfnisse**
  Sie sind zur Lebenserhaltung notwendig (z. B. Hunger, Durst, Schlafen).
- **Kulturbedürfnisse**
  Sie sind nicht lebensnotwendig.
  Sie entsprechen dem heutigen Lebensstil/der Lebensweise einer Kulturgesellschaft (z. B. Bildung, Theater, Bildungsreisen, Telefon, Fernsehen).
- **Luxusbedürfnisse**
  Sie übersteigen die Existenz- und Kulturbedürfnisse und sind gekennzeichnet von einem exklusiven Lebensstil (z. B. teure Autos, besonderer Schmuck).

Die Grenzen bei dieser Einteilung sind fließend. Die Dringlichkeit ist abhängig vom subjektiven Empfinden des Einzelnen. So sind die Bedürfnisse in verschiedenen Kulturen unterschiedlich. In China sind andere Schwerpunkte festzustellen als in Europa. Auch die Existenzbedürfnisse unterscheiden sich je nach Lebensstandard. Während in Deutschland schon ein Fernseher zur Existenzgrundlage zählt, ist das in einigen Entwicklungsländern ein Luxusbedürfnis.

Eine weitere Einteilung der Bedürfnisse kann nach **Art bzw. Träger** erfolgen. Es wird danach gefragt: „Wer hat das Bedürfnis?"

- **der Einzelne (Individualbedürfnis)**
  Jede Person für sich hat eigene Bedürfnisse (z. B. Konsumgüter).
- **die Gemeinschaft (Kollektiv-/Gemeinschaftsbedürfnis)**
  Bedürfnisse, die von der Gemeinschaft für mehrere Menschen befriedigt werden (z. B. Schulen, Sicherheit [Polizei], Straßen).

Des Weiteren kann auch nach der **Fassbarkeit** eines Bedürfnisses unterschieden werden.

- **materielle Bedürfnisse**
  Diese Bedürfnisse sind gegenständlich, d. h. greifbar (z. B. Auto, Nahrung).
- **immaterielle Bedürfnisse**
  Diese Bedürfnisse sind nicht gegenständlich, sondern geistig (z. B. Religion, Gesundheit, Sicherheit).

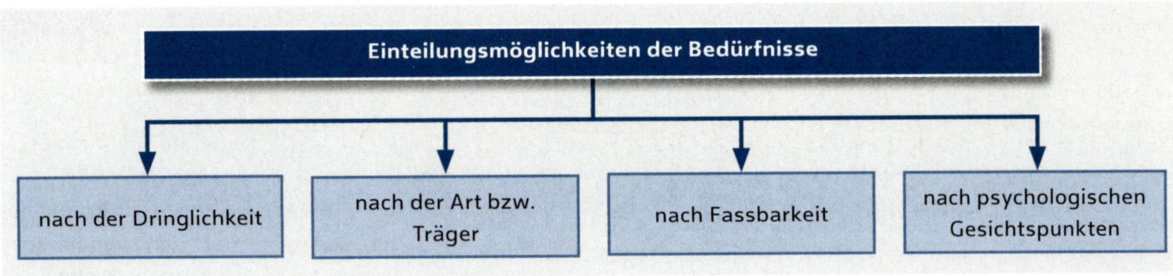

Nach **psychologischen Gesichtspunkten** wurde von Abraham Maslow ein Modell[1] entwickelt, das die Bedürfnisse als Rangfolge verschiedener Stufen sieht. Diese fünf Schichten sind als Pyramide dargestellt.

Der Mensch will zu Beginn seine Grundbedürfnisse, also die niedrigste Bedürfnisstufe, befriedigen, dann geht er in die nächsthöhere Bedürfniskategorie, um diese zu befriedigen, usw.

Bedürfnisse – Bedarf – Nachfrage

Sobald ein Bedürfnis befriedigt ist, entsteht ein neues. Theoretisch betrachtet sind die Bedürfnisse eines Menschen also unbegrenzt. Nur: Ist der Bedarf eines Menschen auch unbegrenzt?

Der Mensch kann seinen Bedarf nicht unbegrenzt decken, weil ihm die finanziellen Mittel dafür fehlen. Nur die Bedürfnisse, für die der Mensch auch die Kaufkraft hat, werden als Bedarf bezeichnet.

Der Bedarf ist wiederum noch nicht die Nachfrage, denn es ist noch nicht sicher, dass der Mensch sein ganzes Einkommen auch wirklich dazu nutzt, um Güter nachzufragen. Beispielsweise wird vielfach ein Teil des Einkommens gespart.

BEISPIEL

Die 18-jährige Carolin Saager hat das Bedürfnis, sich ein Fahrzeug zu kaufen, weil sie dadurch die Fahrzeit zu ihrer Ausbildungsstelle deutlich verkürzen kann. Am liebsten würde sie sich einen Fiat 500 kaufen. Dieser kostet aber mit einigen Sonderausstattungen über 11.000,00 €. Dies kann sie sich nicht leisten und erkundigt sich daher bei mehreren Händlern nach einem gebrauchten Ford Ka. Sie kauft dann letztlich einen acht Jahre alten Ford Ka für 3.200,00 €.

1 Das Modell wird von einigen Experten kritisiert, weil es von einer westlich-industrialisierten Gesellschaft ausgeht, die nicht auf alle Kulturen dieser Welt übertragen werden kann. Dennoch verdeutlicht es grundsätzlich unterschiedliche Bedürfnisebenen eines Menschen.

Die Bedürfnisse von Carolin Saager

Bedürfnis (unendliche Wünsche)	Bedarf (erfüllbare Wünsche)	Nachfrage (erfüllte Wünsche)
„Ich würde gern einen Fiat 500 fahren, den kann ich mir aber nicht leisten."	„Ein gebrauchter Ford Ka ist günstiger, den kann ich mir leisten."	„Den Ford Ka habe ich beim Autohaus Müller in Hannover gekauft."

AUFGABEN

1. Nennen Sie jeweils drei persönliche Existenz-, Kultur- und Luxusbedürfnisse, die Sie in den letzten drei Monaten hatten.
2. Finden Sie (gemeinsam mit Ihrem Banknachbarn) zwei Beispiele, bei denen die Abgrenzung nach Dringlichkeit nicht eindeutig zu bestimmen ist.
3. Erklären Sie mit eigenen Worten, worin der Unterschied zwischen Individual- und Kollektivbedürfnissen liegt.
4. Suchen Sie in Ihrem Ausbildungsbetrieb für jeden Rang der Bedürfnispyramide nach Maslow ein Beispiel. Dies kann sowohl Ihre eigenen Bedürfnisse im Betrieb beinhalten als auch die Ihrer Kollegen.
5. Warum kann nicht jedes Bedürfnis befriedigt werden?
6. Worin liegt der Unterschied zwischen einem erfüllbaren Wunsch und einem erfüllten Wunsch? Stellen Sie dies an einem Beispiel dar.

AKTIONEN

1. Ermitteln Sie in Ihrem Ausbildungsbetrieb, welche Güter bzw. Dienstleistungen von den Kunden nachgefragt werden.
2. Lassen Sie sich von Ihren Kollegen der Verkaufsabteilung erklären, worin der Unterschied zwischen dem Bedarf und der Nachfrage bei den Kunden liegt.

ZUSAMMENFASSUNG

Bedürfnisse

= persönliches Mangelempfinden (kann unendlich sein)
Einteilung nach der Dringlichkeit, Art bzw. Träger, Fassbarkeit oder psychologischen Gesichtspunkten

↓

Bedarf

= mit Kaufkraft ausgestattete Bedürfnisse (erfüllbare Bedürfnisse)

↓

Nachfrage

= Bedarf, der am Markt durch Kaufentscheidung wirksam wird (erfülltes Bedürfnis)

745566

1.12 Wir unterscheiden Güterarten und Dienstleistungen

Einstieg

Die Auszubildenden Volkan Karaca und Katarzyna Lindemann bewundern das neue Auto von Carolin Saager, einen gebrauchten Ford Ka.

Volkan Karaca:
„Hallo Carolin. Nicht schlecht, das neue Auto. Ist zwar nicht unbedingt mein Lieblingsmodell, aber immerhin hast du ein Fahrzeug."

Carolin Saager:
„Du hast doch auch einen Führerschein. Warum kaufst du dir nicht auch einen Wagen?"

Volkan Karaca:
„Ich hätte gern einen, weil mein Arbeitsweg so weit ist. Leider fehlt mir das Geld dazu. Ich bin vor zwei Jahren bei meinen Eltern ausgezogen und habe eine eigene Wohnung. Die ist so teuer, dass ich mir kein Auto leisten kann."

Katarzyna Lindemann:
„Ich könnte mir vielleicht auch ein Auto leisten, aber ich brauche keines. Zur Arbeit komme ich gut mit öffentlichen Verkehrsmitteln und im Sommer mit dem Rad."

1. Geben Sie an, worin sich die Bedürfnisse der Auszubildenden Volkan Karaca und Katarzyna Lindemann unterscheiden.
2. Erläutern Sie, für welche Güter bzw. Dienstleistungen Sie Ihr Einkommen ausgeben.

INFORMATIONEN

Freie und knappe Güter

Zur Bedürfnisbefriedigung nutzt der Mensch in der Regel Güter, weil diese Güter ihm einen Nutzen stiften. In einer Volkswirtschaft wird zwischen freien und knappen Gütern unterschieden. Wahrgenommen werden häufig nur die knappen Güter, da sie etwas kosten und dementsprechend eine höhere Wertschätzung erfahren. Dabei konsumieren wir mindestens genauso häufig freie Güter. Zu diesen kostenlosen Gütern, die unbegrenzt zur Verfügung stehen, zählen beispielsweise die Luft, die wir atmen, oder das Meerwasser, das wir zum Schwimmen bzw. zum Schiffstransport nutzen.

Jedes **knappe (auch wirtschaftliche) Gut** ist dadurch gekennzeichnet, dass es einen Preis hat. In der Tendenz lässt sich sagen, je knapper ein Gut ist, desto höher liegt der Preis. Außerdem müssen knappe Güter in der Regel noch weiterverarbeitet werden, das heißt, sie sind meistens noch nicht konsumreif.

BEISPIEL

Während Meerwasser bis heute zu den freien Gütern zählt, hat sich beim Trinkwasser ein Wandel vollzogen. Früher war es in den Flüssen unendlich vorhanden und jeder konnte es unentgeltlich nutzen. Heute muss das Trinkwasser in der Regel aufbereitet werden, ist knapp und wird direkt ins Haus geliefert. Somit hat Trinkwasser bei uns heute einen Preis.

Arten knapper (wirtschaftlicher) Güter

In der Literatur werden die verschiedenen Güterarten unterschiedlich klassifiziert. So wird zwischen materiellen und immateriellen Gütern unterschieden.

Materielle Güter oder auch Sachgüter sind körperlicher Natur, das heißt, man kann sie anfassen. Hierzu zählen die Produktionsgüter, die der Herstellung wirtschaftlicher Güter dienen, und die Konsumgüter, die zur direkten Bedürfnisbefriedigung verwendet werden. Sowohl die Produktions- als auch die Konsumgüter werden in Verbrauchs- und Gebrauchsgüter unterschieden. Ein Verbrauchsgut ist dadurch gekennzeichnet, dass es beim Konsum direkt vernichtet, das heißt „verbraucht" wird (z. B. Schmieröle in der Produktion). Ein Gebrauchsgut wird über einen längeren Zeitraum häufiger genutzt (z. B. Werkzeuge in der Produktion).

Die **immateriellen Güter** sind nicht greifbar, das heißt, sie lassen sich nicht anfassen. Hierzu zählen Dienstleistungen (meist menschliche Leistungen zur Bedürfnisbefriedigung) und Rechte (z. B. Patente). Gerade der Dienstleistungssektor (Tertiärsektor[1]) gewinnt in unserer Gesellschaft immer mehr an Bedeutung. So arbeiten mittlerweile über 70 % der Arbeitnehmer in Deutschland in diesem Bereich, 1991 waren dies lediglich 60 %.

BEISPIEL

Wenn sich Volkan Karaca über die hohen Wohnkosten beschwert, liegt er damit eigentlich nur „im Trend“. Für Wohnkosten haben die privaten Haushalte in Deutschland 2021 fast ein Viertel ihrer Konsumausgaben (etwa 24 %) aufgewendet. Hierbei sind vor allem die Wohnnebenkosten in den letzten Jahren enorm gestiegen.

Nachfrage nach Gütern in Deutschland

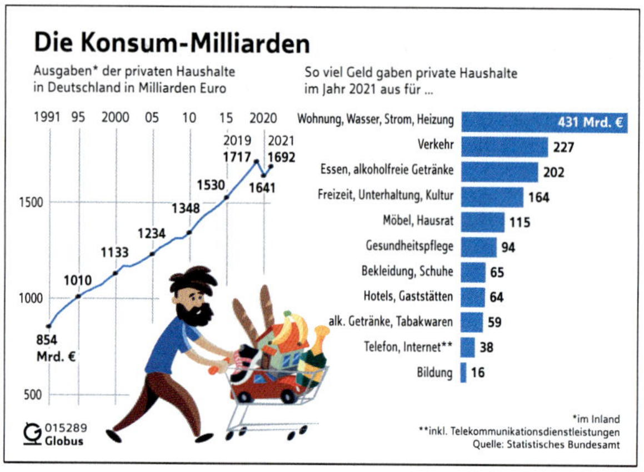

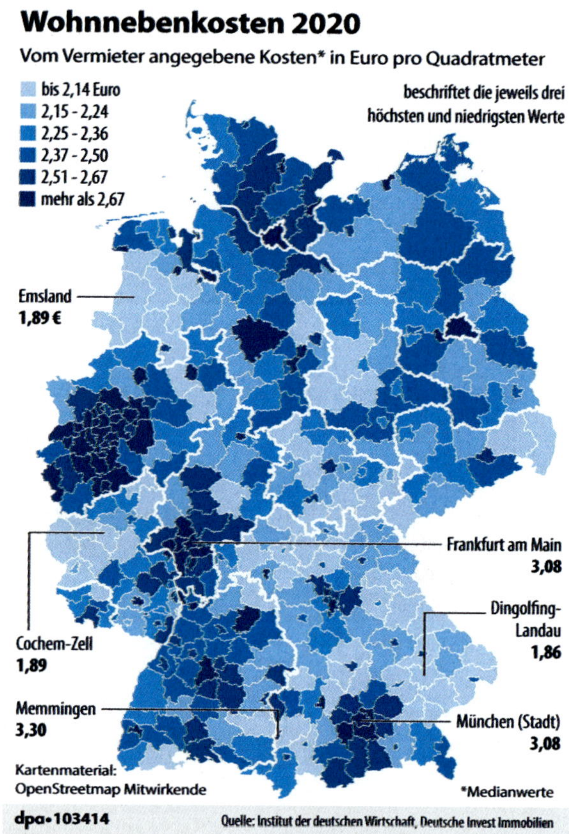

In Deutschland hat sich die Nachfrage der privaten Haushalte nach (knappen) Gütern in den letzten 20 Jahren stark verändert. Die Konsumausgaben (hier mit der Güternachfrage gleichzusetzen) haben sich zwischen 1991 und 2021 fast verdoppelt. Den stärksten Anteil an den Konsumsteigerungen zwischen den Jahren 2000 und 2021 haben die Ausgaben für Wohnung, Wasser, Heizung und Strom. Im Jahr 2022 haben sich die Konsumausgaben für Energie aufgrund der Ukraine-Krise noch einmal deutlich erhöht.

AUFGABEN

1. Finden Sie jeweils mindestens fünf Verbrauchs- und Gebrauchsgüter, die von der Hoffmann KG für die Textil- bzw. Fahrradproduktion benötigt werden.
2. Es gibt Güter, die früher frei waren und heute knapp sind. Erläutern Sie mithilfe eines Beispiels die Ursachen für diese Entwicklung.
3. Wodurch unterscheiden sich Produktionsgüter von Dienstleistungsgütern in einem Unternehmen?
4. Es gibt Umweltzertifikate, die Unternehmen zugeteilt bekommen, um ein Nutzungsrecht für Emissionsausstoß (Schadstoffausstoß) zu erwerben. Mit diesem Nutzungsrecht kann auch gehandelt werden, das heißt, das Verschmutzungsrecht kann gegen Geld von einem anderen Unternehmen abgekauft werden.
   Erklären Sie, wie dieser Emissionshandel die Verschmutzung des freien Gutes Luft verbessern kann.

1 siehe Kap. 1.17

AKTIONEN

1. Versuchen Sie, Ihre persönlichen Konsumausgaben entsprechend der Grafik auf Seite 68 prozentual einzuschätzen. Vergleichen Sie Ihre Einschätzung mit der Ihres Banknachbarn.
2. Finden Sie gemeinsam mit einem Partner jeweils fünf Güter zu den Güterarten
   a) Produktionsgüter: Verbrauchs- und Gebrauchsgüter,
   b) Konsumgüter: Verbrauchs- und Gebrauchsgüter,
   c) Dienstleistungen.

ZUSAMMENFASSUNG

Güter
dienen der Befriedigung menschlicher Bedürfnisse

- **freie Güter**
  sind unentgeltlich und unbegrenzt vorhanden
  Beispiele: Luft, Meerwasser
- **knappe (wirtschaftliche) Güter**
  haben einen Preis und sind nicht unbegrenzt vorhanden
  - **materielle Güter (Sachgüter)**
    sind körperlicher Natur, d. h., man kann sie anfassen
    - **Produktionsgüter**
      zur Herstellung wirtschaftlicher Güter
      - **Verbrauchsgüter**
        werden beim Produktionsvorgang vernichtet, d. h. verbraucht
        Beispiele: Strom, Farben, Lacke
      - **Gebrauchsgüter**
        werden beim Produktionsvorgang nicht vernichtet, sondern über einen längeren Zeitraum genutzt (gebraucht)
        Beispiele: Arbeitsanzug, Maschinen, Werkzeug
    - **Konsumgüter**
      zur direkten Bedürfnisbefriedigung/zum direkten Konsum
      - **Verbrauchsgüter**
        werden beim Konsum vernichtet, d. h. verbraucht
        Beispiele: Lebensmittel, Wasser- und Stromverbrauch im Haushalt
      - **Gebrauchsgüter**
        werden beim Konsum nicht vernichtet, sondern über einen längeren Zeitraum genutzt (gebraucht)
        Beispiele: Fernseher, PC, Fahrrad
  - **immaterielle Güter**
    sind nicht greifbar, d. h., sie lassen sich nicht anfassen
    - **Dienstleistungen**
      menschliche Leistungen zur Bedürfnisbefriedigung
    - **Rechte**
      z. B. Patente

1.13 Wir erkennen das ökonomische Prinzip

Einstieg

Katarzyna Lindemann ist in der Einkaufsabteilung der Hoffmann KG beschäftigt. Der Abteilungsleiter, Herr Hetzel, beauftragt Katarzyna, für die Textilproduktion das Lager aufzufüllen und entsprechend einzukaufen.

Herr Hetzel gibt zwei Aufträge:

a) Katarzyna soll die auf einer Liste stehenden Gebrauchsgüter für die Textilproduktion einkaufen.
b) Für insgesamt 2.000,00 € sollen möglichst viele rote Stoffe gekauft werden.

1. Klären Sie, ob Katarzyna für die in a) angesprochenen Gebrauchsgüter beliebig viel Geld ausgeben kann.
2. Erläutern Sie, welche Gründe dafür sprechen könnten, bei einem bestimmten Lieferanten zu kaufen.

INFORMATIONEN

Wirtschaften

Die menschlichen Bedürfnisse sind, wie bereits beschrieben, grundsätzlich unbegrenzt, seien sie bewusst (offen) oder unbewusst (latent) vorhanden. Insbesondere in Werbeaktionen versuchen die Verkäufer, die potenziellen Käufer von der Notwendigkeit des Produkts, das heißt vom Bedürfnis nach diesem Gut zu überzeugen.

→ Die Bedürfnisse des Menschen sind unbegrenzt.

Selbst wenn das gelungen ist, kann der Kauf immer noch scheitern, etwa aufgrund nur begrenzt vorhandener Mittel (z. B. Geld). Die Entscheidung darüber, ein Bedürfnis zu befriedigen, bedeutet häufig, ein anderes unbefriedigt zu lassen. Folglich müssen Wahlentscheidungen getroffen werden (planvoll), wie die knappen Mittel eingesetzt werden, welches Bedürfnis dringender zu befriedigen ist.

→ Der Mensch muss mit knappen Mitteln wirtschaften.

BEISPIEL

Herr Hetzel will auch im Sinne der Hoffmann KG vernünftig wirtschaften. In der oben stehenden Einstiegssituation will er das Lager unter wirtschaftlich sinnvollen Motiven wieder füllen. Auch die Hoffmann KG hat begrenzte (finanzielle) Mittel zur Verfügung, die zu einer möglichst hohen Bedürfnisbefriedigung führen sollen.

Die unterschiedlichen Herangehensweisen in a) und b) zeichnen sich dadurch aus, dass in
a) Katarzyna möglichst viele Gebrauchsgüter einkaufen soll (dadurch, dass sie möglichst wenig dafür zahlt) und in
b) einen festen Betrag zur Verfügung hat (2.000,00 €), um möglichst viele Stoffe zu kaufen.

Diese beiden Möglichkeiten zeigen die beiden Vorgehensweisen des ökonomischen Prinzips, das nachfolgend näher beschrieben wird.

Ökonomisches (wirtschaftliches) Prinzip

Um den Konflikt zwischen knappen Gütern und begrenztem Einkommen einerseits und unbegrenzten Bedürfnissen andererseits zu lösen, werden wirtschaftliche Entscheidungen nach dem ökonomischen Prinzip getroffen. Das Ziel besteht darin, möglichst viele Bedürfnisse zu befriedigen. Dies kann auf zwei verschiedene Weisen erreicht werden.

Ist das **Ziel vorgegeben,** versucht man gemäß Minimalprinzip, dieses mit einem möglichst geringen Mitteleinsatz zu erreichen. Das heißt, ein Gut soll mit möglichst geringen Kosten hergestellt werden.

BEISPIELE

- Lisas Mitbewohner Alex gibt ihr einen Einkaufszettel mit der Bitte, den Kühlschrank wieder aufzufüllen. Er gibt ihr noch den Hinweis, sie möge auf die Kosten achten, damit das Monatsbudget nicht überschritten wird.
- In der Einstiegssituation a) soll das Lager von Katarzyna mit möglichst geringen Kosten, das heißt möglichst günstig, wieder aufgefüllt werden.

DEFINITION

Gemäß dem **Minimalprinzip** soll ein vorgegebenes Ziel mit möglichst geringen Mitteln erreicht werden.

Sind die **Mittel vorgegeben,** versucht man gemäß dem Maximalprinzip, mit eben diesen Mitteln möglichst viel zu erreichen.

BEISPIELE

- Lisa bekommt von ihrem Mitbewohner Alex den Auftrag, den Kühlschrank mit 20,00 € möglichst wieder zu füllen. Ziel ist es, möglichst lange mit den eingekauften Lebensmitteln auszukommen.
- In der Einstiegssituation b) soll Katarzyna für 2.000,00 € möglichst viele rote Stoffe einkaufen. Mit anderen Worten: Sie soll mit einer vorgegebenen Geldmenge möglichst viel einkaufen.

DEFINITION

Gemäß dem **Maximalprinzip** soll mit den gegebenen Mitteln ein größtmöglicher Erfolg erzielt werden.

Spannungsfeld Ökonomie – Ökologie

Wenn produziert wird, werden Rohstoffe verbraucht, bei Transporten wird die Umwelt durch Schadstoffausstoße belastet, beim Einkauf von Lebensmitteln verursacht der Mensch Abfall, der entsorgt werden muss, usw.

Das sind verschiedene Beispiele für eine zunehmende Belastung der Umwelt. In den letzten Jahrzehnten wurde in den Industrienationen zunehmend darauf reagiert. Es haben sich Nicht-Regierungs-Organisationen (NGO) wie beispielsweise Greenpeace gebildet oder auch staatliche Institutionen. So gibt es in Deutschland das Bundesministerium für Umwelt, Naturschutz und Reaktorsicherheit, das für den Umweltschutz zuständig ist. Dieses Ressort ist auch dafür zuständig, weltweite Umweltschutzbemühungen mit anderen Ländern global abzustimmen und zu verhandeln.

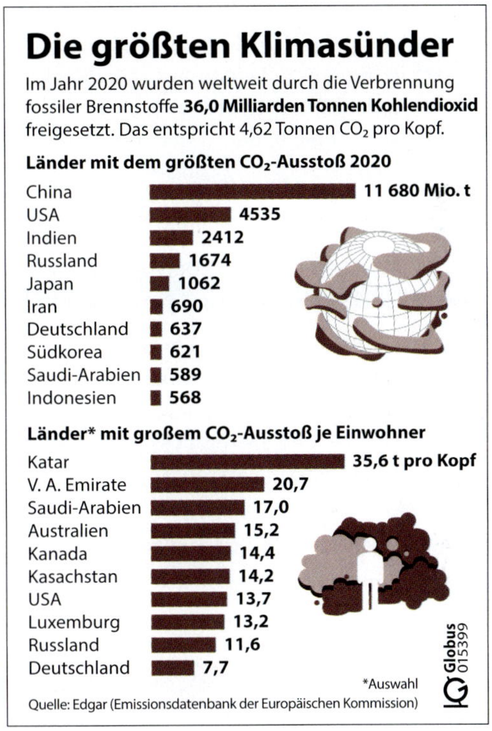

Ein zunehmendes globales Problem sind die steigenden Bedürfnisse ehemaliger Entwicklungsländer wie China oder Indien. Diese beiden Länder stellen fast 40% der Weltbevölkerung, der verbesserte Wohlstand hat einen erhöhten Bedarf nach Ressourcen (z. B. Rohstoffe) zur Folge. Außerdem erhöht sich der CO_2-Ausstoß durch die zunehmende Industrialisierung, was langfristig eine Erderwärmung und ein Abschmelzen der Pole zur Folge haben kann. In verschiedenen Konferenzen (z. B. Kyoto-Protokoll 1997, UN-Klimakonferenz in Cancun 2010) wird versucht, die Schadstoffemissionen weltweit zu begrenzen, indem für jedes Land Maximalwerte festgelegt werden. Bei der UN-Klimakonferenz in Doha im Jahr 2012 wurde nach sehr kontroversen Verhandlungen zwischen den Ländern in einer umstrittenen Abstimmung die Verlängerung des Kyoto-Protokolls bis 2020 beschlossen. Im Pariser Klimaabkommen im Dezember 2015 gab es eine Vereinbarung von 197 Staaten mit dem Ziel einer maximalen Erderwärmung von deutlich unter 2 Grad im Vergleich zur vorindustriellen Zeit. Diese Vereinbarung wurde zwischenzeitlich aber bereits von mehreren Staaten wieder infrage gestellt. In Glasgow bei der Konferenz der Vereinten Nationen wurde von den Staaten der Erde bekräftigt, das Klimaabkommen von Paris zu akzeptieren und umzusetzen.

AUFGABEN

1. Worin liegt der Unterschied zwischen bewussten (offenen) und unbewussten (latenten) Bedürfnissen?
2. Stellen Sie zwei Situationen dar, in denen Sie aufgrund von knappen Mitteln eine Wahlentscheidung zwischen unterschiedlichen Bedürfnissen treffen mussten.
3. Ein Holzveredelungsbetrieb, der über ein Lager mit Holzbrettern verfügt, erhält einen Auftrag: Er soll 100 Bilderrahmen fertigen. Nach welchem ökonomischen Prinzip wird er die Bilderrahmen fertigen?
4. Ein Einzelhandelsgeschäft vergleicht mehrere Angebote über Taschenrechner. Es wählt schließlich das Angebot mit dem günstigsten Preis. Nach welchem ökonomischen Prinzip wurde gehandelt? Begründen Sie Ihre Entscheidung.
5. Carolin Saager und ihr Freund möchten mit ihrem Ford Ka nach Frankreich in den Urlaub fahren. Sie wollen die Kosten für die Fahrt möglichst gering halten. Nach welchem Prinzip handeln die zwei und wie können sie dieses Prinzip verwirklichen?
6. Warum ist es notwendig, dass sich die Länder weltweit über einen geregelten Schadstoffausstoß einigen?

AKTIONEN

1. Erkundigen Sie sich in der Ein- und Verkaufsabteilung nach den unterschiedlichen ökonomischen Prinzipien, die in bestimmten Situationen praktiziert werden. Beschreiben Sie für Ihr Unternehmen, deren Kunden sowie deren Lieferanten jeweils ein ökonomisches Prinzip.
2. Unternehmen verstoßen seltener gegen die ökonomischen Prinzipien als die Privathaushalte. Sammeln Sie mit Ihrem Nachbarn Gründe für diesen Umstand.

ZUSAMMENFASSUNG

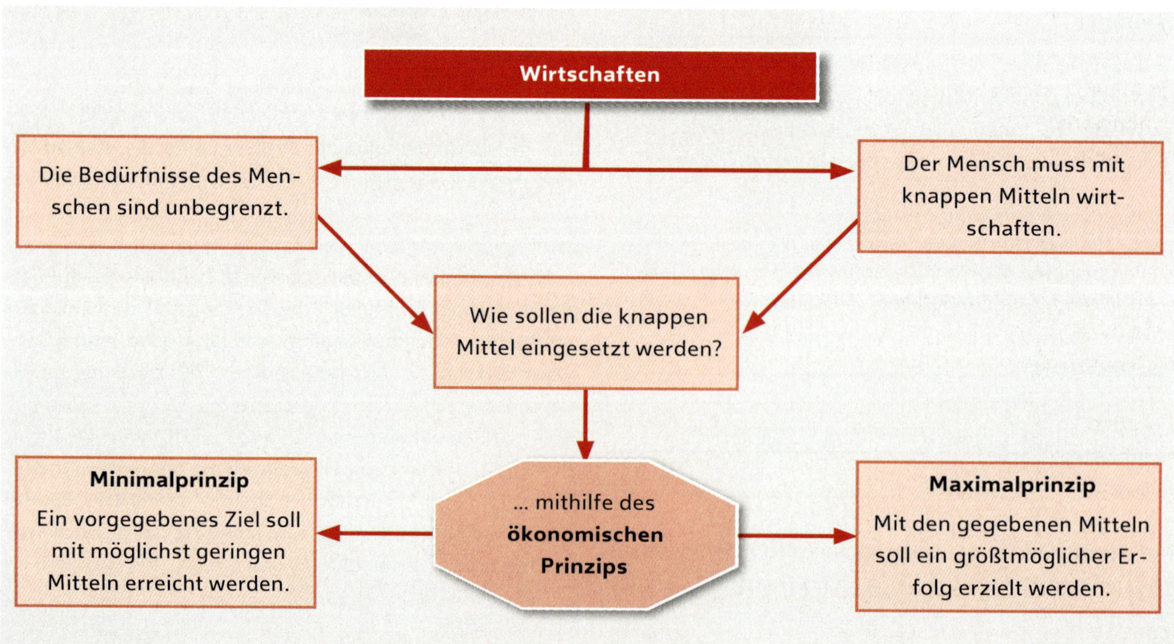

1.14 Wir unterscheiden betriebliche und volkswirtschaftliche Produktionsfaktoren

Einstieg

Die Hoffmann KG hat in den letzten Jahren ihren Umsatz kontinuierlich gesteigert. Neue Geschäftsbereiche und Vertriebswege waren Gründe für diese Erfolgsstory.

Das 1989 erbaute zentrale Büro- und Lagergebäude ist mittlerweile zu klein geworden. Glücklicherweise ist das Nachbargrundstück noch unbebaut und könnte für eine Lagererweiterung genutzt werden. Die Komplementäre Frau Hahne und Herr Hoffmann überlegen, ob sie diese Lagererweiterung durchführen sollten.

1. Nennen Sie Gründe, die gegen die Erweiterung des Lagergebäudes sprechen könnten.
2. Erstellen Sie gemeinsam mit Ihrem Banknachbarn eine Liste, was notwendig ist, um das Lagergebäude zu erweitern.

INFORMATIONEN

Produktion

In der heutigen Zeit besteht die Produktion aus sehr speziellen Vorgängen voller feinster Spezialisierungen und unzähliger aufeinander abgestimmter Prozesse. Das hat zu einem enormen Produktivitätszuwachs in den Industrieländern in den letzten Jahrhunderten geführt. Dabei ist die Produktion im Grunde die Bereitstellung von Gütern und Dienstleistungen zur Befriedigung menschlicher Bedürfnisse.

Die Produktion in einer Volkswirtschaft lässt sich auch heute noch auf einfache Grundmuster reduzieren, die sich überall wiederfinden. Zur Verdeutlichung dieser Grundmuster kann man beispielsweise die Landwirtschaft betrachten.

Volkswirtschaftliche Produktionsfaktoren: Arbeit, Boden und Kapital

In der Landwirtschaft werden im Grunde drei Produktionsfaktoren eingesetzt, die in unterschiedlichem Maße kombiniert werden. Dazu zählen:

- Boden
- Arbeit
- Kapital

Boden ist kein einheitlicher Produktionsfaktor. Er kann zur Erzeugung von Produkten in der Landwirtschaft genutzt werden. Er kann aber auch stofflich genutzt werden beim Rohstoffabbau (Kohle, Kies, Erze) oder einfach als Träger (Standort) von Gebäuden. Auch Wasser zählt zum Produktionsfaktor Boden (z. B. die Fische). Die Erzeugung der erneuerbaren Energien wie Windkraft oder die Sonnenenergie zählt ebenfalls zum Produktionsfaktor Boden.

BEISPIEL

Landwirt Lindner hat 30 Hektar Ackerfläche, die er nutzt, indem er Getreide und Kartoffeln anbaut. Dieser Ackerboden entspricht genauso dem Produktionsfaktor Boden wie die Fläche, auf der seine Stallgebäude stehen.

Produktionsfaktor Boden – hier Getreide

Arbeit ist wohl der wichtigste Produktionsfaktor. Damit ist sowohl tierische Muskelkraft als auch die Schaffenskraft des Menschen gemeint. Während die tierische Muskelkraft in den Industriegesellschaften fast zu vernachlässigen ist, wird bei der menschlichen Arbeitsleistung die schöpferische, das heißt die geistige Arbeit (Kopfarbeit) im Vergleich zur körperlichen Arbeit immer wichtiger (z. B. Dienstleistungen).

BEISPIEL

Landwirt Lindner pflügt sein Feld, um den Boden für die Saat vorzubereiten. Abends muss er Kalkulationen aufstellen und die Buchführung erledigen.

Boden und Arbeit bezeichnet man als ursprüngliche (originäre) Produktionsfaktoren. Sie gibt es seit jeher. Mit dem Einsatz von Werkzeugen und Maschinen, die der menschliche Erfindungsgeist zur Vereinfachung der Arbeit geschaffen hat, kam der Produktionsfaktor **Kapital** hinzu. Man sagt daher, das Kapital ist ein aus Boden und Arbeit abgeleiteter (derivativer) Produktionsfaktor. Dabei teilt man ein in Realkapital (= Sachkapital), z. B. Maschinen und Gebäude, und Finanzkapital, also Geldmittel, die z. B. für Investitionen zur Verfügung stehen. Erst der Einsatz des Kapitals hat die großen Produktivitätssteigerungen möglich gemacht, die in den Industrieländern in den letzten Jahrhunderten stattgefunden haben.

BEISPIEL

Lagerhalle im Bau

Landwirt Lindner investiert in eine neue Lagerhalle, die er nutzen will, um seinen Weizen zu lagern und selbst seinen Tieren zu geben. Damit kann er günstiger Futter einkaufen und die gesamte Viehhaltung wird produktiver.

Alle drei Produktionsfaktoren können in unterschiedlichem Maße eingesetzt und kombiniert werden. Man spricht dabei auch von der Produktionstechnologie einer Volkswirtschaft. Je nachdem, welcher der drei Produktionsfaktoren schwerpunktmäßig eingesetzt wird, spricht man auch von kapitalintensiver, rohstoffintensiver oder arbeitsintensiver Produktionstechnologie.

Die Zusammenstellung der Faktorkombinationen hat einen Einfluss auf die Effizienz bei der Produktion. Dabei sollten die Ziele der Ökonomie (z. B. Gewinnerzielung) mit den Zielen der Ökologie (z. B. Schonung der Umwelt) abgestimmt sein. Es ist eine Nachhaltigkeit beim Faktoreinsatz wichtig. Nachhaltig bedeutet dabei, dass beispielsweise Rohstoffe so abgebaut werden, dass sich deren Bestand auf natürliche Weise regenerieren kann. Zu den Rohstoffen zählen unter anderem Erze, Rohöl, aber auch Fische.

Nicht nur beim Abbau der Rohstoffe muss auf Nachhaltigkeit geachtet werden. Ebenso wichtig ist es zu durchdenken, wie die Produkte verpackt werden: Wie und in welchem Umfang können Verpackungen recycelt oder wiederverwendet werden? Hier ist die Ökobilanz – am Beispiel von Getränkeverpackungen gezeigt – ein wichtiger Faktor. Immer mehr Verbraucher entscheiden sich bewusst für nachhaltig verpackte Produkte.

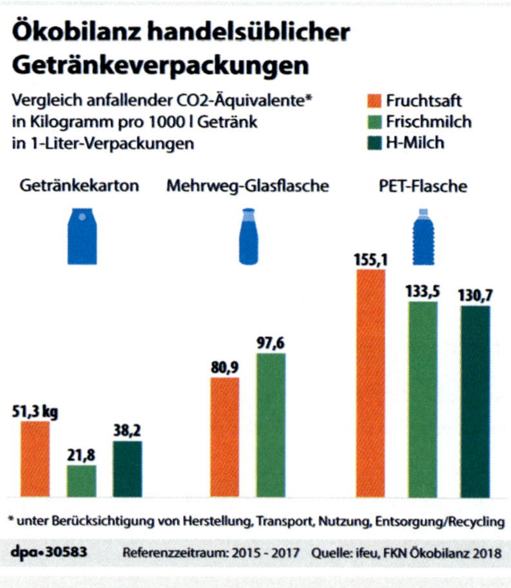

Bildung als vierter Produktionsfaktor

In den letzten Jahren hat bei vielen Wirtschaftsexperten und Politikern das Thema Bildung weiter an Bedeutung gewonnen. So ist in der wirtschaftswissenschaftlichen Literatur des Öfteren von der Bildung als viertem (derivativen) Produktionsfaktor die Rede. Nachhaltiges Wirtschaften beruht mehr und mehr auf den Stand der wissenschaftlichen Forschung. Hochgebildete Volkswirtschaften sind aufgrund ihres hohen Bildungsstandes in der Lage, vernünftig mit den zur Verfügung stehenden Ressourcen umzugehen und sie überlegt und sinnvoll einzusetzen.

Bildung ist ein wichtiger Faktor in unserer Gesellschaft.

Produktionsfaktoren aus betriebswirtschaftlicher Sicht

Aus Unternehmenssicht findet eine etwas andere Einteilung der (betriebswirtschaftlichen) Produktionsfaktoren statt, weil das Unternehmen nicht die Gesamtheit einer Volkswirtschaft im Blick hat, sondern „lediglich" den eigenen betrieblichen Leistungsprozess. Dieser betriebliche Leistungsprozess wird mithilfe der folgenden Faktoren erreicht:

- Werkstoffe (Roh-, Hilfs- und Betriebsstoffe)
- (menschliche) Arbeit (ausführend und/oder leitend)
- Betriebsmittel (Anlagevermögen)
- Rechte (Patente, Verträge ...)

In den Unternehmen werden diese Faktoren miteinander kombiniert, damit das angestrebte Produktionsziel erreicht wird.

Die **Werkstoffe** sind dem betrieblichen Rechnungswesen entsprechend in Roh-, Hilfs- und Betriebsstoffe unterteilt:

- **Rohstoffe**
  Sie sind Hauptbestandteil eines Erzeugnisses im Produktionsprozess.
- **Hilfsstoffe**
  Sie sind Nebenbestandteil (mit relativ geringem Kostenanteil).
- **Betriebsstoffe**
  Sie gehen nicht in das Erzeugnis ein, sind aber für die Produktion notwendig und werden verbraucht.

BEISPIEL

Bei der Herstellung eines Holzstuhls ist das Holz der Rohstoff. Als Hilfsstoffe sind hier der Leim sowie die benötigten Schrauben notwendig. Weiterhin werden bei der Produktion Strom und Benzin benötigt, die als Betriebsstoffe nicht in das Produkt eingehen.

Mit den **Betriebsmitteln** (nicht zu verwechseln mit Betriebsstoffen) ist das Anlagevermögen eines Unternehmens gemeint. So sind etwa die Gebäude, Maschinen oder auch der Fuhrpark Grundlage für eine betriebswirtschaftlich sinnvolle Produktion.

Bei der **menschlichen Arbeitsleistung** wird zwischen ausführender und leitender (dispositiver) Arbeit unterschieden. Die dispositive Arbeit wird von der Geschäftsleitung geleistet, dazu gehören etwa die Planung, Leitung, Organisation und Kontrolle aller Prozesse innerhalb des Unternehmens. Die Geschäftsleitung hat somit die Hauptaufgabe, die Faktoren nach dem ökonomischen Prinzip zu kombinieren.

Ein Bauleiter leistet überwiegend dispositive Arbeit.

Zu den **Rechten** eines Unternehmens gehören etwa Miet- und Pachtverträge, gegebenenfalls Patente oder Lizenzen (z. B. für ein PC-Programm).

Die betriebswirtschaftlichen Produktionsfaktoren lassen sich den volkswirtschaftlichen zuordnen. Die Werkstoffe sind dem Boden (An- und Abbauboden) zuordenbar. Die menschliche Arbeitsleistung ist volkswirtschaftlich eingeteilt in geistige und körperliche Arbeit. Die Betriebsmittel werden volkswirtschaftlich als Kapital bezeichnet. Die Rechte sind nicht direkt einem volkswirtschaftlichen Produktionsfaktor zuzuordnen.

AUFGABEN

1. Finden Sie bei der Hoffmann KG jeweils zwei Beispiele für körperliche und geistige Arbeit.
2. Bei der Herstellung von Produkten spielen in der Regel alle Produktionsfaktoren eine Rolle. Stellen Sie das Zusammenspiel der drei Produktionsfaktoren am Beispiel der Produktion von Damenmänteln bei der Hoffmann KG dar.
3. Die zunehmende Arbeitsproduktivität hat für die Unternehmen und Mitarbeiter sowohl Vor- als auch Nachteile. Stellen Sie diese in einer Tabelle gegenüber.
4. Warum ist die dispositive Arbeit in einem Unternehmen von besonders hoher Bedeutung?
5. Kann eine ausführende Tätigkeit aus betriebswirtschaftlicher Sicht nur körperlich oder auch geistig sein (im volkswirtschaftlichen Sinn)? Begründen Sie Ihre Antwort.
6. Würden Sie der Hoffmann KG zu einer Erweiterung des Lagergebäudes raten? Begründen Sie auch hier Ihre Antwort.

AKTION

Bearbeiten Sie die Informationstexte „Die volkswirtschaftlichen Produktionsfaktoren Arbeit, Boden und Kapital" und „Produktionsfaktoren aus betriebswirtschaftlicher Sicht" separat in zwei Gruppen mithilfe der Kugellager-Methode.

Kugellagermethode

- Die Teilnehmer der ersten Gruppe verteilen sich auf den Innenkreis und die Teilnehmer der zweiten Gruppe verteilen sich auf den Außenkreis, sodass sich jeweils zwei Personen in Blickkontakt einander gegenübersitzen.
- Die erste Gruppe erklärt der jeweils gegenüber sitzenden Person der zweiten Gruppe ihr Thema.
- Nun erklärt die zweite Gruppe der gegenüber sitzenden Person ihr Thema.
- Nach Ablauf der vereinbarten Zeit (z. B. nach zwei Minuten) rücken alle Teilnehmer des Innenkreises im Uhrzeigersinn um eine Position weiter.
- Nun erklären die Teilnehmer der ersten Gruppe jeweils der neuen Person der zweiten Gruppe das, was sie verstanden haben. Die entsprechende Person der zweiten Gruppe korrigiert gegebenenfalls die Ausführung. Anschließend wird umgekehrt erklärt.

Kugellagermethode

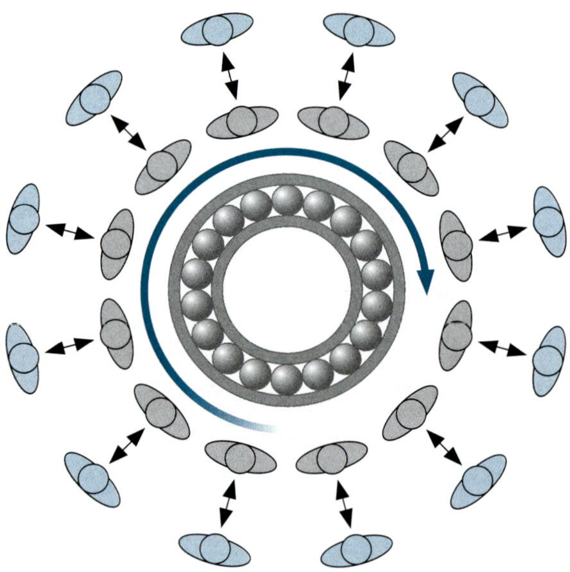

ZUSAMMENFASSUNG

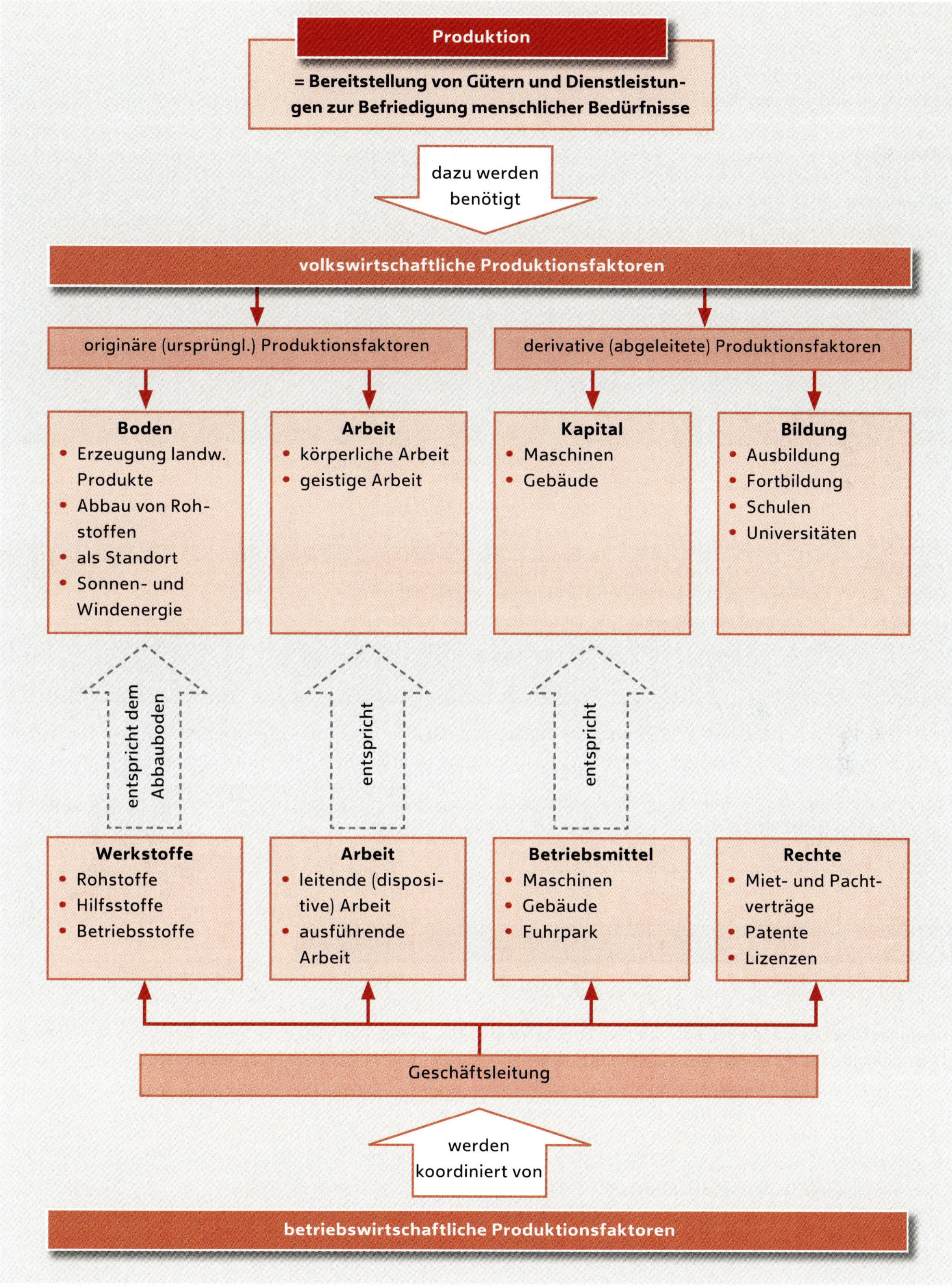

1.15 Wir erkennen den Wirtschaftskreislauf als ein Modell der Volkswirtschaft

Einstieg

Der Auszubildende Volkan Karaca unterhält sich mit der Komplementärin der Hoffmann KG, Frau Hahne, über die Finanzierung der Lagererweiterung.

Volkan Karaca:
„Frau Hahne, Sie sagten mir vor einigen Tagen, dass die Investition für die Lagererweiterung ein Volumen von etwa 500.000,00 € hat. Woher soll die Hoffmann KG dieses Geld nehmen?"

Frau Hahne:
„Von der Rechnungswesen-Abteilung habe ich berechnen lassen, dass unser Unternehmen für Investitionen etwa 100.000,00 € in den letzten Jahren bei den Hausbanken angespart hat."

Volkan Karaca:
„Reicht das denn aus? Woher soll das restliche Geld kommen?"

Frau Hahne:
„Da wir durch den Bau einige Arbeitsplätze schaffen, gibt es auch ca. 10 % vom Investitionsvolumen als Zuschuss vom Staat."

Volkan Karaca:
„Das ist ja sehr gut."

Frau Hahne:
„Ja, somit ist es für uns dann nicht mehr so problematisch, für die Restsumme einen Kredit bei der Bank aufzunehmen."

Volkan Karaca:
„Das klingt ja alles sehr sinnvoll. Aber wo kommt denn eigentlich das ganze Geld vom Unternehmen, vom Staat oder von der Bank her?"

Frau Hahne:
„Das ist sehr kompliziert. Kurz gesagt, es handelt sich eigentlich um zwei Kreisläufe: den Güterkreislauf und den Geldkreislauf."

Volkan Karaca:
„Das verstehe ich nicht!"

Frau Hahne:
„Dann sollten Sie sich dringend darüber informieren. Die Beziehungen zwischen Haushalten und Unternehmen ist Basiswissen eines Kaufmanns bzw. einer Kauffrau ..."

---

1. Stellen Sie grafisch dar, woher die Hoffmann KG das Geld für die Investition bekommen kann.
2. Überlegen Sie, ob die Investition Bestandteil des Geld- oder des Güterkreislaufs ist.
3. Nennen Sie fünf Beispiele dafür, wo zwischen Privatpersonen, den Unternehmen, dem Staat und den Banken Güter getauscht werden.

INFORMATIONEN

Wirtschaftskreislauf mit zwei Sektoren

In einer Volkswirtschaft stehen sich verschiedene Akteure gegenüber, die alle im Tausch von Gütern oder Dienstleistungen und Geld sind. Volkswirte versuchen mit Modellen, die Realität einfacher darzustellen. Um die Beziehungen von diesen Akteuren zu vereinfachen, wird zunächst das Modell des Wirtschaftskreislaufs mit zwei Sektoren, der sogenannte **einfache Wirtschaftskreislauf** betrachtet.

Unter den zwei Sektoren sind hier (alle) Unternehmen einer Volkswirtschaft und die privaten Haushalte zu verstehen. Weitere Sektoren wie der Staat, Banken oder das Ausland sind bei dieser Modelldarstellung nicht berücksichtigt.

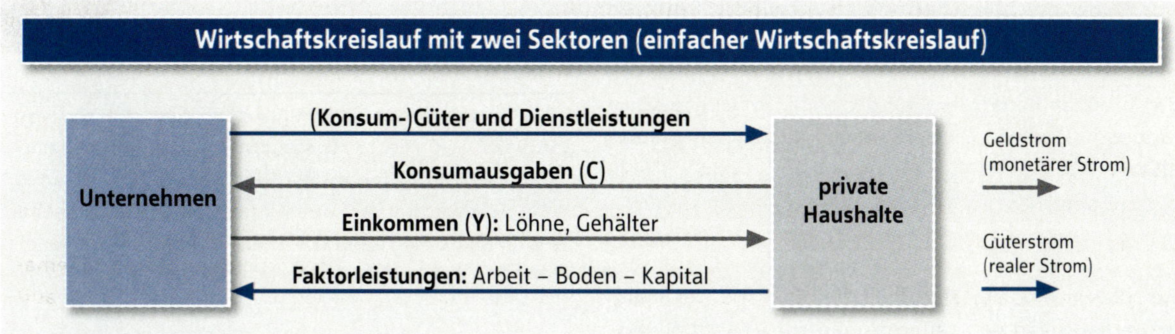

Geldstrom

Es wird zunächst der Geldstrom (monetärer Strom) betrachtet: Die privaten Haushalte erhalten von den Unternehmen Lohn, den sie für Konsumausgaben verwenden. Für die Unternehmen ist die Lohnzahlung ein Geldabfluss, während die Konsumausgaben der privaten Haushalte einen Geldzufluss für die Unternehmen darstellen.

BEISPIEL

Herr Witt ist Mitarbeiter der Fahrradproduktion der Hoffmann KG und erhält monatlich sein Gehalt. Für dieses Gehalt kauft er sich Lebensmittel und andere Güter. So hat er vor einiger Zeit ein Fahrrad bei der Hoffmann KG für seinen Sohn gekauft.

Die privaten Haushalte geben ihr gesamtes Einkommen (Y, für engl. yields) für den Konsum aus (C, für engl. consumption). Es kann dementsprechend folgende Gleichung aufgestellt werden:

$$Y = C$$

Jedem Geldstrom stehen im Wirtschaftskreislauf Güterströme in gleicher Höhe gegenüber.

Güterstrom

Beim Güterstrom (realer Strom) stellen die privaten Haushalte ihre Faktorleistungen (Arbeitskraft, Grundstücke, Kapital zur Finanzierung der Produktion) den Unternehmen zur Verfügung. Dadurch sind die Unternehmen in der Lage, Güter und Dienstleistungen zu produzieren. Die produzierten Güter und Dienstleistungen werden dann von den privaten Haushalten im Tausch mit Geld konsumiert.

BEISPIEL

Herr Witt stellt der Hoffmann KG täglich seine Arbeitsleistung zur Verfügung. Damit werden täglich mehrere Fahrräder produziert. Das vor einiger Zeit für seinen Sohn gekaufte Fahrrad ist dabei ebenfalls von ihm hergestellt worden.

Wirtschaftskreislauf mit drei Sektoren

Es ist in der Realität in der Regel nicht so, dass das gesamte Einkommen der privaten Haushalte für Konsum ausgegeben wird. Häufig wird ein Teil des Geldes gespart. Die Unternehmen produzieren nicht nur Konsumgüter, sie investieren auch in neue Produktionsgüter, um die Produktionsbedingungen zu verbessern. Der dritte Sektor, die „Vermittlungsstelle", sind dabei die Kreditinstitute.

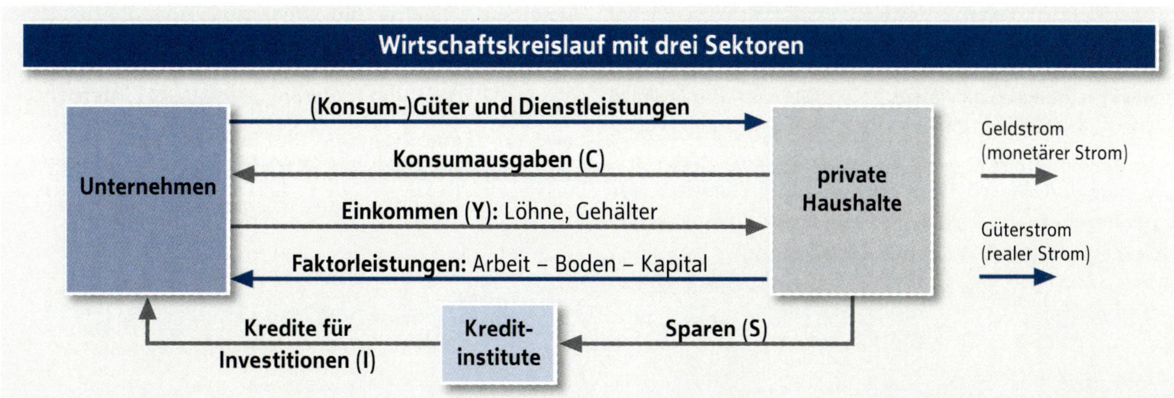

Das Modell des Wirtschaftskreislaufs mit drei Sektoren geht davon aus, dass nur so viel Geld von den Unternehmen investiert (Investition = I) werden kann, wie von den privaten Haushalten auf der anderen Seite gespart (Sparen = S) wurde. Die entsprechende Gleichung lautet also:

$$I = S$$

Bei dieser Modellbetrachtung werden die gesamten Ersparnisse von den Unternehmen zur Investition verwendet. Das führt zu einer verbesserten Produktion und schließlich zu einer Erhöhung der Gütermenge im Wirtschaftskreislauf.

➔ Durch Sparen und Investieren wächst die Wirtschaft.

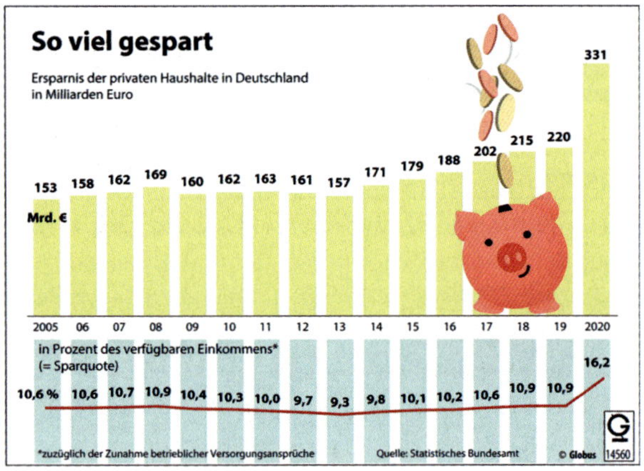

Man kann den Wirtschaftskreislauf aus Sicht der **Einkommensverwendung** betrachten. Die Gleichung ist die Antwort auf die Frage „Wie verwenden die privaten Haushalte ihr Einkommen?" ➔ Es wird von den Haushalten zum Konsum und zum Sparen verwendet.

Sicht der Einkommensverwendung $Y = C + S$

BEISPIEL

Die Haushalte haben insgesamt ein Einkommen von 1000 Geldeinheiten (GE), von denen sie 10 % sparen. Somit lautet die Gleichung
$Y = C + S$ $1000 = 900 + 100$

Die Einkommen entstehen durch die Herstellung von Konsumgütern oder Investitionsgütern. Daraus ergibt sich die Sicht der **Einkommensentstehung:**

Sicht der Einkommensentstehung $Y = C + I$

BEISPIEL

Die Unternehmen stellen Konsumgüter in Höhe von 900 GE her. Die „ausgefallene" Konsumgüternachfrage von 100 GE wird von den Unternehmen durch die Nachfrage von Investitionsgütern (z. B. Maschinen, Fahrzeuge) ersetzt. Die Gleichung lautet somit
$Y = C + I$ $1000 = 900 + 100$

Erweiterter Wirtschaftskreislauf

Eine große Rolle in einer Volkswirtschaft spielt der Staat. In der Bundesrepublik Deutschland wird der Sektor „Staat" repräsentiert durch den Bund, die Länder, die Gemeinden und die Sozialversicherungsträger.

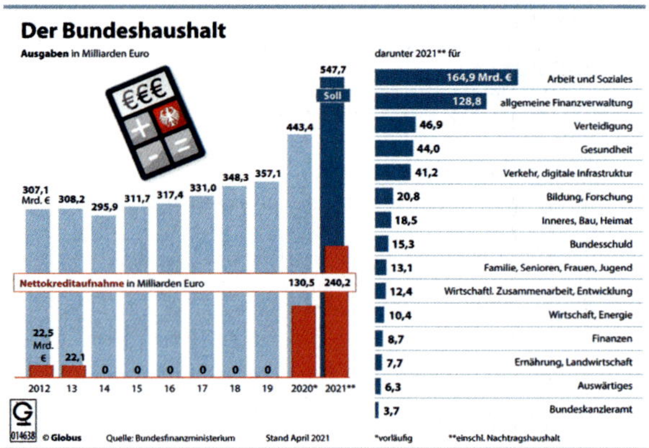

Der Staat schafft mithilfe verschiedener Instrumente erst die Rahmenbedingungen für unternehmerisches Handeln. Dazu zählen beispielsweise Steuern, Abgaben, und Gebühren, Subventionen oder auch die Sozialleistungen. Beim dem Modell mit vier Sektoren wird auch vom geschlossenen Wirtschaftkreislauf gesprochen.

Im nachfolgenden Modell jedoch ist auch das Ausland Bestandteil des erweiterten Wirtschaftskreislaufs. In der heutigen globalisierten Welt sind Außenbeziehungen und der Außenhandel zu anderen Ländern von steigender Bedeutung (Außenbeitrag einer Volkswirtschaft). Ob bestimmte Rohstoffe oder elektronische Erzeugnisse aus anderen Industrieländern, der internationale Handel hat zur Folge, dass Güter und Dienstleistungen sowie Geld zwischen verschiedenen Volkswirtschaften getauscht werden[1].

1 siehe auch Kap. 1.16 Arbeitsteilung

Der erweiterte Wirtschaftskreislauf:

- **geschlossen**
  keine Einflüsse durch das Ausland
- **offen**
  Es findet ein außenwirtschaftlicher Austausch statt.

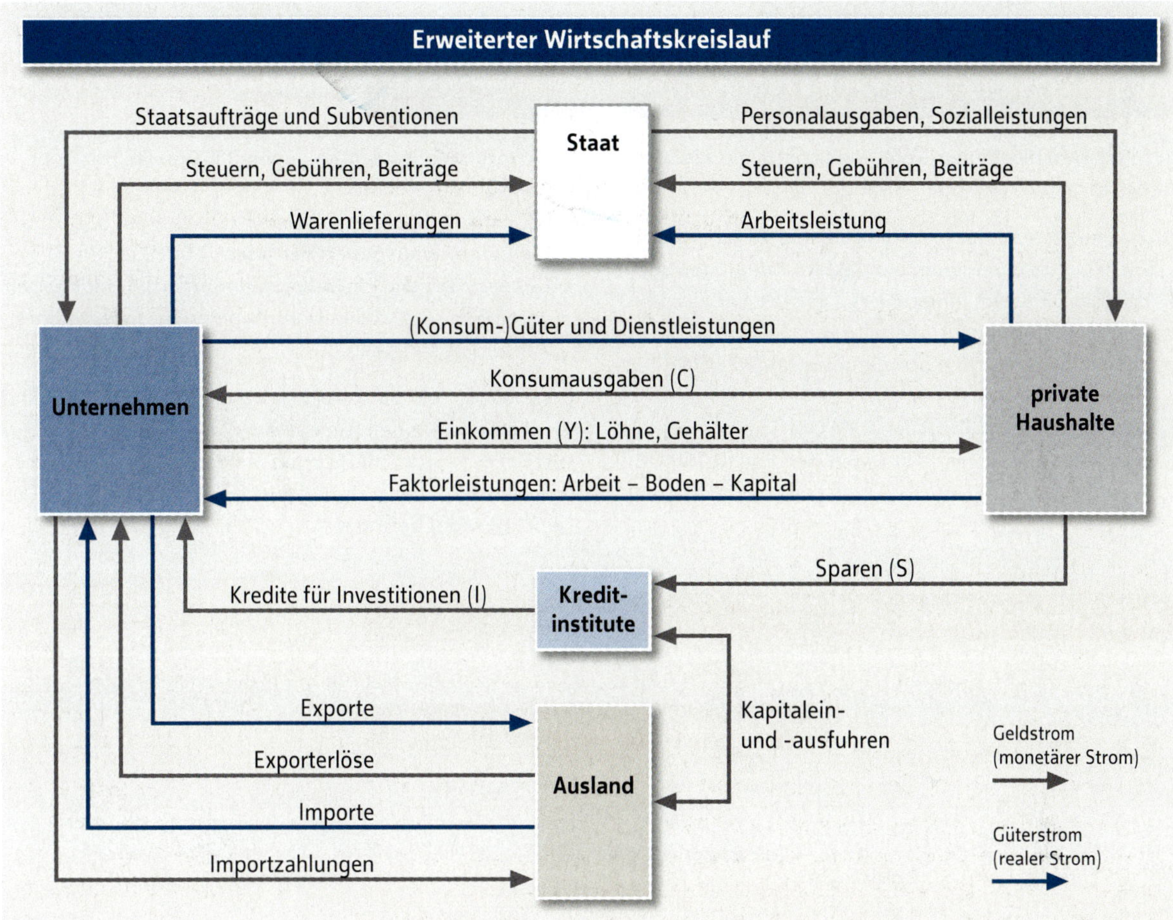

AUFGABEN

1. Das Modell des einfachen Wirtschaftskreislaufs betrachtet nicht alle Bereiche des wirtschaftlichen Lebens. Erläutern Sie, warum es auch wichtig ist, die Beziehung zum Staat und zum Ausland zu berücksichtigen. Welche Rolle spielen die Kreditinstitute?
2. Nennen Sie drei Beispiele für private Haushalte.
3. Erklären Sie die Beziehungen im einfachen Wirtschaftskreislauf, die zwischen den privaten Haushalten und den Unternehmen bestehen, mit eigenen Worten.
4. Welche Auswirkungen hätte es, wenn die Konsumausgaben der privaten Haushalte zurückgehen?
5. Worin liegen die Vorteile einer offenen Volkswirtschaft im Vergleich zur geschlossenen Volkswirtschaft?
6. Nennen Sie die Beziehungen im erweiterten Wirtschaftskreislauf zwischen:
   a) Unternehmen und Staat
   b) Unternehmen und Ausland
   c) Staat und privaten Haushalten
7. Zwischen dem Staat und den privaten Haushalten findet ein **Geldstrom** statt. Nennen Sie je zwei Beispiele für beide Richtungen.

8. Wenn mehr Güter exportiert als importiert werden, liegt ein Exportüberschuss vor. Wie wirkt sich dies auf die inländischen Einkommen aus?

9. Welche Möglichkeit steht dem Staat zur Verfügung, wenn er feststellt, dass seine Ausgaben (für Transferzahlungen, bezogene Sach- und Dienstleistungen, Gehälter für Angestellte und Beamte u. a.) seine Einnahmen (direkte und indirekte Steuern, Gebühren, Beiträge u. a.) dauerhaft übersteigen?

AKTION

In einer geschlossenen Volkswirtschaft mit staatlicher Aktivität gelten folgende Angaben:

- Die Einkommen der privaten Haushalte aus erbrachten Arbeitsleistungen in den Unternehmen betragen 500 000 GE (Geldeinheiten).
- Seitens der privaten Haushalte werden 85 000 GE an Steuern gezahlt, die Unternehmen zahlen 55 000 GE Steuern.
- An Subventionen und Ausgaben des Staates für Sachgüter und Dienstleistungen werden 90 000 GE gezahlt.
- Die privaten Haushalte geben 385 000 GE für ihren Konsum aus.
- Die Sozialleistungen des Staates betragen 33 000 GE, die Personalausgaben betragen 17 000 GE.
- Das verbliebene Einkommen der privaten Haushalte wird gespart und den Unternehmen für Investitionen zur Verfügung gestellt.

Erstellen Sie ein Schaubild (Wirtschaftskreislauf), in das Sie die Beziehungen (Geldströme) mit den angegebenen Werten eintragen. Berechnen Sie dabei auch die fehlenden Werte, damit sich der Wirtschaftskreislauf auch im Gleichgewicht befindet.

ZUSAMMENFASSUNG

einfacher Wirtschaftkreislauf

Sektoren: Unternehmen und private Haushalte

Geldstrom
→ monetärer Strom (Lohn für Arbeit, Ausgaben für den Konsum)

Güterstrom
→ realer Strom (Arbeit, Boden, Kapital, Kosumgüter)

Jedem Güterstrom stehen im Wirtschaftskreislauf Geldströme in gleicher Höhe gegenüber.

erweiterter Wirtschaftkreislauf

Sektoren: Unternehmen, private Haushalte, Kreditinstitute, Staat, Ausland*

geschlossener Wirtschaftskreislauf
→ kein Einfluss des Auslands auf die Volkswirtschaft

offener Wirtschaftskreislauf
→ Es findet ein außenwirtschaftlicher Austausch statt.

* Der Sektor „Ausland" besteht nur bei einem offenen Wirtschaftskreislauf.

1.16 Wir nutzen die Möglichkeiten der Arbeitsteilung

Einstieg

Es ist Frühjahr und die Nachfrage nach Fahrrädern hat saisonbedingt stark zugenommen. Leider ist ausgerechnet jetzt bei der Hoffmann KG der Krankenstand in der Fahrradproduktion sehr hoch. Ekkehard Klante, Leiter des Funktionsbereichs Fahrradproduktion, beauftragt den Auszubildenden Dominik Schlote damit, Herrn Roland Matthes, Leiter des Funktionsbereichs Textilproduktion, zu fragen, ob er für die kommende Woche zehn seiner Mitarbeiter entbehren kann, damit die Fahrradproduktion gewährleistet ist.

Dominik ist sich nicht sicher, ob das die beste Lösung für das Problem ist ...

1. Erläutern Sie Dominik Schlotes Bedenken.
2. Schlagen Sie eine Lösung für den drohenden Produktionsausfall vor.

INFORMATIONEN

Entwicklung der Arbeitsteilung

Arbeitsteilung hat es schon sehr früh gegeben. Die älteste Arbeitsteilung ist die zwischen Mann und Frau. So war es in der Steinzeit üblich, dass der Mann Jäger und Sammler war und die Frau sich auf Haus- und Feldarbeit konzentriert hat. Dies war eine Selbstversorgungswirtschaft innerhalb der Familie.

Klassische Arbeitsteilung in der Steinzeit

Die ersten höheren Kulturen gab es im Nahen Osten (Irak, Palästina, Ägypten). Hier entstand mit Jericho bereits zwischen 8000 und 6000 v. Chr. die erste Stadt. Die Arbeitsteilung und die Bildung von Berufen setzten ein (**berufliche Arbeitsteilung**). So haben sich bereits bis ins Mittelalter Berufe wie der Schreiner, der Schmied oder der Schneider gebildet, die überwiegend im Handwerk angesiedelt waren. Bei dieser ersten **Berufsbildung** hat jedes Mitglied eines Dorfes/einer Gemeinschaft den Beruf ausgeübt, bei dem es besonders talentiert war.

Mit dem weiter fortschreitenden technischen Fortschritt und den damit immer komplizierteren und umfangreicheren Tätigkeiten in einem Beruf gab es eine **Berufsspaltung**. So musste ein Schmied nicht nur ein Eisen bearbeiten, sondern auch feinere Arbeiten ausführen. Nun gab es nicht nur den Schmied, sondern auch den Hufschmied, Waffenschmied, Goldschmied usw. Ähnliche Berufsspaltungen hat es auch in anderen Berufen gegeben, die bis in die heutige Zeit stattfinden.

Neben der beruflichen Arbeitsteilung, die sich mit den Spezialisierungen des Menschen beschäftigt, legt die **betriebliche Arbeitsteilung** den Fokus auf das Unternehmen. So findet innerhalb eines Betriebs eine Arbeitszerlegung statt, wenn etwa die Produktion in unterschiedliche Teilprozesse eingeteilt wird. Die entsprechenden Arbeitnehmer in den Teilprozessen sind nur auf diese speziellen Aufgaben ausgebildet. Die Fließbandarbeit ist beispielsweise eine Folge dieser Arbeitszerlegung. Eine weitere betriebliche Arbeitsteilung ist die Bildung von Abteilungen (innerbetriebliche Arbeitszerlegung). So nimmt jede

Abteilung und damit jeder Mitarbeiter der Abteilung unterschiedliche Aufgaben innerhalb der Wertschöpfungskette wahr. Auch überbetrieblich ist eine Arbeitszerlegung möglich. Hier finden Teilprozesse der Produktion in wirtschaftlich selbstständigen Produktionsstätten statt, das heißt, ein Unternehmen bildet Unterfirmen, um dort zu produzieren.

Abteilung des Rechnungswesens, in der die Ein- und Ausgangsrechnungen bearbeitet und geprüft werden

Volkswirtschaftliche Arbeitsteilung

Um die Arbeitsteilung nach volkswirtschaftlichen Gesichtspunkten zu betrachten, sind die verschiedenen **Wirtschaftssektoren** von Bedeutung, in denen die Unternehmen agieren.[1]

Der **Primärsektor** (Urproduktion) umfasst den Abbau von Bodenschätzen und die Gewinnung natürlicher Rohstoffe.

BEISPIELE

- Land- und Forstwirtschaft
- Fischerei
- Bergbau
- Betriebe der Öl- und Gasgewinnung

Der **Sekundärsektor** (Weiterverarbeitung) verarbeitet in der Regel die vom Primärsektor erzeugten bzw. abgebauten Produkte weiter. Zum Sekundärsektor gehören Betriebe aus Industrie und Handwerk.

BEISPIELE

- verarbeitendes Gewerbe
- Energie- und Wasserversorgung
- Baugewerbe
- Handwerk

Der **Tertiärsektor** (Dienstleistungen) ist dafür zuständig, die erzeugten Waren dem Endverbraucher zuzuführen oder weitere Dienstleistungen anzubieten.

BEISPIELE

- Handel
- Verkehr, Logistik
- Kreditinstitute
- Versicherungen
- öffentliche Haushalte (Staat, Gemeinden ...)

In der Literatur wird manchmal auch noch der Quartiärsektor genannt, der die Hochtechnologie und Informationsverarbeitung umfasst.

In der Wirtschaft hat in den letzten Jahrzehnten ein starker Strukturwandel stattgefunden. Während in den Nachkriegsjahren des Zweiten Weltkriegs noch etwa 25 % der Erwerbstätigen im Primärsektor tätig waren, sind es heute noch etwa 1 %. Auch das produzierende Gewerbe (Sekundärsektor) hat von ca. 43 % um 1950 heute noch einen Anteil von ca. 30 % (produzierendes Gewerbe und Baugewerbe). Anteile gewonnen hat hingegen der Dienstleistungssektor, der 1950 noch bei ca. 33 % lag und heute bei knapp 70 % (öffentliche und private Dienstleister, Finanzierung, Handel, Gastgewerbe und Verkehr).

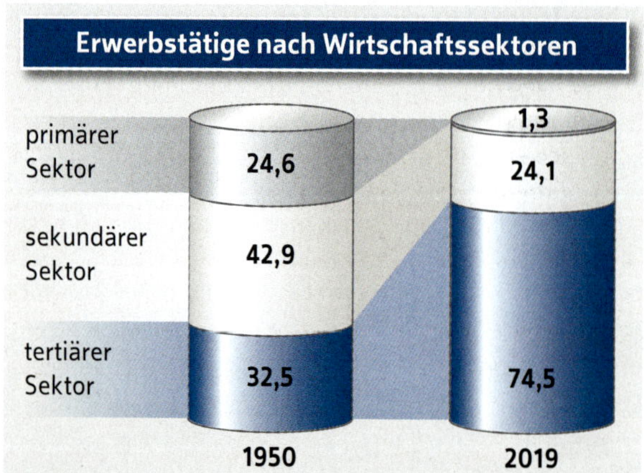

Eigene Darstellung nach Zahlen von: Destatis, Statistisches Bundesamt: Erwerbstätige im Inland nach Wirtschaftssektoren Deutschland 1950–2019. 27.02.2020.

Auch zwischen den Volkswirtschaften findet eine Arbeitsteilung statt. Die **internationale Arbeitsteilung** ist notwendig, da nicht alle Güter und/oder Dienstleistungen im Land ausreichend vorhanden sind. Andere Motive sind günstigere Produktionsmöglichkeiten im Ausland (z. B. niedrigere Lohnkosten in der Textilproduktion in Asien) oder niedrigere Preise von bestimmten Gütern im Ausland.

1 siehe auch Kap. 1.17

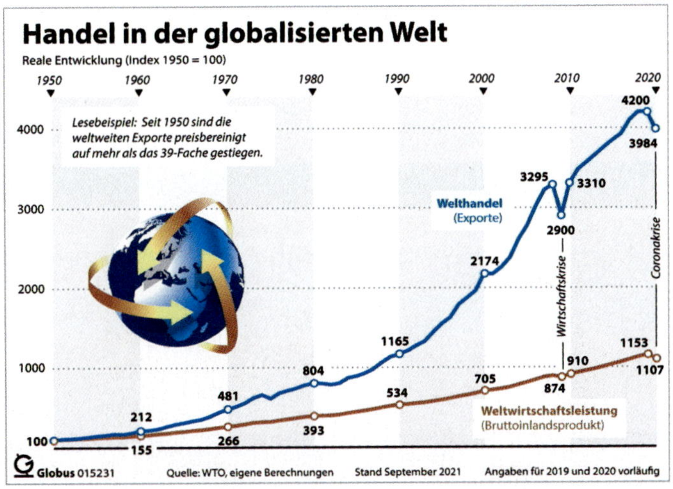

Der Welthandel und die Weltwirtschaftsleistung sind seit 1950 stark gestiegen. Die Steigung des Welthandels ist auch dadurch begründet, dass große Volkswirtschaften wie China oder Indien in den letzten Jahren ihre Wirtschaftsleistung stark steigern konnten. Dies war unter anderem auch durch erhöhten Außenhandel möglich.

Der Welthandel hatte 2008 und 2009 einen Rückgang zu verzeichnen. Dies war die Folge einer Weltwirtschaftskrise. Seit 2010 ist der Trend im Welthandel wieder steigend, da viele Länder ihre Wirtschaftsleistung und ihren Außenhandel wieder erhöhen konnten. Abzuwarten bleibt, wie schwerwiegend sich die Corona-Krise auf den Welthandel auswirkt. So zeigt sich ein deutlicher Rückgang für 2020, der vermutlich auch für 2021 zu erwarten ist.

Auswirkungen der Arbeitsteilung

Es ist im Laufe dieses Kapitels bereits viel über die Vorteile der Arbeitsteilung berichtet worden. Verbesserungen in den Arbeitsprozessen oder eine steigende Produktivität sind dabei zu nennen. Es gibt aber auch negative Effekte für eine Volkswirtschaft, für den Betrieb oder für jeden Menschen individuell. Nachfolgend werden die Vor- und Nachteile für die einzelnen Bereiche aufgeführt:

Mögliche Auswirkungen auf eine **Volkswirtschaft**		Mögliche Auswirkungen auf einen **Betrieb**		Mögliche Auswirkungen auf einen **Mitarbeiter**	
Vorteile	Nachteile	Vorteile	Nachteile	Vorteile	Nachteile
• Versorgung des Landes • Güteraustausch erhöht die Arbeitsproduktivität • preiswertere Güter • internationale Kontakte (auch in anderen Bereichen) • höhere Produktvielfalt	• Abhängigkeit von anderen Ländern • Mögliche Verschuldung gegenüber dem Ausland • Über- oder Unterproduktionen sind möglich	• gute Auslastung der Maschinen • höhere Produktivität bei den Mitarbeitern • erhöhte Gewinne durch Rationalisierung • bessere Produktqualität	• geringere Motivation der Mitarbeiter • Facharbeiter zum Teil nicht verfügbar • erhöhter Krankenstand	• sicherer Umgang mit den Aufgaben • höheres Einkommen • gegebenenfalls kürzere Arbeitszeiten (mehr Freizeit) • Aufbau von Spezialwissen	• monotone Arbeit • höherer Krankenstand durch einseitige Beanspruchung • Konkurrenzkampf • Wegfall von Arbeitsplätzen durch Rationalisierung • fehlender Überblick des Einzelnen

AUFGABEN

1. Schildern Sie mit eigenen Worten die Entwicklung der Arbeitsteilung von der Steinzeit bis heute.
2. Geben Sie drei Beispiele von Berufsbildungen (z. B. Schmied) und geben Sie beispielhaft eine Spaltung der ausgewählten Berufe an (z. B. Hufschmied, Waffenschmied, Goldschmied usw.).
3. Nennen Sie drei Branchen, in denen Fließbandarbeit durchgeführt wird. Worin bestehen hier die Vor- und die Nachteile für den Betrieb und die Mitarbeiter?
4. Welche Arbeitsteilungen könnten beim Prozess der Fahrradherstellung bei der Hoffmann KG von eigenen Mitarbeitern bzw. externen Unternehmen durchgeführt werden?

5. Deutschland hat einen hohen Außenhandelsüberschuss. Welche Vorteile bringt der Außenhandel der deutschen Volkswirtschaft?

6. Erläutern Sie zwei Beispiele, bei denen es aufgrund von Außenhandelsbeziehungen zu Abhängigkeiten zwischen zwei Ländern gekommen ist.

AKTIONEN

1. Welche Berufe finden Sie in Ihrem Ausbildungsbetrieb vor?

2. Welche Arbeitsteilungen könnten beim Produktionsprozess bzw. im Dienstleistungsbereich Ihres Ausbildungsbetriebs von eigenen Mitarbeitern bzw. externen Unternehmen durchgeführt werden?

ZUSAMMENFASSUNG

Arbeitsteilung

Entwicklung der Arbeitsteilung

einfache Arbeitsteilung
- innerhalb der Familie zwischen Mann und Frau

berufliche Arbeitsteilung
- Berufsbildung: Es haben sich Berufe gebildet.
- Berufsspaltung: Aus den gebildeten Berufen erfolgte eine weitere Spaltung.

betriebliche Arbeitsteilung
Arbeitszerlegung:
- innerhalb des Betriebs Zerlegung in Teilprozesse (z. B. Abteilungsbildung)
- überbetriebliche Zerlegung der Teilprozesse in wirtschaftlich selbstständigen Produktionsstätten

Volkswirtschaftliche Arbeitsteilung

Strukturwandel von der Produktionsgesellschaft zur Dienstleistungsgesellschaft

Wirtschaftssektoren
- Primärsektor (Urproduktion)
- Sekundärsektor (Weiterverarbeitung)
- Tertiärsektor (Dienstleistungen)

internationale Arbeitsteilung
- Güteraustausch
- Motive: Nicht ausreichend Güter/Dienstleistungen im Land, günstigere Produktion, niedrigere Güterpreise
- stetig steigender Welthandel

Auswirkungen der Arbeitsteilung

positive Effekte
- volkswirtschaftlich
- betrieblich
- individuell

negative Effekte
- volkswirtschaftlich
- betrieblich
- individuell

745586

1.17 Wir können unseren Betrieb in das wirtschaftliche Gesamtgefüge einordnen

Einstieg

Dominik Schlote wurde bisher im Verkauf eingesetzt. Zur Stärkung seiner Kenntnisse im Fertigungsbereich soll er eine Woche in der Abteilung für die Produktion der Hoffmann Fahrrad-Eigenmarken arbeiten. Ihm wird Herr Klante als Betreuer zugeordnet.

Herr Klante:
„Dort, wo Sie sonst arbeiten, sind Sie im Großhandel und verkaufen an Einzelhändler. Bei uns aber wird industriell gefertigt. Da gibt es doch einige Unterschiede ..."

Stellen Sie fest, in welchen Wirtschaftssektoren die Hoffmann KG tätig ist.

INFORMATIONEN

Gliederung der Wirtschaft in Wirtschaftsstufen

Wie bereits im vorherigen Kapitel dargestellt, wird bei der volkswirtschaftlichen Arbeitsteilung eine Einteilung in drei bzw. vier Sektoren vorgenommen. Diese Einteilung ist der nachfolgenden Tabelle zu entnehmen.

Die vier Sektoren der Volkswirtschaft

primärer Wirtschaftssektor	sekundärer Wirtschaftssektor	tertiärer Wirtschaftssektor		vierter Wirtschaftssektor (Informationssektor)
Urerzeugung	**Weiterverarbeitung**	**Handel**	**Dienstleistungs-unternehmen**	**Unternehmen der Informationsbranche**
• Landwirtschaft • Forstwirtschaft • Jagd und Fischerei • Bergbau	• Industrie • Handwerk	• Binnenhandel • Einzel- und Großhandel • Außenhandel	• Banken • Versicherungen • Logistik- und Verkehrsunter-nehmen	• Informationstechnologien • Telekommunikation • Satellitenkommunikation • Lichtwellenleiter • Roboter • Netzwerke

Vgl.: Industrie- und Handelskammer Cottbus: Wirtschaft hilft Schule. Ökonomische Bildung in der Schule WAT – Baustein 1 und 2, Cottbus 2003 (Anhang LE 5, S. 16)

Jedes Unternehmen gehört also einem dieser vier Wirtschaftssektoren an. In den verschiedenen Wirtschaftssektoren gibt es dementsprechend unterschiedliche Arten von Betrieben.

Betriebsarten

Bei der Vielfalt der vorzufindenden Betriebe ist es schwierig, ein überschaubares Ordnungssystem zu erstellen. Diese Übersicht zeigt eine Betriebstypologie.

Produktionsbetriebe

- **Urproduktion:** Gewinnung von Rohstoffen
- **Sekundärproduktion:** Weiterbe- und -verarbeitung

Konsumgüterproduktion	Güter für den Endverbraucher
Investitionsgüterproduktion	Güter zum Einsatz in anderen Produktionsbetrieben
Industriebetriebe	Produktion in großen Mengen, meist für den anonymen Markt
Handwerksbetriebe	Herstellung von Einzelstücken oder kleinen Mengen, meist nach Auftrag

Handelsbetriebe

- **Aufgabe:** Warenverteilung, Zusammenstellung von Sortimenten, Angebot einer sinnvollen Auswahl für den Kunden

Großhandelsbetriebe	Verkauf an Einzelhandel oder andere gewerbliche Kunden
Einzelhandelsbetriebe	Verkauf an Endverbraucher
Fachhandel	spezialisiertes Sortiment
Universalhandel	breites Sortiment mit mehreren bis sehr vielen Warengruppen

Dienstleistungsbetriebe

Transportbetriebe
Transport der Güter zwischen den einzelnen Wirtschaftseinheiten

Banken und Sparkassen
Abwicklung des Zahlungsverkehrs zwischen den einzelnen Wirtschaftspartnern

Versicherungen
Übernahme von unterschiedlichen Risiken im Waren- und Güterverkehr

Verändert nach: Industrie- und Handelskammer Cottbus: Wirtschaft hilft Schule. Ökonomische Bildung in der Schule WAT – Baustein 1 und 2, Cottbus 2003 (Anlage LE 4, S. 3)

Unternehmen des sekundären Wirtschaftssektors: Industrie und Handwerk

Die Industrie ist der größte Wirtschaftszweig in der Bundesrepublik Deutschland. Hier erfolgt die gewerbliche Verarbeitung von Stoffen, deren ursprüngliche Form zur Bedarfsdeckung ungeeignet ist, zu Produktions- oder Konsumgütern.

Industriebetriebe dienen der Herstellung (bzw. Veredelung) von Gütern mithilfe von Maschinen. Die Stoffe werden dabei mechanisch oder chemisch be- oder verarbeitet. Eine Abgrenzung zwischen Industrie- und Handwerksbetrieben ist nicht immer scharf möglich. Das Handwerk als zweitgrößter Wirtschaftszweig der Bundesrepublik Deutschland umfasst alle gewerblichen Tätigkeiten, die im Wesentlichen mit der Hand unter Benutzung einfacher Werkzeuge und Geräte ausgeübt werden. Viele Handwerksbetriebe modernisieren sich jedoch immer mehr. Sie nehmen manchmal schon industriellen Charakter an.

Im Vergleich zu einem Handwerksbetrieb kennzeichnen einen Industriebetrieb folgende Merkmale:

- **erheblicher Kapitaleinsatz**
  Um einen Industriebetrieb zu gründen, werden erheblich mehr finanzielle Mittel benötigt als zur Gründung eines Handwerksbetriebs.
- **Anlagenintensität**
  Da im Handwerk noch mehr mit der Hand gearbeitet wird, werden hier weniger Maschinen für die Produktion benötigt.
- **hoher Betriebsmitteleinsatz**
  Handwerksbetriebe kaufen Rohstoffe in kleineren Mengen ein und haben in der Regel auch weniger Beschäftigte pro Betrieb.
- **hoher Ausstoß an Produkten**
  Unternehmen des Handwerks produzieren deutlich weniger.
- **weitgehende Arbeitsteilung bei hoher Belegschaftszahl**
  Unternehmen des Handwerks sind deutlich kleiner.
- **Produktion für den anonymen Markt**
  Da das Industrieunternehmen in der Regel die Nachfrager nicht kennt, ergibt sich ein hohes Marktrisiko. Unternehmen des Handwerks produzieren und ver-

kaufen in der Nähe der Verbraucher: Sie kennen ihre Kunden.

- **weltweiter Absatz**
  Industriebetriebe verkaufen prinzipiell weltweit. Sie haben keine Beschränkung auf den lokalen Markt wie die Handwerksunternehmen.

Funktionen von Industriebetrieben

In Industriebetrieben müssen folgende Aufgaben erfüllt werden:

- **Beschaffung**
  Es muss entschieden werden, welche Produktionsfaktoren dem Betrieb zugeführt werden sollen.
- **Produktion**
  Erzeugnisse werden durch Kombination der Produktionsfaktoren erstellt.
- **Lagerung**
  Rohstoffe, Zwischenprodukte und verkaufsfähige Endprodukte müssen aufbewahrt werden.
- **Absatz**
  Das Unternehmen muss die erstellten Güter am Markt verwerten.

Arten von Industriebetrieben

Industriebetriebe lassen sich nach der Industriegruppeneinteilung des Statistischen Bundesamtes verschiedenen Industriezweigen zuordnen, u. a.:

- **Energie- und Wasserversorgung**
- **Bauwirtschaft**
- **Grundstoff- und Produktionsgüterindustrie**
  Industrie der Steine und Erden, Eisen schaffende Industrie, Nicht-Eisen-Metallindustrie, Mineralölverarbeitung, Kohlenwerkstoffindustrie, chemische Industrie, Sägewerke und Holz verarbeitende Industrie
- **Investitionsgüterindustrie**
  Stahlbau, Maschinenbau, Fahrzeugbau, Schiffbau, elektrotechnische Industrie, Stahlverformung, optische und feinmechanische sowie Uhrenindustrie
- **Nahrungs- und Genussmittelindustrie**
  Molkereien, Brauereien, Tabak verarbeitende Industrie
- **Verbrauchsgüterindustrie**
  Glasindustrie, Musikinstrumente, Spiel- und Sportgeräte, Schmuckwaren, Druckereiindustrie, Schuh-, Textil- und Bekleidungsindustrie

Bedeutung der Industriebetriebe

Das wirtschaftliche Profil der Bundesrepublik Deutschland wird unter anderem durch Industriebetriebe bestimmt. Auch wenn der Dienstleistungssektor – wie in anderen hoch entwickelten Ländern – ständig an Boden gewinnt, bleibt das verarbeitende Gewerbe das Kernstück der deutschen Volkswirtschaft. Schließlich ist in diesem Bereich fast ein Fünftel der Erwerbstätigen beschäftigt und er leistet einen wesentlichen Beitrag zur Steigerung des Wohlstands.

Herausragende Bedeutung haben Industriebetriebe für die außenwirtschaftlichen Beziehungen der Bundesrepublik Deutschland, da der Außenhandel überwiegend mit Industrieprodukten bestritten wird. Die Industrie trägt so entscheidend dazu bei, den hohen Lebensstandard in Deutschland zu sichern.

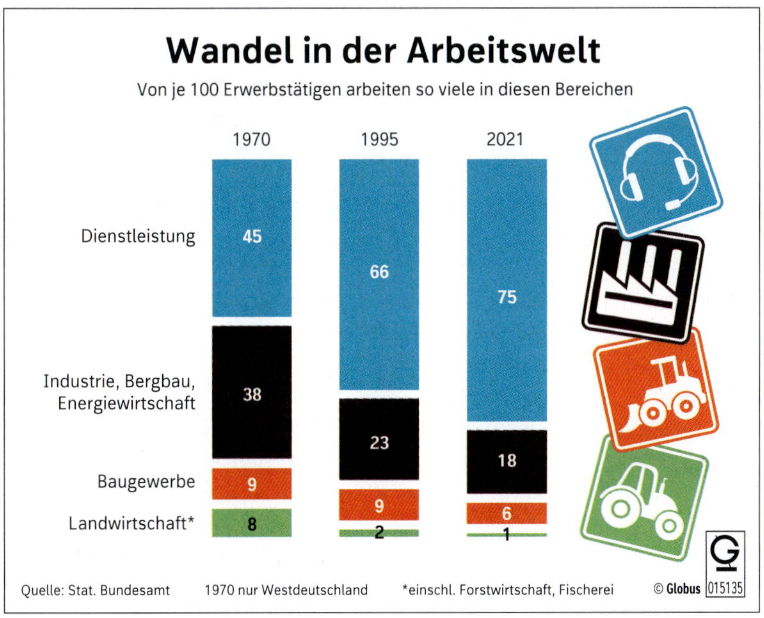

Unternehmen des tertiären Wirtschaftssektors

Handel

Produzierende Betriebe liegen oft nicht in unmittelbarer Nähe des Verbrauchers. Die Güter müssen vom Ort der Herstellung an den Ort des Bedarfs gebracht werden. Diese Aufgaben übernimmt der Handel. Er verteilt die Güter, oft über weite Entfernungen.

Der Großhandel kauft und verkauft Güter in großen Mengen. Über den Außenhandel kommen ausländische Waren (Importgüter) zu uns, verlassen Exportgüter unser Land, mit denen wir unsere Einfuhren bezahlen können.

Der Einzelhändler rückt dicht an den Endverbraucher heran und bedient ihn in seinem Ladengeschäft oder über den Postweg bzw. das Internet (Onlinehandel).

Banken

Schon im Altertum wurden in Tempeln Bankgeschäfte getätigt. Priester verwahrten, wechselten und verrechneten dort Geld. Das moderne Bankwesen in der heute bekannten Form entstand in der Mitte des 12. Jahrhunderts. Begriffe des Bankgeschäfts wie Konto, Giro, aber auch das Wort Bank (banco) selbst weisen darauf hin, dass oberitalienische Städte eine führende Rolle bei der Entwicklung des Bankwesens gespielt haben.

Aufgaben und Wirkungskreis der Banken haben sich mit der Zeit stark erweitert. In den letzten Jahrzehnten gehörte das Kreditgewerbe zu den dynamischsten Wirtschaftszweigen in der Bundesrepublik Deutschland. Gemessen am Bruttoinlandsprodukt wuchsen Kredit- und Geschäftsvolumen seit 1960 doppelt so schnell wie die gesamtwirtschaftliche Leistung. Mittlerweile werden immer mehr Angebote von Banken statt in stationären Filialen über das Internet angeboten.

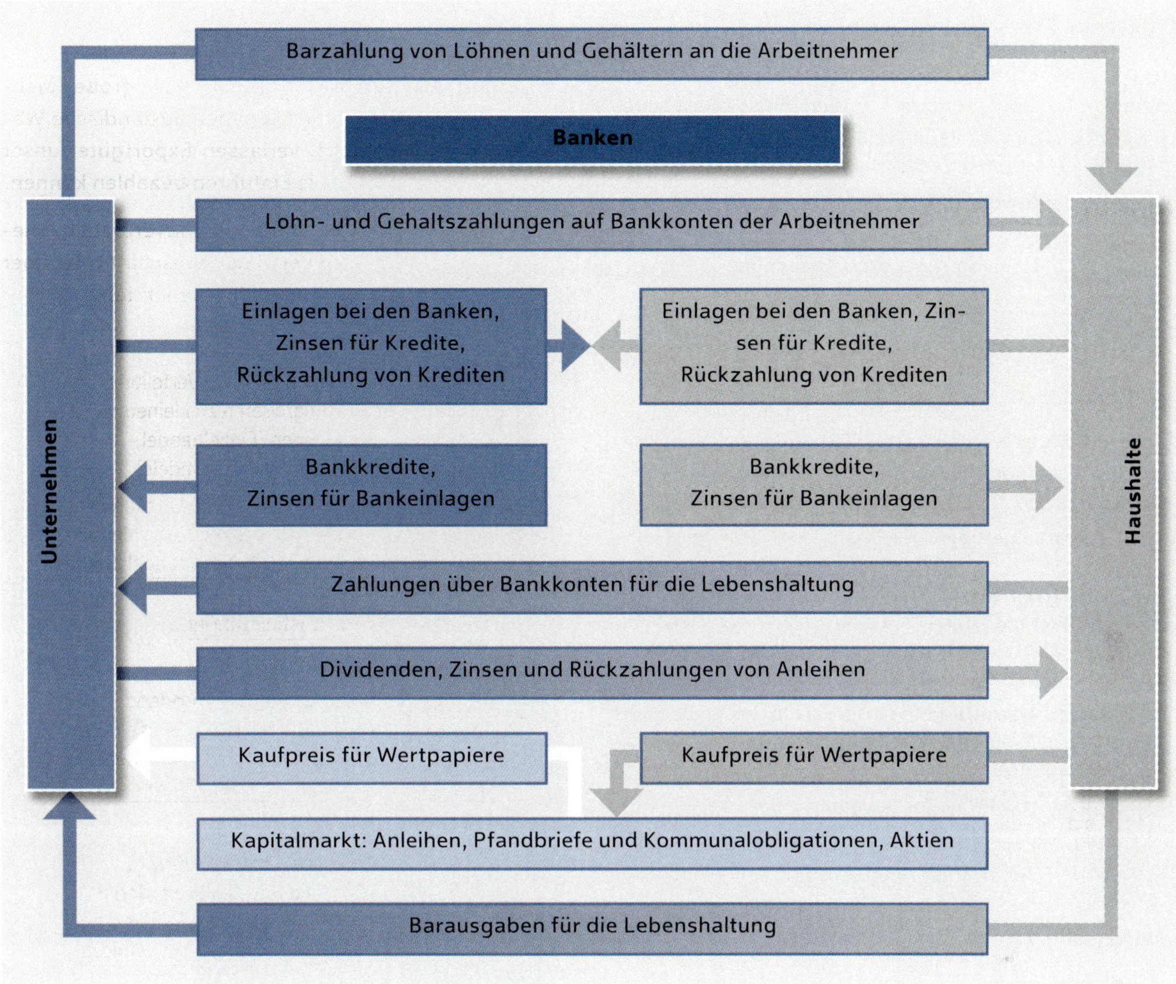

Versicherungen

Niemand kann aus eigenen Mitteln so viel Geld zurücklegen, um dadurch gegen alle Risiken finanziell abgesichert zu sein. Dies ist nur mithilfe von Versicherungen möglich.

Man unterscheidet:

- **Sozialversicherung**
  Die Sozialversicherung ist eine gesetzliche Pflichtversicherung. Ihre Aufgabe besteht darin, die breite Bevölkerungsmehrheit im Alter, bei Arbeitslosigkeit und Krankheit zu unterstützen.
- **Individualversicherung**
  Individualversicherungen sind private Versicherungen, die durch Abschluss eines Versicherungsvertrags zwischen einem Versicherer (= privates Versicherungsunternehmen) und einem Versicherungsnehmer (z. B. Großhandelsbetrieb) zustande kommen.

Versicherungsvertrag

Wer eine Versicherung abschließen will, stellt zunächst einen schriftlichen Antrag. Der Vertrag kommt zustande, wenn der Versicherer die Antragsannahme bestätigt oder einen Versicherungsschein – die sogenannte Police – aushändigt.

Der Versicherungsvertrag wird in der Regel für eine bestimmte Zeitdauer geschlossen. Nach Ablauf dieser Zeit verlängert sich dieser Vertrag automatisch um ein Jahr, wenn er nicht vorher unter Einhaltung einer Frist von drei Monaten zum Ende des Versicherungsjahrs schriftlich gekündigt wird. Der Vertrag endet auch bei Wegfall des versicherten Risikos.

Nach einem Schadensfall steht jeder Vertragspartei unabhängig von der Laufzeit ein außerordentliches Kündigungsrecht zu.

Allgemeine Versicherungsbedingungen

Die allgemeinen Versicherungsbedingungen enthalten grundlegende Bestimmungen für den Inhalt aller Verträge eines bestimmten Versicherungszweigs. Dazu gehören vor allem:

- die insgesamt versicherten Gefahren und Schäden
- der Umfang des Versicherungsschutzes
- die Ausschlüsse vom Versicherungsschutz
- die Pflichten des Versicherungsnehmers
- die Verwirkungsgründe, die den Versicherer von der Leistung befreien (z. B. bei vorsätzlich herbeigeführten Schäden)

Darüber hinaus werden in den allgemeinen Versicherungsbedingungen noch der Geltungsbereich des Versicherungsschutzes und eine eventuelle Selbstbeteiligung im Schadensfall geregelt.

Logistik- und Verkehrsunternehmen

In der Wirtschaft müssen Güter nach ihrer Herstellung von den Produktionsstätten über die verschiedenen Wirtschaftsstufen hinweg bis hin zu den Orten des Verbrauchs bzw. Gebrauchs transportiert werden. Unternehmen des Güterverkehrs dienen also der Überwindung räumlicher Unterschiede. Häufig nennt man diese auch Logistikunternehmen. Sie stellen Verkehrsmittel zur Verfügung, die die besondere Beschaffenheit der jeweils zu transportierenden Waren berücksichtigen. Zu den Unternehmen des Güterverkehrs zählen:

- Güterkraftverkehr
- Eisenbahnverkehr
- Luftfahrt
- Binnenschifffahrt
- Seeschifffahrt
- Rohrleitungsverkehr (z. B. Ölpipelines)

Unterstützt werden die Unternehmen des Güterverkehrs durch Spediteure, Lagerhalter und Umschlagsbetriebe (z. B. Hafenbetriebe).

Unternehmen im Wirtschaftsgefüge

Jedes Unternehmen ist von zwei Seiten mit dem Wirtschaftskreislauf verbunden. Dies sind einerseits die Beschaffungsmärkte, andererseits die Absatzmärkte.

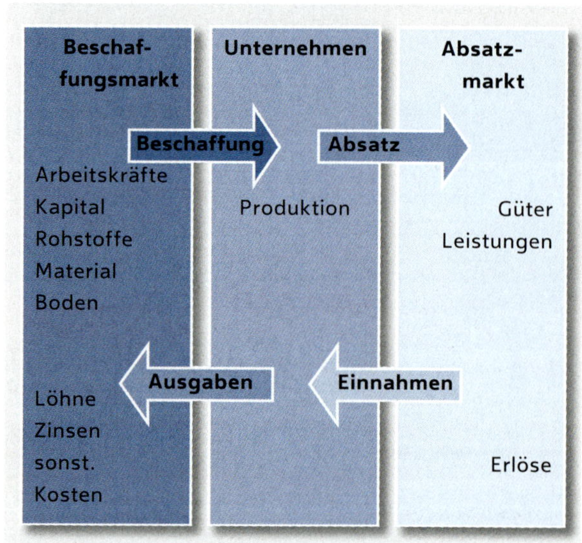

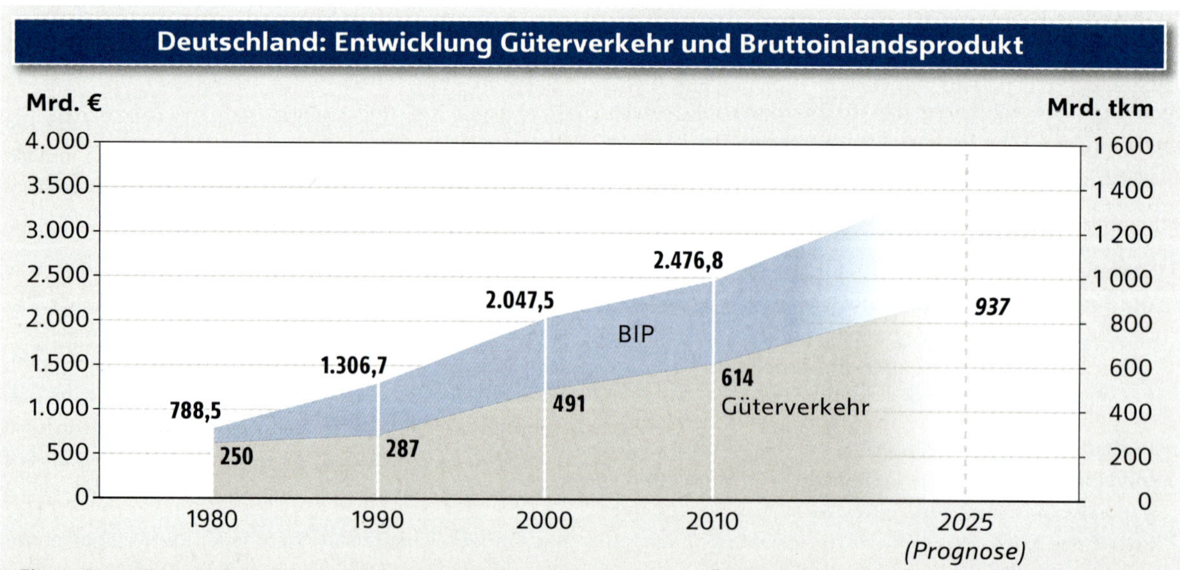

Eigene Darstellung nach Zahlen von: KPMG/VDA/BMWi. In: Zeitbild Wissen „GÜTERVERKEHR – Wirtschaft und Nachhaltigkeit im Unterricht". Juli 2012. https://www.zeitbild.de/wp-content/uploads/2012/07/Zeitbild_Wissen_Gueterverkehr.pdf. Zeitbild Verlag, Berlin, S. 9.

BEISPIEL

Die Hoffmann KG gehört als Großhandelsunternehmen ursprünglich zum tertiären Sektor. Im Laufe der Unternehmensgeschichte wurde jedoch auch damit begonnen, Textilien sowie Fahrräder industriell zu fertigen. Damit befindet sich das Unternehmen zum Teil auch im sekundären Sektor, der Weiterverarbeitung. Die Hoffmann KG produziert also sowohl Dienstleistungen als auch Sachleistungen. Als Großhandelsunternehmen bietet die Hoffmann KG die Dienstleistung, Güter an den Einzelhandel, an Industrieunternehmen sowie an Großabnehmer weiterzugeben. Dies ist ein immaterieller Output. Die Sachgüter Fahrräder und Textilien sind ein materieller Output. In beiden Fällen tritt das Unternehmen auf den jeweiligen Absatzmärkten als Anbieter auf.

Die Hoffmann KG tritt aber auch als Nachfrager auf den Beschaffungsmärkten auf, z. B. bei der Beschaffung der Werkstoffe für die Produktion. Sie nimmt Waren von Industrieunternehmen, anderen Großhandlungen und Unternehmen der Urproduktion in ihr Sortiment auf.

Kontakt hat die Hoffmann KG zu Versicherungen, die unterschiedliche Risiken im Waren- und Güterverkehr übernehmen. Transportbetriebe befördern Güter zwischen der Hoffmann KG und den Kunden bzw. den Lieferanten. Banken und Sparkassen helfen der Hoffmann KG bei der Abwicklung des Zahlungsverkehrs zwischen den einzelnen Wirtschaftspartnern.

AUFGABEN

1. In welche Stufen gliedert sich die Wirtschaft?
2. Entscheiden Sie, zu welchen Wirtschaftsbereichen die folgenden Betriebe gehören:
   a) Versicherung
   b) Steuerberater
   c) Malerbetrieb
   d) Automobilhersteller
   e) Kohlebergbau
   f) Änderungsschneider
   g) Betreiber einer Suchmaschine
3. Was ist ein Industriebetrieb?
4. Wodurch unterscheiden sich Industriebetriebe von Handwerksbetrieben?
5. Welche Märkte sind aus der Sicht eines Industriebetriebs
   a) Beschaffungsmärkte, b) Absatzmärkte?
6. Warum spielen die Industriebetriebe eine wesentliche Rolle im Rahmen der Gesamtwirtschaft?
7. Zu welchen Industriezweigen gehören die folgenden Betriebe:
   a) Hersteller von Autoradios
   b) eine Rostocker Werft
   c) ein Duisburger Hüttenwerk
   d) ein Gaswerk
   e) eine Konservenfabrik
8. Wodurch unterscheiden sich Handelsbetriebe von Industrieunternehmen?
9. Erläutern Sie den Unterschied zwischen Einzelhandel und Großhandel.
10. Wodurch unterscheiden sich Versicherungen und Kreditinstitute von Industrieunternehmen?
11. Welche Aufgaben hatten Banken ursprünglich?
12. Welche Dienstleistungen können Sie bei einer Bank erhalten?
13. Warum können Banken als Mittelpunkt des Wirtschaftsgeschehens angesehen werden?

AKTIONEN

1. a) Bilden Sie in der Klasse mindestens drei Gruppen. Jede der Gruppen erstellt eine Wandzeitung, die mit einem typischen Bild und einem Satz über eine der folgenden Wirtschaftsstufen informiert:
   - Urproduktion
   - Weiterverarbeitung
   - Dienstleistungen

   b) Beachten Sie die Regeln der Visualisierung („Ein Bild sagt oft mehr als 1000 Worte.").
   Bereiten Sie sich darauf vor, Ihre Wandzeitung vorzustellen.
2. a) Erkunden Sie im Internet, mit wie viel Prozent das produzierende Gewerbe an der Bruttowertschöpfung beteiligt ist.
   b) Erstellen Sie mit Excel ein Tortendiagramm, das die Stellung des produzierenden Gewerbes innerhalb der einzelnen Wirtschaftsbereiche darstellt.

3. a) Bilden Sie in der Klasse Gruppen. Jede der Gruppen erstellt eine Folie, die über einen Unterschied zwischen Industrie und Handwerk informiert. Verwenden Sie dabei Abbildungen oder Symbole.
   b) Präsentieren Sie Ihre Folie mithilfe eines Overheadprojektors.
4. Ordnen Sie Ihre eventuelle Bankverbindung in das Bankensystem der Bundesrepublik Deutschland ein.
5. Suchen Sie 15 Betriebe aus Ihrer Region. Ordnen Sie diese den einzelnen Wirtschaftsbereichen zu.

ZUSAMMENFASSUNG

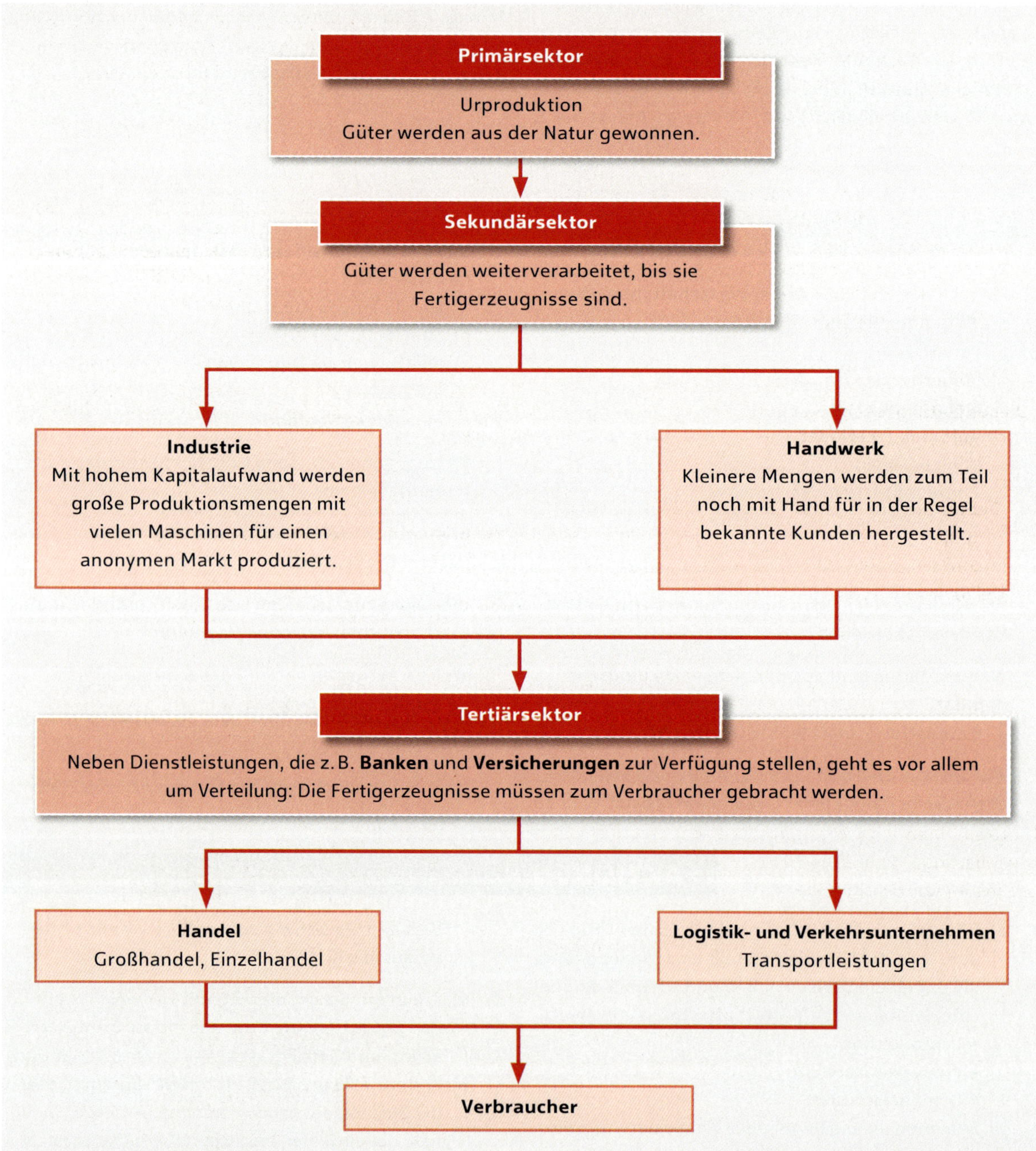

745594

1.18 Wir unterstützen unser Unternehmen beim Erreichen der Unternehmensziele

Einstieg

Das Leitbild der Hoffmann KG

(ein Auszug)

- Die Hoffmann KG ist innovativ, ertragsorientiert, nah am Kunden und wird durch qualifizierte Mitarbeiterinnen und Mitarbeiter geprägt.
- Wir stellen den Kunden in den Mittelpunkt unseres Handelns. Kundenzufriedenheit ist unsere wichtigste Zielsetzung. Wir verpflichten uns zu Qualität in Beratung und Kundendienst.
- Wir handeln verantwortungsbewusst und erfolgsorientiert. Indem wir unser Unternehmen auf zukünftige Aufgaben und Anforderungen vorbereiten, sichern wir die Zukunft unseres Unternehmens und die Arbeitsplätze unserer Mitarbeiter. Die dafür erforderliche unternehmerische und finanzielle Unabhängigkeit gewährleisten wir durch nachhaltige Erträge.
- In unsere Unternehmenspolitik fließt die Erkenntnis ein, dass motivierte und zufriedene Mitarbeiter einen entscheidenden Wettbewerbsfaktor darstellen. Nur mit motivierten Mitarbeitern können wir unseren Unternehmenserfolg erreichen und sichern. Deren persönliche und berufliche Entfaltung unterstützen wir durch geeignete Fortbildungsmaßnahmen. Zur Erfüllung ihrer Aufgaben erhalten unsere Mitarbeiter die notwendigen Kompetenzen.
- Der Schutz natürlicher Ressourcen ist ein wichtiger Bestandteil unserer unternehmerischen Tätigkeit. Dabei haben wir nicht nur innerhalb unseres Unternehmens große Fortschritte für den Umweltschutz erzielt. Die Hoffmann KG bezieht konsequent auch Lieferanten und Partnerunternehmen in ihre Bemühungen mit ein.

Dieses Leitbild ist eine Leitlinie und Orientierungshilfe für die Arbeit der Geschäftsführung sowie jeder einzelnen Mitarbeiterin und jedes einzelnen Mitarbeiters der Hoffmann KG.

1. Geben Sie an, welche Ziele die Geschäftsführung und die Mitarbeiterinnen und Mitarbeiter der Hoffmann KG zur Umsetzung des Unternehmensleitbilds verfolgen müssen.
2. Überlegen Sie, durch welches Handeln die Mitarbeiterinnen und Mitarbeiter der Hoffmann KG zum Erreichen dieser Ziele beitragen können.

INFORMATIONEN

Streben nach Gewinn

Jeder Unternehmer strebt durch seine selbstständige Tätigkeit einen möglichst hohen Gewinn an (= Gewinnmaximierung), da er sein Einkommen und damit seinen Lebensstandard sichert.

Häufig findet dieses Streben nach einem maximalen Gewinn in dem Ziel einer möglichst hohen Rentabilität des eingesetzten Kapitals seinen Ausdruck.

DEFINITION

Die **Rentabilität** gibt die Verzinsung des in einem Unternehmen eingesetzten Kapitals an.

Bei der Ermittlung der Rentabilität unterscheidet man:

- Eigenkapitalrentabilität (= Unternehmerrentabilität)
- Gesamtkapitalrentabilität (= Unternehmensrentabilität)
- Umsatzrentabilität

DEFINITION

Die **Eigenkapitalrentabilität** gibt an, mit wie viel Prozent sich das eingesetzte Eigenkapital verzinst hat.

Die **Gesamtkapitalrentabilität** gibt an, mit wie viel Prozent sich das gesamte eingesetzte Kapital verzinst hat.

Die **Umsatzrentabilität** gibt den im Nettoumsatz enthaltenen Gewinn in Prozent an.

Eine geringe Umsatzrentabilität führt bei gleichem Umsatz zu einem geringeren Gewinn als eine hohe Umsatzrentabilität.

Streben nach Umsatz

Viele Unternehmen versuchen über einen möglichst hohen Umsatz auch einen möglichst hohen Gewinn zu erzielen.

Erhaltung des Betriebs

Gewinn- und Umsatzziele können auf Dauer nur in einem lebensfähigen Unternehmen erzielt werden. Um im Wettbewerb bestehen zu können, reicht es nicht aus, nur hohe Umsätze zu erzielen. Diese Umsätze müssen vielmehr auf möglichst wirtschaftliche Weise erzielt werden.

Ein Unternehmer handelt wirtschaftlich, wenn er versucht,

- eine bestimmte Leistung mit möglichst geringem Aufwand oder
- eine möglichst große Leistung mit einem gegebenen Aufwand zu erzielen (= ökonomisches Prinzip[1]).

Die Wirtschaftlichkeit eines Betriebs lässt sich aus dem Verhältnis seiner Leistung zu seinen Kosten ermitteln.

BEISPIEL

Die Leistung eines Handelsbetriebs ist sein Nettoumsatz. Der Nettoumsatz ist die Absatzmenge, bewertet zu Nettoverkaufspreisen.

Die Kosten eines Handelsbetriebs sind alle betriebsbedingten Aufwendungen des Unternehmens, z. B. Personalkosten, Raumkosten, Lagerkosten.

Bei gleichbleibendem Umsatz kann ein Händler die Wirtschaftlichkeit seines Betriebs durch die Minimierung seiner Kosten erhöhen.

Sicherung der Arbeitsplätze

Eine wirtschaftliche Unternehmensführung ist auch im Interesse der Arbeitnehmer. Nur in einem wettbewerbsfähigen Unternehmen können Arbeitsplätze langfristig erhalten werden.

Soziale Ziele

Sie betreffen neben der Sicherung der Arbeitsplätze u. a.:

- die menschengerechte Gestaltung der Arbeitsbedingungen (Gestaltung des Arbeitsplatzes und der Arbeitsräume, Arbeitsschutzmaßnahmen)
- betriebliche Sozialeinrichtungen
- die persönlichen Mitbestimmungs- und Entfaltungsmöglichkeiten am Arbeitsplatz

Bedarfsdeckung

Die Umsatz- und Gewinnziele eines Unternehmens lassen sich nur mit einem kundengerechten Sortiment erreichen. Deshalb sind Unternehmen bestrebt, ein Sortiment anzubieten, das dem Bedarf ihrer Kunden entspricht.

1 siehe Kap. 1.13

Corporate Social Responsibility

In der Bevölkerung hat das Bewusstsein für die soziale Verantwortung von Unternehmen in den letzten Jahren stark zugenommen. Dies hat Auswirkungen auf das Einkaufsverhalten der Kunden. Viele Kunden bevorzugen Waren und Dienstleistungen von Unternehmen, die sich sozial und ökologisch verantwortlich verhalten. Deshalb berücksichtigen Unternehmen bei ihrem Handeln zunehmend das Konzept der *Corporate Social Responsibility,* das die soziale Verantwortung der Unternehmen betont.

Kriterien für die Kaufentscheidung

Verbraucher achten heutzutage beim Kauf sehr genau darauf, ob Unternehmen ihrer gesellschaftlichen und ökologischen Corporate Responsibility nachkommen. Dies zeigt das folgende Ergebnis einer unter 20.000 Haushalten durchgeführten Studie.

Auf die Frage **„Was beeinflusst Ihre Kaufentscheidung für die Produkte eines Unternehmens?"** antworteten

74 % der Befragten sinngemäß:
„Wenn das Unternehmen gut mit den eigenen Mitarbeitern umgeht (gerechte Bezahlung, Solidarität mit den Angestellten)."
29 %:
„Wenn hochwertige Produkte zu angemessenen Preisen angeboten werden."
28 %:
„Wenn vorrangig Produkte aus der eigenen Region angeboten werden."
26 %:
„Wenn das Unternehmen den Zulieferern faire Preise zahlt und keine Kinderarbeit zulässt."
20 %:
„Wenn umwelt- und klimafreundlich produziert wird."
9 %:
„Wenn das Unternehmen für Bedürftige und in Not Geratene Verantwortung übernimmt."
8 %:
„Wenn Verantwortung gegenüber den Aktionären des Unternehmens deutlich wird."
6 %:
„Wenn das Unternehmen sich als Sponsor für Sport, Kultur und Wissenschaft betätigt."
(Mehrfachangaben waren möglich)

Eigene Darstellung nach www.mittelstandswiki.de

DEFINITION

Corporate Social Responsibility (soziale Verantwortung der Unternehmen) ist ein Konzept, das den Unternehmen als Grundlage dient, auf freiwilliger Basis soziale Belange und Umweltbelange in ihre Unternehmenstätigkeit und in die Wechselbeziehungen mit den Stakeholdern zu integrieren.

Sozial verantwortlich handeln heißt dabei nicht nur, die gesetzlichen Bestimmungen einzuhalten, sondern über die bloße Gesetzeskonformität hinaus „mehr" in Humankapital, in die Umwelt und in die Beziehungen zu anderen Stakeholdern zu investieren. [...][1]

Stakeholder sind die Personen, die mit einem Unternehmen in Beziehung stehen, also Kunden, Lieferanten, Banken, Mitarbeiter, Eigentümer, Gläubiger, Staat, gesellschaftliche Organisationen.

Integration sozialer Belange

Unternehmen integrieren soziale Belange in ihre Unternehmenstätigkeit und in die Wechselbeziehungen mit ihren Stakeholdern, wenn sie

- die Aus- und Weiterbildung von Mitarbeitern fördern,
- die Chancengleichheit der Mitarbeiter fördern,
- familienfreundliche Angebote für ihre Mitarbeiter machen (z. B. flexible Arbeitszeiten),
- die Gesundheit der Mitarbeiter fördern,
- Arbeitsschutz- und Arbeitssicherheitsmaßnahmen über die rechtlichen Vorschriften hinaus umsetzen,
- sich für Kinder- und Jugendschutz (z. B. gegen Kinderarbeit) einsetzen,
- Schulen und Kindergärten unterstützen.

1 Quelle: EU-Kommission, Grünbuch Europäische Rahmenbedingungen für die soziale Verantwortung der Unternehmen. Brüssel, 18.07.2001. Seite 7. https://eur-lex.europa.eu/LexUriServ/LexUriServ.do?uri=COM:2001:0366:FIN:DE:PDF [17.08.2022], verändert.

BEISPIELE

- Die Hoffmann KG nimmt in ihr Sortiment Produkte mit Fair-Trade-Siegel auf. Dieses signalisiert, dass die Produkte in Entwicklungsländern unter fairen Lebens- und Arbeitsbedingungen für die herstellenden Arbeitnehmer geschaffen wurden.
- Die Hoffmann KG plant die Einrichtung eines Betriebskindergartens. Sie sieht zudem die Wiedereingliederung nach der Elternteilzeit sowie Teilzeitstellen als selbstverständlich an.
- Die Hoffmann KG engagiert sich in zahlreichen sozialen Projekten. So werden qualitativ einwandfreie Textilien, die sich nicht verkaufen lassen, über eine entsprechende Hilfsorganisation an Bedürftige weitergegeben.

Integration von Umweltbelangen

Neben der Berücksichtigung sozialer Belange sind Umweltschutz und Nachhaltigkeit wichtige Aspekte im Rahmen von *Corporate Social Responsibility.*

DEFINITION

Nachhaltige Entwicklung ist eine Entwicklung, die die Bedürfnisse der heutigen Generation befriedigt, ohne zu riskieren, dass künftige Generationen ihre Bedürfnisse nicht befriedigen können [...].[1]

Zum Umweltschutz und zur Nachhaltigkeit kann ein Unternehmen beitragen durch:

- energiesparende Maßnahmen im Bereich Logistik (Lagerhaltung und Transport), in Gebäuden und Geschäftsräumen
- umweltfreundliche Sortimentsgestaltung
- Materialeinsparungen in den Bereichen Logistik und Geschäftsausstattung
- Abfallvermeidung und -entsorgung

Umweltschutz in Unternehmen	
Bereich	**BEISPIELE** für Maßnahmen
energiesparende Maßnahmen im Bereich der Logistik	• gute Auslastung der Transportmittel • Optimierung der Tourenplanung • Einsatz von Elektrofahrzeugen • Einsatz von Dreikammer-Lastkraftwagen, mit denen gleichzeitig frische, gekühlte und tiefgekühlte Waren transportiert werden können
energiesparende Maßnahmen in Geschäftsräumen	• Einsatz von Energiesparlampen für die Beleuchtung • Einsatz von Zeitschaltuhren für die Beleuchtung • Einsatz energiesparender Geräte, z. B. energieeffizienter Kühleinrichtungen für Lebensmittel
Produkt- und Sortimentsgestaltung	• Angebot von Produkten, deren Herstellung die Umwelt möglichst wenig belastet, z. B. Produkte mit umweltverträglichen Inhaltsstoffen • umweltgerechte Verpackungen • Angebot regionaler Produkte • Angebot von Produkten aus kontrolliert ökologischem Anbau • Angebot von Produkten aus artgerechter Tierhaltung • Angebot von Fair-Trade-Produkten • Angebot schadstoffarmer Textilien • Angebot von Fisch aus ressourcenschonendem Fischfang
Abfallvermeidung und -entsorgung	• Verwendung von Packmitteln und Werbemitteln, die die Umwelt wenig belasten • sparsame Verpackung • Verwendung von Mehrwegtransportbehältnissen • konsequente Abfalltrennung • stoffliche Verwertung (Recycling) und energetische Verwertung von Abfällen (Nutzung der Abfälle zur Energiegewinnung)

1 Quelle: Hauff, Volker (Hrsg.): Unsere gemeinsame Zukunft. Der Brundtland-Bericht der Weltkommission für Umwelt und Entwicklung. Eggenkamp, Greven 1987.

Ziele öffentlicher Unternehmen

Öffentliche Unternehmen sind Unternehmen, die sich im Eigentum der öffentlichen Hand, d. h. von Bund, Ländern und Gemeinden, befinden. Zu ihnen gehören u. a. kommunale Versorgungsunternehmen (z. B. Wasserwerke) und städtische Verkehrsbetriebe (Busse und Bahnen).

Hauptziel öffentlicher Unternehmen ist meist nicht die Gewinnerzielung, sondern die bestmögliche Versorgung der Bevölkerung mit Gütern zur kollektiven Bedürfnisbefriedigung (Bedarfsdeckungsprinzip oder gemeinwirtschaftliches Prinzip).

BEISPIEL

Kommunale (gemeindliche) Versorgungsunternehmen sichern die ausreichende Versorgung der Bevölkerung mit Energie und Wasser zu günstigen Preisen.

Um dauerhaft wirtschaften zu können, müssen auch öffentliche Unternehmen zumindest ihre Kosten decken (Kostendeckungsprinzip). Wenn dies aus sozialen oder aus Konkurrenzgründen nicht möglich ist, müssen sie versuchen, ihre Verluste möglichst gering zu halten.

Zielsysteme

Die Zielentscheidungen über den zu erstrebenden Zustand eines Unternehmens werden von der Führungsspitze des Unternehmens getroffen. Diese Zielentscheidungen führen zu einem Zielsystem, das mehrere miteinander verbundene Unternehmensziele (Gewinnziel, Umsatzstreben, Unternehmenssicherung usw.) umfasst.

Aus den für das jeweilige Unternehmen relevanten Unternehmenszielen lassen sich dann Unterziele ableiten, die es ermöglichen, Unternehmensentscheidungen daraufhin zu überprüfen, ob sie dem Erreichen der entsprechenden Unternehmensziele dienen. Unterziele sind z. B. Beschaffungsziele, Marketingziele, Lagerungsziele, Finanzierungsziele und Personalziele.

Daraus entsteht eine **Zielhierarchie.**

BEISPIEL

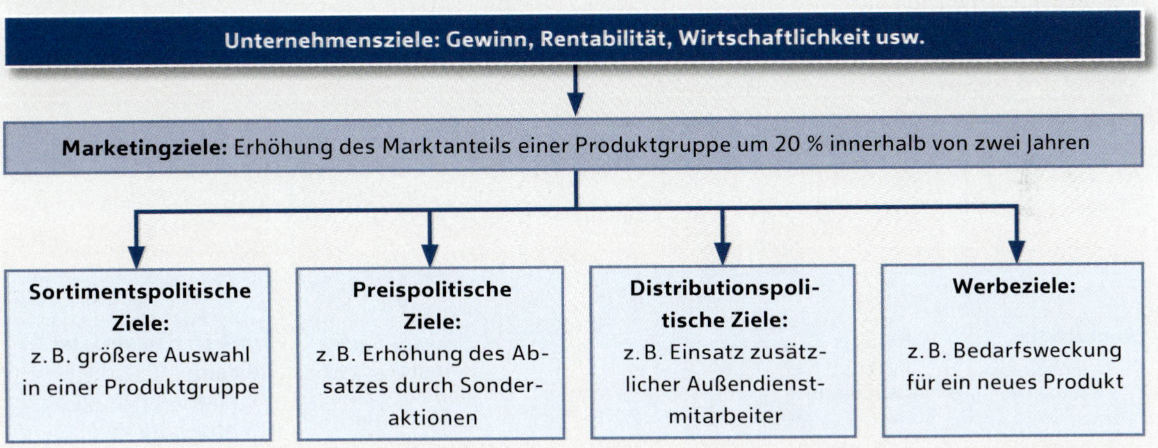

AUFGABEN

1. Warum streben Unternehmen nach einem möglichst hohen Gewinn?
2. Unterscheiden Sie Rentabilität und Wirtschaftlichkeit.
3. Weshalb streben Unternehmen häufig einen möglichst hohen Umsatz an?
4. Weshalb sind
   a) der Inhaber eines Unternehmens,
   b) die Arbeitnehmer eines Unternehmens
   an einer hohen Wirtschaftlichkeit ihres Unternehmens interessiert?
5. Weshalb ist ein Unternehmen bestrebt, den Bedarf seiner Kunden bestmöglich zu decken?

6. Warum streben öffentliche Unternehmen häufig nicht nach einem maximalen Gewinn?

7. Welche der folgenden Leistungen bieten öffentliche Unternehmen häufig mit Verlust an?
   a) Elektrizität
   b) Leistungen des öffentlichen Personenverkehrs (Busse und Bahnen)
   c) Benutzung öffentlicher Bibliotheken
   d) Abfallbeseitigung

8. Durch welche Maßnahmen kann ein Unternehmen zum Umweltschutz beitragen?

9. Welche Vorteile hat es für ein Unternehmen, wenn es bei seinem Handeln Aspekte des Konzepts *Corporate Social Responsibility* berücksichtigt?

AKTIONEN

1. Im Leitbild der Hoffmann KG findet sich u. a. folgende Aussage:

   > „Wir stellen den Kunden in den Mittelpunkt unseres Handelns. Kundenzufriedenheit ist unsere wichtigste Zielsetzung."

   Wie müssen sich die Mitarbeiterinnen und Mitarbeiter der Hoffmann KG verhalten, um diese Zielsetzung des Leitbildes zu fördern?

   Sammeln Sie in der Gruppe Handlungsweisen der Mitarbeiterinnen und Mitarbeiter, die die Kundenzufriedenheit fördern.
   Wenden Sie dabei die Kopfstandmethode an.

2. Die Leitung und die Mitarbeiterinnen und Mitarbeiter der Hoffmann KG haben sich in ihrem Leitbild verpflichtet, bei allen ihren Handlungen die Auswirkungen auf unsere Umwelt zu berücksichtigen. Erstellen Sie eine Mindmap zum Thema „Umweltschutzmaßnahmen der Hoffmann KG".

ZUSAMMENFASSUNG

Unternehmerische Zielsetzungen

- **Gewinnstreben**
  - **Rentabilität**
    - Eigenkapitalrentabilität
    - Gesamtkapitalrentabilität
    - Umsatzrentabilität
- **Umsatzstreben**
  - Bedarfsdeckung der Bevölkerung
  - Berücksichtigung des zunehmenden Umweltbewusstseins
- **Erhaltung des Betriebs und Sicherung der Arbeitsplätze**
  - **Wirtschaftlichkeit**
- **menschengerechte Gestaltung der Arbeitsbedingungen**
  - Gestaltung des Arbeitsplatzes und der Arbeitsräume
  - Arbeitsschutzbestimmungen
- **Corporate Social Responsibility**
  - **Integration sozialer Belange,** z. B.:
    - familienfreundliche Angebote für Mitarbeiter
    - Einsatz für Kinder- und Jugendschutz
  - **Umweltschutz und Nachhaltigkeit,** z. B.:
    - Angebot umweltverträglicher Waren
    - sparsame Verpackung
    - stoffliche und energetische Verwertung von Abfällen

7455100

1.19 Wir präsentieren professionell

Einstieg

In der Berufsschule wurden Themen für 15-minütige Kurzreferate verteilt, die von den Auszubildenden vor der Klasse gehalten werden sollen. Volkan Karaca hat sich zum Thema „Bezugsquellenermittlung" gemeldet. Der Lehrer möchte, dass die Klassenkameraden den Umfang der Thematik verstehen und übersichtliche Materialien erhalten, die sie zum Lernen verwenden können.

Volkan Karaca:
„Ich bin ja gerade in der Abteilung Einkauf und somit im Thema. Das kann ich ruck, zuck erledigen."

Katarzyna Lindemann:
„Und wie willst du das Thema für die Präsentation aufarbeiten?"

Volkan Karaca:
„Was meinst du damit?"

Katarzyna Lindemann:
„Wirst du einen Tageslichtprojektor oder einen Beamer einsetzen? Was kannst du der Klasse austeilen, damit sie das Thema versteht?"

Volkan Karaca:
„Das habe ich, ehrlich gesagt, noch nicht überlegt ..."

1. Geben Sie an, was Volkan bei der Vorbereitung der Präsentation beachten sollte.
2. Erläutern Sie, worauf Volkan während der Präsentation achten muss.

INFORMATIONEN

Grundlagen

DEFINITION

Eine **Präsentation** ist der mündliche Vortrag von Inhalten durch eine oder mehrere Personen. Die Präsentation erfolgt anlassbezogen und zielgerichtet gegenüber einer bestimmten Zielgruppe, zumeist unter Zuhilfenahme von visualisierenden Medien.

Vorüberlegungen

Vor jeder Präsentation sollten sich die Präsentierenden einige grundsätzliche Fragen stellen, die sie bei der Erstellung der Präsentation berücksichtigen müssen. Einige solche grundsätzlichen Fragen können sein:

- Für welche **Zielgruppe** wird die Präsentation erstellt? (z. B. Vorgesetzte, Mitarbeiter, Mitschüler, Prüfungsausschuss, unbekanntes und/oder gemischtes Publikum, Zahl der Zuhörer)
- Zu welchem **Anlass** wird die Präsentation erstellt?
  - Soll etwas vorgestellt werden?
  - Soll etwas vermittelt werden?
  - Steht die eigene Person des Präsentierenden im Vordergrund, wie z. B. bei einer Präsentation im Rahmen eines Einstellungstests?
- Was soll das **Ergebnis** der Präsentation sein? (z. B. Information, Verständnis, Kaufentscheidung, Begeisterung oder Überzeugung der Zuhörer)
- Welcher **Zeitrahmen** ist für die Präsentation vorgesehen bzw. angemessen?
- Unter welchen **Rahmenbedingungen** findet die Präsentation statt? (z. B. Raum, Medien, Licht)

Es kann hilfreich sein, wenn die Vorüberlegungen im Rahmen einer Mindmap strukturiert festgehalten werden.

Struktur und Aufbau

Ablauf einer Präsentation		
Schritte der Präsentation	**Inhalte**	**Zeitanteil**
Einleitung	• Begrüßung: Der erste Eindruck zählt! Es gibt nur eine Chance, einen guten ersten Eindruck zu hinterlassen, und zwar an dieser Stelle! • Thema vorstellen • Inhalt und mögliche Eingrenzungen der Thematik erläutern • Ablauf kurz skizzieren und für das Publikum dauerhaft sichtbar im Raum anbringen („roter Faden“)	**ca. 15 %**
Hauptteil	• Gliederung der Inhalte • logischer, an die Gliederung angelehnter Aufbau der Präsentation und der Argumentation • Rückbezug auf die Gliederung, um dem Publikum zu verdeutlichen, an welchem Punkt der Präsentation man sich befindet („roter Faden“) • Visualisierung der Inhalte/Medieneinsatz (siehe weiteren Verlauf des Kapitels) • Interaktion mit dem Publikum (Verständnis sicherstellen, bei Bedarf Rückfragen zulassen)	**ca. 75 %**
Schluss	• Zusammenfassung/Fazit (nach Möglichkeit nicht nur mündlich, sondern auch visuell) • ggf. Publikumsfragen und Diskussion	**ca. 10 %**

Erste Schritte in der Vorbereitung

Bevor mit der Erstellung der eigentlichen Präsentation begonnen wird, sollten die Präsentierenden sich einen Überblick über die Thematik verschaffen. Dieser Überblick kann durch Lesen und stichpunktartige Notizen erlangt werden. Häufig bietet es sich auch an, eine Mindmap zu erstellen. Hier können Gedanken schnell und strukturiert gesammelt werden und die Mindmap kann jederzeit erweitert werden.

BEISPIEL

Für sein Referat vor der Klasse recherchiert Volkan im Internet und in Fachbüchern und erstellt im Rahmen seiner Recherchen als Strukturierungshilfe folgende Mindmap:

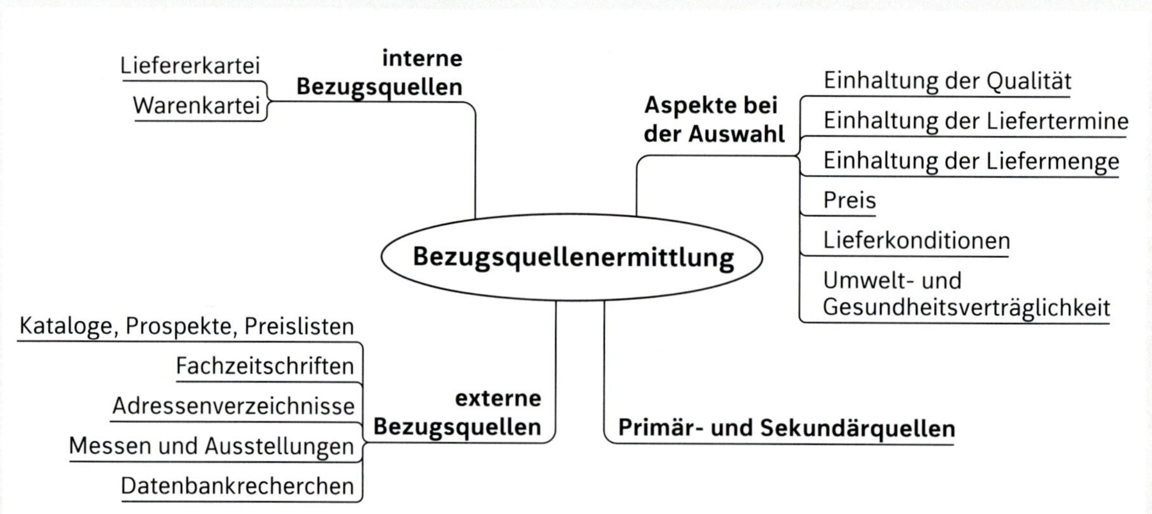

Auswahl der Präsentationsmedien

Eine Präsentation findet in der Regel zu einem wesentlichen Teil durch mündliche Ausführungen der vortragenden Person statt. Eine gute Präsentation jedoch lebt davon, dass Referierende zur Ergänzung der Ausführungen geeignete Medien wählen, die der Zielgruppe die Inhalte zweckmäßig – je nach Anlass der Präsentation – näherbringen.

Bei der Medienauswahl sollten sich Referierende nicht davon leiten lassen, mit welchem Präsentationsmedium sie am besten umgehen können, z. B. eine PowerPoint-Präsentation, oder welches Medium ihnen besonders gut gefällt, z. B. ein Film.

BEISPIEL

Ein Film ist als Präsentationsmedium zwar beliebt, häufig aber nur bedingt geeignet, da der Arbeitsaufwand bei der Erstellung sehr hoch ist. Nimmt man einen vorliegenden Film, ist dieser nicht auf die individuellen Bedürfnisse der Präsentation abgestimmt.

Zudem müssen bei der Wahl der Präsentationsmedien immer Anlass, Zielgruppe und gewünschtes Ergebnis der Präsentation im Vordergrund der Überlegungen stehen.

Die richtige Wahl ist häufig gar nicht so leicht, da sämtliche sich bietenden Möglichkeiten sowohl Vor- als auch Nachteile haben. Es ist daher wichtig, sich einen Überblick über die verschiedenen Präsentationsmedien zu verschaffen.

Whiteboard und Flipchart

Die klassischen Präsentationsmedien wie Whiteboard oder Tafel und Flipchart sind von Strom und Technik unabhängig. Sie werden eingesetzt, um während eines Vortrags Gedanken, Schritte oder Schaubilder schriftlich für alle Zuhörer festzuhalten oder gemeinsam zu entwickeln. Auch für Ideensammlungen und Brainstorming[1] sind diese Medien gut geeignet. Der Präsentationsraum darf allerdings nicht zu groß sein, damit die Lesbarkeit auch für die Teilnehmenden auf den hinteren Plätzen gewährleistet ist.

In der Vorbereitung der Präsentation ist zu bedenken, dass der Platz auf Whiteboard und Flipchart begrenzt ist. Wird der Platz beim Schreiben falsch eingeschätzt und können die einzelnen Punkte eines Gedankengangs bzw. ein Schaubild nicht komplett abgebildet werden, stört das den Präsentationsablauf immens. Präsentierende müssen improvisieren oder alles erneut aufschreiben.

Während sie schreiben, sollten Präsentierende nicht sprechen, da sie vom Publikum abgewandt sind und sprichwörtlich gegen die Wand reden. Zudem sollte einkalkuliert werden, dass das Schreiben das Präsentationstempo verlangsamt.

Whiteboard/Tafel

Nahezu jeder Tagungs- und Klassenraum verfügt über ein Whiteboard. Dieses raumbestimmende Medium ist zumeist fest an der zentralen Wand im Raum angebracht, in der Höhe verstellbar und somit von allen Positionen im Raum gut sichtbar.

Da das Medium magnetisch ist, bietet es auch die Möglichkeit, Gedanken, Argumente oder Aussagen mit entsprechenden Magneten auf Abfragekarten[1] anzubringen.

Whiteboard und Tafel

Flipchart

Das Flipchart ist transportabel und eignet sich daher gut, um beispielsweise die Struktur einer Präsentation zunächst zentral vorzustellen. Anschließend wird das Flipchart an den Rand des Blickfelds gestellt. Referierende können sich so jederzeit auf den Ablauf beziehen und die einzelnen Abschnitte der Präsentation mithilfe des Flipcharts anmoderieren, und das Publikum weiß stets, in welchem Stadium der Präsentation es sich befindet.

Das Flipchart kann auch genutzt werden, um nacheinander einzelne Punkte eines Referats abzuarbeiten bzw. zu visualisieren. Dabei blättern Präsentierende nach jedem Punkt um und arbeiten auf dem nächsten Blatt weiter. Der Vorteil, z. B. gegenüber dem Whiteboard, besteht darin, dass die Charts auch im weiteren Verlauf der Präsentation vorliegen und man bei Bedarf – z. B. bei offenen Fragen am Ende der Präsentation – darauf zurückgreifen kann.

Flipchart

1 siehe Kap. 1.3

Technische Präsentationsmedien

Präsentationsräume verfügen häufig über Möglichkeiten zur Nutzung technischer Präsentationsmedien. Bei Nutzung dieser Medien ist zu beachten, dass der Referent sich vor der Präsentation mit dem Medium befasst.

Hierzu gehört:

- Medium auf seine Funktion hin testen
- Geräte korrekt anschließen und miteinander verbinden, z. B. mit einem Beamer; Speichermedium muss erkannt werden
- bei Verwendung eines Präsentations-PC prüfen, ob ein kompatibles Programm installiert ist, mit dem sich die Datei zur Präsentation problemlos öffnen lässt

Der Raum muss über angemessene Projektionsflächen verfügen und der Referent sollte dafür sorgen, dass die Präsentationsflächen an der Wand frei und von überall sichtbar sind.

Technische Präsentationsmedien erleichtern die Visualisierung von Inhalten und den Ablauf der Präsentation. Schaubilder, Tabellen usw. können vorab zu Hause in Ruhe und sauber erstellt werden und der Referent kann sich während der Präsentation auf seine Erläuterungen konzentrieren.

Tageslichtprojektor

Mit einem Tageslichtprojektor (auch Overheadprojektor genannt) lassen sich Inhalte mit wenig Aufwand in vergrößerter Form sichtbar an die Wand projizieren. Hierzu muss vor der Präsentation lediglich mithilfe eines Druckers oder Kopierers eine Folie erstellt werden. Als weitere Vorteile sind anzusehen:

- Die Folien können während des Vortrags mithilfe von Folienstiften problemlos und bei Bedarf in vielen Farben ergänzt werden.
- Teilbereiche von Folien können zunächst verdeckt und dann im Verlauf der Präsentation aufgedeckt werden.

Alternativ kann auch die Overlay-Technik verwendet werden. Hierbei wird z. B. eine zunächst leere Tabelle aufgelegt, auf die dann ergänzende Folien mit Lösungsteilen für einzelne Felder, Zeilen oder Spalten gelegt werden und so das Ergebnis gemeinsam entwickelt wird. Ergebnisse, die auf Folien erarbeitet wurden, können problemlos für alle Teilnehmer kopiert werden.

Tageslichtprojektor

Doch die Arbeit mit Tageslichtprojektoren bringt auch Probleme mit sich. Beispielsweise kann sich der Präsentierende nicht frei im Raum bewegen, wenn er seine Folien während des Vortrags ergänzen oder aufdecken will oder er an der Folie etwas zeigen möchte. Eine große Gefahr ist, dass der Referent ständig hinter dem Tageslichtprojektor steht, dadurch nicht gut sichtbar und möglicherweise schlecht verständlich ist. Für den Präsentierenden ist die Position hinter dem Tageslichtprojektor zumeist unangenehm, weil das Gerät eine enorme Wärme abstrahlt, was sich insbesondere bei längeren Vorträgen auf die Konzentration und das Wohlbefinden auswirken kann. Häufig ist die Handschrift mit einem Folienstift unleserlicher als mit einem gewöhnlichen Stift.

Dokumentenkamera

Immer mehr Präsentationsräume werden mit Dokumentenkameras ausgestattet. Es sind kleine, leicht transportierbare Kameras, unter die man Dokumente (z. B. Blätter, Bücher) legen kann, die dann über einen Beamer großflächig an die Wand projiziert werden. Die meisten Geräte verfügen über einen Zoom, sodass auch kleine Ausschnitte des Dokuments hinreichend vergrößert werden können. Über eine Fernbedienung können sie von zentraler Position im Raum bedient werden.

Neben der reinen Visualisierung von Informationen bietet die Dokumentenkamera folgende Einsatzmöglichkeiten:

- Arbeitsblätter können mit dem Publikum gemeinsam für alle sichtbar erarbeitet werden.
- Arbeitsergebnisse einzelner Zuhörer können allen gezeigt werden.
- Dokumente/Schaubilder können vorab verdeckt und dann im Verlauf der Präsentation entsprechend des Arbeitsfortschritts aufgedeckt werden.
- Dokumente können fotografiert und direkt auf einem angeschlossenen Speichermedium (z. B. PC, Festplatte, USB-Stick, SD-Karte) gespeichert oder die Präsentation kann als Film aufgezeichnet werden.
- Einige Kameras können durch transportable, interaktive Tablets ergänzt werden, mit denen der Referent von

jeder Position im Raum Visualisierungen auf der Projektionsfläche vornehmen kann. Die Ergebnisse können als Datei gespeichert und bei Bedarf ausgedruckt oder weiterbearbeitet werden.

Die Arbeit mit der Dokumentenkamera verlangt allerdings eine gewisse Erfahrung, denn die vielfältigen Funktionen müssen bedient werden, während der Präsentierende sich auf seinen Vortrag konzentrieren muss. So wird z. B. häufig vergessen, einen einmal eingestellten Zoom wieder rückgängig zu machen, wodurch das Publikum keinen Überblick mehr über das gesamte Dokument hat.

Interaktives Whiteboard/Touchscreens

Interaktives Whiteboard

Touchscreens sind ein Multitalent unter den Präsentationsmedien:

- Sie können als normales Whiteboard genutzt werden.
- Es können beliebige PC-Inhalte, wie z. B. PowerPoint-Präsentationen, auf das Tafelelement projiziert werden.
- Mit einem kabellosen Stift können Notizen, Lösungen usw. direkt in die Projektionsfläche eingetragen werden. Das Ergebnis wird als Datei gespeichert und kann zu einem späteren Zeitpunkt weiterverwendet werden.
- Über den angeschlossenen PC kann das Internet genutzt werden.

Im Vergleich zu herkömmlichen Whiteboards haben sie allerdings den Nachteil, dass sie zumeist eine kleinere Präsentationsfläche haben und in der Höhe nur bedingt oder gar nicht variabel sind. Dadurch sind sie für eine Präsentation vor größerem Publikum nicht geeignet, da nicht alle Adressaten die Projektionsfläche sehen können oder aufgrund der Entfernung die Inhalte nicht erkennen oder lesen können. Referierende sollten im Umgang mit diesem Präsentationsmedium erfahren sein.

PowerPoint-Präsentation

PowerPoint-Präsentationen[1] bestehen aus einer sinnvollen Abfolge von Folien. Der Referent ist so schon bei der Erstellung gezwungen, die Inhalte der Präsentation zu gliedern und zu strukturieren. Ein weiterer Vorteil liegt darin, dass digitale Inhalte problemlos in die Präsentation eingebaut werden können. Dies können z. B. vom Referenten bereits früher erstellte Tabellen u. Ä., Abbildungen aus dem Internet (Urheberrecht beachten!), Filme, Animationen und vieles mehr sein. Wie bei allen anderen Präsentationsformen ist auch bei der PowerPoint-Präsentation stets die Dokumentation der Inhalte, der Quellen und möglicherweise des Vorgehens zu beachten.

Bei der Erstellung jeder einzelnen Folie ist darauf zu achten, sie weder mit Inhalten/Texten noch mit Effekten zu überladen. Zu viele Effekte, z. B. Animationen, lenken von den Inhalten ab oder überlagern sie. Der Text auf Folien sollte sich auf die Kernaussagen beschränken. Zu viel Text

- führt dazu, dass eine kleine, für das Publikum nicht mehr gut lesbare Schrift gewählt werden muss, und
- verleitet den Referenten zum Ablesen und zerstört den Präsentationsfluss.

Dieser Fehler kann durch das Ausdrucken der Präsentation in verkleinertem Format (Druckoptionen *Notizenseiten* oder *Handzettel* mit beliebig vielen Folien pro Seite) vermieden werden. Der Ausdruck kann nicht nur für den Präsentierenden, sondern auch für das Publikum hilfreich sein und die Präsentation sinnvoll unterstützen.

1 zum Erstellen von PowerPoint-Präsentationen siehe Kap. 1.20

Referat/Frontalvortrag (medienfrei)

Schließlich ist auch das Referat ohne Verwendung weiterer Medien eine Möglichkeit der Präsentation. Diese Form sollten nur wortgewandte und auch unterhaltsame Referenten wählen. Andernfalls besteht die Gefahr, dass die Präsentation monoton, langweilig und unverständlich wird, da das Verständnis des Publikums nicht durch Visualisierungen, Ablaufpläne oder Zusammenfassungen gefördert werden kann. Ein medienfreier Frontalvortrag sollte nur dann durchgeführt werden, wenn keine oder keine geeigneten Präsentationsmedien zur Verfügung stehen.

Medienkonkurrenz

Medieneinsatz ist bei professionellen Präsentationen wichtig, förderlich und zumeist unabdingbar. Allerdings sollte eine Präsentation nicht medial überladen werden. Viele Medien können miteinander in Konkurrenz stehen. Diese Medienkonkurrenz muss schon bei der Auswahl der Medien beachtet werden, da es sonst zu spät ist.

Medienkonkurrenz ist abhängig von den räumlichen Gegebenheiten und bei jeder Präsentation neu zu beachten.

BEISPIEL

Eine Referentin möchte ihre Präsentation über die Standortwahl eines Unternehmens mithilfe eines internetfähigen PC und Beamers halten, da sie Informationsquellen und Entfernungen so perfekt visualisieren kann. Zugleich möchte sie während der gesamten Präsentation auf eine Übersicht über die Kriterien für die Standortwahl zurückgreifen können.

Ihre erste Idee, die Übersicht mithilfe einer Dokumentkamera anzufertigen, verwirft sie, da Dokumentenkamera und PC in Konkurrenz zueinander stehen: Beide Medien projizieren über denselben Beamer an die Wand. Ein paralleler Einsatz ist nicht möglich.

Die Referentin stellt die Übersicht daher auf einer Folie dar. Beim parallelen Einsatz von PC mit Beamer und Tageslichtprojektor muss sie allerdings die Medienkonkurrenz bezüglich der Projektionsfläche beachten. Sie besichtigt daher den Raum, um festzustellen, ob die Projektionsflächen von Beamer und Tageslichtprojektor nebeneinander auf die Wand gesetzt werden können.

Es sind also bereits bei der Auswahl der Präsentationsmedien folgende Aspekte zu beachten:

- nicht zu viele Medien auswählen
- Medien nur durchdacht und sinnvoll einsetzen
- mögliche Medienkonkurrenz identifizieren, beachten und vermeiden

Professionell präsentieren

Vorbereitung der Präsentation

Die Präsentation wurde erstellt. Unter Berücksichtigung der Vor- und Nachteile und der Medienkonkurrenz wurden die Präsentationsmedien gewählt und die Inhalte gut strukturiert aufbereitet. Dem Urheberrecht wurde durch entsprechende Quellenangaben Rechnung getragen. Die Voraussetzungen für eine professionelle Präsentation sind somit geschaffen, aber zwischen der Erstellung der Unterlagen und dem ersten Wort der Präsentation liegen noch viele andere Arbeitsschritte, die den Erfolg der Präsentation erst ermöglichen.

Kleidung

Eine Präsentation ist immer anlassbezogen. Daher ist es wichtig, dass der Präsentierende sich dem Anlass angemessen kleidet. Die Überlegung sollte einige Tage vor der Präsentation erfolgen, um z. B. die Schuhe noch zu putzen oder das Hemd zu bügeln.

BEISPIEL

Bei Volkan stehen in naher Zukunft zwei Präsentationen an. In der Schule soll er ein Kurzreferat zum Thema „Bezugsquellenermittlung" halten. Zudem wurden er und Katarzyna dazu ausgewählt, vor den Abteilungsleitern seines Ausbildungsbetriebs eine Präsentation über die ersten Erfahrungen in der Ausbildung zu halten.

Volkan möchte vor den Abteilungsleitern angemessen auftreten und einen guten Eindruck hinterlassen. Daher wählt er für die Präsentation entgegen seines normalen Kleidungsstils schwarze Lederschuhe, eine schlichte dunkle Jeanshose mit einem Ledergürtel in Kombination mit einem Hemd und einem Sakko. Er bittet Katarzyna, ihr Nasenpiercing an diesem Tag zu Hause zu lassen oder zumindest nicht den auffälligen Nasenring zu tragen. Für den Vortrag in der Schule kleidet Volkan sich ganz normal (Jeans, T-Shirt, Sneakers).

Raum

Referierende müssen sich vor der Präsentation einen Eindruck von der Beschaffenheit des Präsentationsraums machen. Sie müssen z. B. folgende Aspekte überprüfen:

- Fenster
- Lichtquellen
- Lichteinfall
- Verdunklungsmöglichkeiten
- Projektionsflächen
- Risiken für Medienkonkurrenz
- Sitzordnung und Veränderbarkeit der Sitzordnung, Anzahl der Sitzplätze

7455106

- vorhandene Medien
- anzuschließende Medien
- Kompatibilität der Medien (Können die Dateien für die Präsentation auch auf dem im Raum vorhandenen Computer geöffnet werden?)
- Akustik
- Sauberkeit von Whiteboard und Tafel (auch wenn sie nicht verwendet werden)

Um den Raum für die Präsentation vorzubereiten, sollte eine angemessene Zeit eingeplant werden. Dies kann bereits am Vortag geschehen, wenn der Raum zwischenzeitig nicht mehr genutzt wird. Zur Vorbereitung des Raums gehören:

- die benötigten technischen Geräte anschließen und auf ihre Funktionalität überprüfen
- falls nötig, angemessen verdunkeln (Dies wird in der Aufregung der Präsentation häufig vergessen.)
- Sitzordnung auf die Präsentation abstimmen (Jeder Zuschauer muss z. B. freie Sicht auf alle Medien und Projektionsflächen haben.)
- Ablaufplan z. B. auf Tafel, Whiteboard, Flipchart in aller Ruhe erstellen

Präsentationshilfen
Gerade ungeübte Referenten haben Angst davor, in der Aufregung der Präsentation wichtige Aspekte ihrer Planungen zu vergessen. Daher kann es sehr hilfreich sein, vor der Präsentation Moderationskarten anzufertigen. Hierbei ist zu beachten:

- maximal im A5-Format
  Schließlich soll man sich nicht dahinter verstecken, sondern nur im Notfall während der Präsentation eine Hilfe zur Hand haben.
- auf die Karten keine ganzen Sätze, sondern nur einzelne Stichworte notieren
  Andernfalls ist das Risiko sehr groß, dass man die Karten einfach vorliest.

Mithilfe von Moderationskarten wird vermieden, dass die Hände in die Tasche gleiten oder man sich sichtbar unwohl fühlt, weil man nicht weiß, was man mit den Händen machen soll.

Auch ein an der Rückwand des Raums angebrachtes Plakat mit wichtigen Stichworten, der Gliederung oder Hinweisen zum Präsentationsverhalten kann zur Sicherheit beitragen. Das Plakat wird vom Publikum nicht wahrgenommen, weil es in seinem Rücken hängt, und Präsentierende haben während der Präsentation eine Hilfestellung.

Ferner kann es hilfreich sein, sich am Tag vor der Präsentation eine Checkliste zu erstellen, die man dann in der direkten Präsentationsvorbereitung nur noch „abarbeiten“ muss. Auf dieser Checkliste sollten die Aspekte erwähnt sein, die am Präsentationstag zu erledigen sind, und zwar möglichst in chronologischer Reihenfolge.

BEISPIEL

Zu Hause
- Endversion der Präsentation auf den USB-Stick kopieren (Sicherheitskopie per E-Mail an mich selbst)
- Handout ausdrucken
- Moderationskarten einpacken

In der Schule
- Stifte für die Folien und die Poster im Sekretariat besorgen
- Poster zuschneiden und Handouts kopieren
- Beamer vom Hausmeister holen

Im Raum
- Sitzordnung vorbereiten und ggf. Stühle aus dem Nachbarraum holen
- Tafel reinigen
- Fenster verdunkeln
- Technik-Check bei ausgeklappter Tafel und OHP-Projektion machen und Medienkonkurrenz ausschließen
- Kopien, Handouts, Moderationskarten, Poster, Stifte usw. verteilen bzw. bereitlegen

Verhalten während der Präsentation

Während der Präsentation gibt es zahlreiche Dinge, die vom Referenten zu berücksichtigen und gegebenenfalls zu bewältigen sind (siehe Tabelle der folgenden Seite).

Die Einhaltung der in der Tabelle genannten Verhaltens- und Kommunikationsregeln wird enorm erleichtert, wenn die Präsentierenden die Präsentation vollständig ausformuliert und laut gesprochen proben. Im Optimalfall finden die Proben vor einem kleinen Publikum statt, das auf die Einhaltung der genannten Aspekte achtet und ein entsprechendes Feedback gibt.

Technische Probleme dürfen nicht zu Nervosität oder einem Scheitern der Präsentation führen. Daher müssen sie bereits bei der Vorbereitung der Präsentation bedacht werden. Für sämtliche Probleme muss dem Referenten ein Plan B vorliegen.

Wenn eine Präsentation im Team gehalten wird, ist darauf zu achten, dass die Sprechanteile der Gruppenmitglieder gleichmäßig verteilt sind. Die Präsentierenden sollten auch nicht nacheinander als eine Reihe von Einzelvorträgen auftreten, sondern in Interaktion miteinander stehen.

BEISPIEL

Aspekt	Verhalten
Inhalt	beim Thema bleiben; dem „roten Faden" folgen
Sprache	laut und deutlich, aber auch ruhig und langsam; Betonung; kurze, vollständige Sätze
Gestik	Gesten offen und oberhalb der Taille darstellen; Hände nicht in die Tasche oder hinter den Rücken
Mimik	freundlich und offen; lächeln
Körpersprache	offen, gerader und fester Stand, Arme und Beine nicht verschränken; Bewegungen dosieren
Blickrichtung	Blickkontakt zum Publikum halten
Position im Raum	abhängig von der Präsentation; meistens stehend und zentriert vor dem Publikum
Rückfragen	Publikumsfragen wenigstens am Ende der Präsentation zulassen und auf sie eingehen
Projektionsflächen	Fenster abdunkeln oder das Licht ausschalten, damit die Projektionsfläche erkennbar ist; Achtung: nicht zu sehr abdunkeln, das ermüdet die Zuhörer

Ende der Präsentation

Die Präsentation sollte mit einer kurzen Zusammenfassung der wesentlichen Argumente und dem Ergebnis enden. Im Anschluss an dieses Fazit sollte dem Publikum der Raum für Fragen eingeräumt werden, die dann auch ausführlich diskutiert werden können.

Bewertung von Präsentationen

Nach einer gehaltenen Präsentation ist es wichtig, dass diese bewertet wird. Natürlich kommt es dabei zunächst auf den Inhalt und dessen Vermittlung an. Zumeist erfolgt eine solche Bewertung im Rahmen einer Diskussion über die dargestellten Inhalte. Dies ist jedoch immer abhängig von den Rahmenbedingungen der Präsentation und verläuft somit immer individuell.

Neben der inhaltlichen ist eine methodische Bewertung insbesondere für den Präsentierenden, aber auch für alle anderen Beteiligten wichtig und vorteilhaft. Im Rahmen dieses Kapitels wurden zahlreiche Aspekte aufgezeigt, die eine gute Präsentation ausmachen. Die Bewertung der tatsächlich gewählten Präsentationsmethoden kann nun auf verschiedene Weise erfolgen.

Feedbackbogen

Ein weitverbreitetes Bewertungsinstrument ist der Feedbackbogen (siehe folgende Seite). Zuschauer können mit dessen Hilfe Vorträge bezüglich der wesentlichen nicht inhaltlichen Aspekte (Aufbau, Vortrag, Medieneinsatz) bewerten und den Präsentierenden eine wertvolle Rückmeldung zu ihrer Arbeit und vor allem für ihre zukünftigen Vorträge geben.

Ein Feedbackbogen sollte den Bewertenden immer die Möglichkeit bieten, auch freien Text als Feedback zu verfassen. In diesem Bereich können auch inhaltliche Aspekte beurteilt werden. Diese wurden in dem folgenden Feedbackbogen nicht gesondert als Rubrik aufgenommen, da es bei vielen Präsentationen nicht möglich, nötig oder gewollt ist, dass das Feedback sich auch auf inhaltliche Aspekte bezieht (z. B. bei Vorstellungen, Auswahltests, Verkaufspräsentationen).

Weitere Feedbackmethoden

Neben dem Feedbackbogen gibt es zahlreiche andere Möglichkeiten, Feedback zu geben. Natürlich kann zum Beispiel immer eine kurze mündliche Feedbackrunde durchgeführt werden. Weitere Methoden sind z. B.:

- Blitzlicht
- Sätze vervollständigen
- Zielscheibenevaluation
- Meinungslinie
- Fischernetz und Teich
- Feedback-SMS
- Kartenabfrage
- Smileys malen
- „Na, wie war's?"

Feedback geben und annehmen

Beim Geben und Annehmen kann es sehr schnell passieren, dass sich eine Person falsch verstanden fühlt und somit ein Konflikt entsteht, z. B. weil beim Feedback die Worte oder der Ton falsch gewählt werden oder weil kritisches Feedback auf vorangegangene Konfliktsituationen übertragen wird.

Insbesondere Feedbackempfänger sind in einer ungewohnten Situation. Sie haben eine Präsentation gehalten und werden vom gesamten Publikum bewertet. Dies erfordert besondere Regeln, die einzuhalten sind.

Feedbackbogen zur Präsentation

Kriterien	Unterkriterien/Merkmale	– –	–	+	++	nicht zutreffend
1. Aufbau						
klare Struktur	Einführung ➔ Hauptteil ➔ Schluss					
Gliederung	vorhanden					
	sinnvoll					
	jederzeit nachvollziehbar					
Fazit	am Ende gezogen					
	vollständig					
2. Vortrag						
Sprache	laut und deutlich					
	ruhig und langsam					
	abwechslungsreiche Betonung					
	kurze Sätze					
	angemessene Ausdrucksweise					
	ggf. Reaktion bei Störungen					
Gestik	offen					
	Hände in den Taschen oder hinter dem Rücken					
Mimik	freundlich, offen lächelnd					
Blickkontakt zum Publikum						
Körpersprache	offen					
	gerader, fester Stand (sicheres Auftreten)					
	ruhige und motivierte Haltung					
	Position im Raum angemessen					
Teampräsentation	gleiche Sprechanteile					
	Abwechslung der Präsentierenden					
Publikumsbezug	Publikum angesprochen					
	Publikum aktiv einbezogen					
	Fragen zugelassen und darauf eingegangen					
Zeitmanagement	Zeit eingehalten					
3. Medieneinsatz						
Auswahl	angemessen					
	abwechslungsreich					
Kompetenz	Schriftgröße angemessen					
	Einsatz und Gestaltung von Bildern, Fotos etc.					
	evtl. Lichteinfall reguliert					
	Darstellung verständlich und gut					
	Bedienung beherrscht					
	evtl. Umgang mit Problemen					
Medienkonkurrenz	Projektionsflächen überschnitten					
	Doppelbelegung des Beamers oder Tageslichtprojektors					

Bemerkungen:

____

____

Regeln für das Feedback-Geben	Regeln für das Feedback-Annehmen
Feedback sollte immer • positive und negative Aspekte enthalten; einleitend könnten beispielsweise positive Aspekte hervorgehoben werden • konstruktiv sein, also einen Verbesserungsvorschlag beinhalten (so wird dem Präsentierenden Hilfe angeboten) • konkret an Beispielen aus der Präsentation veranschaulicht werden (also keine Pauschalaussagen) • wertfrei und sachlich sein, also keine persönlichen Wertungen, Interpretationen oder Kritiken wie Beleidigungen beinhalten • subjektiviert werden, also deutlich machen, dass Feedbackgebende von ihren eigenen Eindrücken sprechen und nicht von denen des gesamten Publikums	Feedbackempfänger sollten immer • zunächst die anderen ausreden lassen • davon ausgehen, dass die anderen sie nicht beleidigen wollen, sondern ihnen helfen wollen, in Zukunft vielleicht etwas besser zu machen • aufmerksam zuhören • nachfragen, falls das Feedback nicht verstanden wird • darauf verzichten, sich zu rechtfertigen, da das Feedback die Wahrnehmung der anderen wiedergibt. Diese Wahrnehmung ist nicht umkehrbar! • das Feedback als Chance sehen, diese Chance dankend nutzen • im Nachhinein das Feedback für sich reflektieren und nach der möglicherweise angespannten Situation in Ruhe für sich Schlüsse ziehen

AUFGABEN

1. Welche Aspekte sollten Präsentierende vor der Vorbereitung der eigentlichen Präsentation durchdenken?
2. Begründen Sie, warum es sinnvoll ist, dass Präsentierende sich vor der Vorbereitung der eigentlichen Präsentation Gedanken über die in Aufgabe 1 genannten Aspekte machen.
3. Geben Sie die Vorteile an, die sich Präsentierenden bieten, wenn sie vor der Erstellung der Präsentation eine Mindmap
   a) zu den Umständen der Präsentation erstellen,
   b) zu den Inhalten der Präsentation erstellen.
4. Erstellen Sie einen tabellarischen Überblick mit den Vor- und Nachteilen der in dem Kapitel genannten Präsentationsmedien.
5. Erklären Sie den Begriff *Medienkonkurrenz* anhand eines geeigneten Beispiels mit Ihren eigenen Worten.
6. Geben Sie an, warum es wichtig ist, dass Präsentierende eine Rückmeldung zu ihrer Präsentation erhalten.
7. Überlegen Sie, warum in dem vorliegenden Feedbackbogen (siehe Vorseite) lediglich eine positive oder eine negative Beurteilung möglich ist und keine neutrale Beurteilung. Wie beurteilen Sie diesen Umstand?

AKTIONEN

1. Jeder hat schon Präsentationen gehalten und dabei Fehler gemacht. Erinnern Sie sich an Ihre letzten Präsentationen, Referate, Vorträge oder Ähnliches und versuchen Sie, sich an Ihre Fehler zu erinnern. Bereiten Sie die Situation mit einem Medium Ihrer Wahl auf und stellen Sie sich darauf ein, die Situation kurz vor der Klasse zu präsentieren. Bedenken Sie, dass diese Aufgabe Ihren Klassenkameraden dabei hilft, entsprechende Fehler zu vermeiden. Falls Ihnen kein eigener Fehler einfällt, wählen Sie einen Fehler aus einer Präsentation, an der Sie als Zuschauer teilgenommen haben.
2. Bereiten Sie in der Gruppe eine Präsentation zum Thema „Professionell präsentieren“ vor. Die Wahl der Medien ist Ihnen freigestellt. Die Präsentation sollte 15 Minuten dauern.
3. Erstellen Sie arbeitsteilig in Gruppen Plakate zu einzelnen Themenbereichen dieses Kapitels, die Sie im Klassenraum aufhängen können und die Ihnen bei der Vorbereitung und Durchführung von Präsentationen in Zukunft helfen werden.
4. Suchen Sie sich eine der im Kapitel genannten Feedbackmethoden aus und informieren Sie sich im Internet über diese Methode. Bereiten Sie eine kurze Präsentation vor, in der Sie die Methode der Klasse vorstellen. Bereiten Sie auch ein Handout (maximal eine Seite) über die Methode für Ihre Klassenkameraden vor.
5. Der Ihnen vorliegende Feedbackbogen enthält aus den im Text dargestellten Gründen keine inhaltlichen Aspekte, die beurteilt werden. Entwerfen Sie in der Gruppe eine Ergänzung zu dem Feedbackbogen, die ausschließlich eine Beurteilung der inhaltlichen Aspekte einer Präsentation erfasst.

ZUSAMMENFASSUNG

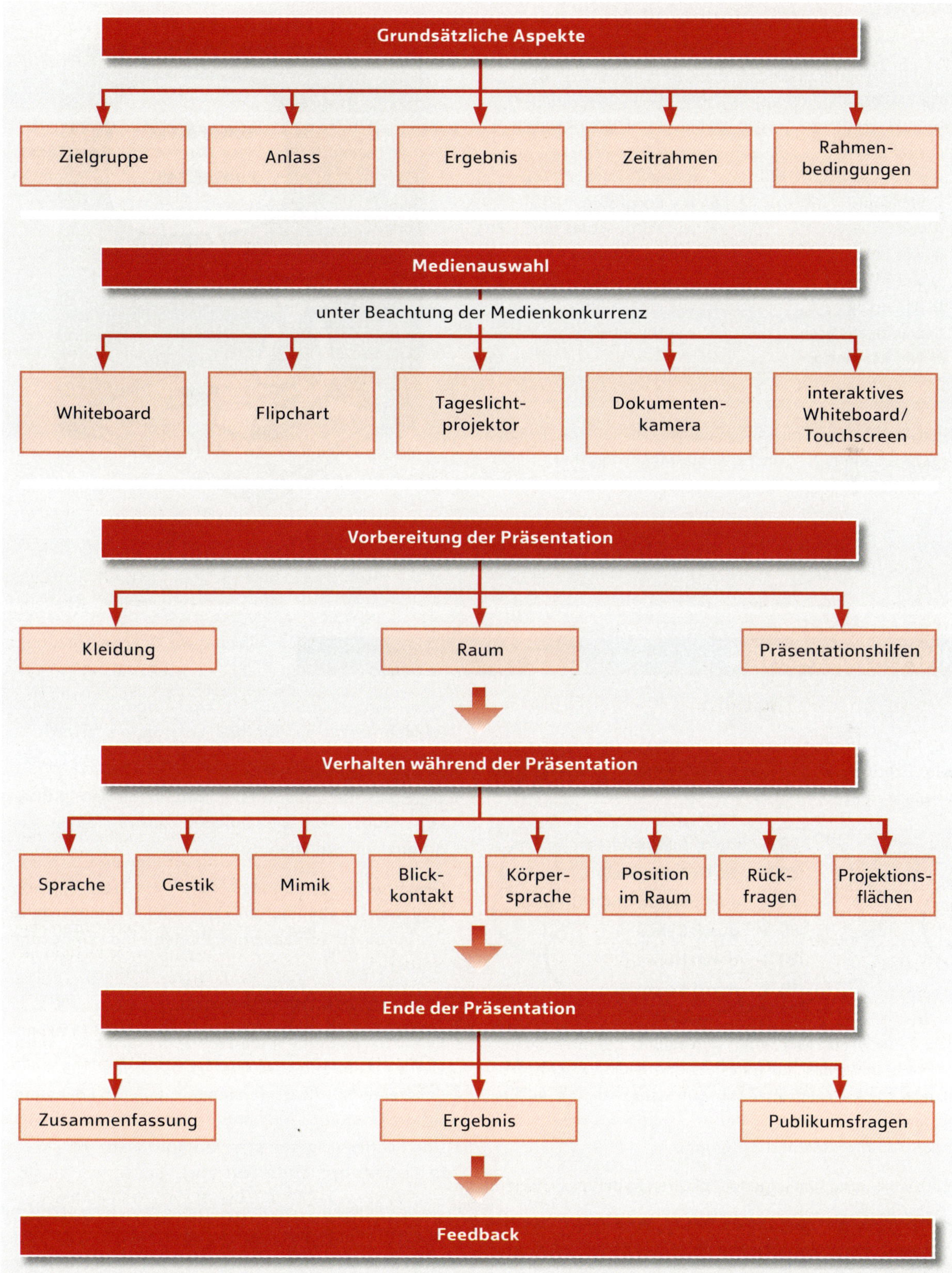

1.20 Wir erstellen Bildschirmpräsentationen

Einstieg

Carolin Saager bereitet eine Präsentation vor. Für die Vorstellung ihrer Person hat sie sich etwas Besonderes ausgedacht: Anhand der Anfangsbuchstaben ihres Namens beschreibt sie die wichtigsten Merkmale ihrer Persönlichkeit.

C wie cool	S wie sorgfältig
A wie aktiv	A wie aufgeschlossen
R wie ruhig	A wie ausdauernd
O wie offen	G wie geschickt
L wie lustig	E wie einfühlsam
I wie idealistisch	R wie reiselustig
N wie neugierig	

Gestalten Sie die Folie anstelle von „Carolin" mit Ihrem eigenen Namen in Ihrem Präsentationsprogramm.

INFORMATIONEN

Typografische Gestaltung nach DIN 5008

Die Grafik zeigt, wie Informationen behalten werden und wie wichtig es ist, Präsentationsinhalte anlassgerecht zu visualisieren:

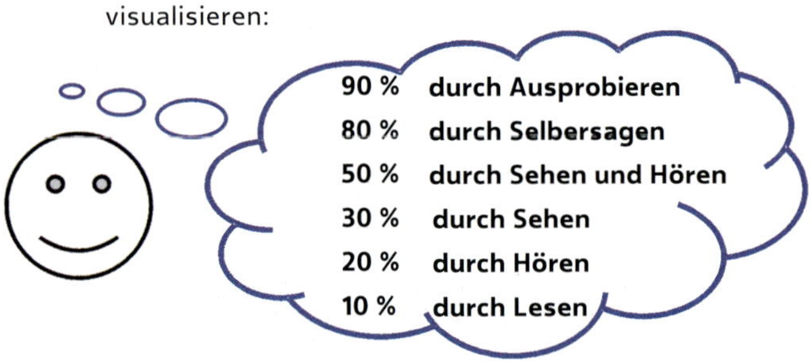

Die Bildschirmpräsentation unterstützt den mündlichen Vortrag und wird auf eine geeignete Oberfläche projiziert, die für die Betrachter gut lesbar ist. Die Aufbereitung und Darstellung der Informationen richten sich nach der Intention und Zielgruppe.

Bei der Planung sind folgende Faktoren zu berücksichtigen:

- Es ist ein gut gestaltetes Design zu wählen, das die Botschaft der dargestellten Informationen einfach und deutlich transportiert.
- Dekorationen und 3-D-Effekte sollten nur eingesetzt werden, wenn sie für das Verständnis erforderlich sind.
- Die Präsentation ist an den Rahmbedingen (z. B. Anlass, räumliche Gegebenheiten, Vortragsdauer, Zielgruppe) auszurichten.
- Gestaltungsfaktoren (z. B. Corporate Design, darzustellende Inhalte, multimediale Inhalte, Möglichkeiten der Software) sollten in die Überlegungen einbezogen werden.

Gestaltungsempfehlungen

- Es sollten nicht mehr als zwei Schriftarten verwendet werden. Empfehlenswert ist es, durchgängig auf jeder Folie eine Schriftart verwenden. Für die Folienüberschriften ist auch eine andere Schriftart möglich. Die Überschriften sollten prägnant formuliert und im einheitlichen Layout gestaltet sein.
- Farben können Bedeutungsträger sein. Sie sollten mit Bedacht eingesetzt werden, weil sie die Wichtigkeit einer Aussage unterstreichen oder davon ablenken können.

- Die Anordnung bzw. Reihenfolge des Textes und der dargestellten Elemente signalisiert die Wichtigkeit der Information. Bei der Anordnung auf der Folie ist auf die Sehgewohnheiten der Betrachter zu achten.
- Aufzählungen (mit Aufzählungszeichen oder Nummern) sollten nicht textlastig sein. Reihen- und Rangfolgen sind durch Nummerierung zu gestalten. Das Aufzählungszeichen muss zum Inhalt/Text passen.
- Störende Hintergrundelemente (z. B. Wasserzeichen) sowie Negativdarstellung (helle Schrift auf dunklen Hintergrund) sollten vermieden werden.
- Bilder und Grafiken sollten die mündlichen Aussagen unterstützen.
- Animationen sind sparsam einzusetzen. Ausgewählte Effekte sollten die Wirkung der animierten Elemente unterstützen.

Visuelle Gestaltungsprinzipien

Bei der Erstellung einer Präsentation sind folgende Prinzipien zu beachten:

- **Die Präsentation ist einheitlich aufgebaut.**
  Verwenden Sie Power-Point-Vorlagen, die auf dem Corporate Design Ihres Unternehmens basieren. Das sorgt für Sicherheit und Einheitlichkeit.
- **Die Präsentation wirkt ruhig und ausgeglichen.**
  Entwickeln Sie Für Ihre Präsentation eine Folien-Layout. Damit legen Sie fest, in welchem Bereich einer Folie sich Texte, Grafiken und Bilder befinden dürfen. Vorgefertigte Folien-Layouts in Präsentationsprogrammen sind in der Raumaufteilung für den gewünschten Zweck nicht immer optimal und bieten keinen Raum für kreatives Gestalten.
- **Die Informationen auf den Präsentationsfolien können gut wahrgenommen werden.**
  Verwenden Sie plakative Schlagwörter und kurze Texte, um die Informationen auf den Folien zu präsentieren. Achten Sie auf geeignete Schriftart und Schriftgröße. Setzen Sie Kontraste um besonders wichtige, wichtige und weniger wichtige Aussagen zu kennzeichnen.
- **Der Bildaufbau einer Folie entspricht der natürlichen Wahrnehmung des Betrachters.**
  Achten Sie auf die Sehgewohnheiten der Betrachter. Die Botschaft auf einer Folie sollte auf einen Blick erfasst werden können.
- **Die Kernaussagen und wichtige Elemente in der Präsentation sind in geeigneter Form hervorgehoben.**
  Durch Positionierung, Anordnung bzw. Reihenfolge, Farben und durch grafische Elemente, wie beispielsweise Rahmenlinien, können Sie wichtige Aussagen in Ihrer Präsentation hervorheben.
- **Keine Textwüsten**
  Bei Veranstaltungspräsentationen sollten sie auf alle überflüssigen Details (z. B. Kopf- und Fußzeile, Metadaten) auf einer Präsentationsfolie verzichten, um die Aufmerksamkeit des Publikums nicht unnötig abzulenken. Das ist anders bei Besprechungspräsentationen. Sie dien der ausführlichen Information und bilden die Grundlage für den Gedankenaustausch.

PowerPoint-Benutzeroberfläche

PowerPoint ist ein Programm, das alle notwendigen Funktionen enthält, um eine Präsentation zu konzipieren, zu strukturieren, zu gestalten und vorzuführen. Mit der Software können nicht nur die üblichen Textformatierungen vorgenommen werden. Spezielle Animationseffekte, unterschiedliche Diagrammtypen und eine ClipArt-Sammlung ermöglichen es, die Präsentationen insgesamt lebendiger und interessanter zu gestalten. Dabei können insbesondere multimediale Effekte eingebunden werden – wie Klänge, Filme und Bilder.

PowerPoint-Präsentationen erhalten beim Abspeichern den Dateizusatz (Suffix) .pptx.

Das Programm wird durch Doppelklick auf das Symbol oder über *Start – Alle Programme – Microsoft Office* gestartet. Anschließend wird eine neue, leere Präsentation gestartet.

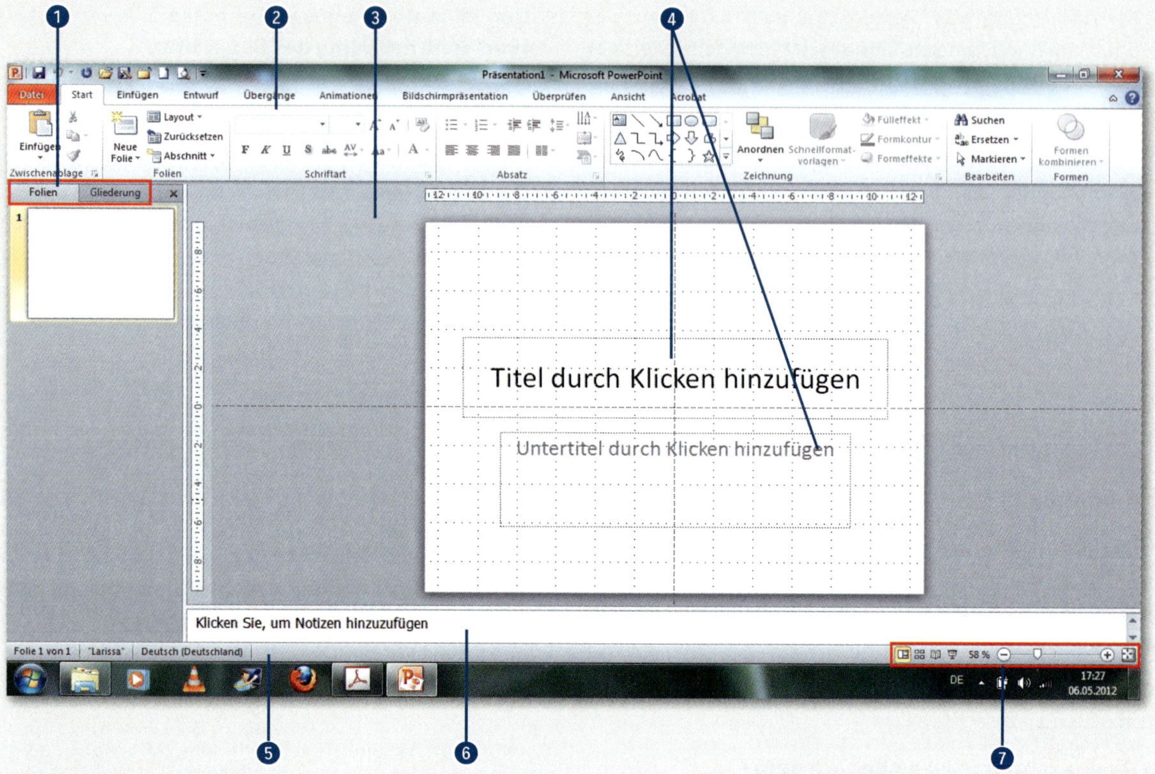

❶ Registerkarten *Folien* und *Gliederung*
❷ Menüband
❸ Folienbereich
❹ Platzhalter
❺ Statusleiste
❻ Notizfeld
❼ Ansichtensymbole

Registerkarten *Folien* und *Gliederung*	Folienbereich	Notizfeld
Über die Registerkarte *Folien* werden die Folien der Präsentation in Miniaturform angezeigt. Im Gliederungsfenster wird der Inhalt einer Präsentation verwaltet und entwickelt.	Im Folienbereich wird die Präsentation erstellt. Neben Texten können auch Bilder, Grafiken, Sounds und Filme eingefügt werden.	Zu jeder Folie können ergänzende Informationen hinzugefügt werden, die dem Präsentierenden als Gedächtnisstütze dienen.

Folien (Charts) erstellen

Arbeitsansichten einstellen

In der Registerkarte *Ansicht* – Gruppe *Präsentationsansichten* lassen sich über die Schaltflächen *Normal, Foliensortierung, Notizenseite* und *Leseansicht* die verschiedenen Arbeitsansichten einschalten.

Schnellerer Zugriff auf die wichtigsten Befehle ist über die Ansichtssymbole möglich.

Gitternetz- und Führungslinien einblenden

Um die Textfelder besser positionieren zu können, bietet das Programm die Möglichkeit, ein **Gitternetz** zu aktivieren. Der Weg dorthin führt über: Registerkarte *Ansicht* – Gruppe *Anzeigen* – Kontrollkästchen *Gitternetzlinien* aktivieren.

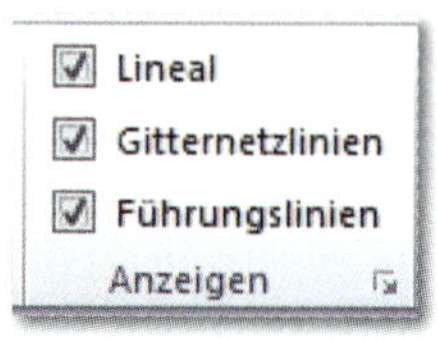

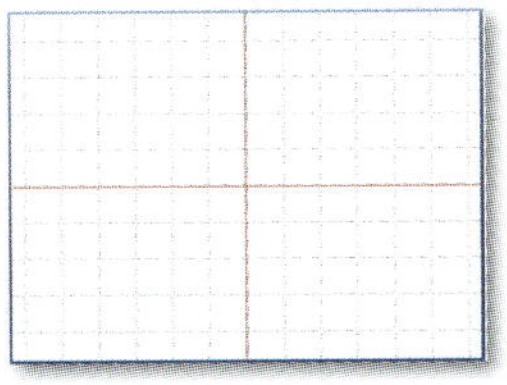

Über die Tastenkombination Alt + F9 werden zusätzlich eine senkrechte und eine waagerechte **Führungslinie** eingeblendet. Die Führungslinien lassen sich mit gedrückter Maustaste millimetergenau verschieben. Mithilfe der Führungslinien können die Elemente an jeder beliebigen Fluchtlinie auf der Folie ausgerichtet werden.

Folien-Layout ändern

Die Folien-Layouts enthalten Platzhalter für Texte, Aufzählungen, Tabellen, Diagramme und Organigramme. Zum Folien-Layout gelangt man über folgenden Weg: Registerkarte *Start* – Gruppe *Folien* – Befehl *Layout*.

PowerPoint hält eine Auswahl an vordefinierten Layouts vor, die je nach Präsentationsinhalt verwendet werden können: z. B. die Standard-Titelfolie mit zwei Platzhaltern oder den Vergleich für eine Gegenüberstellung. Es ist aber auch möglich, eine komplett leere Folie zu laden.

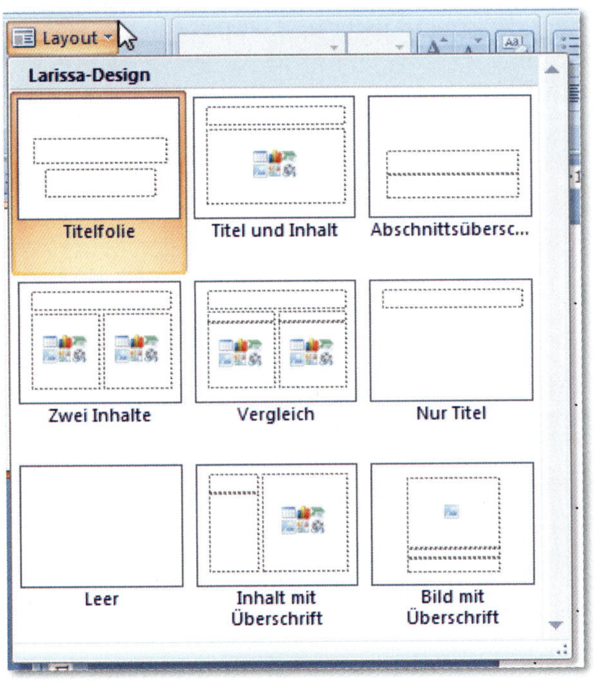

Platzhalter und Textfelder einfügen und löschen

Im Folienbereich befinden sich zwei Platzhalter für Texte, die vorformatiert sind und für eine schnelle Gestaltung einer Präsentation sehr hilfreich sein können. Die Platzhalter sind in der Regel Textfelder.

Weg: Registerkarte *Einfügen* – Gruppe *Text* – Befehl *Textfeld* – Textfeld aufspannen

Das markierte Textfeld wird mit der Taste *Entf* gelöscht.

Hintergrundfarbe einfügen

Um die Präsentation etwas schöner zu gestalten, bietet es sich an, den Hintergrund der Folien farblich zu gestalten.

Weg: Registerkarte *Entwurf* – Gruppe *Hintergrund* – Befehl *Hintergrundformate*

Es besteht die Möglichkeit, aus den vorgegebenen Hintergrundformaten eines auszuwählen oder über die Option *Hintergrund formatieren* ... einen eigenen Hintergrund zu gestalten.

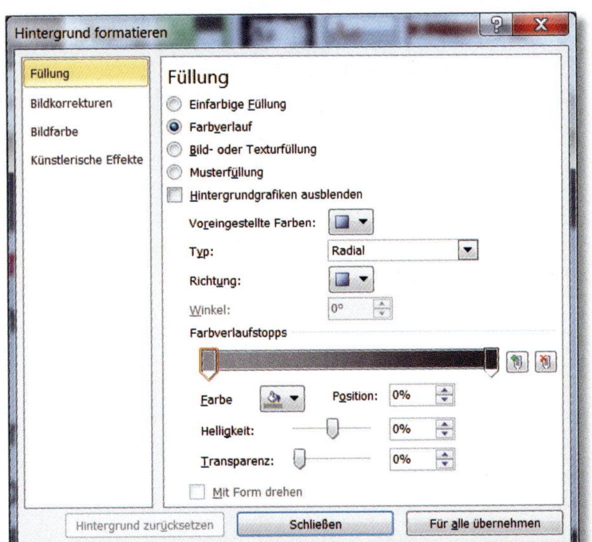

BEISPIEL

mithilfe des Rasters ausgerichtete Textfelder

fertige Folie mit Hintergrundgestaltung

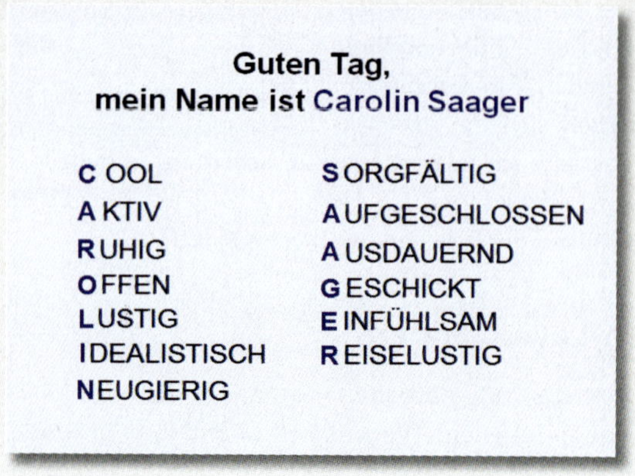

Animationen zuweisen

Texte und Objekte animieren

Im Programm gibt es vier Gruppen von Animationseffekten:

Eingangseffekte

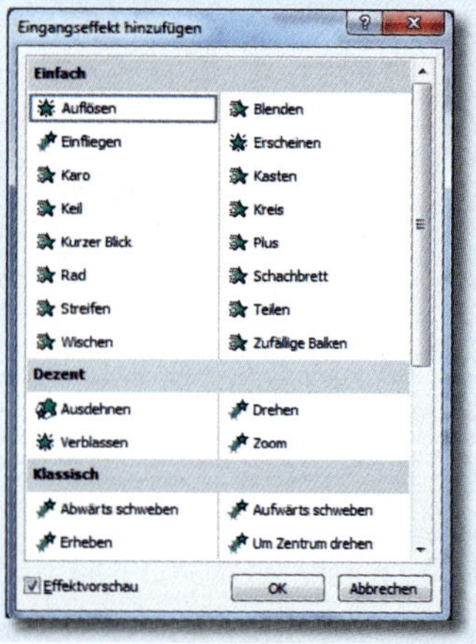

zur Animation von z. B. Strukturen und Abläufen

Hervorhebungseffekte

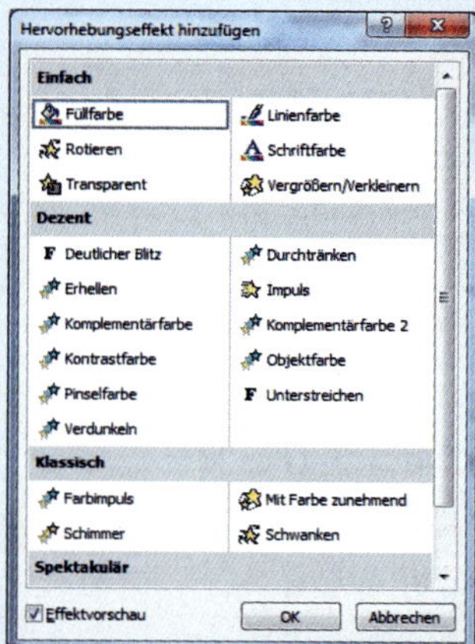

zur Betonung, um besondere Aufmerksamkeit zu erreichen

Ausgangseffekte

zum Ausblenden eines Objekts und zum Ersetzen durch ein anderes Element

Animationspfade

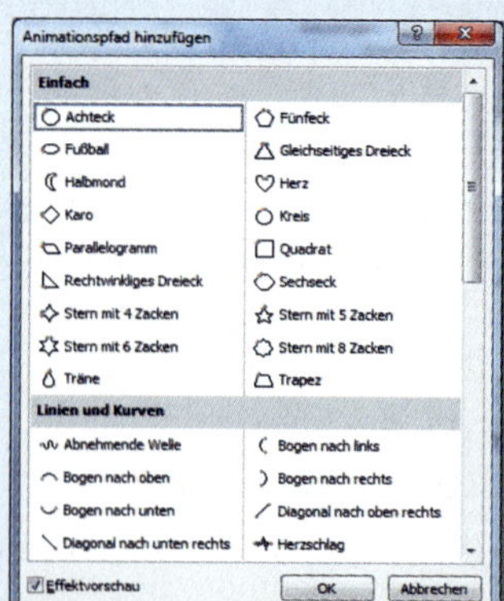

Über die Animationspfade können Objekte in einer ausgewählten Form bewegt werden.

ARBEITSABLAUF

- Registerkarte *Animationen*
- Gruppe *Animation:* Über den Listenpfeil stehen die oben beschriebenen Animationseffekte zur Verfügung.
- Textfeld/Objekt anklicken bzw. markieren
- aus der Gruppe *Animation* den gewünschten Effekt aus den vier Kategorien auswählen
  Das Programm lernt und setzt die zuletzt ausgewählten Animationen in den jeweiligen Auswahllisten an die erste Stelle.

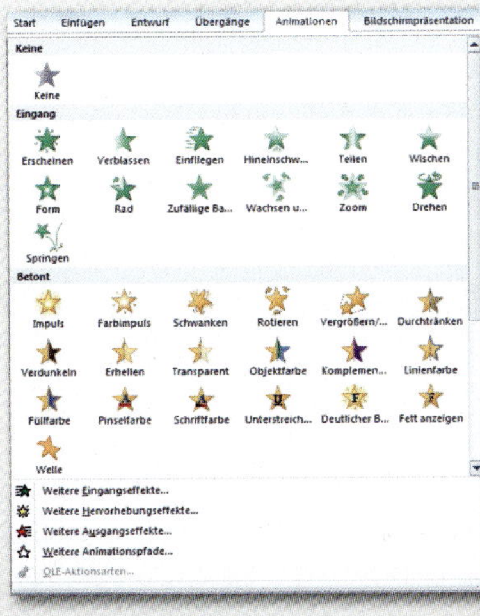

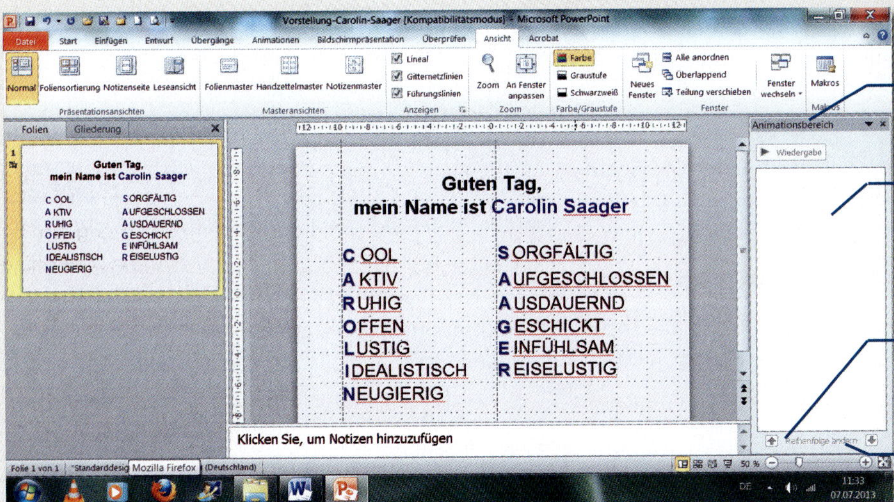

Menü für benutzerdefinierte Animation

Listenfeld, in dem die zugewiesenen Animationen angezeigt werden.

Wiedergabe zeigt die aktuelle Animation

Präsentation der aktuellen Folie

- den Animationsbereich über die Gruppe *Erweiterte Animation* – Schaltfläche *Animationsbereich* einblenden: Die Objekte mit den zugewiesenen Animationen werden in die Liste aufgenommen.
- Die in der Liste gezeigten Effekte unterscheiden sich durch folgende farbliche Markierung: Eingangseffekte: Grün; Hervorhebungseffekte: Gelb; Ausgangseffekte: Rot; Animationspfade: ohne Farbcodierung.
- Im Animationsbereich lassen sich die zugewiesenen Animationen bearbeiten und löschen. Beim Anklicken der zu ändernden Animation erscheint rechts ein Listenpfeil, über den die entsprechenden Optionen ausgewählt werden können. Wird ein Objekt nach dem Löschen erneut animiert, rutscht das Element im Listenfeld an die letzte Stelle und muss über *Reihenfolge ändern* wieder an die richtige Position gebracht werden.

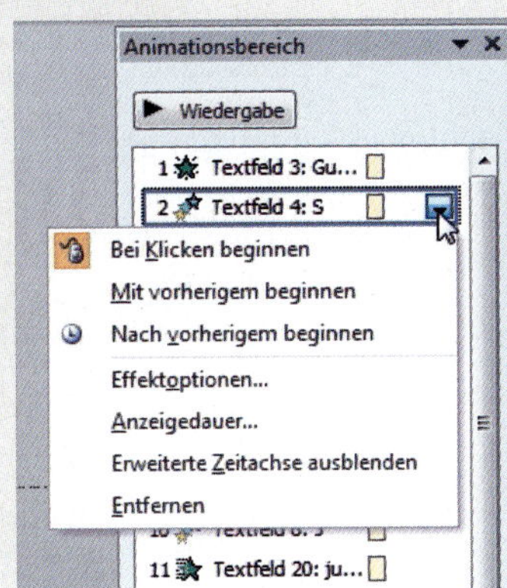

- Im Bereich *Effekt ändern* lässt sich der Effekt einer Animation weiter bearbeiten.
- Über die Pfeile ↑ *Reihenfolge ändern* ↓ kann die Reihenfolge der animierten Elemente verändert werden.
- Über die Schaltfläche *Wiedergabe* kann man die Einstellung testen.
- Durch Klick auf die Schaltfläche *Präsentation* wird die aktuelle Folie im Präsentationsmodus gezeigt.

Neue Folie erstellen und weitere Effekte und grafische Elemente einfügen

Präsentationen können problemlos zu jedem Zeitpunkt um weitere Folien ergänzt werden. PowerPoint bietet zudem eine Vielzahl an multimedialen Möglichkeiten, um die Präsentation interessant zu gestalten.

Weg: Registerkarte *Start* – Gruppe *Folien* – Befehl *Neue Folie*

In die Präsentation können noch spezielle Effekte integriert werden:

Bilder und ClipArts einfügen	**Film/Sound einfügen**	**Formen (Linien, Standardformen, Blockpfeile, Flussdiagramme, Legenden sowie Sterne und Banner) einfügen**
• Registerkarte *Einfügen* • Gruppe *Illustrationen* • Befehl *Grafik/ClipArt*	• Registerkarte *Einfügen* • Gruppe *Mediaclips* • Befehl *Film/Sound*	• Registerkarte *Einfügen* • Gruppe *Illustrationen* • Befehl *Formen*

Kioskpräsentationen mit Mediaclips

Als Kioskpräsentation werden automatisch selbstablaufende Präsentationen bezeichnet, die an einem öffentlichen Ort, ohne Referent – meist zur allgemeinen Information – ablaufen.

Eine Kioskpräsentation eignet sich für einen Messeauftritt, für den Schulinformationstag, für eine Ausstellung und Ähnliches.

Selbstablaufende Präsentation einrichten

Der zeitgesteuerte Präsentationsablauf von Folie zu Folie wird über die Registerkarte *Animationen* eingestellt.

Weg: Registerkarte *Animationen* – Gruppe *Übergang zu dieser Folie* – Option *Automatisch nach* – gewünschte Zeit eingeben

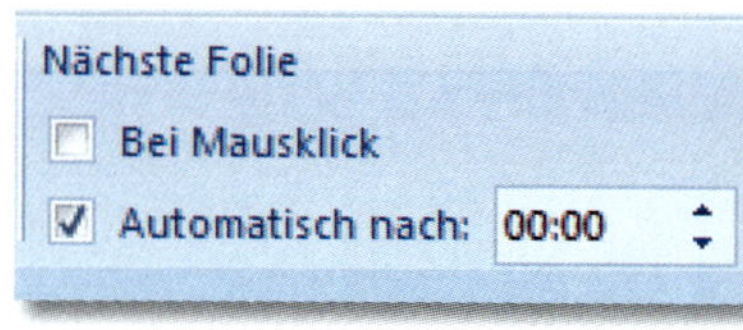

Enthalten die einzelnen Folien in sich sehr viele Animationen, ist es besser, die Einstellungen des automatischen Präsentationsablaufs über *Neue Einblendzeiten testen* vorzunehmen.

ARBEITSABLAUF

- Registerkarte *Bildschirmpräsentation* – Gruppe *Einrichten*
- Option *Neue Anzeigedauer testen*
  Das Programm wechselt direkt in die Bildschirmpräsentation und blendet eine kleine Symbolleiste *Wird aufgezeichnet* ein.

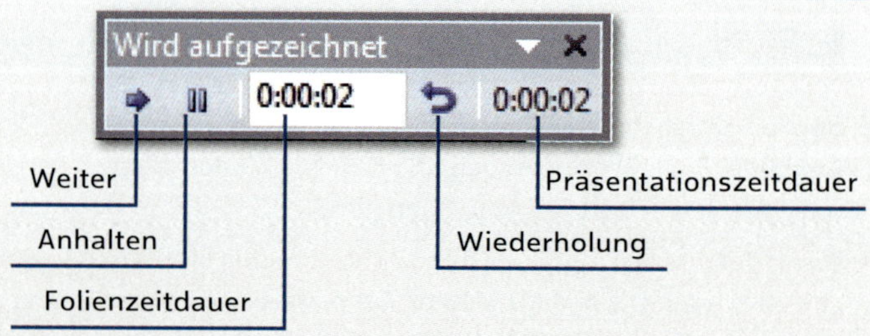

- bei jeder Folie so lange warten, bis die Informationen gelesen und aufgenommen werden können
- den Wechsel zur nächsten Folie über die Schaltfläche *Weiter* bestimmen
- Ist die Präsentation durchgelaufen, erscheint auf dem Bildschirm folgende Abfrage:

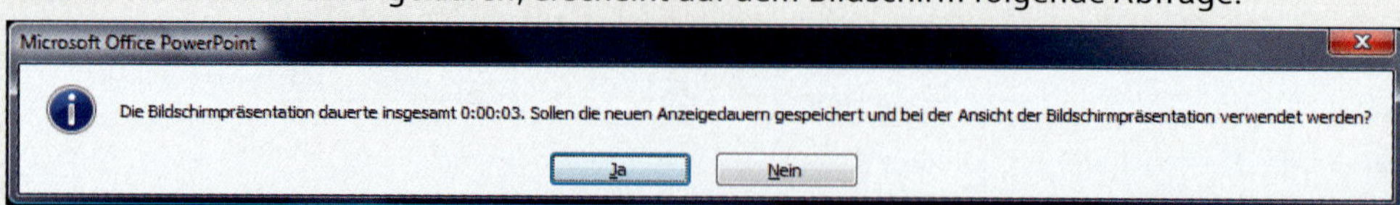

- mit *Ja* bestätigen und in die *Foliensortieransicht* wechseln
  Dort werden die Zeiten pro Folie unterhalb der Folien angezeigt.
- Mit der Taste *Esc* kann der Präsentationsablauf jederzeit abgebrochen werden.

Sound einfügen

Geeignete Dateiformate für PowerPoint-Präsentationen sind die Formate WAV, MP3, WMA und MIDI. Das bekannteste Dateiformat ist MP3. Beim Einfügen eines Sounds im MP3-Format wird die Sounddatei mit der Präsentation verknüpft. Um Probleme beim Abspielen zu vermeiden, sollte sich die Sounddatei im gleichen Verzeichnis wie die Präsentation befinden.

ARBEITSABLAUF

- Registerkarte *Einfügen* – Gruppe *Medien*
- Schaltfläche *Audio*
- Sound über *Audio aus Datei ...* oder *ClipArt-Audio* einfügen

Auf der Folie wird der Audioclip wie folgt angezeigt:

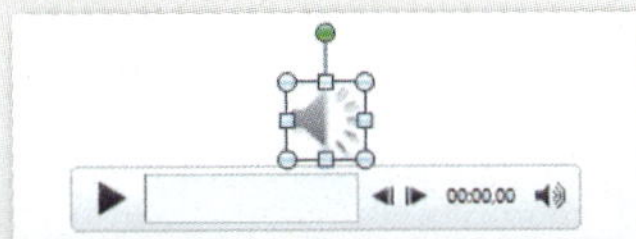

Über die Audiotools Registerkarte *Wiedergabe* – Gruppe *Audiooptionen* sind folgende Einstellungen möglich:

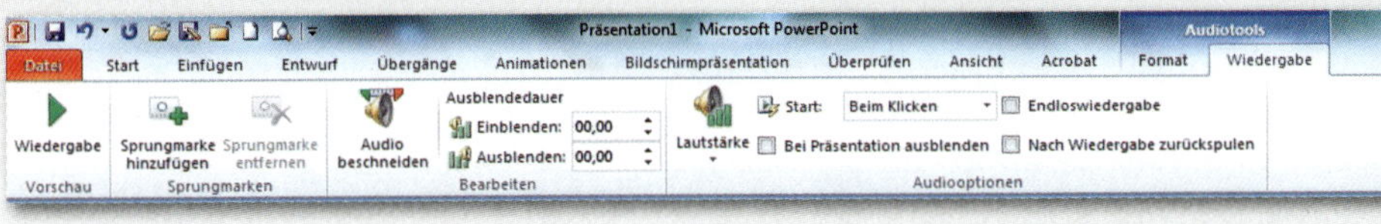

- *Lautstärke*
- *Start – Automatisch:* Beim Einblenden der Folie wird der Audioclip automatisch gestartet.
- *Start – Beim Klicken:* Der Audioclip wird beim Klicken auf die Folie gestartet.
- *Start – Folienübergreifende Wiedergabe:* Die Wiedergabe des Audioclips erfolgt, während die Folien der Präsentation gezeigt werden.
- *Endloswiedergabe:* Der Audioclip wird so oft wiederholt, bis er gestoppt wird.
- *Bei Präsentation ausblenden:* Das Audiosymbol wird während der Präsentation ausgeblendet.

Videosequenzen einfügen

Videodateien im Format AVI (Dateiendung .avi) und MPEG (Dateiendung .mpg) lassen sich am besten in eine Präsentation einbinden.

ARBEITSABLAUF

- Registerkarte *Einfügen* – Gruppe *Mediaclips*
- Es kann ein Video aus einer Datei, von einer Webseite oder aus ClipArts eingefügt werden.

- Auf der Folie erscheint das Video wie folgt:

- Über die Videotools-Registerkarte *Wiedergabe* – Gruppe *Videooptionen* sind folgende Einstellungen möglich:

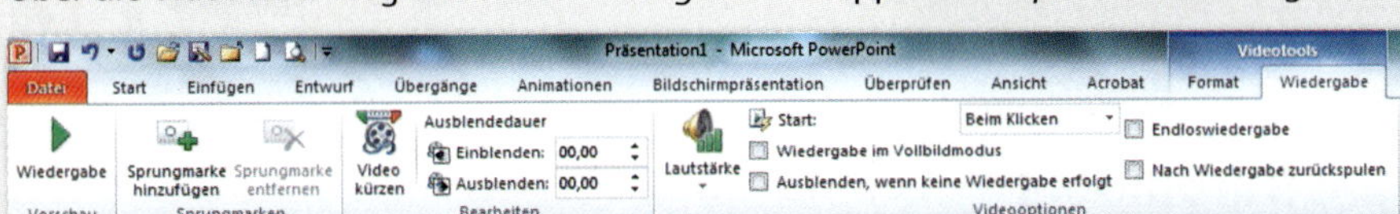

AUFGABEN

1. Welche Regeln zur Zeichenformatierung helfen, eine wirkungsvolle Präsentation zu erstellen?
2. Carolin Saager hat auf einer Folie eine Reihenfolge zu dokumentieren. Welche Regeln zu Aufzählungen/Nummerierungen muss sie beachten?
3. Welche Gestaltungsregeln sollten bei der Gestaltung von Organigrammen beachtet werden?
4. Über welche Bildschirmansichten verfügt PowerPoint?
5. Welche Animationsmöglichkeiten sieht PowerPoint vor?

AKTIONEN

1. Gestalten Sie die Vorstellung Ihrer eigenen Person über Akronyme und gehen Sie wie folgt vor:
   a) Starten Sie PowerPoint und richten Sie die Gitternetz- und Führungslinien ein.
   b) Wählen Sie die Miniaturansicht *Leer*, um die Akronyme auf der Folie individuell zu gestalten.
   c) Wählen Sie ein Hintergrundformat oder gestalten Sie über die *Option Hintergrund formatieren ...* einen eigenen Hintergrund.
   d) Animieren Sie die Elemente auf Ihrer Folie wie folgt:

   Überschrift „Guten Tag ...": Eingangseffekt Auflösen

   Anfangsbuchstaben: Betonungseffekt Erhellen

   Eigenschaften: Eingangseffekt *Streifen – Effekt ändern* – Eigenschaft *Rechts nach oben*

   e) Gestalten Sie Ihre Präsentation als Kioskpräsentation und unterlegen Sie sie mit einem passenden Sound.
   f) Wählen Sie für die Folie einen geeigneten Dateinamen mit angehängtem Speicherdatum und speichern Sie die Datei im entsprechenden Verzeichnis.
2. Web Am 15. Oktober 20.. findet in Köln die Leitmesse der Büromöbelhersteller, die ORGATEC, statt. Das Unternehmen Schneider Büroeinrichtungen möchte sich dort präsentieren und plant einen Messestand. Unter anderem soll der Bürostuhl „SKYE" eines neuen Lieferanten intensiv beworben werden.
   a) Erstellen Sie die PowerPoint-Präsentation nach folgenden Folien. Die benötigten Fotos finden Sie im entsprechenden Verzeichnis der Downloadmaterialien.
   b) Kopieren Sie die Bilder über die Zwischenablage in Ihre Präsentation.
   c) Wählen Sie für die Präsentation einen geeigneten Dateinamen mit angehängtem Speicherdatum und speichern Sie die Datei im entsprechenden Verzeichnis.
   d) Präsentieren Sie Ihr Ergebnis.

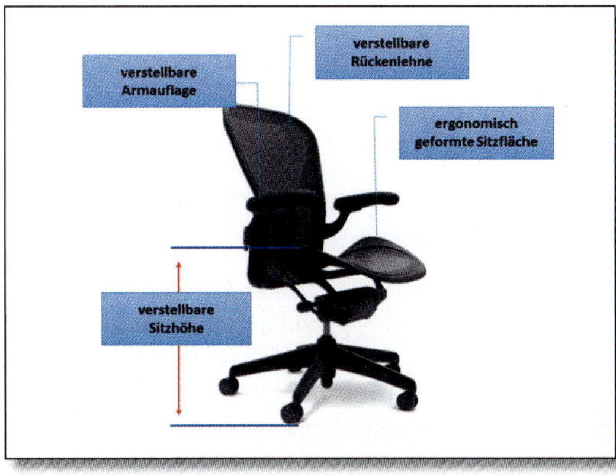

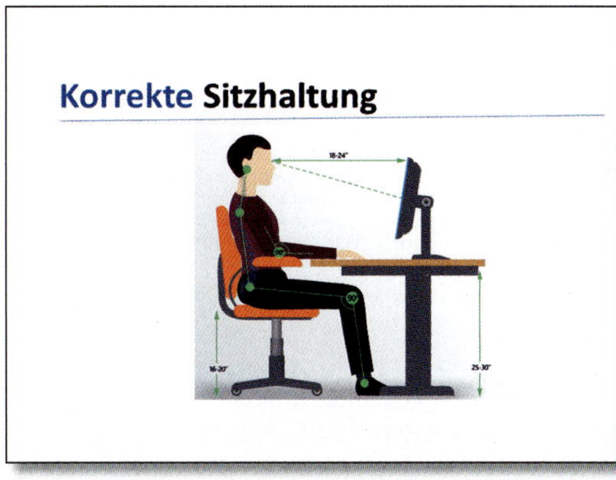

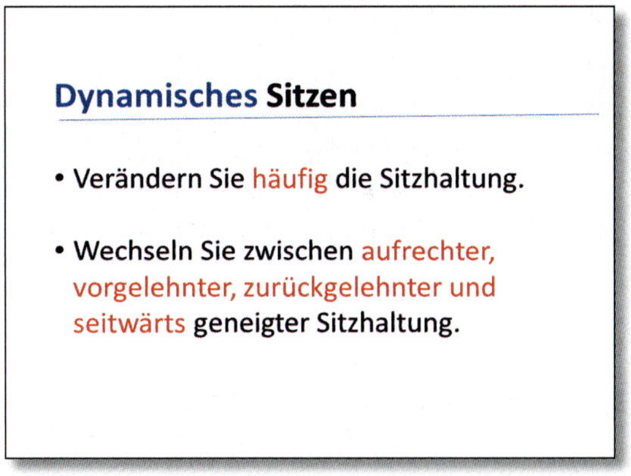

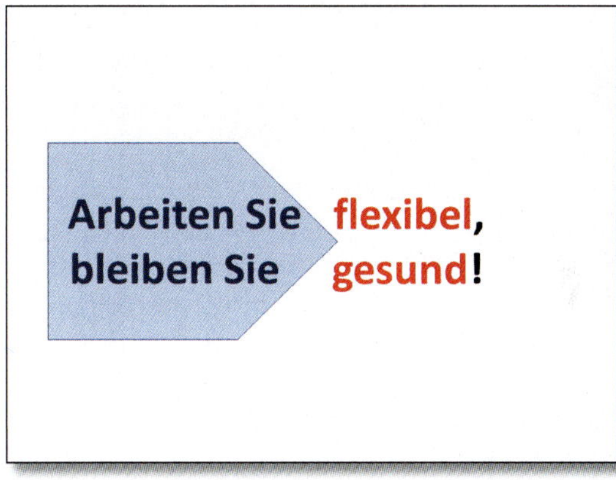

3. Gestalten Sie die folgende Präsentation „Einschreiben" und verwenden Sie eine passende Grafik, wie z. B. das hier gezeigte Posthorn, als Hintergrund.

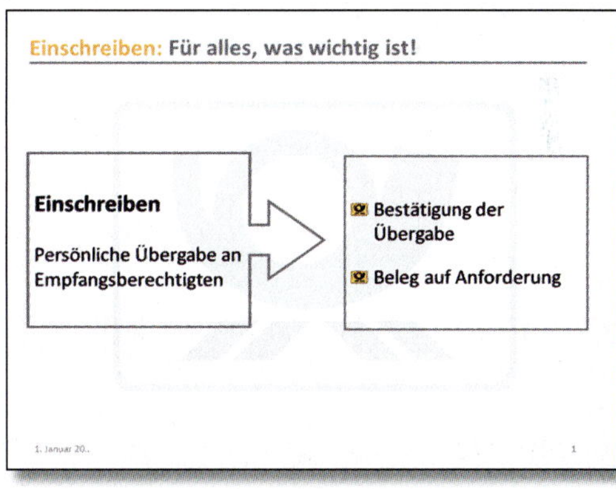

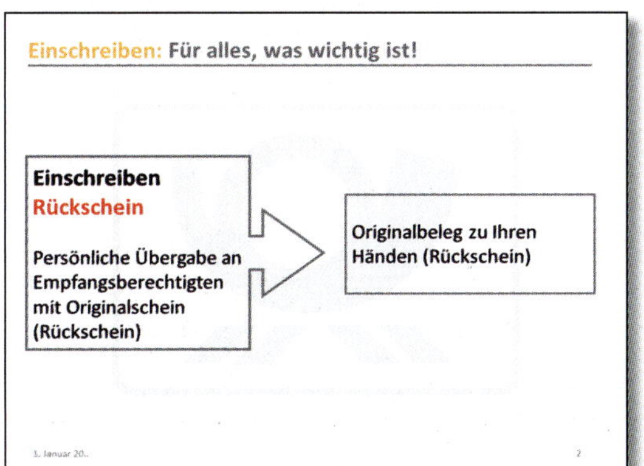

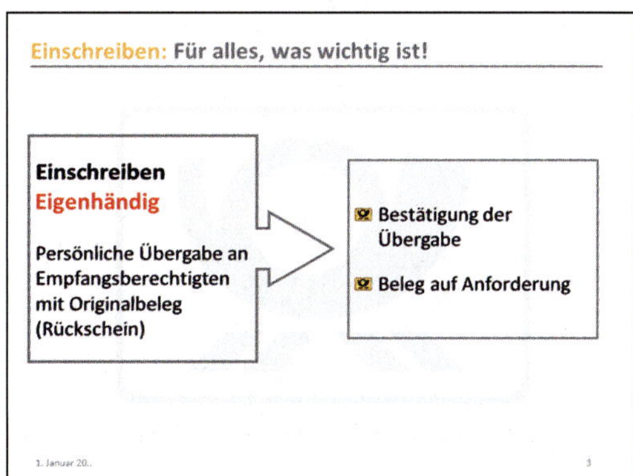

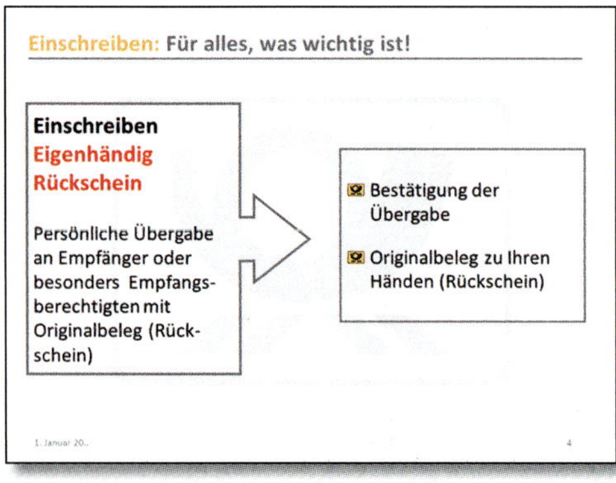

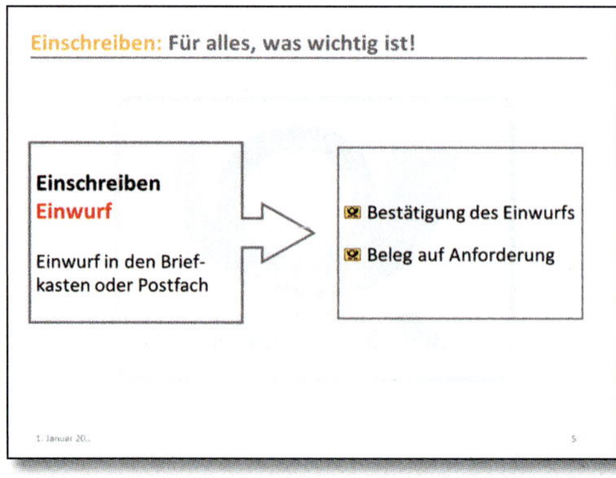

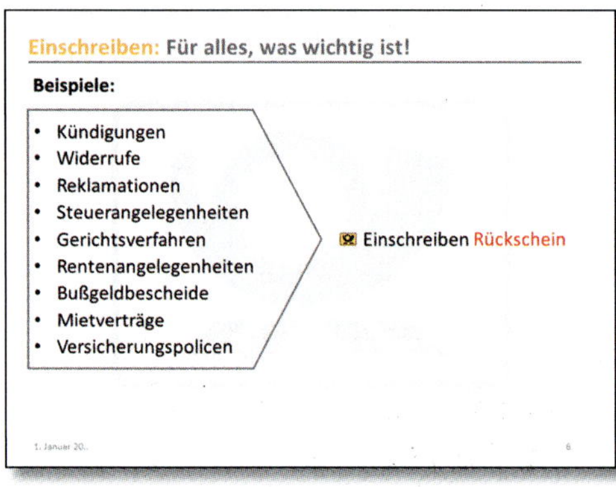

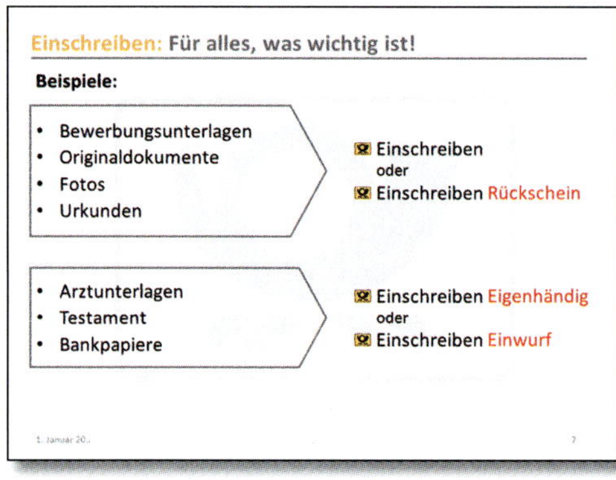

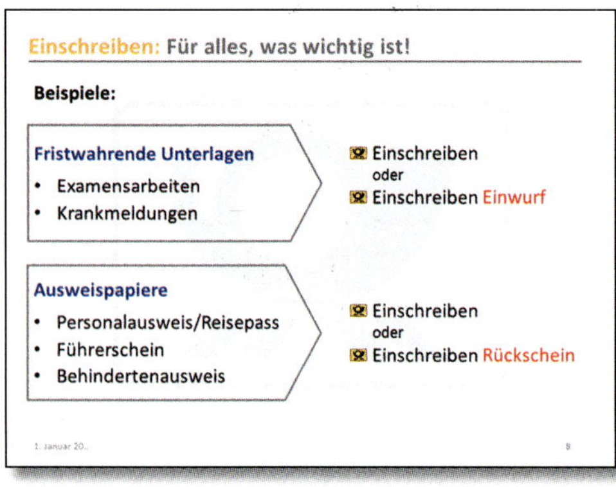

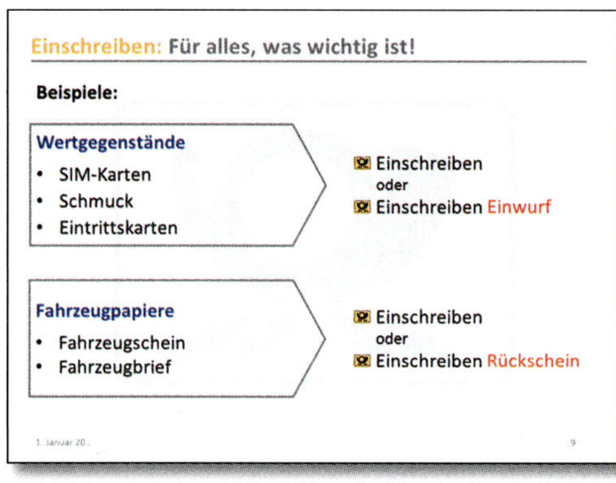

ZUSAMMENFASSUNG

Präsentationen

Typografische Gestaltung

- Folien mit Texten
  Hervorhebungsarten
  - Schriftart
  - Schriftstil
  - Schriftschnitt
  - Schriftfarbe
- Aufzählungen/Nummerierungen
- Textanimationen/Folienübergänge
- WordArt-Elemente
- Tabellen
- Organigramme

Multimediaelemente

- Sound
- Videoclips
- bewegte Bilder

Schriftgutverwaltung
Arbeitsplatzausstattung
Arbeitsprozesse strukturieren
Büroformen
Team
Protokolle
Datensicherung
Terminplanung
Arbeitsschutzbestimmungen
Tastschreiben
Konfliktbewältigung
Speichermedien
Ergonomie
Zeitmanagement
Arbeitsumgebung
Hardware
Software
Dokumentenmanagement

Lernfeld 2

Büroprozesse gestalten und Arbeitsvorgänge organisieren

2.1 Wir arbeiten in unterschiedlichen Büroformen

Einstieg

Dominik Schlote, Carolin Saager und Auszubildende anderer Unternehmen treffen sich in der Pause auf dem Schulhof. Sie unterhalten sich über ihre Arbeitsräume.

Dominik Schlote:
„Ich sitze zusammen mit meinem Ausbilder in einem Büroraum. Der hat zwei Schreibtische. Um zu Carolin zu gelangen, muss ich über den Flur."

Sven Lakenmacher:
„Bei uns in der Lohde KG arbeiten 60 Mitarbeiter in einem Raum. Zum Teil werden Arbeitsplätze durch miteinander verkettete Wand- und Schrankelemente abgeschirmt."

Pierre Limberg:
„In unserer Firma hat der Außendienst gar keine eigenen ständigen Arbeitsplätze. Den 15 Außendienstmitarbeitern der Tesch OHG stehen drei Arbeitsplätze zur Verfügung, die sie nutzen können, wenn sie gerade mal in der Firma sind."

Carolin Saager:
„Ich bin mit meiner Ausbilderin zusammen in einem ganz normalen Büro. Da sie gerade Mutter geworden ist, darf sie drei Tage von zu Hause aus arbeiten."

1. Untersuchen Sie, welche Büroform jeweils vorliegt.
2. Stellen Sie kurz die Unterschiede zwischen den Büroformen heraus.

INFORMATIONEN

DEFINITION

Unter einem **Büro** versteht man im Allgemeinen einen abgeschlossenen Raum mit speziellen Einrichtungen und geeigneten Arbeitsmitteln zur Durchführung von Verwaltungstätigkeiten allgemeiner Form.

Es gibt verschiedene Büroformen. Die Büroform sollte so gewählt sein, dass sie

- die Prozesse in einem Unternehmen unterstützt,
- den Menschen geeignete Raumstrukturen bietet, in denen sie produktiv und effektiv arbeiten können, ihre Gesundheit geschützt wird und sie sich wohlfühlen können.

Büroraumgestaltung

- Arbeitnehmer im Büro haben das Interesse, an einem angenehm gestalteten Arbeitsplatz zu arbeiten.
- Die Unternehmen möchten das vorhandene Raumangebot wirtschaftlich nutzen.

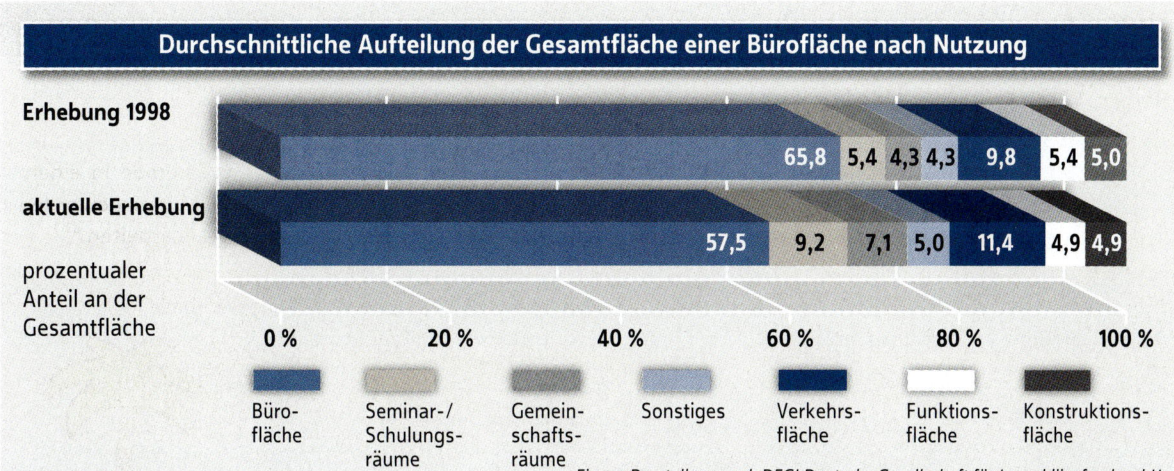

Eigene Darstellung nach DEGI Deutsche Gesellschaft für Immobilienfonds mbH

Es gibt nicht die perfekte Büroform, die immer, überall und für jeden das Optimum gewährleistet. Ein idealer Büroraum muss sowohl für die Konzentration als auch die Kommunikation förderlich sein.

Konzentrationsförderung
Es werden Arbeitsräume benötigt, in denen der Einzelne frei von Störungen genaue Arbeit leisten kann.

← **BÜRORAUM** →

Kommunikationsförderung
Es werden Arbeitsräume benötigt, die Teams einen ständigen Informations- und Erfahrungsaustausch ermöglichen.

Als grundlegende Büroformen unterscheidet man Zellenbüro, Gruppenbüro und Großraumbüro. Darüber hinaus gibt es außerdem das Kombibüro, das reversible und das non-territoriale Büro. Auch die Telearbeit kann als Büroform aufgefasst werden.

Kriterium	Zellenbüro	Gruppenbüro	Großraumbüro
Anzahl der Personen	1–5 statusabhängig	3–25	mehr als 25
Größe	etwa 5,5 m tief, 12–40 m^2	anzahl- und rangabhängig	12–15 m^2 je Person
Verkehrsflächen	auf dem Flur	außerhalb der Gruppe	im Großraum mit Störungen
Außenkontakt	meist gut	viel durch stark gefaltete Fassade	meist schlecht, nur bei entsprechender Planung gut
Ausblick	optimal	genügend	meist schlecht
Beleuchtung	Tageslicht und künstlich	Tageslicht und künstlich	(fast nur) künstlich
Lüftung	über Fenster	meist über Fenster, ca. 30 % aller Tage Klima-/Lüftungsanlage erforderlich	geschlossene Fenster, Vollklimatisierung erforderlich
Akustik	ideal bei einer Person, schlecht bei mehreren Personen	je nach Trennsystem gut	je nach Nachhallzeit und Gruppenpegel gut
Flexibilität	schlecht	meist gut	gut

Kriterium	Zellenbüro	Gruppenbüro	Großraumbüro
Enge/Überbelegung	z. T. hoch, 6,5–10 m^2 je Arbeitsplatz	12–15 m^2 je Arbeitsplatz	12–15 m^2 je Arbeitsplatz
Kommunikation	schlecht (1 Person), gut (2 Personen)	ideal	gut, ggf. Überkommunikation
visuelle Ablenkung	minimal	minimal	zwischen erträglich und zumutbar
Privatheit, Behaglichkeit	gut, bei mehreren Personen eingeschränkt	besser als im Großraumbüro	kaum möglich
Fazit	optimal bei 1–2 Personen, große Mängel bei mehreren Personen	gut, dem Großraumbüro deutlich überlegen	viele Mängel

nach: Richter, Hans-Joachim, Licht im Büro, Landberg/Lech 1993, S. 9

Zellenbüro

Das Zellenbüro ist die klassische Büroform. Es hat auch heute noch die größte Verbreitung in Deutschland. Jede Zelle ist quasi autark, was Technik und Ablage betrifft. Ein Flur verbindet die einzelnen Zellen. Kommunikation soll in dieser Büroform über Technik (Telefon, E-Mail usw.) erfolgen oder geplant in einem separaten Besprechungsraum durchgeführt werden. Die Arbeitsplätze sind überwiegend fensternah angeordnet, das Klima lässt sich individueller regulieren als in den größeren Bürostrukturen und der Raum kann individuell von den Mitarbeitern gestaltet werden. Zellenbüros gibt es als Einpersonen- und Mehrpersonenzellenbüros.

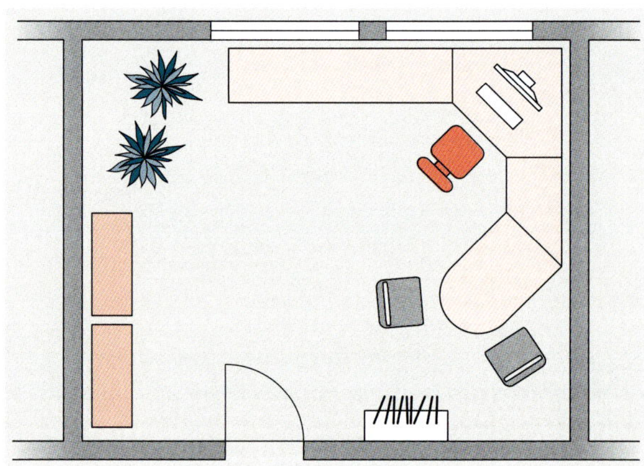

In einem Einzelbüro arbeitet jeder Beschäftigte in seinem eigenen Zellenbüro. Solche Einzelbüros sind in der Regel entlang der Fensterfassade des Gebäudes angeordnet und über einen gemeinsamen Flur zugänglich.

Zellenbüros

nach der Veränderbarkeit der Räume

- Standardzellenbüro
  - feste Raumstruktur
  - feste Trennwände zwischen den Räumen
  - nur durch aufwendige Umbaumaßnahmen zu verändern
- Komfortzellenbüro
  - flexible, leicht versetzbare Wände
  - schnell zu verändern

nach der Anzahl der arbeitenden Personen

- Einpersonenraum
  - für abgeschirmte, hoch konzentrierte Einzelarbeit
  - Aufgaben, die der Vertraulichkeit bedürfen
- Mehrpersonenraum
  - für intensive Zusammenarbeit und Kommunikation in der Kleingruppe oder im Team
  - Zusammenarbeit von Mitarbeitern, die gleichartige Teilarbeiten erledigen
- Chefbüro
  - Sonderform des Einpersonenraums mit Besprechungsmöglichkeiten und Repräsentation
  - Führungskräfte

Gruppenbüro

In Gruppenbüros spiegelt sich oft die Organisationsform von Abteilungen oder Teams in der Belegung mit Beschäftigten wider: In einem abgeschlossenen Gruppenraum finden ca. 8 bis 25 Mitarbeiter Platz. Gruppenbüros eignen sich daher für Teamarbeit, sind jedoch störungsanfälliger als Zellenbüros. Bewegungen im Raum werden als visuelle Störungen, Gespräche anderer Mitarbeiter und Gerätelärm als akustische Störungen wahrgenommen. Es kann eine offene Struktur mit geringer Untergliederung durch Raumgliederungselemente herrschen oder auch ein Wechsel von offener und geschlossener Struktur durch Raumgliederungssysteme.

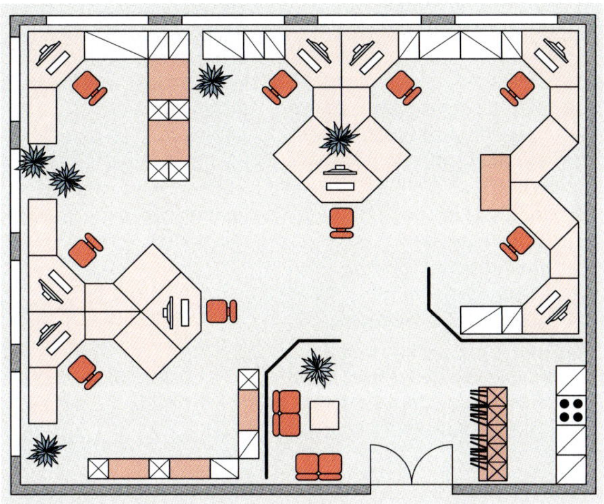

Gruppenbüros sind Büros ab sieben Arbeitsplätze. Sie werden meist für Teamarbeit oder für ganze organisatorische Einheiten genutzt..

Kombibüro

Diese Büroform besteht aus individuell gestaltbaren Einzelbürozellen, die um einen innen liegenden „Allraum" – eine Art Gemeinschaftsraum – angeordnet sind. Dieser ist als kommunikative Gemeinschaftsfläche anzusehen.

BEISPIEL

Das Kombibüro kann mit einer Stadt verglichen werden. Der Marktplatz entspricht dem Allraum. In diesem Kommunikationstreffpunkt sind Technikpools (Kopierer, Faxgerät, Ablage und sonstige Bürotechnik), Besprechungs- und Regenerationsbereiche zu finden. Um den Marktplatz herum sind die einzelnen Häuser angeordnet. Diese entsprechen den Einzelbürozellen. Sie bieten den Bewohnern einen schützenden Rückzugsraum.

Großraumbüro

Bei Großraumbüros hat der Büroraum mindestens 400 m² Grundfläche. Für jeden Arbeitnehmer sollte hier eine Grundfläche von wenigstens 10 m² vorhanden sein. Großraumbüros sind Bürolandschaften für 25 bis über 100 Mitarbeiter pro Raum. Die Arbeitsplätze werden über flurlose Systeme erschlossen.

Es herrscht eine weitgehend offene Strukturierung der Arbeitsplätze mit einer nur geringen Untergliederung durch flexible Stellwände oder Schrankelemente. Eine vielfältige Gruppierung von Teambereichen ist möglich. Auch stärker abgeschirmte Bereiche für Leistungsarbeitsplätze können integriert werden, ebenso wie Besprechungs-, Technik- und Regenerationszonen.

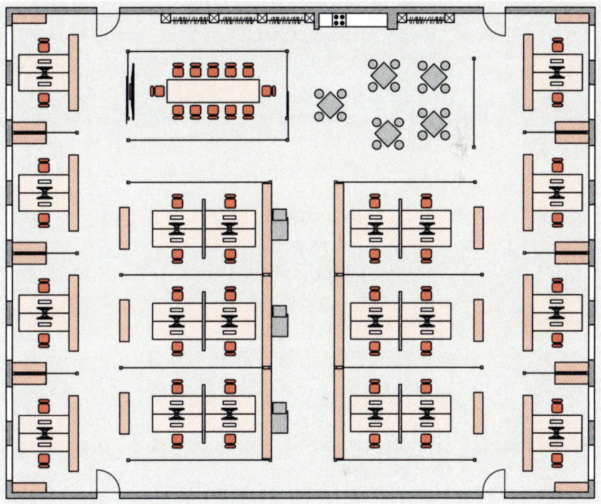

Großraumbüros sind Büros mit einer Fläche ab 400 m². Die Arbeitsplätze und Arbeitsgruppen können z. B. durch Stellwände, Schränke oder Wandsysteme voneinander abgeschirmt werden. Dadurch wird das Großraumbüro auch gegliedert.

Großraumbüros sind heute überwiegend Raum-im-Raum-Systeme mit hoher Flexibilität, die es ermöglichen, unterschiedliche Anforderungen der Organisation und der Mitarbeiter umzusetzen.

Bei **Raum-im-Raum-Systemen** entstehen innerhalb des Großraumbüros wieder kleinere Räume, die durch miteinander verkettete Wand- und Schrankelemente voneinander abgeschirmt sind. Dadurch kann konzentriert und störungsfrei gearbeitet werden, ohne den Kontakt zu den übrigen Mitarbeitern zu verlieren.

Vorteile

- transparente Arbeitsabläufe
- Verbesserung der Kommunikationsmöglichkeiten
- Verbesserung der Informationsweitergabe
- Verbesserung der Erreichbarkeit

Nachteile (zum Einzelbüro)

- 80 % mehr Störungen durch andere
- 70 % mehr Störungen durch Geräusche (Telefon, Maschinen)
- 46 % mehr Flüchtigkeitsfehler
- 70 % mehr Abgespanntheit
- 30 % mehr gereizte Atmosphäre
- 58 % mehr schlechtere Gesundheit
- 80 % mehr Kopfschmerzen, Müdigkeit, Erkältungskrankheiten

Quelle: Frieling, Ekkehart. Sonntag, Karlheinz: Lehrbuch Arbeitspsychologie. 2. Auflage. Bern: Huber 1999.

Büroraumart	Zellenbüro (Einpersonenbüro)	Gruppenbüro	Kombibüro	Großraumbüro
Eher vorteilhaft für	• ungestörte, konzentrierte Einzelarbeit im Einpersonenbüro • separierte Gespräche mit Kollegen, Besuchern • die Autarkie der Zelle: wesentliche Bürotechnik vorhanden (Fax, Drucker) • großer, individueller Stauraum in unmittelbarer Nähe zum Arbeitsplatz • individueller Empfang, Beratung und Betreuung von Kunden • Einarbeitung von neuen Mitarbeitern auf speziellem Sachgebiet	• Projektarbeit • Teamarbeit mit spontaner oder dauerhafter Kommunikation • Abbildung und rasche Änderung von Organisations- und Kommunikationsstrukturen eines Unternehmens oder einer Behörde • arbeitsgruppenübergreifende Kommunikation • kurze Wege zu Technik-, Besprechungs- und Regenerationsbereichen	• Vereinigung von Zellen- und Gruppenbüro mit spontaner Möglichkeit des Wechsels von Konzentration (im Einzelraum) und Kommunikation (im „Allraum") • die Abbildung von Organisationseinheiten • die Nutzung allgemeiner Ressourcen wie zentrale Ablage, Technik, Besprechung, Regeneration, „Allraum" • standardisierte Ausstattung der Arbeitsräume • Unterstützung von Transparenz und Offenheit • Vertraulichkeit im Arbeitsraum • Empfang, Beratung und Betreuung von Besuchern in der Regel am standardisierten Besucherplatz im Arbeitsraum	• Routinetätigkeiten • Teamarbeit mit spontaner oder dauerhafter Kommunikation • die Abbildung und rasche Änderung von Organisations- und Kommunikationsstrukturen eines Unternehmens • Blickkontakt zu und Erreichbarkeit von Kollegen im Bereich arbeitsgruppenübergreifende Kommunikation
Weniger geeignet für	prozessorientierte Team- und Gruppenarbeit (kommunikationshemmende Raumstruktur)	• konzentrierte Einzelarbeit • raschen Wechsel zwischen Kommunikation und Konzentration • hohe Vertraulichkeit • Empfang, Beratung und Betreuung von Kunden	• gruppenübergreifende Kommunikation	• konzentrierte Einzelarbeit • klare Trennung von Kleingruppenarbeit (3–6 Personen) • hohe Vertraulichkeit • Empfang, Beratung und Betreuung von Kunden

vgl. Informationen des Deutschen Büromöbel Forums im Verband Büro-, Sitz- und Objektmöbel e. V.

Reversibles Büro

Die zunehmende Dynamik in den Unternehmen und die rasch wechselnden Anforderungen verlangen ein Maximum an Flexibilität von den Büroräumen. Da es nicht eine Büroform geben kann, die allen Aufgaben eines Unternehmens gerecht wird, entstand das Konzept des reversiblen Büros.

Grundlage ist ein Baukörper, der als Gruppenbüro, Ein- bis Mehrpersonenzellenbüro oder Kombibüro ausgeführt werden kann. Je nach Anforderung kann das reversible Büro kurzfristig von einer Ausprägungsform in eine andere umgestaltet werden. Damit ergibt sich ein multifunktionaler Büroraum, der mit hoher Wahrscheinlichkeit den Anforderungen, auch in der Zukunft, gerecht werden kann.

BEISPIEL

Aufgrund der unternehmensspezifischen Anforderungen kann bei der Grotex GmbH – einem Mitbewerber der Hoffmann KG – auf jeder Etage eine andere Büroform realisiert werden: ein Gruppenbüro im Erdgeschoss, ein Kombibüro im ersten Obergeschoss und eine Struktur aus Zellenbüros im zweiten Obergeschoss.

Non-territoriales Büro

Falls der eigene Arbeitsplatz in der Unternehmenszentrale von den Mitarbeitern immer weniger genutzt wird, ist es unwirtschaftlich, jedem Beschäftigten dauerhaft einen persönlichen Arbeitsplatz zu reservieren. So können beim non-territorialen Büro viele Arbeitsplätze eingespart werden.

BEISPIEL

Untersuchungen haben gezeigt, dass nach Einführung von non-territorialen Büros 100 Mitarbeiter nur noch ca. 60 Arbeitsplätze (statt vorher 100) benötigen.

Für Mitarbeiter, die nur zwei bis drei Tage pro Woche oder täglich nur kurzzeitig ihren Arbeitsplatz im Unternehmen benötigen, kann das non-territoriale Büro eine sinnvolle Alternative sein. Solche Mitarbeiter erledigen ihre Aufgaben in Besprechungsräumen, beim Kunden, unterwegs oder – im Zusammenhang mit der sich rasch verbreitenden Telearbeit – zu Hause.

Bei diesem Konzept sucht sich der Mitarbeiter seinen zeitweisen Arbeitsplatz nach unterschiedlichen Kriterien aus (z. B. aufgabenspezifische Anforderungen). Arbeitsunterlagen, die der Mitarbeiter benötigt, werden in Form von Rollcontainern oder Aktenkoffern mit an den Arbeitsplatz gebracht. Die Arbeitsplätze werden also entsprechend des Arbeitsablaufs und der notwendigen Arbeitsanforderungen (Kommunikation, Konzentration) auf Zeit von den Mitarbeitern eingenommen.

Die non-territorialen Büroformen verursachen im Vergleich zu allen anderen Büroformen die geringsten Kosten pro Arbeitsplatz. Grundsätzlich können alle Büroformen für das non-territoriale Büro genutzt werden. Die Kommunikation der Mitarbeiter wird jedoch bei transparenten und offenen Bürostrukturen wie dem Kombi- oder dem Gruppenbüro besser unterstützt.

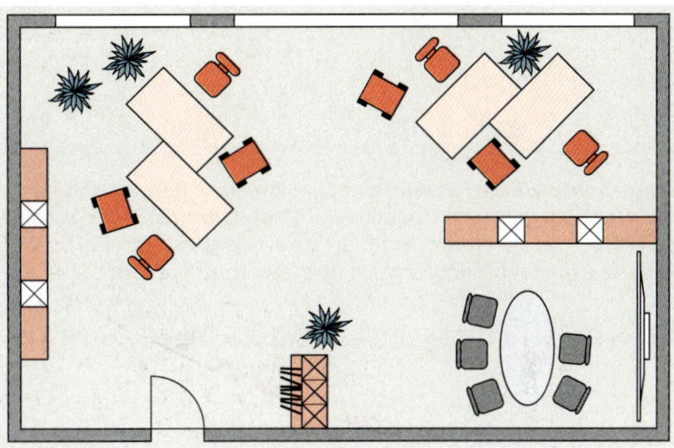

Non-territoriales Büro

Ausprägungsformen des non-territorialen Büros

Desk-Sharing	Room-Sharing	Building-Sharing
Mehrere Mitarbeiter teilen sich einen Arbeitstisch.	Die Mitarbeiter einer Abteilung teilen sich die Arbeitsplätze eines Gebäudeabschnitts.	Die Mitarbeiter suchen sich losgelöst von organisatorischen Zugehörigkeiten einen beliebigen Arbeitsplatz im Bürohaus.

Open-Space-Büros

Eine besondere Form von Großraumbüros stellen die **Open-Space-Büros** dar. Manchmal werden diese auch Multi-Space-Büros genannt. Dies sind offene Büroräume ohne feste Wände. In diesen sitzen die Mitarbeiter an gruppierten Arbeitsplätzen, die durch eine niedrige Abschirmung voneinander getrennt sind. Durch die so entstehenden offenen Strukturen soll die Kommunikation unter den Mitarbeitern angeregt werden. Die Unternehmen erhoffen sich dadurch eine Förderung der Kreativität und der Produktivität. Diese Büroform ist in Deutschland im Vergleich zu den USA oder anderen europäischen Ländern vergleichsweise wenig verbreitet.

Neben den eigentlichen Schreibtischen im Open-Space-Büro sind auch spezielle Sitzecken, Stehtische und (z. T. abgeschlossene) Konferenzbereiche vorgesehen. Damit soll es den Mitarbeitern ermöglicht werden, im Team, aber auch konzentriert allein arbeiten zu können.

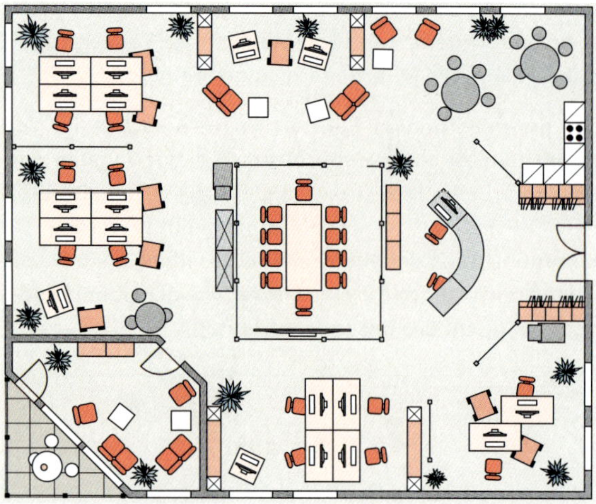

Open-Space-Büros, also offene Bürolandschaften, zeichnen sich dadurch aus, dass verschiedene Funktionsbereiche auf einer zum Teil offen gestalteten Bürofläche angeordnet sind. Häufig werden die Arbeitsplätze hier auch non-territorial genutzt.

Ein spezielles Konzept, das oft in Open-Space-Büros Anwendung findet, ist das **Desktopsharing**. Hier sucht sich jeder Mitarbeiter jeden Tag, den er im Büro ist, einen anderen freien Schreibtisch für seine Arbeit aus. Gerade für Unternehmen, bei denen es einen häufigen und flexiblen Wechsel zwischen Präsenztagen und Home-Office-Tagen gibt, ist dies eine interessante Möglichkeit: Es wird verhindert, dass Arbeitsplätze leer bleiben. So kommt es zu keiner Verschwendung von Raum.

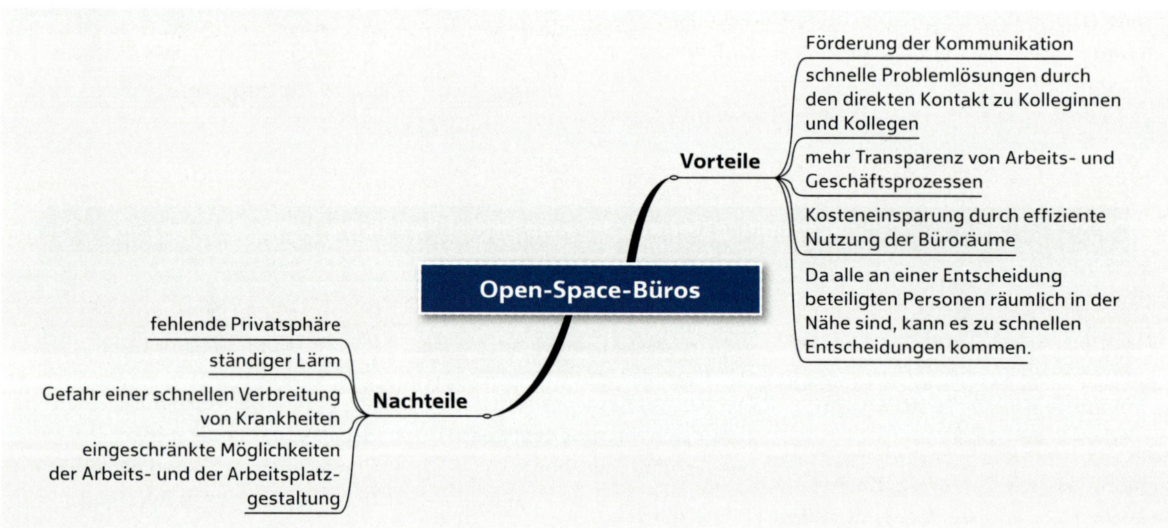

Digitale Raumbuchungssysteme

Werden in einem Unternehmen spezielle Räume benötigt, müssen diese oft unternehmensintern gebucht werden. Dafür gibt es **digitale Raumbuchungssysteme**, die der Verwaltung von Räumen für Unternehmen dienen und viele damit zusammenhängende nützliche Zusatzaufgaben übernehmen können, wie die Einladung der Teilnehmer oder die Verbreitung von Informationen zu Treffen („Das Meeting der Personalabteilung startet 20 Minuten später um ...“).

BEISPIEL

In der Hoffmann KG sucht Carolin Saager für ein Abteilungsmeeting einen Raum. Sie gibt zunächst die nötigen Anforderungen (Anzahl der Meeting-Mitglieder und spezielle Ausstattungswünsche für den Raum) und den gewünschten Termin in das Raumbuchungssystem ein. Anschließend wird ihr eine Übersicht der verfügbaren Räume und der dort vorhandenen Ressourcen angezeigt. Sie kann dann den Raum innerhalb kürzester Zeit buchen: Das Raumbuchungssystem reserviert den Raum verbindlich und kann auch bei Bedarf – zum Teil in Echtzeit – digitale Reservierungsanzeigen oder Türschilder erstellen. Außerdem verfügt das digitale Raumbuchungssystem auch über die Anbindung an ein E-Mail-Programm, und Carolin kann so gleich Einladungen an die Teilnehmer verschicken.

Telearbeit[1]

Die Verbreitung non-territorialer Büros geht einher mit der Verbreitung der Telearbeit. Da neue Informations- und Kommunikationstechnologien immer mehr an Bedeutung gewinnen und auch im täglichen Leben einen immer größeren Platz einnehmen, ist es nicht mehr erforderlich, dass jeder Arbeitnehmer in den betriebseigenen Räumen tätig ist. Vielmehr ist die Verlagerung der Arbeitsstätte an jeden denkbaren Ort möglich.

Bei der Telearbeit werden Arbeiten (hauptsächlich Büroarbeiten) in die Wohnung des Telearbeiters verlagert. Dabei ist eine kommunikationstechnische Anbindung des Arbeitsplatzes an das zentrale Büro vorhanden. Telearbeit erfordert also technische Kommunikation und organisatorische Vorgaben. Für den Begriff der Telearbeit sind daher drei Merkmale entscheidend:

- eine auf EDV-Arbeitsmittel gestützte Tätigkeit
- ein vom Arbeitgeber oder Auftraggeber räumlich getrennter Arbeitsplatz
- die Verbindung des Arbeitsplatzes mit einer Zentrale durch elektronische Kommunikationsmittel

Die Tätigkeitsfelder eines Telearbeiters betreffen vor allem Sekretariatsaufgaben, Übersetzungsdienste, Datenerfassung und Datenverarbeitung bzw. Programmierungstätigkeiten sowie Sachbearbeitung.
Telearbeit kann in den folgenden Erscheinungsformen angetroffen werden:

- **Teleheimarbeit**

Hier arbeitet der Telearbeiter ausschließlich zu Hause.

- **alternierende Telearbeit**

Dies ist die verbreitetste Form der Telearbeit. Hier besteht neben dem Heimarbeitsplatz weiterhin der betriebliche Arbeitsplatz fort. Die jeweiligen Arbeitsinhalte bestimmen, wo wann gearbeitet wird; die Arbeitnehmer können sich der neuen Arbeitsform schrittweise nähern und behalten ihre sozialen Bindungen im Unternehmen.

- **Telearbeitszentren**

Hier treffen sich die Telearbeiter in lokalen Büros, in denen sie ihre Arbeit erledigen. Bei firmeneigenen Arbeitsstätten spricht man von Satellitenbüros. In Nachbarschaftsbüros betreiben mehrere Firmen ein gemeinsames Büro.

- **mobile Telearbeit**

Außendienstler im weitesten Sinne (insbesondere Handelsvertreter und Reisende), Berater und Führungskräfte arbeiten hier mit einer entsprechenden Telekommunikationsausrüstung vom Kunden aus. Auch die telekommunikationsgestützte Arbeit in der Bahn oder anderen Verkehrsmitteln zählt hierzu.

Telearbeit stellt verschiedene Anforderungen an alle Beteiligten. So muss ein geeigneter Arbeitsplatz zu Hause mit privaten Mitteln oder vom Arbeitgeber eingerichtet werden. Dabei müssen auch die Aspekte des Arbeitsschutzes und der Arbeitssicherheit sowie versicherungstechnische Probleme, die sich aus den verschiedenen rechtlichen Bestimmungen ergeben, Berücksichtigung finden. Ein Telearbeitsplatz ist im Grundsatz nicht anders zu gestalten als ein herkömmlicher Büroarbeits-

1 Die Begriffe „Telearbeit" und „Homeoffice" werden oft synonym verwendet. Bei einer engen Definition versteht man unter Telearbeit, dass der Arbeitnehmer keinen Arbeitsplatz mehr im Unternehmen hat und von zu Hause arbeitet. Arbeitet ein Beschäftigter mobil, arbeitet er mithilfe eines Endgerätes von unterwegs oder auch von zu Hause. „Homeoffice" ist ein umgangssprachlicher Begriff für beide Arbeitsformen.

Chancen und Risiken von Telearbeit für

den Telearbeiter		das Unternehmen		die Gesellschaft	
Vorteile	**Nachteile**	**Vorteile**	**Nachteile**	**Vorteile**	**Nachteile**
• Verringerung bzw. Wegfall der Pendelzeiten • bessere Vereinbarkeit von Beruf und Privatem • Zeitsouveränität • Arbeiten nach individuellem Arbeitsrhythmus • angenehme Arbeitsatmosphäre • größere Wahlfreiheit bei der Wohnortwahl	• ungeschützte Beschäftigungsverhältnisse • soziale Isolation • Karriereeinbußen • fehlende Trennung von Beruf und Privatleben	• direkte Kostenersparnis bei Büroflächen • höhere Produktivität und Kreativität der Mitarbeiter • Erhalt von und Zugang zu qualifizierten Mitarbeitern • größere Kundennähe • bedarfsgerechter Einsatz freier Mitarbeiter	• Unwirtschaftlichkeit • mangelnde Datensicherung bzw. mangelnder Datenschutz • Reibungen mit traditionellem, unflexiblem Management • höherer Koordinierungsbedarf	• Reduzierung von Berufsverkehr und Energieeinsparung • Minderung des Siedlungsdrucks auf die Ballungsräume • Schaffung von Arbeitsplätzen u. a. in strukturschwachen ländlichen Räumen • Beschaffungsmöglichkeiten für spezielle Zielgruppen (Frauen mit kleineren Kindern, Behinderte)	• Abwandern von Arbeitsplätzen ins Ausland • Landschaftszersiedelung

platz in einem Unternehmen. Nicht nur die technische Ausstattung sollte den Anforderungen des Telearbeiters und seiner Aufgabenerfüllung entsprechen, sondern auch die allgemeine Arbeitsplatzumgebung.

Telearbeit kann freie Zeiteinteilung und ungestörtes Arbeiten nach dem persönlichen Rhythmus zu Hause ermöglichen. Als weitere Vorteile sind zu nennen:

- Kosten- und Zeitersparnis durch weniger Fahrten zwischen Wohnung und Arbeitsstätte
- eine bessere Integration von Beruf und Familie
- Beschäftigungsmöglichkeiten in strukturschwachen Regionen
- Beschäftigungsmöglichkeiten für Benachteiligte wie etwa Körperbehinderte

Die Chance, die sich aus der flexiblen Gestaltung der eigenen Arbeitszeit und Arbeitsumstände ergibt, kann sich schnell umkehren. Wenn der Arbeitsplatz rund um die Uhr präsent ist, kann das auch enorme soziale Risiken mit sich bringen.

Die sozialen Risiken können u. a. sein:

- Isolation und Vereinsamung
- Selbstausbeutung und Vernachlässigung von Arbeitsschutz
- Motivationsverlust
- Akzeptanzprobleme
- Auflösung betrieblicher Strukturen
- unsicheres Arbeitsverhältnis

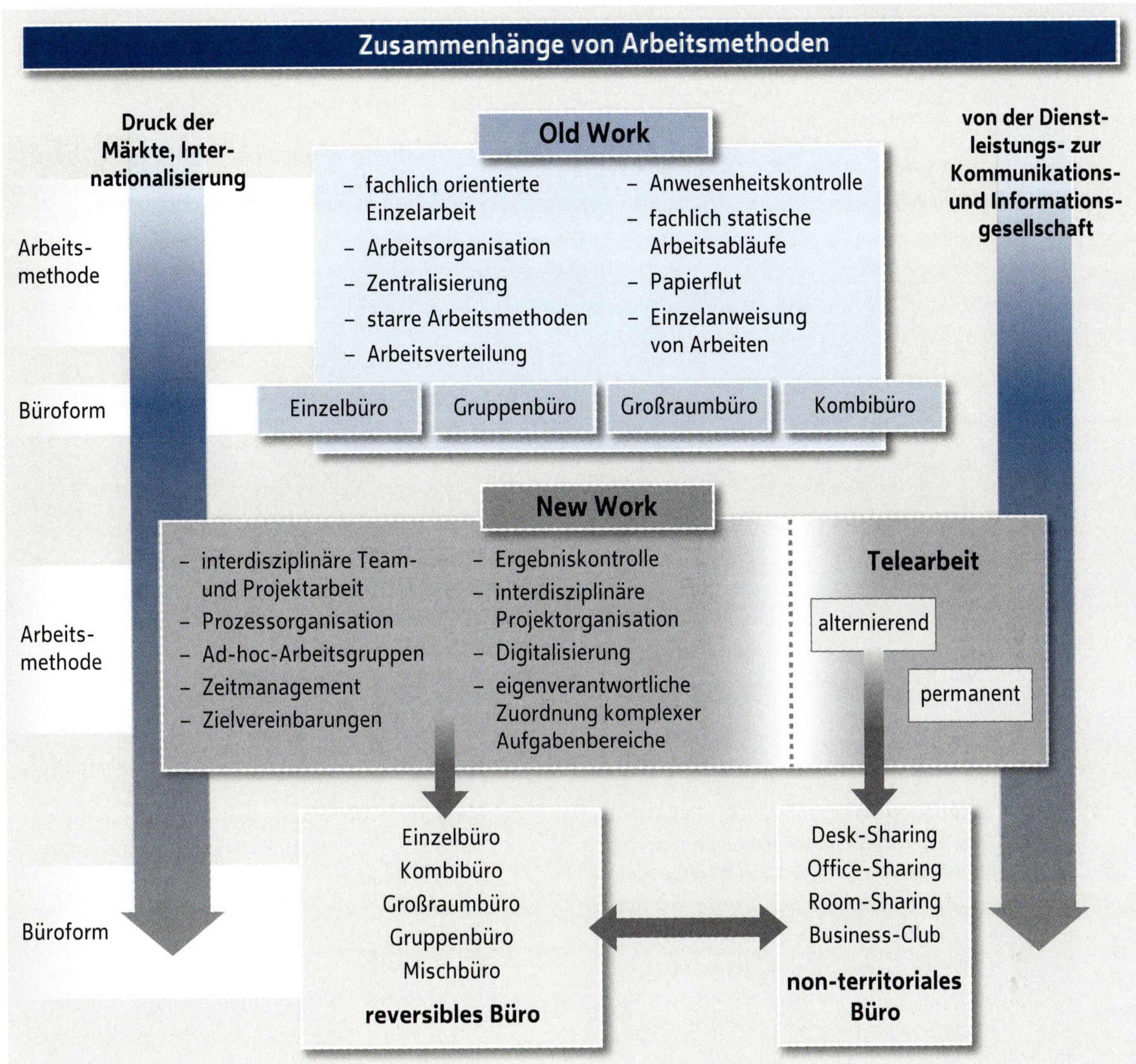

AUFGABEN

1. Definieren Sie den Begriff *Büro*.
2. Welche Ziele verfolgt die Büroraumgestaltung?
3. Unterscheiden Sie die verschiedenen Arten von Zellenbüros.
4. Führen Sie Vor- und Nachteile von Einpersonenbüros auf.
5. Erläutern Sie das Gruppenbüro.
6. Wodurch unterscheiden sich Kombibüros von normalen Büros mit Einzelzellen?

7. Wie viele Mitarbeiter arbeiten in Großraumbüros?

8. Was versteht man unter reversiblen Büros?

9. Für wen eignen sich non-territoriale Büros?

10. Welcher Nachteil eines Großraumbüros wird in der Karikatur angesprochen?

11. Führen Sie mögliche Tätigkeitsfelder eines Telearbeiters auf.

12. Welche Formen der Telearbeit gibt es?

13. Was versteht man unter einem Open-Space-Büro?

14. Was sind digitale Raumbuchungssysteme?

15. Zwei Mitschüler von Dominik Schlote bringen Skizzen der Büroräume, in denen sie arbeiten, mit in den Berufsschulunterricht. Welche Büroraumformen liegen vor?

a)

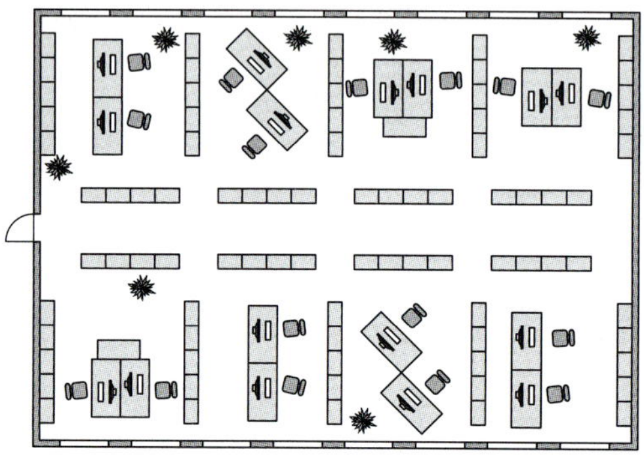

b)

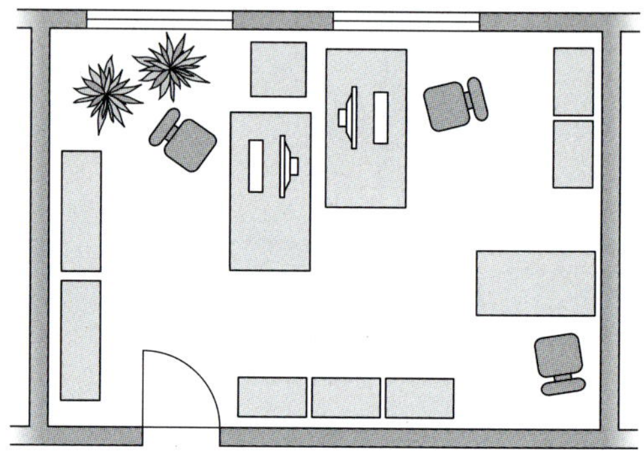

16. Zwei weitere Schüler berichten ebenfalls von den Büros, in denen sie arbeiten. Welche Büroraumformen liegen vor?

a) „Bei uns gruppieren sich gleich große und gleich eingerichtete Einzelzimmer um eine sogenannte ‚Kommunikationszone', in der Gemeinschaftseinrichtungen wie Kopierer und Besprechungsmöglichkeiten untergebracht sind und die zugleich die Räume erschließt. Glaswände zwischen unseren eigentlichen Büros und der besonderen Kommunikationszone werten die ehemals dunklen Flure durch Tageslicht auf. Da jedes Büro eine verschließbare Tür hat, ist konzentriertes Arbeiten möglich, während die Glaswände zur Kommunikationszone die Nachbarschaft fördern ..."

b) „In meinem Ausbildungsbetrieb sind die Büros rechts und links eines Mittelflurs angeordnet, der ausschließlich Verkehrsweg ist. Dadurch befinden sich die Arbeitsplätze meist nahe dem Fenster. Die einzelnen Büros sind in der Regel durch feste Wände voneinander abgeteilt und über eine Zwischentür miteinander verbunden, sodass sich zwei weitere Verkehrswege ergeben. Die technische Infrastruktur (z. B. Peripheriegeräte) befindet sich am jeweiligen Arbeitsplatz; Beleuchtung, Lüftung und Heizung lassen sich jeweils individuell einstellen."

AKTIONEN

1. Führen Sie in Ihrer Klasse eine Umfrage durch: „In welcher Büroform würde jeder Mitschüler am liebsten arbeiten?" Entwickeln Sie dazu einen Fragebogen.

2. Die Geschäftsführung der Hoffmann KG erwägt einen Umbau der Geschäftsgebäude. In diesem Zusammenhang ist auch die Einrichtung von Großraumbüros geplant. Auf einer gemeinsamen Sitzung von Geschäftsführung und Betriebsrat sollen Vor- und Nachteile dieser Büroform diskutiert werden.
   a) Bilden Sie in der Klasse fünf Gruppen (A, B und C: Geschäftsführung; D und E: Betriebsrat).
   b) Gruppe A bereitet sich darauf vor, die Merkmale eines Großraumbüros vorzustellen und die Sitzung zu moderieren. Die Gruppen B und C erarbeiten jeweils die Vorzüge von Großraum-

büros, die Gruppen D und E deren Probleme und Nachteile.

c) Führen Sie ein Rollenspiel durch, für das jede Gruppe einen Teilnehmer abstellt.

3. Interessante Informationen zur Büroraumplanung erhält man unter der Internetadresse *https://publikationen.dguv.de/widgets/pdf/download/article/224*.

ZUSAMMENFASSUNG

Büroraumgestaltung

Konzentrationsförderung ⟷ **Kommunikationsförderung**

Zellenbüro
- autarker Raum mit eigener Ablage und Technik
- Zugang über Flur
- klassische Büroform
- Formen:
  - Einpersonenbüro
  - Mehrpersonenbüro
  - Chefbüro

Gruppenbüro
- spiegelt Organisationsform in Teams bzw. Abteilungen wider
- 8 bis 25 Mitarbeiter

Kombibüro
- um einen Allraum gruppierte Einzelbürozellen

Großraumbüro
- Bürolandschaft für über 25 Mitarbeiter
- über 300 m^2 Fläche

reversibles Büro
- flexibler Büroraum, der je nach Anforderung eine bestimmte Büroraumform annehmen kann

non-territoriales Büro
- Wenn Mitarbeiter einen Arbeitsplatz benötigen, suchen sie sich die notwendigen Ressourcen (z. B. Schreibtisch, Computer usw.) aus.

↓

Verbreitung der Telearbeit: Die Arbeitsplatzeinrichtungen werden nicht im Büro genutzt, sondern zu Hause, unterwegs oder in Telearbeitszentren.

2.2 Wir sorgen für eine ergonomische Büroausstattung der Arbeitsplätze

Einstieg

In der Pause unterhalten sich Dominik Schlote und Sven Lakenmacher auf dem Schulhof ihrer Berufsschule:

Sven Lakenmacher:
„Seit ich in der Ausbildung bei der Lohde KG bin, habe ich ständig Rückenschmerzen ... So etwas kannte ich vorher überhaupt nicht. Ich spiele regelmäßig Handball und glaube, ganz gut durchtrainiert zu sein ..."

Dominik Schlote:
„Wie ist denn die Ausstattung eurer Arbeitsplätze?"

Sven Lakenmacher:
„Na ja ..."

1. Geben Sie mögliche Ursachen für die Rückenschmerzen an.
2. Zeigen Sie Maßnahmen auf, durch die Rückenschmerzen vermieden werden können.

INFORMATIONEN

Bei der Gestaltung von Arbeitsplätzen spielen sowohl rechtliche Vorschriften als auch ergonomische Erkenntnisse eine zentrale Rolle.

Rechtliche Vorschriften

Verschiedene Rechtsvorschriften sorgen für eine sichere Gestaltung von Büroarbeitsplätzen.

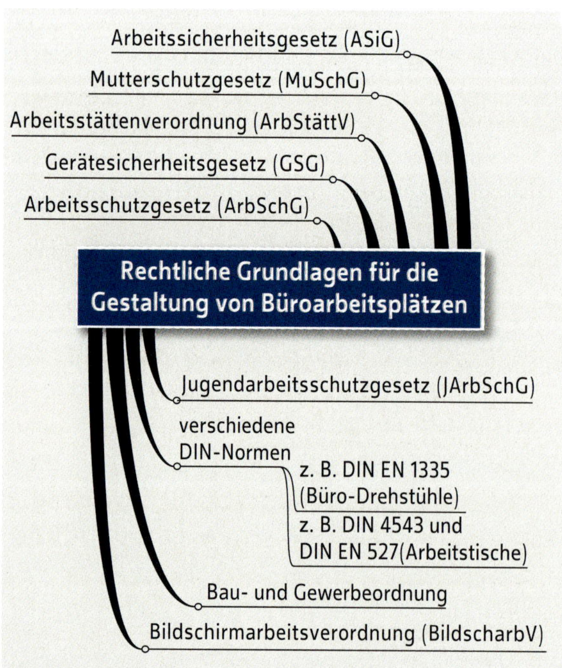

Ergonomie

Unter Ergonomie wird die Wissenschaft von der menschlichen Arbeit verstanden. Der Begriff *Ergonomie* setzt sich aus den griechischen Wörtern ergon (= Arbeit, Werk) und nomos (= Gesetz, Regel) zusammen. Als Teil der Arbeitswissenschaft ist das Hauptanliegen der Ergonomie der individuelle Gesundheitsschutz. Aber auch eine humane Arbeitsgestaltung und der Schutz der Psyche des Arbeitnehmers zählen zu ihrem Aufgabenbereich.

Die Ergonomie geht davon aus, dass die Arbeitsbedingungen den Menschen anzupassen sind – und nicht umgekehrt. Ein Arbeitsplatz ist dann ergonomisch gestaltet, wenn er keine Gesundheitsgefahren verursacht und ein angenehmes Arbeiten ermöglicht.

Die Ergonomie konzentriert sich also hauptsächlich auf die Arbeitsmittel, die Arbeitsumgebung und die korrekte Anordnung der Arbeitsmittel sowie auf eine menschengerechte Organisation der Arbeitsabläufe.

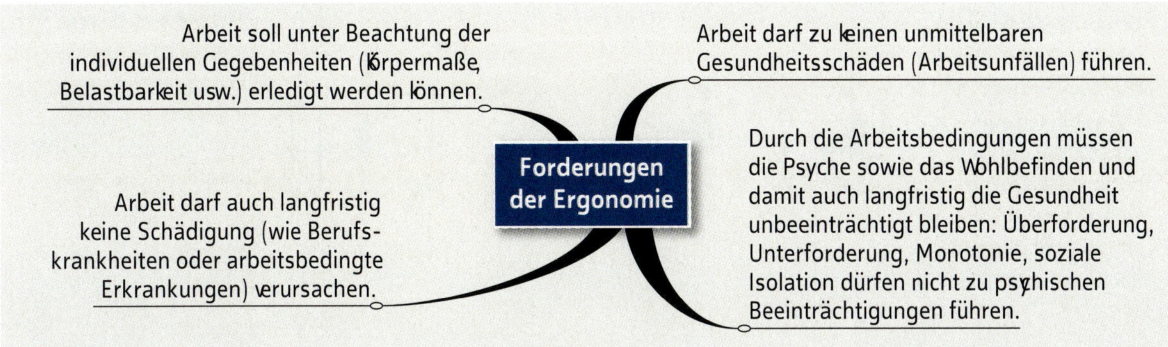

Grundregeln der Ergonomie		
Es müssen alle Komponenten eines Arbeitsplatzes berücksichtigt werden. Hierzu gehören z. B. Arbeitsumgebung (Geräuschpegel, Platzbedarf, Klima, Licht usw.), EDV-Ausstattung (Bildschirm, Tastatur usw.) und Möbel am Arbeitsplatz (Tisch, Stuhl usw.).	Die einzelnen Elemente sind an die körperlichen Maße des Nutzers bzw. der Nutzerin und an die zu erledigende Aufgabe anzupassen.	Die Arbeitsplatzelemente müssen ferner aufeinander abgestimmt sein.

Bürostuhl

Langes und falsches Sitzen stellt eine Gesundheitsgefahr für den Büroarbeiter von heute dar. Der menschliche Körper ist für langes Sitzen nicht geschaffen. Sitzen entlastet gegenüber dem Stehen zwar die Muskulatur, belastet jedoch die Wirbelsäule. Umso wichtiger ist ein guter Stuhl. Der ergonomisch optimierte Bürodrehstuhl trägt zum richtigen, gesundheitserhaltenden Sitzen bei.

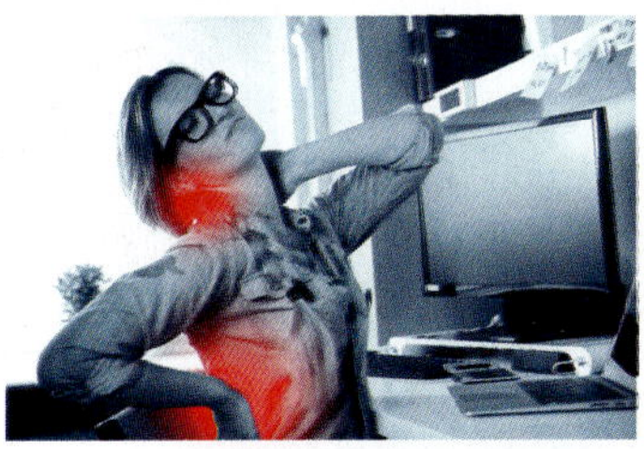

Beschwerden durch falsches Sitzen äußern sich meist durch Schmerzen im Kopf-, Nacken-, Schulter- und Rückenbereich.

Dynamisches Sitzen ermöglicht ein Stuhl, der alle Bewegungen mitmacht. Man kann sich bequem nach hinten lehnen, mal recken und strecken, nach vorne beugen, aufrecht sitzen und sich drehend nach links oder rechts bewegen. Die Wirbelsäule ist dabei stets abgestützt.

Neben dem Bürostuhl gibt es auch Kniestühle, Sitzbälle usw. Es können auch Hilfsmittel eingesetzt werden, die man auf den Bürostuhl auflegt, damit die Wirbelsäule sich aufrichtet.

Beim Kauf sollte auf die Prüfsiegel geachtet werden. Ein Stuhl muss die in der DIN EN 1335 definierten Anforderungen für Bürostühle erfüllen. Die DIN EN 1335 fordert:

- Sitztiefe: 38 cm bis 44 cm
- Sitzbreite: 40 cm bis 48 cm
- Breite der Rückenlehne: 36 cm bis 48 cm

Richtiges Sitzen:
Die Höhe des Arbeitsstuhls stimmt, wenn die auf dem Arbeitstisch liegenden Unterarme einen rechten Winkel zum Oberarm bilden. Die Füße sollen dabei vollständig auf dem Boden stehen, die Oberschenkel vollständig auf der Sitzfläche aufliegen.

Dynamisches Sitzen:
Diese gesunde Art des Sitzens bedeutet häufiges Ändern der Sitzposition. Das dynamische Sitzen entlastet die Wirbelsäule und entspannt die Muskulatur. Es beugt somit Ermüdungserscheinungen vor.

- Die Sitzhöhe soll stufenlos von 42 cm bis 53 cm verstellbar sein, ebenso die Rückenlehne in einem Bereich von 17 cm bis 23 cm über dem Sitz.

Weiterhin muss beachtet werden:

- Das Stuhloberteil muss drehbar und an der Sitzfläche gepolstert sein.
- Wenn der Drehstuhl mit Rollen ausgerüstet ist, sind mindestens fünf Rollen erforderlich, die so schwergängig sein müssen, dass ein unbeabsichtigtes Wegrollen vermieden wird.
- In die Stuhlsäule muss eine Sitzfederung eingebaut sein.

Folgende Verstellmöglichkeiten kann ein Stuhl bieten:
- Höhe der Rückenlehne
- Höhe der Armlehne
- Höhe der Sitzfläche
- Gegendruck der Rückenlehne
- Feststellung der Rückenlehne

Die Einhaltung der Mindestanforderungen garantiert das GS-Zeichen.

GS geprüfte Sicherheit

Ein ergonomisch gestalteter Stuhl, auf dem sich dynamisch sitzen lässt, muss allerdings mehr Kriterien erfüllen. Darauf zielt das Prüfsiegel „TÜV Rheinland – Ergonomie geprüft“.

TÜVRheinland® ZERTIFIZIERT Ergonomie Regelmäßige Produktions-überwachung www.tuv.com ID 7000000000

Unterschiedlichste wissenschaftliche Untersuchungen zeigen, dass sich zu viel Sitzen im Büro nachteilig auf die Gesundheit auswirken kann. Vor diesem Hintergrund wurden verschiedene **Sitzkonzepte** entwickelt, bei denen die Beweglichkeit beim Sitzen im Vordergrund steht. Diese Konzepte sollen für mehr körperliche Gesundheit und bessere Konzentration sorgen.

Diskutiert wird vermehrt auch die Anwendung von **Sitz-Steh-Konzepten**. Ausschließlich sitzende Tätigkeiten führen demnach zu dauerhaften Fehlbeanspruchungen des Muskel-Skelett-Systems sowie des Herz-Kreislauf-Systems. Sitz-Steh-Konzepte sehen dagegen einen regelmäßigen und bewusst durchgeführten Wechsel zwischen Stehen und Sitzen vor. Sitzende Tätigkeiten werden immer wieder durch Tätigkeiten unterbrochen, die gezielt im Stehen durchgeführt werden. Angestrebt werden während der Büroarbeit

- etwa 60 % dynamisches Sitzen,
- ca. 30 % Arbeit im Stehen,
- etwa 10 % bewusste Bewegungen bzw. gezieltes Umhergehen.

Dabei sollte beachtet werden, dass Phasen des Stehens nicht länger als 20 Minuten dauern sollen.

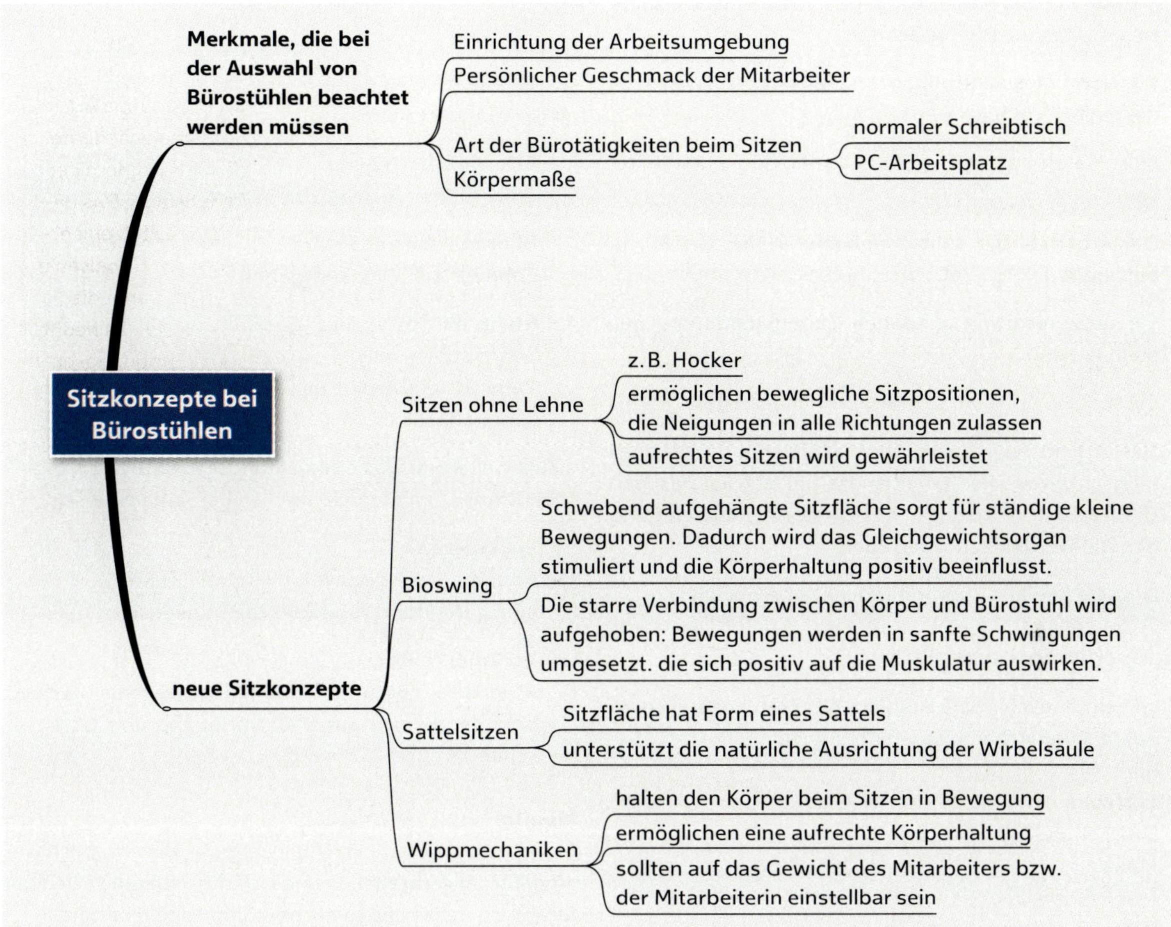

Arbeitstisch

Die zuständigen DIN-Normen sind die DIN 4543 und die DIN EN 527.
Es gibt zwei grundlegende Arten von Arbeitstischen im Büro:

- **traditionelle Büroschreibtische in starrer oder höhenverstellbarer Form**

Diese sind meist links und rechts mit Rollläden bzw. Türen und einer Mittelkonsole versehen. Starre Tische sind in der Höhe nicht variierbar. Sie müssen 72 cm hoch sein. Eine falsche Tischhöhe kann insbesondere die Arm- und Rückenmuskulatur übermäßig beanspruchen. Wenn die Ellenbogenhöhe des Nutzers unterhalb der Tischhöhe liegt, sollte einem starren Tisch daher eine Fußstütze zugeordnet und der Stuhl höher eingestellt werden. Die Regel sind heute jedoch höhenverstellbare Tische. Solche Arbeitstische können individuell auf die Körpergröße des Nutzers eingestellt werden. Der Höheneinstellbereich ist in Deutschland auf mindestens 68 cm bis maximal 76 cm festgelegt.

- **moderne Organisationsschreibtische**

Der Trend geht heute aufgrund ihrer zahlreichen Vorteile zu dieser Arbeitstischform. Entscheidendes Merkmal der Organisationsschreibtische ist die Wandelbarkeit. Dadurch wird diese Art von Schreibtischen sehr flexibel und kann den individuellen Ansprüchen der Mitarbeiter angepasst werden.

Innere Wandelbarkeit	Äußere Wandelbarkeit
Innere Einrichtungsteile, wie Schubladen, Hängeregistraturen usw., können beliebig ausgetauscht werden.	Darunter versteht man die Möglichkeit, Tischplatten oder Unterschränke komplett auszutauschen. Dabei kann es sich beispielsweise um Rollcontainer, das Zustellen eines Computertischs oder das Einsetzen einer höhenverstellbaren Tischplatte handeln.

Bei Auswahl und Einrichtung des Arbeitstischs sollte man auf folgende Punkte achten:

- Die Tischhöhe sollte höhenverstellbar, ansonsten mindestens 72 cm hoch sein.
- Es sollte eine ausreichende Beinfreiheit gewährleistet sein.
- Die Arbeitsfläche sollte mindestens 160 cm x 80 cm betragen.
- Sie sollte nicht mit unnötigen Gegenständen vollgestellt werden.
- Sie sollte eine flexionsarme Oberfläche haben.
- Der Arbeitstisch sollte über ausreichende Ablagemöglichkeiten aller Arbeitsmittel im physiologischen Greifraum (Griffbereich, der ohne Körperbewegung genutzt werden kann) verfügen.
- Er sollte den Einsatz von Bürocontainern zulassen.

Bildschirmarbeitsplatz

Zu einem Bildschirmarbeitsplatz gehören zusätzlich zu Bürostuhl und Arbeitstisch in der Regel:
- Bildschirm mit Tastatur
- Software
- Drucker und/oder Scanner
- Maus
- Manuskript- oder Konzepthalter

War früher häufig schwere körperliche Arbeit die Ursache für Krankheiten, so beeinträchtigt heute die ständige Arbeit am Bildschirm die Gesundheit. Circa ein Drittel aller Krankheitstage von Beschäftigten gehen auf Nacken-, Schulter- oder Rückenschmerzen zurück. Arbeitsunfähigkeitszeiten betreffen nicht nur den Einzelnen, sondern haben auch finanzielle Auswirkungen für die Firmen. Deshalb müssen sowohl die Arbeit mit Bildschirm und Tastatur als auch deren Anschaffung mit Sorgfalt erfolgen.

Richtig **Falsch**

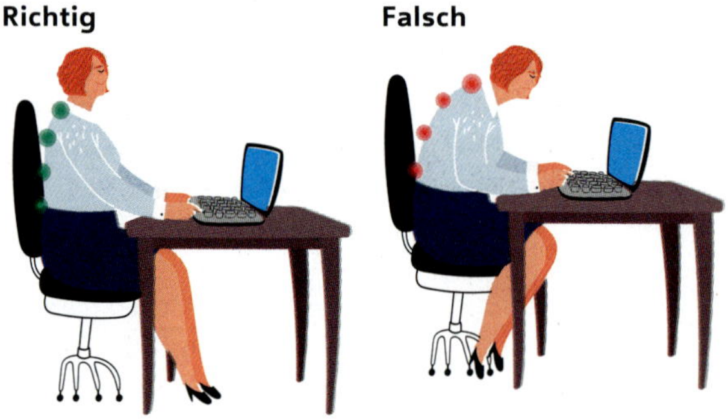

Nicht nur auf dem Bürostuhl sollte man auf die richtige Haltung achten!

Viele Büromöbelhersteller empfehlen aus ergonomischer Sicht einen **Drei-Zonen-Arbeitsplatz.** Der Arbeitsplatz wird dabei in drei Zonen (in Winkelkombination) gestaltet:

- **Schreibarbeitsplatz**
  Zone für das Arbeiten im Sitzen
- **Bildschirmarbeitsplatz**
  Zone für die Bildschirmarbeit
- **Stehpult** (bzw. ein Stehpult-Aufsatz für den Schreibtisch)
  Zone für die Arbeit im Stehen mit einer erhöhten Arbeitsfläche

Zwei weitere nützliche Einrichtungsgegenstände für das Einnehmen einer ergonomischen Körperhaltung sind:

- **Fußstützen**
  Neben einer Höhenverstellbarkeit sollten sie über eine gute Stand- und Rutschfestigkeit verfügen.
- **Vorlagenhalter**
  Er sollte stabil und verstellbar sein. Idealerweise befindet er sich auf Bildschirmhöhe und ist zwischen 15 ° und 75 ° neigbar.

Monitor[1]

Standard sind heute Flachbildschirme, die erheblich weniger Strom verbrauchen und sich durch deutlich weniger Strahlung auszeichnen als herkömmliche Monitore.

Tastatur

Ergonomisch am günstigsten ist es, wenn die Tastatur in der mittleren Tastaturreihe eine Höhe von höchstens 30 mm hat. Dies ist in der Regel durch „Einklappen" der Aufstellpunkte leicht zu erreichen. Des Weiteren muss vor der Tastatur genügend Platz für die Handballenauflage (5 cm bis 10 cm) vorhanden sein.

Tastatur nach DIN 2137

Die rationelle Eingabe **von Texten** erfolgt über die Tastatur.

Nach DIN 2137 ist die Tastatur genormt.

1 siehe Kap. 2.5

Ergonomische Tastatur

Der Einsatz der ergonomischen Tastatur soll eine Verbesserung der Schreibhaltung bringen.

Die Schultern, Vorderarme und Handgelenke werden entlastet.

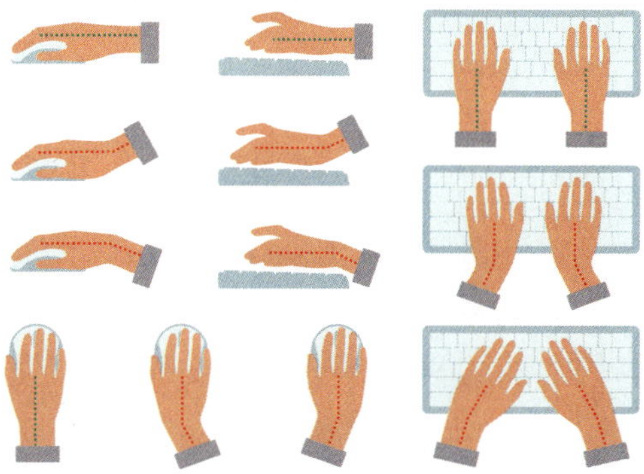

Gesunde Bildschirmarbeit

Für eine gesunde Bildschirmarbeit ist zu achten auf:

- Beleuchtung
- Höhe des Stuhls und des Arbeitstischs
- Vermeidung einer Zwangshaltung
- Bildschirmhöhe

Beleuchtung

- keine Spiegelung von Leuchten auf dem Bildschirm
- Fenster nicht vor oder hinter dem Bildschirm
- helle Bildschirmoberfläche bedeutet weniger Reflexe.
- keine Blendeinwirkung durch Leuchten oder Fenster im Blickfeld
- Möglichkeiten der Möblierung (Stellwände, Schränke, Pflanzen usw.) sollten zur Blendbegrenzung genutzt werden.

Falsch:	**Richtig:**

Höhe des Arbeitstischs

- gesamte Tiefe des Stuhls nutzen
- Oberschenkel waagrecht bis leicht nach vorne abfallend
- Füße stehen ganz auf dem Boden.
- Tischhöhe verstellbar: Ellbogen auf Tastaturhöhe bei entspannter Schulter

Falsch:	**Richtig:**

Vermeidung einer Zwangshaltung

- Hauptblickrichtung geradeaus
- Körper, Tastatur und Bildschirm in eine Linie bringen
- Tastaturneigungswinkel einstellen
- Maus direkt neben der Tastatur
- die körpergerechte Passform des Stuhls ausnützen
- für genügend Bewegungsraum auf und unter dem Tisch sorgen
- auf eine entspannte Rücken- und Nackenmuskulatur achten

Bildschirmhöhe

- Augenhöhe = Bildschirmoberkante
- Sehdistanz 50 cm (bis 80 cm) (je nach Schrift- und Monitorgröße)
- Schriftgröße, Helligkeit und Kontrast zweckmäßig einstellen

Minimalanforderungen für Bildschirmarbeitsplätze (Übersicht)

1. Temperatur (20 °C -22 °C)
2. Luftgeschwindigkeit (max. 0,15 m/s)
3. Relative Luftfeuchte (max. 50 %)
4. freie Bewegungsfläche (mindestens 1,5 m² mindestens 1 m tief und breit)
5. Tischabmessungen (mindestens 160 x 80 cm)
6. Tischhöhe (mindestens 74 ± 2 cm, besser vollständig Höhenverstellbar)
7. Sehabstand (mindestens 50 cm)
8. Bildschirmhöhe (so niedrig wie möglich, oberste Zeile maximal auf Augenhöhe)
9. Beinraum (Beinraumkurve mindestens 85 cm besser 120 cm oder mehr))
10. Position des Bildschirms zur Fensterfront (Blickrichtung parallel)
11. Akustik (55 dB(A) – 70 dB(A) Nachhallzeit zwischen 0,5 - 0,8 s)
12. Beleuchtung (500 lx – 750 lx; Farbwiedergabe)
13. Büroarbeitsstuhl
14. geeignete Reflexionsgrade (0,15 – 0,75)

AUFGABEN

1. Welche drei Anforderungen müssen neue Bürostühle erfüllen?
   a) höhenverstellbar
   b) drei Rollen
   c) fünf Rollen
   d) vier Rollen
   e) ohne Rollen
   f) gepolstert

2. Wie viel Zentimeter sollte der Monitor von den Augen entfernt sein?
   a) 25
   b) 30
   c) 50
   d) 78
   e) 98

3. Wodurch wird die Gestaltung von Arbeitsplätzen beeinflusst?

4. Was versteht man unter *Ergonomie*?

5. Führen Sie drei Grundregeln der Ergonomie auf.

6. Was bedeutet *dynamisches Sitzen*?

7. Geben Sie Prüfsiegel an, die beim Kauf von Bürostühlen beachtet werden sollten.

8. Die Hoffmann KG hat günstig 30 neue taiwanesische Bürostühle erworben. Neben einem modernen Design verfügen diese über die folgenden Eigenschaften: Das Stuhloberteil ist nicht drehbar und verfügt nicht über eine gepolsterte Sitzfläche. Der Stuhl besitzt eine Sitzfederung und ist mit drei Rollen ausgerüstet. Er hat eine Sitztiefe von 32 cm bei einer Sitzbreite von 38 cm. Die Breite der Rückenlehne beträgt 38 cm. Die Sitzhöhe ist stufenlos von 42 cm bis 53 cm verstellbar. Beurteilen Sie diese Anschaffung.

9. Geben Sie Merkmale an, die bei der Anschaffung von Bürostühlen beachtet werden sollten.

10. Führen Sie Beispiele für neue Sitzkonzepte auf.

11. Welche Arten von Arbeitstischen werden unterschieden?

12. Worauf sollte man bei Auswahl und Einrichtung des Arbeitstischs achten?

13. Die Hoffmann KG hat auch 40 neue brasilianische Arbeitstische aus Edelholz bestellt. Der Höheneinstellbereich dieser Tische beträgt 50 cm bis 68 cm, die Arbeitsfläche ist 170 cm x 100 cm groß. Beurteilen Sie diese Bestellung.

14. Was kann zu einem Bildschirmarbeitsplatz gehören?

15. Führen Sie Beispiele für gesunde Bildschirmarbeit auf.

AKTIONEN

1. Informieren Sie sich über das 10-minütige Rückentraining unter *https://www.tk.de/techniker/magazin/sport/rueckentraining/rueckentraining-10-minuten-programm-2009198*.

2. Erkunden Sie in Gruppenarbeit im örtlichen Handel oder im Internet die Preise für einen Arbeitstisch und einen Bürodrehstuhl. Bereiten Sie sich dann darauf vor, jeweils Preis und Merkmale eines Arbeitstischs und eines Bürostuhls vorzustellen. Diskutieren Sie mit den anderen Gruppen mögliche Preisunterschiede.

3. Wir nehmen an, dass Ihnen heute, z. B. in Ihrem Lernbüro, ein neuer Bildschirmarbeitsplatz zugewiesen wurde. Diesen möchten Sie möglichst ergonomisch einrichten. Erstellen Sie dazu eine Checkliste mit mindestens sieben Punkten, auf die Sie achten müssen.

4. Viele Unternehmen halten sich bei der Einrichtung von Büroräumen an die Regeln der asiatischen Feng-Shui-Lehre.
   a) Informieren Sie sich im Internet über Begriff und Ziele von Feng-Shui.
   b) Suchen Sie fünf Regeln, die bei der Gestaltung des Büroraums und der Anordnung der Büroausstattung angewandt werden können.

5. Informieren Sie sich über die momentan geltenden Sicherheitsanforderungen an Büro-Arbeitstische unter der Internetadresse *https://publikationen.dguv.de/widgets/pdf/download/article/4260*.

6. a) Lesen Sie den folgenden Text (s. nächste Seite).
   b) Erstellen Sie eine Mindmap, die alle Aussagen zusammenfasst.
   c) Diskutieren Sie in Partnerarbeit: Ein Partner argumentiert für Neuerungen der beschriebenen Art, der andere dagegen.

Ergonomie am Arbeitsplatz

Herkunft der Ergonomie

Humane Arbeitsplatzgestaltung

Die Arbeit von Menschen, die Bedingungen unter denen sie ihrer Tätigkeit nachgehen, ist das Thema der Ergonomie, einer anerkannten Wissenschaft. Aus dem Griechischen kommend, bilden die Worte für Arbeit und Gesetz/Regel, also ergo sowie nomos den Fachbegriff Ergonomie. Ziel der Wissenschaft ist es, unter Vermeidung von einseitigen Belastungen optimale Arbeitsplätze für Menschen zu kreieren.

Einige der besten Beispiele sind Fließbandarbeitsplätze sowie sitzende Tätigkeiten, bei denen stereotype Bewegungsabläufe nahezu unumgänglich sind. Dazu gehören Arbeitskräfte die am Computer beschäftigt sind ebenso, wie der Fahrer eines Sattelschleppers oder der Architekt, der über Tage an einer Konstruktion am Zeichenbrett brütet. In der Ergonomie wird der jeweilige Arbeitsplatz in seiner Gesamtheit betrachtet und analysiert. Dabei stehen Punkte wie die humane Arbeitsgestaltung oder der personifizierte Gesundheitsschutz im Fokus. Sitzmöbel und Arbeitstische werden bei ergonomischen Arbeitsplatzanalysen maßgenau auf den Körper des dort arbeitenden Menschen angepasst. Haltungsschäden durch falsches Mobiliar führen nachgewiesen zu einer verminderten Arbeitsleistung, zu häufigeren Erkrankungen und können schwere gesundheitliche Spätfolgen nach sich ziehen.

Damit hilft die Wissenschaft der Ergonomie dem arbeitenden Menschen ebenso, wie dem gewinnorientierten Unternehmen. Firmen mit ergonomisch optimierten Arbeitsplätzen verzeichnen eine messbar höhere Produktivität und registrieren weniger krankheitsbedingte Fehlzeiten bei ihrer Belegschaft. Aus diesem Grund sind Investitionen in eine ergonomische Arbeitsplatz- respektive Büroausstattung ein einfaches und durchaus sinnvolles Mittel zur Gewinnsteigerung, was inzwischen zahlreiche Arbeitgeber erkannt haben.

Wer passt sich wem an?

Grundlegende Erkenntnis der Ergonomie ist, dass die Arbeitsbedingungen zugunsten des Menschen anzupassen sind. Nicht der Mensch muss sich den Arbeitsbedingungen anpassen.

Paradebeispiele für eine ergonomisch optimale Arbeitsplatzanpassung sind der vielfach verstellbare Bürostuhl sowie der justierbare Schreibtisch. Aber auch andere Faktoren führen zu Haltungsschäden oder Muskelverkrampfungen. Diese Folgen lassen sich oftmals durch kleine Veränderungen vermeiden, z.B. durch eine ergonomische Maus, eine Fußstütze, die ergonomisch geformte Tastatur oder den Schwenkarm für den Computerbildschirm. Tatsächlich können derart minimale ergonomische Anpassungen eine vorzeitige Ermüdung, Rückenschmerzen, einen Bandscheibenvorfall oder Verspannungen im Nacken mit nachfolgendem Kopfschmerz wirkungsvoll verhindern.

Durch die Erfolge der Ergonomie in der Arbeitswelt hat sich das Gebiet dieser Wissenschaft beträchtlich ausgeweitet. Inzwischen stehen Hausfrauen ergonomisch optimierte Bügelbretter zur Verfügung. Die Länge und die Form von Staubsaugern wurden erheblich verbessert und selbst beim Putzen erleichtern rollbare Wassereimer die Hausarbeit.

[...]

Was ist Ergonomie?

Der wissenschaftliche Hintergrund

Die Wissenschaft von der menschlichen Arbeit wird als Ergonomie bezeichnet. Dieser Fachbegriff entstand durch das Zusammenfügen der griechischen Wörter für Arbeit sowie Gesetz/Regel, „ergos" und „nomos". In der Ergonomie beschäftigen sich Wissenschaftler mit der Optimierung von Arbeitsplätzen, die auf die Bedürfnisse des Menschen angepasst werden. Auf diesem Weg wird eine positive Arbeitsatmosphäre geschaffen. Außerdem werden an einem ergonomischen Arbeitsplatz gesundheitliche Belastungen im Idealfall vermieden oder zumindest auf ein Minimum reduziert.

Hauptbetätigungsfeld der Ergonomie sind sitzende Tätigkeiten, insbesondere im Büro. In diesem werden Stühle und Tische, aber auch die Maus, die Tastatur am Computer oder der Bildschirm nach ergonomischen Gesichtspunkten verbessert und auf den Menschen angepasst. Dazu gehören in erster Linie Bürostühle, die in der Höhe verstellbar sind. Aber auch die Neigung der Sitzfläche und die Rückenlehne lassen sich bei diesen Möbeln justieren. Dies gilt übertragen auf für Zeichen- oder Schreibtische.

Zudem schult die Ergonomie die Belegschaft in einem Betrieb oder in einer Behörde. Kleinigkeiten können verhindern, dass Menschen zum Feierband mit Rückenschmerzen oder einem steifen Nacken nach Hause fahren; beispielsweise das regelmäßige Aufstehen vom Arbeitsplatz, was stündlich erfolgen sollte. Wer den gesamten Tag auf seinem Stuhl sitzt und sich auf seine Arbeit konzentriert, der muss mit derartigen gesundheitlichen Auswirkungen rechnen. Die Folgen einer solchen Dauerbelastung können auch ergonomisch optimierte Arbeitsplätze nicht ganz verhindern.

Zudem beschäftigt sich die Ergonomie mit der Vermeidung von Haltungsschäden bei Kindern, sowohl im Privatbereich, als auch in der Schule. Dabei konnte festgestellt werden, dass Kinder in ergonomisch angepassten Klassenzimmern einen besseren Notendurchschnitt erzielen, als Vergleichsgruppen, die ohne die Optimierung unterrichtet wurden. Und im Haushalt hilft die Ergonomie mit handlicheren Geräten und verbesserten Hilfsmitteln dabei, dass die Hausarbeit mit weniger Belastungen und deutlicher leichter durchgeführt werden kann.

Quelle: brigl consulting UG: Ergonomie am Arbeitsplatz. In: https://www.ergonomie-arbeitsplatz.de/ [17.08.2022].

ZUSAMMENFASSUNG

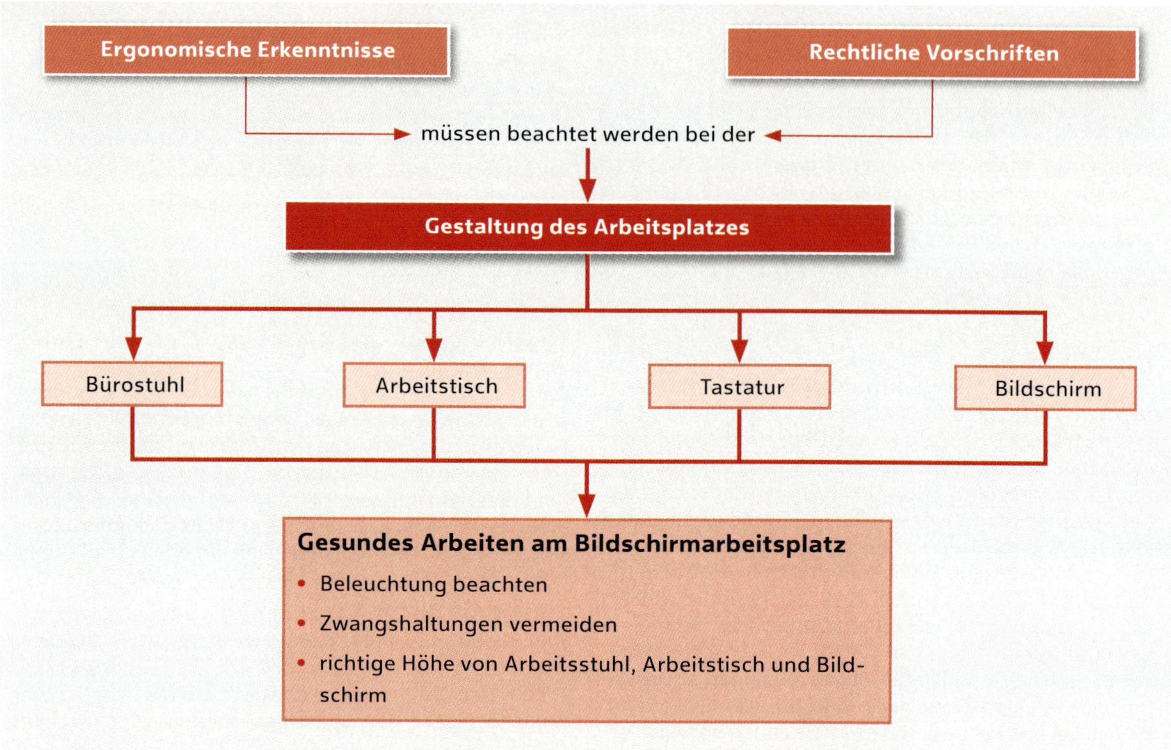

2.3 Wir gestalten die Arbeitsumgebung optimal

Einstieg

Sven Lakenmacher und Dominik Schlote treffen sich vor der Schule:

Dominik Schlote:
„Ist das heiß heute! Was für ein Glück, dass unsere Klimaanlage auf Hochtouren arbeitet."

Sven Lakenmacher:
„Wir haben bei der Lohde KG gar keine. Bei mir im Raum haben wir ein Thermometer: 31 Grad! Mein Ausbilder sagt, zum Ausgleich beträgt im Winter die Temperatur dagegen durchschnittlich 18 Grad. Was mich aber noch mehr stört, ist der Lärm aus unseren Produktionshallen. Mein Ausbilder schätzt den auf 90 dB. Und dann flimmern unsere Neonröhren auch noch ..."

Dominik Schlote:
„Also, unsere Raumbedingungen sind optimal. Im Vergleich zu euch macht das Arbeiten bei uns ja richtig Spaß. Wie ist denn die Stimmung so bei euch?"

Sven Lakenmacher:
„Haha ..."

Dominik Schlote:
„Eigentlich bin ich mir sicher, dass solche Arbeitsbedingungen wie bei euch gar nicht erlaubt sind."

1. Untersuchen Sie, wo gegen Regeln für eine angemessene Gestaltung der Arbeitsumgebung verstoßen wurde.
2. Schlagen Sie Maßnahmen zur Verbesserung vor.

INFORMATIONEN

Neben der Büroraumart und der Arbeitsplatzmöblierung hat auch die ergonomische Gestaltung der Arbeitsumgebung besonderen Einfluss auf die Leistungsfähigkeit und Arbeitszufriedenheit[1] der in einem Büro arbeitenden Menschen.

Klima

Das Raumklima wirkt sich auf die Produktivität der Arbeit aus. Untersuchungen haben gezeigt, dass der Mensch bei etwa 20 °C am leistungsfähigsten ist. Bei 28 °C sinkt die Leistungsfähigkeit um 30 % und bei 33 °C um 50 %.

Ein gutes Raumklima verhindert darüber hinaus Erkältungskrankheiten, Allergien, Ermüdungserscheinungen usw. und steigert das Wohlbefinden. Die Arbeitsstättenverordnung verlangt daher ein gesundheitlich zuträgliches Raumklima.

Mögliche Maßnahmen zur Verbesserung des Raumklimas:

- In jedem Büroraum sollte die Temperatur zu regeln sein.
- Durch Anwendung von Luftbefeuchtern kann eine zu trockene Büroluft vermieden werden. Voraussetzung dafür ist allerdings eine regelmäßige Wartung.
- Grünpflanzen binden Schadstoffe und spenden Sauerstoff und Feuchtigkeit.
- Lassen sich Fenster öffnen, sollte stündlich gelüftet werden.
- Im Sommer sollten Außenjalousien genutzt werden, um die Innenraumtemperatur zu senken.
- Bürogeräte wie Drucker und Kopierer sollten besser in einem separaten Raum stehen.

Klimaanlagen können ein gleichmäßiges Klima in Büroräumen aufrechterhalten. Sie sorgen nicht nur für eine konstante Temperatur, sondern regulieren die Luftfeuchtigkeit und filtern die Luft. Klimaanlagen verbrauchen aber viel Energie. Schlecht gewartete Systeme können zudem Krankheitserreger verbreiten.

1 Arbeitszufriedenheit wird allgemein erreicht durch das Vermeiden psychischer Belastungen, die z. B. durch Arbeitsüberlastung oder Mobbing hervorgerufen werden können.

Die Belüftung von Büroräumen

Arbeitsmediziner empfehlen, Büroräume regelmäßig zu lüften. Denn mangelnde Lüftung hat unterschiedliche Auswirkungen, die auch gleichzeitig auftreten können:

- Befinden sich in einem Büroraum mehrere Beschäftigte, kann die Qualität der Luft schnell und unbemerkt sinken. Dies führt zu größeren Müdigkeitsempfindungen, Konzentrationsschwierigkeiten und mangelnder Produktivität.

BEISPIELE

Wissenschaftliche Untersuchungen zeigen, dass ein schlechtes Raumklima die Produktivität von Arbeitnehmern in Büros um über 15 % verringert. Ebenfalls festgestellt wurde, dass die Anzahl der Fehler steigt, wenn der CO_2-Gehalt sinkt.

- In ungelüfteten Räumen finden Schimmelpilzsporen durch die darin herrschende Feuchtigkeit viel Nahrung.
- Wenn Fenster nicht geöffnet werden, können mögliche Schadstoffe, die sich im Raum befinden, nicht hinausbefördert werden.
- In geschlossenen Räumen steigt bei mangelnder Lüftung die Anzahl der Viren in der Luft stark an.

Durch Lüften kommt frischer Sauerstoff in die Büroräume, negative Auswirkungen unbelüfteter Räume werden vermieden.

Stoßlüftung

Dies kann zum Beispiel durch **Stoßlüftung** geschehen. Bei der Stoßlüftung werden die Fenster pro Tag etwa viermal für kurze Zeit komplett geöffnet, um für einen schnellen kompletten Luftaustausch zu sorgen.
Das Stoßlüften kann je nach Temperatur und Jahreszeit etwa zwischen fünf und 25 Minuten dauern. Zu beachten ist im Sommer, dass es bei hohen Außentemperaturen sinnvoll ist, nur jeweils morgens oder am frühen Vormittag und abends für etwa 30 Minuten stoßzulüften. Damit wird verhindert, dass sich das Büro tagsüber aufheizt.
Eine Alternative zum Stoßlüften ist die Anschaffung einer **Luftreinigungsanlage**. Diese ersetzt ständig schwere und warme Luft gegen frische und neue. Solche Lüftungsanlagen verfügen zudem oft auch über eine Luftreinigungsfunktion. Damit wird zusätzlich ein Großteil von Schadstoffen aus der Luft herausgezogen.

Richtlinien für ein gesundes Raumklima		
Luftgeschwindigkeit	**Luftfeuchtigkeit**	**Lufttemperatur**
• Zugluft kann gesundheitsgefährdend sein. Ab einer Luftgeschwindigkeit von 0,15 m/Sek. wird Zugluft wahrgenommen. Daher sollte die Luftgeschwindigkeit im Normalbetrieb niedriger sein. Im Sommer kann eine höhere Luftgeschwindigkeit genutzt werden, um Verdunstungskälte auf der Haut zu erzeugen. • Es muss ein regelmäßiger Luftwechsel stattfinden.	• Die relative Luftfeuchtigkeit beträgt optimal ca. 40 % bis 65 %. • Eine niedrige Luftfeuchtigkeit wird bei zu hohen Temperaturen als unangenehm empfunden und begünstigt elektrostatische Aufladungen. • Der Sauerstoffgehalt muss mindestens 21 % betragen. • Verbrauchte und feuchte Luft kann durch Stoßlüften ausgetauscht werden: Durch mehrmals tägliche kurze Lüftungszeiten (max. 5 bis 10 Min.) werden einerseits Auskühlung und Energieverluste verhindert, andererseits wird das Raumklima verbessert.	• Die Arbeitsstättenverordnung schreibt in Büroräumen eine Mindesttemperatur von 20 °C vor. • Bei hohen Außentemperaturen sollten 26 °C nicht überschritten werden. • Größere Temperaturschwankungen sind zu vermeiden. • In durch Klimaanlagen gekühlten Räumen sollte im Sommer die Differenz zur Außentemperatur nicht mehr als 4 °C betragen. • Die Arbeitsmittel dürfen nicht zu einer erhöhten Wärmebelastung am Bildschirmarbeitsplatz führen, die unzuträglich ist.

7455148

Akustik

Sprechen, Töne, Klänge und Geräusche werden dann als Lärm bezeichnet, wenn sie einen Menschen stören, belästigen oder sogar organische Schäden hervorrufen.

So wird der Lärm gemessen
Wenn Druckschwankungen Luftteilchen in Bewegung setzen, nehmen wir das als mehr oder weniger lauten Schall wahr. Wie laut, hängt vom Schalldruckpegel ab. Der wird in Dezibel (dB) gemessen: Zwei Autos, die jeweils 60 dB Lärm erzeugen, verursachen zusammen 63 dB. Zehn Autos steigern den Pegel auf 70 dB und wirken dann doppelt so laut. Um den Verkehr nur noch halb so laut wahrzunehmen, müsste man ihn also um 90 % auf ein Zehntel verringern. Sehr hohe und tiefe Töne hören wir subjektiv leiser als mittlere. Bei der Schallmessung wird das durch eine dem menschlichen Ohr annähernd angepasste Bewertung (Techniker sprechen von der „A-Bewertungskurve") berücksichtigt, daher dB(A). Ein vorbeifahrender Pkw ist mit 60 dB(A) genauso laut wie ein normales Gespräch. Die Lautstärke eines Lkw mit 90 dB(A) wird noch übertroffen von Kreissägen und Bohrmaschinen mit 100 dB(A) bis 120 dB(A). Den Vogel schießt ein Düsenflugzeug beim Starten ab – mit 130 dB(A) bis 140 dB(A). Arbeitnehmer, die einer ständigen Lärmbelastung von 85 dB(A) oder mehr ausgesetzt sind, müssen übrigens laut Gesetz einen Gehörschutz tragen. Doch Gesundheitsgefährdung fängt schon vorher an.

Lärm macht krank

Geräuschpegel in Dezibel (dB)*		Auswirkung auf die Gesundheit
40 dB	Flüstern	stört den Schlaf
60 dB	Gespräch, leises Radio	stört Konzentration, erste Belastungsreaktionen
80 dB	Klassenzimmer, Hauptverkehrsstraße	bei Dauerbelastung erhöhtes Herz-Kreislauf-Risiko
100 dB	laute Fabrikhalle, Kreissäge, Presslufthammer	bei jahrelanger Belastung Gehörschäden
120 dB	Rockkonzert, Martinshorn	Ohrenschmerzen möglich
140 dB	Flugzeugstart, Trillerpfeife	Gehörschäden schon nach kurzer Zeit möglich
160 dB	Gewehrschuss in Mündungsnähe	Gehörschäden schon bei einmaliger Einwirkung möglich

Dezibel (dB) ist die Maßeinheit für die Stärke des Schalls bezogen auf das menschliche Gehör.

dpa•22362

Wissenschaftliche Untersuchungen zeigen eindeutig, dass bei dauerhaftem Lärm Konzentration und Leistungsfähigkeit der Arbeitnehmer im Büro abnehmen.

Die in der Arbeitsstättenverordnung festgelegten Maximalwerte von

- 55 dB(A) für Arbeiten bei überwiegender geistiger Tätigkeit im Büro,
- von 70 dB(A) bei normaler, überwiegend mechanischer Bürotätigkeit und
- 80 dB(A) bei allen übrigen Tätigkeiten

dürfen nicht überschritten werden.

Es gibt verschiedene Maßnahmen, um Lärm zu reduzieren:

- **Beeinflussung der Lärmquelle**
  In diesem Zusammenhang ist besonders auf die Auswahl leiser Gerätetypen (Drucker, Kopierer, Rechner usw.) zu achten. Geräuschintensive Geräte sollten möglichst in separaten Räumen untergebracht werden.
- **Schalldämmungsmaßnahmen**
  Die Ausbreitung des Schalls wird z. B. durch Zwischenwände oder Schallschutzhauben an Geräten reduziert.
- **Schalldämpfung**
  Die Schallwellen sollen durch geeignetes Material wie Teppichböden, Vorhänge oder Mineralstoffplatten in der Wand- oder Deckenbekleidung absorbiert (= geschluckt) werden.

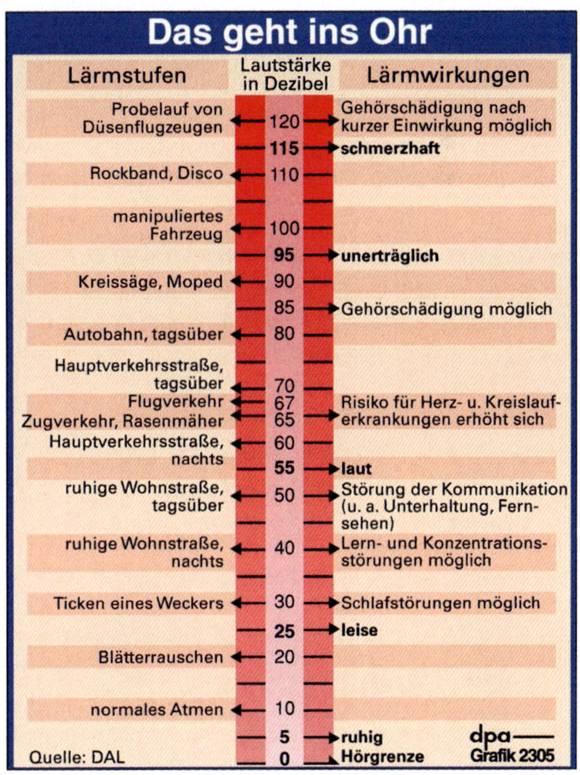

Beleuchtung

Die richtige Beleuchtung ist ein wichtiger Bestandteil eines ergonomischen Arbeitsplatzes. Eine zu schwache Beleuchtung wird sich immer bemerkbar machen. Geeignete Lampen sind Spiegelrasterleuchten, die gleichzeitig eine Blendung vermeiden sollen.

Auf Folgendes ist bei der Beleuchtung zu achten:

- **Beleuchtungsstärke**
  Für jeden Beschäftigten im Büro muss die für seine spezifische Arbeit notwendige Mindestbeleuchtungsstärke gewährleistet sein. Allgemein gilt eine Beleuchtungsstärke von 500 Lux für Arbeitsplätze in Büroräumen als optimal.
- **gleichmäßige Ausleuchtung**
  Das Auge wird durch starke Helligkeitsunterschiede im Büroraum gestört. Zudem strengt ein ständiger Wechsel der Lichtverhältnisse die Augen unnötig an. Deshalb dürfen die Helligkeitsunterschiede zwischen Arbeitsumfeld und Umgebung nicht größer als 3 : 1 und zu weiter entfernt liegenden Flächen nicht größer als 10 : 1 sein. Um dies zu erreichen, muss ab einer Raumtiefe von ca. 5 m das Tageslicht in der Regel durch künstliche Beleuchtung ergänzt werden. Die Beleuchtungskörper müssen auch zu unterschiedlichen Tageszeiten eine gleichmäßige Ausleuchtung gewährleisten.
- **Verhindern von Blendungen**
  Bei einer Reflexblendung handelt es sich um eine Lichtspiegelung von sehr hellen Flächen. Um Reflexblendungen zu vermeiden, sollte das Licht seitlich von links einfallen. Unter Direktblendungen versteht man den direkten Blick in eine Lichtquelle. Eine direkte Blendung durch Lampen kann durch deren Abschirmung verhindert werden.

Farben

Farben können im Büro drei wichtige Funktionen erfüllen:

- Sie dienen der **Sicherheit.**

BEISPIELE

- Gefahrenkennzeichnungen, Warnungen, Verbote sind rot gekennzeichnet.
- Auf Rettungswege, Fluchtwege, Erste-Hilfe-Punkte wird grün/weiß hingewiesen.
- Sicherheitstüren sind orange.

- Sie können für eine **gleichmäßige Ausleuchtung** sorgen.

BEISPIEL

Für eine gleichmäßige Ausleuchtung kann der unterschiedliche Reflexionsgrad von Farben (beispielsweise Weiß 70 % bis 90 %, dunkles Grün 10 % bis 20 %) genutzt werden.

- Sie haben **psychische Wirkungen**.

Farben mildern oder verstärken einerseits die Wirkung von räumlichen Gegebenheiten. Durch den Einsatz bestimmter Farben kann andererseits gezielt Einfluss auf die Stimmung eines Raums genommen werden. Farben rufen beim Menschen Stimmungen und Gefühle hervor.

Farbe	Assoziationen	Wirkung
Rot	Vitalität, Aktivität, Dynamik, Wille, Gefahr, Kampf, Blut, Liebe, Lust, Leidenschaft, Sex	• wirkt stimulierend, aktivierend und aufregend, wärmend • weckt innere Kräfte („Urkräfte") • Rot macht aktiv (auch sexuell), unruhig, aggressiv – wirkt sehr schnell!
Orange	Freude, Lebhaftigkeit, Spaß, Lebensbejahung, Ausgelassenheit, Tatkraft, Ausdauer	• aufbauend und leistungssteigernd • weckt die Arbeitsfreude • stimmungsaufhellend • macht heiter, ausgeglichen, fröhlich und genussfreudig • fördert die Geselligkeit
Gelb	Reife, Wärme, Optimismus, Weite, Offenheit, Kommunikation, Kraft, Erfolg, Glück	• wirkt sonnig, luftig, heiter, licht • freundlich, optimistisch • geistig anregend • stimmt heiter

7455150

Farbe	Assoziationen	Wirkung
Grün	Wachstum, Hoffnung, Durchsetzungsvermögen, Beharrlichkeit, Entspannung, Ruhe, Zufriedenheit, Natürlichkeit, Heiterkeit und Gelöstheit	• wirkt beruhigend und ausgleichend • erfrischt und regeneriert • fördert Konzentration und seelische Ausgewogenheit
Blau	Harmonie, Zufriedenheit, Ruhe, Unendlichkeit, Freundlichkeit und Freundschaft, innerer Friede	• entspannend, lösend, harmonisiert • fördert Kommunikation und Sachlichkeit und Präzision der Gedanken
Violett	Selbstbezogenheit, Unbewusstsein, Mystik, innere und geistige Kraft, Inspiration, Magie, Friede, Würde	• fördert inneres Gleichgewicht • wirkt ausgleichend und regenerierend • weckt meditative Kräfte • regt das Unterbewusstsein an
Rosa	Romantik, Liebe	• fördert Ruhe • wirkt erfrischend • verbessert das Urteilsvermögen
Braun	Sinnlichkeit, Bequemlichkeit, Anpassung, Schwere, zurückgezogen	
Weiß	Reinheit, Sauberkeit, Ordnung, Leichtigkeit, Vollkommenheit, illusionär, Schutz, Einigkeit, Beruhigung, Wohlbefinden. Symbol für Reinheit und Tod. Aber nicht nur, denn Weiß ist auch die Farbe der Weite und des Weitblicks.	
Schwarz	Negation, Auflehnung, Undurchdringlichkeit, Trauer, Einengung, Abgeschlossenheit	

Quelle: Marlene Stadler: Assoziationen und Farbwirkungen – allgemein. 20.1.2020. In: Farben und Leben-Online. Das Portal für Farben und Farbwirkung. http://www.farbenundleben.de/farbwirkung/farbwirkung_allgemein.htm [17.08.2022]. Gekürzt und verändert.

Vermeidung von Gesundheitsgefahren

Die Gestaltung einer optimalen Arbeitsumgebung setzt auch immer die Vermeidung bestimmter Gesundheitsgefahren voraus:

- Arbeitsplätze sollten soweit wie möglich vor ***Elektrosmog*** geschützt werden. Darunter versteht man alle elektrischen, magnetischen und elektromagnetischen Felder, die durch unterschiedliche elektronische Geräte wie z.B. Telefonanlagen, WLANs, Mobiltelefone usw. hervorgerufen werden. Man vermutet, dass Elektrosmog eine Ursache für verschiedene Krankheiten sein kann.
- Beachtet werden sollte auch, dass die Arbeitsplätze nach Möglichkeit nicht in direkter Nähe von Druckern stehen. Dem beim Drucken freigesetzten **Druckerstaub** wird eine krebsverursachende Wirkung nachgesagt.

Feng Shui im Büro

In Büros werden geistige Höchstleistungen und maximale Produktivität angestrebt. Voraussetzung dafür ist eine harmonische Atmosphäre. Einige Unternehmen gestalten daher die Arbeitsräume nach dem Feng-Shui-Prinzip. Damit wollen sie die Konzentration der Mitarbeiter steigern und deren Kreativität vergrößern.

Der Grundgedanke des Feng Shui wurde in China vor über 3 000 Jahren formuliert. Er besagt, dass Energie ungehindert durch alle Räume fließen muss, damit man sich wohlfühlt. Angestrebt wird dazu also Harmonie im Büro und bei den verschiedenen Einrichtungsgegenständen.

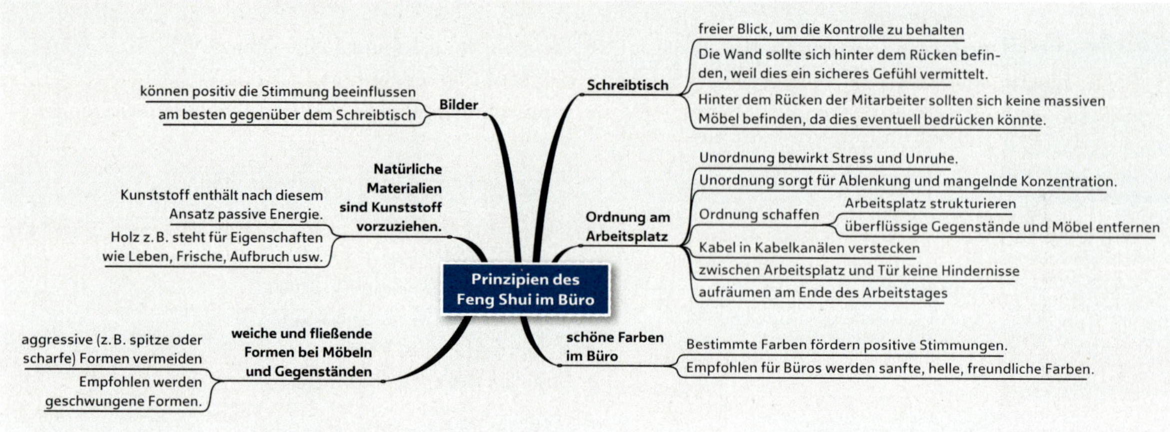

AUFGABEN

1. Was sind die Vorteile eines guten Raumklimas?
2. Führen Sie Maßnahmen zur Verbesserung des Raumklimas auf.
3. Was ist Lärm?
4. Nennen Sie die Maximalwerte für Lautstärken, die nicht überschritten werden dürfen.
5. Nennen Sie Maßnahmen zur Lärmreduzierung.
6. Worauf ist bei der Beleuchtung von Büroräumen zu achten?
7. Welche Funktionen erfüllen Farben im Büro?
8. Beurteilen Sie die folgenden Meinungen:
   a) „Bei den heißen Sommertagen, die wir momentan erleben, haben Klimaanlagen nur Vorteile."
   b) „Bei einem Geräuschpegel von 140 dB kann man in unserem Büro fast noch eine Büroklammer zu Boden fallen hören."
9. Daniel Anton von der Firma Hubensack berichtet: „Bei uns herrscht eine Luftfeuchtigkeit von 32 %, eine Temperatur von 17 °C sowie ein Lärm von 70 dB." Geben Sie für jeden der drei Faktoren der Arbeitsumgebung den Idealwert an und schlagen Sie Maßnahmen zur Verbesserung vor.
10. Geben Sie an, was man unter Feng Shui versteht.

AKTIONEN

1. In dieser Aktion geht es um Farbe als Gestaltungselement der Arbeitsumgebung. Führen Sie dazu in Gruppen ein Brainstorming durch.

a) Sie sollen sich noch einmal den Zusammenhang zwischen Farben und Stimmungen klarmachen. Sammeln Sie daher Redewendungen, Sprichwörter oder Begriffe, die eine Farbe enthalten und eine entsprechende Symbolik aufweisen. Beispiel: „Der graue Alltag"

b) Stellen Sie mithilfe der von Ihnen gefundenen Beispiele den anderen Gruppen exemplarisch die Wirkung von Farben vor.

2. a) Sammeln Sie in kleinen Gruppen Beispiele für die verschiedenen Gestaltungselemente der Arbeitsumgebungen von Büros, die Sie – vielleicht aus Ihrem Praktikumsbetrieb – kennen.

b) Stellen Sie diese Beispiele Ihren Mitschülern auf einem Wandplakat vor.

3. Bearbeiten Sie das Lernprogramm zur Farbgestaltung im Büro unter:
http://vbg.de/wbt/farbmodul/daten/html/3.htm

4. Gestalten Sie einen Büroraum farblich unter der Internetadresse:
http://vbg.de/wbt/farbmodul/daten/html/2.htm

5. Führen Sie fünf Geräuschquellen (in der Abbildung grün) in einem Büro auf. Geben Sie auch an, welche Faktoren (blaue Buchstaben in der Abbildung) in einem Büro die Raumakustik beeinflussen können.

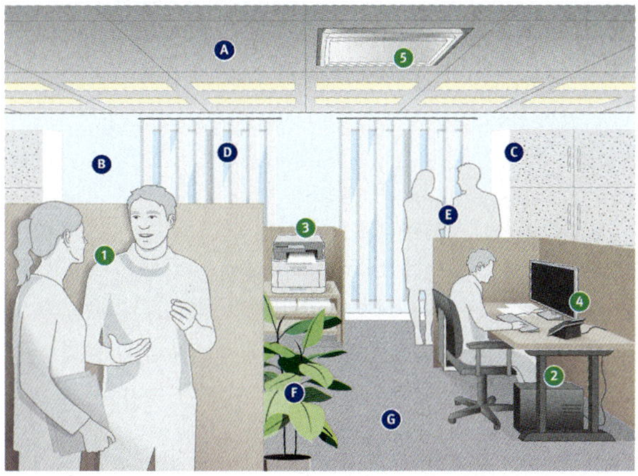

ZUSAMMENFASSUNG

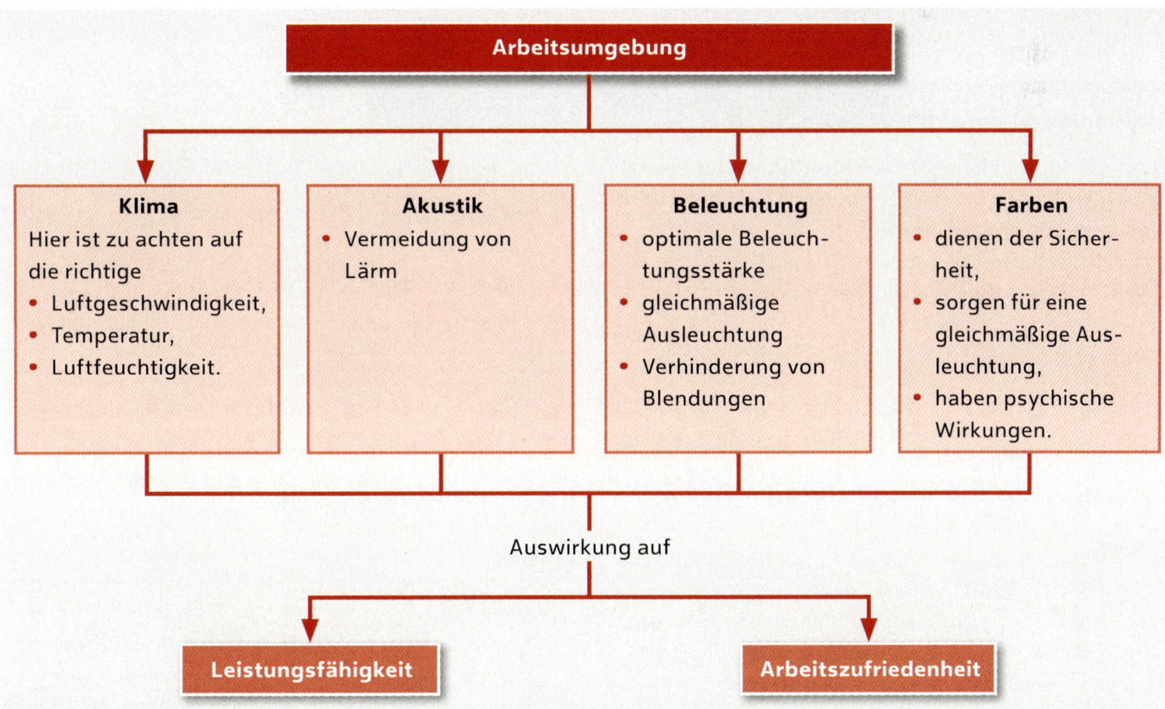

2.4 Wir treffen grundlegende Entscheidungen bei der Einführung der Datenverarbeitung

Einstieg

In den letzten Jahren ging es mit der Hoffmann KG stetig bergauf. Umsätze und Gewinne nahmen stark zu. Der Betrieb wuchs. Inzwischen treten jedoch die ersten Schwierigkeiten auf.

Michael Hoffmann:
„In den Abteilungen wird geklagt, dass unsere Datenverarbeitung total veraltet ist. Nach Ansicht der Mitarbeiter erfüllt sie überhaupt nicht mehr ihren Zweck ..."

Susanne Hahne:
„Wenn das stimmt – und ich habe das bei meiner täglichen Arbeit auch schon mitbekommen –, verursacht das bei uns immense Kosten. Das kann für unseren Betrieb absolut existenzgefährdend werden. Vielleicht sollten wir uns über eine Erneuerung unserer Datenverarbeitung einmal Gedanken machen ..."

Nach einigen Überlegungen beschließen Herr Hoffmann und Frau Hahne, die EDV der Hoffmann KG neu zu organisieren. Sie beauftragen damit Herrn Mitschke, dem Carolin Saager zur Seite gestellt wird.

1. Geben Sie an, welche grundlegenden Entscheidungen Herr Mitschke bei der Umstellung der EDV treffen muss.
2. Führen Sie Beispiele für die Anwendung des EVA-Prinzips an.

INFORMATIONEN

Wenn ein Unternehmen die elektronische Datenverarbeitung einführen will, müssen zwei grundlegende Entscheidungen getroffen werden:

- Welche Hardware soll angeschafft werden?
- Welche Software soll installiert werden?

Hardware

Hardware (engl. für *harte Ware*) ist ein Sammelbegriff für alle Bestandteile der EDV-Anlage, die man anfassen kann. Zur Hardware zählt die gesamte maschinelle Ausstattung des Computersystems: Geräte, Kabel und Datenträger.

BEISPIEL

Herr Mitschke erklärt Carolin Saager – etwas locker – den Begriff Hardware: „Alle Elemente einer EDV-Anlage, die man nur mit etwas Kraftaufwand beschädigen kann, gehören zur Hardware. Also sind

- die Tastatur als Gerät,
- die Verbindung zwischen Gehäuse und Drucker als Kabel
- und die CD oder DVD als Datenträger

Hardwarebestandteile. Man kann sie direkt berühren."

Jeder Betrieb kann seine EDV-Anlage durch entsprechende Zubehörteile seinen Bedürfnissen anpassen. Eine sinnvolle Zusammenstellung von Hardwarebestandteilen nennt man **Konfiguration**.

BEISPIEL

Die Konfiguration des kleinen Einzelhandelsunternehmens Blumenthal KG besteht aus einem Personal Computer, einem Drucker und einer Datenkasse.

Computerarten

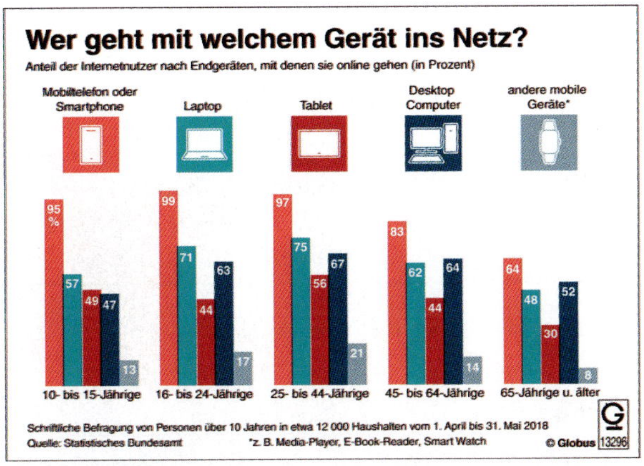

Zu den Personal Computer werden Desktop-Geräte und Notebooks gezählt. Die meisten Personal Computer im Bürobereich sind nach wie vor **Desktop-Geräte.** Ein Desktop-Computer ist ein Gerät, das für den Gebrauch an einem Ort gedacht ist. Ein solcher PC steht meistens auf oder unter einem Schreibtisch.

Desktop-Computer

Notebooks haben prinzipiell den gleichen Aufbau wie Desktop-Geräte. Diese tragbaren Personal Computer sind erheblich kleiner. Sie ermöglichen eine große Mobilität: Es kann an allen erdenklichen Orten gearbeitet werden.

Notebook

Immer stärkere Verbreitung finden auch im Bürobereich **Tablet-PCs** (Tabloids). Dies sind besonders leichte, tragbare PCs, die im Gegensatz zu den Notebooks über keine Tastatur verfügen. Eingaben erfolgen über einen berührungsempfindlichen Bildschirm (Touchscreen). Diese Computerart ist sehr einfach und intuitiv zu bedienen.

Tablet

Smartphones sind Mobiltelefone, die den Leistungsumfang klassischer Telefone mit den Möglichkeiten von Computern verbinden. Ein Smartphone ist darauf ausgelegt, nicht nur als Telefon, sondern auch als Computer benutzt zu werden. Sie ähneln in der Benutzerführung und im Betriebssystem eher einem Desktop-Computer als einem klassischen Mobiltelefon. Sie ermöglichen das Aufspielen eigener Software.

Smartphone

Software

Ohne Software kann die Hardware nicht arbeiten. Zur Software (engl. für *weiche Ware*) zählt alles, was in Dateien festgehalten ist. Dateien sind Ansammlungen von Informationen. Sie bestehen also aus zusammengehörenden Daten, die in der Regel auf einem Datenträger gespeichert und durch einen Namen eindeutig identifizierbar sind.

BEISPIEL

Herr Mitschke erläutert Carolin Saager – salopp wie immer – die Software:

„Software ist all das in einer EDV-Anlage, was man nicht anfassen kann. Software klirrt oder klappert also nicht. Manchmal ist nur ein versehentlicher Tastendruck – also kaum Gewalt – nötig, um Software zu zerstören."

Es gibt zwei verschiedene Arten von Software, nämlich Programmdateien und Datendateien.

Wird in der Datenverarbeitung ganz allgemein von einer „Datei" gesprochen, ist meistens eine Datendatei gemeint.

Programmdateien

Programmdateien – kürzer und häufiger als Begriff verwendet: **Programme** – sind Dateien, die Informationen für die EDV-Anlage enthalten. Sie bestehen aus – dem Computer verständlichen – Befehlen, die ihn zur Lösung einer Aufgabe bringen sollen.

BEISPIEL

Herr Mitschke ruft an der EDV-Anlage ein zur Ansicht geschicktes Demo-Programm für die EDV-Unterstützung der Warenwirtschaft auf. Das Programm ist aktiv: Die Befehle werden von der EDV-Anlage gelesen und dann schrittweise ausgeführt. So bewirkt der Aufruf des Programms zunächst einmal das Erscheinen des Startmenüs am Bildschirm.

Datendateien

Datendateien enthalten Informationen für den Benutzer der EDV-Anlage. Diese Daten möchte der Anwender zur Lösung eines bestimmten Problems benutzen.

BEISPIEL

Frau Sander, Sekretärin der Geschäftsleitung, schreibt am Computer einen Geschäftsbrief. Dies geschieht mithilfe eines Textverarbeitungsprogramms, das die Erfassung, Änderung und Gestaltung sowie den Ausdruck von Texten bewirkt.

Der eigentliche Text dagegen – eine Reklamation – ist eine Datendatei. Sie ist im Gegensatz zum Textverarbeitungsprogramm passiv, weil die enthaltenen Informationen nur dem Menschen, nicht aber dem Computer verständlich sind und daher von ihm auch nicht als Befehl aufgefasst werden. Der Inhalt der Datei kann also nur bearbeitet werden.

EVA-Prinzip

Das gesamte EDV-System funktioniert nach dem EVA-Prinzip.

DEFINITION

Das **EVA-Prinzip** bedeutet, dass jede Informationsverarbeitung – sowohl beim Menschen als auch beim Computer – immer in den drei Schritten Eingabe der Daten, Verarbeitung der Daten, Ausgabe der Daten erfolgt.

Das EVA-Prinzip ist das Grundprinzip jeden menschlichen Handelns.

BEISPIEL

Eingabe: Katarzyna Lindemann, Auszubildende bei der Hoffmann KG, hat abends ihren Radiowecker auf 7 Uhr eingestellt.

Verarbeitung: Während der Nacht überprüft der Radiowecker ständig, ob die von Katarzyna Lindemann eingestellte Zeit erreicht ist.

Ausgabe: Um 7 Uhr beginnt der Radiowecker, Musik zu spielen.

Auch der weitere Tagesablauf von Katarzyna Lindemann läuft immer nach dem EVA-Prinzip ab:

Eingabe: Das Ohr von Katarzyna Lindemann nimmt die Musik des Radioweckers auf und leitet sie an das Gehirn weiter.

Verarbeitung: Das Gehirn versteht die Musik als Befehl zum Wachwerden.

Ausgabe: Das Gehirn gibt an die Füße den Befehl, aus dem Bett zu steigen.

Auch die Arbeitsweise des EDV-Systems hält sich an das EVA-Prinzip. Zunächst einmal ist die Hardwarekonfiguration nach dem EVA-Prinzip aufgebaut. Der Computer wird über ein Eingabegerät – das kann z. B. eine Tastatur sein – mit Daten und Anweisungen versorgt. Diese Informationen werden durch den Computer verarbeitet. Das Ergebnis wird über ein Ausgabegerät – z. B. einen Bildschirm – ausgegeben.

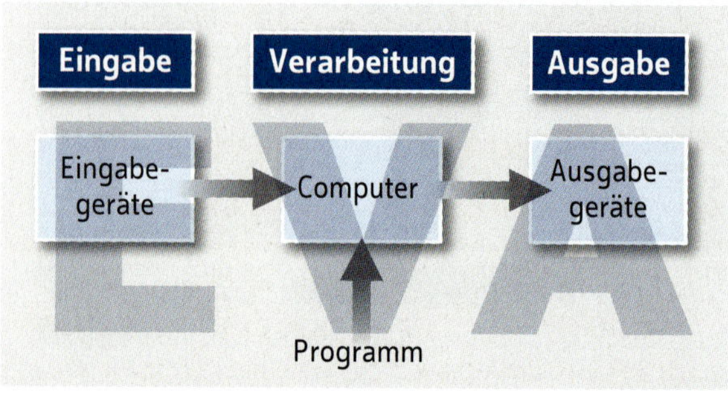

BEISPIEL

Eingabe: In der Hoffmann KG wird beim Kassiervorgang die in einem Strichcode verschlüsselte Artikelnummer des vom Kunden gewünschten Artikels mit einem Strichcodeleser eingelesen.

Verarbeitung: Die Kasse setzt sich aus einem Personal Computer und den typischen Kassenelementen zusammen (Geldschublade usw.). In dem Speicher der Kasse wird der Artikelpreis gesucht. Anschließend wird der Betrag berechnet, der vom Kunden insgesamt zu zahlen ist.

Ausgabe: Im Kassendisplay (= Anzeige für den Kunden) erscheint der Zahlungsbetrag, gleichzeitig wird der Kassenbon gedruckt. Die abgebuchten Bestände werden an den Großrechner der Zentrale weitergeleitet.

Eingabe	Verarbeitung	Ausgabe
über • Scheckkartenleser • Tastatur • Strichcodeleser • Electronic Cash	• Suchen nach Artikelpreis • Rechnungserstellung • Abbuchen der Bestände • Weitergabe an Großrechner durch Kassenprogramm	an • Drucker • Monitor • Großrechner

Auch für den Aufbau der Software gilt das EVA-Prinzip.

BEISPIEL

Die Textileinzelhändlerin Silke Bachmann e. Kffr. kauft bei der Hoffmann KG drei Hosen für 100,00 € und fünf Pullover für 98,00 €. Das Programm, das an der Kasse den Gesamtzahlungsbetrag ermitteln soll, ist so programmiert, dass es zunächst einmal die Einzelpreise verlangt (Eingabe). Anschließend sorgt es dafür, dass der Computer den Gesamtpreis von 790,00 € berechnet (Verarbeitung). Dieser wird nach den im Programm enthaltenen Arbeitsanweisungen an den Kassendrucker und an die Kundenanzeige weitergegeben (Ausgabe).

AUFGABEN

1. Erläutern Sie den Begriff *Hardware*.
2. Welche Hardware ist in Ihrem Ausbildungsbetrieb vorhanden?
3. Was ist eine Konfiguration?
4. Wodurch unterscheiden sich Programmdateien von Datendateien?
5. Entscheiden Sie, ob in den folgenden Fällen Hardware oder Software angesprochen ist.
   a) Carolin Saager schließt einen Drucker an die EDV-Anlage an.
   b) Der mit einem Textverarbeitungsprogramm erstellte Werbebrief wird abgespeichert.
   c) Herr Mitschke tauscht eine defekte Tastatur aus.
   d) Aufgrund einer Veränderung des Mehrwertsteuersatzes wird eine neue Version des Finanzbuchführungsprogramms installiert.
   e) Frau Janssen kauft für die Hoffmann KG 100 CDs.
6. Wie ist die Konfiguration des EDV-Fachraums Ihrer Schule?
7. Was versteht man unter dem EVA-Prinzip?
8. Welche Bedeutung hat das EVA-Prinzip für die Datenverarbeitung?
9. Zerlegen Sie die folgenden Tätigkeiten in die drei Phasen Eingabe, Verarbeitung, Ausgabe:
   a) Unterricht in Datenverarbeitung
   b) versehentlich eine heiße Herdplatte berühren

c) Erstellen einer Rechnung
d) Säubern von Wäsche mit der Waschmaschine
e) Durchführung einer Rechenaufgabe mit dem Taschenrechner

10. Welche der folgenden Aussagen sind richtig?
a) Programme enthalten Arbeitsanweisungen an die EDV-Anlage.
b) Nur Programme sind nach dem EVA-Prinzip aufgebaut.
c) Programme gehören zur Hardware eines Computers.
d) Datendateien enthalten Befehle.

11. Bei welchen der folgenden Datenverarbeitungsoperationen handelt es sich um
- Eingabevorgänge,
- Verarbeitungsvorgänge,
- Ausgabevorgänge

einer EDV-Anlage?
a) Der Drucker an der Datenkasse druckt den Kassenbon.
b) Im Zuge einer Werbeaktion werden die Sonderangebotspreise erfasst.
c) Das EDV-gestützte Warenwirtschaftssystem ermittelt den vom Kunden zu zahlenden Betrag.
d) Am Bildschirm werden die umsatzstarken Artikel angezeigt.
e) An der Datenkasse wird die Artikelnummer als Balkencode eingelesen.

AKTIONEN

1. Teilen Sie Ihre Klasse in sechs Gruppen ein. Jeweils zwei Gruppen erstellen eine Wandzeitung oder Folie, die informiert über die Bedeutung
a) der Hardware (Gruppen 1 und 2),
b) der Software (Gruppen 3 und 4),
c) des EVA-Prinzips (Gruppen 5 und 6).
Bereiten Sie sich auf die Präsentation vor.

2. Erstellen Sie eine PowerPoint-Präsentation[1], die alle grundlegenden Bestandteile einer EDV-Anlage vorstellt. Präsentieren Sie unter Beachtung der Präsentationsregeln.

ZUSAMMENFASSUNG

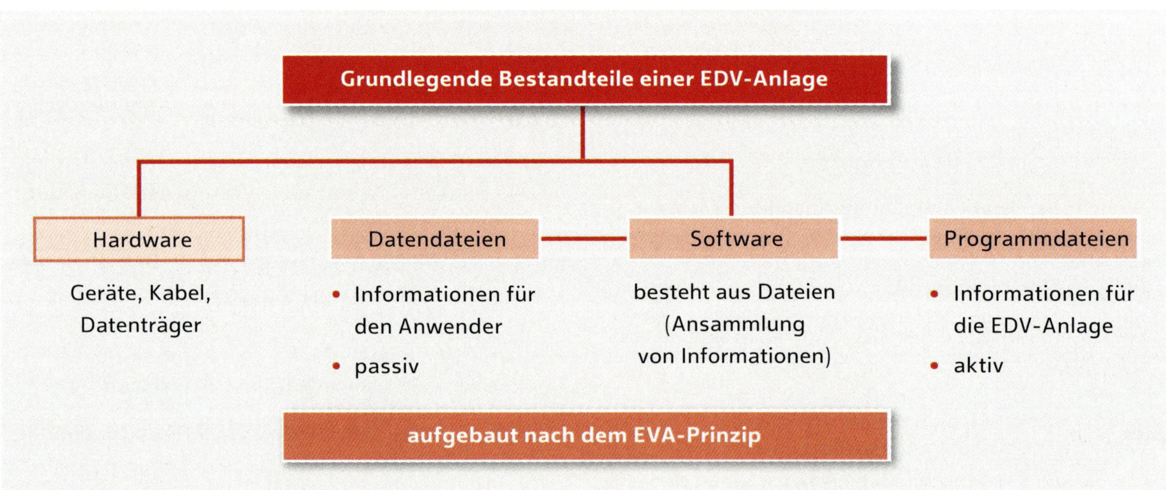

1 siehe Kap. 1.19 und 1.20

7455158

2.5 Wir kennen die typische Struktur der Hardware

Einstieg

Herr Mitschke und Carolin Saager überlegen sich für die Hoffmann KG die Grundkonfiguration der EDV-Anlage. Ein Fachbuch macht folgenden Vorschlag:

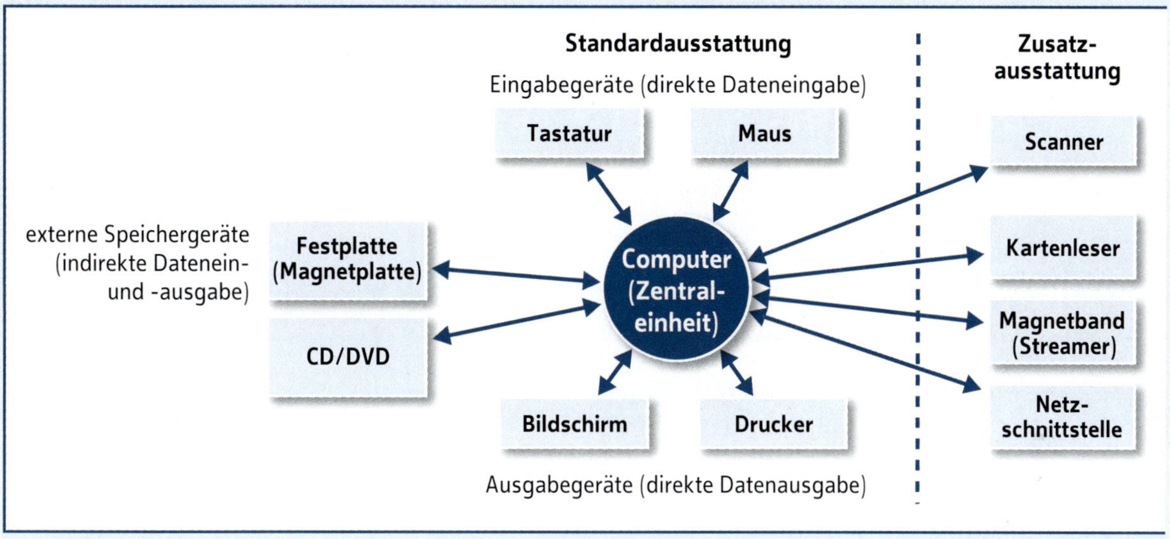

Stellen Sie fest, aus welchen grundlegenden Bestandteilen sich die Hardware zusammensetzt.

INFORMATIONEN

Entsprechend dem EVA-Prinzip setzt sich eine EDV-Anlage immer aus mindestens drei Einheiten zusammen:

- Ein Eingabegerät nimmt Daten von außen auf und bringt sie in das EDV-System.
- Die Zentraleinheit verarbeitet dann diese Daten.
- Ein Ausgabegerät gibt die verarbeiteten Daten wieder nach außen ab.

Eingabegeräte

Daten und Programme können auf unterschiedliche Art zur Verarbeitung in die EDV-Anlage gelangen. Die beiden wichtigsten Eingabegeräte, die in fast keiner Hardware-Grundkonfiguration fehlen, sind die Tastatur und die Maus.

Tastatur

Die Tastatur ist das bekannteste Eingabegerät. Sie dient der Direkteingabe: Die Daten gelangen – ohne Zwischenspeicherung – zeichenweise zur Zentraleinheit. Vor allem, wenn Daten erstmals eingegeben werden, geschieht dies normalerweise über die Tastatur.

Der Aufbau der Tastatur entspricht der Schreibmaschinentastatur. Zusätzlich sind noch weitere Tasten vorhanden, um innerhalb von Programmen bestimmte Arbeiten durchführen zu können. Die Tastatur verfügt daher über vier Tastengruppen:

- **Schreibmaschinentastatur**

  BEISPIEL

  Eine deutsche Schreibmaschinentastatur erkennt man an der Tastenkombination QWERTZ. Eine amerikanische Schreibmaschinentastatur verfügt über die Tastenkombination QWERTY.

- **numerisches Tastenfeld**

  Sollen größere Zahlenmengen eingegeben werden, dann ist die Benutzung des numerischen Tastenfelds (im Vergleich zu den Zifferntasten der Schreibmaschinentastatur) griffgünstiger und schneller. Die Anordnung der Tasten entspricht einer Rechenmaschine.

- **Funktionstasten**

  Mit ihnen werden jeweils bestimmte, häufig wiederkehrende Arbeiten gestartet. Abhängig vom gerade laufenden Programm haben sie eine unterschiedliche Bedeutung.

- **Steuertasten**
  Sie bewirken bestimmte Kommandos an Hard- und Software.

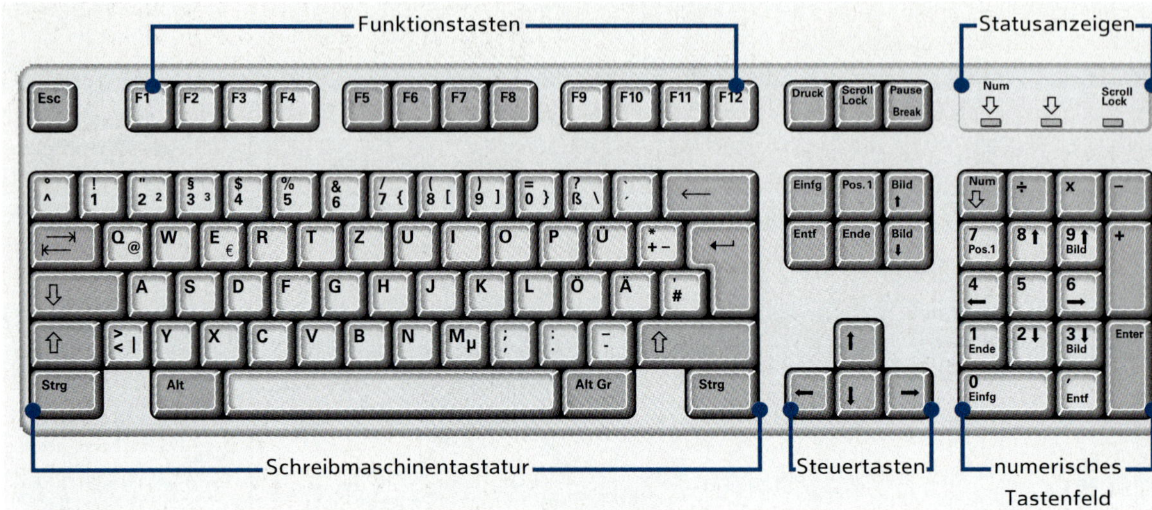

Bedeutung der wichtigsten Tasten

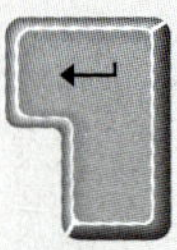

Return-Taste: dient – wie die Enter-Taste im numerischen Tastenfeld – der Bestätigung von Befehlen bzw. Eingaben.

Escape-Taste: dient zum Löschen der letzten Befehlszeile oder zur Unterbrechung des laufenden Programms.

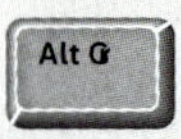

Alt/Gr-Taste: dient zur Wahl der dritten Tastenbelegung.

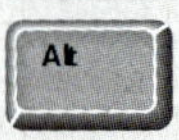

Alt-Taste: ruft in Verbindung mit anderen Tasten in vielen Programmen Unterprogramme auf.

Entf-Taste: löscht das Zeichen an der Cursorposition.

Druck-Taste: bringt den aktuellen Bildschirminhalt in die Zwischenablage.

Strg-Taste: ermöglicht die Eingabe von Steuerbefehlen bei gleichzeitiger Betätigung anderer Tasten.

Shift-Taste: Umschalttaste zwischen Groß- und Kleinschreibung

Cursor-Tasten: verschieben den Cursor – das ist der blinkende Eingabepunkt am Bildschirm – an jede gewünschte Stelle des Bildschirms.

Sehr viele Tastaturen haben außerdem eine Windows-Taste, die Aktionen mithilfe von Tastenkombinationen erlaubt.

Maus

Programme sind heute so gestaltet, dass sie mit der Maus bedient werden können. Seit der Einführung der grafischen Benutzeroberfläche Windows hat dieses etwa mausgroße Eingabegerät immer mehr an Bedeutung gewonnen. Bei der mechanischen Maus befindet sich an der Unterseite eine Rollkugel, die optische Maus erfasst die Bewegung mithilfe eines Sensor-Chips, einer Art kleinen Kamera. Bei beiden wird die Bewegung auf einer glatten Fläche abgetastet und als Positionsänderung eines Zeigers auf den Bildschirm übertragen.

Vorteilhaft ist die Arbeit mit der Maus, weil sich durch das Bewegen dieses Eingabegeräts und durch das Klicken der Tasten auf der Oberseite der Maus viele Arbeiten schnell und bequem ohne die Tastatur ausführen lassen. Auf dem Bildschirm werden Eingabemöglichkeiten in leicht verständlicher (grafischer, farbiger und bildhafter) Form vorgegeben, die der Benutzer mithilfe der Maus einfach auslösen kann. Mit Mäusen können jedoch keine Texte eingegeben werden.

BEISPIEL

Wenn Carolin Saager durch die Bewegung der Maus den Bildschirmpfeil auf ein CD-Symbol richtet und die Maustaste drückt, zeigt der Computer automatisch den CD-Inhalt.

Statt wie früher mit der Tastatur und zahlreichen Computerkommandos steuert also die Maus die gesamte Kommunikation zwischen Mensch und Computer. An die Stelle der vom Menschen zu lernenden und anzuwendenden Computerbefehle treten vom Computer angebotene Bildsymbole. Durch die Maustechnik und den damit verbundenen schnellen Lernvorgang lässt sich der Computer innerhalb weniger Stunden beherrschen.

Zentraleinheit

Das Herz des Computers ist die Zentraleinheit, die die ganze EDV-Anlage überwacht und steuert. Die Zentraleinheit – nach dem englischen Begriff *Central Processing Unit* häufig mit CPU abgekürzt – ist für die Verarbeitung der Daten zuständig. Sie besteht aus:

- Steuerwerk
- Rechenwerk
- Arbeitsspeicher

Steuerwerk

Das Steuerwerk sorgt für die Durchführung der einzelnen Befehle eines Programms: Es steuert die Reihenfolge, in der die Befehle des Programms ausgeführt werden, entschlüsselt diese Kommandos in eine dem Computer verständliche Darstellungsform und gibt die für ihre Ausführung erforderlichen Signale an die anderen Bestandteile der EDV-Anlage ab. Das Steuerwerk wird von einem Taktgeber angewiesen, bei jedem Takt einen Befehl aus dem Programm zu lesen und die Abarbeitung des Befehls zu veranlassen.

Rechenwerk

Auf Anweisung des Steuerwerks führt das Rechenwerk Berechnungen und Vergleiche durch. Dabei werden alle Rechenoperationen in einfachste Additionen aufgelöst, die das Rechenwerk allerdings extrem schnell ausführt.

Prozessor

In den modernen Computern erfolgt fast immer eine Zusammenfassung von Steuerwerk und Rechenwerk zu einer Funktionseinheit, die als Prozessor bezeichnet wird. Dies hat zwei Gründe:

- Weil Steuerwerk und Rechenwerk über teilweise identische Bauteile verfügen, lag es aus Kostenersparnisgründen nahe, sie nur noch einmal zu produzieren.
- Durch die Zusammenfassung wird eine Voraussetzung für die Miniaturisierung (Verkleinerung) des Computers geschaffen.

Interner Arbeitsspeicher

Bei der Verarbeitung müssen sowohl das Programm als auch die dafür notwendigen Daten in der Zentraleinheit verfügbar und schnell zugänglich sein. Deshalb befindet sich dort ein Speicher, der die aktuell benötigten Programme und Daten aufnimmt, aufbewahrt und abgibt. Dieser interne (= innerhalb der Zentraleinheit befindliche) Speicher wird häufig auch **Hauptspeicher** genannt.

Bei der Abarbeitung eines Programms holen Steuerwerk und Rechenwerk Befehle und Daten schrittweise aus dem Hauptspeicher und verarbeiten sie. Die Ergebnisse werden wiederum vorübergehend vom Hauptspeicher aufgenommen.

Der Hauptspeicher besteht aus zwei Teilen:

- RAM-Speicher
- ROM-Speicher

RAM-Speicher

Der größte Teil des Arbeitsspeichers ist der RAM-Speicher (englisch: *Random Access Memory*). In ihm befinden sich die laufenden Programme mit den von ihnen benötigten Daten. Der Inhalt dieses Arbeitsspeichers ändert sich, wenn bei Bedarf ein anderes Programm oder andere Daten geladen werden.

BEISPIEL

Carolin Saager hat gerade einen Geschäftsbrief geschrieben und ausgedruckt. Sowohl das Textverarbeitungsprogramm als auch die Datei mit dem Brief stehen noch im RAM-Speicher. Wenn Herr Mitschke nun mit einem Programm zur Unterstützung der Warenwirtschaft am selben Computer arbeiten möchte, dann werden die Textdatei und das Textverarbeitungsprogramm im RAM-Speicher überschrieben: Dort ist nun die Warenwirtschaftssoftware gespeichert.

Der RAM-Speicher wird häufig auch als „flüchtiger" Speicher bezeichnet. Nach dem Ausschalten des Computers geht – durch Unterbrechung der Stromzufuhr – der Inhalt dieses Speichers verloren.

ROM-Speicher

Dieser sehr kleine Teil des Arbeitsspeichers verliert seinen Inhalt nicht, wenn der Strom für den Computer abgeschaltet wird. Vom Hersteller sind fest und unveränderbar die zum elementaren Betrieb der EDV-Anlage notwendigen Urinformationen einprogrammiert (Nurlesespeicher = *Read Only Memory*).

BEISPIEL

Carolin Saager schaltet den Computer aus. Damit sind sämtliche Programme und Daten, die im RAM-Speicher standen, verloren. Dazu gehören auch die Programme, die die EDV-Anlage steuern und funktionsfähig machen.

Im ROM-Speicher sind die notwendigsten Befehle fest mithilfe elektronischer Schaltungen installiert, damit der Computer trotz des leeren RAM-Speichers beim Einschalten seine Arbeit wieder aufnehmen kann.

Ausgabegeräte

Die Ergebnisse der Datenverarbeitung werden von der Zentraleinheit in der Regel am Monitor angezeigt oder auf Papier gedruckt.

Monitor

Wird durch den Anwender bzw. durch ein Programm nichts anderes verlangt, werden die Ausgabedaten an den Monitor bzw. Bildschirm geschickt. Dieser arbeitet grundsätzlich wie ein Fernseher. Der Hauptunterschied besteht darin, dass der Computerbildschirm überwiegend stehende Bilder anzeigt. Der Monitor gehört zur Standardausrüstung einer EDV-Anlage, um direkt und schnell Informationen einzusehen.

Es existieren verschiedene Bildschirmtypen, die aber nur in Verbindung mit der richtigen Grafikkarte funktionieren. Die im Computer eingebaute Grafikkarte stellt die Verbindung zwischen Bildschirm und Zentraleinheit her. Der Monitor kann nur das darstellen, was die Karte liefert. Sie bestimmt die Schärfe des Bildschirmbilds, die Geometrie der Zeichen und das Übertragungsverfahren.

Im Monitor wird ein Text oder ein Bild durch verschiedene Punkte erzeugt. Dabei gilt die Regel: Je höher die Auflösung (= Anzahl der Punkte), umso besser die Ausgabequalität.

Touchscreen

Ein Touchscreen stellt eine Kombination aus einem Eingabe- und einem Ausgabegerät dar. Durch einen berührungsempfindlichen Bildschirm lässt sich der Computer durch leichten Druck auf den Bildschirm steuern. Die Interaktion mit dem auf dem Bildschirm angezeigten Programm erfolgt entweder mit einem mitgelieferten Stift (Stylus) oder direkt mit dem Finger. Auch Texte werden so mit einer eingeblendeten Bildschirmtastatur erfasst.

Touchscreens finden vor allem Anwendung bei Tabloids und Smartphones. Sie ersetzen dort Eingabegeräte wie Maus und Tastatur. Durch Verwendung von Touchscreens haben die Hersteller die Möglichkeit, schlanke Geräte zu entwickeln. Auch immer mehr Automaten (z. B. Fahrkartenautomaten) verwenden Touchscreens.

Touchscreen

Drucker[1]

Der Ausdruck auf Papier wird im Unternehmen benötigt, um Ergebnisse in schriftlicher Form zu dokumentieren, zu verteilen und zu archivieren. Soll ein Drucker eingesetzt werden, müssen folgende Leistungsmerkmale beachtet werden:

- Druckqualität
- Druckgeschwindigkeit
- Zeichenvorrat (Anzahl der verschiedenen Schriftarten und -größen)
- Papierarten und -größen
- Kosten pro Seite
- Belastungsfähigkeit

Interne und externe Einheiten

Bei der Hardware einer EDV-Anlage unterscheidet man:

- **interne Einheiten**
  Darunter versteht man die Zentraleinheit mit ihren Komponenten.
- **externe Einheiten**
  Externe Einheiten sind die sogenannten **Peripheriegeräte**. Dies sind alle Komponenten einer EDV-Anlage, die sich am Rande (= an der Peripherie) – und damit außerhalb – der Zentraleinheit befinden. Dazu zählen die Eingabe- und die Ausgabegeräte sowie die externen Speicher.

BEISPIEL

Herr Mitschke erklärt Carolin Saager den Aufbau der Hardware: „Das ganze EDV-System ist mit einem Unternehmen vergleichbar. Das Steuerwerk ist der Chef, der entscheidet, was zu tun ist und Aufgaben an die ihm unterstellten Mitarbeiter delegiert. Das Rechenwerk

1 siehe Kap. 3.16

ist der Malocher, der die Hauptarbeit macht. Der Hauptspeicher entspricht dem Lager. Die Eingabegeräte sind die Außendienstmitarbeiter, die die Aufträge für das Unternehmen besorgen. Ausgabegeräte entsprechen der Transportabteilung, die die Ware an die Kunden ausliefert."

Externe Speicher[1] dienen der langfristigen Aufbewahrung von Daten sowie der Speicherung großer Datenmengen, die nur bei Bedarf in den Arbeitsspeicher übertragen werden. Die externen Speicher können folgendermaßen eingeteilt werden:

- magnetische Speicher (Magnetstreifenkarten, externe Festplatte, Microdrive)
- optische Speicher (verschiedene CD- und DVD-Arten)
- elektronische Speicher (Chipkarten, Speicherkarten)

Die **Maßeinheit** für das Fassungsvermögen (Kapazität) von Speichermedien ist das Byte. Ein Byte entspricht einem Zeichen, das gespeichert werden kann.

1 Kilobyte = 1 KB = 1024 Byte
= etwas mehr als 1000 Zeichen
1 Megabyte = 1 MB = 1024 KB
= etwas mehr als 1 Million Zeichen
1 Gigabyte = 1 GB = 1024 MB
= etwas mehr als 1 Milliarde Zeichen

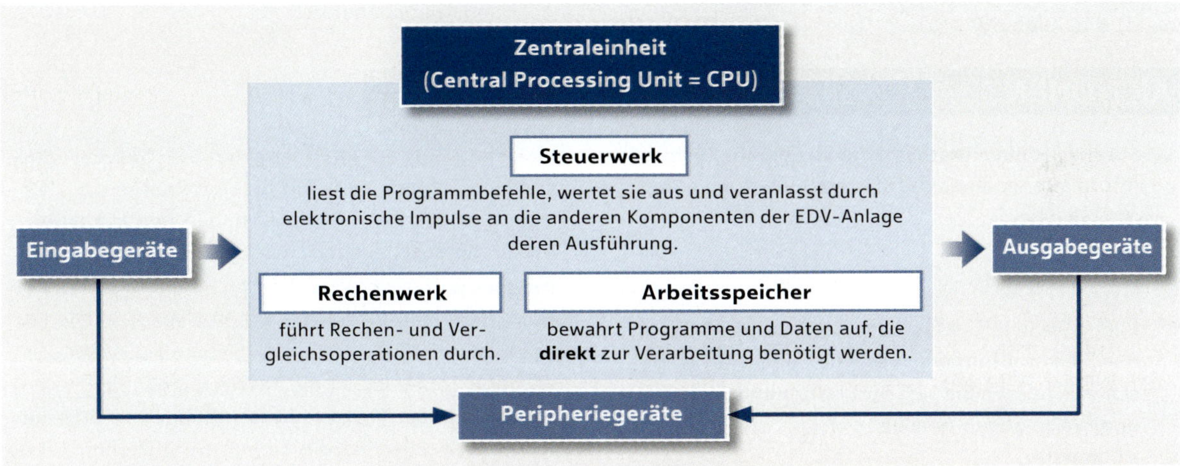

AUFGABEN

1. Über welche Tastengruppen verfügt die Tastatur?
2. Woran erkennt man eine deutsche Tastatur?
3. Untersuchen Sie, mit welchen Tasten die folgenden Aufgaben erfüllt werden:
   a) Erzeugen von Großbuchstaben
   b) Bestätigung der Eingabe und Zeilenvorschub
   c) Cursor (Leuchtmarke) wird um eine Zeile nach oben bewegt.
   d) Ein Text wird um eine Seite zurückgeblättert.
4. Erläutern Sie die Aufgaben der folgenden Tasten:
   a) Esc
   b) Entf
   c) Enter
5. Welche Vorteile bzw. Nachteile hat das Eingabegerät Maus gegenüber der Tastatur?
6. Was ist ein Prozessor?
7. In einer Computerfachzeitschrift findet Carolin Saager zwei Anzeigen für Personal Computer. PC 1 hat eine durchschnittliche Taktrate von 1,4 GHz, PC 2 hat 3,2 GHz. Herr Mitschke erklärt ihr, dass GHz die Abkürzung für Gigahertz ist. Ein Gigahertz bedeutet, dass der Taktgeber des Steuerwerks eine Milliarde kleiner Teilbefehle pro Sekunde abarbeitet. Welcher Computer ist für eine schnelle Programmausführung am besten geeignet?
8. Entscheiden Sie, ob die im Folgenden angesprochenen Programme und Daten im ROM- bzw. RAM-Speicher liegen.
   a) Herr Frank arbeitet mit einem Finanzbuchführungsprogramm.
   b) Frau Adam schreibt mithilfe eines Textverarbeitungsprogramms einen Geschäftsbrief.

1 siehe Kap. 2.22

c) Nachdem Carolin Saager morgens den Computer eingeschaltet hat, überprüft dieser programmgesteuert sich selbst auf seine Funktionsfähigkeit.
d) Mithilfe eines Tabellenkalkulationsprogramms kalkuliert Frau Zahn die Verkaufspreise einer neuen Warengruppe. Die Zwischenergebnisse werden im Computer gespeichert.

9. Wodurch unterscheiden sich interne und externe Speicher?

10. Wie viele Zeichen bewahren Speicher auf mit einer Kapazität von
a) 2 Gigabyte,
b) 1,4 Megabyte,
c) 600 Megabyte,
d) 640 Kilobyte?

11. Entscheiden Sie, ob es sich in den folgenden Fällen um ein Eingabegerät, Ausgabegerät oder einen externen Speicher handelt.
a) Maus
b) Bildschirm
c) DVD
d) Tastatur
e) Drucker
f) Festplatte

12. Welche der folgenden Aussagen sind richtig?
a) Der Prozessor ist eine Zusammenfassung von Steuerwerk und Arbeitsspeicher.
b) Der Arbeitsspeicher ist teurer als ein externer Speicher. Daher hat er nur eine begrenzte Kapazität.
c) Der RAM-Speicher dient zur langfristigen Aufnahme von Programmen und Daten.
d) Externe Speichergeräte sind zugleich Eingabe- und Ausgabegeräte.

AKTIONEN

1. Führen Sie eine Internetrecherche durch. Suchen Sie Informationen über Begriff und Bedeutung von:
a) USB-Stick
b) DVD
c) Blu-ray Disc

2. Bilden Sie in Ihrer Klasse mehrere Gruppen. Erkunden Sie jeweils unterschiedliche Computerfachgeschäfte. Lassen Sie sich dort Informationsmaterial und Preise geben für einen
• Computer,
• Drucker,
• Monitor,

die zum Zeitpunkt der Erkundung als Standard angesehen werden.

a) Werten Sie die Informationsmaterialien aus. Klären Sie mithilfe des Buchs und des Internets unbekannte Fachbegriffe.
b) Werten Sie Produktmerkmale und Preise aus. Entscheiden Sie sich für ein Gerät und begründen Sie dies.

3. Lesen Sie den Text und klären Sie die Fragen:
a) Welche Leistungsgrößen sind momentan Standard bei den verschiedenen Bestandteilen eines Computersystems?
b) Was bedeuten die Leistungsgrößen?

Festplatte
Mindestens 200 GB (1 Gigabyte = 1 Milliarde Byte) sollte der Datenspeicher beim Normal-PC fassen, für Spiele und Multimedia sind deutlich mehr als 320 GB angebracht, denn Animationen und Klänge brauchen viel Platz. Oft ist in Prospekten ein Geschwindigkeitswert angegeben: 5400 Umdrehungen pro Minute sind ausreichend; 7200 haben deutlich lautere Arbeitsgeräusche, ohne wesentlich mehr zu bringen.

Prozessor
Das „Hirn" des PC ist der Hauptprozessor. Die bedeutendsten Anbieter sind derzeit Intel und AMD. Die wichtige Zahl dazu ist die Taktfrequenz. Sie gibt an, wie schnell der Prozessor Informationen verarbeitet: Megahertz (MHz) ist die Einheit für Millionen Takte pro Sekunde, Gigahertz (GHz) steht für Milliarden Takte pro Sekunde. Je höher die Zahlen, desto schneller und teurer ist der Prozessor. Üblich sind Werte ab deutlich mehr als 2000 Megahertz (2 GHz). Zum Prozessor erhält der Rechner das passende „Mainboard". Das ist die Hauptplatine mit den grundlegenden PC-Elementen.

Arbeitsspeicher
Der eigentliche Arbeitsspeicher des Computers heißt RAM (kurz für *Random Access Memory*). Hier werden Daten kurzfristig gespeichert, während der Rechner angeschaltet ist. Je größer der Speicherwert ist, desto leichter und schneller kann der PC arbeiten.

DVD-/CD-ROM-Laufwerk
Der Multimedia-PC sollte einen Brenner enthalten, mit dem sich Videos und Musik auf CD- oder DVD-Rohlingen speichern lassen. Das kann auch beim Normal-PC zur Datensicherung sinnvoll sein. Verwirrend sind die Angaben zur Geschwindigkeit, z. B.: 48x/24x/12x. Die erste Zahl bezeichnet, wie schnell die CD gelesen werden kann, die zweite und dritte stehen für die Geschwindigkeit beim Brennen.

ZUSAMMENFASSUNG

Hardware

Interne Einheiten

- sind für die eigentliche Verarbeitung zuständig.
- befinden sich innerhalb der Zentraleinheit (CPU).

Prozessor

Steuerwerk

= leitendes Bauteil in der EDV-Anlage.

Rechenwerk

= arbeitendes Bauteil in der EDV-Anlage.

Arbeitsspeicher

Aufbewahrung der zur aktuellen Verarbeitung nötigen Programme und Daten

RAM-Speicher

flüchtiger Speicher mit wechselndem Inhalt

ROM-Speicher

fest vorgegebener, unveränderbarer Inhalt

Externe Einheiten

- werden auch Peripheriegeräte genannt.
- befinden sich außerhalb der Zentraleinheit (CPU).

Eingabeeinheiten

Mit der Tastatur oder Maus werden Daten bzw. Befehle erfasst und an die Zentraleinheit weitergegeben.

Ausgabeeinheiten

Über Bildschirm oder Drucker werden die Ergebnisse der Datenverarbeitung zum Anwender ausgegeben.

Externe Speicher

Langfristig werden Daten auf verschiedenen Arten von Festplatten, CDs, DVD-Medien, Magnetbändern gespeichert.

2.6 Wir verwenden EDV-Programme

Einstieg

Carolin Saager informiert sich in einem einführenden Fachbuch über Programme:

Ein Busfahrer soll Personen von einer bestimmten Stelle abholen, mit ihnen eine Fahrt mit vorgegebener Route unternehmen und sie wieder zurückbringen.

Man kann diesen Fahrer mit dem Betriebssystem vergleichen, denn er erhält eine Anweisung (Programm), verarbeitet Daten, holt Fahrgäste ab und folgt dabei der Fahrtroute. Wenn auf der Strecke irgendetwas Unvorhergesehenes passiert, dann ergreift er bestimmte Maßnahmen, z.B. wechselt er ein Rad und stellt Warnsignale auf, hält vorschriftsmäßig an jeder Ampel usw.

Das Betriebssystem hat ähnliche Aufgaben. Wenn das Programm bereits in den Speicher geladen ist, tritt das Betriebssystem in Aktion. Es sorgt für den einwandfreien Ablauf des Programms, steuert das Holen der Daten von den Speichern und gibt Fehlermeldung bei jeder unvorhergesehenen Situation. Das Betriebssystem hat also überwachende und kontrollierende Aufgaben – sowohl für das Programm, die sogenannte Software, als auch für die Funktionsfähigkeit der Technik, also des Computers und der externen Geräte, der sogenannten Hardware.

1. Stellen Sie fest, was ein Betriebssystem ist.
2. Führen Sie auf, welche anderen Programme es neben Betriebssystemen noch gibt.

INFORMATIONEN

Der Betrieb von EDV-Anlagen erfordert das Zusammenwirken von Hardware, Daten und Programmen. Ein Programm (bzw. eine Programmdatei) ist eine Abfolge von Anweisungen an den Computer zur Lösung einer vollständigen Aufgabe. Es werden zwei große Gruppen von Programmen unterschieden:

- **Systemprogramme (Betriebssystem/Systemsoftware)**
  Die Betriebssystem genannten Systemprogramme sind für den Betrieb einer EDV-Anlage unerlässlich, gehen aber nicht auf die verschiedenen besonderen Aufgabenstellungen der einzelnen Benutzer ein. Das Betriebssystem umfasst alle für die Steuerung des betreffenden Computers zur Verfügung gestellten Programme.
- **Anwenderprogramme (Anwendungssoftware)**
  Die Anwendungssoftware besteht aus Programmen, die speziell für bestimmte Branchen oder anfallende Probleme des Benutzers erstellt wurden.

Betriebssystem

Unter dem Begriff *Betriebssystem* werden alle Programme zusammengefasst, die für die Funktionsfähigkeit einer EDV-Anlage unbedingt notwendig sind. Die Systemsoftware – so werden Betriebssysteme häufig auch genannt – steuert das ganze EDV-System. Dabei erfüllt das Betriebssystem folgende Aufgaben:

- Es koordiniert die verschiedenen internen und externen Hardwarebestandteile des Computers.
- Es steuert und überwacht die Abwicklung von Programmen.
- Es ist das Bindeglied zwischen der EDV-Anlage im Ganzen und dem Anwender.

BEISPIEL

Ohne ein Betriebssystem läuft in der EDV-Anlage nichts. Ähnlich der Infrastruktur einer Großstadt mit Bussen und Bahnen, der Müllabfuhr und der Feuerwehr ist das Betriebssystem der organisatorische Unterbau für das Zusammenspiel aller Elemente des Computers wie Prozessor, Hauptspeicher, Tastatur, CD-ROM-Laufwerke usw. Es koordiniert und verwaltet diese Betriebsmittel. Es stellt aber auch seine Dienste dem Anwender und der von ihm benutzten Software zur Verfügung, damit Daten gelöscht, kopiert, ein- und ausgegeben, angezeigt und berechnet werden können.

Tätigkeiten eines Betriebssystems

Typische Arbeiten eines Betriebssystems sind:

- **Startprozedur**
  Ein kleines, im nicht löschbaren ROM-Speicher installiertes Betriebssystemteil sorgt dafür, dass alle zum

Betrieb der EDV-Anlage notwendigen Systemsoftwarebestandteile nach dem Einschalten des Computers von einem externen Speicher in den flüchtigen RAM-Speicher gebracht werden.

- **Überwachung der Programmausführung**
  Das Betriebssystem sucht sich die angeforderten Programme und Befehle, führt sie aus und überwacht deren einwandfreie Funktion. Bei Fehlern des Programmablaufs wird vom Betriebssystem eine entsprechende Meldung auf dem Bildschirm ausgegeben.
- **Einrichtung und Verwaltung des externen und internen Speicherplatzes**
  Das Betriebssystem sorgt für das Ablegen, Verändern und Löschen von Daten und Dateien in allen Speichern. Auch deren Wiederauffinden vom Benutzer wird durch die Systemsoftware ermöglicht.
- **Verwaltung der Bestandteile der Zentraleinheit**
  Das Betriebssystem ist für die Ablaufsteuerung sämtlicher Vorgänge in der Zentraleinheit zuständig.
- **Peripherieverwaltung**
  Das Betriebssystem kümmert sich um die korrekte Bedienung der einzelnen Peripheriegeräte. Die Systemsoftware dient also auch dem Zusammenspiel zwischen der Zentraleinheit und den angeschlossenen Geräten wie Tastatur, Maus, Drucker usw. Sie gewährleistet, dass alle Daten an die gewünschten Stellen gesendet oder von dort abgerufen werden können und dies mit der richtigen Geschwindigkeit geschieht. Für bestimmte Geräte erforderliche Steuerzeichen werden abgegeben bzw. empfangen. Übernommen wird auch die Benutzerverwaltung.

Programmbestandteile des Betriebssystems

Steuerprogramme

- sorgen für das ordnungsgemäße Zusammenspiel aller Hardware- und Softwareelemente.
- verwalten Anwenderprogramme, Zentraleinheit und Peripherie.

Übersetzungsprogramme

- ermöglichen die Übersetzung der in einer Programmiersprache geschriebenen Anwenderprogramme in eine der EDV-Anlage verständliche Form.

Dienstprogramme

- ergänzen und verbessern das eigentliche Betriebssystem.
- werden oft von den Herstellern als Sonderprogramme angeboten.
- erleichtern häufig wiederkehrende Aufgaben wie Sortieren, Mischen usw.

Grafische Benutzeroberfläche

Fast alle Betriebssysteme enthalten heute grafische Benutzeroberflächen, die die Arbeit mit der Systemsoftware erleichtern sollen. Sie dienen einerseits dazu, eine früher nötige Kommandosprache zu vermeiden, andererseits, den Bildschirm übersichtlicher zu gestalten. Statt mit einer komplizierten Befehlssyntax arbeiten sie mit einleuchtenden **Icons**. Icons sind Symbolbilder, die zur Benutzerführung in Programmen verwendet werden. Sie sind vergleichbar mit den Bildern (Piktogrammen) auf Flughäfen und Bahnhöfen, die den Weg zu Gepäckschließfächern oder Fahrkartenschaltern weisen.

Ein Zeiger auf dem Bildschirm wird per Maus auf das passende Icon gelenkt und ein Tastendruck löst den entsprechenden Befehl aus.

BEISPIEL

Besitzt man im Ausland keine Fremdsprachenkenntnisse, kommt man oft auch mit der Zeichensprache weiter.

Grafische Benutzeroberflächen sind also eine Technik zur Erleichterung der Computerbedienung. Der Benutzer kann damit sehr einfach Programme, Dienste oder Funktionen aufrufen. Grafische Benutzeroberflächen sind übersichtlich aufgebaut und können je nach Programm mehrere Funktionsbereiche enthalten, z. B.:

- Menüleisten
- Symbolleisten
- Funktionsleisten
- Statusleisten
- Taskleisten
- Bildlaufleisten

BEISPIELE

Grafische Benutzeroberflächen gibt es sowohl in Systemprogrammen als auch in Anwendungsprogrammen.

Die grafische Benutzeroberfläche im Betriebssystem Windows 10

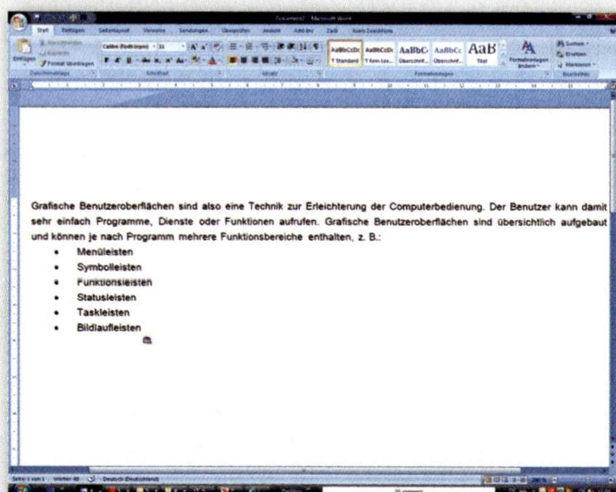

Die grafische Benutzeroberfläche im Anwendungsprogramm MS-Word

Wichtige Betriebssysteme

Auf der absoluten Mehrheit der Desktop-PCs sind Windows-Betriebssysteme der Firma Microsoft installiert. Auch bei den Notebooks sind sie führend. Alle Windowsversionen sind komfortable Betriebssysteme mit integrierter Benutzeroberfläche. Die neueste Windowsversion ist Windows 11[1].

Mit weitem Abstand Nummer zwei bei den Betriebssystemen im Desktop- und Notebookbereich ist Mac OS X der Firma Apple. Dieses Betriebssystem gilt als besonders komfortabel und leicht bedienbar. Es gibt jedoch vergleichsweise wenig Anwendungsprogramme.

Das Betriebssystem Linux fristet bei normalen PCs eher ein Nischendasein, hat aber große Bedeutung bei Servern und in Rechenzentren. Linux ist kostenlos und wird von vielen Programmierern im Rahmen der Open-Source-Bewegung gemeinsam entwickelt. Einen Riesensprung hat Linux mit dem Aufkommen von Tabloids und Smartphones gemacht. Diese laufen weitgehend mit dem Betriebssystem Android. Android als Betriebssystem für mobile Geräte ist eine Abart von Linux, die der Internetkonzern Google entwickelt und zur Verfügung gestellt hat.

Der Markt für mobile Geräte steckt in einem Wandlungsprozess von ungeheurem Ausmaß. Mit Smartphones und Tabloids lässt sich heute vieles erledigen, wozu man früher zwingend ein Desktopgerät oder zumindest ein Notebook benötigte.

Weitere Betriebssysteme sind UNIX und Novell (für vernetzte Computer).

Anwendungssoftware

Zur Anwendungssoftware zählen die Programme, die der Lösung spezieller Probleme und Aufgabenstellungen dienen.

BEISPIEL

Wenn Carolin Saager

- einen Geschäftsbrief mit einem Textverarbeitungsprogramm erstellt,
- einen Verkaufspreis mithilfe eines Tabellenkalkulationsprogramms berechnet,
- sich durch eine Warenwirtschaftssoftware die Liste der am besten verkauften Artikel ausdrucken lässt,
- auf ihrem privaten Computer zu Hause zum Zeitvertreib ein Computerspiel ausprobiert,

1 siehe Kap. 2.7

dann benutzt sie in jedem Fall ein Anwendungsprogramm, das sie bei der Lösung ihres jeweiligen Problems unterstützt.

Bei der Beschaffung von Anwendungssoftware gibt es zwei grundlegende Möglichkeiten:

- **Eigenerstellung von Anwendungsprogrammen**
  Ein Unternehmen beauftragt programmiererfahrene Mitarbeiter oder die Programmierer eines Softwarehauses, für die Lösung der speziellen Probleme des Unternehmens eigens ein Programm zu schreiben. Solche Programme werden Individualprogramme genannt.

BEISPIEL

Die Hoffmann KG lässt sich vom Softwarehaus Kommerz-Software GmbH die Software für das EDV-gestützte Warenwirtschaftssystem erstellen. Dort wird ein Team von 20 Programmierern für ein Jahr an diese Aufgabe gesetzt.

- **Kauf bewährter Standardprogramme**
  Standardprogramme sind fertige Programme, die für Aufgabenstellungen gedacht sind, die in vielen Betrieben gleichartig auftreten. Diese zum Kauf angebotenen Programme sind also auf Allgemeingültigkeit und vielseitige Nutzung hin ausgelegt.

BEISPIEL

Die Hoffmann KG kauft das schon in 240 anderen Unternehmen installierte Programm „L-WWS".

In der Unternehmenspraxis setzt sich zunehmend der Kauf von Standardsoftware durch. Die Vorteile solcher Programme sind:

- **geringe Anschaffungskosten**
  Die Programmierkosten verteilen sich auf die vielen Käufer.
- **Zeitersparnis**
  Die Zeit für die Einführung, die Anpassung und das Testen eines ausgereiften Standardprogramms ist in der Regel wesentlich geringer als die Zeit für die Neuentwicklung eines Programms.
- **ausgereifte Programme**
  Der Käufer von Standardprogrammen kauft Software, die vielfach installiert und damit weitgehend erprobt ist. Die Wahrscheinlichkeit, dass das Programm Fehler enthält, ist dadurch relativ gering geworden.

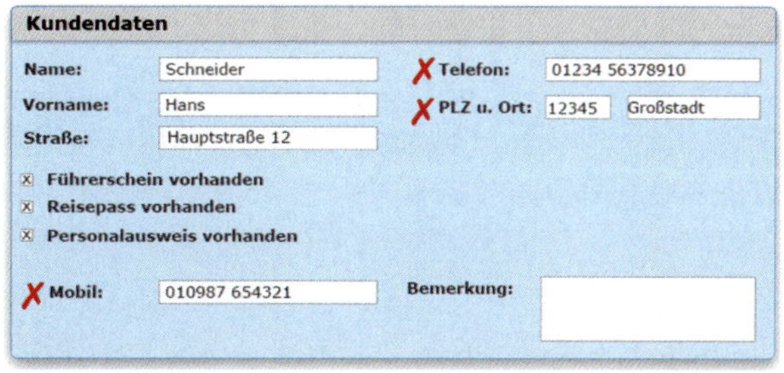

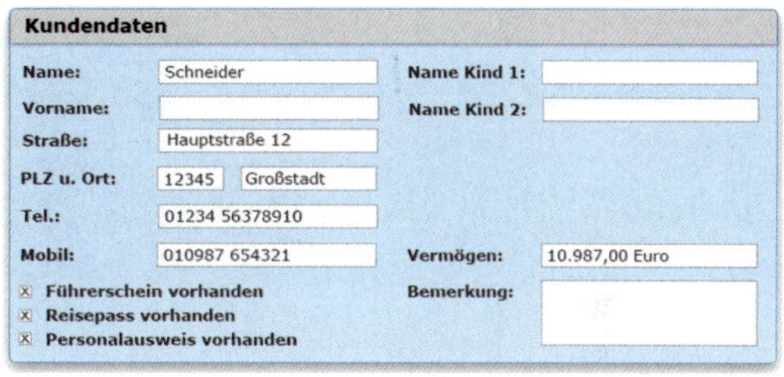

Bei der Anschaffung von Programmen ist auf deren softwareergonomische Gestaltung zu achten. Ein Beispiel für fehlende (oben) bzw. vorhandene Softwareergonomie in zwei ERP-Systemen: Oben ist das „PLZ/Ort"-Feld abseits anderer Adressfelder wie „Straße" platziert. Auch das „Mobil"-Feld liegt entfernt vom „Telefon"-Feld. Die Positionierung des „PLZ/Ort"-Feldes ist für eine Aufgabe, in der man nur Adressdaten eingibt, ungeeignet. Die Anordnung verursacht beim Navigieren mit der Tab-Taste von Feld zu Feld einen deutlich erhöhten Navigationsaufwand. Das visuelle Auffinden des „PLZ/Ort"-Feldes ist durch dessen Anordnung erschwert.

Nur wenn angebotene Standardprogramme wenig geeignet erscheinen, den betriebsindividuellen Anforderungen Rechnung zu tragen, ist eine Eigenerstellung der Programme zu empfehlen. Diese ermöglichen eine optimale Anpassung an die jeweilige Bedingungslage.

Apps – Anwendungsprogramme für Mobilgeräte

Apps ist eine Abkürzung für *Application Software* (Anwendungssoftware). Unter Apps versteht man die Anwendungen, die man als Zusatzprogramme auf Smartphones oder Tablet-Computer installieren kann, um damit deren Funktionsumfang zu erweitern.

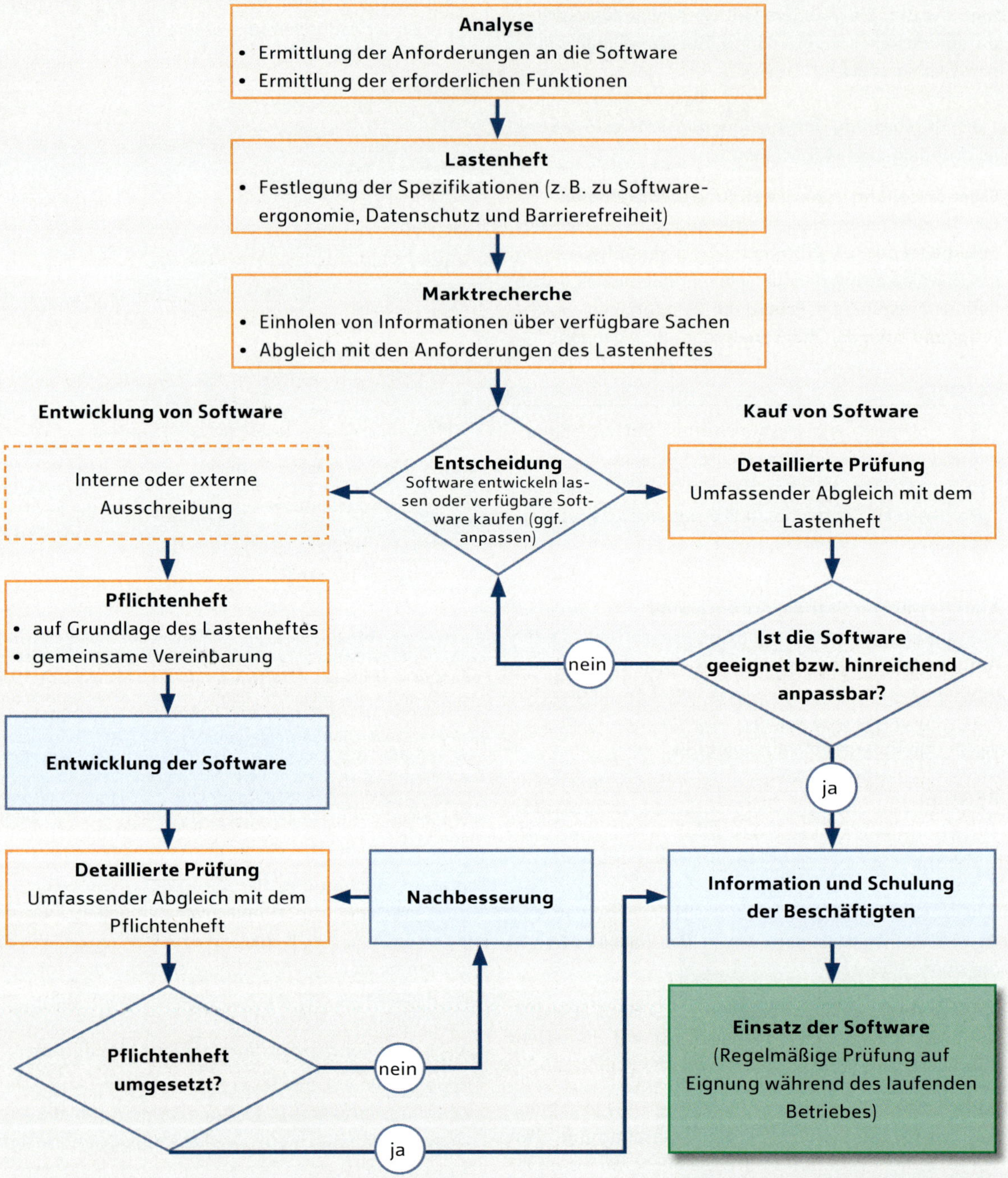

Quelle: Deutsche Gesetzliche Unfallversicherung e. V. (DGUV): Vorgehen im Beschaffungsprozess. In: DGUV Information 215–450. Softwareergonomie. April 2021. Seite 81. https://publikationen.dguv.de/widgets/pdf/download/article/3046 [08.08.2022].

Vorgehensweise bei der Anschaffung von Software im Unternehmen

AUFGABEN

1. Wodurch unterscheiden sich Anwendungsprogramme von Betriebssystemen?

2. Erläutern Sie die Aufgaben eines Betriebssystems.

3. Nennen Sie die wichtigsten Betriebssysteme bei Personal Computern.

4. Aus welchen Programmbestandteilen besteht ein Betriebssystem?

5. Erklären Sie die Begriffe
   a) Individualprogramme,
   b) Standardprogramme.

6. Die Lebensmittelgroßhandlung Schröter OHG plant den Kauf eines Standardprogramms für die Finanzbuchhaltung.
   Erläutern Sie die Vorteile und Nachteile einer solchen Software im Vergleich zu Individualprogrammen.

7. Welche der folgenden Aussagen sind falsch?
   a) Anwenderprogramme werden in der Regel vom Hersteller des Computers mitgeliefert, da sie in jedem Fall an die Hardware angepasst werden müssen.
   b) Ein Programm besteht aus einer geordneten Folge von Befehlen.
   c) Betriebssysteme bestehen nur aus Dienstprogrammen.
   d) Bei eigenerstellter Software kann auf die besonderen Problemstellungen des Anwenders eingegangen werden.
   e) Software ist ein anderer Begriff für Betriebssystem.

8. Entscheiden Sie, ob in den folgenden Fällen Anwendungssoftware oder Systemsoftware (Betriebssystem) verwendet wird.
   a) Carolin Saager kopiert zwei Dateien auf eine CD.
   b) In der Lohn- und Gehaltsbuchhaltung wird die Gehaltsliste ausgedruckt.
   c) Herr Mitschke lässt sich am Bildschirm das Inhaltsverzeichnis der Festplatte ausgeben.
   d) Frau Adam überweist eine Lieferantenrechnung vom Computer aus.

9. Erläutern Sie, warum man Betriebssysteme als Bindeglied zwischen Hardware und Anwendungssoftware bezeichnet.

10. Katarzyna Lindemann behauptet, dass jeder Computer auch ohne ein funktionsfähiges Programm arbeitet. Carolin Saager erläutert, dass ein solcher Computer völlig nutzlos sei.
    a) Wer von beiden hat recht?
    b) Begründen Sie Ihre Meinung.

AKTIONEN

1. a) Erstellen Sie eine kurze PowerPoint-Präsentation, die über die Unterschiede zwischen System- und Anwendungssoftware informiert.
   b) Bereiten Sie sich darauf vor, Ihre Präsentation vorzustellen.

2. Führen Sie eine Internetrecherche zum Thema *Betriebssysteme* durch. Gefunden werden sollen eine Definition, Informationen zu den Aufgaben des Betriebssystems und zu den Arten von Betriebssystemen.

ZUSAMMENFASSUNG

Programme in einer EDV-Anlage

Betriebssysteme
- Programme, die das gesamte EDV-System steuern
- Systemsoftware, die die Nutzung der Hardware und der Anwendungsprogramme ermöglicht

Anwenderprogramme
- Programme, die die eigentlichen Probleme der Computerbenutzer lösen
- Software, die für kaufmännische, technische und private Anwendungen erstellt wurde

Standardsoftware
- Programme, die für viele Anwender geschrieben wurden
- fertige und zum Kauf angebotene Software, die auf vielseitige Nutzung hin ausgelegt ist

Individualsoftware
- Programme, die vom Anwender selbst oder eigens für ihn geschrieben wurden
- Software, die auf die besonderen Problemstellungen der Computerbenutzer eingeht

2.7 Wir arbeiten mit dem Betriebssystem Windows

Einstieg

In der Berufsschule trifft Carolin Saager Sarah Sommer vom Versandhandelsunternehmen Grotex GmbH.

Die Grotex GmbH hat das Anwenderprogramm Sage KHK-Auftragsbearbeitung auf einer CD geliefert bekommen. Sarah Sommer hat den Auftrag, das Anwenderprogramm auf der Festplatte zu installieren.

Stellen Sie fest, welche Befehle des Betriebssystems Windows sie dazu braucht.

INFORMATIONEN

Anwendungsmöglichkeiten von Betriebssystemen

Ein Betriebssystem ist ein Programm, das die Verbindung zwischen den Benutzern, der Anwendersoftware und der Hardware herstellt. Die Anwender verwenden ein Betriebssystem im Wesentlichen für zwei Zwecke:

- zum Aufrufen ihrer Anwenderprogramme
- zum Ausführen verschiedenster Verwaltungsaufgaben

Anwenderprogramme aufrufen

Anwenderprogramme können nur in Verbindung mit dem Betriebssystem ausgeführt werden. Die Anwenderprogramme wirken nämlich nicht direkt auf die Hardware ein, sondern verwenden das Betriebssystem praktisch als „Übersetzer". Dadurch wird bewirkt, dass unterschiedliche EDV-Anlagen dasselbe Anwenderprogramm verarbeiten können, sofern sie nur über das gleiche Betriebssystem verfügen. Die Eigenschaft, dass Programme ohne Änderungen auch auf anderen Computern eingesetzt werden können, wird *Kompatibilität* genannt.

BEISPIEL

Carolin Saager arbeitet im Computerraum ihrer Berufsschule mit einem Auftragsbearbeitungsprogramm. Das Betriebssystem Windows sorgt dafür, dass das Anwenderprogramm seine Aufgabe – z. B. Eingabe, Verarbeitung, Druckausgabe – erfüllen kann. Das gleiche Auftragsbearbeitungsprogramm ist auch bei der Grotex GmbH im Einsatz, die jedoch Computer eines anderen Herstellers verwendet. Da aber auch hier das Betriebssystem Windows verwendet wird, bereitet dies keine Probleme.

Verwaltungsaufgaben ausführen

BEISPIELE

Das Betriebssystem Windows ermöglicht Herrn Mitschke:

- die Handhabung von Dateien: Es kopiert, löscht, vergleicht Dateien.
- die Handhabung von Festplatten und weiteren Datenträgern
- die Handhabung von Verzeichnissen
- das Sichern der Daten
- das Konfigurieren: Darunter versteht man das Anpassen des Betriebssystems an den PC mit seinen Komponenten und die Anforderungen des Anwenders.

Inbetriebnahme des PC

Kaltstart

Beim Kaltstart wird der PC mit dem Netzschalter eingeschaltet. Es laufen dabei folgende Schritte ab:

1. Computersystem einschalten
Durch das Einschalten wird ein Programm aktiviert, das in einem nicht löschbaren Teil (ROM-Speicher) des Arbeitsspeichers steht.
Dieser BIOS genannte und in der Hardware fest verdrahtete Bestandteil des Betriebssystems sorgt für die automatische Durchführung der weiteren Schritte.

2. Automatischer Einschalt-Diagnose-Test
Die Hardware wird auf Funktionstüchtigkeit überprüft:
- Meldung von Hardwarefehlern

- Identifizierung der am PC anschließbaren Geräte
- Kontrolle des löschbaren Teils (RAM-Speicher) des Arbeitsspeichers

3. Urladen des Betriebssystems
Dies ist die Übertragung der wichtigen Teile des Betriebssystems von einem externen Speicher (Festplatte, CD oder DVD) in den Arbeitsspeicher. Diesen Vorgang nennt man auch *Booten.*

4. Betriebsbereitschaft
Ist der Startvorgang erfolgreich gewesen, meldet sich Windows mit dem Startbildschirm.

Jetzt kann mit dem Betriebssystem gearbeitet und jedes Anwenderprogramm geladen werden.

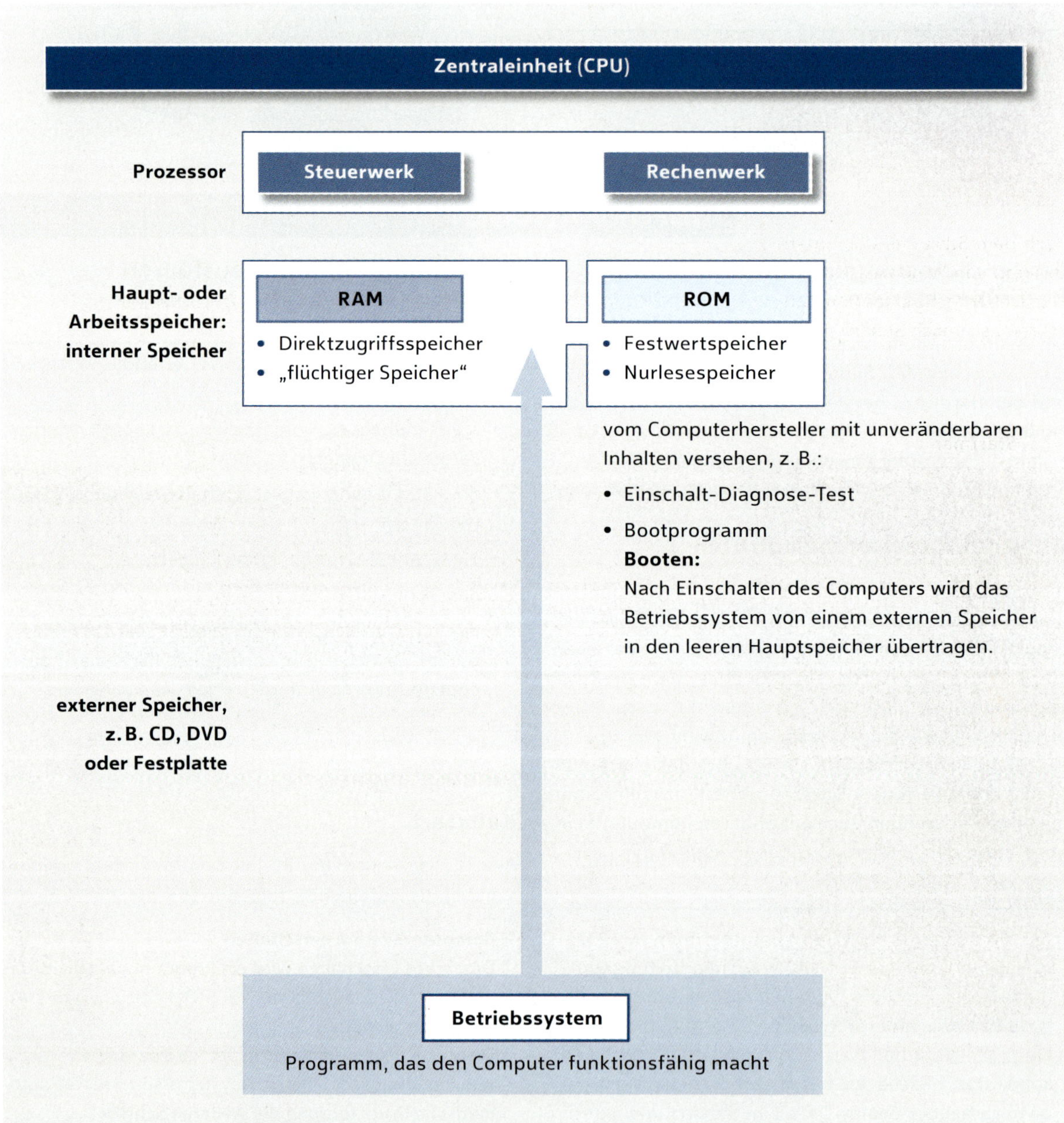

Der typische Aufbau eines Computers

7455174

Betriebssystem Windows

Desktop von Windows

Nach dem Start des Computers erscheint als Erstes, der Desktop von Windows. Ein Desktop ist die grafische Benutzeroberfläche eines Computers, die quasi in Form eines Schreibtisch nach Starten eines Betriebssystems auf dem Bildschirm erscheint. Auf dieser Arbeitsoberfläche findet man alle wichtigen Befehle zum Steuern des Computers und zum Aufrufen von Programmen bzw. Apps.

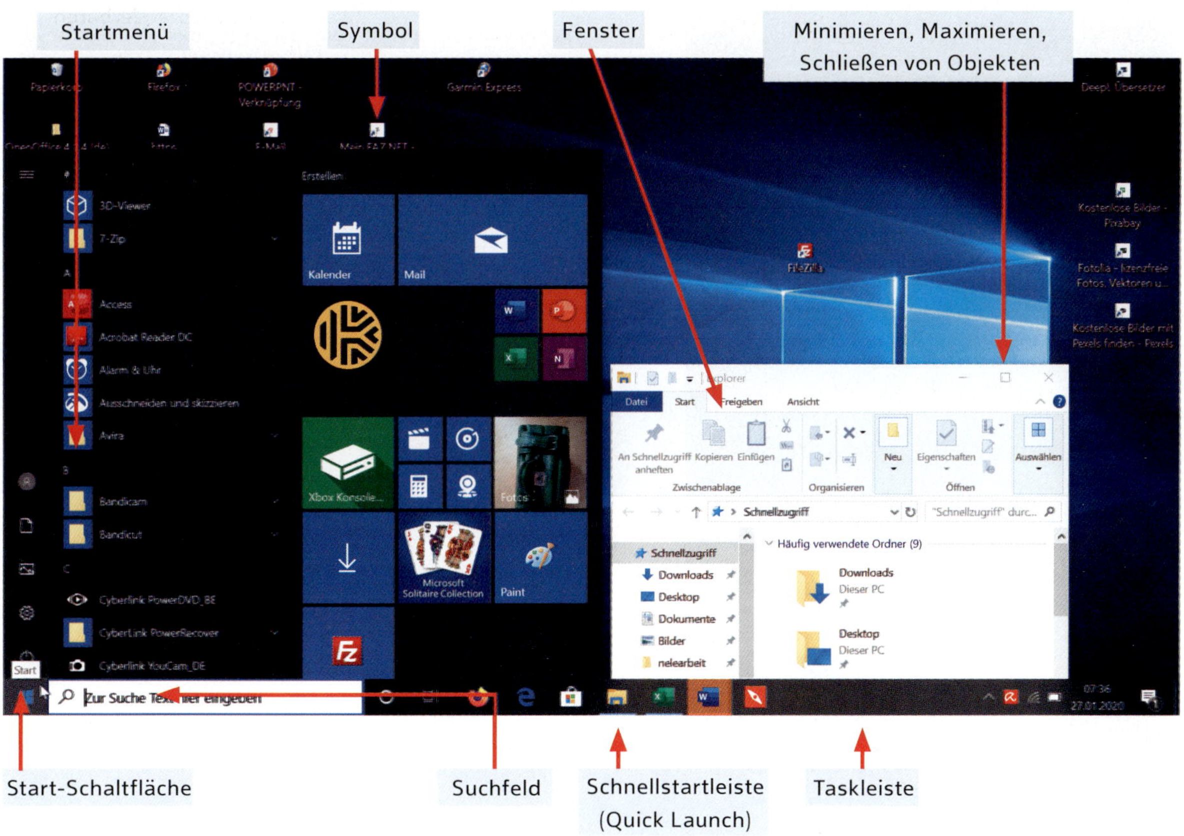

Man kann das Startmenü seinen individuellen Bedürfnissen anpassen.

Dazu klickt man mit der rechten Maustaste die Taskleiste an und wählt im sich dann öffnenden Fenster den Punkt *Taskleisteneinstellungen* an. In dem sich dann öffnenden Feld können verschiedene Einstellungen im Hinblick auf die Bildschirmdarstellung vorgenommen werden.

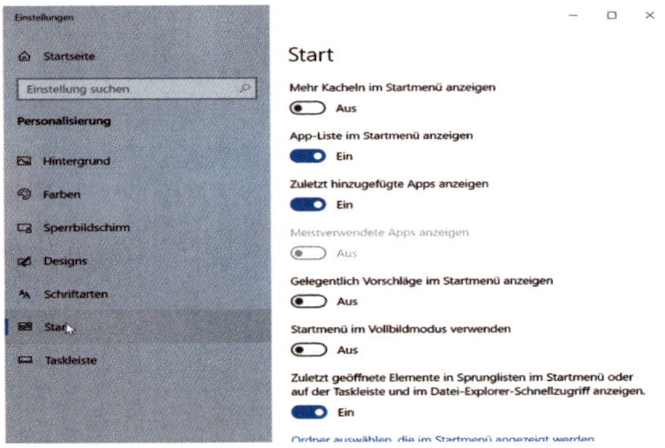

Starten von Programmen

Der normale Weg, Programme[1] aufzurufen, geht über das Startmenü.

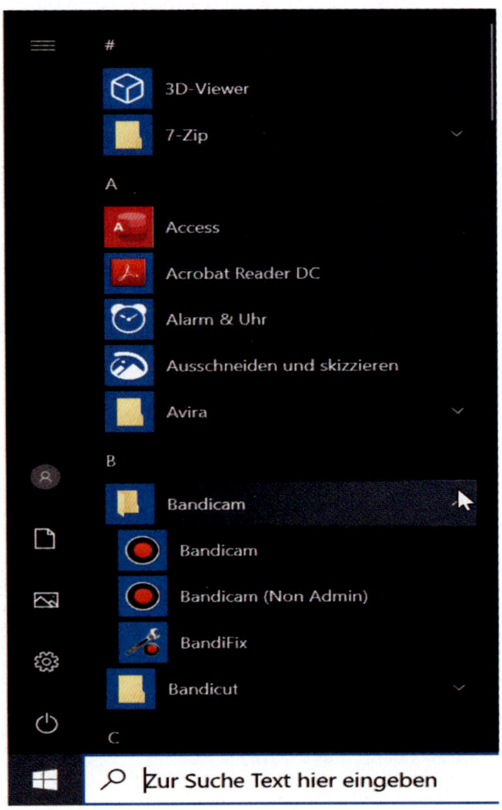

Dort sucht man das gewünschte Programm (bzw. die Programmgruppe oder die gewünschte App). Um das Programm zu starten, wird es angeklickt.

Es gibt jedoch noch schnellere Möglichkeiten des Programmstarts:

- Die zuletzt verwendeten Programme sieht man gleich oben nach Aufruf des Startschalters.
- Jede Art von Information auf dem Rechner kann man mithilfe des Suchfelds auffinden.
- Auf wichtige Programme bekommt man durch die Schnellstartleiste einen Schnellzugriff.
- Programme können auch über Verknüpfungen auf dem Desktop gestartet werden. Verknüpfungen sind das Programm kennzeichnende Symbole auf dem Desktop. Durch Doppelklick auf die Symbole werden die Programme gestartet.

Beenden von Windows

Will man die Arbeit am Computer beenden, öffnet man durch Klick auf die Start-Schaltfläche das Startmenü und klickt in der rechten Leiste auf die Schaltfläche *Herunterfahren*. Durch Anklicken des Pfeilsymbols neben der Schaltfläche hat man weitere Optionen. Man kann den Computer zum Beispiel in einen energiesparenden Ruhezustand versetzen.

1 Bei Windows 11 spricht man statt von Programmen nur noch von Apps

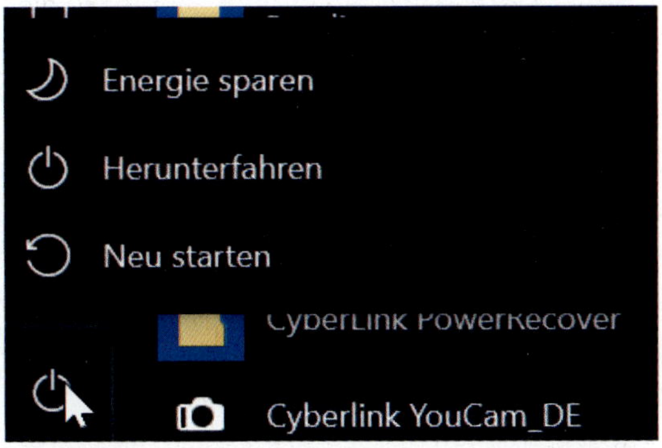

Objekte

Im Mittelpunkt des Windows-Betriebssystems stehen die Bedienung von Objekten und die Organisation des Arbeitsplatzes. Alle Icons (Symbole), die sich auf der Arbeitsoberfläche befinden, stellen Objekte dar. Unter Windows existieren unterschiedliche Objektarten:

- **Dokumentobjekte**
  Diese enthalten z.B. Texte, Tabellen, Zeichnungen, Präsentationen. Sie erhalten in der Regel das Symbol der Anwendung, mit der sie erstellt wurden.
- **Ordnerobjekte**
  Sie dienen der übersichtlichen Darstellung der hierarchischen Dateistruktur. Ordnerobjekte werden standardmäßig durch Ordnersymbole gekennzeichnet und können beliebig viele Objekte enthalten.
- **Verknüpfungen**
  Verknüpfungen sind Verweise auf ein Objekt, durch das man direkten Zugriff auf den Inhalt des verknüpften Programms bekommt. Der Umweg über andere Ordner oder Unterordner bleibt dadurch erspart.
- **Einheitenobjekte**
  Am Bildschirm werden Geräte, wie z.B. Drucker oder Laufwerke, durch entsprechende Symbole dargestellt. Über diese Objekte lassen sich Einstellungen, die die entsprechende Hardware betreffen, vornehmen.
- **spezielle Windows-Objekte**
  Dies sind die Objekte, die Microsoft vorgegeben hat und die sich beim ersten Start des Betriebssystems bereits auf der Arbeitsoberfläche befinden (z.B. der Papierkorb usw.).

Die Objekte, die sich auf der Arbeitsoberfläche befinden sollen, kann man individuell festlegen. Einige Symbole auf der Arbeitsoberfläche von Windows sind jedoch nach der Installation zunächst vorgegeben. Dies sind u.a.:

- **Computer**
  Über dieses Symbol erhält man einen Überblick über alle Laufwerke, die in den Computer eingebaut sind, und deren Inhalt.
- **Papierkorb**
  Hier landen zunächst alle Dateien, die gelöscht wurden. Sie können bei Bedarf jederzeit wieder aus dem Papierkorb geholt werden. Erst nach Ausführen des Befehls *Papierkorb leeren* im Datei-Menü des Papierkorbs sind die Dateien tatsächlich vom Rechner entfernt (physisch gelöscht).

Kontextmenü

Durch Anklicken eines Objekts mit der rechten Maustaste wird das sogenannte *Kontextmenü* aktiviert. Ein Kontextmenü stellt die Befehle zur Verfügung, die jeweils auf das entsprechende Objekt anwendbar sind.

BEISPIEL

Im Beispiel wurde das Kontextmenü des Objekts *Open Office* geöffnet.

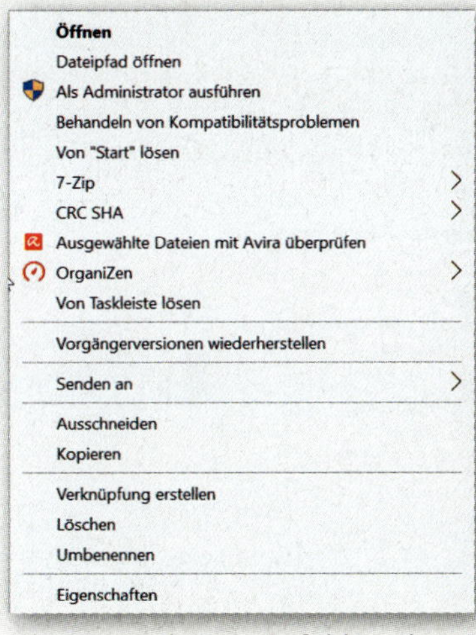

Die angegebenen Befehle, wie z.B. *Öffnen,* können bei der Arbeit mit dem Objekt durchgeführt werden.

Mit Objekten arbeiten

Objekte öffnen

Durch Öffnen eines Objekts kann dessen Inhalt eingesehen und bearbeitet werden. Gleichzeitig wird in der Taskleiste eine Schaltfläche für das geöffnete Objektfenster eingefügt.

1. Möglichkeit: Mit der linken Maustaste auf das Objekt, das geöffnet werden soll, doppelklicken.
2. Möglichkeit: Mit der rechten Maustaste auf das Objekt klicken, dann im Kontextmenü den Menüpunkt *Öffnen* wählen.

Objekte minimieren

Durch Anklicken des Minimierfelds wird ein Fenster vorübergehend geschlossen. Die Schaltfläche des Fensters in der Taskleiste bleibt erhalten und ermöglicht das sofortige Wiederöffnen des Fensters.

Objekte maximieren

Durch Anklicken des Maximierfelds wird jedes Objektfenster auf volle Bildschirmgröße vergrößert.

Fenstergrößen verändern

Durch Anklicken des Teilbildfelds kann man die Fenstergröße verändern.

Objekte schließen

Durch Anklicken des Schließfelds wird ein Fenster definitiv geschlossen.

Objekte löschen

1. Möglichkeit: Das Objekt, das gelöscht werden soll, wird auf das Papierkorbsymbol des Desktops gezogen.
2. Möglichkeit: Ein markiertes (einfach angeklicktes) Objekt kann durch Betätigung der Entf-Taste gelöscht werden.

Windows Explorer

Der Windows Explorer dient im Rahmen von Windows dem Kopieren, Verschieben, Löschen oder Umbenennen von Dateien und Verzeichnissen.

Man startet den Windows Explorer entweder durch Anklicken der Start-Schaltfläche mit der rechten Maustaste und anschließendem Aufruf des Programms oder durch gleichzeitiges Betätigen der Windowstaste und der Taste <E>.

Anschließend öffnet sich das Fenster des Windows Explorers.

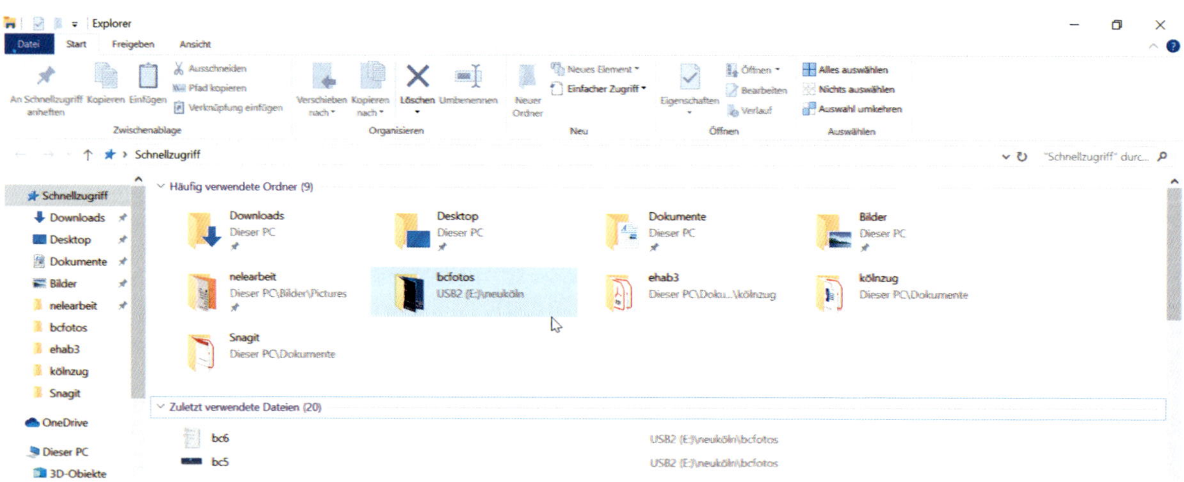

Installierte Programme aufrufen

Es gibt verschiedene Möglichkeiten, installierte Programme mit Windows zu starten.

BEISPIEL

Es soll das Programm Paint gestartet werden, das zum Lieferumfang von Windows gehört. Es befindet sich im Ordner *Zubehör*. Als Datei ist das Programm unter *mspaint.exe* auf der Festplatte C: je nach Windowsversion in einem bestimmten Verzeichnis des Ordners Windows zu finden.

1. Möglichkeit:
Über das Startmenü

- Startmenü aufrufen
- Programme wählen
- Menüpunkt *Zubehör* öffnen
- Paint starten

2. Möglichkeit:
Über das Objekt *Computer*

- Festplatte C: auswählen
- Verzeichnis Windows ansteuern
- entsprechendes Unterverzeichnis wählen
- auf die Datei *mspaint.exe* doppelklicken

3. Möglichkeit:
Über die Dateisuche

- Startmenü aufrufen
- *Suchen* starten
- Namen eingeben
- auf die Datei *mspaint.exe* doppelklicken

4. Möglichkeit:
Über den Explorer

- Explorer aufrufen
- Festplatte C: auswählen
- Verzeichnis Windows ansteuern
- entsprechendes Unterverzeichnis wählen
- auf die Datei *mspaint.exe* doppelklicken

5. Möglichkeit:
Über eine Verknüpfung

- Verknüpfung auf dem Desktop anklicken

6. Möglichkeit:
Über den Startmenüpunkt *Ausführen*

- Startmenü aufrufen
- Menüpunkt *Ausführen* auswählen
- Pfad und Name des Programms eingeben

Zwischenablage

Informationen, die man am Bildschirm nur sehen, aber nicht ausdrucken kann, werden über die Zwischenablage in ein Dokument gebracht, das ausdruckbar ist. Die Zwischenablage ist ein von Windows gebildeter temporärer Zwischenspeicher, über den sich einfach und schnell Daten kopieren bzw. verschieben lassen. Der Datenaustausch kann dabei auch zwischen Dokumenten verschiedener Anwendungen erfolgen.

Der Inhalt der Zwischenablage bleibt so lange erhalten, bis neue Daten in die Zwischenablage gelegt werden oder Windows beendet wird.

Daten in die Zwischenablage übernehmen

ARBEITSABLAUF

- Textteil bzw. Bildausschnitt, der in die Zwischenablage übernommen werden soll, markieren
- mit der rechten Maustaste im Kontextmenü *kopieren* aufrufen

Daten aus der Zwischenablage einfügen

Ein Programm, in das der Inhalt der Zwischenablage eingefügt und anschließend ausgedruckt werden kann, ist Word.

ARBEITSABLAUF

- Cursor an die Stelle des Dokuments, an der der Inhalt der Zwischenablage eingesetzt werden soll, setzen
- mit der rechten Maustaste im Kontextmenü *einfügen* aufrufen

Dateien und Verzeichnisse kopieren und löschen

Kopieren

Die Datei bzw. das Verzeichnis, das kopiert werden soll, wird unter dem Symbol *Computer* (in früheren Windowsversionen war dies der sogenannte *Arbeitsplatz*) oder im Explorer von Windows durch einfaches Anklicken markiert. Anschließend wird der veränderte Mauszeiger bei gedrückter Maustaste auf das gewünschte Laufwerks- oder Verzeichnissymbol gezogen. Mit der Bestätigung der Sicherheitsabfrage ist der Kopiervorgang beendet. Anschließend kann unter *Computer* bzw. im Explorer

Auskunft über den Inhalt eines Datenträgers gegeben, der Erfolg des Kopiervorgangs überprüft werden.

Löschen

Die zu löschende Datei bzw. das zu löschende Verzeichnis wird markiert. Anschließend kann entweder auf der Tastatur die Entf-Taste oder mit der Maus im Kontextmenü der Menüpunkt *löschen* aufgerufen werden. Es erscheint das Dialogfenster mit der Sicherheitsabfrage.

Verknüpfungen

Verknüpfungen ermöglichen einen direkten Zugriff auf Objekte, die nicht unmittelbar auf der Arbeitsoberfläche gespeichert sind. Der Vorteil dabei ist, dass man durch einen Doppelklick auf das Verknüpfungsobjekt sofortigen Zugriff auf den Inhalt des verknüpften Objekts hat. Der zum Teil langwierige Umweg über das Öffnen anderer Ordner und Unterordner bleibt erspart. Verknüpfungen werden in Windows immer durch einen Pfeil in der linken unteren Ecke des Objektsymbols gekennzeichnet.

Erzeugung einer Verknüpfung

ARBEITSABLAUF

- in den Ordner gehen, in dem sich das zu verknüpfende Objekt befindet
- das zu verknüpfende Objekt durch einfaches Anklicken mit der linken Maustaste markieren
- das Kontextmenü öffnen (rechte Maustaste!)
- *Verknüpfung erstellen* anwählen
- das entstandene Verknüpfungssymbol (mit Pfeil!) markieren und mit gedrückter linker Maustaste auf den Desktop (oder in einen anderen gewünschten Ordner) ziehen

AUFGABEN

1. Windows ist ein Betriebssystem.
   a) Was ist ein Betriebssystem?
   b) Wofür benötigen Anwender ein Betriebssystem?
2. Welche Schritte laufen bei der Inbetriebnahme eines PC ab, bis die Betriebsbereitschaft erreicht ist?
3. Erläutern Sie die Begriffe:
   a) ROM-Speicher
   b) RAM-Speicher
   c) Booten
   d) Betriebsbereitschaft
4. Herr Mitschke möchte wissen, welche Dateien sich im Hauptverzeichnis der Festplatte befinden. Wie wird die Ausgabe des Inhaltsverzeichnisses der Festplatte bewirkt?
5. Katarzyna Lindemann möchte die Datei *Warenwir.bas* aus dem Verzeichnis *Test* in das Verzeichnis *WWS* kopieren. Wie muss sie vorgehen?
6. Wie kann die Datei *Birk.dat* in dem Verzeichnis *Kunden* gelöscht werden?
7. Carolin Saager arbeitet mit dem Kontextmenü.
   a) Erläutern Sie diesen Begriff.
   b) Wie wird das Kontextmenü aufgerufen?
8. Welche Aufgabe haben die Symbole
   a) Computer,
   b) Papierkorb
   auf der Arbeitsoberfläche?
9. Herr Mitschke hat den Windows Explorer aufgerufen. Welche Aufgaben hat der Explorer?
10. Beschreiben Sie, wie Daten über die Zwischenablage zwischen verschiedenen Programmen ausgetauscht werden können.
11. Welche Aufgaben haben Verknüpfungen?

7455180

AKTIONEN

1. Rufen Sie den Windows Explorer auf.

   Legen Sie auf der Festplatte C: (oder in dem Ihnen zur Verfügung gestellten Verzeichnis) ein Verzeichnis mit Namen *Test* an.

   Kopieren Sie eine Datei in das Verzeichnis *Test*.

   Kopieren Sie diese Datei in ein anderes Verzeichnis.

   Löschen Sie die Datei in den beiden Verzeichnissen.

   Beenden Sie die Arbeit mit dem Betriebssystem.

2. Momentan werden vor allem die Windows-Versionen 10 und 11 verwendet. Eine Auflistung der Unterschiede zwischen diesen beiden Versionen findet man hier: *https://www.pcwelt.de/ratgeber/Windows-11-Alle-Neuerungen-im-Ueberblick-11080348.html*
   Informieren Sie sich über die Unterschiede.

ZUSAMMENFASSUNG

Windows
stellt dem Anwender eine grafische Benutzeroberfläche zur Verfügung

- das meistgenutzte Betriebssystem auf PC-Systemen
- bequemes und gleichzeitiges Arbeiten mit mehreren Programmen
- Hauptanwendungsgebiet für die Windows-Betriebssystemgruppe ist der Desktop-Bereich, es existieren allerdings auch Produkte speziell für den Betrieb von Servern oder PDAs.

2.8 Wir nutzen lokale Netzwerke

Einstieg

Volkan Karaca, der längere Zeit erkrankt war, will zum ersten Mal mit dem Warenwirtschaftssystem der Hoffmann KG arbeiten. Katarzyna Lindemann soll ihn einarbeiten: „Fahr schon einmal den Computer hoch." Nach wenigen Sekunden erscheint auf dem Bildschirm eine Abfrage nach Benutzernamen und Passwort.

Volkan Karaca:
„Das ist hier ja ganz anders als auf meinem Computer zu Hause."

Katarzyna Lindemann:
„Zu Hause hast du einen Einzel-PC. In unserem großen Unternehmen hängen aber alle PCs an einem Netzwerk. Hast du überhaupt schon ein Passwort bekommen? Wenn nicht, musst du mal in die EDV-Abteilung zum Netzwerkadministrator gehen und dir Benutzernamen, Passwort und Zugriffsrechte holen ..."

1. Klären Sie, was ein Netzwerk ist.
2. Erkunden Sie das Netzwerk Ihrer Schule und beantworten Sie die folgenden Fragen:
   a) Welches Netzwerkbetriebssystem wird verwendet?
   b) Wie viele Rechner sind an das Netzwerk angeschlossen?
   c) Welche Verzeichnisse stehen für Sie auf dem Server zur Arbeit zur Verfügung?

INFORMATIONEN

Netze

Ein Netz ist ein stark verzweigtes System, das Objekte oder Menschen verbindet. Netze sind überall vorhanden, selbst innerhalb des menschlichen Körpers.

Netzwerke

Netzwerke sind Datennetze. Sie ermöglichen die – im Idealfall – weltweite Kommunikation zwischen mehreren Computern. Dabei spielt es keine Rolle, ob es sich um einen Personal Computer oder Großrechner handelt. Die einzige Voraussetzung ist, dass alle Computer und angeschlossenen Geräte mit den gleichen Sprachen und Protokollen arbeiten.

Das Protokoll, eine formale Beschreibung von Regeln und Konventionen, definiert den Datenaustausch zwischen den Komponenten eines Netzwerks. Typische Protokollfamilien sind TCP/IP, CSMA/CD und das IPS/SPX.

Beim Zusammenschluss mehrerer Computer zu einem Netzwerk wird in jeden Rechner eine Netzwerkkarte eingebaut, die mit einem speziellen Netzwerkkabel an das Netzwerk angeschlossen ist. Die eigentliche Kommunikation wird hier von der Netzwerksoftware bewerkstelligt.

Arten von Netzwerken

Untersucht man die Reichweite der Netzwerke, kann man LANs und WANs unterscheiden:

- **lokale Netzwerke** (Local Area Networks = LANs)
  Bei den meisten Datennetzwerken handelt es sich um lokale Netze. Sie werden in der Regel in den Unternehmen oder auch den Schulen eingesetzt. Lokale Netze ermöglichen die interne Kommunikation innerhalb der Grundstücksgrenzen.
- **Weitverkehrsnetze** (Wide Area Networks = WANs)
  Sie umfassen ein großes geografisches Gebiet und verbinden Städte und Länder miteinander.

LANs und/oder WANs können auch über das Internet verbunden werden.

Eine weitere Einteilung ergibt sich unter dem Gesichtspunkt, ob das Netzwerk gleichberechtigte Computer enthält oder mindestens ein Computer spezielle Dienste für das Netzwerk anbietet:

- **Client-Server-Netzwerke**
  Hier bieten bestimmte Rechner – die Server – Dienste an, die von den Arbeitsstationen der einzelnen Benutzer – den Clients – in Anspruch genommen werden können (File-Server stellt Dateien zur Verfügung, Print-Server stellt Drucker zur Verfügung usw.). Es können mehrere Server und mehrere hundert Clients miteinander verbunden werden.

BEISPIEL

Der Server der Hoffmann KG stellt seine Dienste (Programme, Daten, angeschlossene Hardware) im Netz zur Verfügung. Die User an den angeschlossenen Client-Rechnern in den einzelnen Filialen können diese Dienste nutzen, soweit ihnen Zugriffsrechte vom Supervisor (Netzwerkverwalter) gegeben werden.

- **Peer-to-Peer-Netzwerke**
  Sie ermöglichen jedem angeschlossenen Computer den Zugriff auf Daten, Programme und Drucker jedes anderen angeschlossenen Computers. Die Unterscheidung zwischen Client und Server gibt es nicht. Die einzelnen PCs sind im Netz gleichberechtigt. Sie haben gegenseitigen Zugriff, es erfolgt keine zentrale Datenverwaltung.

  Jeder angeschlossene Computer kann also gleichzeitig Dienste anbieten und in Anspruch nehmen. Diese Netzwerke sind meist auf wenige Arbeitsstationen beschränkt. Hier benötigt man keine eigene Software. Die gängigen Betriebssysteme haben die entsprechenden Funktionen bereits eingebaut.

Komponenten eines Netzwerks	
Netzwerk-Betriebssystem	regelt den Datenaustausch zwischen den PCs und steuert den Zugriff der Benutzer auf die zentralen Dateien und peripheren Geräte, z. B. Windows, NOVELL Netware, Microsoft LAN-Manager.
Netzwerk-Adapter	Steckkarten im PC ermöglichen die Verbindung des PC zum Netz.
Server in Client-Server-Netzwerken	• verwaltet das gesamte Netz, den Zugriff auf die gemeinsame Software, Dateien und Geräte. • soll ein schneller Rechner sein, mit großer Festplatte und schneller Datenübertragung. • kann im non-dedicated mode laufen, dann kann auf ihm auch gearbeitet werden, oder im dedicated mode, dann ist er nur für die Verwaltung des Netzes zuständig. Der Dedicated-Modus ist der Standardwert.
Verbindungen	Über Leitungen oder Funk werden die Teilnehmer eines Netzwerks physikalisch verbunden.
Steuerungsgeräte für Netzwerkverkehr	• Ein **Hub** ist ein Knotenpunkt in einem Netzwerk. Ein Hub ist also dazu da, in einem (in der Regel sternförmigen) Netzwerk mehrere Computer miteinander zu verbinden. • Mithilfe eines Switches kann ein Netzwerk in mehrere Unternetze gegliedert werden. Ein **Switch** (Schalter) scheint auf den ersten Blick wie ein Hub zu funktionieren. An ihm lassen sich mehrere mit Netzwerkkarten ausgerüstete Rechner oder andere Netzwerkgeräte anschließen. Die Daten werden dann entsprechend verteilt. Während ein Hub aber die Daten an alle angeschlossenen Geräte gleichzeitig weitergibt, ist ein Switch in der Lage, für einen kurzen Moment eine exklusive Verbindung zwischen zwei am Switch angeschlossenen Netzgeräten herzustellen. Die Übertragungsleistung wird dadurch wesentlich höher, als das bei einem Hub der Fall ist. Das erfordert aber auch eine viel aufwendigere Elektronik, was einen Switch gegenüber einem Hub auch deutlich teurer macht. • **Router** verbinden Netzwerke mit unterschiedlichen Topologien und Protokollen.
PCs als Arbeitsstation (Clienten)	Hier werden mit den zentral gespeicherten Programmen die Daten verarbeitet, diese ggf. auch auf lokalen Festplatten gespeichert.

Netzwerktopologien

Unter der Netzwerktopologie kann man die Architektur des Netzwerks verstehen. Es gibt unterschiedliche Arten (= Topologien), wie die Computer des Netzwerks zusammenhängen:

Ringtopologie

Die Rechner bilden einen Ring, d. h., jeder Rechner ist mit zwei anderen über Kabel verbunden. Die Daten wandern dann im Kreis von Rechner zu Rechner, bis sie an dem Rechner angekommen sind, für den die Daten bestimmt sind.

Ringtopologie

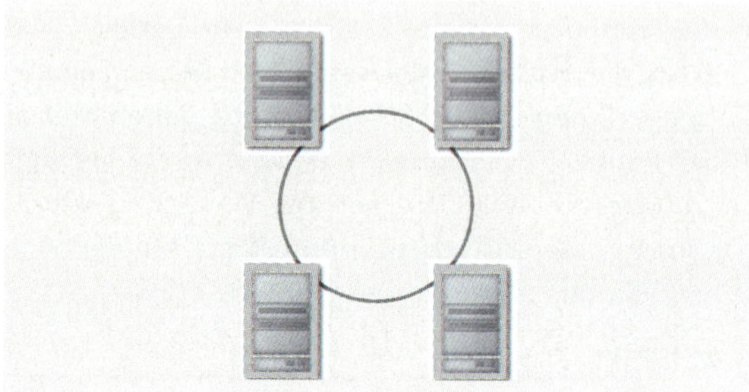

Sterntopologie

Der zentrale Rechner ist mit jeweils einem separaten Netzwerkkabel mit jedem einzelnen Rechner im Netz verbunden. Das Netzwerk sieht dann aus wie ein Stern: Der Server befindet sich in der Mitte und die Client-PCs sind um ihn herum.

Sterntopologie

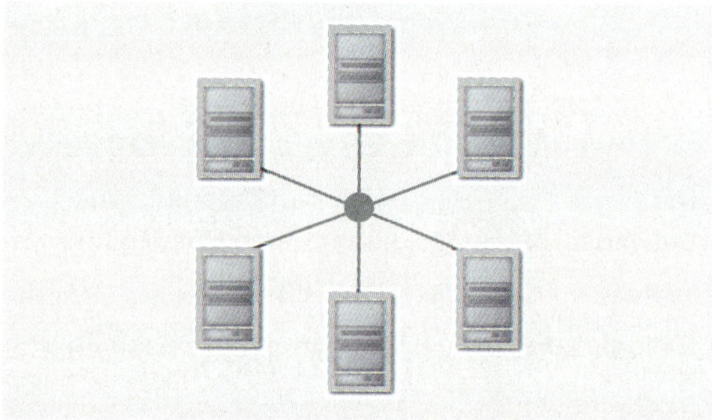

Bustopologie

Es gibt ein Hauptkabel, den Bus, an dem alle Rechner hängen. Wenn ein Rechner nun an einen anderen Rechner Daten sendet, bekommen alle anderen Computer diese Daten zwar auch, aber nur der eigentliche Empfänger verwertet die Daten.

Bustopologie

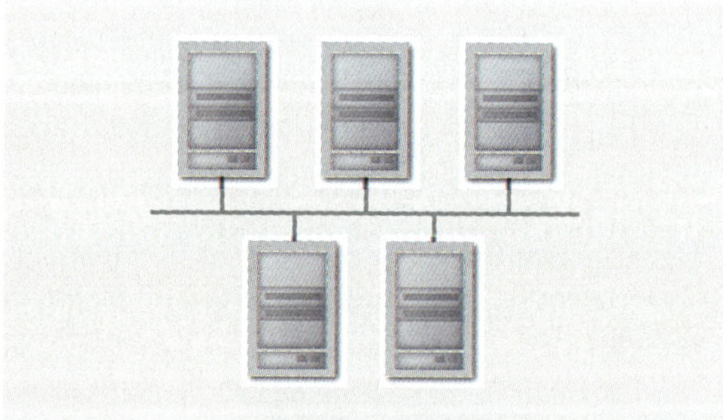

Baumtopologie

Die Anordnung der Computer kann man sich wie einen Baum mit Zweigen und Ästen vorstellen. Ausgehend von einer Wurzel existiert eine Menge von Verzweigungen zu weiteren Verteilungsstellen. An jeder Verzweigung sitzt ein Rechner, der die Daten weiterleitet.

Baumtopologie

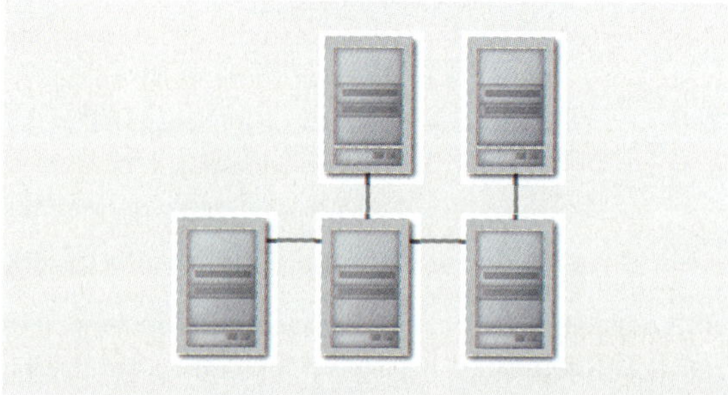

Vorteile von Netzwerken

Die ersten Computer waren alleinstehende Geräte. Jeder funktionierte – als Insellösung – alleine, unabhängig von anderen Computern. Es wurde bald deutlich, dass dies keine Methode war, um in Unternehmen effizient und kostensparend zusammenzuarbeiten. Es wurde nach einer Lösung gesucht, die erfolgreich die folgenden Probleme löst:

- Die Vervielfältigung der Ausrüstung oder Ressourcen sollte vermieden werden.

BEISPIEL

Teure Spezialdrucker sollen von allen Arbeitsplätzen aus bedient werden können und brauchen somit nur einmal angeschafft werden.

- Die Computer – und damit die Mitarbeiter – sollten effizient miteinander kommunizieren.

Eine Lösung dieses Problems war die Entstehung der Netzwerke. Netze verbinden Daten, Kommunikation, Datenverarbeitung und Datenablage.

BEISPIEL

Das LAN ermöglicht es der Hoffmann KG, Dateien effizient intern zur Verfügung zu stellen und via E-Mail zu kommunizieren. Das Netzwerk ermöglicht es, sich Drucker oder andere Peripheriegeräte teilen zu können.

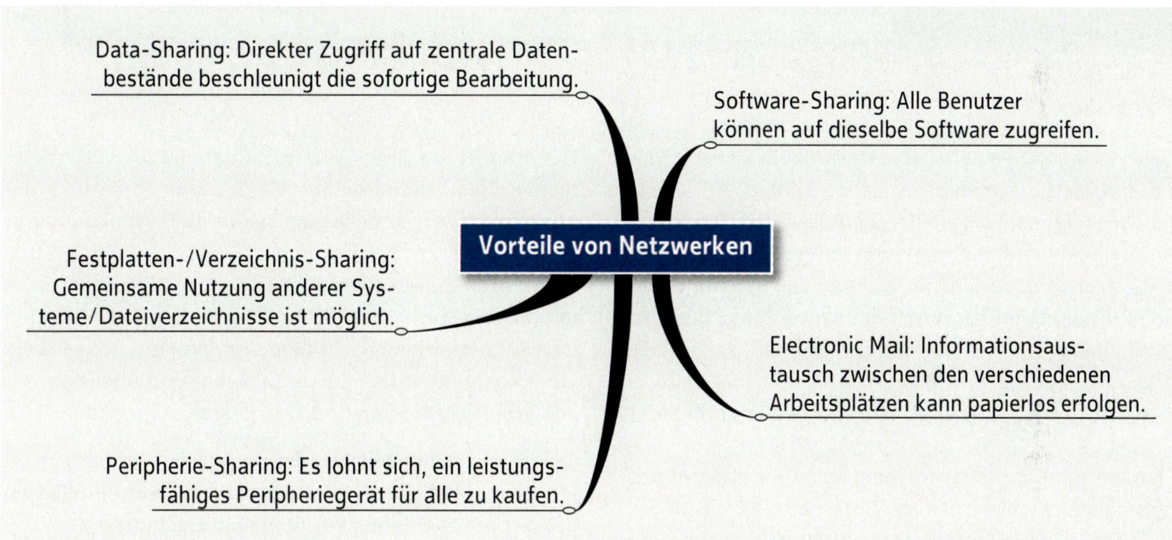

Arbeit in Netzen

Eine besondere Rolle in Netzwerken spielt der Netzwerkadministrator (Systemverwalter, Supervisor). Er besitzt übergeordnete Rechte im Gesamtsystem. Jeder Nutzer eines Netzwerks erhält vom Systemverwalter ein Konto zugewiesen.

In diesem Konto können u. a. folgende Dinge festgelegt werden:

- Benutzernamen
- Gruppenname
- Gruppenzugehörigkeit
- Kennworte
- Benutzerprofile
- Zugangszeiten
- Anmeldeskripte
- Basisverzeichnisse

Bezeichnung und Umfang der Kontoinhalte sind stark vom verwendeten Betriebssystem abhängig. Benutzer lassen sich für eine einfachere Verwaltung in Gruppen zusammenfassen. Abhängig von der Art des Dateisystems des Netzwerkbetriebssystems auf dem jeweiligen Server können für diese Gruppen dann Zugriffsberechtigungen auf unterschiedlicher Ebene vergeben werden.

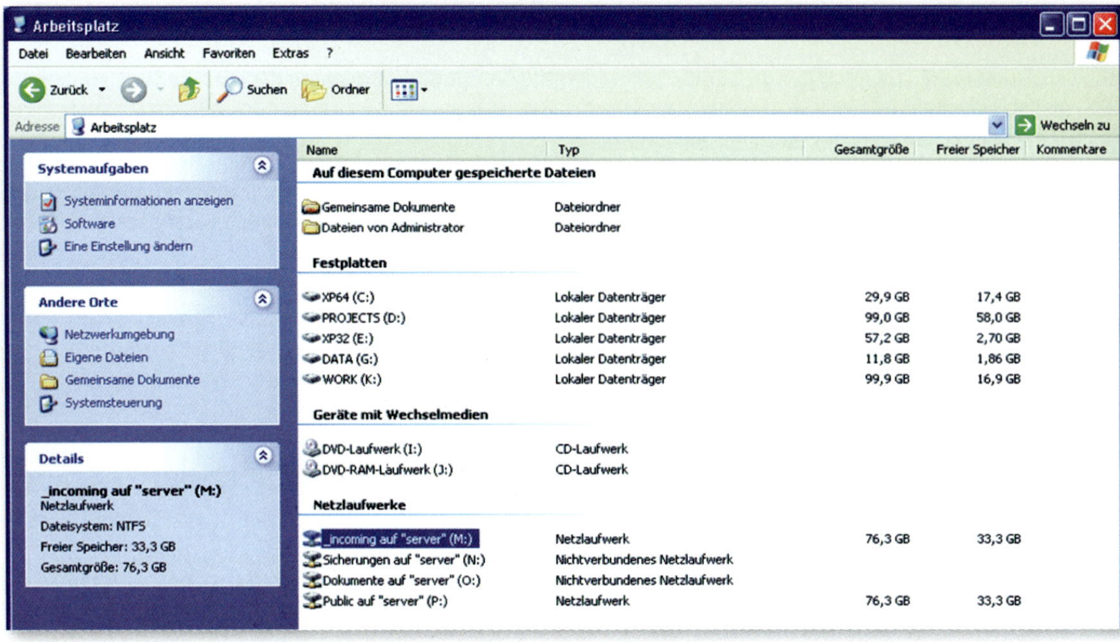

Dieser Anwender hat vom Systemadministrator die Möglichkeit bekommen, mit vier Netzwerklaufwerken zu arbeiten.

Intranet

Viele Firmen haben die Internettechnik für sich entdeckt, um die interne Kommunikation zu verbessern. Gerade bei Unternehmen mit mehreren Bereichen, Standorten (national und international) oder Tätigkeitsfeldern bietet diese Technik jede Menge Vorteile. Der Grundgedanke eines Intranets ist es, durch die Anwendung der Internettechnologie in lokalen (firmeninternen) Netzwerken jedem Mitarbeiter im Unternehmen Informationen zugänglich zu machen – unabhängig von Zeit und Raum.

Ein Intranet ist also ein Rechnernetzwerk, das auf den gleichen Techniken wie das Internet (TCP/IP, HTTP) basiert, jedoch nur von einer festgelegten Gruppe von Mitgliedern einer Organisation genutzt werden kann.

Für die IT-Infrastruktur im Unternehmen bedeutet das den Einsatz

- von TCP/IP als Netzwerkprotokoll,
- der Internetdienste als Anwendungsbasis,
- von Webbrowsern als universelle Benutzeroberfläche.

Der Begriff Intranet wird oft unabhängig von seiner technischen Definition für die Zusammenfassung der betriebs- oder gemeinschaftsinternen Webkommunikation genutzt. Dazu können File-Server, Webseiten oder Foren gehören. Im Idealfall werden hier sämtliche betriebsinternen öffentlichen Informationen gesammelt und es entsteht ein leicht aktuell zu haltendes Netzwerk von Regeln, Absprachen, Verfahrens- und Ablaufanweisungen, Dokumenten und Formularen.

Durch den schnellen Informationsfluss und einfachen, jederzeit möglichen Informationszugriff werden Kosten eingespart und neue Zeitpotenziale erschlossen.

Das Medium Intranet erfordert allerdings eine veränderte Arbeitsweise:

Die Informations-Bringschuld wird zur Holschuld eines jeden Mitarbeiters. Wurden die Informationen gewöhnlich in schriftlicher Form oder per E-Mail an den Arbeitsplatz gebracht, so müssen jetzt dieselben Informationen aus dem Intranet geholt werden.

AUFGABEN

1. Unterscheiden Sie Netze und Netzwerke.
2. Führen Sie Komponenten eines Netzwerks auf.
3. Definieren Sie:
   a) LAN
   b) WAN
   c) Peer-to-Peer-Netzwerk
   d) Client-Server-Netzwerk
4. Was bedeutet es, wenn ein Server im *dedicated mode* läuft?

5. Was ist ein Supervisor?
6. Was ist eine Netzwerktopologie?
7. Nennen und erläutern Sie Vorteile von Netzwerken.
8. Führen Sie auf, was ein Systemverwalter für jeden Anwender festlegt.
9. Was ist ein Intranet?

AKTIONEN

1. Ermitteln Sie, welche Benutzerrechte Sie im Netz Ihrer Schule haben.
2. Gehen Sie zur Internetadresse *https://praxistipps.chip.de/internet-und-intranet-das-ist-der-unterschied_36662*.
   a) Klären Sie die Frage, wie sich das Intranet vom Internet unterscheidet.
   b) Erstellen Sie eine Mindmap zu den Vorteilen des Intranets.

ZUSAMMENFASSUNG

Netzwerke

= Zusammenschluss von mehreren Computern

Vorteile

- Ressource-Sharing
- Data-Sharing
- Software-Sharing
- Remote-Control
- zentrale Benutzerverwaltung
- Datensicherung
- Datenschutz

Arten

unterscheiden sich durch

geografische Reichweite

- **Local Area Network (LAN):** Computernetzwerk in den Grundstücksgrenzen eines Unternehmens zur Vereinfachung des Datenaustauschs und zur gemeinsamen Nutzung vorhandener Geräte wie z. B. Drucker oder Festplatten
- **Wide Area Network (WAN):** überregionale, über die Grundstücksgrenzen hinausgehende (z. T. weltweite) Netze

Funktionalität

- **Peer-To-Peer-Netzwerk:** Die einzelnen PCs sind im Netz gleichberechtigt.
  – gegenseitiger Zugriff
  – keine zentrale Datenverwaltung
- **Client-Server-Netzwerk:** Ein oder mehrere Server stellen ihre Dienste (Programme, Daten, angeschlossene Hardware) im Netz zur Verfügung. Die User an den angeschlossenen Client-Rechnern können diese Dienste nutzen, soweit ihnen Zugriffsrechte vom *Supervisor* (Netzwerkverwalter) gegeben werden.

Netzwerkarchitektur (Topologie)

- Ringstruktur
- Sternstruktur
- Busstruktur
- Baumstruktur

Intranet als Sonderform

Ein Intranet ist ein **internes** Informations- und Kommunikationsnetz z. B. eines Unternehmens, das genauso funktioniert wie das Internet.

2.9 Wir lernen die 10-Finger-Tastmethode kennen und verwalten Dokumente

Einstieg

Die Hoffmann KG legt sehr großen Wert auf die schreibtechnische Kompetenz. Bereits während ihres Praktikums konnten die Auszubildenden beobachten, wie wichtig es ist, das 10-Finger-Tastsystem zu beherrschen, um den alltäglichen Arbeitsanforderungen gerecht zu werden. Allerdings erscheint das Umlernen weitaus schwieriger, da doch fast alle irgendwie auf der Tastatur schreiben. Ihr Lehrer, Herr Krause, nimmt ihnen die ersten Bedenken: „Ausgehend von der Grundstellung werden wir Schritt für Schritt die neuen Tastwege erarbeiten und automatisieren. Natürlich“, fügt er hinzu, „ist Ihr Lernerfolg stark vom persönlichen Einsatz abhängig. Die Trainingseinheiten sollten Sie täglich absolvieren. So verbessern Sie Ihre Schreibleistung und fördern Sie Ihr Durchhaltevermögen.“

1. Beschreiben Sie die richtige Sitz- und Handhaltung für ein entspanntes Schreiben am PC.
2. Planen Sie Ihre täglichen Übungseinheiten.
3. Machen Sie sich mit der Grundstellung und den Funktionstasten vertraut.

INFORMATIONEN

Erlernen des 10-Finger-Tastsystems

Gestaltungsregeln nach DIN 5008

Programmfunktionen

allgemeine Gestaltungsregeln

Ergonomie und Ausgleichsübungen

↓

Schriftstücke mit ansprechendem Layout

Einführung in das 10-Finger-Tastsystem

Allgemeine Hinweise zum Erlernen des 10-Finger-Tastsystems

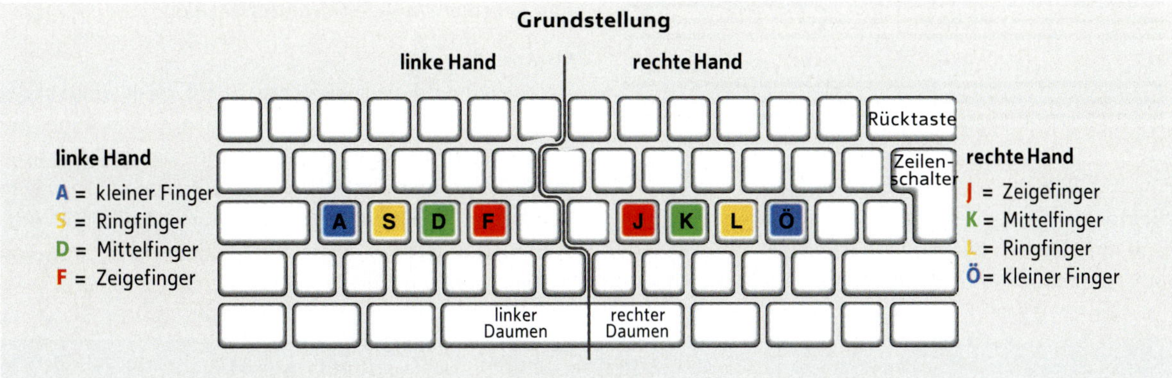

- Damit das 10-Finger-Tastschreiben möglich ist, haben die Finger der linken und rechten Hand auf dem Tastenfeld ihren festen Platz.
- Mit beiden Händen wird die Grundstellung ertastet. Dazu orientiert man sich an den Markierungen auf den Tasten *f* und *j*.
- Die leicht angewinkelten Finger liegen locker auf den Grundtasten (*asdf* und *jklö*).
- Handrücken und Unterarm bilden eine gerade Linie.
- Beim Anschlag einer Taste bewegt sich der jeweilige Finger kurz nach unten bzw. nach oben, kehrt zurück auf die Grundtaste und verweilt dann wieder in der Ausgangsstellung.
- Die richtige Platzierung der Daumen ist zu beachten: Sie liegen locker auf der Leertaste.
- Am Anfang müssen sich die Finger zuerst an die ungewohnte Tätigkeit gewöhnen. Deshalb sollte man die Bewegungen einzelner Finger durch Schreibübungen und spezielle Gymnastik regelmäßig trainieren.
- Die Leistung der Muskeln ist durch den Willen beeinflussbar und lässt sich durch Übung steigern.

Richtige Sitzhaltung

Um Kopf- und Rückenschmerzen sowie Verspannungen im Nacken und in Schultern zu vermeiden, sollte eine ergonomische Sitzhaltung[1] eingehalten werden.
Insbesondere ist auf Folgendes zu achten:

- Die Oberarme hängen locker nach unten.
- Die Unterarme bilden eine waagerechte Linie zur Tastatur.
- Die Ober- und Unterarme sowie Ober- und Unterschenkel sind im 90-Grad-Winkel gebeugt.
- Der Sehabstand zum Bildschirm liegt je nach Schriftzeichengröße zwischen 50 cm und 80 cm.
- Die Füße werden ganzflächig aufgestellt. Hängen die Füße in der Luft, kann eine Fußstütze Abhilfe leisten.

Die wichtigsten Funktionstasten

Die Tastatur enthält Schreib- und Funktionstasten. Zu den Schreibtasten zählen alle Buchstaben-, Ziffer- und Zeichentasten. Die restlichen Tasten sind die Funktionstasten. Mit ihnen werden Programmfunktionen oder Befehle ausgelöst.

Leertaste
Durch den Anschlag der Leertaste wird auf dem Bildschirm ein Leerzeichen erzeugt (· = Leerzeichen). Das Leerzeichen kann bei Bedarf (z. B. als Hilfe zum Abzählen von Leerschritten) über die Schaltfläche ¶ in der Standardsymbolleiste als ein kleiner hochgestellter Punkt als nicht druckbares Zeichen eingeblendet werden.

Zeilenschalter
Der Zeilenschalter (Return-Taste) bewegt den Cursor in die nächste Zeile. An der Stelle, an der geschaltet wurde, erscheint die Absatzmarke ¶, die auch zu den nicht druckbaren Zeichen gehört.

DIN-Regel: Absätze
Texte werden, wenn es nach ihrem Umfang und Inhalt zweckmäßig ist, in Absätze gegliedert. Absätze sind

1 siehe Kap. 2.2

vom vorhergehenden und vom folgenden Text jeweils durch eine Leerzeile zu trennen.

Rücktaste

Beim Anschlag der Rücktaste (Backspace-Taste) wird der links vom Cursor stehende Buchstabe gelöscht.

Die Leertaste wird mit den Daumen, der Zeilenschalter und die Rücktaste werden mit dem rechten kleinen Finger angeschlagen. Die restlichen Finger bleiben während des Anschlags auf den Grundtasten liegen.

Cursor

Der Cursor wird als senkrechter Strich dargestellt. In der Regel fällt er durch ein ständiges Blinken ins Auge. Zur Veränderung der Position des Cursors dienen Cursortasten auf der Tastatur. Die Benutzung der Cursortasten ermöglicht eine schnellere Erledigung bestimmter Aufgaben. Das gilt vor allem für bestimmte kleinere und mittlere Positionsänderungen.

Cursorbewegungen		
Cursortastenblock	Tasten	Bewegung
↑ ← → ↓	↑	Cursor eine Zeile nach oben.
	↓	Cursor eine Zeile nach unten.
	←	Cursor ein Zeichen nach links.
Mit den Pfeiltasten kann die aktuelle Position des Cursors verändert werden. Zum Bewegen des Cursors niemals die Leertaste verwenden, da der Anschlag die folgenden Buchstaben löscht oder Leerzeichen einfügt!	→	Cursor ein Zeichen nach rechts.
	Pos 1	Cursor an den Anfang der Zeile.
	Ende	Cursor ans Ende der Zeile.

Cursorbewegung	(Maus)	(Tastatur)	
Bildschirmseite nach unten/oben	Klicken oberhalb/unterhalb des Quadrats in der Bildlaufleiste	Bild ↑ Bild ↓	
Ein Absatz nach oben/unten	Positionieren des Mauszeigers	Strg + ↑	Strg + ↓
An den oberen/unteren Rand des Fensters	Positionieren des Mauszeigers	Strg + Bild ↑	Strg + Bild ↓
Zum Dateianfang/Dateiende	Quadrat in der Bildlaufleiste nach oben/unten ziehen	Strg + Pos 1	Strg + Ende

Programmfenster von Word

Reiter *Datei*

Im Menü des Reiters *Datei* befinden sich die gebräuchlichsten Befehle zur Texterstellung und Textsicherung, z. B. *Speichern, Öffnen, Neu* und *Drucken,* sowie neue Befehle, z. B. *Informationen.*

Symbolleiste für den Schnellzugriff

Die Symbolleiste für den Schnellzugriff enthält standardmäßig die Schaltflächen für die Befehle *Speichern, Wiederholen* und *Rückgängig*. Über den Listenpfeil können weitere Basisbefehle, wie z. B. *Öffnen* oder *Seitenansicht*, aktiviert werden. Über *Weitere Befehle* ... können häufig genutzte Befehle für den Schnellzugriff verfügbar gemacht werden.

Titelleiste

Die Titelleiste zeigt den Namen der aktuellen Datei und des Programms. Die Schaltflächen *Minimieren/Maximieren, Verkleinern/Vergrößern* und *Schließen* befinden sich an den gewohnten Stellen.

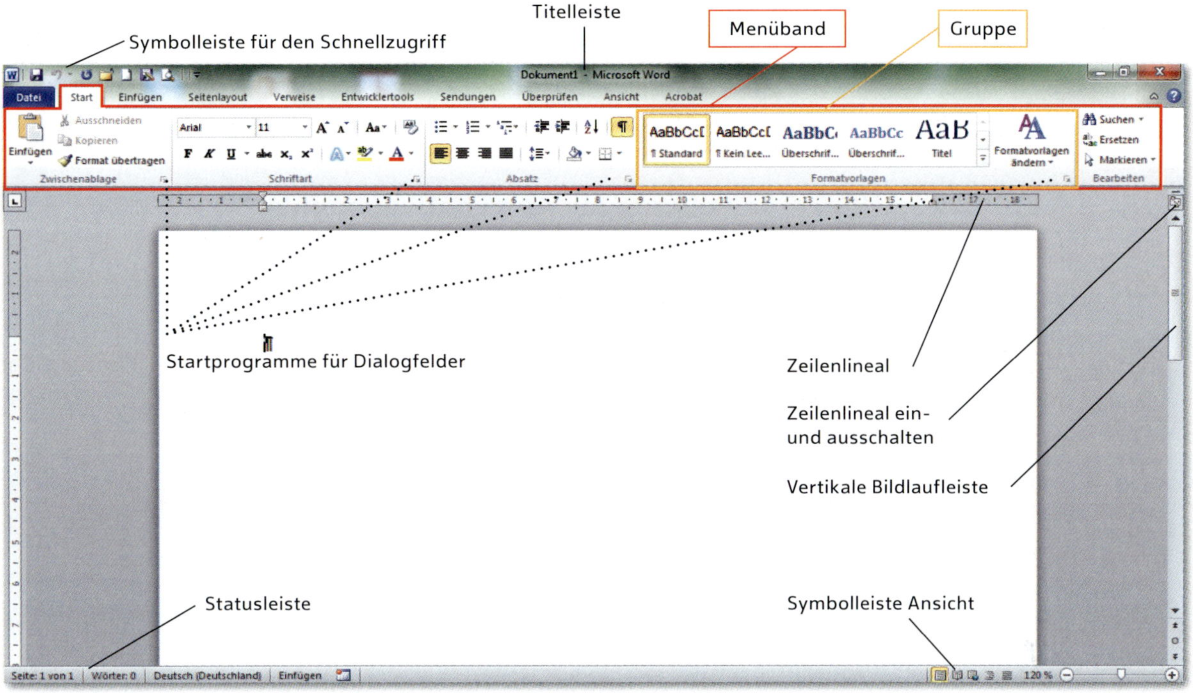

Menüband

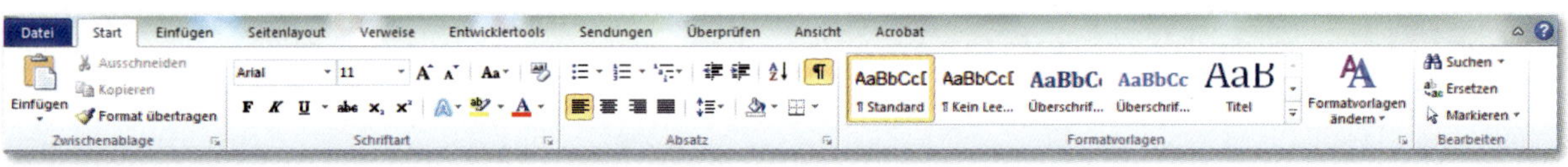

Das Menüband von Word 2010 besteht aus dem Reiter *Datei* und den Registerkarten *Start, Einfügen, Seitenlayout, Verweise, Sendungen, Überprüfen, Ansicht.* Über die Regsiterkarten sind die Schaltflächen in Gruppen (z. B. *Start: Zwischenablage, Schriftart, Absatz …*) organisiert. In den jeweiligen Gruppen befinden sich die häufig genutzten Schaltflächen.

Schaltfläche *Startprogramm für ein Dialogfeld*

Die Schaltfläche *Startprogramm für ein Dialogfeld* gibt es nur in einigen Gruppen; sie befindet sich rechts unten in der Gruppen-Titelleiste. Die jeweiligen Dialogfelder enthalten alle Befehle der jeweiligen Gruppe.

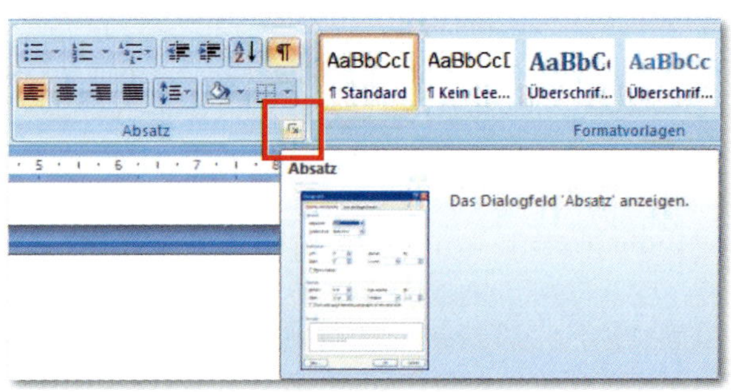

Statusleiste

In der Statusleiste werden alle Informationen zum aktuellen Dokument angezeigt. Standardmäßig werden links die Seitenzahl, die Wortanzahl und die eingestellte Sprache angezeigt. Auf der rechten Seite befinden sich die Dokumentansichten *Seitenlayout, Vollbild-Lesemodus, Weblayout, Gliederung* und *Entwurf.* Über Zoom kann die Dokumentansicht schnell vergrößert oder verkleinert werden.

Bildlaufleisten

Die vertikale und horizontale Bildlaufleiste setzen sich aus jeweils einem Bildlauffeld und den Richtungspfeilen zusammen. Außerdem befinden sich in der vertikalen Bildlaufleiste weitere Symbole zur Bewegung innerhalb des Textes. Über die Schaltfläche *Browserobjekt auswählen* öffnet sich ein Fenster mit Schaltflächen, über die man nach verschiedenen Objekten, wie z. B. *Grafiken, Fußnoten, Felder,* suchen kann.

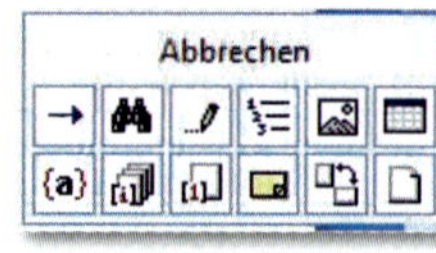

Zeilenlineal

Über das Zeilenlineal können die Seitenränder, Absatzeinzüge und Tabulatoren eingestellt werden. Die vorgegebene Maßeinheit des Lineals ist Zentimeter. Über die Schaltfläche *Lineal* lässt sich das Zeilenlineal ein- und ausschalten.

Tipps

1. **für größere Übersichtlichkeit** die Symbolleiste für den Schnellzugriff unter dem Menüband anordnen:
   - dazu über den Listenpfeil das Menü *Symbolleiste für den Schnellzugriff anpassen* öffnen
   - Befehl *Unter dem Menüband anzeigen* wählen
2. **Arbeit mit Shortcuts:** Durch Drücken der **Alt-Taste** kann man sich die Tasten anzeigen lassen, die man für das schnelle Auswählen eines bestimmten Befehls braucht.

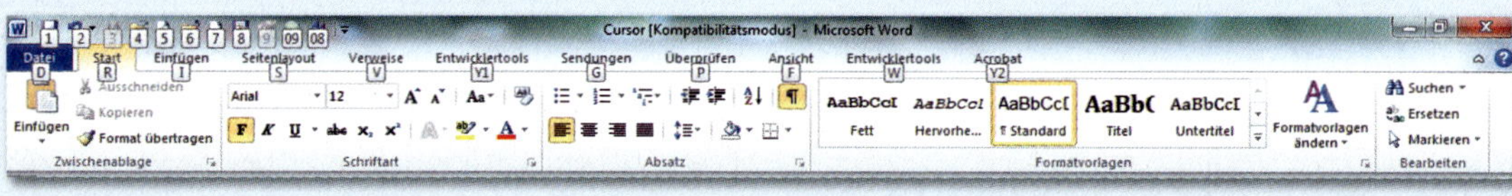

3. Das **Menüband** kann mit der Tastenkombination **Strg + F1** ein- und ausgeschaltet werden.

Arbeiten mit Word-Dokumenten

Dokument erstellen

Bei Start des Programms wird automatisch die leere Datei *Dokument1* geladen. Ist die Arbeit an diesem Dokument beendet, muss die Datei unter einem individuellen Namen abgespeichert und geschlossen werden.

Ein neues Dokument kann auch über die drei folgenden Möglichkeiten erstellt werden:

ARBEITSABLAUF

Möglichkeit 1

- Reiter *Datei* anklicken und *Neu* wählen
- im Fenster *Neues Dokument – Leeres Dokument* auswählen
- Schaltfläche *Erstellen* betätigen

Möglichkeit 2

Tastenkombination *Strg + N* eingeben

Möglichkeit 3

Schaltfläche *Neu* über den Listenpfeil in der Symbolleiste für den Schnellzugriff einrichten

Dokument speichern

Ein geschriebener Text befindet sich zunächst im Arbeitsspeicher. Im Arbeitsspeicher werden die Dateien zwischengelagert. Beim Ausschalten des Computers wird der Inhalt des Arbeitsspeichers gelöscht. Soll der Text dauerhaft gesichert werden, muss er auf einem Speichermedium (z. B. Festplatte, USB-Stick) gesichert werden.

ARBEITSABLAUF

- über den Reiter *Datei* den Befehl *Speichern* aktivieren

Einen Direktzugriff auf diesen Befehl hat man über die Symbolleiste für den Schnellzugriff standardmäßig.

- das gewünschte Laufwerk und Verzeichnis wählen
- im Fenster *Dateiname* eine treffende Bezeichnung eingeben
- das Dokument speichern und das Fenster über die Schaltfläche *Speichern* schließen

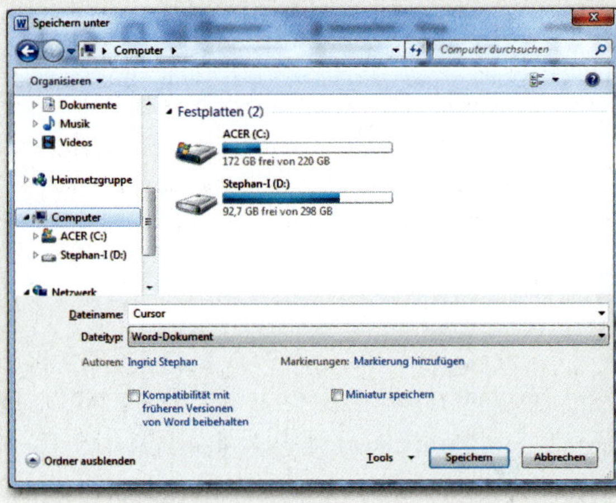

Beim Speichern wird die auf XML basierende Dateierweiterung *.docx* verwendet. Vorteile dieses Formats sind kleine Dateigrößen und höhere Sicherheit beim E-Mail-Versand. Nach wie vor besteht aber auch die Möglichkeit, eine Datei unter dem Dateityp *Word97-2003-Dokument* zu speichern. Dann erhält die Datei beim Speichern die Extension *.doc* und ist kompatibel mit den Versionen Word 97 bis 2003.

Neue Ordner anlegen

Zur Übersichtlichkeit sollten die einzelnen Dokumente nach Inhalten sortiert in Unterverzeichnissen abgelegt werden.

ARBEITSABLAUF

- Reiter *Datei* – Befehl *Speichern* wählen
- entsprechendes Laufwerk auswählen
- Symbol *Neuer Ordner* anklicken
- Namen des Ordners eintragen

Bei der Vergabe von Dateinamen ist zu berücksichtigen, dass

- ein eindeutiger Name, der nicht zu lang ist, gewählt wird,
- der Dateiname unter Windows einschließlich des Zugriffspfades maximal 255 Zeichen lang sein darf,
- die Zeichen \ / ? * „ ; : | nicht verwendet werden können,
- Leerzeichen verwendet werden dürfen,
- die Namenserweiterung *.docx* vom Programm automatisch angefügt wird,
- das erste Zeichen eines Dateinamens ein Buchstabe oder eine Ziffer sein muss.

BEISPIEL

Die Hoffmann KG hat nach der Qualitätsentwicklung im Büro festgelegt, die Dateinamen nach folgender Regel zu benennen:

K-1-Bildschirmarbeitsplatz-2014-10-20.docx

K	1	Bildschirm-arbeitsplatz	2014-10-20
Kapitel	Kapitel-Nr.	treffender Dateiname	Speicherdatum

Wiederfinden eines gespeicherten Dokuments

Das Wiederfinden eines gespeicherten Dokuments ist leichter, wenn der Dateipfad in das Dokument eingefügt wurde. Hierzu wählt man die Schriftgröße 10 pt und platziert den Pfad am Ende des Schriftstücks. Es sollte einheitlich festgelegt werden, ob dies bei internen oder auch externen Dokumenten erfolgen soll.

ARBEITSABLAUF

Um den Dateipfad hinzuzufügen, geht man folgendermaßen vor:

- im Menüband die Registerkarte *Einfügen* wählen
- in der Gruppe *Text* die Option *Schnellbausteine* wählen
- unter dem Befehl *Feld* unter *Feldnamen:* wählen *FileName*
- unter *Feldoptionen* die Option *Pfad zum Dateinamen hinzufügen* aktivieren
- mit *OK* bestätigen

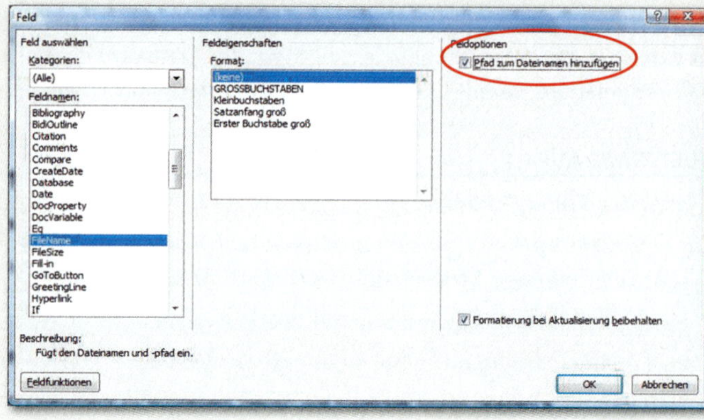

Dokument schließen oder öffnen

Um ein Dokument zu schließen oder zu öffnen, gibt es folgende Möglichkeiten:

Dokument schließen	Dokument öffnen
Reiter *Datei* – Befehl *Schließen*	Reiter *Datei* – Befehl *Öffnen*
Symbolleiste für den Schnellzugriff – Symbol *Schließen*	Symbolleiste für den Schnellzugriff – Symbol *Öffnen*
Tastenkombination *Alt* + *D* + *C* oder *Strg* + *W*	Tastenkombination *Alt* + *D* + *F* oder *Strg* + *O*

AUFGABEN

1. Wie ist eine Tastatur aufgebaut?
2. Welche Ausgangsstellung der Finger auf der Tastatur ist für das Tastschreiben notwendig?
3. Welches Verhalten fördert ein schnelles Erlernen des 10-Finger-Systems?
4. Was sind nicht druckbare Zeichen?
5. Wie werden Dokumente verwaltet?

AKTIONEN

1. Passen Sie das Programmfenster individuell an.
   a) Erweitern Sie die Symbolleiste für den Schnellzugriff um die Befehle *Seitenansicht*, *Öffnen*, *Schließen* und *Drucken*.
   b) Klicken Sie mit der rechten Maustaste in die Statusleiste und ergänzen Sie die Leiste um die Schaltflächen *Einfügen* und *Feststelltaste*.
   c) Wählen Sie im Menüband die Registerkarte *Seitenlayout* und informieren Sie sich über die Listenpfeile der Schaltflächen über weitere Befehle. Klicken Sie anschließend auf das Symbol *Startprogramm für Dialogfeld* und suchen Sie nach weiteren Befehlen.
2. Legen Sie folgende Ordnerstruktur z. B. auf Ihrem USB-Stick an und speichern Sie Ihre Dateien zukünftig in den entsprechenden Ordnern ab.

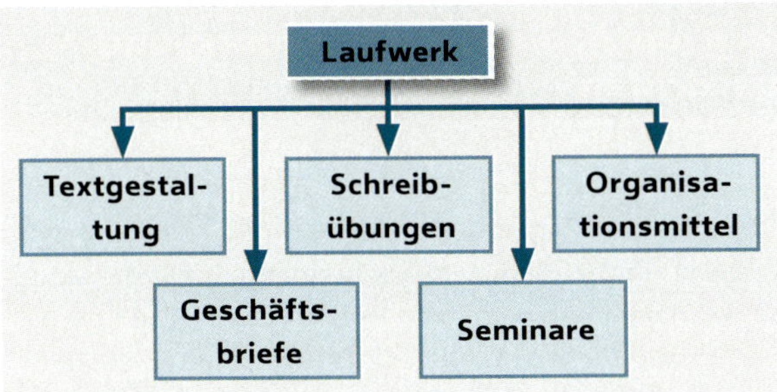

3. Richten Sie sich Ihren Arbeitsplatz ergonomisch ein.

Web **a)** Laden Sie die Datei *Bildschirmarbeitsplatz* aus den Downloadmaterialien.

b) Wählen Sie einen geeigneten Dateinamen nach der firmenintern festgelegten Regel.

c) Speichern Sie die Datei im entsprechenden Verzeichnis.

d) Drucken Sie den Text und schließen Sie anschließend die Datei.

e) Lesen Sie den Text und gestalten Sie Ihren Arbeitsplatz zu Hause nach den Angaben.

ZUSAMMENFASSUNG

Tastschreiben

Voraussetzungen

richtige Sitzhaltung
- Arm- und Handhaltung
- Abstand zum Bildschirm
- Fußhaltung

Grundstellung
- blind ertasten
- Orientierung durch die Erhebungen auf den Tasten *f* und *j*

Durchhaltevermögen
- regelmäßiges Üben
- Erledigen der Hausaufgaben
- Freude an der Arbeit

die wichtigsten Funktionstasten
- Leertaste
- Zeilenschalter (Return-Taste)
- Rücktaste (Backspace-Taste)
- Cursortasten

Word-Funktionen

Dokument erstellen
Reiter *Datei – Neu*

Dokument speichern
Reiter *Datei – Speichern*

Unterverzeichnisse anlegen
über Symbol *Neuen Ordner erstellen*

2.10 Wir üben die Grundstellung, die Tasten *g* und *h*, die Großschreibung und kennen die verschiedenen Dokumentansichten

Einstieg

Zunächst müssen sich Carolin Saager und ihre Mitschülerinnen und Mitschüler in Geduld üben, da es eine Weile dauert, bis sich die Finger und Muskeln an die neuen Bewegungen gewöhnt haben. Auch das Gehirn muss sich auf die neue Aufgabe einstellen, denn: der Schreibimpuls für den Anschlag mit der linken Hand geht von der rechten Hirnhälfte aus, der Schreibimpuls für die rechte Hand geht von der linken Hirnhälfte aus. Die Koordination und Automation der Griffwege müssen ausdauernd trainiert werden.

1. Beschreiben Sie die Lage der neu zu erlernenden Tasten.
2. Überlegen Sie, was das synchrone Schreiben mit der linken und rechten Hand fördert.

INFORMATIONEN

Grundstellung und die Tasten *g* und *h*

Linke Hand
A = kleiner Finger
S = Ringfinger
D = Mittelfinger
F = Zeigefinger
G = Zeigefinger

Rechte Hand
Ö = kleiner Finger
L = Ringfinger
K = Mittelfinger
J = Zeigefinger
H = Zeigefinger

Berührungstechnik

Ertasten Sie mit beiden Händen die Grundstellung: a–s–d–f und j–k–l–ö. Die angewinkelten Finger liegen locker auf den Tasten, die Daumen auf der Leertaste. Handrücken und Unterarm sollen eine gerade Linie bilden. Beim Schreiben bewegt sich der Finger kurz nach unten und verweilt dann wieder in der Ausgangsstellung.

Die flache Anordnung des Tastenfelds, die kurzen Griffwege und der geringe Tastentiefgang erfordern beim Anschlag einer Taste einen geringen Kraftaufwand, sodass man hier von der Berührungstechnik spricht. Bei der Berührungstechnik ist zu beachten, dass nur der jeweilige Finger zum Anschlag des neuen Buchstabens die Grundstellung verlässt. Die restlichen Finger bleiben auf den Grundtasten liegen.

Tipps

- Achten Sie beim Schreiben darauf, dass Sie nicht auf die Tasten schauen.
- Die Augen sind während des Schreibens auf die Vorlage gerichtet.
- Sie lesen, die Finger schreiben. Nur so lernen Sie, flüssig und schnell zu schreiben!

7455196

SCHREIBÜBUNG

Erarbeitung

```
1  ffff jjjj ffff jjjj ffff jjjj ffff jjjj ffff jjjj ffff jjjj ffff
2  jjff ffjj jjff ffjj jjff ffjj jjff ffjj jjff ffjj jjff ffjj jjff
3  fjfj fjfj fjfj fjfj fjfj fjfj jfjf jfjf jfjf jfjf jfjf jfjf fjfj

4  dddd kkkk dddd kkkk dddd kkkk dddd kkkk dddd kkkk dddd kkkk dddd
5  dkdk dkdk dkdk dkdk dkdk dkdk dkdk dkdk dkdk dkdk dkdk dkdk dkdk
6  dfjk dfjk dfjk dfjk dfjk dfjk dfjk dfjk dfjk dfjk dfjk dfjk dfjk

7  ssss llll ssss llll ssss llll ssss llll ssss llll ssss llll ssss
8  slsl slsl slsl slsl slsl slsl slsl slsl slsl slsl slsl slsl slsl
9  sdf jkl sdf jkl sdf jkl sdf jkl sdf jkl sdf jkl sdf jkl sdf jkls

10 aaaa öööö aaaa öööö aaaa öööö aaaa öööö aaaa öööö aaaa öööö aaaa
11 aöaö aöaö aöaö aöaö aöaö aöaö aöaö aöaö aöaö aöaö aöaö aöaö aöaö
12 asdf jklö asdf jklö asdf jklö fdsa ölkj fdsa ölkj fdsa ölkj fdsa

13 fgf fgf fgf fgf fgf fgf fgf fgf jhj jhj jhj jhj jhj jhj jhj jhj
14 fgj fgk fgl fgö fga fgs fgd fgf fgj fgk fgl fgö fga fgs fgd fgf
15 jhf jhd jhs jha jhö jhl jhk jhj jhf jhd jhs jha jhö jhl jhk jhj
```

Wörter

```
16 ja ja ja ja ja ja ja ja ja ja ja da da da da da da da da da da da
17 da ja da ja da ja da ja da ja da ja da ja da ja da ja da ja da ja

18 las las las las las las las las das das das das das das das das
19 las das las das las das las das las das las das las das las das

20 lös all das lös all das lös all das lös all das lös all das lös
21 als las all las all las all las all las all las all las all las

22 jag sag lag jag sag lag jag sag lag jag sag lag jag sag lag jag
23 jag sag lag jag sag lag jag sag lag jag sag lag jag sag lag jag
24 jag sag lag jag sag lag jag sag lag jag sag lag jag sag lag jag

25 sah kahl sah kahl sah kahl sah kahl sah kahl sah kahl sah kahl
26 sah kahl sah kahl sah kahl sah kahl sah kahl sah kahl sah kahl
27 sah kahl sah kahl sah kahl sah kahl sah kahl sah kahl sah kahl
```

Festigung

```
28 las das lös all das las das lös all das las das lös all das las
29 las das lös all das las das lös all das las das lös all das lös
30 las das lös all das las das lös all das las das lös all das all

31 jag sag lag sah jag sag lag sah jag sag lag sah jag sag lag kahl
32 klag half klag half klag half klag half klag half klag half klag
33 kahl fahl kahl fahl kahl fahl kahl fahl kahl fahl kahl fahl kahl
```

Großschreibung

Die Großbuchstaben der rechten Hand werden mit dem linken Umschalter und die Großbuchstaben der linken Hand mit dem rechten Umschalter geschrieben. Die Umschalttaste bleibt so lange nach unten gedrückt, bis der Buchstabe angeschlagen wurde.

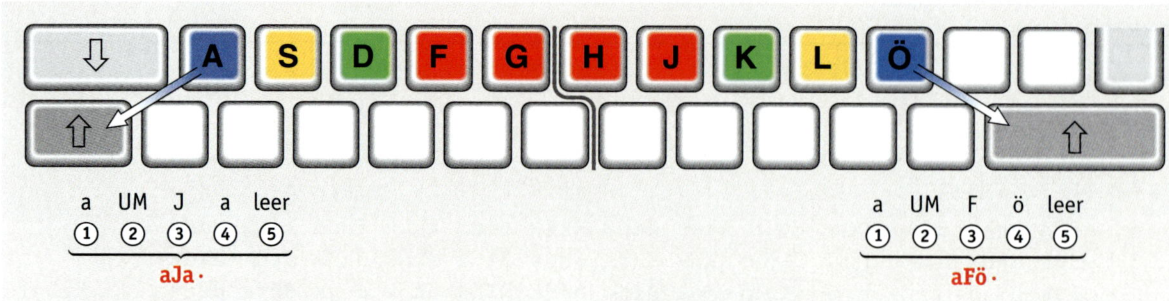

Mit dem Umschaltfeststeller kann dauerhaft großgeschrieben werden.

SCHREIBÜBUNG

Erarbeitung

34 aJa aJa aJa aJa aJa aJa aJa aJa ÖFÖ ÖFÖ ÖFÖ ÖFÖ ÖFÖ ÖFÖ ÖFÖ ÖFÖ
35 Ja Fö Ja Fö Ja Fö Ja Fö Ja Fö Ja Fö Ja Fö Ja Fö Ja Fö Ja Fö Ja

36 aKa aKa aKa aKa aKa aKa aKa aKa ÖDÖ ÖDÖ ÖDÖ ÖDÖ ÖDÖ ÖDÖ ÖDÖ ÖDÖ
37 Ka Dö Ka Dö Ka Dö Ka Dö Ka Dö Ka Dö Ka Dö Ka Dö Ka Dö Ka Dö Ka

38 aKa aKa aKa aKa aKa aKa aKa aKa ÖDÖ ÖDÖ ÖDÖ ÖDÖ ÖDÖ ÖDÖ ÖDÖ ÖDÖ
39 Ka Dö Ka Dö Ka Dö Ka Dö Ka Dö Ka Dö Ka Dö Ka Dö Ka Dö Ka Dö Ka

40 aLa aLa aLa aLa aLa aLa aLa aLa ÖSÖ ÖSÖ ÖSÖ ÖSÖ ÖSÖ ÖSÖ ÖSÖ ÖSÖ
41 La Sö La Sö La Sö La Sö La Sö La Sö La Sö La Sö La Sö La Sö La

42 aÖa aÖa aÖa aÖa aÖa aÖa aÖa aÖa ÖAÖ ÖAÖ ÖAÖ ÖAÖ ÖAÖ ÖAÖ ÖAÖ ÖAÖ
43 Öa Aö Öa Aö Öa Aö Öa Aö Öa Aö Öa Aö Öa Aö Öa Aö Öa Aö Öa Aö Öa

Word – Backstage-Ansicht

Die Backstage-Ansicht wird über das Menüband *Datei* geöffnet. Das Menü *Datei* zeigt Befehle, die in Word 2007 unter der Schaltfläche *Office* zur Verfügung standen. Durch Anklicken eines Symbols (z. B. *Speichern*) wird der Befehl direkt ausgeführt.

In der nebenstehenden Abbildung wurde der Befehl *Drucken* in der Backstage-Ansicht aktiviert. Hier stehen die alten Druckbefehle und verschiedene Optionen für die Seiteneinrichtung (Seitenformat, Seitenränder) und die Seitenansicht zur Verfügung.

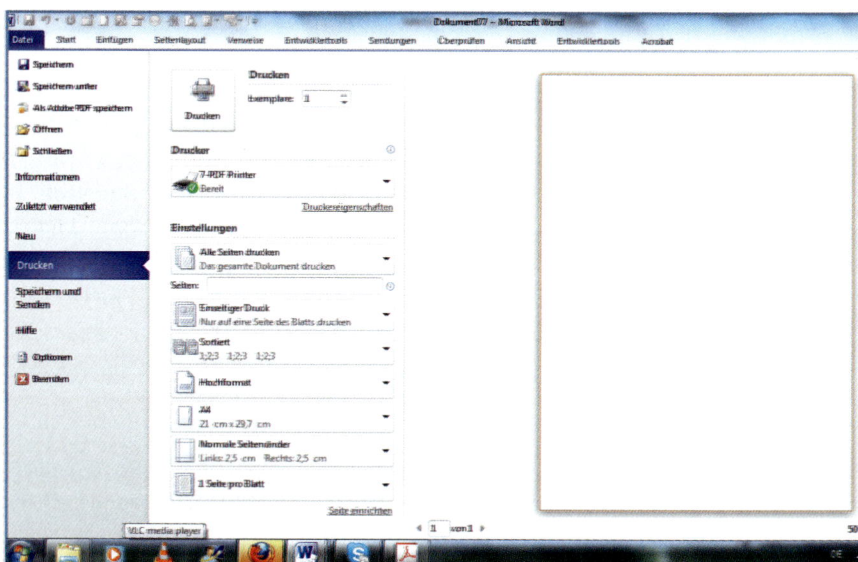

Word – Dokumentansichten und Zoom einstellen

Die wichtigsten Ansichten sind folgende:

- **Seitenlayout**
  Das Dokument wird in der sogenannten *Druckansicht* gezeigt. Diese ist kleiner als die Normalansicht. Die eingestellten Ränder werden mit angezeigt.
- **Entwurf**
  Das Dokument wird über die gesamte Bildschirmbreite angezeigt. Bestimmte Elemente, wie z. B. die Kopf- und Fußzeile, sind nicht zu sehen.
- **Zoom**
  Mit dem Zoom in der Statuszeile kann die Dokumentansicht vergrößert und verkleinert werden.
- **Seitenansicht**
  Im Gegensatz zum Seitenlayout wird die Datei in der Seitenansicht stark verkleinert. Es können mehrere Seiten neben- und untereinander angeordnet werden.

Seitenlayout Entwurf

Seitenansicht

AUFGABEN

1. Bestimmen Sie den Fingersatz der Grundstellung und der Tasten *g* und *h*.
2. Wie erzeugen Sie die Großbuchstaben?
3. Erläutern Sie die verschiedenen Dokumentansichten in Word.

AKTIONEN

1. Die Mindmap-Methode[1] hilft Ihnen, die Koordination beim Schreiben mit der linken und rechten Hand zu verbessern.
   - Erstellen Sie aus dem Gedächtnis eine Mindmap mit den bisher erlernten Tasten.
   - Verwenden Sie dazu die entsprechenden Farben.

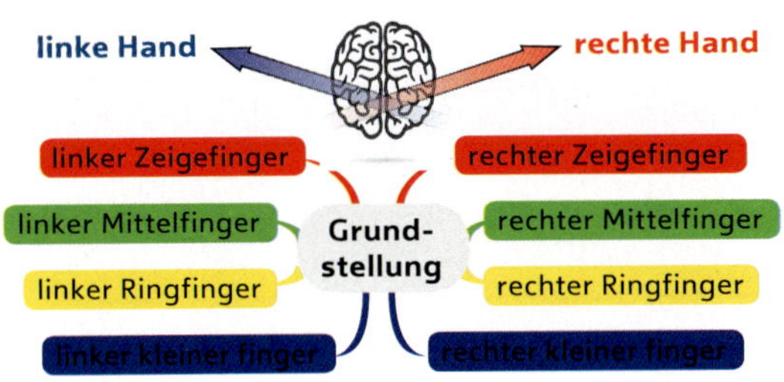

2. Zum Trainieren der neuen Griffwege öffnen Sie die Web Übungsdatei *Vorlage-Training aus den Downloadmaterialien.* Deaktivieren Sie die Schaltfläche *Jeden Satz mit einem Großbuchstaben beginnen* über den Reiter *Datei – Optionen – Dokumentprüfung – Autokorrektur-Optionen ...*

Die folgenden Schreibübungen sind in sinnvollen Zeitabständen – eine Einheit pro Tag – durchzuführen:

Einheit 1: Zeilen 1 – 33 der Schreibübung des Kapitels 2.10

Einheit 2: Zeilen 34 – 35 der Schreibübung zur Großschreibung

a) Erfassen Sie die Einheiten im Fließtext, d. h., schreiben Sie am Zeilenende einfach weiter.
b) Korrigieren Sie Ihre Tippfehler mit der Rücktaste.
c) Schalten Sie nach drei Zeilen einen Absatz.
d) Wählen Sie einen geeigneten Dateinamen nach der firmenintern festgelegten Regel.
e) Speichern Sie die Daten im entsprechenden Verzeichnis.

3. Zur Lockerung der Finger machen Sie die Übung Web *Fingermuskulatur* aus dem Ordner *Ausgleichsübungen* aus den Downloadmaterialien.
4. Zur Übung der Absatzgestaltung laden Sie die Web Übungsdatei *Textwiedergabe* aus den Downloadmaterialien.

1 siehe Kap. 1.3 und 1.21

a) Lesen Sie den ungegliederten Text und gliedern Sie ihn in Sinnabsätze.
b) Kontrollieren Sie die bearbeitete Datei in der Seitenansicht.
c) Wählen Sie einen geeigneten Dateinamen nach der firmenintern festgelegten Regel.
d) Speichern Sie die Datei im entsprechenden Verzeichnis.

5. Um die DIN-Regel zur Absatzgestaltung zu festigen, laden Sie die Übungsdatei *Cursor* aus den Downloadmaterialien.
Web
   a) Lesen Sie den Text durch und wechseln Sie in die passende Bildschirmansicht.
   b) Gliedern Sie den Text in Sinnabsätze und bewegen Sie den Cursor rationell mit den Cursortasten/der Maus sowie den Shortcuts (Tastenkombinationen).
   c) Kontrollieren Sie die bearbeitete Datei in der Seitenansicht.
   d) Wählen Sie einen geeigneten Dateinamen nach der firmenintern festgelegten Regel.
   e) Speichern Sie die Datei im entsprechenden Verzeichnis.

ZUSAMMENFASSUNG

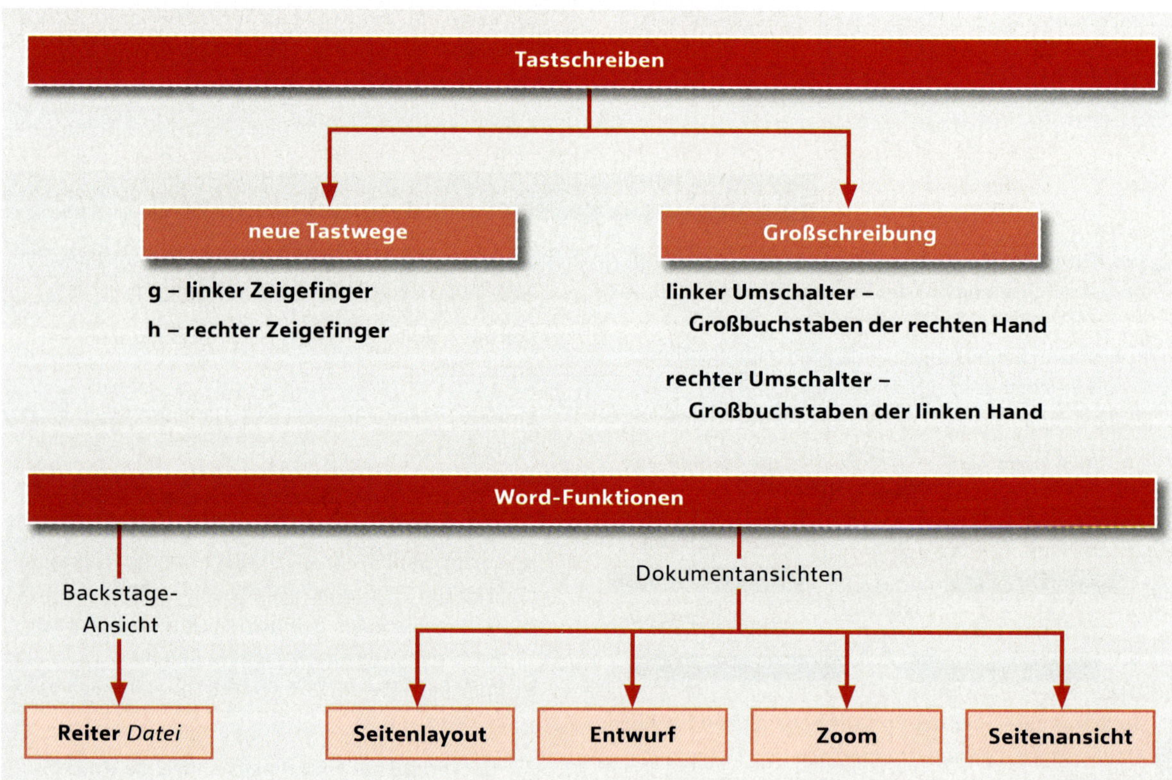

2.11 Wir üben die neuen Tastwege zu *e, i, x, Punkt* und *Doppelpunkt* und markieren und korrigieren Texte

Einstieg

Durch das tägliche Üben zu Hause funktioniert das Blindschreiben der Buchstaben der mittleren Tastenreihe und deren Großschreibung bereits nach einer Woche sehr gut. Die Finger haben sich an die neuen Bewegungen gewöhnt und die Koordination zwischen linker und rechter Hand ist automatisiert.

In dieser Woche lernen die Schülerinnen und Schüler, weitere Buchstaben und Satzzeichen blind zu schreiben.

Beschreiben und ertasten Sie die Griffwege zu den neuen Buchstaben.

INFORMATIONEN

Die Tasten *e, i, x, Punkt* und *Doppelpunkt*

Linke Hand
E = Mittelfinger
X = Ringfinger

Rechte Hand
I = Mittelfinger
Punkt = Ringfinger
Doppelpunkt = Linker Umschalter, rechter Ringfinger

Die Fingerkuppe des Mittelfingers liegt beim Anschlag von *e* oder *i* auf der ganzen Fläche der Tastenmulde. Die Daumen liegen locker auf der Leertaste. Um den Anschlag zum *x*, *Punkt* und *Doppelpunkt* korrekt ausführen zu können, ist die richtige Handhaltung unerlässlich: Die Finger sind angewinkelt, die Daumen liegen locker auf der Leertaste, Handrücken und Unterarm ergeben eine gerade Linie.

SCHREIBÜBUNG

Erarbeitung

```
1 | ded ded ded ded ded ded ded ded kik kik kik kik kik kik kik kik
2 | deö del dek dej deh deg def ded des dea deö del dek dej deh ded
3 | kia kis kid kif kig kiö kil kik kij kih kia kis kid kif kig kik

4 | sxs sxs sxs sxs sxs sxs sxs sxs l.l l.l l.l l.l l.l l.l l.l l.l
5 | sxö sxl sxk sxj sxö sxl sxk sxj sxö sxl sxk sxj sxö sxl sxk sxj
6 | l.a l.s l.d l.f l.a l.s l.d l.f l.a l.s l.d l.f l.a l.s l.d l.f

7 | l.l:l l.l:l l.l:l l.l:l l.l:l l.l:l l.l:l l.l:l l.l:l l.l:l l.l
8 | l:a l:s l:d l:f l:a l:s l:d l:f l:a l:s l:d l:f l:a l:s l:d l:f
```

Wörter

9 des des des des des des des des des es es es es es es es es es
10 edel edel edel edel edel edel edel egal egal egal egal egal egal
11 ade jede lade jede lade jede lade jede lade jede lade jede lade

12 die die die die die sie sie sie sie sie sie sei sei sei sei sei
13 ölig ledig eilig ölig ledig eilig ölig ledig eilig ölig ledig öle
14 siede leise siede leise siede leise siede leise siede leise siede

15 Esel Esel Esel Esel Esel Esel Esel Ehe Ehe Ehe Ehe Ehe Ehe Ehe
16 Igel Igel Igel Igel Igel Igel Igel Ilse Ilse Ilse Ilse Ilse Ilse
17 die Idee das Ei die Idee das Ei die Idee das Ei die Idee das Ei

18 fix fix fix fix fix fix fix fix fix fix fix fix fix fix fix fix
19 lax[1] lax lax lax lax lax lax lax lax lax lax lax lax lax lax lax
20 Fax Fax Fax Fax Fax Fax Fax Fax Fax Fax Fax Fax Fax Fax Fax Fax

21 axial axial axial axial axial axial axial axial axial axial axial
22 Lexik[2] Lexik Lexik Lexik Lexik Lexik Lexik Lexik Lexik Lexik Lexik
23 Dixie Dixie Dixie Dixie Dixie Dixie Dixie Dixie Dixie Dixie Dixie

24 Haxe Haxe Haxe Haxe Haxe Haxe Haxe Haxe Haxe Haxe Haxe Haxe Haxe
25 Exil Exil Exil Exil Exil Exil Exil Exil Exil Exil Exil Exil Exil

Festigung

26 als sie es sah als sie es sah als sie es sah als sie es sah als
27 sie las das leise sie las das leise sie las das leise sie las das
28 es fiel sie lieh sage dies sie lief leise lasse das da löse diese

29 Kie Kies Kiesel Kiesel Kieselalge Kieselalge Kieselalge Kieselalge
30 Ei Eis Eis Eis Eis Eis Eis Eis Eisdiele Eisdiele Eisdiele Eisdiele

31 Das edle Kleid lag da. Gisela gefiel die Lage. Sag die Idee Ilka.
32 Felix sah das Fax. Die fixe Klasse half Elke. Lass Lisa das Geld.
33 Lese: Die Filiale lieh Adelheid das Geld. Gisela sah die Filiale.

DIN-Regeln	
Satzzeichen	Punkt, Komma, Semikolon, Doppelpunkt, Fragezeichen und Ausrufezeichen folgen dem Wort oder Schriftzeichen ohne Leerzeichen. Beispiele: Fax. Fax:
Abkürzungen	Abkürzungen, die im vollen Wortlaut des ungekürzten Wortes gesprochen werden, erhalten in der Regel einen Punkt. Zwischen den abgekürzten Wörtern einer Einheit steht ein Leerzeichen. Abkürzungen, die wie selbstständige Wörter oder buchstäblich gespreochen werden, sind ohne Punkt und in sich ohne Leerzeichen zu schreiben. Beispiele: a.·a. · a.·D. OHG, DIN Der Abkürzungspunkt am Satzende schließt den Satzschlusspunkt mit ein.
Auslassungen	Für ausgelassene Textteile werden drei Punkte – mit je einem Leerzeichen davor und danach – geschrieben. Sie schließen am Satzende den Satzschlusspunkt ein. Stehen die Auslassungspunkte für einen ausgelassenen Teil des Wortes, stehen die Punkte ohne Leerzeichen direkt hinter dem Wort. Beispiel: Sie half i. A. Bitte ... Diese stä... Pausen!

1 lax = schlaff, lässig, locker, lau

2 Lexik = Wortschatz einer Fachsprache

Word – Textbearbeitung

Texte markieren

Wenn im Programm ein Textteil bearbeitet werden soll, muss die betreffende Textstelle zunächst markiert werden.

- Alle Aktionen, die dann ausgeführt werden, beziehen sich auf den markierten Bereich.
- Durch Mausklick an einer beliebigen Stelle wird eine Markierung aufgehoben.

Bereich	Mausaktion
Wort	Doppelklick mit der linken Maustaste auf das Wort
Satz	Strg + Mausklick innerhalb des Satzes
Zeile	in der Markierungsspalte – an der entsprechenden Position – die linke Maustaste klicken
Absatz	Doppelklick links in der Markierungsspalte
Textblock	linke Maustaste drücken und nach unten ziehen
Datei	Strg + Mausklick in der Markierungsspalte
Markierungsspalte	Sie befindet sich links zwischen Text und Fensterrand. Wird der Mauszeiger in die Markierungsspalte gebracht, verändert er sich zu einem Pfeil.

Die Taste *Entf* löscht die Zeichen rechts neben dem Cursor oder in einem markierten Bereich.

Das Programm arbeitet im Einfügemodus, d.h., der folgende Text wird beim Einfügen von Zeichen nach rechts verschoben. Durch Betätigung der Taste wird in den Überschreibmodus gewechselt.

ARBEITSABLAUF

über *Datei – Optionen – Erweitert – Bearbeitungsoptionen* das Kontrollkästchen *EINFG-Taste zum Steuern des Überschreibmodus verwenden* aktivieren

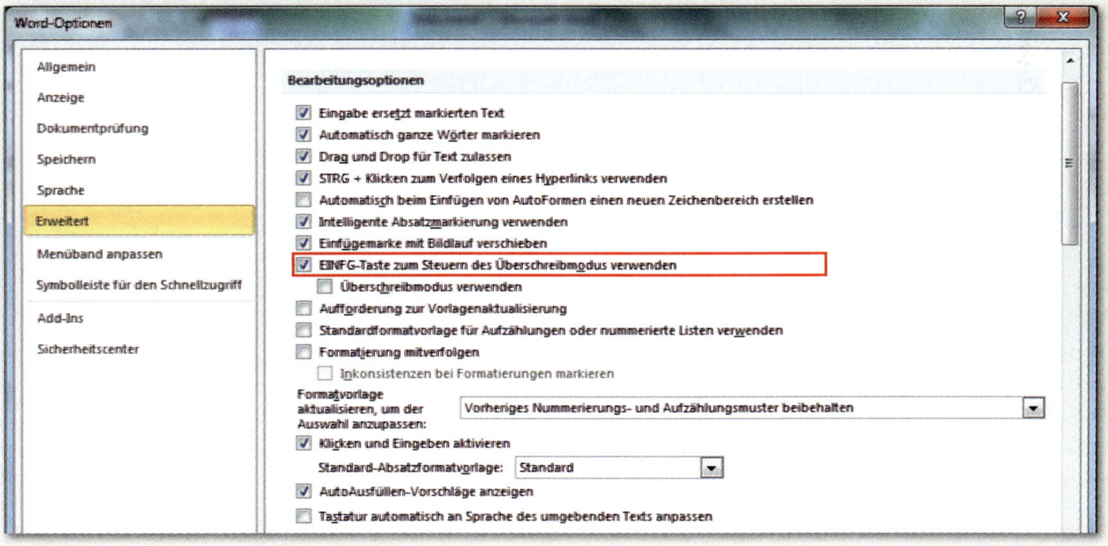

In der Statuszeile des Programmfensters wird der Einfüge- und Überschreibmodus wie folgt angezeigt.

Durch Mausklick auf die Schaltfläche kann zwischen beiden Modi gewechselt werden.

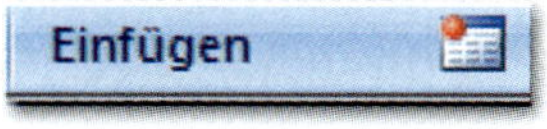

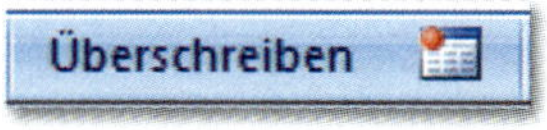

Rechtschreibprüfung

Mit der Rechtschreibprüfung kann der erfasste Text auf die orthografische Richtigkeit kontrolliert werden. Beim Start des Programms ist die automatische Rechtschreibprüfung standardmäßig aktiviert. Falsch geschriebene Wörter werden mit einer roten Wellenlinie gekennzeichnet.

Die automatische Rechtschreibprüfung läuft während der Texteingabe mit und kann in der Statusleiste beobachtet werden.

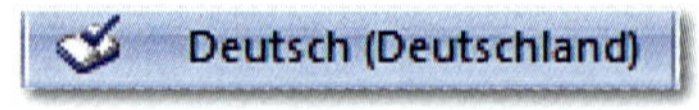

Rechtschreibfehler werden mit einem roten X auf dem Buchsymbol gekennzeichnet. Mit einem Klick auf die Schaltfläche kann man von Fehler zu Fehler springen und korrigieren.

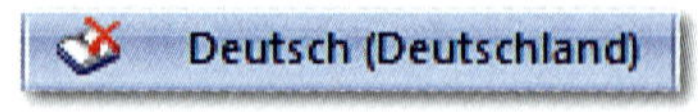

Die automatische Rechtschreibprüfung kann auch ausgeschaltet werden:

ARBEITSABLAUF

- Reiter *Datei – Optionen* anklicken
- unter *Word-Optionen* die *Dokumentprüfung* wählen
- Kontrollkästchen *Rechtschreibung während der Eingabe* deaktivieren

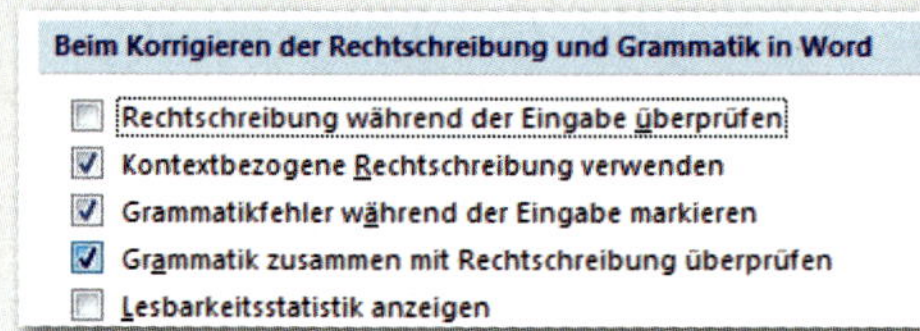

Worttrennung

Bei der linksbündigen Textformatierung wird durch die Worttrennung auch der rechte Rand gleichmäßiger. Bei späteren Absatzformatierungen im Blocksatz sollte immer zuerst die Worttrennung durchgeführt werden, das verhindert große, störende Wortabstände.

ARBEITSABLAUF

- im Menüband die Registerkarte *Seitenlayout* öffnen
- in der Gruppe *Seite einrichten* den Befehl *Silbentrennung* anklicken
- unter *Silbentrennung* kann man wählen:
  - *Automatisch*
  - *Manuell:* Die Trennung eines Wortes muss bestätigt werden.
  - *Silbentrennungsoptionen*

  Die Option *Wörter in Großbuchstaben trennen* definiert, dass auch Wörter in Großbuchstaben, z. B. ADAC, getrennt werden dürfen.
  Mit der *Silbentrennzone* wird bestimmt, innerhalb welcher Grenzen getrennt wird. Der angegebene Wert gibt an, dass der Abstand zwischen dem rechten Rand und dem Zeilenende nach der Trennung nicht größer als 0,75 cm sein darf.

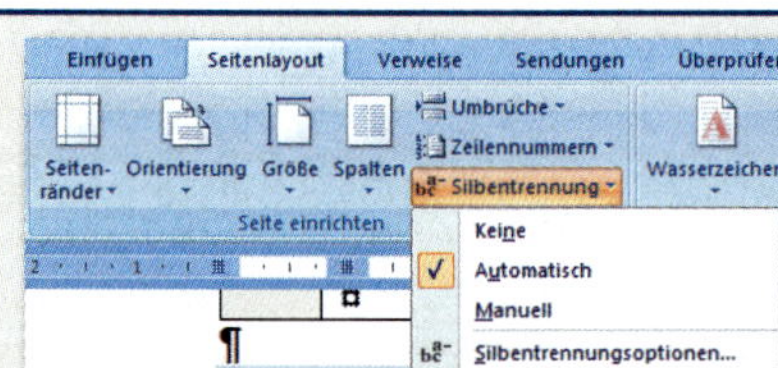

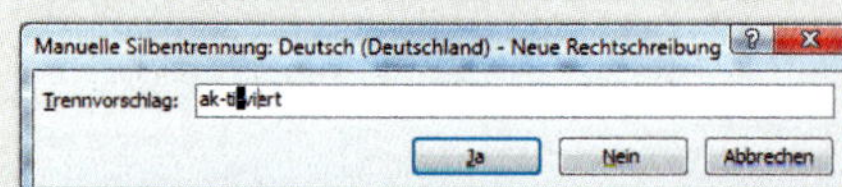

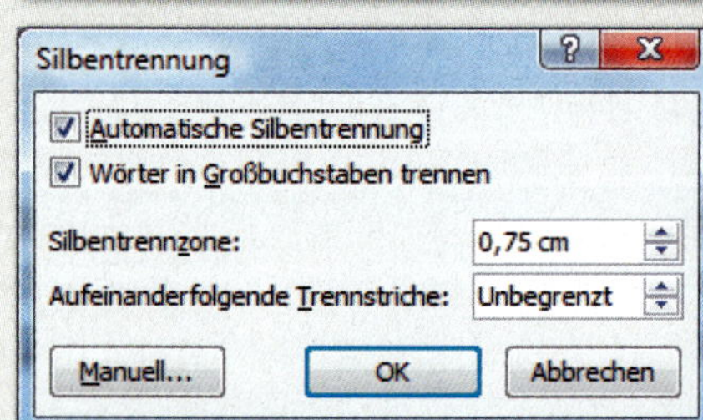

AUFGABEN

1. Welche Finger schlagen die neuen Buchstaben an?
2. Erklären Sie, wie Sie die Rechtschreibprüfung und die Worttrennung durchführen.

AKTIONEN

1. Testen Sie Ihr Wissen und erstellen Sie aus dem Gedächtnis erneut die Mindmap mit den bisher bekannten Tasten und ergänzen Sie die neuen Tasten. Verwenden Sie dazu die entsprechenden Farben.

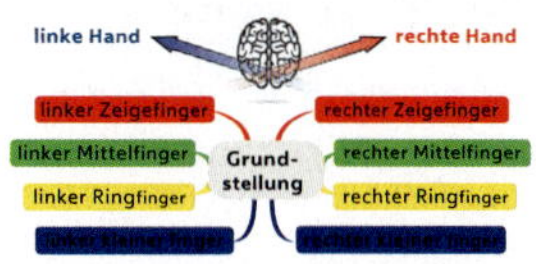

2. Web Zum Trainieren der neuen Griffwege öffnen Sie die Übungsdatei *Vorlage-Training* aus den Downloadmaterialien.
   a) Erfassen Sie die Zeilen 1 – 33 der Schreibübung des Kapitels 2.11 im Fließtext.
   b) Gestalten Sie Ihr Arbeitsblatt mit Absätzen.
   c) Wählen Sie einen geeigneten Dateinamen nach der firmenintern festgelegten Regel.
   d) Speichern Sie die Datei im entsprechenden Verzeichnis.
3. Web Zur Kräftigung Ihrer Hand- und Fingermuskulatur machen Sie bitte die Übung aus dem Ordner *Ausgleichsübungen* aus den Downloadmaterialien.
4. Schreiben Sie die Abkürzungen und schlagen Sie ihre Bedeutung im Duden nach. Schreiben Sie nach jeder Einheit zwei Leerzeichen.

```
34 | a. a. a. D. i. H. i. J. Jg. Jgg. Jh. f. ff. ggf. i. A.
35 | a. a. a. D. i. H. i. J. Jg. Jgg. Jh. f. ff. ggf. i. A.

36 | die EG die AG die KG das EKG die EG die AG die KG das EKG die EG
37 | die EG die AG die KG das EKG die EG die AG die KG das EKG die EG
```

5. Web Zur Übung der erlernten Programmfunktionen rufen Sie die Übungsdatei *Postdienstleistungen* aus den Downloadmaterialien auf.
   a) Strukturieren Sie den Text mit Sinnabsätzen.
   b) Prüfen Sie die Rechtschreibung und führen Sie die Worttrennung durch.
   c) Wählen Sie einen geeigneten Dateinamen nach der firmenintern festgelegten Regel.
   d) Speichern Sie die Datei im entsprechenden Verzeichnis.
6. Arbeiten Sie mit der Rechtschreibprüfung.
   Web a) Laden Sie die Übungsdatei *Rechtschreibprüfung* aus den Downloadmaterialien.
   b) Verbessern Sie die Rechtschreibfehler.
   c) Wählen Sie einen geeigneten Dateinamen nach der firmenintern festgelegten Regel.
   d) Speichern Sie die Datei im entsprechenden Verzeichnis.
7. Web Katja Ross arbeitet als Kauffrau für Büromanagement in einem größeren Übersetzungsbüro. Von einer Übersetzerin bekommt sie den Text für einen Brief, den sie überarbeiten soll.
   a) Rufen Sie die Übungsdatei *Textübersetzung* aus den Downloadmaterialien auf.
   b) Verbessern Sie die Fehler.
   c) Bilden Sie Sinnabsätze.
   d) Führen Sie die Worttrennung durch.
   e) Verwenden Sie im Briefschluss die richtige Abkürzung.
   f) Wählen Sie einen geeigneten Dateinamen nach der firmenintern festgelegten Regel.
   g) Speichern Sie die Datei im entsprechenden Verzeichnis.
   h) Drucken Sie die Datei.

ZUSAMMENFASSUNG

Tastschreiben → **neue Tastwege**

e – linker Mittelfinger

i – rechter Mittelfinger

x – linker Ringfinger

Punkt – rechter Ringfinger

Doppelpunkt – linker Umschalter
rechter Ringfinger

Word-Funktionen

Texte formatieren und korrigieren

Textteile vor dem Bearbeiten markieren

Textkorrekturen

Entf = Zeichen löschen
Einfg = Zeichen einfügen

Rechtschreibprüfung

über *Datei* – *Optionen* – *Dokumentprüfung*

Worttrennung

über Registerkarte *Seitenlayout* – Gruppe *Seite einrichten* – *Silbentrennung*

2.12 Wir üben die neuen Tastwege zu *c, Komma, Strichpunkt (Semikolon), r, u, t* und *z* und kopieren und verschieben Textteile oder heben sie hervor

Einstieg

Volkan Karaca hat sich über die Funktionen eines Multifunktionsgeräts informiert und einen Informationstext erstellt, der jetzt noch in eine ansprechende Form formatiert werden muss.

1. Bringen Sie den Text in eine logische Reihenfolge (zu finden in den Übungsdateien der Downloadmaterialien). Web
2. Gestalten Sie den Text mit Absätzen und wichtige Textstellen mit Fettdruck.
3. Führen Sie routinemäßig die Rechtschreibprüfung und Worttrennung durch.

Multifunktionsgeräte

Bei der täglichen Arbeit am PC werden Textdokumente, PowerPoint-Präsentationen, Tabellen und Grafiken sowie E-Mail-Nachrichten erstellt, die auf unterschiedliche Weise weiterverarbeitet werden. Durch die Integration eines netzwerkfähigen Multifunktionsgeräts ins Firmennetz haben alle berechtigten Abteilungsmitglieder Zugriff auf das System. Mit einem Multifunktionsgerät können Sie kopieren, drucken, scannen und faxen – alles mit einem Gerät. Zu den Leistungsmerkmalen gehören hochwertige Ausdrucke mit mindestens 600 dpi Auflösung auf normalem Papier, Erstellen von OHP-Folien, Bedrucken von festerem Papier, Drucken auf A3-Formaten u. v. m.

INFORMATIONEN

Die Tasten *c, Komma, Strichpunkt (Semikolon)* sowie *r, u, t* und *z*

Linke Hand
C = Mittelfinger
R = Zeigefinger
T = Zeigefinger

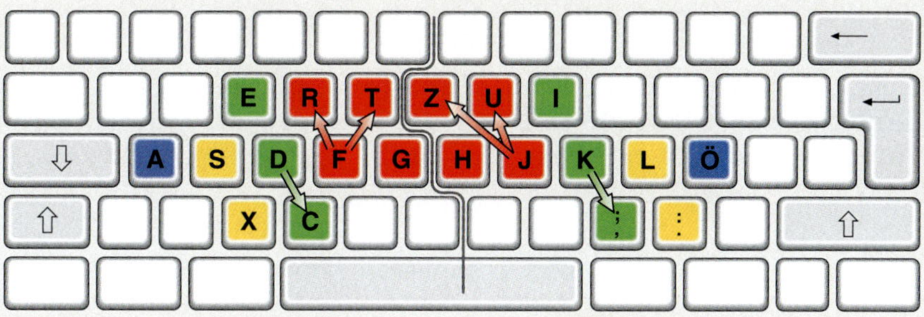

Rechte Hand
Komma = Mittelfinger
Semikolon = Linker Umschalter, rechter Mittelfinger
U = Zeigefinger
Z = Zeigefinger

Die Tasten *c* und *Komma, Strichpunkt (Semikolon)*

Der Buchstabe *c* wird mit dem linken Mittelfinger angeschlagen. Die Satzzeichen *Komma* und *Strichpunkt* sind mit dem rechten Mittelfinger anzuschlagen, wobei beim Anschlag des Strichpunkts (Semikolons) der linke Umschalter bedient werden muss. Beim Schreiben ist auf die richtige Handhaltung zu achten: Die Finger sind leicht angewinkelt, die Daumen liegen locker auf der Leertaste, Handrücken und Unterarm ergeben eine gerade Linie.

Um die Griffwege zu automatisieren, wird hier und in den folgenden Griffübungen auf die durch DIN vorgeschriebenen Leerzeichen verzichtet.

SCHREIBÜBUNG

Erarbeitung

```
1  dedcd dedcd dedcd dedcd dedcd dedcd dcd dcd dcd dcd dcd dcd dcd
2  kik,k kik,k kik,k kik,k kik,k kik,k k,k k,k k,k k,k k,k k,k k,k
3  kik,k;k kik,k;k kik,k;k kik,k;k kik,k;k k;k k;k k;k k;k k;k k;k

4  dcö dcl dck dcj dcö dcl dck dcj dcö dcl dck dcj dcö dcl dck dcj
5  k,a k,s k,d k,f k,a k,s k,d k,f k,a k,s k,d k,f k,a k,s k,d k,f
6  k;a k;s k;d k;f k;a k;s k;d k;f k;a k;s k;d k;f k;a k;s k;d k;k
```

Wörter

```
7  dick dich dick dich dick dich dick dich dick dich dick dich dick
8  dick, dich, dick, dich, dick, dich, dick, dich, dick, dich, dick,
9  dich; dick; dich; dick; dich; dick; dich; dick; dich; dick; dich;

10 Chagall, Chassis, Chagall, Chassis, Chagall, Chassis, Chagall,
11 Chili, Chile, Chili, Chile, Chili, Chile, Chili, Chile, Chili,
12 Check, Chef, Check, Chef, Check, Chef, Check, Chef, Check, Chef,

13 ich schlafe, ich schlafe, ich schlafe, ich schlafe, ich schlafe,
14 sachlich; sage es sachlich; sage es sachlich; sage es sachlich;
15 gleich, das Gleiche, gleich, das Gleiche, gleich, das Gleiche,

16 hacke, kicke, hacke, kicke, hacke, kicke, hacke, kicke, hacke,
17 schick, scheckig, schick, scheckig, schick, scheckig, scheckig,
18 schief, schief, die Schieflage, die Schieflage, die Schieflage,

19 sechs Lexika; sechs Lexika; sechs Lexika; sechs Lexika; sechs
20 die Hacke, die Jacke, die Hacke, die Jacke, die Hacke, die Jacke,
21 Kick; Kachexie[1]; Kick; Kachexie; Kick; Kachexie; Kick; Kachexie;

22 Seeaal, Lachs; Schaf, Esel; Seeaal, Lachs; Schaf, Esel; Seeaal,
23 Eiche, Echse, Eiche, Echse, Eiche, Echse, Eiche, Echse, Eiche,
24 Essecke, Geschick, Essecke, Geschick, Essecke, Geschick, Essecke,

25 Deckel, Dackel, Deckel, Dackel, Deckel, Dackel, Deckel, Dackel,
26 Schilf, Schlag, Schlaf, Schleife, Schilf, Schlag, Schlaf, Schild,
27 Fackel, Fleisch, Fleck, Fisch, Fackel, Fleisch, Fleck, Fisch,
```

Festigung

```
28 Ich sage es sachlich. Ich kicke gleich. Die Essecke gefiel Ida.
29 Das scheckige Schaf schlief. Sie sah die Fackel. Fische: Lachs,
30 Seeaal. Öle die Fische. Das Schild gefiel. Die Schleife lag da.
```

Die Tasten *r* und *u*

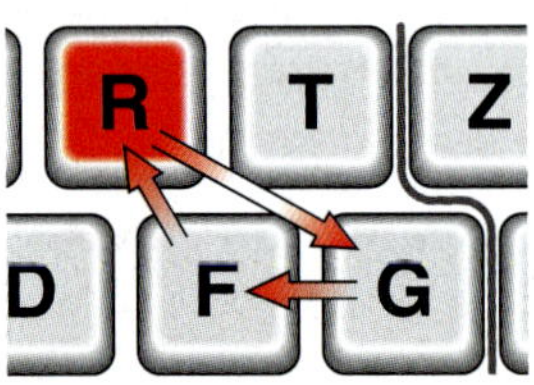

Der Buchstabe *r* wird mit dem linken Zeigefinger, der Buchstabe *u* mit dem rechten Zeigefinger angeschlagen.

Der Zeigefinger kehrt sofort – nachdem *r* oder *u* geschrieben wurde – auf die Grundtaste zurück. Es sei denn, es folgt ein Buchstabe, der mit dem gleichen Zeigefinger angeschlagen wird. Allgemein gilt: Bei Buchstabenfolgen, die mit dem gleichen Finger angeschlagen werden, kehrt der entsprechende Schreibfinger nicht zur Grundtaste zurück. Man spricht in diesem Fall von **Sprunggriffen** (siehe z. B. Zeile 37 und 38 der folgenden Schreibübung).

SCHREIBÜBUNG

Erarbeitung

```
31 fgfrf fgfrf fgfrf fgfrf fgfrf fgfrf frf frf frf frf frf frf frf
32 frj frk frl frö frj frk frl frö frj frk frl frö frj frk frl frö
33 fra frs frd frf fra frs frd frf fra frs frd frf fra frs frd frf

34 jhjuj jhjuj jhjuj jhjuj jhjuj jhjuj juj juj juj juj juj juj juj
35 jua jus jud juf jua jus jud juf jua jus jud juf jua jus jud juf
36 juö jul juk juj juö jul juk juj juö jul juk juj juö jul juk juj
```

1 Kachexie = Kräfteverfall

Sprunggriffe

37 frgf fgrf frgf fgrf frgf fgrf frgf fgrf frgf fgrf frgf fgrf frgf

38 juhj jhuj juhj jhuj juhj jhuj juhj jhuj juhj jhuj juhj jhuj juhj

Wörter

39 frei frei frei frei frei frei frei freilich freilich freilich

40 frech, frisch, frech, frisch, frech, frisch, frech, frisch, frech,

41 real rissig real rissig real rissig real rissig real real rissig

42 auf aus auf aus auf aus auf aus auf aus auf aus auf aus auf aus

43 darauf, heraus, darauf, heraus, darauf, heraus, darauf, heraus,

44 durch, durchaus, durch, durchaus, durch, durchaus, durch, raus,

45 Frage, Freak, Frage, Freak, Frage, Freak, Frage, Freak, Frage,

46 Chiffre Dreck Drache Chiffre Dreck Drache Chiffre Dreck Drache

47 Grafik Grille Grafik Grille Grafik Grille Grafik Grille Grafik

48 Erde Erdgas Erdkugel Erde Erdgas Erdkugel Erde Erdgas Erde Erdgas

49 Frage Fragerei Frage Fragerei Frage Fragerei Frage Frage Fragerei

50 Kreis, Kreide, Kreis, Kreide, Kreis, Kreide, Kreis, Kreide, Kreis

51 Rad, Radar, Rasse, Reflex, Riss, Rad, Radar, Rasse, Reflex, Riss,

52 Ural, Uhr, Ufer, Uhu, Ulk, Ural, Uhr, Ufer, Uhu, Ulk, Ural, Uhr,

53 Recherche, Ursache, Recherche, Ursache, Recherche, Ursache, Ufer

Festigung

54 Chiffriere das. Die Grafik gefiel Ulla. Der Friseur rief die Frau.

55 Uli fuhr auf das Deck. Die Reise gefiel Ulrike. Sie sah das Rad.

56 Herr Lars Fei fuhr auf der Karlsruher Höhe. Er sah durch das Rad.

Die Tasten *t* und *z*

Der Buchstabe *t* wird mit dem linken Zeigefinger, der Buchstabe *z* mit dem rechten Zeigefinger angeschlagen. Der Zeigefinger kehrt sofort – nachdem *t* oder *z* geschrieben wurde – auf die Grundtaste zurück.

SCHREIBÜBUNG

Erarbeitung

57 frftf frftf frftf frftf frftf frftf ftf ftf ftf ftf ftf ftf ftf

58 ftj ftk ftl ftö ftj ftk ftl ftö ftj ftk ftl ftö ftj ftk ftl ftö

59 fta fts ftd ftf fta fts ftd ftf fta fts ftd ftf fta fts ftd ftf

60 jujzj jujzj jujzj jujzj jujzj jujzj jzj jzj jzj jzj jzj jzj jzj

61 jza jzs jzd jzf jza jzs jzd jzf jza jzs jzd jzf jza jzs jzd jzf

62 jzö jzl jzk jzj jzö jzl jzk jzj jzö jzl jzk jzj jzö jzl jzk jzj

Sprunggriffe

63 frtgf fgtrf frtgf fgtrf frtgf fgtrf frtgf fgtrf frtgf fgtrf ftf

64 juzhj jhzuj juzhj jhzuj juzhj jhzuj juzhj jhzuj juzhj jhzuj jzj

Wörter

Sprunggriffe sind grün markiert:

```
65 alt alt alt halt halt halt halte halte halte falte falte falte
66 fast erst zart ehrt gut kauft ist fast erst zart ehrt gut kauft
67 tat tief teile rate alt uralt eitel fit laut leicht derart hart

68 heutzutage, tariflich, tatterig, tauche, es taut, geteilt, treu,
69 dreiteilig, teils gut, telegrafiere es, teuflisch, textil, teste
70 es, teuer, tief, tierisch, es trieft, trage, teile es, treffe sie

71 zuhauf zurecht zutage zutiefst zuteil zurzeit zuerst zuallererst
72 zuallerletzt zuletzt zuckerig zirka derzeit zahlte zeigte sitzt

73 Steuer Start Stelle Stall Stau Statik Statist Stillzeit Strecke
74 Streit Streitlust Streik Streife Struktur Stuckateur Sturz Stute
75 Atelier Eitelkeit Richtigkeit Gesetz Glatze Ersatz Hetze Artikel

76 Teil Tal Tau Tier Takt Teufel Tarif Teak Teich Telegraf Telefax
77 Zeit Zitat Zahl Zaziki Zecke Zeh Zeile Zelle Zelt Ziffer Zettel
78 Zertifikat Zigarre Zigarette Trauer Zuschuss Triathlet Zuschlag
```

Word-Funktionen

Textteile ausschneiden, kopieren und einfügen (Copy-and-Paste)

Diese Word-Funktionen können über das Menüband, Gruppe *Zwischenablage* in der Registerkarte *Start* oder über das Kontextmenü vorgenommen werden.

ARBEITSABLAUF

über das **Menüband**:

- Textteil markieren
- Symbolschaltfläche *Ausschneiden* oder *Kopieren* wählen
- Cursor an der gewünschten Stelle positionieren
- Schaltfläche *Einfügen* betätigen

über das **Kontextmenü**:

Die gleichen Befehle befinden sich im Kontextmenü (Arbeitsablauf siehe oben).

Zeichenformatierung

Die wichtigsten Zeichenformatierungen befinden sich in der Registerkarte *Start* – Gruppe *Schriftart*.

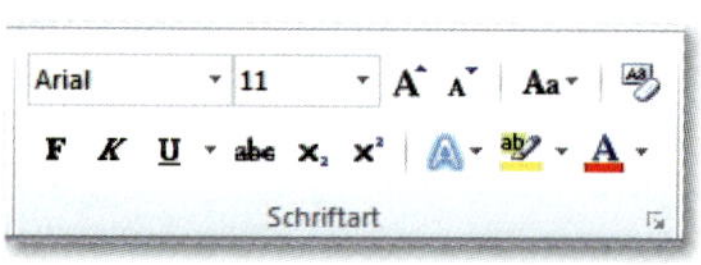

Die am häufigsten benutzten Formate können über die Minisymbolleiste direkt im Textbereich zugewiesen werden.

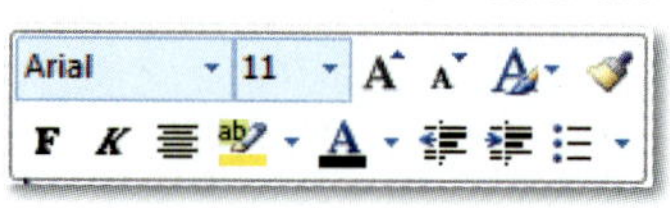

Fett, Kursiv und Unterstreichen

Die Hervorhebungen *Fett*, *Kursiv* und *Unterstreichen* werden als **Schriftschnitt** bezeichnet. Sie können über die Registerkarte *Start* – Gruppe *Schriftart* und schneller über die Minisymbolleiste zugewiesen werden. Sie sind kombinierbar.

Shortcuts:

STRG + UM + F = Fett

STRG + UM + K = Kursiv

STRG + UM + U = Unterstreichen

DIN-Regeln:

- Die Formatierung durch Fett- oder Kursivschrift beginnt mit dem ersten und endet mit dem letzten Zeichen des zu hervorhebenden Teils. Satzzeichen werden nur dann mit einbezogen, wenn sie innerhalb einer Hervorhebung stehen.

BEISPIELE

- Das Ersatzteil ist zu **teuer**. (Punkt nicht fett)
- ... **Hervorhebungen, wie Fettschrift** ... (Komma fett)
- ... **Hervorhebungen**, wie **Fettschrift** ... (Komma nicht fett)

- Das Unterstreichen beginnt unter dem ersten und endet unter dem letzten Schriftzeichen des hervorzuhebenden Teils. Andere Hervorhebungsarten (z. B. Fettschrift) sollten bevorzugt werden, da Unterlängen weder gestreift noch geschnitten werden sollten. Dies gilt nicht für automatisch vorgenommene Hyperlinks.

Schriftgröße

Die Schriftgröße kann über die folgenden Symbole vergrößert und verkleinert werden.

Ein Klick auf den jeweiligen Pfeil vergrößert/verkleinert den markierten Bereich um 1 Punkt.

Textmarker

Der Textmarker ist eine weitere Variante der Hervorhebung.

Wörter und Texte können wie mit einem Filzstift markiert werden. Dazu stehen 15 Farben zur Auswahl.

Formate übertragen

ARBEITSABLAUF

Um Zeichenformate rationell zu übertragen, geht man folgendermaßen vor:

- Cursor in das formatierte Wort setzen
- Symbol *Format übertragen* aktivieren oder Doppelklick auf das Symbol, wenn das Zeichenformat auf mehrere Wörter übertragen werden soll
- Mauszeiger nimmt die Form eines Pinsels an.
- mit dem Pinsel einzelne Wörter anklicken bzw. Textstellen markieren
- Klick auf das Symbol beendet den Vorgang.

AUFGABEN

1. Welche Finger schlagen die neuen Buchstaben an?
2. Beschreiben und ertasten Sie die Griffwege zu den neuen Buchstaben.
3. Erklären Sie, wie Sie Textteile kopieren und verschieben.
4. Definieren Sie den Begriff *Schriftschnitt*.
5. Beschreiben Sie, wie Zeichenformate rationell übertragen werden können.

AKTIONEN

1. Testen Sie Ihr Wissen und erstellen Sie aus dem Gedächtnis erneut die Mindmap mit den bisher bekannten Tasten und ergänzen Sie die neuen Tasten. Verwenden Sie dazu die entsprechenden Farben.

2. Zum Trainieren der neuen Griffwege öffnen Sie die Übungsdatei *Vorlage-Training*.

Web

Die folgenden Schreibübungen sind in sinnvollen Zeitabständen – eine Einheit pro Tag – durchzuführen:

Einheit 1: Zeilen 1 – 30 der Schreibübungen des Kapitels 2.12

Einheit 2: Zeilen 31 – 56 der Schreibübungen des Kapitels 2.12

Einheit 3: Zeilen 57 – 78 der Schreibübungen des Kapitels 2.12

a) Erfassen Sie die Einheiten im Fließtext.
b) Gestalten Sie Ihr Arbeitsblatt mit Absätzen.
c) Wählen Sie einen geeigneten Dateinamen nach der firmenintern festgelegten Regel.
d) Speichern Sie die Datei im entsprechenden Verzeichnis.

3. Zur Kräftigung Ihrer Schultermuskulatur machen Sie bitte die Übung aus dem Ordner *Ausgleichsübungen*. (Web)

4. **a)** Zur Festigung der neuen Griffwege schreiben Sie den folgenden Text als Fließtext.

b) Führen Sie anschließend die Worttrennung durch und speichern Sie die Übung im Verzeichnis *Schreibübungen*.

Utz reduzierte kurzfristig die Zulage. Sie zahlte die Schuhe. Zita skizzierte die gute Idee. Der Fahrer reagierte gereizt. Das Ersatzteil ist zu teuer. Der Kritiker erhielt die Zusage. Sie regelte die Zufahrt. Der Leiter der Stuttgarter Filiale kaufte die teure Reise. Die Katze lag auf der Stufe. Der Arzt aus Stuttgart erreichte das Ziel. Auf die Hitze reagierte Zacharias sehr gereizt. Der kurzfristig gelieferte Stuhl ist zu teuer. Der Zeuge reagierte darauf. Die Zufahrt ist fertig. Gertrud hat jetzt die teure Kerze gekauft. Sie zerlegte die Sardelle. Das Lied ist der Hit. Theresia zahlte zuletzt. Der Stau löste sich auf. Der Aufsatz ist fast fertig. Der Eilzug hielt kurz.

5. Um die vorangegangenen Programmfunktionen zu üben und erste Einblicke in die Funktionsweise eines Telefons zu bekommen, laden Sie die Übungsdatei *Telefon-Leistungsmerkmale* aus den Downloadmaterialien. (Web)

a) Gestalten Sie den Text übersichtlich mit Absätzen, Schriftvergrößerung, Fett- und Kursivdruck.

b) Führen Sie die Worttrennung durch.

c) Fügen Sie vor dem Leistungsmerkmal *Anrufweiterschaltung* mit der Tastenkombination STRG + Return einen Seitenumbruch ein.

d) Wählen Sie einen geeigneten Dateinamen nach der firmenintern festgelegten Regel.

e) Speichern Sie die Datei im entsprechenden Verzeichnis.

f) Lesen Sie den Text aufmerksam durch.

g) Suchen Sie sich einen Partner/eine Partnerin und befragen Sie sich wechselweise zu den einzelnen Leistungsmerkmalen.

h) Erstellen Sie in Gruppenarbeit jeweils ein Lernplakat mit den wichtigsten Informationen zu den einzelnen Leistungsmerkmalen.

i) Präsentieren Sie die Plakate.

ZUSAMMENFASSUNG

Tastschreiben → **neue Tastwege**

- c – linker Mittelfinger
- r – linker Zeigefinger
- u – rechter Zeigefinger
- t – linker Zeigefinger
- z – rechter Zeigefinger
- Komma – rechter Mittelfinger
- Strichpunkt – linker Umschalter, rechter Mittelfinger

Word-Funktionen

Copy-and-Paste

Texte ausschneiden, kopieren, einfügen

Zeichenformatierung

- Schriftschnitt (**Fett,** *Kursiv,* Unterstreichen)
- Schriftgröße
- Textmarker
- Zeichenformate übertragen

2.13 Wir üben die neuen Tastwege zu *w, o, v, m, b* und *n* und gestalten Texte mit Symbolen, Sonderzeichen und ClipArts

Einstieg

Neben dem Tastschreiben haben Carolin Saager und ihre Mitschülerinnen und Mitschüler bereits viele Funktionen des Textverarbeitungsprogramms kennengelernt. Heute sollen sie für die Kontaktdaten (Telefon, Fax, E-Mail, Handy) in einem Flugblatt entsprechende Symbole suchen. Außerdem soll ein Foto eingefügt werden.

1. Suchen Sie zu folgenden Wörtern passende Symbole in der Zeichentabelle Wingdings: Telefon, Telefax, Handy.
2. Beschreiben Sie die Formatierungsmöglichkeiten für Symbole, Sonderzeichen, ClipArts und Bilder.

INFORMATIONEN

Die Tasten *w, o, v, m, b* und *n*

Linke Hand
W = Ringfinger
V = Zeigefinger
B = Zeigefinger

Rechte Hand
O = Ringfinger
M = Zeigefinger
N = Zeigefinger

Die Tasten *w* und *o*

Der Buchstabe *w* wird mit dem linken Ringfinger, der Buchstabe *o* mit dem rechten Ringfinger angeschlagen. Um den Anschlag zu *w* und *o* korrekt ausführen zu können, ist die richtige Handhaltung unerlässlich: Die Finger sind leicht angewinkelt, die Daumen schweben locker über der Leertaste, Handrücken und Unterarm ergeben eine gerade Linie.

SCHREIBÜBUNG

Erarbeitung

```
1 | sws sws sws sws sws sws sws sws sws sws sxsws sxsws sxsws sxsws
2 | swj swk swl swö swj swk swl swö swj swk swl swö swj swk swl swö
3 | swa sws swd swf swa sws swd swf swa sws swd swf swa sws swd swf

4 | lol lol lol lol lol lol lol lol lol lol l.lol l.lol l.lol l.lol
5 | loa los lod lof loa los lod lof loa los lod lof loa los lod lof
6 | loj lok lol loö loj lok lol loö loj lok lol loö loj lok lol loö
```

Wörter

```
wer was wir wie wer was wir wie wer was wir wie wer was wir wie
soll froh hohe hohl also soll froh hohe hohl also soll froh hohe
wo woher woraus wodurch wozu wohl wohlauf sowohl obwohl sowieso

die Waage, das Wachs, die Wahl, der Wald, das Wasser, der Weiher,
die Oder, das Office, der Offsetdruck, die Orchidee, die Order,
der Ort, die Welle, der Ottawa, der Wurf, der Oxer, die Wilderer,

die Floskel, das Dorf, das Softeis, der Storch, der Stock, der
Clou, die Cola, das Chlor, der Zweifelsfall, der Gitterrost,
solide, solch, sogleich, stolz, zwölf, zwei, zweistellig, trotz,

die erfolgreiche Rolle, der erfolglose Fahrer, wiederhole sofort,
gut korrigiert, weitere Rekorde, der wilde Löwe, esse Schokolade,
er erwiderte schroff, der Soziologe sagt die Wahrheit, es ist so,

trotz dieser Wortwahl, die aktuelle Rede, eine wichtige Rolle,
auf Erfolg gesetzt, erst die Kritik, die leichte Schwierigkeit,
der waagrechte Strich, erledige zuerst das Schwierigste,
```

Die Tasten *v* und *m*

Der Buchstabe *v* wird mit dem linken Zeigefinger, der Buchstabe *m* mit dem rechten Zeigefinger angeschlagen. Der Zeigefinger kehrt sofort – nachdem *v* oder *m* geschrieben wurde – auf die Grundtaste zurück. Es sei denn, es folgt ein Buchstabe, der mit dem gleichen Zeigefinger angeschlagen wird.

SCHREIBÜBUNG

Erarbeitung

```
fgfvf fgfvf fgfvf fgfvf fgfvf fgfvf fvf fvf fvf fvf fvf fvf fvf
fvj fvk fvl fvö fvj fvk fvl fvö fvj fvk fvl fvö fvj fvk fvl fvö
fva fvs fvd fvf fva fvs fvd fvf fva fvs fvd fvf fva fvs fvd fvf

jhjmj jhjmj jhjmj jhjmj jhjmj jhjmj jmj jmj jmj jmj jmj jmj jmj
jma jms jmd jmf jma jms jmd jmf jma jms jmd jmf jma jms jmd jmf
jmö jml jmk jmj jmö jml jmk jmj jmö jml jmk jmj jmö jml jmk jmj
```

Sprunggriffe

```
frtgvf frtgvf frtgvf frtgvf frtgvf fvgtrf fvgtrf fvgtrf fvgtrf
juzhmj juzhmj juzhmj juzhmj juzhmj jmhzuj jmhzuj jmhzuj jmhzuj
```

Wörter

```
viel voll vor voraus vorher vollauf voreilig variiere virtuos
verfolge, verabrede, verfasse, verfechte, verreise, vertiefe,
verwalte, verlor, vorzeitig, verflixt, verhasst, vorweg, vorlaut,

meist mies mich mickrig miete misslich misstrauisch missmutig
mittellos mitteldeutsch mittelfristig mittelalt modisch möglich
mollig muffelig multilateral mutig massiv mittags meist markiert

Verdeck Verdeck Vergleich Verkauf Verkehr Verkehrsdichte Verlass
Verlauf Verleih Verlust Verrat Verschluss Vertrag Verzehr Verzug
Verzicht Vordach Vorfreude Vorfall Vorgesetzte Vorlauf Vorschuss
```

Wörter

39 das Mahl, der Magister, die Magie, der Magier, der Mais, Malmö
40 Mallorca Malta Mai Mammut Markt Maske Melodie Mathematik Miami
41 Maurer Meerrettich Meister Meter Musik Miete Meer Milch Milieu

42 Mode Mehl Misswirtschaft Misskredit Misslaut Missgriff Missmut
43 Missgeschick Misserfolg Missgriff Mittag Mittelalter Mittelfeld
44 Modell Mofa Motiv Motor Motocross Motto Multimedia Mumm Murmel

Die Tasten *b* und *n*

Der Buchstabe *b* wird mit dem linken Zeigefinger, der Buchstabe *n* mit dem rechten Zeigefinger angeschlagen. Der Zeigefinger kehrt sofort – nachdem *b* oder *n* geschrieben wurde – auf die Grundtaste zurück.

SCHREIBÜBUNG

Erarbeitung

45 fvfbf fvfbf fvfbf fvfbf fvfbf fvfbf fbf fbf fbf fbf fbf fbf fbf
46 fbj fbk fbl fbö fbj fbk fbl fbö fbj fbk fbl fbö fbj fbk fbl fbö
47 fba fbs fbd fbf fba fbs fbd fbf fba fbs fbd fbf fba fbs fbd fbf

48 jmjnj jmjnj jmjnj jmjnj jmjnj jmjnj jnj jnj jnj jnj jnj jnj jnj
49 jna jns jnd jnf jna jns jnd jnf jna jns jnd jnf jna jns jnd jnf
50 jnö jnl jnk jnj jnö jnl jnk jnj jnö jnl jnk jnj jnö jnl jnk jnj

Sprunggriffe

51 frtgvbf frtgvbf frtgvbf frtgvbf frtgvbf frtgvbf frtgvbf frtgvbf
52 juzhmnj juzhmnj juzhmnj juzhmnj juzhmnj juzhmnj juzhmnj juzhmnj

Wörter

53 blau bald bist beim blau bald bist beim blau bald bist beim blau
54 breit bereit beide bevor barock breit bereit beide bevor barock
55 neu nein nah nur nun nie nicht neu neun nein nah nur nun nie neun

56 nach naiv nasal nass nasskalt neidvoll niemals notieren nunmehr
57 der Bericht, die Bestimmung, die Bildung, die Bank, der Betrag,
58 der Betrieb, die Bibliothek, der Bezug, die Befragung, der Bonus,

59 Nachlass, Nachteil, Nachnahme, Niveau, Niederlassung, Netz, Note,
60 im November, in Not, die Navigation, die Natur, der Nennbetrag,

Word – Symbole, Sonderzeichen, ClipArts und Grafiken

Symbole und Sonderzeichen

Nicht alle Zeichen befinden sich direkt auf der Tastatur. Das Programm bietet über die Zeichentabellen eine große Auswahl von Symbolen und Sonderzeichen.

ARBEITSABLAUF

- Cursor an die gewünschte Position setzen
- über das Menüband – Registerkarte *Einfügen* – Gruppe *Symbole* – Befehl *Symbol* – Option *Weitere Symbole …* die Zeichentabellen öffnen
- Symbol/Sonderzeichen aus der entsprechenden Zeichentabelle (Schriftart) auswählen
- ausgewähltes Symbol *Einfügen*
- Menü *Schließen*

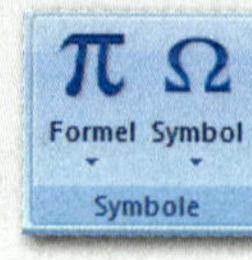

ClipArts

Verwaltet und organisiert werden ClipArts im *Clip Organizer.* Dieser enthält außer Zeichnungen auch Fotografien, Sounds und andere Mediadateien – sogenannte *Clips*.

ARBEITSABLAUF

Um ClipArts einzufügen, geht man folgendermaßen vor:

- über das Menüband – Registerkarte *Einfügen* – Gruppe *Illustrationen* – *ClipArt* öffnen

- unter *Suchen nach* Begriff eingeben – mit *OK* bestätigen
- unter *Ergebnisse* Ordner durch Häkchen kennzeichnen
- Kontrollkästchen *Office.com – Inhalte berücksichtigen* aktivieren
- ausgewähltes ClipArt über den Listenpfeil einfügen
- ClipArt über die Angriffspunkte diagonal entsprechend verkleinern oder vergrößern

Grafiken

Mit Grafiken können Dokumente auf einfache Art aufgelockert und gestaltet werden.

ARBEITSABLAUF

Um Grafiken auszuwählen und einzufügen, geht man folgendermaßen vor:

- über das Menüband – Registerkarte *Einfügen* – Gruppe *Illustrationen* – *Grafik* öffnen
- Bild aus dem entsprechenden Ordner auswählen

- Schaltfläche *Einfügen* betätigen
- eingefügtes Bild über die Angriffspunkte auf die gewünschte Größe bringen

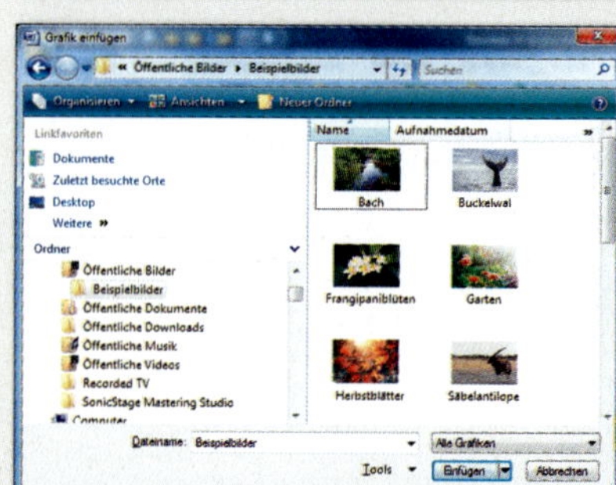

ClipArts und Grafiken positionieren und formatieren

ClipArts und Grafiken können schnell über das Kontextmenü an den umgebenden Text angepasst werden.

ARBEITSABLAUF

- ClipArt/Grafik markieren
- Kontextmenü durch einen Klick mit der rechten Maus auf das Bild öffnen
- auf *Zeilenumbruch* gehen
- Option *Passend* wählen

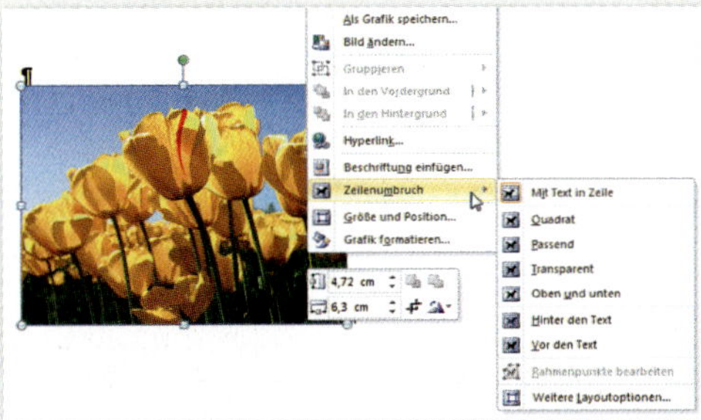

Formatierungsmöglichkeiten für ClipArts und Bilder bieten die *Bildtools*. Die Bildtools werden immer erst aktiv, wenn das ClipArt/Bild markiert (angeklickt) ist. Über acht Angriffspunkte kann das ClipArt/Bild vergrößert und verkleinert werden.

AUFGABEN

1. Welche Finger schlagen die neuen Buchstaben an?
2. Beschreiben und ertasten Sie die Griffwege zu den neuen Buchstaben.
3. Was sind Symbole und Sonderzeichen?
4. Wie fügen Sie ClipArts und Bilder in ein Dokument ein?

AKTIONEN

1. Testen Sie Ihr Wissen und erstellen Sie aus dem Gedächtnis erneut die Mindmap mit den bisher bekannten Tasten und ergänzen Sie die neuen Tasten. Verwenden Sie dazu die entsprechenden Farben.

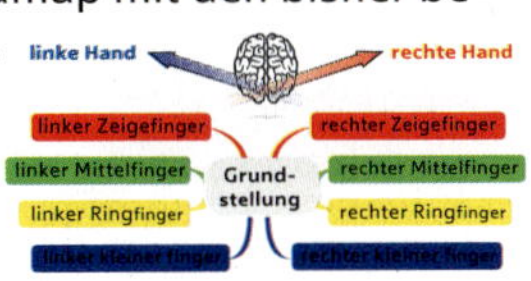

2. Web Zum Trainieren der neuen Griffwege öffnen Sie die Übungsdatei *Vorlage-Training*.

   Die folgenden Schreibübungen sind in sinnvollen Zeitabständen – eine Einheit pro Tag – durchzuführen:

   Einheit 1: Zeilen 1 – 21 der Schreibübungen des Kapitels 2.13

   Einheit 2: Zeilen 22 – 44 der Schreibübungen des Kapitels 2.13

   Einheit 3: Zeilen 45 – 60 der Schreibübungen des Kapitels 2.13

   a) Erfassen Sie die Einheiten im Fließtext.
   b) Gestalten Sie Ihr Arbeitsblatt mit Absätzen.
   c) Wählen Sie einen geeigneten Dateinamen nach der firmenintern festgelegten Regel.
   d) Speichern Sie die Datei im entsprechenden Verzeichnis.

3. Web Zur Stärkung Ihrer Nacken- und Halsmuskulatur machen Sie bitte die Übung aus dem Ordner *Ausgleichsübungen*.

4. Festigung der Griffwege zu *w* und *o*
   Web a) Rufen Sie das elektronische Arbeitsblatt *Festigung-w-und-o* im Ordner *Übungsdateien* auf und schreiben Sie konzentriert und fehlerlos.
   b) Wählen Sie einen geeigneten Dateinamen nach der firmenintern festgelegten Regel.
   c) Speichern Sie die Datei im entsprechenden Verzeichnis.

5. a) Schreiben Sie folgende Treppensätze aus dem Gedächtnis, jeweils eine Minute lang. Schalten Sie dazu Ihren Bildschirm aus.
   b) Ermitteln Sie, wie viele Sätze Sie pro Minute geschafft haben. Vergleichen Sie Ihr Ergebnis mit Ihren Mitschülerinnen und Mitschülern.

So leicht war das.
Wieder war die Zeit zu kurz.
Frage stets, was ist gefragt.
Der Lehrer war sofort da.
Die Schwierigkeit war der Stress.

6. Festigung der Griffwege zu *v* und *m*

Web **a)** Rufen Sie das elektronische Arbeitsblatt *Festigung-v-und-m* aus dem Ordner *Übungsdateien* auf und schreiben Sie konzentriert und fehlerlos.

b) Wählen Sie einen geeigneten Dateinamen nach der firmenintern festgelegten Regel.

c) Speichern Sie die Datei im entsprechenden Verzeichnis.

7. Zur Festigung der in diesem Kapitel neu erlernten Griffwege schreiben Sie die folgenden Texte im Fließtext.

Unterschriftsvollmacht
Um einen reibungslosen Ablauf im Betrieb zu sichern, sollten Sie Ihren Mitarbeitern eine Unterschriftsvollmacht erteilen. Damit sind sie berechtigt, Entscheidungen und Bestellungen bis zu einem bestimmten Betrag vorzunehmen.

Die Kundennummer
Wenn Sie viele Kunden haben, lohnt es sich, eine individuelle Kundennummer zu vergeben. Das hat den Vorteil, dass schriftliche und telefonische Anfragen einfacher zugeordnet werden können.

a) Führen Sie anschließend die Worttrennung durch.

b) Formatieren Sie den Text mit Blocksatz.

c) Wählen Sie einen geeigneten Dateinamen nach der firmenintern festgelegten Regel.

d) Speichern Sie die Datei im entsprechenden Verzeichnis.

8. Um das Einfügen von Grafiken und ClipArts und die Web Verwendung von Sonderzeichen zu üben, rufen Sie die Übungsdatei *Schlaues-Kopieren* auf.

a) Gestalten Sie die „Regeln für schlaues Kopieren" auf einem A4-Blatt übersichtlich.

b) Formatieren Sie die Überschrift „Regeln für schlaues Kopieren" mit 18 pt, den Text in 16 pt.

c) Fügen Sie aus ClipArt ein passendes Bild an geeigneter Stelle ein.

d) Ersetzen Sie Telefon und Telefax durch passende Zeichen aus den Zeichentabellen.

e) Wählen Sie einen geeigneten Dateinamen nach der firmenintern festgelegten Regel.

f) Speichern Sie die Datei im entsprechenden Verzeichnis.

ZUSAMMENFASSUNG

Tastschreiben → **neue Tastwege**

w – linker Ringfinger
o – rechter Ringfinger
v – linker Zeigefinger
m – rechter Zeigefinger
b – linker Zeigefinger
n – rechter Zeigefinger

Word-Funktionen

Symbole und Sonderzeichen
Registerkarte *Einfügen* – Gruppe *Symbole*

ClipArts, Bilder, Fotos und Grafiken
Registerkarte *Einfügen* – Gruppe *Illustrationen*

2.14 Wir üben die neuen Tastwege zu *q, p, y, Kurzstrich, Grundstrich, ä, ü, ß* und *Fragezeichen,* formatieren Absätze und wenden die Rechtschreibregeln und Regeln nach DIN 5008 richtig an

Einstieg

Katarzyna Lindemann soll einen Aushang für das Schwarze Brett der Hoffmann KG zum Seminar „Fit am Arbeitsplatz" gestalten. Sie erhält dazu den nebenstehenden Rohtext.

> So halten Sie sich fit!
>
> Seminar „Fit am Arbeitsplatz"
>
> Referentin: Doris Gummel
>
> Wann? Immer montags eine Stunde vor Arbeitsbeginn.
>
> Wo? Hauptgebäude, Robert-Schneider-Raum.
>
> Interessiert? Dann tragen Sie sich in die Liste ein.

1. Erfassen und gestalten Sie den Text für den Aushang übersichtlich.
2. Fügen Sie an geeigneter Stelle das Firmenlogo und eine passende Grafik ein.

INFORMATIONEN

Die Tasten *p, q, y, Kurzstrich, Grundstrich* sowie *ä, ü, ß* und *Fragezeichen*

Linke Hand
Q = kleiner Finger
Y = kleiner Finger

Rechte Hand
P = kleiner Finger
— = Kurzstrich = kleiner Finger
– = Grundstrich = linker Umschalter, kleiner Finger
Ä = kleiner Finger – Grundtastenreihe
Ü = kleiner Finger – obere Buchstabentastenreihe
ß = Ziffern- und Zeichenreihe
? = linker Umschalter, kleiner Finger

Die Tasten *p* und *q*

Der Buchstabe *q* wird mit dem linken kleinen Finger, der Buchstabe *p* mit dem rechten kleinen Finger angeschlagen.

SCHREIBÜBUNG

Erarbeitung

```
1  aqa aqa aqa aqa aqa aqua aqua aqua aqua aqua aqua aqua aqua aqua
2  aquj aquk aqul aquö aquj aquk aqul aquö aquj aquk aqul aquö aqua
3  aqua aqus aqud aquf aqua aqus aqud aquf aqua aqus aqud aquf aqua

4  öpö öpö öpö öpö öpö öpö öpö öpö öpö öpö öpö öpö öpö öpö öpö öpö
5  öpa öps öpd öpf öpa öps öpd öpf öpa öps öpd öpf öpa öps öpd öpf
6  öpj öpk öpl öpö öpj öpk öpl öpö öpj öpk öpl öpö öpj öpk öpl öpj
```

Wörter

```
7  quaken, quatschen, quellen, quittieren, quotieren, quasi, quer
8  bequem schlafen, liquide Mittel, qualvoll, qualitativ getestet,
9  qualifizierte Mitarbeiter, bereits quittiert, konsequent leiten,

10 packen, pampig, penibel, perplex, pfiffig, picken, platzen, polar
11 paradox, papillar, parallel, parat, partiell, passiv, penetrant,
12 politisch, potenziell, prima, privat, produzieren, profan, pushen
```

Die Tasten *y, Kurzstrich* und *Grundstrich*

Der Buchstabe *y* wird mit dem linken kleinen Finger, der Kurzstrich „-“ und der Grundstrich „_“ mit dem rechten kleinen Finger angeschlagen.

SCHREIBÜBUNG

Erarbeitung

```
13 aqaya aqaya aqaya aqaya aya aya aya aya aya aya aya aya aya aya
14 ayö ayl ayk ayj ayö ayl ayk ayj ayö ayl ayk ayj ayö ayl ayk ayj
15 aya ays ayd ayf aya ays ayd ayf aya ays ayd ayf aya ays ayd ayf

16 ö-ö_ö ö-ö_ö ö-ö_ö ö-ö_ö ö-ö_ö ö-ö_ö ö-ö_ö ö-ö_ö ö-ö_ö ö-ö_ö ö-ö
17 ö-a ö-s ö-d ö-f ö-a ö-s ö-d ö-f ö_a ö_s ö_d ö_f ö_a ö_s ö_d ö_f
18 ö-ö ö-l ö-k ö-j ö-ö ö-l ö-k ö-j ö_ö ö_l ö_k ö_j ö_ö ö_l ö_k ö_j
```

Wörter mit *y*

```
19 analysieren, hypnotisieren, synchronisieren, systematisieren,
20 typisch, physisch, psychisch, zyklisch, dynamisch, rhythmisch,
21 synchron schwimmen, analytisch vorgehen, sympathisch wirken,

22 Yacht, Yen, Yard, Yoga, York, Ypsilon, Ytong, Yucca, Yvonne, Yak,
23 Yacht, Yen, Yard, Yoga, York, Ypsilon, Ytong, Yucca, Yvonne, Yak,
```

Tipp
Der Grundstrich kann in besonderen Fällen, z. B. in Dateinamen, anstelle eines Leerzeichens verwendet werden.
Beispiele: Übung_1.docx, Aufgabe_1.txt

Kurz- und Langstrich nach DIN 5008		
Verwendungsmöglichkeit	**DIN-Regeln**	**BEISPIELE**
Worttrennungsstrich	Für die Trennung der Wörter am Zeilenende wird der Trennungsstrich verwendet. Er wird vom Textverarbeitungsprogramm automatisch gesetzt. Worttrennungen, die das Verstehen eines Textes erschweren, sind zu vermeiden.	... Daten- austausch ... Spar-gelder statt: Spargel-der
bedingter Trennstrich **Tasten: STRG + Bindestrich**	Der bedingte Trennstrich gehört zu den nicht druckbaren Zeichen. Er kann während der Texteingabe an der gewünschten Trennstelle eines Wortes eingegeben werden. Der bedingte Trennstrich wird mit der Tastenkombination *Strg* + *Kurzstrich* erzeugt.	... Daten-austausch ...

Bindestrich **(Kurzstrich)**	Wortzusammensetzungen sowie Zusammensetzungen mit einzelnen Buchstaben, Ziffern oder Abkürzungen werden mit dem Kurzstrich (Bindestrich) geschrieben. Vor und nach dem Bindestrich steht kein Leerzeichen.	Richard-Wagner-Allee, Fulltime-Job, 5-Zimmer-Wohnung, Stuttgart-Vaihingen
geschützter Bindestrich **Tasten: STRG + UM + Kurzstrich**	Der geschützte Bindestrich gehört zu den nicht druckbaren Zeichen. Inhaltlich eng zusammengehörige Teile, die durch Bindestriche gegliedert werden, dürfen am Bindestrich nicht getrennt werden. Sie sind durch ein geschütztes Zeichen gegen einen unbeabsichtigten Zeilenumbruch zu sichern. Der geschützte Bindestrich wird mit der Tastenkombination *Strg + Um + Kurzstrich* erzeugt. Er wird etwas länger dargestellt.	A3-Format, x-beinig, 5-köpfig, 8-prozentig, die 35-Jährige
Ergänzungsstrich **(Kurzstrich)**	Bei der Zusammenfassung mehrerer Wörter zum Ersparen von Wortteilen wird der Kurzstrich (Bindestrich als Ergänzungsstrich) gesetzt. Steht der Ergänzungsstrich am Wortende folgt ein Leerzeichen – am Wortanfang steht davor ein Leerzeichen.	Vor-·und Zuname, Im-·und Export, Brief-·und Paketversand, Textein-·und·-ausgabe
Gedankenstrich **(Langstrich)**	Als Gedankenstrich wird der Langstrich mit vorausgehendem und folgendem Leerzeichen verwendet. Satzzeichen werden an den zweiten Gedankenstrich ohne Leerzeichen angeschlossen. Statt des Halbgeviertstrichs darf auch der Mittestrich verwendet werden. Der Langstrich wird mit der Tastenkombination *Strg + – (Zahlenblock)* erzeugt und etwas länger und schmaler dargestellt.	Das Parfüm·–·es kam erst letzte Woche auf den Markt·–·wurde sehr gut verkauft. Ich vermute·–·alles deutet darauf hin·–, dass die Rechnung falsch ausgestellt wurde.
Zeichen für *gegen* **(Langstrich)**	Als Zeichen für *gegen* wird der Langstrich gesetzt. Vor und nach dem Langstrich ist ein Leerzeichen zu schreiben.	Werder Bremen·–·FC Köln, TSG Neustadt·–·TUS Altenstein
Zeichen in Streckenangaben **(Langstrich)**	Bei Streckenangaben wird der Langstrich als Streckenstrich verwendet. Vor und nach dem Langstrich ist ein Leerzeichen zu schreiben.	Stuttgart·–·Mannheim·–·Köln, Frankfurt·–·Hannover
Zeichen für *bis* **(Langstrich)**	Als Zeichen für *bis* wird der Langstrich gesetzt. Vor und nach dem Langstrich ist ein Leerzeichen zu schreiben.	Öffnungszeiten sind: montags 10:00·–·19:00 Uhr dienstags 08:00·–·12:00 Uhr ... Die Konferenz findet von 08:30 bis 12:30 Uhr statt.

Die Tasten *ä, ü, ß* und *Fragezeichen*

Die Buchstaben *ä*, *ü* und *ß* werden mit dem rechten kleinen Finger angeschlagen. Um das Fragezeichen zu erzeugen, muss beim Anschlag der linke Umschalter bedient werden. Der kleine Finger kehrt sofort – nachdem *ä, ü, ß* oder *?* geschrieben wurde – auf die Grundtaste zurück.

SCHREIBÜBUNG

Erarbeitung

ä und ü

```
24 | öäö öäö öäö öäö öäö öüö öüö öüö öüö öüö ößö ößö ößö ößö ößö ö?ö
25 | öäö öäö öäö öäö öäö öüö öüö öüö öüö öüö ößö ößö ößö ößö ößö ö?ö

26 | ändern ärgern ähnlich abwärts ändern ärgern ähnlich ärgern ändern
27 | Äpfel Ärzte Ärger Ägypten Äquator Äquivalenz Äste Ästhetik u. Ä.

28 | über überall überaus übereinander übermitteln überweisen übervoll
29 | Übereifer Überweisung Überfall Übersicht Übertrag Übung Übereifer
```

ss* oder *ß

Schreibweise

Regel Nr. 1: Nach langem Vokal und nach Doppellaut ist *ß* zu schreiben.

```
30 | außen reißen heißen schmeißen mäßig grüßen groß genießen äußern
31 | Maß Maßnahme Spieß Fleiß Strauß Grieß Straße Gruß Soße Geißel Fuß
```

Regel Nr. 2: Nach kurzem Vokal ist immer ss zu schreiben.

```
32 | Kuss Schluss Kongress Abschluss Überschuss Ausschuss Express Fass
33 | Riss Masse Kasse Ross Hass Fluss Nuss Schloss Prozess Kompromiss
```

Regel Nr. 3: Treffen in Wortzusammensetzungen drei gleiche Buchstaben aufeinander, sind sie zu schreiben. Zur besseren Übersichtlichkeit darf auch ein Bindestrich gesetzt werden.

```
34 | Schlossstraße, Schloss-Straße; Schlusssitzung, Schluss-Sitzung;
35 | Flusssand, Fluss-Sand; Kongresssaal, Kongress-Saal;
```

Fragezeichen

```
36 | Wie spät ist es? Wohin fährst du? Was kann ich helfen? Warum
37 | kommst du nicht? Wo sind die Pferde? Weshalb darf er das nicht?
38 | Wie heißt du?
```

Nach indirekten Fragesätzen steht kein Fragezeichen.

```
39 | Er weiß nicht, wann die nächste Lieferung kommt. Wir prüfen noch,
40 | warum die Rechnungen nicht bezahlt wurden. Wir wissen nicht,
41 | warum die Telefonnummer zum Nulltarif genutzt werden kann.
```

Word-Funktion – Absatzformatierung

Die Absatzformatierungen *Links*, *Zentriert*, *Rechts* und *Blocksatz* befinden sich im Menüband – Registerkarte *Start* – Gruppe *Absatz*.

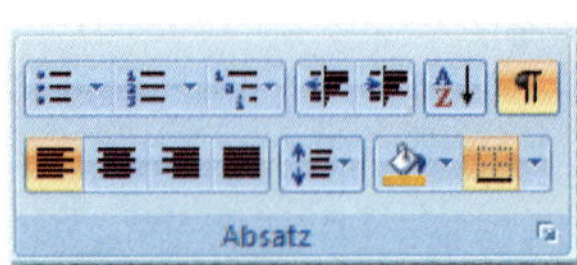

Das Absatzformat *Zentriert* kann auch über die Minisymbolleiste zugewiesen werden.

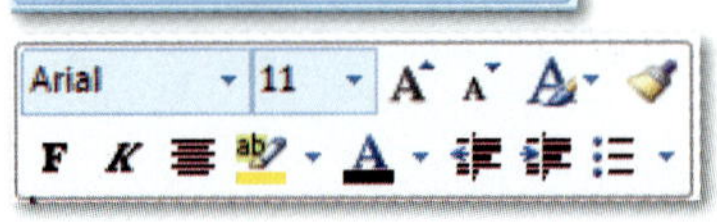

BEISPIELE für Textausrichtung

Dieser Text ist **linksbündig** ausgerichtet; dies ist die Standardeinstellung des Programms.	Bei der Hervorhebung **Zentrieren** wird der Text in die Mitte der Zeile gesetzt.	Die **rechtsbündige** Ausrichtung eines Absatzes ist eher selten und wird in besonderen Schriftstücken angewendet.	Mit der Absatzausrichtung **Blocksatz** erreicht man einen geraden rechten Rand. Um größere Abstände zwischen den Wörtern zu vermeiden, ist es sinnvoll, vorher die **Worttrennung** vorzunehmen.

DIN-Regel: Zentrierung
Zentrierte Textteile werden vom vorausgehenden und vom folgenden Text durch je eine Leerzeile abgesetzt.

AUFGABEN

1. Welche Finger schlagen die neuen Buchstaben an?
2. Beschreiben und ertasten Sie die Griffwege zu den neuen Buchstaben.
3. Erläutern Sie die Rechtschreibregelungen zur Worttrennung und zur Schreibweise *ss* oder *ß* mit passenden Beispielen.
4. Beschreiben Sie die Verwendungsmöglichkeiten des Kurz- und Langstrichs.
5. Erläutern Sie den Einsatz der verschiedenen Absatzausrichtungen.
6. Lesen Sie die Bedeutung der unbekannten Wörter aus den Zeilen 10 bis 12 der Schreibübung dieses Kapitels im Duden nach.

AKTIONEN

1. Testen Sie Ihr Wissen und erstellen Sie aus dem Gedächtnis erneut die Mindmap mit den bisher bekannten Tasten und ergänzen Sie die neuen Tasten. Verwenden Sie dazu die entsprechenden Farben.

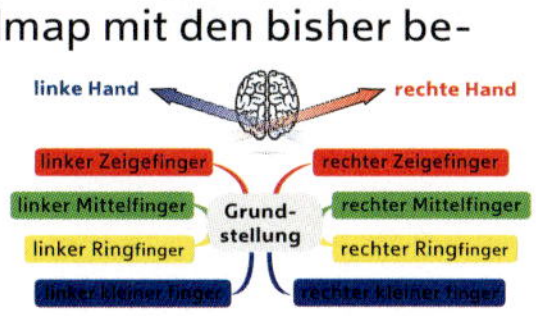

2. Zum Trainieren der neuen Griffwege öffnen Sie die Übungsdatei *Vorlage-Training*.

   Die folgenden Schreibübungen sind in sinnvollen Zeitabständen – eine Einheit pro Tag – durchzuführen:

   Einheit 1: Zeilen 1 – 12 der Schreibübungen des Kapitels 2.14

   Einheit 2: Zeilen 13 – 23 der Schreibübungen des Kapitels 2.14

   Einheit 3: Zeilen 24 – 41 der Schreibübungen des Kapitels 2.14
   a) Erfassen Sie die Einheiten im Fließtext.
   b) Gestalten Sie Ihr Arbeitsblatt mit Absätzen.
   c) Wählen Sie einen geeigneten Dateinamen nach der firmenintern festgelegten Regel.
   d) Speichern Sie die Datei im entsprechenden Verzeichnis.
3. Zur Kräftigung Ihrer Armmuskulatur machen Sie bitte die Übung aus dem Ordner *Ausgleichsübungen*.
4. Zur Festigung der Griffwege zu *p* und *q* rufen Sie das elektronische Arbeitsblatt *Festigung-p-und-q* aus dem Ordner *Übungsdateien* auf.
   a) Schreiben Sie konzentriert und fehlerlos.
   b) Wählen Sie einen geeigneten Dateinamen nach der firmenintern festgelegten Regel.
   c) Speichern Sie die Datei im entsprechenden Verzeichnis.
5. Zum Üben der DIN-Regeln rufen Sie das elektronische Arbeitsblatt *Kurz-Langstrich-1* aus dem Ordner *Übungsdateien* auf.
   a) Schreiben Sie den Text nach DIN 5008 richtig.
   b) Besprechen Sie die Lösung und verbessern Sie die Fehler.
   c) Wählen Sie einen geeigneten Dateinamen nach der firmenintern festgelegten Regel.

d) Speichern Sie die Datei im entsprechenden Verzeichnis.

e) Machen Sie zur Festigung die Übung auf dem Arbeitsblatt *Kurz-Langstrich-2* und speichern Sie es ebenfalls im entsprechenden Verzeichnis.

6. Zur Festigung der Griffwege zu *ä, ü, ß* und *?* rufen Sie die Datei *Festigung-Fragezeichen-usw* aus dem Ordner *Übungsdateien* auf.

a) Schreiben/bearbeiten Sie den Text, wie in der Aufgabenstellung beschrieben.

b) Wählen Sie einen geeigneten Dateinamen nach der firmenintern festgelegten Regel.

c) Speichern Sie die Datei im entsprechenden Verzeichnis.

7. Katarzyna Lindemann bekommt von ihrer Chefin einen Rohtext für ein Antwortschreiben, das sie DIN-gerecht gestalten und ins gemeinsame Tauschverzeichnis ablegen soll.

a) Öffnen Sie die Datei *Antwortschreiben*.

b) Gestalten Sie den Brieftext mit Sinnabsätzen.

c) Zentrieren Sie den Text „25. bis 28. August 20.. in Frankfurt".

d) Wählen Sie einen geeigneten Dateinamen nach der firmenintern festgelegten Regel.

e) Speichern Sie die Datei im entsprechenden Verzeichnis.

8. Carolin Saager bereitet ein Referat zum Thema Zeitmanagement vor. Als Einstieg verwendet sie ein Gedicht zum Thema Zeit.

a) Öffnen Sie die Übungsdatei *Werbeaktion-Zeit*.

b) Nehmen Sie folgende Formatierungen vor:

Text des Gedichts	Schriftart: Times New Roman Schriftgröße:	 14 pt
Überschrift „Nimm dir Zeit"	Schriftgröße:	24 pt
Überschrift „Glücksgedicht"	Schriftgröße:	16 pt
1. Zeile in jedem Absatz	Schriftschnitt:	Kursiv
2. Zeile in jedem Absatz	Schriftschnitt:	Fett

c) Zentrieren Sie das Gedicht.

d) Fügen Sie eine passende Grafik an geeigneter Stelle ein.

e) Wählen Sie einen geeigneten Dateinamen nach der firmenintern festgelegten Regel.

f) Speichern Sie die Datei im entsprechenden Verzeichnis.

ZUSAMMENFASSUNG

Tastschreiben → **neue Tastwege**

- q – linker kleiner Finger
- p – rechter kleiner Finger
- y – linker kleiner Finger
- ä – rechter kleiner Finger
- ü – rechter kleiner Finger
- ß – rechter kleiner Finger
- Kurzstrich – rechter kleiner Finger

Word-Funktionen

Verwendung des Kurzstrich/Langstrich nach DIN 5008

- Worttrennungsstrich
- Bindestrich
- Ergänzungstrich
- Gedankenstrich
- Zeichen für *gegen*
- Zeichen für *bis*
- Zeichen in Streckenangaben

Absatzausrichtung

Registerkarte *Start* – Gruppe *Absatz*

- Links
- Zentriert
- Rechts
- Blocksatz

2.15 Wir schreiben Ziffern und Zahlen blind und gestalten Zahlenkolonnen mithilfe der TAB-Taste

Einstieg

Für den neuen Katalog werden in der Hoffmann KG neue Preislisten erstellt. Carolin Saager und Dominik Schlote erhalten den Auftrag, die Listen zu erstellen. Ihnen liegen folgende Angaben vor:

Kleider und Röcke
Artikel: Jeansrock mini, Bestell-Nr.: 2497, Material: reine Baumwolle, Preis: 49,90 EUR
Artikel: Jeanskleid midi, Bestell-Nr.: 4843, Material: reine Baumwolle, Preis: 79,90 EUR
Artikel: Glockenrock, Bestell-Nr.: 2987, Material: reine Seide, Preis: 99,90 EUR
Artikel: Maxirock, Bestell-Nr.: 2991, Material: reine Viskose, Preis: 69,90 EUR
Artikel: Shirtkleid, Bestell-Nr.: 4094, Material: reine Viskose, Preis: 79,90 EUR

Helfen Sie Carolin und Dominik und erstellen Sie eine übersichtliche Tabelle mit Spaltenüberschriften mithilfe des Standardtabulators.

INFORMATIONEN

Ziffern und Zahlen

Alphanumerischer Tastenblock – Ziffern- und Zeichenreihe

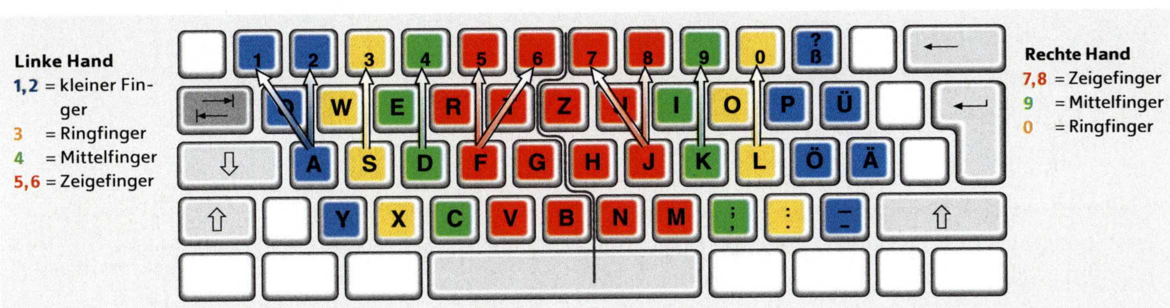

DIN-Regeln: Zahlen

- Vor und nach einer Zahl steht ein Leerzeichen: 1 altes Haus, 22 Ampeln, 222 Plätze.
- Ordnungszahlen werden mit einem Punkt geschrieben: 1. Platz, 2. Rang, 2. Satz.
- Dezimale Teilungen werden mit dem Komma gekennzeichnet: 12,99 EUR, 1,10 kg.
- Bei runden oder ungefähren Werten darf die Kennzeichnung fehlender dezimaler Teile der Einheit entfallen: über 3000 Zuschauer, ungefähr 4 kg.
- Zahlen mit mehr als 4 Stellen sollten in Fließtexten durch je ein Leerzeichen in dreistellige Gruppen von rechts nach links gegliedert werden: 120 500 Einwohner, 90 500 km.
- Vierstellige Zahlen sollten nicht gegliedert werden, außer sie stehen mit mehrstelligen Zahlen untereinander (z. B. in Tabellen in Word und Excel).
- Bei Geldbeträgen kann aus Sicherheitsgründen mit Punkt gegliedert werden: 9.900.000,00 EUR, 1.200,49 €.

SCHREIBÜBUNG

Die Ziffern 1 und 2

Die Ziffern 1 und 2 werden mit dem linken kleinen Finger angeschlagen.

```
1 | aqa2a aqa2a a2a a2a a2a a2a a2a a2a aqa1a aqa1a a1a a1a a1a a1a a1a
2 | 2 Quecksilbersäulen, 2 Quallen, 2 Quarkspeisen, 1 Quadrat, 1 Quappe,
3 | 2111 Arten, 1.211 EUR, 212 Tage, 21 Wochen, 112 Meter, 21. Platz,
```

Die Ziffern 3 und 0

Die Ziffer 3 wird mit dem linken Ringfinger, die Ziffer 0 mit dem rechten Ringfinger angeschlagen.

```
4 | sws3s s3s s3s s3s s3s s3s s3s s3s lol0l l0l l0l l0l l0l l0l l0l l0l
5 | 3 Säulen, 3 Sätze, 3 Scanner, 30 Säulen, 3 300 000 Einwohner. Der
6 | Rechnungsbetrag von 3.498,12 EUR ist sofort zu zahlen.
```

Die Ziffern 4 und 9

Die Ziffer 4 wird mit dem linken Mittelfinger, die Ziffer 9 mit dem rechten Mittelfinger angeschlagen.

```
7 | ded4d d4d d4d d4d d4d d4d d4d d4d kik9k k9k k9k k9k k9k k9k k9k k9k
8 | 99 Kinder, 4. Wiederholung, 9. Konzert, 4.999,00 EUR, 94 Passagiere,
9 | 44 990 Steine, 4949 Häuser, in 40 Minuten, am 40. Jahrestag,
```

Die Ziffern 5 und 8

Die Ziffer 5 wird mit dem linken Zeigefinger, die Ziffer 8 mit dem rechten Zeigefinger angeschlagen.

```
10 | frf5f f5f f5f f5f f5f f5f f5f f5f juj8j j8j j8j j8j j8j j8j j8j j8j
11 | 5 Fische, 8 Jagdschlösser, 5 Flaschen, 8 Jahre, 58 Mitglieder,
12 | 588 Jahre, 5-teiliges Set, 8. Bezirk, 5-Zimmer-Wohnung, 58 Gläser,
```

Die Ziffern 6 und 7

Die Ziffer 6 wird mit dem linken Zeigefinger, die Ziffer 7 mit dem rechten Zeigefinger angeschlagen.

```
13 | frf5f6f f6f f6f f6f f6f f6f f6f juj8j7j j7j j7j j7j j7j j7j j7j j7j
14 | 65 Fragen, 6500 Filme, 78 Jazzmusiker, 8 Jungtiere, 8.700 EUR
15 | beantragen, eine 70.000 EUR hohe Versicherungssumme, in 78 Tagen,
```

Wiederholung der Ziffern 0 bis 9

Die Ziffer 9 wird mit dem rechten Mittelfinger, die Ziffer 0 mit dem rechten Ringfinger angeschlagen.

```
16 | a1a a2a s3s d4d f5f f6f j7j j8j k9k l0l a1a a2a s3s d4d f5f f6f j7j
17 | j8j k9k l0l a1a a2a s3s d4d f6f j7j j8j k9k l0l a1a a2a s3s d4d f5f
18 | f6f j7j j8j k9k l0l a1a a2a s3s d4d f5f f6f j7j j8j k9k l0l
```

Numerischer Tastenblock – Zahlenblock

Zahlen im fortlaufenden Text werden über den alphanumerischen Tastenblock eingegeben. Beim Schreiben von Zahlenkolonnen u. Ä. kann auch der numerische Tastenblock verwendet werden.

Über die Num-Taste wird die Belegung des Ziffernblocks umgeschaltet.

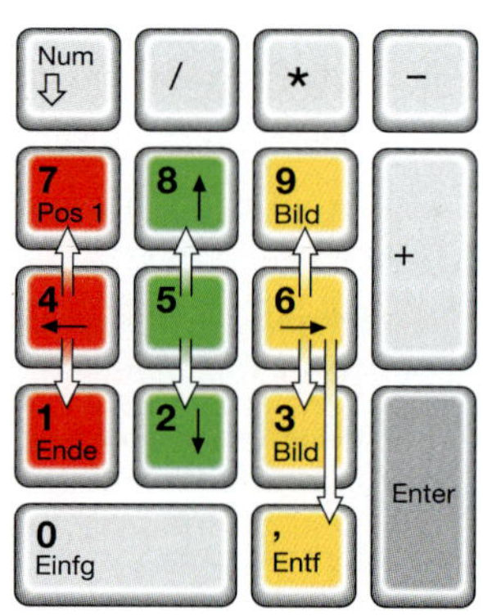

rechte Hand

Grundstellung: 4 5 6

4, 7, 1 = Zeigefinger

5, 8, 2 = Mittelfinger

6, 9, 3, Komma = Ringfinger

Enter-Taste = kleiner Finger

0 = Daumen

Word-Funktionen

Geschütztes Leerzeichen

Texteinheiten, die beim Zeilenumbruch unbedingt zusammenbleiben müssen, erhalten an der entsprechenden Stelle kein Leerzeichen, sondern ein geschütztes Leerzeichen:

Strg + ⇧ + (Leertaste) = 2.000,00°€

Das geschützte Leerzeichen wird am Bildschirm angezeigt, aber nicht ausgedruckt. Das geschützte Leerzeichen wird vor allem bei Zahlen verwendet, die im Zusammenhang mit spezifischen Einheiten und Zeichen, wie z. B. €, §, %, stehen.

Standardtabulator einsetzen

Wird die Tabulatortaste gedrückt, wird standardmäßig alle 12,5 mm ein Tabstopp gesetzt. Der Leerraum zwischen den Tabstopps wird mit einem Tabulatorzeichen gefüllt. Das Tabulatorzeichen gehört zu den nicht druckbaren Zeichen.

Die Standardtabulatoren werden im Zeilenlineal durch Markierungsstriche gekennzeichnet:

Mit dem Einsatz des Standardtabulators erreicht man beim Untereinanderschreiben eine einheitliche Fluchtlinie. Versucht man den Abstand mit der gleichen Anzahl von Leerzeichen zu erreichen, kommt es bei der Verwendung von Proportionalschriften – spätestens auf dem Ausdruck – zu einer unregelmäßigen Fluchtlinie.

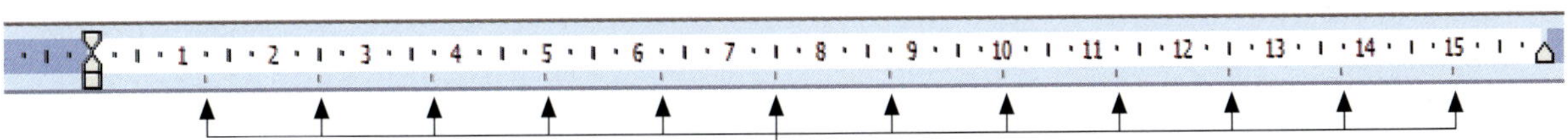

Markierungsstriche

AUFGABEN

1. Welche Finger schlagen die Ziffern *1, 2, 3, 4, 5, 6, 7, 8, 9* und *0* an?
2. Wann verwenden Sie zum Schreiben von Ziffern und Zahlen den numerischen Tastenblock?
3. Welche Funktion hat das *geschützte Leerzeichen*?
4. Welche Regeln nach DIN 5008 müssen beim Schreiben von Zahlen angewendet werden?
5. Wie erstellen Sie übersichtliche Zahlenkolonnen?

AKTIONEN

1. Testen Sie Ihr Wissen und erstellen Sie aus dem Gedächtnis erneut die Mindmap mit den bisher bekannten Tasten und ergänzen Sie die neuen Tasten. Verwenden Sie dazu die entsprechenden Farben.

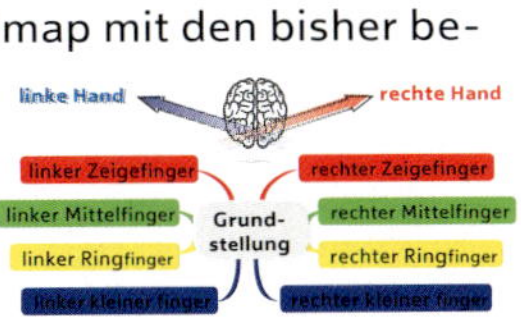

2. Web Zum Trainieren der neuen Griffwege öffnen Sie die Datei *Vorlage-Training*.
   a) Erfassen Sie die Zeilen 1 – 18 der Schreibübung des Kapitels 2.15 im Fließtext.
   b) Gestalten Sie Ihr Arbeitsblatt mit Absätzen.
   c) Wählen Sie einen geeigneten Dateinamen nach der firmenintern festgelegten Regel.
   d) Speichern Sie die Datei im entsprechenden Verzeichnis.

3. Zur Lockerung der Schultern machen Sie bitte die Web Übung aus dem Ordner *Ausgleichsübungen*.

4. Schreiben Sie die folgenden Sätze im Fließtext mit automatischer Worttrennung und fügen Sie an den entsprechenden Stellen ein geschütztes Leerzeichen ein:

> Bitte überweisen Sie bis Ende des Monats den Rechnungsbetrag von 3.658,43 EUR auf unser Konto. Die Versicherungssumme wurde auf 567.890 EUR erhöht. Wir garantieren Ihnen eine perfekte Druckqualität zu einem Sonderpreis von 8.700 EUR bei einer Auflage von 10000 Stück. Das 2560 km entfernte Anwesen kostete über 1.000.000 EUR. Die Mannschaft erreichte auf dem Turnier den 1. Platz. Der Service im Internet bietet Musikfreunden eine kostenlose Bibliothek mit über 120000 Musiktiteln. Das Abonnement kostet jährlich 40,80 EUR.

5. Rufen Sie das elektronische Arbeitsblatt *Einfache-Zahlengliederung* aus dem Ordner *Übungsdateien* Web auf und wählen Sie die richtige Schreibweise nach DIN 5008.

6. Schreiben Sie die folgenden Zahlen über den Ziffernblock:
456, 756, 789, 112, 632, 500, 8555, 789, 456, 123, 471, 582, 693,

7. Die Hoffmann KG hat neben den nationalen auch internationale Geschäftsverbindungen. Immer wieder kommt es während eines Telefongesprächs vor, dass Artikelnamen nicht richtig verstanden werden. Um Missverständnisse auszuräumen, besorgt sich Volkan Karaca die Deutsche Buchstabiertafel für Wirtschaft und Verwaltung und das international eingesetzte Buchstabieralphabet der internationalen Zivilluftfahrt-Organisation ICAO (das „Radiotelephony Spelling Alphabet").

> **Deutsch:** Aachen, Umlaut Aachen, Berlin, Chemnitz, Düsseldorf, Essen, Frankfurt, Goslar, Hamburg, Ingelheim, Jena, Köln, Leipzig, München, Nürnberg, Offenbach, Umlaut Offenbach, Potsdam, Quickborn, Rostock, Salzwedel, Eszett, Tübingen, Unna, Umlaut Unna, Völklingen, Wuppertal, Xanten, Ypsilon, Zwickau

> **Radiotelephony Spelling Alphabet:** Alfa, Bravo, Charlie, Delta, Echo, Foxtrot, Golf, Hotel, India, Juliett, Kilo, Lima, Mike, November, Oscar, Papa, Quebec, Romeo, Sierra, Tango, Uniform, Victor, Whiskey, X-ray, Yankee, Zulu

a) Übertragen Sie die Buchstabiertafeln mithilfe des Standardtabulators in eine übersichtliche Tabelle. Verwenden Sie folgende Spaltenüberschriften: Buchstabe, Deutsch, ICAO. .
b) Erstellen Sie einen neuen Ordner mit dem Namen *Organisationsmittel*.
c) Wählen Sie einen geeigneten Dateinamen nach der firmenintern festgelegten Regel und speichern Sie die Datei.

8. Schreiben Sie folgenden Brieftext. Nutzen Sie an den entsprechenden Stellen den Standardtabulator und gestalten Sie die Rechnungsnummern und -beträge in zwei Spalten beginnend auf 2,5 cm.

> Sehr geehrte Frau Müller,
>
> bitte überprüfen Sie die folgenden Rechnungen und veranlassen Sie die Bezahlung:
>
> •
>
> Nr.; Betrag
>
> 204 499; 1.520,50 EUR
>
> 394 577; 3.234,50 EUR
>
> 965 444; 4.499,99 EUR
>
> •
>
> Haben die Kunden in der Zwischenzeit bezahlt? Dann können Sie dieses Schreiben direkt in den Papierkorb werfen.
>
> Freundliche Grüße

7455228

ZUSAMMENFASSUNG

Tastschreiben → **neue Tastwege**

Ziffern- und Zeichenreihe

1, 2 – linker kleiner Finger
3 – linker Ringfinger
4 – linker Mittelfinger
5, 6 – linker Zeigefinger
7, 8 – rechter Zeigefinger
9 – rechter Mittelfinger
0 – rechter Ringfinger

Zahlenblock
Grundstellung: 4 5 6

4, 7, 1 – rechter Zeigefinger
5, 8, 2 – rechter Mittelfinger
6, 9, 3, Komma – rechter Ringfinger
Enter-Taste – kleiner Finger
0 – Daumen

Word-Funktionen

Geschütztes Leerzeichen

Strg + *UM* + *Leer* = 2.000,00°€

Standardtabulator

TAB-Taste anschlagen

- garantiert beim Kolonnenschreiben eine einheitliche Fluchtlinie
- standardmäßig alle 1,25 cm

2.16 Wir schreiben die Zeichen blind und wenden die Gestaltungsregeln nach DIN 5008 richtig an

Einstieg

Carolin Saager und ihre Mitschülerinnen und Mitschüler können nun die meisten Texte gut und flüssig schreiben. Es fehlen nur noch die Zeichen, die sich auf den Tasten mit den Zahlen befinden. Zeichen sind Bilder, die auf einen Blick erkannt und eingeordnet werden können. DIN-Regeln gewährleisten, dass die Zeichen im Text gut lesbar sind. Um sich die Regeln besser merken können, sucht Carolin nach Einsatzmöglichkeiten der entsprechenden Zeichen, schlägt die DIN-Regeln nach und wendet sie an.

1. Suchen Sie auf der Tastatur die Zeichen zu folgenden Begriffen: Paragraf, Dollar, Prozent, Firmen-„und"-Zeichen und Gleichheitszeichen.
2. Beschreiben Sie die jeweiligen Griffwege.
3. Formulieren Sie die entsprechenden DIN-Regeln.

INFORMATIONEN

Satzzeichen und sonstige Zeichen

Linke Hand
@ = kleiner Finger, Alt Gr-Taste
! = kleiner Finger, rechter Umschalter
„" = kleiner Finger, rechter Umschalter

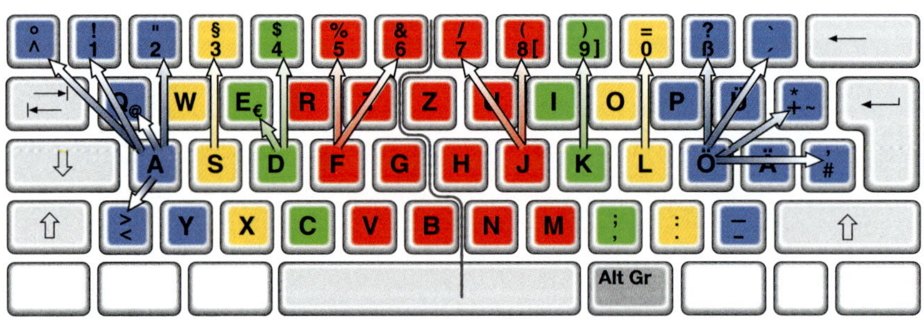

Rechte Hand
/ = Zeigefinger, linker Umschalter
(= Zeigefinger, linker Umschalter
) = Mittelfinger, linker Umschalter

Linke Hand
§ = Ringfinger, rechter Umschalter
$ = Mittelfinger, rechter Umschalter
€ = Ringfinger, Alt Gr-Taste
% = Zeigefinger, rechter Umschalter
& = Zeigefinger, rechter Umschalter
^ = kleiner Finger, Leertaste
° = kleiner Finger, rechter Umschalter
< = kleiner Finger
> = kleiner Finger, rechter Umschalter

Alt Gr **Alt Gr (Alternate Graphics [Key]):**
Alternative Umschalttaste zur Erzeugung des dritten Zeichens auf einer Taste. Mit Alt Gr wird zum Beispiel das Eurozeichen aktiviert, das sich die Taste mit dem „E" teilt.

Rechte Hand
[= Zeigefinger, Alt Gr-Taste
] = Mittelfinger, Alt Gr-Taste
= = Ringfinger, linker Umschalter
? = kleiner Finger, linker Umschalter
´ = kleiner Finger, Leertaste
` = kleiner Finger, linker Umschalter, Leertaste
* = kleiner Finger
+ = kleiner Finger, linker Umschalter
' = kleiner Finger, linker Umschalter
= kleiner Finger

Ausrufezeichen !

DIN-Regel
Das Ausrufezeichen steht nach einzelnen Ausrufen und Ausrufesätzen sowie nach Aufforderungs- und Befehlssätzen. Es folgt dem Wort oder Schriftzeichen ohne Leerzeichen.

SCHREIBÜBUNG

```
aqa1a!a a!a a!a a!a a!a a!a a!a a!a Au! Sorry! Achtung! Ruhe! Es
reicht! Was für eine Unverschämtheit! Rauchen verboten! Einfahrt
freihalten! Sitzen Sie aufrecht! Bitte nicht stören!
```

Anführungszeichen „ “

DIN-Regel
Anführungszeichen werden ohne Leerzeichen vor und nach den Textteilen, die von ihnen eingeschlossen sind, geschrieben.

SCHREIBÜBUNG

```
aqa2a“a aqa2a“a aqa2a“a aqa2a“a a“a a“a a“a a“a a“a a“a a“a a“a a“a
Juliane abonnierte die Zeitschrift „Der Reiter“. Eine Redensart lautet:
„Aller guten Dinge sind drei.“ Der Prokurist sagte: „Die Verträge müssen
heute noch unterschrieben und zurückgeschickt werden.“ „Geben Sie ihm
sofort das Geld zurück!“, brüllte der Angestellte.
```

Tipp
Man unterscheidet **typografische Anführungszeichen,** die vor dem Textteil unten beginnen und nach dem Text oben enden, und **gerade Anführungszeichen,** die jeweils nur oben stehen. Die entsprechende Einstellung findet man über:

- Reiter *Datei*
- Schaltfläche *Optionen*
- *Dokumentprüfung*
- Schaltfläche *AutoKorrektur-Optionen*
- Registerkarte *AutoFormat*
- ☑ *Ersetzen „Gerade Anführungszeichen“ durch „typografische“*

Zeichen für Paragraf §

DIN-Regel
- Das Zeichen für Paragraf darf nur in Verbindung mit darauffolgenden Zahlen verwendet werden.
- Vor und nach dem Zeichen für Paragraf steht ein Leerzeichen.
- Die Mehrzahl wird durch zwei Paragrafenzeichen dargestellt.

SCHREIBÜBUNG

```
sws3s§s sws3s§s s§s s§s s§s s§s. Der § 91 HGB regelt die Vollmachten des Handels-
vertreters. Auf Seite 53 und 59 finden Sie die §§ 238 und 257. Die Paragrafen
der vorliegenden Prüfungsordnung wurden überarbeitet. Heute wurde beschlossen,
dass 9 Paragrafen neu in die Gesetzgebung aufgenommen werden.
```

Zeichen für Dollar $ und Euro €

DIN-Regel
Vor und nach den Zeichen für Dollar und Euro steht ein Leerzeichen.

SCHREIBÜBUNG

Zeichen für Dollar $

ded4d$d ded4d$d d$d d$d d$d. Der Mietwagen kostete 40,00 $ pro Woche. Der Rechnungsbetrag der Fracht belief sich auf 1.989,00 $. Die Firma musste ein Darlehen von 150.000,00 $ aufnehmen.

Zeichen für Euro €

Seit 1. Januar 2002 ist der Euro gesetzliches Zahlungsmittel. Die Rechnung vom 27. März über 1.245,60 € ist noch nicht bezahlt. Bitte überweisen Sie den Rechnungsbetrag von 3.699,90 € bis zum 28. März.

Tipp
Währungsbezeichnungen sollten im fortlaufenden Text generell immer hinter dem Betrag stehen. Zeichen für andere Währungseinheiten, wie z. B. Pfund und Yen, findet man in den Zeichentabellen über das Menüband, Registerkarte *Einfügen*, Gruppe *Symbole*.

Zeichen für Prozent % und Promille ‰

DIN-Regel
Vor und nach dem Zeichen für Prozent und Promille steht ein Leerzeichen.

Das nicht so häufig gebrauchte Zeichen für Promille kann über die Zeichentabelle eingefügt oder mit o/oo (Kleinbuchstabe o) zusammengesetzt werden.

SCHREIBÜBUNG

frf5f%f frf5f%f f%f f%f f%f f%f. 5 % Skonto, 10 % Rabatt. Der Betrag ist 30 % des Gesamtgewinns. Nach der Euroeinführung gab es in vielen Bereichen eine 5-prozentige Preiserhöhung.

Zeichen für „und" &

DIN-Regel
Das „und"-Zeichen sollte ursprünglich nur in Unternehmensbezeichnungen verwendet werden. Zunehmend ist die Verwendung des Zeichens auch bei zusammengehörigen Wortpaaren in Titeln und Überschriften gängig. Vor und nach dem Zeichen wird ein Leerzeichen geschrieben. Bei einem Zeilenumbruch sollte das Zeichen nicht vom Namen getrennt werden.

SCHREIBÜBUNG

ftf6f&f f&f f&f f&f f&f f&f f&f f&f. Die Firma Rowolt & Mayer bietet auch Schreibwaren an. Frau Sonnenberg mag die Sendung „Maus, Elefant & Co.".

Schrägstrich /

DIN-Regel

Der Schrägstrich steht ohne Leerzeichen und hat viele Verwendungsmöglichkeiten:

- 100 km/h, 50 Einwohner/m², 1/8, Schuljahr 2023/2024, o/oo = Promille
- Der Schrägstrich ist auch Bestandteil des Zeichens für gegen: Maier ./. Schulze. Das Zeichen wird in Schriftsätzen bei Rechtsstreitigkeiten verwendet.
- Bei der Zusammenfassung von Wortgruppen ist es auch möglich, den Schrägstrich mit je einem Leerzeichen zu schreiben.

SCHREIBÜBUNG

juj7j/j j/j j/j j/j j/j j/j j/j j/j. Jochen schafft 40 km/h mit dem Fahrrad. Im Schuljahr 2023/2024 fanden viele Projekte statt. In dem Rechtsstreit Maier ./. Schulze kam es zu einem Vergleich. Der Zeitungsbericht wird **Ende Januar / Anfang Oktober** veröffentlicht.

Klammern ( ) [ ]

DIN-Regel

- Erklärende Zusätze werden in Klammern geschrieben. Sie stehen ohne Leerzeichen vor und nach den Textteilen, die von ihnen eingeschlossen sind.
- Eckige Klammern können für Erläuterungen zu einem bereits eingeklammerten Zusatz oder bei weglassbaren Buchstaben, Wortteilen oder Wörtern gesetzt werden.

SCHREIBÜBUNG

juj8j(j j(j j(j j(j j(j j(j j(j j(j kik9k)k k)k k)k k)k k)k k)k k)k

Für den Faxabruf brauchen Sie entweder ein Kombi-Fax (Fax mit integriertem Telefon) oder jeweils ein separates Fax und Telefon. Der Vortrag von Dr. Max Hauser (Präsentieren mit PC-Programmen [z.B. PowerPoint]) fand großen Anklang. Briefe: a) Standardbrief, b) Kompaktbrief, c) Großbrief, d) Maxibrief

Gleichheitszeichen =

DIN-Regel

Vor und nach dem Gleichheitszeichen steht ein Leerzeichen.

SCHREIBÜBUNG

lol0l=l l=l l=l l=l l=l l=l l=l l=l. 1 Jahr = 12 Monate; 1 Monat = 28 bis 31 Tage; 1 Tag = 24 h; 1 h = 60 min; 1 Min. = 60 Sek.;

Akzente ´ `

DIN-Regel

Akzente sind Betonungszeichen und stehen direkt über dem Buchstaben.

Um einen Akzent zu setzen, wird zuerst die Akzent-Taste und danach die Buchstabentaste betätigt.

SCHREIBÜBUNG

öüö´ö öüö`ö öüö´ö öüö`ö öüö´ö öüö`ö. Jens und Jeanette sitzen im Café. La cathédrale est détruite. Le professeur nous a déjà parlé de ce problème.

Betonungszeichen ^ und Gradzeichen °

DIN-Regel

- Das ^ ist ein Betonungszeichen und steht meist direkt über dem Buchstaben.
- Das Zeichen für Grad ° wird direkt hinter die Zahl geschrieben. Wird die Gradeinheit genannt, steht das Zeichen für Grad direkt vor der Abkürzung (z. B. °C).

SCHREIBÜBUNG

aqaâ°a aqaâ°a. Nous finissons plus tôt. Charlotte connaît la photo de Florette. Das Wasser hat 18 °C. Der Wetterbericht meldet Temperaturen bis zu 31 °C. Der von Frank gezeichnete Winkel hat 90°.

Sternchen * und Pluszeichen +

DIN-Regel

Das Sternchen und das Pluszeichen werden auf verschiedene Art genutzt: als Zeichen für geboren (*) und gestorben (+) bzw. das Pluszeichen auch als Rechenzeichen. Vor und nach diesen Zeichen steht in der Regel ein Leerzeichen.

SCHREIBÜBUNG

ö+ö ö+ö ö+ö ö+ö ö+ö ö+ö ö+ö ö+ö ö+ö ö*ö ö*ö ö*ö ö*ö ö*ö ö*ö ö*ö ö*ö
+ 30. März 2014; + 30. März 2014; * 19. Juni 1938; * 19. Juni 1938; 5 + 8 = 13; 5 + 8 = 13; 5 + 8 = 13

Apostroph ' und Nummernzeichen

DIN-Regel

Das Nummernzeichen darf nur in Verbindung mit Ziffern und Zahlen verwendet werden. Wenn Texte an Empfänger im deutschsprachigen Raum gerichtet sind, ist die Abkürzung "Nr." vorzuziehen.
Der Apostroph ersetzt ausgelassene Buchstaben. Innerhalb einer Anführung wird der Apostroph als halbes Anführungszeichen verwendet.

SCHREIBÜBUNG

öäö#ö öäö#ö öä#ö ö#ö ö#ö ö#ö ö#ö öä'ö öä'ö öä'ö ö'ö ö'ö ö'ö ö'ö ö'ö
Die Rechnung Nr. 139 wurde noch nicht bezahlt. Product # 8489 is available. Fritz' gute Vorschläge. Fritz' Geburtstag.

Zeichen < und >

DIN-Regel

Vor und nach dem Zeichen für *kleiner* < und *größer* > steht ein Leerzeichen.

SCHREIBÜBUNG

```
aya<a aya<a aya<a aya<a aya<a aya<a aya>a aya>a aya>a aya>a aya>a
< = kleiner; < = kleiner; < = kleiner; > = größer; > = größer;
```

Zeichen @

DIN-Regel
Zum Versenden einer E-Mail ist eine eindeutige E-Mail-Adresse zu verwenden, die sich nach den Vorgaben des jeweiligen Anbieters gestaltet. In der Regel ist die E-Mail in folgender Form aufgebaut: Empfängerbezeichnung@Anbieter.de. Bei Verwendung persönlicher Namen häufig: Vorname.Name@Anbieter.de

SCHREIBÜBUNG

```
Unsere neue E-Mail-Adresse info@schneider-wvd.de kann sofort genutzt werden.
Die E-Mail-Adresse unseres Lieferanten lautet: info@koch-wvd.de. Bitte schicken
Sie uns Ihr Angebot per Anhang an folgende E-Mail-Adresse: info@konrad-wvd.de.
```

AUFGABEN

1. Welche Finger schlagen die Zeichen ! „ “ § $ % & / ( ) = ´ ` ô ° * + , # < und > an?
2. Welche Funktion hat die Taste *Alt Gr*?
3. Was sind *typografische Anführungszeichen*?
4. Erläutern Sie die DIN-Regeln zu den entsprechenden Zeichen.

AKTIONEN

1. Testen Sie Ihr Wissen und erstellen Sie aus dem Gedächtnis erneut die Mindmap mit den bisher bekannten Tasten und ergänzen Sie die neuen Tasten. Verwenden Sie dazu die entsprechenden Farben.

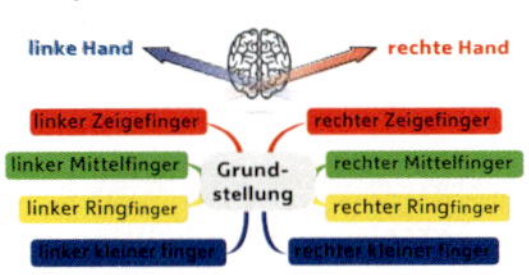

2. Zum Trainieren der neuen Griffwege öffnen Sie die Übungsdatei *Vorlage-Training*.
   a) Erfassen Sie die Schreibübungen des Kapitels 2.16 im Fließtext.
   Beachten Sie dabei bitte: Die Griffübungen (z. B. aqa1a!a) dienen zur Automatisierung der Griffwege, deshalb werden hier die Regeln nach DIN 5008 nicht angewendet. Die Beispielsätze schreiben Sie bitte DIN-gerecht.
   b) Gestalten Sie Ihr Arbeitsblatt mit Absätzen.
   c) Wählen Sie einen geeigneten Dateinamen nach der firmenintern festgelegten Regel.
   d) Speichern Sie die Datei im entsprechenden Verzeichnis.
3. Zur Entspannung der Stirn- und Augenmuskulatur machen Sie bitte die Übung aus dem Ordner *Ausgleichsübungen*.
4. Rufen Sie das elektronische Arbeitsblatt *Zeichen* aus dem Ordner *Übungsdateien* auf und lösen Sie die Aufgaben.
5. Bereiten Sie den folgenden Brief für ein Angebot vor.

Sehr geehrte Damen und Herren,

vielen Dank für Ihre Anfrage. Zur Erweiterung Ihres Sortiments bieten wir Ihnen Damen-Outdoor-Jacken, federleicht und daunenwarm, aus wasser- undwindabweisenderMikrofaser(100 %Polyester) an. Unsere patentierte Wattierung hält kuschelig warm, ohne dass Sie ins Schwitzen kommen, und bleibt stets in Form. Mit hoher Wärmeleistung bei niedrigem Gewicht erinnert das neu entwickelte Material an Daunen, ist aber pflegeleichter. Die Feuchtigkeit dringt nicht in die Wattierung ein, sondern wird einfach nach außen geleitet. Wenn die Jacke/Weste nicht gebraucht wird, macht sie sich ganz klein und ist in der integrierten „Pack-away"-Innentasche schnell und handlich verstaut. Weste „Nora", Artikel-Nr. 88912434, Länge 66 cm, 99,95 €. Fleece-Jacke „Jo", Artikel-Nr. 90842345, Länge 65 cm, 89,95 €. Steppjacke „Jana" Artikel-Nr. 49219912, Länge 65 cm, 99,90 €. Weiterhin bieten wir Ihnen unsere langen Jacken aus 100 % Polyurethan an. Die Jacken sind ein perfekter Wetterschutz, verbunden mit einer attraktiven Optik. Das Material ist hochwertige Mikrofaser mit leichter Struktur und dezenten Steppnähten. Am Kragen befindet sich eine abnehmbare Kapuze mit Kordel. Geschlossen wird die Jacke mit einem 2-Wege-Reißverschluss. Der Armabschluss ist mit einem Reißverschluss und Strickbündchen ausgestattet. Steppjacke „Sonja", Artikel-Nr. 39481223, Länge 72 cm, 199,90 €. Steppjacke „Katja", Artikel-Nr. 93282884, Länge 76 cm, 215,90 €. Steppjacke „Kim", Länge 78 cm, Artikel-Nr. 28477712, 235,90 €. Die Accessoires, gestrickte Mütze und Schals aus 100 % Kaschmir, bieten wir Ihnen zu den folgenden Preisen an: Mütze, Artikel-Nr. 25819958, Farbe Blau, 49,95 €, Schal (160 cm x 40 cm), Artikel-Nr. 25998849, Farbe Blau, 99,95 €. Unsere Lieferungs- und Zahlungsbedingungen: Zahlung: innerhalb von 30 Tagen; Skonto: 3 % Skonto bei Zahlung innerhalb von 10 Tagen; Lieferung: Kalenderwoche 48, frei Haus. Dieses Angebot gilt bis zum 31. Juli 20.. Haben Sie noch Fragen dazu? Sie erreichen uns unter der Telefonnummer 0511 9876-63. Wir freuen uns auf Ihren Auftrag. Mit freundlichen Grüßen, i. A. Nadine Vosges

a) Schreiben Sie den Text nach den DIN-Regeln.

b) Gestalten Sie den Text in Sinnabsätze.

c) Stellen Sie den Standardtabulator auf 1 cm ein.

d) Gestalten Sie die Artikel sowie die Lieferungs- und Zahlungsbedingungen mithilfe des Standardtabulators tabellarisch.

e) Formatieren Sie die Aufstellungen mit Fettschrift.

f) Führen Sie die Worttrennung durch.

g) Formatieren Sie den Brief in Blocksatz.

ZUSAMMENFASSUNG

Zeichen in der Ziffern- und Zeichenreihe

• Ausrufezeichen	!
• Anführungszeichen	„ und "
• Klammer	( ) und [ ]
• Zeichen für Paragraf	§
• Zeichen für Dollar	$
• Zeichen für Euro	€
• Zeichen für Prozent	%
• Zeichen für „und" (et)	&
• Schrägstrich	/
• Gleichheitszeichen	=

• Akzente	´ und `
• Betonungszeichen und Gradzeichen	^ °
• Sternchen und Pluszeichen	* +
• Apostroph und Zeichen für Nr.	’ #
• Zeichen für „kleiner als" und „größer als"	< und >
• Zeichen in E-Mail-Adresse	@

2.17 Wir bearbeiten die Eingangspost

Einstieg

In der Hoffmann KG durchlaufen die Auszubildenden während ihrer Ausbildung unterschiedliche Abteilungen.

Katarzyna Lindemann:
„In welcher Abteilung bist du seit Montag?"

Dominik Schlote:
„Ich bin in der Poststelle. Dort hat mir Herr Kreckler zunächst die verschiedenen Schritte des Posteingangs erläutert. Da muss eigentlich mehr gemacht werden, als ich vorher dachte."

Stellen Sie fest, welche Arbeitschritte im Posteingang durchzuführen sind.

INFORMATIONEN

Bedeutung der Postbearbeitung

Die Postbearbeitung spielt in Unternehmen eine bedeutende Rolle: Die postbearbeitende Stelle ist der erste wichtige Umschlagplatz für Informationen, die hereinkommen und hinausgehen: Ohne diesen Knotenpunkt kann kein Unternehmen agieren. Das wichtigste Kommunikationsmedium in Wirtschaft, Handel und Verwaltung ist nach wie vor der Geschäftsbrief. Im Zeitalter von E-Commerce werden in den Unternehmen immer mehr Waren und Produkte empfangen und versendet.

Bei kleineren Unternehmen wird die Postbearbeitung der Tagespost in der Regel im Sekretariat miterledigt. Bei einer größeren Anzahl ein- und ausgehender Sendungen haben viele Unternehmen eigene Poststellen als organisatorische Einheiten eingerichtet.

Arten des Posteingangs

Post kann auf verschiedene Arten ins Büro kommen:

- **Zustellung durch Briefzusteller**
  Briefsendungen werden durch Postboten der Deutschen Post AG oder Zusteller privater Briefversender gebracht.
- **Abholung vom Postfach**
  In einer Postfiliale kann ein Postfach angemietet werden. Dies hat drei Vorteile:
  - Unternehmen können ihre Post unabhängig von Zustellzeiten selbst in Empfang nehmen.
  - Die Post kann beliebig oft abgeholt werden.
  - In der Postfiliale werden die Sendungen sofort nach Eingang in das Postfach gelegt.
- **Abholung bei Pick-up-Points**
  Eine geringe Rolle (z. B. im Bereich E-Commerce) spielen Pick-up-Points. Die Zustellung der Sendungen erfolgt dabei beispielsweise über Tankstellen oder eigens eingerichtete Punkte. Entscheidendes Merkmal: Die Pick-up-Points sind leicht erreichbar und im Idealfall rund um die Uhr geöffnet.

  Zu den Pick-up-Points werden auch die momentan über 4000 Packstationen der DHL gezählt. An diesen Automaten, die rund um die Uhr zur Verfügung stehen, können Kunden ihre Pakete abholen oder verschicken.[2]
- **Zustellung auf elektronischem Weg**
  E-Mails oder Faxe werden entweder direkt oder über das Dokumentenmanagementsystem an den innerbetrieblichen Adressaten weitergeleitet.

Annahme der Post

Geschäftsbriefe[1] können bestimmt sein für

- eine natürliche Person,
- eine juristische Person,
- eine Behörde oder
- eine Person, die vom Gericht als Empfänger oder als Empfangsberechtigter für andere Personen angeordnet ist.

1 siehe Kap. 3.23
2 Bis 2023 will die DHL über bis zu 12000 Packstationen in der Bundesrepublik verfügen.

Ein solcher Empfänger kann eine bzw. mehrere Personen bevollmächtigen, die für ihn bestimmten Sendungen in Empfang zu nehmen. Hierzu reicht es, eine rechtsgültige Vollmacht zu schreiben. Diese sogenannte **einfache Postvollmacht** ist eine einfache schriftliche Erklärung mit dem Namen des Empfangsbevollmächtigten, Art und Dauer der Bevollmächtigung und Unterschrift des Vollmachtgebers.

Enthält ein Schreiben den Zusatz *Eigenhändig,* muss der Empfänger persönlich unterschreiben. Nur dann wird die Sendung ausgehändigt. Ausnahme: Es wurde eigens eine Vollmacht ausgestellt, die ausdrücklich zur Entgegennahme eigenhändiger Sendungen berechtigt. Diese nennt man **besondere Postvollmacht**.

In größeren Unternehmen bekommen oft mehrere Mitarbeiter eine Postvollmacht. Dies hat vielerlei Vorteile:

- keine Engpässe beim Posteingang während Ferien, Krankheit oder Dienstreisen
- Sicherstellung, dass nur autorisierte Beschäftigte Postsendungen entgegennehmen

Vorsortieren der Post

Zunächst einmal muss geklärt werden, ob der Brief überhaupt geöffnet werden darf. Dazu sind die Sendungen nach Privatpost und Geschäftspost zu sortieren. Gleichzeitig werden „Irrläufer" aussortiert: Dies sind Sendungen, die versehentlich fehlgeleitet wurden.

Wenn der Brief an die Firma (= der Name des Unternehmens) adressiert ist, darf der Brief geöffnet werden. Ist dagegen im Anschriftenfeld eine natürliche Person genannt, zählt der Brief zur Privatpost.

Enthält der Brief sowohl den Namen des Unternehmens als auch den Namen einer Privatperson, ist die Reihenfolge entscheidend: Wird die Firma zuerst genannt, darf der Brief geöffnet werden. Steht dagegen der Name der Privatperson vorne, darf der Brief nur von ihr geöffnet werden.

BEISPIEL

geöffnet werden darf:	Hoffmann KG Carolin Saager
nicht geöffnet werden darf:	Carolin Saager Hoffmann KG

Öffnen der Post

In Büros wird Geschäftspost entweder mit einem Handbrieföffner oder mit Brieföffnungsmaschinen geöffnet.

Handbrieföffner

Brieföffnungsmaschinen sind das wichtigste Instrument für die Eingangspost. Es gibt sie vom kleinen Tischmodell bis zur vollautomatischen Workstation, die über 40000 Briefe in der Stunde öffnen kann. Bei der Anschaffung spielen neben dem Tempo beim Aufschlitzen auch Komfort- und Ergonomie-Details eine Rolle:

- Verarbeitet die Anlage auch Mischpost automatisch?
- Gibt es eine Stapelzuführung?
- Wird der Briefinhalt nach dem Öffnen griffbereit gehalten?

Entnehmen des Schriftguts

Beim Entnehmen des Schriftguts muss kontrolliert werden, dass der Briefumschlag auch völlig geleert ist. Es dürfen z. B. keine Anlagen übersehen werden. In einigen Unternehmen finden deshalb sogar Briefumschlag-Durchleuchtungsmaschinen Verwendung. Sie überprüfen automatisch, ob eine Briefhülle leer ist. Stellt man fest, dass eine im Schreiben aufgelistete Anlage fehlt, wird dies auf dem Brief vermerkt. Dies geschieht auch, wenn dem Brief mehr Anlagen beiliegen als angegeben.

Liegen das Datum des Poststempels, das Datum des Posteingangs und das Datum des Schriftstücks weit auseinander, wird der Briefumschlag an das Schriftstück angeheftet.

Stempeln

Rechts oben neben die Adresse des Empfängers wird in der Regel der Eingangsstempel bei eingegangenen Schriftstücken angebracht. Lediglich bei Dokumenten wie Verträgen, Zeugnissen, Urkunden, Schecks, Zeichnungen, Manuskripten usw. wird dies nicht gemacht.

Eingangsstempel

Mit dem Eingangsstempel kann ein Vergleich zwischen Ausfertigungsdatum des Schriftstücks, dem Poststempel und dem Eingangsdatum erfolgen. Damit können einerseits die Ursachen für eine verzögerte Zustellung der Briefsendungen geprüft werden. Andererseits ist es auch möglich, die innerbetriebliche Bearbeitungszeit festzustellen. Besondere Bedeutung gewinnt ein Eingangsstempel auch, wenn es um die Einhaltung von Fristen geht.

Im Stempelabdruck können neben der Datumsangabe und den Wörtern *Eingang* oder *Eingegangen* weitere Informationen enthalten sein, z. B.:

- eine laufende Nummer
- die Anzahl der Anlagen
- Felder für Unternehmensbereiche, Abteilungen oder Sachbearbeiter
- Felder für Erledigungs- oder Bearbeitungsvermerke

Postbuch

Sowohl im Posteingang als auch später im Postausgang sollte ein Postbuch geführt werden. Dieses dient dem Nachweis,

- wann welche Briefe im Unternehmen eingegangen sind und welcher Mitarbeiter diese bekommen hat,
- wann welche Schriftstücke das Haus verlassen haben und von welchem Sachbearbeiter diese versandt wurden.

Ein solches Postbuch gilt vor Gericht – z. B. bei Fristen und Terminen – als Beweisdokument.
Bei einem hohen Postaufkommen im Unternehmen kann der Postein- und -ausgang durch das Führen digitaler Postbücher mit entsprechenden Programmen wesentlich effizienter gestaltet werden. Dies leisten auch die Dokumentenmanagementsysteme.[1]

Posteingangssysteme

Posteingangssysteme fassen die verschiedenen Arbeitsschritte des Posteingangs zusammen und automatisieren sie. Folgende Aufgaben müssen Posteingangssysteme zuverlässig ausführen:

- Briefe öffnen
- Entnahme des Inhalts
- Leerkontrolle
- Identifizierung
- Stempelung, Datierung und Heftung
- Sortierung
- Vorbereitung zum Briefe verteilen

Die Verarbeitung eingegangener Post ist eine sehr schwierige und zeitkritische Aufgabe. Posteingangssysteme führen zu deutlicher Zeiteinsparung und reduzieren nachweislich die Fehlerhäufigkeit. Auch zwischenzeitliche Spitzenlasten lassen sich so optimal bearbeiten.

Moderne Posteingangssysteme

Die zukunftsorientierte Gestaltung der Eingangspostbearbeitung, die es schon in einigen Großunternehmen gibt, läuft folgendermaßen ab: Ein Posteingangssystem öffnet zunächst die eingehenden Briefumschläge maschinell und entnimmt die enthaltenen Papierdokumente automatisch. Anschließend werden diese digitalisiert und in ein Dokumentenmanagementsystem[1] (DMS) übernommen. Das digitalisierte Dokument wird in ein Textformat umgewandelt. Anschließend wird auf dessen Grundlage eine Inhaltsanalyse durchgeführt. Deren Ergebnisse stehen dann z. B. für folgende Aufgaben zur Verfügung:

- Übergabe an ein Fremdsystem, z. B. ein Anwendungssystem zur Buchhaltung
- automatische Klassifizierung der Dokumente im DMS
- Verteilung der Dokumente anhand der erkannten Daten

Die frühzeitige Integration der Eingangspost in das DMS verhindert darüber hinaus den Verlust bzw. die Fehlleitung der Papierdokumente. Sie gewährleistet, dass das Dokument während seiner gesamten Lebensdauer innerhalb des Unternehmens allen betroffenen Mitarbeitern zur Verfügung steht (passiv) bzw. systemseitig in deren elektronischen Postkorb gestellt wird (aktiv).

1 vgl. Kapitel 2.20

1 siehe Kap. 2.20

Postverteilung

Nachdem die Schriftstücke mit einem Eingangsstempel versehen sind, wird zunächst der Betreff geprüft. Darauf basierend können die Schreiben für die Verteilung sortiert werden. Dies geschieht in der Regel nach Abteilungen, Sachgebieten oder Sachbearbeitern. Die eigentliche Verteilung erfolgt dann durch:

- **Mitarbeiterfächer**
  Die Post wird dort durch die Mitarbeiter abgeholt.
- **Boten**
  Ein spezieller Mitarbeiter transportiert die Post in Sortierkörben, Aktendeckeln, Mappen oder Postwagen.
- **Automatische Schriftgutförderanlagen**
  - Schienenförderanlagen
    Schienenförderanlagen eignen sich für den Transport von Schriftstücken innerhalb von Gebäuden. Sie bestehen aus fest installierten Profilschienen und geschlossenen Behältern für die Schriftstücke. Die Empfangsstation wird durch Einstellen einer Zahlenkombination am Förderbehälter bestimmt. Ausgereifte Systeme transportieren, sortieren, verteilen, stapeln, lagern und kommissionieren das Fördergut.
  - Bandförderer
    Hauptelement der Bandförderer ist der Fördergurt. Dies ist ein endloses, auf Tragrollen oder Gleitbahnen umlaufendes Band, das als Trag- und gleichzeitig auch Zugmittel dient. Der Fördergurt wird über Antriebstrommeln angetrieben. Das Schriftgut liegt in der Regel in einem Behälter, an dem das Ziel eingestellt werden kann. Die Fördergeschwindigkeit ist oft doppelt so hoch wie bei Schienenförderanlagen.
  - Flurfahrzeuge
    Flurfahrzeuge sind innerbetriebliche Fördermittel auf Rädern (gleislos), die frei lenkbar sind.
  - Aufzüge
    Aufzüge verbinden verschiedene Stockwerke miteinander. Sie sind zum senkrechten Transport von Sendungen gedacht.
  - Rohrpost
    Ein Rohrpostsystem ist eine pneumatische Förderanlage für zylindrische Behälter, in denen Kleinteile (Schriftstücke) in Rohrleitungen transportiert werden. Die Rohrpostbüchsen von 2,5 cm bis 12,5 cm Durchmesser werden in einer Rohrleitung durch Saug-, seltener Druckluft mit einer Geschwindigkeit zwischen 5 m/Sek. und 15 m/Sek. befördert.

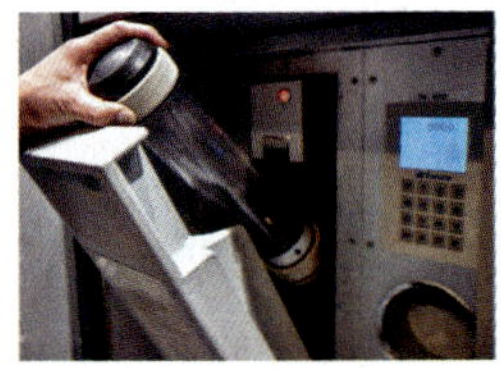

Rohrpostbüchse

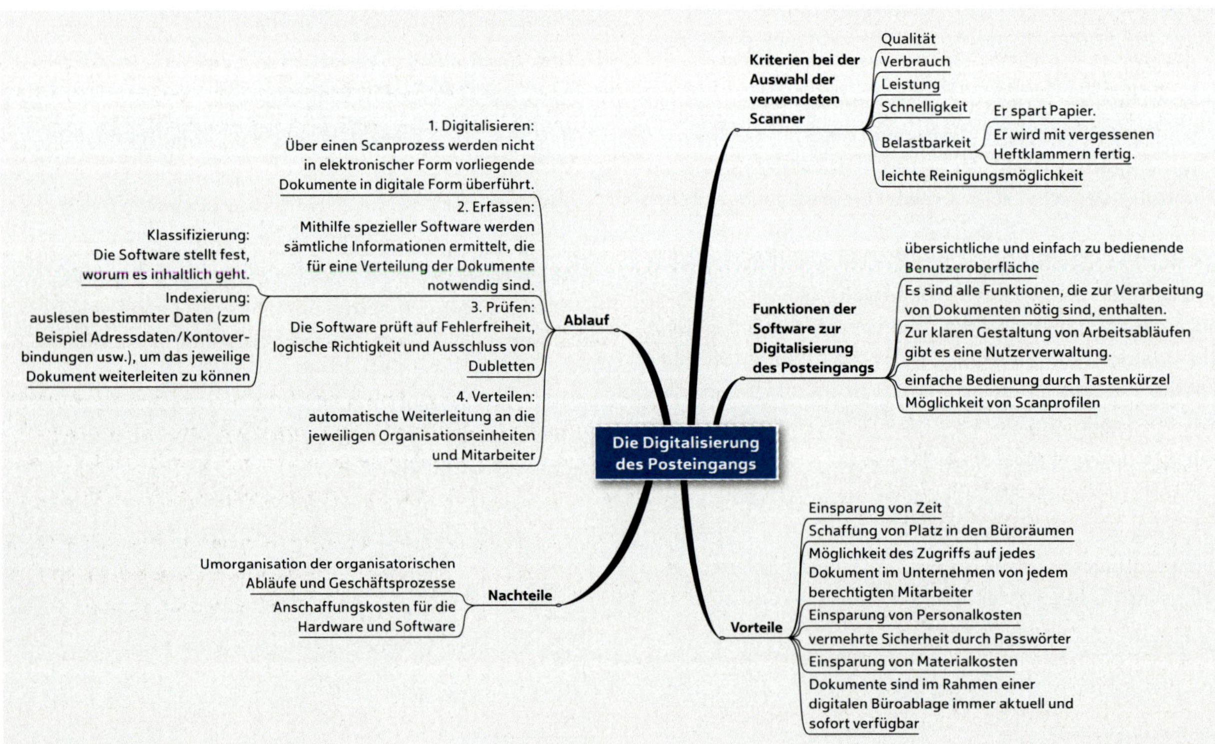

AUFGABEN

1. Warum spielt die Postbearbeitung in Unternehmen eine bedeutende Rolle?
2. Wie kann die Post ins Büro kommen?
3. Führen Sie die Vorteile eines Postfachs für ein Unternehmen auf.
4. Welche Vorteile hat die Erteilung einer Postvollmacht?
5. Unter welcher Bedingung kann auch eine andere Person als der genannte Empfänger eine Briefsendung mit dem Vermerk *Eigenhändig* entgegennehmen?
6. Wann dürfen beim Vorsortieren der Post Briefsendungen nicht geöffnet werden?
7. Im Posteingang liegen zwei Briefe mit den folgenden Anschriften:
   a) Hoffmann KG
   Herrn Ekkehard Klante
   b) Herrn Ekkehard Klante
   Hoffmann KG

   Entscheiden Sie jeweils, ob der Brief von einem Mitarbeiter des Posteingangs geöffnet werden darf. Begründen Sie Ihre Entscheidung.
8. Was muss bei der Entnahme des Schriftguts beachtet werden?
9. Welche Informationen können im Stempelabdruck enthalten sein?
10. Wann werden Briefe mit Eingangsstempeln versehen?
11. Katarzyna Lindemann meint: „Einige eingehende Schriftstücke dürfen nicht mit einem Eingangsstempel versehen werden!" Führen Sie drei Beispiele auf.
12. Was sind Posteingangssysteme?
13. Wie kann die Postverteilung erfolgen?
14. Erläutern Sie kurz die Schritte der digitalen Postbearbeitung.
15. Welche Vorteile hat die Digitalisierung des Posteingangs?
16. In der Hoffmann KG treffen verschiedene Briefe ein. Carolin Saager muss nun entscheiden, welche Briefe geöffnet werden dürfen. Helfen Sie Carolin Saager dabei.
    a) Herrn Michael Hoffmann
    Hoffmann KG
    Bergener Straße 6 a
    30625 Hannover
    b) Hoffmann KG
    Bergener Straße 6 a
    30625 Hannover
    c) Baba GmbH
    Bergener Straße 6 b
    30625 Hannover
    d) Hoffmann KG
    z. Hd. Herrn Halfpap
    Bergener Straße 6 a
    30625 Hannover
    e) Detlef Klante
    Hoffmann KG
    Bergener Straße 6 a
    30625 Hannover

AKTIONEN

1. Sie sind momentan in der Poststelle der Hoffmann KG eingesetzt. Sie bekommen von der Unternehmensleitung den Auftrag, nach Möglichkeit den Posteingang durch Einsatz von Maschinen weitgehend zu automatisieren.
   a) Suchen Sie im Internet für jeden einzelnen Schritt des Posteingangs drei Maschinen, die diesen Bearbeitungsschritt automatisieren.
   b) Bereiten Sie sich darauf vor, Ihr Suchergebnis vorzustellen. Im Rahmen der Präsentation ist es wichtig, die Leistungsmerkmale der einzelnen Geräte herauszustellen.
2. Der Trend im Posteingang geht dahin, weitgehend alle Tätigkeiten von einer einzigen Maschine erledigen zu lassen. Suchen Sie im Internet drei solcher Posteingangssysteme und stellen Sie diese vor.
3. Entwerfen Sie als Leiterin des Funktionsbereichs Verwaltung und Personal, Tanja Schwab, eine Postvollmacht für Dominik Schlote.

ZUSAMMENFASSUNG

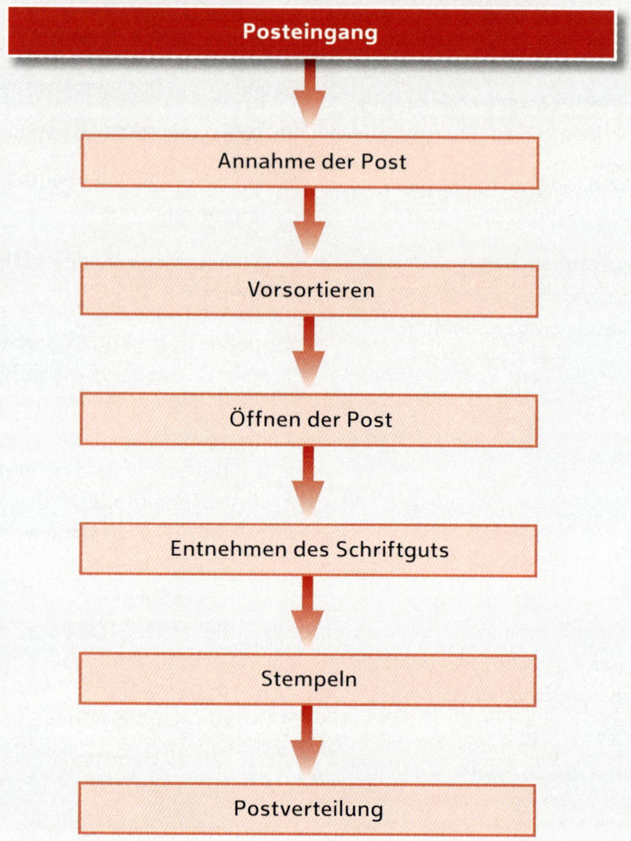

7455242

2.18 Wir verwenden unterschiedliche Papierformate

Einstieg

Für eine Werbeaktion möchte die Hoffmann KG 1000 A3-Poster mit einem Spezialdrucker anfertigen und anschließend verwenden. Sie hat von einer früheren Werbemaßnahme noch A0-Bögen im Lager liegen.

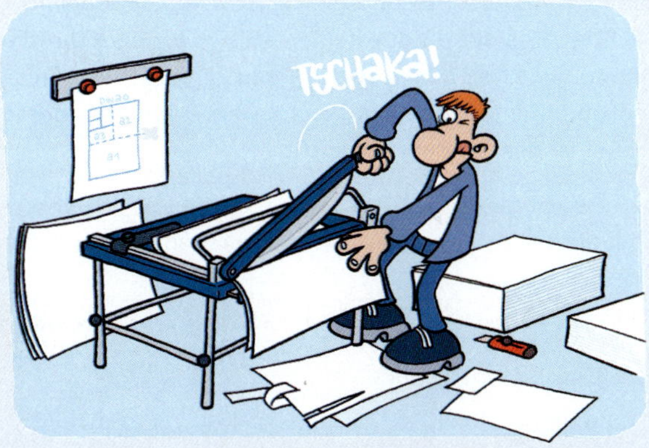

1. Stellen Sie fest, worüber die DIN-Angaben Auskunft geben.

2. Berechnen Sie, wie viele A0-Bögen benötigt werden, um 1000 A3-Bögen mit einer Schneidemaschine herzustellen.

INFORMATIONEN

Von Verpackungsmaterial über Bücher und Schreibmaterial bis hin zum Toilettenpapier findet Papier vielfältigen Einsatz. Der Verbrauch an Papier liegt in Deutschland bei ca. 18 Millionen Tonnen pro Jahr. Damit liegt Deutschland im weltweiten Vergleich auf Platz 4 hinter China, den USA und Japan. Gut die Hälfte des Verbrauchs entfällt auf den Bereich Verpackung. Trotz Computer hat aber auch der Bereich Druck, Presse und Büro mit 28 % für grafische Papiere und 8 % für Zeitungspapier noch einen großen Anteil am Verbrauch.

Trotz der Digitalisierung ist Papier aus der Büroarbeit nicht wegzudenken. Es gibt eine Vielzahl von Papierarten in unterschiedlichsten Formaten mit unterschiedlichstem Papiergewicht. Um für die Arbeit und den Verwendungszweck das optimale Papier finden zu können, muss man folgende Fragen klären, da sich nicht jedes Papier für jede Anwendung eignet:

- Wofür soll das Papier verwendet werden?
- Mit welchem Gerät soll das Papier bedruckt werden?

BEISPIEL

In den Büroräumen der Hoffmann KG findet man verschiedene Geräte, die Papier verwenden: Tintenstrahldrucker, Laserdrucker, Endlosdrucker, Plotter, Faxgeräte, Mehrfunktionsgeräte.

- Müssen weitere Eigenschaften berücksichtigt werden, über die das Papier verfügen muss?

BEISPIEL

Carolin Saager soll ein Schriftstück auf beiden Seiten eines Papiers bedrucken. Dafür kann sie nicht jedes Papier verwenden. Bei Papieren, die nur einen einseitigen Druck zulassen, würde der Ausdruck auf der Rückseite deutlich durchscheinen.

Das Papiergewicht

Je nach Verwendungszweck werden in einem Unternehmen Papiere mit unterschiedlichem Papiergewicht benötigt. Papiere unterscheiden sich im Hinblick auf die Papierstärke und Dicke, über die das Papiergewicht Auskunft gibt. Je schwerer und dichter ein Papier ist, desto größer ist dessen Papiergewicht.

Der Feuchtigkeitsgrad im Papier sorgt für ein unterschiedliches Volumen des Papiers, was sich auf die Höhe des jeweiligen Blattes auswirkt. Im Zusammenhang mit dem Papiergewicht spielt der Begriff **Grammatur** eine große Rolle. An dieser kann man ablesen, wie schwer bzw. wie stark das Papier ist. Die Angabe erfolgt in Gramm pro Quadratmeter. Standardmäßig wird im Büro normalerweise Papier mit einem Gewicht von 80 Gramm pro Quadratmeter verwendet.

Weitere wichtige Begriffe beim Kauf von Papier	
Weißegrad	**Opazität**
Der Weißegrad von Papier gibt an, wie gut es Licht reflektiert: Je niedriger der Wert ist, desto dunkler und gelblicher wirkt ein Blatt Papier. Gemessen wird der Weißegrad meistens durch den CIE-Wert.	An der Opazität lässt sich ablesen, wie transparent ein Papier ist: Je niedriger die Opazität eines Blattes ist, desto mehr scheint die Schrift oder der Ausdruck auf der Rückseite durch.
BEISPIEL Die Hoffmann KG verwendet in ihren Büroräumen üblicherweise Papier mit einem Weißegrad von CIE 55 bis CIE 180. Bei Recyclingpapier versucht die Hoffmann KG, Papiere mit einem großen CIE 135 zu nutzen, weil dieses dann nicht grau aussieht.	**BEISPIEL** Die Hoffmann KG benutzt Papiere mit einer Opazität von 100 Prozent. Diese sind praktisch undurchsichtig.

Papierarten

Im Büro findet als Standard das **reine Drucker- und Kopier-Papier** Verwendung. Dieses kann fast zu jedem Zweck verwendet werden.

BEISPIEL

Das Drucker- und Kopierpapier der Hoffmann KG wird in allen Bürogeräten, also in den Kopierern, Faxgeräten, Druckern und Multifunktionsgeräten, verwendet. Bei bestimmten Anlässen wird es jedoch auch von Hand beschrieben.

Eigenschaften und Einsatzmöglichkeiten von **farbigem Drucker- und Kopier-Papier** ähneln denen des normalen Drucker- und Kopier-Papiers. Statt in Weiß ist es in den verschiedensten Farbtönen erhältlich. Verwendung findet es im Büro oft für Einladungen, Flyer oder Poster. Angeboten wird farbiges Kopierpapier meistens in Paketen mit geringerer Blattzahl als das normale Drucker- und Kopier-Papier.

Eine spezielle Papierart für den Einsatz in Tintenstrahldruckern ist das **Inkjet-Drucker-Papier**. Aufgrund seiner Eigenschaften sorgt dieses Papier für ein schnelles Trocknen der Druckertinte. Vermieden wird dadurch ein Verschmieren der Ausdrucke.

Laserdruckerpapier wird speziell für die Verwendung in Laserdruckern hergestellt. Der Toner für die Schrift bzw. die Abbildungen haftet hier besonders gut.

Möchte man farbige Grafiken oder Fotos in einer vergleichsweise hohen Qualität ausdrucken, sollte man **Fotopapier** verwenden. Durch dessen glänzende und glatte Oberfläche hat der Ausdruck scharfe Konturen und brillante Farben.

BEISPIEL

Die Hoffmann KG verwendet Fotopapier für hochwertige Grußkarten bzw. Flyer für Geschäftspartner.

Wer besonderen Wert auf Nachhaltigkeit legt, dem empfiehlt sich die Verwendung von **Recyclingpapier**. Dieses wird aus recyceltem Altpapier hergestellt. Es ist eine umweltfreundliche und auch kostengünstige Alternative zu normalem Druck- und Kopier-Papier. Oft ist es etwas grauer als das Standardpapier. Wenn der Druck gut aussehen soll, sollte Papier mit einem hohen Weißegrad ausgesucht werden.

7455244

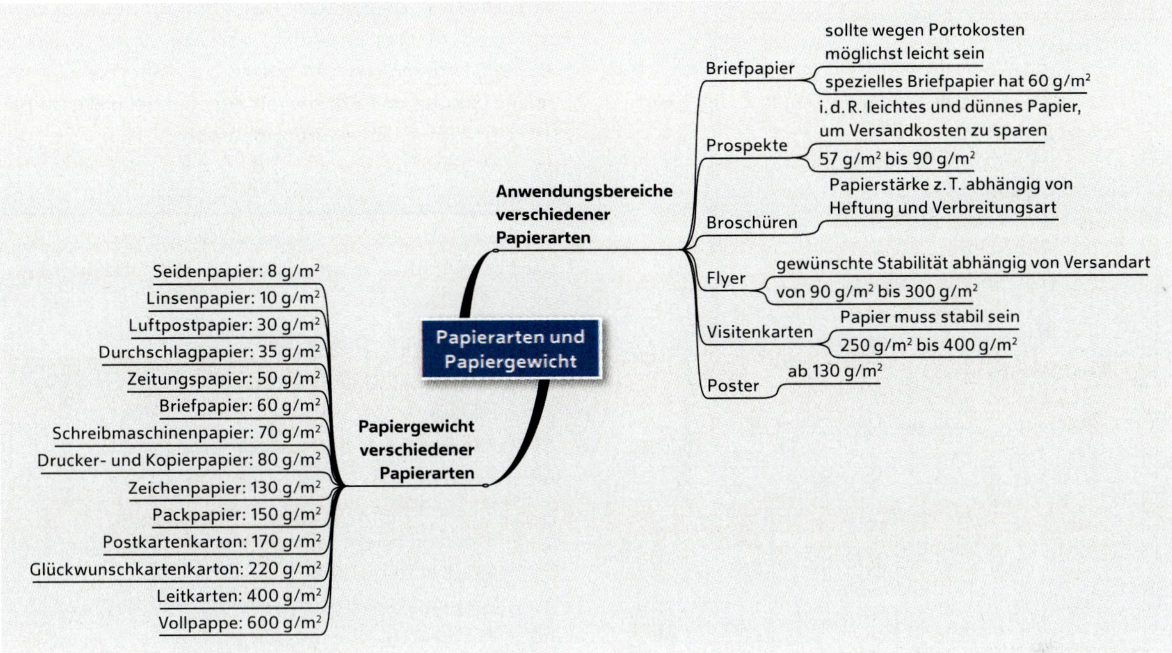

DIN (Deutsches Institut für Normung e. V.)

Im deutschen Sprachraum werden im Geschäftsverkehr fast ausschließlich die DIN-Papierformate als Standardgrößen verwendet.

Das DIN (Deutsches Institut für Normung e. V.) ist ein eingetragener gemeinnütziger Verein mit Sitz in Berlin. Das DIN ist die für die Normungsarbeit zuständige Institution in Deutschland und vertritt die deutschen Interessen in den weltweiten und europäischen Normungsorganisationen. Das DIN ist der runde Tisch, an dem sich alle, die ein Interesse an der Normung haben (Hersteller, Handel, Verbraucher, Handwerk, Dienstleistungsunternehmen, Wissenschaft, Staat), zusammensetzen, um den Stand der Technik zu ermitteln und unter Berücksichtigung neuer Erkenntnisse in Deutschen Normen niederzuschreiben.

DEFINITION

Eine **Norm** ist eine allseits rechtlich anerkannte und durch ein Normungsverfahren beschlossene, allgemeingültige sowie veröffentlichte Regel zur Lösung eines Sachverhalts.

Voraussetzung für eine Norm ist, dass sie technisch ausgereift ist und einen Nutzen für den Anwender hat.

Die Normen dienen der

- Rationalisierung,
- Verständigung,
- Gebrauchstauglichkeit,
- Qualitätssicherung,
- Kompatibilität,
- Austauschbarkeit,
- Gesundheit,
- Sicherheit und dem
- Umweltschutz.

Einige wichtige DIN-Normen im Bürobereich sind:

- DIN EN ISO 216: Papierendformate (A- und B-Reihe)
- DIN 476: Papierendformate (C-Reihe)
- DIN 680: Fensterbriefhüllen
- DIN 2137: alphanumerische Tastaturen
- DIN 5007: Regeln für das alphabetische Ordnen
- DIN 5008: Schreib- und Gestaltungsregeln für Textverarbeitung

In vielen Fällen werden direkt internationale Normen der ISO (International Organization for Standardization) übernommen. Die ISO ist eine Institution, die die Normung international koordiniert. Es handelt sich dann um DIN-ISO-Normen.

DIN 476 und DIN EN ISO 216

In der DIN 476 wurden als Papierformate die Reihen A, B und C definiert. Sie wurde nahezu 1:1 in die DIN EN ISO 216 übernommen, die heute für die Reihen A und B als internationaler Standard gilt.

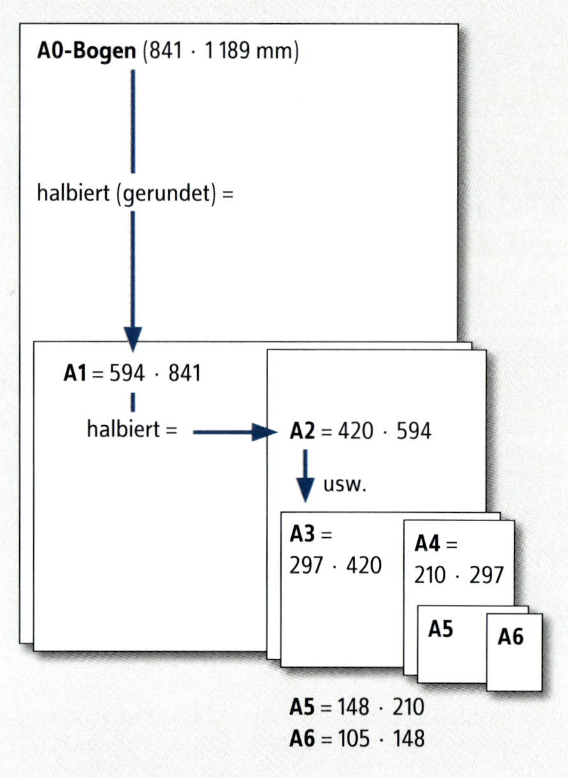

Formate der DIN-Reihe A

Die Zahl bei der Formatangabe gibt an, wie oft der Ausgangsbogen halbiert werden muss, um ein bestimmtes Format zu erhalten.

BEISPIEL

Das Ausgangsformat A0 muss für die Größe A4 viermal halbiert werden.

Das Verhältnis von Breite zu Höhe beträgt bei allen DIN-Formaten 1,41; das entspricht der Wurzel aus 2. Wenn z. B. ein Dokument von A4 auf A3 vergrößert wird, werden alle Längen und Breiten mit dem Faktor 1,41 multipliziert. Die Papierfläche verdoppelt sich.

BEISPIEL

Ein Buchstabe, der im A4-Ausdruck 1,00 cm groß ist, wird beim Kopieren auf das A3-Format 1,41 cm groß.

BEISPIELE aus der DIN-A-Reihe

A0 – technische Zeichnungen, auch Poster und Filmplakate
A1 – Flipchart, Geschenkpapier
A2 – Zeichnungen
A3 – kleinere Plakate
A4 – Standardbriefe, Formulare, Hefte, Zeitschriften, Kataloge
A5 – Karteikarten, Notizblöcke, Schulhefte
A6 – Postkarten, Überweisungsträger
A8 – Spielkarten

Aus der DIN-Reihe A sind die DIN-Reihen B und C abgeleitet, die überwiegend zur Aufnahme von Fertigerzeugnissen der A-Reihe dienen. Für Geschäftsausstattungen sind diese Formatreihen fast nur für Briefumschläge und Versandtaschen relevant.

BEISPIEL

Ein A4-Blatt passt ungefalzt in eine C4-Briefhülle. Die kann wiederum ohne Probleme in eine B4-Briefhülle eingetütet werden.

Formate (Breite · Höhe in mm)		
DIN-Reihe A	**DIN-Reihe B**	**DIN-Reihe C**
A0 = 841 × 1 189	B0 = 1 000 × 1 414	C0 = 917 × 1 297
A1 = 594 × 841	B1 = 707 × 1 000	C1 = 648 × 917
A2 = 420 × 594	B2 = 500 × 707	C2 = 458 × 648
A3 = 297 × 420	B3 = 353 × 500	C3 = 324 × 458
A4 = 210 × 297	B4 = 250 × 353	C4 = 229 × 324
A5 = 148 × 210	B5 = 176 × 250	C5 = 162 × 229
A6 = 105 × 148	B6 = 125 × 176	C6 = 114 × 162
A7 = 74 × 105		
A8 = 52 × 74		
A9 = 37 × 52		
A10 = 26 × 37		

7455246

Papiergewicht

Neben dem Papier-DIN-Format werden Papiererzeugnisse in der Regel noch zusätzlich mit dem Papierflächengewicht oder Quadratmetergewicht gekennzeichnet. Das Papiergewicht wird vom Hersteller in g/m^2 angegeben. Da das Papierformat A0 definitionsgemäß die Fläche von 1 m^2 hat, kann von diesem Format ausgehend das Papiergewicht für alle anderen Formate berechnet werden. Die übliche Papierqualität („Kopiererpapier") hat ein Gewicht von 80 g/m^2. Somit hat auch ein A0-Bogen ein Gewicht von 80 g.

BEISPIEL

Die Hoffmann KG möchte 50 Bögen A0-Papier mit 80g/m^2 Gewicht verschicken.
Das Paket wiegt 50 · 80 g = 4000 g = 4 kg.

Die Papiergewichte der anderen Formate ergeben sich leicht aus dem Flächenverhältnis zum Format A0.

Format	Gewichtsfaktor	Bogen 80 g/m^2	Bogen 120 g/m^2
A0	1	80 g	120 g
A1	0,5	40 g	60 g
A2	0,25	20 g	30 g
A3	0,125	10 g	15 g
A4	0,063	5 g	7,5 g
A5	0,032	2,5 g	3,75 g
A6	0,016	1,25 g	1,86 g
A7	0,008	0,63 g	0,94 g
A8	0,004	0,31 g	0,47 g
A9	0,002	0,17 g	0,23 g

Es gibt verschiedene Papierarten mit unterschiedlichem Gewicht:

Papiergewichte			
Josephspapier	ca. 10 g/m^2	Packpapier/Schutzpapier	ca. 150 g/m^2
Packseidenpapier	ca. 25 g/m^2	Postkartenkarton	ca. 170 g/m^2
Luftpostpapier	ca. 30 g/m^2	Karteikarton	ca. 190 g/m^2
Durchschlagpapier	ca. 35 g/m^2	Glückwunschkarten	ca. 220 g/m^2
Zeitungspapier	ca. 50 g/m^2	Aktendeckelkarton	ca. 250 g/m^2
Tabellierpapier	ca. 60 g/m^2	Leitkartenkarton	ca. 400 g/m^2
Schreibmaschinenpapier	ca. 80 g/m^2	Pappe	ab 500 g/m^2

AUFGABEN

1. Was ist eine Norm?
2. Welchem Zweck dienen Normen?
3. In welcher DIN-Norm werden Papierformate definiert?
4. Geben Sie an, welches Prinzip bei der Formatangabe gilt.
5. Worüber gibt ein Papiergewicht von 120 g/m^2 Auskunft?
6. Geben Sie den Standard beim Papiergewicht von Büropapier an.
7. Was versteht man unter der Grammatur?
8. Die Hoffmann KG möchte 150 Bögen A0-Papier des Gewichts 60 g/m^2 verschicken. Wie schwer wird das Paket sein?
9. Führen Sie mindestens 5 Papierarten auf.

AKTION

Gehen Sie zur Internetadresse *www.din-formate.de/kalkulator-umrechnung-gewicht-papier-gramm-je-blatt-din-a.html*.

a) Berechnen Sie für Papier des Gewichts 80 g/m^2 das Gewicht einer A4-Seite und einer A8-Seite.
b) Berechnen Sie für Papier des Gewichts 120 g/m^2 das Gewicht einer A2-Seite und einer A7-Seite.

ZUSAMMENFASSUNG

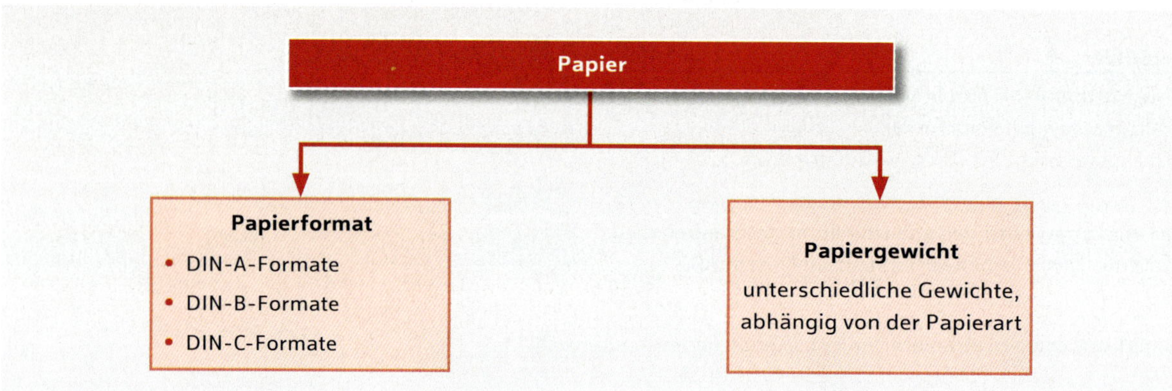

2.19 Wir verwalten das Schriftgut unseres Unternehmens

Einstieg

Dominik Schlote unterhält sich mit Vera Teske von der Biogate GmbH.

Vera Teske:
„Unser Unternehmen ist neu gegründet. Wir haben deshalb im Rahmen der Schriftgutverwaltung allerhand Entscheidungen treffen müssen. Wir versuchen, so weit wie möglich eine Arbeitsplatzablage vorzunehmen. Unser Schriftgut wird nach Aktenplan geordnet. Wir haben uns für die Loseblattablage entschieden und setzen Hängeregistraturen ein."

Dominik Schlote:
„Unsere Schriftgutverwaltung sieht zum Teil anders aus ..."

1. Untersuchen Sie, welche Entscheidungen im Rahmen der Schriftgutverwaltung getroffen werden können.
2. Erläutern Sie die Entscheidungen, die im Unternehmen von Vera Teske getroffen wurden.
3. Führen Sie jeweils Alternativen auf, die in der Hoffmann KG hätten getroffen werden können.

INFORMATIONEN

Bedeutung der Schriftgutverwaltung

Tagtäglich fällt in Unternehmen eine Vielzahl von Informationen und Daten an. Liegen sie in geschriebener oder gedruckter Form auf Papier oder vergleichbarem Material vor, spricht man von Schriftgut.

Schriftgut ist ein Sammelbegriff für alle aus der Tätigkeit des Unternehmens erwachsenen Unterlagen wie Schriftstücke, Vorgänge und Akten.

BEISPIELE

Briefe, Postkarten, Handnotizen, Zeitschriften, Prospekte, Zeichnungen, Listen

Die Dienstleistungs- und Büroarbeit nimmt heute in starkem Maße zu. Informieren und informiert sein wird immer wichtiger. Informationen müssen zur richtigen Zeit in anforderungsgerechter Qualität vorliegen.

Bei wachsender Menge, Komplexität und Dynamik der Informationen spielt die Schriftgutverwaltung eine entscheidende Rolle innerhalb der Unternehmen und Verwaltungen.

Jedes Unternehmen, aber auch jede öffentliche Verwaltung, muss also Schriftgut geordnet aufbewahren. Dies ergibt sich einerseits aus betrieblichen Erfordernissen, andererseits aus Forderungen des Gesetzgebers.

Gründe für die dauerhafte Aufbewahrung von Schriftgut	
betriebliche Erfordernisse	• als Wiederverwendungs-, Nachschlage- oder Auskunftsmittel für die Tagesarbeit. Sie ist damit Voraussetzung für weitere Arbeiten. • zur Sicherung eigener und Abwehr unberechtigter fremder Ansprüche bei strittigen Fragen (Garantieverpflichtungen, Verträge, finanzielle Forderungen) • als Unterlage über die Firmenentwicklung (Chronik)
Forderungen des Gesetzgebers	Der Gesetzgeber schreibt zwingend vor, Handelsbriefe und Buchungsunterlagen geordnet aufzubewahren.

Grundlegende Entscheidungen bei der Schriftgutverwaltung

Das Schriftgut ist die wichtigste Informationsquelle eines Unternehmens bzw. einer Verwaltung. Der umständliche Umgang mit Schriftgut, schlechte Arbeitsplatzorganisation und mangelhafte bzw. fehlende Hilfsmittel beeinflussen die Effektivität am Arbeitsplatz. Daher müssen im Bereich der Schriftgutverwaltung alle organisatorischen und technischen Maßnahmen für ein kostengünstiges und optimales Vorgehen getroffen werden. In diesem Zusammenhang müssen folgende grundlegende Entscheidungen getroffen werden:

Wie wichtig ist das Schriftgut?	Bestehen gesetzliche Vorschriften, das Schriftgut aufzubewahren?	Welche Schriftstücke sollten ihrer Bedeutung wegen aufbewahrt werden?	Wo im Unternehmen wird das Schriftgut abgelegt?	Sollen Einzel- oder Sammelakten geführt werden?
Wertigkeitsstufen	**Aufbewahrungsfristen**	**Schriftgutkatalog**	**Ablageorte**	**Aktenarten**

Wie werden die abgelegten Unterlagen geordnet?	Sollen die Unterlagen abgeheftet oder lose abgelegt werden?	Wie werden die Schriftgutbehälter aufbewahrt?	Welche Hilfsmittel sollen eingesetzt werden?
Ordnungssysteme	**Ablagetechniken**	**Registraturarten**	**Ordnungshilfsmittel**

Wertigkeitsstufen

Schriftgut kann für Unternehmen und Verwaltungen eine höchst unterschiedliche Bedeutung haben. Dies wirkt sich auf die Bearbeitung und damit später auch auf die Ablage aus. Nach dem Inhalt und dem Aufbewahrungsgrund wird Schriftgut daher in Wertigkeitsstufen eingeteilt.

Wertigkeitsstufe	Definition	Aufbewahrung
T = Tageswert	Schriftgut, das nur eine einmalige Information ohne bleibenden Wert vermittelt (z. B. Notizen, Infos, unverlangte Angebote, Prospekte, Zeitungen).	nach Kenntnisnahme vernichten bzw. löschen
P = Prüfwert	Schriftgut, das nur über einen bestimmten Zeitraum Bedeutung hat. Das Schriftgut enthält dynamische Daten: Es handelt sich um in Bearbeitung befindliche Vorgänge und Unterlagen mit zeitlich befristetem Wert (z. B. Angebote ohne Auftragsfolgen, Projekte, Bewerbungen, Statistiken, Preislisten).	arbeitsplatznahe Zwischenablage, wo das Schriftgut ständig überwacht werden kann, oder Abteilungsablage
G = Gesetzeswert	Unterlagen mit gesetzlicher Aufbewahrungspflicht, z. B. nach HGB oder Abgabenordnung: Es handelt sich also um alle Belege, durch die der Gesetzgeber sicherstellt, dass ein Handelsvorgang lückenlos rekonstruiert werden kann. Dies sind z. B. die sogenannten Handelsbriefe. Dazu zählen alle Schriftstücke, die der Vorbereitung, der Durchführung, dem Abschluss und ggf. der Rückgängigmachung eines Handelsgeschäftes dienen, z. B. Rechnungen, Zahlungsbelege, Angebote mit kaufmännischen Folgen usw.	Laufendes in die Abteilungsablage, danach in die Registratur, am besten in raumsparenden Registraturen, bzw. Speicherung auf Mikrofilm
D = Dauerwert	Schriftgut, das von besonderer und langfristiger Bedeutung für das Unternehmen (auch über eventuelle Fristen hinaus) ist, z. B. Verträge, Patente, Muster.	Laufendes in die Abteilungsablage, danach in das Archiv

In vielen Registraturen wird mehr abgelegt als notwendig. Häufig könnten bis zu einem Drittel aller Schriftstücke aussortiert werden, bevor das Material abgelegt wird. Dies geht am besten, wenn man konsequent die Wertigkeitsstufen beachtet.

Aufbewahrungsfristen

Für viele Unterlagen ist zu prüfen, ob für sie eine gesetzliche Aufbewahrungsfrist gilt. Aufbewahrungsfristen sind die gesetzlich vorgeschriebenen Zeiten, in denen Belege und Bücher des gesamten Geschäftsverkehrs aufbewahrt werden müssen.

Die Aufbewahrungsfrist beträgt im Normalfall zehn Jahre.

BEISPIELE

Nach § 257 Handelsgesetzbuch sind folgende Unterlagen zehn Jahre aufzubewahren:

- Bücher und Aufzeichnungen
- Inventare
- Jahresabschlüsse
- Lageberichte
- die Eröffnungsbilanz sowie die zu ihrem Verständnis erforderlichen Arbeitsanweisungen und sonstigen Organisationsunterlagen
- Buchungsbelege

Alle übrigen – für die Versteuerung maßgeblichen – Unterlagen sind sechs Jahre aufzubewahren.

BEISPIELE

- empfangene Handels- oder Geschäftsbriefe
- Wiedergaben der abgesandten Handels- oder Geschäftsbriefe
- sonstige Unterlagen, soweit sie für die Besteuerung von Bedeutung sind

Eine Aufbewahrungsfrist beginnt mit dem Schluss des Kalenderjahrs, in dem

- die letzte Eintragung in die Bücher gemacht wurde,
- das Inventar, die Eröffnungsbilanz, der Jahresabschluss oder der Lagebericht aufgestellt wurde,
- der Handels- oder Geschäftsbrief empfangen oder abgesandt worden ist,
- der Buchungsbeleg oder die sonstigen Unterlagen entstanden sind.

BEISPIEL

Eine Bilanz die am 31. Dezember 2013 erstellt wurde, könnte ab dem 1. Januar 2024 vernichtet werden.

Schriftgutkatalog

Um eine reibungslose Organisation zu gewährleisten, sollte in einem Unternehmen ein Schriftgutkatalog erstellt werden. Ein Schriftgutkatalog stellt sicher, dass nur aufbewahrungspflichtige oder wichtige Schriftstücke abgelegt werden. Er verzeichnet alle Belegarten, die in dem jeweiligen Büro vorkommen. Hier wird festgelegt, wo und wie lange die jeweilige Belegart aufzubewahren ist. Doppel- und Mehrfachablagen und ein unnötig langes Aufbewahren von Schriftgut werden vermieden. Die Einteilung in Wertigkeitsstufen hilft dabei.

Erfassungsbogen – Schriftgut- bzw. Belegarten

Firma: Müller KG, Hildesheim
zuständig: Herr Mailänder
Abteilung: Verkauf
Blatt: 1
Stand: Okt. 2008

Schriftgut bzw. Belegart	gesetzliche Aufbewahrung				betriebliche Aufbew.		Ablageort	
	10 Jahre	6 Jahre	andere	keine	Frist	keine	Archiv Kennung	Bemerkungen
Anfragen				X			12/E	
Auftragsbest.		X					12/H	
Reklamationen		X					9/G	sowie Vorg. ändern
Kalkulationen				X	2		8/A	wenn Steuer, 6 Jahre
Fertig.-freig.				X	X		3/D	solange gültig
Telefaxe		X					12/B	wenn Auftr.-bestandteil
Lieferscheine		X					12/K	
Rundschreiben					1		10/A	
Lagerlisten					1		12/F	
Programmlisten					X		5/K	solange gültig
Preislisten					X		5/H	solange gültig
Kataloge					X		5/A	solange gültig

Ablageorte

Eine geordnete Schriftgutverwaltung ist eine wichtige Voraussetzung für eine rationelle Arbeit in Unternehmen. Abgelegte Unterlagen müssen leicht wiederauffindbar sein. Jeder Mitarbeiter muss gut auf sie zugreifen können, wenn er sie braucht. Allgemein gilt der Grundsatz: Je öfter Unterlagen aus einer Ablage wiederbenötigt werden, desto näher sollten sie beim Bearbeiter stehen. Es gibt verschiedene Möglichkeiten, eine Registratur unterzubringen.

Arbeitsplatzablage	Abteilungs- bzw. Bereichsregistratur	Zentralregistratur	Altablage
Um auf bestimmtes Schriftgut einen schnellen, direkten Zugriff zu haben, sorgt der Mitarbeiter selbst für eine geeignete Ablage. In dieser Arbeitsplatzablage werden Vorgänge, die sich noch in Bearbeitung befinden, oder Informationen, die der Mitarbeiter häufig benötigt (Handakten und Formulare aller Art), abgelegt. Auch Unterlagen, die nur für den Mitarbeiter selbst interessant sind, werden hier aufbewahrt.	Gibt es Unterlagen, die von mehreren Mitarbeitern gleichzeitig bearbeitet oder verwaltet werden, bietet sich die Abteilungs- oder Bereichsregistratur an. Sie sollte im Arbeitsraum bzw. zumindest im Bereich der Abteilung stehen. Da diese Ablage meist schon ziemlich umfangreich ist, sollte man flexible Möbel einsetzen, die eine gute Raumausnutzung erlauben und sich den Gegebenheiten optimal anpassen lassen.	Eine Zentralregistratur bewahrt Unterlagen auf, die von verschiedenen Abteilungen bzw. Bereichen benötigt werden. Sie empfiehlt sich, wenn die abzulegende Schriftgutmenge entsprechend groß ist. Die Zentralregistratur entlastet die Abteilungen auch von nicht mehr benötigtem Schriftgut. Sie ist also zuständig für Schriftstücke, auf die nur selten zugegriffen werden muss. Diese Registratur sollte möglicht zentral liegen, um Laufwege und damit Zugriffszeiten so gering wie möglich zu halten. Zentralregistraturen benötigen relativ viel Raum. Entsprechend wichtig ist der Einsatz von raumsparenden Registratursystemen und Möbeln.	Erledigtes Schriftgut, das aufgrund der gesetzlichen Aufbewahrungsfristen noch nicht vernichtet werden darf und auf das nur selten zurückgegriffen wird, kommt in die Altablage.

Da gesonderte Registraturkräfte in Unternehmen immer seltener eingesetzt werden, haben die Sachbearbeiter selbst für eine ordentliche Schriftgutverwaltung zu sorgen.

Aktenarten

In Unternehmen finden Einzelakten oder Sammelakten Verwendung. Man spricht von **Einzelakten**, wenn die in einer Akte abgelegten Schriftstücke einen Vorgang oder Fall bilden.

BEISPIEL

Für jeden Kunden oder Mitarbeiter wird eine Akte angelegt.

In **Sammelakten** dagegen werden Schriftstücke zu verschiedenen, in der Regel gleichartigen, Vorgängen gesammelt.

BEISPIEL

Der Schriftwechsel mit allen Lieferanten wird in einer Akte zusammengefasst.

Ordnungssysteme

Jede Registratur muss nach einem bestimmten Schema aufgebaut sein.

Das wichtigste Kriterium einer guten Registratur ist deren logischer Aufbau. Sie muss so strukturiert sein, dass andere sich darin zurechtfinden können. Es gibt verschiedene Ordnungssysteme:

- **alphabetische Ordnung**
  Bei der alphabetischen Ordnung ist nach der DIN 5007 die Buchstabenfolge des Alphabets maßgebend. Geordnet wird nach den Anfangs- und Folgebuchstaben der Ordnungswörter.

BEISPIEL

Häufig wird als Ordnungswort der Name von Geschäftspartnern gewählt. Dies ist die sogenannte *namens-alphabetische* Ordnung:
- Adeleit
- Ammermann
- Augustin
- Beckstein

Oft wird als erstes Ordnungswort auch der Ortsname genommen. Dies ist die *orts-alphabetische* Ordnung:
- Aachen
- Arnsberg
- Berlin
- Braunschweig

Für die alphabetische Ordnung gelten bestimmte Regeln:

– Für die Buchstabenfolge ist das Alphabet maßgebend. Zunächst wird nach dem Anfangsbuchstaben, dann nach den nächstfolgenden Buchstaben geordnet.

BEISPIEL

- **Ab**endroth
- **Ac**htenhagen
- **Ade**lhausen
- **Ado**lsen
- **Am**elung
- **Be**ckstein
- **Bo**rsum

– Die Umlaute **ä, ö, ü** werden wie **ae, oe, ue** geordnet, **ß** wird wie **ss** behandelt. Bei Übereinstimmungen werden ae, oe, ue, ss vor ä, ö, ü, ß gesetzt.

BEISPIEL

- Traeger, Dirk
- Träger, Dirk
- Trzensik, Achim

– In umfangreichen Registraturen oder wenn entsprechende Registerblätter vorhanden sind, können **sch** und **st** am Beginn des Wortes als selbstständige Buchstaben in der Reihenfolge **s, sch** und **st** geordnet werden.

BEISPIEL

Neben der normalen Einordnung:
- Sabinsen
- Schaffhausen
- Scheffer
- Solomon
- Strahler
- Summer

kann z. B. bei Vorliegen entsprechender Registerblätter auch geordnet werden:
- Sabinsen
- Solomon
- Summer

} 1. **S**

- Schaffhausen
- Scheffer

} 2. **Sch**

- Strahler

} 3. **St**

– Der Familienname ist das erste, der Vorname das zweite Ordnungskriterium. Reicht das nicht aus, können Merkmale, wie Ort, Straße zum Ordnen herangezogen werden.

BEISPIEL

- Meier, Bernd
- Meier, Birk
- Meier, Dirk

– Zusammengesetzte Familiennamen folgen nach den einfachen Familiennamen.

BEISPIEL

- Müller
- Müller-Teutow

– Bei Institutionen bzw. juristischen Personen (Behörden, Unternehmen, Vereine usw.) wird der vollständige offizielle Nachname verwendet.

– Unwichtige Wörter und Zeichen (z. B. der, die, das, am, und, zu, &) werden nicht berücksichtigt.

BEISPIEL

- Der Büroausstatter („Der“ wird hier nicht berücksichtigt)
- Bürobedarf Meier

- **numerische Ordnung**
  Bei der numerischen Ordnung werden alle Vorgänge mit einer Nummer versehen und dann entsprechend eingeordnet.

BEISPIEL

Jeder Lieferant bekommt eine Nummer, unter der er in der Ablage geführt wird:

- ...
- 12017 Zeppenfeldt
- 12018 Achtenhagen
- 12019 Euler
- 12020 Schanz
- 12021 Diepholt
- 12022 Lösche
- 12023 Amelung
- ...

Die numerische Ordnung erlaubt eine sehr schnelle Ablage, problematisch ist jedoch das Suchen. Daher empfiehlt sich das Anlegen eines Index (= Inhaltsverzeichnis)

BEISPIEL

- ...
- Abendroth 21367
- Achtenhagen 12018
- Adelhausen 20444
- Amelung 12023
- Axner 35765
- ...

- **alphanumerische Ordnung**
  Die alphanumerische Ordnung ist eine Kombination von alphabetischer und numerischer Ordnung.

BEISPIELE

- Klassenbezeichnungen in Schulen werden meist aus Buchstaben und Ziffern zusammengesetzt:
  - HH 1 (= Höhere Handelsschule – Klasse 1)
  - HH 2 (= Höhere Handelsschule – Klasse 2)
- Ein weiteres typisches Beispiel sind Kfz-Kennzeichen:
  - HI-EY 554
  - HI-WM 117
- Oft wird auch nach der Kombination aus vorangestellter Postleitzahl und Alphabet geordnet:
  - 31141 Marx
  - 31141 Neidhard

- **mnemotechnische Ordnung**
  Bei der mnemotechnischen Ordnung werden Merkhilfen zur Kennzeichnung und zum Finden der Schriftgutbehälter geschaffen.

BEISPIEL

In einem Unternehmen werden die Anfangsbuchstaben der in einem Schriftgutbehälter abzulegenden Schriftgutarten als Ordnungssystem verwendet, u. a.:

- ER = Eingangsrechnungen
- AR = Ausgangsrechnungen

- **chronologische Ordnung**
  Bei der chronologischen Ordnung werden Sachverhalte nach ihrer zeitlichen Reihenfolge erfasst. Die Sortierung kann nach Tagen, Wochen, Monaten oder Jahren erfolgen. Die chronologische Ordnung wird in der Regel mit einem anderen Ordnungssystem kombiniert. Eine Ablage in zeitlicher Reihenfolge ist möglich, indem man jeweils das neueste Schriftstück nach oben oder nach unten in den Schriftgutbehälter legt oder heftet.

BEISPIEL

Eingehende Bestellungen eines Unternehmens werden alphabetisch nach Firmen geordnet. Die jüngste Bestellung wird oben eingeheftet.

Die chronologische Ordnung ist häufig zu finden bei:
- Bilanzen und Steuerbescheiden (Jahre)
- Gehaltsabrechnungen (Monate)
- Lieferzeiten (Wochen)

- **Ordnung nach Stichwörtern**
  In einigen Registraturen werden bei der Ordnung Stichwörter verwendet, die dem jeweiligen Betreff der Schriftstücke entnommen werden können. Diese Ordnung nach Stichwörtern wird bei Vorgängen angewandt, die eindeutig sachbezogen sind.

BEISPIEL

Ein Sachbearbeiter legt seine Arbeitsunterlagen unter folgenden Stichwörtern ab:

- Kalkulation
- Auftragsabwicklung
- Verkaufsplanung
- Reklamationen usw.

Da die Auswahl eines Stichworts von persönlichen Vorlieben abhängt, gibt es bei mehreren Benutzern allerdings oft Zuordnungsprobleme. Weil andere Personen dann selten etwas finden können, empfiehlt sich diese Ordnungsart nur bei kleinen, von einer Person benötigten Registraturen.

BEISPIELE

- Arbeitsunterlagen • Handakten[1]

1 Akten, die nur die z. B. für einen Besprechungstermin wesentlichen Unterlagen enthalten

- **Ordnung nach Aktenplan**
  Die Nachteile der Ordnung nach Stichwörtern lassen sich bei einer sachbezogenen Ordnung vermeiden, wenn ein Aktenplan verwendet wird.
  Ein Aktenplan ist ein einheitlicher Rahmen für die systematische und logische Ordnung des gesamten sachbezogenen Schriftguts. Er stellt systematisch die Gliederung der Akten gemäß den entsprechenden Aufgaben des Unternehmens dar.

BEISPIEL für einen Aktenplan

0 = Angelegenheiten der Firmengründung, Finanzen, Steuern usw.
1 = Allgemeine Informationen, Konkurrenzbeobachtung
2 = Organisation, EDV, Software
3 = Einkauf
4 = Personalakten, Personalangelegenheiten, Betriebsrat
5 = Buchhaltung, Betriebswirtschaft, Kalkulation
6 = Technik, Fertigung
7 = Lagerwirtschaft
8 = Kunden, Marketing, Verkauf, Absatz
9 = Internet, Webseiten, Suchmaschinen

Der Aktenplan ist meist dekadisch nach Hauptgruppen, Gruppen, Unter- und Sachgruppen aufgebaut. Bei einer dekadischen Gliederung wird eine Zehnergruppe (Dekade) gebildet und die Unterlagen werden nach Ziffernreihen von 0 bis 9 eingeteilt.

BEISPIEL

Es werden Hauptgruppen gebildet, die anschließend in Untergruppen unterteilt werden: 1 = Registraturformen, 1.1 = Hängeregistratur, 1.1.1 = vertikale Hängeregistratur usw.

Der Aktenplan gliedert sich also in Hauptgruppen, die den Hauptaufgabenbereichen des jeweiligen Unternehmens entsprechen. Diese Hauptgruppen werden dann in Gruppen und anschließend in Untergruppen eingeteilt. Ziel des Aktenplans ist die übersichtliche, nachvollziehbare und wirtschaftliche Ordnung des Schriftguts (siehe Beispiel auf der folgenden Seite).

- **Farbliche Ordnung**
  Die Ordnung mit den bisher aufgeführten Ordnungssystemen kann mit dem zusätzlichen Ordnungsmittel Farbe unterstützt werden: Die Schriftgutbehälter oder Ordner können durch Farbrücken oder farbige Aufkleber unterschieden werden.
- **Ordnung nach Symbolen**
  Auch Symbole, Icons oder andere Zeichen können die Ordnung erleichtern.

Ablagetechnik

Die Unternehmen müssen entscheiden, ob das Schriftgut abgeheftet oder lose abgelegt werden soll. Vermehrt gibt es in Unternehmen auch das Vorgehen, alle Schriftstücke einzuscannen und dann digital abzulegen[1].

Loseblattablage		geheftete Ablage	
Vorteile	**Nachteile**	**Vorteile**	**Nachteile**
• Zeitersparnis beim Ablegen. Dies ist der Hauptvorteil der Loseblattablage. Es entstehen dadurch weniger Personalkosten. • Schriftgut braucht nicht gelocht zu werden.	• Chronologische (zeitliche) Reihenfolge ist schwerer einzuhalten. • Schriftstücke können leichter verloren gehen. • längere Suchzeiten, wenn die Akte zu umfangreich wird	• Gute chronologische Ordnung ist möglich. • sichere Aufbewahrung der einzelnen Schriftstücke • besseres Wiederfinden abgelegter Schriftstücke	• Schriftgut muss gelocht werden. • größerer Zeitaufwand bei der Ablage
Die Loseblattablage ist eher geeignet für: • den überwiegenden Teil der Unterlagen innerhalb einer Verwaltung, insbesondere für Einkaufs- und Verkaufsvorgänge • Vorgänge, auf die schnell zugegriffen werden muss • Schriftstücke mit einheitlichem Format innerhalb einer Mappe		**Die geheftete Ablage ist eher geeignet für:** • Nachschlagewerke (z. B. Gutachten, Preislisten, Handbücher) • Akten, die zur Arbeitsmappe werden, die häufig intern und extern transportiert werden • viele kleinformatige oder verschiedenformatige Schriftgutarten, z. B. Kontoauszüge • große Mengen gleichartiger Schriftstücke, die nach einem Kriterium fortlaufend geordnet sind, z. B. Rechnungen nach Rechnungsnummern	

1 siehe Kap. 2.20

BEISPIEL für die Untergliederung der Hauptgruppen eines Aktenplans

Hauptgruppe	Gruppe	Untergruppe
0 Geschäftsführung		
1 Anlagen		
2 Finanzen und Buchhaltung		
3 Personalwesen	3–0 Arbeitsrecht, Tarife	
4 Einkauf	3–1 Gesetzliche soziale Aufwendungen	
5 Fertigung		
6 Vertrieb	3–2 Freiwillige soziale Aufwendungen	3–20 Gesundheitswesen
7 Verwaltung		3–21 Betriebliche Einrichtungen
8 frei	3–3 Personaleinstellung	3–22 Betriebliche Veranstaltungen, Ausflüge
9 Privat	3–4 Personalakten	
	3–5 Lohn-/Gehaltsabrechnung, Steuern	3–23 Finanzielle Zuwendungen
		3–24 Wohnungsbeschaffung
	3–6 Personalvertretung	3–25 Altersversorgung
	3–7 Ausbildung	
	3–8 Personalstatistik	

0		1		2		3		4		5		6		7		8		9	
Geschäftsführung		Anlagen		Finanzen und Buchhaltung		Personalwesen		Einkauf		Fertigung		Vertrieb		Verwaltung				Privat	
00	Gründung und Entwicklung	10	Grundbesitz	20	Bilanzen Abschlussunterlagen	30	Arbeitsrecht, Tarife	40	Disposition	50	Planung	60	Absatzpolitik	70	Aufgabengliederungsplan	80		90	Mitgliedschaften
01	Besitzverhältnisse	11	Gebäude	21	Finanzierung	31	Gesetzliche soziale Aufwendungen	41	Lieferanten	51	Fertigungsprogramm	61	Verkaufsprogramm und Planung	71	EDV	81		91	Kraftfahrzeuge
02	Führung	12	Betriebsgebäude	22	Banken, Kasse	32	Freiwillige soziale Aufwendungen	42	Materialprüfung	52	Fertigungsstellen	62	Preisgestaltung	72	Hausverwaltung allgemein	82		92	
03	Zweigst., Tochtergesellsch.	13	Gesamtinstallationen	23	Steuern	33	Personaleinstellung	43	Einfuhr	53	Investitionen, Fertigung	63	Verkaufsorganisation	73	Vermietung, Verpachtung	83		93	
04	Beteiligungen	14	Großanlagen	24	Buchhaltung	34	Personalakten	44		54	Zeitwirtschaft	64	Kunden	74	Fuhrpark	84		94	
05	Geschäftsberichte	15		25	Betriebswirtschaft	35	Lohn-/Gehaltsabrechnung, Steuern	45		55	Lagerverwaltung	65	Versand	75	Versicherungen	85		95	
06	Mitgliedschaften	16		26	Stiftungen	36	Personalvertretung	46		56	Qualitätswesen	66	Werbung, Verkaufsförderung	76	Rechtsangelegenheiten	86		96	
07	Firmengeschichte	17		27		37	Ausbildung	47		57	Unfallverhütung	67	Marktbeobachtung	77	Fachzeitschriften	87		97	
08		18		28		38	Personalstatistik	48		58		68	Export	78		88		98	
09		19		29	Statistik Finanzwesen	39		49	Statistik	59	Fertigungsstatistik	69	Verkaufsstatistik	79		89		99	

Registraturarten

Ordnerregistratur

Ordner gibt es in verschiedenen Größen und in den verschiedensten Ausführungen, was Material und Farbe betrifft. Die attraktiven Farben sorgen für eine freundliche Atmosphäre im Büro.

Die Kennzeichnung erfolgt auf dem Rücken des Ordners. Durch die gut beschriftbaren Rücken erreicht man eine gute Übersicht und einen schnellen Zugriff. Das Abheften ermöglicht eine geordnete Reihenfolge: Innerhalb des Ordners gibt es verschiedene Möglichkeiten, Inhalte zu gliedern (z. B. Trennblätter, Register).

7455256

Einsatzmöglichkeiten	Vorteile	Nachteile
• für fortlaufend anfallende Belege (Massenbelege wie Lieferscheine, Rechnungen usw.) • Sammelakten aller Art, z. B. Korrespondenz • starke Einzelakten	• durch die großen Rückenschilder gute Übersicht • preiswert • durch die geheftete Ablage große Sicherheit • einfache, schnelle Einrichtung • gute Raumausnutzung	• durch starre Rückenbreite fehlende Flexibilität • großer Zeitaufwand beim Ablegen, da jedes Mal die Mechanik betätigt werden muss

Stehsammlerregistratur

Ein Stehsammler ist ein Behälter aus Karton, Pappe oder Kunststoff zum Sammeln von Einstellmappen, Zeitschriften usw.

Einsatzmöglichkeiten	Vorteile	Nachteile
• Sammelakten aller Art • vorgangsbezogene, dünne Einzelakten	• durch gute Übersicht und direkten Zugriff Schnelligkeit • kostengünstig	• fehlende Flexibilität

Hängeregistratur

Bei der Hängeregistratur kann das Schriftgut einfach und schnell in die Mappen eingelegt oder geheftet und später wieder herausgenommen werden. Das macht die Registratur flexibel. Die genannten Vorteile gelten vor allem für die Hängeregistratur in Form der Loseblattablage. Sie wird deshalb an sehr vielen Arbeitsplätzen eingesetzt. Bei der vertikalen Hängeregistratur hängen die Schriftgutbehälter hintereinander in Schreibtischauszügen oder speziellen Schränken. Die Hängeregistratur hat sehr gute Beschriftungs- und Signalisierungsmöglichkeiten.

Einsatzmöglichkeiten	Vorteile	Nachteile
• Bereichs- bzw. Abteilungsablagen • Vorgänge mit häufigem Zugriff, wie z. B. Preislisten, Vorgänge in Bearbeitung • Handakten	• durch gestaffelte Vollsichtreiter sehr gute Übersicht • durch Ausnutzung der vollen Raumtiefe eines Schreibtischs eine sehr gute Arbeitsplatzregistratur • durch das zeitsparende Einlegen der Schriftstücke von oben eine ideale Loseblattablage • große Flexibilität, weil die Schriftgutbehälter mit zunehmender Anzahl des Schriftguts mitwachsen. Neues Schriftgut ist an jeder Stelle leicht einzufügen.	• hohe Beschaffungskosten • großer Raumbedarf (z. B. Auszugsraum für die Hängezüge)

Pendelregistratur

Bei der Pendelregistratur hängen die Hefter und Mappen seitlich nebeneinander an Schienen in Schränken oder Regalen. Das Schriftgut kann mühelos hin- und hergeschoben werden. Das Pendelprinzip macht jede Akte greifbar. Es können sieben Reihen übereinander abgehängt und erreicht werden: Somit ergibt sich eine optimale Raumausnutzung. Neue Behälter können an jeder Stelle eingesetzt werden.

Einsatzmöglichkeiten	Vorteile	Nachteile
• größere Mengen stärkerer Einzelakten (z. B. Fallakten, Personalakten)	• Vorhandene Möbel können weiterverwendet werden, da sie nachträglich einfach mit Pendelschienen ausgestattet werden können. • niedrige Beschaffungskosten • große Flexibilität: Neue Schriftgutbehälter können an jeder Stelle ohne Probleme neu eingefügt werden. Die Behälter passen sich dem Schriftgut an und lassen sich seitlich verschieben.	• Da der Blick zunächst nur auf die Schmalseite der Behälter fällt, hat man keine optimale Übersicht. • Der Zugriff ist langsamer als bei der Hängeregistratur. • relativ langsame Loseblattablage: Schriftstücke lassen sich nicht von oben einlegen.

Ordnungshilfsmittel

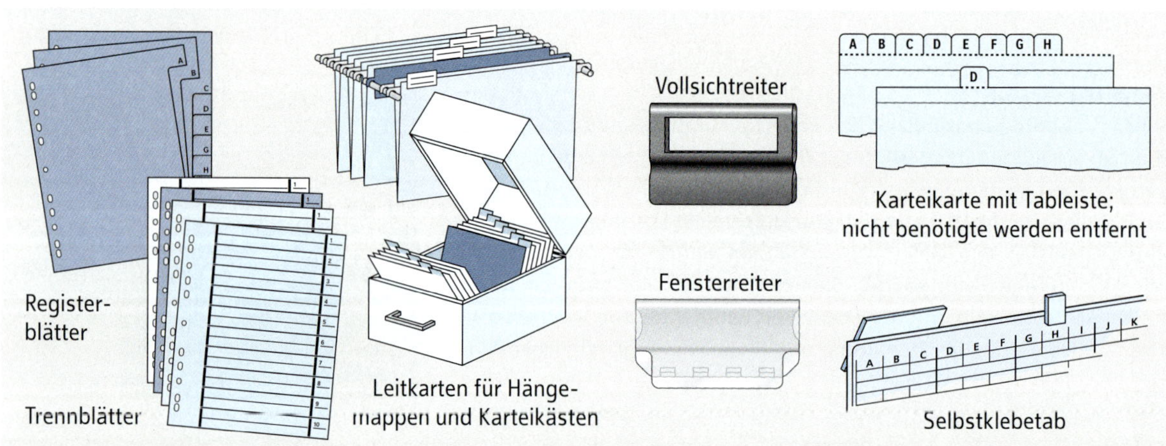

Verschiedene Ordnungshilfsmittel

Aufgabe von Ordnungshilfsmitteln ist es, die Ordnung in Registraturen zu erleichtern:

- **Register- und Trennblätter**
  Sie helfen, die Übersicht in Ordnern herzustellen. Es gibt sie sowohl mit alphabetischen als auch numerischen Ordnungsreihen.
- **Farben**
  Farben unterstützen die Ordnung: So erleichtern verschiedenfarbige Schriftstücke das Sortieren erheblich.
- **Leitkarten**
  Leitkarten unterstützen eine Unterteilung in Gruppen.
- **Reiter**
  Sie bestehen aus Metall oder Kunststoff: In die Reiter können Inhaltsschilder hineingesteckt werden.
- **Tabs**
  Unter Tabs versteht man die über den Rand von Schriftgutbehältern hinausragenden Teile, die fest mit dem Schriftgutbehälter verbunden sind. Es gibt aber auch Selbstklebetabs, die man am Rand des Schriftgutbehälters befestigen kann.

Aktenvernichtung

Ist das Schriftgut veraltet (und besteht auch keine Aufbewahrungspflicht mehr), kann es vernichtet werden. Die sichere und datenschutzgerechte Vernichtung von Informationen ist zu einem wesentlichen Bestandteil einer effizienten Schriftgutverwaltung geworden. Dafür gibt es verschiedene Gründe:

- Heutzutage unterliegen die Unternehmen immer strengeren Auflagen durch datenschutzrechtliche Vorschriften. Diese fordern, sensible Informationen so zu schützen, dass der Geschäftsbetrieb nicht durch Datendiebstahl gefährdet wird.
- Vorausschauende Unternehmen schützen auch ihre Geschäftsgeheimnisse und ihr geistiges Eigentum, damit sie nicht in falsche Hände geraten.
- Akten, die veraltete Informationen enthalten und für die es auch keine Aufbewahrungsvorschriften mehr gibt, verursachen unnötige Lagerkosten.

In Unternehmen werden deshalb zur Entsorgung von Akten Aktenvernichter eingesetzt. Dies sind Geräte zum Vernichten von vertraulichen Dokumenten.

Weil der Versandhandel immer mehr zunimmt, werden seit einigen Jahren Aktenvernichter vermehrt auch im privaten Umfeld eingesetzt. Dadurch wird verhindert, dass Adressdaten, Rechnungsdaten, Bankverbindungen, Kundennummern usw. von Dritten missbraucht werden können.

Aktenvernichter			
Arten von Aktenvernichtern			
Streifenschnitt-Aktenvernichter		**Partikelschnitt-Aktenvernichter**	
• schneidet die Seiten in schmale Streifen		• schneidet die Seiten in kleine Partikel (= Teilchen), die deutlich weniger Abfallvolumen verursachen • Der Auffangbehälter muss seltener geleert werden.	
Leistungsmerkmale			
Schnittbreite	**Geschwindigkeit**	**Blattkapazität**	**Auffangbehältervolumen**
• wird in mm gemessen • je kleiner die Schnittbreite, desto höher die Sicherheit	• die Menge der Seiten, die in einer Minute vernichtet werden kann	• Maximum an Seiten (70 g/m²), die in einem Schneidevorgang vernichtet werden können	• Umfang der geschnittenen Seiten, gemessen in Litern, die bis zur Leerung aufbewahrt werden können

In Deutschland wird die Datensicherheit eines Aktenvernichters nach den sieben Sicherheitsstufen der DIN 66399 bewertet.

Vor der Aktenvernichtung muss ermittelt werden, zu welcher Schutzklasse sie gehören:

- **Schutzklasse 1**
  normaler Schutzbedarf für interne Daten

BEISPIELE

- Adresslisten
- Telefonlisten
- Lieferantendaten

- **Schutzklasse 2**
  hoher Schutzbedarf für vertrauliche Daten

BEISPIELE

- interne Berichte
- betriebswirtschaftliche Auswertungen und Unterlagen
- Buchhaltungsunterlagen

- **Schutzklasse 3**
  sehr hoher Schutzbedarf für besonders vertrauliche und geheime Daten

BEISPIELE

- streng geheime Forschungsergebnisse des Unternehmens
- im Bereich der Verwaltung Informationen aller Geheimhaltungsgrade

Von der Art der Schutzklasse des zu vernichtenden Materials hängt die Wahl der jeweiligen Sicherheitsstufe ab. Je höher die gewählte Sicherheitsstufe ist, desto mehr Kosten fallen bei der Datenträgervernichtung an. Zu beachten ist, dass bei der Vernichtung von personenbezogenen Daten immer mindestens die Sicherheitsstufe 3 anzuwenden ist.

Sicherheitsstufe	Empfohlen z. B. für Datenträger mit …	Materialteilchenfläche	Beispiel (11-Punkt-Schrift; maßstäblich)
P-1	… allgemeinen Daten, die unlesbar gemacht werden sollen.	**≤ 2 000 mm²** oder **Streifenbreite ≤ 12 mm**; Streifenlänge nicht begrenzt.	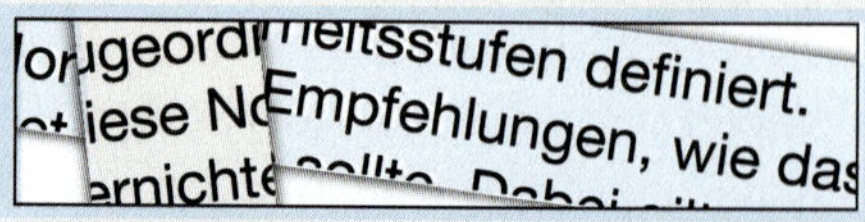
P-2	… internen Daten, die unlesbar gemacht werden sollen.	**≤ 800 mm²** oder **Streifenbreite ≤ 6 mm**; Streifenlänge nicht begrenzt.	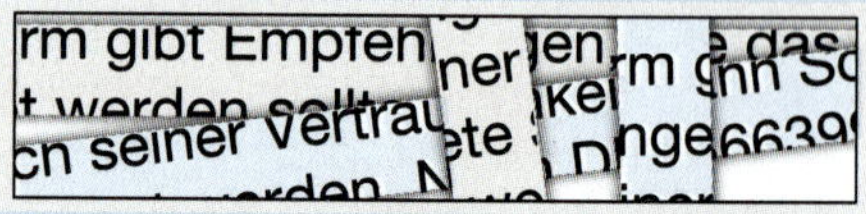
P-3	… sensiblen und vertraulichen Daten.	**≤ 320 mm²** oder **Streifenbreite ≤ 2 mm**; Streifenlänge nicht begrenzt (z. B. auch Partikel 4 x 80 mm).	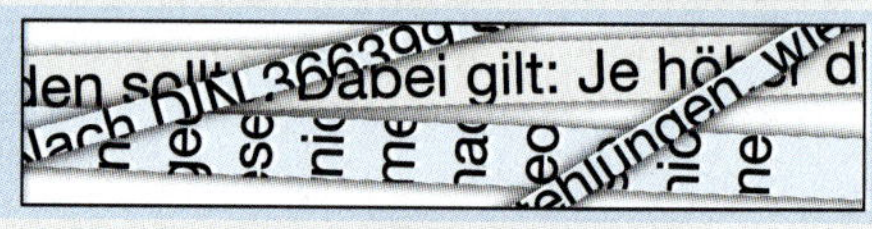
P-4	… besonders sensiblen und vertraulichen Daten.	**≤ 160 mm²** und für regelmäßige Partikel: Streifenbreite ≤ 6 mm (z. B. Partikel 4 x 40 mm).	
P-5	… geheim zu haltenden Daten.	**≤ 30 mm²** und für regelmäßige Partikel: Streifenbreite ≤ 2 mm (z. B. Partikel 2 x 15 mm).	
P-6	… geheim zu haltenden Daten, wenn außergewöhnlich hohe Sicherheitsvorkehrungen einzuhalten sind.	**≤ 10 mm²** und für regelmäßige Partikel: Streifenbreite ≤ 1 mm (z. B. Partikel 0,8 x 12 mm).	
P-7	… streng geheim zu haltenden Daten, wenn höchste Sicherheitsvorkehrungen einzuhalten sind.	**≤ 5 mm²** und für regelmäßige Partikel: Streifenbreite ≤ 1 mm (z. B. Partikel 0,8 x 5 mm).	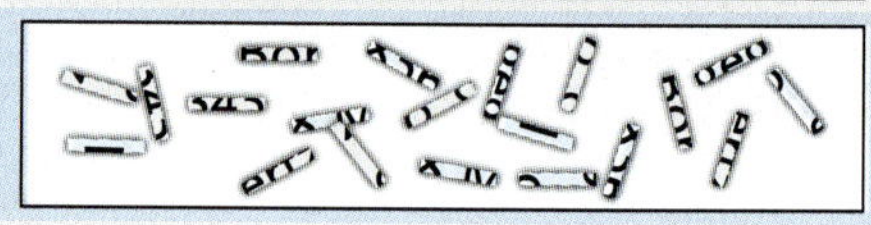

Eigene Darstellung nach EBA – Krug & Priester GmbH & Co. KG

AUFGABEN

1. Was versteht man unter Schriftgut?
2. Warum muss Schriftgut aufbewahrt werden?
3. Welche Wertigkeitsstufen gibt es?
4. Führen Sie auf, welche Aufbewahrungsfristen bei der Schriftgutverwaltung zu beachten sind.
5. Welche Mindestaufbewahrungsfristen sind für die folgenden Unterlagen festgelegt?
   a) Bilanz
   b) Bestellung
   c) Mahnschreiben
   d) Einladung eines Lieferanten zur Feier des 50-jährigen Firmenjubiläums
   e) Überweisungsbeleg
6. Geben Sie für die folgenden Fälle die jeweiligen Wertigkeitsstufen und Aufbewahrungsfristen an:
   a) eine Rechnung der Wagenreiter OHG über fünf Arbeitstische
   b) Prospekt der Volkshochschule zu einer Excel-Fortbildung
   c) Werbebrief eines Pizzadienstes
   d) Gesellschaftsvertrag der Hoffmann KG
7. Wodurch unterscheiden sich Einzel- und Sammelakten?
8. Welcher Grundsatz gilt bei der Aufbewahrung des Schriftguts an unterschiedlichen Orten?
9. Was ist ein Aktenplan?
10. Welches Ordnungssystem wird verwandt?
    a) HI-WM 117 HM-GF 229 M-X 2743
    b) Alexander Arabo Bartko Delefsen
    c) AR1 AR2 ER1 ER2

11. Ordnen Sie die folgenden Namen alphabetisch nach DIN 5007.
    - Räbel
    - Räb
    - Rade
    - Raeber
    - Räf

12. Welche Registraturarten gibt es?

13. Was ist der geeignete Standort für das folgende Schriftgut?
    a) Rechnungskopien des letzten Geschäftsjahrs
    b) 15 Dokumente zur Firmengeschichte
    c) Vorgang, für den Sachbearbeiterin Frau Janssen zuständig ist
    d) Schriftgut, das mehrere Sachbearbeiter der Abteilung zur Bearbeitung benötigen

14. Geben Sie Vor- und Nachteile der Loseblattablage an.

15. Unterscheiden Sie Arten von Aktenvernichtern.

AKTIONEN

1. In Registraturen können unterschiedlichste Schriftgutbehälter Verwendung finden, z. B.:
   - Hängesammler
   - Pendeltaschen
   - Hängeordner
   - Aktenordner
   - Hängetaschen
   - Stehsammler
   - Pendelmappen
   - Aktendeckel
   - Pendelhefter
   - Schnellhefter

   Erstellen Sie für die Einarbeitung neuer Auszubildender ein kleines „Handbuch der Schriftgutbehälter von A bis Z“. Es soll zu jeder Schriftgutbehälterart mindestens eine kurze Erklärung sowie ein Bild enthalten. Informationen finden Sie im Internet.

2. a) Erkunden Sie, welche Arten der Schriftgutverwaltung in Ihrem Lernbüro Verwendung finden.
   b) Bewerten Sie das Schriftgut des Lernbüros nach Wertigkeit und Aufbewahrungsfristen. Erstellen Sie dazu eine Tabelle.

ZUSAMMENFASSUNG

Im Büro müssen Entscheidungen getroffen werden über

Wertigkeitsstufen
- Tageswert
- Prüfwert
- Gesetzeswert
- Dauerwert

Schriftgutkatalog
- Belegart
- Ablageort
- Aufbewahrungsdauer

Ablageorte
- Arbeitsplatzablage
- Abteilungsregistratur
- Zentralregistratur
- Altablage

Aktenarten
- Einzelakten
- Sammelakten

Ablagetechnik
- geheftet
- Loseblatt

Aufbewahrungsfristen
- 10 Jahre (z. B. für Bücher des Rechnungswesens)
- 6 Jahre (z. B. für Geschäftsbriefe)

Ordnungssysteme
- alphabetisch
- numerisch
- alphanumerisch
- mnemotechnisch
- chronologisch
- Stichwörter, Farben, Symbole
- Aktenplan

Ordnungshilfsmittel
- Registerblätter
- Farben
- Trennblätter
- Reiter
- Tabs

Registraturarten
- Ordnerregistratur
- Stehsammlerregistratur
- Pendelregistratur
- Hängeregistratur

2.20 Wir führen ein Dokumentenmanagementsystem ein

Einstieg

In der Hoffmann KG soll ein Dokumentenmanagementsystem eingeführt werden. Mitarbeiter verschiedener Abteilungen werden zu einer Schulung beim Hersteller geschickt. Zu ihnen gehört auch Dominik Schlote. Nach seiner Rückkehr soll er im betriebsinternen Unterricht alle Auszubildenden im Umgang mit dem neuen Dokumentenmanagementsystem schulen.

1. Bereiten Sie einen kurzen Vortrag vor, der über Begriff und Zweck von Dokumentenmagementsystemen informiert.
2. Erstellen Sie zur Unterstützung des Vortrags eine PowerPoint-Präsentation.

INFORMATIONEN

Die Bedeutung von Dokumentenmanagementsystemen

Grundlage der Kommunikation im Büro sind Dokumente. Dies sind im engeren Sinn Informationsträger, bei denen der Inhalt in Schriftform dargestellt wird. Solche Schriftstücke sind im Geschäftsleben von großer ökonomischer und rechtlicher Relevanz. Sie dienen dazu, anderen einen bestimmten Gedankeninhalt zu vermitteln. Oft werden sie auch als Beweismittel verwendet.

Es gibt viele Varianten von Dokumenten.

BEISPIELE

In der Hoffmann KG treffen täglich große Mengen von Originaldokumenten als Massendrucke oder als einzelne Postsendungen ein. Dokumente liegen den Mitarbeitern oft aber auch als Abschriften oder Kopien vor.
Diese Dokumente können entweder mit dem Computer oder eben auch handschriftlich erstellt worden sein. Die Hoffmann KG bekommt und erzeugt die Dokumente in analoger Form auf Papier (zum Beispiel Briefe) oder als elektronische Dokumente (E-Mails, gescannte Geschäftsbriefe usw.).

Im weiteren Sinn zählen zu den Dokumenten nicht nur solche in Schriftform, sondern auch visuelle und auditive Medien wie Fotos, Grafiken, Diagramme, Tabellen, Video- und Tonaufnahmen. All diese Dokumente werden von digitalen Dokumentenmanagementsystemen erfasst.

Ziel von Programmen für das Dokumentenmanagement ist es, dass alle zuständigen Mitarbeiter im Unternehmen auf die Dokumente sofort, vollständig und schnell zugreifen können. Es kommt dadurch zu beschleunigten Reaktionszeiten den Geschäftspartnern gegenüber, auch die Qualität des Service steigt. Abgesehen vom Einlegen der Dokumente in Papierform in die Scanner können mithilfe entsprechender Software der Digitalisierungsprozess und die Übernahme der relevanten Daten im Rahmen des Dokumentenmanagements nahezu komplett automatisiert durchgeführt werden.

Dokumente sind wesentlich für den inner- und zwischenbetrieblichen Informationsfluss und für die Informationsspeicherung. So vielfältig wie sich die verschiedenen Informationen darstellen, so verschiedenartig sind die Erscheinungsformen der Dokumente, z.B. hinsichtlich Bedeutung, Form und Umfang.

BEISPIELE

Bilanzen, Briefe, Verkaufskataloge, E-Mails

Das reine Ablegen von Dokumenten in der EDV würde nur noch ausreichen, wenn man im Einzelfall gelegentlich etwas ansehen möchte. Betriebliche Dokumente müssen heute gezielt als statische Wissensquelle genutzt werden. In diesem Zusammenhang spielen Dokumentenmanagementsysteme, häufig auch Dokumentenverwaltungssysteme genannt, eine zunehmend wichtigere Rolle. Gerade in größeren Unternehmen können die folgenden Gründe für die Einführung eines Dokumentenmanagementsystems sprechen:

- Es gibt Dokumente, auf die viele Benutzer häufig zugreifen.
- Auf die Dokumente muss von verschiedenen Orten zugegriffen werden können (mehrere Unternehmensstandorte).
- Die Redundanz (Mehrfacherfassung von Daten mit der Gefahr unterschiedlicher Informationsstände) bei lokalen Dokumentablagen soll vermieden werden. Diese Systeme verhindern zudem Medienbrüche.
- Der Platzbedarf von Archiven soll reduziert werden.
- Die Sachkosten sollen durch Wegfall von Aktenräumen und Ablageschränken gesenkt werden.
- Ein optimales Suchen und Wiederfinden von Dokumenten soll ermöglicht werden.
- Gesetzliche Aufbewahrungspflichten sollen automatisch beachtet werden.
- Im Hinblick auf elektronische Belege besteht die gesetzliche Forderung, dass sie auch elektronisch abgelegt sein müssen.

In vielen Unternehmen werden in Papierform vorliegende Dokumente häufig automatisiert mit Scannern und Scansoftware gescannt[1].

Ein Dokumentenmanagementsystem verwaltet elektronisch (zum Teil auch nicht elektronisch) erzeugte Do-

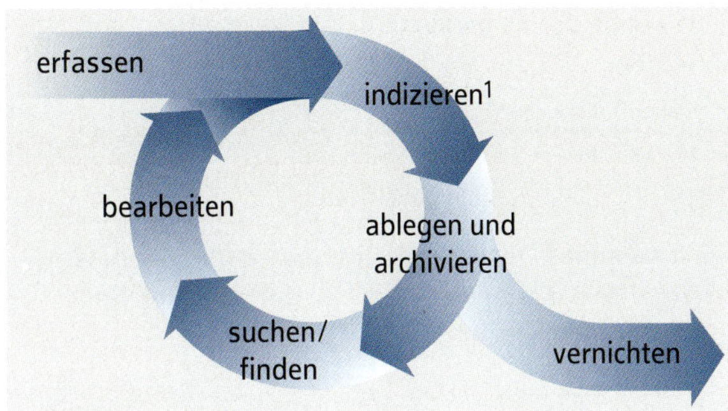

Informationszyklus (Belege und Dokumente) in einem Dokumentenverwaltungssystem Eigene Darstellung nach www.holme-consulting.com

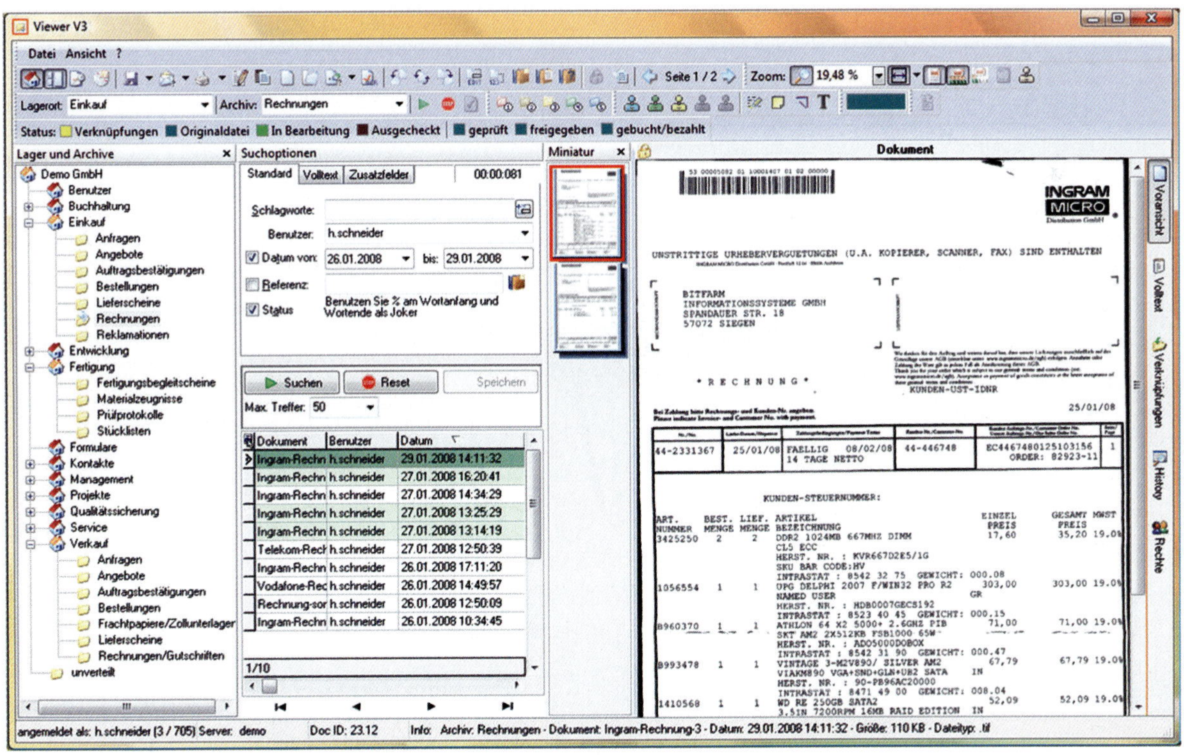

1 siehe Kap. 3.18
2 indizieren, häufig auch indexieren: verschlagworten, mit beschreibenden Begriffen belegen

kumente in einem Unternehmen über deren gesamten Lebenszyklus hinweg.

Es organisiert

- Planung,
- Entwurf,
- Erstellung,
- Weitergabe,
- Verteilung.
- Ablage,
- Archivierung und
- Wiederauffinden

der Dokumente. Ein Dokumentenmanagementsystem dient somit der Organisation und Verwaltung von Dokumenten.

Heute werden Dokumentenmanagementsysteme überwiegend mithilfe von Computern aufgebaut. Dies ist naheliegend, da ein Großteil der Dokumente auch elektronisch erzeugt wird. Ein elektronisches Dokumentenmanagementsystem ist somit ein EDV-Programm, das zur Dokumentenlenkung eingesetzt werden kann: Es umfasst alle Tätigkeiten bei der Erstellung, Prüfung, Freigabe und Verteilung von Dokumenten. Während der Gültigkeitsdauer der Dokumente werden auch die Tätigkeiten zur Änderung, erneuten Freigabe sowie das Einziehen veralteter Dokumente unterstützt.

Arten von Dokumentenmanagementsystemen	
manuell	**elektronisch**
Ein manuelles Dokumentenmanagementsystem wird weitgehend manuell und nur mit geringem technischem Aufwand realisiert.	Ein elektronisches Dokumentenmanagementsystem ist eine Software, die mit sehr leistungsfähigen Funktionen Einsatz und Handhabung von Dokumenten auf elektronischer Ebene unterstützt.

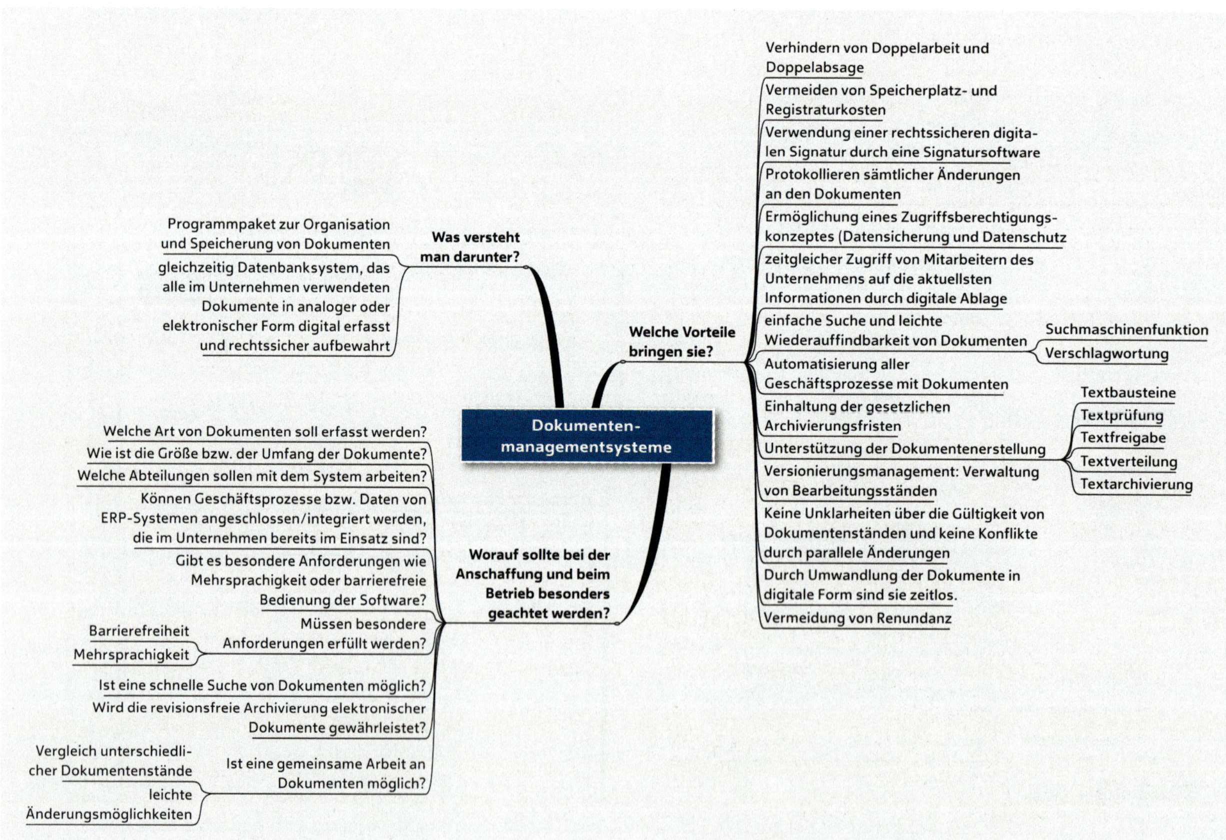

Hauptziel eines Dokumentenmanagementsystems ist ein zweckmäßiger und gewinnbringender Einsatz des Informationsträgers Dokument. Die Handhabung von Dokumenten mittels elektronischer Funktionen soll ermöglicht, erleichtert und beschleunigt werden.

Darüber hinaus erhofft man sich, Kosten zu sparen, indem Dokumente auf elektronischem Wege verwaltet werden.

Ein Dokumentenmanagementsystem muss folgende Anforderungen erfüllen:

- Integration (Einbeziehung) von Dokumenten unterschiedlicher Herkunft
- Verbindung zu den Ressourcen eines Unternehmens
- Verwaltung der Geschäftsprozesse des Unternehmens

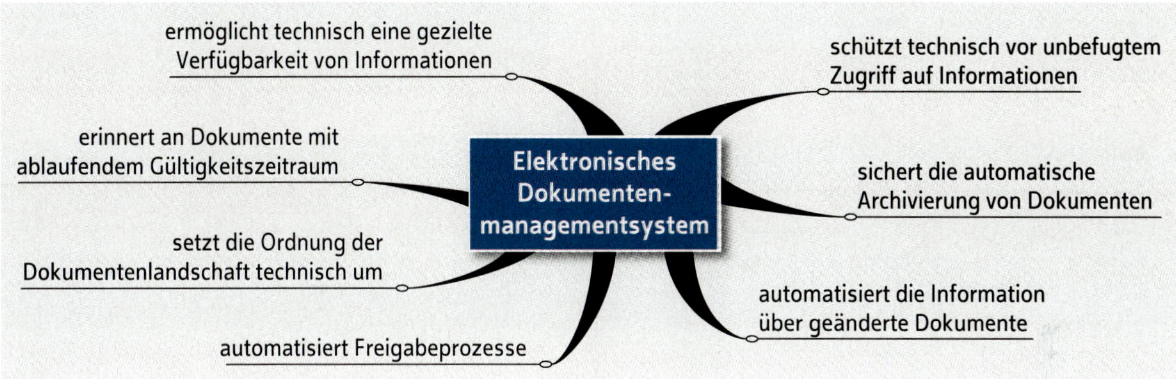

BEISPIELE

In der Hoffmann KG existieren Vorgaben für die Aufbewahrung von Handelsbriefen, Belegen, steuerrelevanten Daten und anderen Vertrags- und Geschäftsinformationen. Sie werden von dem Dokumentenmanagementsystem umgesetzt. Geschäftspost wird nach dem Scannen vernichtet, wenn die Informationen vollständig, indexiert und unverändert in eine revisionssichere elektronische Archivierung überführt worden sind. Eine revisionssichere Ablage von Dokumenten bedeutet das Vorhandensein sicherer Abläufe bei der Dokumentation. Diese gewährleisten konsequente Wiederauffindbarkeit, Unveränderbarkeit und Fälschungssicherheit der Dokumente.

Ursprünglich elektronisch entstandene Dokumente werden auch in elektronischer Form mit Dokumentenmanagementsystemen verwaltet. Das Dokumentenmanagement der kaufmännischen Dokumente ist oft mit Warenwirtschaftssystemen verbunden, da in diesen Lieferanten-, Kunden- und Transaktionsdaten[1] zu den Dokumenten verwaltet werden. Auch E-Mails werden erfasst.

Content-Management-Systeme

Content-Managemant-Systeme gehen noch einen Schritt weiter als Dokumentenmanagementsysteme. Sie unterstützen auch die inhaltliche Erfassung und Aufbereitung von Informationen. Ein Content-Management-System ist eine Software, mit der gemeinschaftlich verschiedenartige Dokumente (Text- und Multimedia-Dokumente) erstellt und bearbeitet werden können. Als eine Art Redaktionssystem verwaltet und automatisiert das Content-Management-System den Produktionsablauf von Inhalten (Content) eines Internet- bzw. Intranetangebots. Das Content-Management-System führt Inhalte aus verschiedenen Quellen (z. B. Datenbanken oder Dokumente im Word- oder PDF-Format) und von verschiedenen Verfassern zu einem gemeinsamen Format (auf Webseiten z. B. HTML) zusammen und erstellt mithilfe von Layoutvorlagen die Internetseite.

Ein wichtiges Prinzip ist die Trennung von Inhalt und Design der Dokumente.

BEISPIEL

Die Hoffmann KG hat ein Content-Management-System für den Webshop auf ihrer Internetseite. Die Autoren der Produktbeschreibung müssen sich keine Gedanken bezüglich des Layouts und der grafischen Gestaltung der Internetseiten machen, die sie gerade mit Inhalt gefüllt haben.

1 Transaktion: Übertragung von Gütern und Diensten zwischen zwei Wirtschaftsteilnehmern

Arbeitsschritte in Dokumentenmanagementsystemen

Erfassung der Dokumente

digitale Daten:
- direkte Übernahme der Dateien aus den entsprechenden Programmen

Daten in Papierform:
- Vorsortierung der Dokumente
- Digitalisierung durch Einscannen
- ggf. bei Bilddateien Umwandlung der jeweiligen Dateien in Textdateien (z. B. durch OCR)

Indizieren

Damit die einzelnen Dokumente später wieder sicher aufgefunden weden können, werden die Dokumente mit Merkmalen versehen (= Indizierung). Dies kann geschehen durch:
- Vergabe eines eindeutig identifizierenden Barcodes (einmalige Dokumentennummer in maschinenlesbarer Form, z. B. Strichcode)
- Versehen des Dokuments mit einem Suchmerkmal (Schlagwort, Dokumententyp, Datum usw.)

Ablegen
- Festlegung der Ablage- und Weiterleitungsstruktur
- Verwendung elektronischer Archivierungssysteme; diese benutzen häufig Jukeboxen: Dies sind Plattenwechselautomaten für optische Speichermedien. Jukeboxen erlauben heute den Zugriff auf nahezu unbegrenzte Datenmengen.

Suchen und Wiederauffinden

- Merkmale, die zu den Dokumenten abgespeichert wurden (Indexsuche)
- bestimmte Dokumenttypen
- Textbestandteile, die in dem aufzufindenden Dokument vorkommen. (Volltextsuche)

AUFGABEN

1. Was ist ein Dokumentenmanagementsystem?
2. Welche Gründe können zur Einführung eines Dokumentenmanagementsystems führen?
3. Führen Sie Aufgaben eines Dokumentenmanagementsystems auf.
4. Welche Arten von Dokumentenmanagementsystemen gibt es?
5. Dominik Schlote behauptet, bei der Arbeit mit Dokumentenmanagementsystemen fielen zwei Arbeitsschritte an. Beurteilen Sie diese Meinung.
6. Wodurch unterscheidet sich ein Content-Management-System von einem Dokumentenmanagementsystem?
7. Worauf sollte bei der Installation und beim Betrieb eines Dokumentenmanagementsystems besonders geachtet werden?
8. Führen Sie Vorteile von Dokumentenmanagementsystemen auf.

7455266

AKTION

Lesen Sie den folgenden Artikel:

Dokumente sind wesentlich für den inner- und zwischenbetrieblichen Informationsfluss und für die Informationsspeicherung. So vielfältig wie sich die verschiedenen Informationen darstellen, so verschiedenartig sind die Erscheinungsformen der Dokumente, z. B. hinsichtlich Bedeutung, Umfang und Medien.

Eine auf die betrieblichen Anforderungen zugeschnittene Dokumentenverwaltung ermöglicht es, die benötigten Dokumente rasch und ökonomisch zu erfassen, zu indizieren und abzulegen, um sie später zuverlässig und schnell wieder aufzufinden. Sie hilft auch, die Kosten für die Verteilung, Verwaltung und Archivierung der Dokumente in vernünftigen Grenzen zu halten.

Das Dokumentenmanagementsystem (DMS) kann sämtliche Dokumente eines Unternehmens zentral oder dezentral unter Berücksichtigung von Zugriffsrechten und betrieblicher Organisation für die Anwender zugänglich machen und verwalten. Darüber hinaus ermöglicht ein DMS über das integrierte Workflow-Prinzip insbesondere die Verfolgung des Bearbeitungsstatus und der Kenntnisnahme verschiedener Dokumente.

vgl. www.sol-ve-online.de

Erstellen Sie eine Mindmap mit den wichtigsten Aussagen des Artikels.

ZUSAMMENFASSUNG

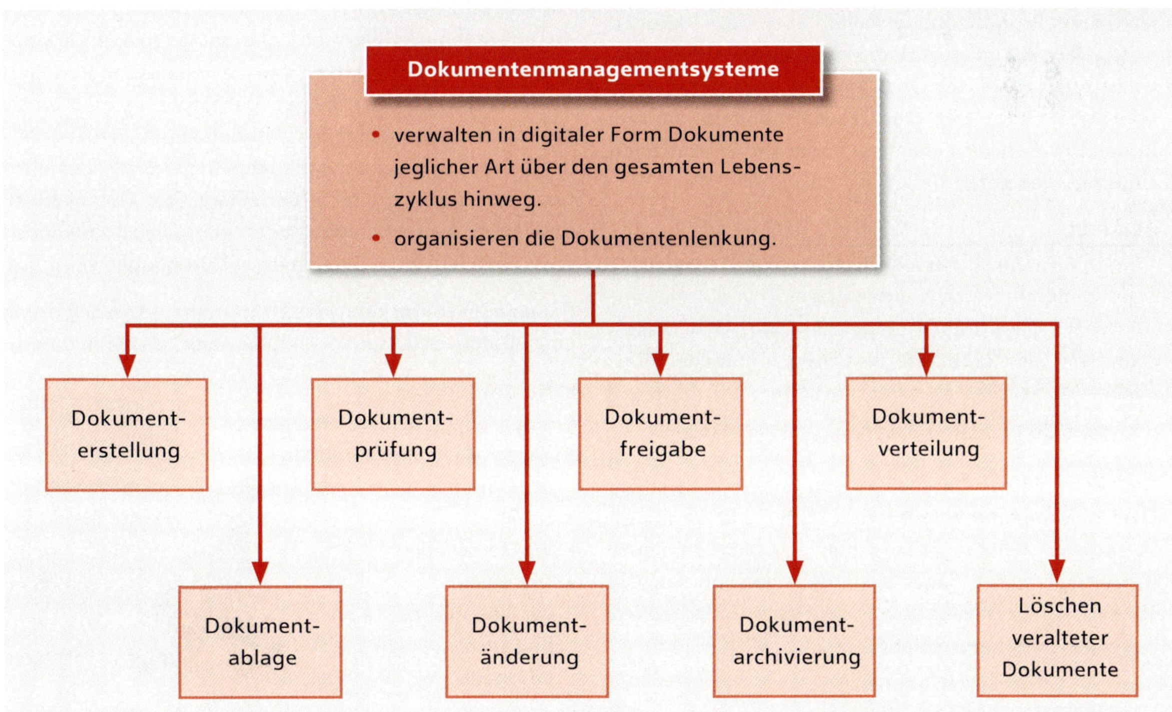

2.21 Wir schützen Daten vor Missbrauch, Verlust oder Beschädigung

Einstieg

Ein Freitagmittag in der Hoffmann KG:

Situation 1
Frau Duchnik soll auf Anweisung der Unternehmensleitung einen vertraulichen Finanzbericht für die Hausbank des Unternehmens tippen. Während der Mittagspause geht sie in die Kantine. Der PC bleibt selbstverständlich eingeschaltet. Irgendwann zwischen 12:00 und 13:00 Uhr schleicht sich ein Unbekannter ins Büro, kopiert die Datei und beginnt dann auch noch in aller Ruhe, die Zahlen am Anfang des Berichts zu manipulieren.

Situation 2
Herr Bringewat spielt in der Mittagspause am Abteilungsrechner Computerspiele. Diese hat er aus seinem privaten Freundeskreis bekommen und auf dem Unternehmenscomputer installiert. Plötzlich meldet sich der „Bloody!"-Virus. Am PC geht nichts mehr. Der Absturz bewirkt einen Totalverlust der Daten.

Stellen Sie fest, wie diese Vorfälle hätten vermieden werden können.

INFORMATIONEN

Datensicherung und Datenschutz

Die moderne Computertechnologie hat sich aufgrund ihrer Vorteile in vielen Bereichen der Wirtschaft, der öffentlichen Verwaltung, aber auch des Privatlebens durchgesetzt. Die Abhängigkeit der heutigen Gesellschaft von der Datenverarbeitung birgt jedoch auch schwerwiegende Gefahren in sich:

- Hardware, Programme, vor allem aber Daten können durch Nachlässigkeit verloren gehen oder sogar mutwillig zerstört werden. Dies kann in Unternehmen zu spürbaren Störungen des Geschäftsablaufs führen. In Extremfällen wird eventuell sogar die Existenz von Unternehmen gefährdet.

BEISPIEL
Ein Unternehmen hat alle ausstehenden Forderungen gegenüber den Kunden nur einmal auf einem externen Datenträger gespeichert. Aus Wut, dass sie kein Geld erbeuten, zerstören Einbrecher die EDV-Anlage. Die Daten der Schuldner sind auf dem beschädigten Datenträger nicht mehr auffindbar.

Das Anliegen der **Datensicherung** ist es, die bei der Datenverarbeitung eingesetzten Mittel und Verfahren vor solchen Gefahren abzusichern, die die Funktionsfähigkeit der EDV-Anlagen beeinträchtigen könnten. Die Datensicherung bezieht sich also auf die technischen Aspekte der Datenverarbeitung.

- Wenn die Daten sich auf bestimmte Personen beziehen, unterliegen sie besonderen gesetzlichen Schutzbestimmungen. Der **Datenschutz**[1] soll die Bürger vor dem Missbrauch der Daten, die an irgendeiner Stelle gespeichert oder verarbeitet werden, bewahren.

Datensicherung

Für jedes die elektronische Datenverarbeitung einsetzende Unternehmen stellen die Datenbestände (z. B. Gewinnspannen, Bilanzkennzahlen usw.) einen besonderen Wert dar. Aus Gründen des Betriebsgeheimnisses müssen sie deshalb mit besonderer Sorgfalt behandelt werden. Werden keine vorbeugenden Maßnahmen getroffen, bestehen für diese Daten große Sicherheitsrisiken. Datenverlust, unerlaubte Datenmanipulationen oder Diebstahl können die Folgen fehlender Sicherheitsanforderungen sein.

Früher oder später kann jedes Unternehmen die Erfahrung eines Datenverlusts machen. Dies kann passieren durch:

- Hardwarefehler
- einen Fehler des Betriebssystems
- logische Fehler innerhalb der Daten
- Feuer
- Wasserschäden
- Diebstahl
- versehentliches – manchmal auch vorsätzliches – Löschen

1 mehr zum Datenschutz im Lernfeld 8

Gefährdungspotenzial bei PCs		
Komponenten	**Bedrohung**	**Mögliche Ursachen**
Hardware	• Beschädigung • Zerstörung • Verlust	• zufällige Einwirkungen (Unkenntnis, Schlampigkeit, Verwahrlosung) • vorsätzliche Eingriffe (Sabotage, Raub)
Arbeitsmittel	• Unbrauchbarkeit • Verderblichkeit • Fehler	• wie bei Hardware
Versorgungseinrichtungen	• Störung • Unterbrechung • Ausfall	• wie bei Hardware zusätzlich: nicht beeinflussbare Außeneinwirkungen
Software	• Verfälschung • ungewollte Löschung • ungewollte Übermittlung • Raub	• Manipulation • Ausspähung • Verrat
Menschen	• Versagen • Ausfallen • Veruntreuung	• Überforderung • Gleichgültigkeit • Böswilligkeit

Ein Datenverlust kann für ein Unternehmen einen immensen Schaden verursachen.

BEISPIEL

Ein wirtschaftlich gesundes Unternehmen gerät an den Rand der Insolvenz, weil durch einen Brand auch die Festplatte des Servers mit dem gesamten Forderungsbestand vernichtet wird. Das Unternehmen hatte keine Vorsorge für Sicherungsmaßnahmen getroffen. Der Forderungsbestand konnte nur unzureichend rekonstruiert werden.

Vor diesem Hintergrund ist eine regelmäßige Datensicherung eine sehr wichtige Tätigkeit in einem Unternehmen. Sämtliche Maßnahmen, um Daten gegen Verlust, Zerstörung oder Verfälschung zu sichern, zählen zur Datensicherung. Ziel der Datensicherung ist die Aufrechterhaltung einer ununterbrochenen Funktionsfähigkeit.

Unter **Datensicherung** versteht man

- sowohl den Vorgang des Kopierens der in einem Computersystem vorhandenen Daten auf ein Speichermedium (das im Allgemeinen transportabel ist)
- als auch das Ergebnis – die auf dem Speichermedium gesicherten Daten.

Es geht also bei der Datensicherung überwiegend um eine kurz- bis mittelfristige zusätzliche Speicherung von zu sichernden Daten zur Wiederherstellung verlorener Daten. Auch wenn eine regelmäßige Datensicherung einigen Arbeitsaufwand bedeutet, steht diese Mühe meist in keinem Verhältnis zu einer manuellen Rekonstruktion der Daten. In Netzen, bei denen mehrere Benutzer mit einem Datenbestand arbeiten, ist wenigstens eine wöchentliche, besser eine tägliche Datensicherung erforderlich.

Das entscheidende Kriterium für die Beurteilung einer Datensicherung ist der Nachweis, dass die gesicherten Daten auch vollständig und innerhalb eines angemessenen Zeitraums wiederhergestellt werden können.

Durch die kurzfristige Aufbewahrung (in der Regel 3 bis 6 Monate) unterscheidet sich die Datensicherung von der längerfristigen Datenarchivierung, die anderen Gesetzmäßigkeiten unterliegt.

Die meisten Maßnahmen der Datensicherung dienen gleichzeitig auch dem Datenschutz. Es gibt

- technische,
- personelle,
- programmtechnische und
- organisatorische

Verfahren der Datensicherung.

Verfahren der Datensicherung		
Technische Verfahren		
Notstromaggregate Unternehmen besitzen häufig zentrale Rechenzentren. Diese sind in der Regel mit Notstromaggregaten ausgestattet, die bei Stromausfall die notwendige Energie erzeugen, um den Datenverarbeitungsbetrieb aufrechtzuerhalten.	**Parallelrechner** Ein Parallelrechner ist ein zusätzlicher Computer, der bei Ausfall der eigentlichen EDV-Anlage deren Aufgaben wahrnimmt. Im Notfall wird automatisch umgeschaltet, sodass Gesamtausfälle vermieden werden können.	**Streamer** Ein Streamer ist eine spezielle Magnetbandeinheit, die größere Datenmengen sehr schnell aufnehmen bzw. wieder abgeben kann. So können Datenbestände regelmäßig schnell und sicher auf Magnetbändern bzw. Magnetbandkassetten gesichert werden.
Hardware-Schreibschutz Bestimmte Datenträger (z. B. SD-Karten) besitzen einen Schreibschutzschalter. Wird dieser in eine bestimmte Position gebracht, ist ein versehentliches Überschreiben von Dateien nicht möglich.	**Mechanische Sicherungen** Jeder Computer sollte mit einem Schloss versehen sein, damit die Inbetriebnahme nur Schlüsselbesitzern möglich ist. Für die zum Computereinsatz gehörenden Arbeitsmittel (z. B. CD-ROMs, Formulare, Belege, Listen, Protokolle usw.) sollte ein Safe zur Verfügung stehen, der feuer-, diebstahl-, wasser- und explosionssicher ist.	**Räumliche Sicherungen** Sicherheitsschlösser, Sicherheitsverglasungen und Alarmanlagen sind geeignete Schutzmaßnahmen für die Räume, in denen sich EDV-Anlagen befinden.
Organisatorische Verfahren		
Periodisches Anfertigen von Sicherheitskopien Zur Sicherung von Datenbeständen sollten Unternehmen drei Generationen von Datenträgern aufbewahren. Dieses „Großvater-Vater-Sohn-Prinzip" gewährleistet, dass bei täglicher Verarbeitung grundsätzlich die Daten der beiden vorhergehenden Tage noch als Sicherheiten zur Verfügung stehen.	**Überwachungsprotokolle des Betriebsablaufs** Zur Datensicherung besteht auch die Möglichkeit, sämtliche Vorgänge, die in der EDV-Anlage ablaufen, in einer besonderen Datei zu speichern. Sämtliche Tätigkeiten, die mit der EDV-Anlage vorgenommen werden, können so überwacht werden.	
Personelle Verfahren		
Schulungen Das Unternehmen kann durch angemessene Schulungen der Mitarbeiter sicherstellen, dass diese fehlerfrei und ordnungsgemäß die EDV bedienen können.	**Doppelbesetzungen** Es ist darauf zu achten, dass alle Aufgaben in der Datenverarbeitung von mehr als einer Person durchgeführt werden können, damit das Unternehmen nicht von einzelnen Personen mit Spezialkenntnissen abhängig wird.	**Das Vier-Augen-Prinzip** Besonders kritische Vorgänge können geschützt werden, indem vor der Ausführung die Eingabe – und damit Zustimmung – einer zweiten Person (z. B. Abteilungsleiter) verlangt wird.
Anfordern von Führungszeugnissen	**Kontrollen des Werkschutzes**	**Bestellung eines betrieblichen Datenschutzbeauftragten**
Programmtechnische Verfahren		
Plausibilitätskontrollen Einprogrammierte Plausibilitätskontrollen prüfen, ob eingegebene Daten in der Wirklichkeit überhaupt vorkommen können. Wird beispielsweise als Tageszahl der 32. genannt, wird der Anwender automatisch auf diesen Fehler hingewiesen.	**Passwortverfahren** Der Zugang zu Anwenderprogrammen oder auch zum Betriebssystem sollte durch Kennwörter gesichert werden. Dadurch wird verhindert, dass Unbefugte mit der Software arbeiten können. Kennwörter müssen verdeckt eingegeben werden können: Das eingegebene Passwort darf nicht am Bildschirm erscheinen.	**Berechtigungscodes** Die einzelnen Mitarbeiter werden mit unterschiedlichen Autorisationsgraden ausgestattet: Einige Mitarbeiter dürfen mit allen Unterprogrammen arbeiten, andere dürfen nur bestimmte – nicht sicherheitsgefährdende – Tätigkeiten am Computer vornehmen. Für jeden Mitarbeiter werden also nicht nur Passwörter gespeichert, sondern auch, wozu er im Einzelnen am Computer berechtigt ist.
Software-Schreibschutz und versteckte Dateien Bestimmte Programme ermöglichen es, Dateien zu verstecken. Diese werden nicht im Inhaltsverzeichnis ausgegeben und können daher nur von Mitarbeitern, die von der Existenz der Dateien wissen, bearbeitet werden. In vielen Fällen werden Dateien auch „read only" gestellt: Die Datei kann aus Sicherheitsgründen nur gelesen, aber nicht verändert werden.	**Verschlüsselung von Daten** Sehr wichtige Daten, die auf externen Speichern aufbewahrt werden, können mithilfe geeigneter Programme verschlüsselt werden. Dadurch wird es Unbefugten zumindest erschwert, Daten zu lesen oder zu verändern. Die Verschlüsselung ist mit einem gewissen Zeitverlust verbunden, den man aber bei wichtigen Informationen in Kauf nehmen sollte.	**Prüfziffernverfahren** Prüfziffern dienen dazu, fehlerhafte Angaben bei der Erfassung oder Übermittlung numerischer Daten zu entdecken.

Es gibt verschiedene **Arten der Datensicherung:**

- **vollständige Datensicherung**
  Sämtliche zu sichernden Dateien werden zu einem bestimmten Zeitpunkt auf einen zusätzlichen Datenträger gespeichert. Dies hat den Vorteil, dass alle Daten komplett vorliegen. Es muss bei der Wiederherstellung der Dateien nicht lange gesucht werden. Die Volldatensicherung kann jedoch sehr zeitaufwendig sein und viel Platz auf dem Speichermedium verbrauchen.
- **inkrementelle Datensicherung**
  Werden bei der letzten Sicherung nur die veränderten Daten gespeichert, nennt man diesen Vorgang inkrementelle Datensicherung. Dazu muss einmal eine Volldatensicherung durchgeführt werden. Anschließend werden nur noch die Dateien gesichert, die sich seit der letzten inkrementellen Datensicherung verändert haben. Dadurch wird Speicherplatz gespart und weniger Zeit für die eigentliche Datensicherung benötigt. Die Wiederherstellung der Daten erfordert jedoch einen erheblich größeren Zeitaufwand als die Volldatensicherung.

Datensicherung und Datenschutz überschneiden sich sehr häufig auf dem Gebiet der zu treffenden Maßnahmen.

BEISPIEL

Ein Lohnabrechnungsprogramm wird durch Passwort gesichert. Dies ist sowohl eine Maßnahme des Datenschutzes – personenbezogene Daten der Mitarbeiter sind geschützt – als auch der Datensicherung, weil Unbefugte die Datenbestände des Programms nicht manipulieren können.

AUFGABEN

1. Wodurch unterscheiden sich Datensicherung und Datenschutz?
2. Schließen sich Datensicherung und Datenschutz aus?
3. Gegen welche Risiken richten sich die Verfahren der Datensicherung?
4. Im Rahmen der Datensicherung werden
   - technische,
   - personelle,
   - programmtechnische und
   - organisatorische

   Verfahren unterschieden.
   Um welche Art von Verfahren handelt es sich in den folgenden Fällen?
   a) Der Zugang zu den Personalcomputern erfolgt nur mit Schlüsseln.
   b) Die Daten werden regelmäßig nach dem Großvater-Vater-Sohn-Prinzip gesichert.
   c) Die Datensicherung erfolgt mithilfe eines Streamers.
   d) Auf alle Programme kann nur mit Passwörtern zugegriffen werden.
   e) Bei der Eingabe von Daten in das Finanzbuchführungsprogramm finden Plausibilitätskontrollen statt.
   f) Bei der Kaufstadt Warenhaus AG gilt das Vier-Augen-Prinzip.
5. Warum wird das Großvater-Vater-Sohn-Prinzip der Datensicherung häufig auch Mehrgenerationenprinzip genannt?
6. Welches Datensicherungsverfahren ist in den folgenden Fällen angesprochen?
   a) Bei Eingabe des Datums 30.02. erscheint auf dem Bildschirm der Warnhinweis „FALSCHE EINGA-BE".
   b) Jeden Abend werden die Lagerbestände eines Versandunternehmens auf eines von drei Magnetbändern gesichert.
   c) Cornelia Kind gibt vor der Arbeit mit der Datenkasse die Zeichenfolge „354ABD27ä"ein.
7. Führen Sie verschiedene Verfahren auf, um Datenbestände zu sichern gegen
   a) Brand,
   b) Diebstahl.
8. Ordnen Sie zu, welche der folgenden Maßnahmen gegen
   - unbefugten Zugriff,
   - den Verlust oder
   - die Verfälschung von Daten

   eingesetzt werden?
   a) Arbeit mit Passwörtern
   b) Prüfziffernverfahren
   c) Sicherheitskopien nach dem Mehrgenerationenprinzip

9. Welche Hardwareeinrichtungen dienen der Datensicherung?

10. Worauf ist bei der Verwendung von Passwörtern zu achten?

11. Welche der folgenden Aussagen ist richtig?
   a) Beim Großvater-Vater-Sohn-Verfahren dürfen die Daten des Vaterbandes drei Jahre nicht gelöscht werden.
   b) Als Passwörter werden die Ausweisnummern der Mitarbeiter verwendet.
   c) Die Plausibilitätskontrolle dient dazu, logische Fehler zu erkennen.

AKTION

Erkunden Sie in Ihrem Ausbildungsbetrieb, welche Datensicherungsmaßnahmen dort angewendet werden. Tragen Sie Ihre Ergebnisse in eine Tabelle nach folgendem Muster ein:

Gefahrenbereich	Maßnahmen zur Datensicherung
Schutz vor falschen Eingaben	
Schutz vor Missbrauch durch unbefugte Personen	
Schutz vor Vernichtung von Programmen und Daten	

ZUSAMMENFASSUNG

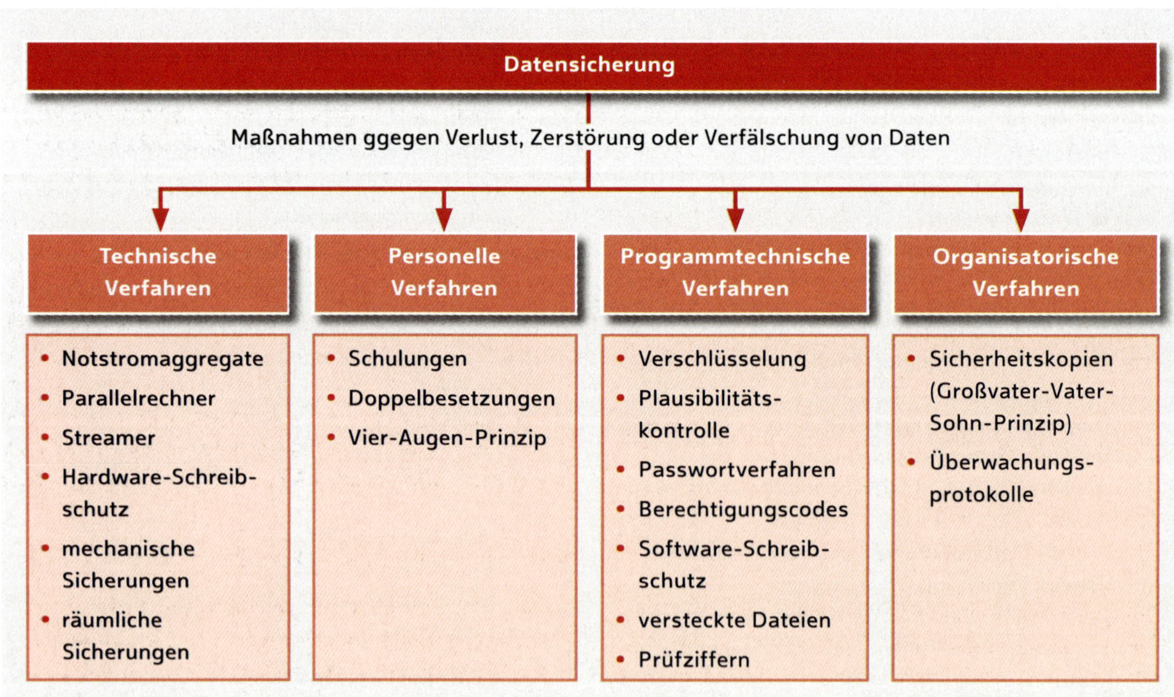

2.22 Wir speichern Daten langfristig auf externen Speichern

Einstieg

09:30 Uhr in der Hoffmann KG

Katarzyna Lindemann:
„Hallo Dominik! Kommst du mit zur Frühstückspause?"

Dominik Schlote:
„Hallo Katarzyna! Ja, ich muss nur noch die Datei, an der ich gerade arbeite, abspeichern. Dann hat mir Herr Mitschke noch gesagt, ich soll die Projektergebnisse vorsichtshalber noch mal sichern. Wir haben nämlich in Stuttgart demnächst eine Präsentation ..."

1. Stellen Sie fest, welche externen Speicher zur dauerhaften Aufbewahrung von Daten es gibt.
2. Entscheiden Sie, welcher externe Speicher sich zur Sicherung einer 1,9-MB-Datei eignet.
3. Geben Sie an, welche externen Speicher sich gut zum Transport eignen.

INFORMATIONEN

Externe Speicher

Der Hauptspeicher der Zentraleinheit arbeitet mit einem außerordentlich schnellen Zugriff auf die Daten. Sein Fassungsvermögen ist jedoch aus technischen Gründen begrenzt. Er dient nur während der Programmausführung zur Speicherung und wird nicht für eine dauerhafte Aufbewahrung von Daten herangezogen. Diese Aufgaben übernehmen die externen Speicher. Als externer Speicher wird jeder Speicher außerhalb der Zentraleinheit bezeichnet.

Wer speichert wie viel?
(ein interessanter Überblick)

Träger	Kapazität	Papierseiten
1 Seite Papier	3 KB	1
Arbeitsspeicher	8 MB	2640
CD	600 MB	198000
menschliches Gehirn	150000 MB	49500000

Externe Speicher sind langsamer, aber dafür erheblich preiswerter als interne Speicher. Sie verfügen über sehr hohe Speicherkapazitäten: Daten, die aus Platzgründen nicht ständig im Zentralspeicher stehen können, werden extern gespeichert und bei Bedarf in den Arbeitsspeicher übertragen. Externe Speicher dienen nicht nur zur Aufbewahrung großer Datenmengen, sondern sie werden gleichzeitig auch als Eingabe- und Ausgabegeräte verwendet.

Magnetische Speicher

Magnetische Speicher benötigen zur Ablage von Informationen eine dünne magnetische Schicht, die auf Materialien unterschiedlicher Art aufgebracht sein kann. Die Daten werden in fest vorgesehenen Spuren auf dem Datenträger aufgezeichnet. Die gespeicherte Information wird durch Magnetisierung bzw. Nichtmagnetisierung dargestellt.

Magnetstreifenkarten

Magnetstreifenkarten sind milliardenfach verbreitet. Ein solche Karte hat eine Standardgröße von 85,6 x 54 x 0,76 mm und besteht überwiegend aus Kunststoff. Auf der Rückseite befindet sich ein 12,7 mm breiter Magnetstreifen, auf dem Daten aufgezeichnet werden. Die Speicherkapazität beträgt bis zu 278 Zeichen.

BEISPIEL

Bank- und Kreditkarten sind Magnetstreifenkarten. Sie ermöglichen die Abwicklung von bargeld- und schecklosen Zahlungen in Handels- und Dienstleistungsbetrieben.

Festplatte

Zur Standardkonfiguration jedes Computers gehört die Festplatte. Festplatten speichern Daten magnetisch auf mehreren, im Gehäuse untergebrachten Scheiben und bieten auf diese wahlfreien (= beliebigen) Zugriff: Die Daten werden bei einer Festplatte magnetisch auf Scheiben geschrieben, die sich ähnlich wie bei einem Schallplattenspieler drehen. Lese- und Schreibköpfe schreiben die Daten ringförmig auf die Scheibe bzw. lesen sie. Die Köpfe sind jeweils ein winziger Magnet. Dieser ist in der Lage, eine Metallbeschichtung dauerhaft magnetisch zu polarisieren bzw. diese Polarisierung wieder in ein elektrisches Signal zu verwandeln (also zu lesen).

Die maximale Kapazität von Festplatten steigt stetig, heute kann eine Festplatte bis zu 12 Terabyte (= 12 000 Gigabyte) an Daten speichern.

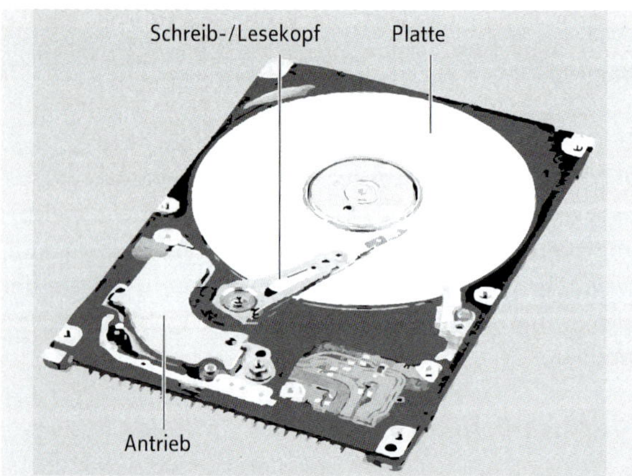

Innenleben einer Festplatte

Wichtige Merkmale von Festplatten	
Kapazität	Größe der Platte in GB
Umdrehungsgeschwindigkeit	Die meisten Platten arbeiten mit 7200 U/Min. Es gibt aber auch Festplatten mit über 10 000 U/Min.
Zugriffszeit	gibt an, wie lange die Festplatte braucht, um den Lesekopf zum Datensatz zu bewegen
Baugröße	In Desktop-Rechnern werden meist 3½-Zoll-Platten verwendet, in Notebooks 2½-Zoll-Platten.

Wechselplatten

Wechselplatten können dem Computer entnommen werden. Sie eignen sich einerseits zur Mitnahme großer Datenbestände, andererseits zur Datensicherung.

BEISPIEL

In Netzwerken wird der Inhalt des Servers für den Fall eines Datenausfalls häufig auf einer zweiten Wechselfestplatte „gespiegelt" (doppelt kopiert).

Externe Festplatte

Externe Festplatten sind in einem eigenen Gehäuse außerhalb des Arbeitsplatzrechners untergebracht. Sie bieten zwei Vorteile: Zum einen muss man den PC nicht aufschrauben, um mehr Speicherplatz zu bekommen. Zum anderen lässt sich die Platte auch an jedem beliebigen anderen Rechner betreiben.

Die Verbindung mit dem PC oder Notebook erfolgt per USB- oder FireWire-Schnittstelle. Im Handumdrehen steht so mehr Speicherkapazität zur Verfügung. Die Mobilität eröffnet neue Möglichkeiten: So kann etwa der aufwendige Datenabgleich zwischen zwei Computern gespart werden. Alles Nötige wird einfach auf der externen Festplatte gespeichert.

Microdrive

Das Microdrive ähnelt vom Aussehen und der Größe her einer Speicherkarte, ist aber eine winzige Festplatte. Es entspricht in den Maßen einer CompactFlash-Karte[1]. Das Microdrive bietet sehr hohe Übertragungsgeschwindigkeiten und hohe Speicherkapazität. Negativ sind allerdings der recht hohe Strombedarf und die für Festplatten typische Stoßempfindlichkeit.

Optische Speicher

Optische Speicher sind Datenträger, die optisch mit Laserstrahlen beschrieben und abgetastet werden können. Beim Schreiben wirkt der Laserstrahl auf den Kunststoff der Speicherplattenoberfläche ein. Dies erfolgt im Rhythmus des Bitmusters und führt zum Schmelzen der Speicherschicht. Es entsteht ein Loch in der Oberfläche, das beim Auslesen der Information zu einer veränderten Reflexion des Lesestrahls führt.

Die Besonderheit der rein optischen Speichermedien liegt also in ihrer berührungslosen Abtastung durch einen Laserstrahl des Laufwerks. Optische Speicher haben als Hauptvorteile eine hohe Speicherdichte und Speicherkapazität. Sie sind zudem unempfindlich gegenüber

1 siehe Seite 284

7455274

Magnetfeldern (anders als es bei Festplatten oder Wechselplatten der Fall ist). Die optischen Speichermedien sind vergleichsweise billig und können relativ viele Daten aufnehmen. Solange sie nicht verkratzen, sind sie auch sehr langlebig. Sie haben eine geringe Fehler- und Störanfälligkeit sowie geringe Herstellungskosten.

CD

Die Compact-Disc (CD) wurde Anfang der 1980er-Jahre ursprünglich als digitales Medium für Musik entwickelt. Der Begriff *Compact Disc* beschreibt mehrere Produkte, die alle auf einer 12 cm großen silberglänzenden Scheibe basieren und von einem optischen Lasersystem beschrieben und gelesen werden. Der Zugriff auf die Daten ist allerdings langsamer als bei einer Festplatte.

Die Leistungsfähigkeit eines CD-ROM-Laufwerks ist von verschiedenen Faktoren abhängig:

- **durchschnittliche Drehgeschwindigkeit**
  Heute angebotene Laufwerke bieten eine bis zu 72-fache konstante Drehgeschwindigkeit.
- **Zugriffszeit**
  Die durchschnittliche Zugriffszeit liegt etwa bei 70 bis 100 Millisekunden.
- **Datenübertragungsrate**
  Heute werden ca. 8 MB/Sek. erreicht.

Compact Discs (CDs) haben eine spiralförmig von innen nach außen verlaufende Spur, auf der sich die Daten in Form von sogenannten *Pits* und *Lands* befinden. Je nachdem, ob beim Lesen der Laserstrahl ein Pit (Berg) oder ein Land (Tal) trifft, wird der Laserstrahl unterschiedlich von der Reflexionsschicht des Mediums zurückgeworfen. Beim Beschreiben erhitzt ein starker Laserstrahl die lichtempfindliche Schicht und lässt dort, wo Pits aufgebracht werden sollen, den Blick auf die Reflexionsschicht frei. Dieser Vorgang wird daher auch Brennen genannt.

Die wichtigsten CD-Arten

CD-ROM

Eine CD-ROM *(Compact Disc Read Only Memory)* ist eine bespielte, unveränderliche optische Platte. Sie ist also ein Nurlesespeicher für Daten. Das Verändern oder Löschen von bereits aufgezeichneten Daten ist bei einer CD-ROM nicht möglich. Kauft man Programme, so befinden sie sich auf einer CD-ROM.

CD-DA

Die CD-DA *(Compact Disc Digital Audio)* löste ab etwa 1979 die Schallplatte als wichtigstes zum Verkauf bestimmtes Medium von aufgezeichneten Sprach- und Musikaufnahmen ab. Die Musik-CD hat gewöhnlich ca. 74 Minuten Spieldauer.

CD-R

Eine CD-R *(Compact Disc Recordable)* ist eine Compact Disc, die ein Mal beschrieben werden kann. Ein späteres Löschen ist dann nicht mehr möglich. Mit einem CD-Brenner – auch CD-Writer genannt – kann man mit CD-Rs (= Rohlingen) selbst CD-ROMs bzw. CD-DAs (Audio CDs) erstellen. Sie können dann bis zu 74 oder 80 Minuten Musik enthalten bzw. 650 MB oder 700 MB Daten (in Einzelfällen bis 879 MB) aufnehmen. Dies kann komplett auf einmal (Single Session) oder in einer Serie von Sitzungen (Multi Session) geschehen. Auf den Datenträgern ist die maximal zulässige Schreibgeschwindigkeit angegeben.

CD-RW

Eine CD-RW *(Compact Disc Rewritable)* ist eine Compact Disc, die mehrmals beschrieben werden kann. Die Daten können nach dem Beschreiben wieder gelöscht werden. Es gibt unterschiedliche Typen:

- CD-RW Low Speed:
  4-fache Schreibgeschwindigkeit
- CD-RW High Speed:
  8-, 10- oder 12-fache Schreibgeschwindigkeit
- CD-RW Ultra Speed:
  16- oder 24-fache Schreibgeschwindigkeit
- CD-RW Ultra Speed+:
  32-fache Schreibgeschwindigkeit

DVD

Nach Einführung der Audio-CD in den 1980er-Jahren wurde dieses Speichermedium schnell für den Computer-Bereich als Massenspeicher weiterentwickelt. Bald musste ein Speichermedium her, um neben Daten und Ton auch Videos auf die Scheibe zu bringen. Die Filmindustrie war daran interessiert, ihre Filme auf eine kompakte Scheibe – wie eine CD – unterzubringen. Und die Computerindustrie verlangte nach einem Speicher, der noch größere Datenmengen speichern konnte. Daher wurde das Konzept der CD aufgegriffen und verbessert: Das Ergebnis war die DVD.

DVD-ROM

Eine DVD-ROM enthält unveränderbare Daten, die in der Regel mit dem Computer verarbeitet werden. Gegenüber

CD-ROMs haben die bespielten DVDs Vorteile: Durch die vielfache Speicherkapazität und eine wesentlich höhere Datentransferrate sind sie als auswechselbarer, tragbarer Massenspeicher für Anwendungen mit hohen Leistungs- und Kapazitätsansprüchen geeignet.

BEISPIEL

Datenbanken mit großen Datenbeständen werden auf DVDs gespeichert.

DVD+Rs und DVD-Rs
DVD+Rs und DVD-Rs sind ein Mal beschreibbare DVDs, auf die man Daten oder Videos brennen kann. Ein späteres Löschen ist nicht möglich. Sie haben normalerweise eine Kapazität von 4,7 GB, wenn auf einer Seite gespeichert wird. Bei DVDs mit beiderseitiger Speicherung können sogar bis zu 9,4 GB aufgenommen werden. DVD+Rs und DVD-Rs unterscheiden sich dadurch, wie sie die Daten technisch ablegen. Früher gab es mehr Laufwerke, die DVD+Rs lesen, als solche Laufwerke, die DVD-Rs lesen konnten. Heutige Laufwerke sind in der Lage, beide Formate zu lesen.

DVD+RWs und DVD-RWs
DVD+RWs und DVD-RWs sind wiederbeschreibbare DVDs, auf die man Daten oder Videos brennen kann. Die Daten können nach dem Beschreiben wieder gelöscht werden. Diese DVDs können bis zu 1000 Mal wiederbeschrieben werden. Die Haltbarkeit wird auf 25 bis 100 Jahre geschätzt.

Brenn-Programme
Sie dienen dem Beschreiben („Brennen") von optischen Speichermedien wie CDs oder DVDs mithilfe von CD- und DVD-Brennern. Man kann mit ihnen entweder einzelne Dateien auf dem Speichermedium speichern oder aber ganze CDs bzw. DVDs kopieren. Brenn-Programme werden mittlerweile häufig auch zur Datensicherung („Back-up") verwendet. Bekannte Brennprogramme sind z. B. Nero und WinOnCD.

Elektronische Speicher

Alle elektronischen Datenträger verwenden Halbleiterbauelemente zur Datenspeicherung. Unterschieden werden Chipkarten und die auf der Flash-Technologie basierenden Speicherkarten.

Chipkarten

Chipkarten sind Plastikkarten, die einen Chip enthalten, der aus einem Mikroprozessor und einem Speicher besteht. Es gibt zwei normierte Kartengrößen:

- Ein größeres Format ist bei Ausweisen, Kunden-, Bank- und Kreditkarten anzutreffen.
- Ein kleineres Format findet man bei SIM-Karten in Mobiltelefonen.

Chipkarten ermöglichen einen vielfältigen Einsatz im täglichen Leben. Moderne Chipkartensysteme erlauben den Einsatz derselben Chipkarte für mehrere Anwendungen gleichzeitig.

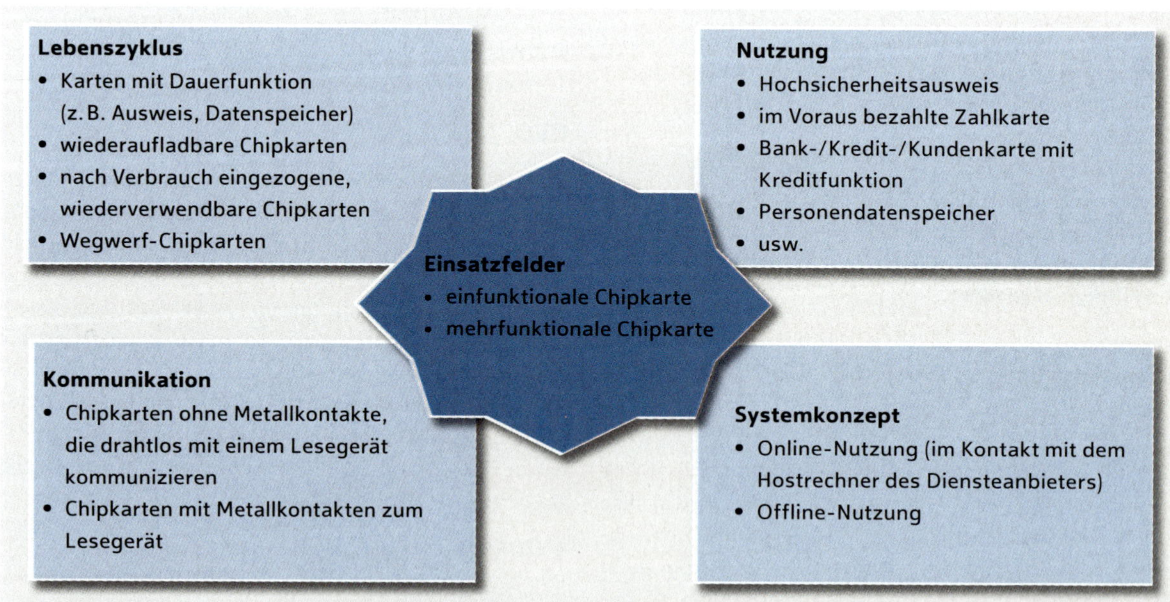

Quelle: Hans Robert Hansen, Gustaf Neumann: Wirtschaftsinformatik 2. Stuttgart: utb 2005, S. 167.

Speicherkarten

Eine zunehmende Miniaturisierung EDV-naher Geräte und das wachsende Interesse der PDA- und Mobiltelefonindustrie erfordern neue Speicherkonzepte. Solche kleinen Geräte brauchen auch kleine Speichermedien.

Speicherkarten sind sehr kleine und flache Speichermedien, die Daten wie Text, Bilder, Audio und Video auch ohne Stromzufuhr speichern. Je nach Hersteller gibt es unterschiedliche Standards. Speicherkarten verfügen über Schreib- und Lesespeicher. Gebraucht werden sie für kleine, mobile Geräte.

Für die Archivierung großer Datenmengen sind die Speicherkarten zu teuer, dafür eignen sich externe Festplatten (HDDs, Portable SSDs) besser.

BEISPIEL

Speicherkarten dienen in unterschiedlichen Computerarten wie Laptops, Notebooks, Handhelds, aber auch bei MP3-Playern, Mobiltelefonen, Digitalkameras und Camcordern zur Speicherung von Bilddaten.

Bei den meisten Speicherkarten kommt die sogenannte *Flash-Technik* zum Einsatz. Das ist ein nichtflüchtiger Wechselspeicher, der auch ohne Stromzufuhr die Daten behält. Ein Teil der Flashspeicher besitzt einen integrierten Controller, also eine Steuereinheit, andere nicht. Der Controller ist mitverantwortlich für die Übertragungsgeschwindigkeit der Daten: Es können schneller Daten abgelegt werden.

Flash-Speicher sind nichtflüchtige Speicher: Werden diese nicht mit Strom versorgt, werden die Daten dennoch langfristig vorgehalten. Solche Speicher gibt es in unterschiedlicher Form. Bekannte Beispiele sind die USB-Sticks oder verschiedene Arten von Speicherkarten. Sie werden in einer Vielzahl von Verbrauchergeräten, aber auch in Hardware von Unternehmen eingesetzt.

Die SD-Karte

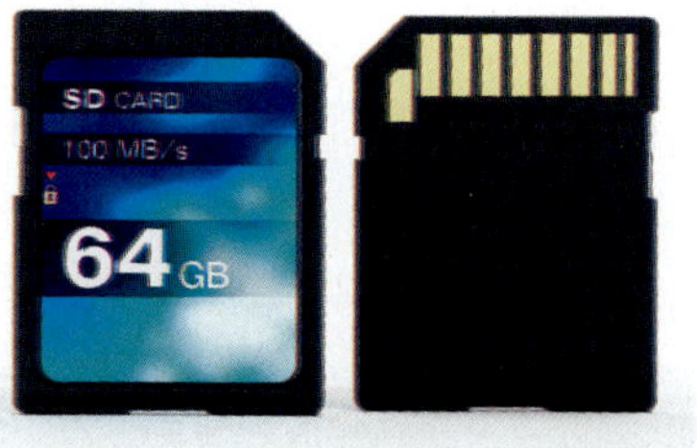

Alte Kartentypen wie die CompactFlash Card oder auch die MultiMedia Card sind mittlerweile von der **Secure Digital Memory Card** verdrängt. Eine Secure Digital Memory Card (SD) besitzt einen integrierten Controller. Ihr Fassungsvermögen kann bis zu 2 GB betragen. Ihre Stärke liegt in der Sicherung der Daten. So verfügt sie einerseits über einen mechanischen Schreibschutz, andererseits über die DRM-Technik (Digital Rights Management). Das bedeutet, dass der Controller einen in digitale Daten eingearbeiteten Schutz auslesen und befolgen kann.

BEISPIEL

Sieht eine Schutzanweisung vor, dass eine Datei nicht öfter als dreimal kopiert werden darf, unterbindet die Karte ab dem vierten Versuch jeglichen Kopierversuch. Sie erlaubt auch eine verschlüsselte Sicherung der Inhalte.

Bis zu 32 GB speichern kann die Weiterentwicklung **SDHC** (SD High Capacity). Beachtet werden sollte, dass solche Karten nur von dafür ausgelegten Lesegeräten gelesen werden können. Auf dem Markt erhältlich sind mittlerweile **SDXC**-Karten (SD Extended Capacity) mit einer Kapazität zwischen 48 GB bis zu 2 TB. Für kleine Geräte werden mittlerweile **Mini-SDs** angeboten, die nur etwa halb so groß sind wie die normalen Karten. Eine Mini-SDHC-Karte hat ein Fassungsvermögen bis zu 16 GB.

Das Angebot an Speicherkarten ist relativ unübersichtlich: Immer neue Speicherkartenformate drängen auf den Markt. Mit einem Speicherkartenleser, der über USB oder FireWire mit dem Computer verbunden wird, können die gängigsten Speicherkarten direkt ausgelesen werden.

Ein wesentliches Problem bei den Speicherkarten ist das Fehlen eines Marktstandards. Die verschiedenen Arten von Speicherkarten haben verschiedene Größen. Es gibt allerdings Geräte, die bis zu 21 verschiedene Speicherkarten lesen und beschreiben können.

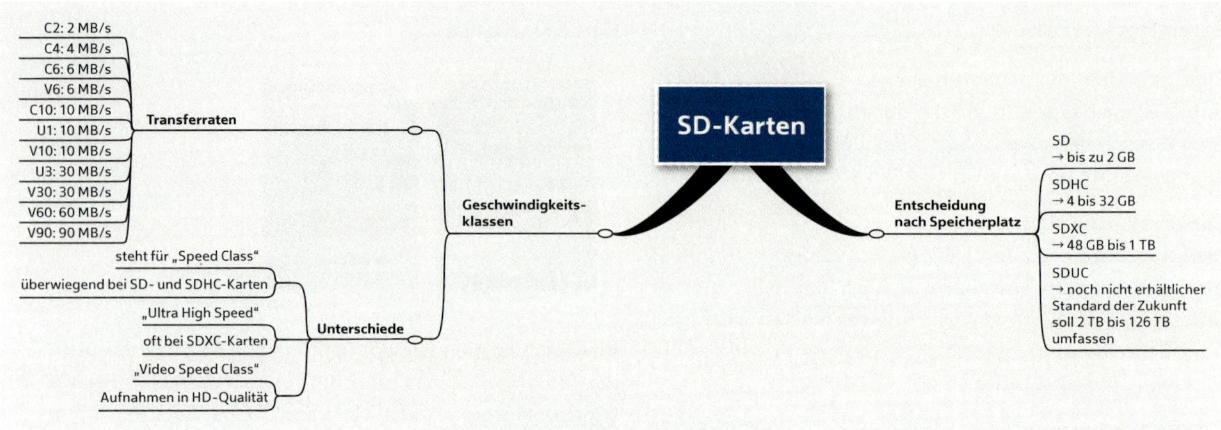

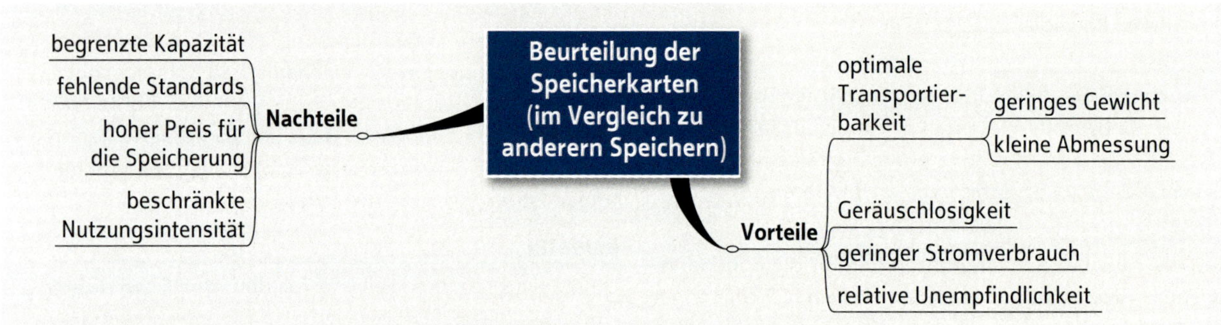

USB-Stick

Als USB-Stick (engl. *stick* = Stock oder Stange) bezeichnet man USB-Geräte, die ein sehr kleines (stockförmiges) Format haben. Sie vereinen die Vorteile eines Flashspeichers (klein, leicht, steckbar) mit der Standardschnittstelle USB. Umgangssprachlich versteht man in Deutschland darunter hauptsächlich ein USB-Gerät, das als auswechselbares Speichermedium dient.

Als USB-Sticks gibt es zurzeit noch folgende andere Geräte:
- Lesegeräte für Memorysticks
- Netzwerkkarten für Wireless LAN

USB-Sticks sind also praktische und preiswerte Datenspeicher, die überwiegend mobil genutzt werden. Diese Speichergeräte sind Laufwerk und Speichermedium in einem. USB-Sticks werden einfach in die USB-Schnittstelle des Computers gesteckt. USB-Sticks haben unterschiedliche Speicherkapazitäten, von 32 MB bis zu 1 Terabyte. Auf einem USB-Speicher-Stick gespeicherte Daten bleiben nach Herstellerangaben bis zu zehn Jahre lang lesbar. Fast alle Windows-Versionen können ohne manuelle Treiber-installation mit USB-Speicher-Sticks zusammenarbeiten. So kann man wichtige Programm-, Browser- und E-Mail-Daten überallhin mitnehmen. Doch weil USB-Sticks wegen der geringen Größe leicht verloren gehen können, sollte man darauf keine wichtigen persönlichen Daten wie E-Mail-Zugangsdaten, Passwörter oder Ähnliches speichern. Alternativ kann man solche Daten zusätzlich sichern und durch ein Passwort schützen.

Einige USB-Sticks kombinieren mehrere Funktionen. Oft ist die Grundfunktion der Massenspeicher, es gibt aber beispielsweise auch USB-Sticks, die sich innerhalb einer Uhr oder eines Schweizer Taschenmessers befinden, oder Sticks mit eingebautem MP3-Player, Diktiergerät, Radio oder mit Digitalkamera.

USB-Stick

Cloud

Unter Cloud Computing versteht man das Bereitstellen von IT-Leistungen. Dies betrifft in erster Linie das Angebot von Speicherplatz in entfernten Rechenzentren. Ebenfalls möglich ist dort auch die Nutzung spezieller Software. Der Zugriff auf den Speicherplatz bzw. die Programme erfolgt i. d. R. über das Internet. Der Vorteil der Cloud liegt einerseits in der Einsparung lokaler Hardware (z. B. Speicher) und Programme, andererseits in der flexiblen Anpassung der genutzten Kapazität an den erforderlichen Bedarf.

AUFGABEN

1. Wozu dienen externe Speicher?
2. Welche Kriterien sind bei der Auswahl eines Speichermediums zu beachten?
3. Welche magnetischen Speicher gibt es?
4. Führen Sie Merkmale der Festplatte auf.
5. Wie ist das Speicherprinzip bei optischen Speichern?
6. Erläutern Sie die verschiedenen CD-Arten.
7. Wodurch unterscheiden sich CDs und DVDs?
8. Welche Speicherkarten kennen Sie?
9. Führen Sie die zwei Arten elektronischer Datenträger auf.

AKTIONEN

1. Führen Sie einen Vergleich verschiedener Speichermedien durch. Als Hilfestellung eignen sich folgende Internetadressen:
   - *https://ebblogs.de/how-to/dauerhafte-datensicherung-geeignete-speicher/*
   - *https://www.pc-magazin.de/ratgeber/speicher-medien-lebensdauer-dvd-festplatte-usb-stick-floppy-disk-1485976.html*
2. Suchen Sie im Internet bei einer Preissuchmaschine
   a) eine externe Festplatte (160 GB; 2,5 Zoll).
   b) ein SSD-Laufwerk.

ZUSAMMENFASSUNG

Externe Speicher

zur dauerhaften Aufbewahrung von Daten

Magnetische Speicher

= Daten werden mithilfe der Magnetisierung gespeichert.

- Magnetstreifenkarten
- Festplatten
- Wechselplatten
- externe Festplatten
- Microdrive

Optische Speicher

= Daten werden mithilfe eines Lasers gespeichert.

- CDs
- DVDs

Elektronische Speicher

= Daten werden mithilfe von Halbleiterbauelementen gespeichert.

- Chipkarten
- Speicherkarten

2.23 Wir bearbeiten die Ausgangspost

Einstieg

Dominik Schlote arbeitet in der Poststelle. Er wird von Herrn Kreckler in die Bearbeitung der Ausgangspost eingewiesen. Am Ende des Vortrags bekommt er die Aufgabe, einen Arbeitsablaufplan für die Tätigkeiten des Postausgangs zu erstellen.

Erstellen Sie einen Arbeitsablaufplan, der Auskunft über alle Tätigkeiten bei der Bearbeitung der Ausgangspost gibt.

INFORMATIONEN

Kontrollieren

Die unterschriebene Post wird zunächst überprüft.

BEISPIEL

Dominik Schlote überprüft die Vollständigkeit der Anlagen (Unterschriftsmappen, Beilagen). Er schaut auch, ob die Briefe unterzeichnet sind. Ferner kontrolliert er noch, ob die Empfängeranschriften bereits vorhanden sind oder die Sendungen noch zu adressieren sind.

Sortieren

Die ausgehenden Schriftstücke werden anschließend sortiert nach:

- Sendungsart (Briefe, Drucksachen, Infopost, Infobrief, Päckchen)
- Versandart (Einschreiben, Eilsendung)
- Gewicht
- In- und Auslandssendung

Falzen

Jede Stelle, an der ein Brief gefaltet ist, heißt Falz. Dies geschieht vor allem, um das passende, aber auch kostengünstigste Format für den Versand zu erreichen. Bei einem Prospekt oder einer anderen Drucksache ist das richtige Falzen von Bedeutung, um dem Empfänger ein logisches Aufklappen der Werbemittel zu ermöglichen und ihn damit durch das Werbemittel zu führen.

Das Falten der Briefe kann manuell oder maschinell mithilfe einer Falzmaschine geschehen. Es gibt viele Arten von Falzmaschinen. Falzmaschinen kann man auf unterschiedliche Falzarten einstellen. Der Zickzackfalz ist die gängigste Falzart bei Briefen. Die Preise für die Maschinen bewegen sich zwischen 250,00 € und 60.000,00 €, je nach Größe und Ausstattung.

Große Falzmaschine

Die Falzarten auf einen Blick

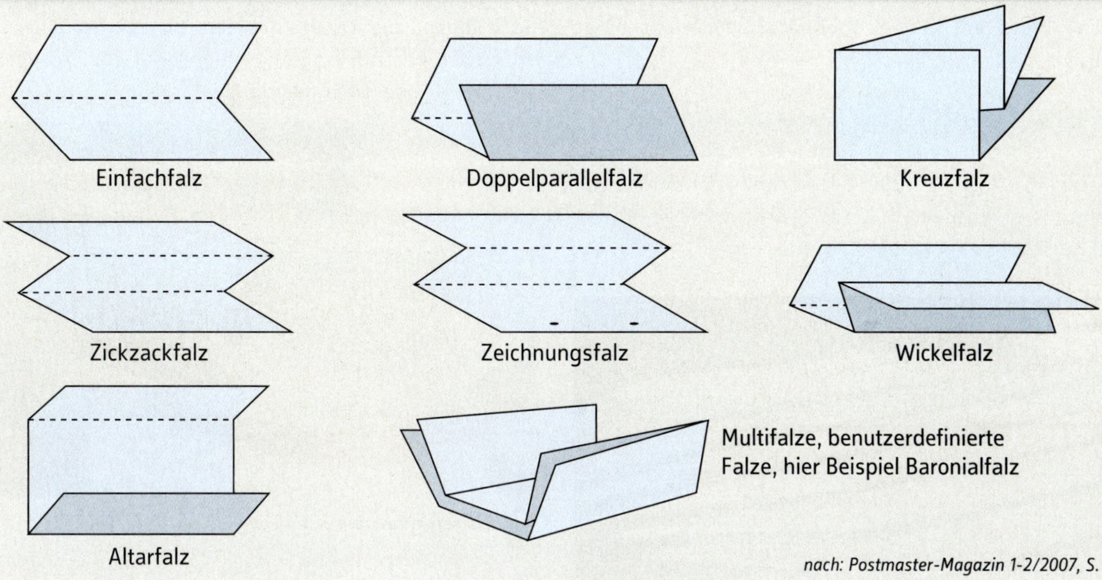

nach: Postmaster-Magazin 1-2/2007, S. 12

Falzarten und passende Briefhüllen

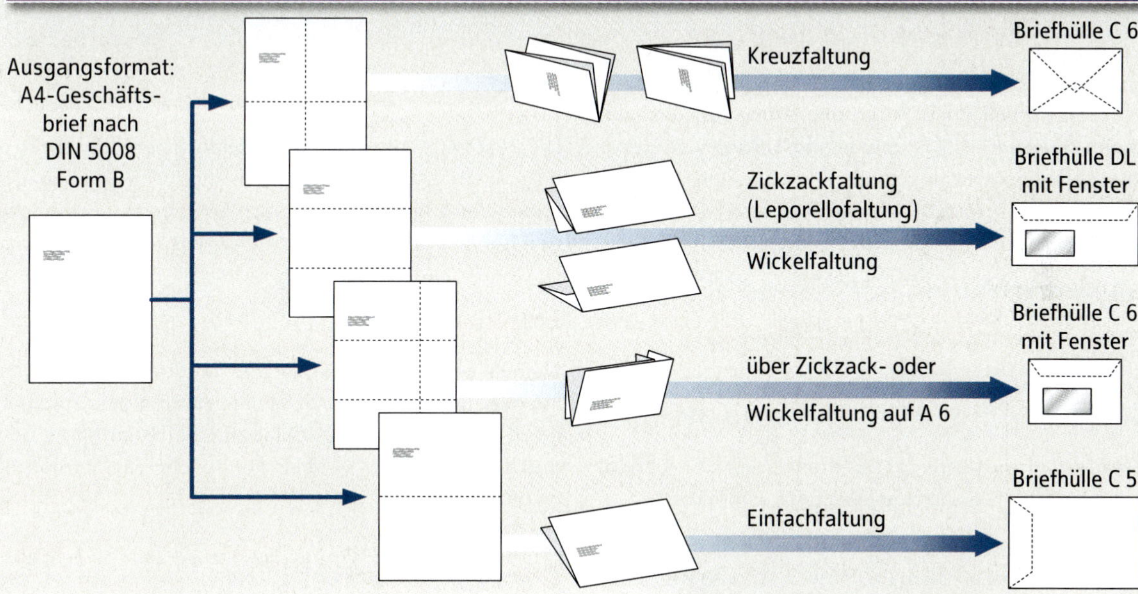

Zusammentragen

Nicht immer besteht ein Brief nur aus einem Anschreiben. Oft fügt man Anlagen wie Preislisten, Kataloge, Broschüren, Kopien, Berichte usw. bei. In Unternehmen mit geringerem Postaufkommen wird das meist manuell erledigt. Dabei schafft man bis zu 1000 Blatt pro Stunde. Große Betriebe arbeiten aber auch mit halb- oder vollautomatischen Zusammentragmaschinen. Diese tragen bis zu bis 60000 Blatt pro Stunde zusammen.

Verschiedene Dokumente sollen gemeinsam versendet werden.

Kuvertieren

Unter Kuvertieren versteht man das Einstecken in Umschläge. Dies kann manuell oder mit Kuvertiermaschinen erfolgen.

In Deutschland wird bei manueller Befüllung für Geschäftsbriefe im A4-Format meist ein DIN-Lang-Umschlag (DL) verwendet. Bei maschineller Befüllung wählt man hier meist C6- oder C4-Umschläge. Auch B4-Umschläge kommen infrage.

Eine Kuvertiermaschine hat die Briefumschläge gefüllt.

Bei Versand großer Mengen lohnt sich die Anschaffung von Kuvertiermaschinen. Sie automatisieren alle Vorgänge beim Kuvertieren. Dokumente und Beilagen werden in bequem zugängliche Magazine gefüllt. Wenige Eingaben an einem Touchscreen mit klar strukturierter Oberfläche genügen und der Kuvertierprozess beginnt:

- Falze nach Wunsch
- Beilagen jeder Art werden individuell zugeführt.
- Jede Sendung wird in einem Kuvert der passenden Größe verschlossen.
- Dann erfolgt die Weitergabe an Frankier- und Sortiermaschine – je nach System manuell oder automatisch.
- Unterwegs liest das System Codes eines jeden Dokuments. Es ist so auf dem Laufenden, aus wie viel Seiten es besteht, was hinzugefügt werden muss, wo sich eine Sendung gerade befindet und in welchem Zustand sie ist.
- Eine gute Maschine sorgt dafür, dass nur vollständige und einwandfreie Sendungen ins Ausgabefach gelangen. Fehlerhafte Sätze oder leere Kuverts werden aussortiert und automatisch in ein Aussteuerfach umgeleitet.

Adressieren

Nur bei Sendungen ohne Fensterbriefumschlag muss noch dieser zusätzliche Arbeitsschritt im Postausgang entweder per Adressiermaschine oder per Adressaufkleber vorgenommen werden.

Adressieren kann man natürlich auch noch von Hand ...

Verschließen

Die Briefe müssen – von Hand oder von einer Briefschließmaschine – geschlossen werden.

Wiegen

Die Post wird entweder mit mechanischen oder elektronischen Briefwaagen gewogen. Moderne Briefwaagen haben den Vorteil, dass sie nach Eingabe von Versandart und Behandlungsart Gewicht und Porto anzeigen.

Frankieren

Schließlich muss die ausgehende Sendung noch frankiert werden. Dies bedeutet, dass die Leistung des Transporteurs entweder durch Aufkleben einer Briefmarke oder durch Aufdruck eines Labels durch eine Frankiermaschine bezahlt wird.

Dokumentation

Zur Dokumentation der Postausgänge (aber auch zur Unterstützung des Nachweises der fristgerechten Absendung von Schriftstücken) empfiehlt sich die Verwendung eines Postausgangsbuchs. Diese Funktion wird von Dokumentenmanagementsystemen automatisch übernommen.

Poststraßen

Eine große Rolle bei der Bearbeitung der Ausgangspost spielen Poststraßen. Darunter versteht man die Kombination verschiedener Maschinen, die im Postausgang für das aufeinander abgestimmte automatische Falten, das Verpacken in Briefumschläge sowie das Frankieren und Adressieren sorgen. Diese Vorgänge laufen heute zum größten Teil vollautomatisch ab.

BEISPIEL

Carolin Saager ist beeindruckt: Sie schaut sich gerade die Poststraße der Hoffmann KG ein. Dort werden Briefe für eine Werbeaktion an Kunden automatisch erstellt, mit Adressen versehen und dann ausgedruckt. Anschließend faltet eine weitere Maschine der Poststraße diese Briefe und verpackt sie in passende Briefumschläge. In einem weiteren Arbeitsschritt werden diese Briefe dann frankiert und nach Postleitzahlen sortiert.

Output-Management

Im Postausgang setzt sich immer mehr das Output-Management durch. Von der klassischen Postausgangsbearbeitung unterscheidet es sich im Hinblick auf drei Entwicklungen:

- Der gesamte Ablauf des Postausgangs wird stärker gesteuert und damit auch optimiert. Der gesamte Prozess der Ausgangsbearbeitung wird dadurch im Hinblick auf Schnelligkeit und Kosten verbessert. Die Output-Management-Systeme holen die zu versendenden Dokumente schon von den verschiedenen Eingangssystemen ab und sorgen dann für die komplette Weiterverarbeitung bis zur Übergabe an die gewünschten Adressaten. Sämtliche überhaupt am Prozess beteiligten Geräte (vom Drucker bis zur Kuvertiermaschine usw.) werden gesteuert und lückenlos überwacht. Es gibt Schnittstellen zu den Softwarepaketen, die im Unternehmen Ausgangsdokumente erzeugen, und auch zu den Programmen, die für die Steuerung der unterschiedlichen Postausgangswege sorgen (von der Steuerung der Maschinen für den Postausgang bis hin zu den E-Mail- oder Faxprogrammen).
- Das Output-Management berücksichtigt aber auch den Versand elektronischer Dokumente (zum Beispiel in E-Mail-Anhängen).

BEISPIEL

In der Hoffmann KG steuert das Output-Management-System auch den elektronischen Versand von Rechnungen. Diese werden als PDF-Dokumente im E-Mail-Anhang verschickt. Dies ist eine kostengünstigere und schnellere Alternative zum Rechnungsversand mit klassischen Papierdokumenten.

- Output-Management-Systeme sorgen im Vergleich zur herkömmlichen Postausgangsbearbeitung automatisch auch für die Archivierung der Dokumente.

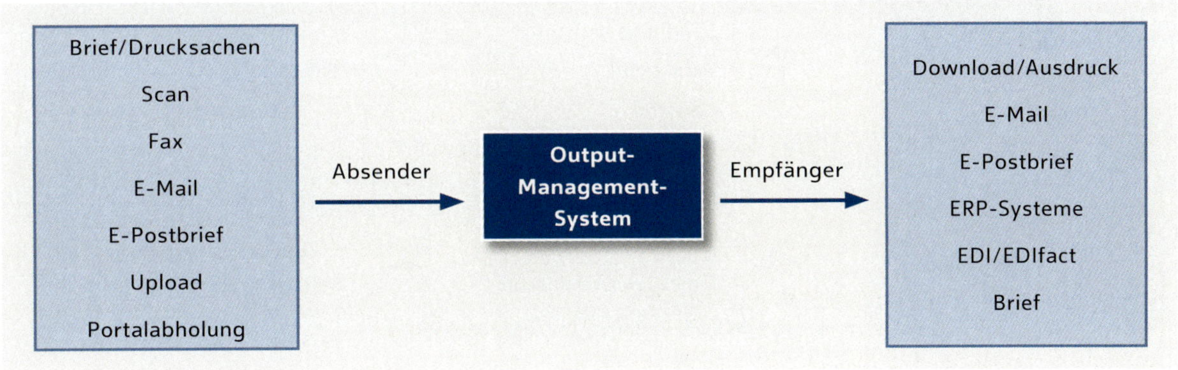

Output-Management-Systeme sorgen dafür, dass alle Ausgabeanforderungen eines Unternehmens abgewickelt werden können.

AUFGABEN

1. Nach welchen Kriterien wird ausgehende Post sortiert?
2. Was bedeutet *falzen*?
3. Führen Sie verschiedene Falzarten auf.
4. Was ist die Aufgabe von Zusammentragmaschinen?
5. Was versteht man unter *kuvertieren*?
6. Skizzieren Sie kurz den Kuvertierprozess mit Kuvertiermaschinen.
7. Erläutern Sie den Begriff Poststraße.
8. Wodurch unterscheidet sich das Outputmangement von der klassischen Postausgangsbearbeitung?

AKTION

Dominik Schlote soll unterschiedliche Schriftstücke falzen und kuvertieren. Entscheiden Sie in den folgenden Fällen, welche Falzart anzuwenden und welche Briefhülle zu verwenden ist.

a) Geschäftsbrief, normales Schriftstück, Größe A4
b) Informationsblatt ohne Anschrift, Größe A4
c) Geschäftsbrief mit Urkunde, Größe A4

ZUSAMMENFASSUNG

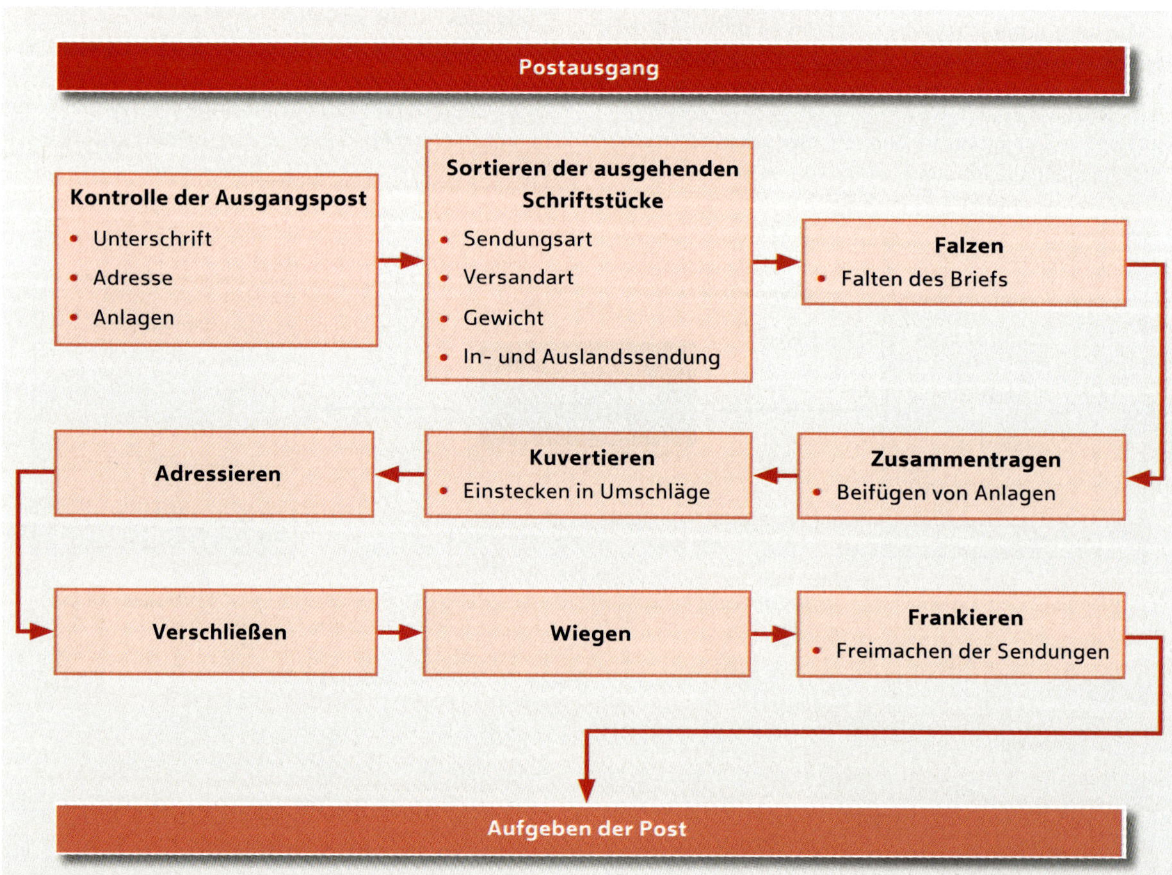

2.24 Wir versenden mit Post-, Express- und Kurierdiensten

Einstieg

Der Herrenausstatter Wemper, Weender Str. 23, 37073 Göttingen, hat bei der Hoffmann KG zwanzig Polohemden bestellt. Frau Vosges beauftragt den Auszubildenden Volkan Karaca, die Warenlieferung an den Herrenausstatter Wemper bei der Post aufzugeben.

1. Stellen Sie fest, mit welcher Sendungsart Volkan die Hemden bei der Post aufgeben muss.
2. Bereiten Sie, stellvertretend für Volkan Karaca, den Versand dieser Ware mit der Post vor.
3. Geben Sie an, welche Versendungsmöglichkeiten anderer Anbieter als Alternative zum Versand mit der Post infrage kämen.

INFORMATIONEN

Frankieren

Das Frankieren von Briefen, Paketen usw. bezeichnet die Bezahlung des Portobeitrags. Dies kann manuell per Briefmarke oder maschinell mit Frankiermaschine oder mittels anderer Frankierarten geschehen.

Der Markt für Frankiermaschinen befindet sich im Umbruch. Alte Technik wird durch die digitale abgelöst. Grundsätzlich gilt für den Einsatz von Frankiermaschinen: Je höher das durchschnittliche Sendungsvolumen pro Tag ist, desto eher ist ein Unternehmen auf die Unterstützung einer Frankiermaschine angewiesen. Kleine Systeme amortisieren sich (= machen sich bezahlt) bereits ab einem durchschnittlichen Tagesaufkommen von etwa 10 Briefen am Tag. Es wird in der Regel nur noch ein Drittel der Zeit, die bisher für die manuelle Postverarbeitung aufgewendet wurde, benötigt. Weitere Vorteile von Frankiermaschinen:

- **Unabhängigkeit**
  Mit einer Frankiermaschine können Sendungen rund um die Uhr frankiert und Porto via Internet geladen werden.
- **Kostenkontrolle**
  Es können für verschiedene Kostenstellen Zugriffsberechtigungen definiert und diese dann getrennt abgerechnet werden. So kann der Portoverbrauch einfach und präzise zugeordnet werden.
- **Werbung**
  Im Frankierabdruck von Frankiermaschinen können individuelle Werbebotschaften angebracht werden. Eigenwerbung – u. a. Firmenlogo und -anschrift, Messeauftritte, Produkte, Aus- und Abverkäufe, Homepage – kann auf allen Briefsendungen abgebildet werden.

Ein anderes Verfahren, das sich vor allem bei einer großen Anzahl von zu verschickenden Sendungen rechnet, ist die **EDV-Freimachung.** Das Verfahren eignet sich für:

- Brief
- Postkarte
- Infopost
- Postident
- Warensendung
- Büchersendung
- Streifbandzeitung
- Postzustellungsaufträge

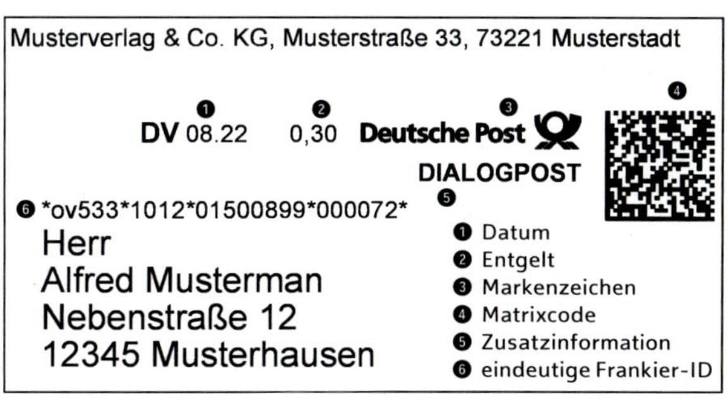

DV-Freimachungsvermerk mit Matrix-Code

Vorteile der EDV-Freimachung:

- größtmögliche Entgeltermäßigungen bei den Versandkosten
- rationelle Bearbeitung, denn zu jeder Einlieferung EDV-freigemachter Sendungen werden die erforderlichen Einlieferungsunterlagen, eine detaillierte Entgeltabrechnung und ein Versandplan automatisch erstellt
- Das Gesamtentgelt wird nach der Einlieferung einfach vom Konto abgebucht.
- Kostentransparenz bekommt man auf Tastendruck: Portokosten kann die Software jederzeit präzise ermitteln.
- EDV-freigemachte Sendungen sind gleich nach dem Kuvertieren versandfertig.
- EDV-Freimachung bietet für viele Unternehmen eine ideale Lösung, die zum Teil ohne zusätzliche Investitionen realisierbar ist.

Frankierarten	
Briefmarken	Die Freimachung der Post erfolgt durch Aufkleben der Briefmarken, die in Bögen gekauft werden können.
Plusbrief	Dies ist ein mit aufgedruckter Briefmarke versandfertig freigemachter Briefumschlag.
Internetmarke	Briefe können rund um die Uhr frankiert werden. Das Porto wird online über einen PC mit Internetzugang gekauft. Anschließend wird mit dem Drucker frankiert. Die Abrechnung erfolgt über Paypal oder Lastschrift. Päckchen und Paketen kann man mit Hilfe der **Online-Frankierung von DHL** freimachen. Dazu druckt man eine Wertmarke über einen am PC angeschlossenen Drucker aus.
Frankiermaschinen	„Frankit“ ist der neue Standard der Deutschen Post für zukunftsorientiertes Frankieren mit der Frankiermaschine. Die wichtigsten Vorteile der digitalen Frankit-Technologie: • Das Portoguthaben wird online aufgeladen, der Weg zur Postfiliale für die Portoladung entfällt. • Updates für die Maschine – z. B. Tarifänderungen – werden online übertragen. Die Maschine verwendet also automatisch den richtigen Wert für das Postprodukt bzw. die Sendungsart. Das rationalisiert die Arbeit in der Poststelle ganz erheblich. Das Verfahren wird damit aber nicht nur schneller, sondern auch sicherer für das Unternehmen. • Die Bedienung ist einfacher, weil man sich nicht mehr die Vielzahl unterschiedlicher Portowerte für die verschiedenen Versendungsarten, Postprodukte und Zusatzleistungen merken oder diese nachschlagen muss. • Man kann die anfallenden Portokosten auf verschiedene Kostenstellen verteilen. • Der Firmenpost wird ein professionelles Erscheinungsbild nach außen gegeben. Die neue Technik bietet ein hochwertiges Druckbild für Werbebotschaften und Firmenlogos.
EDV-Freimachung	Wenn man täglich große Mengen an Briefsendungen verschicken möchte, kann zum Frankieren auch die EDV-Freimachung der Deutschen Post genutzt werden. Dabei wird der Brief- und Warenversand einfach, kostengünstig und rationell über EDV-Systeme abgewickelt. Benötigt wird eine speziell für diese Aufgabe entwickelte Software. Die Software ermittelt Anzahl und Gewicht der Sendungen, bestimmt die geeignete Versandart, errechnet die fälligen Entgelte und Entgeltermäßigungen, sortiert, nummeriert und frankiert die Sendungen und erstellt die notwendigen Einlieferungsunterlagen. Damit die Software eine reibungslose Zusammenarbeit mit der Deutschen Post garantiert, muss sie den aktuellen Richtlinien der Deutschen Post entsprechen. Deswegen prüft die Deutsche Post diese Software, bevor sie für den Einsatz zugelassen wird.

Aufgeben der Post

Die Briefsendungen können auf verschiedene Arten zum Versender kommen:

- Die Mitarbeiter stecken die Post in den Briefkasten. Dies ist nur bei kleinerem Briefaufkommen zu empfehlen.
- Die Mitarbeiter geben die Post selbstständig in einer Postfiliale der Deutschen Post oder einer Annahmestelle eines privaten Postdiensts ab.
- Besonders bei Massenpost sollten die Sendungen selbstständig in einem Briefzentrum (Großannahmestelle) abgegeben werden.

7455286

- Man kann auch die Abholung der Briefsendungen durch die Deutsche Post vereinbaren.

BEISPIEL

Die Deutsche Post holt mit dem Service HIN+WEG die gesamte Firmenpost zu fest vereinbarten Zeiten ab.

Bei Abholung der Post sollten die Sendungen nach zu stempelnden und nicht zu stempelnden Sendungen sowie nach verschiedenen Formaten in Behältern sortiert sein. Zu trennen sind auch Sendungen mit Einlieferungslisten oder -belegen.

Weitere Formen der Frankierung

Die Deutsche Post bietet u. a. Frankierarten an, mit denen man jederzeit und überall Postkarten und Briefe mit dem passenden Porto versehen kann.

Internetmarken

Mit dem kostenfreien Online-Service INTERNETMARKE (*www.internetmarke.de*) kann das Porto für Postkarten, Briefe (auch mit Einschreiben) sowie Bücher- und Warensendungen sofort, einfach und schnell mit Motiv und Adresse gedruckt werden. Es ist dabei egal, ob die Wertmarken auf Papier oder Etiketten gedruckt werden. Die Internetmarken kann man sofort verwenden oder auch für spätere Sendungen aufheben. Sie sind 3 Jahre lang gültig. Die anfallenden Portokosten werden anschließend über das ausgewählte Bezahlverfahren abgerechnet.

Mobile Briefmarke

In der Post & DHL App auf dem Smartphone wird das passende Porto (Versand nur innerhalb Deutschlands), „Code zum Beschriften" und die Stückzahl ausgewählt und dann online bezahlt.
Darauf erhält man auf das Handy einen Code, der 14 Tage lang gültig ist. Dieser besteht aus #PORTO und einer 8-stelligen Zeichenfolge, z. B.:
#PORTO
1MV5TER4
Dieser zweizeilige Code wird abschließend mit einem dunklen Kugelschreiber oder feinen Filzstift rechts oben auf den Brief oder die Postkarte geschrieben, die damit versandfertig sind.

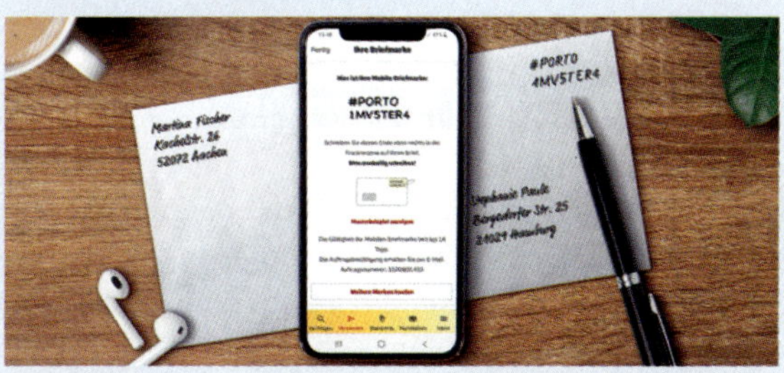

Versand mit der Post

Wenn ein Unternehmen Dokumente (Briefe, Zeichnungen, Kataloge, Prospekte usw.) oder Waren nicht selbst zustellen kann oder will, kann es sie den Empfängern durch die Post zustellen lassen.

Sendungsarten der Post

DHL-Paket

In einem Paket kann man Gegenstände aller Art und Mitteilungen an jeden Ort in der Bundesrepublik Deutschland bis zu einem Höchstgewicht von 31,5 kg versenden. Pakete müssen mit einem Paketschein bei der Postfiliale eingeliefert werden. Auf ihm müssen Anschrift des Empfängers, Absenderangabe und gegebenenfalls Vermerke (z. B. Nachnahme) eingetragen werden.

Die Gebühr für ein Paket ist abhängig vom Gewicht und der Abmessung bzw. Sperrigkeit.

Die Paketgebühr kann vom Absender bei der Einlieferung bezahlt werden. Es ist aber auch möglich, den Empfänger die Paketgebühr bezahlen zu lassen. Dann wird das Paket unfrei (= nicht freigemacht) verschickt. Für jedes unfrei versandte Paket muss vom Empfänger neben der Paketgebühr eine Einziehungsgebühr bezahlt werden.

Päckchen

Gegenstände aller Art und briefliche Mitteilungen können bis zum Höchstgewicht von 2 kg als Päckchen verschickt werden. Päckchen müssen den Vermerk „Päckchen" tragen. Ihre Einlieferung wird nicht bescheinigt. Sie werden mit der Paketpost befördert. Gegenüber Paketen haben sie Gebührenvorteile. Für Päckchen im Inland wird von der Post für Päckchen der Größe M eine Gebühr von 4,79 € bei Online-Frankierung und 4,79 € bei Frankierung in der Filiale (Stand: Juli 2022) erhoben.

Warensendung

Als Warensendungen können Proben, Muster oder kleine Gegenstände (z. B. CDs, kleine Ersatzteile, Textilien) bis zu einem Höchstgewicht von 1000 g verschickt werden. Man darf der Warensendung kurze Angaben, die sich auf den Inhalt beziehen, Drucksachen und eine Rechnung beifügen, jedoch keine briefliche Mitteilung.

Brief

Briefe werden im Inland bis zu einem Höchstgewicht von 1000 g befördert. Briefe in das Ausland sind bis zum Höchstgewicht von 2000 g zulässig.

Dialogpost
An einen größeren Empfängerkreis können Briefe auch als Infopost preisgünstig verschickt werden.
Es müssen gleichzeitig eingeliefert werden:
- mindestens 5000 Stück bundesweit oder
- mindestens 200 Stück für dieselbe Leitregion (d.h., die ersten zwei Ziffern der Postleitzahl stimmen überein) oder
- mindestens 500 Stück bundesweit mit Zuschlag Kleinmenge

eIDAS-Brief
Der **eIDAS-Brief** ermöglicht den Briefversand über das Internet. Dies kann auf zwei Arten geschehen:
- auf allein elektronischem Weg direkt über das E-Brief-Postfach an digital angeschlossene Empfänger
- als *hybrider Brief*: Wenn der Empfänger kein E-Brief-Konto hat, wird die Nachricht von der Post ausgedruckt und vom Postboten zugestellt.

Zum Versand eines eIDAS-Briefs ist eine Registrierung über das Postident-Verfahren nötig. Der Nutzer erhält dann eine eIDAS-Brief-Adresse. Durch die Authentifizierung mit Passwort und HandyTan kann der Empfänger sicher sein, dass die digitale Post auch wirklich vom angegebenen Absender stammt. Die Inhalte des E-Postbriefs werden verschlüsselt verschickt, sodass sie nicht von Dritten eingesehen werden können.

Ein Nachteil ist u.a., dass der eIDAS-Brief noch nicht verwendet werden kann, wenn rechtliche Bestimmungen (z.B. bei Kündigungen) die Schriftform vorschreiben.

Büchersendung
Bücher, Broschüren, Notenblätter und Landkarten können bis zum Höchstgewicht von 1000 g zu einer ermäßigten Gebühr als Büchersendung versandt werden.

POSTAKTUELL-Sendungen
POSTAKTUELL-Sendungen sind Schreiben oder Warensendungen gleichen Inhalts, die ohne Anschrift an alle Haushalte eines beliebig großen Gebiets oder an alle Briefabholer einer Postfiliale verteilt werden.

Das Höchstgewicht für POSTAKTUELL-Sendungen beträgt 1000 g.

Besondere Versendungsformen

Einschreiben

Briefe und Postkarten können als Einschreiben verschickt werden. Der Absender erhält bei der Einlieferung der Sendung eine Bescheinigung, mit der er beweisen kann, wann er die Sendung abgeschickt hat.

Es gibt zwei Möglichkeiten:
- Standard
  Der Postzusteller händigt die Einschreibesendung nur gegen Empfangsbestätigung aus.
- Einschreiben Einwurf
  Der Mitarbeiter der Post wirft die Sendung entweder in den Briefkasten oder in das Postfach des Empfängers. Den Einwurf bestätigt er dann auf dem Auslieferungsbeleg.

Transportversicherung
Pakete können mit Transportversicherung verschickt werden. Bei der Einlieferung der Sendung erhält der Absender eine Bescheinigung, mit der er die Einlieferung der Sendung beweisen kann. Die Post garantiert eine besonders sichere Übermittlung zum Empfänger. Eine Sendung mit Transportversicherung wird nur gegen Empfängerbestätigung an bestimmte Empfangsberechtigte ausgeliefert.

Der Betrag der Transportversicherung darf maximal 25.000,00 € betragen.

Eigenhändig
Einschreiben können mit der Versendungsform *Eigenhändig* versandt werden. Diese Sendungen werden dann nur dem Empfänger persönlich oder einer von ihm besonders bevollmächtigten Person ausgehändigt. Bei Paketen ist ein eigenhändiger Versand zuvor vom Produktmanagement zu prüfen.

Rückschein
Einschreiben und Pakete können mit einem Rückschein versandt werden. Die Post schickt diesen Rückschein an den Absender zurück, nachdem der Empfänger auf ihm den Empfang der Sendung bestätigt hat. Aus dem Rückschein kann der Absender ersehen, wann und an wen seine Sendung ausgehändigt wurde.

Nachnahme
Mit Nachnahmesendungen kann man Geldbeträge durch die Post einziehen lassen. Sie sind zulässig bei Briefen, Postkarten und Paketen. Der Nachnahmebetrag kann bei Briefen und Postkarten höchstens 1.600,00 € und bei Paketen maximal 3.500,00 € betragen. Eine Nachnahmesendung wird dem Empfänger nur ausgehändigt, wenn er den Nachnahmebetrag bezahlt.

Nachnahmesendungen müssen vom Absender mit einem Zahlschein eingeliefert werden, damit der eingezogene Betrag auf das von ihm angegebene Konto überwiesen werden kann. In den Zahlschein muss der Absender den Nachnahmebetrag eintragen.

BEISPIEL

Die Franke KG, Lister Meile 45, 30161 Hannover, schickt an ihren Kunden Klaus Glaser, Wollenweberstr. 17, 31134 Hildesheim, eine Ware in einem Nachnahmepaket. Das Paket wiegt 8 kg. Der Warenwert beträgt 900,00 €. Der Zahlscheinbetrag soll auf das Postbankkonto 90 220 756 bei der Postbank Hannover überwiesen werden. Die Paketzustellgebühr wird vom Absender im Voraus bezahlt.

Ermittlung des Zahlscheinbetrags und des Nachnahmeentgelts:

Warenwert	900,00 €
+ Paketgebühr	9,49 €
+ Nachnahmeentgelt	6,90 €
= Nachnahmebetrag	916,39 €

Werbeantwort
Absender von Werbesendungen, Katalogen usw. können dem Empfänger ihrer Sendung das Bestellen von Waren erleichtern, wenn sie der Sendung eine vorbereitete Antwortkarte oder einen Briefumschlag im Standardbriefformat beifügen, die der Empfänger portofrei an den Absender zurückschicken kann.

Als Werbeantworten sind Briefe und Postkarten zugelassen.

Haftung der Post

Bei Verlust oder Beschädigung eines gewöhnlichen Pakets ersetzt die Post den unmittelbaren Schaden bis zum Höchstbetrag von 500,00 € je Paket.

Beim Verlust von Einschreiben beträgt die Haftung 25,00 €. Beim Einschreiben Einwurf haftet die Post mit bis zu mit 20,00 €.

Wenn eine Sendung mit Transportversicherung verloren geht oder beschädigt wird, zahlt die Post den entstandenen Schaden bis zur Höhe der Transportversicherung. Bei Verlust oder Beschädigung einer Nachnahmesendung während der Beförderung haftet die Post in derselben Weise wie bei der entsprechenden Sendung ohne Nachnahme.

Zusätzlich haftet die Post dafür, dass der Nachnahmebetrag ordnungsgemäß eingezogen und überwiesen wird. Ersatz für Beschädigung und Verlust leistet die Post an den Absender.

Die Post haftet nicht, wenn

- der Schaden auf der natürlichen Beschaffenheit der Sendung beruht,
- der Schaden überwiegend durch den Absender verursacht wurde, z. B. durch unsachgemäße Verpackung,
- der Empfänger Schäden nicht unmittelbar nach Entdecken bei der Postfiliale anmeldet.

Die Post haftet auch nicht bei Beschädigung oder Verlust von Briefen und Päckchen.

Kurier-, Express- und Paketdienste (KEP-Dienste)

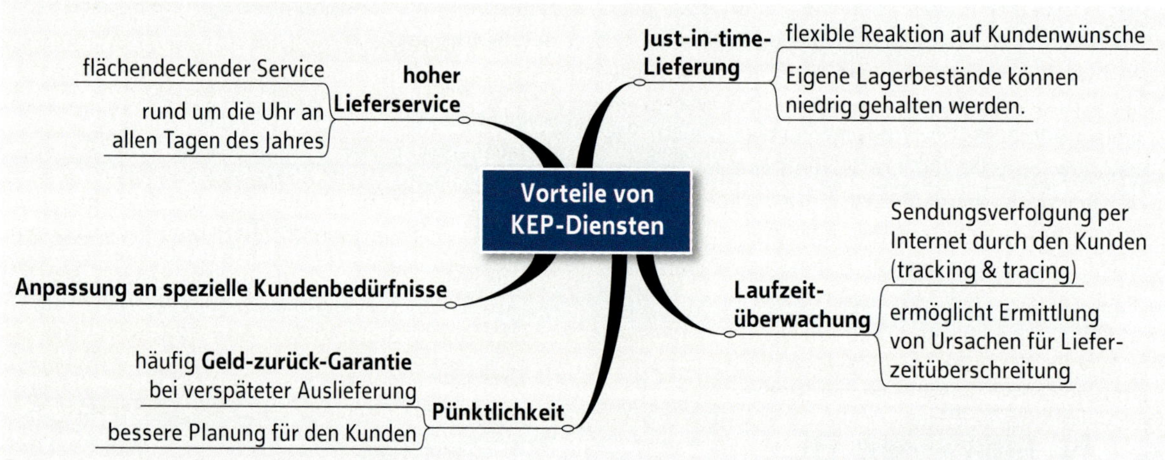

Leistungen der KEP-Dienste

Die Abgrenzung zwischen Kurier-, Express- und Paketdiensten ist fließend. Viele Unternehmen führen nicht nur die eine oder andere, sondern häufig sämtliche der im Folgenden beschriebenen Leistungen aus.

Kurierdienste
Hauptaufgabe eines Kurierdienstes ist es, Dokumente zu befördern. Darüber hinaus werden kleinere Paketsendungen übernommen. Die Sendung kann durch einen Kurier begleitet werden, muss aber nicht.

Expressdienste
Expressdienste übernehmen im Rahmen von Sammelladungen Gütersendungen, zum Teil sogar ohne Maß- und Gewichtsbegrenzungen. Der Transport erfolgt von Haus zu Haus. Ein Kurier begleitet die Sendung generell nicht.

Private Paketdienste
Private Paketdienste stehen in Konkurrenz zum Stückgutverkehr der Bahn und zum Güterverkehr der Post. Sie haben seit einiger Zeit vor allem deshalb einen Aufschwung genommen, weil sie aufgrund ihrer privatwirtschaftlichen Struktur anpassungsfähiger auf Veränderungen des Markts und auf Kundenwünsche reagieren konnten als beispielsweise die Post. Befördert werden von diesen direkten Konkurrenten der Post Pakete bis zu einer Gewichtsgrenze von in der Regel 30 kg.

Unterschiede zu den herkömmlichen Liefersystemen

Die neuen Produkte im Transportbereich unterscheiden sich von den bisherigen Liefersystemen durch:

Schnelligkeit
Für Unternehmen wurde in den letzten Jahren Schnelligkeit zum Prinzip und zum Verkaufsargument für die eigenen Produkte. Kurier-, Express- und Paketdienste werden in diesem Zusammenhang zunehmend zum Mittel der Erfüllung eigener Versprechen und Verkaufsargumente.

7455290

Abholsystem, das auf die Bedürfnisse des Versenders zugeschnitten ist

Der größte Vorteil für den Kunden ist, dass er die Sendung nicht mehr selbst zum Postschalter oder zum Bahnhof bringen muss. Die regelmäßige oder sporadische Abholung zum vereinbarten Zeitpunkt ist das stärkste Verkaufsargument. Dies gilt vor allem, wenn ein Nutzer in geografisch ungünstigen Randlagen sitzt und sich ein eigener Botendienst bzw. Werksverkehr nicht rechnet.

Pünktlichkeit

Häufig ist Pünktlichkeit noch wichtiger als Schnelligkeit. Nur die genaue Auslieferzeit ermöglicht eine genaue Planung. Das Prinzip der Just-in-time-Lieferungen wurde beispielsweise entwickelt, um Lagerbestände niedrig zu halten: Die Produkte werden zu einer vorbestimmten Zeit angeliefert, um dann unmittelbar in den Verkaufsprozess bzw. Produktionsprozess eingebunden zu werden. Durch Laufzeitgarantien leisten die Kurier-, Express- und Paketdienste hierbei wichtige Unterstützung.

Sendungsverfolgung

EDV-Systeme mit fortschrittlicher Kommunikationstechnik ermöglichen detaillierte Beobachtung und Steuerung der Warenströme. Durchgehende Barcodekontrolle, Scanning von Maßen und Gewichten, Sendungsverfolgung im eigenen Netz und zu jedem Zeitpunkt bis zum Abliefernachweis sind technische Neuerungen, die zuerst durch die Kurier-, Express- und Paketdienste eingeführt wurden.

BEISPIEL

Ein Kurier- und Expressdienst unterhält ein aufwendiges EDV-gestütztes Sendungsverfolgungssystem. Vom Moment der Übernahme beim Versender an werden die Sendungen EDV-mäßig erfasst und an das Quelldepot übermittelt. Die Sendung wird dadurch in das System übernommen. Jede weitere physische Bewegung der Sendung wird erfasst. Die Kundendienstabteilung kann dadurch die Sendung jederzeit lokalisieren und dem Kunden über den Verbleib Auskunft geben. Großkunden wird sogar die Möglichkeit eröffnet, sich über eigene Terminals direkt über den Transportstatus einer Sendung zu informieren.

Die Laufzeitüberwachung der Sendung ist von großer Bedeutung. Nicht nur die Auslieferqualität wird erfasst, sondern auch Laufzeitüberschreitungen, die nach Verursachern und Gründen festgehalten werden. Durch entsprechende Maßnahmen kann dann der Qualitätsstandard gehalten werden.

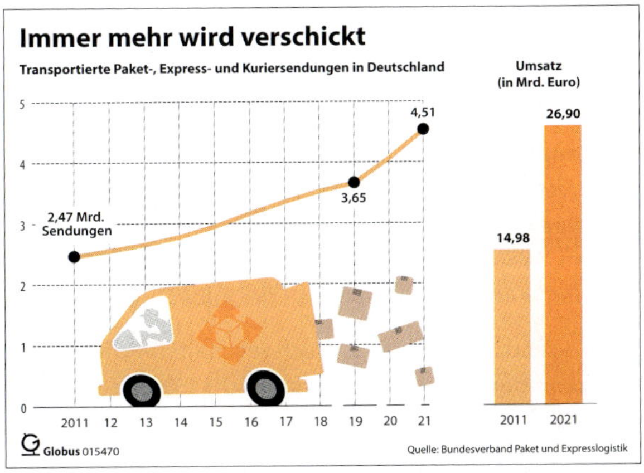

Übernahme einer Gesamtdienstleistung

Im Gegensatz zu anderen Anbietern von Transportleistungen übernehmen die Kurier-, Express- und Paketdienste eine Gesamtdienstleistung von Haus zu Haus in eigener Regie und Durchführung und damit in ungeteilter Verantwortung. Sie vereinigen in sich den Nahverkehrsunternehmer, den Fernfahrer, den Umschlagsbetrieb, die Zollagentur und alle anderen Segmente einer Transportkette.

Diese Integration bringt den Grad an Sicherheit und Schnelligkeit, der Kurier-, Express- und Paketdienste auszeichnet. Schnittstellen der Steuerung, der Kontrolle und der Verantwortung fallen weg oder liegen im eigenen Haus.

Logistikmanager in Unternehmen legen immer mehr Wert auf schnelle und pünktliche Lieferung sowie auf eine kalkulierbare Tarifgestaltung der Anbieter von Transportleistungen. Dies sind die Stärken der Kurier-, Express- und Paketdienste.

Augenmerk auf den Lieferservice

Worauf Logistikmanager ihre Strategien ausrichten müssen:

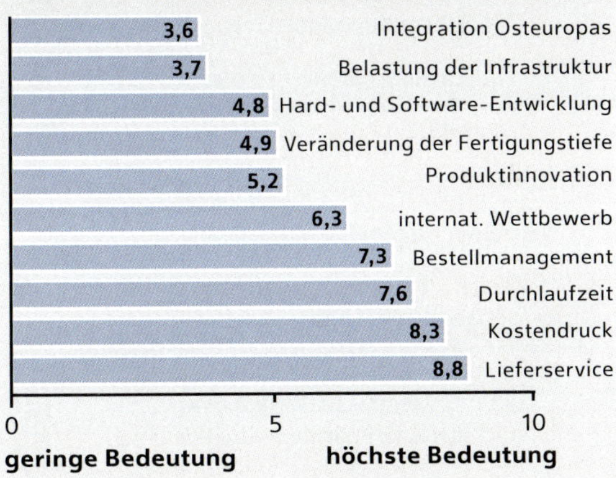

Eigene Darstellung nach: Management Wissen.

Versenderorientierte Gründe für die Inanspruchnahme von Kurierdiensten

Die von Kurierdiensten beförderten Sendungen setzen sich hauptsächlich zusammen aus Dokumenten, Akkreditiven, Verschiffungspapieren, technischen Zeichnungen, Ausschreibungsunterlagen, Schecks, Wechseln, Datenträgern, Warenmustern und Ersatzteilen. Alle Bestandteile der Sendungen unterliegen der Eilbedürftigkeit.

Das Angebot verschiedener nachgeschalteter Dienstleistungskomponenten ist ein wesentliches Qualitätsmerkmal der großen Kurier-, Express- und Paketdienste.

Integrierte Dienstleistungen			
Zustellung	Ausgangsbeladung	Verzollung (Import/Export)	Messen der Servicequalität
Nachlauf	Sortieren	Versandabfertigung	Auslieferkontrolle
Vorlauf	Messen, Wiegen, Routen	Disposition	Sendungsverfolgung
Abholung	Eingangsentladung	Dokumentation, Dateneingabe	Eingangskontrolle
Transport	Umschlag	Abfertigung	Kontrollen

Anforderungen an die Expressdienste

Hauptmerkmal der Expressdienste ist die bevorzugte, mit einer Zeitvorgabe versehene Beförderung von Warensendungen. Expressdienste wollen nicht nur eine Feuerwehrfunktion im Einzelfall übernehmen, sondern einen Beitrag innerhalb eines logistischen Gesamtkonzepts leisten.

BEISPIELE

- Die Kartonagenfabrik Andrea Lange GmbH & Co. KG hat im Rahmen eines Just-in-time-Konzepts mehrere dezentrale Auslieferungslager aufgelöst und gleichzeitig Lagerbestände abgebaut. Sie benötigt ein Transportsystem, um die bisherige Lieferbereitschaft weiter aufrechtzuerhalten.
- Die Kunden der Neitzel OHG sehen zunehmend eine schnelle Lieferung als wichtigstes Verkaufsargument an. Das ergab eine Kundenbefragung. Als neue Absatzstrategie wird die Ware per Expressdienst zum Kunden gebracht.

Schon allein das Preisgefüge zeigt die unterschiedliche Aufgabenstellung im Vergleich mit herkömmlichen Transportsystemen. Für Expresssendungen, die in der Regel ohne Gewichts- und Maßbegrenzungen angenommen werden, gelten degressiv gestaltete Tarife. Die Bedürfnisse der Kunden werden nur dann befriedigt, wenn ein Expressdienst folgende Anforderungen erfüllt:

- Schnelligkeit = kurze Lieferzeit
- Zuverlässigkeit = pünktliche Abholung und Zuführung
- Sicherheit = schonende Behandlung der Güter
- Kalkulierbarkeit = einfache Tarifgestaltung

Die Auftragsvergabe an einen Kurier- oder Expressdienst hängt von vielfältigen Qualitätsanforderungen ab.

AUFGABEN

1. Führen Sie Vorteile von Frankiermaschinen auf.
2. Welche Frankierarten gibt es?
3. Katarzyna Lindemann erläutert Dominik Schlote das Frankieren: „Frankieren ist das Einstecken von verschiedenen Mailingbestandteilen (z. B. Brief, Prospekt und Antwortkarte) in eine Briefhülle …" Stimmen Sie mit Katarzyna Lindemann überein? Begründen Sie Ihre Meinung.
4. Wie können die Briefsendungen vom Unternehmen zum Versender kommen?
5. Eine Uhr, Gewicht 15 kg, Wert 350,00 €, soll von Bielefeld nach Münster verschickt werden. Welche Sendungsart sollte der Absender wählen?
6. Eine dem Geschäftsinhaber bekannte auswärtige Kundin hat beim Einkauf einen Pullover, Gewicht 550 g, Wert 28,00 €, liegen lassen. Mit welcher Sendungsart kann er ihr den Pullover am billigsten nachsenden?
7. Der Inhaber einer Teegroßhandlung will seinen Kunden vor dem Weihnachtsfest kleine Teeproben zusenden. Wie kann er das am billigsten tun?
8. Ein Kunde hat bei einem Versandhaus eine Kaffeemaschine, Gewicht 3 kg, Wert 80,00 €, bestellt. Er will erst bei Erhalt der Ware bezahlen. Welche Versendungsform wird das Versandhaus wählen?
9. Durch welche Versendungsform kann der Absender nachweisen, dass er einen Brief aufgegeben hat?
10. Ein Einschreibebrief, Wert 30,00 €, geht verloren. Wie viel Euro Schadensersatz leistet die Post?
11. Ein Päckchen mit Glaswaren im Wert von 35,00 € kommt beschädigt an. Wie viel Euro Schadensersatz bezahlt die Post?
12. Erläutern Sie die Vorteile der neuen Transportdienstleistungen gegenüber den herkömmlichen Liefersystemen.
13. Die Kurier-, Express- und Paketdienste bezeichnen sich im Zusammenhang mit der Übernahme einer Gesamtdienstleistung selbst als „Integratoren". Was verstehen Sie hierunter?
14. Was ist ein EDV-gestütztes Sendungsverfolgungssystem?
15. Ermitteln Sie (z. B. mithilfe der „Gelben Seiten"), welche bedeutenden Anbieter auf dem Markt existieren.

AKTIONEN

1. Vergleichen Sie die Sendungsart „DHL Paket" mit den Sendungsarten „Päckchen", „Warensendung", „DHL-Paket mit Transportversicherung" und „Nachnahmepaket" hinsichtlich Gebühren und Sicherheit. Besorgen Sie sich dazu als zusätzliche Informationsquelle die aktuelle Produktpreisliste der Post AG.
2. Berechnen Sie mithilfe des Portokalkulators auf der Seite *www.deutschepost.de* die folgenden Sendungen.
   a) 100 Briefe als normale Einschreiben
   b) fünf Päckchen
   c) 5 000 Kataloge als Infobrief
3. Erkunden Sie,
   a) ob Ihr Ausbildungsbetrieb Ware mithilfe von KEP-Diensten versendet, wenn ja,
   b) warum Ihr Ausbildungsbetrieb diese Dienste in Anspruch nimmt,
   c) welche Kurier-, Express- und Paketdienste Waren anliefern und
   d) zu welchen Bedingungen und Konditionen dies geschieht.
4. a) Gehen Sie ins Internet und rufen Sie dort die Seiten eines Paketdiensts auf, z. B.:
      - *www.ups.de*
      - *www.tnt.de*
      - *www.dpd.de*
      - *www.trans-o-flex.de*
   b) Ermitteln Sie Kosten und Laufzeit für ein 30-kg-Paket, das von Hildesheim (PLZ 31141) nach Darmstadt (PLZ 64230) geschickt werden soll. Das Paket enthält eigenes Verpackungsmaterial und soll spätestens am Abend des nächsten Werktags beim Empfänger sein.
5. Die Klasse wird in Gruppen eingeteilt.
   a) Gehen Sie zur Internetadresse *www.deutschepost.de*.
   b) Informieren Sie sich dort über die Ihnen zugeteilte Frankierart.
   c) Stellen Sie die wichtigsten Merkmale auf einer Wandzeitung heraus.

ZUSAMMENFASSUNG

Sendungsart	Höchstgewicht	Zulässige Versendungsformen	Haftung der Post
DHL-Paket	31,5 kg	Transportversicherung Nachnahme Eigenhändig und Rückschein Express-Service	• Paket ohne Transportversicherung: bei Verlust oder Beschädigung bis 500,00 € • Paket mit Transportversicherung: bei Verlust oder Beschädigung bis Wertangabe (höchstens 25.000,00 €)
Päckchen	2 kg	–	keine
Brief	1000 g	Einschreiben Eigenhändig und Rückschein beim Einschreiben Nachnahme Werbeantwort	• Einschreiben: 25,00 € bei Verlust • Einschreiben Einwurf: 20,00 € bei Verlust
Warensendung	1000 g	–	keine
Dialogpost	1000 g	–	keine
Büchersendung	1000 g	–	keine
Postaktuell	1000 g	–	keine

Neue Anbieter auf dem Markt für Transportdienstleistungen

zeichnen sich aus durch:

- Schnelligkeit
- Sendungsverfolgung
- Pünklichkeit
- Übernahme einer Gesamtleistung
- ein auf die Belange des Versenders zugeschnittenes Abholsystem

Paketdienste

privatwirtschaftliche Unternehmen als direkte Konkurrenz der früher staatlichen Post beim Versand von Paketen bis zu 30 kg

Expressdienste

mit einer Zeitvorgabe versehene Beförderung von Paketen ohne Maß- und Gewichtsbegrenzungen

Kurierdienste

eilbedürftige Beförderung von Dokumenten oder kleineren Paketsendungen

7455294

2.25 Wir fertigen Protokolle an

Einstieg

Dominik Schlote ist neu in der Einkaufsabteilung. Zur Vorbereitung liest er gerade das Protokoll der letzten Abteilungssitzung.

Protokoll

Einführung eines neuen Warenwirtschaftssystems

Datum: Donnerstag, 12. Juni 20.. Ort: Besprechungsraum Zeit: 09:00 – 12:00 Uhr

Teilnehmer: siehe Anlage 1
Tagesordnung: siehe Anlage 2

TOP 1: Begrüßung
Der Abteilungsleiter eröffnet die Sitzung.

TOP 2: Grobkonzept des neuen Warenwirtschaftssystems
Herr Mitschke stellt das Grobkonzept des neuen Warenwirtschaftssystems vor. Die beschriebenen Abläufe werden vom Team diskutiert und befürwortet.

TOP 3: Schulung
Den Mitarbeitern werden drei Termine zur Schulung angeboten:
11. Juli 20..
22. August 20..
3. September 20..

...

1. Stellen Sie fest, um welche Protokollart es sich handelt.
2. Nennen Sie die Unterschiede zu anderen Protokollarten.

INFORMATIONEN

Protokollieren

Ein Protokoll ist ein Tagungs- oder Sitzungsbericht. Auch bei anderen Veranstaltungen wie Konferenzen, Besprechungen, Projekten und im Schulunterricht werden Protokolle angefertigt. Ein Protokoll soll den Inhalt einer Diskussion, einer Konferenz oder Besprechung festhalten. Mit seiner Hilfe können die Teilnehmer Verlauf und Ergebnisse einer solchen Veranstaltung noch einmal nachvollziehen. Ferner dient es Personen, die nicht anwesend waren, als Information.

Äußere Form von Protokollen

Für den Aufbau eines Protokolls sollte folgende Gestaltungsform gewählt werden:

- **Protokollüberschrift**
- **Kopfteil**, der Angaben enthält zu:
  - Termin (Wann?)
  - Ort (Wo?)
  - Teilnehmer bzw. Teilnehmerkreis (Wer?)
  - Anlass (Was?)
  - Thema (Tagesordnung?)
- **Textteil**, der Auskunft gibt über Verlauf und/oder Ergebnisse der Veranstaltung
- **Schlussteil**, der die Daten und die Unterschriften enthält, durch die der Protokollinhalt rechtswirksam wird. Zusätzlich können ein Anlagen- und Verteilervermerk aufgeführt werden.

Protokollarten

Es gibt vier verschiedene Protokollarten:

- **Verlaufsprotokoll**
  Ein Verlaufsprotokoll hält den Ablauf einer Sitzung und das Zustandekommen von Ergebnissen und Beschlüssen mit allen wesentlichen Details fest. Aufgeführt werden z. B. alle Meinungen und Gegenmeinungen im Verlauf einer Diskussion.

BEISPIEL für ein Verlaufsprotokoll (Auszug)

Protokoll
Besprechung der Unternehmensleitung mit dem Betriebsrat

Datum: Montag, 19. August 20.. Ort: Tagungsraum Zeit: 12:00–14:00 Uhr

Teilnehmer: Herr Hoffmann (Sitzungsleiter), Herr Mitschke (EDV-Abteilung), Herr Kreipe (Lager), Frau Sander (Protokollführerin)

Tagesordnung:
1. Anschaffung neuer Computer
2. Rationalisierungsmaßnahmen
3. Personaleinstellungen
4. Verschiedenes

Herr Hoffmann eröffnet die Sitzung.

TOP 1: Anschaffung neuer Computer
Herr Mitschke stellt den Anschaffungsbedarf vor. Er erläutert das Angebot der Firma edv-factory. Herr Kreipe weist auf die veralteten, schwer zu bedienenden Computer im Lager hin und stellt die Frage, wann dort die EDV-Ausstattung erneuert wird.

...

Hildesheim, 19. August 20..
Sitzungsleiter Protokollführer

Anlagen:
1 Angebot der Fa. edv-factory

Verteiler:
Unternehmensleitung
Betriebsrat

- **Ergebnisprotokoll**
  Ein Ergebnisprotokoll führt nur die Ergebnisse z. B. einer Sitzung auf. Meinungen und Gegenmeinungen im Vorfeld der Entscheidung kommen nicht ins Protokoll. Die gefassten Beschlüsse werden dafür genau, vollständig und unmissverständlich niedergeschrieben.

BEISPIEL für ein Ergebnisprotokoll (Auszug)

Ergebnisprotokoll

Kopfteil wie Verlaufsprotokoll

TOP 1: Anschaffung neuer Computer
Alle Teilnehmer stimmen der Anschaffung neuer Computer zu. Es werden daher von der EDV-Abteilung 15 PCs bei der Firma edv-factory zu Preisen und Konditionen laut beiliegender Anlage bestellt.

...

Schlussteil wie Verlaufsprotokoll

Protokollart und Einsatz	Merkmale	Vorteile	Nachteile
Ergebnisprotokoll	nur der Wortlaut der Beschlüsse und Ergebnisse einer Sitzung	• Übersicht • Systematik • einfache Auswertung • problemlose Protokollführung • kurze Erstellungszeit • einfachste Darstellungsform	• geringer Informationsgehalt • Zustandekommen der Beschlüsse nicht ersichtlich • keine Begründungen vorhanden
Verlaufsprotokoll (ausführlich)	ausführliche Darstellung des Verlaufs der Sitzung und des Zustandekommens der Beschlüsse	• hohe Beweiskraft • umfassender Informationsgehalt	• Zeit- und Arbeitsaufwand zur Erstellung • hohe sprachliche Anforderungen an den Protokollanten wegen Verdichtung der Gedanken
Kurzprotokoll	geraffte Darstellung des Verlaufs der Sitzung und des Zustandekommens der Beschlüsse, nur allgemeine Feststellungen und Begründungen	• Beweiskraft • hoher Informationswert • konzentrierte Darstellung • Übersicht • einfache Auswertung • kurzer Arbeitsaufwand	• wenig Informationen über den Verlauf • höchste Anforderungen an sprachliche und sachliche Kenntnisse
Wortprotokoll	wörtliche Wiedergabe des gesamten Ablaufs der Sitzung	• hohe Beweiskraft • voller Informationsgehalt • Tonbandeinsatz möglich	• unübersichtlich • großer Umfang und Zeitaufwand • erschwerte Auswertung • großer Vorbereitungsaufwand • höchste Anforderungen an Kurzschrift

- **Kurzprotokoll**
  Ein Kurzprotokoll ist die Wiedergabe des wesentlichen Inhalts einer Besprechung in knapper, gedrängter Form.

Aktennotiz, Vermerk, Gesprächs- oder Telefonnotiz

Aktennotizen (in der Wirtschaft), Vermerke (bei Behörden), Gesprächs- oder Telefonnotizen sind besondere Formen von Kurzprotokollen. Sie sollen durch eine wertfreie Berichterstattung zur zuverlässigen Information beitragen und haben Beweiskraft nur für die Akten. Sie sind durch folgende Merkmale gekennzeichnet:

- keine Festlegung einer Tagesordnung
- keine besonderen Anforderungen an die äußere Form
- kein festgelegter Protokollrahmen
- nicht immer Verteilung an alle Beteiligten

- **wörtliches Protokoll**
  Ein wörtliches Protokoll enthält wortwörtlich die Ausführungen jedes Redners.

BEISPIEL

Niederschrift von Reden der Abgeordneten im Bundestag

Anfertigen von Protokollen

Eine konzentrierte Mitschrift bildet die Grundlage jedes ausformulierten Protokolls. Dabei ist zu beachten, dass ein wörtliches Mitschreiben des Gesagten in der Regel unmöglich und auch nicht sinnvoll ist. Wichtiger ist das Festhalten von Stichpunkten und Fachausdrücken bzw. der Hauptaussagen. Der Protokollant sollte versuchen, in seiner Niederschrift den Gang der Sitzung bzw. deren Ergebnisse so genau wie möglich wiederzugeben. Am leichtesten tut sich der Protokollführer, wenn er mit Papier nicht spart, die Blätter nur einseitig beschreibt und fortlaufend nummeriert sowie einen breiten Rand für spätere Ergänzungen offen lässt. Zusätzliche Abbildungen erhöhen die Anschaulichkeit von Protokollen. Um eine authentische Darstellung zu erreichen, empfiehlt es sich, eine protokollorientierte Mitschrift noch am Tag der Sitzung zum Protokolltext auszuformulieren.

Der Protokollführer sollte das Protokoll vor der Abgabe noch einmal durchlesen. Dabei muss er auf eine klare und verständliche Ausdrucksweise achten und alle Rechtschreibfehler korrigieren.

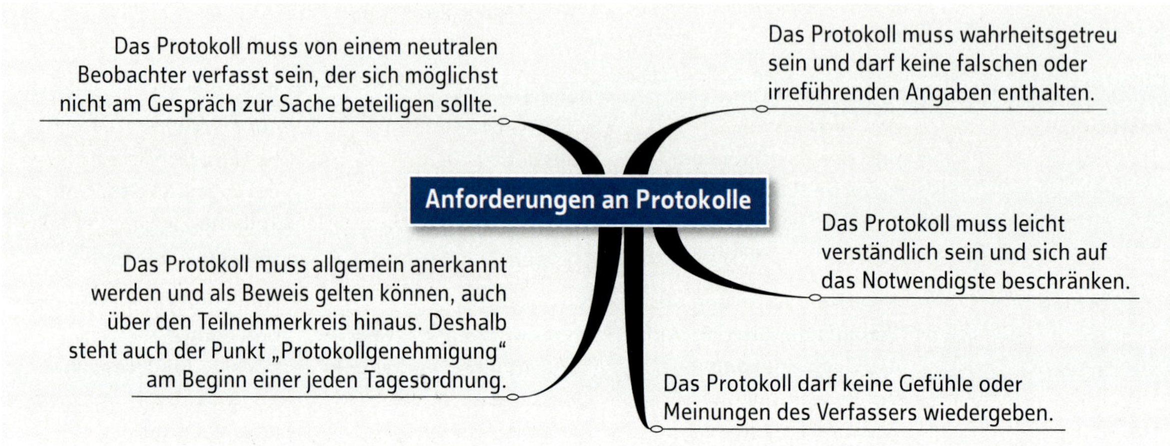

Sprache in Protokollen

Protokolle sollen knapp und sachlich informieren. Sie müssen leicht verständlich sein und sich auf das Notwendige beschränken. Der Protokollant sollte versuchen, Themen knapp, präzise und objektiv zu beschreiben. Kennzeichnend für den Stil des Protokolls sind Sachlichkeit und Kürze.

Bei der Anfertigung von Protokollen ist daher sprachlich Folgendes zu beachten:

- einfache, überschaubare Sätze bilden
- lange Schachtelsätze vermeiden
- keine Phrasen oder umständliche Formulierungen verwenden
- Fremdwörter nur gebrauchen, wenn sie als Fachausdrücke nicht ersetzt werden können
- weder wertende noch ausschmückende Adjektive verwenden
- Protokolle in der Gegenwartsform (Präsens) schreiben
- grundsätzlich im Indikativ formulieren, Begründungen und Sachbeiträge im Konjunktiv zitieren

Mögliche Darstellungsarten von Äußerungen im Protokoll

- Im Normalfall wird der Indikativ verwendet.

BEISPIELE

- „Frau Müller berichtet von ..."
- „Die Abteilungsleiter einigen sich darauf, dass ..."
- „Frau Müller wird die Werbemaßnahme durchführen." (vom Protokollant als feststehende Tatsache formuliert)

- Der Konjunktiv wird verwendet, wenn Aussagen wiedergegeben werden.

BEISPIELE

- „Frau Müller erklärt, sie werde die Werbemaßnahme durchführen." (als Aussage der Abteilungsleiterin in der indirekten Rede im Konjunktiv formuliert)
- „Herr Wolff betont, er sei dagegen, dass ..."

- In Wortprotokollen kann auch die direkte Rede verwendet werden.

BEISPIELE

- Frau Müller: „Ich führe die Werbemaßnahme durch."
- Herr Wolff: „Ich bin dagegen, dass ..."

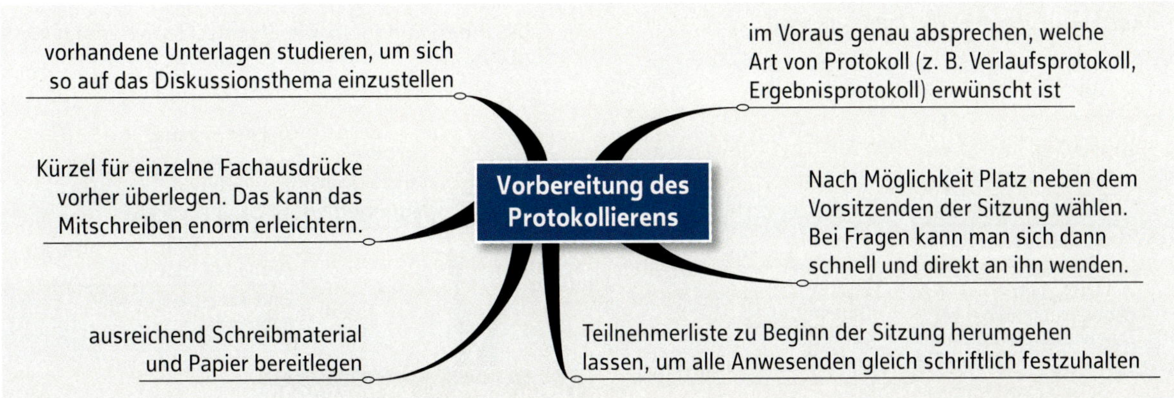

AUFGABEN

1. Was ist ein Protokoll?
2. Welche Protokollarten gibt es?
3. Wie ist ein Protokoll aufgebaut?
4. Welche Anforderungen können an Protokolle gestellt werden?
5. Was ist sprachlich bei der Anfertigung eines Protokolls zu beachten?
6. Wie werden Äußerungen im Protokoll dargestellt?

AKTIONEN

1. Protokollieren Sie die nächsten vier Unterrichtsstunden mit. Fertigen Sie jeweils folgende Protokolle an:
   a) Verlaufsprotokoll
   b) Ergebnisprotokoll
   c) Kurzprotokoll
   d) wörtliches Protokoll (hier nur zehn Minuten der Stunde)
2. Am 27. April findet in der Einkaufsabteilung der Hoffmann KG eine Abteilungssitzung statt. Sie beginnt um 08:30 Uhr. Teilnehmer sind:

Abteilungsleiter	Herr Hetzel
Sachbearbeiter	Herr Hickel
Sachbearbeiter	Herr Hoffmann
Sachbearbeiterin	Frau Janssen
Sachbearbeiter (Ausland)	Herr Bittner
Sachbearbeiterin (Ausland)	Frau Kolrep

Nach einer kurzen Begrüßung informiert Herr Hetzel die Teilnehmer, dass die Geschäftsführung sich hinsichtlich der Anschaffung eines neuen Warenwirtschaftssystems für das Warenwirtschaftssystem GIH entschieden hat. Dieses Programm hat das beste Preis-Leistungs-Verhältnis und der Einarbeitungsaufwand ist am geringsten. Anschließend berichtet Frau Janssen von der Tagung „Warenethisches Verhalten im Großhandel", die sie zusammen mit Herrn Bittner besucht hat. Als Fazit fasst sie zusammen, dass „Aspekte der Umwelt-, Gesundheits- und Sozialverträglichkeit von Waren von den Konsumenten als immer wichtiger angesehen werden". Schließlich weist Herr Hetzel darauf hin, dass die Geschäftsführung in der Abteilung Einkauf eine neue Sachbearbeiterstelle einrichten wird. Eine Stellenausschreibung wird im Juni in der örtlichen Presse veröffentlicht werden. Die Sitzung endet um 10:00 Uhr.

Fertigen Sie für die obige Situation folgende Protokolle an:

   a) Verlaufsprotokoll
   b) Kurzprotokoll

3. Sie werden später im Berufsleben häufig die Aufgabe haben, eine Besprechung oder Sitzung in Ihrem Unternehmen vorzubereiten und dann während der Durchführung zu protokollieren.

Erstellen Sie das Protokoll einer fiktiven Sitzung bzw. Besprechung in Ihrem Ausbildungsunternehmen. Orientieren Sie sich dabei an den Erfahrungen, die

Sie in Sitzungen/Besprechungen in Ihrem Ausbildungsunternehmen gemacht haben, sowie an der folgenden Mindmap, die als Checkliste benutzt werden kann.

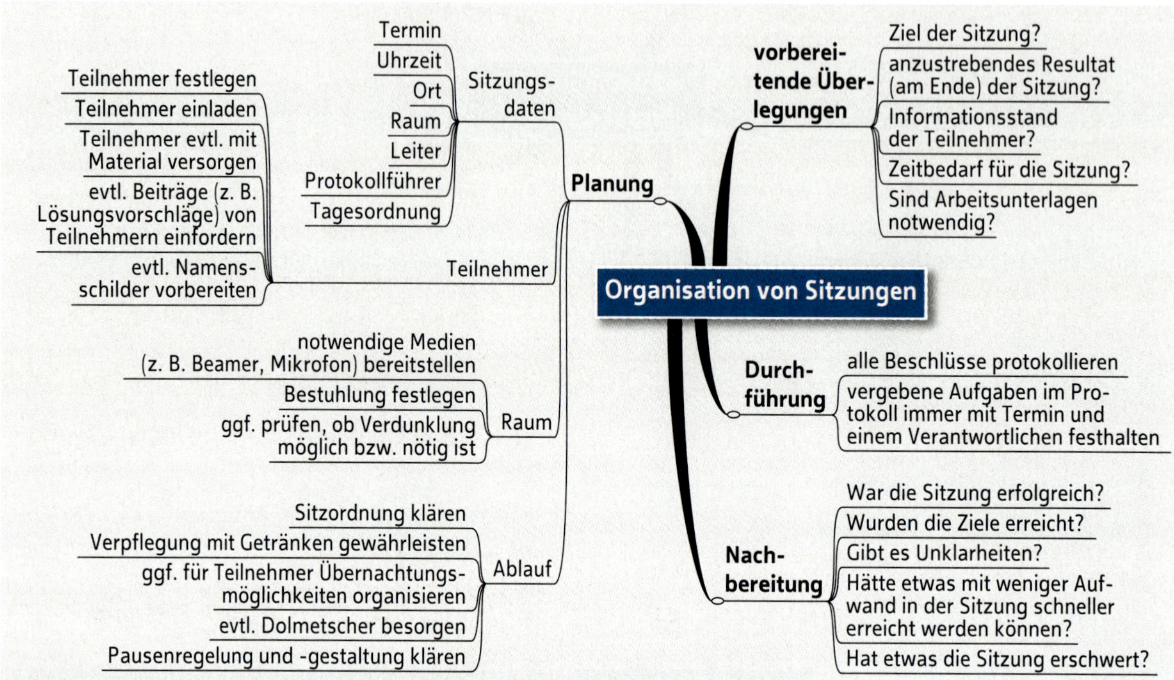

ZUSAMMENFASSUNG

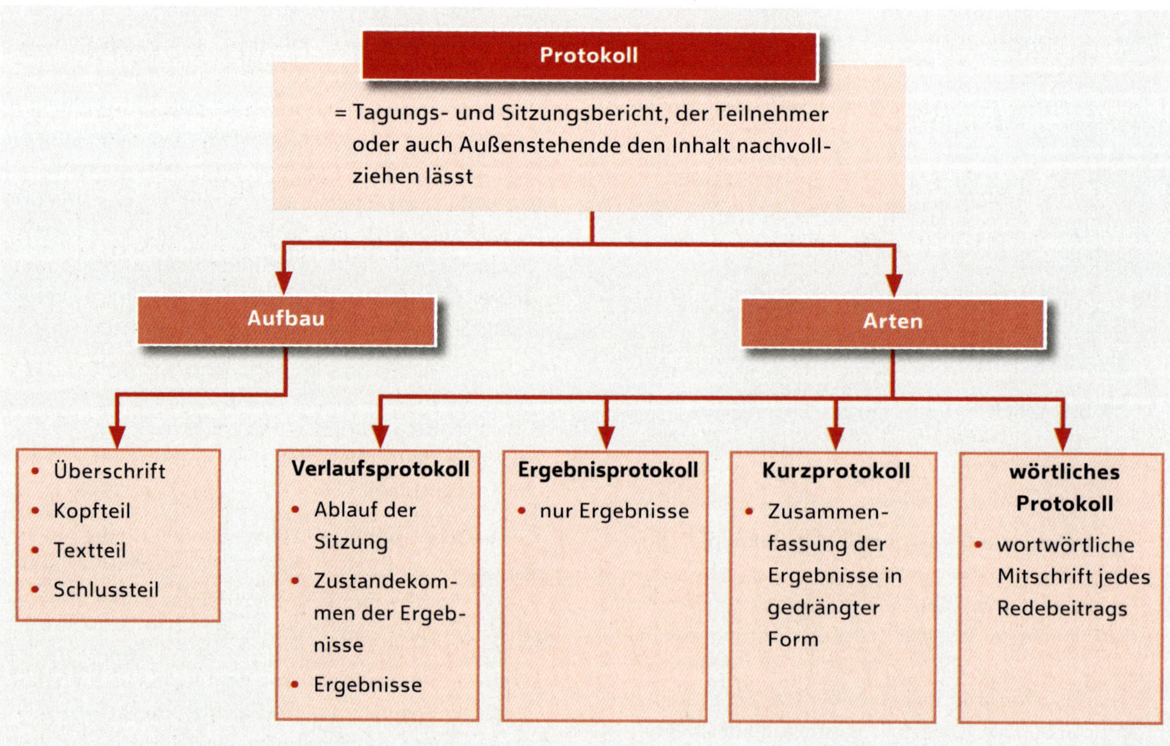

2.26 Wir planen Termine

Einstieg

Freitagmorgen im Sekretariat der Hoffmann KG:

Frau Sander:
„Hoffmann KG. Mein Name ist Frau Sander. Guten Tag. Was kann ich für Sie tun?“

Anrufer:
„Hagen von der Tonia GmbH in Augsburg. Ich hätte gern Herrn Hoffmann gesprochen. Ich muss den Termin nächsten Dienstag in Frankfurt leider absagen.“

Frau Sander:
„Herr Hoffmann ist momentan in einem Meeting – und ich habe gleich einen Arzttermin ... Ich lege ihm einen Zettel hin, den findet er bestimmt und kann ihn dann in seinen Terminkalender legen.“

Anrufer:
„Er soll sich einfach mal melden. Also dann. Auf Wiedersehen.“

Frau Sander:
„Schönes Wochenende.“

1. Klären Sie, welche Fehler bei der Terminplanung gemacht werden.
2. Machen Sie Vorschläge, wie Sie das Problem gelöst hätten.

INFORMATIONEN

Im Mittelpunkt aller Bemühungen um ein systematisches Arbeiten im Büro steht eine effektive Terminplanung. Durch sie soll sichergestellt werden, dass alle für den Betrieb wichtigen Zusammenkünfte zustande kommen. Die dadurch bewirkte Terminzuverlässigkeit trägt wesentlich zum guten Ruf der beteiligten Personen – aber auch der durch sie vertretenen Unternehmen – bei.

Bedeutung der Terminplanung

Ein Termin ist ein durch absolute Zeitangaben (Kalenderdatum und Uhrzeit) eindeutig festgelegter Zeitpunkt, an dem sich bestimmte Terminpartner treffen oder bestimmte Arbeiten erledigt sein müssen.

BEISPIEL

Herr Hetzel, Einkaufsabteilungsleiter der Hoffmann KG, und Herr Staub, Verkaufsabteilungsleiter, haben sich mit dem Vertreter der Kinke AG auf einer Messe in Hamburg am 27. März um 14:00 Uhr verabredet.

Unterschieden werden kann zwischen festen und beweglichen Terminen:

- **Feste Termine** wiederholen sich in bestimmten Zeitabständen und sind unveränderlich. Um spätere Überschneidungen zu vermeiden, sollten feste Termine möglichst früh – z. B. am Jahresanfang – in den Terminkalender eingetragen werden.

BEISPIELE

- Messen
- Betriebsferien
- Geburtstage von Mitarbeitern oder Geschäftsfreunden

- **Bewegliche Termine** – häufig auch flexible Termine genannt – müssen sofort nach Festlegung bzw. Vereinbarung in den Kalender eingetragen werden. In jedem Fall sollte eine Abstimmung mit schon feststehenden Terminen erfolgen.

Es empfiehlt sich, beide Terminarten für einen besseren Überblick mit verschiedenen Farben zu kennzeichnen.

Ein Nichteinhalten von Terminen kann verschiedene negative Folgen haben:

- Der gute Ruf der betreffenden Person bzw. des Unternehmens leidet.
- Es kann zu einem Kundenverlust kommen.
- Man versäumt wichtige Informationen.
- Die Terminpartner werden zu aufwendigen Umplanungen gezwungen.

BEISPIEL

Die kurzfristige Absage des Messetermins durch die Kinke AG führt – wie Herr Hetzel sagt – zu einem „Termindomino“: Alle Beteiligten müssen einen neuen freien Termin finden und diesen koordinieren.

Die Terminplanung für die eigenen Termine kann man selber vornehmen. In vielen Fällen geschieht dies jedoch auch durch andere Personen.

BEISPIEL

Eine Sekretärin macht für ihren Chef die Termine.

Regeln für eine effiziente Terminplanung

Bei jeder Terminvereinbarung sollten zunächst einmal grundlegend die folgenden Fragen gestellt werden:

- Ist der Termin überhaupt sinnvoll?
- Wer trifft bei diesem Termin wen wann und warum?
- Was ist im Zusammenhang mit dem Termin zu tun?

Geplant werden sollte langfristig, genau und realistisch. Durch eine Jahresplanung und die rechtzeitige Beachtung von wiederkehrenden Terminen kann die Planung entzerrt werden. Terminhäufungen sollten vermieden werden: Dies schafft man durch gleichmäßige Verteilung der Termine. Gedacht werden muss immer an Urlaubszeiten und Brückentage. Unangenehme Termine sollten nicht aufgeschoben werden. Kurzfristig vereinbarte Termine können Zeitnot und unnötigen Druck mit sich bringen. Um dies zu vermeiden, empfiehlt sich die Einplanung von Pufferzeiten. Werden die Termine für eine andere Person geplant, sollte man sich mit ihr ständig abstimmen. Jeden Tag sollte geprüft werden, ob am nächsten Tag Termine anstehen. Sollte dies der Fall sein, müssen alle erforderlichen Unterlagen zusammengestellt werden.

Wenn klar wird, dass ein Termin nicht eingehalten werden kann, sollte er sofort – möglichst telefonisch – abgesagt werden. Es sollte dann versucht werden, direkt einen neuen Termin zu vereinbaren. Am besten bietet man gleich Alternativtermine an.

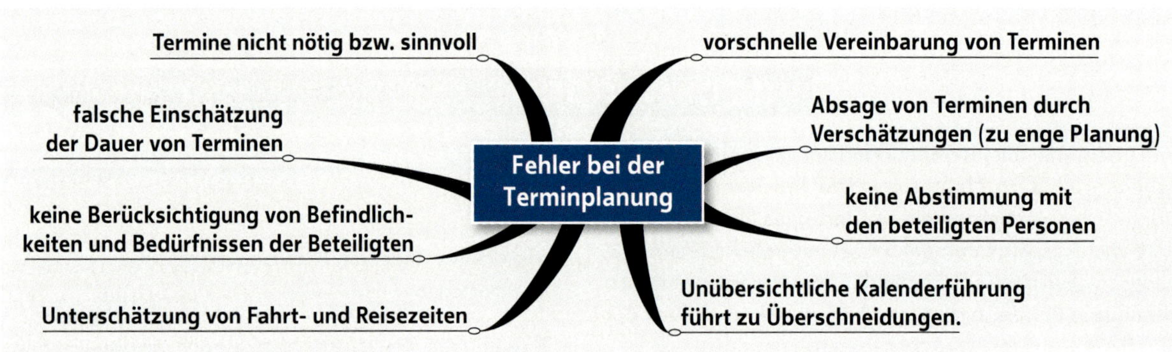

Hilfsmittel zur Terminplanung

Terminkalender

Varianten von Terminkalendern
• Buch • Loseblatt
• Taschenkalender • Wandkalender • Tischkalender
• Jahreskalender • Monatskalender (wie Jahreskalender für eine Überblicksplanung und für die Terminüberwachung) • Tageskalender (detaillierte Planung des Tages)

Eine übersichtliche und nützliche Gestaltung der Terminkalender lässt sich mithilfe farbiger Markierungen erreichen. Deren Bedeutung muss allerdings allen, die mit der Terminverwaltung zu tun haben, bekannt gemacht werden.

Tischkalender

Terminkarteien mit verschiedenen Karteiordnungsmitteln

Terminmappen oder Ordner mit Tageseinteilung

Sie dienen der Bearbeitung oder (Wieder-)Vorlage von Schriftstücken oder anderen Materialien zu bestimmten Terminen. Bekannt sind sie auch als *Wiedervorlagemappen*.

Stecktafeln
Auf ihnen werden die Termine durch farbige Symbole festgelegt.

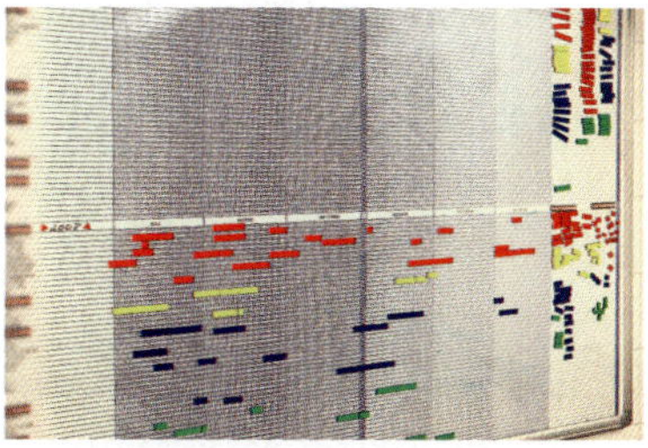

Wochenplanungs-Stecktafel

Elektronische Terminkalendersysteme
Hier erfolgt die Terminverwaltung mithilfe entsprechender Software am Computer. Die elektronischen Terminkalender erlauben die rechnergestützte Planung von Geschäftsterminen und zeitabhängigen Tätigkeiten sowie die Verwaltung von Adressen der Geschäftspartner. Darüber hinaus ermöglichen sie die Definition von Ereignissen, die zu einem bestimmten Zeitpunkt ausgelöst werden sollen. Dies können beispielsweise zeitgesteuerte Erinnerungsmeldungen am Bildschirm sein. Die elektronischen Kalender gibt es als eigenständige Programme. Oft sind sie aber auch Bestandteil von E-Mail-Programmen – z. B. MS-Outlook – oder von Groupware.

Häufig erlauben es elektronische Terminkalendersysteme auch, die Terminkalender für alle Mitarbeiter zu führen: In einem System von vernetzten Computern bieten diese Programme die Möglichkeit, Termindaten abzugleichen, auszutauschen oder auch gemeinsam zu bearbeiten. In solchen Systemen können die Mitarbeiter die verfügbaren Zeiteinheiten als frei oder durch bestimmte Aktivitäten belegt kennzeichnen. Weil die Termine aller Beteiligten offengelegt sind, kann das Programm übereinstimmende freie Termine für die Durchführung z. B. von Arbeitssitzungen ermitteln.

Zwei weitere Vorteile elektronischer Terminkalendersysteme sind:

- Alle Informationen zu bestimmten Terminen sind schnell abrufbar.
- Termine können auf Wunsch durch bestimmte optische oder akustische Meldungen bzw. Signale angezeigt werden.

Nachteile elektronischer Terminkalendersysteme liegen in der Gefahr eines Datenverlusts bei Hard- und Softwareproblemen. Ein weiterer Nachteil gegenüber einem herkömmlichen Kalender ist, dass er an einen Rechner gebunden und dadurch nicht transportabel ist. Ist man nicht im Büro, ist es oft einfacher, Termine in einen normalen Kalender einzutragen. Eine Möglichkeit, diesen Nachteil zu umgehen, besteht in dem Einsatz eines Personal Digital Assistent (PDA) oder eines Smartphones. Voraussetzung ist in jedem Fall, dass der elektronische Kalender auch konsequent benutzt wird. Alle Termine müssen auch darin eingetragen werden.

Die digitale Terminplanung

Die digitale Terminplanung ist aus einem Büro für viele nicht mehr wegzudenken. Digitale Terminplaner haben im Vergleich zu klassischen Terminkalendern viele Vorteile. Dennoch kann nicht davon gesprochen werden, dass die (analogen) Planer in Papierform den digitalen Planern in jedem Fall unterlegen sind. Welche Art der Terminplanung dem Einzelnen am besten erscheint, hängt von seinem persönlichen Bedarf und den eigenen Gewohnheiten ab. Wenn jedoch, wie sehr häufig im Büro, viele Nutzer auf den gleichen Terminplaner zugreifen müssen, ist die digitale Terminplanung mit Sicherheit doch die bessere Wahl.

Es wird eine Vielzahl von Programmen für digitale Terminplanungen angeboten. Einige solcher Programme gibt es sogar kostenlos, wobei deren Funktionsumfang jedoch oft vergleichsweise eingeschränkt ist.

Der Hauptvorteil digitaler Terminplanungen liegt im Komfort, den sie den Anwendern bieten:

- Viele Personen im Unternehmen können den digitalen Planer verwenden.

BEISPIEL

Die Sekretärin von Herrn Hoffmann trägt dessen Termine in den digitalen Planer ein. Die Abteilungsleiter suchen in dem digitalen Terminkalender nach freien Terminen für eine Abteilungssitzung mit Herrn Hoffmann und tragen dann dort einen entsprechenden Termin ein, der für alle Mitarbeiter verbindlich ist.

- Die digitalen Terminplaner können hardwareübergreifend verwendet werden.

BEISPIEL

Herr Hoffmann trägt unterwegs einen Termin auf seinem Smartphone in das entsprechende Programm ein. Dieser Termin wird mit den digitalen Terminplanungsprogrammen, die auf anderen Computern im Unternehmen installiert sind, synchronisiert. Wenn also ein Termin auf einem Gerät eingeplant wurde, wird dieser auch auf allen anderen Geräten im Unternehmen angezeigt.

- Ein nicht zu unterschätzender Vorteil digitaler Terminplanung ist die Terminerinnerung. Damit wichtige Termine nicht in Vergessenheit geraten, können mithilfe der digitalen Terminplanungsprogramme Terminerinnerungen eingerichtet werden.

- Die digitalen Terminplanungsprogramme bieten eine Vielzahl weiterer praktische Funktionen über das hinaus, was Terminplaner in Papierform bieten.

Nachteile werden bei digitalen Terminplanungsprogramm in drei Bereichen gesehen:

- Aus Sicht des Datenschutzes besteht bei digitalen Terminplanungsprogrammen eine größere Gefahr des Diebstahls von Daten als bei Inhalten, die nur in Papierform vorliegen.
- Ein Hauptvorteil digitaler Terminplanung liegt in der Synchronisation (dem automatischen Datenabgleich zwischen mehreren Geräten). Ein Problem kann sich aber in diesem Zusammenhang daraus ergeben, dass es noch keinen Standard für den Datenabgleich gibt, der alle am Markt verfügbaren Terminplanungsprogramme bzw. Betriebssysteme abdeckt.
- Ebenfalls nicht zu unterschätzen sind technische Fehlerquellen.

BEISPIEL

Weil der Akku seines Smartphones leer war, konnte ein Mitarbeiter der Hoffmann KG heute den digitalen Terminplaner nicht nutzen.

Wenn diese Nachteile digitaler Planer beachtet und entsprechende Maßnahmen zu deren Verhinderung ergriffen werden, überwiegen insgesamt die Vorteile digitaler Planung.

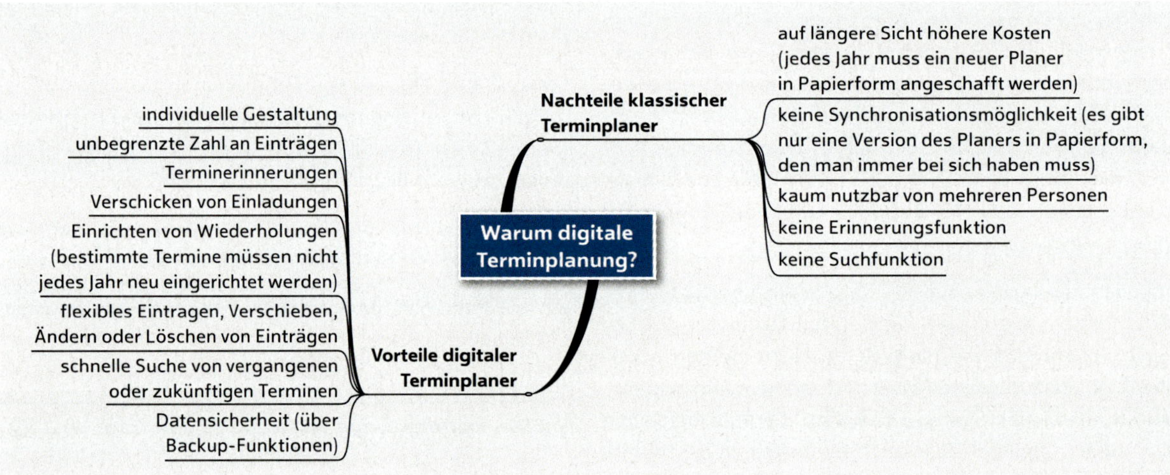

BEISPIEL

Ein Termin wird mit MS-Outlook geplant. Dazu wird das Icon *Kalender* angeklickt.

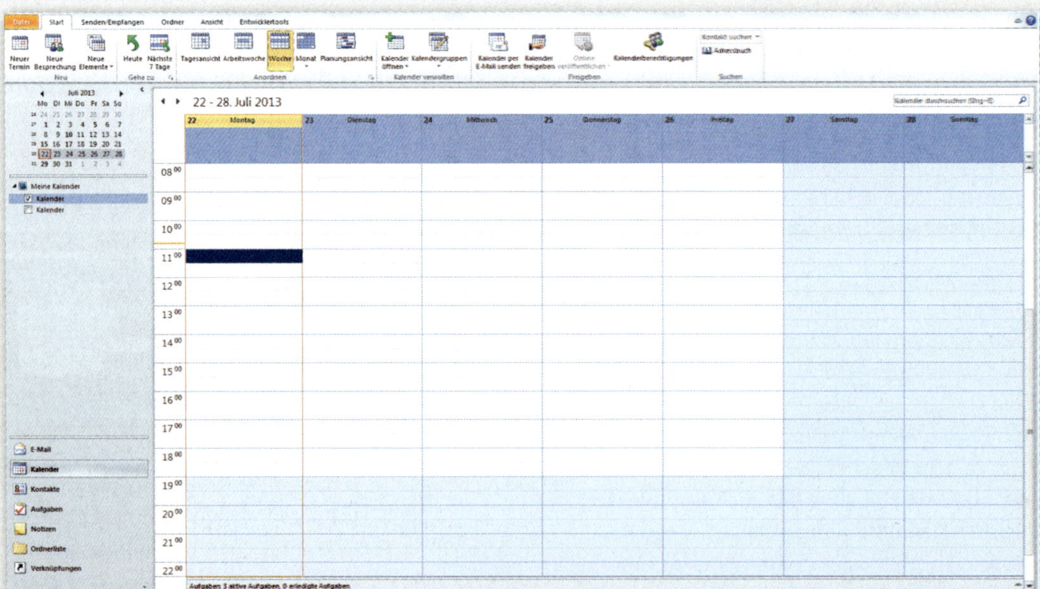

Ein Treffen um 15:00 Uhr wird in der Tagesansicht eingetragen.

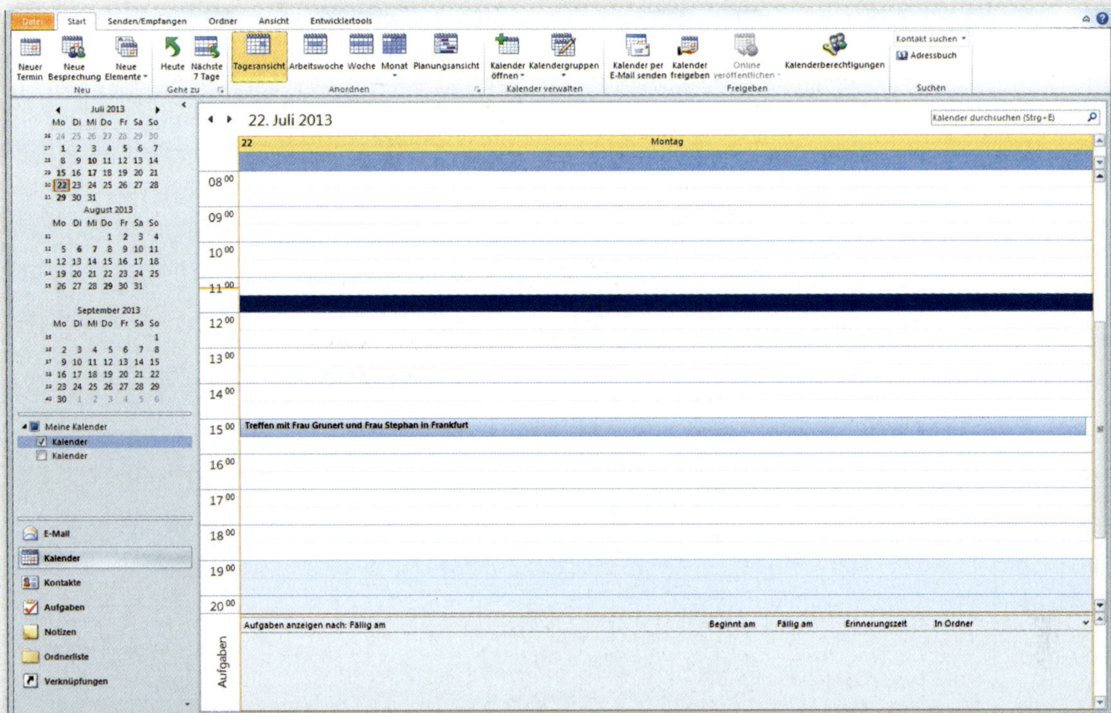

Angezeigt werden können auch Wochen bzw. Arbeitswochen und Monate.

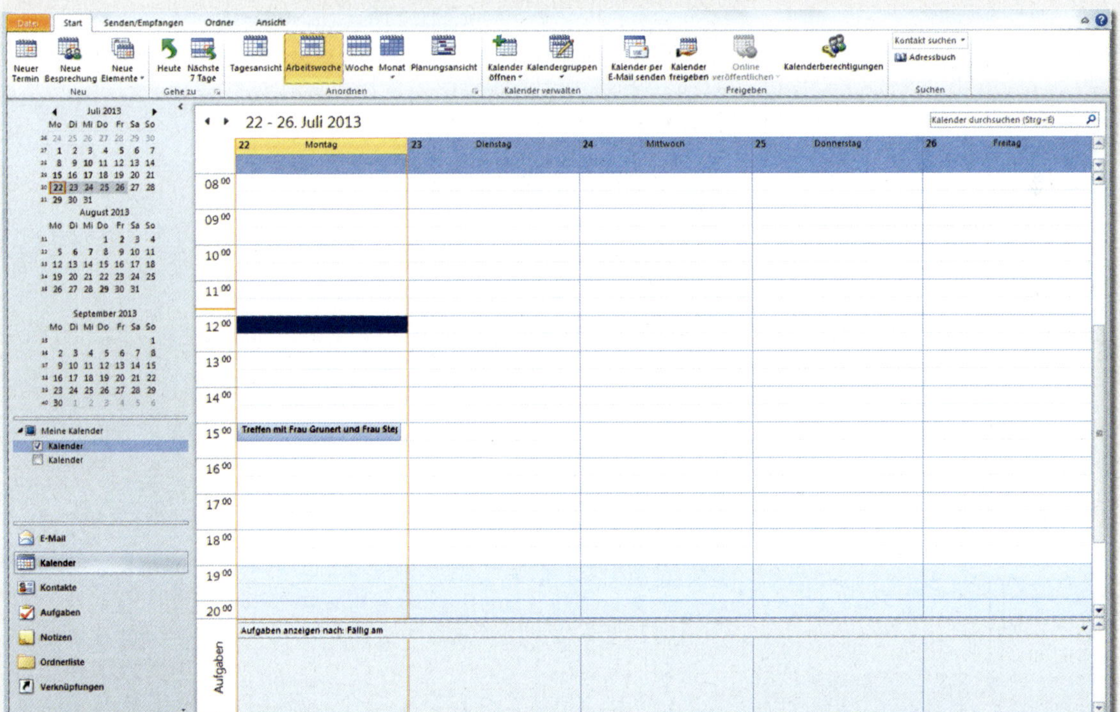

Von der Termin- zur Veranstaltungsplanung

Viele Termine werden für eigene Veranstaltungen geplant. Unter dem Begriff Veranstaltungen werden die unterschiedlichsten Zusammenkünfte von Personen im inner-, aber auch außerbetrieblichen Geschäftsverkehr verstanden. Dazu zählen beispielsweise Besprechungen, Sitzungen, Tagungen, Kongresse, Konferenzen usw. Hat man den Termin für eine eigene Veranstaltung festgelegt, muss man deren Vorbereitung, Durchführung und anschließende Auswertung sehr genau planen.[1]

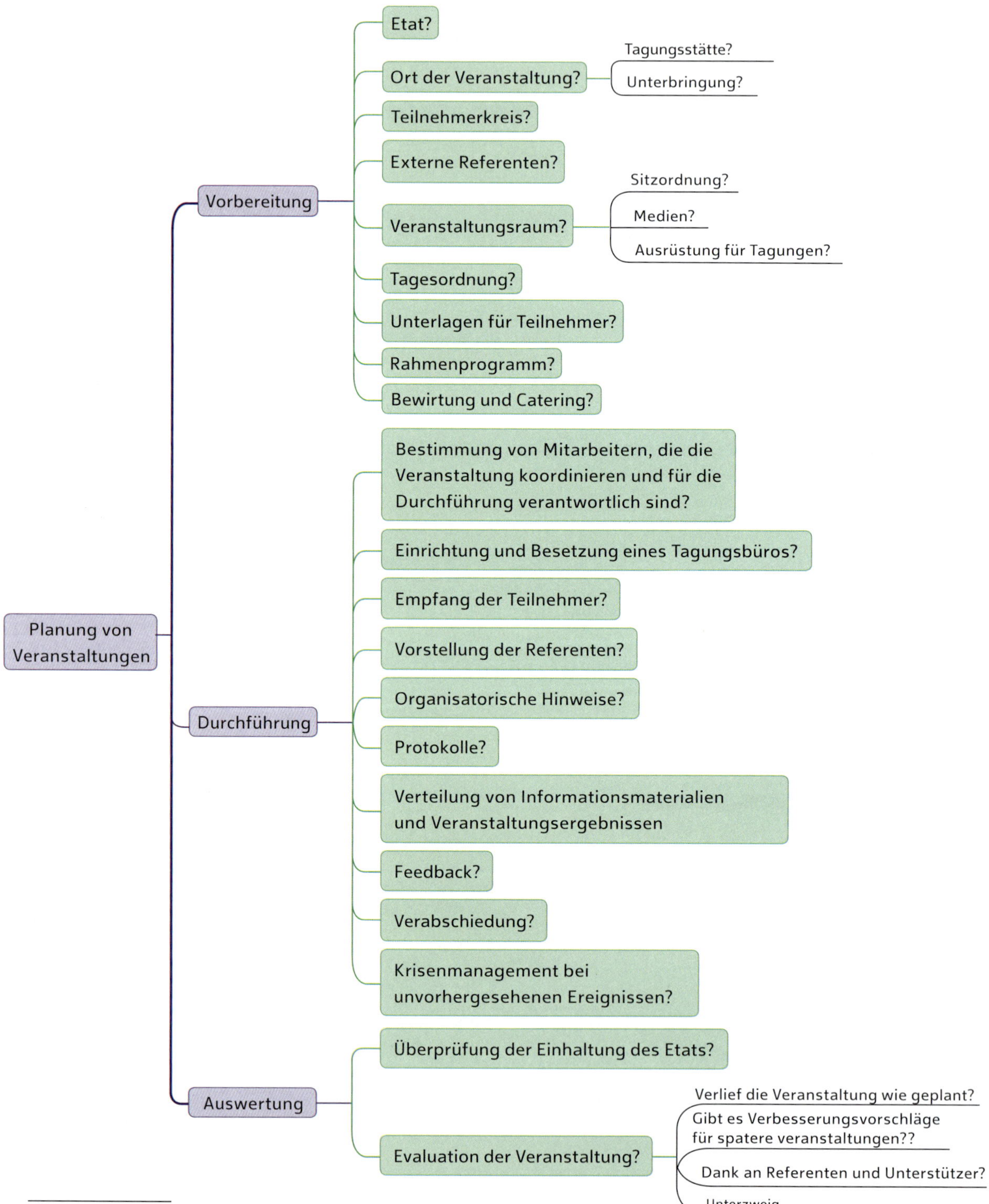

[1] Viel mehr zu diesem Thema vgl. Lernfeld 12 im Jahrgangsband Büro & Co., 3. Ausbildungsjahr

AUFGABEN

1. Was ist Ziel einer effektiven Terminplanung?
2. Wodurch unterscheiden sich feste von beweglichen Terminen?
3. Welche Folgen kann das Nichteinhalten von Terminen haben?
4. Welche Fehler können bei der Terminplanung gemacht werden?
5. Führen Sie Regeln für eine wirkungsvolle Terminplanung auf.
6. Nennen Sie Hilfsmittel zur Terminplanung.
7. Welche Vor- und Nachteile haben elektronische Terminkalendersysteme?

AKTIONEN

1. Zu MS-Outlook gibt es unter *https://support.office.com/de-de/article/terminplanung-mit-outlook-im-web-68e9b7e8-33c0-4258-9eee-1b8d626dab5a*

   einen Kurs für Outlook 2010.
2. **a)** Planen Sie Ihre gesamten Termine einer Woche mit MS-Outlook.
   b) Geben Sie als Druckbereich die Daten dieser Woche ein.
   c) Drucken Sie Ihren Terminkalender einerseits im Tagesformat, andererseits im Wochenformat aus.

ZUSAMMENFASSUNG

Effektive Terminplanung

- **Prüfung der Notwendigkeit**
- **möglichst langfristige Planung**
- **realistische Einschätzung der Dauer**
- **Einkalkulation von Anfahrtszeiten**
- **sorgfältige Terminverwaltung durch:**
  - Terminkalender
  - Terminmappen
  - Terminkarteien
  - Stecktafeln
  - elektronische Kalendersysteme

2.27 Wir führen eine effiziente Zeitplanung durch

Einstieg

Dominik Schlote spricht gerade mit Herrn Hoffmann, als Susanne Hahne aufgeregt auf ihn zukommt.

Susanne Hahne:
„Verlegte Papiere, vergessene Termine, beinahe vergessene Termine, wild blinkende E-Mail-Benachrichtigungen, Dauergeklingel von Telefon und Handy, nette Kollegen, die den Kopf zur Tür hereinstecken ‚Kann ich mal kurz stören?' – und dann noch Frau Sander, die mich freundlich, aber bestimmt daran erinnert, dass ich gerade im Begriff bin, meinen Flieger zu verpassen. Ich habe kaum mehr Zeit, das alles zu schaffen. Das wächst mir alles irgendwie über den Kopf! ... Sag mal, wie schaffst du das eigentlich?"

Michael Hoffmann:
„Ich habe mich vor einigen Jahren mal im Bereich Zeitmanagement schlaugemacht. Seitdem habe ich eigentlich immer alles halbwegs gut im Griff."

1. Stellen Sie fest, wo die Schwierigkeiten von Frau Hahne liegen.

2. Machen Sie Verbesserungsvorschläge.

INFORMATIONEN

Unter Zeitmanagement versteht man das systematische und disziplinierte Planen der persönlichen Zeit. Es werden verschiedene Werkzeuge angewandt, um die eigene Zeit optimal zu nutzen. Effektives Zeitmanagement ist dabei weniger eine Frage des Zeitumfangs. Es geht vielmehr darum, wie und wofür man die vorhandene Zeit nutzt. Im Vordergrund steht also, durch geschickte Planung mehr Zeit für die wichtigen Dinge im Beruf (und in der Freizeit) zu erhalten.

Um effektiv mit seiner Zeit umzugehen, sollte man
- Methoden des Zeitmanagements systematisch anwenden,
- versuchen, seine Zeitdiebe (auch Zeitfallen oder Zeitfresser genannt) zu finden.

Zeitdiebe

In vielen Unternehmen wird durch falsches Vorgehen während der täglichen Arbeit unnötige Zeit – und damit auch Arbeitskraft und persönliche Energie – verbraucht. Daher ist es wichtig, diese sogenannten *Zeitdiebe* rechtzeitig zu erkennen und konsequent gegenzusteuern.

Zeitdiebe sind:
- Aufgaben, die routinemäßig erledigt werden, aber immer wieder Wichtigeres unterbrechen
- uneffektiver Arbeitsstil
- Störungen/Ablenkungen von außen
- persönliche Eigenschaften, die einem konzentriert-effektiven Arbeiten entgegenstehen

BEISPIEL

Zeitdiebe	mögliche Lösung
keine Ziele haben	• Ziele genau definieren – Sie lassen sich dann leichter und mit weniger ablenkendem Aufwand erreichen. • Handeln an den eigenen Zielen ausrichten
Papierberge am Arbeitsplatz	• Neuordnung der Arbeitsplatzorganisation
fehlende Selbstdisziplin	• diszipliniert seine eigenen Pläne umsetzen
ständiges Abfragen der E-Mails (führt zu Stress und lenkt von wesentlicher Arbeit ab)	• Abfrage nur zu bestimmten Zeiten (z. B. 3-mal am Tag)
Störungen durch Telefonate	• Einrichten einer stillen Stunde • wichtige Arbeiten zu Zeiten ohne Publikumsverkehr erledigen
lange Besprechungen, Treffen und Meetings	• Prüfung, ob die Besprechung bzw. das Treffen überhaupt notwendig ist • genaue Zeitplanung (Zeitlimits setzen) für jeden einzelnen Tagesordnungspunkt • sich an die Tagesordnung halten (kein Abweichen oder fachfremde Gespräche) • laufende Kontrolle der Zeitplanung während des Meetings
Verzicht auf Planung	• Anwendung von Zeitmanagementmethoden
Stress durch zu lange aufgeschobene Erledigung von Aufgaben	• Anwendung von Zeitmanagementmethoden
zu viel Zeit für unwesentliche Dinge verwenden (z. B. aus Perfektionismus)	• priorisieren: auf das Wesentliche konzentrieren
nicht „Nein!" sagen können	• maßgebliche Ziele erreichen durch Vermeidung der Auferlegung zusätzlicher, zeitfressender (oft weniger wichtiger) Aufgaben
Heranziehen jeder Arbeit	• Aufgaben delegieren
Behinderung von Arbeitsabläufen durch mangelhafte Kommunikation	• eigenes Kommunikationsverhalten überprüfen • Kommunikationsregeln beachten
unangemeldete Besucher	• Einrichtung von Sprechzeiten
schlechte Arbeitsbedingungen (z. B. Lärm)	• Ursachen beseitigen
Stress durch komplex erscheinende Aufgaben	• Aufgabe in Teilschritte zerlegen

Durchführung des Zeitmanagements

Gutes Zeitmanagement besteht aus vier Phasen.

Vorbereitung

Zu Beginn aller Überlegungen zu einem effizienten Zeitmanagement stehen die Fragen:
- Wofür soll die zur Verfügung stehende Zeit überhaupt verwendet werden?
- Was sind die wichtigen Dinge?

Bestandsaufnahme

Grundlage der Bestandsaufnahme ist ein Zeitprotokoll. Für einen bestimmten Zeitraum wird hier erfasst, wie viel Zeit für welche Aktivitäten verbraucht wurde. Dieser Ist-Analyse sollte ein Soll-Analyse folgen: Wofür und in welchem Umfang sollte zukünftig Zeit verwendet werden?

Konkrete Planung

Ist die Bestandsaufnahme als Grundlage erarbeitet worden, benötigt man nur noch wenig Zeit für die konkrete Planung. Hier muss man sich einen Überblick über den kommenden Zeitraum verschaffen und anschließend die Prioritäten zeitlich ordnen. Dabei muss die Zeitplanung möglichst locker und unkompliziert gestaltet werden. Sie darf keinen Stress und Druck erzeugen. Hilfreich in der Zeitplanung hat sich die Beachtung verschiedener Regeln erwiesen (siehe Mindmap).

Bewertung

Effektives Zeitmanagement versucht nicht nur, konkret zu planen, sondern wertet auch die Ergebnisse aus. Die Bewertung der letzten Zeitplanung – und der Lerneffekt daraus – ist deshalb der letzte und zugleich erste Schritt im Zeitmanagement.

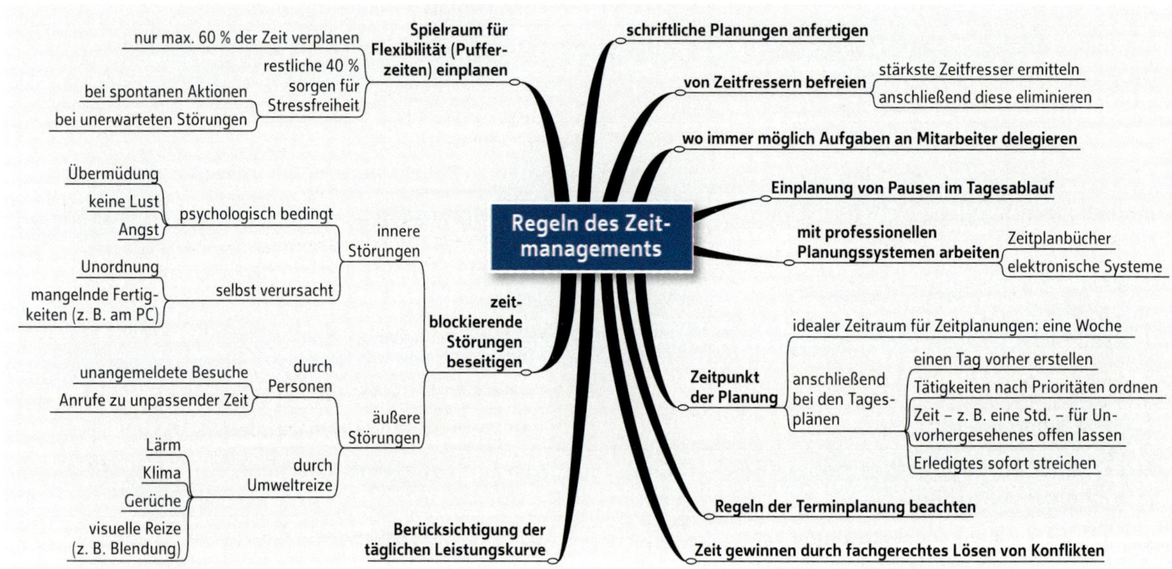

Hilfsmittel der Zeitplanung

Es gibt eine große Anzahl von Methoden, die beim Zeitmanagement helfen.

Salamitaktik

Vor allem sehr umfangreiche Aufgaben bereiten im Rahmen des Zeitmanagements große Schwierigkeiten:

- Sie sind schwer exakt zu planen. Daher entstehen gerade hier häufig Zeitfresser.
- Steht man vor einer riesig erscheinenden Aufgabe, kann dies demotivierend wirken. Oft schiebt man diese Aufgabe dann auf.

Mit der Salamitaktik werden umfangreiche, unübersichtliche und auch schwierige Aufgaben in kleinere, überschaubare Schritte zerlegt. Der Begriff nimmt sinnbildlich Bezug auf das Zuschneiden eines großen Stücks Wurst in sehr viele dünne Scheiben. Ähnlich lassen sich die komplexesten Problemaufgaben Schritt für Schritt bewältigen. Ein ganz einfaches, aber sehr effektives Mittel sowohl der Terminplanung als auch des Zeitmanagements ist die To-do-Liste. Hier wird in Papierform, oft aber auch digital festgehalten, welche Aufgaben erledigt werden müssen und oft auch bis wann dies zu geschehen hat (in einigen Fällen werden auch die Verantwortlichkeiten festgehalten). Das Aufstellen von To-Do-Listen zwingt dazu, alle notwendigen Aufgaben und Tätigkeiten zu berücksichtigen und diese auch nicht zu vergessen. Es werden auch keine Fälligkeitsdaten übersehen.

Eisenhower-Prinzip

Verfährt man im Zeitmanagement nach dem Eisenhower-Prinzip, sortiert man die zu erledigenden Aufgaben nach zwei Kriterien:

- Sind die Aufgaben **dringend**?
  Dringende Aufgaben hängen an einem bestimmten Termin (an dem sie z. B. abgeschlossen werden sein müssen). Dessen Einhaltung bringt einen hohen Nutzen, dessen Nichteinhaltung aber würde einen großen Schaden verursachen. Bei der Dringlichkeit geht es um Zeit.
- Sind die Aufgaben **wichtig?**
  Wichtige Aufgaben bringen das Unternehmen oder die handelnden Personen einem Ziel näher. Die Wichtigkeit wird im Hinblick auf das angestrebte Ziel gemessen. Sie bezieht sich auf den Inhalt. Wichtige Aufgaben sind eher strategischer, langfristiger und präventiver Natur.

Daraus ergibt sich die folgende Matrix:

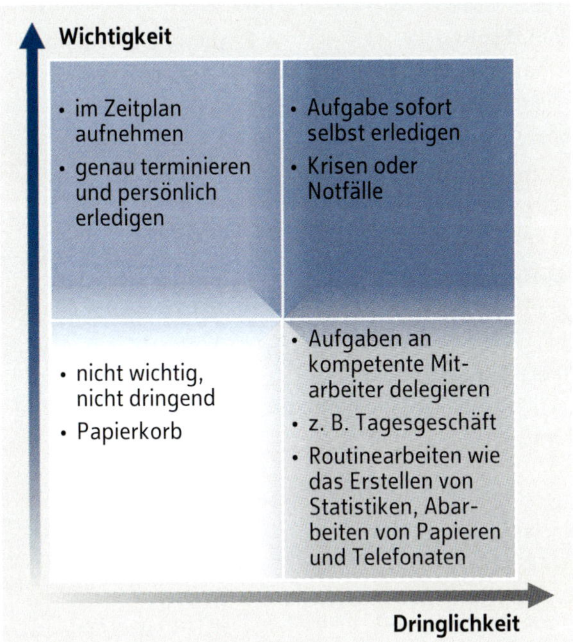

Beachtet werden sollte:
- Wichtigkeit kommt vor Dringlichkeit.
- Wichtigkeit bedeutet Arbeitserfolg.
- Dringlichkeit ist reine Terminsache.

BEISPIEL

Donnerstagmorgen: Herr Hoffmann ordnet die verschiedenen Aufgaben seiner To-do-Liste nach Dringlichkeit und Wichtigkeit.

Als **wichtig und dringlich** ergeben sich die folgenden Aufgaben:
- Die Projektauftaktsitzung „Die Hoffmann KG expandiert ins Ausland" um 14:00 Uhr muss vorbereitet werden.
- Ein Gesprächstermin muss mit dem Filialleiter der Hamburger Filiale wegen eines Brands mit einem großen Schaden in der Nacht im dortigen Lager vereinbart werden.

→ Diese Aufgaben erledigt Herr Hoffmann persönlich und sofort.

Wichtig, aber weniger dringlich:
- Briefe an die Geschäftsleitung müssen beantwortet werden.
- Der Terminkalender muss geführt werden.

→ Bei diesen Aufgaben überlegt sich Herr Hoffmann, wann er dafür Zeit hat, und erledigt sie dann persönlich.

Dringlich, aber weniger wichtige Aufgaben:
- Das Zeugnis für einen ausscheidenden Arbeitnehmer muss geschrieben werden.
- Die neue Version eines Textverarbeitungsprogramms soll installiert werden.

→ Diese Aufgaben werden an die Mitarbeiter der entsprechenden Fachabteilungen delegiert.

Wenig dringlich und wenig wichtige Aufgabe:
- Das Zimmer soll aufgeräumt werden.

→ Diese Aufgabe wird der Reinigungskraft übergeben.

Pareto-Prinzip

Die vom Wirtschaftswissenschaftler Vilfredo Pareto entdeckte 80/20-Regel ist eine der effektivsten Zeitmanagementmethoden. Sie beruht auf der Erkenntnis, dass 20 % eines Zeitaufwands in der Regel bereits 80 % des Erfolgs bewirken.

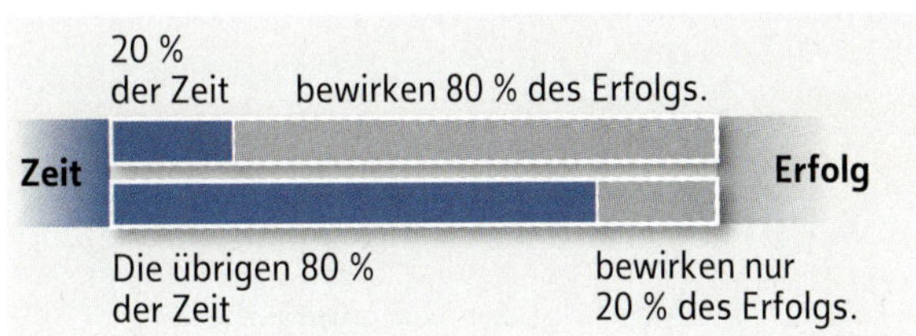

BEISPIELE

- 20 % der Besprechungszeiten bewirken oft 80 % der Beschlüsse.
- 20 % der Schreibtischarbeit ermöglicht häufig 80 % des Arbeitserfolgs.

Für das Zeitmanagement bedeutet das Pareto-Prinzip: Es bringt nicht viel, wenn man versucht, alles zu 100 % richtig und mit der gleichen Aufmerksamkeit und Kraftanstrengung zu machen. Besser ist es, die Priorität auf die wichtigen 20 % des Zeitaufwands zu legen: Diese Tätigkeiten sollten zuerst und mit aller Konzentration erledigt werden.

Die ALPEN-Methode

Diese Methode geht auf Lothar Seiwert zurück. Jeden Tag sollte man einige Minuten zur Erstellung eines schriftlichen Tagesplans nutzen. Dabei sollte man in fünf Schritten vorgehen.

ABC-Methode

Die ABC-Methode hilft, Prioritäten zu setzen: Alle Aufgabe werden in die drei Klassen einsortiert:

- hohe Priorität = A-Aufgabe
- mittlere Priorität = B-Aufgabe
- niedrige Priorität = C-Aufgabe

Aufgaben-Typ	zu beachten
A-Aufgaben stellen die wichtigsten Aufgaben dar. Sie machen nur einen relativ kleinen Anteil der Aufgabenmenge aus, sind aber für den Arbeitserfolg überaus bedeutsam und nicht delegierbar.	• morgens, wenn man noch ausgeruht ist, mit einer A-Aufgabe beginnen • A-Aufgaben sollten den Hauptteil der Arbeitszeit (ca. 65 %) einnehmen.
B-Aufgaben sind Aufgaben mittlerer Wichtigkeit, machen nur etwa 20 % des Arbeitserfolgs aus und sind häufig delegierbar.	• B-Aufgaben in Angriff nehmen, wenn die A-Aufgaben erledigt sind – meist nachmittags • ca. 20 % der Arbeitszeit investieren
C-Aufgaben sind weniger wichtig bis unwichtig (und delegierbar), stellen aber erfahrungsgemäß einen Großteil der Aufgaben.	• C-Aufgaben bei Leistungstiefs oder bei Hochbetrieb im Büro abarbeiten • ca. 15 % der Arbeitszeit investieren

AUFGABEN

1. Was versteht man unter Zeitmanagement?
2. Welche Ziele verfolgt das Zeitmanagement?
3. Was sind Zeitdiebe?
4. Führen Sie Zeitdiebe auf.
5. Führen Sie die vier Phasen einer effektiven Zeitplanung auf.
6. Nennen Sie mindestens fünf Regeln des Zeitmanagements.
7. Wodurch unterscheiden sich wichtige und dringende Aufgaben?
8. Ordnen Sie nach der Eisenhower-Methode:
   a) Briefe beantworten und Kopien erstellen
   b) Ein wichtiger Kunde hat sich kurzfristig angesagt, für den eine Präsentation erstellt werden muss.
   c) Für eine Besprechung in einer Woche müssen Unterlagen erstellt werden.
   d) Die Sekretärin bringt einen Stapel unverlangt zugesandter Prospekte zum Thema *Kantinenverpflegung*.
9. Erläutern Sie die fünf Schritte der ALPEN-Methode.
10. Was versteht man unter dem Pareto-Prinzip?
11. In welchen Situationen wird die Salamitaktik angewandt?

7455312

AKTIONEN

1. Viele Zeitdiebe basieren auf Störungen. Daher sollten Sie Störungen identifizieren und ausschalten:
   a) bei der Arbeit im Ausbildungsbetrieb
   b) bei der Vorbereitung auf eine Klassenarbeit
   Verwenden Sie dazu eine Tabelle in der vorliegenden Art:

Art der Störung	Störungsquelle(n)	Maßnahme(n) zur Beseitigung
Innere Störungen		
Äußere Störungen		

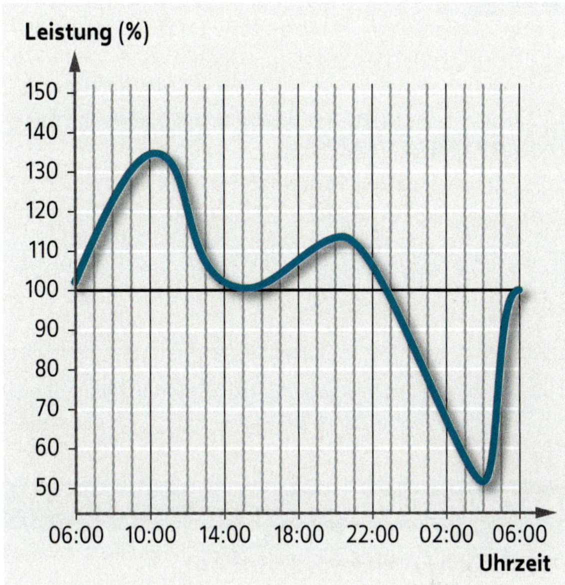

2. Alle Menschen sind im Tagesverlauf in ihrer Leistungsfähigkeit bestimmten Schwankungen unterworfen. Wichtige Tätigkeiten sollten in diesem Zusammenhang in Phasen hohen Leistungsvermögens gelegt werden.
   Statistiker haben den folgenden durchschnittlichen Verlauf der Leistungsfähigkeit ermittelt.
   Beobachten Sie sich über mehrere Tage. Wo finden Sie Abweichungen?

3. Bearbeiten Sie das folgende Quiz zu Zeitdieben im Büro:
   http://quiz.sueddeutsche.de/quiz/2081641991-quiz--zeitfresser-im-buero/1

ZUSAMMENFASSUNG

Zeitmanagement

= effektive Zeitplanung

Ablauf

- Vorbereitung
- Bestandsaufnahme
- konkrete Planung
- Bewertung

Hilfsmittel

- Salamitaktik
- To-do-Liste
- Pareto-Prinzip
- Eisenhower-Prinzip
- ALPEN-Methode
- ABC-Analyse
- Pomodoro-Technik
- GTD

2.28 Wir beachten die Arbeitsschutzbestimmungen

Einstieg

Frau Vosges und Herr Weidner arbeiten als Angestellte im Verkauf der Hoffmann KG. Von dienstags bis freitags arbeiten sie jeweils von 07:00 bis 16:00 Uhr (einschließlich Pausen von 10:30 bis 11:00 Uhr und 13:00 bis 13:30 Uhr). An den Sonnabenden sind sie von 07:00 bis 13:30 Uhr (einschließlich einer Pause von 10:30 bis 11:00 Uhr) beschäftigt. Der Montag ist ihr freier Tag.

Frau Zahn, eine Kollegin von Frau Vosges und Herrn Weidner, meldet sich am Wochenanfang wegen Krankheit für mindestens 14 Tage arbeitsunfähig. Der Abteilungsleiter, Herr Staub, bittet Frau Vosges, solange die Kollegin arbeitsunfähig ist, zusätzlich auch am Montag von 07:00 bis 16:00 Uhr zu arbeiten. Herr Weidner wird gebeten, in dieser Zeit von Dienstag bis Donnerstag jeweils zwei Stunden länger bis zum Geschäftsschluss um 18:00 Uhr zu arbeiten.

Prüfen Sie, ob Frau Vosges und Herr Weidner diese Mehrarbeit leisten dürfen.

INFORMATIONEN

Gesetzlicher Arbeitszeitschutz

Bei der Festlegung der Arbeitszeit müssen Arbeitgeber und Arbeitnehmer zahlreiche gesetzliche Schutzvorschriften beachten. Gesetzliche Arbeitszeitregelungen für Arbeitnehmer enthalten vor allem:

- das Arbeitszeitgesetz (ArbZG)
- das Mutterschutzgesetz (MuSchG)
- das Jugendarbeitsschutzgesetz (JArbSchG)

Arbeitszeitgesetz

Gültigkeitsbereich des Arbeitszeitgesetzes

Die Bestimmungen des Arbeitszeitgesetzes gelten in der Industrie, im Handwerk (außer in Bäckereien und Konditoreien), im Handel und in sonstigen Dienstleistungsbetrieben für alle Arbeiter, Angestellten und Auszubildenden über 18 Jahren.
Sie gelten nicht für:

- leitende Angestellte
- Chefärzte
- Leiter öffentlicher Dienststellen und deren Vertreter
- Arbeitnehmer im öffentlichen Dienst, die selbstständig in Personalangelegenheiten entscheiden dürfen

Für Beschäftigte unter 18 Jahren gelten die Bestimmungen des Jugendarbeitsschutzgesetzes.

Höchstarbeitszeit

Das Arbeitszeitgesetz bestimmt, dass die regelmäßige Arbeitszeit an Werktagen die Dauer von acht Stunden nicht überschreiten darf. Dabei sind die Ruhepausen nicht Bestandteil der täglichen Arbeitszeit.

Das Arbeitszeitgesetz erlaubt eine Verlängerung der täglichen Höchstarbeitszeit auf bis zu zehn Stunden nur, wenn dadurch die durchschnittliche werktägliche Arbeitszeit innerhalb von sechs Monaten oder vierundzwanzig Wochen nicht überschritten wird. Ohne Ausgleich kann der 8-Stunden-Tag durch Tarifvertrag an höchstens 60 Werktagen im Jahr auf bis zu zehn Stunden verlängert werden.

BEISPIELE

Herr Weidner arbeitet zwölf Wochen hintereinander täglich zehn Stunden. In den folgenden zwölf Wochen arbeitet er nur sechs Stunden täglich. Damit hat er innerhalb dieser vierundzwanzig Wochen durchschnittlich acht Stunden täglich gearbeitet. Dies ist laut ArbZG zulässig.

Ruhezeiten und Ruhepausen

Die Beschäftigten haben bei einer täglichen Arbeitszeit von mehr als sechs Stunden Anspruch auf mindestens eine halbstündige oder zwei viertelstündige Ruhepausen. Bei einer täglichen Arbeitszeit von mehr als neun Stunden müssen die Ruhepausen mindestens 45 Minuten betragen. Die einzelnen Ruhepausen müssen mindestens fünfzehn Minuten lang sein.

Zwischen zwei Arbeitstagen muss die ununterbrochene Ruhezeit für die Beschäftigten mindestens elf Stunden betragen.

Im Hotel- und Gaststättengewerbe, im Verkehrsgewerbe, in Krankenhäusern und anderen Behandlungs-, Pflege- und Betreuungseinrichtungen, beim Rundfunk, in der Landwirtschaft und in der Tierhaltung darf die ununterbrochene Ruhezeit auf zehn Stunden verkürzt werden.

7455314

Diese Ruhezeitverkürzung muss allerdings innerhalb eines Monats oder innerhalb von vier Wochen durch eine Verlängerung einer anderen Ruhezeit auf mindestens zwölf Stunden ausgeglichen werden.

Sonn- und Feiertagsruhe
An Sonn- und Feiertagen dürfen Arbeiter, Angestellte und Auszubildende grundsätzlich nicht beschäftigt werden. Ausnahmen lässt das Arbeitszeitgesetz jedoch u. a. für das Verkehrsgewerbe, das Gast- und Schankgewerbe, Krankenhäuser und die Landwirtschaft zu.

Bestimmungen des Mutterschutzgesetzes

Schwangere Frauen dürfen nicht mit
- schweren körperlichen Arbeiten,
- Arbeiten, bei denen sie schädlichen Einwirkungen (z. B. Staub, Gasen, Hitze) oder der Gefahr einer Berufskrankheit ausgesetzt sind,
- Akkord- oder Fließbandarbeit beschäftigt werden.

Werdende und stillende Mütter dürfen nicht mit Mehrarbeit beschäftigt werden. Ihre tägliche Arbeitszeit darf,
- wenn sie unter 18 Jahre alt sind, 8 Stunden,
- wenn sie über 18 Jahre alt sind, 8,5 Stunden

nicht überschreiten.

Außerdem dürfen werdende und stillende Mütter nicht
- in der Nacht zwischen 20:00 und 06:00 Uhr und
- an Sonn- und Feiertagen

beschäftigt werden.

Werdende Mütter dürfen in den letzten sechs Wochen vor der voraussichtlichen Niederkunft nicht beschäftigt werden, es sei denn, dass sie ausdrücklich arbeiten wollen.Bis zum Ablauf von acht Wochen nach der Entbindung dürfen Frauen nicht beschäftigt werden. Bei Früh- oder Mehrlingsgeburten verlängert sich diese Frist auf zwölf Wochen.

Gesundheits- und Unfallschutzbestimmungen

Gemäß **Arbeitsschutzgesetz** ist der Arbeitgeber für die Sicherheit und den Gesundheitsschutz bei der Arbeit aller Arbeitnehmer seines Betriebs verantwortlich. Er muss dies durch Maßnahmen des Arbeitsschutzes dauerhaft absichern. Das Arbeitsschutzgesetz bildet den Rahmen für viele weitere Spezialgesetze oder -verordnungen für den Arbeitsschutz, die der Arbeitgeber beobachten muss. Das sind z. B.:

- **Arbeitssicherheitsgesetz**
  Es regelt den Einsatz von Betriebsärzten und Fachkräften für Arbeitssicherheit.
- **Arbeitsstättenverordnung**
  Sie regelt die Gestaltung von Arbeitsräumen, Sanitätsräumen, Erste-Hilfe-Räumen und Unterkünften. Sie schreibt vor, dass der Arbeitgeber die erforderlichen Maßnahmen trifft, damit nicht rauchende Beschäftigte in Arbeitsstätten wirksam vor den Gesundheitsgefahren durch Tabakrauch geschützt sind. Soweit erforderlich, muss der Arbeitgeber ein allgemeines oder auf einzelne Bereiche der Arbeitsstätte beschränktes Rauchverbot erlassen.
- **Bildschirmarbeitsverordnung**
  Sie ist in die Arbeitsstättenverordnung integriert und regelt die Mindestanforderungen bezüglich der Sicherheit und des Gesundheitsschutzes bei der Arbeit an Bildschirmgeräten. Sie schreibt die regelmäßige Unterbrechung der Bildschirmarbeit durch andere Tätigkeiten oder Pausen vor. Außerdem verlangt die Bildschirmarbeitsverordnung, dass Beschäftigte ihre Augen und ihr Sehvermögen vor Aufnahme der Bildschirmarbeit und anschließend in regelmäßigen Zeitabständen durch eine fachkundige Person untersuchen lassen.

Außer den staatlichen Gesetzen oder Verordnungen müssen die Unfallverhütungsvorschriften der zuständigen Berufsgenossenschaft in den Betrieben beachtet werden.

AUFGABEN

1. Wie viele Stunden pro Woche darf ein Arbeitnehmer normalerweise höchstens arbeiten?
2. Frau Bertram, 20 Jahre alt, arbeitet von Montag bis Donnerstag acht Stunden täglich und am Freitag sechs Stunden. Darf sie ihre tägliche Arbeitszeit von Montag bis Donnerstag auf 9,5 Stunden erhöhen, um am Freitag freizuhaben?

3. Herr Witt arbeitet am Donnerstag neun Stunden. Wie viele Minuten Ruhepausen stehen ihm laut Arbeitszeitgesetz mindestens zu?

4. Frau Bode möchte fünf Wochen vor dem voraussichtlichen Termin ihrer Niederkunft weiter in ihrem Betrieb arbeiten. Darf ihr Arbeitgeber das gestatten?

5. Wie viele Wochen nach der Niederkunft darf Frau Bode nicht arbeiten?

6. Stellen Sie fest, welche Spezialgesetze und -verordnungen für den Arbeitsschutz in Ihrem Ausbildungsbetrieb beachtet werden müssen.

AKTIONEN

1. Die Verwaltungsabteilungsleiterin, Frau Schwab, möchte für die Sachbearbeiterinnen und Sachbearbeiter der Verwaltungsabteilung, Frau Wollicki, Frau Adam, Frau Mestanovic, Frau Pahlevan, Herrn Wehrheim, Herrn Wilkinson, Herrn Halfpap, Herrn Kretzschmar und Herrn Pauer, einen Wocheneinsatzplan aufstellen.

   Stellen Sie diesen Wocheneinsatzplan auf. Berücksichtigen Sie dabei folgende Punkte:

   - Die Verwaltung soll montags bis freitags von 07:30 bis 18:00 Uhr besetzt sein.
   - Die regelmäßige wöchentliche Arbeitszeit laut Arbeitsvertrag beträgt für alle Sachbearbeiterinnen und Sachbearbeiter der Verwaltungsabteilung 40 Stunden.
   - Alle Sachbearbeiterinnen und Sachbearbeiter der Verwaltungsabteilung sind über 18 Jahre alt.

2. Sammeln Sie in Ihrer Klasse Gründe für die Notwendigkeit der in Industrie- und Handelsbetrieben geltenden Arbeitsschutzbestimmungen.

   Verwenden Sie dazu die Methode der Kartenabfrage.

ZUSAMMENFASSUNG

Das Arbeitszeitgesetz

regelt unter anderem

die tägliche Höchstarbeitszeit
- grundsätzlich acht Stunden täglich
- Verlängerung bis zehn Stunden täglich ist unter bestimmten Voraussetzungen erlaubt.

die Mindestruhepausen
- bei mehr als sechs Stunden Arbeitszeit = 30 Minuten
- bei mehr als neun Stunden Arbeitszeit = 45 Minuten

die Mindestruhezeit zwischen zwei Arbeitstagen
- elf Stunden ununterbrochen

Zusätzliche Schutzvorschriften

Mutterschutzgesetz → enthält Schutzvorschriften für schwangere Frauen und Mütter.

Arbeitsschutzgesetz → bildet den Rahmen für Spezialgesetze und -verordnungen für den Arbeitsschutz, z. B.:
- Arbeitssicherheitsgesetz
- Arbeitsstättenverordnung
- Bildschirmarbeitsverordnung
- Gefahrstoffverordnung

Unfallverhütungsvorschriften der Berufsgenossenschaften

7455316

2.29 Wir wenden Strategien zur Bewältigung von Stress, Burn-out und Mobbing an

Einstieg

Katarzyna Lindemann fährt nach der Schule mit ihrer Klassenkameradin Petra Paape im Bus nach Hause und merkt, dass etwas mit Petra nicht stimmt. Sie sieht traurig und übermüdet aus und es rinnt ihr eine Träne über die Wange.

Katarzyna Lindemann:
„Petra, ist alles okay? Du weinst ja!"

Petra Paape:
„Nein, nein, es ist alles in Ordnung."

Katarzyna Lindemann:
„Das glaube ich dir nicht. Ist es, weil dich die anderen Mädchen in der Klasse immer hänseln?"

Petra Paape (weint stärker):
„Ach, wenn es nur das wäre. Du bist die Einzige, die nett zu mir ist. Im Betrieb muss ich ständig Überstunden machen und unsere Ausbilderin gibt mir nur solche Aufgaben wie den Telefondienst oder Kaffeekochen. Sie sagt, dass ich die anderen Aufgaben sowieso nie schaffe."

Katarzyna Lindemann:
„Was? Das ist ja schlimm. Wieso das denn?"

Petra Paape:
„Na ja, wir mussten alle unsere Klassenarbeiten bei ihr vorlegen und seit sie weiß, dass ich die schlechtesten Noten habe, bekomme ich nur noch diese Aufgaben. Und seitdem hänseln mich die anderen Auszubildenden im Betrieb auch noch mehr."

Katarzyna Lindemann:
„Das ist ja unglaublich mies! Hast du denn mal etwas gesagt?"

Der Bus hält an, beide steigen aus und Petra zündet sich zitternd eine Zigarette an. Das wundert Katarzyna, da Petra sonst nur auf Partys raucht und ihr heute schon in den Pausen aufgefallen ist, dass Petra immer geraucht hat.

Petra Paape:
„Wem soll ich denn etwas sagen? Die Ausbilderin sagt, sie diskutiert nicht mit mir. Dazu solle ich erst einmal vernünftige Arbeitsergebnisse abgeben und gute Noten schreiben. Ich fühle mich jeden Tag unwohl, wenn ich zur Arbeit muss, und abends denke ich so sehr darüber nach, dass ich Kopfschmerzen habe und nicht einschlafen kann. In diesem Zustand kann ich mich dann auch überhaupt nicht dazu motivieren, noch zu lernen oder überhaupt etwas zu unternehmen. Und wenn ich mich endlich hinsetze und lerne, dann habe ich das Gefühl, dass ich mir nichts merken und nicht einmal einen Satz am Stück konzentriert lesen kann."

1. Beschreiben Sie die Probleme, die in Petras Leben auftauchen.
2. Machen Sie Vorschläge, was Petra unternehmen könnte, um ihre Situation zu verbessern.

INFORMATIONEN

Stress als Problem

Die Menschen verbringen einen Großteil ihres Lebens am Arbeitsplatz. Und ebenso wie im Privatleben laufen nicht alle Dinge so, wie man es sich vorstellt. Es gibt Situationen oder Phasen, in denen die Dinge gehäuft einen ungeplanten Verlauf nehmen. Die Konsequenz ist häufig, dass der Betroffene gestresst ist. Aber was heißt es eigentlich, „gestresst" zu sein?

DEFINITION

Stress ist der zum Teil unbewusste psychische und physische Anspannungszustand einer Person, der ausgelöst wird durch Herausforderungen, die die Person als nur sehr schwer oder gar nicht zu bewältigen einschätzt.

Stress ist eine natürliche (Schutz-)Reaktion des Körpers. Aufgrund äußerer Einflüsse (Herausforderungen, Bedrohungen oder Ähnlichem) werden Stresshormone ausschüttet, um dem Körper kurzfristig zusätzliche Energie zur Bewältigung des äußeren Einflusses zur Verfügung zu stellen. Bei Stress steigen sowohl Puls als auch Blutdruck, die Atmung wird beschleunigt, die Muskulatur ist angespannt – kurzum: der Körper ist in Alarmbereitschaft.

Vor langer Zeit war die Stressreaktion für Menschen überlebenswichtig. Sie mobilisierte in kürzester Zeit Kräfte, um auf Gefahrsituationen zu reagieren, z. B. mit Flucht oder Kampf. Aufgrund der aktuellen Lebenssituation wird von uns Menschen heutzutage nur sehr selten eine lebenswichtige Reaktion in einer Stresssituation verlangt. Dennoch wird der Körper durch Stress grundsätzlich in einen Zustand höherer Aufmerksamkeit und Leistungsfähigkeit versetzt.

Wird eine Situation eher als Herausforderung und nicht als Bedrohung wahrgenommen, spricht man von **Eustress** („positivem“ Stress). Durch die Aktivierung des Körpers führt Eustress in vielen Situationen zu besseren Arbeitsergebnissen.

Wird eine Situation als bedrohlich empfunden und löst sie Angst, z. B. vor Misserfolg, aus, spricht man von **Distress** („negativem“ Stress).

Kurze Stressphasen überwinden Menschen zumeist sehr gut. Problematisch wird es aber, wenn der Mensch sich längerfristig oder dauerhaft (im Berufs- und/oder Privatleben) in einem unangenehmen Stresszustand befindet. Der Körper baut dann einen dauerhaften Anspannungszustand auf, der jedoch vom Menschen nicht wieder abgebaut wird (z. B. durch körperliche Verausgabung). Eine derartige Situation kann enorme Gesundheitsprobleme verursachen. Insbesondere eine Schwächung des Immunsystems, ein erhöhter Blutdruck oder Cholesterinwert oder Diabetes können durch einen dauerhaften Stresszustand ausgelöst werden.

Schlussendlich kann eine dauerhafte Stresssituation auch zu einem Burn-out-Syndrom führen.

Ursachen von Stress

Um einen dauerhaften Stresszustand zu vermeiden, muss der Mensch zunächst einmal erkennen, worin die Ursache für den Stress liegt. Da Stress ein subjektives Empfinden ist, das heißt, Stress von Mensch zu Mensch unterschiedlich wahrgenommen wird, gibt es Situationen, die bei einer Person negativen Stress hervorrufen, während sie für andere Personen gar kein Problem darstellen. Für die Verursachung von Stress kommen zahlreiche Umstände in Betracht.

BEISPIEL

Es muss eine wichtige Präsentation vor den Kollegen vorbereitet und gehalten werden. Dafür bleiben nur wenige Tage Zeit und es handelt sich um ein unbekanntes Themengebiet. Stress kann hier auf vielerlei Arten entstehen, z. B. durch:

- das Sprechen vor Publikum (hier: den Kollegen)
- den zusätzlichen Arbeitsaufwand für die Erstellung der Präsentation
- das Einarbeiten in ein neues Thema
- den vorhandenen Zeitdruck
- schlechte Erfahrungen in ähnlichen Situationen in der Vergangenheit
- Angst vor den Kollegen/dem Chef oder den möglichen Fragen während der Präsentation
- den Anspruch, die Präsentation absolut perfekt gestalten zu wollen, obwohl das in der gegebenen Zeit gar nicht möglich ist
- den Ärger über sich selbst, dass man die Aufgabe wegen vorhandenem Zeitmangel nicht abgelehnt hat
- eine Kombination der genannten möglichen Stressursachen

Stress verursachende Faktoren werden als **Stressoren** bezeichnet. Stressoren können aus der gesamten Umwelt des Betroffenen resultieren. Sie werden auf verschiedene Weise eingeteilt, z. B. in innere und äußere Stressoren.

Die **inneren Stressoren** sind diejenigen, die auf die Einstellung und Gedanken des Betroffenen selbst zurückgehen.

BEISPIEL

- ausgeprägter Perfektionismus
- ständiger Kontrollzwang
- unbedingter Wille, stets alle Ansprüche zu erfüllen
- starker Ehrgeiz
- Helfersyndrom (= zwanghafter Wille, anderen Menschen zu helfen, ohne dabei auf die eigenen Bedürfnisse zu achten)
- geringe Belastbarkeit
- Probleme in der Entscheidungsfindung
- Probleme bei der Stressbewältigung

7455318

Äußere Stressoren dagegen gehen von der Umwelt aus und können z. B. wie folgt unterteilt werden:

- **physische Stressoren** (z. B. Hitze, Kälte, Lärm, Schmerzen, Krankheit, Behinderung)
- **psychische Stressoren** (z. B. Arbeit, Karriere, Ärger, Zeitdruck, Prüfungssituation, hohe finanzielle Belastungen)
- **soziale Stressoren** (z. B. Konflikte, Mobbing, Krankheit, Verlust von Angehörigen, Konkurrenzkampf)
- **chemische Stressoren** (z. B. Nikotin, Alkohol, Drogen, falsche Ernährung oder Körperpflege)

Bei den psychischen Stressoren ist zu beachten, dass die Abgrenzung zwischen inneren und äußeren Stressoren häufig schwerfällt.

Mobbing als sozialer Stressor

Das Wort **Mobbing** kommt aus dem Englischen; „to mob" bedeutet „pöbeln" oder „jemanden schikanieren". Von Mobbing spricht man also, wenn jemand von Einzelnen oder von einer Gruppe häufig und wiederholt schikaniert, belästigt oder ausgegrenzt wird. Dies kann durch Worte, Missachtung, in den Sozialen Medien oder auch durch direkte Gewalt geschehen. Mobbing gibt es zwischen Kindern, Jugendlichen und Erwachsenen und kann überall auftreten: in der Schule, am Arbeitsplatz, im Verein ... In der Regel kann sich ein Mobbingopfer nicht allein gegen die Mobbenden durchsetzen.

Der Definition ist zu entnehmen, dass Mobbing nicht durch einmalige Äußerungen, sondern vielmehr auf dauerhafter, systematischer Wiederholung von abwertenden oder missgünstigen Äußerungen oder Handlungen basiert.

Mobbing im Berufsleben liegt z. B. vor, wenn jemand kontinuierlich Tätigkeiten zugewiesen bekommt, die seine Fähigkeiten entweder übersteigen oder ihn klar unterfordern und er nur noch unwichtige Arbeiten ausführen darf. Darüber hinaus können Personen auch auf der sozialen Ebene gemobbt werden, wenn sie sozial ausgegrenzt oder nicht gehört werden.

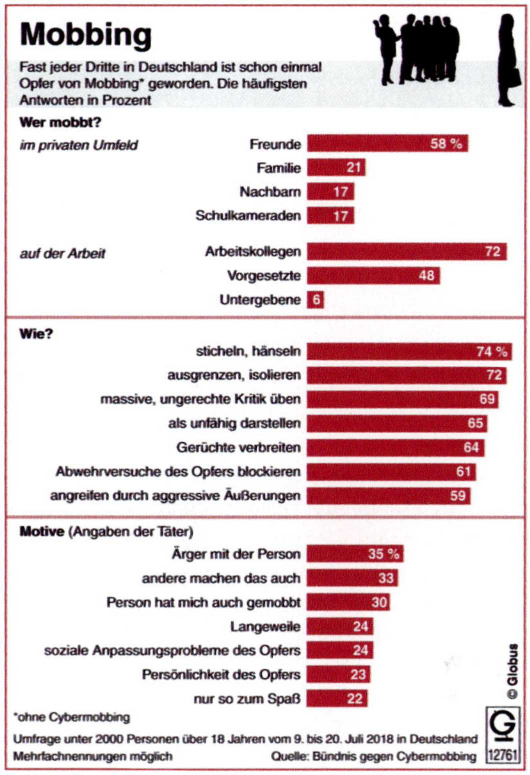

Mobbing ist für die Betroffenen ein großes Problem und kann zu Stress mit schwerwiegenden gesundheitlichen Schäden führen. Daher sollten Betroffene das Mobbing nicht einfach hinnehmen, sondern versuchen, Strategien zu entwickeln, um das Mobbing zu bekämpfen. Natürlich sind solche Strategien abhängig von vielen Faktoren. Dies sind einerseits die Opfer, andererseits die Täter und auch die Umstände, unter denen das Mobbing stattfindet.

Hilfreiche Strategien gegen Mobbing können sein:

- Täter frühzeitig auf die Mobbingattacken ansprechen und versuchen, ein klärendes Gespräch zu führen (am besten unter vier Augen)
- Ursachen suchen und Lösungsvorschläge entwickeln
- kompromissbereit sein
- die wahrgenommenen Mobbinghandlungen dokumentieren, um sie in Gesprächen gegen die Täter und für sich selbst vorbringen zu können
- das Problem in Gesprächen mit den Vorgesetzten thematisieren
- selbstsicher auftreten, um sich nicht angreifbar zu machen
- Beratungs- und Hilfsangebote in Anspruch nehmen
- Personal-/Betriebsrat einschalten
- Stressabbau durch Sport, Entspannungstechniken usw.
- Selbsthilfegruppen besuchen
- Auszeit nehmen, z. B. Urlaub oder Kur antreten

Da die Mobbingopfer häufig keine Schuld daran haben, dass sie zum Opfer geworden sind, können sie die Probleme schwerlich alleine bekämpfen. An dieser Stelle sind Dritte gefragt, die Betroffenen bei der Problembewältigung zu unterstützen. Heutzutage ist es daher auch für Unternehmen, Führungskräfte und Personalräte wichtig, sich mit dem Problem des Mobbings auseinanderzusetzen. Im Rahmen der Unternehmensrichtlinien, der Mitarbeiterführung und durch Wahrnehmen entsprechender Fortbildungsangebote sind Maßnahmen zu ergreifen, die Mobbing einerseits vorbeugen und somit nach Möglichkeit verhindern und andererseits wirkungsvoll bekämpfen und somit beseitigen.

Cybermobbing

In der jüngeren Vergangenheit entwickelt sich gerade unter jungen Leuten eine neue Form des Mobbings: das Cybermobbing.

DEFINITION

Cybermobbing ist das absichtliche Beleidigen, Bedrohen, Bloßstellen oder Belästigen von Personen im Internet oder mit dem Handy – meist über einen längeren Zeitraum. Dabei werden unterschiedliche Internet- und Handydienste verwendet: z. B. E-Mail, Instant Messaging, Foto- oder Videoplattformen, Kommunikation in Chatrooms, in Diskussionsforen, in Blogs und in sozialen Netzwerken usw.

Cybermobbing als neumoderne Hightechvariante des Mobbings bietet den Tätern völlig neue Möglichkeiten. Einmal veröffentlichte Inhalte verbreiten sich rasch vor einem großen Publikum und sind oft nicht mehr zu entfernen. Durch das Cybermobbing werden die Opfer nicht mehr nur zeitweise (z. B. in der Schule oder im Betrieb), sondern ununterbrochen bloßgestellt. Außerdem bietet das Internet den Tätern häufig Anonymität, weil sich jede Person beliebige Fantasienamen geben und häufig beliebig viele Accounts anlegen kann. Zudem sehen viele Menschen das Internet als einen „rechtsfreien" Raum an und halten sich nicht an Regeln, die sie im Alltag gewohnheitsmäßig beachten.

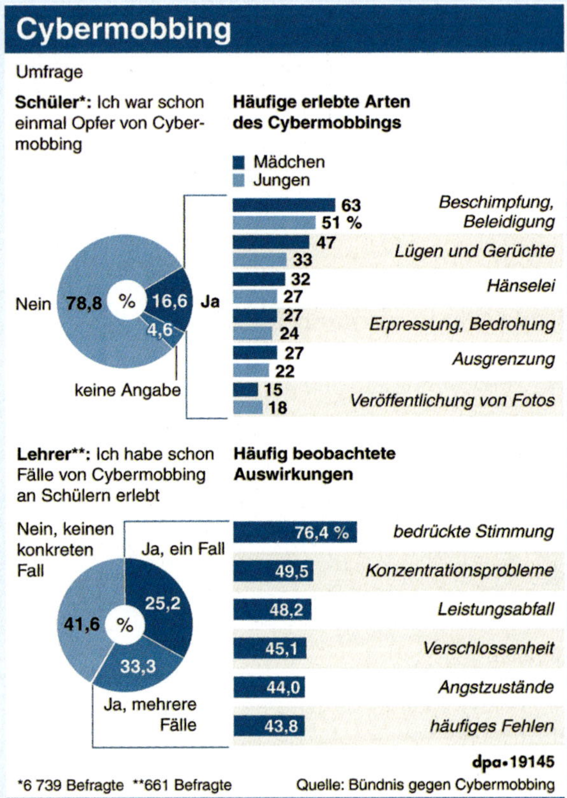

Anzeichen von Stress

Stress kann sich auf vielerlei Arten bemerkbar machen. Die Anzeichen sind von Mensch zu Mensch unterschiedlich in ihrem Auftreten und ihrer Ausprägung.

Ebene der Beeinflussung	Wahrnehmung	Empfinden	körperliche Anzeichen	Verhalten
Stressmerkmale	• verschlechterte Aufnahmefähigkeit • geringere Aufmerksamkeit • Vergesslichkeit	• Antriebslosigkeit • Angst vor Überforderung • Perspektivlosigkeit • dauerhafte Müdigkeit	• Herzprobleme • Bluthochdruck • häufige Kopfschmerzen • ungewohnte Schmerzen • Schlafstörungen	• erhöhter Alkohol- oder Drogenkonsum • erhöhte Reizbarkeit • hohes Arbeitspensum

Burn-out

Burn-out als Folge von Stress

Befinden sich Personen über einen längeren Zeitraum dauerhaft in einem negativen Stresszustand, kann es zum Burn-out-Syndrom als schwerwiegendem, gesundheitlichem Schaden kommen. Der Name Burn-out geht zurück auf das von den Patienten beschriebene Gefühl, innerlich ausgebrannt zu sein.

DEFINITION

Burn-out-Syndrom beschreibt einen Krankheitszustand, bei dem der Patient körperlich, emotional und geistig vollkommen erschöpft und als Folge das Leistungsvermögen deutlich reduziert ist.

Bei „Johannes B. Kerner" sprach TV-Koch Tim Mälzer zum ersten Mal über seinen Burn-out:

„Ich war absolut am Limit"

[...] Die Zuschauer kennen Fernseh-Koch Tim Mälzer als Hansdampf in allen Küchen. Doch irgendwann wurde ihm alles zu viel – der Stress machte ihn fertig. Mälzer zog die Notbremse und ließ sich in der Schweiz behandeln. Jetzt sprach der „Küchenbulle" bei „Johannes B. Kerner" zum ersten Mal über diesen Tiefpunkt. Das Karrierekarussell drehte sich zu schnell: „Das ging alles in so einem rasanten Tempo, dass ich kaum noch Schritt halten konnte", so Mälzer.

Er sieht sich selbst bloß als der Tim aus Pinneberg, der gute Bratkartoffeln machen kann. Als ihm klar wurde, dass eine ganze Industrie an ihm hängt, bekam er es mit der Angst zu tun. Zu viel Verantwortung, zu groß der Erfolgsdruck. „Ich war absolut am Limit und bin wirklich nur noch rumgehetzt", erzählt er jetzt.

„Ich habe gezittert"

Der Stress schlug sich auch körperlich nieder: „Ich habe wirklich gezittert, als ob ich nur noch unter Strom stehe. War immer nur noch so hektisch". Die Folge: Mälzer bekam plötzlich Panikattacken, ertrug die Öffentlichkeit kaum noch. Zwischendurch wollte er alles hinschmeißen. „Ich war nicht mehr stolz darauf, was ich gemacht habe." In der Schweiz lernte er, es ruhiger angehen lassen und Verantwortung abzugeben. „Ich achte darauf, dass ich mehr Freizeit für mich, meine Freundin und Familie habe." [...] UW

Quelle: BZ Berlin (UW): Bei „Johannes B. Kerner" sprach TV-Koch Tim Mälzer zum ersten Mal über sein Burn-out. 14.12.2006. In: BZ. www.bz-berlin.de/archiv/bei-johannes-b-kerner-sprach-tv-koch-tim-maelzer-zum-ersten-mal-ueber-sein-burn-out-article283057.html [17.08.2022].

Ein Burn-out-Syndrom entsteht häufig durch dauerhafte Kombination verschiedener Stressoren auf Arbeitsebene. Neben den inneren Stressoren, die in der Persönlichkeit des Betroffenen begründet sind, sind häufig auch die sozialen und psychischen Stressoren ursächlich für ein Burn-out-Syndrom.

Entgegen der weitläufigen Annahme ist Burn-out keine „Managerkrankheit", sondern tritt häufig in Berufsgruppen auf, die im Berufsleben täglich emotional gefordert sind (z. B. Altenpfleger, Lehrer, Seelsorger). Zu den gefährdeten Gruppen gehören auch „Workaholics", die sich in erster Linie über ihre Arbeit definieren und dafür Familie und Freizeitgestaltung stark vernachlässigen. Ihnen fehlt der notwendige Ausgleich zu ihrer täglichen Stressbelastung.

Symptome des Burn-out-Syndroms

Das Burn-out-Syndrom kann sich auf viele verschiedene Arten bemerkbar machen. Typische Symptome sind z. B.:

- Stimmungsschwankungen und Gereiztheit
- Antriebslosigkeit und Lust- bzw. Motivationslosigkeit
- Versagensängste
- Depressionen
- Übermüdung und Schlafstörungen
- mangelnde Konzentrationsfähigkeit
- Verzweiflung bis Hoffnungslosigkeit
- körperliche Beschwerden (Erkältungen, Kopf-, Rücken-, Nackenschmerzen sowie Magen- und Darmbeschwerden, Herzprobleme, Gleichgewichtsstörungen)
- unerwartet in Tränen ausbrechen
- gesteigerter Alkoholkonsum

Häufen sich die oben aufgeführten Symptome oder werden sie gar zu einem wesentlichen Lebensinhalt, so sollten diese Alarmzeichen des Körpers ernst genommen werden. Man sollte jedoch bei aller Vorsicht nicht vergessen: Es ist normal, dass es auch Tage gibt, an denen die Laune, die Leistungsfähigkeit, das Wohlbefinden oder die Motivation nicht so sind, wie man es sich wünscht.

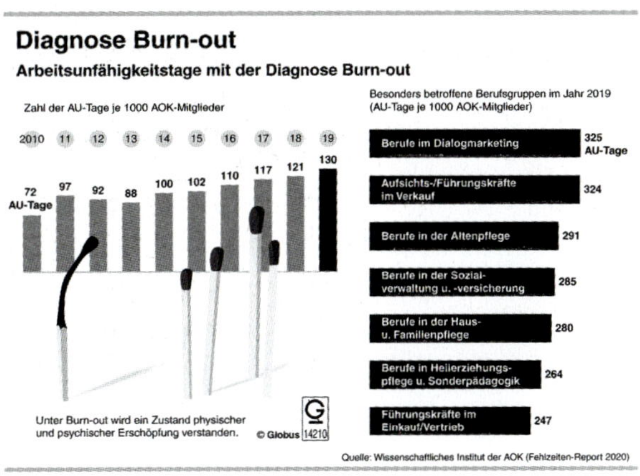

Bewältigung von Stress

Sobald ein Mensch das Gefühl hat, dass er unter dauerhaftem oder starkem Stress leidet, sollte er Strategien entwickeln, um chronischen Stress mit den möglicherweise fatalen Folgen (z. B. Burn-out-Syndrom) entgegenzusteuern. Es gibt zahlreiche Möglichkeiten, wie Stress bekämpft werden kann, eines ist aber wichtig: jeder Mensch muss seine eigene Stressbewältigungsstrategie finden. Viele Unternehmen bieten ihren Mitarbeitern Hilfen zum Umgang mit Stress an. Diese können z. B. in betrieblichen Ruhe- oder Fitnessräumen, Betriebssport, Fortbildungen zum gesundheitsbewussten Arbeiten oder zur Durchführung von Bürogymnastik bestehen und sollten von den Angestellten bei Bedarf genutzt werden.

In der folgenden Tabelle sind mögliche Bestandteile von Stressbewältigungsstrategien aufgeführt, die dabei helfen können, eine gute Work-Life-Balance zu erlangen. Nur so können im Beruf dauerhaft gute Ergebnisse erzielt werden, ohne gesundheitliche Schäden davonzutragen.

Stressbewältigung durch	Erläuterung
Sport	Häufig kann Sport dafür sorgen, dass der vom Körper hergestellte Anspannungszustand gelöst wird. (Früher folgte auf den Stress eine Reaktion wie Kampf oder Flucht.)
bewusste Pausen	Eine bewusste Pause verschafft dem Körper oft eine merkliche Entspannung. Dies kann ein ruhiger Spaziergang, ein Mittagsschlaf oder ein Power-Nap sein, bei dem kein Gedanke an die Arbeit verschwendet wird.
Hobbys	Ein entspannendes Hobby, bei dem man sich von den Problemen des Alltags löst (z. B. Angeln, Kochen, autogenes Training, Yoga), kann beim Stressabbau helfen.
„Nein" sagen	Gestresste Personen sind stets darum bemüht, es immer sofort allen recht zu machen. Dadurch kann ein enormer Zeitdruck und somit Stress entstehen. Es ist daher wichtig, zu erkennen, dass man nicht immer alles sofort erledigen kann, und dies auch zu kommunizieren.
geändertes Anspruchsdenken	Häufig haben gestresste Personen den Anspruch an sich selbst, immer alles perfekt zu erledigen. Dies ist grundsätzlich ein sehr lobenswerter Gedanke, aber absolute Perfektion ist nicht ständig erreichbar. Daher sollte man Prioritäten setzen und die Erwartungshaltung an sich selbst zurückschrauben.
Organisation	Stress kann minimiert werden, indem Tagesablauf, Arbeitsplatz und Zeiteinteilung besser organisiert werden. Durch eine gute Organisation kann beispielsweise eine ungestörte Arbeitsphase ermöglicht werden. Häufig wird in einer kürzeren, aber ungestörten Arbeitsphase ein wesentlich besseres Ergebnis erzielt als in langen unterbrochenen Arbeitsphasen. Außerdem sollten Termine und Pause realistisch geplant werden. So entsteht keine Eile und Hektik zwischen den Terminen und es bleibt Zeit für Entspannung.
Freizeit planen	Freizeit sollte fester Bestandteil in den Planungen sein und diese Zeit sollte dann auch ganz bewusst gestaltet und genossen werden. Auf einen geplanten Urlaub freut man sich lange Zeit vorher und kann ihn dann auch genießen.
nicht alles persönlich nehmen	Kollegen oder Vorgesetzte sind manchmal auch gestresst und daher unfreundlich, wortkarg oder im schlimmsten Fall beleidigend. Man sollte daher nicht jedes (Fehl-)Verhalten anderer Personen darauf zurückführen, dass man selber zuvor etwas Falsches gesagt oder getan hat oder dass man dieser Person grundsätzlich unsympathisch ist.
Arbeiten delegieren	Arbeitsbelastung und somit Stress können gerade am Arbeitsplatz häufig dadurch gesenkt werden, dass Tätigkeiten an Kollegen oder Mitarbeiter weitergegeben werden. Dabei ist es zwar unter Umständen nötig, die Arbeitsergebnisse zu kontrollieren, aber keineswegs müssen alle Aufgaben komplett selbst erledigt werden.

7455322

AUFGABEN

1. Geben Sie mit eigenen Worten wieder, was Sie persönlich unter Stress verstehen.
2. Geben Sie Beispiele für Situationen, in denen Sie Stress hatten.
3. „Stress ist gut für die Arbeitsergebnisse und somit unverzichtbar im Berufsleben." Nehmen Sie zu dieser Aussage begründet Stellung.
4. Geben Sie an, was man unter Stressoren versteht.
5. Reflektieren Sie sich selbst und erstellen Sie eine Liste mit Stressoren, die Ihnen persönlich im Privat- oder Berufsleben schon begegnet sind.
6. Erläutern Sie den Unterschied zwischen inneren und äußeren Stressoren.
7. Überlegen Sie, wie sich Stress bei Ihnen persönlich bemerkbar macht.
8. Lesen Sie den Artikel über Tim Mälzer aus der BZ in diesem Kapitel.
   a) Arbeiten Sie aus dem Artikel die Symptome für das bei Tim Mälzer vorliegende Burn-out-Syndrom heraus.
   b) Geben Sie an, was Tim Mälzer unternimmt, um das Burn-out-Syndrom zu bekämpfen.
9. Welche Strategien können helfen, um den vorhandenen Stress zu bewältigen?
10. Erklären Sie mit eigenen Worten, was man unter Mobbing versteht.
11. Geben Sie an,
    a) was Mobbingopfer tun können, um sich gegen Mobbing zu wehren.
    b) was Sie persönlich tun können, wenn Sie Zeuge von Mobbing oder auch Cyber-Mobbing werden.

AKTIONEN

1. Führen Sie einen Burn-out-Test für sich selbst durch, z. B. auf der Homepage *www.hilfe-bei-burnout.de/burnout-test-lang/*. Lesen Sie am Ende aufmerksam Ihr Ergebnis und überlegen Sie sich, ob Sie Maßnahmen ergreifen sollten. Seien Sie ehrlich bei der Beantwortung der Fragen.
2. Führen Sie eine Internetrecherche durch. Suchen Sie nach Gründen, warum auch die Arbeitgeber ein Interesse daran haben, dass ihre Angestellten nicht unter dauerhaftem negativen Stress, Mobbing oder Burn-out leiden.

ZUSAMMENFASSUNG

Stress

Eustress
= (kurzfristiger) positiver Stress, durch den der menschliche Körper eine höhere Aufmerksamkeit aufweist und in die Lage versetzt wird, bessere Arbeitsergebnisse zu erzielen

Distress
= (langfristiger) negativer Stress, der vom Betroffenen als unangenehme Belastung wahrgenommen wird und zu schwerwiegenden gesundheitlichen Schäden führen kann

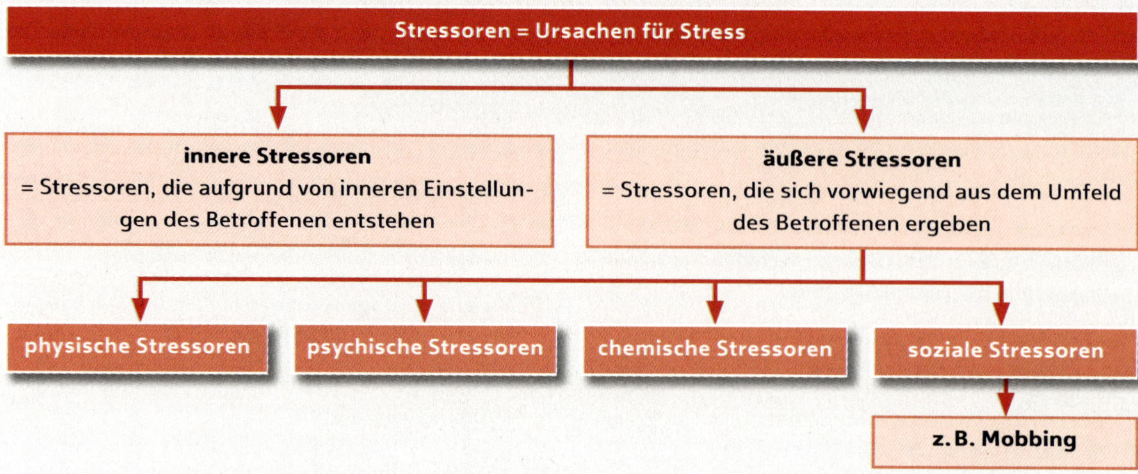
Stressoren = Ursachen für Stress
innere Stressoren
= Stressoren, die aufgrund von inneren Einstellungen des Betroffenen entstehen
äußere Stressoren
= Stressoren, die sich vorwiegend aus dem Umfeld des Betroffenen ergeben
physische Stressoren
psychische Stressoren
chemische Stressoren
soziale Stressoren
z. B. Mobbing

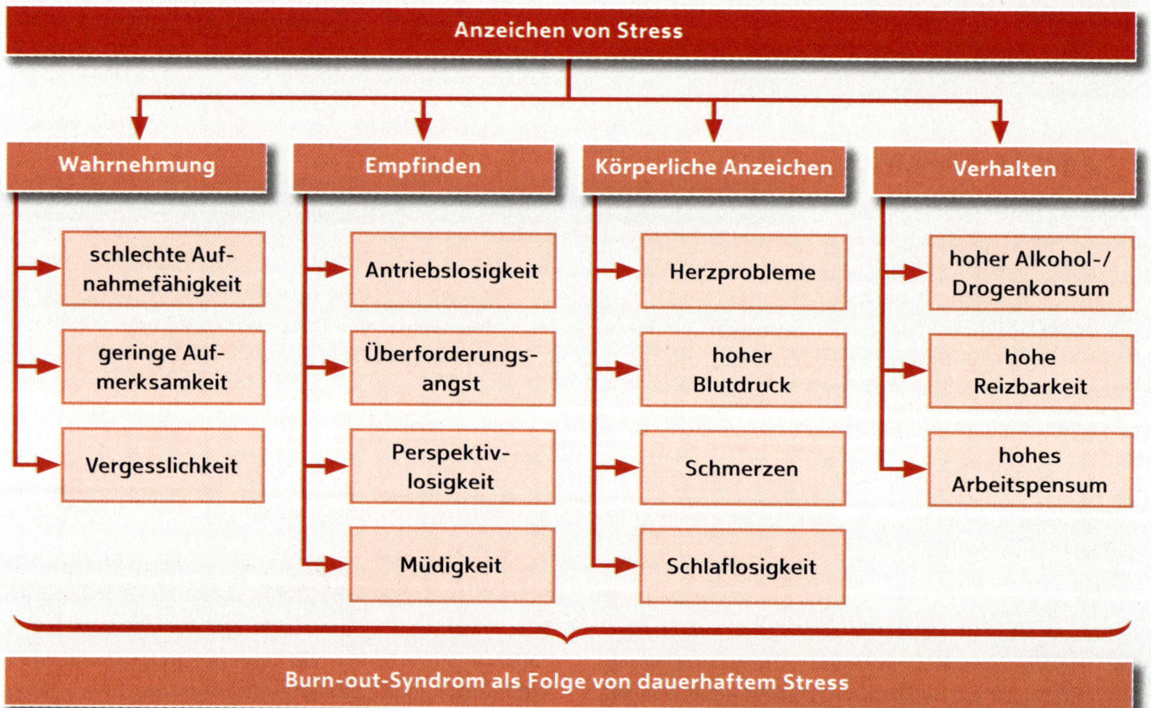
Anzeichen von Stress
Wahrnehmung
schlechte Aufnahmefähigkeit
geringe Aufmerksamkeit
Vergesslichkeit
Empfinden
Antriebslosigkeit
Überforderungsangst
Perspektivlosigkeit
Müdigkeit
Körperliche Anzeichen
Herzprobleme
hoher Blutdruck
Schmerzen
Schlaflosigkeit
Verhalten
hoher Alkohol-/Drogenkonsum
hohe Reizbarkeit
hohes Arbeitspensum
Burn-out-Syndrom als Folge von dauerhaftem Stress

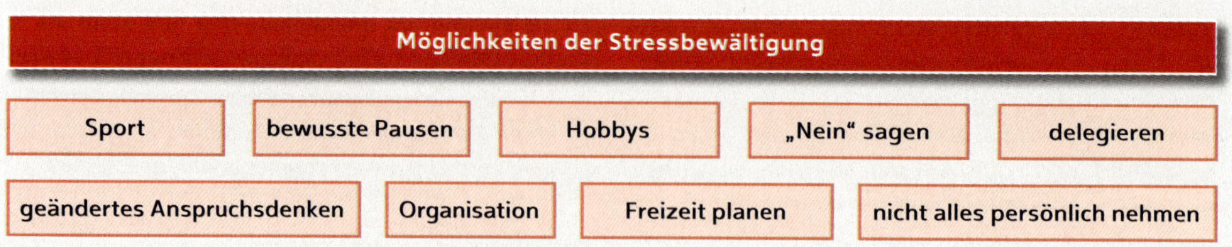
Möglichkeiten der Stressbewältigung
Sport
bewusste Pausen
Hobbys
„Nein“ sagen
delegieren
geändertes Anspruchsdenken
Organisation
Freizeit planen
nicht alles persönlich nehmen

7455324

2.30 Wir lösen Konflikte am Arbeitsplatz

Einstieg

Dominik Schlote ist im Rahmen seiner Ausbildung seit einiger Zeit in der Verwaltung der Hoffmann KG eingesetzt. In dem kleinen Büro sitzt er gemeinsam mit der Sachbearbeiterin Frau Wolicki. Zunächst fand es Dominik ganz angenehm, aber mit der Zeit fielen ihm einige Dinge auf. Frau Wolicki traut ihm nur sehr wenig zu und überträgt Dominik nur ganz einfache Arbeiten. Dominik fühlt sich unterfordert. Er ist für die Ablage zuständig. Fast den ganzen Tag muss er Rechnungen, Angebote, Anfragen und andere Geschäftsbriefe kopieren und in den Akten ablegen. Bei Besprechungen muss er dafür sorgen, dass in den Konferenzräumen genügend Kaffee und Kekse vorhanden sind. Selbst wenn Frau Wolicki mal wieder früher Feierabend macht, darf er keine Telefonate annehmen. Dann stellt sie das Telefon auf eine andere Sachbearbeiterin um. Dominik weiß, dass seine Mitauszubildenden viel interessantere Tätigkeiten machen und auch mal Verantwortung übernehmen dürfen und Kundenkontakt haben. Er traut sich aber nicht, Frau Wolicki zu sagen, wie er sich fühlt.

Aber das ist es nicht alleine. Es kommt noch hinzu, dass Frau Wolicki eine unglaublich laute Stimme hat und stets sehr aktiv ist. Dominik kommt meistens gar nicht zu Wort. Frau Wolicki fragt ihn etwas, und bevor Dominik antworten kann, spricht sie einfach weiter oder gibt die Antwort auf ihre Frage selber. Dominik fühlt sich überflüssig.

Frau Wolicki nutzt ein sehr intensives Parfüm und davon auch sehr viel. Besonders schlimm findet es Dominik, wenn sie von ihren Raucherpausen wieder in das Büro kommt und sehr stark nach einer Mischung aus Rauch und Parfüm riecht. Und dann wäre da noch die Heizung. Stets und ständig ist die Heizung voll aufgedreht. Dominik und Frau Wolicki sitzen sich beide gegenüber an der Heizung, aber der Bedienhebel ist bei Frau Wolicki. Sie reagiert auch nicht, wenn Dominik sagt, dass er es sehr warm im Büro findet. Also bleibt die Heizung an und Dominik fühlt sich regelmäßig sehr unwohl, obwohl er schon nur im T-Shirt zur Arbeit kommt.

Jetzt reicht es Dominik! Er schreibt Frau Wolicki eine E-Mail, in der er alle Sachen, die ihn stören, kurz und knapp formuliert.

1. Erklären Sie, wodurch es zu einem Konflikt gekommen ist.
2. Beurteilen Sie das Vorgehen von Dominik in dem Konflikt.
3. Geben Sie an, wie man den Konflikt lösen könnte.

INFORMATIONEN

Konflikt – eine Begriffsbestimmung

Es existiert keine einheitliche Definition für den Begriff *Konflikt*. Der Begriff ist aus dem lateinischen Wort *conflictus* entstanden, was so viel heißt wie *Zusammenstoß* oder *Kampf*. Die meisten Definitionen des Begriffs werden daraus abgeleitet, dass

- mehrere Beteiligte
- unterschiedliche Ziele, Auffassungen, Gefühle oder Interessen haben,
- die sie auf verschiedene Wege durchsetzen/lösen wollen.

Durch die unterschiedlichen Vorstellungen über die Lösung der Konfliktsituation entsteht ein Zustand der Anspannung zwischen den Beteiligten, der sich negativ auf das Verhältnis der Beteiligten auswirken kann. Im Ergebnis kann ein Konflikt dazu führen, dass die Beteiligten nicht mehr in der Lage sind, miteinander zu reden oder zusammenzuarbeiten.

Konflikte belasten die alltägliche Zusammenarbeit.

Entstehung von Konflikten

Zahlreiche Modelle und Theorien versuchen das Phänomen *Konfliktentstehung* zu erklären. Im Folgenden werden zwei Ansätze beispielhaft erläutert.

Eisbergmodell

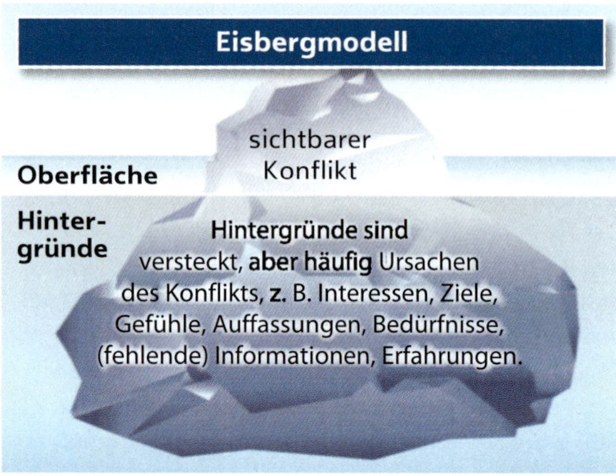

Nach dem Eisbergmodell ist der überwiegende Teil (der Ursachen) eines Konflikts für Dritte unsichtbar. Es ist wie bei einem Eisberg, bei dem man nur die Spitze über Wasser sehen kann. Der größte Teil ist unter dem Wasser versteckt. Diese versteckten Hintergründe des Konflikts sind es, die den Konflikt häufig erst entstehen lassen. Für die Lösung eines Konflikts ist es somit wichtig, auch die unsichtbaren Ursachen des Konflikts zu ergründen.

„Rabattmarken" sammeln

Dieser Ansatz geht davon aus, dass mindestens einer der Konfliktbeteiligten kleine Differenzen oder Verletzungen seitens des anderen Beteiligten zunächst hinnimmt. Man stellt sich vor, dass er für jeden kleinen Konfliktherd eine Rabattmarke in ein Bonusheftchen klebt. Wenn das Bonusheft voll ist, wird der gesamte in den Rabattmarken gesammelte Ärger in einem „Racheakt" eingelöst.

BEISPIEL

Frau Wolicki hat bei Dominik eine ganze Weile „Rabattmarken" gesammelt. Sie wusste davon aber nichts. Als das „Rabattheft" voll ist, äußert sich Dominiks Ärger in einer impulsiven Reaktion („Racheakt"), nämlich der E-Mail.

Das Problem bei dieser Art der Konfliktentstehung liegt darin, dass der andere von den „Rabattmarken", die er sammelt, nichts weiß. Er hat keine Gelegenheit, sein Verhalten zu ändern, und ist über die unangemessene Reaktion seines Gegenübers verwundert. Häufig resultiert aus dem „Racheakt" eine Verärgerung auf der Seite des Empfängers, sodass nun endgültig ein Konflikt vorliegt.

Arten von Konflikten

Konflikte lassen sich in verschiedene Gruppen unterteilen. Es kommt häufig vor, dass sich ein Konflikt mehreren Gruppen zuordnen lässt. Im Folgenden sind einige Konfliktarten aufgeführt.

Konfliktart	Beschreibung
Ziel-/Interessenkonflikt	Die Beteiligten verfolgen unterschiedliche Ziele/Interessen, die nicht problemlos miteinander vereinbar sind.
Rollenkonflikt	In vielen Alltagssituationen haben Personen eine bestimmte Rolle. An diese Rolle können unterschiedliche Erwartungen geknüpft sein. An einen Schüler werden z. B. von den Lehrern und von den Mitschülern völlig unterschiedliche Erwartungen gestellt. Da dieselbe Rolle (Schüler) unterschiedlich gedeutet wird, handelt sich um einen Intra-Rollenkonflikt. Personen nehmen oft mehrere Rollen gleichzeitig ein, z. B. Auszubildender und Freund. Durch die Ansprüche der Ausbildung hat man weniger Freizeit und muss darauf achten, dass sich dies nicht negativ auf die Rolle als Freund auswirkt. Hier handelt es sich um einen Inter-Rollenkonflikt.
Wertekonflikt	Die Beteiligten haben Werte (z. B. Überzeugung, Religion, Ethik), die miteinander nicht vereinbar sind.
Beziehungskonflikt	Ursachen für Konflikte auf der Beziehungsebene können z. B. sein: • Missverständnisse • Vorurteile gegenüber dem anderen • unterschiedliche Gefühle füreinander

Bewältigung von Konflikten

Konfliktbewältigungsstrategien

Jede Konfliktpartei hat eine (bewusste oder unbewusste) Strategie, einen Konflikt beizulegen. Sind der Konfliktpartei die möglichen Strategien bewusst, so wählt sie situationsabhängig die für sie richtige Strategie für den Konflikt.

Die nebenstehende Grafik veranschaulicht die verschiedenen Konfliktbewältigungsstrategien.

in Anlehnung an das Thomas-Modell

Konfliktvermeidungsstrategie

Durch die Wahl der Konfliktvermeidungsstrategie kommt es häufig nicht direkt zum Konflikt. Problematisch ist allerdings, dass die Interessen beider Konfliktparteien nicht berücksichtigt werden. Dies kann auf verschiedenen Motiven beruhen (Angst vor Niederlage, mangelndes Interesse oder Wissen darüber, dass eine Einigung schwer zu erreichen ist). Die Konfliktvermeidung schiebt den Konflikt in der Regel nur auf. Der Konfliktgrund wird zu einem späteren Zeitpunkt wieder auftreten und sich durch das Aufschieben in den meisten Fällen verstärkt haben. Die Konfliktparteien sind bei dieser Strategie **beide** als **Verlierer** anzusehen.

Konfrontationsstrategie

Bei der Konfrontationsstrategie ist eine Partei nur auf die Durchsetzung der eigenen Interessen bedacht. Dabei wird in Kauf genommen, dass die Interessen der anderen Partei unberücksichtigt bleiben. Die Strategie wirkt sich häufig negativ auf zukünftige Beziehungen und Konflikte der beiden Parteien aus. Die Konfrontationsstrategie kann insbesondere von Parteien gewählt werden, die über eine Machtposition verfügen und somit auf die andere Partei keine Rücksicht nehmen müssen. Bei dieser Strategie gibt es jeweils **einen Gewinner** und **einen Verlierer.**

Verzichtsstrategie

Bei dieser Strategie verzichtet eine Konfliktpartei (ggf. vollständig) auf die Durchsetzung ihrer Interessen. Sie tut dies zugunsten der anderen Konfliktpartei. Die Strategie wird aus verschiedenen Motiven gewählt, beispielsweise weil die Harmonie in der Beziehung zu der anderen Konfliktpartei gewahrt werden soll oder weil die Partei nicht in der (Macht-)Position ist, um eine andere Konfliktstrategie zu wählen. Es gibt **einen** klaren **Gewinner** und **einen Verlierer** in dem Konflikt.

Kompromissstrategie

Eine vollständige Berücksichtigung aller Interessen ist häufig schwer zu erreichen. Gehen die Parteien bei der Verfolgung ihrer Ziele aufeinander zu und finden einen bestmöglichen Weg, spricht man von der Kompromissstrategie. Ein Problem kann entstehen, wenn bei dieser Strategie die tatsächlichen Ursachen des Konflikts durch den Kompromiss verborgen bleiben. Bei der Kompromissstrategie sind **beide** Parteien **sowohl Gewinner als auch Verlierer.**

Kooperationsstrategie

Sowohl die eigenen als auch die fremden Ziele werden bei dieser Strategie berücksichtigt. Die Beteiligten versuchen trotz bestehender Differenzen eine optimale Lösung zu finden. Eine erfolgreiche Kooperationsstrategie führt dazu, dass alle Interessen berücksichtigt werden.

Die Kooperationsstrategie bietet die Möglichkeit, dass **beide** Parteien aus dem Konflikt als **Gewinner** hervorgehen. Daher sollte die Konfliktbewältigung nach Möglichkeit immer unter Anwendung der Kooperationsstrategie erfolgen.

Regeln für das Verhalten im Konfliktfall

Ein Konflikt berührt die Betroffenen in den meisten Fällen auch auf der emotionalen Ebene. Dies führt oft dazu, dass sie spontan handeln. Unüberlegte Äußerungen und/oder nonverbale Kommunikation (Mimik, Gestik) können einen Konflikt schnell verschärfen. Um eine Eskalation zu verhindern und einen Konflikt möglichst effizient zu bewältigen, ist es wichtig, dass sich die Konfliktparteien dieser Gefahr bewusst sind und gezielt gegensteuern.

Die Betroffenen sollten das klärende Gespräch suchen. Hierbei gilt es, eine Reihe von Verhaltensregeln zu beachten.

Regel	Bedeutung
Bereitschaft	Die Parteien müssen bereit sein, den Konflikt zu beseitigen, und dies dem Gegenüber auch signalisieren.
Verständnis	Die Position der anderen Partei sollte gehört werden. So wird eine angenehmere Atmosphäre geschaffen. Oft ist es hilfreich, wenn eine Partei sich vorstellt, sie sei in der Situation der anderen Partei.
Akzeptanz	Die Parteien müssen die Gegenpartei und deren Meinung so akzeptieren, wie sie sind. Konfliktbeteiligte sollten nicht versuchen, die anderen Beteiligten zu ändern oder zu erziehen.
aktives Zuhören	Während der eine Beteiligte seinen Standpunkt darlegt, sollte die zuhörende Partei deutlich machen, dass sie aktiv und interessiert den Ausführungen folgen. Dies kann durch nonverbale Kommunikation (z. B. Gestik, Mimik, Nicken) oder durch verbale Ausführungen (z. B. zusammenfassen, nachfragen) erfolgen.
keine Schuldzuweisung	Es geht nicht darum, jemandem die Schuld für einen Konflikt zu geben. Ziel ist, dass beide Parteien den Konflikt zu ihrer Zufriedenheit lösen, ohne dass eine Partei dabei ihr Gesicht verliert.
Emotionen ausschließen	Konfliktbeteiligte sollten eine sachliche Lösung des Problems bevorzugen. Oftmals ist dies schwierig. In solchen Situationen sollte zumindest eine Partei ruhig und besonnen bleiben und nach dem emotionalen „Gewitter" wieder auf Ruhe und Sachlichkeit hinweisen.
Ehrlichkeit und Vollständigkeit	Alle Ursachen des Konflikts müssen ehrlich, direkt und offen angesprochen werden, damit der Konflikt vollständig beseitigt wird.
sofortige Bewältigung	Konflikte sollten sofort angesprochen werden, damit sie sich nicht im Inneren weiterentwickeln und zu späterer Zeit verstärkt hervortreten.
abschließende Bewältigung	Nach Beendigung des Konflikts sollte die Thematik für alle Beteiligten erledigt sein und nicht zu späterer Zeit wieder hervorgeholt werden.

Während des gesamten Konflikts sollten Beteiligte darauf achten, keine DU-Botschaften zu verwenden. Vorteilhafter ist es, mit ICH-Botschaften zu arbeiten. Die ICH-Botschaft hilft dem Empfänger zu verstehen, wie er von seinem Gesprächspartner wahrgenommen wird. Dadurch, dass an den Empfänger keine direkten Anschuldigungen gerichtet werden, bleibt es ihm freigestellt, sein Verhalten zu ändern. Er fühlt sich nicht eingeschränkt, bedrängt oder bedroht und ist somit nicht in einer Rechtfertigungsposition.

BEISPIEL

Volkan und Katarzyna diskutieren angeregt über eine Präsentation, die sie gemeinsam halten sollen. Katarzyna hat Volkan mehrmals unterbrochen, aber dies nicht bemerkt. Plötzlich sprudelt es aus Volkan heraus: „Katarzyna, es reicht! Du bist total ignorant, weil du mich nie ausreden lässt."

Volkans DU-Botschaft enthält gleich zwei miteinander verknüpfte Anschuldigungen. Hätte Volkan zunächst die Regeln für das Verhalten in Konflikten bedacht, hätte er seine Aussage vielleicht wie folgt formuliert:

„Katarzyna, in den letzten Minuten habe ich gemerkt, dass du mich an mehreren Stellen unterbrochen hast, ohne darauf zu achten, was ich gerade tue und sage. Das hat mich geärgert, denn ich möchte meine Argumente auch vorbringen und erklären, damit wir gemeinsam weiterarbeiten können. Ich bitte dich, mich erst ausreden zu lassen, bevor wir deine Standpunkte diskutieren."

Durch die Verwendung der ICH-Botschaften bringt Volkan zum Ausdruck, dass er

- etwas wahrgenommen hat **(Wahrnehmung)**
  „Katarzyna, in den letzten Minuten habe ich gemerkt, dass du mich an mehreren Stellen unterbrochen hast, ohne darauf zu achten, was ich gerade tue und sage."
- sich dadurch gestört fühlt **(Gefühl)**
  „Das hat mich geärgert, ..."
- ein eigenes Bedürfnis hat **(eigene Bedürfnisse)**
  „... denn ich möchte meine Argumente auch vorbringen und erklären, damit wir gemeinsam weiterarbeiten können."
- bittet, dieses Bedürfnis befriedigen zu können **(Bitte)**
  „Ich bitte dich, mich erst ausreden zu lassen, bevor wir deine Standpunkte diskutieren."

Kooperative Konfliktbewältigung

Das Modell der kooperativen Konfliktbewältigung geht auf Karl Berkel zurück. Es verfolgt das Ziel, dass die beteiligten Parteien nach der Beseitigung des Konflikts wieder zielorientiert handeln können. Als Ausgangs- und Schlusspunkt des Modells stehen die beteiligten Personen im Mittelpunkt. Nach der kooperativen Konfliktbewältigung vollzieht sich die Lösung eines Konflikts in sechs Phasen:

Ebene	Phase	Inhalte
Person	**1. Erregung kontrollieren**	• Konflikt erkennen und Ruhe bewahren • Ärger, Wut, Enttäuschung verdrängen und ruhig, klug, bewusst agieren • vor Augen führen, was eine Kurzschlussreaktion (schreien, beleidigen usw.) zur Folge hätte
Beziehung	**2. Vertrauen schaffen**	• der anderen Partei ruhig, offen und transparent entgegentreten • ggf. eigene Fehler oder Schwächen offenbaren • den Gegenüber nicht persönlich verletzen und seine möglichen Schwächen nicht ausnutzen • Standpunkt der anderen Partei ernst nehmen
	3. offen kommunizieren	• auf der geschaffenen Vertrauensbasis offen über die Sache reden • Argumente und Probleme vollständig darlegen • ggf. lockere Gesprächsatmosphäre schaffen
Sache	**4. Problem bewältigen**	• aufbauend auf der in den ersten Phasen geschaffenen Situation kooperativ nach einer Lösung des Konflikts suchen • die sachlichen und persönlichen Interessen aller Konfliktparteien abwägen • mögliche Lösungswege identifizieren und ihre Vor- und Nachteile diskutieren • gemeinsam auf den bestmöglichen Lösungsweg einigen
	5. Vereinbarungen treffen	• eine klare und eindeutige Vereinbarung formulieren, durch welche die gemeinsame Einigung (schriftlich) fixiert wird Durch eine Vereinbarung wird das Ergebnis verbindlich und kann jederzeit noch mal betrachtet werden.
Person	**6. persönlich verarbeiten**	• über die getroffene Vereinbarung nachdenken und das Ergebnis persönlich bejahen und für sich selbst ohne Vorbehalte akzeptieren Der Konflikt ist erst beseitigt, wenn alle Parteien die gemeinsame Lösung persönlich verarbeiten können, d. h., sie sind a) wieder handlungsfähig, weil sie die getroffene Vereinbarung auch persönlich befürworten, und b) frei von den Problemen, die den Konflikt verursacht haben.

Wie aus dem angeführten tabellarischen Überblick deutlich wird, vollzieht sich das Modell auf drei Ebenen. Ausgangspunkt ist die persönliche Ebene, auf der zunächst die Emotionen kontrolliert werden müssen, um eine sofortige Eskalation des Konflikts zu vermeiden. Ist dies geschehen, sollte auf der Beziehungsebene zunächst ein Grundvertrauen zwischen den Parteien aufgebaut werden, damit im weiteren Verlauf der Konfliktbewältigung eine offene Kommunikation gewährleistet ist. Die offene Kommunikation ist die notwendige Basis für die weiteren Schritte. In der nächsten Phase wird der Konflikt auf der Sachebene ausgetragen. In dieser Phase erfolgt ein offener Austausch über den eigentlichen Konflikt. Gemeinsam wird konstruktiv und aufbauend auf der zuvor geschaffenen Vertrauensbasis nach optimalen Lösungswegen gesucht. Nach der Einigung auf eine Beseitigungsstrategie wird diese sachlich in einer schriftlichen Vereinbarung festgehalten. Alle Beteiligten signalisieren durch ihre Unterschrift unter der Vereinbarung, dass sie mit der gefundenen Lösung einverstanden sind.

Damit ist die Konfliktbeseitigung auf der sachlichen Ebene abgeschlossen, doch der Konflikt ist schlussendlich erst beseitigt, wenn die Beteiligten die gefundene Lösung nicht nur auf dem Papier, sondern auch auf der persönlichen Ebene verarbeiten und befürworten. Durch diesen Abschluss auf der persönlichen Ebene wird die Handlungsfähigkeit der Beteiligten wieder hergestellt und eine weitere konstruktive Zusammenarbeit ermöglicht. Die Beseitigung des Konflikts muss nicht endgültig sein. Es besteht die Gefahr, dass ein Konflikt später wieder auflebt.

Mediation als Mittel der Konfliktbewältigung

In vielen Konflikten scheitern alle Versuche zwischen den Parteien, den Konflikt in gemeinsamen Gesprächen zu beseitigen. In diesen Fällen kann die Mediation das einzig hilfreiche Mittel zur Beendigung des Konflikts darstellen.

DEFINITION

Bei der **Mediation** handelt es sich um ein Konfliktlösungsverfahren unter Einschaltung eines professionellen, am Konflikt unbeteiligten Dritten, des sogenannten Mediators, der die Parteien durch den Konflikt leitet und begleitet und auf einen konstruktiven, gemeinschaftlichen Umgang der Konfliktparteien miteinander achtet und vermittelt.

Ziel der Mediation

Mit der Mediation soll der Konflikt so gelöst werden, dass alle Konfliktparteien als Gewinner aus dem Konflikt hervorgehen. Es ist also eine Art geführte Kooperationsstrategie.

Anwendungsgebiete der Mediation

Viele Konflikte können durch die Beteiligten selber beseitigt werden, jedoch ist fraglich, ob das Ergebnis ähnlich positiv wie beim Mediationsverfahren ausfallen würde. Es sollte z. B. dann angestrebt werden, wenn

- der Konflikt aufgrund persönlicher Aspekte nicht mehr durch Diskussionen beseitigt werden kann,
- eine Lösung gesucht wird, bei der beide Konfliktparteien auch nach dem Konflikt ihr Ansehen behalten,
- der Konflikt unabhängig und fair gelöst werden soll,
- eine zukünftige Zusammenarbeit oder sogar ein Zusammenleben der Konfliktparteien durch die Konfliktlösung ermöglicht werden soll oder muss,
- eine gerichtliche Auseinandersetzung vermieden werden soll.

Ablauf der Mediation

Die Konfliktparteien suchen – nach Möglichkeit gemeinsam – einen unabhängigen Dritten, einen Mediator, mit dem Ziel, gemeinsam eine kooperative Konfliktlösung zu erreichen. Der Konflikt wird dem Mediator von den Konfliktparteien geschildert. Anschließend wird in einer oder mehreren Mediationssitzungen nach einer gemeinsamen Lösung gesucht. Während der Sitzungen bleibt der Mediator zu jederzeit unabhängig. Er leitet das Mediationsgespräch und bringt eigene Lösungsvorschläge und -wege in den Prozess der Lösungsfindung ein. Am Ende des Verfahrens steht häufig eine für alle Beteiligten verbindliche Mediationsvereinbarung. In diesem Schriftstück werden die gefundene Lösung und die getroffenen Vereinbarungen schriftlich fixiert und für alle festgehalten.

Vorteile der Mediation

Das Einschalten von Mediatoren hilft meist, eine (weitere) Eskalation des Konflikts zu vermeiden, da sie neben inhaltlich-rechtlichen Aspekten auch persönliche Aspekte beim Lösungsprozess berücksichtigen. Sie können falschem Konflikt(-lösungs-)verhalten entgegenwirken und für gegenseitiges Verständnis werben. Dies kann eine weitere produktive Zusammenarbeit der Konfliktparteien ermöglichen/vereinfachen.

Durch die professionelle Begleitung werden in der Regel bessere, konstruktive, nachhaltige, positive Ergebnisse erzielt, als wenn die Konfliktparteien auf sich allein gestellt sind. Auch dies ist wichtig für die Beilegung des Konflikts.

Eine Mediation ist zudem kostengünstiger als ein gerichtliches Verfahren, das durch die Mediation vermieden werden kann.

Und schließlich eignet sich eine Mediation auch für die Bewältigung von Konflikten, die nicht vor Gericht verhandelt werden können.

BEISPIEL

Im Team Rechnungswesen der Hoffmann KG herrscht schlechte Stimmung. Die Sachbearbeiter reden aus persönlichen Gründen nicht mehr miteinander. Die Ursache für den Konflikt kann nicht mehr gefunden werden. Es scheinen viele kleine Konfliktherde zu der festgefahrenen Situation geführt zu haben. Allerdings ist eine Abstimmung der Teammitglieder für die alltägliche Arbeit unabdingbar und daher muss der Konflikt beseitigt werden, um eine zukünftige effektive Zusammenarbeit zu gewährleisten.

Ein gerichtliches Vorgehen scheidet aus, da keine Partei einen Anspruch hat, der gerichtlich durchgesetzt werden könnte. Der Weg in die Mediation ist jedoch offen. Mithilfe eines Mediators findet ein professionell geführtes Konfliktgespräch statt, in dem alle Parteien die Gründe für den Konflikt offenlegen. Es wird eine gemeinsame Lösung zur Beseitigung des Konflikts erarbeitet und schriftlich festgehalten, mit der alle Parteien zufrieden sind und die sie auch unterschreiben.

AUFGABEN

1. Erläutern Sie unter Verwendung eines geeigneten Beispiels den Begriff *Konflikt*.
2. Erklären Sie, wie Konflikte entstehen können
   a) mithilfe des Eisbergmodells,
   b) mithilfe des Modells *Rabattmarken sammeln*.
3. Geben Sie ein Ihnen bekanntes Beispiel für:
   a) einen Zielkonflikt
   b) einen Rollenkonflikt (Geben Sie auch an, ob es sich um einen Intra- oder Inter-Rollenkonflikt handelt.)
   c) einen Wertekonflikt
   d) einen Beziehungskonflikt
4. Geben Sie begründet an, welche der genannten Konfliktarten im Berufsleben typisch sind.
5. Erläutern Sie begründet anhand eines eigenen Beispiels, warum die Konfliktvermeidungsstrategie keine optimale Strategie zur Konfliktbewältigung darstellt.
6. Begründen Sie, warum bei der Konfliktbewältigung die Kooperationsstrategie der Kompromissstrategie vorgezogen werden sollte.
7. Beschreiben Sie die Vorteile, die sich ergeben, wenn eine Konfliktpartei im Konfliktgespräch ICH-Botschaften verwendet.
8. Überlegen Sie sich eine DU-Botschaft, die Sie häufiger in Konfliktsituationen verwenden oder hören. Formulieren Sie diese DU-Botschaft als ICH-Botschaft mit allen Bestandteilen.
9. Beschreiben Sie das Modell der kooperativen Konfliktbewältigung mit eigenen Worten und geben Sie an, welche Konfliktbewältigungsstrategie durch dieses Modell umgesetzt werden soll.
10. Beschreiben Sie das Mediationsverfahren mit eigenen Worten.

AKTIONEN

1. Denken Sie darüber nach, wann Ihnen im beruflichen Alltag Konflikte begegnet sind. Analysieren Sie einen Konflikt, indem Sie die folgenden Fragen schriftlich beantworten.
   a) Welche Ihrer Bedürfnisse oder Interessen wurden in der Entstehung dieses Konflikts nicht erfüllt?
   b) Welche Bedürfnisse oder Interessen der anderen Konfliktpartei wurden in der Entstehung dieses Konflikts nicht erfüllt?
   c) Wie wurde deutlich, dass ein Konflikt vorliegt?

   Wenn Sie dazu bereit sind, stellen Sie den Konflikt vor der Klasse vor.
2. Finden Sie sich in Gruppen zusammen und tauschen Sie sich über Ihre Erfahrungen mit Konflikten im Berufsleben aus. Wählen Sie in der Gruppe einen Konflikt aus und bereiten Sie sich darauf vor, diesen Konflikt im Rahmen eines Rollenspiels vor der Klasse zu präsentieren. Beachten Sie die Konfliktbewältigungsstrategien und die Regeln für das Verhalten im Konflikt bei Ihren Vorbereitungen.
3. Denken Sie an einen Konflikt aus Ihrem beruflichen Alltag und beantworten Sie folgende Fragen schriftlich.
   a) Welche Konfliktbewältigungsstrategie haben Sie gewählt?
   b) Haben Sie diese Strategie bewusst oder unbewusst gewählt?
   c) Worin lagen Ihre Vor- und Nachteile der gewählten Konfliktbewältigungsstrategie in diesem Konflikt?
   d) Worin lagen die Vor- und Nachteile der gewählten Konfliktbewältigungsstrategie für die andere Konfliktpartei?
   e) Würden Sie sich wieder für diese Konfliktbewältigungsstrategie entscheiden? Wenn ja, warum? Wenn nein, geben Sie begründet an, welche Strategie Sie wählen würden.

   Wenn Sie dazu bereit sind, stellen Sie den Konflikt und Ihre Antworten der Klasse kurz auf einem Plakat vor.
4. Finden Sie mit der gesamten Klasse eine Konfliktsituation aus dem beruflichen Alltag und halten Sie sie für alle sichtbar an der Tafel fest.

   Arbeiten Sie anhand dieses Konflikts nun in sechs gleich großen Gruppen das Modell der kooperativen Konfliktbewältigung durch. Jede Gruppe erarbeitet eine Phase des Modells. Halten Sie Ihre Überlegungen schriftlich fest und bereiten Sie sich darauf vor, Ihre Ergebnisse gemeinsam vor der Klasse zu präsentieren.

ZUSAMMENFASSUNG

Konflikt

- mehrere Beteiligte
- unterschiedliche Ziele/Auffassungen/Gefühle/Interessen
- verschiedene Vorstellung über Durchsetzung

Konfliktarten

- Ziel-/Interessenkonflikt
- Rollenkonflikt
  - Intra-Rollenkonflikt
  - Inter-Rollenkonflikt
- Wertekonflikt
- Beziehungskonflikt

Konfliktbewältigungsstrategien

- Verzichtsstrategie → Gewinner – Verlierer
- Konfliktvermeidungsstrategie → Verlierer – Verlierer
- Konfrontationsstrategie → Gewinner – Verlierer
- Kompromissstrategie → Gewinner – Verlierer
- Kooperationsstrategie → Gewinner – Gewinner

Regeln für das Konfliktverhalten

- Bereitschaft
- Verständnis
- Akzeptanz
- aktives Zuhören
- sofortige Bewältigung
- ICH-Botschaften
- keine Schuldzuweisung
- Emotionen ausschließen
- Ehrlichkeit und Vollständigkeit
- abschließende Bewältigung

2.31 Wir arbeiten in Teams

Einstieg

In der Mittagspause stehen Volkan Karaca, Katarzyna Lindemann, Dominik Schlote und Carolin Saager zusammen und unterhalten sich über die Tätigkeiten in ihren neuen Ausbildungsabteilungen.

Auf einmal kommt Frau Schneider, die Ausbildungsleiterin, dazu und spricht sie an:

Frau Schneider:
„Ah, guten Tag, schön, dass ich Sie alle zusammen hier treffe."

Alle:
„Guten Tag, Frau Schneider."

Frau Schneider:
„Ich habe ein kleines Attentat auf Sie vor."

Carolin Saager:
„Ja, was gibt es denn?"

Frau Schneider:
„Traditionell ist es bei uns so, dass das Sommerfest der Hoffmann KG von den neuen Auszubildenden im ersten Lehrjahr geplant, organisiert und durchgeführt wird. Das wollte ich Ihnen schon länger sagen. Und da passt es ja, dass Sie hier gerade zusammen stehen."

Dominik Schlote:
„Oh, da haben wir ja sicherlich einige Dinge vorzubereiten."

Frau Schneider:
„Ja, aber keine Angst. Sie erhalten von mir einen Ordner mit den Belegen vom letzten Jahr. Da können Sie sehen, was bestellt wurde. Sie sollten sich aber schon ein Motto für die Feier überlegen und sich zum Beispiel Gedanken machen, wo wir die Feier stattfinden lassen."

Volkan Karaca:
„Gibt es einen Ansprechpartner, an den wir uns wenden können, wenn Fragen auftreten?"

Frau Schneider:
„Ja, aber natürlich. Organisatorische und finanzielle Fragen kann ich Ihnen beantworten. Aber bitte bedenken Sie, dass nicht ich, sondern Sie das Fest planen sollen. Kommen Sie doch einfach nach der Mittagspause in meinem Büro vorbei und holen Sie sich den Ordner des letzten Jahres ab."

Frau Schneider verlässt die vier Auszubildenden.

Katarzyna Lindemann:
„Was meint Ihr? Wie wollen wir jetzt vorgehen?"

Beim Sommerfest der Hoffmann KG sind auch die Kinder der Mitarbeiter willkommen.

1. Geben Sie an, welche Aspekte die Auszubildenden bei der Planung des Sommerfests bedenken müssen.
2. Erläutern Sie, ab welchem Zeitpunkt die Auszubildenden ein Team sind.
3. Überlegen Sie sich charakteristische Merkmale, an denen ein Team erkannt werden kann.

7455333

INFORMATIONEN

Teambegriff und Grundlagen

In jedem Unternehmen sowie im schulischen und privaten Bereich wird häufig von Teamarbeit gesprochen. Es gibt Teams für bestimmte Tätigkeiten in Unternehmen, in der Schule oder auch im Sport (z. B. Klassenteams, Leitungsteams, Fachteams, Projektteams usw.). Doch was macht ein Team eigentlich aus?

In dem Einführungsbeispiel standen die Auszubildenden der Hoffmann KG zunächst nur lose in einer Gruppe zusammen. In diesem Moment würde noch niemand auf die Idee kommen, dass die vier Jugendlichen ein Team darstellen. Doch das ändert sich, als sie eine Aufgabe bekommen, die sie in kooperativer Zusammenarbeit lösen müssen. Aus den vier jungen Leuten wird ein Team.

DEFINITION

Ein **Team** ist eine Gruppe von Menschen, die unter koordinierter Anwendung ihres fachlichen Wissens und ihrer Fähigkeiten eine gemeinsame Aufgabe/ein Problem über einen gewissen Zeitraum bearbeitet/löst.

Es ist also ein Unterschied, ob in einer Gruppe alle die gleiche Aufgabe bearbeiten oder ob mehrere Personen als Team gemeinsam auf ein Ziel hinarbeiten.

Dadurch, dass mehrere Leute gemeinsam als Team mit einer Aufgabe betraut werden, können viele Vorteile entstehen. Die Teammitglieder sind gemeinsam für das Ergebnis verantwortlich, auch wenn es im Arbeitsleben häufig einen Teamleiter gibt, der mit der Koordination und Führung des Teams betraut ist. Im Team ist es möglich, die Stärken aller Teammitglieder bestens zu nutzen und gleichzeitig Schwächen von einzelnen Teammitgliedern als Team aufzufangen. Durch eine effiziente Rollen- und Aufgabenverteilung können Aufgaben in Teams schneller bearbeitet werden und durch die Betrachtung des Ergebnisses im Team werden Fehler frühzeitig verhindert.

Doch falsch ausgeführte Teamarbeit kann auch zu Nachteilen führen. Sobald nicht alle Teammitglieder ein gemeinsames Interesse an einem guten Arbeitsergebnis haben, kann es passieren, dass sich einzelne Teammitglieder „zurücklehnen", sich auf die anderen verlassen und ihre Arbeitskraft nicht in das Ergebnis einbringen. Daher wird Team von vielen Leuten auch übersetzt mit den Worten „**T**oll, **e**in **a**nderer **m**acht`s". Um diese ineffiziente Form der Teamarbeit zu vermeiden, muss man sich

- Sinn und Zweck der Teamarbeit bewusst machen,
- Kenntnisse über die Entwicklung von Teams und mögliche Rollen in Teams aneignen.

Natürlich kann ineffiziente Teamarbeit auch dadurch verhindert werden, dass das geforderte Ergebnis für alle Teammitglieder von großer beruflicher oder privater Bedeutung ist oder dass hoher Leistungsdruck auf das Team ausgeübt wird. Doch im Optimalfall sollten alle Teammitglieder auch ohne Druck von außen Interesse an einem guten Arbeitsergebnis und Spaß an der Teamarbeit haben.

Phasen der Teamentwicklung

In der Ausgangssituation zu diesem Kapitel wird von Frau Schneider als Vorgesetzter ein Team ernannt. Die Teammitglieder kennen sich, aber das heißt nicht, dass sofort ein funktionierendes Team existiert.

Teams entwickeln sich im Laufe ihrer Zusammenarbeit immer weiter. Dieser ständige Entwicklungsprozess ist ein Argument für den Einsatz von Teamarbeit, da davon ausgegangen wird, dass Teams in der Regel positive Entwicklungen nehmen.

Im Jahr 1965 entwickelte Bruce Tuckman ein Modell, das beschreibt, wie sich Teams im Laufe ihrer Zusammenarbeit entwickeln. Tuckman beschreibt vier Phasen der Teamentwicklung. Auch heute wird dieses Modell für die Erläuterung von Teamentwicklungsprozessen herangezogen.

nach B. W. Tuckman, Teamphasenmodell, 1965

4-Phasen-Modell der Teamentwicklung nach Bruce W. Tuckman	
Phase	**Inhalte**
1. Forming (Orientierungsphase)	In dieser Phase trifft das Team neu zusammen. Die Mitglieder sind zunächst noch unsicher. Sie lernen sich kennen und gehen entsprechend höflich und distanziert miteinander um. Die Motivation ist in diesem frühen Stadium der Teamentwicklung hoch. Es besteht aber noch keine Beziehung zwischen den Teammitgliedern. Stärken und Schwächen der einzelnen Personen sind noch nicht bekannt. Auf der Arbeitsebene werden erste Vorstellungen und Ziele gesammelt.
2. Storming (Konfliktphase)	In der zweiten Phase der Teamentwicklung tauschen die Mitglieder des Teams ihre Vorstellungen darüber aus, wie sie an die gemeinsame Aufgabe herangehen, in welcher Reihenfolge die Arbeitsschritte erledigt werden sollen und wie das Arbeitsergebnis aussehen soll. Es entstehen Machtkämpfe, da jedes Mitglied seine Vorstellungen durchsetzen und seine Position im Team sichern möchte. In dieser Phase können Teams scheitern, wenn die auftretenden Konflikte zu stark sind. Nimmt ein Mitglied die Moderatorenrolle ein, können die Machtkämpfe eingegrenzt und Konflikte vermieden werden.
3. Norming (Normierungsphase)	Das Team entscheidet sich für eine gemeinsame Vorgehensweise und legt sich Regeln auf, wie miteinander gearbeitet wird. Die Rollen, Arbeitspakete und Arbeitsschritte sind verteilt. Mögliche Konflikte werden thematisiert und beseitigt. Die Teammitglieder diskutieren auch über gegensätzliche Standpunkte offen miteinander. Die Machtkämpfe sind beseitigt und das Team widmet sich nun verstärkt der gemeinsamen Aufgabe.
4. Performing (Integrationsphase)	Dies ist die Teamentwicklungsphase mit der höchsten Produktivität und Effektivität. Die Stärken der einzelnen Teammitglieder werden aufgrund der vorherigen Rollenverteilung genutzt. Das Team kooperiert und harmoniert. Die Mitglieder helfen sich gegenseitig und arbeiten rollenkonform und zielstrebig auf ein möglichst gutes Arbeitsergebnis hin.

Natürlich laufen Teamentwicklungsprozesse nicht immer nach einem starren Schema ab. Dazu sind die Voraussetzungen, unter denen Teams zusammengestellt werden, viel zu unterschiedlich.

BEISPIELE

- Menschen sind unterschiedlich und verhalten sich unterschiedlich. Daher kann es kein allgemeingültiges Schema für Teamentwicklungsprozesse geben.
- Die Teammitglieder kennen sich schon, bevor sie eine gemeinsame Aufgabe erhalten und zum Team werden.

Es kommt auch vor, dass Phasen der Teamentwicklung nicht klar voneinander abzugrenzen sind oder gar parallel ablaufen können.

Rollen in Teams

In der Arbeitswelt sollte – wenn möglich – sorgfältig auf die Zusammenstellung von Teams geachtet werden. Im besten Fall ist das Team von vornherein so gestaltet, dass jedes Mitglied Stärken hat, die mögliche Schwächen von anderen Mitgliedern auffangen können.

Es ist dabei auch zu beachten, dass jedes Teammitglied eine eigene Strategie hat, wie es sich im Team verhält und welche Rolle es einnimmt. Dies ist darin begründet, dass alle Menschen unterschiedlich in ihren Erfahrungen und Charaktereigenschaften sind. Doch diese Unterschiede sind für Teams keineswegs nachteilig. Vielmehr kann genau in der Verschiedenheit der Teammitglieder die große Stärke eines Teams liegen. Durch sie fließen unterschiedliche Sicht- und Arbeitsweisen in die Teamarbeit ein, was die Qualität des Arbeitsergebnisses bei richtiger Vorgehensweise im Team steigert.

Aufgrund seiner individuellen Vorzüge nimmt jedes Teammitglied die zu ihm passende Rolle im Team ein. Hierfür ist es wichtig, dass im Team eine große Toleranz herrscht. Mitglieder, die anders denken, anders aussehen oder vielleicht eine geistige oder körperliche Einschränkung haben, sind selbstverständlich gleichwertige Teammitglieder, die ihre persönlichen Stärken hervorragend in die Gruppe einbringen können. Auf solche Teammitglieder muss gegebenenfalls Rücksicht genommen werden. Mithilfe der Unterstützung des Teams werden diese Mitglieder dann zu wertvollen Bestandteilen im Arbeitsprozess.

Im Rahmen seiner Forschungen ist der englische Sozialwissenschaftler Meredith Belbin zu dem Ergebnis gekommen, dass Teams dann am besten zusammenarbeiten, wenn sie aus einer Vielzahl unterschiedlicher Charaktere bestehen. Er unterteilt die Teammitglieder in drei Hauptgruppierungen mit jeweils drei Charakteren und geht davon aus, dass ein Team am effektivsten zusammenarbeitet, wenn alle Rollen vertreten sind.

Im Einzelnen gibt es demnach folgende Rollen:

- handlungsorientierte Personen
  - Macher
  - Perfektionist
  - Umsetzer
- wissensorientierte Personen
  - Spezialist
  - Beobachter
  - Erfinder
- Menschen-(Kommunikations-)orientierte Personen
  - Wegbereiter
  - Koordinator
  - Teamarbeiter

Faktoren eines erfolgreichen Teams

Eine effiziente Zusammenarbeit im Team wird nicht nur dadurch gewährleistet, dass bei der Zusammenstellung des Teams darauf geachtet wird, dass die Fähigkeiten der Mitglieder zusammenpassen und dass Teamrollen nach Möglichkeit besetzt werden. Darüber hinaus ist es wichtig, dass Teammitglieder Faktoren für erfolgreiche Teamarbeit[1] kennen und sich stets vor Augen führen. Solche Faktoren können von vielen Umständen abhängen. Mögliche Faktoren sind:

Erfolgsfaktor[2]	Inhalte
Regeln einhalten	Wenn nötig, sollten Kommunikationsregeln aufgestellt werden, die eine effiziente und vielseitige Diskussion im Team ermöglichen.
Zielstrebigkeit und Engagement	Teammitglieder sollten stets das gemeinsame Ziel vor Augen haben und engagiert auf eine optimale Zielerreichung hinarbeiten.
offene Kommunikation	Persönliche und sachliche Probleme müssen sofort angesprochen und diskutiert werden, um die Entstehung von Konflikten zu vermeiden.
Verantwortung übernehmen	Teammitglieder müssen im Rahmen ihrer Aufgabengebiete den Mut haben, Verantwortung zu übernehmen.
Kritikfähigkeit	Berechtigte Kritik muss jederzeit erlaubt sein und professionell entgegengenommen werden.
Ideen aufnehmen	Die Ideen von sämtlichen Teammitgliedern müssen gehört werden, um ein optimales Arbeitsergebnis zu erzielen.

AUFGABEN

1. Geben Sie mit eigenen Worten an, worin der Unterschied zwischen einer Gruppe und einem Team liegt.
2. Erstellen Sie einen Überblick über die Vorteile und die möglichen Nachteile von Teamarbeit.
3. Finden Sie aus Ihrem beruflichen Arbeitsalltag ein Beispiel für erfolgreiche Teamarbeit. Beschreiben Sie die Abläufe und geben Sie an, warum die Teamarbeit in Ihrem Beispiel sinnvoll und erfolgreich ist.
4. Erinnern Sie sich an Situationen, in denen Sie in Teams gearbeitet haben. Geben Sie an, warum die Teamarbeit nicht optimal verlaufen oder sogar gescheitert ist, und entwickeln Sie Vorschläge, wie das Scheitern von Teamarbeit verhindert werden kann.

1 zu effizienter Teamarbeit und Teamfähigkeit siehe auch Kap. 1.4

2 Verhaltens- und Kommunikationsregeln werden auch in Kapitel 1.19 im Zusammenhang mit dem Verhalten bei und dem Bewerten von Präsentationen behandelt.

5. Beschreiben Sie ein Beispiel aus Ihrer Erfahrung mit Teamarbeit, aus dem die möglichen Probleme in der Storming-Phase der Teamentwicklung deutlich werden. Sollte Ihnen kein geeignetes Beispiel einfallen, überlegen Sie sich Probleme, die auftreten könnten.

6. Beschreiben Sie mit eigenen Worten, warum ein Team erfolgreicher wird, wenn es sich aus vielen unterschiedlichen Charakteren zusammensetzt.

AKTIONEN

1. Informieren Sie sich im Rahmen einer Internetrecherche in arbeitsteiliger Gruppenarbeit über jeweils einen von Belbin beschriebenen Charakter. Informationen finden Sie z. B. auf der Homepage *www.belbin.com*, aber auch auf vielen anderen Internetseiten. Erstellen Sie in Ihrer Gruppe ein Plakat mit den Stärken und den erlaubten Schwächen für Ihren Charakter. Geben Sie auch an, welche Funktion der Charakter in einem Team hat. Bereiten Sie sich darauf vor, den Charakter der Klasse vorzustellen.

2. Bilden Sie Teams mit maximal 12 Personen. Stellen Sie sich innerhalb der Teams einander nah gegenüber. Strecken Sie Ihre Zeigefinger auf Brusthöhe aus. Nun legt der Spielleiter einen Zollstock auf die Zeigefinger. Alle Zeigefinger von allen Gruppenmitgliedern müssen den Zollstock zu jedem Zeitpunkt berühren. Ihre Aufgabe ist es, den Zollstock möglichst schnell auf den Boden zu legen. Dabei muss der Zollstock stets auf allen Zeigefingern der Teammitglieder aufliegen. Er darf nicht runtergedrückt werden. Ein Verstoß führt dazu, dass Sie wieder auf Brusthöhe beginnen müssen. Während des gesamten Spiels darf nicht geredet werden.
   a) Geben Sie an, ob Sie als Team die Teamentwicklungsphasen durchlaufen haben.
   b) Geben Sie an, was während der Teamarbeit gut geklappt hat und wo die Probleme lagen.

ZUSAMMENFASSUNG

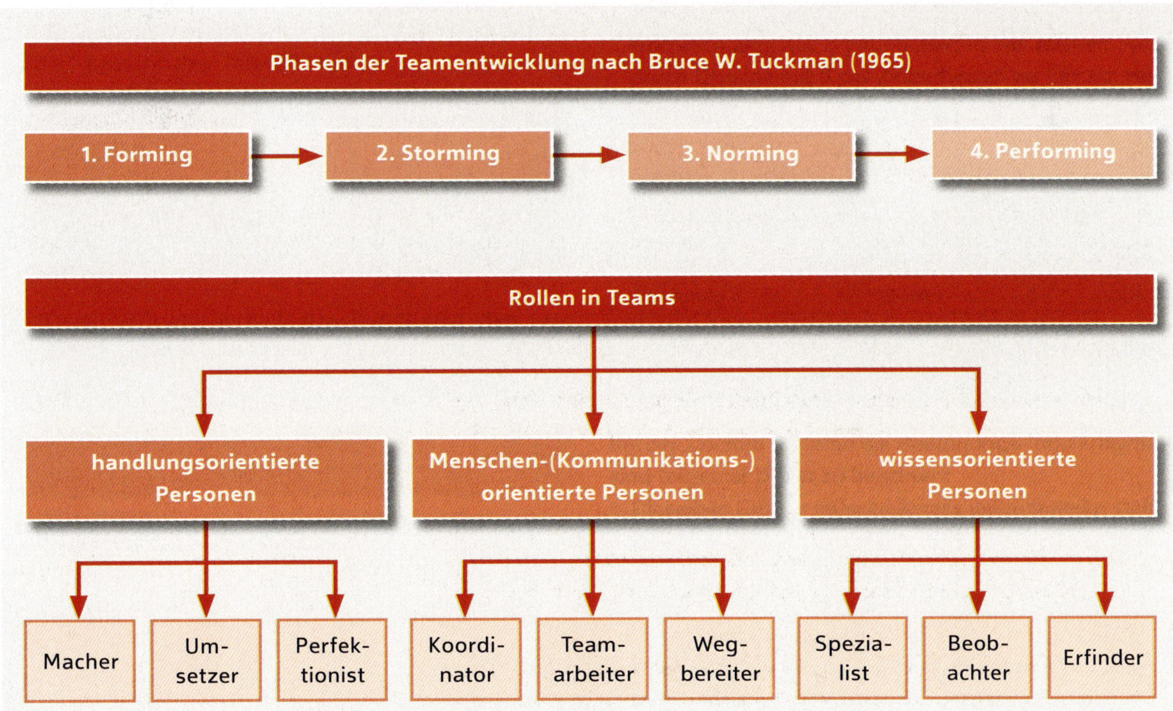

Kaufmännische Rechenarten
Textverarbeitungsprogramm
Tabellen erstellen
Geschäftsbriefe
Dokumentvorla
E-Mails
Warenwirtschaftsysteme
Auftragsbearbeitung
Angebote
Formulare
kopier
Kommunikationssysteme
Tabellenkalkulationsprogramm
Dokumente gestalten
DIN-Rege
Corporate Design
scannen
drucken
Nachhaltigkeit

Lernfeld 3

Aufträge bearbeiten

3.1 Wir verschaffen uns einen Überblick über den Auftragsbearbeitungsprozess

Einstieg

Ab heute wird Carolin Saager in der Verkaufsabteilung eingesetzt. Sie wird Herrn Fellmann zugeordnet. Dieser hat gerade eine Anfrage der Netzel GmbH, Halberstädter Str. 18, 31141 Hildesheim bekommen, die sich für 40 Herrenschlafanzüge interessiert.

Herr Fellmann:
„Diese Anfrage hier kann man als Ausgangspunkt einer Vorgangskette in Unternehmen sehen, die man als Auftragsbearbeitung bezeichnet. Ich fahre mal gerade meinen Rechner hoch."

Carolin Saager:
„Was muss man denn bei der Auftragsbearbeitung noch alles machen?"

Herr Fellmann:
„Ja, wir brauchen für die Auftragsbearbeitung unser Warenwirtschaftssystemprogramm. Damit erfassen wir als Allererstes die Daten der Anfrage. Hier, das können Sie gleich mal machen."

1. Erläutern Sie, was man unter Auftragsbearbeitung versteht.
2. Führen Sie Punkte auf, die bei der Bearbeitung einer Anfrage beachtet werden müssen.

INFORMATIONEN

Auftragsbearbeitung

Ein Unternehmen ist abhängig von seinen Kunden. Von ihnen und ihren Aufträgen hängt die Existenz des Unternehmens ab. Die Bereitschaft der Kunden, Aufträge zu vergeben, wird auch durch das Verhalten der Mitarbeiter beeinflusst. Diese sollten daher Kundenanfragen und Kundenaufträge sehr sorgfältig bearbeiten.

DEFINITION

Die **Auftragsbearbeitung** umfasst die datenmäßige Bearbeitung und Kontrolle der Aufträge vom Zeitpunkt der Auftragsaufgabe bis zur Ankunft der Sendungsdokumente und Rechnungen beim Kunden.

Man versteht also darunter die Vorgangskette, durch die ein erteilter Auftrag bis zu seiner Auslieferung und Abrechnung geführt wird. Die Auftragsbearbeitung beginnt heute schon mit der Abwicklung von Anfragen. Diese werden in der Regel mit Programmen für die Auftragsbearbeitung bzw. mit Warenwirtschaftssystemen bearbeitet.

Abwicklung einer Anfrage

Der erste Kontakt zu möglichen Kunden erfolgt oft über Anfragen. Der Kunde möchte die möglichen Preise und Lieferkonditionen der Produkte oder Dienstleistungen des Unternehmens ohne eine Verpflichtung in Erfahrung bringen.

DEFINITION

Eine **Anfrage** ist eine rechtlich unverbindliche Bitte eines möglichen Kunden um ein Angebot.

Bekommt ein Unternehmen eine Kundenanfrage, muss entschieden werden, ob die Ware bzw. das Produkt zu den gewünschten Bedingungen geliefert werden kann oder überhaupt geliefert werden soll. Bei der Bearbeitung einer Kundenanfrage müssen verschiedene Punkte überprüft werden:

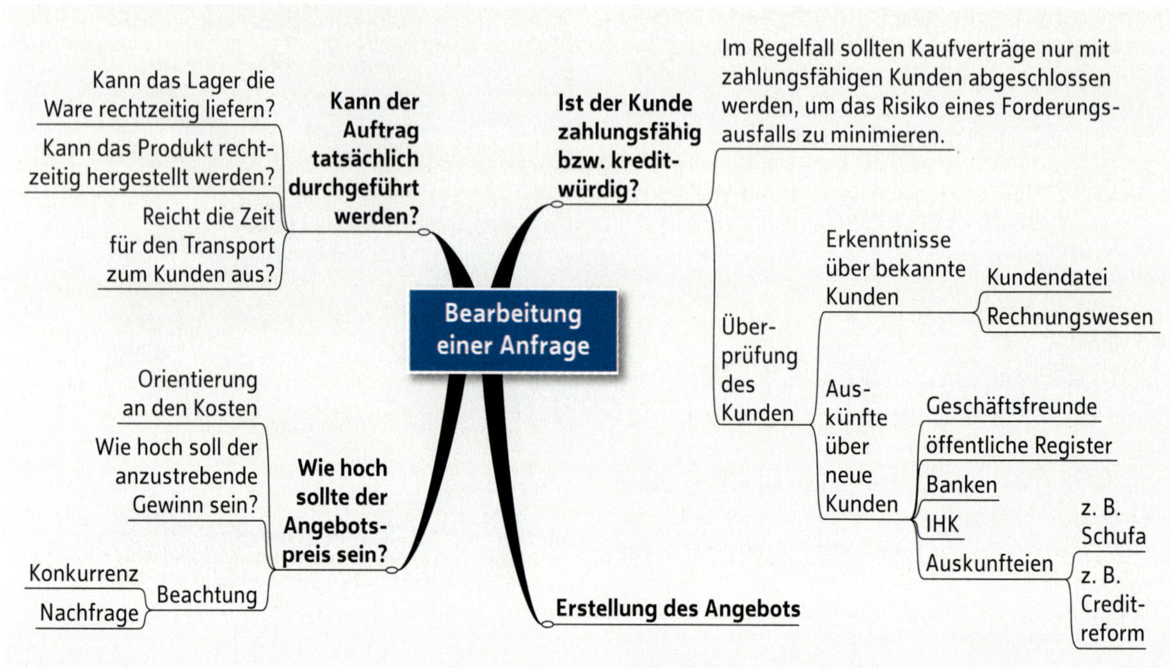

Kommt eine Anfrage, werden deren Daten sofort in die Software für die Auftragsbearbeitung übernommen.

Angebot[1]

DEFINITION

Ein **Angebot** ist eine Willenserklärung, Waren oder Dienstleistungen zu den angegebenen Bedingungen verkaufen zu wollen.

Angebote richten sich an eine genau bestimmte Person bzw. Personengruppe. Sie sind formfrei, auch wenn sich aus Beweissicherungsgründen die Schriftform empfiehlt. Angebote sind grundsätzlich verbindlich, wenn keine Einschränkungen gemacht wurden.

Da Angebote einen der wichtigsten Kontakte mit möglichen Kunden darstellen, kommt es ganz besonders darauf an, diese klar und verständlich zu formulieren. Es muss darauf geachtet werden, dass Angebote optisch und textlich gut aufgemacht sind. Damit Unklarheiten vermieden werden, sollten Angebote folgende inhaltliche Bestandteile aufweisen:

- **Name und Adresse**
  Ein Angebot sollte sowohl den Namen und die Adresse des eigenen Unternehmens sowie die entsprechenden Daten des Angebotsempfängers enthalten.
- **Angebotsnummer und -datum**
  Die Angabe von Angebotsnummer und -datum dient der eigenen Orientierung und besseren Verständigung mit dem Angebotsempfänger.
- **Art und Menge der angebotenen Waren**
  Damit der Kunde ein besseres Bild über die Zusammensetzung des Endpreises bekommt, ist es sinnvoll, die angebotenen Waren bzw. Dienstleistungen möglichst transparent zu beschreiben. Dazu gehören auch Angaben über die Beschaffenheit und Güte der Waren.
- **Einzel- und Endpreise**
  Enthält das Angebot unterschiedliche Waren bzw. unterschiedliche Leistungen, so müssen die Einzelpreise genau aufgelistet werden. Angegeben werden muss auch der zusammenfassende Endpreis.
- **Lieferungsbedingungen**
  Neben den Zahlungsbedingungen müssen auch die Lieferungsbedingungen im Angebot aufgeführt wer-

1 siehe Kap. 3.2

den: Deutlich werden sollten die Kosten der Versandverpackung, die Versandkosten und die Lieferzeit.

- **Steuersatz**
  Die Preisangaben werden im Regelfall als Nettopreise angegeben. Deshalb sollte der jeweils geltende Mehrwertsteuersatz angegeben werden.
- **Hinweis auf die Allgemeinen Geschäftsbedingungen**
  Um später Unklarheiten zu vermeiden und auch abzusichern, dass der Kunde die Allgemeinen Geschäftsbedingungen wahrnimmt, sollten dem Angebot die Allgemeinen Geschäftsbedingungen beigefügt werden.

Ablauf der Auftragsbearbeitung

Die Auftragsbearbeitung verbindet zunächst zwei räumlich getrennte Organisationseinheiten, den Kunden und den Lieferanten. Erteilt der Kunde (z.B. ein Einzelhandelsunternehmen) dem Lieferanten (z.B. dem Großhandelsunternehmen Hoffmann KG) einen Auftrag, handelt es sich aus der Sicht des Kunden um einen Bestellvorgang, während der Großhändler (Lieferant) bei Erhalt der Bestellung einen Auftragsvorgang, nämlich die Auftragsbearbeitung, auslöst.

Auftragsbearbeitungen im Dienstleistungsbereich entsprechen weitgehend denen im Handel bzw. der Industrie. Statt Artikeldateien werden hier Leistungsdateien geführt. Solche Leistungskataloge enthalten alle typischerweise anfallenden Arbeiten. Positionen, die nicht im Leistungskatalog enthalten sind, können manuell hinzufügt werden – inklusive Angaben zu Arbeitsaufwand und Materialbedarf. Jeder Leistungsposition ist in der Regel eine Stückliste zugeordnet, die den Materialbedarf mit Mengen und Preisen enthält. Die Stücklisten aller für einen Auftrag benötigten Positionen werden automatisch aufaddiert und entsprechend zusammengefasst.

Oft sind in entsprechenden Programmpaketen auch Formelsammlungen hinterlegt. Diese ermöglichen ein Aufmaß direkt an der jeweiligen Leistungsposition. In der Folge ermöglichen solche Programmpakete auch die Erstellung von Auftragszetteln für die Mitarbeiter mit allen erforderlichen Informationen und Kontaktdaten. Die Mitarbeiter können dann auf diesen Formularen die im Rahmen eines Reparaturauftrags geleisteten Arbeitsstunden pro Mitarbeiter sowie die Materialaufwendungen vermerken und sich den Zeit- und Materialbedarf vom Auftraggeber abzeichnen lassen.

Der gesamte Vorgang besteht idealtypisch aus acht Schritten:

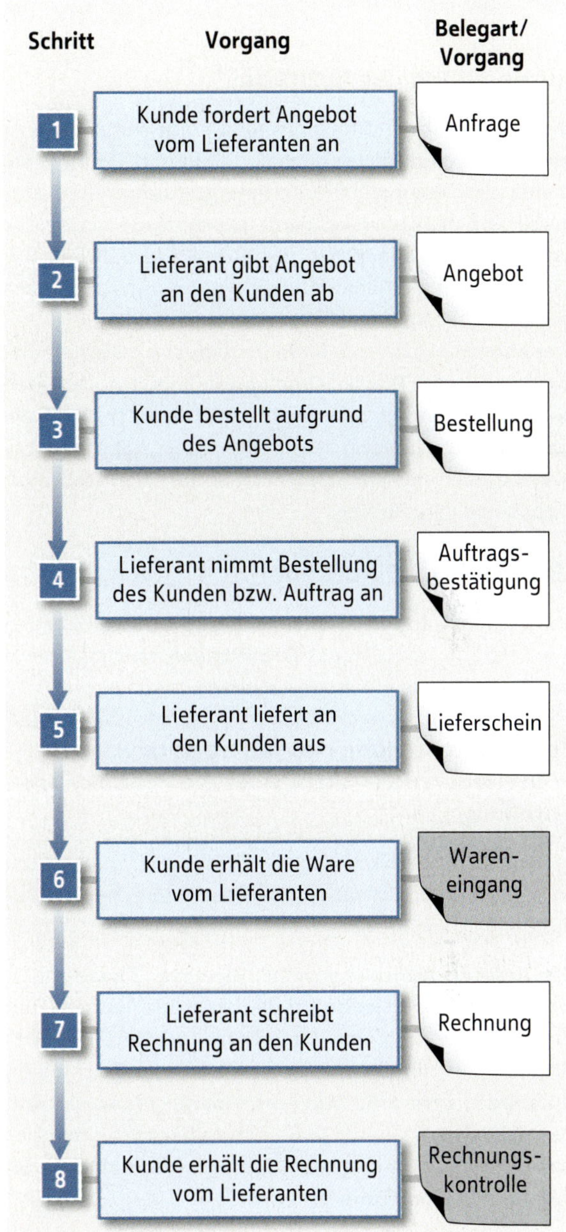

Aufgaben der Auftragsbearbeitung

Unabhängig von der Art der Auftragsbearbeitung lassen sich stets bestimmte Grundaufgaben unterscheiden, die zu erfüllen sind.

Annahme der Bestellung

Der Ausgangspunkt für die Auftragsinformation ist die Auftragserstellung durch den Kunden. Die Aufträge können von dort per Brief, Telefon, Fax oder Internet an das Unternehmen direkt oder an einen Außendienstmitarbeiter übermittelt werden.

Aufbereitung des Auftrags

Die Auftragsübermittlung erfolgt an eine Auftragsempfangsstelle des Unternehmens, die die Aufträge für die Weiterverarbeitung im Unternehmen aufbereitet. Dadurch wird der Auftrag den internen Anforderungen des Unternehmens angepasst, der Auftrag wird in den Betriebsablauf eingeplant. Hierzu gehört zunächst, dass der Auftrag um möglicherweise noch fehlende Informationen ergänzt wird. Außerdem muss er noch einmal im Hinblick auf Preise, Konditionen, Liefermodalitäten und die Bonität des Kunden überprüft werden. Falls die gewünschten Güter nicht auf Lager sind, kann die Auftragsbearbeitung Maßnahmen im Bereich der Bestandsdisposition veranlassen.

Umsetzung der Aufträge

Im Anschluss an die Aufbereitung der Aufträge werden die Aufträge in Auftragsbestätigungen und in interne Bearbeitungspapiere umgeschrieben.

Zusammenstellung des Auftrags bzw. Weiterleiten des Auftrags an die Produktionsabteilung

Aufgrund der aufbereiteten und umgesetzten Aufträge wird die Lagerorganisation bzw. die entsprechende Produktion in Gang gesetzt.

Die Auftragsabwicklung liefert in dieser Phase Informationen beispielsweise für die Lagerbuchhaltung und für die Steuerung von Lagerbediengeräten. Auf der Grundlage der in dieser Phase zur Verfügung gestellten Unterlagen über z.B. Warenart, -menge, -gewicht und Verpackung werden die Waren im Lager zusammengestellt. Man spricht in diesem Zusammenhang auch von der **Kommissionierung** der Güter.

Im Rahmen der Auftragsfertigung wird in der Regel erst dann produziert, wenn ein konkreter Auftrag durch einen Kunden erteilt wurde. Dann müssen dafür die entsprechenden Roh-, Hilfs- und Betriebsstoffe bzw. Komponenten des Produkts beschafft werden.

Geht es um die Abwicklung einer Dienstleistung, werden in diesem Schritt alle zur Erledigung nötigen Ressourcen zusammengestellt.

Versand

Nach der Kommissionierung werden die Versandpapiere ausgestellt, die gegebenenfalls mit Fracht-, Transport- und Zeitdaten ergänzt werden müssen. In dieser Phase der Auftragsbearbeitung erfolgt die Festlegung des optimalen Transportmittels und Transportwegs für die Auslieferung der Güter. Enge Beziehungen bestehen also zum Transportwesen. Die Verladung und der Transport der Güter werden in dieser Phase ausgelöst. Dem Versand entspricht im Dienstleistungsbereich das Erbringen der Dienstleistungen.

Fakturierung

Unter der Fakturierung versteht man die Rechnungserstellung für die Aufträge. Sie kann nach der Versanddisposition oder vor (bzw. auch parallel zu) den Phasen der Zusammenstellung erfolgen:

- Bei der **Vorfakturierung** wird die Rechnung schon in der Phase der Aufbereitung und Umsetzung erstellt. Es wird also auf der Grundlage der Bestellung fakturiert, bevor die Güter physisch kommissioniert werden.
- Bei der **Nachfakturierung** wird durch die Kommissionierung im Lager die vollständige Basis der Rechnung erstellt und dann erst die Fertigstellung der Rechnung vorgenommen.

Qualitätsmanagement zur Kundenzufriedenheit

Ein systematisches Qualitätsmanagement wird in immer mehr Unternehmen zum Zufriedenstellen der Kunden angewandt. Unter Qualitätsmanagement versteht man alle Maßnahmen, die vom Unternehmen in Bezug auf die Erreichung und Verbesserung von Qualität getroffen werden. Ein Qualitätsmanagement ist also ein spezieller Ansatz der Unternehmensführung, der international genormt ist.

Gerade in der Auftragsbearbeitung ist es von entscheidender Bedeutung, dass von Anfang an die Qualität der Arbeitsaufgaben gesichert wird. Jeder Fehler in den Phasen der Auftragsbearbeitung lässt sich später nur mit einem riesigen Zeitaufwand beheben. Das Unternehmen sollte daher Mechanismen installieren, die eine eigenverantwortliche Qualität von Anfang an unterstützen.

7455342

AUFGABEN

1. Was ist eine Anfrage?
2. Wodurch unterscheidet sich ein Angebot von einer Anfrage?
3. Führen Sie Bestandteile des Angebots auf.
4. Was versteht man unter der Auftragsbearbeitung in einem Unternehmen?
5. Erläutern Sie die Phasen der Auftragsbearbeitung.
6. Erläutern Sie den Begriff Kommissionierung.
7. Was versteht man unter Fakturierung?
8. Wodurch unterscheidet sich die Vor- von der Nachfakturierung?

AKTION

Untersuchen Sie die Auftragsbearbeitung in Ihrem Ausbildungsbetrieb.

a) Klären Sie, welche Belege bzw. Vordrucke verwendet werden und welche Aufgaben sie erfüllen.
b) Stellen Sie Ihrer Klasse die Belege/Vordrucke vor.
c) Vergleichen Sie die vorgestellten Belege/Vordrucke.

ZUSAMMENFASSUNG

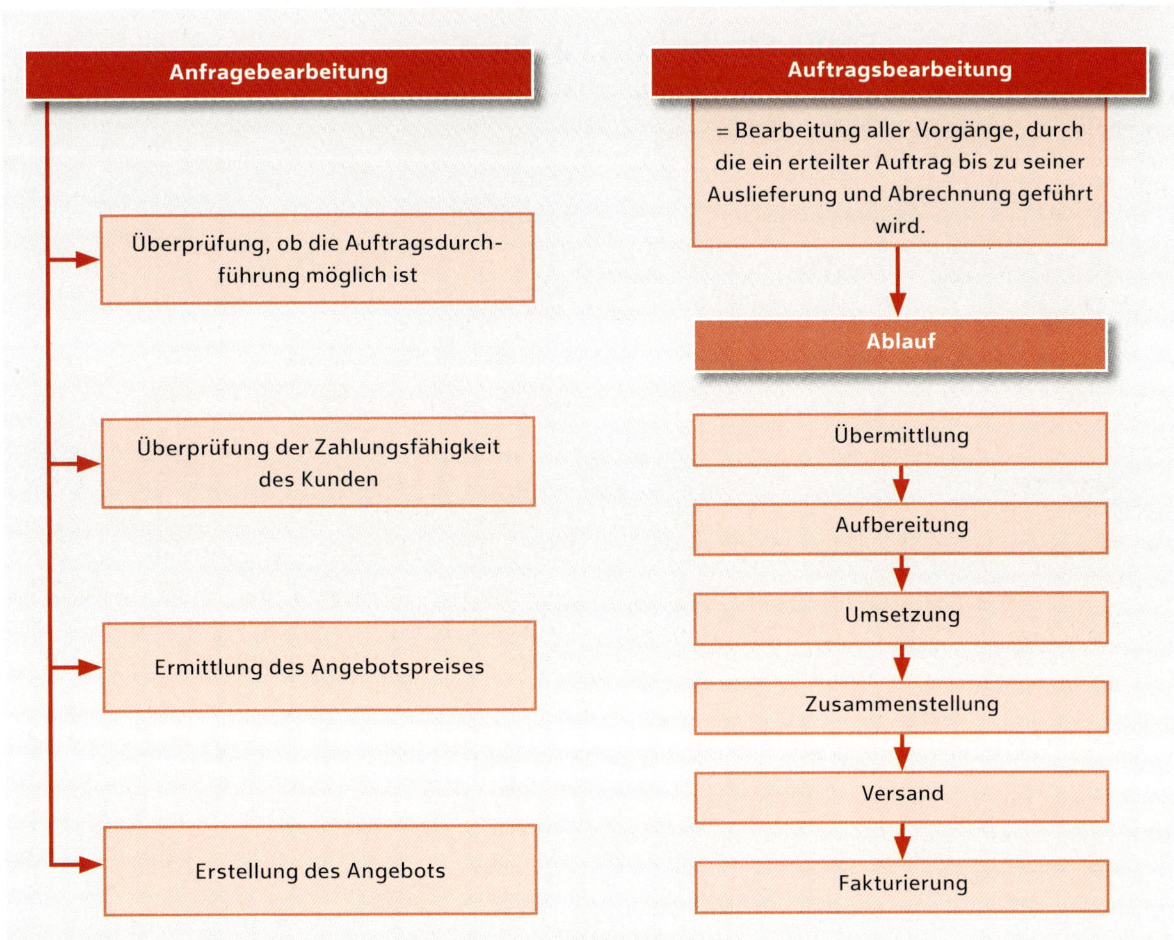

3.2 Wir erstellen Angebote

Einstieg

Die Hoffmann KG erhält am 3. September die folgende Anfrage des Bekleidungsgeschäfts Franz Stallmann Fashion aus Mülheim. Herr Fellmann, Sachbearbeiter im Verkauf, beauftragt daraufhin Katarzyna Lindemann, die Anfrage des Bekleidungsgeschäfts zu bearbeiten.

Herr Fellmann:
„Hallo Frau Lindemann, ich habe hier eine Anfrage von Frau Lenz, der Mitarbeiterin unseres langjährigen Kunden Franz Stallmann Fashion. Bitte bearbeiten Sie die Anfrage und erstellen Sie unverzüglich ein ausführliches Angebot."

Katarzyna Lindemann:
„Guten Tag, Herr Fellmann. Ich kümmere mich sofort darum. Muss ich irgendwelche Vorgaben bei der Auswahl der Angebotsinhalte berücksichtigen?"

Herr Fellmann:
„Ja, beachten Sie bitte bei der Festlegung der Angebotsinhalte die in unserer EDV gespeicherten Artikeldaten und die folgenden Lieferungs- und Zahlungsbedingungen:
- Bei Lieferung ab Lager Hannover stellen wir pro Hemd 0,10 € Transportkosten in Rechnung.
- Zahlung innerhalb von 30 Tagen nach Rechnungsdatum, bei Zahlung innerhalb von 10 Tagen abzüglich 2,0 % Skonto."

Katarzyna Lindemann:
„In Ordnung. Ich mache mich sofort an die Arbeit."

Franz Stallmann Fashion

Mühlheim

Stallmann Fashion OHG – Vogesenstr. 3 – 45468 Mühlheim
Hoffmann KG
Bergener Straße 6 a
30625 Hannover

Ihr Zeichen:
Ihre Nachricht vom:
Unser Zeichen: o-s
Unsere Nachricht vom:

Name: Vera Lenz
Telefon: 0208 123-55
Telefax: 0208 123-56
E-Mail: vera.lenz@stallmann-fashion-ohg-wvd.de

Datum: 20..09-02

Anfrage

Sehr geehrte Damen und Herren,

wir benötigen dringend Damenstrickjacken in den Größen M, L und XL.

Bitte senden Sie uns ein ausführliches Angebot bis zum 15. September d. J.

Mit freundlichen Grüßen

Franz Stallmann Fashion OGH

Vera Lenz

i. V. Vera Lenz

Versetzen Sie sich in die Rolle von Katarzyna Lindemann und erfüllen Sie den Auftrag von Herrn Fellmann. Beachten Sie dabei die folgenden Artikeldaten:

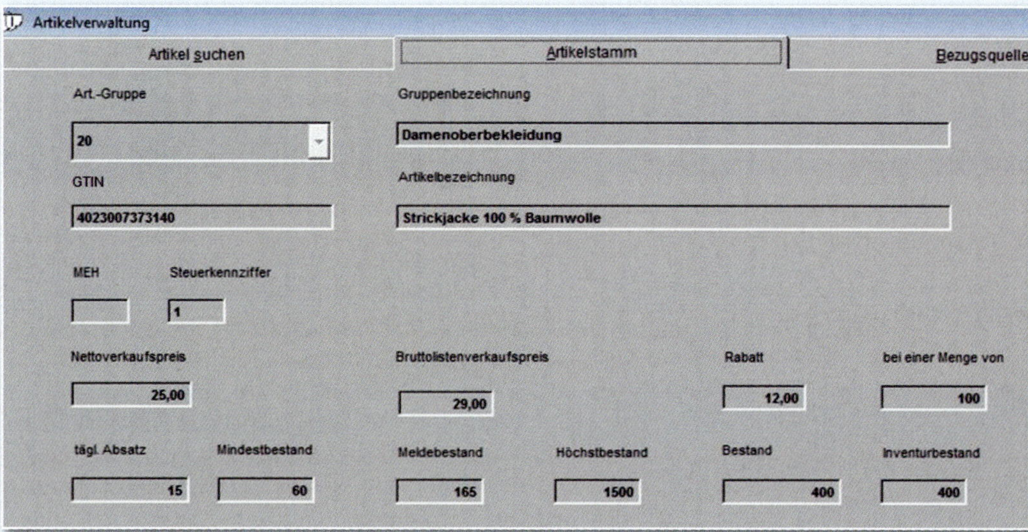
Artikelverwaltung
Artikel suchen | Artikelstamm | Bezugsquelle
Art.-Gruppe: 20
Gruppenbezeichnung: Damenoberbekleidung
GTIN: 4023007373140
Artikelbezeichnung: Strickjacke 100 % Baumwolle
MEH:
Steuerkennziffer: 1
Nettoverkaufspreis: 25,00
Bruttolistenverkaufspreis: 29,00
Rabatt: 12,00
bei einer Menge von: 100
tägl. Absatz: 15
Mindestbestand: 60
Meldebestand: 165
Höchstbestand: 1500
Bestand: 400
Inventurbestand: 400

INFORMATIONEN

Wesen des Angebots

DEFINITION

Ein **Angebot** ist eine Willenserklärung, Waren zu den angegebenen Bedingungen zu verkaufen.

Angebote richten sich an eine genau bestimmte Person oder Personengruppe. Deshalb sind Zeitungsanzeigen, Prospekte, Kataloge, Plakate, Werbefernsehen, Werbefunk und Schaufensterauslagen keine Angebote, sondern **Anpreisungen.**

Auch die Präsentation von Waren in Selbstbedienungsgeschäften gilt nicht als Angebot, sondern lediglich als Anpreisung. In Selbstbedienungsgeschäften kommt der Kaufvertrag erst durch das Bringen der Ware zur Kasse und das Kassieren des Kaufpreises zustande. Andererseits gilt die Aufstellung eines Automaten als Angebot an jeden, der die richtige Münze einwirft.

Form des Angebots

Die Abgabe eines Angebots ist an keine Formvorschrift gebunden. Sie kann schriftlich (Brief, Telegramm, E-Mail), mündlich oder telefonisch erfolgen.

Bindungsfristen

Angebote, die ohne Einschränkungen gemacht wurden, sind grundsätzlich verbindlich.

Gesetzliche Bindungsfrist

Angebote müssen unverzüglich angenommen werden, wenn in dem Angebot keine Frist genannt wurde:

- **Mündliche** und **telefonische** Angebote sind deshalb nur so lange bindend, wie das Gespräch dauert.
- **Schriftliche** Angebote werden in dem Moment verbindlich, in dem sie dem Empfänger zugehen. Der Anbieter ist so lange an dieses Angebot gebunden, wie er unter verkehrsüblichen Bedingungen mit einer Antwort rechnen muss.

Die Bindungsfrist beträgt bei einem Angebotsbrief nach Handelsbrauch gewöhnlich eine Woche. Bei Angeboten per Fax und E-Mail beträgt sie 24 Stunden.

BEISPIEL

Eine Tischlerei erhält von einem Holzhändler am 1. Dezember einen Angebotsbrief. Das Angebot ist nur bis zum 8. Dezember bindend. Der Holzhändler muss zu den Angebotsbedingungen nur dann liefern, wenn die Bestellung der Tischlerei bis zu diesem Zeitpunkt bei ihm eingetroffen ist.

Vertragliche Bindungsfrist

Wird in einem Angebot eine Frist angegeben (z. B. „gültig bis 31. März 20.."), so muss die Bestellung bis Ablauf dieser Frist beim Anbieter eingegangen sein.

Freizeichnungsklauseln

Durch Freizeichnungsklauseln kann die Verbindlichkeit eines Angebots ganz oder teilweise ausgeschlossen werden.

BEISPIEL

„Preisänderungen vorbehalten" → Preis ist unverbindlich
„solange Vorrat reicht" → Menge ist unverbindlich
„freibleibend", „unverbindlich", „ohne Obligo" → das ganze Angebot ist unverbindlich

Erlöschen der Bindung

Der Anbieter ist nicht mehr an sein Angebot gebunden, wenn

- der Empfänger das Angebot ablehnt,
- die Bestellung zu spät eintrifft,
- die Bestellung vom Angebot abweicht.

Außerdem erlischt die Bindung an das Angebot, wenn der Anbieter sein Angebot rechtzeitig widerruft. Der **Widerruf** muss möglichst vor, spätestens aber mit dem Angebot beim Empfänger eingetroffen sein.

Inhalte des Angebots

Angebote können Vereinbarungen enthalten über:

- die angebotene Ware
  - Art, Beschaffenheit und Güte der Ware
  - Menge der Ware

  oder
- die angebotene Dienstleistung
- Angebotspreis und Preisabzüge
- Lieferungsbedingungen (Kosten der Versandverpackung, Versandkosten, Lieferzeit)
- Zahlungsbedingungen
- Eigentumsvorbehalt[1]
- Erfüllungsort
- Gerichtsstand

Art, Beschaffenheit und Güte der Ware

Die Art der Ware wird durch handelsübliche Bezeichnungen gekennzeichnet. Die Beschaffenheit und Güte der Ware kann durch Abbildungen und Beschreibungen in Katalogen oder Prospekten, durch Güteklassen, Gütezeichen, Muster und Proben oder nach Augenschein festgelegt werden. Fehlt im Angebot eine Angabe über Beschaffenheit und Güte der Ware, so ist bei einer Gattungsschuld eine Ware mittlerer Art und Güte zu liefern (gesetzliche Bestimmung).

Menge der Ware

Normalerweise wird die Menge in handelsüblichen Maßeinheiten angegeben (z. B. kg, m, Stück).

Der Anbieter kann in seinem Angebot Mindestbestellmengen und Höchstbestellmengen festlegen.

Bei Angabe einer Mindestbestellmenge werden nur solche Bestellungen ausgeführt, die über diese Mindestmenge oder eine größere Bestellmenge lauten.

Mit der Angabe einer Höchstbestellmenge beschränkt der Anbieter die Abgabemenge an einen Besteller.

Preis der Ware

Der Preis ist der in Geld ausgedrückte Wert einer Ware. Er kann sich beziehen auf

- gesetzliche Maßeinheiten (kg, l, m, m^2, m^3) oder
- handelsübliche Bezeichnungen (Stück, Kisten, Ballen usw.).

Preisabzüge

Rabatt

Rabatt ist ein Preisnachlass. Er wird gewährt als:

- Mengenrabatt für Abnahme größerer Mengen
- Wiederverkäuferrabatt für Händler
- Sonderrabatt bei bestimmten Anlässen (z. B. Jubiläum)
- Personalrabatt für Betriebsangehörige

Naturalrabatte sind Rabatte, die in Form von Waren gewährt werden. Hierbei kann es sich um eine Draufgabe oder Dreingabe handeln:

- **Draufgabe**
  Es wird eine bestimmte Menge zusätzlich unentgeltlich geliefert (z. B. 50 Stück bestellt, 60 Stück geliefert, 50 Stück berechnet).
- **Dreingabe**
  Es wird weniger berechnet, als geliefert wurde (z. B. 50 Stück bestellt, 50 Stück geliefert, 40 Stück berechnet).

Bonus

Ein Bonus ist ein nachträglich gewährter Preisnachlass, der in der Regel am Jahresende gewährt wird, wenn der Kunde einen Mindestumsatz erreicht oder überschritten hat.

Skonto

Skonto ist ein Preisnachlass für vorzeitige Zahlung.

1 zu Eigentumsvorbehalt, Erfüllungsort und Gerichtsstand siehe Kap. 4.8

Versandkosten

Zu den Versandkosten (Beförderungskosten) gehören:

- Hausfracht am Ort des Verkäufers, die durch den Transport von der Geschäftsniederlassung des Verkäufers zur Versandstation (z. B. Versandbahnhof) entsteht
- Wiege- und Verladekosten
- Fracht, die für den Transport von der Versandstation bis zur Empfangsstation zu zahlen ist
- Entladekosten
- Hausfracht am Ort des Käufers, die durch den Transport von der Empfangsstation bis zur Geschäftsniederlassung des Käufers entsteht

Gesetzliche Regelung

Wenn zwischen dem Verkäufer und dem Käufer keine besondere Vereinbarung getroffen wurde, trägt der Käufer die Versandkosten. Das bedeutet:

- Beim **Platzkauf,** das heißt, wenn Verkäufer und Käufer ihren Geschäftssitz am selben Ort haben, muss der Käufer die Versandkosten ab der Geschäftsniederlassung des Verkäufers bezahlen.

- Beim **Versendungskauf,** das heißt, wenn Verkäufer und Käufer ihren Geschäftssitz nicht am selben Ort haben, muss der Verkäufer die Versandkosten bis zur Versandstation (= Hausfracht am Versendungsort und Wiegekosten) bezahlen. Die Versandkosten ab Versandstation (Verladekosten, Fracht, Entladekosten, Hausfracht am Bestimmungsort) muss der Käufer bezahlen (Warenschulden sind Holschulden).

BEISPIEL

Die Hoffmann KG bestellt Mäntel bei der Mantelfabrik Meyer in Bielefeld. Die Mantelfabrik schickt die Mäntel mit der Eisenbahn. Für den Transport zum Versandbahnhof Bielefeld entstehen 20,00 € Hausfracht. Die Fracht der Bahn beträgt 200,00 €. Für den Transport von der Empfangsstation Hildesheim bis zur Filiale der Hoffmann KG berechnet der Bahnspediteur 25,00 € Hausfracht. Wenn keine vertragliche Vereinbarung über die Versandkosten erfolgte, muss die Hoffmann KG die 200,00 € Fracht zuzüglich 25,00 € Hausfracht in Hildesheim = 225,00 € bezahlen.

Vertragliche Regelungen

Abweichend von der gesetzlichen Regelung können zwischen Käufer und Verkäufer anderslautende vertragliche Regelungen vereinbart werden.

Vertragliche Regelungen der Versandkosten		
Beförderungsbedingungen	**Verkäufer zahlt**	**Käufer zahlt**
ab Werk, Lager oder Fabrik = gesetzliche Regelung beim Platzkauf	keine Versandkosten	alle Versandkosten
unfrei, ab hier, ab Versandstation, ab Bahnhof hier = gesetzliche Regelung beim Versendungskauf	Versandkosten bis zur Versandstation (Hausfracht am Versendungsort, Wiegekosten)	Versandkosten ab Versandstation (Verladekosten, Fracht, Entladekosten, Hausfracht am Bestimmungsort)
frachtfrei, frei dort, frei Bahnhof dort, frei	Versandkosten bis zur Empfangsstation (Hausfracht am Versandort, Verladekosten, Fracht)	Versandkosten ab Empfangsstation (Entladekosten, Hausfracht am Empfangsort)
frei Haus, frei Lager	alle Versandkosten	keine Versandkosten

Kosten der Versandverpackung

Gesetzliche Regelung

Wenn zwischen Käufer und Verkäufer keine besonderen Vereinbarungen getroffen wurden, trägt die Kosten der Versandverpackung grundsätzlich der Käufer.

Vertragliche Regelungen

Vertraglich kann vereinbart werden:

- Preis für **Reingewicht** (= Nettogewicht) **einschließlich Verpackung** (netto einschließlich Verpackung): Der Preis wird nur vom Gewicht der Ware (Rein- beziehungsweise Nettogewicht) berechnet. Die Verpackung erhält der Käufer unberechnet.

- Preis für **Reingewicht ausschließlich Verpackung** (netto ausschließlich Verpackung): Der Preis wird vom Reingewicht (Nettogewicht) berechnet. Die Verpackung wird dem Käufer zusätzlich, normalerweise zum Selbstkostenpreis, in Rechnung gestellt (= gesetzliche Regelung).

- Preis für das **Bruttogewicht einschließlich Verpackung** (brutto für netto [b/n; bfn]): Für die Berechnung wird das Bruttogewicht (= Reingewicht + Verpackungsgewicht) zugrunde gelegt. Die Verpackung wird wie die Ware berechnet.

BEISPIEL

Das Nettogewicht einer Ware beträgt 20 kg. Das Verpackungsgewicht (Tara) beträgt 2 kg. Der Preis der Ware beläuft sich auf 2,00 € je kg. Der Selbstkostenpreis der Verpackung beträgt 1,00 €.

Vertragliche Regelung	Preis für Ware und Verpackung
Preis einschließlich Verpackung	Nettogewicht 20 kg · 2,00 € = 40,00 €
Preis zuzüglich 1,00 € Verpackung	Nettogewicht 20 kg · 2,00 € + 1,00 € = 41,00 €
brutto für netto (b/n)	Bruttogewicht 22 kg · 2,00 € = 44,00 €

Lieferzeit

Gesetzliche Regelung
Wurde zwischen den Vertragspartnern keine Lieferfrist vereinbart, dann ist der Verkäufer verpflichtet, die Ware unverzüglich zu liefern[1].

Vertragliche Regelungen
Abweichend von der gesetzlichen Regelung kann vereinbart werden:
- Lieferung innerhalb eines bestimmten Zeitraums, z.B. „Lieferung innerhalb von 14 Tagen"
- Lieferung bis zu einem bestimmten Termin, z.B. „Lieferung bis Ende August"
- Lieferung zu einem genau festgelegten Datum (Fixkauf), z.B. „Lieferung am 5. Nov. 20.. fix"

Zahlungsbedingungen

Gesetzliche Regelungen
Der Käufer ist verpflichtet, die Ware unverzüglich bei Lieferung zu bezahlen, wenn zwischen ihm und dem Verkäufer kein anderer Zahlungszeitpunkt vereinbart worden ist. Die Kosten der Zahlung (z.B. Überweisungsgebühren) muss der Käufer tragen.

Vertragliche Regelungen
Vertraglich kann zwischen Verkäufer und Käufer vereinbart werden:

- **Zahlung vor der Lieferung**
  Vor der Lieferung muss ein Teil des Kaufpreises oder der gesamte Kaufpreis bezahlt werden.

  BEISPIELE
  - Anzahlung
  - Vorauszahlung

- **Zahlung bei Lieferung**
  Die Zahlung erfolgt Zug um Zug, das heißt, der Verkäufer händigt die Ware aus und der Käufer bezahlt den Kaufpreis.

  BEISPIELE
  - „sofort netto Kasse" = sofortige Zahlung ohne Abzug
  - „gegen Nachnahme" = Aushändigung einer Warensendung nur gegen Zahlung

- **Zahlung nach der Lieferung**
  Der Käufer muss die Ware erst eine bestimmte Zeit nach der Lieferung bezahlen.

  BEISPIELE
  - Zielkauf, z.B. „Zahlung innerhalb 30 Tagen"
  - Ratenkauf: Der Käufer kann den Kaufpreis in Raten begleichen.

Aspekte des Gesundheits- und Umweltschutzes

Unternehmen sollten bei ihrem Angebot auch die Gesundheits- und Umweltverträglichkeit der angebotenen Güter beachten. In der Bevölkerung hat in den letzten Jahren das Umweltbewusstsein stark zugenommen. Dies hat Auswirkungen auf ihr Einkaufsverhalten. Unternehmen können diesem Bewusstseinswandel Rechnung tragen, indem sie umweltverträgliche Produkte anbieten. Sie können z.B. Produkte, deren Herstellung, Verwendung oder Beseitigung die Gesundheit und Umwelt belasten, aus ihrem Produktionsprogramm oder Sortiment herausnehmen und durch umweltverträgliche Produkte ersetzen.

1 Nicht-rechtzeitig-Lieferung siehe Kap. 4.19

AUFGABEN

1. In welchen der folgenden Fälle liegt ein Angebot vor?
   a) Ein Lebensmittelhändler lässt Handzettel mit aktuellen Sonderangeboten an die Haushalte in seinem Stadtbezirk verteilen.
   b) Ein Verkäufer bietet einem Kunden in der Elektroabteilung eines Cash-and-carry-Betriebs einen Staubsauger an.
   c) Ein Möbelhaus lässt seine Kataloge von der Post an alle Haushalte verteilen.
   d) Ein Weinhändler bietet einem Stammkunden telefonisch einen besonders günstigen Posten Rotwein an.

2. Der Textilhändler Gauß macht seiner Stammkundin Frau Lorenzen in seinem Geschäft ein Angebot für ein wertvolles Abendkleid. Frau Lorenzen kann sich jedoch nicht sofort entscheiden. Drei Tage später sucht sie das Geschäft noch einmal auf, um das Abendkleid zu kaufen. Herr Gauß hat das Kleid jedoch mittlerweile verkauft. Warum war er nicht mehr an das Angebot gebunden?

3. Karl Lang, Mainz, macht seinen langjährigen Kunden Fritz Kaiser, Hannover, und Gertrud Meyer, Göttingen, ein schriftliches Angebot über „Margaret Öster“ Feuchtigkeitscreme zu 3,00 € je Tube. Der Brief wird von ihm am 20. Mai zur Post gegeben.
   a) Am 22. Mai bestellt Herr Kaiser 40 Tuben zu 2,80 € je Tube. Wie kann Herr Lang auf die Bestellung reagieren?
   b) Am 31. Mai bestellt Frau Meyer 100 Tuben zu 3,00 € je Tube. Warum muss Herr Lang nicht mehr liefern?

4. Erläutern Sie folgende Freizeichnungsklauseln:
   a) „freibleibend“
   b) „solange Vorrat reicht“
   c) „Preis freibleibend“

5. Bis zu welchem Zeitpunkt kann ein schriftliches Angebot widerrufen werden?

6. Was bedeutet das Einräumen eines Zahlungsziels für den Käufer einer Ware?

7. Welchen Teil der Transportkosten trägt beim Bahnversand der Käufer, wenn im Angebot des Lieferanten keine Angabe über die Transportkostenverteilung enthalten ist?

8. Die Lieferungsbedingung lautet „frachtfrei“, die Fracht beträgt 50,00 €, die Hausfracht für die An- und Abfuhr je 10,00 €. Wie viel Euro muss der Käufer für den Transport bezahlen?

9. Wann muss der Käufer zahlen, wenn im Angebot keine Klausel darüber enthalten ist?

10. Wer zahlt die Versandverpackung, wenn im Angebot keine Angabe darüber enthalten ist?

11. Was bedeutet die Zahlungsbedingung „netto Kasse“?

12. Ein Großhändler bietet an: „Beim Kauf von 20 Flaschen erhalten Sie eine Flasche gratis!“ Um welchen Rabatt handelt es sich hierbei?

13. Wann muss geliefert werden, wenn im Kaufvertrag keine Lieferfrist vereinbart wurde?

AKTION

Die Hoffmann KG gewährt ihren Kunden bei allen Lieferungen ein Zahlungsziel von 30 Tagen. Beim Überschreiten des Zahlungsziels berechnet sie Verzugszinsen in Höhe von 5 %. Sie beliefert in erster Linie größere Unternehmen. Kleinere Unternehmen kaufen bei ihr nur Produkte in kleineren Mengen, da sie nur wenig liquide sind. Um den Absatz zu verbessern, möchte Herr Staub die Lieferungs- und Zahlungsbedingungen der Hoffmann KG verändern. Machen Sie Vorschläge zur Veränderung der Lieferungs- und Zahlungsbedingungen der Hoffmann KG. Stellen Sie die Chancen und Risiken veränderter Lieferungs- und Zahlungsbedingungen gegenüber. Präsentieren Sie Ihre Ergebnisse in Ihrer Klasse.

ZUSAMMENFASSUNG

Angebot und **Anpreisung**

Angebot	Anpreisung
• an eine **genau bestimmte** Person oder Personengruppe gerichtet • grundsätzlich **verbindlich**	• an die **Allgemeinheit** gerichtet • **unverbindlich**

Bindungsfristen bei

unbefristeten Angeboten (= gesetzlich)	**befristeten Angeboten** (= vertraglich)	**Angeboten mit Freizeichnungsklauseln**
• mündliche und telefonische Angebote: solange das Gespräch dauert • Angebotsbriefe: ca. 1 Woche • Angebote per Fax: 24 Stunden	• bindend bis zum Ablauf der Frist	• ganz oder teilweise unverbindlich

Erlöschen der Bindung an das Angebot bei

- Ablehnung des Angebots
- verspäteter Bestellung
- vom Angebot abweichender Bestellung
- rechtzeitigem Widerruf des Angebots

Inhalte des Angebots	gesetzliche Regelung	vertragliche Regelungen
Angaben zur angebotenen Dienstleistung		
Angaben zur Art, Beschaffenheit und Güte der angebotenen Ware	• mittlere Art und Güte	• nach Augenschein • Güteklassen • Abbildungen und Beschreibungen • nach Probe
Menge	• Bezeichnung: m, kg, Stück usw. • Mindestbestellmenge • Höchstbestellmenge	
Angebotspreis		
Preisabzüge	**Rabatt** • Mengenrabatt • Wiederverkäuferrabatt • Sonderrabatt • Personalrabatt • Naturalrabatt (Draufgabe; Dreingabe) • Bonus	**Skonto**
Kosten der Versandverpackung	• Kosten sind vom Käufer zu tragen	• netto, einschließlich Verpackung • netto, ausschl. Verpackung (= gesetzl. Regelung) • brutto, einschl. Verpackung (brutto für netto)
Versandkosten	• Versandkosten trägt der Käufer	• ab Werk, ab Lager • ab hier, ab Bahnhof, hier, unfrei • frei Haus • frei dort, frei Bahnhof dort, frachtfrei
Lieferzeit	• sofortige Lieferung	• Lieferung innerhalb eines bestimmten Zeitraums • Lieferung bis zu einem bestimmten Termin • Fixkauf
Zahlungsbedingungen	• sofortige Zahlung • Kosten der Zahlung trägt der Käufer	• Anzahlung • Vorauszahlung • „netto Kasse“ • „gegen Nachnahme“ • Zielkauf • Ratenkauf

3.3 Wir wenden die kaufmännischen Rechenarten zur Berechnung von Angebotspreisen an

Einstieg

Bei der Hoffmann KG ist eine Anfrage des Bekleidungsgeschäfts Silke Bachmann e. Kffr. aus Essen über 120 Holzfällerhemden eingegangen, die bearbeitet werden soll. Katarzyna Lindemann bekommt daher von dem Abteilungsleiter Verkauf der Hoffmann KG, Herrn Staub, den Auftrag, den Bruttoverkaufspreis zu berechnen.

Es sind jeweils 40 Holzfällerhemden der Größe M, L und XL. Herr Staub möchte, dass Katarzyna einen Mengenrabatt von 8 % gewährt, wenn der Kunde mindestens 150 Holzfällerhemden bestellt. Außerdem sollen die Frachtkosten in Höhe von 200,00 € pauschal für die Lieferung mit dem eigenen Lkw vom Kunden bezahlt werden.

1. Führen Sie auf, welche Einflussgrößen bei der Berechnung des Bruttoverkaufspreises berücksichtigt werden müssen.
2. Geben Sie an, mithilfe welcher kaufmännischen Rechenarten sich der Verkaufspreis kalkulieren lässt.
3. Erklären Sie, welche Besonderheit beim Dreisatz zu berücksichtigen ist.

INFORMATIONEN

Dreisatz

In der Mathematik ist der Dreisatz eine eindeutige Zuordnung von Werten. Diese Werte stehen beim Dreisatz in demselben Verhältnis zueinander. Es wird hier zwischen dem proportionalen und dem antiproportionalen Dreisatz unterschieden.

Proportionaler Dreisatz

DEFINITION

Ein **proportionaler Dreisatz** ist dadurch gekennzeichnet, dass bei einer Vervielfachung der Ausgangsmenge sich die Zielmenge in gleicher Weise vervielfacht.

Es ist zunächst einmal wichtig zu erkennen, dass es sich um ein proportionales Verhältnis handelt.

Faustregel:
„je mehr, desto mehr" oder
„je weniger, desto weniger"

BEISPIEL 1

Das Bekleidungsgeschäft Beckermann Moden ordert statt 30 Damenblusen, für die es 750,00 € netto hätte bezahlen müssen, nun 50 Damenblusen. Für die 50 Damenblusen muss das Bekleidungsgeschäft der Hoffmann KG 1.250,00 € zahlen.

Wie löst man die Frage **„Wie viel muss das Bekleidungsgeschäft für 50 Damenblusen zahlen?"**

Dazu gibt es mehrere Rechenwege. Hier sollen zwei mögliche Wege dargestellt werden:

RECHENWEG 1

	Damenblusen	Preis (€)	
	30	750,00	
: 30	1	25,00	:30
· 50	50	1.250,00	· 50

Bei der Aufstellung der Tabelle sind folgende Punkte zu beachten:

- Die gesuchte Größe sollte in der rechten Spalte stehen (hier der Preis von 1.250,00 €).
- Die andere Größe (Damenblusen) sollte entsprechend auf der linken Seite stehen.
- Es wird auf der linken Seite zunächst auf eine Einheit gerechnet (hier : 30, um den Preis für eine Damenbluse zu bestimmen).
- Anschließend wird auf die gesuchte Größe wieder „hochgerechnet" (hier · 50).

RECHENWEG 2

Bedingungssatz: 30 Damenblusen ≙ 750,00 €

Fragesatz: 50 Damenblusen ≙ x €

$$x = \frac{50 \text{ Stück} \cdot 750{,}00\ €}{30 \text{ Stück}} = 1.250{,}00\ €$$

Bei der zweiten Variante mit Bedingungssatz (30 Damenblusen kosten 750,00 €.) und Fragesatz (Wie viel kosten 50 Damenblusen?) sind folgende Dinge zu beachten:

- Dieselben Größen müssen jeweils untereinander stehen (Damenblusen unter Damenblusen usw.).
- Die gesuchte Größe x sollte unten rechts stehen.
- Auf den Bruchstrich werden die Zahlen links neben dem x und über dem x geschrieben und multipliziert (hier 50 Stück · 750,00 €).
- Unter den Bruchstrich wird die Zahl „diagonal gegenüber" x geschrieben (hier 30 Stück)

Antiproportionaler Dreisatz

DEFINITION

Ein **antiproportionaler Dreisatz** ist dadurch gekennzeichnet, dass bei einer Vervielfachung der Ausgangsmenge sich die Zielmenge in gleicher Weise teilt.

Es ist auch hier zunächst einmal wichtig zu erkennen, dass es sich um ein antiproportionales Verhältnis handelt.

Faustregel:
„je mehr, desto weniger" oder
„je weniger, desto mehr"

BEISPIEL 2

Zur Herstellung der 50 Damenblusen für das Bekleidungsgeschäft Beckermann Moden benötigt die Hoffmann KG bei 4 Mitarbeitern 12 Stunden Zeit. Bei einem Einsatz von 6 Mitarbeitern benötigt die Hoffmann KG 8 Stunden.

Wie löst man die Frage **„Wie lange benötigen 6 Mitarbeiter für die Herstellung der 50 Damenblusen?"**

Auch dazu gibt es mehrere Rechenwege. Hier sollen wieder zwei mögliche Wege dargestellt werden:

RECHENWEG 1

	Mitarbeiter	Zeit (Stunden)	
	4	12	
: 4	1	48	· 4
· 6	6	8	: 6

Bei der Aufstellung der Tabelle sind folgende Punkte zu beachten:

- Die gesuchte Größe sollte in der rechten Spalte stehen (hier die Zeit von 8 Stunden).
- Die andere Größe (Mitarbeiter) sollte entsprechend auf der linken Seite stehen.
- Es wird auf der linken Seite zunächst auf eine Einheit gerechnet (hier : 4).
- Auf der rechten Seite wird der „umgekehrte" Rechenschritt durchgeführt (wenn links dividiert wird, dann wird rechts multipliziert und umgekehrt), da es sich hier um ein antiproportionales Verhältnis handelt (hier · 4, um zu bestimmen, wie viel Zeit ein Mitarbeiter benötigt).
- Anschließend erfolgt die Berechnung der gesuchten Größe (in der linken Spalte durch Multiplikation mit 6 die Hochrechnung auf 6 Mitarbeiter; in der rechten Spalte durch Division mit 6 der Zeitaufwand bei Einsatz von 6 Mitarbeitern).

RECHENWEG 2

Bedingungssatz: 4 Mitarbeiter ≙ 12 Std.

Fragesatz: 6 Mitarbeiter ≙ x Std.

$$x = \frac{4 \text{ MA} \cdot 12 \text{ Std.}}{6 \text{ MA}} = 8 \text{ Std.}$$

Bei der zweiten Variante mit Bedingungs- und Fragesatz sind folgende Dinge zu beachten:

- Dieselben Größen müssen jeweils untereinander stehen (Mitarbeiter unter Mitarbeiter usw.).
- Die gesuchte Größe x sollte unten rechts stehen.
- Auf dem Bruchstrich werden die Zahlen des Bedingungssatzes miteinander multipliziert (hier 4 MA · 12 Std.).
- Unter den Bruchstrich wird die Zahl neben x geschrieben (hier 6 MA)

Nicht proportionale Verhältnisse

Es gibt auch Zuordnungen, die nicht eindeutig sind. Das heißt, hier ist kein proportionales oder antiproportionales Verhältnis zu erkennen.

BEISPIEL 3

Usain Bolt hat im 100-m-Lauf einen Weltrekord mit einer Zeit von 9,58 Sekunden aufgestellt. Das bedeutet, dass er im 400-m-Lauf eine Zeit von 38,32 Sekunden erreichen müsste.

Natürlich kann Usain Bolt diese Zeit nicht erreichen. Hier liegt der Weltrekord bei 43,03 Sekunden (erzielt 2016 von Wayde van Niekerk). Aber warum eigentlich nicht? Die Antwort ist klar. Hier gibt es nicht die Regel, dass bei einer Vervielfachung der Ausgangsmenge sich die Zielmenge in gleicher Weise vervielfacht. Mit anderen Worten: Usain Bolt kann nicht auch noch die nächsten 300 m in derselben Geschwindigkeit laufen wie die ersten 100 m.

Prozentrechnung

Bei der Berechnung von Angebotspreisen wird sehr häufig die Prozentrechnung angewendet. Die Umsatzsteuer, Gewinnaufschläge, Handlungskostenzuschlagssätze oder auch Gemeinkostenzuschlagssätze sind hier einige Beispiele.

Der Begriff Prozent kommt aus dem Lateinischen *per centum* = „vom Hundert" (v. H.). Mithilfe der Prozentrechnung sollen bestimmte Verhältnisse vergleichbar gemacht werden.

DEFINITION

Bei der **Prozentrechnung** werden die Zahlenangaben in Prozent angegeben. Das bedeutet, dass bestimmte (Größen-)Verhältnisse mithilfe der Bezugszahl 100 vergleichbar gemacht werden.

Im Prinzip ist die Prozentrechnung nichts anderes als ein proportionaler Dreisatz, daher kann hier nach denselben Rechenverfahren vorgegangen werden.

BEISPIEL 4

Die Hoffmann KG will Holzfällerhemden zu einem Bruttopreis von 34,98 € an die Silke Bachmann e. Kffr. verkaufen. Der Umsatzsteueranteil (19 %) beträgt hier 5,59 € pro Holzfällerhemd.

Wie löst man die Frage **„Wie hoch ist der Umsatzsteueranteil für ein Holzfällerhemd?"**

Es ist zu berücksichtigen, dass der Bruttopreis den Umsatzsteueranteil bereits enthält. Der Bruttopreis ist also der bereits vermehrte Grundwert von 119 %.

Der Rechenweg soll hier mit Bedingungs- und Fragesatz dargestellt werden:

RECHENWEG ZUM VERMEHRTEN GRUNDWERT

Bedingungssatz: 119 % ≙ 34,98 €

Fragesatz: 19 % ≙ x €

$$x = \frac{34{,}98\text{ €} \cdot 19\ \%}{119\ \%} = 5{,}59\text{ €}$$

In unserem Beispiel ist der angegebene Wert, also die 34,98 €, der bereits vermehrte Grundwert von 119 %.

Soll der Umsatzsteueranteil ausgehend vom Nettopreis des Holzfällerhemds bestimmt werden, geht man vom Grundwert 100 % aus. Folgender Rechenweg ist möglich:

RECHENWEG ZUM GRUNDWERT

Bedingungssatz: 100 % ≙ 29,39 €

Fragesatz: 19 % ≙ x €

$$x = \frac{29{,}39\text{ €} \cdot 19\ \%}{100\ \%} = 5{,}59\text{ €}$$

BEISPIEL 5

Die Hoffmann KG will der Kundin Silke Bachmann e. Kffr. einen Mengenrabatt von 8 % gewähren, wenn sie mindestens 150 Holzfällerhemden bestellt. Nach Abzug dieses Rabatts ergibt sich ein Preis (= Zielverkaufspreis) von 27,04 €. Daraus ergibt sich ein Rabattanteil von 2,35 €.

Wie löst man die Frage **„Wie hoch ist der Rabattanteil für ein Holzfällerhemd?"**

Zu beachten ist, dass der Rabattanteil vom Nettopreis (Grundwert) berechnet wird und der Zielverkaufspreis somit ein verminderter Grundwert ist.

Der Rechenweg mit Bedingungs- und Fragesatz sieht daher folgendermaßen aus:

RECHENWEG ZUM VERMINDERTEN GRUNDWERT

Bedingungssatz:	92 %	≙	27,04 €
Fragesatz:	8 %	≙	x €

$$x = \frac{27{,}04\ € \cdot 8\ \%}{92\ \%} = 2{,}35\ €$$

Bei der Prozentrechnung mithilfe des Rechenverfahrens „Bedingungs- und Fragesatz" muss Folgendes beachtet werden:

- Zunächst muss erkannt werden, ob es sich bei den angegebenen Werten um den Grundwert, den vermehrten Grundwert oder den verminderten Grundwert handelt.
- Aus den angegebenen Größen wird der Bedingungssatz gebildet.
- Aus der gesuchten Größe und „x" wird der Fragesatz gebildet.
- Dieselben Größen müssen jeweils untereinander stehen (% unter % usw.).
- Die gesuchte Größe x sollte unten rechts stehen.
- Auf den Bruchstrich werden die Zahlen links neben dem x und über dem x geschrieben und multipliziert (hier 27,04 € · 8 %).
- Unter den Bruchstrich wird die Zahl „diagonal gegenüber" x geschrieben (hier 92 %)

Vereinfachungsmöglichkeiten der Prozentrechnung

Mithilfe des Prozentfaktors lassen sich die Berechnungen der Prozentrechnung häufig sehr vereinfachen.

FORMEL

$$\text{Prozentfaktor} = \frac{\text{Prozentsatz}}{100}$$

Die Werte aus Beispiel 4 und Beispiel 5 lassen sich in einer Tabelle kurz zusammenfassen:

	€	%	Prozentfaktor
Bruttoverkaufspreis	34,98 €	119 %	1,19
– 19 % Umsatzsteuer	5,59 €	19 %	0,19
= Nettoverkaufspreis	29,39 €	100 %	1
– Mengenrabatt	2,35 €	8 %	0,08
= Zielverkaufspreis	27,04 €	92 %	0,92

BEISPIEL 6

Angenommen, es ist nur der Bruttoverkaufspreis gegeben sowie die 19 % Umsatzsteuer und der Mengenrabatt und es soll der Zielverkaufspreis (ZVP) bestimmt werden. Dann lässt sich die Berechnung folgendermaßen abkürzen:

$$\text{ZVP} = \frac{34{,}98\ €}{1{,}19 \cdot 0{,}92} = 27{,}04\ €$$

Der gegebene Bruttoverkaufspreis von 34,98 € sind 119 % im Beispiel. Er muss daher durch 1,19 geteilt werden, um zunächst den Nettoverkaufspreis zu erhalten. Der Nettoverkaufspreis sind 100 %. Um dann zum Zielverkaufspreis zu gelangen (92 %), muss der Nettoverkaufspreis mit 0,92 multipliziert werden.

BEISPIEL 7

Angenommen, es sind der Zielverkaufspreis sowie die 19 % Umsatzsteuer und der Mengenrabatt gegeben und es soll der Bruttoverkaufspreis (BVP) bestimmt werden. Dann lässt sich die Berechnung folgendermaßen abkürzen:

$$\text{BVP} = \frac{27{,}04\ €}{0{,}92 \cdot 1{,}19} = 34{,}98\ €$$

Der gegebene Zielverkaufspreis von 27,04 € sind 92 % im Beispiel. Er muss daher durch 0,92 geteilt werden, um zunächst den Nettoverkaufspreis zu erhalten. Der Nettoverkaufspreis sind 100 %. Um dann zum Bruttoverkaufspreis zu gelangen (119 %), muss der Nettoverkaufspreis mit 1,19 multipliziert werden.

Auch der Umsatzsteuerbetrag sowie der Betrag des Mengenrabatts lassen sich mithilfe des Prozentfaktors schnell berechnen.

Die Beispiele 6 und 7 werden auch als **zusammengesetzte Prozentrechnung** bezeichnet, da hier mehrere Prozentrechnungen in einer Rechnung durchgeführt (zusammengesetzt) werden.

AUFGABEN

1. Die Hoffmann KG verkauft Herrenfreizeithemden zum Bruttoverkaufspreis von 44,95 €. Bestimmen Sie den Nettoverkaufspreis sowie den Umsatzsteueranteil in Euro.
2. Die Hoffmann KG hat für eine Damenbluse einen Gewinn von 4,85 € pro Stück erzielt. Das entspricht einem Gewinnzuschlag von 12 %. Wie hoch ist der Preis vor (= Selbstkostenpreis) und nach dem Gewinnzuschlag (= Barverkaufspreis)?
3. Bei der Warenausgangskontrolle ist Katarzyna Lindemann aufgefallen, dass 7 Herren-Pullover ein Loch haben. Sie soll dem Kunden Franz Stallmann Fashion diese 7 Pullover 40 % günstiger anbieten. Der eigentliche Bruttopreis liegt bei 59,95 €.

   Berechnen Sie den neuen Nettoverkaufspreis sowie den neuen Bruttoverkaufspreis für die gesamte Lieferung.
4. Die Spedition Schnell & Sicher OHG berechnet für die Auslieferung von Hannover nach Kassel (170 km) für eine Lieferung 195,00 €. Wie viel kostet die gleiche Lieferung für die Auslieferung von Hannover nach Frankfurt (360 km)?
5. Die Hoffmann KG muss einen Großauftrag über 280 Herrenanzüge schnellstmöglich zur Auslieferung bringen. Bislang stellen 12 Mitarbeiter 7 Herrenanzüge pro Tag her. Die Geschäftsleitung möchte 4 Mitarbeiter zusätzlich dort einsetzen.

   Wie lange benötigt die Hoffmann KG ohne zusätzliche Mitarbeiter und mit den zusätzlichen Mitarbeitern für den Großauftrag?
6. Der Kunde ELKO AG bezahlt an die Hoffmann KG eine Rechnung unter Abzug von 2 % Skonto für vorzeitige Zahlung per Banküberweisung. Der Überweisungsbetrag lautet über 3.229,10 €. Wie hoch war der Rechnungsbetrag?
7. Der Kunde Adlatus GmbH hat bei Bezahlung seiner Rechnung einen Skontobetrag von 49,15 € abgezogen. Seine Zahlungsbedingung lautet 30 Tage netto oder 2,5 % Skonto bei Zahlung innerhalb von 10 Tagen. Wie hoch war der Rechnungsbetrag und wie hoch der Zahlungsbetrag?
8. Katarzyna Lindemann bereitet diese Woche das Frühstück für sich und ihre vier Kollegen vor. Heute sind statt der 5 Mitarbeiter noch weitere 5 Gäste (Kunden) angekündigt. Zum Kochen von einem Frühstücksei benötigt Katarzyna 6 Minuten. Wie lange benötigt sie für 10 Eier?

AKTIONEN

1. Das von der Hoffmann KG produzierte Tourenrad Modell „Touringstar" ist ein Renner. Es handelt sich hierbei um ein hochwertiges Freizeitrad mit ausgewählten Bauteilen.

   Aus der nebenstehenden Tabelle sind die Materialkosten zur Herstellung eines Fahrrads zu ersehen.

   Die Hoffmann KG kalkuliert die Personalkosten pauschal mit 45 % der Materialkosten. Dieser Wert stammt aus der Abteilung Rechnungswesen.

Bauteil	**Kosten**
Komplettgruppe Shumano	34,45 €
Radset Standard	95,26 €
Lenkerset mit Bügel	65,95 €
Gel-Sattel	26,50 €
Sicherheitsset „Safe"	115,85 €
Farbe/Lackierung je 0,5 kg	42,15 €
Standard-Rahmen	174,75 €
= Materialkosten	?

a) Erstellen Sie eine Tabelle, in der Sie die prozentualen Anteile der einzelnen Bauteile zu den gesamten Materialkosten darstellen.

b) Wie hoch sind die kalkulierten Personalkosten zur Herstellung eines Tourenrads Modell „Touringstar"?

c) Bestimmen Sie die gesamten Produktionskosten und die jeweiligen prozentualen Anteile der Materialkosten und der Personalkosten.

d) Die Hoffmann KG kalkuliert mit einem Gewinnaufschlag von 20 %. Wie hoch ist der Gewinn pro Fahrrad in Euro? Welcher Zielverkaufspreis muss kalkuliert werden?

e) Großkunden sollen einen Mengenrabatt von 15 % bekommen. Damit die Hoffmann KG ihren geplanten Gewinn erzielen kann, sollen diese 15 % mit einberechnet werden. Wie hoch muss dann also der Nettoverkaufspreis sein?

f) Bestimmen Sie auf Basis des berechneten Nettoverkaufspreises den Bruttoverkaufspreis (Umsatzsteuersatz: 19 %).

g) Der Lieferant für Standard-Rahmen, die Firma Dynamo GmbH, erhöht seine Preise um 10 %. Kalkulieren Sie die prozentualen Anteile sowie die Verkaufspreise der Firma Hoffmann KG für die Aufgaben a) – f) unter Berücksichtigung dieser 10 %igen Preiserhöhung.

2. Mit der Produktion des Tourenrads Modell „Touringstar" sind bei der Hoffmann KG 7 Personen beschäftigt. Diese können in einem 8-stündigen Arbeitstag 15 Tourenräder herstellen.

a) Es liegt ein Großauftrag über 120 Fahrräder vor. Wie viele Tage benötigt die Hoffmann KG, um diese 120 Tourenräder zu produzieren?

b) Aufgrund des hohen Krankenstands sind leider bis auf Weiteres nur 4 Mitarbeiter im Betrieb. Wie lange benötigen diese Mitarbeiter für den Großauftrag aus a)?

c) In den Wintermonaten gehen die Absatzzahlen stark zurück. Daher ist in der Produktion Kurzarbeit geplant. Wie lange benötigen die 7 Mitarbeiter für den Auftrag, wenn sie nur noch 5 Stunden pro Arbeitstag zur Verfügung haben?

ZUSAMMENFASSUNG

Dreisatz
→ Diese Werte stehen in demselben Verhältnis zueinander.

proportionaler Dreisatz
Faustregel:
→ „je mehr, desto mehr"
→ „je weniger, desto weniger"

antiproportionaler Dreisatz
Faustregel:
→ „je mehr, desto weniger"
→ „je weniger, desto mehr"

Prozentrechnung
→ (Größen-)Verhältnisse werden mithilfe der Bezugszahl 100 vergleichbar gemacht.
→ mathematisch/rechnerisch wie ein proportionaler Dreisatz zu behandeln

Rechenverfahren:
→ mithilfe der Tabellenschreibweise
→ durch Aufstellung von Bedingungs- und Fragesatz
→ mithilfe des Prozentfaktors

3.4 Wir nutzen für die Auftragsbearbeitung Warenwirtschaftssysteme und ERP-Systeme

Einstieg

Die Hoffmann KG hat seit Kurzem im Rahmen einer Neuorganisation auf EDV umgestellt. Der Sachbearbeiter im Verkauf, Herr Fellmann, bearbeitet gerade einen Auftrag des Kunden Adlatus GmbH, Rosenstr. 3, 50733 Köln, der 50 Trainingsanzüge bestellt hat.

Um den Überblick über die Tätigkeiten bei der Auftragsabwicklung nicht zu verlieren, hat Herr Fellmann sich ein Flussdiagramm erstellt.

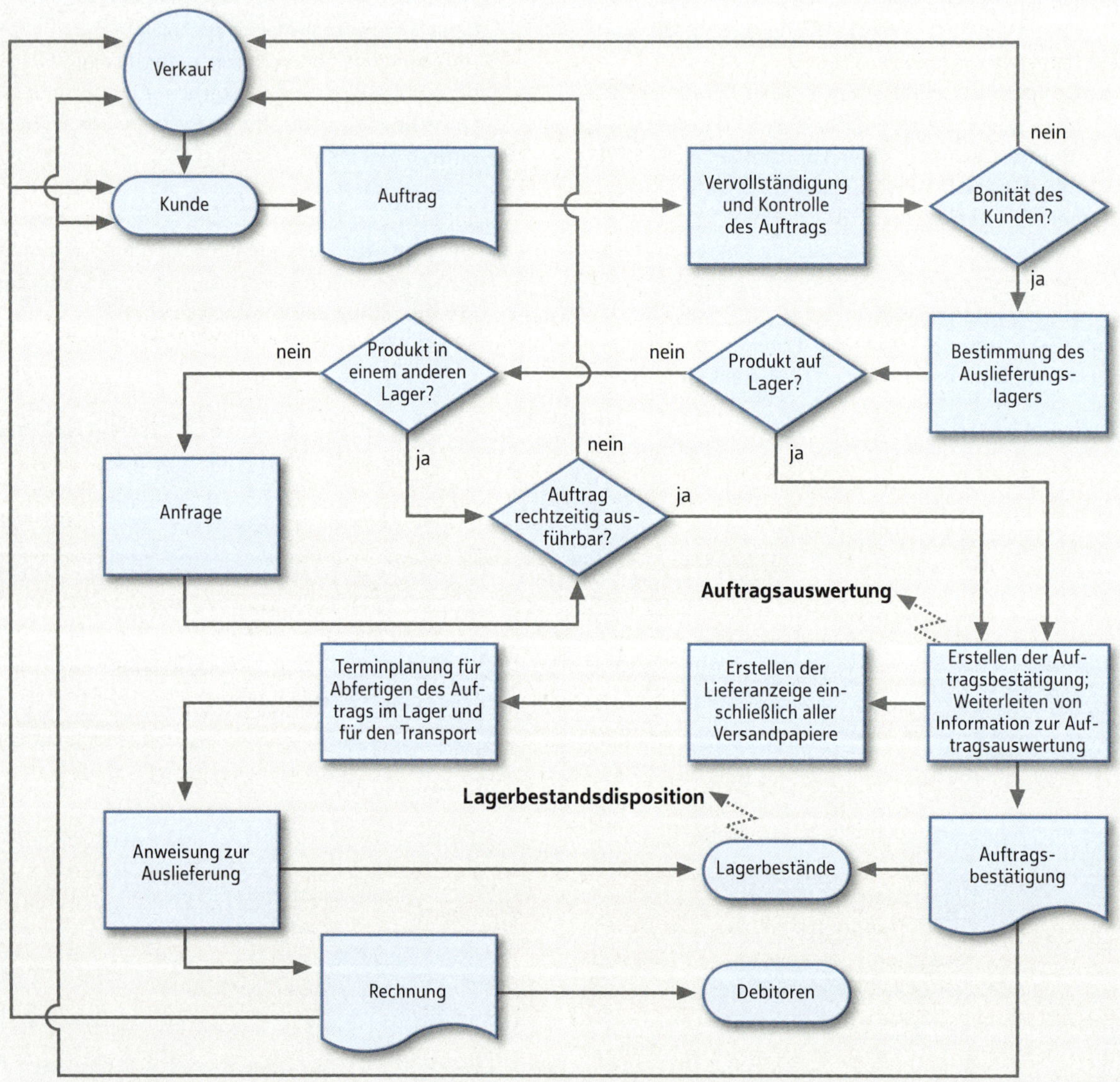

Geben Sie an, welche Hilfen ihm dabei die EDV bietet.

INFORMATIONEN

Warenwirtschaft

Der Warenbereich des Unternehmens wird sehr oft auch Warenwirtschaft genannt. Die Warenwirtschaft umfasst sämtliche Tätigkeiten, die mit der Beschaffung, der Lagerung und dem Absatz – in Industrie- und Handwerksbetrieben auch der Erstellung der Produkte – verbunden sind.

Waren- und Informationsflüsse in der Warenwirtschaft

Im Unternehmen findet in der Regel folgender Waren- und Informationskreislauf statt:

Im **Warenfluss** wird die Ware physisch (= körperlich) durch das Unternehmen bewegt. Die Mitarbeiter arbeiten mit und an den Waren.

BEISPIEL

Ein Auftragseingang löst in der Warenwirtschaft der Hoffmann KG eine Reihe voneinander abhängiger Vorgänge aus: Die Ware muss auf ihre Verfügbarkeit hin geprüft, zusammengestellt, verpackt und versandt werden.

Im **Informationsfluss** werden Informationen über Waren durch das Unternehmen bewegt. Die Beschäftigten arbeiten mit Informationen über Waren.

BEISPIELE

Der Eingang an Ware führt bei der Hoffmann KG – zum Teil zeitlich versetzt – unter anderem zu folgenden Tätigkeiten:

- Der Lieferschein wird geprüft.
- Die Rechnung wird kontrolliert.
- Der Bestand an Ware wird in den Büchern aktualisiert.
- Für den Verkauf wird der Ladenpreis mithilfe der Kalkulation festgelegt.
- Die Umsätze dieses Artikels werden beim Verkauf erfasst.
- Aufgrund der Nachfrage wird der Umfang der Nachbestellungen festgelegt.

Die Ware ist die wichtigste und meist die größte Investition im Unternehmen. Daher können Fehler im Bereich der Ware den Bestand des Unternehmens direkt und relativ kurzfristig gefährden.

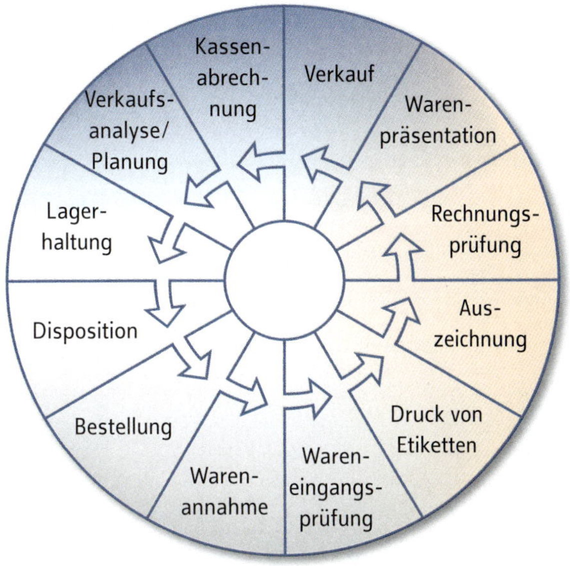

Der Kreislauf der Warenwirtschaft: Tätigkeiten der Auftragsbearbeitung beeinflussen das Bestellwesen und umgekehrt.

In der Warenwirtschaft geht das Bestreben des Unternehmens dahin, die richtige Ware zur rechten Zeit, zum richtigen Preis, in der richtigen Menge und am richtigen Ort vorrätig zu haben. Sobald eine dieser Forderungen nicht erfüllt ist, entstehen dem Unternehmen zusätzliche Kosten bzw. es entgeht Gewinn:

Ist die Ware z. B. zu früh oder in zu großen Mengen am Lager, entstehen unnötige Lagerkosten. An anderer Stelle dringend benötigtes Kapital wird gebunden.

Im umgekehrten Fall – wenn z. B. die Nachfrage nach einem Artikel das Angebot übersteigt – kann der kaufwillige Kunde nicht bedient werden und das Unternehmen kann wegen der ausbleibenden Verkäufe keinen Gewinn machen. Die gleichen Feststellungen können gemacht werden, sobald im Sortiment die nachgefragte Ware nicht enthalten oder nicht zum richtigen Preis angeboten wird.

Warenwirtschaftssysteme

Damit die Ware möglichst rationell vom Hersteller zum Kunden gebracht wird, arbeiten Unternehmen mit Warenwirtschaftssystemen.

DEFINITION

Warenwirtschaftssysteme (WWS) steuern den Warendurchlauf durch ein Unternehmen und liefern alle relevanten Informationen dazu.

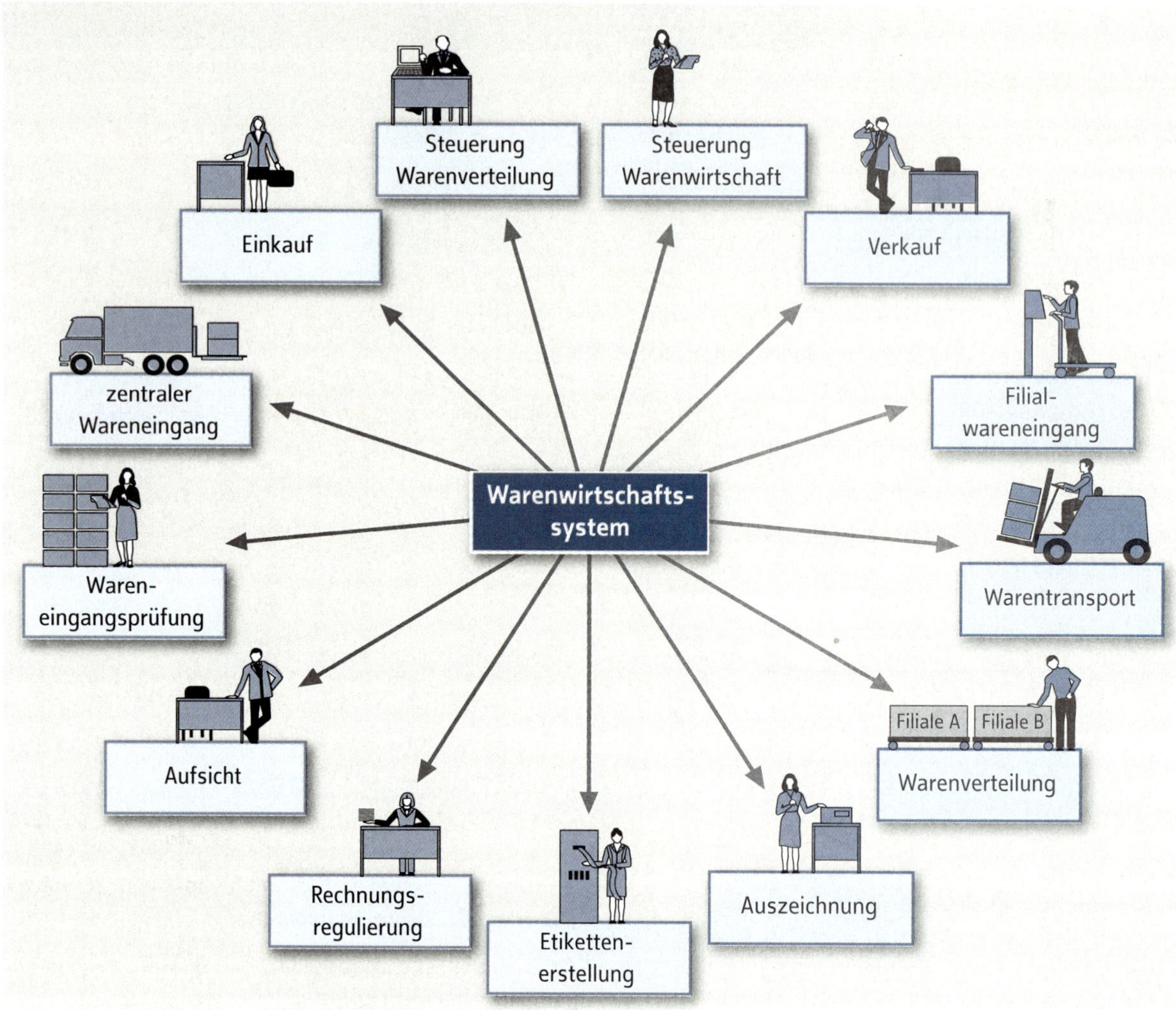

Warenwirtschaftsysteme bilden den gesamten Weg der Ware, angefangen von Lieferanten über das Unternehmen bis hin zum Käufer, ab und kontrollieren diesen Weg durch warenbezogene Auswertungen.

Ein rationell arbeitendes Warenwirtschaftssystem kann wesentlich zum Unternehmenserfolg beitragen. Es hilft einem Unternehmen z. B. bei der Lösung von Konflikten zwischen den beiden grundlegenden Zielen der Warenwirtschaft: Die Beschaffung und Bereitstellung aller Artikel sollte möglichst wenig Kapital binden und Kosten verursachen. Der Lagerbestand ist daher so weit wie möglich zu verringern. Gleichzeitig streben Unternehmen aus Service- und Imagegründen häufig die permanente, sofortige Erfüllung aller Kaufwünsche an.

Herkömmliche Warenwirtschaftssysteme

Die herkömmlichen Warenwirtschaftssysteme werden oft auch **manuelle** (= mit der Hand) **Warenwirtschaftssysteme** genannt. Sie listen alle Informationen über Warenbewegungen in Form von „handerstellten" Belegen (Listen, Karteikarten, Rechnungen usw.) auf. Um den Warenfluss in den Griff zu bekommen, wird im Unternehmen eine Vielzahl von gleichen Informationen benötigt, die in unterschiedlichen Karteien gespeichert werden. Es kommt zu einer anwachsenden Papierflut. Ein einziger Beleg, wie z. B. eine Bestellung, wird vervielfältigt und an mehrere Arbeitsplätze wie Warenannahme, Lager usw. geschickt. Auf diesem Weg werden laufend Daten hinzugefügt und übertragen.

Je häufiger das geschieht, desto größer ist die Gefahr, falsch abgelesene oder unleserliche Daten zu erhalten.

Letztendlich besitzen die einzelnen Mitarbeiter als Grundlage ihrer weiteren Arbeit verschiedene statt einheitliche Informationsausschnitte. Das mehrfache Bearbeiten der Belege und der begrenzte Datenumfang an einem Arbeitsplatz haben zur Folge, dass die von herkömmlichen Warenwirtschaftssystemen zur Verfügung gestellten Informationen von der Praxis als zu ungenau angesehen werden.

Manuelle Warenwirtschaftssysteme – und seien sie noch so geschickt aufgezogen – laufen daher Gefahr, überfordert zu werden. Angesichts der Sortimentserweiterungen und des gestiegenen Informationsbedarfs erscheint ein herkömmliches Erfassen sämtlicher Artikelbewegungen in der Praxis als kaum lösbar.

EDV-gestützte Warenwirtschaftssysteme

Die Möglichkeiten der elektronischen Datenverarbeitung (EDV) haben zu einer wirtschaftlichen und überschaubaren Lösung geführt. Erst die EDV ermöglichte es, die Zeitabstände von der Entstehung bis zur Auswertung der Informationen – beispielsweise zwischen den verschiedenen Bereichen im Unternehmen – zu verkürzen. Mithilfe von Computern können warenwirtschaftliche Informationen also schneller und fehlerfreier verarbeitet und damit Arbeitsabläufe rationeller gestaltet werden.

In einem EDV-gestützten Warenwirtschaftssystem wird der gesamte Warenfluss lückenlos – vom Wareneingang bis zum Warenausgang – von einer EDV-Anlage erfasst, gesteuert und kontrolliert.

Jedes EDV-gestützte Warenwirtschaftssystem hat grundsätzlich zwei Aufgaben zu erfüllen:

- Es soll den Warenfluss in einem Betrieb abbilden, steuern und regeln. Durch den Einsatz der computergestützten Warenwirtschaftssysteme werden – im Vergleich zu früher – nahezu sämtliche Funktionsabläufe, die im Zusammenhang mit Warenbewegungen und der mit ihnen verbundenen Tätigkeiten stehen, rationalisiert. Der Warendurchlauf über verschiedene Stufen hinweg wird eindeutig verbessert.
- Es soll Informationen aus dem Bereich der Warenwirtschaft – z. B. in Form von betriebswirtschaftlichen Kennzahlen – bereitstellen, um die Qualität der Entscheidungen im Unternehmen zu verbessern.

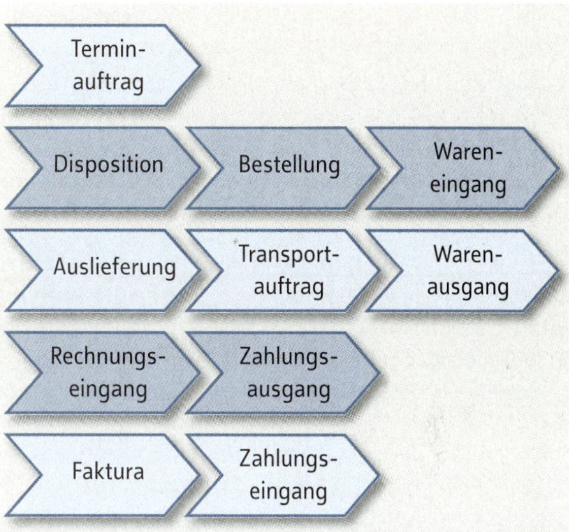

Solche Geschäftsprozesse werden mithilfe von Warenwirtschaftssystemen, neuerdings auch immer mehr von ERP-Systemen, durchgeführt.
Quelle: OSZ BwD, Berlin: Logistikprozesse mit SAP, Winklers Flügelstift 1/2013, S. 10. http://www.oszbwd.de/images/dokumente/Winklers_Fluegelstift_10-14.pdf [17.08.2022].

Da Unternehmen sehr uneinheitlich in ihrer Struktur und in ihren Abläufen sein können, bestehen unterschiedliche Anforderungen an ein EDV-gestütztes Warenwirtschaftssystem. Das optimale System gibt es nicht, sondern im-

Warenwirtschaftssysteme (Arten)

geschlossene	offene	integrierte
Alle Aufgaben der Warenwirtschaft werden mit dem PC gelöst. Die EDV-Anlage begleitet den gesamten Warendurchlauf durch das Unternehmen.	Nur ein Teil der Warenwirtschaftsarbeiten wird mithilfe des Computers erfasst, die übrigen werden manuell gelöst.	(stark zunehmend) Diese Warenwirtschaftssysteme binden Kunden, Lieferanten und Banken in die Warenwirtschaft des Unternehmens ein. Die warenwirtschaftlichen Daten fließen ohne manuelle Erfassung direkt durch Datenträgeraustausch oder -übertragung in das EDV-System der Partner, schnell und kostensparend durch Wegfall der Mehrfacherfassung.

mer nur das am besten passende. Der Softwareauswahl kommt dabei eine entscheidende Bedeutung zu.

Bei den Programmpaketen von Dienstleistungsunternehmen fehlen lediglich die Module für Lagerung und Produktion. Ansonsten enthalten sie alle normalen Module von Warenwirtschaftssystemen.

Stellung der Auftragsbearbeitung im Warenwirtschaftssystem

Die Auftragsbearbeitung als Geschäftsprozess ist der Teilbereich eines übergeordneten Unternehmensablaufs als Gesamtprozess und stellt eine kleinere, wenn auch wichtige Softwareeinheit dar, nämlich die Abwicklung und Überwachung des Verkaufsvorgangs.

Die Auftragsbearbeitung kann Teil eines übergeordneten Warenwirtschaftssystems sein, wird aber auch als autarke (selbstständige) Softwarelösung eingesetzt. Zu ihrem Aufgabenbereich gehört die reine Abwicklung des Verkaufs. Sie umfasst die Abwicklung der Anfragen, das Angebotswesen, Lieferungen an und Rücklieferungen von Kunden sowie die Fakturierung (Rechnungserstellung).

Wird die Auftragsbearbeitung als eigenständige Software betrieben, kommt sie fast nur in kleinen Betrieben zum Einsatz und kann „von der Stange" schon sehr preisgünstig beschafft werden. Ist sie hingegen vollständig in ein WWS integriert, dient sie als Auslöser für umfangreiche weitere Bearbeitungsschritte, wie z. B. die Beschaffung.

Auftragsbearbeitung im Rahmen EDV-gestützter Warenwirtschaftssysteme

Bei Auftragseingang kann die **Erfassung der Auftragsdaten** auf verschiedene Weise erfolgen:
- Bildschirmeingabe
- maschinell lesbare Belege (z. B. Ordersätze)
- Datenträgeraustausch
- Datenfernübertragung

Es genügt, beim Auftrag nur Ordnungsbegriffe (wie z. B. Kundennummer, Artikelnummer, bestellte Menge und gewünschten Liefertermin) zu erfassen. Sonstige Daten wie Kundenanschrift, Artikelbezeichnung, Preis usw. werden aus den Artikel- und Kundenstammdateien ergänzt.

Im Anschluss an eine **Vorprüfung des verfügbaren Warenbestands** und eine **Kreditkontrolle** anhand des für den Kunden gespeicherten Kreditlimits wird umgehend eine **Auftragsbestätigung** erstellt. Falls der bestellte Artikel nicht verfügbar ist, wird dem Kunden ein Ersatzartikel angeboten. Die vollständigen Texte und Daten werden den gespeicherten Merkmalen entsprechend zusammengestellt und ausgedruckt.

In der **Auftragsverwaltung** wird der geprüfte und bestätigte Kundenauftrag als offener Posten bis zu seiner Auslieferung geführt. Die eingegangenen Aufträge werden in einer Auftragsdatei artikelweise gespeichert. Über die Auftragsbestände und deren Liefertermine wird der Einkäufer informiert, um Artikel beim Lieferanten rechtzeitig nachbestellen zu können. Dies geschieht ebenfalls computergestützt mit Listen („Auftragsbestand" oder „Auftragsrückstand") oder im Dialog am Bildschirm.

Für die Auslieferung der fälligen Aufträge werden von der EDV Kommissionieranweisungen erstellt. Sie bewirken, dass die **Kommissionierung** durch Vermeiden unnötiger Wege möglichst kostengünstig erfolgt. Bei der Berechnung der Kommissionierwege berücksichtigen EDV-gestützte Warenwirtschaftssysteme u. a. folgende Merkmale:
- optimaler Weg des Sammlers
- Verträglichkeit der Ware beim Transport
- technische Möglichkeiten der Regalförderzeuge
- Gewicht bzw. Füllgrad der Palette
- Einhaltung des Prinzips „first in – first out"

Für jeden Auftrag ermittelt die EDV das Volumen und das Gewicht der gesamten zu liefernden Ware. Daraus ergibt sich die benötigte Transportkapazität (Eisenbahnwaggons, Lkw-Größe usw.). In dieser Bearbeitungsphase erfolgt beispielsweise die **Tourenplanung.** Zum jeweiligen gewünschten Auslieferungstermin werden automatisch Unterlagen wie
- Lieferschein,
- Versandliste,
- Personal- und Fahrzeugeinsatzplanung

gedruckt.

Schließlich werden die Aufträge im Rahmen der **Fakturierung** abgerechnet. Dazu wird systemintern auf die bereits erstellte Auftragsbestätigung und auf die Rücklaufdaten aus der Auslieferung zurückgegriffen.

PPS-System

Wird in einem Industrieunternehmen das Warenwirtschaftssystem durch ein Modul für die Herstellung von Gütern ergänzt, spricht man von einem PPS-System. Diese Abkürzung steht *für Produktionsplanungs- und steuerungssystem*. PPS-Systeme werden vor dem folgenden Hintergrund eingesetzt:

Die Produktionsabteilungen erstellen Güter, die dann vom Vertrieb verkauft werden. Es muss sichergestellt werden, dass im Rahmen der Fertigung Termine, Mengen und Kosten eingehalten werden. Von entscheidender Bedeutung ist daher die genaue Planung der Produktion. Zur Optimierung der Fertigung müssen Entscheidungen getroffen werden über:

- das Produktionsprogramm
- den Materialbedarf
- den Ablauf des Produktionsprozesses

Im Rahmen der Produktionssteuerung werden dann die geplanten Fertigungsaufträge freigegeben, gesteuert und überwacht. Eine solche optimale Produktionsplanung und -steuerung geht heute nicht mehr ohne EDV-Einsatz. Die PPS-Systeme als Teilbereich eines Warenwirtschaftssystems in einem Industrieunternehmen sollen also in der Produktion für einen mengenmäßig und zeitlich optimalen Produktionsablauf unter Beachtung der verfügbaren Ressourcen (z. B. Maschinenkapazitäten) sorgen.

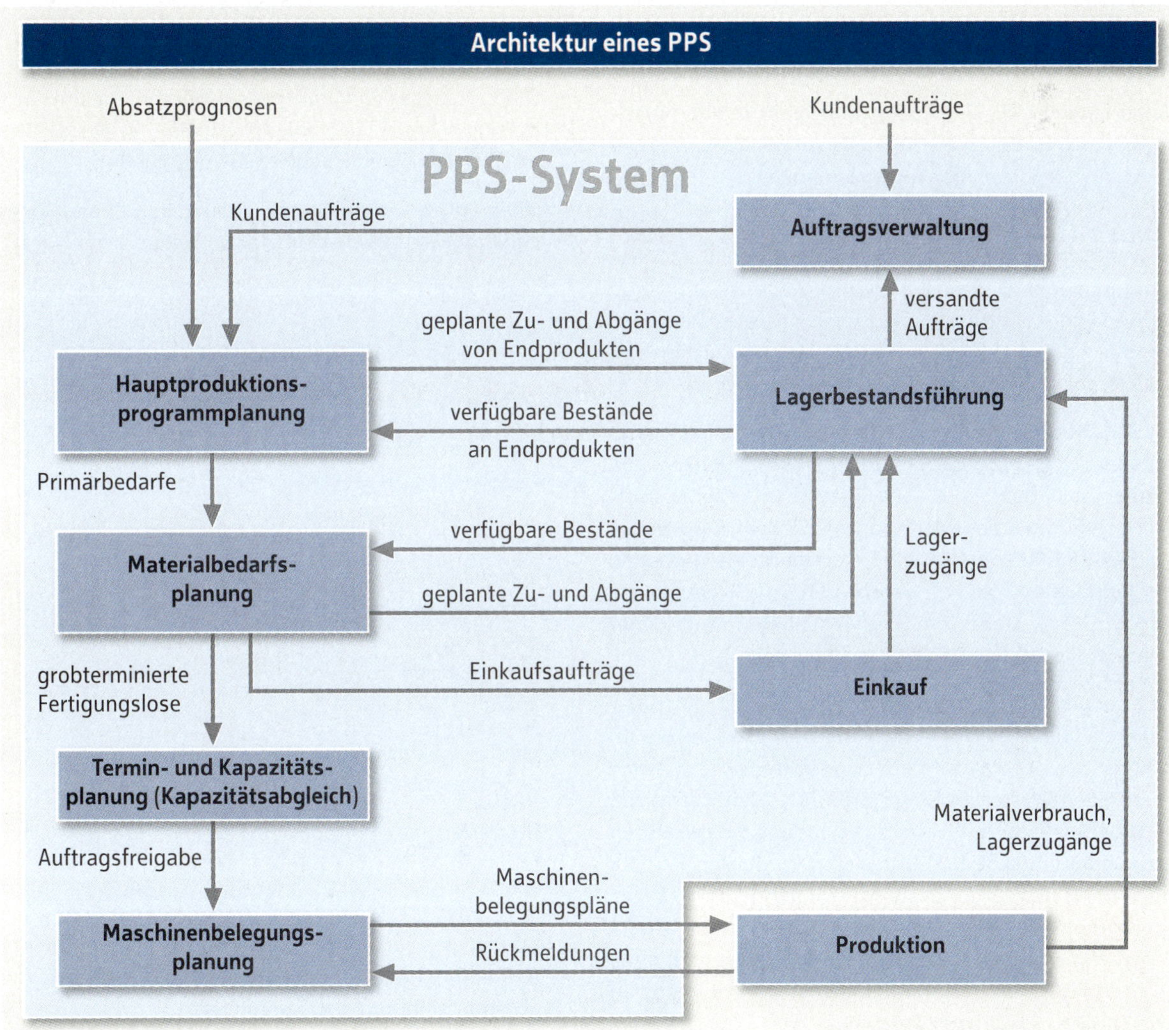

vgl. www.wior.uni-karlsruhe.de/LS_Neumann/Lehre/WS2004/DSS/ArchitekturPPS.jpg

ERP[1]-Software

Viele Unternehmen sind angesichts eines immer härter werdenden nationalen sowie internationalen Wettbewerbs dazu gezwungen, sich auf eine schnellere Vermarktung, einen verbesserten Kundenservice und eine effiziente Ausführung ihrer Geschäftsprozesse zu konzentrieren.

Dies verlangt eine perfekte Abstimmung des Informationsflusses und der Arbeitsabläufe aufeinander: Das Unternehmen muss einwandfrei funktionieren. Notwendig dazu sind leistungsfähige Computersysteme, die Informationen und Daten aus vielen verschiedenen Funktionsbereichen und Organisationseinheiten zusammenführen. Auch die Aktivitäten des Unternehmens müssen mit denen von Lieferanten und anderen Geschäftspartnern koordiniert werden.

Die Konsequenz für die betriebliche Informationsverarbeitung eines Unternehmens ist, dass die einzelnen Programme für solche Funktionsbereiche wie Warenwirtschaft, Finanzbuchhaltung, Rechnungswesen, Produktion usw. immer weniger für sich allein stehen können.

Daher rücken ERP[1]-Systeme immer mehr in den Mittelpunkt des Interesses. Mittlerweile setzen über 70 % der deutschen Unternehmen ERP-Systeme ein.

ERP-Systeme sind umfassende Programmpakete, die die Geschäftsprozesse eines Unternehmens abbilden. Diese Programmpakete, die in jedem Unternehmen eingesetzt werden können, erfassen die Prozesse eines Unternehmens nicht mehr softwaremäßig in Einzelbereichen und isoliert, sondern über alle Funktionsbereiche hinweg.

Mit ERP-Systemen verliert also das auf die einzelnen Funktionsbereiche bezogene unternehmerische Denken und Handeln an Bedeutung. Solche Systeme verknüpfen stattdessen Informationen über Finanzen, Einkauf, Produktion, Vertrieb und Personalwesen. Sie erfassen alle Aufgaben der Auftragsabwicklung, Warenwirtschaft, Produktionsplanung und -steuerung, Betriebsdatenerfassung, der Finanzwirtschaft und des Rechnungswesens.

Sie ermöglichen Unternehmen die Integration der früher isoliert eingesetzten unterschiedlichen Programme im Rahmen der gesamten finanz- und warenwirtschaftlich orientierten Wertschöpfungskette: Alle administrativen und operativen Aufgabenbereiche entlang der gesamten Wertschöpfungskette im Unternehmen werden mithilfe einer zentralen Datenbasis zusammengeführt. Diese Softwarepakete haben also die Aufgabe, die in einem Unternehmen vorhandenen Ressourcen wie Personal, Betriebsmittel oder Kapital möglichst effizient für den betrieblichen Ablauf einzusetzen.

Vorteile solcher Programmpakete sind:

- Alle einmal erfassten Daten stehen in sämtlichen Modulen zur Verfügung. Die Datenbestände sind damit immer aktuell.
- Eine Mehrfacherfassung von Daten wird vermieden.
- Die zentrale Datenhaltung und bereichsübergreifende Datennutzung bringt Effizienzvorteile durch Integration von Geschäftsprozessen.
- Es kommt zu einer erhöhten Informationsqualität.
- Die Kommunikation wird durch offene Daten- und Prozessmodelle erleichtert.
- Es ergibt sich eine einfache Bedienung durch Einheitlichkeit der Benutzeroberflächen.

Mögliche Nachteile können sein:

- hoher Aufwand bei Anpassungen an spezifische Geschäftsprozesse und branchenspezifische Abläufe (*Customizing* = Anpassung eines Produkts – in diesem Fall der Software – an die Bedürfnisse des Kunden)
- Abhängigkeit vom Hersteller, da man im Extremfall nur noch Programme eines Softwareanbieters verwendet
- hohe Komplexität und überladene Funktionalität (Die Programme haben eine für einen Sachbearbeiter kaum noch überschaubare Vielfalt an Funktionen.)

Typische Module einer ERP-Software sind:

- Stammdaten
- Warenwirtschaft
- Produktionsplanung und -steuerung
- Verkauf
- Finanzwirtschaft
- Rechnungswesen
- Controlling
- Personalwesen
- Marketing

Neben diesen klassischen Modulen bieten ERP-Systeme mittlerweile weitere Lösungen an:

- Sie streben (durch Integration früher unterschiedlicher Module) eine Beschleunigung der Geschäftsprozesse an.
- Mithilfe des Customer Relationship Managements (Maßnahmen zur Kundenbindung) versucht man, die Kundenbeziehungen zu optimieren.

1 ERP = *Enterprise Resource Planning* (Unternehmensressourcenplanung)

7455364

- Sie bieten oft die Möglichkeit an, einen Internetshop aufzubauen.
- Über das Supply Chain Management werden die EDV-Systeme der Geschäftspartner integriert.

Bekannte ERP-Anbieter sind u. a.:
- SAP
- Oracle
- Microsoft (Dynamics NAV und Dynamics AX)

Der Trend geht zu web-basierten ERP-Systemen. Sie ermöglichen die Darstellung der Systemoberfläche in einem Browserfenster. Dadurch bekommen unternehmensfremde Personen – also z. B. Geschäftspartner – Zugriff auf das eigene Programm, ohne Software installieren zu müssen: sie werden somit direkt in die eigenen Geschäftsprozesse mit einbezogen. Das bringt wesentliche Zeit- und somit auch Kostenvorteile.

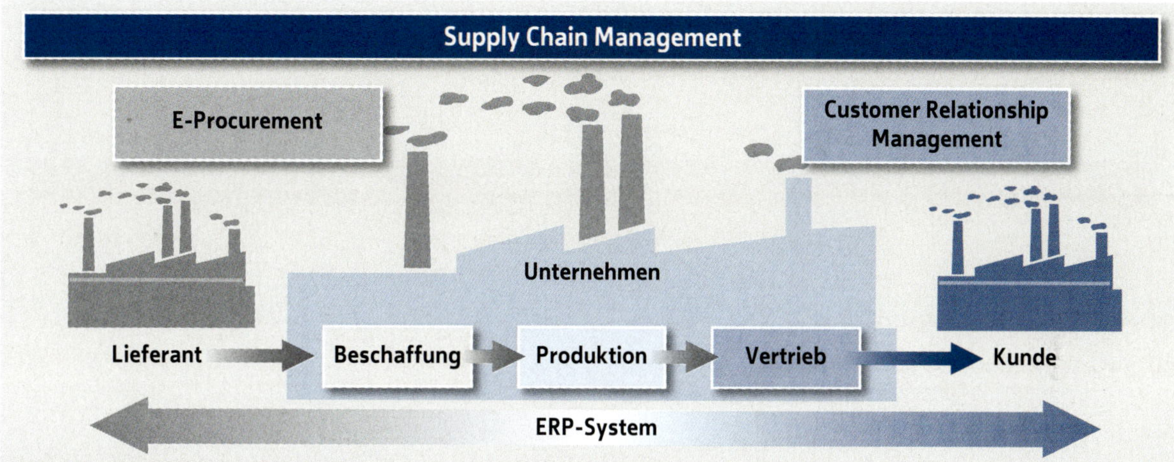

Eigene Darstellung nach IDV GmbH, Hannover

Unter Supply Chain Management versteht man die optimale Koordinierung der Zusammenarbeit mit den Partnern des eigenen Unternehmens (Lieferanten, Händler, Logistikdienstleister, Kunden) über verschiedene Wirtschaftsstufen hinweg. Diese Prozesse werden innerhalb des Unternehmens durch das ERP-System gesteuert. So regelt das System beispielsweise sowohl die Beschaffung über das Internet beim Lieferanten (E-Procurement) als auch die Beziehung zum Kunden (Customer Relationship Management).

AUFGABEN

1. Was versteht man unter dem Begriff *Warenwirtschaft?*
2. Warum wird der Warenwirtschaft eine sehr große Aufmerksamkeit geschenkt?
3. In der Textilgroßhandlung Rohrmoser KG führen die Mitarbeiter die folgenden Tätigkeiten durch:
   a) Pullover werden Textileinzelhändlern im Verkaufsgespräch vorgeführt.
   b) Die Ware wird für den Kunden verpackt.
   c) Die Merkmale und Leistungen einer Ware werden beschrieben.
   d) Es wird eine Rechnung für den Kunden geschrieben.
   e) Ware wird im Showroom dekorativ angeordnet.

   Entscheiden Sie, ob die Tätigkeiten zum Waren- oder zum Informationsfluss im Unternehmen gehören.
4. Was ist ein Warenwirtschaftssystem?
5. Was versteht man unter einem PPS-System?
6. Welcher Zielkonflikt tritt in der Warenwirtschaft auf?
7. Durch welche Merkmale sind herkömmliche Warenwirtschaftssysteme gekennzeichnet?
8. Was ist ein EDV-gestütztes Warenwirtschaftssystem?
9. Welche Art von Warenwirtschaftssystem wird in Ihrem Betrieb verwendet?
10. Was sind integrierte Warenwirtschaftssysteme?
11. Was versteht man unter ERP-Systemen?
12. Welche Vorteile erhoffen sich Unternehmen vom Einsatz der ERP-Systeme?
13. Welche Module umfasst eine ERP-Software?
14. Erläutern Sie die Unterschiede zwischen manueller und EDV-gestützter Auftragsbearbeitung.

AKTIONEN

1. Untersuchen Sie die Auftragsbearbeitung in Ihrem Ausbildungsbetrieb.
   a) Klären Sie, welche Belege bzw. Vordrucke verwendet werden und welche Aufgaben sie erfüllen.
   b) Stellen Sie Ihrer Klasse die Belege/Vordrucke vor.
   c) Vergleichen Sie die vorgestellten Belege/Vordrucke.
2. Untersuchen Sie das Warenwirtschaftssystem in der Berufsschule. Stellen Sie fest, in welchen Modulen die Phasen der Auftragsbearbeitung durchgeführt werden.

ZUSAMMENFASSUNG

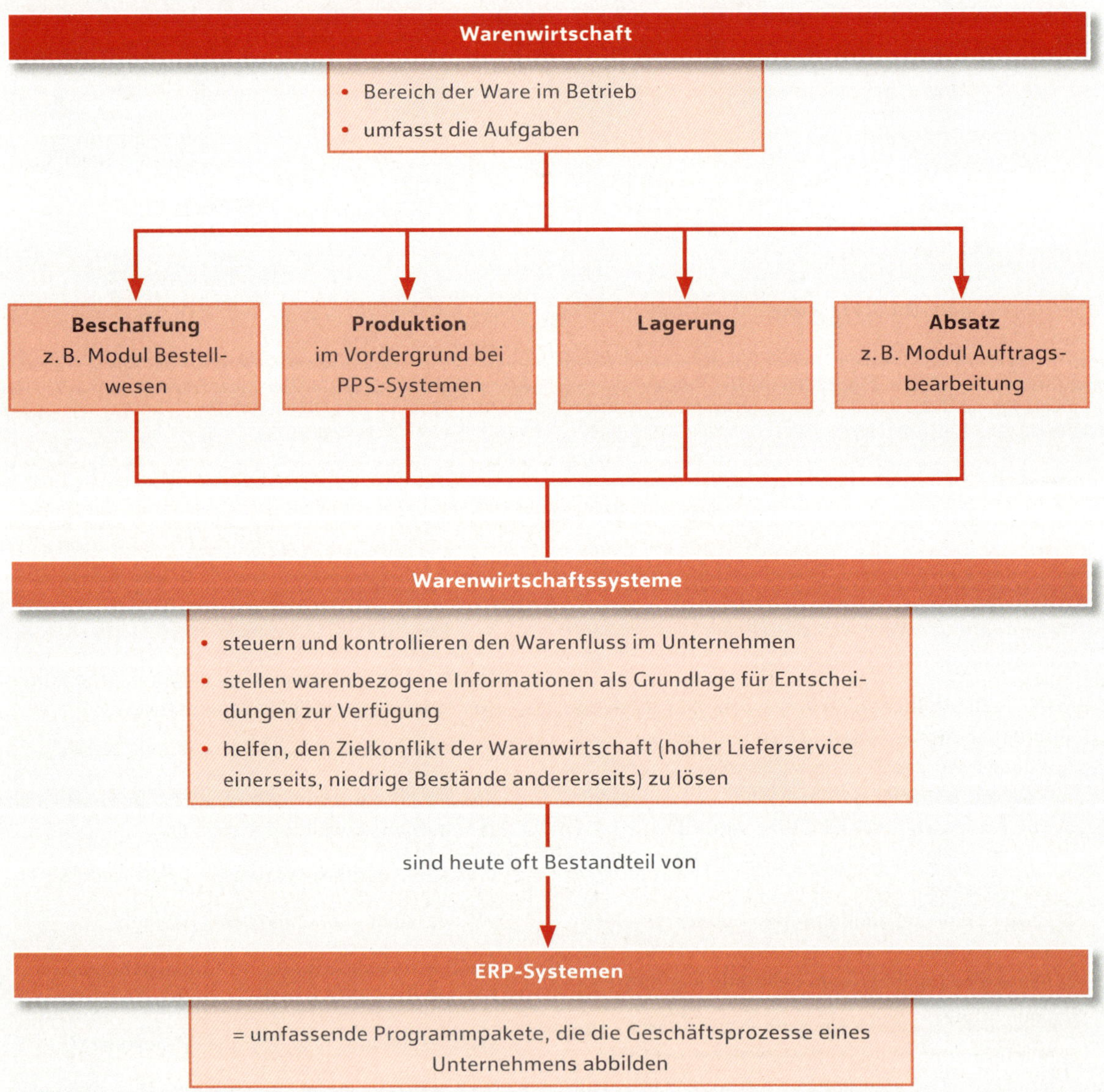

3.5 Wir setzen Excel im Rahmen der Auftragsbearbeitung ein

Einstieg

Volkan Karaca:
„Es müssen ja bei uns im Betrieb die vielfältigsten Berechnungen vorgenommen werden ... auch in der Auftragsbearbeitung ... und es kommen immer wieder neue Berechnungsanforderungen hinzu. Muss ich denn jedes Mal ein neues Programm schreiben?"

Katarzyna Lindemann:
„Das habe ich Herrn Mitschke auch schon mal gefragt. Er hat mir erklärt, dass man dazu auch Tabellenkalkulationsprogramme verwenden kann. Auf unserem Computer hier läuft z. B. das Programm Excel. Wir können das Programm ja mal aufrufen und ich zeige es dir."

Geben Sie die Vorteile eines Tabellenkalkulationsprogramms bei der Durchführung von Berechnungen an.

INFORMATIONEN

Programme für Berechnungen in der Wirtschaft

In allen Unternehmen müssen die Mitarbeiter kaufmännische Entscheidungen vorbereiten, begründen und durchführen. Dazu sind heute in der Regel viele Berechnungen unterschiedlichster Art in großem Ausmaß notwendig. Ohne EDV-Unterstützung würde dafür sehr viel Zeit verbraucht werden, die eigentlich für die optimale Durchführung anderer wichtiger Tätigkeiten gebraucht wird. Um dies zu vermeiden, werden in der Wirtschaft Programme eingesetzt. Diese müssen entweder gekauft – was zu mehr oder weniger hohen Kosten führt – oder selbst erstellt werden. Dazu muss man eine Programmiersprache beherrschen. Die meisten Programmiersprachen sind jedoch sehr komplex und erfordern deshalb einen größeren Lernaufwand.

Eine Möglichkeit, Berechnungen mithilfe der EDV durchzuführen, ohne über größere EDV-Kenntnisse verfügen zu müssen, ist die Anwendung von leicht zu erlernenden Tabellenkalkulationsprogrammen. Wenn sie nicht schon beim Kauf der EDV-Hardware zum Lieferungsumfang gehören, sind sie günstig zu erwerben. Die Verwendung von Tabellenkalkulationsprogrammen ist sehr einfach, da der Anwender nicht programmieren muss, sondern im Dialog die notwendigen Berechnungsformeln, Daten und Texte in den Computer eingeben kann.

Tabellenkalkulationsprogramme

Mit Tabellenkalkulationsprogrammen können beliebige Zahlen berechnet werden.

BEISPIEL

Anwender von Tabellenkalkulationsprogrammen kann daher jeder Mitarbeiter sein, der z. B. mit folgenden Aufgaben beauftragt ist:

Sachbearbeiter im Unternehmen

Einkauf, Lager, Fuhrpark

- Frachtberechnung
- Einkaufskalkulation
- Bestellwesen
- Lagerkennzahlen
- Renner-/Pennerlisten
- Fuhrparkabrechnung

usw.

Rechnungswesen, Controlling Geschäftsleitung

- Gewinn- und Verlustrechnung
- Kurzfristige Erfolgsrechnung
- Kennzahlenermittlung/Statistik
- Investitionsplanung
- Budget-/Etatplanung (Limitrechnung)
- Kosten- und Leistungsrechnung

usw.

Verkauf

- Kalkulation
- Soll-Ist-Vergleiche (Umsatzanalyse)
- Auftragsbearbeitung
- Angebotserstellung
- Marketinganalyse

usw.

Ihren Namen haben Tabellenkalkulationsprogramme bekommen, weil sie sich am Bildschirm in Form einer Tabelle präsentieren. Eine Tabelle[1] stellt ein „elektronisches" Kalkulationsblatt dar, auf das man Texte, Zahlen und Formeln eingeben kann. Eine typische Tabelle ist z. B. der Stundenplan der Berufsschule.

Gegenüber der Tabelle in Papierform hat ein Tabellenkalkulationsprogramm im PC einen großen Vorteil: Es kann selbstständig rechnen. Daher der zweite Teil des Wortes Tabellenkalkulation – Kalkulation heißt Berechnung.

Eine Tabelle besteht aus Spalten und Zeilen, an deren Schnittpunkten Kästchen entstehen. Diese kleinsten Einheiten einer Tabelle heißen Zellen. In sie können Texte, Zahlen, Kommentare sowie Formeln eingetragen werden, die den Zusammenhang und die Berechnungsbeziehungen zwischen den Zahlen beschreiben.

Tabellenkalkulationsprogramm Excel

Die bekannteste Tabellenkalkulation, die unter dem Betriebssystem Windows läuft, ist Excel. Excel ist in der Lage, Rechenaufgaben jeglicher Art zu erledigen. Excel ist mittlerweile aber kein reines Tabellenkalkulationsprogramm mehr, sondern vereinigt neben der Tabellenkalkulation sogar eine Datenverwaltung und Möglichkeiten der Präsentationsgrafik unter sich.

[1] siehe Kap. 3.15

Leistungsmerkmale von Excel:

- Berechnungen jeglicher Art
- Listen für alle Gelegenheiten
- Anlegen von Diagrammen
- Datenanalyse und -auswertung
- Verwendung als Datenbank
- Programmierung von Speziallösungen

Grundlegende Tätigkeiten mit Excel

Excel starten

Wenn eine entsprechende Verknüpfung auf der Arbeitsoberfläche angelegt ist, kann man Excel aufrufen, indem man mit der linken Maustaste auf das Excel-Symbol doppelklickt. Ist dies nicht der Fall, kann folgende Alternative gewählt werden:

- das Startmenü öffnen
- dort *Alle Programme* anwählen
- in dem sich dann verzweigenden Menü den Eintrag *Microsoft Excel* anklicken (Eventuell muss vorher noch *MS Office* ausgewählt werden.)

Excel beenden

Die Arbeit mit Excel kann über den Reiter *Datei* mit dem Befehl *Beenden* beendet werden. Eine Alternative liegt in der Betätigung des Schließfeldes, das sich rechts oben im Excel-Fenster befindet.

Überblick über den Excel-Bildschirm

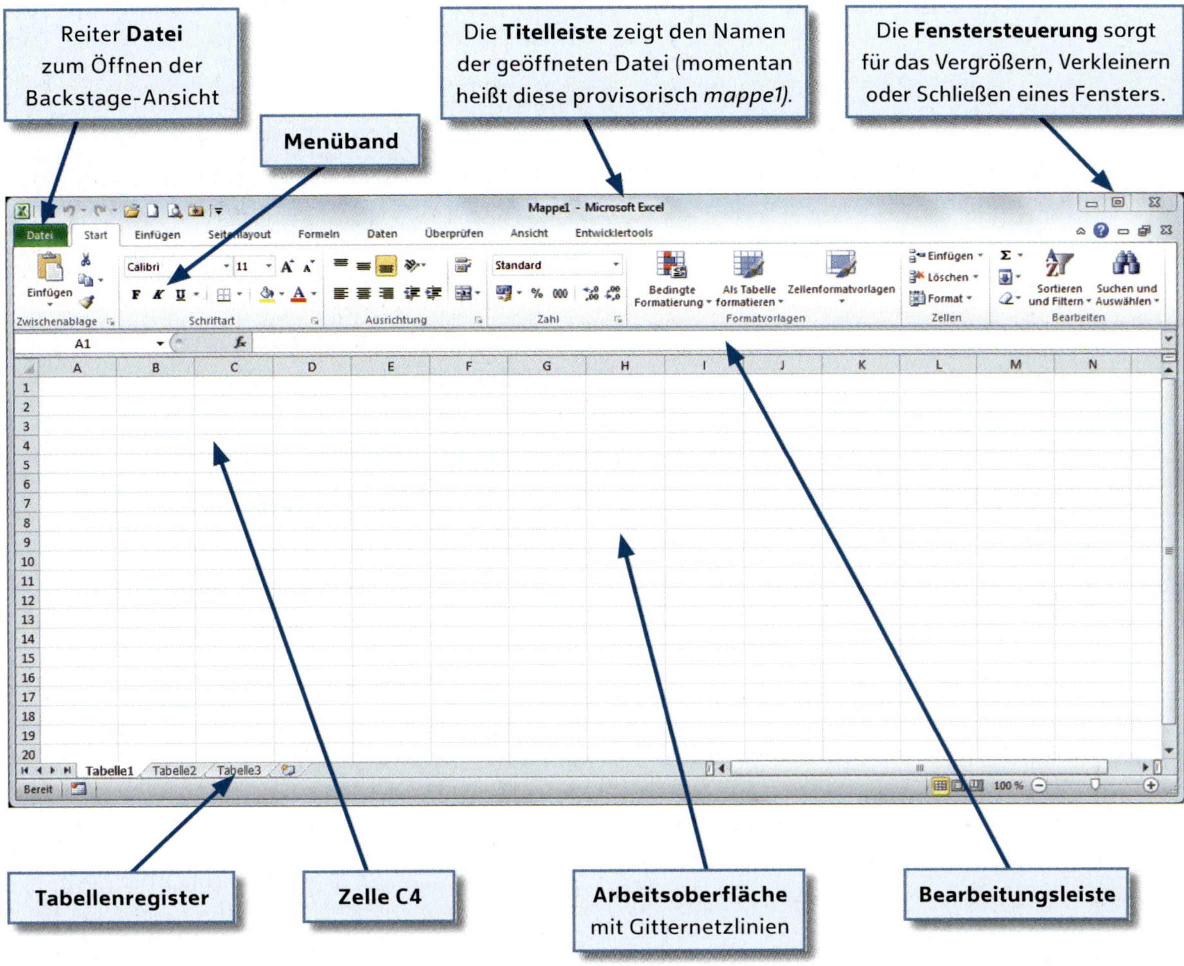

Menüband

Das Menüband ermöglicht den Zugriff auf Befehle und Optionen, die man für die Arbeit mit Excel benötigt. Es enthält verschiedene Registerkarten, von denen eine immer aktiv ist.

Registerkarte	Aufgabe
Start	Hier befinden sich alle Befehle, die für die ersten Arbeitsschritte erforderlich sind. Es sind in der Regel die im Rahmen der normalen Arbeit am häufigsten verwendeten Befehle.
Einfügen	Diese Registerkarte enthält alle Objekte, die sich in Tabellen einfügen lassen.
Seitenlayout	Hier wird das Aussehen der Seite – vor allem für die Druckausgabe – gestaltet.
Formeln	Alle Werkzeuge, um Formeln erstellen oder bearbeiten zu können, sind hier aufgelistet.
Daten	Verwendet man Excel als Datenbank, findet man hier alle notwendigen Befehle und Funktionen.
Überprüfen	Diese Registerkarte hilft Arbeitsmappen auf Fehler zu kontrollieren, Kommentare zu verwalten und Änderungen nachvollziehbar zu machen.
Ansicht	Hier wird bestimmt, wie das Arbeitsblatt am Monitor dargestellt werden soll.

Die Befehle in jeder Registerkarte werden in Gruppen zusammengefasst. Die Bezeichnung der Gruppen steht unter den Befehlen. Die Befehlsgruppen sind von links nach rechts nach abnehmender Häufigkeit der Benutzung angeordnet.

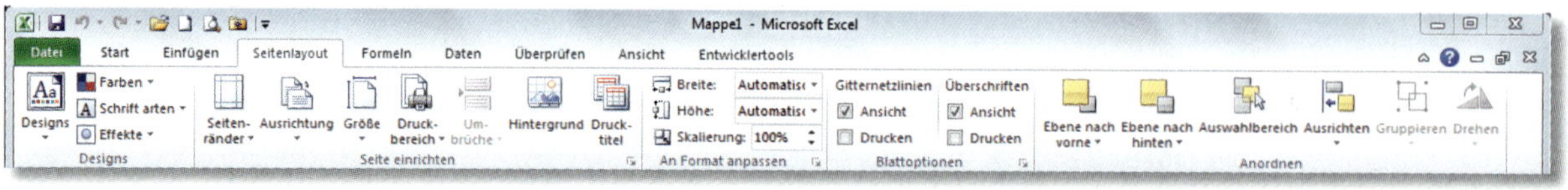

Das Menüband mit der geöffneten Registerkarte Seitenlayout. *Links die am häufigsten benutzte Befehlsgruppe* Designs.

Titelleiste

In der Titelleiste werden der Programmname und der Titel des aktiven Dokuments angezeigt.

Bearbeitungsleiste

In der Bearbeitungsleiste können Eingaben gemacht oder Zellinhalte verändert werden.

Arbeitsblatt

Das Arbeitsblatt ist die eigentliche Arbeitsfläche. Sie enthält Gitternetzlinien, die die wichtigsten Elemente einer Tabellenkalkulation begrenzen: die Zellen. Dort können Daten oder Formeln eingetragen werden. Um die Zellen eindeutig identifizieren zu können, werden die Zellen senkrecht in Spalten und waagrecht in Zeilen angeordnet: Zeilen werden mit Zahlen, Spalten mit Buchstaben benannt.

BEISPIEL

Die Zelladresse C4 kennzeichnet die Zelle, die sich in der 3. Spalte der 4. Zeile befindet.

Neue Arbeitsmappe anlegen

Ein Excel-Dokument wird als Arbeitsmappe bezeichnet. Sie besteht aus mehreren Tabellenblättern, die – wie in einem Karteikasten – hintereinander angeordnet sind. Beim Start von Excel wird automatisch immer eine neue, leere Arbeitsmappe geöffnet.

Möchte man während der Arbeit eine neue Excel-Arbeitsmappe erstellen, klickt man: Reiter *Datei – Neu – Leere Arbeitsmappe – erstellen.*

Arbeitsmappe öffnen

Soll eine Excel-Arbeitsmappe, die sich beispielsweise auf der Festplatte befindet, bearbeitet werden, muss die entsprechende Datei in Excel geöffnet werden.

ARBEITSABLAUF

- Registerkarte *Datei* und dort den Befehl *Öffnen* anklicken
- in der dann erscheinenden Dialogbox den Namen der Datei auswählen, die für die Bearbeitung geladen werden soll; anschließend auf die Schaltfläche *Öffnen* klicken
- Wenn sich die Datei nicht im angezeigten Verzeichnis befindet, muss das Verzeichnis gewechselt werden.

Zellen markieren

Immer wenn Zellinhalte bearbeitet werden sollen, müssen diese vorher markiert werden. Dies geschieht für eine einzelne Zelle dadurch, dass man sie mit der Maus anklickt (oder sich mit der Tastatur [Pfeiltasten] dorthin bewegt).

Daten eingeben

Um in einer Zelle Daten eingeben zu können, muss die entsprechende Zelle zunächst markiert sein. Es können fünf verschiedene Datenformate eingegeben werden: Text, Zahlen, Datum, Zeit und Formeln. Excel unterscheidet dabei automatisch zwischen Text- und Werteingaben.

- **Text**
  Text kann Buchstaben, Ziffern und Sonderzeichen enthalten. In einer Zelle können 255 Zeichen enthalten sein. Beinhaltet ein Eintrag in einer Zelle sowohl Buchstaben als auch Ziffern, wird dies als Text erkannt. Soll jedoch ein rein numerischer Eintrag als Text verstanden werden, so muss vor der Zahl ein Apostroph stehen.
- **Zahlen**
  Die Eingabe von Zahlen kann aus den numerischen Zeichen 0–9 sowie einigen Sonderzeichen bestehen. Das Komma ist das Dezimaltrennzeichen. Die Währungseingabe von € ist zulässig.
- **Datum**
  Das Datum kann in unterschiedlichen Formaten angegeben werden.
- **Formeln**
  Die Eingabe einer jeden Formel beginnt mit =. In jeglicher Formel werden Zelladressen durch Rechenoperatoren miteinander verknüpft. Die Formeleingabe wird immer durch das Drücken der Enter-Taste beendet.

7455370

Arbeitsmappe speichern

Viele Tabellen werden später noch einmal benötigt, weil man sie ergänzen oder abändern möchte. Dazu müssen die Arbeitsmappen gespeichert werden.

ARBEITSABLAUF

- Reiter *Datei* und dort den Befehl *Speichern unter* anklicken
- in der sich dann öffnenden Dialogbox den Datenträger und das Verzeichnis auswählen, in dem die Daten gespeichert werden sollen
- anschließend in das Feld *Dateiname* eine möglichst treffende Bezeichnung eingeben
  Die Dateiendung *.xlsx* wird von Excel automatisch angehängt. Man kann die Datei aber auch in älteren Dateiformaten abspeichern (z. B. als xls-Datei).

Arbeitsmappe drucken

ARBEITSABLAUF

- Reiter *Datei* und dort den Befehl *Drucken* anklicken
- im dem sich öffnenden Dialogfeld:
  - unter *Drucken* die Anzahl der Exemplare eingeben
  - unter *Drucker* den Drucker wählen und die Druckereigenschaften festlegen
  - unter *Einstellungen* die Optionen bei *Aktive Tabellen drucken* anklicken und auswählen, ob die aktive Tabelle, die gesamte Arbeitsmappe oder nur eine Auswahl gedruckt werden soll
- Druckvorgang mit der Schaltfläche *Drucken* (oben links) starten

Zellen formatieren

In Excel gibt es viele verschiedene Möglichkeiten, Zellen zu formatieren:

- Schriftarten, Schriftgrößen, Schriftattribute
- Ausrichtung von Zellen
- Rahmen, Hintergrundfarben und Muster
- Zahlenformate

Diese Formatierungsmerkmale werden immer hinter der Zelle gespeichert. Wird zum Beispiel der Inhalt der Zelle geändert, werden dem neuen Inhalt automatisch die alten Formatierungsmerkmale zugeordnet. Die Anzeige einer Zelle muss nicht mit dem eigentlichen Inhalt übereinstimmen. Mit der Formatierung ändert sich nur das Erscheinungsbild.

ARBEITSABLAUF

- die Zelle oder den Zellbereich markieren
- gewünschte Formatierung einstellen:
  Möglichkeit 1: über die Registerkarte *Start* – Gruppe *Schriftart* das Dialogfeld *Zellen formatieren* aufrufen

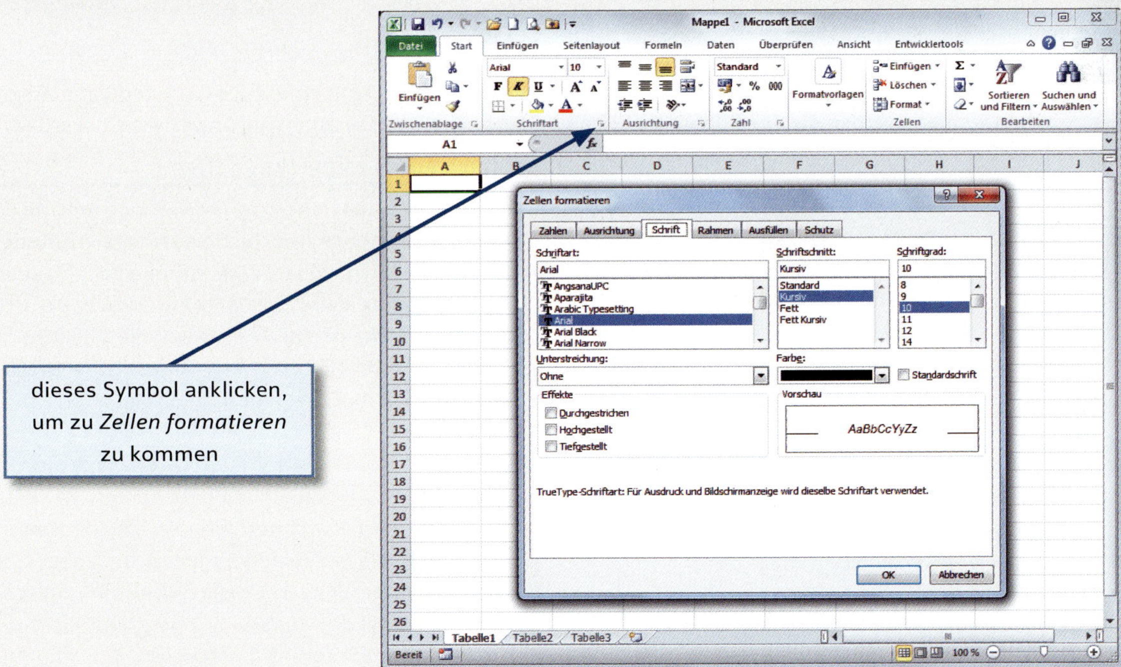

ARBEITSABLAUF

Möglichkeit 2:
mit der rechten Maustaste in den markierten Bereich klicken und den Kontextmenüpunkt *Zellen formatieren* aktivieren

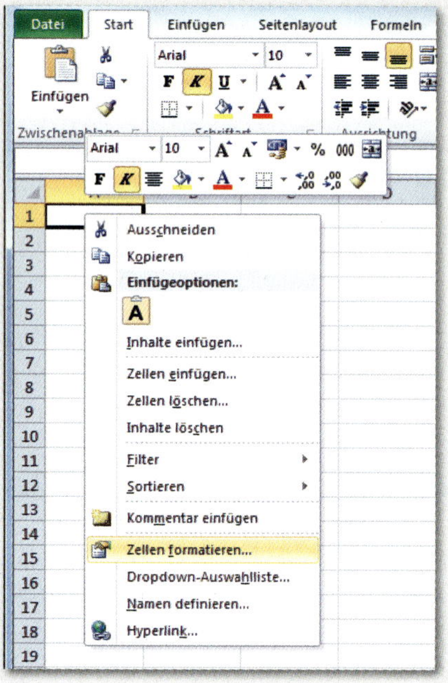

Zellen kopieren und verschieben

Verschieben und kopieren über die Zwischenablage
Müssen größere Zellbereiche verschoben oder kopiert werden, so bietet sich die Zwischenablage an. Die Zwischenablage ist ein temporärer Zwischenspeicher, in dem nur zusammenhängende Informationen gespeichert werden können. Sobald neue Daten in die Zwischenablage gelegt werden, werden die alten überschrieben. Der Inhalt der Zwischenablage kann beliebig oft an verschiedenen Stellen eingefügt werden.

Aktion	Menüpunkt	rechte Maustaste	Shortcuts
ausschneiden	*Start – Zwischenablage – Ausschneiden*	Kontextmenü *Ausschneiden*	Strg + X
kopieren	*Start – Zwischenablage – Kopieren*	Kontextmenü *Kopieren*	Strg + C
einfügen	*Start – Zwischenablage – Einfügen*	Kontextmenü *Einfügen*	Strg + V

Verschieben und kopieren mit der Maus (Drag & Drop)
Kleinere Zellbereiche können auch einfach mit der Maus kopiert und verschoben werden.

ARBEITSABLAUF

Zellen verschieben
- Zellbereich markieren
- mit der Maus auf die Zell- bzw. Bereichsumrandung zeigen
  Der Mauszeiger verändert sich in seiner Form (Pfeil).
- auf die Umrandung klicken und den Bereich mit dem veränderten Mauszeiger an die neue Position ziehen

Zellen kopieren
- analog zum Verschieben vorgehen, beim Ziehen aber die Strg-Taste gedrückt halten

Mit Excel kalkulieren

Bevor mit Excel gearbeitet wird, sollte überlegt werden, welche Ergebnisse die Kalkulation liefern soll und welche Daten dazu erfasst werden müssen.

Es muss ebenfalls geklärt werden, welche Informationen in Spalten und welche in Zeilen angeordnet werden sollen:
- in die Zelle A1 die Überschrift der Tabelle eingeben
- von Zelle A3 beginnend (anschließend B3 usw.) den Titel der jeweiligen Spalte eintragen
- Daten anschließend zeilenweise in die Tabelle eingeben

Die Zellen, in denen Berechnungen durchgeführt werden sollen, müssen aktiviert werden. Nach Eingabe eines Gleichheitszeichens folgt die Berechnungsanweisung, beispielsweise eine Formel. Dabei gilt immer das Prinzip Zelladresse – Operator – Zelladresse – Operator usw. Als Operatoren stehen zur Verfügung für
- Addition: +
- Subtraktion: –
- Multiplikation: *
- Division: /

Auch Klammern können unter Beachtung der mathematischen Klammersetzungsregeln verwendet werden.

BEISPIEL EINES ARBEITSABLAUFS

Am Ende einer jeden Auftragsabwicklung möchte das Unternehmen sehen, welche Umsätze erzielt wurden. Für die fünf Artikel einer Warengruppe sollen monatlich die Umsätze berechnet werden. Dazu erstellt Katarzyna Lindemann eine Tabelle, die die Umsätze der einzelnen Artikel und den Gesamtumsatz der Warengruppe berechnet. Sie geht in den folgenden Schritten vor:
1. Sie trägt in die Zelle A1 die Überschrift der Tabelle – also „Umsätze der Warengruppe 1" – ein.
2. Sie gibt die Bezeichnungen der Tabellenspalten (Artikel, Preis in €, Menge, Umsatz in €) ein.
3. Zur besseren Lesbarkeit der Tabelle markiert sie die Zeile mit den Bezeichnungen und klickt den Schaltknopf für fette Schrift an.

7455372

BEISPIEL EINES ARBEITSABLAUFS (FORTSETZUNG)

4. In die Spalte A mit Namen „Artikel“ trägt sie die Artikel ein. Die Eingabe schließt sie jeweils mit der Return-Taste ab.
5. Für den Artikel A gibt sie Menge und Preis ein.
6. Sie markiert nun die Zelle D4, in der der Umsatz des Artikels „A“ angezeigt werden soll. Anschließend gibt sie das Gleichheitszeichensymbol (=) in die Bearbeitungszeile oder direkt in die Zelle ein. Jede Formel beginnt mit einem Gleichheitszeichen. Katarzyna Lindemann gibt hinter das Gleichheitszeichen die Anweisung zur Berechnung des Umsatzes von Artikel „A“ ein; nämlich: B4*C4. Nachdem sie die Formeleingabe durch Drücken der Tastenkombination *Strg + Return* beendet hat, erscheint das Ergebnis der Formel in der aktuellen Zelle, während die für die Berechnung zugrunde liegende Formel in der Bearbeitungszeile angezeigt wird.
7. Nachdem sie so für alle anderen Artikel gleichermaßen vorgegangen ist, gibt sie für die Zelle D10 noch die Bezeichnung und die Formel für den Gesamtumsatz (D4+D5+D6+D7+D8) ein.

Wenn Katarzyna Lindemann im nächsten Monat neue Werte (also veränderte Preise bzw. Mengen) eingibt, werden die Ergebnisse der Formeln automatisch neu berechnet. Es ist ein großer Vorteil der Tabellenkalkulation, dass Berechnungen durch Verwendung der Zellbezüge (z. B. C5, D4 usw.) variabel gehalten werden können.

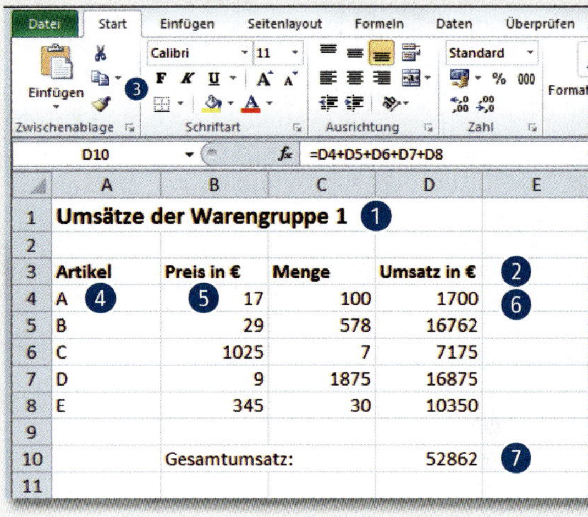

D10 =D4+D5+D6+D7+D8

	A	B	C	D	E
1	Umsätze der Warengruppe 1				
2					
3	Artikel	Preis in €	Menge	Umsatz in €	
4	A	17	100	1700	
5	B	29	578	16762	
6	C	1025	7	7175	
7	D	9	1875	16875	
8	E	345	30	10350	
9					
10		Gesamtumsatz:		52862	
11					

Excel als Datenbank verwenden

Mit einer Datenbank versucht man, eine große Menge an Daten optimal zu verwalten. Zur Lösung von Datenbankaufgaben kann auch Excel verwendet werden.

Datenbank aufbauen

Jede Tabelle kann in Excel als Datenbank verwendet werden. Die Spalten der Tabelle bilden die Datenfelder der Datenbank, die Spaltenbeschriftungen entsprechen den Feldnamen. In jeder Zeile der Tabelle wird ein Datensatz untergebracht.

Voraussetzung für den Aufbau einer Datenbank ist eine sorgfältige Planung. Es sollte genau überlegt werden, welche Daten eine Liste – so werden in Excel Datenbanken genannt – enthalten soll.

Eine Datenbank wird folgendermaßen aufgebaut:
- einen Titel eintragen (normalerweise in der Zelle A1)
- Datenfeldnamen (= Spaltenüberschriften) festlegen, beginnend mit der Zelle A3
- Daten direkt in das Arbeitsblatt eingeben

BEISPIEL

Zu Übungszwecken wird in der Berufsschule mit Excel die Datenbank einer Lebensmittelgroßhandlung angelegt, die Grundlage jeder Angebotskalkulation ist. Katarzyna Lindemann geht dabei folgendermaßen vor:
- Sie gibt in der Tabellenzeile 3 die Feldnamen der Datenbank ein.
- In die folgenden Tabellenzeilen fügt sie dann die Daten ein.

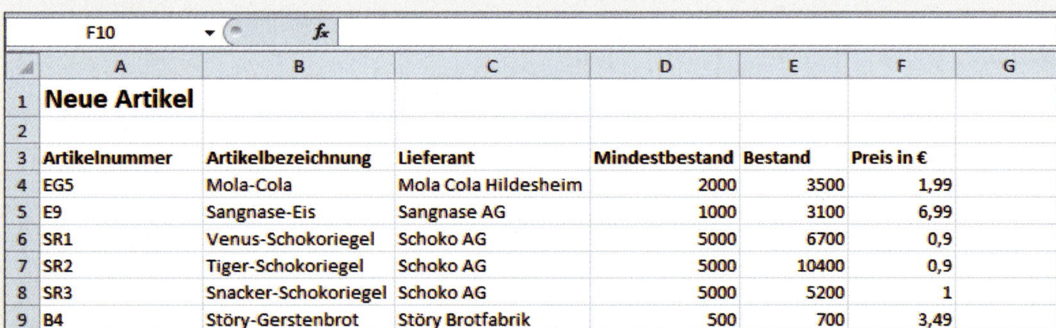

F10

	A	B	C	D	E	F	G
1	Neue Artikel						
2							
3	Artikelnummer	Artikelbezeichnung	Lieferant	Mindestbestand	Bestand	Preis in €	
4	EG5	Mola-Cola	Mola Cola Hildesheim	2000	3500	1,99	
5	E9	Sangnase-Eis	Sangnase AG	1000	3100	6,99	
6	SR1	Venus-Schokoriegel	Schoko AG	5000	6700	0,9	
7	SR2	Tiger-Schokoriegel	Schoko AG	5000	10400	0,9	
8	SR3	Snacker-Schokoriegel	Schoko AG	5000	5200	1	
9	B4	Störy-Gerstenbrot	Störy Brotfabrik	500	700	3,49	

Datenbank manuell bearbeiten

Da die Datenbank in einem gewöhnlichen Tabellenblatt gespeichert wird, kann die Datenbank wie eine normale Excel-Tabelle bearbeitet werden:

- **Einfügen eines neuen Datensatzes**
  - Stelle markieren, an der eingefügt werden soll
  - rechte Maustaste
  - im Kontextmenü *Zellen einfügen* aufrufen
- **Löschen eines Datensatzes**
  - zu löschende Zeile markieren
  - rechte Maustaste
  - mit *Zellen löschen* den Datensatz aus der Datenbank entfernen
- **Datenfelder einfügen**
  - Stelle markieren, an der eingefügt werden soll
  - rechte Maustaste
  - im Kontextmenü *Zellen einfügen* aufrufen

Mit der Datenbank arbeiten

Zu den ständig anfallenden Tätigkeiten bei der Arbeit mit einer Datenbank gehören das Sortieren, das Suchen und das Filtern von Daten.

Daten sortieren

Fügt man ständig neue Datensätze zur Datenbank hinzu, wird die vielleicht zu Anfang bestehende Ordnung durcheinandergebracht. Mit Excel kann man jedoch jederzeit die Datensätze einer Datenbank sortieren.

ARBEITSABLAUF

- wenn feststeht, nach welcher Spalte der Liste die Datensätze sortiert werden sollen: eine Zelle dieser Spalte markieren
- im Menüband die Registerkarte *Start* aufrufen, dort in der Gruppe *Bearbeiten* den Befehl *Sortieren und Filtern* wählen
- festlegen, ob die Datensätze auf- oder absteigend sortiert werden sollen
  Aufsteigend bedeutet eine Sortierung von A bis Z bzw. von 0 bis 9, *absteigend* von Z bis A bzw. 9 bis 0.
- entsprechende Schaltfläche bestätigen
  Die Liste erscheint in der gewünschten Reihenfolge.

Daten suchen

Häufig möchte man aus einer Liste Datensätze heraussuchen, die bestimmten Kriterien entsprechen.

ARBEITSABLAUF

- eine beliebige Zelle markieren
- im Menüband die Registerkarte *Start* anklicken, dort zur Schaltfläche *Sortieren und filtern* gehen, im sich dann öffnenden Menü *Filtern* anklicken
  Neben den Überschriften erscheinen kleine Schaltflächen, erkennbar an den Pfeilsymbolen.
- eine Schaltfläche öffnen und auf *Alles auswählen* klicken, um alle Markierungen zu löschen
- gesuchtes Kriterium anklicken und mit *OK* bestätigen
  Excel zeigt daraufhin die Datensätze an, die das gesuchte Kriterium enthalten.

Mit Excel Arbeitsblätter gestalten

Excel bietet vielfältige Möglichkeiten, Arbeitsblätter für die Bildschirmansicht oder für die Druckausgabe zu gestalten. Sehr viele Werkzeuge dazu findet man im Menüband in der Registerkarte *Start*. Sie liegen in Gruppen, die auch in der Textverarbeitung Word vorkommen:

- In der Gruppe *Schriftart* werden die Schriftformate festgelegt. Dort können neben der Schriftart u. a. auch deren Größe und Farbe festgelegt werden.
- Die Gruppe *Ausrichtung* enthält die Ausrichtungssymbole. Hier beeinflusst man den Standort der Inhalte (z. B. Text) innerhalb der einzelnen Zellen.

BEISPIEL

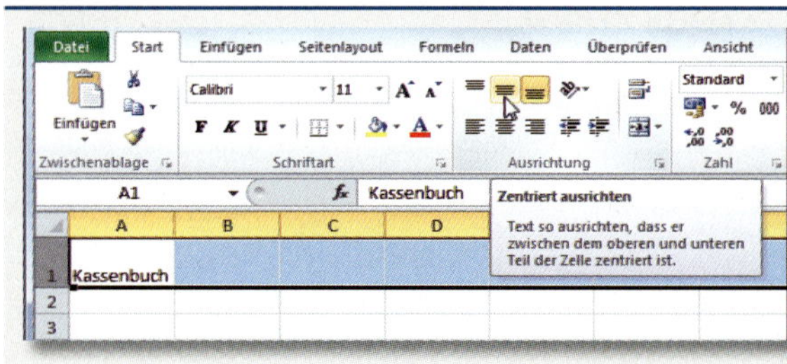

- In der Gruppe *Zahl* werden die Zahlenformate festgelegt. So kann die Ausgabe von Zahlen unterschiedlich gestaltet werden.

BEISPIEL EINES ARBEITSABLAUFS

Volkan Karaca möchte die Zeilenhöhe für eine Überschrift vergrößern.

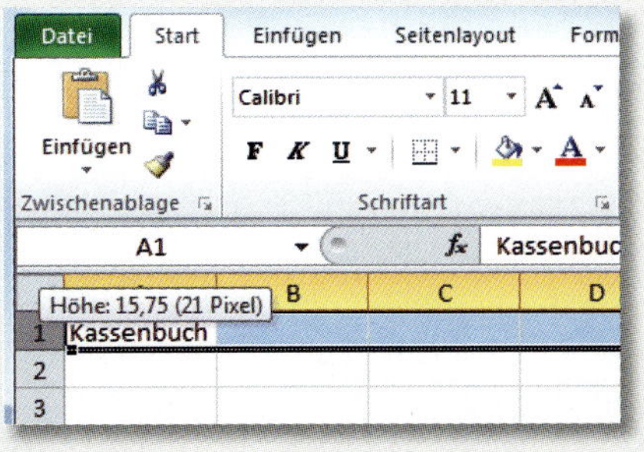

Dazu zeigt er in den Zeilenköpfen auf die Trennlinie zwischen Zeile 1 und 2. Die Trennlinie wird dann – wenn der Mauszeiger sich zu einem Doppelpfeil mit Strich entwickelt – nach unten bis zur gewünschten Höhe gezogen. Die Veränderung der Spaltenbreite funktioniert ähnlich.

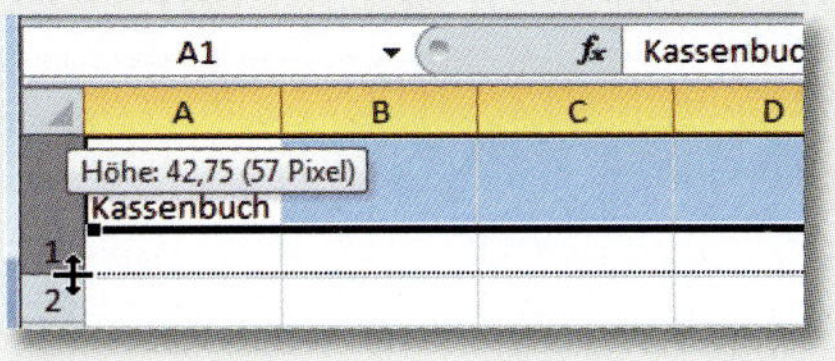

Er möchte nun die Zeile 1 farbig unterlegen. Dazu wählt er in der Gruppe *Schriftart* den entsprechenden Befehl.

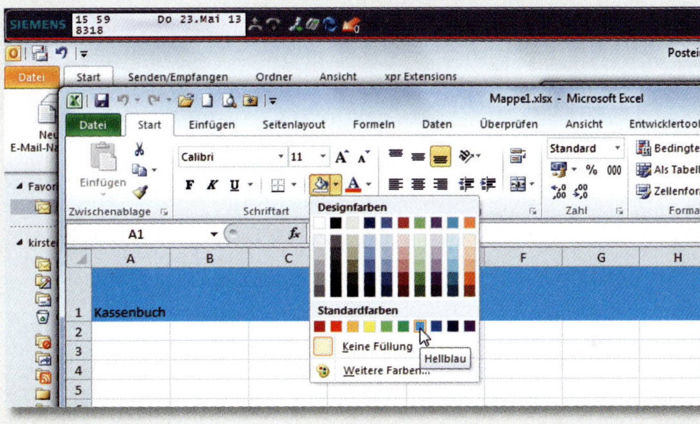

In der Spalte B sollen die Einnahmen nun nicht mehr als reine Beträge erscheinen, sondern als Euro-Beträge. Dazu geht er in die Gruppe *Zahl* und wählt das Buchhaltungszahlenformat *€ Deutsch (Deutschland)* aus.

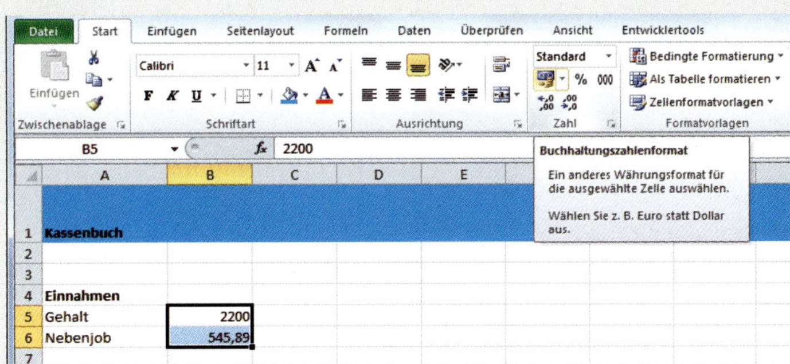

Die Zahlen in den markierten Zellen wurden nun um das €-Symbol ergänzt.

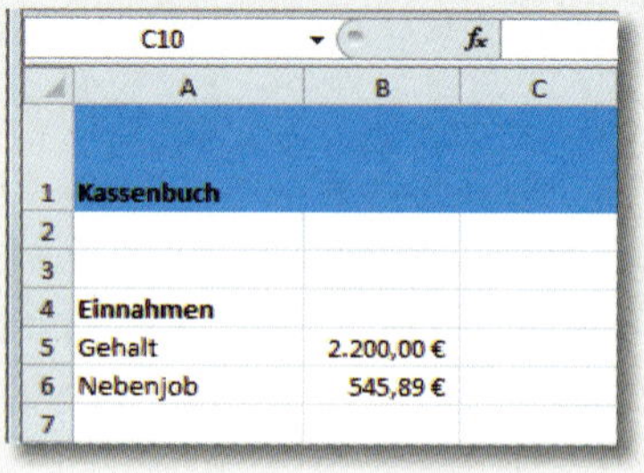

Auch die Registerkarte *Seitenlayout* kann für die Gestaltung der Arbeitsblätter verwendet werden. Sie enthält Werkzeuge vor allem für die Druckoptimierung.

BEISPIEL EINES ARBEITSABLAUFS

Volkan Karaca schaltet die Gitternetzlinien aus, indem er in der Gruppe *Blattoptionen* unter *Gitternetzlinien* das Häkchen bei *Ansicht* wegklickt:

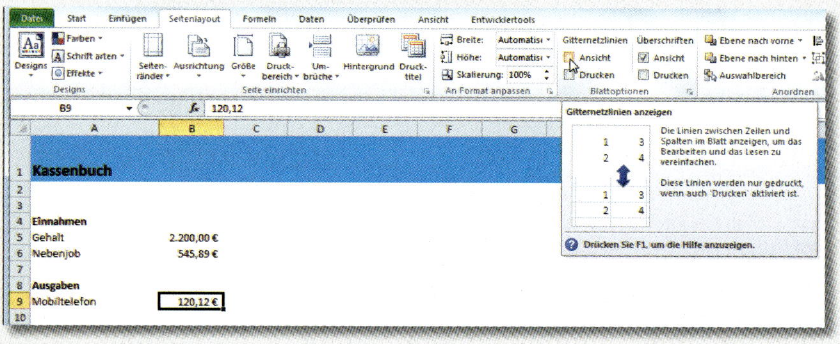

Durch Öffnen des Dialogfelds *Seite einrichten* ergeben sich vielfältige Gestaltungsmöglichkeiten. So hat sich Volkan Karaca hier für die Ausgabe im Querformat entschieden.

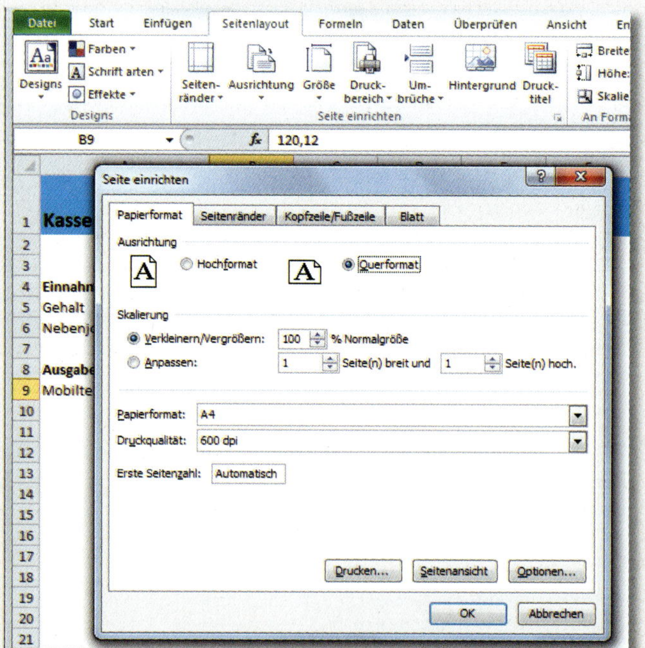

7455376

AUFGABEN

1. Führen Sie Beispiele auf, wo in einem Unternehmen Berechnungen durchgeführt werden.
2. Tabellenkalkulationen können auch definiert werden als Rechenblätter mit Zellen.
   a) Was sind Zellen?
   b) Zellen können unterschiedliche Inhalte aufnehmen. Führen Sie diese auf.
3. Wie kann Excel beendet werden?
4. Führen Sie die einzelnen Schritte beim Kalkulieren mit Excel auf.
5. Erläutern Sie, warum man Excel auch als Datenbank verwenden kann.
6. Welche Vorteile haben moderne Tabellenkalkulationsprogramme?
7. Welche Gruppen im Menüband von Excel kommen auch in Word vor?

AKTIONEN

1. Die Hoffmann KG erhält von der Ambiente Warenhaus AG eine Anfrage über T-Shirts mit einem bestimmten Schnitt und einer speziellen Farbe für die Sommersaison. Da diese momentan nicht mehr auf Lager sind, holt die Hoffmann KG bei zwei asiatischen Herstellern selber Angebote ein.

Angebot A:
Yakiza Moden, Hongkong
10 Kartons T-Shirts, je Karton 24 T-Shirts, Listeneinkaufspreis netto je Karton 96,00 €, Lieferantenrabatt 25 %, Lieferantenskonto 3 %, Fracht 6,50 € je Karton, Rollgeld 40,30 €

Angebot B:
Chop Ling Ltd., Taiwan
15 Kartons T-Shirts, je Karton 12 T-Shirts, Listeneinkaufspreis netto je Karton 51,00 €, Lieferantenrabatt 20 %, Lieferantenskonto 2 %, Rollgeld 32,80 €

Dominik Schlote bekommt den Auftrag, einen Angebotsvergleich durchzuführen. Er möchte eine Excel-Tabelle erstellen, die ihm die Berechnung in diesem, aber auch in anderen Fällen automatisch abnimmt.

Für den Angebotsvergleich benötigt er das Schema der Bezugskalkulation für Handelsbetriebe:

Listeneinkaufspreis
− Lieferantenrabatt
= Zieleinkaufspreis
− Lieferantenskonto
= Bareinkaufspreis
+ Bezugskosten (z. B. Fracht, Rollgeld)
= Bezugspreis

Erstellen Sie eine Excel-Tabelle, mit der Angebotsvergleiche durchgeführt werden können. Verwenden Sie beim Aufbau der Tabelle:
   a) einen Eingabebereich: Hier werden die bekannten Werte (Listeneinkaufspreis, Stückzahl, ggf. Rabatte, Skonti und Bezugskosten) eingetragen.
   b) einen Verarbeitungsbereich: Hier wird die Berechnung mit dem Schema der Bezugskalkulation durchgeführt.
   c) einen Ausgabebereich: Hier sollen die beiden Bezugspreise ausgegeben und verglichen werden. Der günstigere von beiden ist extra und deutlich herauszustellen.

2. Carolin Saager bekommt den Auftrag, eine erste Kalkulation von Verkaufspreisen durchzuführen. Sie soll dies mithilfe einer Excel-Tabelle tun, die sie noch erstellen muss. Sie bekommt die Anweisung, Kundenrabatte und Kundenskonto zunächst einmal bei der Verkaufskalkulation nicht zu berücksichtigen. Sie erstellt die Tabelle auf der folgenden Seite.
   a) Erstellen Sie mithilfe von Excel eine vergleichbare Tabelle für die Berechnung von Verkaufspreisen ohne Berücksichtigung von Kundenrabatt und Kundenskonto.
   b) Berechnen Sie mithilfe der Tabelle den Verkaufspreis einer Ware, wenn der Einstandspreis 650,00 €, der Handlungskostenzuschlag 50 % und der Gewinnzuschlag 30 % beträgt.

Positionen	Beträge	Prozentangaben	Hinweise
= Einstandspreis	200,00 €		
+ Handlungszuschlag	60,00 €	30	in % vom Einstandspreis
= Selbstkostenpreis	**260,00 €**		
+ Gewinnzuschlag	52,00 €	20	in % vom Selbstkostenpreis
= Nettoverkaufspreis	**312,00 €**		
+ Mehrwertsteuer	59,28 €	19	in % vom Zielverkaufspreis
= Bruttoverkaufspreis	**371,28 €**		

3. Die Franz Stallmann Fashion OHG, Vogesenstr. 3, 45468 Mülheim, hat eine Anfrage zu 50 Pullovern „Enzo", 30 T-Shirts „Mats", 20 Minikleider „Beach" und 40 Herren-Langarm-Shirts „Felix" an die Hoffmann KG geschickt. Carolin Saager soll das Angebot schreiben und erstellt hierzu eine Excel-Tabelle, die sie in die Briefvorlage der Hoffmann KG einfügt. Fertigen Sie eine entsprechende Excel-Tabelle an, in der die kompletten Angebotspreise und die enthaltene Umsatzsteuer ausgewiesen werden.

Hoffmann KG
seit 1949

Hoffmann KG – Postfach 21 31 41 – 30604 Hannover
Franz Stallmann
Frau Vera Lenz
Vogesenstraße 3
45468 Mülheim

Ihr Zeichen: o-s
Ihre Nachricht vom: 20..-08-20
Unser Zeichen: st-sa
Unsere Nachricht vom:

Name: Carolin Saager
Telefon: 0511 9876-33
Telefax: 0511 9876-10
E-Mail: carolin.saager@hoffmann-kg-wvd.de

Datum: 20..-08-22

Ihre Anfrage vom 20. August 20..

Sehr geehrte Frau Lenz,

vielen Dank für Ihre Anfrage. Hier unser Angebot über die gewünschte Sport- und Freizeitkleidung:

Position	Artikel	Menge	Preis in EUR	Gesamtpreis in EUR
1	Pullover „Enzo"		43,80	
2	T-Shirt „Mats"		16,50	
3	Minikleid „Beach"		22,90	
4	Herren-Langarm Shirt „Felix"		19,90	
			Gesamtbetrag brutto	
			19 % MwSt.	
			Gesamtbetrag netto	

Zahlungen erwarten wir spätestens 30 Tage nach Lieferung und Rechnungsdatum.

Wir freuen uns auf Ihre Bestellung.

Freundliche Grüße aus Hannover

Anlagen

Hoffmann KG
Carolin Saager

i. A. Carolin Saager

Bergener Str. 6 a | 30625 Hannover | Tel. 0511 9876-0 | Fax 0511 9876-10 | Internet www.hoffmann-kg-wvd.de | E-Mail info@hoffmann-kg-wvd.de
USt-IdNr. 183 034 912 | Steuernummer 2320 041 014 | Zollnummer DE6115209 | HRA 200147 Hannover | Erfüllungsort und Gerichtsstand Hannover

Sparkasse Hannover
Konto 517 321 | BLZ 250 501 80
IBAN DE53 2505 0180 0000 5173 21
BIC SPKHDE2H

Postbank Hannover
Konto 15 305 | BLZ 250 100 30
IBAN DE82 2501 00300 000 0153 05
BIC PBNKDEFF

Commerzbank Hannover
Konto 141 919 100 | BLZ 250 400 66
IBAN DE09 2504 0066 0141 9191 00
BIC COBADEFF

Beleg zu Aufgabe 3

Beleg zu Aufgabe 4 auf folgender Seite

Fiedler GmbH
Gebäudereinigung

Fiedler GmbH – Botzfelder Str. 324 – 30851 Langenhagen
Hoffmann KG
Bergener Straße 6 a
30625 Hannover

Kundennummer: 49949-40
Rechnungsnummer: 2345

Name: Frank Soller
Telefon: 0511 4312-40
Telefax: 0511 4313-42
E-Mail: info@fiedler-gmbh-wvd.de

Datum: 20..-04-01

Rechnung

Beschreibung	Stunden	Satz (in EUR)
Säuberung Auffahrt	4,0	29,00
Säuberung der Geschäftsräume März 20..	40,0	18,00

Alle Rechnungen zahlbar an die Gebäudereinigung Fiedler GmbH.

Gesamtbetrag fällig in 30 Tagen. Für überfällige Rechnungen wird eine Mahngebühr von 1 % pro Monat berechnet.

Vielen Dank für Ihren Auftrag.

Freundliche Grüße aus Hannover

Hoffmann KG

i. A. Carolin Saager

4. Elke Komp ist eine Klassenkameradin von Carolin Saager und arbeitet bei der Gebäudereinigung Fiedler GmbH. Diese hat für zwei Arten von Reinigungstätigkeiten eine Rechnung an die Hoffmann KG geschickt (siehe vorherige Seite).
Fertigen Sie eine entsprechende Excel-Tabelle für die Berechnung des Gesamtpreises an.

5. Entwerfen Sie mit Excel eine Tabelle, die Ihren Berufsschulstundenplan enthält.

6. Erstellen Sie eine Tabelle mit Vornamen, Namen, Adressen, Telefonnummern sowie Geburtstagen Ihrer Mitschüler und -schülerinnen.

7. **a)** Erstellen Sie mit Excel eine Datenbank für Kunden. Sie soll die Datenfelder *Kunde, Postleitzahl, Ort, Straße, Telefon, Fax, Ansprechpartner* und *Umsatz* enthalten.
b) Tragen Sie die Angaben von sieben Kunden in die Datenbank ein.
c) Löschen Sie einen Kunden.

8. **a)** Erstellen Sie die abgebildete Tabelle, die Berechnungen vornehmen soll für:
- die Gesamtsumme für jedes Quartal
- die Gesamtsumme für jede Investitionsart
- die gesamte Investitionssumme

b) Tragen Sie die folgenden Werte in die Tabelle ein:

	1. Quartal	2. Quartal	3. Quartal	4. Quartal
Büro-material	1.200	300	567	7.692
Schulung	5.000		9.006	873
EDV	15.789	21.342	497	1.298
Fuhrpark	789			30.099

c) Erzeugen Sie dazu eine grafische Darstellung.

	A	B	C	D	E	F	G	H	I
1	Investitionen dieses Jahres								
2									
3		1. Quartal	2. Quartal	3. Quartal	4. Quartal	Summe			
4	Büromaterial								
5	Schulung								
6	EDV								
7	Fuhrpark								
8	Summe								
9									
10									
11									
12									
13									
14									
15									

9. Erstellen Sie eine Tabelle zur Berechnung von Zinsen nach der Tageszinsformel.

FORMEL

$$\text{Zinsen} = \frac{\text{Kapital} \cdot \text{Zinssatz} \cdot \text{Tage}}{100 \cdot 360}$$

	A	B	C
1			
2			
3	Kapital	20000	
4	Zinssatz	6	
5	Tage	300	
6			
7	Zinsen	1000	
8			

10. Erstellen Sie einen einfachen „Taschenrechner" nach folgendem Muster:

	A	B	C	D	E	F	G	H	I
1	Simpel-Taschenrechner								
2									
3									
4			Addition	Subtraktion	Multiplikation	Division			
5	Zahl 1		400	400	400	400			
6	Zahl 2		100	100	100	100			
7									
8	Ergebnis		500	300	40000	4			
9									
10									
11									

ZUSAMMENFASSUNG

Moderne Tabellenkalkulationsprogramme

Eigenschaften
- präsentieren sich am Bildschirm in Form einer Tabelle, in die Eingaben vorgenommen werden können.
- Excel ist die bekannteste Tabellenkalkulation.

Aufgaben
- Berechnungen jeglicher Art
- Listen für alle Gelegenheiten
- Visualisierung von Daten
- Verwendung als Datenbank
- Datenanalyse und -auswertung

Vorteile
- Eingabe der Berechnungsformeln, Daten und Texte im Dialog
- keine Programmierung durch Anwender
- leicht erlernbar
- günstige Beschaffung

3.6 Wir berücksichtigen Gesichtspunkte der Nachhaltigkeit bei der Abwicklung von Aufträgen

Einstieg

Umweltcharta der Hoffmann KG

Die Hoffmann KG, die ihre Verantwortung hinsichtlich der Umwelt, Gesundheit und Sicherheit gegenüber ihren Kunden, ihrem Personal und der Gesellschaft anerkennt,

- verpflichtet sich, die legalen Forderungen in diesem Bereich zu respektieren sowie die menschlichen, technischen und finanziellen Mittel zur Verfügung zu stellen, um jede Art von Umweltverschmutzung, Abfällen, Schädigungen, Energiekosten und Unfällen zu verhindern und zu reduzieren; unter Vorbehalt, dass diese Mittel notwendig und wirtschaftlich erträglich sind;
- richtet ein Umweltmanagementsystem ein, das die kontinuierliche Verbesserung der umweltorientierten Leistungen ermöglicht.

Dies wollen wir erreichen durch folgende Handlungen:

im Unternehmen:

- fachgerechte Entsorgung der Abfälle
- Begrenzung der Energiekosten
- Suche nach Sicherheit und Komfort
- adäquate Ausbildung des Personals

bei den Kunden:

- die Fahrwege der Kunden begrenzen
- die Kunden über alle Aspekte der Umwelt-, Gesundheits- und Sozialverträglichkeit unserer Produkte zu beraten und zu informieren

bei den Lieferanten:

- die umweltschonenden Hersteller ermutigen
- auf fairen Handel achten
- die umweltschonendsten Produkte auswählen
- die mit dem Transport verbundenen Umweltbelastungen senken

Diese Umweltcharta ist eine Verpflichtung für die Arbeit der Geschäftsführung sowie jeder einzelnen Mitarbeiterin und jedes einzelnen Mitarbeiters der Hoffmann KG. Damit ist sie auch eine Leitlinie und Orientierungshilfe für das Handeln der Mitarbeiterinnen und Mitarbeiter der Verkaufsabteilung der Hoffmann KG.

1. Überlegen Sie, welche Gründe die Hoffmann KG bewogen haben könnten, diese Umweltcharta zu formulieren.
2. Geben Sie an, durch welches Handeln die Mitarbeiterinnen und Mitarbeiter der Verkaufsabteilung zur Erfüllung der Verpflichtungen der Umweltcharta der Hoffmann KG beitragen können.

INFORMATIONEN

Nachhaltigkeit im Verkauf

Nachhaltigkeit[1] wird immer mehr zum entscheidenden Verkaufsargument. Unternehmen können Marktanteile verlieren, wenn sie nicht nachhaltig arbeiten. Dies hat Auswirkungen auf alle Wirtschaftsstufen, von der Industrie über den Groß- bis zum Einzelhandel. In diesem Zusammenhang wird für immer mehr Unternehmen die Aufnahme nachhaltiger Produkte bzw. Dienstleistungen in die Angebotspalette immer interessanter.

Rang	Unternehmen	Index
1	Continental AG	100,0
2	OSRAM Licht AG	92,0
3	Jungheinrich AG	89,2
4	elobau GmbH & Co. KG	88,9
5	Vivawest GmbH	88,8
6	Siemens AG	88,6
7	Scandic Hotels Deutschland GmbH	86,8
8	Meyer Gemüsebearbeitung GmbH	86,8
9	Erwin Häbel GmbH	85,6
10	ASSMANN BÜROMÖBEL GMBH & CO. KG	84,8

Rang	Unternehmen	Index
11	NORMA Group SE	84,7
12	Sika Deutschland GmbH	84,6
13	Südzucker AG	84,4
14	Sparkasse Gelsenkirchen	84,1
15	Biotest Aktiengesellschaft	83,9
16	Stadtwerke Göttingen AG	83,8
17	Syzygy AG	83,7
18	nw|consulting - nachhaltig Werte schaffen -	83,3
19	Transgourmet Deutschland GmbH & Co. OHG	83,1
20	Spar- und Bauverein eG	83,0

1 siehe Kap. 1.18

Der warenethische Mehrwert von Waren als Verkaufsargument	
Umwelt- und Gesundheitsaspekte	**Aspekte der Sozialverträglichkeit**
• bessere Gesundheitsverträglichkeit • keine allergieauslösenden oder krebserregenden Schadstoffrückstände • geringere Umweltbelastungen bei der Herstellung • geringere Umweltbelastungen bei der Entsorgung	• Einhaltung von sozialen Standards bei der Herstellung • keine Kinder- oder Zwangsarbeit • gerechte Entlohnung • Arbeitsschutz • menschenwürdige Arbeitsplätze

Umwelt- und Gesundheitsaspekte

Den Kunden (sowohl Endverbrauchern als auch Wiederverwendern) wird zunehmend bewusst, dass die Umwelt immer stärker gefährdet ist. Deshalb beobachten viele von ihnen die Umweltaktivitäten ihrer möglichen Lieferanten und hinterfragen sie kritisch. Das Bekanntwerden der Umweltschädlichkeit von Gütern hat deshalb häufig zu einem veränderten Einkaufsverhalten geführt.

Auf diese Entwicklung können Unternehmen reagieren mit:
- Teilnahme am Ökoaudit
- Vergabe bzw. Nutzung von Ökolabeln
- Beachten der Recyclingfähigkeit von Produkten

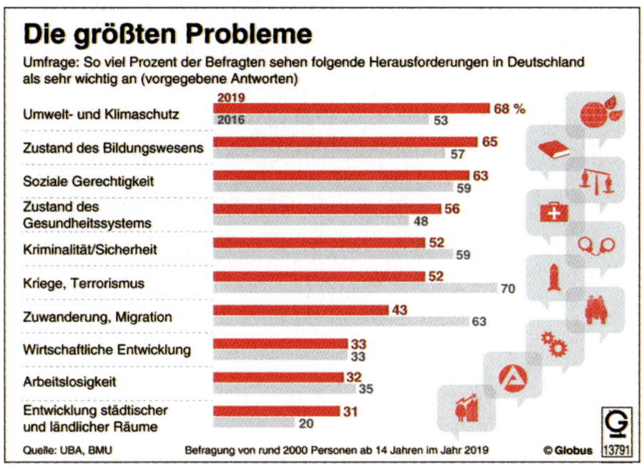

Ökoaudit

> **DEFINITION**
> Das **Ökoaudit** ist eine freiwillige Betriebsprüfung im Hinblick auf die Umweltleistung des Unternehmens und die Einhaltung gesetzlicher Vorgaben. Grundlage ist die europäische Ökoaudit-Verordnung EMAS (Eco-Management and Audit Scheme).

Die Teilnahme am Ökoaudit beinhaltet folgende Punkte:

- Das jeweilige Unternehmen muss eine Umweltpolitik formulieren und das Umweltrecht einhalten.
- Das Unternehmen muss eine Ist-Analyse der Umweltauswirkungen durchführen und bewerten. Auf deren Grundlage wird ein Umweltprogramm erstellt, das konkrete Ziele der zukünftigen betrieblichen Umweltpolitik festlegt.
- Verschiedene Maßnahmen sollen für den Einsatz fortschrittlicher Umwelttechnologien sorgen.
- Eine von einem unabhängigen, staatlich zugelassenen und überwachten Umweltgutachter kontrollierte und bestätigte Umwelterklärung dient der Information der Öffentlichkeit. Sie dient als Grundlage für die Registrierung bei der zuständigen Industrie- und Handelskammer bzw. Handwerkskammer.
- Die Umweltbetriebsprüfung als Kontrollinstrument muss regelmäßig erneut durchgeführt werden.

Mit der Teilnahme am Ökoaudit kann ein Unternehmen seinen betrieblichen Umweltschutz verbessern und einen positiven, innovationsfreundlichen Imagegewinn erzielen. Das EMAS-Logo darf jedoch nicht für eine direkte produktbezogene Werbung herangezogen werden: Bei der Begutachtung des Unternehmens wird das Produkt nur indirekt berücksichtigt.

EMAS
GEPRÜFTES UMWELTMANAGEMENT

Ökolabel

Mit Ökolabeln werden umweltschonende **Produkte** gekennzeichnet.

> **DEFINITION**
> **Ökolabel** sind Wort- und/oder Bildzeichen, die von Unternehmen, Verbänden, Vereinen oder anderen Zeichengebern für Produkteigenschaften wie Schadstofffreiheit, Energieersparnis, Recyclingfähigkeit, sparsamer Verpackung und Gesundheitsverträglichkeit vergeben werden.

Ökolabel (manchmal auch Ökozeichen genannt) stellen also eine vereinfachende umweltschutzbezogene Information dar. Sie werden auf umweltschonende Produkte aufgedruckt oder in der Werbung für diese Produkte verwendet.

Leichtfertig vergebene Ökolabel können zu erheblichen Vertrauensverlusten aufseiten der Konsumenten führen. Hinsichtlich der Glaubwürdigkeit der Ökolabel sollte zunächst unterschieden werden, ob es sich um unternehmensbezogene oder unabhängige institutionelle Ökolabel handelt.

Das **unternehmensbezogene** Ökolabel dient in erster Linie als Marketinginstrument zur Verkaufsförderung und wird grundsätzlich nur für die eigenen Produkte vergeben. Die Einhaltung umwelt- und gesundheitsrelevanter Kriterien prüfen interne Prüflabors.

BEISPIELE für unternehmensbezogene und -unabhängige Ökolabel nach Branchen

Branche	Öko-Zeichen
Lebensmittel	Bioland, demeter
stromerzeugende Industrie	GRÜNER STROM – Das Ökostromlabel der Umweltverbände
ökologische Waldnutzung	FSC®

Das durch **unternehmensunabhängige** Institutionen vergebene Ökolabel kann prinzipiell von nationalen und internationalen Herstellern und Händlern genutzt werden, sofern ihre Ware den geforderten Kriterien gerecht wird. Entscheidend für die Vergabe ist ein für den Kunden transparent gehaltener Kriterienkatalog aus umfangreichen gesundheits-, umwelt- und sozialrelevanten Aspekten, dessen Einhaltung regelmäßig durch unabhängige Institute kontrolliert wird.

BEISPIEL

Der Blaue Engel ist das weltweit erste und Deutschlands bekanntestes Umweltzeichen. Es wird von der RAL gGmbH vergeben. Zeicheninhaber ist das Bundesministerium für Umwelt, Naturschutz, nukleare Sicherheit und Verbraucherschutz. Dieses Ökolabel wird für Produkte (Ausnahme: Lebensmittel und Medizinprodukte) vergeben, die sich bei einer ganzheitlichen Betrachtung bezogen auf die gesamte Lebensphase des Produkts (Herstellung, Gebrauch, Entsorgung) und unter Beachtung aller Gesichtspunkte des Umweltschutzes einschließlich des sparsamen Rohstoffeinsatzes durch besondere Umweltfreundlichkeit auszeichnen. Ebenso kann es für Dienstleistungen vergeben werden. So hat z. B. eine ganze Reihe von Carsharing-Anbietern den Blauen Engel erhalten, da Carsharing den Verkehr entlastet. Ausschlaggebend für die Vergabe ist auch der Einsatz von umweltschonenden und verbrauchsgünstigen Fahrzeugen.

BLAUER ENGEL – DAS UMWELTZEICHEN

Die Bedeutung von Ökolabeln

Problem	Ziel	Lösungswege
mangelnde Information über Ökolabel ↓ falsche Kundenberatung ↓ Kunden wandern ab ↓ Umsatzverlust	• Informationsdefizit beseitigen • Überblick über Label der Branche verschaffen	Information über Ökolabel in/bei: • Fachzeitschriften • Fachbüchern • Verbraucherschutzorganisationen • Kollegen/Ausbildern • Internet

7455382

Recycling

Jede Ware verbraucht von der Herstellung bis zum Gebrauch Energie und Rohstoffe. Dadurch kommt es mehr oder weniger zu einer Belastung der Umwelt. Vor diesem Hintergrund wird Recycling immer wichtiger.

DEFINITION
Unter **Recycling** versteht man die Rückführung von Produktions- und Konsumabfällen zurück in den Wirtschaftskreislauf zur Schonung der Umwelt.

Formen des Recyclings

Wiederverwendung	Weiterverwendung	Wiederverwertung	Weiterverwertung
wiederholte Verwendung eines Produkts für den für die Erstverwendung vorgesehenen Verwendungszweck	Nutzung eines Produkts für eine vom Erstzweck verschiedene Verwendung, für die es nicht hergestellt ist	Wiedereinsatz von Stoffen und Produkten in bereits früher durchlaufenen Produktionsprozessen unter teilweiser oder völliger Formauflösung und -veränderung	Einsatz von Stoffen und Produkten in noch nicht durchlaufenen Produktionsprozessen unter Umwandlung zu neuen Werkstoffen oder Produkten (Verlust der Materialidentität oder/ und Gestaltänderung gegenüber den eingesetzten Produkten)
BEISPIELE	**BEISPIELE**	**BEISPIELE**	**BEISPIELE**
• Pfandflasche • Austauschmotor	• Senfglas als Trinkglas • Eisenbahnschwellen als Gartenzaun	• Altglaseinsatz bei der Glasherstellung • Stahlschrotteinsatz bei der Stahlherstellung	• Gewinnung von Flüssigbrennstoffen aus Kunststoffabfällen durch Pyrolyse • Herstellung von Kartonagen aus Papierabfällen

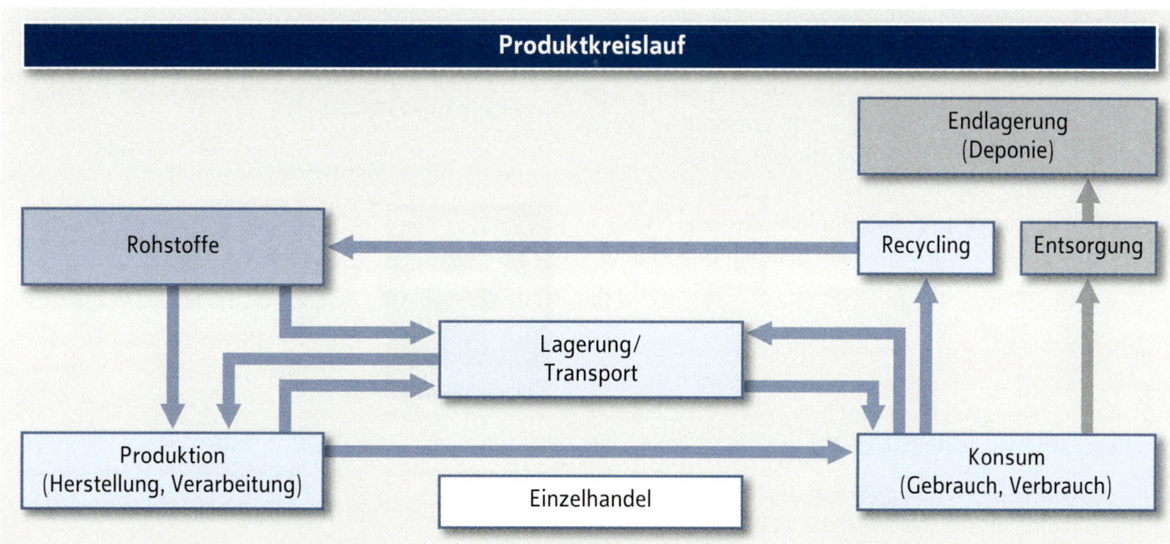

Sehr häufig führen Umweltbelastungen durch Produkte auch zu Gesundheitsgefährdungen. Vor dem Hintergrund des gestiegenen Gesundheitsbewusstseins in der Gesellschaft haben Sachbearbeiter in der Verkaufsabteilung eine wichtige Beratungsaufgabe. Sie müssen mit Wissen über die Gesundheitsproblematik auf entsprechende Forderungen der Kunden eingehen können. Gesundheitsverträgliche Produkte müssen in der Verkaufsargumentation auf jeder Wirtschaftsstufe herausgestellt werden.

BEISPIELE

- „Alle Kosmetika dieses Produzenten sind frei von Formaldehyd."
- „Diese Produkte aus ökologisch kontrolliertem Anbau enthalten erheblich weniger Schadstoffe als vergleichbare Artikel anderer Hersteller."

Aspekte der Sozialverträglichkeit

Die sozialen Zusammenhänge sind eng mit den ökonomischen und ökologischen Bedingungen verknüpft. Die meisten Staaten der Erde sind verschuldet, sowohl die Industrie- als auch die Entwicklungsländer. Jedoch hat dies vor allem bei den hoch verschuldeten Ländern des Südens massive soziale Auswirkungen. Um den Schuldendienst noch leisten zu können – zum Teil auch, um der Oberschicht ihre privilegierte Position zu erhalten –, forcieren diese Länder den Anbau von Exportprodukten.

Bei der Ausweitung der Exportproduktion nehmen die Entwicklungsländer auch die Zerstörung von Lebensräumen in Kauf, z. B. die Abholzung der Regenwälder zur Vergrößerung der Ackerflächen, einschließlich der Vertreibung der dort ansässigen Menschen. Zusätzlich verlieren viele Bauern durch den Verlust an landwirtschaftlicher Nutzfläche durch Erosion, Versalzung und Wüstenbildung, gepaart mit einer Klimaveränderung, ihre Ernährungsgrundlage.

Auf der anderen Seite setzen die Industrieländer, beispielsweise die Staaten der EU, oft umfangreiche Exportsubventionen ein, um ihre Produkte „billig" auf dem Weltmarkt, d. h. auch an Entwicklungsländer, zu verkaufen. Die Länder des Südens können dadurch zwar günstig Waren auf dem Weltmarkt erwerben, aber gleichzeitig verlieren häufig die in den Entwicklungsländern selbst produzierten Artikel den Preiskampf gegen die Billigimporte aus Industrieländern (die außerdem ein höheres soziales Prestige genießen). Dadurch werden die dortigen Beschäftigten weiter in ihrer Existenz gefährdet.

In diesen geschilderten Zusammenhängen sind auch die stetige Landflucht und die Zunahme der Verstädterung in den Entwicklungsländern zu sehen. Die Städte wachsen rasant, was eine Ausweitung der Elendsviertel sowie eine Verschlechterung der Hygiene- und Ernährungssituation zur Folge hat.

Weltweit gesehen lebt heute die Hälfte der Menschheit in relativer Armut. 800 Millionen Menschen leben in ständiger Unterernährung, jährlich verhungern 30 Millionen Menschen. Gleichzeitig wurden jedoch noch nie in solchem Überfluss Lebensmittel produziert wie heute.

Viele Kunden stehen hinter dem Ziel, „Chancengleichheit für alle Menschen" zu erreichen. Sie möchten, dass Produktion und Vertrieb der von ihnen nachgefragten Artikel sozialverträglich sind. Angestrebt werden folgende Ziele:

- internationale Gerechtigkeit
- Kampf gegen Unterernährung
- faire Handelsbedingungen
- Einhaltung der Menschenrechte
- angemessene Arbeitsbedingungen
- keine Kinderarbeit
- Regionalität
- Informationsoffenheit
- Wahrung der Arbeitnehmerinteressen
- Frauenförderung
- Behinderteninteressen

Viele Hersteller haben als Reaktion darauf sogenannte *Verhaltenskodexe* formuliert.

DEFINITION

Ein **Verhaltenskodex** ist eine freiwillige Selbstverpflichtung des Unternehmens, menschenrechtliche, soziale und arbeitsmedizinische Mindeststandards in der eigenen Produktion und in der der Lieferanten einzuhalten.

Diese Verhaltenskodexe werden von den Unternehmen entsprechend kommuniziert und einer breiten Öffentlichkeit zugänglich gemacht.

Fairer Handel mit Entwicklungsländern

FAIRTRADE
Das Siegel für fairen Handel

Beim „fairen Handel" („fair trade") werden den Erzeugern in Entwicklungsländern deutlich über dem Weltmarktniveau liegende Preise für ihre Produkte gezahlt und feste Abnahmemengen garantiert, was eine gewisse Planungssicherheit bietet.

Die Produzenten sind in der Regel Bauern oder Handwerker, die im nationalen Wirtschaftssystem benachteiligt sind und sich deshalb zu Genossenschaften zusammenschließen. Sie verpflichten sich, bei der Produktion bestimmte Standards einzuhalten, z. B. bezüglich Arbeitsbedingungen und negativen Umwelteinflüssen. Die Einhaltung der Standards wird regelmäßig überprüft. Ein Teil der Einnahmen muss für soziale und Bildungszwecke verwendet werden, z. B. für den Bau von Schulen oder die Altersvorsorge der Arbeiter.

Ein weiteres wichtiges Ziel des „fairen Handels" ist die Aufklärungs- und Bildungsarbeit in den Industrieländern. Hierdurch soll eine Transparenz über die Entstehung der Verkaufspreise mit all ihren Anteilen für die Produzenten, Händler usw. geschaffen werden. Verständlicherweise können diese Preise nicht genauso niedrig liegen wie bei sozial unverträglichen, konventionell gehandelten Produkten.

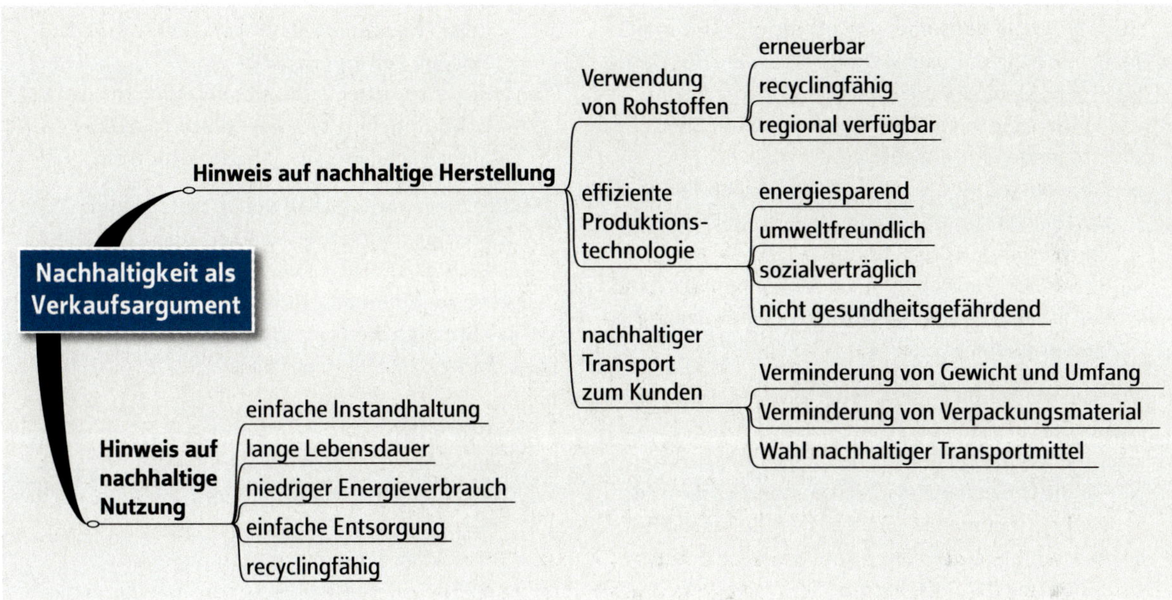

AUFGABEN

1. Was versteht man unter Nachhaltigkeit?
2. Warum müssen sich Unternehmer und Beschäftigte mit Fragen der Nachhaltigkeit beschäftigen?
3. In einem Unternehmen wird auf den Verkauf von Waren verzichtet, bei denen die Verpackung bei der Entsorgung und Vernichtung Schadstoffe abgibt. Welche Zielsetzung steht bei diesem Unternehmen im Vordergrund?
   a) Wirtschaftlichkeit
   b) Sozialverträglichkeit
   c) Arbeitsplatzsicherung
   d) Umweltverträglichkeit
   e) Rentabilität
   f) Kostenminimierung
4. Führen Sie Beispiele auf, in denen sich
   a) Produzenten,
   b) Verbraucher
   umweltbelastend verhalten.
5. Erläutern Sie die Teilnahme eines produzierenden Unternehmens am Ökoaudit.
6. Was sind Ökolabel?
7. Welche Vor- und Nachteile haben Ökolabel?
8. Erläutern Sie den Begriff *Verhaltenskodex*.
9. Was ist fairer Handel?
10. Formulieren Sie für Artikel bzw. Dienstleistungen Ihres Ausbildungsunternehmens Verkaufsargumente, die auf

a) die Sozialverträglichkeit,
b) die Umweltverträglichkeit,
c) die Gesundheitsverträglichkeit

der Ware bzw. des Angebots hinweisen.

11. Geben Sie einen Überblick über Produkte bzw. Dienstleistungen im Sortiment Ihres Ausbildungsbetriebs,
    a) die fair gehandelt werden,
    b) die von Unternehmen stammen, die Verhaltenskodexe haben.

12. Führen Sie Beispiele für herkömmliche Artikel Ihres Sortiments auf, die durch
    a) umweltverträgliche,
    b) gesundheitsverträgliche,
    c) sozialverträgliche Produkte ersetzt werden können.

AKTIONEN

1. Sowohl für die Konsumenten als auch für Unternehmen immer bedeutsamer werden Aspekte der Umwelt- und Gesundheitsverträglichkeit von Waren. Zur Einführung in die Thematik bearbeiten Sie bitte den folgenden Arbeitsauftrag:
   a) Erstellen Sie eine Collage, die Ihre Einstellung zur Umwelt- und Gesundheitsverträglichkeit von Waren zum Ausdruck bringt.
   b) Stellen Sie anschließend der Klasse mithilfe Ihrer Collage Ihre Meinung zur Umwelt- und Gesundheitsproblematik vor.

2. Vor Kurzem wurde in der Clique von Katarzyna, Dominik, Carolin und Volkan auch über Umweltschutz gesprochen. Einige Thesen aus dieser Diskussion:
   a) Für die Umwelt bin nicht ich zuständig, sondern der Förster und das Duale System Deutschland!
   b) Autofahren ist zu billig – der Liter Benzin muss mindestens 10,00 € kosten!
   c) Der Einzelhandel ist der Hauptumweltverschmutzer – wenn er keine umweltschädlichen Produkte ins Sortiment nehmen würde, hätten wir den Ärger nicht!
   d) „Vater Staat“ ist gefordert – soll er doch jegliche Industrie verbieten!
   e) Alle Textilien müssen mindestens fünf Jahre getragen werden!
   f) Die momentane Arbeitslosigkeit ist durch den Umweltschutz hervorgerufen!
   g) Für meine Gesundheit bin nicht ich zuständig, sondern mein Arzt!
   h) Waren müssten grundsätzlich unverpackt verkauft werden!
   i) Wer mit dem Fahrrad zur Arbeit fährt, bekommt vom Finanzamt eine Kilometerpauschale von 3,00 €/km. Die Kilometerpauschale für Autofahrer wird gestrichen!
   j) Werbungsverbot für gesundheits- und umweltschädigende Waren und Verhaltensweisen (z. B. Auto, Tabakwaren, Süßigkeiten, Fast-Food-Ketten, Waschmittel, wasser- und winddichte Textilien, Fertiggerichte)!
   k) Wir Verbraucher sind selbst schuld. Würden wir all die Dinge nicht kaufen, hätten auch unsere Kinder noch ein Stück lebenswerte Welt!

Bilden Sie in Ihrer Klasse drei Arbeitsgruppen PRO Nachhaltigkeit und drei Arbeitsgruppen CONTRA Nachhaltigkeit. Diese sollen die oben aufgeführten Thesen argumentativ verteidigen oder angreifen. Dazu erhalten Sie zur Vorbereitung einer Diskussion die folgenden Arbeitsaufträge:

Gruppe PRO:
- Beurteilen Sie die einzelnen Thesen.
- Nehmen Sie mit Argumenten Stellung für die Nachhaltigkeit.
- Protokollieren Sie Ihre Argumente.
- Wählen Sie einen Sprecher/eine Sprecherin, der/die Ihre Argumente in einer Diskussion vertritt.

Gruppe KONTRA:
- Beurteilen Sie die einzelnen Thesen.
- Nehmen Sie mit Argumenten Stellung gegen die Nachhaltigkeit.
- Protokollieren Sie Ihre Argumente.
- Wählen Sie einen Sprecher/eine Sprecherin, der/die Ihre Argumente in einer Diskussion vertritt.

3. Viele Unternehmen werben damit, bei ihren Lieferanten auf die Einhaltung sozialer Aspekte wie z. B.
   - angemessener Lohn der Arbeiter,
   - Verbot von Zwangs- u. Kinderarbeit,
   - Sicherheit und Gesundheit am Arbeitsplatz,
   - Organisationsfreiheit und Recht auf Tarifverhandlungen

   zu achten.

7455386

Gehen Sie auf die Internetseiten folgender Anbieter und suchen Sie dort Informationen über deren ethische Verhaltenskodexe:

- HOCHTIEF
- C & A
- Adidas
- Calida
- Nike
- H & M
- Edeka

Bewerten Sie die Verhaltensrichtlinien.

4. Entscheiden Sie sich für eine Warengruppe Ihres Sortiments bzw. eine Dienstleistung Ihres Unternehmens.
Stellen Sie diese Warengruppe bzw. Dienstleistung in einem schriftlichen Referat unter besonderer Beachtung von Aspekten der Gesundheits-, Sozial- und Umweltverträglichkeit vor.
Bereiten Sie sich auch darauf vor, dass Sie dieses Referat Ihrer Klasse präsentieren.

ZUSAMMENFASSUNG

Gestiegenes Bewusstsein für Nachhaltigkeit

= Übernahme der Verantwortung für zukünftige Generationen

Folge: Beachten von Aspekten der

Umwelt und Gesundheit

- Ökoaudit beachten: Das Unternehmen ist als umweltfreundlich anerkannt.
- Ökolabel kennzeichnen umweltverträgliche Produkte und Dienstleistungen.
- auf recyclingfähige Produkte achten

Sozialverträglichkeit

- auf Produkte aus „fairem Handel“ achten
- auf Produkte und Dienstleistungen von Unternehmen achten, die sich mit Verhaltenskodexen selbst verpflichtet haben, soziale Standards einzuhalten

3.7 Wir nutzen Netze und Dienste zur Kommunikation

Einstieg

Mittagspause in der Hoffmann KG. Die Auszubildenden sind in ein Gespräch vertieft.

Katarzyna Lindemann:
„Und, was musst du heute Nachmittag noch machen?“

Dominik Schlote:
„Wenn ich es genau nehme, muss ich ‚kommunizieren‘. Herr Hoffmann hat mich beauftragt, einige Aufgaben vorzubereiten:

1. Die Ambiente Warenhaus AG braucht einen Satz schriftlicher Verträge schon heute in einer Ausführung vorweg.
2. Herr Hoffmann möchte gleichzeitig mit den beiden Außendienstlern, von denen der eine sich gerade in der Hamburger, der andere in der Münchner Filiale befindet, wegen einer neuen Werbeaktion sprechen.
3. Kunden der Hoffmann KG sollen die kostenlose Möglichkeit bekommen, bei Bedarf schnell Informationen und bei Problemen Hilfe zu erhalten.
4. Mittelfristig soll geprüft werden, ob das öffentliche Telefonnetz für die Datenverbindung zwischen der Zentrale und den Filialen ausreicht.

Stellen Sie fest, welche Netze und Dienste Dominik Schlote verwenden sollte.

INFORMATIONEN

Netze und Dienste in der modernen Kommunikationstechnik

Sämtliche Abteilungen eines Unternehmens tauschen ständig große Mengen an unterschiedlichen Informationen mit Personen und Institutionen außerhalb des Unternehmens aus. Dabei sollen die kaufmännischen Vorgänge wie Anfragen, Angebote, Bestellungen, Widerrufe, Reklamationen usw. den Empfänger rasch und möglichst schriftlich erreichen.

Die notwendige Beweisfunktion und Schnelligkeit setzen der Nutzung des Telefons und der brieflichen Mitteilung zum Informationsaustausch Grenzen. Deshalb werden Informationen zunehmend elektronisch übermittelt. Zudem ist dabei die Möglichkeit eines schriftlichen Dialogs gegeben. Auch weil die Informationsflut im kaufmännischen Bereich gewaltig steigt, reichen die herkömmlichen Kommunikationstechniken und -verfahren nicht mehr aus.

Um Daten preiswert und schnell zu übermitteln (sowie zu erfassen und abzulegen), wurden neue Kommunikationstechnologien entwickelt und eingeführt.

Bei den neuen Telekommunikationstechnologien werden im Gegensatz zu den herkömmlichen Postdiensten (Brief-/Paketdienst) Nachrichten nicht materiell übermittelt. Stattdessen werden die Nachrichten zur Übermittlung in elektronische Signale überführt, die nachher beim Empfänger wieder in die ursprüngliche, „verständliche“ Form zurückgewandelt werden.

In diesem Zusammenhang muss zwischen Netzen und Diensten unterschieden werden.

Netze

Netze sind technische Übertragungswege, auf denen Texte und Daten, Sprache und Bilder von einem Endgerät (z. B. dialogfähiger Computer, Telefon) zum anderen übermittelt werden. Die Netze stellen also die Kommunikationskanäle dar, die die Datenendeinrichtungen der Bürokommunikation miteinander verbinden. Netze bilden somit die Infrastrukturgrundlage für die Übertragung beliebiger Informationen.

Dienste

Netze haben das Ziel, ihren Nutzern Dienste anzubieten. Sie stellen Dienstleistungen durch unterschiedliche Betreiber zum Zwecke der Telekommunikation bereit. Die Kommunikationsdienste der Netzbetreiber regeln die Nutzungsmodalitäten der einzelnen Netze für die Kommunikationspartner. Die Dienste unterscheiden sich:

- nach Art der zu übertragenden Information

BEISPIELE

Es gibt Dienste für:
- Sprachkommunikation
- Textkommunikation (z. B. Telefax)
- Dateiübertragungen

- nach Übertragungsqualität und -geschwindigkeit
- nach Art und Anzahl der benötigten Geräte
- und nicht zuletzt auch nach den anfallenden Gebühren

Dienste sind also die Übertragungsstandards, durch die die verschiedenen Netze mit den dazugehörigen Endgeräten verbunden werden.

Netze

Hausinterne (lokale) Netze

Hausinterne Netze ermöglichen eine betriebsinterne Kommunikation. Sie überschreiten die Grundstücksgrenzen nicht. Sie sind gebührenfrei, da sie nicht den Bestimmungen der Deutschen Telekom unterliegen. Das klassische Netz für die betriebsinterne Kommunikation ist die **Fernsprechnebenstellenanlage**. Sie dient insbesondere der Sprachübertragung.

Um zwischen verschiedenen Computersystemen direkt Daten, Texte und auch bildliche Darstellungen auf dem Leitungsweg übertragen zu können, sind allerdings sehr schnelle und technisch hochwertige Kabelverbindungen und Übermittlungseinrichtungen erforderlich. Diese sogenannten *lokalen Netze* (*Local Area Network*, häufig auch LAN abgekürzt) verbinden Computer und andere Kommunikationsendgeräte miteinander, sodass bisher isolierte Arbeitsplätze nun Daten austauschen können. Ein weiterer Vorteil liegt in der gemeinsamen Nutzung teurer Peripheriegeräte wie Drucker oder Festplatten, die nicht für jeden Arbeitsplatz angeschafft werden müssen. Neuerdings werden lokale Netze auch als Funknetze aufgebaut. Bekannt sind sie unter der Abkürzung W-LAN (*Wireless Lan* – drahtloses Netz).

Öffentliche Netze

Für die Übermittlung von Informationen über größere Entfernungen stellen die Deutsche Telekom[1] und andere Netzbetreiber gegen Gebühr verschiedene öffentlich nutzbare Netze zur Verfügung. Diese Netze sind für ganz bestimmte Aufgaben geschaffen worden und auf diese Anwendungen hin optimiert. Es zeichnet sich jedoch mehr und mehr ab, dass die bestehenden Telekommunikationsnetze häufig auch für andere Zwecke und Anwendungen genutzt werden.

Bei den Telefonnetzen gibt es zwei unterschiedliche Netzarten:

- Das **Festnetz** ist ein Netz für mündliche Nachrichten mit ortsfesten Anschlusspunkten für Endeinrichtungen. Die Telefongeräte sind an einen Ort gebunden.
- Das **Mobilfunknetz** ist ein Netz zur drahtlosen Kommunikation. Es besteht aus verschiedenen regional verteilten Funkzellen, zu dem die Mobilfunkgeräte Kontakt aufnehmen. Die Mobiltelefongeräte ermöglichen einen freizügigen Ortswechsel im Netz. Dabei wird das Mobilfunkgerät automatisch von Zelle zu Zelle weitergereicht.

Daneben gibt es noch **Datennetze.** Sie vermitteln Daten von einer Datenendeinrichtung zur anderen.

Damit Unternehmen und Privatleute zu den öffentlichen Informations- oder Kommunikationsdiensten Zugang erhalten und sie nutzen können, bedarf es also eines Netzes. Das wird von einem Carrier wie der Deutschen Telekom bereitgestellt. *Carrier* ist der Fachausdruck für *Netzbetreiber*.

Nur wenige Netzbetreiber verfügen über eigene Anschlussleitungen bis zu ihren Kunden. In der Regel bieten sie nur den Fernverkehr an und greifen bei den Ortsverbindungen und bei den Anschlussleitungen auf das Netz der Deutschen Telekom zurück. Das Breitbandkabelnetz und die Stromleitungen der Energieversorgungsunternehmen, aber auch Funkverbindungen werden hier in Zukunft ganz neue Möglichkeiten bieten.

Arten öffentlicher Netze

Festnetz

Das Telefonnetz ist für die Sprachübertragung entwickelt und optimiert worden. Das eigentliche Netz ist heute digitalisiert. Das weltweite Telefonnetz ist ein komplexes System von Teilnehmern und Verteilern. Über Kabel, Glasfaserleitungen oder Funk werden akustische Signale übertragen.

ISDN-Anschlüsse

Bis vor Kurzem wurden bundesweit noch ISDN-Anschlüsse verwendet. ISDN läuft langsam aus und wird nur noch in einigen ländlichen Regionen zu finden sein. Standard ist

1 Die deutsche Telekom beginnt gerade aus der aktiven Vermarktung von ISDN auszusteigen. Seit 2018 steigt sie auf das NGN (Next Generation Network) um, das die selben Telefon-Leistungsmerkmale wie ISDN bei gleichzeitiger Erhöhung der Qualität hat. Dies kommt auch zustande durch die Integration aller bisher bestehenden Netze und Dienste zu einem Netz.

nun DSL (siehe unten). DSL bietet alle Vorteile, die ISDN-Anschlüsse gegenüber analogen Telefonanschlüssen hatten, darüber hinaus aber noch viel mehr. Der Schritt vom analogen Telefonanschluss zum ISDN-Anschluss bestand in der Digitalisierung der Verbindung vom Netzknoten zum Anschluss des Kunden, der sogenannten *Teilnehmeranschlussleitung*. Durch die Installation eines Netzabschlussgeräts (NTBA – *Network Termination Basicrate Access*) wurde aus einem bestehenden analogen ein T-ISDN-Anschluss.

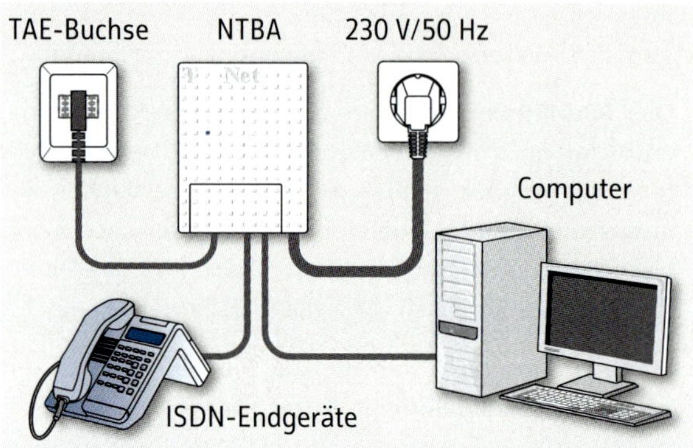

Ein ISDN-Anschluss verfügt über zwei Datenkanäle, die jeweils 64 KBit/Sek. übertragen können. Während man bei einem analogen Anschluss nur einen Dienst (Telefon, Fax, Internet) nutzen kann, lassen sich bei einem ISDN-Anschluss zwei Dienste gleichzeitig einsetzen.

ISDN ist die Abkürzung von *Integrated Services Digital Network*, was so viel heißt wie *Dienste integrierendes digitales Netz*. ISDN bietet eine umfassende, einheitliche Lösung: ein universelles Netz, über das sowohl Sprache als auch Text, Grafiken und Daten zum Teil gleichzeitig in früher unerreichter Qualität übermittelt werden können. Um dies zu ermöglichen, ist die Digitalisierung des Fernsprechnetzes eine wichtige Voraussetzung.

Über einen ISDN-Basisanschluss können bis zu acht verschiedene Kommunikationsmedien bzw. Geräte angeschlossen werden, z. B. Computer, Telefon, Telefax usw. Dabei kann der Anwender bestimmte Dienste gleichzeitig nutzen. ISDN verbessert also den Service bei der Übermittlung von Informationen entscheidend:

- Durch ISDN kommt es bei fast allen Telediensten zu einer erheblich schnelleren, sichereren und komfortableren Übertragung von Daten.
- Durch die schnellere Übertragung kommt es zu einer Senkung der Übermittlungskosten.
- Alle Dienste sind über eine einzige Rufnummer zu erreichen.
- Alle Geräte, gleichgültig ob Telefon, Telefax usw., können an eine universelle Telekommunikationssteckdose angeschlossen werden.
- Da alle Teledienste an dasselbe Netz angeschlossen sind, können multifunktionale Geräte (z. B. Telefon mit integriertem Faxgerät) eingesetzt werden. Diese sind relativ kostengünstig, da wesentliche Steuer- und Verstärkereinheiten mehrfach genutzt werden. Außerdem belegen die multifunktionalen Geräte nur wenig Platz im Vergleich zu mehreren Einzelgeräten.

DSL

Der Oberbegriff DSL (*Digital Subscriber Line*) steht für eine moderne Übertragungsmöglichkeit für Daten in größeren Mengen. Die DSL-Technik ersetzt keine Telefon- oder Basisanschlüsse, sondern sie ermöglicht die Mitbenutzung der Anschlussleitung für Highspeed-Internet- und Datenanwendungen. Die DSL-Technik ist also kein Ersatz für analoges Telefonieren oder ISDN, sondern der schnelle, kostengünstige Weg für

- Datenübertragungen (LAN-zu-LAN-Verbindung, Teleworking),
- Videoaustausch und Videokonferenzen,
- 50-mal so schnelle Informationsabfrage aus dem Internet und
- alle anderen Multimedia-Anwendungen (Teleshopping, Homebanking, digitales Video oder Web-TV).

BEISPIEL

Ein mit ISDN 20 Minuten dauernder Download ist in ca. 1 Minute erledigt.

In manchen Gegenden ist DSL nicht verfügbar, denn die DSL-Techniken wie ADSL und SDSL können aus technischen Gründen nur mit einem Kupferkabel zur Übertragung der Daten über die Telefonleitung genutzt werden. Die Verwendung von Kupferkabel als Telefonanschlusskabel ist in Deutschland üblich. In einigen Gegenden (vor allem in ostdeutschen Großstädten) wurden jedoch Glasfaserkabel verlegt. Diese eigentlich modernere Technik erlaubt keinen Betrieb von DSL über die Telefonleitung. DSL-Interessierte, die nicht über ein normales Kupferkabel versorgt werden können, haben jedoch DSL-Alternativen:

- **DSL über DSL-fähige Kupferkabel**
  Die Deutsche Telekom verlegt in einigen dieser Gebiete nun zusätzlich zu dem Glasfaserkabel DSL-fähige Kupferkabel, doch sie sind zurzeit noch Einzelfälle.
- **DSL per Satellit**
  Über eine Satellitenschüssel werden Daten aus dem Internet geladen. So lassen sich hohe Ladegeschwindigkeiten erreichen, ohne dass ein kabelgebundener DSL-Anschluss verwendet wird.

7455390

Varianten von DSL

ADSL

Die üblichen DSL-Anschlüsse basieren auf der ADSL-Technik (*Asymmetrical Digital Subscriber Line*). Dabei wird das Hochladen (der Upstream) und das Herunterladen (der Downstream) von Daten in einem unterschiedlichen Größenverhältnis (asymmetrisch) genutzt. Dem Downstream wird eine wesentlich größere Bandbreite zugewiesen. Das ist verhältnismäßig, da der normale Nutzer mehr Daten „herunterlädt“, als er „hochlädt“.

Durch die ADSL-Technik konnte das Kapazitätsproblem der „letzten Meile“ gelöst werden. Dies ist die Strecke zwischen der Vermittlungsstelle und der Telekommunikationsanschlusseinheit. Für die ADSL-Technik wird gemeinsam mit dem bestehenden T-ISDN Anschluss oder dem analogen Telefonanschluss eine Kupferdoppelader als Übertragungsweg vom Netzknoten zum Kunden und zurück genutzt. Abhängig von Entfernung, Aderndurchmesser, Kabelqualität und Störeinflüssen werden folgende Bitraten erreicht:

- Downstream: 1,5 Mbit/Sek. bis 8 Mbit/Sek.
- Upstream: 128 kbit/Sek. bis 768 kbit/Sek.

Eine vorgeschaltete Weiche, ein sogenannter *Splitter*, trennt den Telefondienst von den hochbitratigen Datenanwendungen.

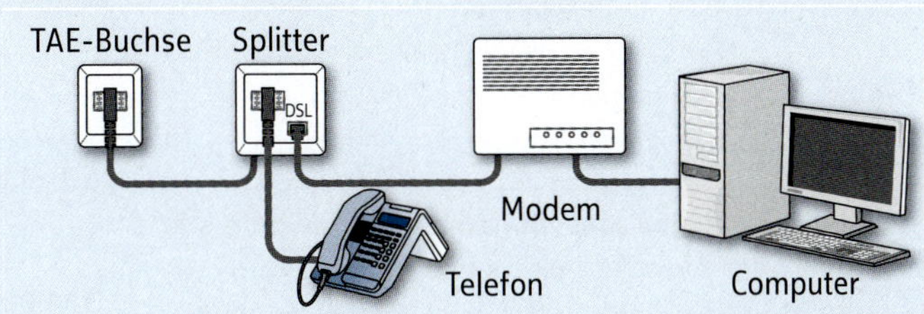

Die Abbildung zeigt den Anschluss am analogen Telefonanschluss. Beim ISDN-Anschluss müsste zwischen Splitter und ISDN-Telefon bzw. Telefonanlage noch der NTBA angeschlossen werden.

SDSL

SDSL (*Symmetric Digital Subscriber Line*) unterscheidet sich von ADSL durch die Zuweisung einer gleich großen Bandbreite für den Upstream und den Downstream. Damit übertragen beide Kanäle mit derselben Geschwindigkeit. SDSL hat für viele einen großen Vorteil. Wenn die Leitung zwischen einem DSL-Nutzer und der Vermittlungsstelle länger als 4,5 Kilometer ist, kann kein ADSL verwendet werden. Symmetrisches DSL (SDSL) ist oft auch dann verfügbar, wenn die Leitung zwischen dem Nutzer und der Vermittlungsstelle länger ist.

VDSL

VDSL (*Very High Data Rate Digital Subscriber Line*) ermöglicht noch höhere Datenübertragungsraten und damit noch umfangreichere Anwendungen als andere DSL-Standards. Damit wird eine Kombination aus Internetzugang, Fernsehen (IP-TV) in HDTV-Qualität und Telefonie (VoIP) über den DSL-Anschluss möglich. Allerdings ist die Reichweite des VDSL recht gering, mit zunehmender Länge des Kabels sinkt die Geschwindigkeit der Datenübertragung. Das VDSL-Netz wird zurzeit von der Deutschen Telekom ausgebaut und wurde in einigen deutschen Großstädten bereits in Betrieb genommen.

- **Internet und/oder Telefon per TV-Kabel**

Nicht nur, wenn DSL nicht möglich ist, lohnt sich oft der Einstieg in das Internet über TV-Kabel. Das ist in vielen Gebieten verfügbar und es kommen stetig weitere hinzu. Auch einen Telefonanschluss liefern die Kabelanbieter. Internet und Telefon über das TV-Kabel kann ebenfalls eine Alternative zum Festnetz-Telefonanschluss sein, denn der ist für Internet und Telefon über den Kabelanschluss nicht nötig.

- **Datenübertragung per Stromkabel**

Als neue interessante Möglichkeit der Datenübertragung ist der Aufbau eines Netzwerks über ein 230-Volt-Stromnetz mittlerweile schon sehr ausgereift.

- **Datenübertragung per UMTS**

In den Mobilfunknetzen sind durch die Einführung des Mobilfunk-Standards UMTS (*Universal Mobile Telecommunications System*) Übertragungsraten möglich geworden, die mit denen des DSL vergleichbar sind. Die Mobilfunk-Anbieter offerieren mittlerweile auch Datenflatrates für die unbegrenzte Nutzung der Datenübertragung per UMTS zu einem monatlichen Pauschalpreis.

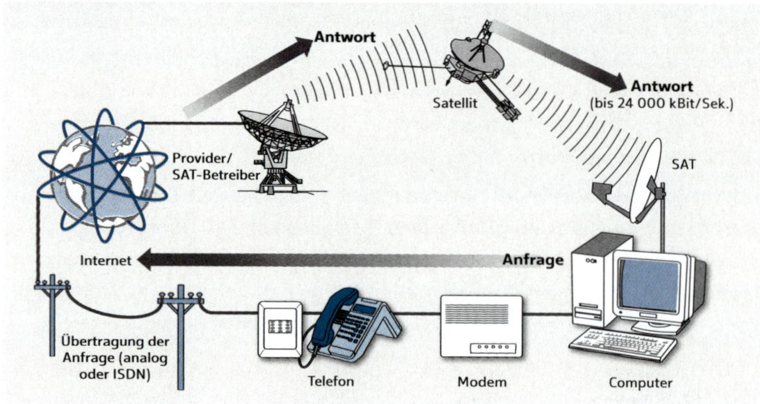

Die Verbindung per Satellit wird als Kanal für den Empfang von Daten (Download) genutzt. Entweder wird nun anbieterabhängig zusätzlich eine übliche Internet-Verbindung über einen Telefonanschluss oder Mobilfunkanschluss für den Datenversand (Upload) sowie zum Anfordern von Internet-Inhalten verwendet oder dies erfolgt ebenfalls über den Satelliten.

Mobilfunknetz

Das Mobilfunknetz ist das Zugangsnetz, in dem die Übertragung der Signale zwischen einer Mobilfunkantenne und Mobiltelefonen stattfindet. Diese Mobiltelefone, umgangssprachlich auch Handys genannt, haben gegenüber den Festnetzgeräten einen entscheidenden Vorteil: Sie sind tragbare Telefone, die über Funk mit dem Telefonnetz kommunizieren und daher ortsunabhängig eingesetzt werden können.

In Europa wird derzeit für digitale Mobilfunkdienste vorwiegend der Standard GSM (*Global System for Mobile Communications*) verwendet.

Mobilfunkstandards

Es gibt unterschiedliche Mobilfunkstandards, die sich überwiegend hinsichtlich der Geschwindigkeit der Datenübertragung unterscheiden. Für E-Commerce- Unternehmen ist dies relevant, da ihre Kunden mit Smartphones und Tablets mit SIM-Karten möglichst schnell im Internet surfen möchten. Momentan gibt es in Deutschland die Mobilfunkstandards 2G, 3G, 4G und 5G. Nicht überall sind alle Mobilfunkstandards vertreten. Ein Smartphone bzw. Tablet wählt in der Regel das bestmögliche Netz.

Das „G" in den Bezeichnungen für die Mobilfunkstandards steht für die jeweilige „Generation":

- **2G:** Dieser Standard reicht zwar für Telefongespräche vollkommen aus, im mobilen Internet kommt es mit Geschwindigkeiten von maximal 220 kbit/s zu extrem langsamen Ladezeiten. Damit ist dieser Standard für die Übertragung von Webseiten eher nicht geeignet. Erkennbar ist der Empfang durch Hinweise am Smartphone auf „EDGE" bzw. „E" oder „GPRS".
- **3G:** Dieser Mobilfunkstandard ermöglicht mit seinen Varianten das Surfen im Internet.

Varianten von 3G		
UMTS	**HSDPA**	**HSDPA+**
384 kbit/s	**7,2 Mbit/s**	**42 Mbit/s**

Die Mobilfunkanbieter sind momentan dabei, 3G allmählich vom Netz zu nehmen.

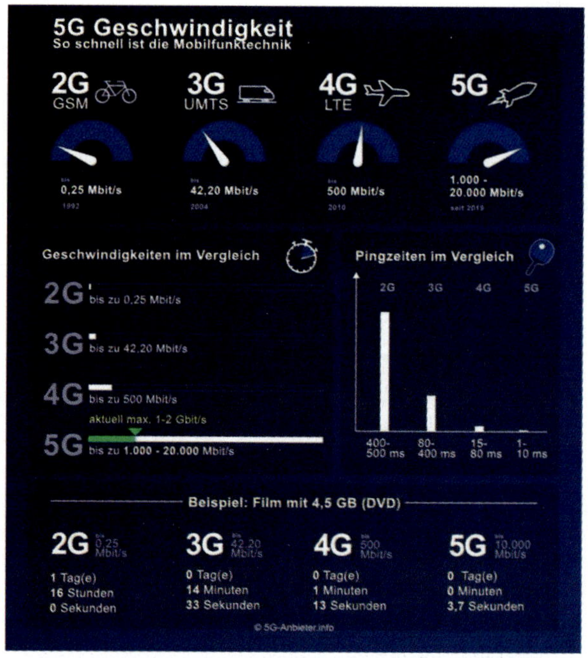

- **4G:** Der Mobilfunkstandard der vierten Generation ist in Deutschland auch unter dem Namen „LTE" bekannt. Immer mehr Mobilfunkanbieter setzen auf diesen Standard. Die Geschwindigkeit liegt – je nach Situation – zwischen 300 bis 1000 Mbit/s. Dieses Netz wird weiterhin für die private Nutzung optimiert.
- **5G:** Gegenwärtig wird das 5-G-Netz aufgebaut. Erste 5-G-kompatible Smartphones sind bereits auf dem Markt. In der Theorie sind Geschwindigkeiten von bis zu 10 Gbit/s möglich.

5G sorgt nicht nur für eine erheblich schnellere Übertragung von Mobilfunkdaten, sondern dient darüber hinaus als Grundlage für die Digitalisierung vieler Lebensbereiche.

Internetzugang mit Mobiltelefon		
GSM	**UMTS**	**WLAN**
Da das GSM-Netz deutschlandweit sehr gut ausgebaut ist, steht dem mobilen Internetsurfen nichts im Wege. Normale Mobiltelefone arbeiten mit dem klassischen GSM-Netz (= Global System for Mobile Communication), das ursprünglich für Telefonate und Faxe konzipiert wurde. Beim Surfen im Internet kommen aber viel größere Datenmengen zustande. Daher wurden zwei neue Übertragungsstandards entwickelt, durch die das GSM-Netz akzeptable Geschwindigkeiten für normale Internet-Anwendungen hat: • Mit GPRS (= General Packet Radio Service) werden die Daten nicht als kontinuierlicher Datenstrom (GSM-Technik) versandt, sondern in kleine Datenpäckchen aufgeteilt. So kann ein Nutzer während der Sprech- und Übertragungspausen in einem Gespräch einen Dateidownload durchführen. Mobiltelefone können mit dieser Übertragungstechnik schon mit einer Geschwindigkeit von bis zu 100 kbit/Sek. Daten empfangen. • Im Gegensatz dazu erreicht HSCSD (= High Speed Circuit Switched Data) seine maximale Datenübertragungsrate von 115,2 kbit/Sek. durch Zusammenschaltung mehrerer Kanäle. Die höhere Bandbreite ermöglicht zügige Downloads. • Eine Technik, die häufig angewandt wird, um höhere Übertragungsgeschwindigkeiten im normalen GSM-Netz zu erzielen, ist EDGE (Data Rates for GSM Evolution).	Mit einem UMTS-fähigen Mobiltelefon oder Notebook kann man ebenfalls ins Internet. UMTS (= Universal Mobile Telecommunications System) zeichnet sich durch eine schnelle Datenübertragung von bis zu 384 kbit/s aus. Durch neue Techniken (HSDPA-Standard) sind z. T. sogar Geschwindigkeiten von 1,8 Mbit/Sek. und mehr möglich. UMTS-Mobiltelefone sind in der Lage, mehrere Datenströme gleichzeitig zu senden und zu empfangen. So kann man z. B. zeitgleich telefonieren und E-Mails abrufen. Aber auch mit einem Laptop ist mobile Kommunikation per UMTS möglich: Downloads, E-Mailen oder Webradio hören sind kein Problem. Der Vorteil von UMTS ist also, dass man innerhalb des relativ gut ausgebauten Netzes mobil surfen und dank der hohen Datenrate auch aufwendige Anwendungen im Internet nutzen kann. Befindet man sich außerhalb des UMTS-Netzes (vor allem in ländlichen Gebieten oder im Ausland), können die Mobiltelefone auch auf das herkömmliche GSM-Netz zurückgreifen.	WLAN (= Wireless Local Area Network) ist eine weitere Möglichkeit, sich einen Internetzugang mittels Mobiltelefon zu verschaffen. WLANs sind Funknetzwerke, die schnell installiert sind, über eine durchschnittliche Reichweite von 80 m verfügen und eine mittlere Datenübertragungsrate von 25 Mbit/Sek. bis 30 Mbit/Sek. haben. Jedes Unternehmen kann auf dem Firmengelände wie jeder Privatmann zu Hause mit einem DSL-WLAN-Router ein kabelloses Netzwerk einrichten. Viele Betreiber von Cafés und Restaurants nutzen diese Möglichkeit und bieten über sogenannte WLAN-Hotspots mobile Internetzugänge an. Hotspots finden sich auch an öffentlichen Plätzen wie Bahnhöfen oder Flugplätzen. Dort kann jeder mit einem eigenen WLAN-fähigen Notebook ins Internet gehen. Nachteile des WLAN-Internetzugangs: • Man kann nicht überall ins Internet, sondern nur dort, wo es einen Hotspot gibt. • Datenschutz und -sicherheit sind bei öffentlich zugänglichen Hotspots nicht unbedingt gewährleistet.

BEISPIELE

- Die 5-G-Technik ist Grundlage für die Automatisierung von Produktionsprozessen.
- Sie dient auch als Basis für autonomes Fahren, da die Echtzeitübertragung der Daten dafür unerlässlich ist.
- Gerade für den Bereich E-Commerce wichtig: Das 5-G-Netz unterstützt durch seine hohen Datenraten Virtual- und Augmented-Reality-Möglichkeiten. Über die Webshop-Seiten entstehen über die Smartphones der Kunden virtuell neue Welten, die an die reale angelehnt sein können. Bei der Augmented Reality stehen den Kunden neben den realen Wahrnehmungen Zusatzinformationen zur Verfügung, die einen unmittelbaren Bezug zum Gesehenen haben (zum Beispiel Artikelinformationen).

Der überwiegende Anteil der Mobilfunkteilnehmer sind Kunden der großen Netzbetreiber.

Ein Mobiltelefon besteht aus zwei Komponenten: dem Mobilfunkgerät selbst und dem SIM (Subscriber Identity Module).

Auf der SIM-Karte wird auch die teilnehmerbezogene Rufnummer gespeichert. Ebenso sind dort verschlüsselte Kryptogramme für Anmeldungen und Nutzerdaten untergebracht. Darüber hinaus können Kurznachrichten, Gebühreninformationen und ein persönliches Telefonregister gespeichert werden.

GSM-Netze werden in Europa auf den Frequenzbändern 900 MHz und 1800 MHz betrieben. Ein Dual-Band-Mobiltelefon unterstützt beide Frequenzbänder. Ein Tri-Band-Mobiltelefon kann darüber hinaus auf dem in den USA gebräuchlichen Frequenzband 1900 MHz arbeiten. Neben GSM gibt es noch den Mobilfunkstandard UMTS (Universal Mobile Telecommunications System).

Der Standard 5G hat entscheidende Vorteile für die Bürokommunikation:

- Mit bis zu 20 GB/s übertrifft 5G bei der schnellen Übertragung großer Datenmengen die Vorgängerstandards bei Weitem.
- Der neue Standard kann aber auch viel mehr Geräte gleichzeitig einbinden. Waren es bei 4G maximal 1000 Geräte pro Quadratkilometer, können mit 5G 1000-mal so viele Geräte (also über 1 Million) integriert werden.

Große Vorteile bringt 5G vor allem aber auch für die industriellen Prozesse der Zukunft. Diese Entwicklungen spielen eine große Rolle im Internet of Things, oft auch Industrie 4.0 genannt: Die wichtigsten Neuerungen von 5G betreffen also vor allem die Maschinen-Kommunikation, um Daten von Maschinen zu erhalten bzw. Daten an Maschinen zu liefern. Theoretisch wären dazu auch kabelgebundene Netze bzw. WLANs in der Lage. Die Installation eines 5G-Netzwerks ist im Vergleich dazu jedoch einfach. Ermöglicht wird dadurch zum einen eine vorausschauende Wartung von Maschinen. Noch mehr Möglichkeiten ergeben sich dadurch, dass mithilfe von Daten und vor allem von deren Auswertung die Produktivität der Maschinen erhöht werden kann.

Industrie 4.0: Moderne Industriebetriebe verwenden Roboter-Technologien. Diese werden im Rahmen des Internet of Things (IoT) mit 5G überwacht und gesteuert. Es kommt zu Verbesserungen der Effizienz und der Qualität sowie zu Kostensenkungen.

Dienste für die Sprachkommunikation

Fernsprechdienst

Das Fernsprechen (die Telefonie) ist die wichtigste und am weitesten verbreitete Form der elektronischen Sprachkommunikation und der Telekommunikation überhaupt. Das Fernsprechen hat durch das weltweite, heute fast zu 100 % automatisierte Fernsprechnetz eine sehr große wirtschaftliche und gesellschaftliche Bedeutung erlangt. In den hoch entwickelten Ländern sind heute außer der gesamten Geschäftswelt auch nahezu alle privaten Haushalte an das weltweite Fernsprechnetz angeschlossen.

In den Unternehmen finden entweder Telefone oder Telefonanlagen Verwendung. Unter einer Telefonanlage versteht man eine Vermittlungseinrichtung, an die eine oder mehrere Nebenstellen angeschlossen werden und die mit dem öffentlichen Telefonnetz verbunden ist. Daher wird oft auch die Bezeichnung **Nebenstellenanlage** verwendet. Werden neben der Sprachvermittlung weitere Kommunikationsdienste unterstützt, spricht man von einer **Telekommunikationsanlage**.

Die Vorteile einer Telefonanlage sind die kostenlosen betriebsinternen Gespräche zwischen den verschiedenen an die Anlage angeschlossenen Endgeräten sowie die bessere Ausnutzung von kostenpflichtigen Amtsanschlüssen, da nicht jedes Endgerät eine eigene Teilnehmeranschlussleitung besitzen muss.

7455394

Nebenstellen bei Telekommunikationsanlagen		
Nichtamtsberechtigte Nebenstellen können zu den Nebenstellen derselben Anlage Kontakt aufnehmen. Verbindungen mit dem öffentlichen Fernsprechnetz werden durch technische Maßnahmen unmöglich gemacht.	Bei **halbamtsberechtigten Nebenstellen** ist zwar der Verkehr mit dem Amt möglich, aber (zumindest abgehend) ausschließlich unter Vermittlung durch die Hauptstelle. Damit soll das unkontrollierte Führen gebührenpflichtiger Gespräche (z. B. Privatgespräche an Arbeitsplätzen) vermieden werden.	Bei **vollberechtigten Nebenstellen** können alle Gespräche ohne Einschränkungen geführt werden. Diese Art der Nebenstellen entwickelt sich immer mehr zum Standard.

Hatte das Telefon als Endgerät des Fernsprechdienstes über Jahrzehnte nur die eine Funktion des Fernsprechens zu erfüllen, hat sich mittlerweile das komfortable, „intelligente“ Telefonieren durchgesetzt: Wahlwiederholung, Direktruf, Notizbuchfunktion, Anzeige der gewählten Rufnummer, Anzeige der Gebühren usw. Weitere Verbesserungen des Fernsprechdienstes sind durch ISDN möglich geworden. Diese sind natürlich auch im Rahmen von DSL Standard geworden.

Leistungsmerkmale im Telefondienst

- **Anklopfen im Besetztfall**
  Durch Anklopfen kann man einem Teilnehmer, der gerade telefoniert, seinen Verbindungswunsch akustisch oder auch optisch am Telefonapparat mitteilen. Als Angerufener kann man entscheiden, ob man ein laufendes Gespräch vorzeitig beenden will.
- **Halten/Parken der Verbindung**
- **Rückfragen**
- **Makeln**
  Beim Makeln kann abwechselnd zwischen zwei Gesprächen hin- und hergeschaltet werden.
- **Dreierkonferenz**
- **Durchwahl zu den Nebenstellen an Telekommunikationsanlagen**
- **Mehrfachrufnummer am Mehrgeräteanschluss**
  Hierbei können einem Mehrgeräteanschluss bis zu zehn unterschiedliche Rufnummern zugeordnet werden. Die Nutzung aller weiteren Leistungsmerkmale ist dann immer rufnummern- und dienstebezogen. Das kann z. B. bedeuten, dass die geschäftlich genutzte Rufnummer auf ein Mobiltelefon umgeleitet wird.
- **Automatischer Rückruf**
  Versucht Teilnehmer A den Teilnehmer B zu erreichen und dieser telefoniert, so kann A den automatischen Rückruf aktivieren. Sobald B aufgelegt hat, wird automatisch die Verbindung zwischen den beiden Teilnehmern hergestellt.
- **Direktruf (Babyruf)**
  Durch Betätigung einer beliebigen Taste wird automatisch eine Verbindung zu einem vorher einprogrammierten Ziel aufgebaut.
- **Sperre von abgehenden Verbindungen**
  Der Teilnehmer kann über eine entsprechende Eingabe an seinem Telefonapparat verhindern, dass von diesem aus Telefongespräche geführt werden können. Ankommende Telefongespräche können nach wie vor geführt werden.
- **Ruhe vor dem Telefon**
  Der Teilnehmer kann das Signal *Ruhe vor dem Telefon* aktivieren, wenn er nicht gestört werden will. Der Anrufer erhält dann automatisch die Ansage: „Der Teilnehmer möchte zurzeit nicht gestört werden.“
- **Anrufumleitung, Anrufweiterschaltung**
  Bei Abwesenheit kann man ankommende Telefonate entweder sofort auf eine andere Rufnummer umleiten lassen (Anrufumleitung) oder erst nachdem das Telefon beim Anschlussinhaber mehrmals geläutet und niemand den Anruf entgegengenommen hat (Anrufweiterschaltung).
- **Gebührenanzeige**
  Die Einheiten jedes einzelnen Gesprächs können bei Bedarf angezeigt werden (während bzw. nach Beendigung der Verbindung). Die monatliche Fernmelderechnung wird durch einen sogenannten *Einzelgesprächsnachweis* wesentlich detaillierter und kontrollierbarer.

- **Anzeige der Rufnummer**
  Bei ankommenden Telefongesprächen wird jeweils die Teilnehmernummer angezeigt. (Jeder Teilnehmer kann jedoch beantragen, dass seine Rufnummer nicht angezeigt wird.)
- **Geschlossene Benutzergruppen**
  Hier legt man fest, wer den eigenen Anschluss erreichen darf und wer von diesem Anschluss aus erreichbar ist. Dieses Leistungsmerkmal gewinnt sehr schnell an Bedeutung, wenn es um den Datenschutz geht. Wichtig ist es auch, wenn man einem Mitarbeiter einen Anschluss für Geschäftszwecke oder für einen Telearbeitsplatz zur Verfügung stellen und nicht für seine Privatgespräche zahlen möchte. Ein wichtiger Anschluss kann so auch nicht durch Fremde blockiert werden.

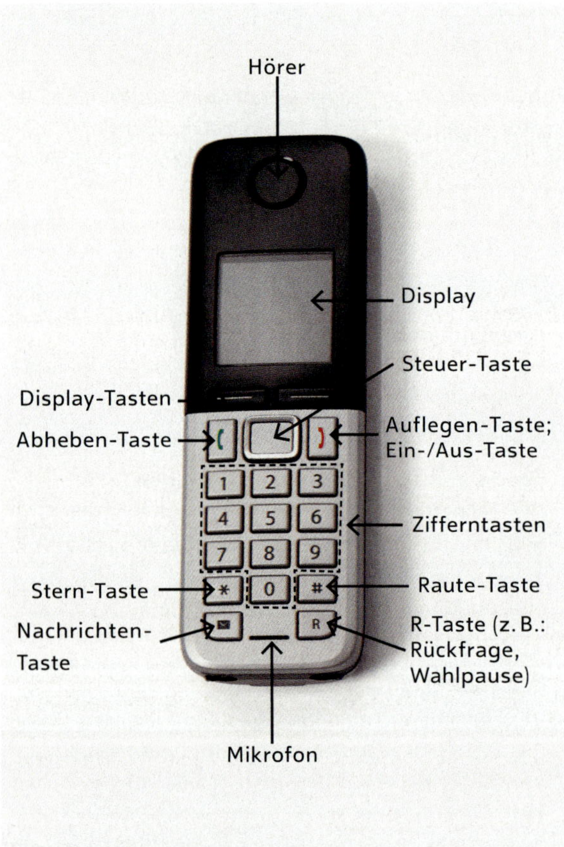

Bedienelemente eines Telefons

Es gibt mittlerweile viele Telefongesellschaften im Festnetz. Dabei können zwei Arten unterschieden werden:

- **Teilnehmernetzbetreiber**
  Ein Teilnehmernetzbetreiber ist die Gesellschaft, die die Rechte am Telefonanschluss selbst besitzt. Für Privatkunden ist dies sehr oft die Deutsche Telekom AG. Alternative Anbieter nehmen wegen hoher Investitionskosten häufig nur Firmen mit großer Umsatzspanne unter Vertrag. Über den Teilnehmernetzbetreiber laufen alle Ortsgespräche.
- **Verbindungsnetzbetreiber**
  Gesellschaften, die ihr Netz für Gespräche zur Verfügung stellen, ohne Rechte am Anschluss zu besitzen, nennt man Verbindungsnetzbetreiber. Um das Netz eines Verbindungsnetzbetreibers nutzen zu können, stehen dem Kunden mehrere Möglichkeiten zur Verfügung. Die geläufigsten sind Call-by-Call und Preselection.

Der Auftrag eines Kunden für einen Anschluss an das jeweilige Netz eines Carriers begründet das Vertragsverhältnis. Dies ist der Netzbetreiber, der den Anschluss bereitstellt. Auch wenn der Gesprächsteilnehmer die Preselection oder über Call-by-Call verschiedene Carrier nutzt, bekommt er nur eine Rechnung, die von seinem Carrier ausgestellt wird.

Nutzung der Netze verschiedener Netzbetreiber	
Preselection	**Call-by-Call**
Jeder Gesprächsteilnehmer hat die Möglichkeit, unabhängig vom Anschluss einen Netzbetreiber für seine Ferngespräche auszuwählen. Preselection bedeutet, dass alle Fern- und Auslandsgespräche grundsätzlich über das Netz dieses Carriers laufen und auch über ihn abgerechnet werden. Der Kunde wählt wie bisher einfach die Vorwahl und die Rufnummer seines gewünschten Gesprächspartners.	Bei Call-by-Call kann ein Anrufer von Fall zu Fall entscheiden, über welchen Netzbetreiber er ein Gespräch aufbauen und führen will. Diese Call-by-Call-Selection ist unabhängig von der bei der Preselection getroffenen Wahl und der damit programmierten Einstellung. Jeder Netzbetreiber hat eine Kennziffer, die sich aus der 010 und zwei weiteren Ziffern für den einzelnen Carrier zusammensetzt. Diese Kennziffer muss der Anrufer dann vor der eigentlichen Rufnummer wählen. Das Gespräch wird zu den Konditionen/Tarifen des jeweils gewählten Carriers abgerechnet.

7455396

Telefonmehrwertdienste

Das Telefon lässt sich sehr gut als Werbe- und Serviceinstrument einsetzen. Unternehmen haben die Möglichkeit, ihren Kunden über besondere Rufnummern Dienste oder einen Service anzubieten:

- **Service 0700**
  Mit dem Service 0700 ist man – wenn man will: lebenslang – unter einer einzigen Telefonnummer erreichbar. Bei einem Umzug kann diese Rufnummer immer mitgenommen werden. Mit der komfortablen Buchstabenwahl – die sogenannte *Vanity-Funktion* – kann man seinen eigenen Namen oder den eines Unternehmens als Rufnummer wählen.

  BEISPIEL

  Der Innenarchitekt der Hoffmann KG hat über den Service 0700 die Telefonnummer 700-FSDESIGN. Er und seine Kunden brauchen sich nicht die lange Nummer 0700 37337446 zu merken. Mit der Buchstabenwahl (= Vanity-Funktion) wählt der Anrufer anstelle von Ziffern eine Buchstabenfolge auf einer alphanumerischen Tastatur.

  Anrufe zu einer 0700-Nummer können auf beliebige Anschlüsse umgeleitet werden.

- **Auskunft 118x**
  Angesichts der immer größeren Verbreitung von Telekommunikationsgeräten spielen Auskunftsdienste eine wichtige Rolle. Es gibt sowohl automatisierte Auskunftsdienste als auch mit Personen besetzte. Erkennbar sind sie an der Rufnummernfolge 118x. Die Leistungen dieser Anbieter sind höchst unterschiedlich. Sie verlangen zum Teil unterschiedliche Preise. Neben der innerdeutschen Auskunft wird manchmal auch eine internationale Auskunft angeboten. Manche Anbieter bieten auch eine Inverssuche an: Eine Rückwärtssuche liefert zu einer bekannten Telefonnummer Name und Adresse. Verschiedene Auskunftsanbieter ermöglichen zudem die Auskunft per SMS.
  Über das Internet ist die Suche in Auskunftsverzeichnissen gratis.

- **freecall 0800**
  Mit freecall 0800 kann ein Unternehmen seinen Kunden einen ganz besonderen Telefon-Service bieten. Anrufer sollen Produkt- oder Serviceinformationen erhalten, ohne dafür bezahlen zu müssen. Die Gesprächskosten übernimmt der Angerufene. Für Unternehmen ist es die Chance, bei ihren Kunden die Hemmschwelle für einen Anruf zu senken.

- **Shared-Cost-Service 0180x**
  Shared-Cost-Service 0180x ist eine Sonderform von freecall. Dabei wird der Anrufer an den Gesprächskosten beteiligt. Den Aufteilungsschlüssel legt der Anschlussinhaber mit seiner Wahl aus fünf Tarifvarianten fest. Die Höhe der Beteiligung lässt sich aus der Ziffer nach der 0180 erkennen.

- **Service 0900**
  Beim Service 0900 zahlt der Anrufer nicht nur die Verbindungsgebühren, sondern auch die bereitgestellten Informationen. Dies können sein:
  - reine Informationsansagen
  - Telefax-Abrufe
  - Beratungen
  - Service-Hotlines
  - Software-Angebote

  Die Tarife können die Informationsanbieter selbst bestimmen – je nach Inhalt und Serviceleistung. Beim Service 0900 stellt die Deutsche Telekom für einen Informationsanbieter das Netz, die Technik und die Rufnummer zur Verfügung, übermittelt die Informationen im Netz und übernimmt das Inkasso.

Mobiltelefonie

Die Mobiltelefonie ist im Vergleich zu den Festnetzen auf Wachstumskurs. Mittlerweile sind etwas 4 Milliarden Mobiltelefonie im Umlauf. Das entspricht einem Wachstum von durchschnittlich 9 % pro Jahr.

Neben den drei Netzbetreibern (T-Mobile, Vodafone, und O2) gibt es auch Anbieter ohne eigene Netzinfrastruktur, sogenannte *Independent Service Provider.* Darunter versteht man Unternehmen, die bei einem Netzbetreiber Nutzungsrechte erwerben und diese dann an den eigenen Kunden weiterverkaufen.

BEISPIEL

Das Unternehmen debitel kauft z. B. bei O2 oder bei T-Mobile Netzkapazitäten in Stunden (Gigabyte oder Ähnlichem) ein. Endkunden können dann entsprechende Verträge zu den Konditionen des Servicebetreibers – z. B. debitel Vodafone – mit diesem Anbieter abschließen.

Vertragsmodelle
Alle Anbieter bieten die Mobilfunktelefonie entweder mit Prepaidkarten oder im Rahmen verschiedener Vertragsmodelle an:

- **Prepaidkarten**
  Bei Prepaidkarten werden die anfallenden Kosten bereits beim Kauf vorab bezahlt. Es wird auch keine monatliche Grundgebühr berechnet. Der große Vorteil der Prepaidkarten: Man zahlt lediglich für die Telefonate bzw. die Nutzung sonstiger Dienstleistungen. Die Gesprächsgebühren sind allerdings entsprechend höher, und einige Netzdienste stehen nicht zur Verfügung

- **Vertragsbindung**
  Im Rahmen einer vertraglichen Bindung (sehr oft zwei Jahre) werden die Telefonkosten nachträglich in Rechnung gestellt. Für die Bezahlung der Grundgebühr erhält man z. B. kostenlose Service-Hotlines, beliebige Rufumleitungen, umfassende Auslandsfreischaltungen und günstige Ortstarife. Häufig wird auch die Anschaffung von komfortablen und damit teuren Mobiltelefonen für die Kunden subventioniert.

Auslandsnutzung

Will man im Ausland ein Mobiltelefon benutzen, muss man einen sogenannten *Roaming-Vertrag* (deutsch in etwa: umherwandern) abgeschlossen haben. Beim Roaming nutzt man andere Mobilfunknetze, wenn das eigene Netz nicht verfügbar ist. Dabei müssen allerdings beide Anbieter Roaming-Verträge mit dem jeweiligen Kunden geschlossen haben. Zu beachten ist, dass die anfallenden Gebühren im Ausland sehr teuer sein können.

Was sich so einfach anhört, basiert hinter den Kulissen auf einer technischen Meisterleistung: Befinden Sie sich mitsamt Ihrem Mobiltelefon im Ausland, bucht sich das Mobiltelefon in das fremde Netz ein. Sie sind weiterhin unter Ihrer ganz normalen Mobilnummer erreichbar – egal, ob Sie sich in Paris, London oder Genua aufhalten. Sobald Sie auf Ihrem Mobiltelefon aus Deutschland angerufen werden, leitet Ihr Mobilfunkanbieter das Gespräch blitzschnell ins ausländische Netz weiter.

Der Netzwechsel geschieht automatisch, sobald Sie das heimische Netz verlassen – auf dem Mobiltelefon-Display erscheint nun der Name des ausländischen Anbieters. Vom Roaming bekommt der Kunde also kaum etwas mit – vorerst zumindest, denn die böse Überraschung kann mit der Telefonrechnung einige Monate später kommen.

Weil der Aufwand für den eigenen Mobilfunkbetreiber größer ist, Anrufe in fremde Netze zu vermitteln (und weil natürlich auch der ausländische Anbieter an den Gesprächen verdienen möchte), sind Mobil-Telefonate in fremden Netzen teuer. Der Haken dabei: Den Großteil der Kosten tragen Sie, nicht der Anrufer!

Da der Anrufer schließlich nicht wissen kann, wo Sie sich gerade aufhalten, zahlt er nur die üblichen Tarife ins deutsche Mobilnetz. Alle zusätzlichen Kosten gehen auf Ihre Rechnung als Angerufener. Selbst ankommende SMS können Kosten verursachen.

Ebenso kostspielig ist die weltweite Mobilität, wenn Sie mit Ihrem Mobiltelefon aus dem Ausland nach Deutschland telefonieren.

in Anlehnung an: www.tomorrow.de/handy/handy_hilfe

SMS

Neben dem Sprachdienst ermöglichen Mobiltelefone den Internetzugang und unterstützen den Kurzmitteilungsdienst *Short Message Service* (SMS), über den Textnachrichten, auch SMS genannt, zwischen Mobiltelefonen verschickt werden können.

Eine SMS besteht aus maximal 160 Zeichen. Mittlerweile ist diese Funktion auch für einige Festnetztelefone verfügbar. Nahezu alle Mobiltelefone verfügen über eine Texteingabehilfe oder über eine virtuelle Tastatur.

T9 ist eine bekannte Eingabehilfe. T9 steht für *Text on 9 Keys* (Text auf 9 Tasten), es ist eine Texterkennungssoftware für Mobiltelefone. Anstatt jede Taste so oft zu drücken, bis der gewünschte Buchstabe erscheint, drückt man jede Taste nur einmal und T9 sucht dann automatisch das am besten passende Wort heraus.

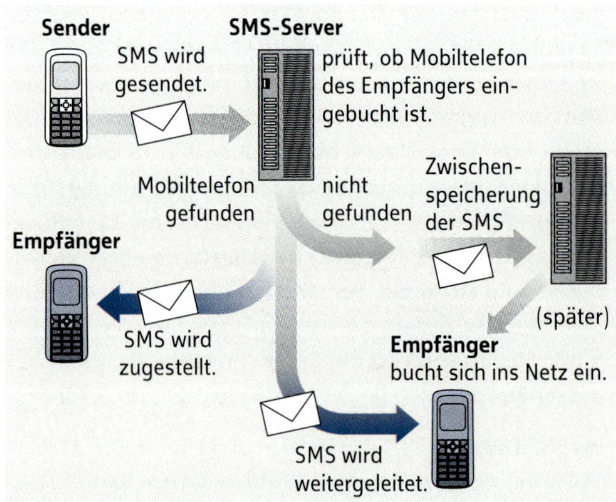

Funktionsweise des SMS-Dienstes

7455398

SMS-Standards	
normale SMS	Der normale SMS-Standard reicht inzwischen für viele Anwendungen nicht mehr aus: Lediglich 160 völlig unformatierte Zeichen lassen sich versenden.
EMS	EMS bedeutet Enhanced Messaging System. Für Mobiltelefone, die diesen Standard unterstützen, gilt: • Die versendeten Nachrichten können größer als normale SMS sein (ca. 480 bis 960 Zeichen, theoretisch möglich: 2720 Zeichen). • Der Text kann formatiert werden (fett, kursiv, unterstrichen, durchgestrichen, linksbündig, zentriert und rechtsbündig, groß und klein). • Grafiken (Größe ist abhängig vom Mobiltelefon), Animationen und Klingeltöne können als Anhang verschickt werden.
MMS	MMS (Multimedia Messaging System) ist die Weiterentwicklung von EMS: Jede Art von Texten, Tönen, Bildern und sogar Videos können verschickt werden.

Internettelefonie

Internettelefonie, auch *Voice-over-IP* (VoIP) genannt, ermöglicht, weltweit kostenlos oder gegen sehr geringe Kosten über das Internet zu telefonieren.

Durch *Internet-Telefon-Gateways* (gateway, engl.: Tor, Durchgang) lässt sich das klassische Telefonnetz mit dem IP-Netz verbinden, sodass von Telefon zu Telefon über das Internet telefoniert werden kann. Das Gateway in der VoIP-Hardware übersetzt die Sprachdaten, sodass sie, internetgerecht in viele kleine Pakete verpackt, übertragen werden können. Für den Gesprächspartner werden sie entschlüsselt und dadurch wieder zu Sprache.

Viele Internettelefonie-Anbieter ermöglichen ihren Kunden das Internettelefonieren über den weitverbreiteten SIP-Standard (*Session Initiation Protocol*).

Es ist auch möglich, unter Verwendung eines Computers mit entsprechender Software über das Internet zu telefonieren. Wird ein Computer mit Internetanbindung verwendet, sollte er über genügend Arbeitsspeicher (RAM), Festplattenspeicherplatz, eine Soundkarte, Mikrofon und Lautsprecher oder ein Headset verfügen. Alternativ kann dann ein USB-Telefon genutzt werden, das an den Computer angeschlossen wird. Bei der Verwendung von VoIP-Software kann die gleichzeitige Nutzung einer Firewall zu Problemen führen.

Obwohl theoretisch ein analoges oder ISDN-Modem ausreicht, sollte der Sprachqualität zuliebe ein DSL-Anschluss verwendet werden. Das garantiert zumindest im Prinzip eine einwandfreie Übertragung der Daten, sodass die VoIP-Telefonate qualitativ nicht von denen eines ISDN-Telefonats zu unterscheiden sind.

Internettelefonie lohnt sich für Festnetz-Telefonate, Gespräche ins Ausland und Telefonate mit Mobilfunk-Teilnehmern, denn sie ist eine oft preiswerte Alternative. Telefonate zwischen Kunden desselben Anbieters sind sogar kostenlos. Es ist zu bedenken, dass zu dem Preis der Internettelefonie immer die Onlinekosten hinzukommen. Experten gehen davon aus, dass VoIP in den nächsten zehn Jahren viele bisherige Telefontechniken ablösen oder ergänzen wird. An Bedeutung zu nimmt momentan das Telefonieren über **Messengerprogramme**.

Internettelefonie	
Vorteil	**Nachteil**
Es können kostengünstige Datenverbindungen genutzt werden.	Der Datenstrom im Internet ist unberechenbar – es gibt keine Zustellgarantie für Datenpakete. Deshalb kann die Sprachqualität leiden.

Anrufbeantworter

Auf Anrufbeantwortern kann man als Anrufer nach Anhören eines Textes (wie z. B. „Bitte sprechen Sie nach dem Signalton.") eine gesprochene Nachricht hinterlassen. Es gibt grundsätzlich zwei verschiedene Arten von Anrufbeantwortern:

- Elektronische Geräte, die am Festnetz-Anschluss des Teilnehmers installiert sind. Sie ermöglichen die Annahme eines Anrufs durch den Angerufenen, während der Anrufende noch spricht.
- In Mobilfunknetzen stellen die Telefongesellschaften Anrufbeantworter auf zentralen Servern im Telefonnetz zur Verfügung. Sie werden oft als Voice-Mailboxen bezeichnet. Die Anrufe können dort meistens über eine spezielle Telefonnummer

gebührenpflichtig abgerufen werden. Während der Aufzeichnung des Anrufs kann er nicht entgegengenommen werden.

Eine spezielle Voice-Mailbox für das Festnetz ist die T-Net-Box im digitalen Netz T-ISDN der Deutschen Telekom. Der Angerufene kann ankommende Gespräche, aber auch Faxnachrichten auf seiner T-Net-Box aufzeichnen lassen und sie von jedem Telefongerät und Faxgerät weltweit abhören bzw. ausdrucken lassen. Die Steuerung der T-Net-Box funktioniert ganz einfach über die Tastatur des Telefons. Datensicherheit gewährleistet ein zu wählender PIN-Code.

Dienst für die Textkommunikation: Telefax

Das Telefax gibt es seit den 1980er-Jahren. Schnell wurden Telefaxgeräte in zahlreichen Büros, später auch in Privatwohnungen genutzt. Das Telefax hat den gesamten Schriftverkehr revolutioniert. Mittlerweile spielt es aber nur noch eine untergeordnete Rolle in Büros.

Der Telefaxdienst (Fernkopieren) ermöglicht die originalgetreue Übertragung von Schrift- und Grafikvorlagen über größere Entfernungen hinweg. Alles, was sich früher nur als Brief in Papierform versenden ließ, ließ sich nach Installation eines Telefaxdienstes ebenso einfach, jedoch viel bequemer und schneller – und oft auch preisgünstiger – über Telefax versenden. So ist z.B. eine A4-Seite je nach Inhalt und Auflösung in einer halben bis einer Minute zum Telefontarif beim Gegenüber angekommen.

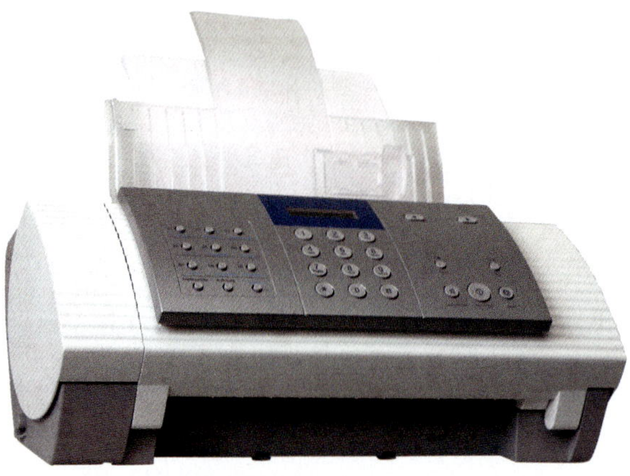

Klassisches Telefaxgerät

Dienste für die Datenkommunikation

Für den Datenaustausch unter PC-Nutzern einerseits und zwischen den PC-Nutzem mit Großrechnern (Servern) andererseits gibt es zwei grundlegende Möglichkeiten:

- Mitbenutzung von Kommunikationswegen, die vorrangig für die Telefonkommunikation geschaffen wurden. Die Datenkommunikation findet über das Telefonnetz entweder über einen analogen oder digitalen Anschluss statt.
- Verwendung spezieller, für die Datenkommunikation optimierter Netze

Datenkommunikation über das Telefonnetz

Analoger Anschluss

Bei einem analogen Anschluss werden Sprachsignale bis zum Knotenpunkt über die Leitung entsprechend (analog = gleichartig) den Sprachschwingungen als Töne übertragen. Unter Verwendung eines Modems kann dieser Anschluss für die Datenübertragung zwischen verschiedenen Computern verwendet werden. Ein Modem wandelt die digitalen Daten, die nur ein Computer verstehen kann, in analoge Daten des Fernsprechnetzes um (Modulation) und umgekehrt (Demodulation). Ein Modem ist an jedem beliebigen Telefonanschluss anschließbar.

Übertragungsgeschwindigkeiten von 33,6 kbit/Sek. und 56 kbit/Sek. sind dabei heute Standard. Die Verbindungskosten sind die des Telefondienstes. Die Preise für Modems sind in den vergangenen Jahren stark gesunken.

Digitaler Anschluss

Der Ausgangspunkt der Datenübertragung ist auch beim digitalen Anschluss ein Computer. Die Anpassung der Daten an die Übertragungsstrecke im ISDN übernimmt hier statt des Modems eine PC-Adapter-Karte (ISDN-Karte).

Im Gegensatz zum Modem überträgt sie die Daten digital als Nullen und Einsen. Die ISDN-Karte verarbeitet und sendet digitale Signale aus dem und in das ISDN. Die Karte übernimmt die Anpassung und Steuerung des Datenstroms und den Dialog mit dem Netzknoten. Diese Art der Datenübertragung über das Telefonnetz ist moderner und leistungsfähiger (und damit die schnellere und qualitativ bessere Variante) als die Verwendung eines Modems. Standardkarten für den ISDN-Basisanschluss verfügen in der Regel über zwei Nutzkanäle mit je 64 kbit/Sek. und einen Steuerkanal mit 16 kbit/Sek.

7455400

AUFGABEN

1. Unterscheiden Sie Netze von Diensten.
2. Was bedeutet ISDN?
3. Führen Sie frühere Vorteile von ISDN auf.
4. Erläutern Sie DSL.
5. Welche Varianten von DSL gibt es?
6. Führen Sie Alternativen für DSL auf.
7. Welcher Standard wird für digitale Mobilfunkdienste in Europa verwendet?
8. Was versteht man unter UMTS?
9. Wie können Netze verschiedener Netzbetreiber genutzt werden?
10. Führen Sie verschiedene Telefonmehrwertdienste auf.
11. Was ist SMS?
12. Welche Arten der Internettelefonie gibt es?
13. Womit können Telefaxe versendet werden?
14. Was ist ein Modem?
15. Was sind Festverbindungen?
16. Erläutern Sie die Vorteile des 5-G-Netzes.

AKTIONEN

1. Beurteilen Sie die verschiedenen Netze nach den folgenden Kriterien:
   a) Zugangsmöglichkeiten für Privatpersonen
   b) Betreiber
   c) Kosten für den Abruf von Informationen
   d) geografische Reichweite
2. Stellen Sie fest, welche Netze und Dienste
   a) bei Ihnen privat,
   b) in einem Ihnen bekannten Unternehmen genutzt werden.
3. Sie besitzen sicher ein Mobiltelefon.
   a) Führen Sie auf, welche besonderen Funktionen Ihr Mobiltelefon besitzt.
   b) Listen Sie die Dienste Ihres Mobilfunkbetreibers auf.

ZUSAMMENFASSUNG

Netze

= technische Übertragungswege für Sprache, Texte, Bilder und Daten

Lokale Netze
dienen der Kommunikation innerhalb eines Betriebs.

Öffentliche Netze
dienen der Kommunikation über den Betrieb hinaus.

- **Festnetz**
- **Mobilfunk**
- **Datennetze**

Dienste

= Dienstleistungen, die durch Netze ermöglicht werden

Dienste für Sprachkommunikation

- Fernsprechdienst
- Telefonmehrwertdienste
- Mobiltelefonie
- Internettelefonie

Dienst für Textkommunikation

Telefaxdienst (Fernkopieren)

Dienste für Datenkommunikation

- über das Telefonnetz
- über spezielle Netze
  - Datex-P
  - Festverbindungen
  - Telebox

7455402

3.8 Wir formatieren Zeichen, Seitenrahmen und Seitenhintergrund

Einstieg

Carolin Saager lernt zurzeit die Arbeitsabläufe in der Personalabteilung kennen. In der Hoffmann KG ist es üblich, wichtige Termine am Informationsbrett auszuhängen. Dazu zählen die Geburtstage und Jubiläen der Mitarbeiterinnen und Mitarbeiter sowie Weiterbildungstermine, Mitarbeiterstammtisch und Ähnliches. Frau Schwab, Leiterin der Personalabteilung, beauftragt Carolin, den Aushang der Terminübersicht für die Monate Januar und Februar zu gestalten.

Inhalt des Aushangs:

Geburtstage: 07.01. Andrea Duchnik, 14.01. Petra Janssen, 21.01. Thorsten Weidner, 23.01. Maria Pahlevan, 28.01. Roland Matthes, 30.01. Dieter Hickel, 02.02. Gabriele Sander, 14.02. Nadine Vosges, 15.02. Dominik Schlote, 20.02. Olga Wolicki, 21.02. Ria Bode, 26.02. Martin Landsberg

Weiterbildungsangebote: 08.01. Textverarbeitung mit Word, 18.01. Ausbildertreff, Frankfurt,

21.01. Seminar: Professionell telefonieren, 09.02. Seminar: Protokollieren leicht gemacht,

18.02. Seminar: Messe- und Veranstaltungsplanung

Mitarbeiterstammtisch: 28.01. Gasthaus „Zum Ochsen", 24.02. Gasthaus „Zum Ochsen"

1. Gestalten Sie das Informationsblatt. Berücksichtigen Sie dabei:
   - das Logo des Unternehmens
   - Farben: Schwarz und Rot
   - Schriftart und -größe: Arial, 11 pt
2. Verwenden Sie als Wasserzeichen das Firmengebäude der Hoffmann KG *(Foto-Hoffmann-KG.jpg)* sowie passende Bilder aus dem Menü *ClipArt*.

INFORMATIONEN

Zeichenformatierung

Unter Zeichenformatierung versteht man die Gestaltung eines Zeichens oder einer Zeichengruppe. Das Programm bietet verschiedene Gestaltungsmöglichkeiten:

- Schriftart und Schriftgrad
- Schriftschnitt (Fett-, Kursivdruck, Unterstreichungen, Großbuchstaben, Kapitälchen usw.)

Die Zeichenformatierung kann direkt beim Schreiben oder nachträglich vorgenommen werden. Bevor Zeichen jedoch formatiert werden, müssen sie markiert werden. Soll nur ein Wort oder ein Absatz formatiert werden, genügt es, den Cursor auf das Wort oder in den Absatz zu setzen.

Zeichenformate zuweisen

Zeichenformate können über das Menüband Registerkarte *Start* und über die Minisymbolleiste zugewiesen werden. Weitere Zeichenformate stehen im Dialogfeld *Schriftart* mit den Registerkarten *Schriftart* und *Erweitert* zur Verfügung.

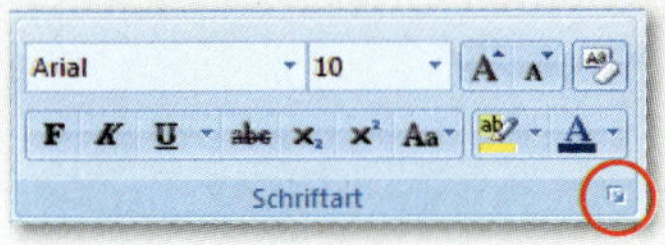

Dialogfeld *Schriftart*

STRG + D

Startprogramm für das Dialogfeld *Schriftart*

Registerkarte *Schriftart*
- Schriftart
- Schriftschnitt
- Größe
- Schriftfarbe
- Unterstreichung
- Effekte

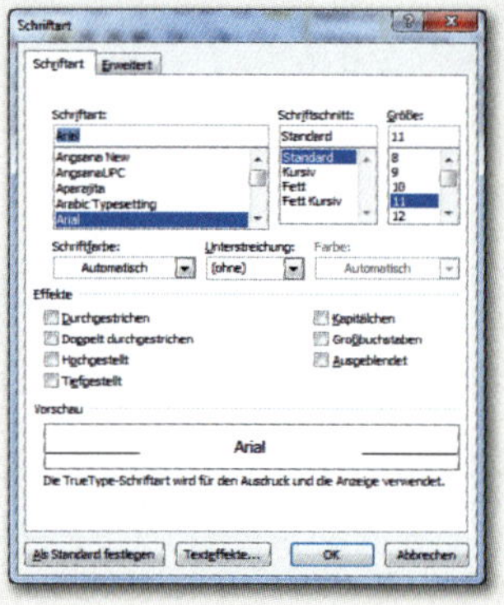

Schriftfarbe ändern

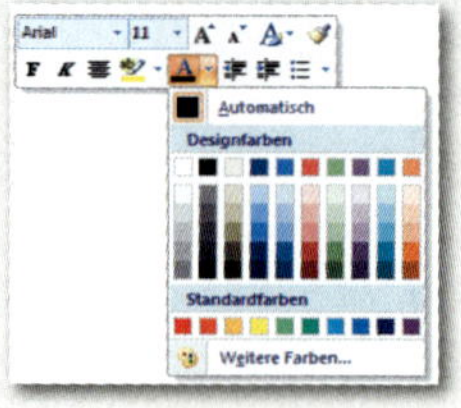

Formatierung löschen

Registerkarte *Erweitert*
- Skalieren
- Position
- Unterschneidung ab
- Abstand

Skalieren: Über *Skalieren* wird die Schrift gestaucht oder gesperrt. Beim Skalieren verändert sich die Zeichenbreite, die Zeichenhöhe bleibt erhalten.
Beispiele: gestauchte Schrift (Schmal)
gesperrte Schrift (Erweitert)

Abstand: Über *Abstand* wird der Zwischenraum zwischen den einzelnen Zeichen verändert.

Schriftart/-größe dauerhaft verändern

ARBEITSABLAUF

- Dialogfeld *Schriftart* öffnen
- in den Feldern *Schriftart* und *Größe* die gewünschte Einstellung wählen
- anschließend auf die Schaltfläche *als Standard festlegen* klicken
  Es öffnet sich nachfolgendes Fenster:

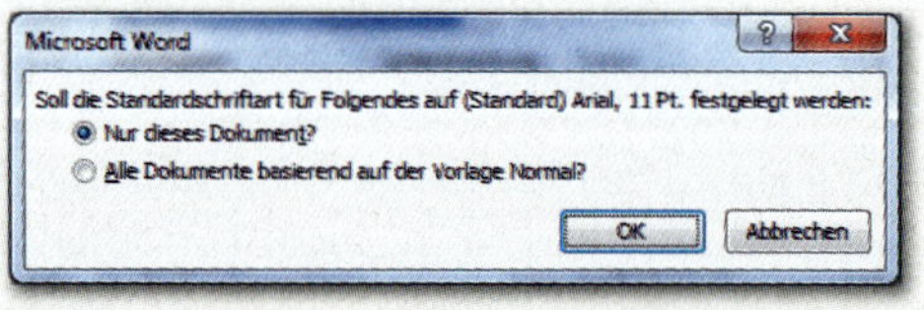

- Option *Alle Dokumente basierend auf der Vorlage Normal.dotm* wählen
- mit *OK* bestätigen

DIN-Regel: Schrift
Wegen der besseren Lesbarkeit sind im fortlaufenden Text zu kleine Schriftgrößen (in der Regel unter 10 Punkt) und ausgefallene Schriftarten und Schriftstile (z. B. Kapitälchen) zu vermeiden.

Gestaltungsregeln zu Zeichenformatierung

- Schriften mit Serifen sind eher für größere Textmengen (z. B. Bücher, Zeitungen) geeignet.
  Schriften mit Serifen haben kleine Striche am oberen und unteren Ende des Buchstabens, die eine Leselinie bilden und dadurch die Lesbarkeit erhöhen.
- Serifenlose Schriften wirken eher sachlich, können auch für größere Textmengen verwendet werden und lassen sich am Bildschirm besonders gut lesen.
- Als gut lesbar gelten Schriftgrößen zwischen 9 und 12 Punkt. Für Plakate oder Texte, mit denen eine optische Wirkung erzielt werden soll, sind Schriftgrößen ab 13 Punkt sinnvoll.
- Im Fließtext sind folgende Auszeichnungen geeignet: **Fett**, *Kursiv*, KAPITÄLCHEN, GROSSBUCHSTABEN (aber: eher sparsam einsetzen).
- Im Fließtext zu vermeiden ist: Unterstreichen (außer bei Links), S p e r r e n und Schriftwechsel.
- Die Textgestaltung durch Schriftmischung ist gut geeignet zur Strukturierung von Informationen: maximal drei Schriftarten verwenden, einen klaren Kontrast schaffen (z. B. serifenlose Schriften und Serifenschriften).
- Farben sind Bedeutungsträger. Deshalb muss die Farbsymbolik beachtet werden, z. B.:
  - Rot: Liebe, Blut, Achtung
  - Grün: Natur, Hoffnung, Wachstum
  - Parteifarben
  - „rote" und „schwarze" Zahlen in der Finanzwelt
- Für Texte und Beschriftungen gelten die traditionellen Farben Schwarz und Blau – insgesamt nicht mehr als vier Farben verwenden.

- Symbolschriften (z. B. Wingdings, Webdings) enthalten Piktogramme. Sie werden allgemein als Bildzeichen definiert, die über Sprach- und Kulturgrenzen hinweg international verständlich sind. Nach einheitlichen Gestaltungsregeln entwickelt, weisen sie uns im Alltag den Weg.

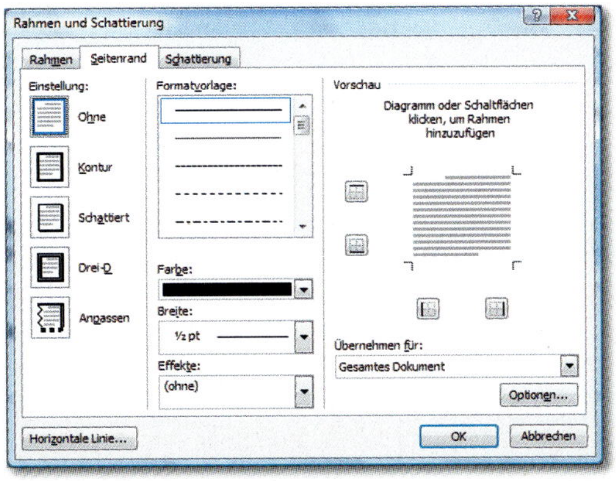

Seitenrahmen und -hintergrund

Besonderen Schriftstücken (z. B. einseitige Flyer) kann durch ein Wasserzeichen, eine Seitenfarbe und/oder durch einen Seitenrand ein besonderes Layout gegeben werden.

Über die Option *Effekte* bietet das Programm weitere Gestaltungsmöglichkeiten:

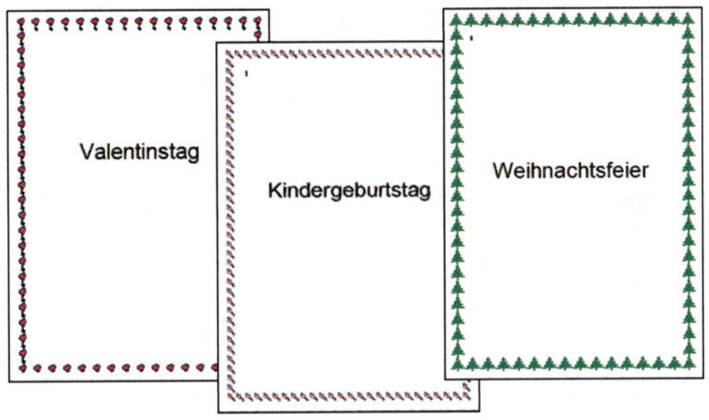

Gestaltungsregel

Rahmen und Schattierungen sind sparsam einzusetzen. Schattierte Textteile/Textfelder sollten möglichst ohne Rahmen formatiert werden.

Die entsprechenden Schaltflächen befinden sich in der Gruppe *Seitenhintergrund*, die über das Menüband – Registerkarte *Seitenlayout* aufgerufen werden kann.

Über die Schaltfläche *Seitenränder* im Fenster *Rahmen und Schattierung* – Registerkarte *Seitenrand* wird dem Dokument automatisch ein ganzseitiger Rahmen zugewiesen. Besteht das Dokument aus mehreren Seiten, so erhält jede Seite den gleichen Rahmen.

Der ausgewählte Rahmen kann über die Option *Übernehmen für* auch auf verschiedene Abschnitte angewendet werden: *Gesamtes Dokument, Diesen Abschnitt, Diesen Abschnitt – Nur erste Seite, Diesen Abschnitt – Alle außer 1. Seite.*

ARBEITSABLÄUFE

Seitenfarbe auswählen

- Gruppe *Seitenhintergrund* – Schaltfläche *Seitenfarbe* anklicken
- *Designfarben* oder *Standardfarben* auswählen

  oder
- *Weitere Farben ...* auswählen: Weitere Standardfarben bzw. benutzerdefinierte Farben werden angezeigt.
- *Fülleffekte:* Über die Registerkarte Grafik lässt sich das Seitenlayout durch eine Grafik besonders schön gestalten.

Dokument mit Seitenrand drucken

- je nach Druckerart, falls die untere Linie nicht gedruckt wird: Gruppe *Seitenhintergrund* – Schaltfläche *Seitenränder* – Fenster *Rahmen und Schattierung* – Registerkarte *Seitenrand* – Feld *Optionen* anklicken – Option *Gemessen von: Seitenrand* auswählen
- über das Feld *Seitenrand* die Rahmenlinien *Oben, Unten, Links* und *Rechts* optimal an den Text anpassen
- über *Seitenansicht* das fertige Layout überprüfen

Wasserzeichen einfügen

- Gruppe *Seitenhintergrund* – Schaltfläche *Wasserzeichen* anklicken
- *Benutzerdefiniertes Wasserzeichen* ... wählen
- *Bildwasserzeichen* aktivieren – Schaltfläche *Bild auswählen* betätigen
  Das eingefügte Bild ist transparent.
- *Textwasserzeichen* auswählen und *Schriftart, Größe, Farbe, Layout: Diagonal* bzw. *Horizontal* nach Wunsch gestalten

Über die Optionen *Wasserzeichen entfernen* bzw. *Kein Wasserzeichen* kann das Wasserzeichen wieder gelöscht werden.

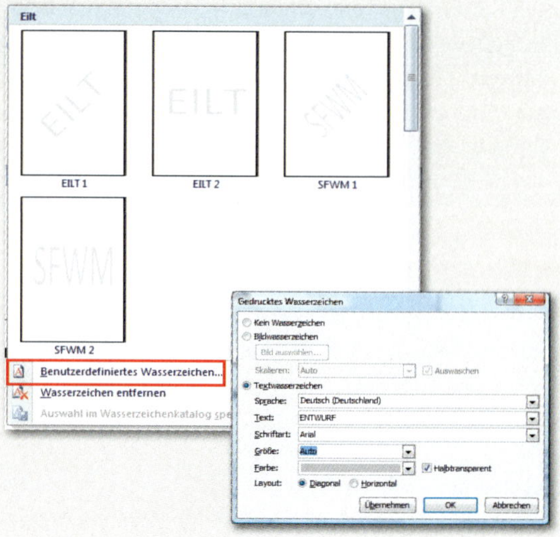

AUFGABEN

1. Was versteht man unter einer Zeichenformatierung?
2. Beschreiben Sie den Arbeitsablauf bei einer Zuweisung von Schriftart und Schriftgröße.
3. Was versteht man unter Schriftschnitt?
4. Beschreiben Sie den Arbeitsablauf bei der Zuweisung eines Seitenrands.
5. Wie gestalten Sie ein Wasserzeichen?
6. Beschreiben Sie den Arbeitsablauf bei der Zuweisung einer Seitenfarbe.

AKTIONEN

1. Gestalten Sie das Informationsblatt zur Neueinstellung von Katrin Weber in der Firma Schneider Büroeinrichtungen nach nebenstehendem Muster. (Web)
   a) Verwenden Sie die Bilder *Logo-Schneider-Büroeinrichtungen.tif* und *Foto-Katrin.jpg*, aus den Downloadmaterialien.
   b) Wählen Sie einen hellblauen Seitenhintergrund und einen dunkelblauen Seitenrahmen (Breite 2 ¼ pt).
   c) Wählen Sie einen geeigneten Dateinamen nach der firmenintern festgelegten Regel.
   d) Speichern Sie die Datei im entsprechenden Verzeichnis.

SCHNEIDER BÜROEINRICHTUNGEN

Neu in unserem Unternehmen

Wir begrüßen

Frau Katrin Weber

als Auszubildende
zur Industriekauffrau

in unserer Firma.

Frau Weber beginnt in der Poststelle ihre Ausbildung und lernt dort die Büroprozesse des Postein- und -ausgangs in der Zeit von September bis einschließlich November kennen.

Wir wünschen Ihr viel Erfolg bei Ihrer Ausbildung und bitten alle Mitarbeiterinnen und Mitarbeiter, sie während der Ausbildung zu unterstützen.

7455406

2. Zum 1. September 20.. sucht die Firma Schneider Büroeinrichtungen Auszubildende für den Ausbildungsberuf „Kaufleute für Büromanagement“.
Web

a) Gestalten Sie die Stellenanzeige. Verwenden Sie als Gestaltungselement das Bild *Foto-Stellenanzeige.tif*, aus den Downloadmaterialien.

b) Wählen Sie einen geeigneten Dateinamen nach der firmenintern festgelegten Regel.

c) Speichern Sie die Datei im entsprechenden Verzeichnis.

Rohtext der Stellenanzeige

Wir bilden im Jahr 20.. aus:

Kaufleute für Büromanagement (m, w, d)

Wir bieten eine qualifizierte Ausbildung in einem modernen mittelständischen Unternehmen der Möbelbranche.

Zum Start ab September 20.. suchen wir motivierte, flexible Auszubildende mit überdurchschnittlichem Schulabschluss und Spaß an Teamarbeit.

Interesse? Dann senden Sie Ihre Bewerbungsunterlagen an

SCHNEIDER BÜROEINRICHTUNGEN
Herrn Rainer Weber
Postfach 1 39 49
70184 Stuttgart
Telefon 07191 123-359
E-Mail personal@schneider-wvd.de
Internet www.schneider-wvd.de

SCHNEIDER BÜROEINRICHTUNGEN

Wir bilden im Jahr 20.. aus:

Kaufleute für
Büromanagement (m, w, d)

Wir bieten eine qualifizierte Ausbildung in einem modernen mittelständischen Unternehmen der Möbelbranche.

Zum Start ab September 20.. suchen wir motivierte, flexible Auszubildende mit überdurchschnittlichem Schulabschluss und Spaß an Teamarbeit.

Interesse? Dann senden Sie Ihre Bewerbungsunterlagen an

SCHNEIDER BÜROEINRICHTUNGEN
Herrn Rainer Weber
Postfach 1 39 49
70184 Stuttgart

Telefon: 07191 123-359
E-Mail: personal@schneider-wvd.de
Internet: www.schneider-wvd.de

ZUSAMMENFASSUNG

Zeichenformatierung – Dialogfeld *Schriftart*

Registerkarte *Schriftart*
- Schriftart
- Schriftschnitt
- Schriftgröße
- Schriftfarbe
- Effekte

Registerkarte *Erweitert*
- Skalieren
- Position
- Unterschneidung ab
- Abstand

Seitenhintergrund formatieren

Registerkarte *Seitenlayout*
Gruppe *Seitenhintergrund*

Seitenränder | **Seitenfarbe** | **Wasserzeichen**

3.9 Wir gestalten Absätze und Textfelder

Einstieg

Volkan Karaca und Katarzyna Lindemann werden vom Sicherheitsbeauftragten über die Bedeutung des Gesundheits- und Arbeitsschutzes im Unternehmen aufgeklärt. Ein wichtiger Faktor im Büro ist die richtige Haltung beim Sitzen und Arbeiten. Denn nur wer weiß, wie der Bürostuhl auf die individuellen Bedürfnisse angepasst werden kann, und einen dynamischen Arbeitsstil praktiziert, beugt Gesundheitsschädigungen vor. Durch regelmäßige Informationen soll das Verhalten der Mitarbeiterinnen und Mitarbeiter verbessert werden. In diesem Zusammenhang sollen Volkan und Katarzyna einige der Informationsblätter gestalten und an den entsprechenden Stellen Aufzählungszeichen und/oder Nummerierungen zuweisen. Um Texte an beliebigen Stellen zu positionieren, setzen sie Textfelder ein.

Informationsblätter:

- Kurzanleitung zur individuellen Einstellung des neuen Bürostuhls
- Hinweise zum dynamischen Sitzen und Arbeiten
- Unterweisung der neuen Mitarbeiter zu Sicherheit und Gesundheitsschutz am Arbeitsplatz

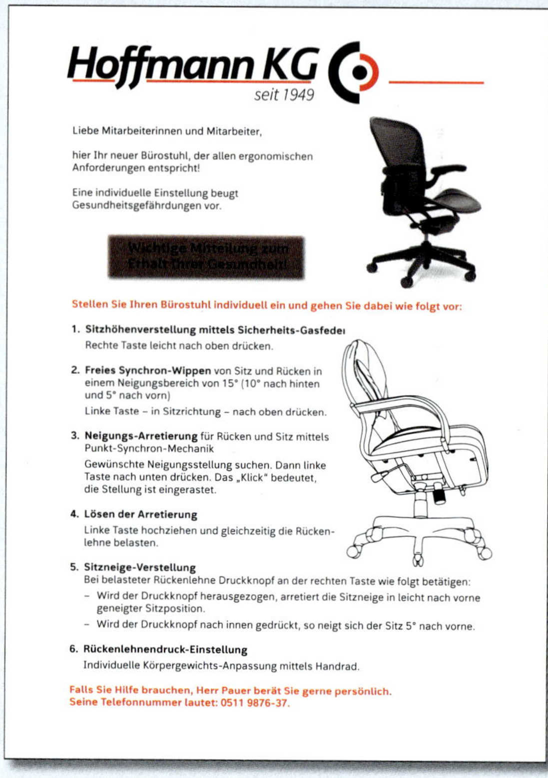

Hoffmann KG
seit 1949

Liebe Mitarbeiterinnen und Mitarbeiter,

hier Ihr neuer Bürostuhl, der allen ergonomischen Anforderungen entspricht!

Eine individuelle Einstellung beugt Gesundheitsgefährdungen vor.

Wichtige Mitteilung zum Erhalt Ihrer Gesundheit!

Stellen Sie Ihren Bürostuhl individuell ein und gehen Sie dabei wie folgt vor:

1. **Sitzhöhenverstellung mittels Sicherheits-Gasfeder**
   Rechte Taste leicht nach oben drücken.
2. **Freies Synchron-Wippen** von Sitz und Rücken in einem Neigungsbereich von 15° (10° nach hinten und 5° nach vorn)
   Linke Taste – in Sitzrichtung – nach oben drücken.
3. **Neigungs-Arretierung** für Rücken und Sitz mittels Punkt-Synchron-Mechanik
   Gewünschte Neigungsstellung suchen. Dann linke Taste nach unten drücken. Das „Klick" bedeutet, die Stellung ist eingerastet.
4. **Lösen der Arretierung**
   Linke Taste hochziehen und gleichzeitig die Rückenlehne belasten.
5. **Sitzneige-Verstellung**
   Bei belasteter Rückenlehne Druckknopf an der rechten Taste wie folgt betätigen:
   - Wird der Druckknopf herausgezogen, arretiert die Sitzneige in leicht nach vorne geneigter Sitzposition.
   - Wird der Druckknopf nach innen gedrückt, so neigt sich der Sitz 5° nach vorne.
6. **Rückenlehnendruck-Einstellung**
   Individuelle Körpergewichts-Anpassung mittels Handrad.

**Falls Sie Hilfe brauchen, Herr Pauer berät Sie gerne persönlich.
Seine Telefonnummer lautet: 0511 9876-37.**

Web Gestalten Sie das Informationsblatt „Kurzanleitung zur individuellen Einstellung des neuen Bürostuhls" nach obiger Vorlage. Der Text und die Bilder befinden sich in den Downloadmaterialien. Wählen Sie aus den Bildvorschlägen ein passendes Bild aus.

INFORMATIONEN

Aufzählungen und Nummerierungen

Allgemeine Hinweise

Absätze können mit Aufzählungszeichen oder einer Nummerierung gestaltet werden:

- Die zu formatierende Liste ist vorher zu markieren.
- Über die Minisymbolleiste oder die entsprechenden Symbole im Menüband – Registerkarte *Start* – Gruppe *Absatz* können die Formate schnell zugewiesen werden.

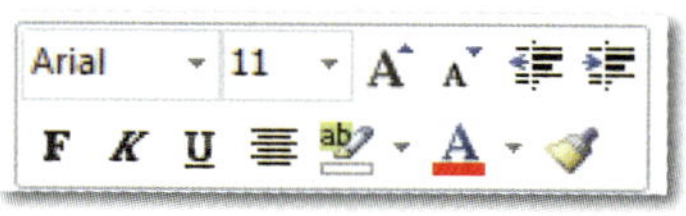

- Eine sich einstellende Nummerierungsautomatik lässt sich über den eingeblendeten *Smarttag* einmalig unterbinden.

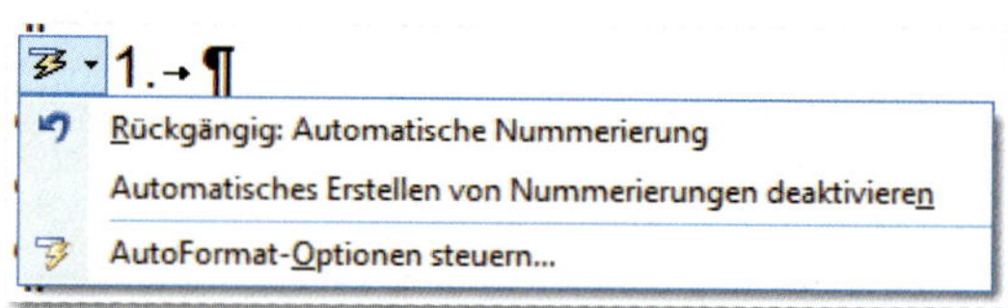

- Das AutoFormat lässt sich über *Datei – Optionen* – Befehl *Dokumentprüfung* – Schaltfläche *AutoKorrektur-Optionen...* – Registerkarte *AutoFormat* abstellen.
- Die Aufzählungs- bzw. Nummerierungsglieder können mit oder ohne Leerzeile oder mit einem größeren Zeilenabstand (Menüband – Registerkarte *Start* – Gruppe *Absatz* – Schaltfläche *Zeilenabstand*) gestaltet werden.

- Die Aufzählung/Nummerierung kann durch Betätigung der Enter-Taste fortgesetzt werden.
- Durch Anschlagen der Rücktaste (Backspace-Taste) oder durch zweimaliges Schalten wird die Aufzählung/Nummerierung beendet.
- Eine Aufzählung kann jederzeit durch Zuweisen einer Nummerierung in eine Nummerierung umgewandelt werden und umgekehrt.

DIN-Regeln:

Einfache Aufzählungen und Nummerierungen

- Der Beginn und das Ende einer Aufzählung/Nummerierung sind vom übrigen Text durch eine Leerzeile zu trennen.
- Die einzelnen Aufzählungs-/Nummerierungsglieder können auch durch Leerzeilen getrennt werden, insbesondere wenn sie mehrzeilig sind.
- Die Aufzählungszeichen aus dem Textverarbeitungsprogramm dürfen angewendet werden.

Harte und weiche Zeilenschaltung

Nach jeder Absatzschaltung (= harte Zeilenschaltung) erscheint an der Fluchtlinie bei einer Aufzählung/Nummerierung das Aufzählungszeichen/die Nummerierung. Soll innerhalb eines Absatzes eine neue Zeile beginnen, muss eine weiche Zeilenschaltung anstelle einer Absatzschaltung eingegeben werden.

ergibt harte Zeilenschaltung, Darstellung: ¶

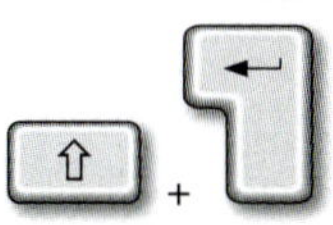

ergibt weiche Zeilenschaltung, Darstellung: ↵

Gestaltungsregeln

- Aufzählungen und Nummerierungen eignen sich zur inhaltlichen Strukturierung von Texten.
- Wird eine Reihen- bzw. Rangfolge dokumentiert, ist das Format *Nummerierung* zu wählen.
- Als Aufzählungszeichen können Punkte, Striche, Quadrate und Pfeile verwendet werden. Das ausgewählte Zeichen sollte zum Text passen und nicht zu groß formatiert sein.
- Als angemessener Abstand zwischen Listenzeichen und Text gilt 0,7 cm.

Aufzählungen und Nummerierungen zuweisen und formatieren

Aufzählungen und Nummerierungen werden über die entsprechenden Symbole des Menübands – Registerkarte *Start* – Gruppe *Absatz* zugewiesen.

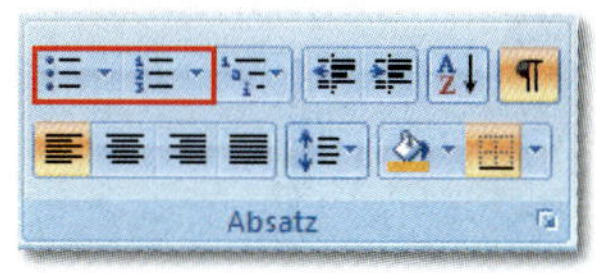

Über die Schaltfläche *Zeilenabstand* kann der Zeilenabstand zwischen den Aufzählungs- und Nummerierungsgliedern verändert werden.

Über die Symbolleiste können Einzüge definiert werden. Mit den beiden Symbolen wird ein markierter Absatz mit Mausklick um jeweils 12,5 mm nach rechts bzw. links gerückt.

Einzug verkleinern

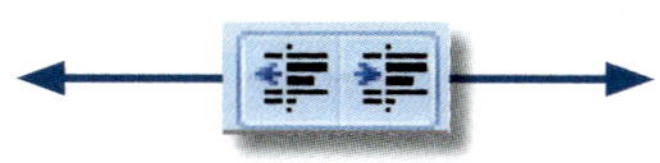

Einzug vergrößern

Aufzählungszeichen setzen

ARBEITSABLAUF

- auf den Drop-down-Pfeil neben dem Symbol *Aufzählungen* klicken
  Im folgenden Menü werden die zuletzt verwendeten Aufzählungszeichen und eine Aufzählungszeichenbibliothek angezeigt.
- um weitere Aufzählungszeichen in die Liste aufzunehmen, mit dem Cursor auf das gewünschte Aufzählungszeichen fahren
  Das Aufzählungszeichen wird sofort in die markierte Liste übernommen.
- Nach dem Zuweisen eines Aufzählungszeichens wird vom Programm die Liste eingerückt. Durch Klick auf die Symbolschaltfläche *Einzug verkleinern* wird die Liste wieder in die Fluchtlinie gesetzt.

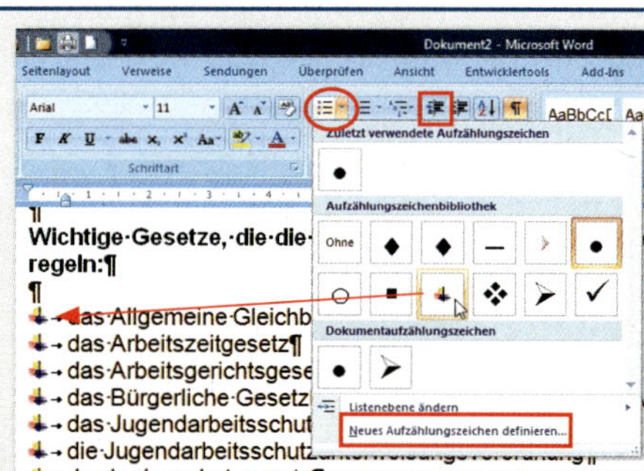

Neues Aufzählungszeichen definieren

Hierzu klickt man in der Aufzählungszeichenbibliothek auf *Neues Aufzählungszeichen definieren ...* (Vorher muss über das Menüband, Registerkarte *Überprüfen* – Gruppe *Schützen* – Befehl *Bearbeitung einschränken* der Dokumentschutz aufgehoben werden.)

Über die Schaltfläche *Symbol* kann aus verschiedenen Zeichentabellen ein passendes Aufzählungszeichen ausgewählt werden. Durch Bestätigung der Auswahl mit *OK* wird die Schaltfläche *Schriftart* aktiv und das ausgewählte Aufzählungszeichen kann formatiert werden.

Über die Schaltfläche *Bild* kann aus dem Dialogfeld ein passendes Aufzählungszeichen ausgewählt werden. Hierzu wird im Feld *Text suchen* ein Stichwort eingegeben und mit der danebenliegenden Schaltfläche *OK* bestätigt. Eine Auswahl zum Stichwort wird angezeigt. Zur Übernahme wird das gewünschte Aufzählungszeichen angeklickt und mit *OK* bestätigt.

Über *Importieren* können digitale Bilder importiert und als Aufzählungszeichen verwendet werden.

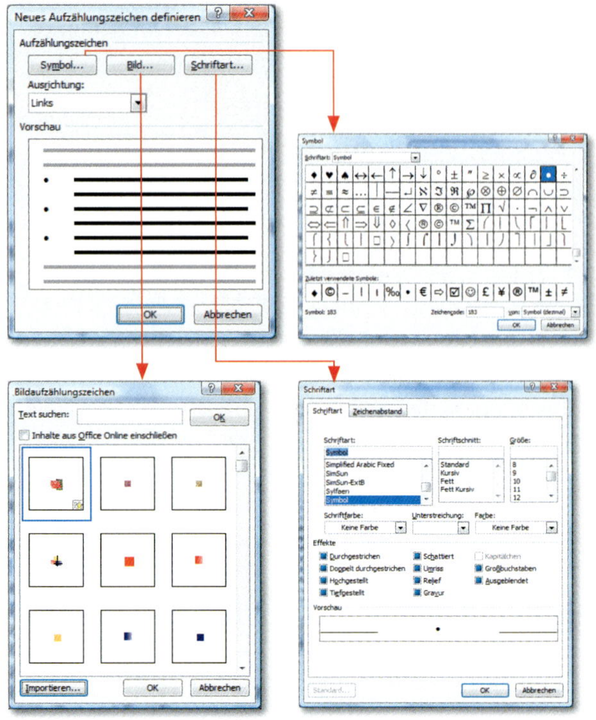

Nummerierungen bearbeiten

Das Menü zur Bearbeitung von Nummerierungen wird durch einen Klick auf den Drop-down-Pfeil neben dem Symbol *Nummerierung* geöffnet. Hier befindet sich unter *Zuletzt verwendete Zahlenformate* eine Nummerierungsbibliothek. Nach DIN 5008 kommen nur die ersten beiden Nummerierungsvarianten in Frage. Die erste Variante wird über *Neues Zahlenformat definieren...* mit *Zahlenformat Rechts* formatiert, was die richtige Anordnung der ein- und zweistelligen Ordnungszahlen untereinander bewirkt.

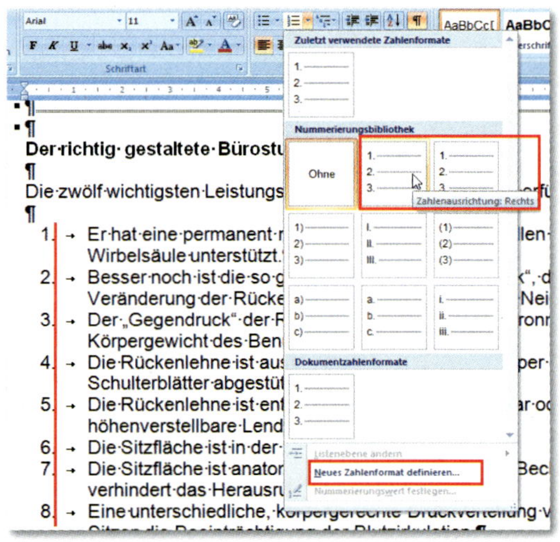

Format der Nummerierung ändern

Über die Option *Neues Zahlenformat* kann man selbst ein neues Format erstellen, über *Schriftart* formatieren und zuweisen.

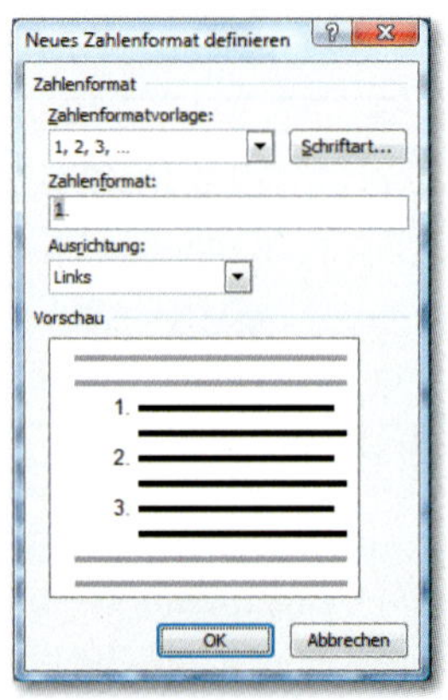

Listeneinrückungen anpassen

ARBEITSABLAUF

- mit der rechten Maustaste auf eines der Listenelemente klicken, um das Kontextmenü zu öffnen
- Listenelement markieren
- *Listeneinzug anpassen* ... wählen
- den Wert unter *Aufzählungszeichenposition* auf 0 cm setzen, damit die Liste an der Fluchtlinie beginnt
- den Abstand zwischen Aufzählungszeichen und Text über *Texteinzug* definieren

Als angemessener Abstand gilt in der Regel 0,7 cm.

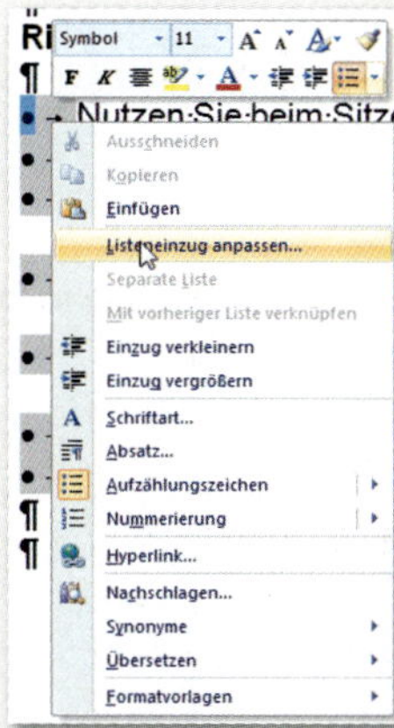

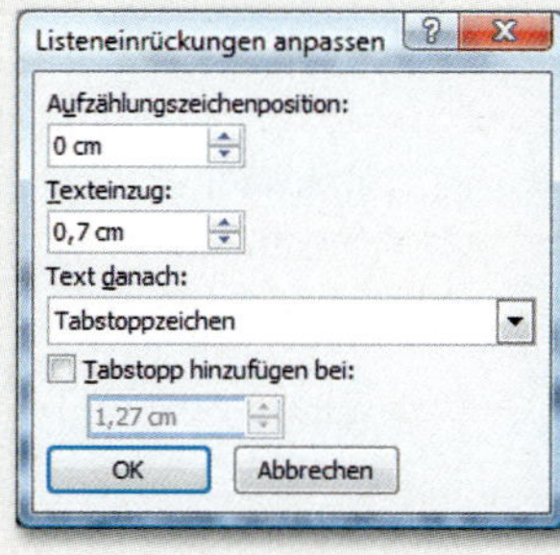

Zeilenabstände und Listeneinzug ändern

Das Kontextmenü wird durch rechten Mausklick auf ein Listenelement geöffnet:

- Über die Option *Nummerierung fortsetzen* kann, wie rechts im Beispiel gezeigt, eine unterbrochene Liste fortgesetzt werden.

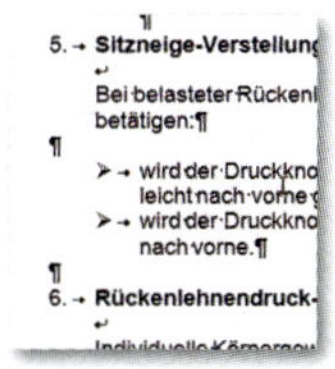

- Über die Option *Nummerierungswert festlegen* können die Werte individuell festgelegt werden.

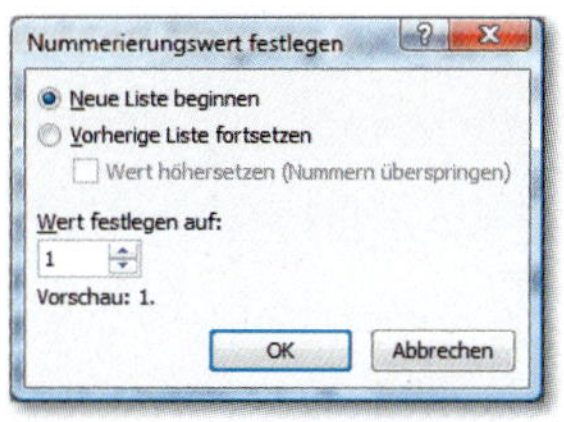

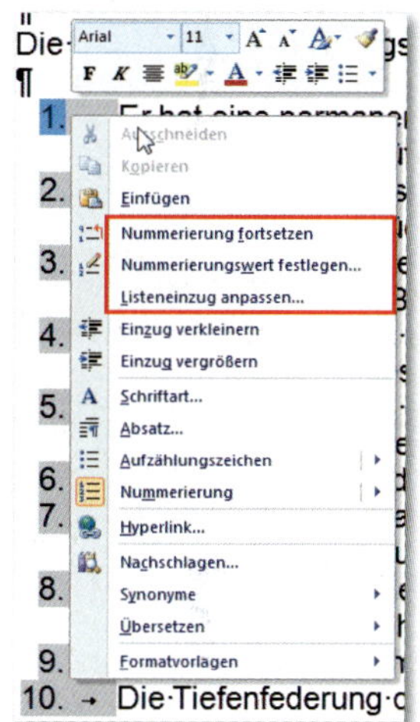

Die Bearbeitungsoptionen im Kontextmenü passen sich sowohl bei der Aufzählung als auch bei der Nummerierung der augenblicklichen Arbeitssituation an.

Nummerierung und Aufzählung mischen

ARBEITSABLAUF

- Text schreiben
- an den entsprechenden Stellen eine weiche Zeilenschaltung einschalten
- an den entsprechenden Stellen Absätze einfügen
- anschließend das entsprechende Format über die Schaltflächen *Aufzählung* und *Nummerierung* zuweisen

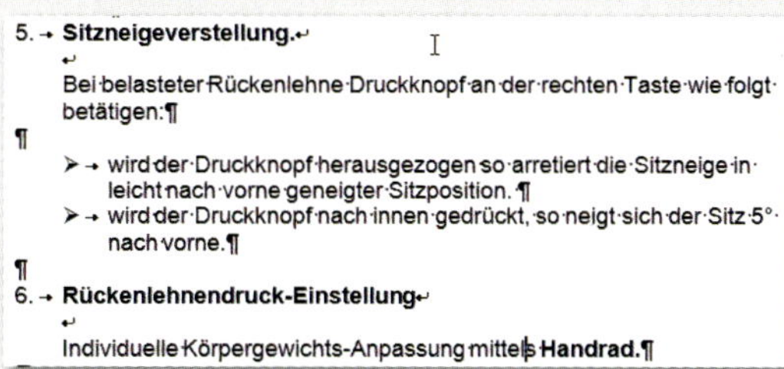

Einzüge über das Dialogfeld definieren

Unter einem Einzug versteht man den Abstand zwischen dem Seitenrand und dem linken Rand des zu formatierenden Absatzes. Ein Einzug im Text kann z. B. zur Platzierung einer Grafik vorgenommen werden.

Über das Dialogfeld *Absatz* können Einzüge millimetergenau eingestellt werden:

Menüband – Registerkarte *Start* – Gruppe *Absatz* – Startprogramm für Dialogfeld anklicken.

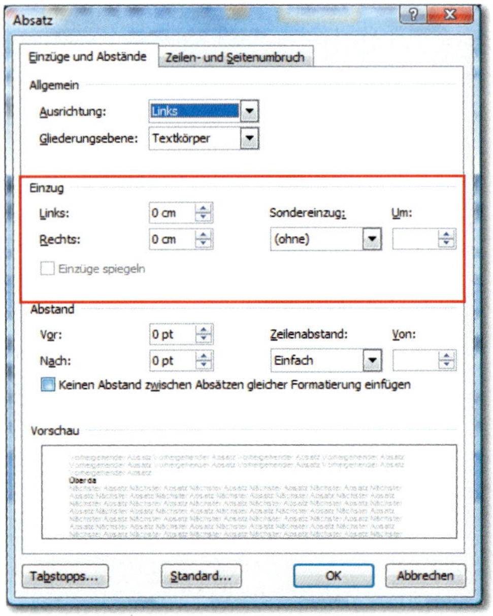

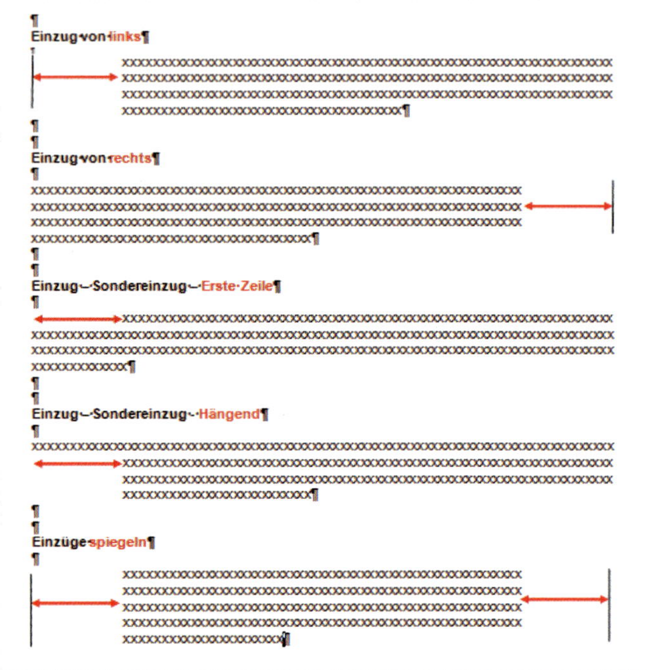

Textfelder erstellen und formatieren

Textfeld einfügen

ARBEITSABLAUF

Menüband – Registerkarte *Einfügen* **– Gruppe** *Text* **– Schaltfläche** *Textfeld*

- Unter *Integriert* können vorgefertigte Vorlagen ausgewählt werden.
- Über die Option *Textfeld erstellen* kann ein individuelles Textfeld eingefügt werden:
  - Am Cursor erscheint folgendes Zeichen: +.
  - an der gewünschten Stelle das Textfeld mit gedrückter Maustaste aufziehen
  - Über die acht Angriffspunkte kann das Textfeld beliebig vergrößert und verkleinert werden.

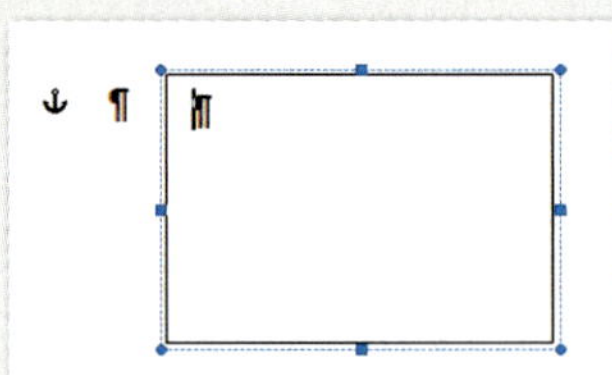

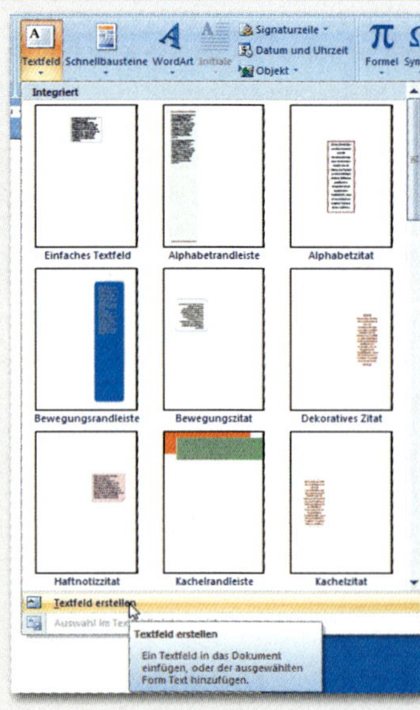

Textfeld formatieren

ARBEITSABLAUF

- Kontextmenü durch rechten Mausklick auf den Rahmen des Textfelds öffnen
- Option *Form formatieren* wählen
- über Menüs *Füllung, Linienfarbe, Linienart* usw. das Textfeld individuell formatieren

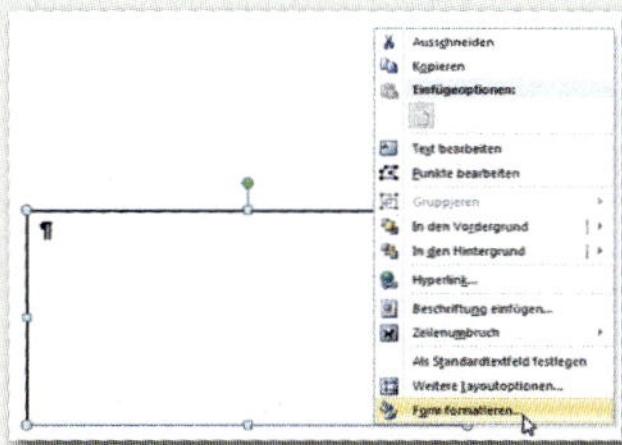

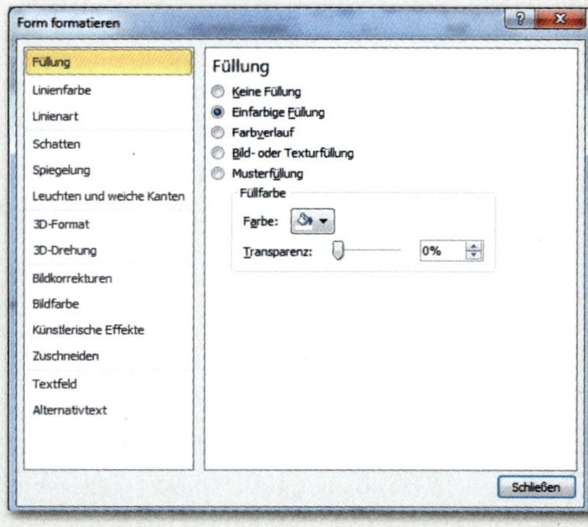

BEISPIEL

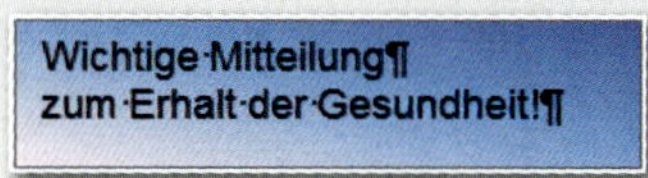

Um das Textfeld „Wichtige Mitteilung ...“ zu formatieren, wird über das Kontextmenü folgende Einstellung vorgenommen:

Option *Form formatieren*
- Menü *Füllung* auswählen:
  - Option *Farbverlauf*
  - *Voreingestellte Farben:* Morgendämmerung
  - *Typ:* linear
  - *Richtung:* Linear diagonal – oben rechts nach unten links
- Menü *Linienfarbe* auswählen
  - Option *einfarbige Linie*
  - *Farbe:* Schwarz, Text 1
  - *Transparenz:* 50 %
- Menü *Linienart* auswählen
  - *Breite:* 0,5 Pt.
  - *Abschlusstyp:* Rund

Option *Zeilenumbruch* **und dort** *Passend* **auswählen**

AUFGABEN

1. Welche Regeln legen Sie bei der Gestaltung von Nummerierungen und Aufzählungen zugrunde?
2. Wodurch unterscheiden sich harte und weiche Zeilenschaltung?
3. Wie werden vom Programm automatisch erzeugte Listeneinrückungen in Aufzählungen und Nummerierungen angepasst?
4. Wie ändern Sie das Format in einer Nummerierung?
5. Erläutern Sie die DIN-Regeln zu Aufzählungen und Nummerierungen.

AKTIONEN

1. Web Rufen Sie die Datei *Wichtige-Gesetze* auf und gestalten Sie die Aufzählung.
2. Web Rufen Sie die Datei *Richtiges-Sitzen* auf, probieren Sie die verschiedenen Möglichkeiten aus und gestalten Sie die Liste mit einem passenden Aufzählungszeichen.

3. Rufen Sie die Datei *Bürostuhl-Leistungsmerkmale* auf, probieren Sie die verschiedenen Möglichkeiten aus und gestalten Sie die Liste mit dem richtigen Nummerierungsformat.

Web

4. Rufen Sie die Datei *Sitzkomfort* auf.

Web

a) Weisen Sie dem gesamten Text nach der Überschrift einen Einzug – Links: 5 cm zu.
b) Wählen Sie aus dem „Bildordner" eine passende Abbildung für den Bürostuhl aus.
c) Bilden Sie einen geeigneten Dateinamen nach der firmenintern festgelegten Regel.
d) Speichern Sie die Datei im entsprechenden Verzeichnis.

5. Im Büro werden die meisten Arbeiten immer noch überwiegend sitzend ausgeübt. Dadurch entsteht bei gleichbleibender Körperhaltung am Schreibtisch eine einseitige Belastung, die zu Ermüdung und Einschränkung der Leistungsfähigkeit führen kann. Um dem Sitzmarathon entgegenzuwirken, haben Katarzyna Lindemann und Volkan Karaca in Zusammenarbeit mit dem Sicherheitsbeauftragten des Unternehmens Ausgleichsübungen zusammengestellt, die die Mitarbeiterinnen und Mitarbeiter im Laufe eines Arbeitstages sitzend durchführen können. Als Grundlage dienten die Empfehlungen der Verwaltungs-Berufsgenossenschaft. Die Ausgleichsübungen sollten möglichst abwechselnd in dieser Reihenfolge durchgeführt werden.

Web

a) Rufen Sie die Datei *Ausgleichsübungen* auf.
b) Nummerieren Sie die Überschriften zu den jeweiligen Ausgleichsübungen. Achten Sie auf die richtige Ausrichtung des Zahlenformats.
c) Gestalten Sie die nach der Überschrift folgenden Schritte mit Aufzählungszeichen und richten Sie sie eine Ebene tiefer ein, sodass die Textüberschriften und die Aufzählungszeichen eine Fluchtlinie bilden.
d) Wählen Sie einen geeigneten Dateinamen nach der firmenintern festgelegten Regel.
e) Speichern Sie die Datei im entsprechenden Verzeichnis.
f) Präsentieren Sie Ihr Ergebnis.

6. Die Hoffmann KG informiert die neuen Auszubildenden regelmäßig über Gefährdungen und Schutzmaßnahmen am Arbeitsplatz. Für die „Erstunterweisung" (die Unterweisung vor der Aufnahme der Tätigkeit, in der Regel am ersten Arbeitstag) erstellt Volkan Karaca eine Checkliste.

> Erstunterweisung neuer Mitarbeiter und Auszubildender
>
> Allgemeine Themen:
>
> Wie ist der Arbeitsschutz im Betrieb organisiert, wer sind die wichtigsten Ansprechpartner?
>
> (Fachkräfte für Arbeitssicherheit, Betriebsarzt, Sicherheitsbeauftragte)
>
> Was ist bei Unfällen im Betrieb und auf dem Weg zur Arbeit zu tun?
>
> Wie sind die Erste Hilfe und das Rettungswesen organisiert? (Wer ist als Ersthelfer ausgebildet? Wo ist der Sammelpunkt?)
>
> Wie funktioniert der Brandschutz? (Wo sind die Feuerlöscher? Wo ist der Notausgang?)
>
> Wo liegen die aktuellen Unfallschwerpunkte im Betrieb?
>
> Welche allgemeinen Verhaltensregeln gelten?
>
> Arbeitsspezifische Unterweisungen:
>
> Welche besonderen Gefahren bestehen an diesem Arbeitsplatz und wie kann ich mich gegen Unfälle oder Gesundheitsgefahren schützen?
>
> Welche persönlichen Schutzausrüstungen brauche ich und wo bekomme ich sie her?
>
> Was bedeuten die Gebots- und Verbotsschilder, die am Arbeitsplatz hängen?
>
> Welcher Sicherheitsbeauftragte ist für mich zuständig?
>
> Wo ist der nächste Erste-Hilfe-Kasten, die nächste Augendusche u. Ä.?

a) Gestalten Sie die Checkliste mit einer Nummerierung. Richten Sie die in Klammern stehenden Fragen eine Ebene tiefer ein und versehen Sie sie mit Aufzählungszeichen.
b) Gestalten Sie *Arbeitsspezifischen Unterweisungen* mit passenden Aufzählungszeichen.
c) Wählen Sie aus ClipArt eine passende Grafik und positionieren Sie sie an geeigneter Stelle neben dem Text.
d) Wählen Sie einen geeigneten Dateinamen nach der firmenintern festgelegten Regel.
e) Speichern Sie die Datei im entsprechenden Verzeichnis.
f) Präsentieren Sie Ihr Ergebnis.

7455414

ZUSAMMENFASSUNG

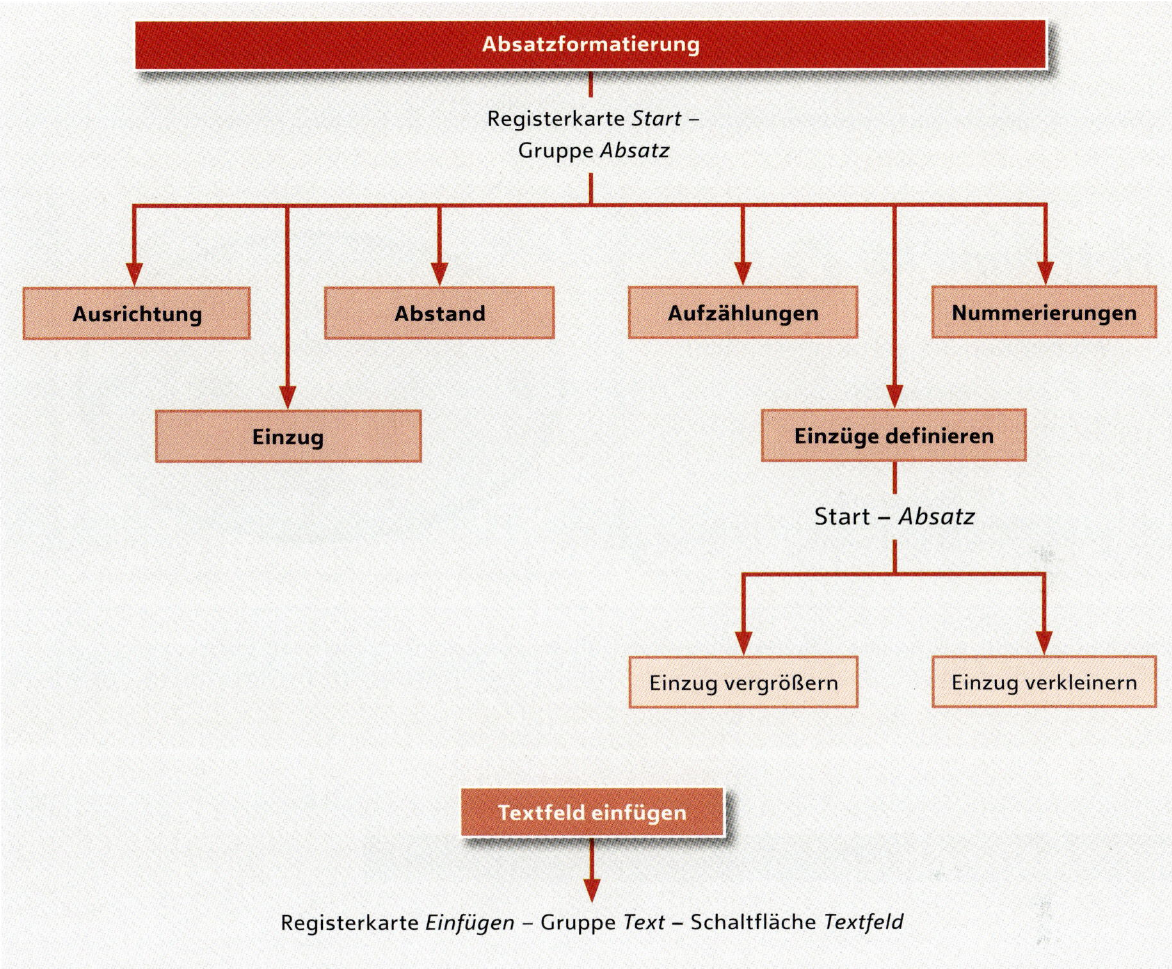

3.10 Wir gliedern Zahlen und gestalten Formen

Einstieg

Am 18. September 20.. findet im Unternehmen eine Sonderverkaufsaktion von Fahrrädern statt. Dominik Schlote ist im Vorbereitungsteam und hat sich bereit erklärt, die Hinweisschilder, Kurzerklärungen, Informationsschilder u. Ä. zu gestalten. Dazu nutzt er Textfelder und AutoFormen des Programms. Auf eine DIN-gerechte Schreibweise der Zahlen, Kalenderdaten und Uhrzeiten achtet er.

Gestalten Sie die Hinweisschilder, Kurzerklärungen und Informationsschilder mithilfe von Textfeldern.

INFORMATIONEN

Besondere Zahlengliederungen nach DIN 5008

	Beispiele	DIN-Regel
Telefonnummern	0711 139499	Eine Gliederung von Telefonnummern erfolgt funktionsbezogen durch je ein Leerzeichen zwischen den einzelnen Bestandteilen. Eine Telefonnummer kann sich aus folgenden Teilen zusammensetzen: Anbieter, Landesvorwahl, Ortsnetzkennzahl, Einzelanschluss bzw. Durchwahlnummer.
	0711 8095-0 0711 8095-244	Zentrale Abfragestellen und Durchwahlnummern werden mit einem Bindestrich abgetrennt. Es steht kein Leerzeichen vor oder nach dem Bindestrich.
	0180 1 483984 0190 2 843949	Kostenpflichtige Sondernummern enthalten nach der Nummer des Anbieters eine Ziffer für die Gebührenzählung. Vor und nach der Ziffer für die Gebührenzählung steht ein Leerzeichen.
	0180 **1** 483986 0190 **2** 894998	Die funktionsbezogenen Teile von Telefonnummern dürfen wegen der besseren Lesbarkeit durch Fettschrift oder Farbe hervorgehoben werden.
	0800 385934	Kostenlose Sondernummern werden funktionsbezogen gegliedert.

	Beispiele	DIN-Regel
	+49 7191 8095-455	Im Schriftverkehr mit dem Ausland entfällt die „0" der Ortsnetzkennzahl (Vorwahl). Das Pluszeichen und eine 49 für Deutschland werden vorangestellt.
Telefaxnummern	Telefax 07191 8335 Fax 07191 833-**425** Tfx +49 7191 8335	Telefaxnummern werden wie Telefonnummern funktionsbezogen durch ein Leerzeichen gegliedert. Teile von Telefaxnummern dürfen ebenfalls durch Fettschrift oder Farbe hervorgehoben werden.
IBAN	IBAN DE04 9493 0010 0499 0099 12	Die IBAN (International Bank Account Number) wird von links nach rechts in Vierergruppen gegliedert. Sie ist in den einzelnen Ländern unterschiedlich lang.
Postfachnummern	Postfach 49 68 Postfach 2 49	Postfachnummern werden zweistellig von rechts nach links gegliedert. Sie stehen in einer Anschrift anstelle der Straße und Hausnummer.
Postleitzahlen	70184 Stuttgart	Postleitzahlen sind fünfstellig und werden ohne Leerzeichen geschrieben.
Kalenderdaten	20..-12-13 20..-12-01	Das **numerisch** geschriebene Datum besteht nur aus Ziffern. Die Reihenfolge Jahr, Monat, Tag ist einzuhalten. Gegliedert wird mit dem Mittestrich – ohne Leerzeichen. Die Jahreszahl ist vierstellig, Monat und Jahr sind zweistellig anzugeben.
	31. Dezember 20.. 1. Januar 20.. 1. Januar 08	Bei der **alphanumerischen** Schreibweise wird der Monatsname in Buchstaben geschrieben. Die Tagesangaben 1. bis 9. werden einstellig geschrieben. Die Jahreszahl wird vierstellig angegeben. Der Monatsname sollte im Fließtext nicht abgekürzt werden.
Uhrzeitangaben	08:50 Uhr 20:00 Uhr 00:05 Uhr	Die Uhrzeit in Stunden und Minuten oder Stunden, Minuten und Sekunden wird immer zweistellig geschrieben und mit Doppelpunkt – ohne Leerzeichen.
	gegen 8 Uhr vor 7 Uhr	mögliche Schreibweise bei ungefähren Zeitangaben

Formen einfügen und formatieren

Neben Textfeldern können über das **Menüband** – Registerkarte *Einfügen* – Gruppe *Illustrationen* – Schaltfläche *Formen* vorgefertigte Formen, wie z. B. Rechtecke, Kreise, Linien, eingefügt werden.

Über das **Kontextmenü** können Formen formatiert werden.

ARBEITSABLAUF

- mit rechtem Mausklick auf den Rand der Form klicken
- *Form formatieren* anwählen
- über die Menüs *Füllung, Linienfarbe, Linienart* usw. die Form individuell formatieren

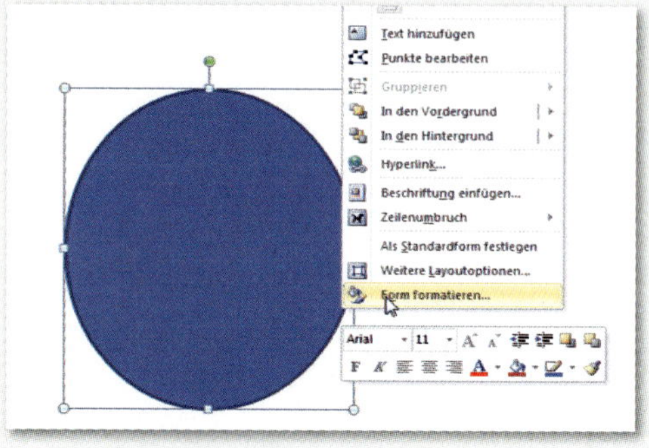

Bild als Hintergrund

ARBEITSABLAUF

- Menü *Füllung* wählen
- Option *Bild- oder Texturfüllung*
- *Einfügen aus:* Datei
- Bild aus dem entsprechenden Verzeichnis auswählen
- *OK*

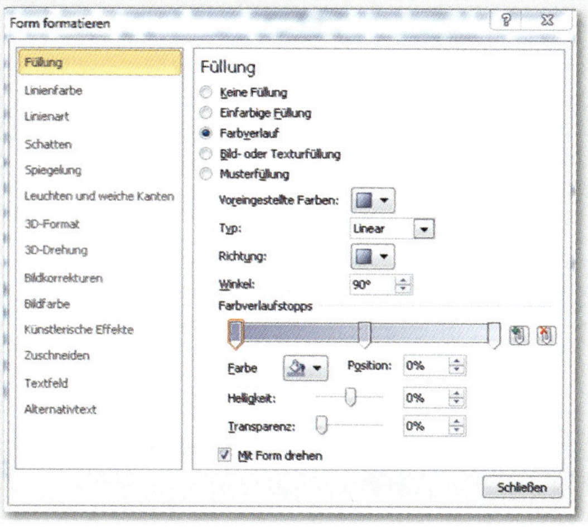

Bild im Hintergrund als Wasserzeichen

ARBEITSABLAUF

- Bild anklicken
- *Bildtools* aktivieren
- in der Gruppe *Anpassen* Befehl *Farbe* auswählen
- Abschnitt *Neu einfärben* – Schaltfläche *Ausgeblichen*

Formen beschriften

ARBEITSABLAUF

- rechter Mausklick auf den Rand der Form
- Option *Text hinzufügen* wählen

Zeichentools – Formenarten

Sobald eine Form eingefügt wurde, erscheinen im Menüband die *Zeichentools*. In der Gruppe *Formenarten* der *Zeichentools* bietet das Programm fertige Formate an. Fährt man mit der Maus über die Formenarten, wird das entsprechende Format der Form sofort übernommen.

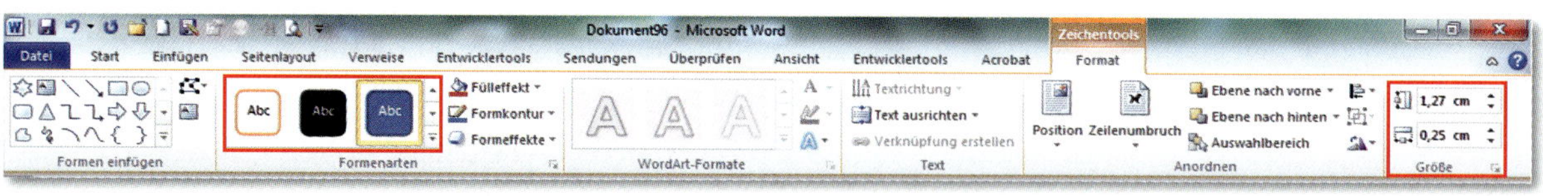

Über die Rollfelder *hoch* und *runter* kann man zeilenweise blättern.

Über das Rollfeld *Weitere* werden alle Formatierungsmöglichkeiten sichtbar.

Über die Gruppe *Größe* kann die Form dem Text angepasst werden.

7455418

AUFGABEN

1. Wie gliedern Sie Telefon- und Telefaxnummern?
2. Was verstehen Sie unter einer numerischen und alphanumerischen Schreibweise des Datums?
3. Wie werden IBAN-Nummern gegliedert?
4. Wie werden kostenpflichtige Sondernummern gegliedert?
5. Wie können Formen formatiert werden?

AKTIONEN

1. Um die Gliederung von Zahlen zu üben, rufen Sie die Datei *Besondere-Zahlengliederung* auf.
   Web **a)** Kreuzen Sie die richtigen Schreibweisen an.
   b) Vergleichen Sie anschließend Ihr Ergebnis mit einem/einer Partner/Partnerin.
   c) Suchen Sie sich ein weiteres Paar und vergleichen Sie Ihre Ergebnisse.
2. Erstellen Sie folgende Hinweisschilder und nutzen Sie dafür auch die Bilder aus den Downloadmaterialien.
   Web

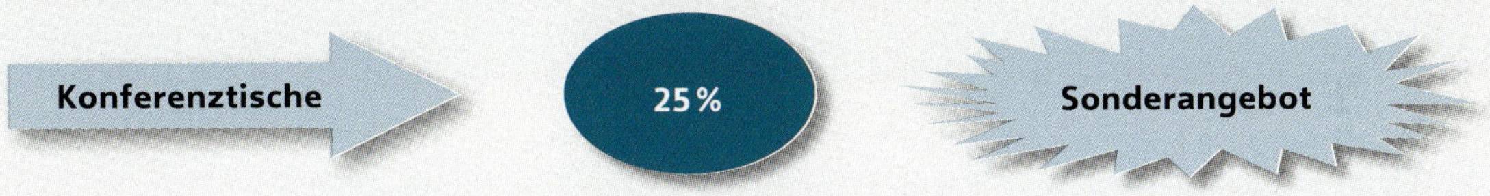

Qualitätsgarantie

Unsere Sitzmöbel werden überwiegend nach den ISO-Qualitätskriterien gefertigt.
Ihre Bauteile und Maße entsprechen den Euronormen EN 1335-1-2-3.
Darauf bekommen Sie 3–10 Jahre Garantie.

Bestimmte Modelle sind darüber hinaus mit dem GS-Zeichen für Qualitätskonstanz und höchte Benutzersicherheit ausgezeichnet.

Hinweise zum Einfügen in entsprechende Formulare der Korrespondenz:

Bitte verwenden Sie ab 1. Januar 20..
unsere neue Kontonummer:

Baden-Württembergische Bank Stuttgart

IBAN DE54 6002 0030 9858 5858 88*
BIC SOLADEST601**

- Wählen Sie einen geeigneten Dateinamen nach der firmenintern festgelegten Regel.
- Speichern Sie die Datei im entsprechenden Verzeichnis.

* IBAN = Internationale Kontonummer
** BIC = Internationale Bankleitzahl

3. Das Unternehmen Schneider Büroeinrichtungen aus Stuttgart plant einen Stand auf der Möbelmesse Orgatec. Dazu erstellt die Marketing-Abteilung einen Messekatalog. Hierzu sollen u. a. die Kontaktdaten der einzelnen Fachverkäufer mithilfe von farblich unterschiedlich gestalteten Textfeldern so aufbereitet werden, dass sie bei Bedarf in die entsprechenden Seiten kopiert werden können.

Texte der Kontaktdaten:

Unsere/unser Fachberaterin/Fachberater ist gerne für Sie da.

Frau Susanne Weber – Systemmöbel (Arbeitsplatzorganisationsmöbel, funktionelle Möbel, Ergänzungsmöbel) – Telefon 0711 123-987

Herr Frank Konrad – Ergänzungsmöbel (Besprechungstische, Sichtschutz-Paneele, Accessoire-Aufsätze, Stellwände, EDV-Möbel) – Telefon 0711 123-989

Herr Harald Sommer – Ablagen und Schränke (Rollladenschränke, allgemeine Schränke, melaminharzbeschichtete Schränke, Regale, Garderobenschränke) – Telefon 0711 123-875

Frau Kerstin Wagner – Chefbüros (moderne Chefbüros, Designermöbel für Chefbüros, Holzmöbel für Chefbüros) – Telefon 0711 123-987

Herr Rainer Thomas – Sitzmöbel (Bürostühle, Chefsessel, funktionelle Sitzmöbel) – Telefon 0711 123-495

Frau Yasemin Deniz – Beleuchtung (Energiesparleuchten, Tisch-Beleuchtung, Halogen-Standleuchten) – Telefon 0711 123-498

a) Gestalten Sie die Textfelder. Beachten Sie bitte, dass den einzelnen Bereichen folgende Farben zugeordnet sind:
- Systemmöbel: Blau
- Ergänzungsmöbel: Braun
- Ablagen und Schränke: Lila
- Chefbüros: Rot
- Sitzmöbel: Grün
- Beleuchtung: Orange

b) Wählen Sie einen geeigneten Dateinamen nach der firmenintern festgelegten Regel.

c) Speichern Sie die Datei im entsprechenden Verzeichnis.

ZUSAMMENFASSUNG

Besondere Zahlengliederungen

- Telefonnummern
- Telefaxnummern
- IBAN
- Postfachnummern
- Postleitzahlen
- Kalenderdaten
- Uhrzeitangaben

Formen

Einfügen

Registerkarte *Einfügen* – Gruppe *Illustrationen* – Schaltfläche *Formen*

Formatieren

- über *Zeichentools*
- über das Kontextmenü – *Form formatieren*

3.11 Wir formatieren Seiten

Einstieg

In vielen Unternehmen wächst der Anteil flexibler Arbeitsplätze – ein Thema, das auch in der Berufsschule aufgegriffen wird. Die Schüler sollen eine Hausarbeit mit dem Titel „Flexible Arbeitswelten" erstellen. Dominik Schlote holt Informationen über innovative Produkte auf dem Markt ein und fasst die interessantesten Produkte in einem Dokument zusammen.

Bevor er das endgültige Layout gestaltet, legt er den Satzspiegel fest und gestaltet den Text mit einem geeigneten Seitenumbruch, denn eine spätere Veränderung der Seitenränder führt zwangsläufig zu aufwendigen Korrekturen.

Richten Sie den Satzspiegel unter Berücksichtigung der Gestaltungsregeln ein. Rufen Sie dazu die Datei *Flexible-Arbeitswelten* aus den Downloadmaterialien auf.

INFORMATIONEN

Standardeinrichtung einer A4-Seite

Über die Seitenformatierung wird das Layout einer Seite bestimmt. Darunter sind die Gestaltung des Satzspiegels und die Anordnung verschiedener Seitenelemente (z. B. Seitennummerierung, Kopf- und Fußzeile) zu verstehen. Der Satzspiegel – in der Abbildung rot umrandet – ist die Nutzfläche, die für den Text und die Abbildungen eines Dokuments zur Verfügung steht.

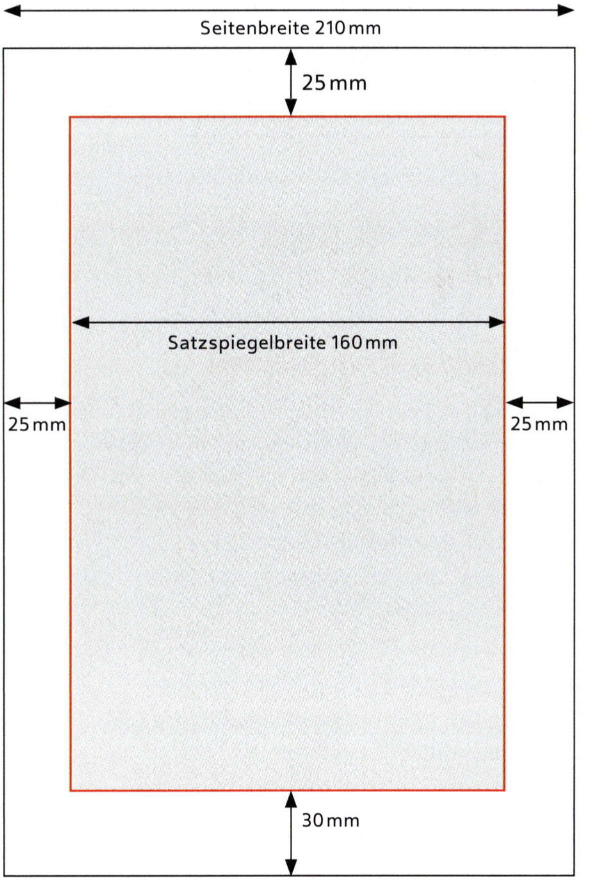

Gestaltungsregel Satzspiegel

Ist der Abstand zum Seitenrand auf allen vier Seiten gleich groß, wirkt der Satzspiegel optisch zu tief. Daher sollte man den Abstand zum unteren Seitenrand immer etwas größer wählen, um einen harmonischen Gesamteindruck zu erzielen.

Seite einrichten

ARBEITSABLAUF

Vordefinierte Randeinstellung auswählen

- Menüband – Registerkarte *Seitenlayout* – Gruppe *Seite einrichten* – *Seitenränder* auswählen
  In der geöffneten Auswahlliste kann aus bereits vordefinierten Randeinstellungen eine passende ausgewählt werden.
- Über die Schaltfläche *Benutzerdefinierte Seitenränder...* kann der Satzspiegel individuell eingestellt werden.

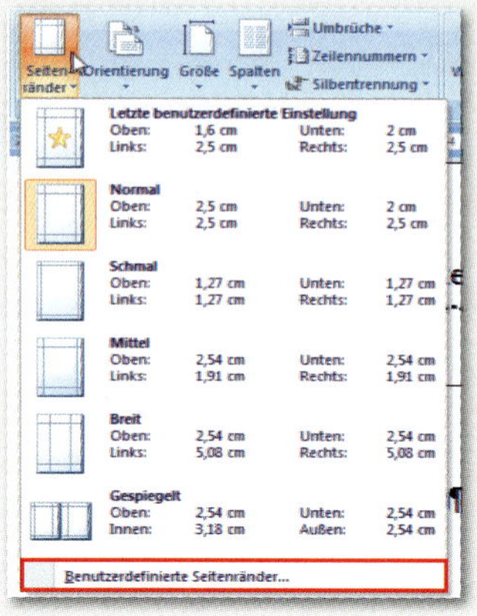

Individuelle Einstellung der Seitenränder

- Dialogfeld *Seite einrichten* – Register *Seitenränder* öffnen
- im Abschnitt *Seitenränder* die gewünschte Randeinstellung *Oben, Unten, Links* und *Rechts* vornehmen
- mit *OK* bestätigen

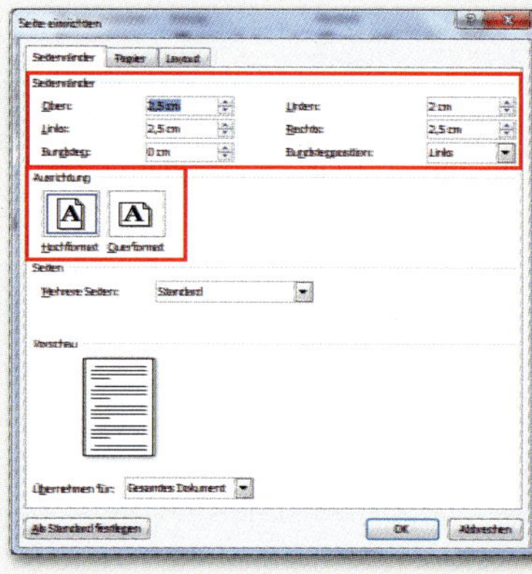

Seite ausrichten

- im Abschnitt *Ausrichtung* die gewünschte Ausrichtung wählen
- mit *OK* bestätigen

Papierformat ändern

- Dialogfeld *Seite einrichten* – Registerkarte *Papier* öffnen
- gewünschtes Papierformat auswählen
- mit *OK* bestätigen

Seitenumbruch vornehmen

Will man an einer beliebigen Stelle eines Dokuments auf die nächste Seite wechseln, nimmt man einen sogenannten Seitenumbruch vor. Hierzu gibt es verschiedene Möglichkeiten:

- Menüband – Registerkarte *Seitenlayout* – Gruppe *Seite einrichten* – Schaltfläche *Umbrüche*– Seitenumbruch auswählen
- an gewünschter Stelle den Seitenumbruch mit der Tastenkombination STRG + Return einfügen
- Menüband Registerkarte *Einfügen* – Gruppe *Seiten* – Seitenumbruch

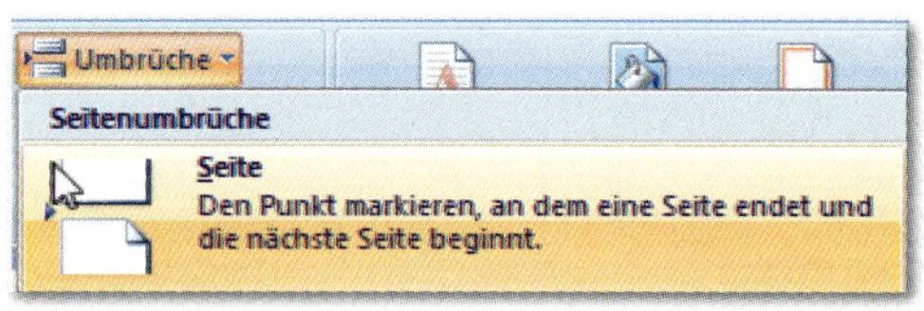

Gestaltungsregeln Seitenformatierung

- Die Anordnung und Reihenfolge der einzelnen Elemente innerhalb des Satzspiegels signalisieren die Wichtigkeit der Information.
- Dabei sollten die üblichen Lesegewohnheiten berücksichtigt werden: Die Blickfolge geht von links nach rechts und von oben nach unten.

- Die größte Aufmerksamkeit liegt beim Lesen auf den beiden oberen Ecken, der Mitte und der rechten unteren Ecke.

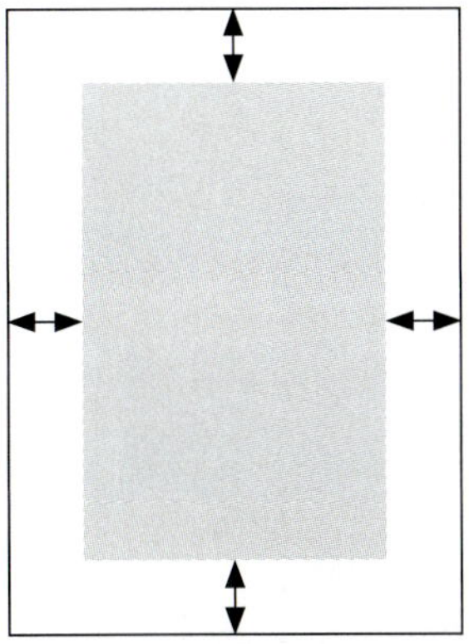

Satzspiegel

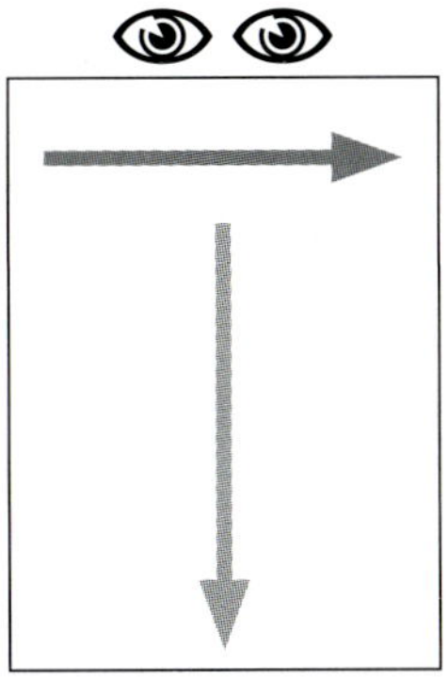

Blickfolge

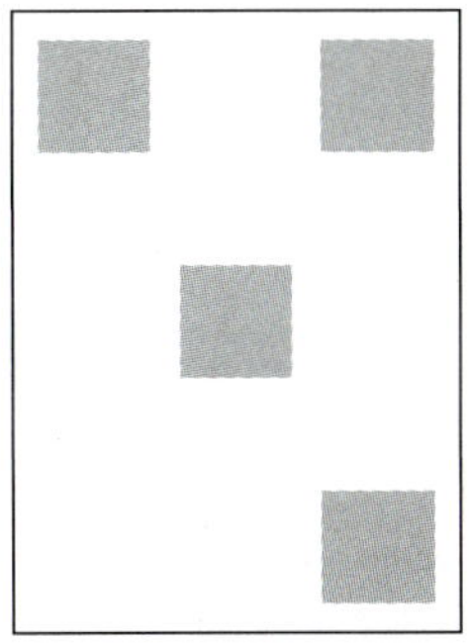

Aufmerksamkeit

BEISPIELE für die innere Aufteilung des Satzspiegels

AUFGABEN

1. Was verstehen Sie unter einem Satzspiegel?
2. Über welche Registerkarte kann eine Seite eingerichtet werden?

AKTION

Web Bearbeiten Sie die Datei *Flexible-Arbeitswelten* weiter.

a) Suchen Sie im Internet passende Bilder zum Text. Beachten Sie das Urheberrecht.
b) Fügen Sie die Fotos an geeigneten Stellen im Text ein.
c) Gestalten Sie den Text mit einem sinnvollen Seitenumbruch.
d) Speichern Sie die Datei im entsprechenden Verzeichnis.

ZUSAMMENFASSUNG

Seiteneinrichtung

Satzspiegel

= Nutzfläche für den Text eines Dokuments

Satzspiegel einrichten

Registerkarte *Seitenlayout* – Gruppe *Seite einrichten* – *Seitenränder*

3.12 Wir erstellen Titelblätter

Einstieg

Dominik Schlote weiß, wie wichtig ein Titelblatt ist, und prüft, ob der Deckblatt-Katalog von Word ein geeignetes Design für seine Hausarbeit „Flexible Arbeitswelten“ enthält. Er probiert einiges aus, entscheidet sich aber dann doch, selbst ein Titelblatt zu gestalten. Er richtet – den allgemeinen Gestaltungsregeln entsprechend – den Satzspiegel ein und gestaltet die Inhalte mithilfe von Textfeldern.

Flexible Arbeitswelten
Wie wird das Büro von morgen aussehen?
Mobile Büromöbel
Der Bench-Arbeitplatz
Der Telearbeitsplatz
Dominik Schlote
Berufsschule Hannover
25. Oktober 20..

Erstellen Sie das Titelblatt. Suchen Sie im Internet eine passendes Bild zum Text. Beachten Sie das Urheberrecht.

INFORMATIONEN

Titelblätter einfügen

Titelblätter sind gestalterische Elemente eines Dokuments. Sie laden den Betrachter zum Lesen des Dokuments ein und bereiten ihn auf den nachfolgenden Text vor.

ARBEITSABLAUF

Titelblätter können aus dem Deckblatt-Katalog von Word eingefügt werden:

- Menüband – Registerkarte *Einfügen* – Gruppe *Seiten* – Auswahl *Deckblatt* öffnen
- Deckblatt durch Klick auswählen
- Beispieltext durch eigenen Text ersetzen
- Deckblatt einfügen

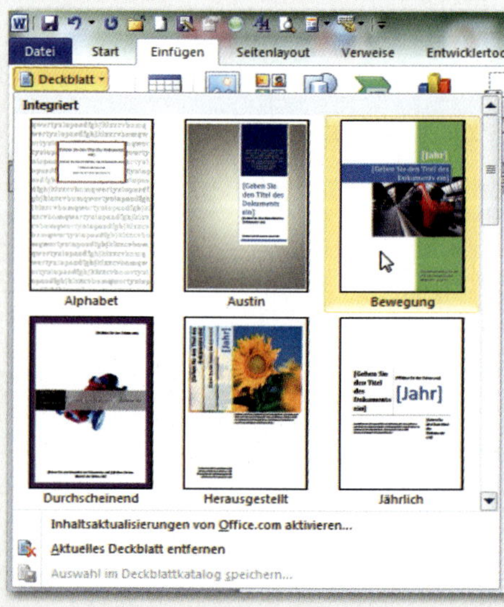

Individuelle Gestaltungsmöglichkeiten mit Textfeldern

Sobald das eingefügte Textfeld angeklickt wird, erscheinen die *Zeichentools*. Über die Registerkarte *Format* – Gruppe *Anordnen* stehen weitere Formatierungsmöglichkeiten zur Anordnung mehrerer Textfelder zur Verfügung.

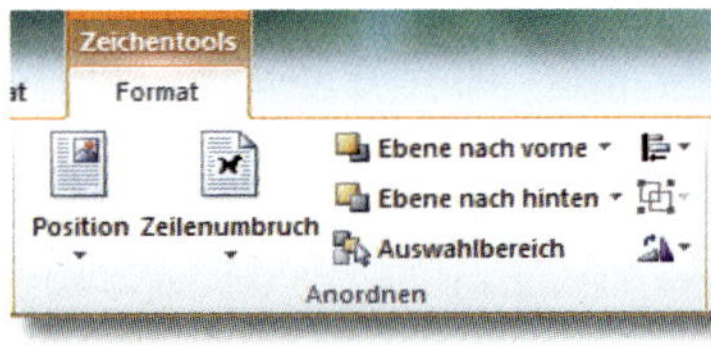

Position

Das eingefügte Textfeld kann über die entsprechenden Schaltflächen auf der aktuellen Seite positioniert werden. Durch die Live-Vorschau wird beim Überfahren der Schaltfläche mit dem Cursor das Ergebnis sofort angezeigt.

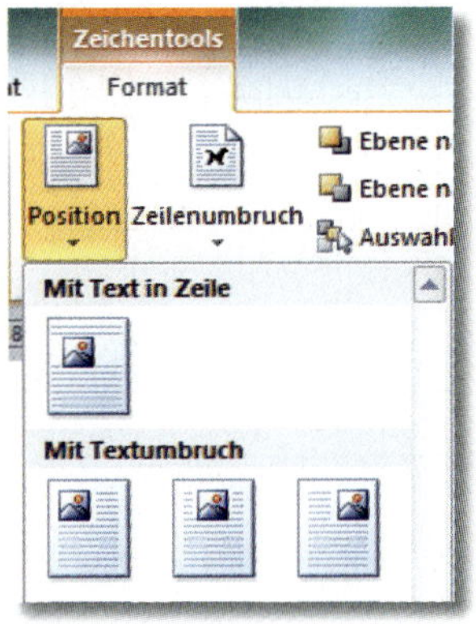

In den Vordergrund/In den Hintergrund

Durch das Übereinanderlegen von Textfeldern und anderen Zeichnungsobjekten können zusätzliche Effekte erzielt werden. Es werden drei Ebenen unterschieden: die Text-, die Hintergrund- und die Vordergrundebene.

Zeilenumbruch

Über *Zeilenumbruch* lassen sich Textfelder und andere Zeichnungsobjekte wie folgt formatieren:

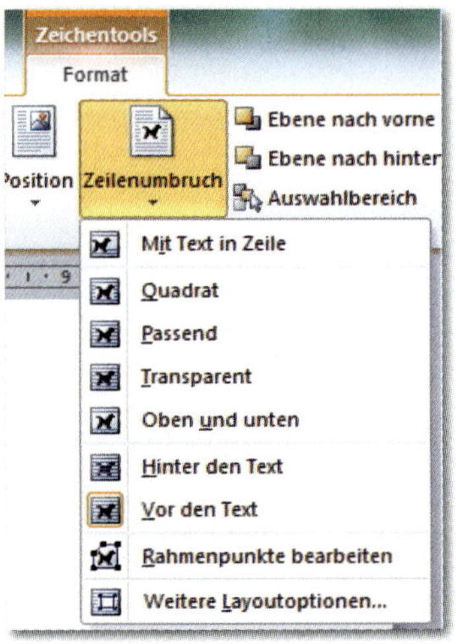

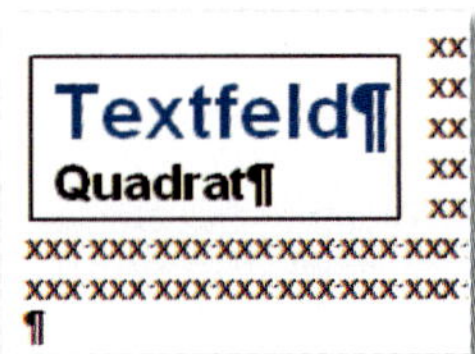

Rahmenpunkte bearbeiten

Ausrichten

Das markierte Textfeld kann entsprechend den Befehlen im Menü *Ausrichten* auf der Seite angeordnet werden.

Über *Gitternetzlinien anzeigen* kann die ganze Seite mit einem Raster versehen werden, was die Anordnung und Ausrichtung von Zeichnungselementen erheblich erleichtert.

Über den Befehl *Rastereinstellungen* ... können u. a. die Abstände individuell eingestellt werden.

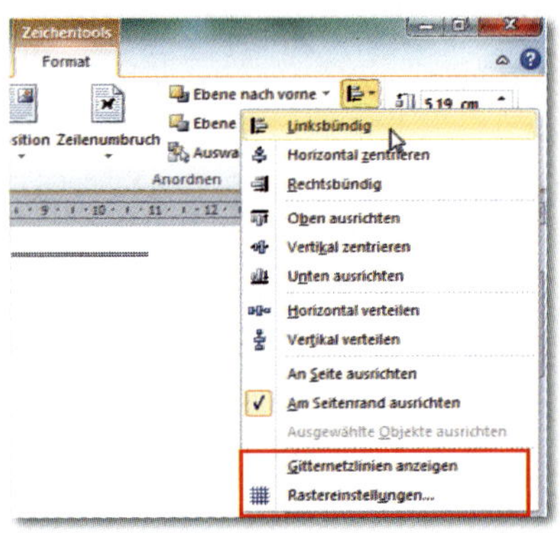

Textfelder gruppieren

Der Befehl *Gruppieren* verbindet Objekte miteinander. Sollen z. B. die erstellten Textfelder/Zeichnungsobjekte an einer anderen Stelle im Zeichnungsbereich positioniert werden, so ist dies ziemlich aufwendig, denn jedes Objekt muss an die neue Position gezogen und ausgerichtet werden. Das Programm bietet für einen solchen Fall die Möglichkeit der Gruppierung.

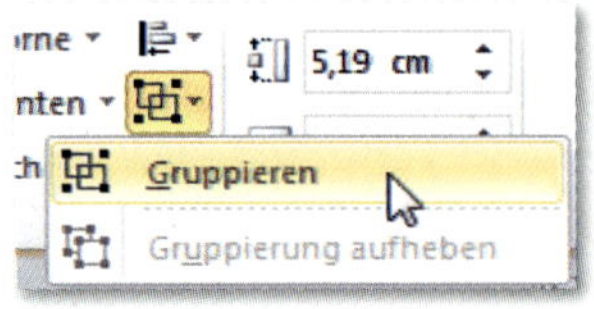

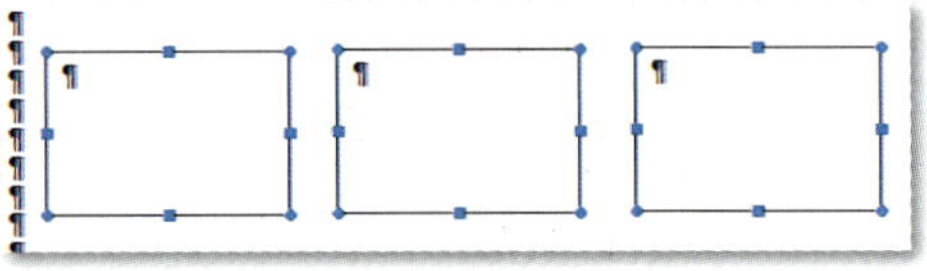

Um die Objekte wieder voneinander zu lösen, muss die Gruppierung aufgehoben werden.

ARBEITSABLAUF

- Textfelder mit gedrückter Umschalttaste markieren
- *Zeichentools* – Registerkarte *Format* – Gruppe *Anordnen* – *Gruppieren* anklicken
- Schaltfläche *Gruppierung aufheben*

Textrichtung ändern

ARBEITSABLAUF

- Textfeld markieren
- *Zeichentools* – Registerkarte *Format* – Gruppe *Text* – *Textrichtung* anklicken
- Richtung wählen und mit *OK* bestätigen

AUFGABEN

1. In welcher Registerkarte/Gruppe werden Vorlagen für Titelblätter angeboten?
2. Beschreiben Sie, wie Sie Titelblätter individuell gestalten können.

AKTION

Web Gestalten Sie für die Hausarbeit „Flexible Arbeitswelten" ein Titelblatt nach Ihren eigenen Ideen.

a) Berücksichtigen Sie die DIN 5008 und richten Sie – den allgemeinen Gestaltungsregeln entsprechend – den Satzspiegel ein.
b) Gestalten Sie die Inhalte mithilfe von Textfeldern.
c) Wählen Sie einen geeigneten Dateinamen nach der firmenintern festgelegten Regel.
d) Speichern Sie die Datei im entsprechenden Verzeichnis.
e) Ergänzen Sie die Hausarbeit um das neu erstellte Titelblatt.
f) Präsentieren Sie Ihr Ergebnis.
g) Entscheiden Sie sich zwischen dem aus der Wordvorlage entwickelten Titelblatt und dem selbst gestalteten Titelblatt und fügen Sie es über die Zwischenablage in das Dokument *Flexible-Arbeitswelten* ein.

ZUSAMMENFASSUNG

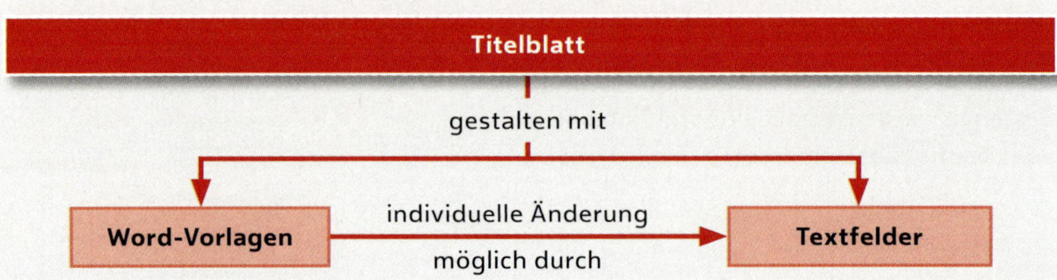

3.13 Wir positionieren Texte mithilfe von Tabulatoren

Einstieg

Gut funktionierende Büros steigern die Qualität der Kundenbetreuung und erlauben eine schnellere Bearbeitung der Aufträge. Die Investition in eine gute Büroeinrichtung rechnet sich meistens. Deshalb ergänzt Dominik Schlote seine Hausarbeit um eine beispielhafte Bürokostenanalyse, die er mithilfe von Tabstopps gestaltet.

Beispiel einer Bürokostenanalyse

Verteilung der Bürokosten	
Personalkosten	48.500,00 €
Flächenkosten	7.920,00 €
Sachmittelkosten	3.295,00 €
Bürokosten insgesamt	**59.715,00 €**
Verteilung der Sachmittelkosten Bürotechnik	**4.950,00 €**
Abschreibung – 3 Jahre	1.650,00 €
Verzinsung 5 %	125,00 €
Geschäftswert-Beitrag	250,00 €
Bürobedarf (jährlicher Durchschnittsbedarf)	**450,00 €**
Büro-Einrichtung (Beschaffungspreis)	**5.400,00 €**
Abschreibung – 13 Jahre	415,00 €
Verzinsung 5 %	135,00 €
Geschäftswert-Beitrag	270,00 €

Gestalten Sie die Bürokostenanalyse mithilfe von Tabulatoren. Setzen Sie dazu einen rechtsbündigen Tabstopp auf 16 cm mit Füllzeichen.

INFORMATIONEN

Text mit Tabulatoren exakt positionieren

Tabulatoren helfen, Texte in einem Dokument exakt zu positionieren. Der Standardtabulator wird mit kleinen hellgrauen, senkrechten Strichen unten im Zeilenlineal angezeigt. Neben dem Standardtabulator[1] gibt es noch weitere Tabulatorfunktionen für die Gestaltung von Texten.

Allgemeine Hinweise zur Handhabung von benutzerspezifischen Tabstopps:

- Die benutzerspezifischen Tabstopps sind zunächst in der Zeile, in der der Cursor bei der Zuweisung steht, aktiv.
- Will man die benutzerspezifischen Tabstopps im gesamten Textbereich oder in einem bestimmten Bereich verfügbar machen, müssen sie vorher markiert werden.
- Beim Setzen benutzerspezifischer Tabstopps sind die Standard-Tabstellen in diesem Textbereich deaktiviert.

1 siehe Kap. 2.15

Folgende Ausrichtungen der Tabstopps sind möglich:

Links
Links
Zentriert
Rechts
Dezimal

Zentriert
Links
Zentriert
Rechts
Dezimal

Rechts
Links
Zentriert
Rechts
Dezimal

Dezimal
555,00 €
5.890,00 €
33,80 €
555.000,88 €

Vertikale Linie

Wird die Option *Vertikale Linie* angeklickt, fügt das Programm an jeder Tabstoppposition eine senkrechte Linie ein.

Tabstopps setzen und löschen

Über das Menüband

Tabstopp setzen

ARBEITSABLAUF

- Cursor positionieren oder Zeilen markieren
- über das Menüband – Registerkarte *Start* – Gruppe *Absatz* – Dialogfeld *Absatz* – Schaltfläche *Tabstopps...* Fenster *Tabstopps* öffnen
- gewünschten Wert in das Feld *Tabstoppposition* eintragen
- Ausrichtung festlegen
- Tabstopp über die Schaltfläche *Festlegen* in die Liste aufnehmen
- Arbeitsablauf für weitere Tabstopps wiederholen
- mit *OK* bestätigen

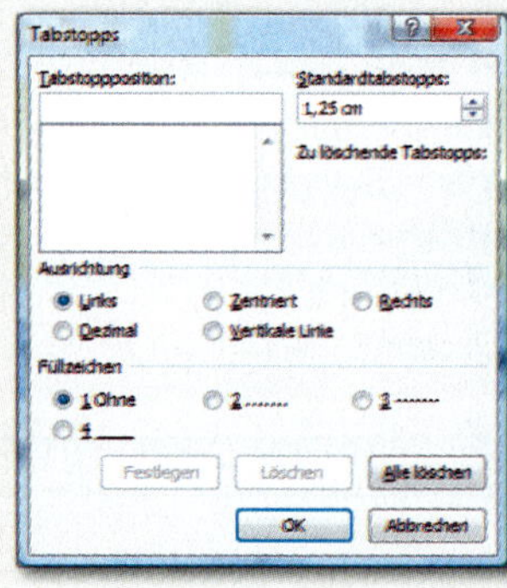

Tabstopp mit Füllzeichen

Füllzeichen eignen sich besonders gut für das Erstellen von Verzeichnissen. Durch die Füllzeichen wird das Auge des Lesers vom Eintrag zur dazugehörigen Zahl geführt.

ARBEITSABLAUF

- in das Feld *Tabstoppposition* den gewünschten Wert eingeben
- Ausrichtung festlegen
- im Abschnitt *Füllzeichen* passende Linie wählen
- Schaltfläche *Festlegen* betätigen
- mit *OK* bestätigen

Tabstopp löschen

ARBEITSABLAUF

- Tabulator im Listenfeld *Tabstoppposition* markieren
- Schaltfläche *Löschen* betätigen

Sollen alle Tabbstopps gelöscht werden, genügt es, die Schaltfläche *Alle löschen* **anzuklicken.**

Über das Zeilenlineal

Die Ausrichtungsmöglichkeiten der Tabstopps werden im Lineal folgendermaßen dargestellt:

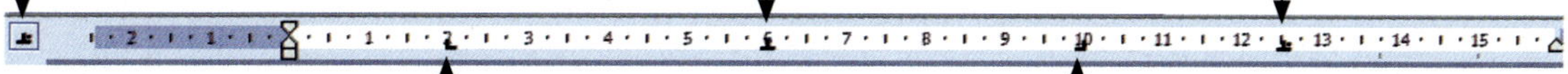

ARBEITSABLAUF

Tabstopp setzen

- Mauszeiger positionieren
- auf die quadratische Fläche im Zeilenlineal klicken
- gewünschte Position im Zeilenlineal wählen

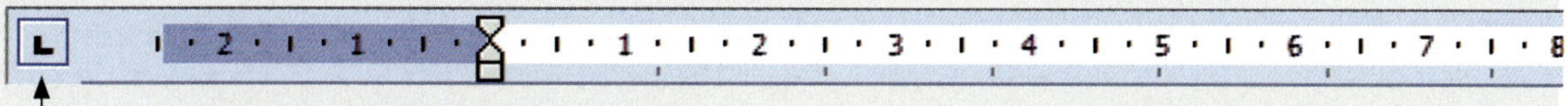

Tabstopp verschieben

- gewünschten Tabstopp mit der Maus anklicken und an die gewünschte Position ziehen

Tabstopp löschen

- gewünschten Tabstopp mit der Maus anklicken und mit gedrückter Maustaste aus dem Zeilenlineal ziehen
- Maustaste loslassen

AUFGABEN

1. Welche Aufgabe hat der Einsatz des Standardtabulators?
2. Woran erkennt man Standardtabulatoren im Zeilenlineal?
3. In welcher Registerkarte/Gruppe werden die Tabstopps eingestellt?
4. Welche Ausrichtungen von Tabstopps sind möglich?

AKTIONEN

1. Schreiben Sie folgende Texte in zwei übersichtlichen Tabellen und setzen Sie an geeigneten Stellen Tabstopps.

   Notwendige Öffnungszeit bei Stoßlüftung. Winter 4 – 6 Minuten, Sommer 25 – 30 Minuten, Frühjahr 16 – 20 Minuten, Herbst 12 – 15 Minuten.

   Farbgestaltung am Arbeitsplatz. Rot – Alarmfarbe – Verbot; Gelb – Warnfarbe – Warnung; Grün – Sicherheitsfarbe – Hinweis; Blau – Ordnungsfarbe – Gebot.

2. Schreiben Sie folgende Tabelle:

   Bürostühle – Preise

   Drehstuhl *Operator* .... 310,00 €
   Besucher-Schwingstuhl .... 205,00 €
   Drehsessel *Vogue* .... 345,00 €
   Besucher-Schwingstuhl .... 195,00 €

ZUSAMMENFASSUNG

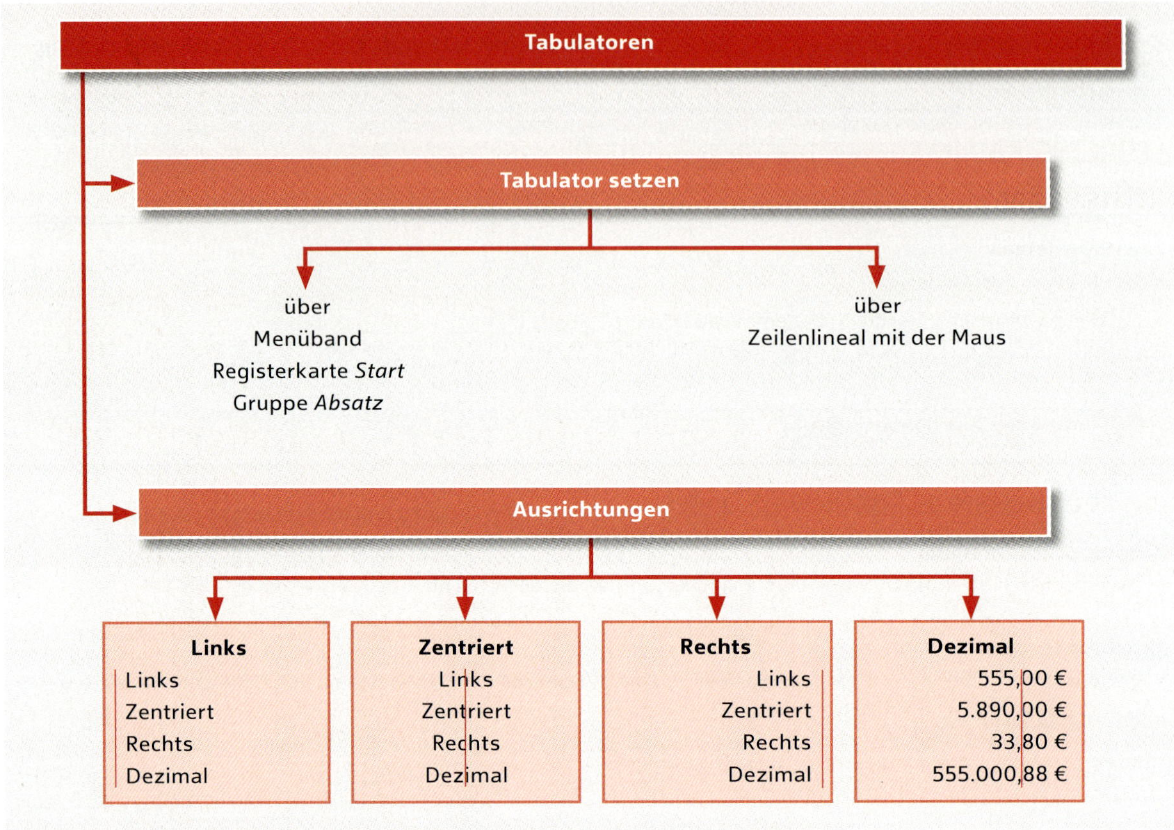

3.14 Wir erstellen Kopf- und Fußzeilen

Einstieg

Im nächsten Schritt richtet Dominik Schlote in seiner Hausarbeit „Flexible Arbeitswelten“ eine Kopf- und Fußzeile ein. Auch hier bietet das Programm schon vorgefertigte Gestaltungsmöglichkeiten. Dominik schaut sich die gestalteten Kopf- und Fußzeilen an, entschließt sich dann aber, eine individuelle Kopf- und Fußzeile zu gestalten.

Gestalten Sie für die Broschüre „Flexible Arbeitswelten“ eine Kopf- und Fußzeile mithilfe von Textfeldern.

INFORMATIONEN

Stellung der Kopf- und Fußzeile im Dokument

Bei mehrseitigen Dokumenten empfiehlt es sich, eine Kopf- und/oder Fußzeile einzurichten. Die Kopf- und Fußzeilen befinden sich außerhalb des Satzspiegels, d. h., sie werden in den oberen und unteren Randbereich eines Dokuments gesetzt.

Allgemeine Hinweise

- Zur besseren Orientierung wird der Kopf- und Fußzeilenbereich mit Begrenzungslinien angezeigt.
- Die einmal am Anfang eingerichtete Kopf- und Fußzeile setzt sich auf jeder Seite des dazugehörigen Dokuments fort.
- Der Kopf- und Fußzeilenbereich passt sich jeder beliebigen Größe an.
- Kopf- und Fußzeilen werden nur in der Seitenlayoutansicht und im Vollbild-Lesemodus sichtbar.
- Zur Gestaltung innerhalb der Kopf- und Fußzeile können alle bekannten Absatz- und Zeichenformatierungen ohne Einschränkungen genutzt werden. Auch Grafiken, Objekte, ClipArts und sogar die Tabellenfunktion können als Gestaltungselement verwendet werden.

Kopf- und Fußzeilen erstellen

Gestaltungsregeln

- Kopf- und Fußzeilen enthalten organisatorische Informationen und sind daher dezent zu gestalten.
- Die verwendete Schriftgröße fällt in der Fußzeile in der Regel 2 pt kleiner als die gewählte Textschrift aus.
- Eine dunkelgraue Schriftfarbe in der Fußzeile unterstützt die dezente Wirkung.
- Die durch Tabstopps vorgegebene Einteilung (links, zentriert, rechts) ist zweckmäßig, muss aber nicht eingehalten werden. Bei der Anordnung der Elemente ist auf eine ausgewogene Gesamtwirkung zu achten.
- Titelblätter mehrseitiger Dokumente enthalten in der Regel keine Kopf- und Fußzeile.

BEISPIELE

Klassisch mit Rahmenlinien

(Kopfzeile)

Flexible·Arbeitswelten¶

¶

20..-10-17 → Dominik·Schlote → Seite·1 von·1 ¶

(Fußzeile)

Modern im Textfeld

(Kopfzeile)

Flexible·Arbeitswelten¶

¶

20..-10-17 → Dominik·Schlote → Seite·1 von·1 ¶

(Fußzeile)

Kopf- und Fußzeilen gestalten

ARBEITSABLÄUFE

Kopf- und Fußzeile einfügen

- Menüband
- Registerkarte *Einfügen*
- Gruppe *Kopf- und Fußzeile*
- Schaltfläche *Kopfzeile/Fußzeile*

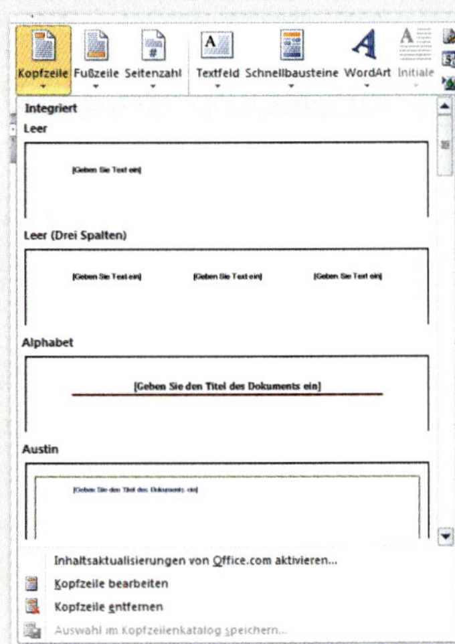

Kopfzeile/Fußzeile bearbeiten

Über die Schaltfläche *Kopfzeile/Fußzeile bearbeiten* kann der Bereich der Kopfzeile individuell bearbeitet oder eine vorgefertigte Kopfzeile verändert werden.

Kopfzeile/Fußzeile löschen

Über die Schaltfläche *Kopfzeile/Fußzeile entfernen* wird die aktuelle Kopf- oder Fußzeile gelöscht.

Sobald eine Kopf- und/oder Fußzeile eingefügt wird, werden die Kopf- und Fußzeilentools sichtbar. Die Registerkarte *Entwurf* enthält alle wichtigen Funktionen, die bei der Erstellung einer Kopf- und Fußzeile zum Tragen kommen können.

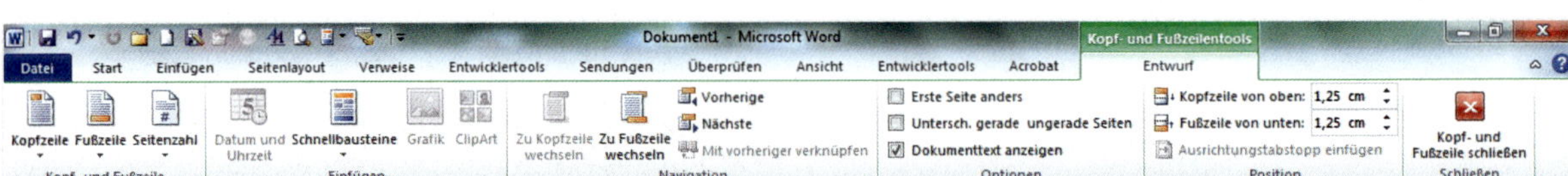

Standardmäßig befinden sich drei Tabstopps (links, zentriert und rechts) sowohl in der Kopfzeile als auch in der Fußzeile. Falls erforderlich, ist die Einstellung auch über die Gruppe *Position* – Befehl *Ausrichtungstabstopps einfügen* möglich.

Rahmenlinie einfügen

ARBEITSABLAUF

- Registerkarte *Start* – Gruppe *Absatz* – Listenpfeil neben dem Symbol *Rahmenlinie* anklicken
- Option *Rahmen und Schattierung...* wählen
- *Farbe:* wählen
- Breite der Kopfzeile auf 2¼ pt, Breite für Fußzeile auf 1 pt einstellen
- Vorschau: Symbol *Rahmenlinie unten* für die Kopfzeile bzw. *Rahmenlinie oben* für die Fußzeile aktivieren
- mit *OK* bestätigen

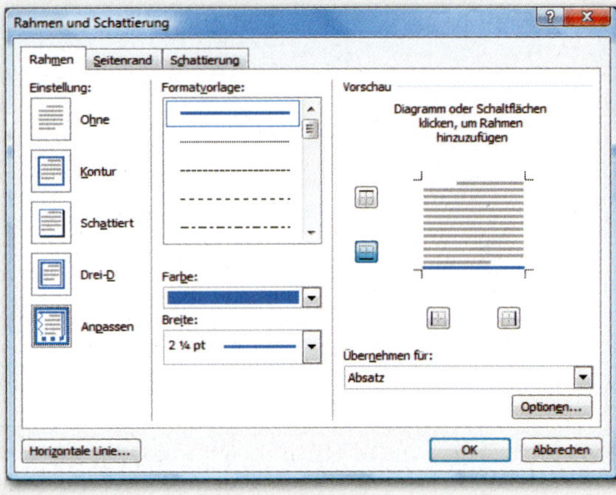

Grafiken oder ClipArts einfügen

Um Grafiken oder ClipArts einzufügen, geht man folgenden Weg:
Kopf- und Fußzeilentools – Registerkarte *Entwurf* – Gruppe *Einfügen* – Symbol *Grafik* oder Symbol *ClipArt*

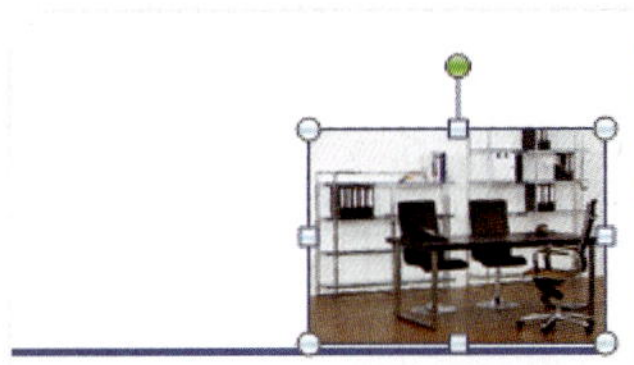

Seitenzahlen einfügen

Weg: *Kopf- und Fußzeilentools* – Gruppe *Kopf- und Fußzeile* – Schaltfläche *Seitenzahl*
In den Listenfeldern *Seitenanfang*, *Seitenende*, *Seitenränder* und *Seitenzahlen* befinden sich entsprechende Gestaltungsvorschläge in unterschiedlichen Layouts.

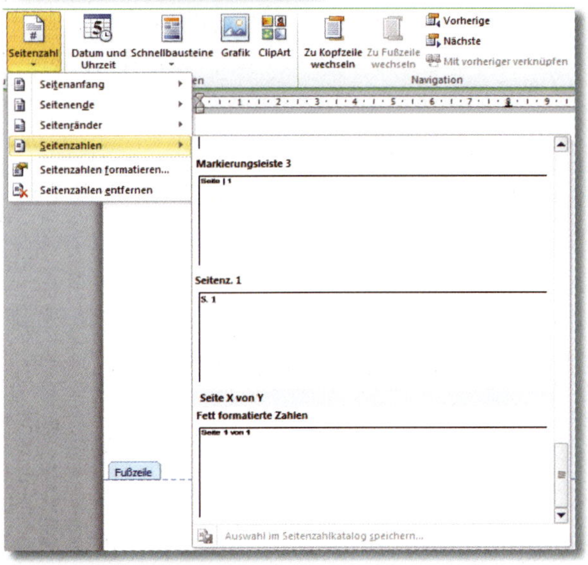

Seitenanfang
Die Seitennummer wird in die Kopfzeile eingefügt.

Seitenende
Die Seitennummer wird in die Fußzeile eingefügt.

Seitenränder
Die Seitennummer befindet sich in der Mitte des linken/rechten Rands.

AUFGABEN

1. Welche Auswirkung hat die Einrichtung von Kopf- und Fußzeile auf die folgenden Seiten?
2. Wie werden Kopf- und Fußzeilen erstellt?

AKTION

Erstellen Sie individuelle Kopf- und Fußzeilen.

a) Gestalten Sie eine klassische Kopf- und Fußzeile mit Ihren Angaben.
b) Gestalten Sie eine weitere Kopf- und Fußzeile mithilfe eines Word-Layouts. Passen Sie gegebenenfalls das Layout nach den allgemeinen Gestaltungsregeln an.
c) Wählen Sie geeignete Dateinamen nach der firmenintern festgelegten Regel.
d) Speichern Sie die Dateien im entsprechenden Verzeichnis.

ZUSAMMENFASSUNG

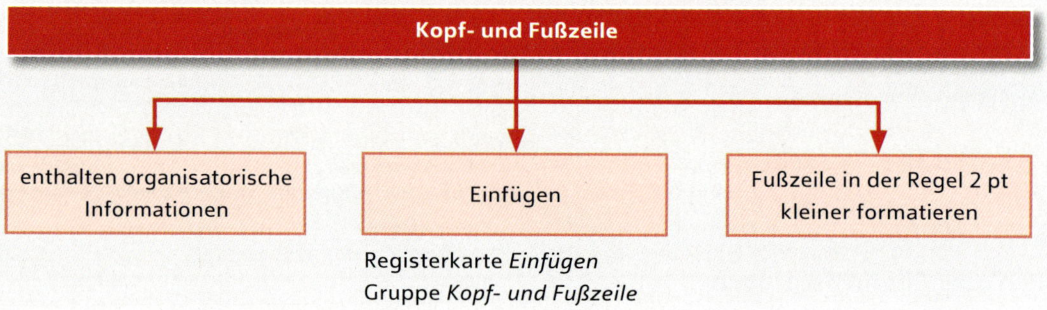

3.15 Wir erstellen Texte in Tabellenform

Einstieg

Für den Katalog „Hoffmann-Seminare 20..“ sollen die eintägigen Seminarveranstaltungen übersichtlich in einer Tabelle dargestellt werden. Gemeinsam mit Frau Schwab legt Carolin Saager auf der Grundlage der vorliegenden Informationen den Tabellenaufbau fest. Danach prüft sie, welche Funktionen des Textverarbeitungsprogramms für die Umsetzung benötigt werden.

Eintägige Seminare 20..

Seminar	Veranstaltungsorte und Termine			Preis in EUR
	Hannover	Rostock	München	
Ergonomie am Arbeitsplatz	20..-10-28	20..-03-08	20..-07-25	375,00
Effektives Zeitmanagement	20..-08-15	20..-11-23	20..-03-09	280,00
Konfliktmanagement	20..-03-12	20..-06-09	20..-10-30	345,00
Reisekosten abrechnen	20..-04-28	20..-08-01	20..-09-30	435,00
Messeorganisation	20...-02-08	20..-04-25	20..06-08	510,00
Management-Assistenz	20..-03-01	20..-05-19	20..-10-31	680,00

Erstellen Sie die Tabelle für den Katalog „Hoffmann-Seminare 20..“.

INFORMATIONEN

Tabellenaufbau

Das Programm Word bietet mit der Tabellenfunktion die Möglichkeit, in einem vorgefertigten Raster zu arbeiten. Eine mit der Tabellenfunktion erstellte Tabelle enthält Zeilen, Spalten und Zellen/Felder. Die Zeilen und Spalten sind aus Zellen/Feldern aufgebaut. In den Zellen befindet sich der Tabelleninhalt wie Text, Berechnungen usw. Jede Zelle kann beliebig vergrößert oder verkleinert werden.

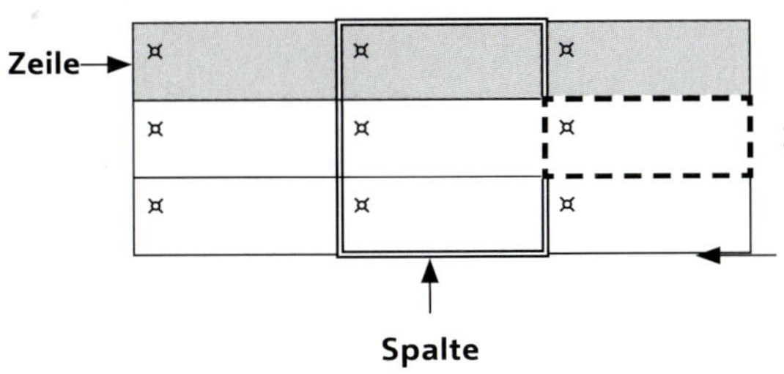

In jeder Zelle befindet sich ein Zellen-Ende-Zeichen ¤. Es gehört zu den nichtdruckbaren Zeichen.

Standardmäßig zeigt das Programm die Tabelle mit der Rahmenlinie ½ pt an. Über die *Tabellentools*, die im Menüband sichtbar werden, sobald eine Tabelle erstellt wurde, können die Rahmenlinien entfernt werden: *Tabellentools* – Registerkarte *Entwurf* – Befehl *Rahmen* – Option *Kein Rahmen.* Zur Orientierung können dann Gitternetzlinien eingeblendet werden. Das Ein- und Ausblenden erfolgt über die *Tabellentools* – Registerkarte *Layout* – Gruppe *Tabelle* – Befehl *Rasterlinien anzeigen.*

DIN 5008: Tabellenaufbau

Tabellen haben die Aufgabe, Inhalte übersichtlich anzuordnen und darzustellen. Eine Tabelle besteht in der Regel aus einer Überschrift, einem Tabellenkopf, einer Vorspalte und Zellen.

Tabellenkopf ↓ **Überschrift**

Kopfbezeichnung / Vorspaltenbezeichnung	Spaltenbezeichnung	Gemeinsame Spaltenbezeichnung	
		Spaltenbezeichnung	Spaltenbezeichnung
Zellenbezeichnung			
Zellenbezeichnung		Feld/Zelle	
Zellenbezeichnung				← **Zeile**
Insgesamt	Summenzeile (nicht immer vorhanden)		

↑ **Vorspalte** ↑ **Spalte**

Tabelle einfügen

ARBEITSABLAUF

- Menüband – Registerkarte *Einfügen*
- über das *Tabellenraster* die Tabelle durch Markieren der Zellen und Zeilen einfügen
- alternativ: über das Menü *Tabelle einfügen* die Spalten- und Zeilenanzahl in die entsprechenden Felder eingeben
- Eingabe mit *OK* bestätigen

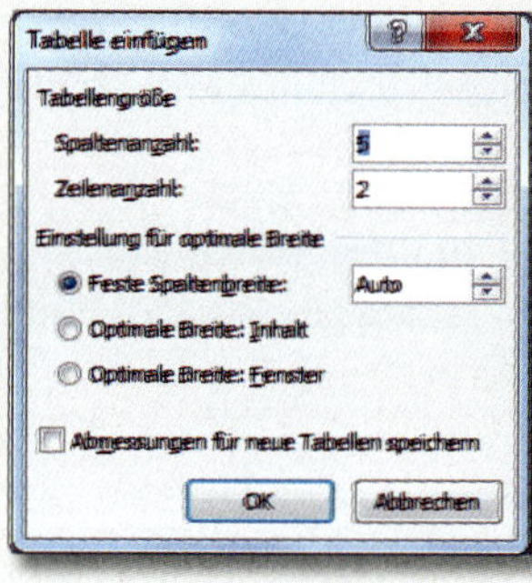

Tabellen bearbeiten

Tabellenelemente markieren

Ganze Tabelle markieren

Durch Klick auf den Vierfachpfeil ✥ in der linken oberen Ecke wird die gesamte Tabelle markiert.

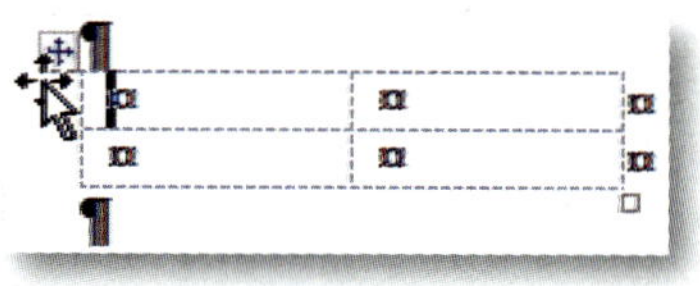

Zellinhalt markieren

Die Markierung des Zellinhalts erfolgt wie die Markierung außerhalb einer Tabelle.

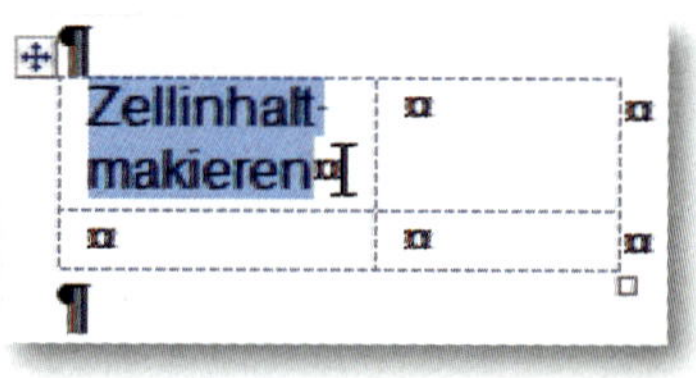

Ganze Zelle markieren

Der Cursor wird an den linken Zellenrand bewegt, bis er sich zu einem schräg nach oben weisenden Pfeil verwandelt. Ein Mausklick markiert die Zelle.

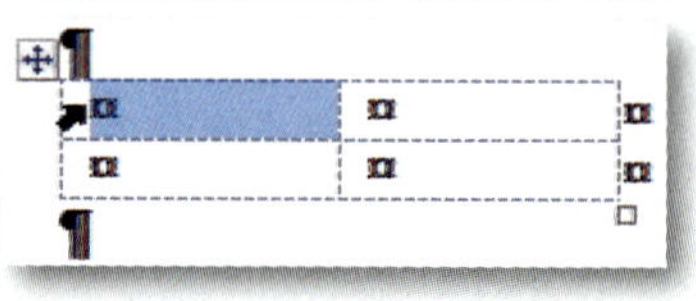

Spalte markieren
Der Cursor wird auf die oberste horizontale Linie der Spalte bewegt, bis er sich zu einem nach unten zeigenden Pfeil verwandelt. Ein Mausklick markiert die ganze Spalte.

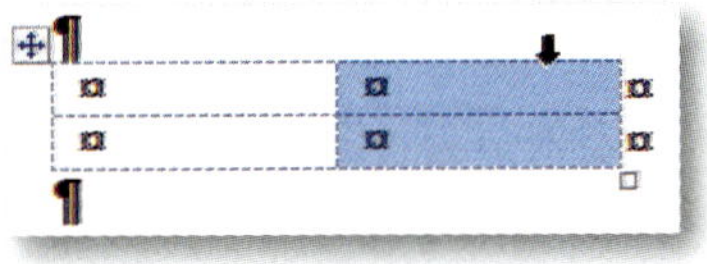

Zeile markieren
Der Cursor wird so lange nach links neben die Zeile bewegt, bis er sich zu einem schräg nach oben zeigenden Pfeil verwandelt. Ein Mausklick markiert die ganze Zeile.

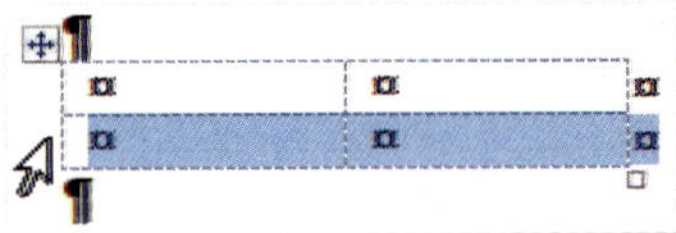

Spaltenbreite und Zeilenhöhe mit der Maus formatieren

Spaltenbreite verändern
Die Spaltenbreite kann nachträglich mit der Maus verändert werden. Dazu muss die Maus auf die vertikale Linie gesetzt werden, bis ein Doppelpfeil mit zwei senkrechten Strichen sichtbar wird. Mit gedrückter Maustaste kann dann die vertikale Linie auf die gewünschte Position gezogen werden.

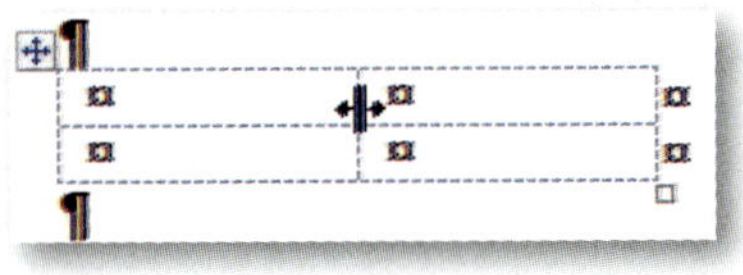

Zeilenhöhe verändern
Der Cursor muss so lange auf den unteren Rand der ausgewählten Zelle bewegt werden, bis er sich in einen Doppelpfeil verwandelt. Durch Ziehen mit gedrückter Maustaste kann die gewünschte Höhe eingestellt werden. Mit gleichzeitig gedrückter ALT-Taste kann die Zellenhöhe stufenlos eingestellt werden.

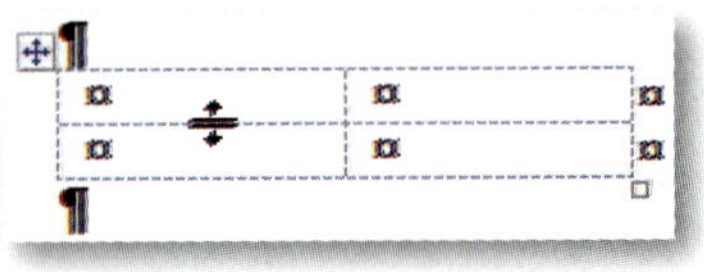

Zellen/Tabelle teilen und verbinden

ARBEITSABLAUF

- Zelle/Zellen markieren
- *Tabellentools* – Registerkarte *Layout* anklicken
- Gruppe *Zusammenführen* – Befehl *Zellen verbinden/Zellen teilen* anklicken
- Über die Option *Tabelle teilen* lässt sich eine Tabelle einfach teilen. Der Cursor muss in der Zeile positioniert werden, die die erste Zeile der zweiten Tabelle werden soll.
- Geteilte Tabellen lassen sich durch das Löschen der Absatzmarke schnell wieder zusammenführen.

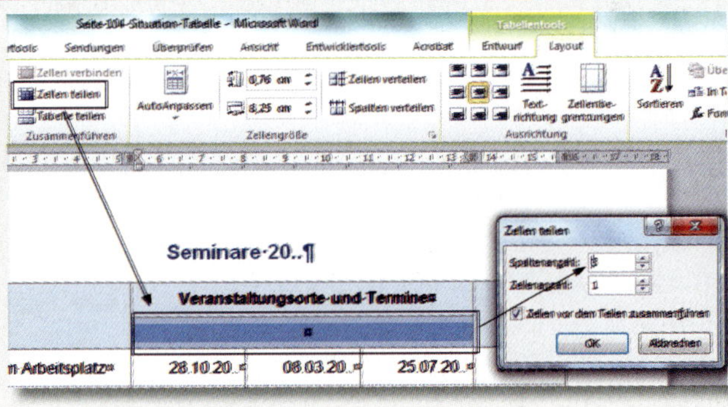

Zeilen und Spalten verteilen

ARBEITSABLAUF

- Zeilen/Spalten markieren
- *Tabellentools* – Registerkarte Layout – Gruppe *Zellengröße* auswählen
- Befehl *Zellen verteilen/Spalten verteilen* anklicken

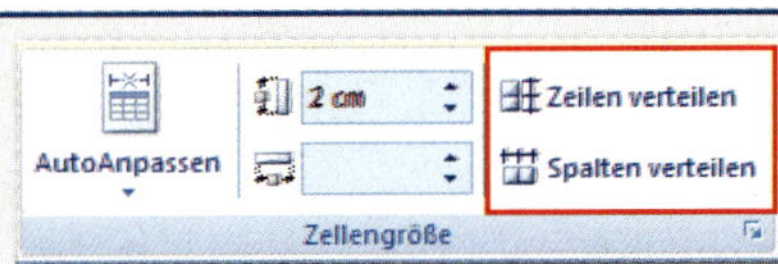

Zellinhalte ausrichten

ARBEITSABLAUF

- Zellen markieren
- *Tabellentools* – Registerkarte *Layout* – Gruppe *Ausrichtung* wählen
- gewünschte Ausrichtung anklicken

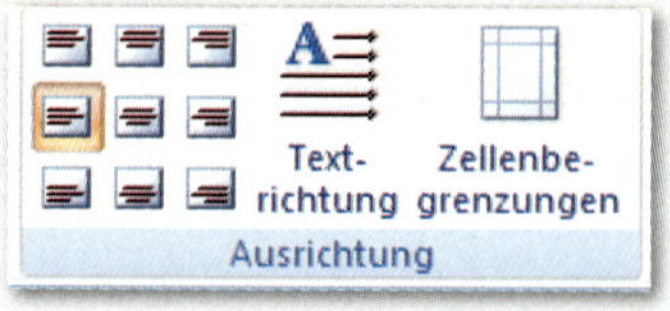

Abstand der Gitternetzlinien zum Text einstellen

ARBEITSABLAUF

- Tabelle markieren
- *Tabellentools* – Registerkarte *Layout* – Gruppe *Ausrichtung* auswählen
- Fenster *Zellenbegrenzungen* öffnen
- Standardzellenbegrenzung *Oben:* 0,00 cm, *Unten:* 0,00 cm durch neuen Abstandswert ersetzen
  Ein angemessener Abstandswert ist 0,15 cm.

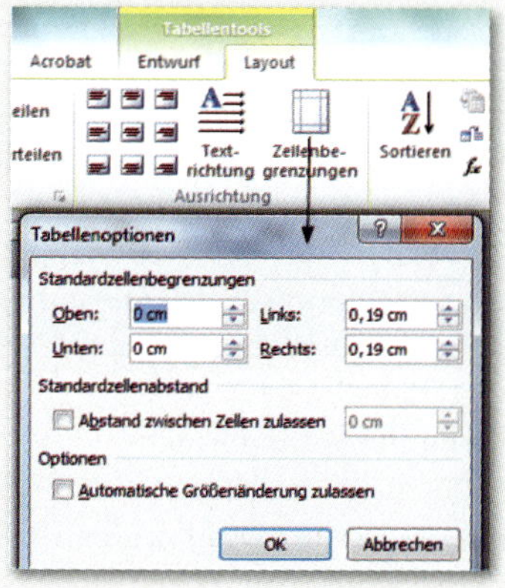

Tabelle mit Rahmenlinien gestalten

ARBEITSABLAUF

- *Tabellentools* – Registerkarte *Entwurf* – Gruppe *Tabellenformatvorlagen* – Befehl *Rahmen:* Die eingestellte Rahmenlinie kann über die entsprechenden Optionen (*Rahmenlinie unten* usw.) nach Wunsch zugewiesen werden.
- individuelle Einstellung der Rahmenlinie über den Befehl *Rahmen – Rahmen und Schattierung...* – Registerkarte *Rahmen*
- Rahmenlinien im gewünschten Layout über die Felder *Formatvorlage:* oder *Farbe:* und *Breite:* formatieren
- Einstellung mit *OK* bestätigen

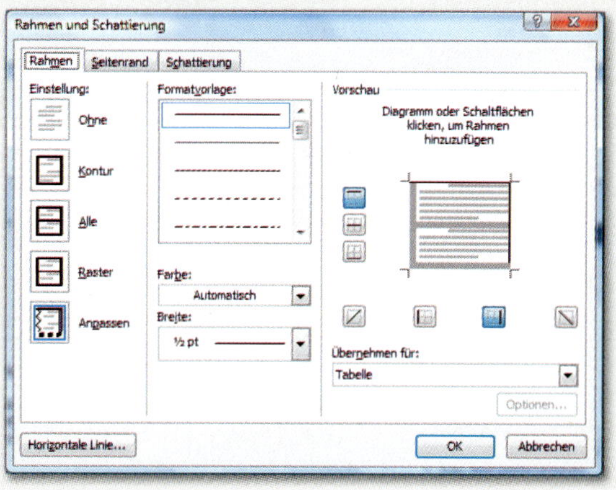

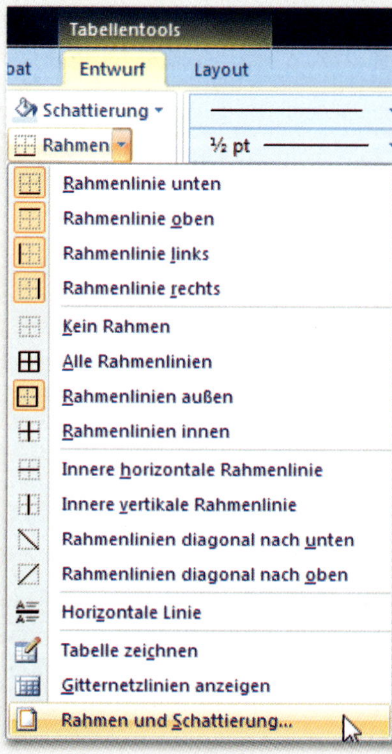

Zellen schattieren

ARBEITSABLAUF

- *Tabellentools* – Registerkarte *Entwurf* – Gruppe *Tabellenformatvorlagen* – Auswahl *Schattierung* öffnen
- Alternativ: Befehl *Rahmen* – *Rahmen und Schattierung* – Registerkarte *Schattierung* – *Füllung* öffnen
- gewünschte Farbe auswählen

Tabellenlayout

- Das Layout der Tabelle sollte dem Corporate Design des Unternehmens angepasst werden.
- Schriftart und -grad richten sich nach dem Inhalt und der Textmenge. Die Schriftgröße 8 Punkt sollte nicht unterschritten werden. Geeignet sind serifenlose Schriftarten.
- Die Tabellenüberschrift steht mittig über der Tabelle. Sie kann in die Tabelle integriert werden.
- Abstände (z. B. Zeilenabstand, Einzüge), grafische Elemente, farbliche Unterlegungen, die Einbindung von Abbildungen und entsprechende Zeichenformatierungen können zur Verbesserung der Darstellung genutzt werden.
- Die Spaltenbreite und die Zeilenhöhe ist so gewählt, dass die Tabelle als Ganzes zusammengehörig wirkt.
- Spaltenbezeichnungen können linksbündig/horizontal oder vertikal (Sturzzeile) angeordnet werden.

BEISPIELE

- Dezent gestaltete Rahmenlinien (hellgrau) (z. B. Grautöne) und abgestufte Schattierungen verbessern den Gesamteindruck einer Tabelle.

Tabellenkopf

- Spaltenüberschriften sollten vertikal und horizontal zentriert werden. Vorspaltenbezeichnungen sind linksbündig und vertikal/zentriert auszurichten.
- Der Tabellenkopf enthält die Spaltenbezeichnungen und bei Bedarf eine Kopfbezeichnung. Die Spaltenbezeichnungen sind mittig ausgerichtet und können hervorgehoben werden.
- Der Tabellenkopf ist durch waagrechte und senkrechte Rahmenlinien übersichtlich gegliedert.
- Bei mehrseitigen Tabellen wird der Tabellenkopf auf der (den) Folgeseite(n) wiederholt.
- Zeitangaben sind im Tabellenkopf von links nach rechts bzw. in der Vorspalte von oben nach unten angeordnet.

Felder

- Beschriftungen in den Zellen dürfen vorhandene Linien nicht berühren. Zwischen Text- und Zellenbegrenzung ist ein gleichmäßiger Abstand festgelegt.
- Texte werden in Zellen linksbündig, Zahlen rechtsbündig oder dezimal angeordnet.
- Einzelne Wörter oder kurze Inhalte sowie gleichstellige Zahlenkolonnen können horizontal/oder vertikal zentriert werden. Zahlenkolonnen mit unterschiedlich langen Zahlen sind rechtsbündig auszurichten.
- Innerhalb einer Zelle/einer Zeile können Texte durch Aufzählungen und Nummerierungselemente gegliedert werden.

Tabelle

- Tabellen werden zwischen den Seitenrändern zentriert ausgerichtet.
- Tabellen sollten mindestens mit einer Leerzeile vom vorangehenden und nachfolgenden Text getrennt werden.
- Nach der Erstellung einer Tabelle sollte die Spalten- und Zeilenhöhe optimiert (Gesamteindruck) werden.

Zeilen und Spalten einfügen und löschen

Zeilen und Spalten einfügen

ARBEITSABLAUF

- Zeile bzw. Spalte markieren
- *Tabellentools* – Registerkarte *Layout* auswählen
- Gruppe *Zeilen und Spalten* wählen
- Zeilen einfügen: Schaltfläche *Darüber einfügen* oder *Darunter einfügen* betätigen
- Spalten einfügen: Schaltfläche *Links einfügen* oder *Rechts einfügen* betätigen

Zeilen und Spalten löschen

ARBEITSABLAUF

- zu löschende Zeile bzw. Spalte markieren
- *Tabellentools* – Registerkarte *Layout* auswählen
- Gruppe *Zeilen und Spalten* wählen
- Schaltfläche *Löschen* betätigen

Tabelleninhalte sortieren

Tabelleninhalte können aufsteigend bzw. absteigend sortiert werden. Die Sortierung kann nach Text, Zahl und Datum erfolgen.

ARBEITSABLAUF

- Tabelle markieren
- *Tabellentools* – Registerkarte *Layout* anklicken
- Gruppe *Daten* auswählen
- Schaltfläche *Sortieren* betätigen
- unter *Sortieren nach:* die Eigenschaft wählen, nach der sortiert werden soll
- *Aufsteigend* oder *Absteigend* wählen
- unter *Liste enthält* Option *Überschrift* anklicken, damit die Überschrift nicht mitsortiert wird
- mit *OK* bestätigen

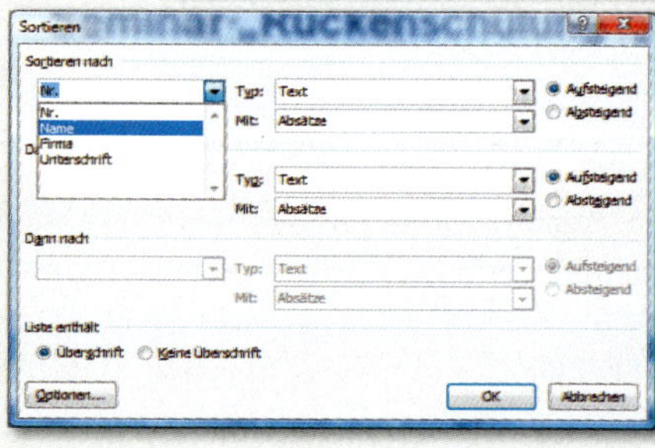

Seitenlayout – Orientierung festlegen

Viele Übersichten und Tabellen lassen sich besser auf einem A4-Blatt im Querformat darstellen.

ARBEITSABLAUF

- *Menüband* – Registerkarte *Seitenlayout* auswählen
- Gruppe *Seite einrichten* wählen
- Befehl *Ausrichtung* anklicken
- gewünschte Einstellung vornehmen

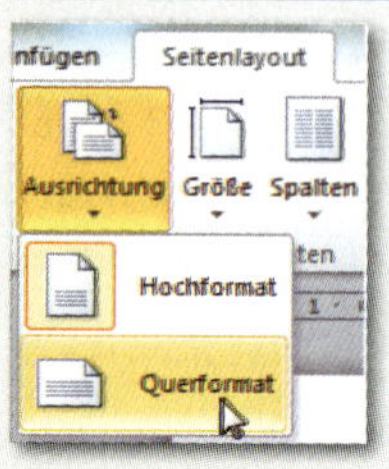

AUFGABEN

1. Wie können Gitternetzlinien in Tabellen ein- und ausgeblendet werden?
2. Erläutern Sie die Erstellung einer Tabelle.
3. Eine Zeile soll nachträglich eingefügt werden. Geben Sie den Befehl an.
4. Sie wollen eine Tabelle im Querformat gestalten. Erläutern Sie Ihre Vorgehensweise.

AKTIONEN

1. Überarbeiten Sie die Tabelle „Hoffmann Seminare 20..“ der Einstiegssituation.
   a) Integrieren Sie die Überschrift in den Tabellenkopf.
   b) Speichern Sie die Tabelle unter einem anderen Namen im entsprechenden Verzeichnis ab.
   c) Überarbeiten Sie die erste der Tabellen, indem Sie sie mit Schattierungen und weißen Rahmenlinien versehen.
   d) Speichern Sie die überarbeitete Datei unter einem neuen Dateinamen im entsprechenden Verzeichnis.

2. Web Die Hoffmann KG veranstaltet vom 18. – 20. Mai 20.. in Köln ein Seminar zum Thema „Rückenschulung“. Erstellen Sie die Teilnehmerliste.
   a) Rufen Sie die Datei *Vorläufige-Teilnehmerliste* auf.
   b) Ergänzen Sie die Tabelle um einen Spaltenkopf und die entsprechenden Überschriften.
   c) Fügen Sie links eine Spalte zur fortlaufenden Nummerierung der Namen ein.
   d) Nummerieren Sie die Teilnehmerliste. Achten Sie auf die richtige Ausrichtung der Ordnungszahlen.
   e) Ergänzen Sie rechts eine Spalte für die Unterschrift der Teilnehmer.
   f) Stellen Sie einen Abstand der Gitternetzlinien zum Text von 0,25 cm ein.
   g) Gestalten Sie die Teilnehmerliste passend zum Corporate Design des Unternehmens.
   h) Wählen Sie einen geeigneten Dateinamen nach der firmenintern festgelegten Regel.
   i) Speichern Sie die Datei im entsprechenden Verzeichnis.

ZUSAMMENFASSUNG

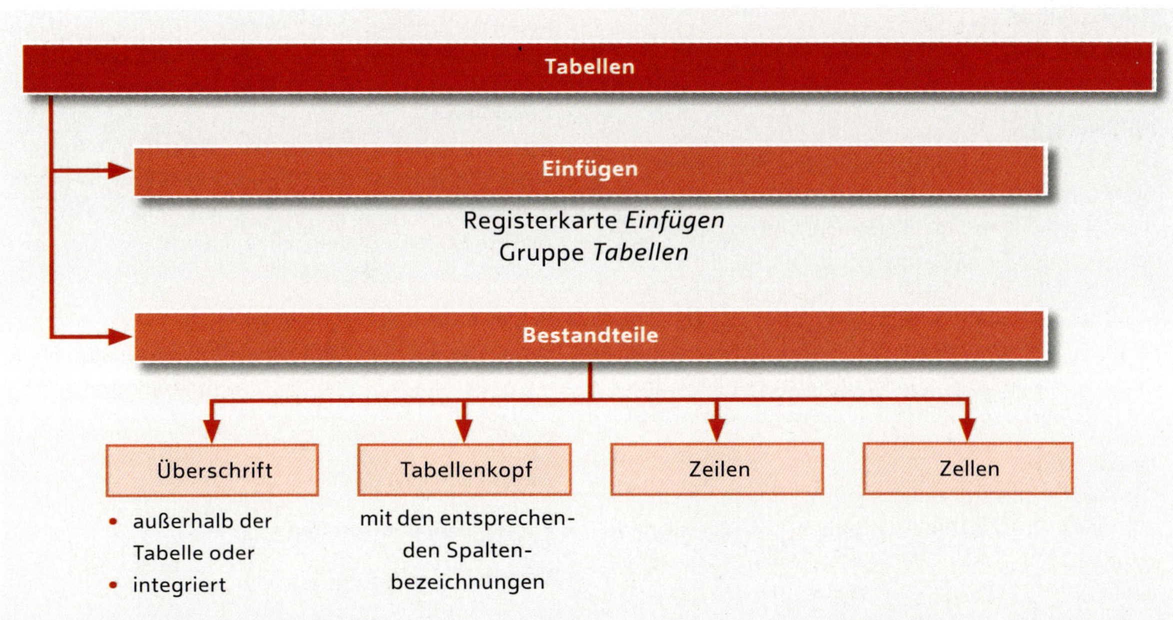

3.16 Wir drucken

Einstieg

In der Verwaltung der Hoffmann KG soll ein neuer Drucker angeschafft werden. Carolin Saager ist zusammen mit Dominik Schlote beauftragt, den Drucker auszuwählen. Zur Auswahl stehen ein Tintenstrahldrucker und ein Laserdrucker.

Der auszuwählende Drucker soll mit einem hohen Druckvolumen klarkommen. Er soll zudem einerseits über eine hohe Druckqualität, andererseits über eine hohe Druckgeschwindigkeit verfügen. Aus Kostensicht stehen weniger die Anschaffungskosten als vielmehr die Vermeidung von Folgekosten im Vordergrund.

1. Untersuchen Sie, welche Kriterien bei der Anschaffung von Druckern beachtet werden sollen.
2. Vergleichen Sie Tintenstrahl- und Laserdrucker.
3. Entscheiden Sie sich für eine Druckerart. Begründen Sie Ihre Entscheidung.

INFORMATIONEN

Leistungsmerkmale von Druckern

Der Ausdruck auf Papier wird in Unternehmen benötigt, um Ergebnisse in schriftlicher Form zu dokumentieren, zu verteilen und zu archivieren. Soll ein Drucker eingesetzt werden, müssen folgende Leistungsmerkmale beachtet werden:

- **Druckqualität**
  Eines der wichtigsten Auswahlkriterien für Drucker ist die Schriftqualität.
- **Auflösung**
  Die Auflösung ist ein besonders wichtiger Kennwert für Drucker, die das Bild aus einzelnen Punkten zusammensetzen. Sie wird in dpi (dots per inch) angegeben. Je höher die dpi-Zahl, desto schärfer das Druckbild. Der absolute Mindestwert beträgt 600 dpi. Die heutigen Drucker haben meist eine Auflösung von über 1000 dpi und erreichen damit sehr gute Druckergebnisse. Moderne Drucker im Modus für optimalen Druck auf hochwertigem Fotopapier bieten bis zu 4800 dpi.
- **Druckformat**
  Die meisten Ausdrucke erfolgen im Format A4. Es gibt aber auch Drucker, die für größere (A3) oder kleinere Formate, z. B. Fotos oder Visitenkarten, vorgesehen sind.
- **Druckgeschwindigkeit**
  Sie wird in Seiten pro Minute gemessen.
- **Speicher**
  Seitendrucker müssen erst die komplette Seite speichern, bevor sie sie ausdrucken können. Je mehr Speicher ein Drucker besitzt, desto eher kann der Computer die Druckausgabe beenden. Die Größe dieser Puffer für die Druckausgabe wird in MB angegeben.
- **Anschlüsse**
  Drucker werden entweder über die parallele Schnittstelle (Centronics) oder USB mit dem Computer verbunden. In Netzwerken wird in den Drucker eine spezielle Netzwerkkarte eingebaut oder er wird mit einem Druckerserver verbunden.
- **Papierzuführung**
  Sie gibt an, welchen Papiervorrat der Drucker aufnimmt.
- **Zeichenvorrat**
  Anzahl der verschiedenen Schriftarten und -größen
- **Anzahl von Farben**
- **Papierarten und -größen**
- **Kosten pro Seite**
- **Belastungsfähigkeit**

7455442

Druckerarten

Nadeldrucker

Bei einem Nadeldrucker befinden sich auf einem Druckkopf zwischen 9 und 48 Nadeln, die in mehreren senkrechten Reihen angeordnet sind. Die Nadeln erzeugen über ein Farbband einzelne Punkte, aus denen sich das Zeichen auf dem Papier zusammensetzt. Jedes auszudruckende Zeichen wird also aus einem Punktraster – einer sogenannten Matrix – gebildet.

Durch die teils enorme Geräuschentwicklung finden sich Nadeldrucker heute nur noch in einigen Fällen als Listendrucker oder Spezialdrucker, beispielsweise für den Formulardruck mit Durchschlägen. Dieser Druckertyp hat nur Vorteile, wenn Durchschläge erstellt werden sollen.

Thermodrucker

Bei Thermodruckern werden die einzelnen Punkte durch Nadeln, die von kleinen Heizspiralen umgeben sind, in das Spezialpapier gebrannt. Dieser Druckertyp wird heute fast nur noch an Kassen (Einzelhandel/Tankstellen) angewandt. Thermodrucker benötigen für den Betrieb keine Farbe, sondern nur wärmeempfindliches Spezialpapier.

Tintenstrahldrucker

Im Druckkopf eines Tintenstrahldruckers sind Tintendüsen in Matrixform angeordnet. Diese Düsen sprühen Punkte als winzige Tintenspritzer aufs Papier. Aus ihnen setzt sich dann das Zeichen zusammen. Die Tintenstrahldrucker sind durch ihren sehr günstigen Anschaffungspreis vor allem im privaten Bereich häufig anzufinden. Allerdings sind die Tintenpatronen relativ teuer.

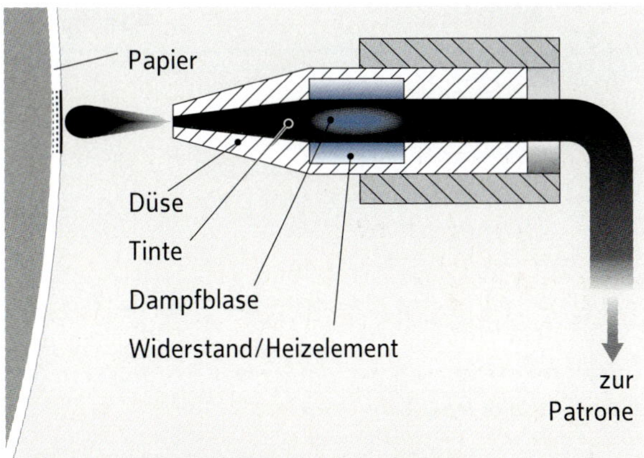

Beim Tintenstrahldrucker erhitzt der Widerstand die Tinte, die sich ausdehnt und durch Düsen auf das Papier spritzt.

Funktionsweise eines Tintenstrahldruckers

Laserdrucker

Laserdrucker haben sich im Bürobereich eindeutig als Standarddrucker etabliert. Durch ihre Geschwindigkeit und Leistungsfähigkeit sind sie gerade bei dem Mehrfachdruck im Vorteil gegenüber den Tintendruckern. Von allen erschwinglichen Geräten haben Laserdrucker das beste Druckbild. Sie verbinden hohe Druckqualität und -geschwindigkeit mit geringer Geräuschentwicklung und eignen sich damit sehr gut z. B. für den Einsatz im Büro.

Nachteilig ist zwar, dass Laserdrucker teils immer noch recht teuer sind, mittlerweile erreichen sie aber bei mittlerer Qualität die Preise von Tintenstrahldruckern. Der relativ teure Toner wird in Tonerkassetten oder Kartuschen gehandelt. Bei den meisten Druckern ist in die Tonerkassette außerdem die Belichtungstrommel integriert. Dieses Bauteil unterliegt einem gewissen Verschleiß und wird somit bei jedem Tonerwechsel mit ausgetauscht. Ein Tonerwechsel ist je nach der Flächendeckung auf den gedruckten Seiten nach ca. 3000 Exemplaren notwendig.

Der Laserdrucker gehört zu der Klasse der Non-Impact-Drucker, d. h., der Ausdruck findet berührungslos statt. Er arbeitet ähnlich wie ein Fotokopierer. Von einem stark gebündelten Lichtstrahl – dem Laser – wird das Druckbild in einzelne elektronische Impulse zerlegt auf eine lichtempfindliche Bildtrommel übertragen. An den schwarzen Stellen nimmt das elektrostatisch aufgeladene Normalpapier Toner auf, der durch Erhitzung fest auf dem Papier bleibt.

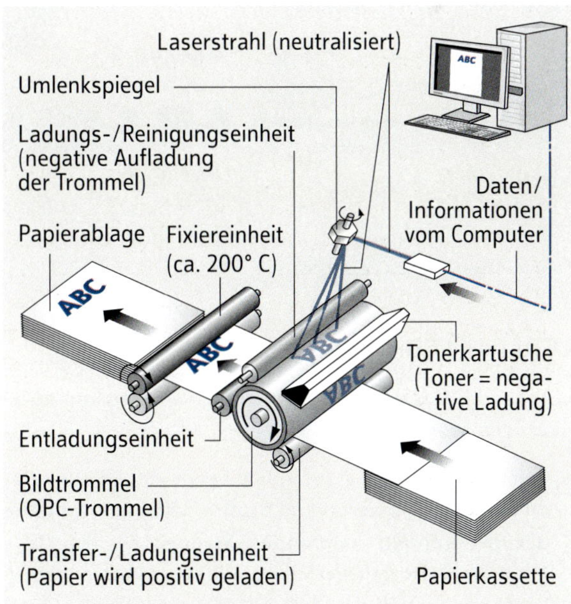

Bestandteile eines Laserdruckers

Funktionsweise

1. Schritt:
Die Informationen werden vom Computer an den Laserdrucker übertragen. Dabei hilft der sogenannte Druckertreiber, ein Programm, das die Zusammenarbeit von PC und Drucker steuert. Die Daten werden über eine Schnittstelle übertragen und dort im Speicher zu vollständigen Seiten aufgebaut. Deswegen zählt der Laserdrucker zu den Seitendruckern, im Gegensatz zu dem zeilenweise druckenden Tintenstrahldrucker.

Da vor dem Ausdruck die gesamte Seite berechnet wird, sind entsprechende Speicherkapazität und Prozessorleistung notwendig, um eine hohe Schnelligkeit zu erreichen.

2. Schritt:
Dann wird die Bildtrommel von der Reinigungseinheit negativ aufgeladen. Der Laser wird mithilfe des rotierenden Umlenkspiegels auf die Trommel gelenkt, an die Stellen, wo später der Toner aufgetragen werden soll. Der Umlenkspiegel wird Polygonspiegel genannt.

3. Schritt:
Durch den Laser werden die getroffenen Stellen neutralisiert. Die Bildtrommel dreht sich und die vorher neutralisierten Stellen kommen an dem Toner vorbei. Die Toner-Rolle enthält negativ geladene Farbteilchen, die nun an den neutralisierten Stellen haften. Der noch negativ geladene Teil der Bildtrommel stößt den Toner ab. Das Papier wird jetzt positiv geladen und zieht den Toner an.

4. Schritt:
Damit der Toner nicht verwischt, wird das Papier durch die Fixierwalzen geführt und der Toner wird durch die relativ hohe Temperatur (ca. 200 °C) eingebrannt. Das Papier ist fertig. Die Bildtrommel wird jetzt durch die Reinigungseinheit entladen und der überschüssige Toner entfernt.

Wird der letzte Schritt ausgelassen und der Rest der Schritte wiederholt, kann der Drucker mehrere Kopien anfertigen. Die hohe Geschwindigkeit (6 Seiten bis 45 Seiten pro Minute) und das klare Schriftbild sind die Vorteile des Laserdruckers. Farblaserdrucker funktionieren prinzipiell wie die Schwarz-Weiß-Laserdrucker, bis auf den kleinen Unterschied, dass hier vier Druckwerke hintereinander arbeiten.

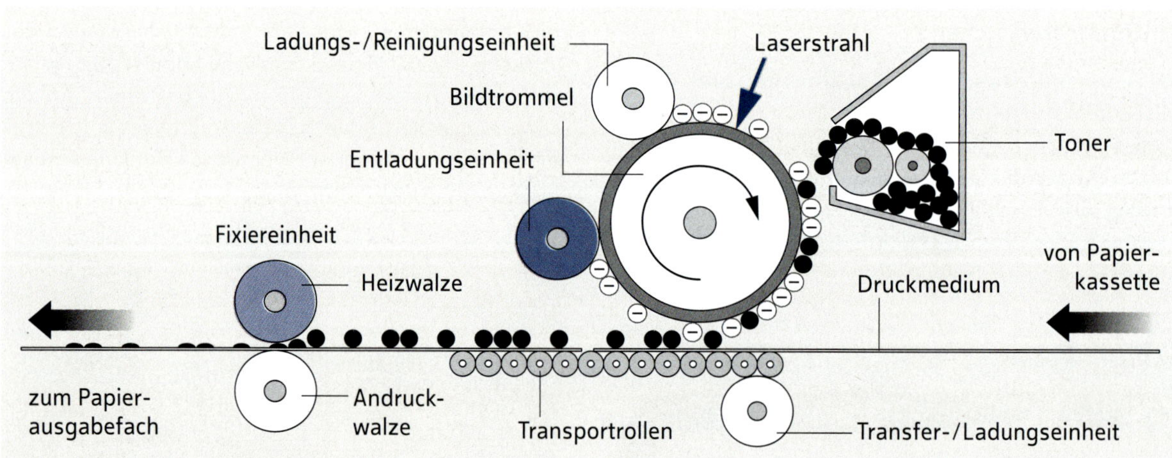

Funktionsweise eines Laserdruckers

LCD- und LED-Drucker

LCD- und LED-Drucker ähneln in vielen Bereichen technisch den Laserdruckern:

- Beim LCD-Drucker ersetzt eine Leiste mit Flüssigkristallen (LCD = liquid crystal display) die Laser und die dazugehörenden rotierenden Spiegel. Da die LCD-Technologie im Drucker weniger Platz einnimmt als ein Laser im Laserdrucker, fallen LCD-Drucker in der Regel kleiner aus als die meisten Laserdrucker. LCD-Drucker zeichnen sich durch eine hohe Druckqualität aus. Die laufenden Druckkosten sind gering. Allerdings produzieren sie ähnlich den normalen Laserdruckern das gesundheitsschädliche Ozon.
- Bei LED-Druckern finden Leuchtdioden Anwendung. Sie zeichnen sich durch eine relativ geringe Umweltbelastung aus. Sie haben eine vergleichsweise hohe Lebensdauer und sind zudem sehr zuverlässig. Die Anschaffungskosten sind jedoch noch recht hoch.

7455444

Vergleich Tintenstrahldrucker – Laserdrucker			
Druckerart	**Geschwindigkeit**	**Vorteile**	**Nachteile**
Tintenstrahldrucker	je nach Modus bis zu 34 Seiten/Min.	• sehr leise • schnell • gute Qualität • verschiedene Schriftarten und -größen • niedrige Anschaffungs- und Betriebskosten	• keine Durchschläge möglich • Optimale Druckergebnisse sind oftmals nur auf speziellem Fotopapier zu erzielen. • Die Ausdrucke sind je nach Farbauftrag meist feucht (ungünstig beim Drucken auf Normalpapier, da die Farben verlaufen).
Laserdrucker	je nach Modus bis zu 45 Seiten/Min.	• hohe Geschwindigkeit • sehr gute Qualität • minimales Betriebsgeräusch	im Vergleich zum Tintenstrahldrucker relativ hohe Anschaffungs- und Betriebskosten

Multifunktionsgeräte

Die Zusammenführung verschiedenster Technologien in einem Gerät findet immer mehr Verbreitung. Multifunktionsgeräte werden häufig auch All-in-one-Geräte genannt. Man kann ein Gerät mit vernünftiger Druck-, Scan-, Kopier- und Faxqualität zu einem Preis kaufen, der sich nicht wesentlich von dem eines guten Druckers allein unterscheidet. Die meisten Multifunktionsgeräte können auch benutzt werden, ohne dass man den Computer einschalten muss. Kopieren, Scannen und Faxen sollten in jedem Fall ohne PC möglich sein.

Multifunktionsgeräte	
Vorteile	**Nachteile**
• weniger Platzbedarf als viele Einzelgeräte • direkter Anschluss zum PC für alle Geräte • kurze Wege, da alles konzentriert ist • kostengünstiger als viele Einzelgeräte	• Ist ein Gerät in Reparatur, sind alle Geräte weg. • nur für kleinere Firmen und Ansprüche geeignet • Bei Ausfall eines Geräts ist ein Austausch schwierig.

Drucker unter dem Aspekt der Nachhaltigkeit

An herkömmlichen Druckern wird immer wieder bemängelt, dass die Geräte beim Drucken giftigen Feinstaub in die Umgebung ausstoßen. Um mögliche Gesundheitsgefahren auszuschließen, sollten Drucker daher nicht direkt am Arbeitsplatz betrieben werden, sondern an gut belüfteten Stellen.

Mittlerweile gibt es Alternativen, die den Ausstoß von gesundheitsschädlichen Partikeln auf ein Minimum reduzieren. Beim Druckerkauf geben Prüfzeichen (Blauer Engel, Green IT usw.), die für die Umweltfreundlichkeit, Gesundheitsfreundlichkeit und eine dennoch hohe Leistung der Geräte stehen, eine hilfreiche Orientierung. Es sollte außerdem auf die Energieeffizienz geachtet werden, denn Drucker unterscheiden sich beträchtlich im Stromverbrauch sowohl während des Betriebs als auch während der Ruhephasen. Auch die Lärmentwicklung sollte berücksichtigt werden.

Beim Kauf der Druckerpatronen sind mehrfach befüllbare Druckerpatronen ökologisch gesehen sinnvoller als nur einmal zu verwendende.

AUFGABEN

1. Nennen Sie verschiedene Druckerarten.
2. Wie werden Drucker mit dem Computer verbunden?
3. Wo werden heute noch Thermodrucker verwendet?
4. Wie arbeiten Tintenstrahldrucker?
5. Erläutern Sie Vor- und Nachteile von Tintenstrahldruckern.
6. Erläutern Sie die Funktionsweise von Laserdruckern.
7. Führen Sie Vor- und Nachteile der Laserdrucker auf.
8. Was sind Multifunktionsgeräte?
9. Welche Vor- und Nachteile haben Multifunktionsgeräte?

AKTIONEN

1. Gehen Sie auf die Internetseite *https://www.idealo.de/preisvergleich/ProductCategory/3307.html*. Gehen Sie dort zum Filter für Drucker. Suchen Sie Drucker:
   a) mit einem monatlichen Benutzeranspruch von mehr als 100 000 Stück.
   b) mit einer Zeit von weniger als 10 Sekunden für die erste Seite.
   c) mit einer Geschwindigkeit von über 60 Seiten pro Minute für Schwarz-Weiß-Druck.

2. Erstellen Sie ein kleines Drucker-Lexikon mit wichtigen Begriffen. Die folgenden Begriffe sollen mindestens erklärt werden:
   a) Dithering
   b) Bubble Jet
   c) Ink-Jet-Drucker
   d) kompatible Druckerpatronen
   e) Laminieren
   f) Matrixdrucker
   g) Nadeldrucker
   h) Piezo-Technologie
   i) Postscript-Drucker
   j) Spooling

   Suchen Sie im Internet geeignete Seiten, die Ihnen bei der Erstellung des Lexikons helfen können. Als Hilfestellung eignet sich die Internetadresse *https://www.c-nw.de/lexikon/*.

ZUSAMMENFASSUNG

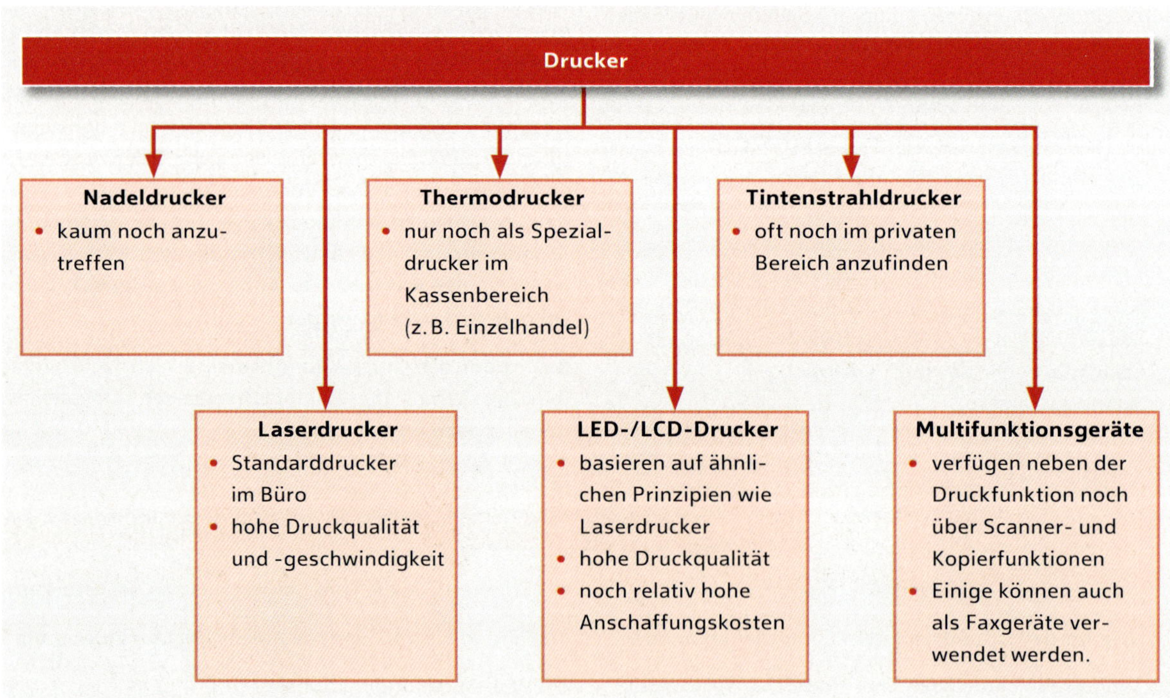

3.17 Wir kopieren

Einstieg

Carolin Saager muss zurzeit viele Kopien anfertigen. Ihr fällt der folgende Zeitungsartikel in die Hände.

Gesundheitsrisiko durch Drucker

Ob Laserdrucker die Gesundheit gefährden, ist bislang nicht wissenschaftlich bewiesen. Sicher ist aber, dass die Geräte Tonerstaub und Tonerpartikel in die Luft abgeben und die sind giftig. Inzwischen gibt es sogar anerkannte Fälle von Berufsunfähigkeit. Wichtig ist daher der richtige Umgang.

Druckerabluft kann das menschliche Ergbut schädigen

Laserdrucker stehen in vielen deutschen Büros und werden jeden Tag häufig benutzt. Doch der Tonerstaub, den sie für das Drucken verwenden, ist womöglich gesundheitsschädlich. Bewiesen ist das zwar noch nicht, aber Studien und Untersuchungen legen den Verdacht nahe. Zum Beispiel hat die Uniklinik Freiburg in einer Studie von 2010 untersucht, wie die Abluft eines Druckers auf Kulturen menschlicher Lungenzellen wirkt. Das Ergebnis zeigte, dass der Druckerdunst die Zellteilung negativ beeinflussen kann. Dies sei noch kein Beleg für eine Krebs auslösende Wirkung, aber ein Hinweis darauf, dass Tonerstaub die DNS schädigen könnte. Das müssten weitere Untersuchungen zeigen. [...]

Beim Kauf von Druckern beachten

Die Vorsichtsmaßnahmen beginnen beim Kauf. Die Bundesanstalt für Arbeitsschutz und Arbeitsmedizin (BAuA) empfiehlt in ihrem Faltblatt »Drucker und Kopierer. Sicher bei der Arbeit nutzen« den Kauf eines Druckers, der dem Stand der Technik entspricht, also besonders emissionsarm arbeitet und ein Prüfzeichen trägt, zum Beispiel das DGUV-Test-Prüfzeichen oder den blauen Engel. Diese weisen ein Gerät als besonders emissionsarm aus. Es gibt aber auch andere Siegel. Wichtig ist vor allem, dass sie Kennzeichen einer international anerkannten Emissionsprüfung sind.

Außerdem stoßen einige Drucker technisch bedingt Ozon aus. Beim Erwerb eines Gerätes sollte darauf geachtet werden, dass es mit einem Aktivkohlefilter oder einem emissionsarmen Hochspannungsteil ausgestattet ist.

Wichtig beim Aufstellen von Druckern

Während des Druckens werden Tonerteilchen über das Ventilationssystem, das zur Kühlung der inneren Bauteile wichtig ist, in die Luft abgegeben. Es handelt sich um feinste Partikel, die sich mit dem bloßen Auge nicht erkennen lassen. Sogenannte Tonerpartikel, die noch viel kleiner sind als der viel diskutierte Tonerstaub. Um Mitarbeiter nicht unnötig einer Belastung auszusetzen, sollten Geräte in Räumen stehen, die regelmäßig mit frischer Luft – entweder durch Fensterlüftung oder Belüftungssysteme – versorgt werden. Dabei sollte die Abluftöffnung des Druckers niemals in Richtung eines Arbeitsplatzes gerichtet sein.

Für Drucker die von mehreren Mitarbeitern oder sogar ganzen Abteilungen benutzt werden, sollte ein gesonderter Raum zur Verfügung stehen. Das Aufstellen an Standorten, an denen Essen verzehrt wird ist zu vermeiden.

[...]

Quelle: Redaktion arbeitssicherheit.de: Gesundheitsrisiko durch Drucker. 5.3.2019. In: arbeitssicherheit.de. Mit Sicherheit Erfolg. https://www.arbeitssicherheit.de/themen/gefahrstoffe/detail/gesundheitsrisiko-durch-drucker.html [17.08.2022].

Klären Sie, auf welche Kriterien bei der Anschaffung von Kopiergeräten geachtet werden sollte.

INFORMATIONEN

Eine der am häufigsten vorkommenden Arbeiten im Büro ist das Vervielfältigen bestimmter Dokumente und Papiere. Deshalb zählen Kopierer zu den wichtigsten Geräten der Bürotechnik.

Tischkopierer

Arten von Kopierern

Kopierer können nach unterschiedlichen Kriterien eingeteilt werden. Es gibt sie in mehreren Preisklassen. Eingerechnet in die jeweiligen Verkaufspreise sind aus Urheberrechtsgründen Abgaben von momentan 38,00 € bis 613,00 €. Beim Kopieren sind zudem die Bestimmungen des Urheberrechtsgesetzes zu beachten: Danach sind u. a. Texte als geistiges Eigentum von Autoren geschützt.

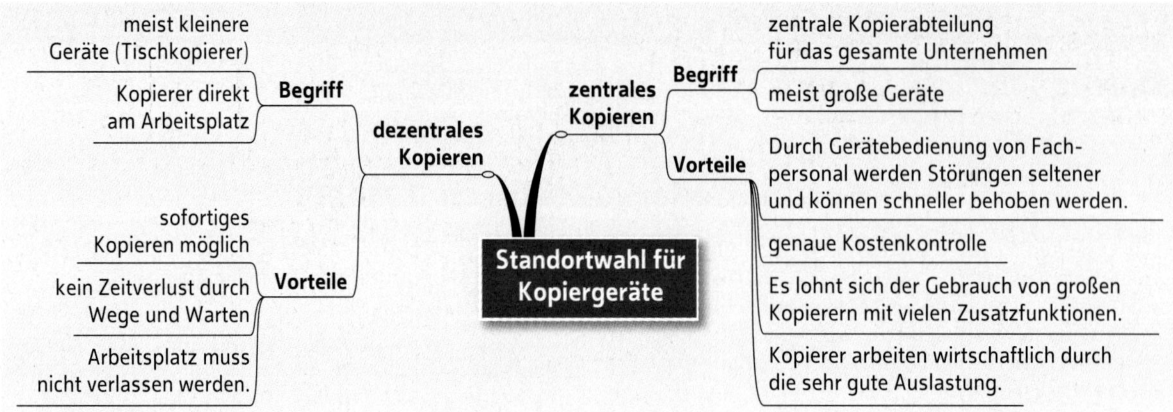

Unterscheidung von Kopierern nach der verwendeten Technik

Analoge Kopierer

Analoge Kopierer sind besonders günstig. Man findet sie nur noch bei kleinen Geräten und Tischkopierern. Neben dem Preis haben sie folgende Vorteile:

- Sie erreichen eine vergleichsweise gute und klare Bildqualität, da sie eine optische Dokumentenerkennung verwenden.
- Sie sind leicht zu bedienen.

Allerdings haben analoge Geräte auch eine ganze Reihe von Nachteilen, die die Vorteile überwiegen:

- Neben dem Kopiervorgang besitzen sie keine oder kaum andere Funktionen.
- Aufgrund der optischen Leseeinheit, die aus Trommeln, Spiegeln und Linsen besteht, lässt sich eine gewisse Mindestgröße des Geräts nicht unterschreiten.
- Analoge Kopierer besitzen keine Zwischenspeicher: Jede Kopie einer Vorlage muss wieder und wieder abgelichtet werden. Dies kann viel Zeit beanspruchen.

Aufgrund dieser Nachteile geht der Trend zu Kopierern mit digitaler Technik.

Digitale Kopierer

Bei diesen Geräten wird die Vorlage mittels eines Laserstrahls und eines schnell rotierenden Spiegels linienweise auf eine sich drehende Fotoleitertrommel gebracht. Die Druckgeschwindigkeit beträgt 6 Seiten bis 200 Seiten pro Minute (A4). Es wird ohne Linsen und kaum mit mechanischen Teilen gearbeitet. Digitale Kopierer bestehen im Prinzip aus zwei Einzelgeräten. Sie vereinen praktisch Scanner und Drucker in einem Gehäuse. Die Daten gelangen auf dem Weg vom Scanner zum Drucker in einen Zwischenspeicher.

Der Zwischenspeicher bringt Vorteile: Anders als bei den analogen Kopiergeräten muss nicht immer wieder das Original abgelesen werden. Stattdessen werden die eingelesenen Daten abgelegt und für jede weitere Kopie aus dem Speicher ausgelesen. Die eingelesenen Daten lassen sich auch vor dem Druck verarbeiten. Hat der Computer einen Netzwerk-Anschluss, so lassen sich die im Zwischenspeicher gespeicherten Daten zu jedem angeschlossenen Computer übertragen. Die vielen Funktionen können manchmal zu erhöhtem Bedienaufwand führen.

Unterscheidung von Kopierern nach der Farbfähigkeit

Schwarz-Weiß-Kopierer

Einstiegsgeräte und analoge Kopierer arbeiten in der Regel nur schwarz-weiß. Sie sind gewöhnlich relativ günstig in der Anschaffung und im Verbrauch.

Farbkopierer

Farbkopierer arbeiten normalerweise digital. Sie drucken mit Lasertechnik. Farbkopierer verursachen höhere Verbrauchskosten als Schwarz-Weiß-Geräte. Für optimale Druckergebnisse benötigt man schwereres und damit teureres Papier. Zudem muss man, wenn Toner ersetzt werden muss, bei Farbkopierern bis zu vier Kartuschen wechseln im Gegensatz zu einer Kartusche bei Schwarz-Weiß-Kopierern. Der Austausch der Kartuschen ist bei einer größeren Zahl zu ersetzender Kartuschen beim Farbgerät natürlich auch ein wenig umständlicher.

Unterscheidung von Kopierern nach der Größe

Tischkopierer

Tischkopierer sind klein und günstig. Sie sollten bei einem monatlichen Bedarf von maximal 600 bis 800 Kopien pro Monat eingesetzt werden. Zu finden sind sie häufig in kleinen Büros, manchmal auch in Privathaushalten.

Bürokopierer

Bürokopierer sind erheblich leistungsfähiger als Tischkopierer. Bei einer großen Auslastung sind solche Geräte auch sinnvoller, weil sie Wartezeiten reduzieren und damit Geld sparen. Im Vergleich sind sie deutlich schneller. Sie haben meist auch noch einen größeren Funktionsumfang. Kopierprobleme können relativ schnell gelöst werden, da für die Bürocomputer häufig Service-Verträge bestehen.

Zusätzliche Ausstattungsmöglichkeiten für Kopierer

Neben der eigentlichen Kopierfunktion verfügen moderne Kopierer heute über eine Vielzahl zusätzlicher Funktionen. Diese können Büroarbeiten stark erleichtern. Wegen des erhöhten Leistungsumfangs kann die Bedienung eventuell aber komplizierter werden. Wenn man Funktionen gar nicht benötigt, wird die Anschaffung unnötig verteuert. Einige zusätzliche Funktionen erhöhen die Unterhaltskosten, da auch sie während des laufenden Betriebs Strom benötigen.

Bei der Anschaffung eines Kopierers sollte also überprüft werden, ob z. B. die folgenden Funktionen benötigt werden:

- **Ausbaufähigkeit**
  Für den Fall, dass man wegen veränderter Anforderungen eine bisher nicht vorhandene Funktion nutzen möchte, sollte ein Kopierer ausbaufähig sein. Es gibt aufrüstbare Geräte, die sich einfach und schnell per Einsteckkarte erweitern lassen. Dies ist eine günstige und elegante Möglichkeit. Bei anderen Geräten benötigt man allerdings einen Fachmann für den Ausbau.

- **USB-Anschluss**
  Für den direkten Anschluss an einen Computer ist eine USB-Schnittstelle nötig.

  BEISPIEL

  Möchte man den Kopierer als Drucker nutzen, können über den USB-Anschluss die Daten – auch von langen Dokumenten – schnell vom PC auf den Kopierer übertragen werden.

- **automatische Dokumentenzuführung**
  Sie bietet sich an, wenn häufig Papierstapel in einem Durchgang kopiert werden sollen. Während des Kopiervorgangs muss man nicht ständig am Gerät stehen und jede Vorlage einzeln auf die Kopierfläche legen.

- Warteschlangenmanagement

- Programmierbarkeit

- **Sortierfunktion (Sorter)**
  Kopierer können das Sortieren vollautomatisch übernehmen.

- **Finisher**
  Finisher verarbeiten Stapel von Kopien zu fertigen Broschüren oder heften sie.

- **Papierfächer**
  Standard bei Kopierern ist mindestens ein Papierfach, das genügend Papier aufnehmen kann; man soll nicht ständig zum Gerät laufen müssen. Bei intensiver Nutzung eines Kopierers können mehrere Fächer sinnvoll sein. Diese können auch andere Papierformate, Briefumschläge oder Folien aufnehmen.

- **Bildbearbeitung**
  Gute Kopierer sind in der Lage, während des Kopiervorgangs die eingelesene Vorlage zu verändern. Es stehen verschiedene Möglichkeiten zur Verbesserung der Lesbarkeit zur Verfügung. Auch lassen sich häufig Seitenzahlen oder Bemerkungen hinzufügen.

- **Zoomfunktion**
  Vergrößern bzw. Verkleinern wird dadurch ermöglicht.

- **Sicherheit**
  Gute Kopierer können den Zugang und die Nutzung für unberechtigte Personen durch ein Passwort verhindern.

- **Duplex-Druck**
  Hier können Kopien beidseitig bedruckt werden. Dazu sind eine extra Dokumentenzuführung und reichlich Zwischenspeicher nötig.

- **Ruhemodus**
  Ein Kopierer sollte sich automatisch nach einer bestimmten Zeit in einen Strom sparenden Ruhezustand versetzen lassen.

- **Hefter**

- **Stapelverarbeitung**
  Verschiedene Aufträge werden erst gesammelt und dann nacheinander abgearbeitet.

- **Lochung der Kopien**

Umweltverträglichkeit von Kopierern

Weil Fotokopierer beim Erstellen der Kopien Ozon an die Raumluft abgeben, besteht die Gefahr, dass beim Betrieb der Geräte am Arbeitsplatz erhöhte Ozonkonzentrationen auftreten können. Möglicherweise kann dies gesundheitliche Schäden hervorrufen. Man sollte deshalb auf Folgendes achten:

- Kopiergeräte nach Möglichkeit nur in Räumen aufstellen, in denen sich keine Dauerarbeitsplätze befinden

- häufig den Arbeitsplatz lüften

- beim Kauf auf das Vorhandensein von Aktivkohlefiltern achten, die den Ozonausstoß verringern
- Kopiergeräte sollten über entsprechende Umweltzeichen verfügen, die einen gewissen Standard hinsichtlich der Umweltverträglichkeit garantieren.

Kopierpapier
Kopierpapier ist speziell gefertigtes Papier, überwiegend in der Stärke 80 g/m² in Weiß und farbig. Es werden meist holzfreie Papiere verwendet. Kopierpapiere müssen so steif und fest sein, dass sie sich beim Kopiervorgang nicht verziehen. Sie enthalten im Vergleich zu anderen Papieren eine geringere relative Feuchte (ca. 30 %), damit sie durch die hohe Hitzeeinwirkung im Gerät nicht wellen. Wegen der erforderlichen elektrischen Leitfähigkeit werden der Papiermasse Leitsalze zugesetzt. Gute Kopierpapiere zeichnen sich darüber hinaus durch hohe Weiße, Alterungsbeständigkeit und hohe Lichtundurchlässigkeit aus. Damit wird z. B. beim Duplex-Druck ein Durchscheinen der Text- und Bildelemente verhindert. Sie werden klimaschutzverpackt.

Auf jeder Kopierpapier-Verpackung befindet sich ein Hinweis, der angibt, auf welcher Seite des Papiers zuerst gedruckt/kopiert werden soll, bzw. ein Pfeil, der zeigt wie das Papier eingelegt werden muss:
- Einlegepfeil folgen
- Man gelangt auf die Verschlussseite der Verpackung.
- Verschlussseite nach oben legen
- Verschluss öffnen
- Druckseite liegt obenauf.

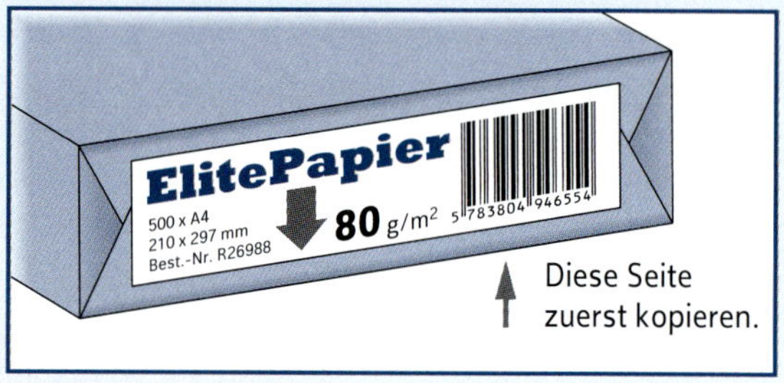

AUFGABEN

1. Wodurch unterscheiden sich analoge und digitale Kopierer?
2. Führen Sie Vorteile digitaler Kopierer auf.
3. Warum verursachen Farbkopierer höhere Verbrauchskosten als Schwarz-Weiß-Geräte?
4. Führen Sie Unterschiede zwischen Büro- und Tischkopierern auf.
5. Erläutern Sie die folgenden Funktionen von Kopierern:
   a) Finisher b) Zoom c) Duplex-Druck
6. Welche Anforderungen werden an Kopierpapier gestellt?

AKTIONEN

1. Erstellen Sie eine PowerPoint-Präsentation mit maximal zehn Folien, die die unterschiedlichen Arten von Kopiergeräten erklärt.
2. Untersuchen Sie einen Ihnen zugänglichen Kopierer.
   a) Ermitteln Sie die Zusatzfunktionen.
   b) Bereiten Sie sich darauf vor, den Kopierer Ihrer Klasse vorzustellen. Erstellen Sie dazu (mithilfe der Internetseite des Herstellers) ein einseitiges Handout.

ZUSAMMENFASSUNG

Kopierer

Unterscheidung nach der

verwendeten Technik
- analoge Kopierer
- digitale Kopierer

Farbfähigkeit
- Schwarz-Weiß-Kopierer
- Farbkopierer

Größe
- Tischkopierer
- Bürokopierer

3.18 Wir scannen

Einstieg

Für die Rechnungswesenabteilung ist ein neuer Scanner gekauft worden. Dominik Schlote bekommt den Auftrag, sich in die Funktionsweise des Scanners einzuarbeiten. Auf der ersten Seite des Handbuchs findet er die folgende Übersicht:

Neun Schritte zum Scannen eines Dokuments

1. Vorlagenglas des Scanners reinigen (S. 4)
2. Vorlage auf dem Scanner gerade und in gewünschter Position anlegen (S. 7)
3. Farbtiefe festlegen (S. 12)
4. Scan-Auflösung berechnen (S. 17)
5. Prescan (S. 21)
6. Helligkeit und Kontrast festlegen (S. 25)
7. Scannen (S. 29)
8. Nachbearbeiten (S. 32)
9. Speichern (S. 40)

Beim weiteren Durchblättern des Handbuchs findet er die folgenden Angaben zu den Leistungsmerkmalen des Scanners:

Farbtiefe: 48-Bit-Farbe
Optische Auflösung: 2400 dpi x 4800 dpi

1. Klären Sie die Begriffe:
a) Scanner **b)** Prescan **c)** Farbtiefe

2. Stellen Sie fest, was die angegebenen Leistungsmerkmale bedeuten.

INFORMATIONEN

Ein Scanner ist ein Peripheriegerät, das es ermöglicht, Dokumente zu digitalisieren. Der Scanner tastet ein Bild ab, erfasst es als Ganzes und führt es zur weiteren Bearbeitung dem Computer zu. Beim Scannen werden also analoge Informationen, die in Form von Texten, Grafiken und Tabellen vorliegen, in eine Datei umgewandelt. Die digitalen Informationen in der Datei können danach mit entsprechenden Programmen weiterbearbeitet werden. Einige Scanner sind in der Lage, jede Art von Dokument zu digitalisieren, andere sind nur für bestimmte Formate geschaffen – es gibt für jeden Gebrauch das richtige Gerät.

Scannerarten

Handscanner

Der Handscanner ist der kleinste, preiswerteste, aber auch qualitativ schlechteste Scannertyp. Dieser Scanner wird von Hand über die einzulesende Oberfläche geschoben bzw. gezogen. Sein Vorteil ist der geringe Platzbedarf und die einfache Handhabung. Als problematisch kann sich der manuelle Betrieb (=„Hand"-Betrieb) dieser Scannerart erweisen, denn schon mit einem geringen Verwackeln lässt sich kein scharfes Bild mehr einfangen. Aufgrund seiner geringen Lesebreite (ca. 11 cm) und im Vergleich zu anderen Scannertypen geringen Auflösung ist er nur für Scans geeignet, bei denen die Bildqualität eine untergeordnete Rolle spielt.

Heute sind Handscanner deshalb nicht mehr häufig anzutreffen. Wird unterwegs gelegentlich ein Scanner benötigt, so eignen sich solche Scanner vor allem in Verbindung mit einem Laptop für den mobilen Einsatz.

Flachbettscanner

Der Flachbettscanner ist heute der beliebteste Scannertyp, nicht zuletzt wegen des guten Preis-Leistungs-Verhältnisses. Das Angebot reicht von einfachen Scannern im privaten Bereich (600 dpi) bis zu Profigeräten (bis zu

8000 dpi) im Bürobereich. Beim Flachbettscanner wird die Vorlage genau wie beim Fotokopieren mit der Bildseite nach unten auf eine Glasfläche gelegt und kann dann vom Scanner per Knopfdruck erfasst werden. Die Lichtquelle wie auch die CCD-Zeile (s. u.) befinden sich unter dieser Glasfläche.

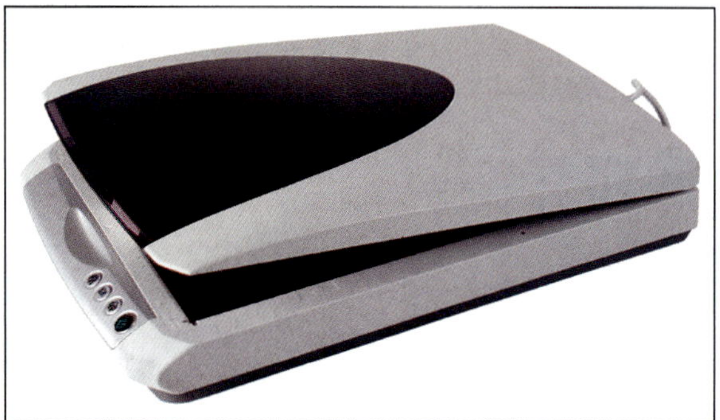

Flachbettscanner

Einzugsscanner

Ein Einzugsscanner zieht die zu verarbeitende Vorlage ähnlich einem Faxgerät über Rollen ein und scannt diese im Vorbeiziehen. Mit ihm ist es also möglich, viele einzelne Seiten automatisch hintereinander einziehen und abtasten zu lassen. Das hat zur Folge, dass nur Blattvorlagen eines bestimmten Formats verarbeitet werden.

Leistungsmerkmale von Scannern

Schnittstellen

Die meisten Scanner unterstützen heutzutage die verschiedensten Schnittstellen, manchmal sogar simultane Schnittstellen:

- **Parallel-Anschlüsse**
  Sie waren jahrelang die am weitesten verbreitete Schnittstelle bei Druckern und Scannern, mittlerweile sind sie aber nur noch sehr selten zu finden.
- **USB-Schnittstelle** (*Universal Serial Bus*)
  Wie die meisten aktuellen Peripheriegeräte kann ein Scanner über eine USB-Schnittstelle mit dem Computer verbunden werden. Der Vorteil liegt darin, dass eine USB-Schnittstelle sehr schnell und einfach anzuschließen ist. Einige Scanner können sogar über den USB-Anschluss ihren Strom beziehen.
- **SCSI-Schnittstellen** (*Small Computer System Interface*)
  SCSI-Schnittstellen findet man überwiegend bei professionellen Computern und Workstations. Sie verbrauchen am wenigsten Prozessorressourcen. Allerdings sind Scanner mit dieser Schnittstelle selten und eher bei hochpreisigen Modellen zu finden.

Farbtiefe

Die Farbtiefe wird in Bit (*Binary Digit*) gemessen und gibt an, welche Farbabstufungen ein Scanner dissoziieren kann. Je höher die Zahl, desto besser werden Farbabstufungen wiedergegeben und desto detailgetreuer wird das Dokument dargestellt. Ein Scanner mit einer Farbtiefe von

- 10 Bit kann 1024 Farben unterscheiden,
- 24 Bit kann 16,7 Millionen Farben unterscheiden,
- 42 Bit kann 440 Milliarden Farben unterscheiden.

Beim Kauf eines Scanners sollte man darauf achten, dass er mindestens eine Farbtiefe von 24 Bit hat.

Optische Auflösung

Die optische Auflösung wird in dpi (*dots per inch*) gemessen. Sie gibt die Anzahl an Punkten an, die ein Scanner pro Quadrat-Inch (1 inch = 2,54 cm) unterscheiden kann. Man sollte darauf achten, dass der Scanner, für den man sich entscheidet, mit einem Minimum von 600 dpi arbeitet.

Funktionsweise der Scanner

Scanner arbeiten mit der CCD-Zeilentechnik. CCD (*Charged Coupled Device*) heißt wortwörtlich übersetzt etwa: ladungsgekoppelte Einheit. Ein CCD ist ein lichtempfindlicher Chip, der beispielsweise auch in Digitalkameras Anwendung findet. Die CCD-Zeile ist eine fotoempfindliche Zeile, die aus etwa 2000 CCD-Sensorelementen besteht. Diese Sensorelemente arbeiten nach dem Prinzip: Je mehr Licht auf die Zelle trifft, desto mehr Strom kann fließen. Sie wandeln die entsprechenden Hell-Dunkel-Werte in elektrische (digitale) Zahlenwerte um, die der PC verarbeiten kann („0" und „1").

Alle modernen Computer arbeiten sowohl in ihrem Inneren als auch zusammen mit externen Geräten mit der digitalen Darstellung von Werten, die durch Kombination der beiden Ziffern 0 und 1 dargestellt werden.

7455452

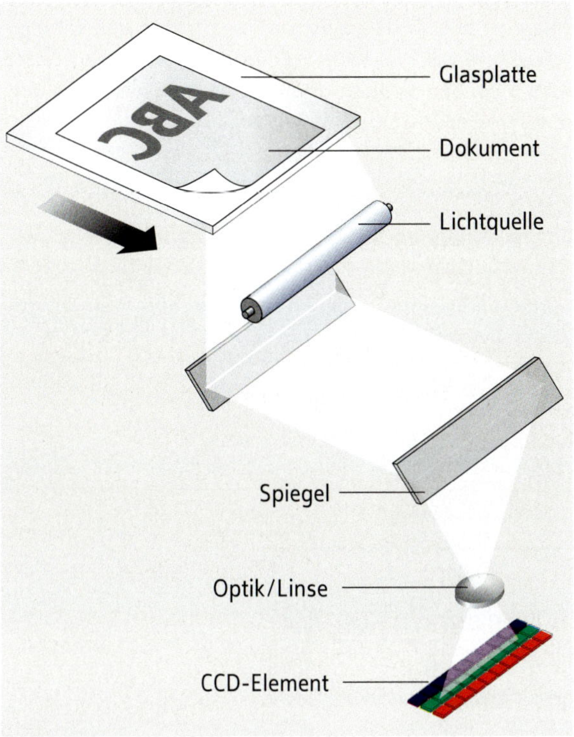

Funktionsweise eines Scanners

Mindestanforderungen an die Scansoftware

Die vom Scanner an den PC übertragenen digitalen Informationen werden dort von der Scansoftware weiterverarbeitet. Diese muss zum Lieferumfang des Scanners gehören, weil ohne sie der Scanner nicht bedient werden kann. Die Scansoftware sollte mindestens über folgende Funktionen verfügen:

- **Scannereinstellungen**
  Mit diesem Bereich der Software wird der Betriebsmodus des Scanners beeinflusst. Hier können u.a. die Papiergröße, die Auflösung und die Anzahl der Graustufen eingestellt werden.
- **Prescan**
  Zunächst wird die Vorlage (z.B. eine komplette A4-Seite) in einem schnellen Scandurchgang grob mit einer nur geringen Auflösung eingelesen. Anschließend lässt sich der Ausschnitt für den eigentlichen Scan (z.B. eine gewünschte Abbildung) genau festlegen. Nur dieser Ausschnitt wird dann mit der notwendigen hohen Auflösung gescannt.
- **Bildbearbeitung**
  Besteht schon beim Scanprogramm die Möglichkeit, das gescannte Bild zu bearbeiten, kann in vielen Fällen die spätere Nachbearbeitung mit professionellen Bildbearbeitungsprogrammen entfallen.
- **Abspeichern des gescannten Dokuments**
  Um für die spätere Weiterverarbeitung des Scanergebnisses möglichst flexibel zu sein, sollte eine Abspeicherung in möglichst vielen Dateiformaten möglich sein.

Weiterverarbeitung der gescannten Dateien

Die gescannte Datei kann nach dem Scanvorgang in der Regel mit den folgenden Programmarten weiterverarbeitet werden:

- **Bildbearbeitungsprogramme**
  Diese gehen bei Weitem über die Möglichkeiten des Scanprogrammes hinaus. Sie dienen der komfortablen Erstellung, Verbesserung, Veränderung und Manipulation digitaler Bilder.
- **Archivierungsprogramme**
  Archivierungsprogramme speichern eine eingelesene Vorlage in einer Datenbank (= dem Archiv) als komprimierte Grafik ab. Bei Bedarf kann das Dokument (Text oder Bild) über Informationen wie Titel, Autor oder Stichwort wiedergefunden und angezeigt werden.
- **Texterkennung mit OCR-Programmen**
  Bei der Texterkennung wird ein eingescanntes Papierdokument in Bildform in ein von einem Computer bearbeitbaren Text umgewandelt. Das eingescannte Bild enthält keine bearbeitbaren Textzeichen, sondern besteht aus zahlreichen kleinen Punkten (Pixels), die zusammen ein Abbild des Textes bilden. Nach dem Einscannen kann eine OCR-Software (*Optical Character Recognition* = optische Zeichenerkennung) aus dem Bild eine Anzahl von Buchstaben, Zahlen oder Zeichen machen, die weiterbearbeitet werden können.

Zeichenerkennung mit OCR

Je nachdem wie gut die OCR-Software ist, muss nach der Zeichenerkennung bei der Buchstabenerkennung noch etwas nachgeholfen werden – die Software muss lernen. Je besser die Vorlage, desto besser und schneller kann die Zeichenerkennung erfolgen. Gute OCR-Programme erkennen auch, ob eine Vorlage aus Texten und Tabellen sowie Grafiken besteht, ordnen die gescannten Daten auch nach den Spalten und Reihen und weisen die entsprechenden Programme zu.

Papier und PDF-Dateien in drei einfachen Schritten mithilfe eines OCR-Programms konvertieren

1. Schritt

gedruckte Seite in den Scanner legen und scannen oder ...

... eine PDF-Datei (oder ein digitales Bild oder Dokument ...) verwenden

2. Schritt

Datei laden und mit einem einfachen Klick die Konvertierung durchführen

3. Schritt

die neu erstellte Datei zur weiteren Bearbeitung oder Weiterleitung speichern. Zur Wahl stehen 30 verschiedene Formate, z. B. Microsoft® Word, Excel, PDF oder PowerPoint®.

vgl. Omnipage Deutschland

AUFGABEN

1. Was sind Scanner?
2. Unterscheiden Sie die verschiedenen Scannerarten.
3. Nennen und erläutern Sie kurz drei Leistungsmerkmale von Scannern.
4. Wie funktioniert ein Scanner?
5. Über welche Funktionen sollte eine Scansoftware mindestens verfügen?
6. Wie können gescannte Dateien weiterverarbeitet werden?
7. Was ist ein OCR-Programm?

AKTIONEN

1. Einen sehr leichten, aber tiefer gehenden Einstieg in das Scannen bietet der folgende Internetkurs: *https://www.youtube.com/watch?v=2OEjlGsRBql (Abrufdatum: 12.12.2022)*
2. Scannen Sie an einem Ihnen zur Verfügung stehenden Scanner
   a) eine Abbildung aus einem Buch und speichern Sie diese als eine bmp-Datei ab.
   b) einen Text aus einem Buch, bearbeiten Sie das Scanergebnis mit einem OCR-Programm und speichern Sie eine doc-Datei ab.

ZUSAMMENFASSUNG

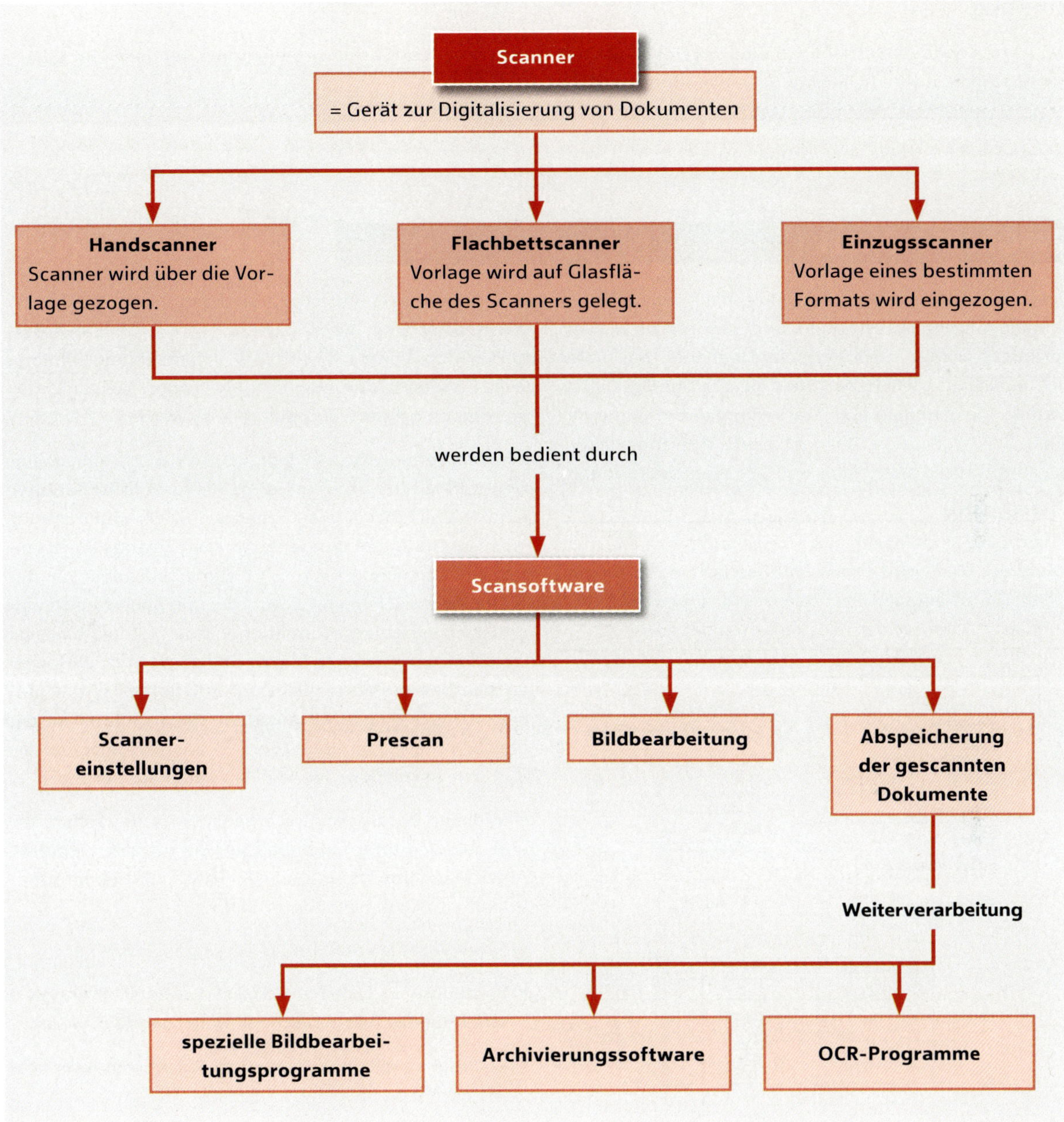

3.19 Wir verwenden Vordrucke

Einstieg

Der Garten vor dem Betriebsgebäude der Hoffmann KG wurde von einem Gärtnerunternehmen gepflegt. Der Gärtner übergibt sofort eine Rechnung (siehe unten).

Stellen Sie die Vorteile von Vordrucken fest.

INFORMATIONEN

Durch zweckmäßige Vordrucke kann die Arbeit in Unternehmen wesentlich verringert und vereinfacht werden. Vordrucke werden auch Formulare genannt. Sie bieten sich an für häufig wiederkehrende gleichartige Geschäftsvorfälle. Die gängigen Textverarbeitungsprogramme verfügen über Werkzeuge, mit denen jeder Anwender individuelle Vordrucke problemlos und schnell gestalten kann.

DEFINITION

Vordrucke sind Papiere eines bestimmten Formats mit Aufdruck, die für eine ergänzende Beschriftung bestimmt sind. Die unveränderlichen Daten sind vorgedruckt; die variablen Daten werden nachträglich eingetragen.

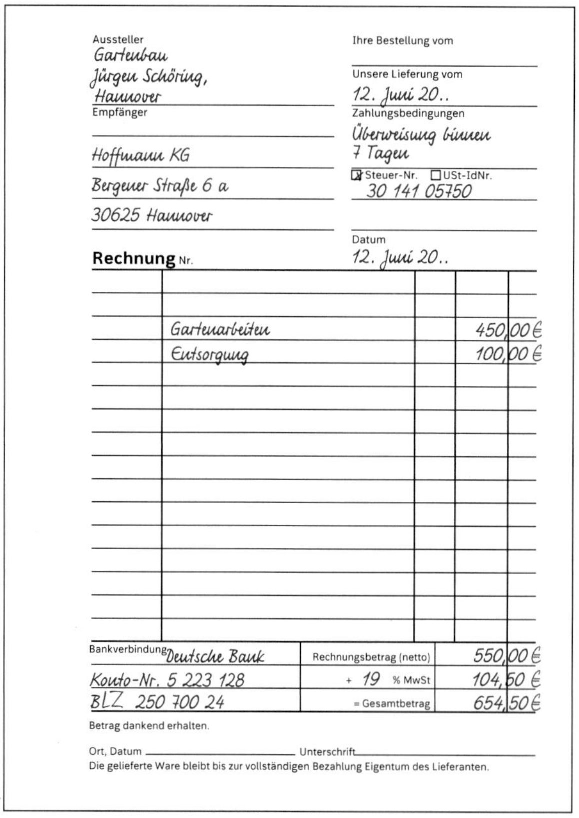
Aussteller
Gartenbau
Jürgen Schöring,
Hannover
Empfänger
Hoffmann KG
Bergener Straße 6 a
30625 Hannover
Ihre Bestellung vom
Unsere Lieferung vom
12. Juni 20..
Zahlungsbedingungen
Überweisung binnen
7 Tagen
☒ Steuer-Nr. ☐ USt-IdNr.
30 141 05750
Datum
12. Juni 20..
Rechnung Nr.

Gartenarbeiten	450,00 €
Entsorgung	100,00 €

Bankverbindung Deutsche Bank	Rechnungsbetrag (netto)	550,00 €
Konto-Nr. 5 223 128	+ 19 % MwSt	104,50 €
BLZ 250 700 24	= Gesamtbetrag	654,50 €

Betrag dankend erhalten.
Ort, Datum ______ Unterschrift ______
Die gelieferte Ware bleibt bis zur vollständigen Bezahlung Eigentum des Lieferanten.

Beispiel für einen Vordruck

Die wesentliche Aufgabe von Formularen ist die Erleichterung und Vereinfachung von Arbeitsabläufen. Durch den Vordruck wird der Arbeitsablauf schematisiert, wiederkehrende Schreib- oder Denkarbeiten werden eingespart, Doppelarbeiten werden vermieden.

Die Bearbeitungsgeschwindigkeit wird durch eine geeignete Gestaltung erhöht; klar gegliederte Informationen sind übersichtlicher und können schneller aufgenommen werden. Die Arbeitsvorgänge werden zwangsläufig umfassend und richtig ausgeführt. Durch den optischen Unterschied zwischen vorgedruckten und nachträglich eingefügten variablen Informationen sind Formulare besser lesbar als unbedruckte Blätter und somit auch einfacher zu bearbeiten. Wesentliche Informationen sind einfacher erfassbar, gleiche Angaben stehen immer an der gleichen Stelle. Unnötiges Suchen oder Irrtümer werden dadurch vermieden, der Arbeitsablauf wird normiert.

Damit sind Vordrucke also organisatorisches Hilfsmittel und zugleich Informationsträger, die für eine rationelle Abwicklung des innen- und außerbetrieblichen Informationsflusses von besonderer Bedeutung sind.

Weitere Vorteile von Formularen sind im Einzelnen:

- Formulare in EDV-Form können schnell aktualisiert und über das Internet schnell weitergegeben werden.
- Wichtige Angaben können von den Anwendern nicht vergessen werden.
- Ihre Bearbeitung ist überall und zu jeder Zeit möglich; im Büro, im Zug oder im Flugzeug.
- Formulare in Papierform erlauben einen sichereren und problemlosen Transport von Informationen; das Gleiche gilt auch für ihre Speicherung bzw. Lagerung. Daten auf Papier sind wesentlich schwerer zerstörbar als Daten auf elektronischen Datenträgern.
- Bei externen Formularen lässt sich das Firmenbild des Absenders positiv durch die Werbewirkung des Formulars beeinflussen. Formulare sind somit ein sehr

preiswertes Werbemittel für das Unternehmen, das die richtige Zielgruppe sicher erreicht.

Formularart	Interne Formulare	Externe Formulare
Merkmale	• sollen Mitarbeitern des Unternehmens die Arbeit erleichtern • können im Intranet angeboten werden	• helfen den Informationsfluss mit Personen außerhalb des Unternehmens (z. B. Kunden) abzuwickeln • können im Internet angeboten werden
BEISPIEL	Im Intranet der Hoffmann KG stehen den Mitarbeitern u. a. Urlaubsanträge zur Verfügung.	Bei einer Krankenkasse können Versicherte aus dem Internet Formulare downloaden.

Vordrucke werden von Menschen gelesen, bearbeitet und gehandhabt. Schlecht gestaltete, nicht eindeutig erklärte oder auch teilweise unverständliche Formulare sind verwirrend und können zu Verstimmungen führen.

Im Gegensatz dazu besitzen gut gestaltete Formulare einen vielfachen Nutzen. Eine individuelle Vordruck- und Formulargestaltung kann dazu wesentlich beitragen.

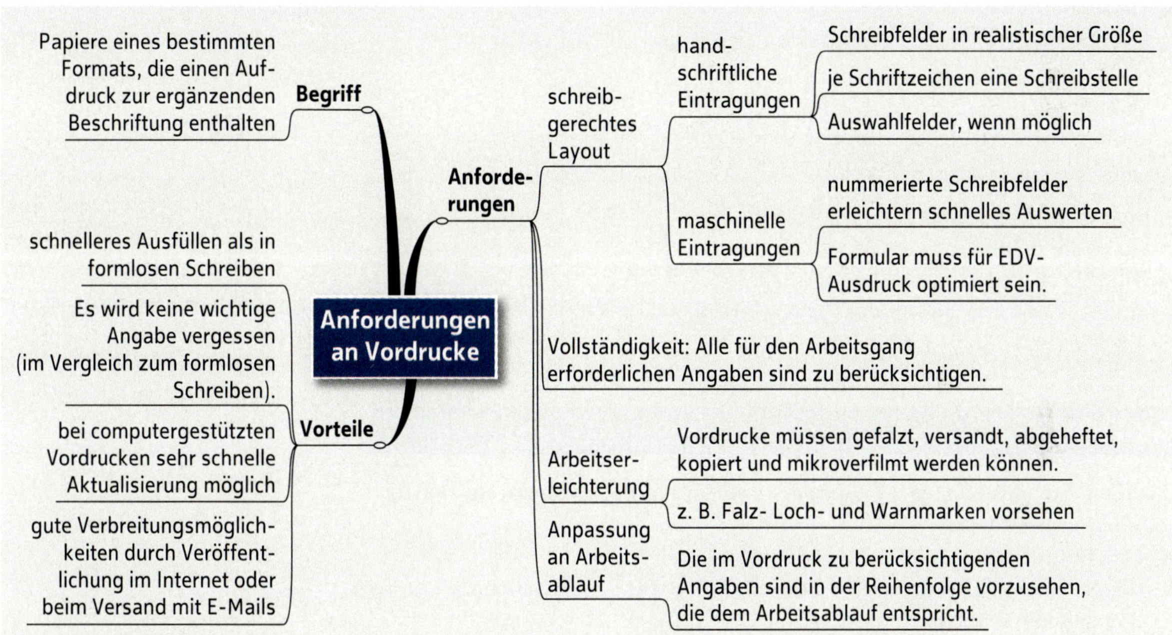

Liegen einzelne Blätter mit Aufdruck vor, spricht man von **Einzelvordrucken**. Werden Vordrucke in mehrfacher Ausführung erstellt, handelt es sich um **Vordrucksätze**. Solche Mehrfach-Formulare tragen zu einer Verbesserung des innerbetrieblichen Informationsflusses bei. Anstelle eines mehrfachen Ausdrucks des einen Exemplars wird die erforderliche Zahl von Durchschriften in einem Arbeitsgang hergestellt. Durch farbige Papiere oder farbigen Druck erfolgt die sichere Zuordnung zum Empfänger. Ein Formulartyp kann auch durch eine bestimmte Farbgebung gekennzeichnet werden.

Es können drei Vordruckarten unterschieden werden:

- **amtliche Vordrucke**

  BEISPIELE

  Einkommensteuererklärung, Geburtsurkunde, Personalausweis, Pass

- **genormte Vordrucke**

  BEISPIELE

  Geschäftsvordrucke DIN 4991, Entwurfsblätter für Vordrucke DIN 4998, Geschäftsbriefe DIN 5008

- **frei gestaltete Vordrucke**

  BEISPIELE

  Reisekostenabrechnung, Telefonnotiz, Urlaubsantrag

Zudem kann man unterscheiden:

- **Offlineformulare**
  Sie werden ohne Verbindung zu einer EDV-Anlage bearbeitet, z. B. von Hand ausgefüllt, und eignen sich insbesondere für Informationen, die nicht weiterverarbeitet werden.
- **Onlineformulare**
  Sie werden direkt am Computer ausgefüllt. Mittlerweile macht man dies häufig direkt auf Internetseiten und schickt das Formular anschließend ab.

Entscheidungen bei der Vordruck-Gestaltung

Wer soll den Vordruck erstellen?	Welche Vordrucksart soll angefertigt werden?	Welches Papierformat soll verwendet werden?	Wie soll der Vordruck ausgefüllt werden?	Welche Hilfen soll der Vordruck enthalten?	Welche Gestaltungselemente des Corporate Design sollen im Vordruck erscheinen?
• Kauf fertiger Vordrucke • Auftrag an Druckerei • Eigenanfertigung mit Textverarbeitungsprogramm	• Einzelvordruck • Vordrucksatz	• Format A4 • Format A5 • Format A6 • andere Formate	• per Hand • mit dem PC	• Faltmarken • Warnzeichen • Lochmarken • Bezugszeichen • Anschriftfeld	• Firmenlogo • bestimmte Farben des Unternehmens

AUFGABEN

1. Was sind Vordrucke?
2. Welche Vorteile hat die Verwendung von Vordrucken?
3. Unterscheiden Sie Einzelvordrucke von Vordrucksätzen.
4. Welche Anforderungen werden an Vordrucke gestellt?
5. Welche Entscheidungen können bei der Vordruck-Gestaltung getroffen werden?

AKTION

Erstellen Sie mithilfe eines Textverarbeitungsprogramms Vordrucke für:

a) eine Quittung (Informieren Sie sich ggf. im Internet oder in einem Wirtschaftslehre-Schulbuch über die Bestandteile einer Quittung.)

b) eine Rechnung

c) eine Auftragsbestätigung

d) einen Lieferschein

ZUSAMMENFASSUNG

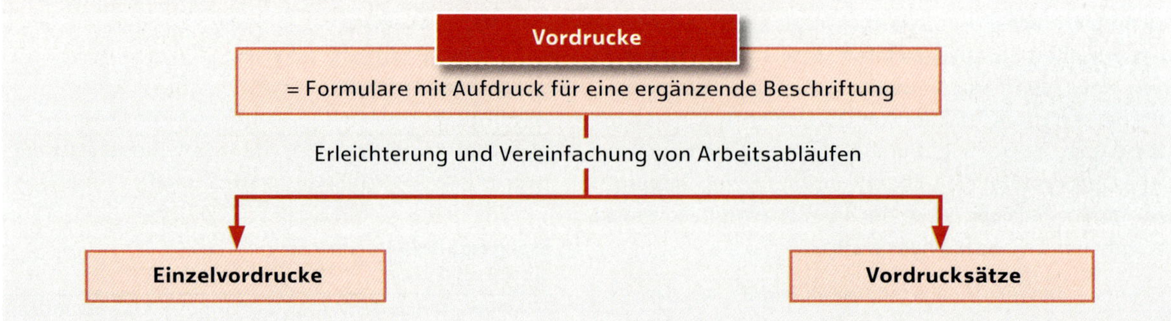

3.20 Wir gestalten Dokumentvorlagen

Einstieg

Vorlagen stellen sicher, dass die gesamte Firmenkorrespondenz eine einheitliche Gestaltung aufweist. Deshalb hat die Hoffmann KG für alle Geschäftspapiere Vorlagen erstellt, die zum Herunterladen im Netzwerk bzw. im Intranet zur Verfügung gestellt werden. Für das Berichtsheft fehlt noch eine Dokumentvorlage mit Kopf- und Fußzeile, die von Carolin Saager gestaltet wird.

Kopfzeile:

Vor- und Zuname
Klassenbezeichnung

Fußzeile:

Datum Name der Schule – Schulart Seite ... von ...

Gestalten Sie die Dokumentvorlage für Carolin oder mit Ihren eigenen Daten.

INFORMATIONEN

Was ist eine Dokumentvorlage?

Dokumentvorlagen sind fertige Vordrucke für Geschäftsbriefe, Faxformulare, Berichte, Rundschreiben usw. Eine Dokumentvorlage ist eine Datei, die wie eine Schablone für andere Dokumente verwendet werden kann. In ihr sind Einstellungen und Elemente gespeichert, die sonst bei jedem neuen Dokument vorgenommen werden müssten. Folgende Elemente können enthalten sein:

- Formatvorlagen
- Text und Grafik
- Seiteneinstellungen
- Makros
- Zeichen- und Absatzformatierungen
- Textbausteine

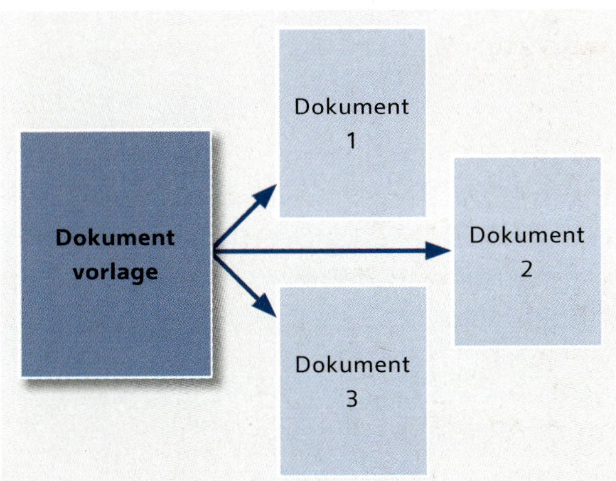

Das Programm stellt fertige Vorlagen für zahlreiche Dokumentenarten zur Verfügung. Besonders Geschäftsbriefe lassen sich mit Dokumentvorlagen rationell erstellen. Berichte, Briefe, Faxe u. Ä. können mit geringem Aufwand an die eigenen Bedürfnisse angepasst werden.

Arbeiten mit Dokumentvorlagen

Bei der Verwendung von Dokumentvorlagen ist zu beachten:

- Dokumentvorlagen werden immer mit der Extension *.dotx* bzw. *.dotm* abgespeichert. Dokumentvorlagen, in denen Makros enthalten sein können, werden mit *.dotm* gekennzeichnet. Vorlagen mit der Erweiterung *.dotx* können keine Makros enthalten. Dies ist eine zusätzliche Sicherung gegen Makroviren.
- Standardmäßig wird einem Dokument eine globale Dokumentvorlage – die *Normal.dotx* – zugrunde gelegt. Sie ist eine „leere" Vorlage, die bei der Arbeit mit dem Programm routinemäßig geöffnet wird.

Fertige Dokumentvorlagen nutzen

ARBEITSABLAUF

- über das Menüband – *Datei* – in die Backstage-Ansicht gehen
- Befehl *Neu* wählen
  Im Bereich *Office.com-Vorlagen* können fertige Vorlagen zu unterschiedlichen Themenbereichen (z. B. Abrechnungen, Berichte, Broschüren, Grußkarten, Zeitpläne) genutzt werden.

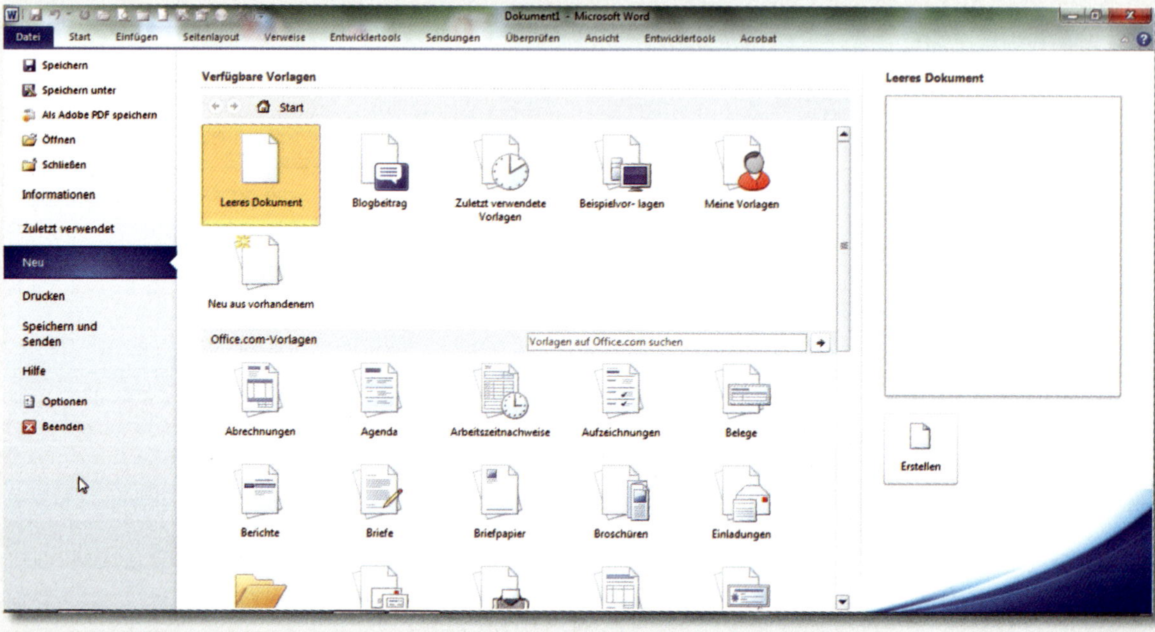

- auf den gewünschten Themenbereich klicken (z. B. Abrechnungen) und eine Vorlage auswählen (z. B. Rechnungsaufstellung)
- das Dokument durch einen Klick auf die Schaltfläche *Download* laden

Dokumentvorlagen erstellen

ARBEITSABLAUF

- über das Menüband – *Datei* – in die Backstage-Ansicht gehen
- Befehl *Neu* – Themenbereich *Meine Vorlagen* wählen
- im Fenster *Persönliche Vorlagen* im Bereich *Neu erstellen* die Option *Vorlage* aktivieren
- mit *OK* bestätigen: In der Titelleiste erscheint der vorläufige Name *Vorlage 1.*
- Vorlage gestalten

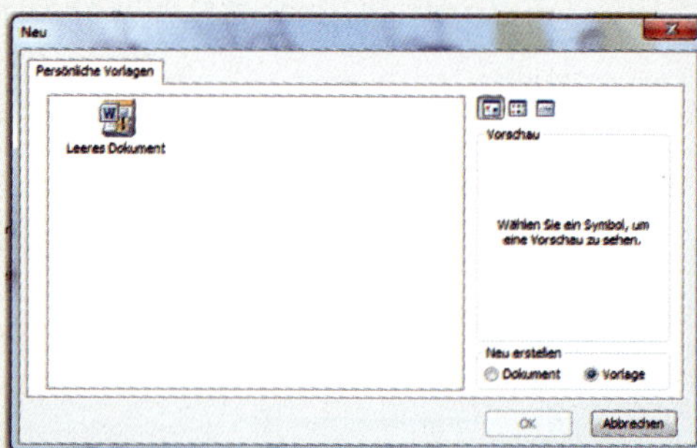

Dokumentvorlage speichern und aufrufen

ARBEITSABLAUF

- Menüband – *Datei* – Befehl *Speichern unter*
- Vorlage mit passendem Namen versehen und *speichern* anklicken
- Vorlage schließen
- zum Aufrufen der Vorlage über das Menüband – *Datei* – Befehl *Neu* – Themenbereich *Meine Vorlagen* das Fenster *Persönliche Vorlagen* öffnen

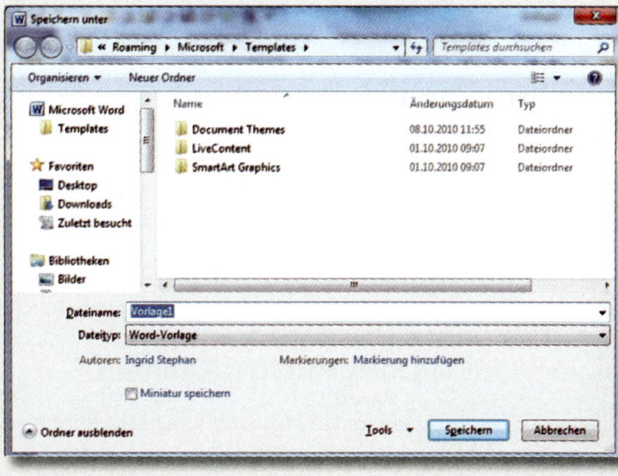

Dokumentvorlagen organisieren

Zum Organisieren von Dokumentvorlagen besteht die Möglichkeit, im Verzeichnis *Templates* Ordner anzulegen. Diese Ordner werden, sobald sie eine Vorlage enthalten, im Fenster *Persönliche Vorlagen* als Registerkarten angezeigt.

ARBEITSABLAUF

- Vorlage erstellen
- Menüband – *Datei* – Befehl *Speichern unter* – Schaltfläche *Neuer Ordner*
- Ordner benennen und *öffnen* anklicken
- Vorlage benennen und im neuen Ordner speichern

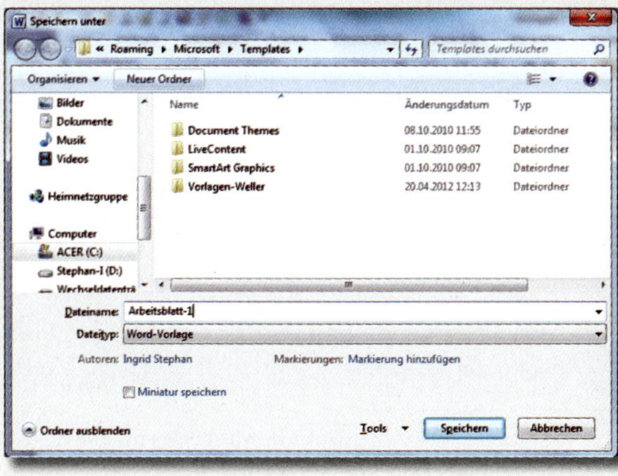

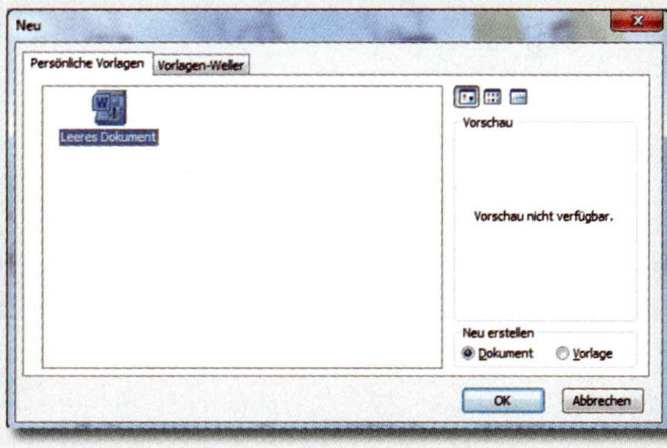

Dokument aufgrund einer Vorlage erstellen

ARBEITSABLAUF

- Menüband – *Datei* – Befehl *Neu* anklicken
- unter Vorlagen wählen: *Meine Vorlagen ...*
- Registerkarte wählen
- gewünschte Vorlage durch Anklicken auswählen
- im Dialogfeld *Neu erstellen* Option *Dokument* aktivieren und mit *OK* bestätigen

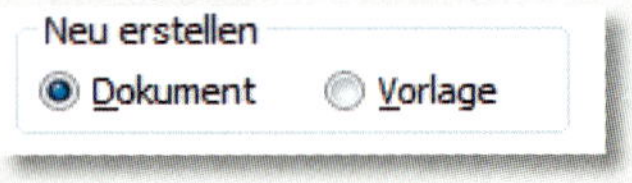

Dokumentvorlagen nachträglich ändern

Soll eine Dokumentvorlage verändert und unter gleichem Namen abgespeichert werden, geht man wie folgt vor:

ARBEITSABLAUF

- Menüband – *Datei* – Befehl *Neu* anklicken
- unter Vorlagen wählen: *Meine Vorlagen ...*
- die zu ändernde Vorlage anklicken und im Dialogfeld *Neu erstellen* Option *Vorlage* aktivieren

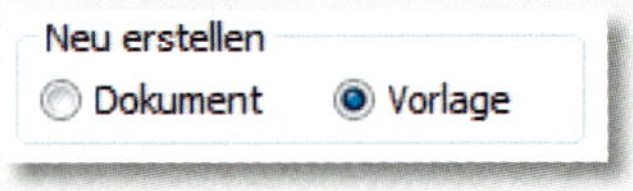

- Änderungen vornehmen und Dokumentvorlage im gleichen Verzeichnis unter gleichem Namen speichern
- Option *Vorhandene Datei ersetzen* mit *OK* bestätigen und anschließend die Dokumentvorlage schließen

Dokument als Dokumentvorlage speichern

ARBEITSABLAUF

- ein Dokument mit Text und Formatierungen erstellen, das als Grundlage für weitere Dokumente genutzt werden soll
- Menüband – *Datei* – Befehl *Neu* anklicken*Speichern unter ...* anklicken
- Dateityp *Word-Vorlage* oder *Word-Vorlage mit Makros* wählen
- gewünschtes Verzeichnis auswählen und *speichern* anklicken

Wenn für die Vorlagen ein eigenes Verzeichnis erstellt wurde, das sich nicht im Verzeichnis *Templates* befindet, werden die Vorlagen aus diesem Verzeichnis über die Schaltfläche *Datei* mit dem Befehl *Neu* – Vorlagen *Neu aus vorhandenem ...* aufgerufen.

AUFGABEN

1. Was ist eine Dokumentvorlage?
2. Beschreiben Sie die Bedeutung von Dokumentvorlagen für die betriebliche Korrespondenz.
3. Was ist bei der Verwendung von Dokumentvorlagen zu beachten?
4. Erläutern Sie die Erstellung einer neuen Dokumentvorlage.

AKTION

a) Richten Sie folgenden Satzspiegel ein:
oben: 2,5 cm, links: 2,5 cm, rechts: 2,00 cm, unten: 3,00 cm.

b) Wählen Sie die Schriftart *Arial* und Schriftgrad *12 pt*.

c) Erstellen Sie folgende Formatvorlagen
Überschrift 1 – 16 pt/Fett
Überschrift 2 – 14 pt/Fett

d) Erstellen Sie die Dokumentvorlage mit Kopf- und Fußzeile. Auf dem Deckblatt soll keine Kopf- und Fußzeile erscheinen:
- Inhalte des Deckblatts: Vor- und Zuname, Ort und Datum, passendes Bild, Berichtsheft, Zeitraum von ... bis ..., Bemerkungen für den Lehrer/die Lehrerin
- Inhalte der Kopfzeile: Berichtsheft – Woche ... vom ... bis ..., Bild
- Inhalte der Fußzeile: Datum, Name der Schule – Name des Schülers/der Schülerin, Seite ... von ...

e) Richten Sie im Dialogfeld *Neu* eine Registerkarte mit dem Namen *Orga-Schule* ein.

f) Speichern Sie die Vorlage unter dem Namen *Berichtsheft.dotx* im Verzeichnis *Orga-Schule*.

g) Präsentieren Sie Ihr Ergebnis.

ZUSAMMENFASSUNG

Dokumentvorlage

= Datei, die solche Bestandteile und Merkmale eines Dokuments enthält, die immer wieder benutzt werden sollen, z. B. Seitenränder, Kopfzeilen, Papierformat oder auch einen kompletten Briefkopf, spezielle Befehle (Makros) und Bedienungselemente

- vereinfacht die Arbeit mit einem bestimmten Dokumenttyp, z. B. einem Geschäftsbrief
- wird meist zusammen mit einem neuen Dokument geöffnet, in dem dann noch der aktuelle Text zu schreiben und zu gestalten ist

Aufruf einer vorhandenen Dokumentvorlage

- Reiter *Datei*
- *Neu*
- *Meine Vorlagen …*

Erstellung einer neuen Dokumentvorlage

- Reiter *Datei*
- *Neu*
- *Meine Vorlagen …*
- Fenster *Persönliche Vorlagen – Neu erstellen* – Option *Vorlage*

3.21 Wir entwickeln und erstellen Formulare und Checklisten

Einstieg

Carolin Saager absolviert in den nächsten vier Wochen im Sekretariat der Geschäftsführung einen weiteren Ausbildungsabschnitt. Herr Hoffmann befindet sich häufig außer Haus. Wenn Carolin für Kolleginnen oder Kollegen Telefongespräche angenommen hat, hat sie die Nachrichten auf einem Notizblatt festgehalten und den entsprechenden Mitarbeitern auf den Schreibtisch gelegt. Herr Hoffmann mag aber keine Zettelwirtschaft und bittet sie, ihm die während seiner Abwesenheit ankommenden Telefonanrufe als Telefonnotiz zu mailen.

Da Carolin in der Berufsschule die Grundsätze zur Formulargestaltung und die entsprechenden Programmfunktionen bereits kennengelernt hat, überlegt sie, diesen Arbeitsgang zu rationalisieren. Sie möchte ein Formular für die Telefonnotiz gestalten, das sowohl von Hand ausgefüllt (= Offlineformular) als auch am PC direkt (= Onlineformular) erstellt und weitergeleitet werden kann und nach Fertigstellung allen Mitarbeiterinnen und Mitarbeitern im Intranet zur Verfügung stehen soll.

Das Formular für die Telefonnotiz soll folgende Punkte enthalten:

- Name der Firma
- Name des Empfängers der Telefonnotiz
- Datum und Uhrzeit des Anrufs
- Name und Firma des Anrufers
- Telefon-Nr. des Anrufers
- hat angerufen
- ruft wieder an
- erbittet Rückruf
- hat zurückgerufen
- möchte Sie treffen
- Nachricht
- Datum, Uhrzeit, aufgenommen von

1. Erstellen Sie das On- und Offlineformular für die Telefonnotiz. Achten Sie dabei auf ein harmonisches und übersichtliches Layout.
2. Speichern Sie die beiden Formulare als Dokumentvorlage.

INFORMATIONEN

Gestaltungsgrundsätze

Ein Formular soll den Austausch von Informationen zwischen Absender und Empfänger vereinfachen und häufig wiederkehrende Arbeitsabläufe rationell gestalten[1].

Nach der Verwendung werden Formulare in On- und Off-line-Formulare unterschieden. Online-Formulare werden am Bildschirm ausgefüllt und weiterbearbeitet. Offline-Formulare werden am PC erstellt und zum Ausfüllen ausdruckt. Dadurch entsteht ein Medienbruch. Hierzu ist es wichtig, bei der Gestaltung von Formularen einige Grundregeln zu beachten:

- Die Sprache muss einfach, klar und gebräuchlich sein – keine „Juristensprache“, kein „Behördendeutsch“.
- Fragen müssen eindeutig formuliert sein.
- Eine gute Lesbarkeit wird durch die richtige Wahl der Schriftart und -größe, des Zeilenabstands, der Zeilenlänge und der Hintergrundfarbe erreicht.
- Die Abfolge muss der Lese- und Anordnungslogik entsprechen.
- Ein Formular darf nicht mit Gestaltungselementen (Schriftart, -größe, Farbe, Linien, Symbolen oder Grafiken) überladen werden. Es gilt der Grundsatz: Weniger ist oft mehr.
- Vorhandene Formulare und Checklisten sind ständig auf Verbesserungsmöglichkeiten zu überprüfen (innerbetriebliches Vorschlagswesen). Vor jeder Neuauflage ist festzustellen, ob Änderungen vorzunehmen sind.

Gut gestaltete Formulare haben folgende Vorteile:

- Der Anwender wird geleitet, ablaufgerecht zu arbeiten. Dadurch können Bearbeitungskosten wesentlich gesenkt werden.
- Das Formular gewährleistet Vollständigkeit, da der Arbeitsablauf systematisch abläuft – es kann kein Schritt vergessen werden.

1 siehe Kap. 3.19

- Die Fehlerquote wird reduziert.
- Überflüssige Schreibarbeiten entfallen.
- Routinearbeiten und Arbeitsabläufe werden vereinfacht und erleichtert.

Die wichtigsten Programmfunktionen zur Formularerstellung

Zur Erstellung von Formularen arbeitet man mit Formularfeldern. Formularfelder sind fest positionierte Eingabefelder, die in ein Formular/Dokument eingefügt werden.
In Word 2010 gibt es neben den neuen auch noch die in den früheren Versionen genutzten Formularfelder. Die alten und neuen Formularfelder sind im Menüband auf der Registerkarte *Entwicklertools* zu finden. Die Registerkarte muss eingeschaltet werden, damit sie für die Bearbeitung der Formulare zur Verfügung steht.

Fragetypen

Je nachdem, welche Informationen Sie abfragen möchten, können Sie unterschiedliche Fragetypen verwenden. Grundsätzlich unterscheidet man offene, geschlossene und halboffene Fragen.

Offene Fragen

In Formularen werden dazu entsprechende Leitwörter verwendet, wie z. B. Nachricht, Anmerkungen, Bemerkungen. Bei einer offenen Frage geben Sie den Raum vor, in den der Nutzer/die Nutzerin die Antwort frei formuliert eintragen kann. Bei Offline-Formularen ist der Raum mit punktierten oder durchgezogenen Linien zu füllen. In Online-Formularen reicht eine freie Zelle, die gegebenenfalls von der Höhe genau festgelegt ist, damit sich die ausfüllende Person kurz fasst.

BEISPIEL

Offene Frage

Offline-Formular		**Online-Formular**
Bemerkungen:		**Bemerkungen:**

Geschlossene Fragen

Bei geschlossenen Fragen geben Sie eine begrenzte Anzahl von Antworten mit einem vorangestellten Kästchen vor. Die zutreffende Antwort kann von dem Nutzer/der Nutzerin angekreuzt werden, wie z. B. JA oder NEIN. Es können auch Kategorien gebildet werden, wie z. B. Familienstand: ledig, verheiratet, geschieden, verwitwet, in Lebenspartnerschaft, Lebenspartnerschaft aufgehoben, Lebenspartner/-in verstorben. Überlegen Sie sich genau, welche Antworten Sie zulassen wollen. Vermeiden Sie unklare und unlogische Vorgaben; sie könnten zu fehlerhaften Angaben führen.

BEISPIELE

Geschlossene Frage

Ich habe das Kleingedruckte gelesen und verstanden:

☐ JA ☐ NEIN

Familienstand:

☐ ledig

☐ verheiratet ☐ in Lebenspartnerschaft

☐ geschieden ☐ Lebenspartnerschaft aufgehoben

☐ verwitwet ☐ Lebenspartner verstorben

Halboffene Fragen

Offene und geschlossene Fragen können auch kombiniert werden. Sie geben die wahrscheinlichsten Antworten vor, lassen aber Platz für individuelle Angaben.

BEISPIEL

Halboffene Frage

Konnten Sie einen Artikel, den Sie heute im Kaufparadies einkaufen wollten, nicht finden?

☐ NEIN ☐ JA Welchen Artikel? ....

Fragebogenskalen

Um Fakten, Meinungen oder Wissen zu erheben, können Sie Skalen einsetzen. Achten Sie bei der Anordnung und Formulierung der Elemente darauf, dass der Nutzer/die Nutzerin beim Ausfüllen keine Antwort unbewusst bevorzugen kann.

BEISPIELE

Ratingskala (auch Likert-Skala genannt)

Beurteilen Sie unser Angebot! Bitte kreuzen Sie an:					
	sehr gut	**gut**	**befriedigend**	**ausreichend**	**mangelhaft**
Auswahl	☐	☐	☐	☐	☐
Frische	☐	☐	☐	☐	☐
Qualität	☐	☐	☐	☐	☐
Bedienung im Markt	☐	☐	☐	☐	☐
Beratung im Markt	☐	☐	☐	☐	☐
Freundlichkeit	☐	☐	☐	☐	☐
Schnelligkeit an der Kasse	☐	☐	☐	☐	☐

Grafisches Rating

Verärgerung:

gering ☐ **hoch**

7455466

Entwicklertools aktivieren

ARBEITSABLAUF

- *Menüband* – *Datei* – Befehl *Optionen* – *Menüband anpassen* – Kontrollkästchen *Entwicklertools* aktivieren
- mit *OK* bestätigen

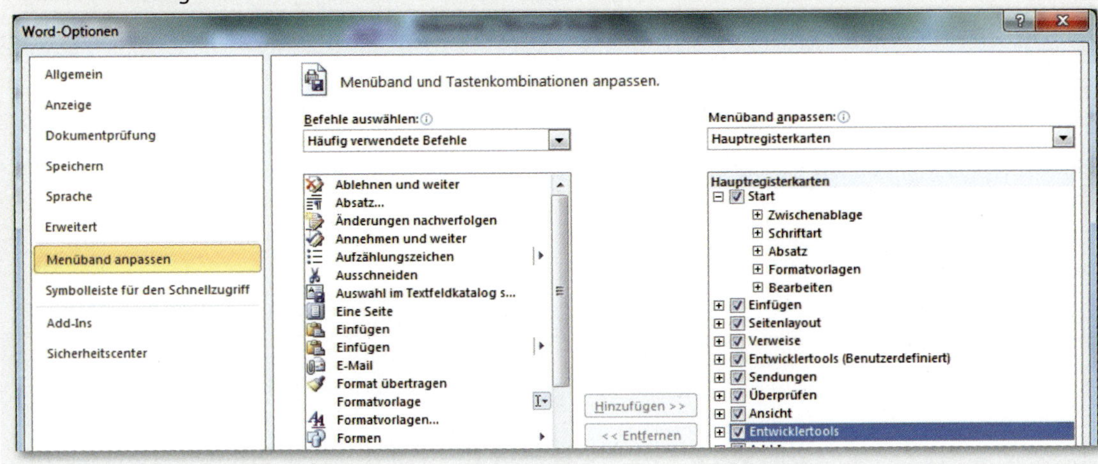

Formularfeld/Inhaltssteuerelement einfügen

ARBEITSABLAUF

- Cursor an die Stelle im Fließtext oder in der Tabelle setzen, an der das Formularfeld eingefügt werden soll
- im Menüband Registerkarte *Entwicklertools* – Gruppe *Steuerelemente* wählen
- das gewünschte Formularfeld/Inhaltssteuerelement auswählen

Formulare aus Vorversionen

In der Gruppe *Steuerelemente* – Listenfeld *Vorversionentools* stehen im Bereich *Formulare aus Vorversionen* die „alten" Formularfelder aus den Vorversionen von Word 2010 weiterhin zur Verfügung:

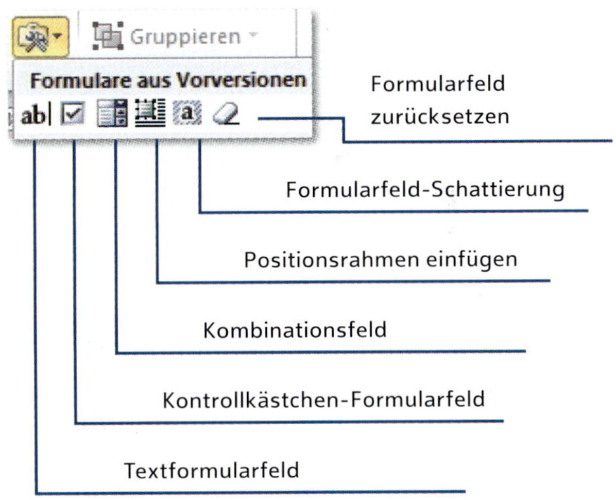

Textformularfeld

In ein Textformularfeld kann beliebiger Text, der aus Zeichen und Zahlen besteht, eingegeben werden.

ARBEITSABLAUF

- Cursor an die gewünschte Position setzen
- die Registerkarte *Entwicklertools* – Gruppe *Steuerelemente* wählen
- über Listenfeld *Vorversionentools* – Bereich *Formulare aus Vorversionen* – *Textformularfeld* wählen
- Durch einen Doppelklick auf das Formularfeld öffnet sich das Dialogfeld *Optionen für Textformularfelder.*
- gewünschte Einstellungen vornehmen

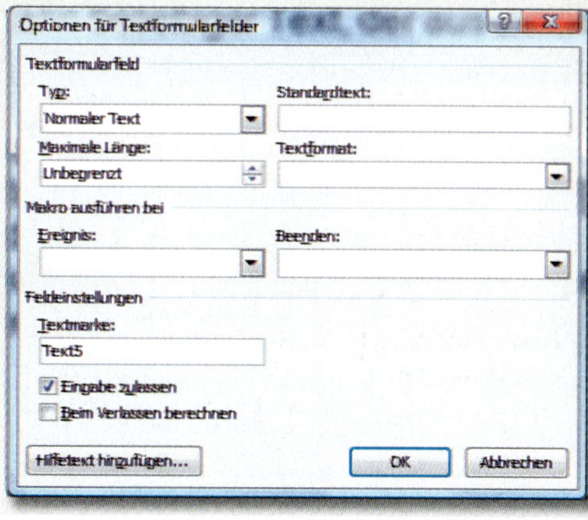

Gestaltungsgrundsätze nach DIN 5008

- Das Formular/die Checkliste sollte den Namen des Urhebers (Unternehmen, Institution, Behörde u. Ä.) tragen sowie eine aussagekräftige Überschrift erhalten.
- Der Aufbau eines Formulars oder einer Checkliste richtet sich nach dem Zweck. Die Gestaltung sollte vollständig, ablaufgerecht (entsprechend dem Arbeitsablauf), schreibgerecht, behandlungsgerecht sein.
- Der Schreibfluss soll möglichst wenig unterbrochen werden, um Leerzeilen und Zeilenschaltungen beim Ausfüllen zu vermeiden.
- Bei der Gestaltung der Datenfelder ist von dem Grundsatz „Leittext über Schreibtext" (OLE-Prinzip: Leittext gehört in die „**O**bere **L**inke **E**cke") auszugehen.

BEISPIELE

Name: °°°°°	**Vorname:** °°°°°
Straße und Hausnummer: °°°°°	**PLZ und Ort:** °°°°°

- Es ist auch möglich, den Leittext (Leitwörter) voranzustellen. Zur besseren Lesbarkeit können die Datenfelder mit den Leitwörtern schattiert werden.

BEISPIEL

Gesprächspartner/-in	Vor- und Zuname:	°°°°°
	Unternehmen:	°°°°°
	Telefon:	°°°°°
	Mobil:	°°°°°
	E-Mail:	°°°°°

- Der Leittext (das Leitwort) ist eindeutig zu formulieren. Schwierige Fragen und Fachausdrücke sind zu erläutern. Abkürzungen, die nicht allgemein bekannt sind, sollten vermieden werden.
- Gestalten Sie in Offline-Formularen größere Schreibfelder mit waagrechten Hilfslinien. Das erleichtert das Ausfüllen.

BEISPIEL

Nachricht: ....

- Schriftarten, -größen und -stärken sollten sparsam eingesetzt werden.

- Ausfüllanweisungen und Bearbeitungsvermerke sollten so angeordnet sein, dass sie während des Beschriftens gelesen werden können.
- Bei Auswahlantworten sind die Kontrollkästchen voranzustellen. Die zutreffende Antwort wird beim Ausfüllen durch Ankreuzen gekennzeichnet. Auswahlantworten mit dem Hinweis „Nichtzutreffendes streichen“ sind zu vermeiden.

BEISPIEL

Wir bitten um

☐ Barzahlung ☐ Überweisung

- Formulare, die für eine Papierablage vorgesehen sind, sollten Loch- und Faltmarkierungen enthalten.
- Formulare und Checklisten können im unteren linken Randbereich nach internen Vorgaben (z. B. Namen und Nummer) gekennzeichnet werden.

Bereich	Auswahl	Erläuterung
Hilfetext hinzufügen	Für den Formular-Anwender kann ein Hilfetext hinterlegt werden. Bei umfangreichen Onlineformularen kann die Verwendung von Hilfetexten zum besseren Verständnis beitragen. Der Hilfetext kann so eingegeben werden, dass er in die Statuszeile oder mithilfe der Taste F1 angezeigt wird. Hilfetexte können für alle drei Arten von Formularfeldern verwendet werden. 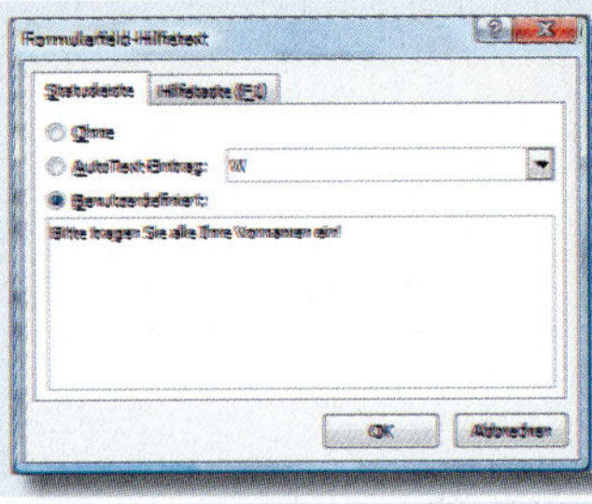	
	Anzeige des Hilfetextes in der Statuszeile: 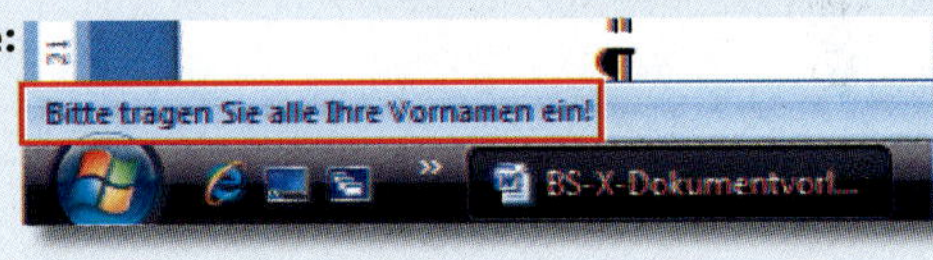	

Kontrollkästchen-Formularfeld

Angaben, die in Formularen nur durch Ankreuzen ausgewählt werden, können rationell mit einem Kontrollkästchen-Formularfeld gestaltet werden.

Bereich	Erläuterung
Kontrollkästchengröße	Bei *Automatisch* wird die Größe des Kontrollkästchens automatisch an die eingestellte Schriftgröße des Textes angepasst. Bei *Genau* kann ein exaktes Maß in pt eingegeben werden.
Standardwert	*Deaktiviert* bedeutet, das Kontrollkästchen ist leer. Beim Ausfüllen von Onlineformularen kann im Menü oder direkt im Formular durch Mausklick auf das Kontrollkästchen das Ankreuzen erfolgen. *Aktiviert* bedeutet, das Kontrollkästchen ist/wird angekreuzt.

ARBEITSABLAUF

- Cursor an die gewünschte Position setzen
- die Registerkarte *Entwicklertools* – Gruppe *Steuerelemente* wählen
- über Listenfeld *Vorversionentools* – Bereich *Formulare aus Vorversionen* – *Kontrollkästchen-Formularfeld* wählen
- Doppelklick auf das Kontrollkästchen öffnet das Dialogfeld *Optionen für Kontrollkästchen-Formularfelder.*
- gewünschte Einstellungen vornehmen

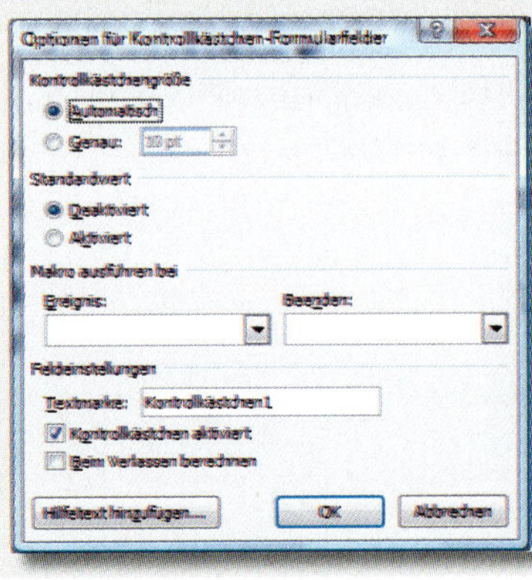

Dropdown-Formularfeld

Ein Dropdown-Formularfeld wird immer dann eingefügt, wenn mehrere bereits feststehende Einträge möglich sind.

ARBEITSABLAUF

Soll in einem Anmeldeformular für das Berufskolleg z. B. der bisherige Schulabschluss eingetragen werden, können folgende Optionen zur Auswahl gestellt werden:

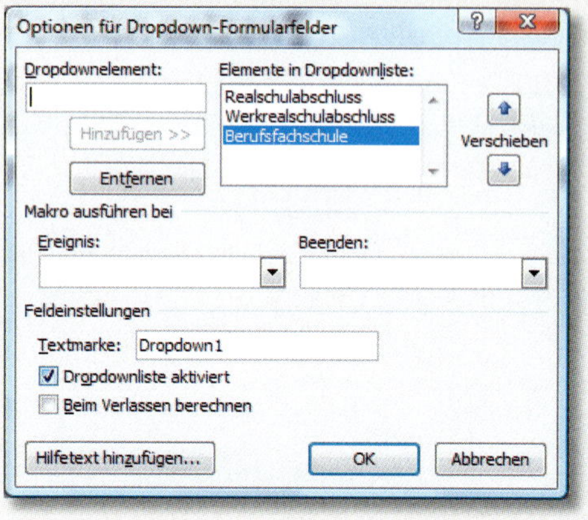

- Cursor an die gewünschte Position setzen
- Registerkarte *Entwicklertools* – Gruppe *Steuerelemente* wählen
- über Listenfeld *Vorversionentools* – Bereich *Formulare aus Vorversionen – Kombinationsfeld* wählen
- Doppelklick auf das Dropdown-Formularfeld: Es öffnet sich das Dialogfeld *Optionen für Dropdown-Formularfelder.*
- im Bereich *Dropdownelement* die Bezeichnungen eingeben
- auf *Hinzufügen* >> klicken
- bei weiteren Dropdownelementen ebenso verfahren

Verändern der Reihenfolge eines Elements:

- Element markieren
- in der Schaltfläche *Verschieben* Pfeiltaste nach oben oder nach unten, bis das Element an der gewünschten Position steht

Löschen eines Dropdownelements:

- Element markieren
- *Entfernen* anklicken

Dokument schützen

Da Onlineformulare direkt am PC ausgefüllt werden, besteht die Gefahr, dass ein Formular beim Ausfüllen – außer an den dafür vorgesehenen Stellen – verändert oder zerstört wird. Um dies zu verhindern, kann der feststehende Teil des Onlineformulars durch einen Dokumentenschutz geschützt werden. Der Formulartext und die Formatierungen können dann nicht verändert werden, deshalb stehen auch viele Menübefehle nicht zur Verfügung. Zur schnellen und sicheren Bearbeitung kann der Anwender in einem geschützten Dokument mit der Tab-Taste von Eingabefeld zu Eingabefeld springen – das lästige Suchen von Textstellen entfällt.

ARBEITSABLAUF

- im Menüband Registerkarte *Entwicklertools* – Gruppe *Schützen – Bearbeitung einschränken* wählen
- Unter *2. Bearbeitungseinschränkungen* das Kontrollkästchen ☑ *Nur diese Bearbeitung im Dokument zulassen: Ausfüllen von Formularen* aktivieren
- Abschnitte auswählen: Kontrollkästchen *1. Abschnitt* aktivieren
- unter *3. Schutz anwenden* Einstellungen über die Schaltfläche *Ja, Schutz jetzt anwenden* anklicken
- mit *OK* bestätigen

Dokumentschutz in Abschnitten

Sollen nur bestimmte Teile eines Formulars geschützt werden, muss das Dokument in mehrere Abschnitte unterteilt werden. So können Teile eines Formulars, die auf keinen Fall geändert werden dürfen, geschützt werden. In den nicht geschützten Abschnitten können Änderungen vorgenommen werden, wobei alle Befehle zur Verfügung stehen. Diese Möglichkeit wird häufig bei offenen Fragen und für Anregungen eingeräumt, um den Ausfüllenden zusätzlich zu motivieren.

ARBEITSABLAUF

- Cursor an der Stelle des Formulars positionieren, an der ein Abschnitt eingefügt werden soll
- Registerkarte *Seitenlayout* – Gruppe *Seite einrichten* wählen
- in der Schaltfläche *Umbrüche* unter *Abschnittsumbrüche* die Option *Fortlaufend* anklicken
- mit *OK* bestätigen – Word fügt einen Abschnittswechsel ein

═══════ Abschnittswechsel fortlaufend ═══════

Löschen eines Abschnittswechsels:

- den Abschnittswechsel im Dokument markieren
- mit Taste *Entf* löschen

Schutz eines in mehrere Abschnitte unterteilten Dokuments:

- Dialogfeld *Abschnitt schützen* öffnen
- die Abschnitte aktivieren, die geschützt werden sollen

AUFGABEN

1. Erläutern Sie, was Sie unter Formularen verstehen.
2. Sie und Ihre Mitarbeiterinnen und Mitarbeiter arbeiten überwiegend im Intranet der Hoffmann KG. Welchen Einfluss hat das auf die Gestaltung Ihrer Formulare?
3. Welche Möglichkeiten bietet Ihr Textverarbeitungsprogramm, Formulare zu gestalten?
4. Erläutern Sie die wichtigsten Grundsätze, die Sie bei der Gestaltung von Formularen beachten sollten.

AKTION

Herr Hoffmann möchte die Mitarbeiterinnen und Mitarbeiter über betriebliche Vorgänge, Kundenabsprachen, Pläne, Ideen, Vorschläge und Termine informieren. Da Carolin Saager das Formular für die Telefonnotiz professionell gestaltet hat, bittet Herr Hoffmann sie, in Absprache mit Frau Sander ein Formular für Hausmitteilungen zu entwerfen.

Die Hausmitteilung soll enthalten:

- Name der Firma
- Name und Abteilung des Absenders
- Name und Abteilung des Empfängers
- Betreff
- Nachricht
- Besondere Vermerke
- Datum
- Unterschrift
- Anlagen
- Verteiler

a) Gestalten Sie die Hausmitteilung als On- und Offlineformular.

b) Wählen Sie für das Offline- und das Onlineformular der Hausmitteilung jeweils einen geeigneten Dateinamen mit angehängtem Speicherdatum.

c) Speichern Sie die Dateien als Dokumentvorlage im entsprechenden Verzeichnis.

d) Präsentieren Sie Ihr Ergebnis.

ZUSAMMENFASSUNG

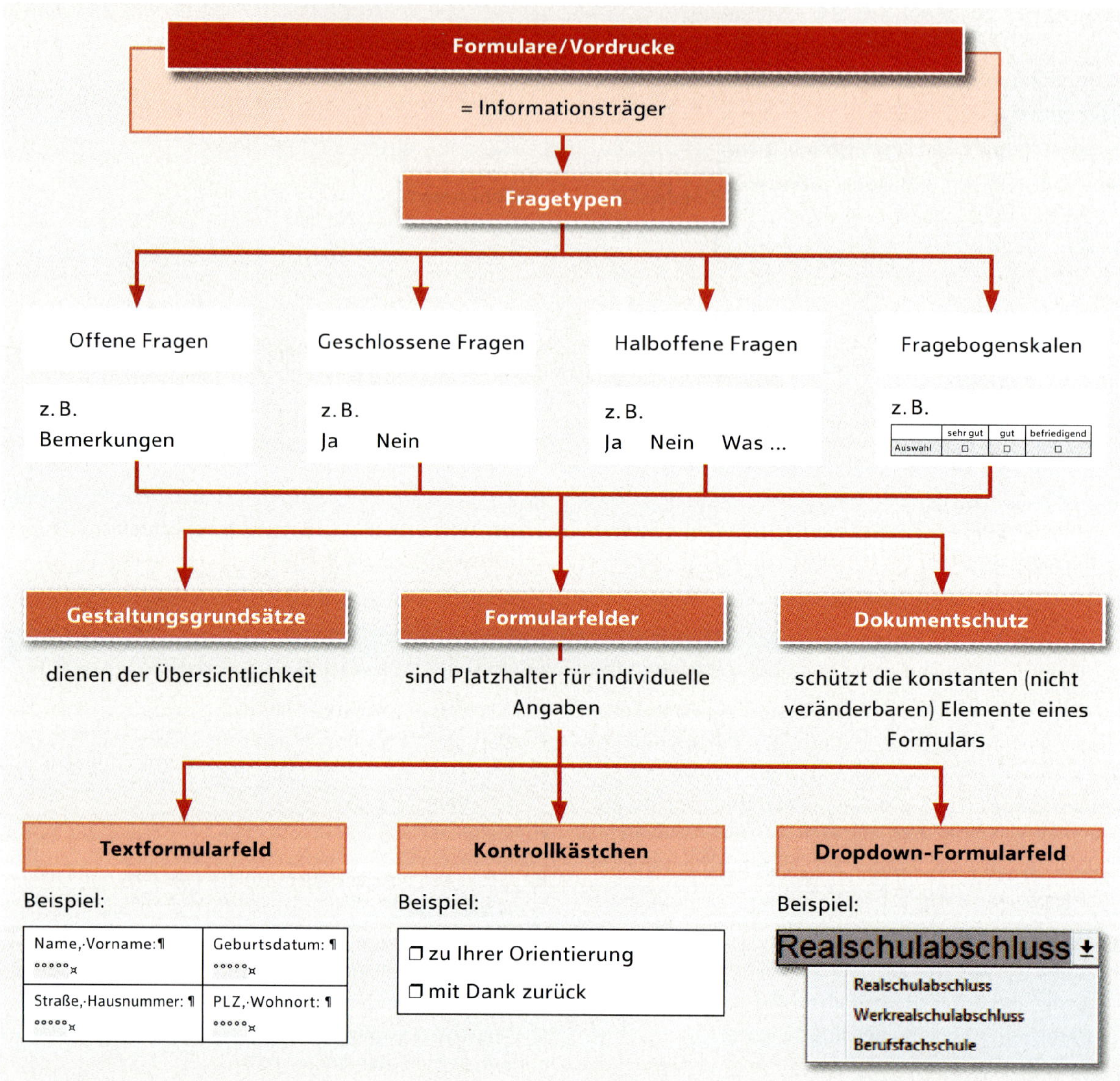

3.22 Wir schreiben E-Mails

Einstieg

Die Hoffmann KG plant für ihre Außendienstmitarbeiter eine Tagung zum gegenseitigen Gedankenaustausch. Die Tagung soll im Hotel Schönblick, Seestraße 18, 30159 Hannover stattfinden. Herr Hoffmann schlägt drei Termine vor und beauftragt Carolin Saager, den Termin mit den Außendienstmitarbeitern abzustimmen. Carolin hat folgende Kommunikationsverbindungen:

E-Mail: carolin.saager@hoffmann-kg-wvd.de
Telefon: 0531 9876-33
Telefax: 0531 9876-10

Die Außendienstmitarbeiter haben folgende E-Mail-Adressen:
werner.flohr@hoffmann-kg-wvd.de
christoph.kibowski@hoffmann-kg-wvd.de

Entwerfen Sie eine E-Mail unter Berücksichtigung der DIN 5008. Benutzen Sie die Eingabemaske Ihres Mailbox-Anbieters. Falls Sie die E-Mail simulieren, erstellen Sie mit der Tabellenfunktion nebenstehende Maske. Drucken Sie die E-Mail aus.

An:
Cc:
Bcc:
Betreff:

INFORMATIONEN

E-Mail

Neben den sich ständig wandelnden elektronischen Kommunikationsformen ist die E-Mail im geschäftlichen Bereich eine Konstante. Sie ersetzt den Geschäftsbrief in vielen Bereichen und ist deshalb mit der gleichen Sorgfalt zu verfassen.

In der innerbetrieblichen Kommunikation wird die E-Mail zunehmend durch betriebsinterne Messengerdienste abgelöst. Diese sind in der Regel in Kommunikationsplattformen (z. B. MS Teams) integriert und ermöglichen einen schnellen und unkomplizierten Austausch unter den Mitarbeitenden.

Beim elektronischen Versand von vertraulichen und/oder rechtsverbindlichen Nachrichten sollten Sie einen akkreditierten Diensteanbieter (z. B. ist die Deutsche Post AG mit der E-Post qualifizierter Vertrauensanbieter) auf der Basis der europäischen eIDAS-Verordnung (eIDAS = electronic Identification, Authentication and trust Services) nutzen. Eine Anbieterliste finden Sie auf der Webseite der Bundesnetzagentur (*https://bundesnetzagentur.de*).

Nehmen Sie beim Erstellen von E-Mails auf die technischen Gegebenheiten der Empfänger Rücksicht. Dies gilt vor allem für das Nachrichtenformat, die Codierung, die Verschlüsselung, die verwendeten Schriften und die Dateiformate der Anlagen.

E-Mails mit Referenzcharakter sind in den entsprechenden Vorgangsordnern zu speichern.

Vor- und Nachteile der E-Mail-Kommunikation	
Vorteile	**Nachteile**
• schneller, weltweiter Nachrichtenaustausch • zeitsparend und preisgünstig: Ausdrucken, Kuvertieren und Frankieren entfallen • Versand zu jeder Tages- und Nachtzeit möglich • gleichzeitiges Versenden an mehrere Empfänger als Serien-E-Mail (Verteilerliste) • Der Empfänger kann den Zeitpunkt der Bearbeitung selbst bestimmen.	• elektronischer Werbemüll • unnötige E-Mails und zu lange E-Mails • Computerviren können eingeschleppt werden • Abhängigkeit von der Technik • Fehlen von Unterschriften • Vertraulichkeit nur durch Verschlüsselung gewährleistet • Erzeugen von Redundanzen beim Speichern von Anhängen.

Im Umgang mit E-Mails sind folgende Grundregeln zu beachten:

- Überlegen Sie genau, ob eine E-Mail wirklich notwendig ist und wer sie bekommen muss.
- E-Mails müssen mit der gleichen Sorgfalt wie die Papierpost bearbeitet werden. Der Absender verlässt sich darauf, dass die elektronische Post gelesen und auch entsprechend bearbeitet wird.
- Kein Massenversand von E-Mails. Dämmen Sie die E-Mail-Flut bei Ihren Adressaten durch sinnvolle Verteilerlisten im E-Mail-Programm ein. Achten Sie darauf, dass nur die Personen die Informationen erhalten, die sie auch wirklich brauchen. Pflegen Sie Ihre Verteilerliste, sonst könnte es passieren, dass z.B. ein ehemaliger Mitarbeiter unbeabsichtigt vertrauliche Informationen des Unternehmens erhält.
- Beachten Sie die bestehenden Richtlinien und Bestimmungen der Datenschutz-Grundverordnung (DSGVO).

Elemente einer E-Mail nach DIN 5008

E-Mail-Kopf

Der E-Mail-Kopf besteht aus den Feldern „An", „Cc", „Bcc" und „Betreff".

- **An-Feld.** Zum Versenden ist eine eindeutige E-Mail-Adresse nach folgendem Aufbau zu verwenden:

  empfaengerbezeichnung@anbieter.de
  empfaengerbezeichnung@anbieter.de-mail.de
  empfaengerbezeichnung@eigenedomain.de
  empfaengerbezeichnung@eigenedomain.de-mail.de

  BEISPIELE

  service@konrad-wvd.com
  marketing@convers-wvd.de-mail.de
  info@schneider-software-kg-wvd.com
  kira.keller@schneider-software-wvd.de-mail.de
  kira.keller@schneider-software-kg-wvd.com
  katja.lange@web-wvd.de-mail.de
  katja.lange@web.de

  Im An-Feld können mehrere gleichberechtigte Empfänger gemeinsam stehen, von denen in der Regel eine Handlung erwartet wird.

- **Cc-Feld und Bcc-Feld.** Je nachdem, ob die einzelnen Empfänger sichtbar sein sollen, sind diese in „Cc" (sichtbar) oder „Bcc" (unsichtbar) aufzunehmen. Aus Datenschutzgründen können Sie das „Bcc"-Feld als Verteiler verwenden. Empfänger, die Sie lediglich von dem Inhalt der E-Mail in Kenntnis setzen wollen, stehen im Feld „Cc".

  Die „Cc-Empfänger" werden informiert, es wird aber keine Handlung erwartet. Die im Cc-Feld eingetragenen Empfänger erfahren durch diese Liste, welche Adressen eine Kopie der E-Mail erhalten haben. Die Empfänger, die im **„Bcc-Feld"** eingetragen sind, bleiben unsichtbar.

Wollen Sie einen festen größeren Empfängerkreis anschreiben, können Sie Verteilergruppen anlegen und nutzen. Verteilerlisten müssen sorgfältig gepflegt werden.

- **Betreff-Feld.** Die Betreffangabe entscheidet ganz wesentlich darüber, ob und wann die E-Mail gelesen wird. Sie ist zwingend erforderlich, da sie für die Bearbeitung von E-Mails eine zentrale Bedeutung hat. Formulieren Sie die Betreffangabe so kurz wie möglich und so lang wie nötig – maximal zehn Wörter. Stellen Sie den Nutzen für die Lesenden klar dar. Verdichten Sie den Inhalt auf wenige Stichpunkte. Der Empfänger muss die Mail einem Thema zuordnen können. Versenden Sie eine Mail ins Ausland, sollten Sie auf sprachliche Besonderheiten im Text wie Akzente, Umlaute und „ß" verzichten. Wenn Sie auf eine Mail antworten, passen Sie die Betreffangabe an, damit der Bezug zum Inhalt gewährleistet bleibt. Produzieren Sie keine endlosen Rückmails.

E-Mail-Hauptteil

- **Bezugszeichen und -angaben.** Sie sind nicht zwingend notwendig, können aber zum schnelleren Verständnis in einem Vorgang beitragen. Sie stehen am Anfang eine E-Mail. Es können folgende Leitwörter verwendet werden:

  Ihr Zeichen:
  Ihre Nachricht vom:
  Unser Zeichen:
  Unsere Nachricht vom:

  Sie stehen mit einem Abstand von zwei Leerzeilen zur Anrede. Die Bezugszeichen und -angaben können nach Bedarf ergänzt oder weggelassen werden.

- **Anrede.** Die Anrede ist ein fester Bestandteil einer geschäftlichen E-Mail, sie beginnt an der Fluchtlinie und wird durch eine Leerzeile vom folgenden Text getrennt.
- **E-Mail-Text.** Der E-Mail-Text wird im Fließtext ohne Worttrennung erfasst, da der Umbruch durch die Software des Empfängers gesteuert wird. Absätze sind jeweils vom folgenden Text durch eine Leerzeile zu trennen. Das Layout der elektronischen Post sollte per Voreinstellung in Schriftart, -größe und -farbe weitgehend einem vorhandenen Corporate Design entsprechen.

7455474

BEISPIEL

An ...	maximiliane.gutmann@bachmann-gmbh-wvd.de
Cc ...	
Bcc ...	
Betreff:	Ihre persönliche Einladung zum Schneider-Software-Praxistag in Stuttgart

gleichberechtigte Empfänger

stichwortartige Inhaltsangabe

Bezugszeichen und -angaben (optional)

Ihr Zeichen: gu
Ihre Nachricht vom: 20..-03-07
Unser Zeichen: ke
•
•

Anrede

Guten Tag, Frau Gutmann,
•

Fließtext ohne Worttrennungen

Absatzgestaltung durch eine Leerzeile

vielen Dank für Ihre Anfrage. Gerne informieren wir Sie über unseren nächsten Praxistag. Die Krise im vergangenen Jahr hat uns gezeigt, dass der Einsatz digitaler Software-Lösungen wichtiger denn je ist. Wenn Sie Ihr Unternehmen für die Zukunft digital fit machen wollen, sind Sie bei uns genau richtig!
•
Unter dem Motto „Digitalisierung, gewusst wie!" erfahren Sie, an welchen Stellen Ihr Unternehmen vom Einsatz mit den Softwarelösungen von Schneider-Software profitiert. Neben der Digitalisierung von Geschäftsprozessen packen wir ein weiteres, hochaktuelles Thema an: Unter dem Stichwort „New Mindset und New Work" erhalten Sie inspirierende Einblicke für Ihr eigenes Arbeitsumfeld rund um die Anforderungen an neue Arbeitswelten. Sie dürfen gespannt sein!
•
Die Teilnahme ist für Sie kostenlos. Bitte melden Sie sich unter www.schneider-software-kg-wvd.com an. Dort finden Sie auch weitere aktuelle Informationen zur Anmeldung, Anreise, der Agenda und den aktuell gültigen Infektionsschutzbestimmungen.
•
Ich freue mich schon jetzt darauf, Sie vor Ort begrüßen zu dürfen.
•

Emojis – nicht bei Erstkontakten
Der Einsatz setzt voraus, dass sich die Kommunikationspartner gut kennen.

Nachrichten in einer E-Mail an mehrere Empfänger:

@ Herr Maier: Danke ...
@ Frau Roth: Senden Sie ...
@ Alle anderen: Nähere Informationen ...

Signatur

- **Gruß**
- **Kommunikations- und Unternehmensangaben**
- **gesetzlich vorgeschriebene Angaben nach HGB, GmbHG bzw. AktG**

Freundliche Grüße
•
Schneider-Software KG
•
Kira Keller
•
Telefon: 0711 123-510
Telefax: 0711 123-515
E-Mail: kira.keller@schneider-software-kg-wvd.com
De-Mail: kira.keller@schneider-software-kg-wvd.de-mail.de
Internet: www.schneider-software-kg-wvd.com
•
Postanschrift: Postfach 20 21 22, 70172 Stuttgart
Hausanschrift/Sitz: Calwer Straße 118, 70173 Stuttgart
Geschäftsführerin: Kira Keller
Handelsregister HRB 11394 beim Amtsgericht Stuttgart
USt-IdNr. DE19477789
•

Vertraulichkeits-, Druck- und Werbehinweise

Der Inhalt dieser E-Mail (einschließlich etwaiger beigefügter Dateien) ist vertraulich und nur für den Empfänger bestimmt. Sollten Sie nicht der bestimmungsgemäße Empfänger sein, informieren Sie bitte unverzüglich den Absender und löschen Sie die E-Mail (einschließlich etwaiger beigefügter Dateien) von Ihrem System. Vielen Dank!
•
The contents of this e-mail (including any attachments) are confidential and may be legally privileged. If you are not the intended recipient of this e-mail, please notify the sender immediately and then delete it (including any attachments) from your system. Thank you!

Stopp! Du rettest einen Baum, wenn Du diese Mail nicht audruckst.

Anhang:	

Verschlüsselte Übertragung mit einer qualifizierten elektronischen Signatur verhindert unberechtigtes Lesen

Aus Gründen der Rationalisierung und der technischen Umsetzbarkeit darf in E-Mails auf die Anwendung von geschützten, bedingten Zeichen und die Unterscheidung von Kurz- und Langstrich verzichtet werden.

Gestalten Sie die Absätze wie im Geschäftsbrief mit einer Leerzeile zwischen vorausgehendem und nachfolgendem Text.

Professionell gestaltete E-Mails zeichnen sich dadurch aus, dass allgemeine (Netiquette) und betrieblich festgelegte (E-Mail-Policy) Konventionen eingehalten werden. Außerdem ist auf eine einwandfreie Rechtschreibung, Grammatik und Zeichensetzung zu achten. Vermeiden Sie beispielsweise eine Dauergroßschreibung. Dies gilt als Anschreien. Durchgängige Kleinschreibung gilt als Missachtung des Empfängers. Schreiben Sie auch keine Satzzeichen mehrfach hintereinander. Das könnte als aggressiv empfunden werden.

Emoticons und Emojis sollten nicht bei Erstkontakten verwendet werden. Ein sparsamer Einsatz wird bei wiederholten Kontakten bzw. bekannten Empfängern empfohlen. Emoticons und Emojis ersetzten keine Satzzeichen und sind hinter dem Satzschlusspunkt zu platzieren – vorausgesetzt, sie beziehen sich auf den gesamten Satz.

Im Austausch mit ausländischen Geschäftspartnern ist zu berücksichtigen, dass die Gestaltung und Nutzung von Emoticons sowie Emojis in anderen Kulturkreisen sehr unterschiedlich sein können. Deshalb sollten bei internationalen Kontakten nur absolut gängige Zeichen verwendet werden.

BEISPIELE

Dies war sicherlich eine gute Entscheidung. ☺
☺ Über Ihre Nachricht haben wir uns sehr gefreut.
Wir gehen davon aus, dass Sie es genauso sehen ;-)
...

Mehrere Empfänger in einem E-Mail-Text ansprechen. Sind im Text bestimmte Inhalte für unterschiedliche Personen bestimmt, kann nach DIN 5008 eine Vereinfachung der Ansprache nach der Form **@ Name:** vorgenommen und durch Fettschrift hervorgehoben werden.

BEISPIELE

@ Frau Sommer: Abschnitt 3 müsste nochmals überprüft werden.

@ Herr Müller: Die Bilder passen hervorragend. Nochmals herzlichen Dank für Ihre Mühe, die sich wirklich gelohnt hat.

@ Frau Schmidt: Bitte veröffentlichen Sie die Neuerungen – wie besprochen – auf unserer Webseite.

Der Nachrichtentext sollte aus folgenden Teilen bestehen:

Freundlicher Einleitungssatz
z. B. „Vielen Dank für die schnelle Erledigung unseres Auftrags.“

↓

Nachrichtentext

- Formulieren Sie vollständige, kurze Sätze.
- Vermeiden Sie zu viel Text mit zu wenig Aussage.
- Achten Sie auf korrekte Rechtschreibung, einwandfreie Grammatik und Interpunktion.
- Beachten Sie die allgemeinen und betrieblich festgelegten Konventionen.
- Reduzieren Sie Abkürzungen und Kunstworte (Akronyme).
- Setzen Sie Emoticon und Emojis nicht bei Erstkontakten ein.
- Wörter in Großbuchstaben sind tabu. Sie werden häufig zum Ausdruck von Ärger und Aggression verwendet.

Folgende Inhalte gehören nicht in eine E-Mail:

- Kritik an einer Person,
- dringende Angelegenheiten,
- persönliche Streitigkeiten.

↓

Freundlicher Schlusssatz
z. B. „Wir freuen uns auf das Treffen und wünschen Ihnen eine gute Anreise.“

7455476

E-Mail-Schluss

- **Signatur.** Der E-Mail-Abschluss wird auch Signatur genannt und kann als Textbaustein angelegt werden. Dies ist besonders effizient, wenn Sie unterschiedliche Signaturen in Ihrer Korrespondenz einsetzen. Die Signatur enthält den Gruß, die Kommunikations- und Firmenangaben – die Angabe der E-Mail- und/oder Internet-Adresse ist zwingend notwendig. Ansonsten richten sich der Inhalt und die Reihenfolge der Kommunikationsangaben nach betrieblichen Erfordernissen.

Ein gelungener und rechtssicherer E-Mail-Abschluss beinhaltet folgende Elemente:

- Vor- und Zuname sowie Funktion des Versenders; sofern aus dem Namen nicht ersichtlich ist, welche Anrede (Frau/Herr) in einem Antwortschreiben verwendet werden soll, kann die Signatur entsprechend ergänzt werden,
- Post- und Hausanschrift des Unternehmens,
- Telefonnummer und Telefaxnummer des Versenders/Unternehmens,
- E-Mail- und Internetadresse des Versenders/Unternehmens,
- Pflichtangaben (unterscheiden sich nach Unternehmensformen): HRB-Nummer, zuständiges Registergericht, Rechtsform und Sitz des Unternehmens, Name des Geschäftsführers/Aufsichtsratsvorsitzenden,
- evtl. eine Sicherheitsklausel, wie z. B. *„Der Inhalt dieser E-Mail (einschließlich etwaiger beigefügter Dateien) ist vertraulich und nur für den Empfänger bestimmt. Sollten Sie nicht der bestimmungsgemäße Empfänger sein, ist Ihnen jegliche Offenlegung, Vervielfältigung, Weitergabe oder Nutzung des Inhalts untersagt. Bitte informieren Sie in diesem Fall unverzüglich den Absender und löschen Sie die E-Mail (einschließlich etwaiger beigefügter Dateien). Vielen Dank.“*

- **Externe/interne Signatur.** Innerbetrieblich könnten die Angaben theoretisch auf die Kommunikationsdaten beschränkt werden. Dies würde aber bedeuten, dass bei jeder E-Mail erneut der entsprechende Textbaustein zugesteuert werden müsste. Zunehmend werden in der internen elektronischen Kommunikation geschützte Messengerdienste genutzt, was die interne E-Mail-Kommunikation weitgehend überflüssig macht.

Externe Signatur	Interne Signatur
Freundliche Grüße • Schneider-Software KG • Kira Keller • Telefon: 0711 123-510 Telefax: 0711 123-515 E-Mail: kira.keller@schneider-software-kg-wvd.com De-Mail: kira.keller@schneider-software-kg-wvd.de-mail.de Internet: www.schneider-software-kg-wvd.com • Postanschrift: Postfach 20 21 22, 70172 Stuttgart Hausanschrift/Sitz: Calwer Straße 118, 70173 Stuttgart Geschäftsführerin: Kira Keller Handelsregister HRB 11394 beim Amtsgericht Stuttgart USt-IdNr. DE19477789	Freundliche Grüße in die Buchhaltung • Kira Keller Geschäftsleitung • Telefon: 0711 123-510 Mobil: 0171 38488588 Telefax: 0711 123-515 E-Mail: kira.keller@schneider-software-kg-wvd.com

ARBEITSABLAUF

Signatur erstellen:

- in der Menüleiste *Datei – Optionen* wählen
- im Fenster *Outlook-Optionen* den Befehl *E-Mail* und dort Schaltfläche *Signaturen* anklicken
- im Fenster *Signaturen und Briefpapier* die Registerkarte *E-Mail-Signatur* wählen
- Schaltfläche *Neu* wählen und den Namen der Signatur eingeben
- die Signatur in das vorgesehene Feld schreiben
- auf die Schaltfläche *Speichern* klicken
- das Fenster mit *OK* schließen

Signatur einfügen:

- neues Nachrichtenfenster öffnen
- Registerkarte *Nachricht* – Gruppe *Einschließen* – Schaltfläche *Signatur* wählen
- gewünschte Signatur anklicken

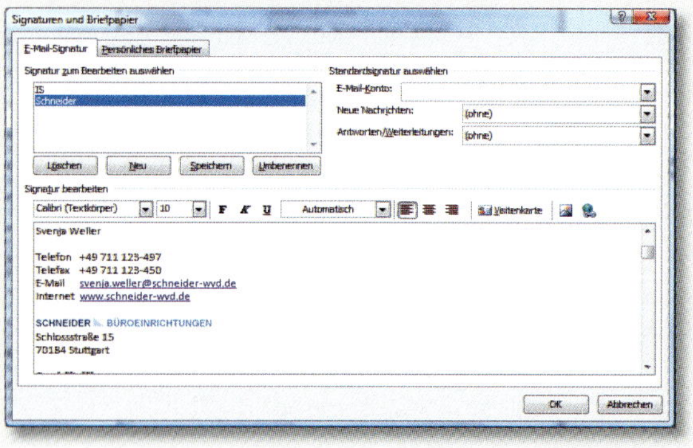

- **Qualifizierte elektronische Signatur.** Alternativ zur E-Post können rechtsverbindliche Mitteilungen zur Prüfung der Identität des Absenders und der Integrität der Nachricht mit einer qualifizierten elektronischen Signatur versehen werden. Sie ersetzt die eigenhändige Unterschrift auf Papierdokumenten und ist bei Rechtsgeschäften (§ 126 a BGB) notwendig.

E-Mail-Anhang

- **Schutz.** Die angefügten elektronischen Dokumente sollten geschützt werden. Dabei ist zu berücksichtigen, welche Rechte dem Empfänger für die Verwendung und Weitergabe eingeräumt werden sollen, z. B. Passwortschutz, Druckfreigabe, Kopierschutz. Eine wenig aufwendige Variante ist die Möglichkeit, vertrauliche Inhalte in einem verschlüsselten PDF- oder ZIP-Anhang passwortgeschützt zu versenden.
- **Größere E-Mail-Anhänge**. Anhänge können die zur Verfügung stehende Kapazität einer Mailbox schnell überschreiten. Durch Pack- und Komprimierungsprogramme wird der Speicherplatzbedarf stark reduziert. Die gängigsten Archivformate sind „zip" und „rar". Eine bessere Alternative ist, wenn die empfangende Person Zugriff auf einen gemeinsamen geschützten Speicherort hat. Dann kann in die E-Mail ein Link zu diesem Speicherort gesetzt werden.

AUFGABEN

1. Beschreiben Sie den Aufbau einer E-Mail.
2. Welche Angaben gehören in die Signatur einer E-Mail?
3. Was müssen Sie nach der Datenschutz-Grundverordnung beachten, wenn Sie eine E-Mail an mehrere Empfänger oder an einen größeren Verteilerkreis senden?
4. Wann sollten Sie in einer E-Mail die Bezugszeichen und -angaben verwenden?
5. Welche Bezugszeichen und -angaben sind möglich?
6. Warum sollte der E-Mail-Text im Fließtext ohne Worttrennung erfasst werden?
7. Welche Regeln sollten Sie beim Einsatz von Emoticons und Emojis in geschäftlichen E-Mails beachten?
8. Wie können Sie mehrere Empfänger z. B. eines Teams in einer E-Mail ansprechen?
9. Was verstehen Sie unter einer qualifizierten elektronischen Signatur?

AKTION

Die Marketingabteilung des Unternehmens Schneider Büroeinrichtungen möchte die Kundenbindung stärken. Im Zuge dieser Maßnahmen sollen auch die Öffnungszeiten in den Ausstellungsräumen am Donnerstag verlängert werden. Herr Roth bittet die Auszubildende Svenja Weller, die Kunden per E-Mail vorab darüber zu informieren.

Text der E-Mail:

> Sehr geehrte Damen und Herren,
>
> wir haben die Öffnungszeiten in unseren Ausstellungsräumen an einem Tag in der Woche für Sie verlängert. Sie erreichen uns ab sofort donnerstags von 08:00 – 20:00 Uhr. In dieser Zeit ist immer eine kompetente Fachkraft für Sie da. Wir freuen uns auf Ihren Besuch. Freundliche Grüße aus Stuttgart

a) Erstellen Sie eine Outlook-Vorlage für die E-Mail-Korrespondenz mit dem Firmenlogo und schreiben Sie anschließend die E-Mail.

b) Formulieren Sie einen treffenden Betreff.

c) Gestalten Sie die E-Mail mit einer Einrückung.

d) Fügen Sie die Signatur ein.

ZUSAMMENFASSUNG

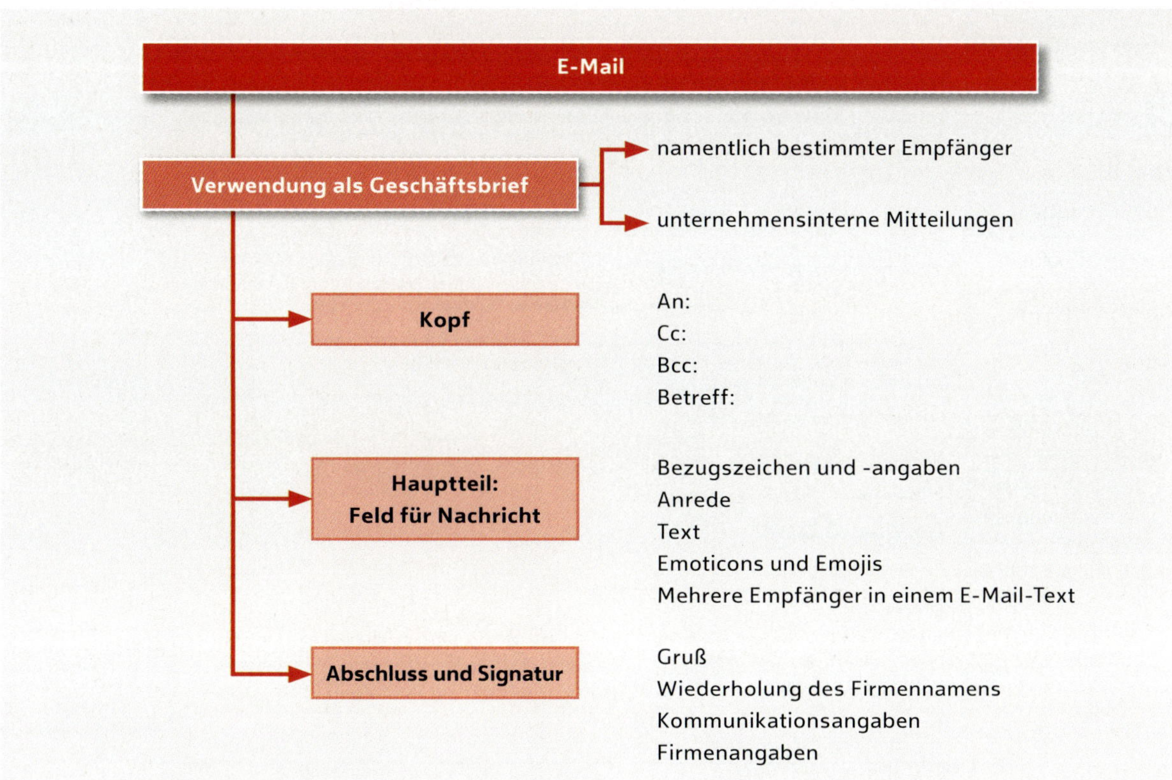

3.23 Wir schreiben Geschäftsbriefe

Einstieg

Die Hoffmann KG will sich kontinuierlich weiterentwickeln. Deshalb werden regelmäßig Kundenbefragungen durchgeführt. Herr Bernd Staub, Leiter der Abteilung Verkauf, bittet Carolin Saager, nach vorgegebenen Stichworten einen Brief zu formulieren.

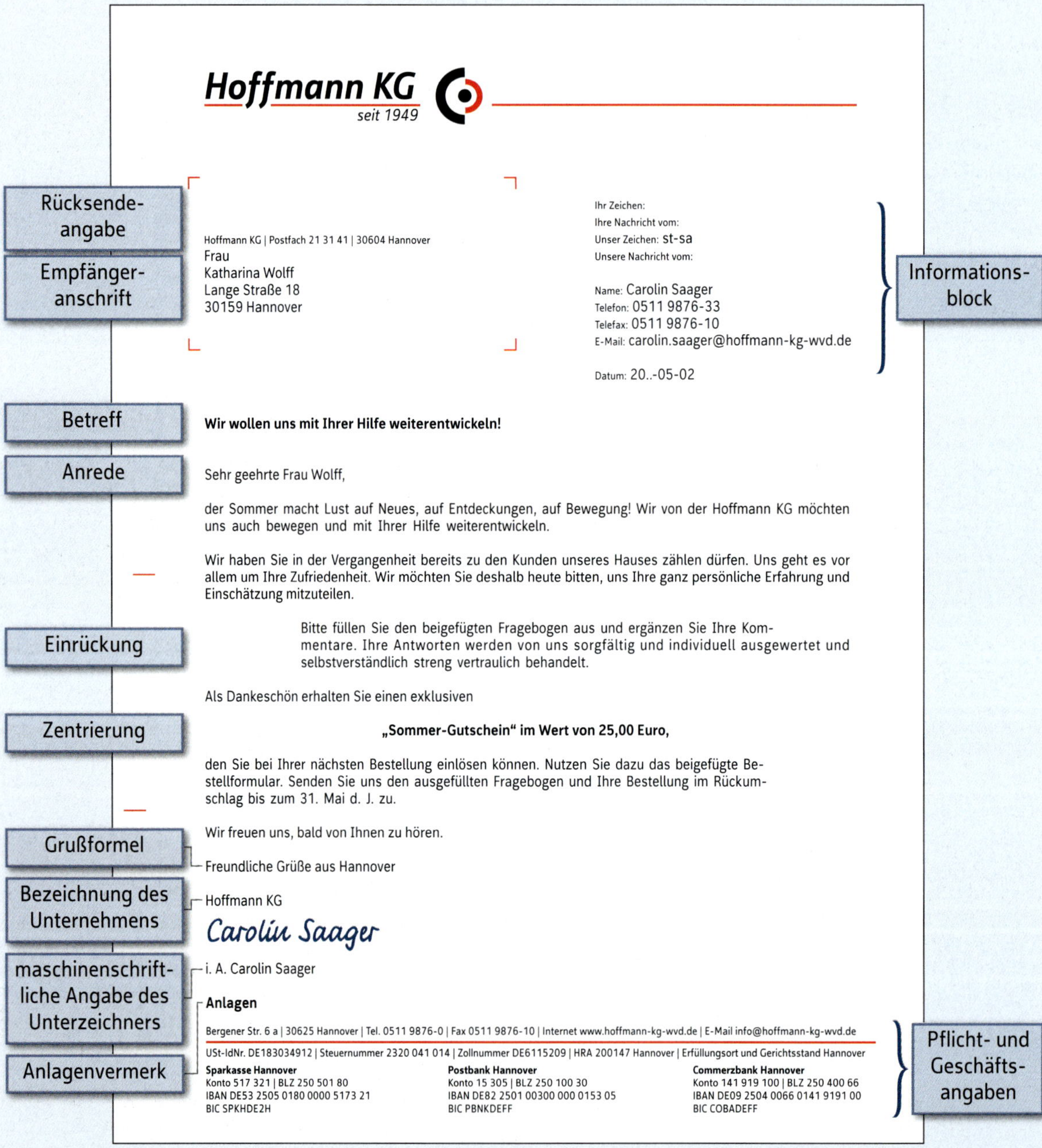

Hoffmann KG
seit 1949

Hoffmann KG | Postfach 21 31 41 | 30604 Hannover
Frau
Katharina Wolff
Lange Straße 18
30159 Hannover

Ihr Zeichen:
Ihre Nachricht vom:
Unser Zeichen: st-sa
Unsere Nachricht vom:

Name: Carolin Saager
Telefon: 0511 9876-33
Telefax: 0511 9876-10
E-Mail: carolin.saager@hoffmann-kg-wvd.de

Datum: 20..-05-02

Wir wollen uns mit Ihrer Hilfe weiterentwickeln!

Sehr geehrte Frau Wolff,

der Sommer macht Lust auf Neues, auf Entdeckungen, auf Bewegung! Wir von der Hoffmann KG möchten uns auch bewegen und mit Ihrer Hilfe weiterentwickeln.

Wir haben Sie in der Vergangenheit bereits zu den Kunden unseres Hauses zählen dürfen. Uns geht es vor allem um Ihre Zufriedenheit. Wir möchten Sie deshalb heute bitten, uns Ihre ganz persönliche Erfahrung und Einschätzung mitzuteilen.

> Bitte füllen Sie den beigefügten Fragebogen aus und ergänzen Sie Ihre Kommentare. Ihre Antworten werden von uns sorgfältig und individuell ausgewertet und selbstverständlich streng vertraulich behandelt.

Als Dankeschön erhalten Sie einen exklusiven

„Sommer-Gutschein" im Wert von 25,00 Euro,

den Sie bei Ihrer nächsten Bestellung einlösen können. Nutzen Sie dazu das beigefügte Bestellformular. Senden Sie uns den ausgefüllten Fragebogen und Ihre Bestellung im Rückumschlag bis zum 31. Mai d. J. zu.

Wir freuen uns, bald von Ihnen zu hören.

Freundliche Grüße aus Hannover

Hoffmann KG

Carolin Saager

i. A. Carolin Saager

Anlagen

Bergener Str. 6 a | 30625 Hannover | Tel. 0511 9876-0 | Fax 0511 9876-10 | Internet www.hoffmann-kg-wvd.de | E-Mail info@hoffmann-kg-wvd.de

USt-IdNr. DE183034912 | Steuernummer 2320 041 014 | Zollnummer DE6115209 | HRA 200147 Hannover | Erfüllungsort und Gerichtsstand Hannover

Sparkasse Hannover	Postbank Hannover	Commerzbank Hannover
Konto 517 321 | BLZ 250 501 80	Konto 15 305 | BLZ 250 100 30	Konto 141 919 100 | BLZ 250 400 66
IBAN DE53 2505 0180 0000 5173 21	IBAN DE82 2501 00300 000 0153 05	IBAN DE09 2504 0066 0141 9191 00
BIC SPKHDE2H	BIC PBNKDEFF	BIC COBADEFF

Beschreiben Sie die Bestandteile eines Geschäftsbriefs nach DIN 5008.

7455480

INFORMATIONEN

Geschäftspapiere

Die Geschäftspapiere sind das Aushängeschild und ein wichtiger Imageträger des Unternehmens. Ein DIN-gerechter Aufbau vermittelt den Empfängern einen Eindruck von Professionalität.

Zu den Geschäftspapieren eines Unternehmens gehören Briefbögen, Rechnungsvordrucke, Faxformulare u. Ä., mit denen das Unternehmen den Kontakt zu seinen Kunden pflegt.

Bei der Gestaltung sind folgende Regeln und Vorschriften zu beachten:

Corporate Design

Das visuelle Erscheinungsbild eines Unternehmens nach außen wird durch das Corporate Design der Geschäftspapiere geprägt.

Für die grafische Gestaltung hat das Unternehmen eine Handreichung erstellt; die folgende Bereiche regelt:

Logo und seine Anwendung; Schriften; Basiselemente: Farben, Grafiken, Tabellen, Linien, Coupons; Anzeigen: in Zeitschriften, in Zeitungen; Plakate; Broschüren: Titelblatt, Innenseite, Paginierung; Präsentationsfolien; Messegestaltung: Banner, Aufsteller, Infotafeln

Faktoren des visuellen Erscheinungsbilds sind:

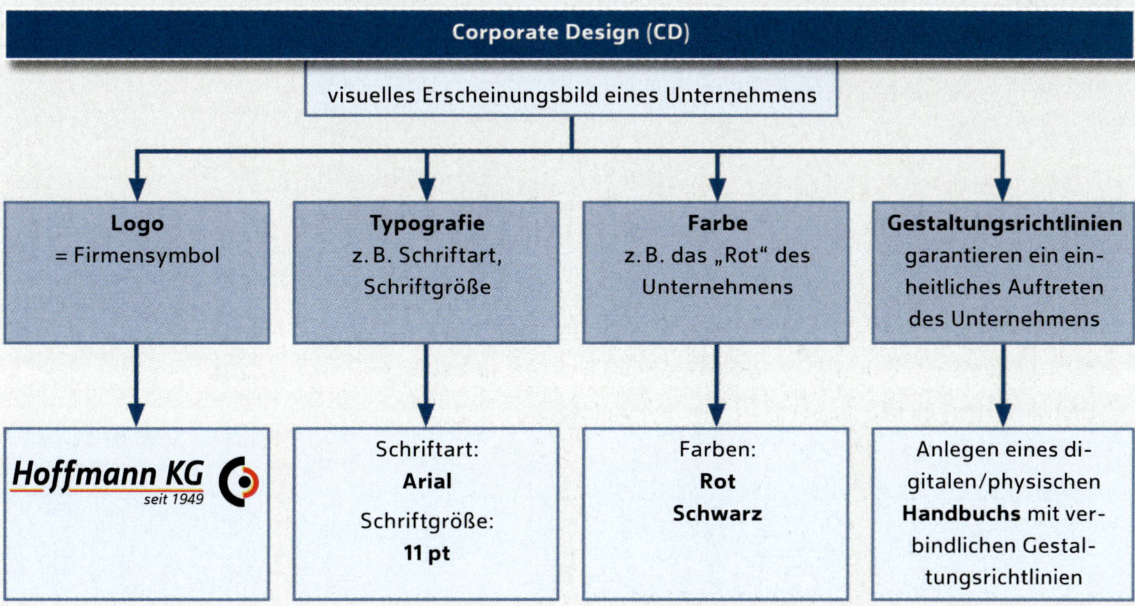

Anschriftfeld

Regeln nach DIN 5008:

- Das Anschriftfeld gliedert sich in die Zusatz- und Vermerkzone (5 Zeilen in Schriftgröße 10 Punkt) und die Anschriftzone (6 Zeilen in Schriftgröße 11 Punkt).
- Werden mehr als 5 Zeilen in der Zusatz- und Vermerkzone benötigt, kann die Schriftgröße bis zu 8 Punkt reduziert werden, sodass 6 Zeilen zur Verfügung stehen.
- Inhalt des Anschriftfelds ist die Aufschrift. Bestandteile der Aufschrift sind Zusätze und Vermerke (z. B. Einschreiben) sowie die Empfängerbezeichnung, Postfach mit Nummer (= Abholangabe) oder Straße und Hausnummer (= Zustellangabe).
- Die einzelnen Bestandteile der Aufschrift enthalten keine Leerzeilen. Auch zwischen der Zusatz- und Vermerkzone und der Anschriftzone darf keine Leerzeile stehen.
- In der Zusatz- und Vermerkzone dürfen auch Ordnungsbezeichnungen des Absenders aufgenommen werden.
- Satzzeichen innerhalb der Anschrift werden geschrieben, jedoch nicht am Zeilenende. In der Zusatz- und Vermerkzone dürfen Satzzeichen am Zeilenende stehen.
- Laut DIN 5008 ergeben sich folgende Maße und Positionen im Anschriftfeld:

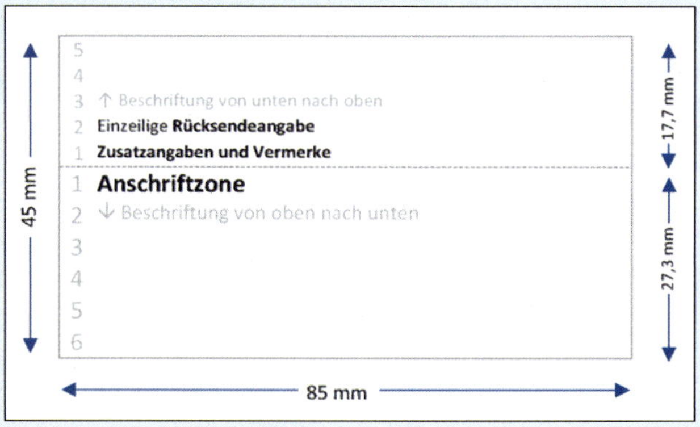

Inlandsanschriften

Regeln nach DIN 5008[1]

Die **einfache Anschrift** beginnt in der 1. Zeile der Anschriftzone.

Die Anrede wird im Akkusativ (Wen-Fall) geschrieben: „Herrn“ oder „Frau“.

Berufs- oder Amtsbezeichnungen werden hinter „Frau“ oder „Herrn“ geschrieben.

Beispiele: Amtmann, Direktor, Abteilungsleiter

Titel und akademische Grade stehen unmittelbar vor dem Namen.

Beispiele: Dr., Dipl.-Ing., Dipl.-Kfm.

BEISPIELE

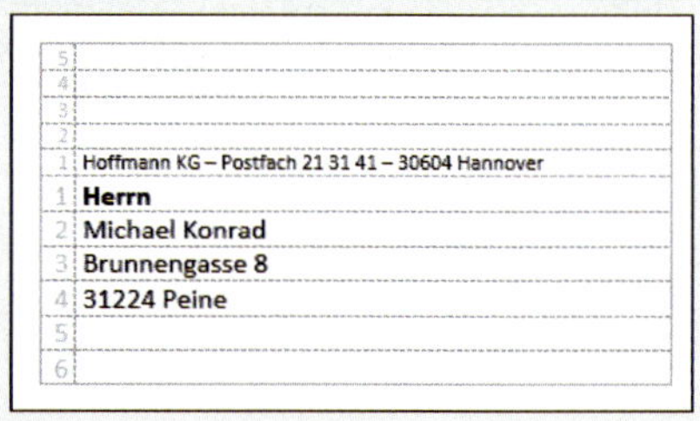

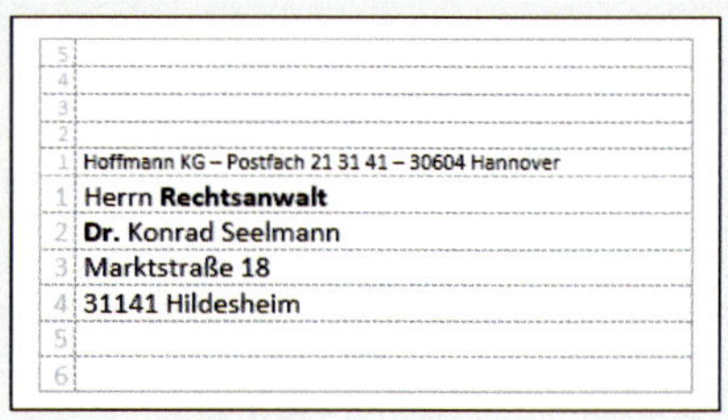

1 Hinweis zur Tabelle: In einer Anschrift wird kein Fettdruck verwendet. Die fettgedruckten Stellen beziehen sich auf die links stehenden Regeln.

Da es bei **Professor** nicht erkennbar ist, ob es sich um eine Amtsbezeichnung oder einen akademischen Grad handelt, sollte „Prof." unmittelbar vor dem Namen stehen.

5	
4	
3	
2	
1	Hoffmann KG – Postfach 21 31 41 – 30604 Hannover
1	Frau
2	**Prof. Dr. med.** Sonja Stein
3	Marienstraße 18
4	30159 Hannover
5	
6	

Zusätze und Vermerke (Vorausverfügungen „Nicht nachsenden!", Produktbezeichnungen wie „Einschreiben" und elektronische Frankiervermerke) stehen in den Zeilen 1 – 3 der Zusatz- und Vermerkzone.

Bachelor- und Mastergrade stehen unmittelbar hinter dem Namen.

Beispiele: B. A., B. Sc., M. A., M. Sc

Bei Untermietern muss der **Name des Wohnungsinhabers** unter den Namen des Empfängers geschrieben werden.

5	
4	
3	
2	Hoffmann KG – Postfach 21 31 41 – 30604 Hannover
1	**Einschreiben**
1	Frau
2	Juliane Schmidt **B. A.**
3	**bei Ursula Stein**
4	Vahrenwalder Straße 118
5	30165 Hannover
6	

Bei der **Zustellangabe** (Straße und Hausnummer) dürfen zusätzlich der **Gebäudeteil**, das **Stockwerk** oder die Wohnungsnummer, abgetrennt durch **zwei Schrägstriche**, angegeben werden.

Vor und nach den Schrägstrichen ist jeweils ein Leerzeichen zu schreiben.

5	
4	
3	Hoffmann KG – Postfach 21 31 41 – 30604 Hannover
2	Nicht nachsenden!
1	Einschreiben
1	Herrn
2	Dr. med. Frank Huber
3	Hauptstraße **25 // W 54**
4	70185 Stuttgart
5	
6	

Wird der Brief an eine **bestimmte Person in der Firma** gerichtet, steht der Name unter dem Firmennamen ohne den Zusatz „z. H. (zu Händen)".

5	
4	
3	
2	
1	Hoffmann KG – Postfach 21 31 41 – 30604 Hannover
1	Dellmann & Roth GmbH
2	**Herrn Kai Saalmann**
3	Breite Straße 18
4	30159 Hannover
5	
6	

Persönliche Briefe dürfen in der Posteingangsstelle nicht geöffnet werden. Dies ergibt sich durch die Zusätze „Persönlich/Vertraulich", die Reihenfolge (Personenname **vor** Firmenname) oder die betriebliche Postordnung.

Die **Abholangabe** (Postfach mit Nummer) kann **anstelle** der **Zustellangabe** (Straße und Hausnummer) verwendet werden. Da Postfächer mehrmals am Tag geleert werden, gelangen Briefe mit Abholangabe schneller an den Adressaten. Postfachnummern werden von rechts nach links in Zweiergruppen gegliedert.

5	
4	
3	Hoffmann KG – Postfach 21 31 41 – 30604 Hannover
2	Einschreiben
1	**Persönlich/Vertraulich**
1	Herrn
2	**Dipl.-Ing. Jahn Sorg**
3	Koch & Meierhofen AG
4	Personalabteilung
5	**Postfach 88 33 49**
6	50672 Köln

In die Zusatz- und Vermerkzone dürfen auch **Ordnungsbezeichnungen** des Absenders aufgenommen werden.

Zusammengesetzte Hausnummern werden mit dem „bis"-Zeichen oder dem Schrägstrich geschrieben. Vor und nach dem „bis"-Zeichen steht ein Leerzeichen.

5	
4	
3	Hoffmann KG – Postfach 21 31 41 – 30604 Hannover
2	**01103988/999/2020**
1	Nicht nachsenden!
1	Frau Direktorin
2	Sabine Maier M. A.
3	Stuttgarter Straße **112 - 114**
4	71332 Waiblingen
5	
6	

Für automationsfähige Briefsendungen darf die Zusatz- und Vermerkzone mit dem Feld für die Rücksendeangaben auch zu einer Zone zusammengeführt werden. Die Rücksendeangabe wird dann wie Zusätze und Vermerke behandelt. Die empfohlene Schriftgröße für die Zusatz- und Vermerkzone mit Rücksendeangabe ist 8 Punkt.

5	
4	
3	
2	Hoffmann KG – Postfach 21 31 41 – 30604 Hannover
1	Büchersendung
1	Eheleute
2	Kathrin und Simon Holzapfel
3	8949988
4	Packstation 85
5	71638 Ludwigsburg
6	

Auslandsanschriften

Regeln für Auslandsanschriften nach DIN 5008

- Die Anschriften sind grundsätzlich in lateinischer Schrift und arabischen Ziffern zu schreiben.
- Bestimmungsort und Bestimmungsland müssen in Großbuchstaben geschrieben werden.
- Grundsätzlich ist – wenn möglich – die Anordnung der Bestandteile der Anschrift aus der Absenderangabe eines erhaltenen Briefs zu entnehmen.
- Der Bestimmungsort ist möglichst in der Sprache des Bestimmungslandes anzugeben.
- Das Bestimmungsland wird in deutscher Sprache angegeben und steht in der letzten Zeile der Anschrift. Es steht keine Leerzeile zwischen Land und Ort.

BEISPIELE

5	
4	
3	
2	
1	Hoffmann KG – Postfach 21 31 41 – 30604 Hannover
1	Messrs.
2	Robertson & Ling
3	5, Oxford Street
4	NW 20 8AG LONDON
5	GROSSBRITANNIEN
6	

5	
4	
3	
2	Hoffmann KG – Postfach 21 31 41 – 30604 Hannover
1	Vorab per Telefax
1	Monsieur R. Lacroix
2	6, rue du Fest-Noz
3	67000 Strasbourg
4	FRANKREICH
5	
6	

Informationsblock

Leitwörter (z. B. *Abteilung, Ihr Gesprächspartner*), Bezugszeichen (z. B. *Unser Zeichen, Unsere Nachricht vom*) und Kommunikationsmöglichkeiten (z. B. *Telefon, Telefax, E-Mail*) stehen in Form eines Informationsblocks rechts neben dem Feld für die Anschrift des Empfängers. Diese Darstellung sollte verwendet werden, da auf diese Weise vielfältige Angaben in übersichtlicher Form wiedergegeben werden können.

Einzelne Angaben, z. B. E-Mail-Adresse, Internetadresse, dürfen bei Bedarf auch in kleinerer Schriftgröße als die Standardschriftgröße im Brief geschrieben werden, mindestens jedoch 8 Punkt.

Es wird zwischen Standardinformationsblock und gestaltetem Informationsblock unterschieden:

- **Standardinformationsblock**
  Beim Standardinformationsblock erfolgen die Angaben unmittelbar hinter dem Leitwort in der im Brief verwendeten Schriftart und -größe. Die angegebene Reihenfolge der Leitwörter (*Ihr Zeichen, Ihre Nachricht vom, Unser Zeichen, Unsere Nachricht vom, Name, Telefon, Telefax, E-Mail, Datum*) ist einzuhalten. Zwischen den Bezugszeichen und dem Leitwort *Name* sowie den Kommunikationsmöglichkeiten und dem Leitwort *Datum* sollte je eine Leerzeile vorgesehen werden.

7455484

BEISPIEL

Standardinformationsblock
Ihr Zeichen: fe[1] Ihre Nachricht vom: 20..-05-25 Unser Zeichen: vw-sc Unsere Nachricht vom: Name: Tanja Schwab Telefon: 0511 9876-32 Telefax: 0511 9876-10 E-Mail: tanja.schwab@hoffmann-kg-wvd.de Datum: 20..-05-27

- **gestalteter Informationsblock**
  Beim gestalteten Informationsblock sollten die Angaben ausgehend vom längsten Leitwort – mit angemessenem Abstand (mindestens ein Leerzeichen) – an einer neuen Fluchtlinie beginnend geschrieben werden. Die Angaben zu den Leitwörtern erfolgen in der im Brief verwendeten Schriftart und -größe. Grundsätzlich dürfen die Leitwörter in der der Vorlage ergänzt, weggelassen oder verändert werden. Die Angaben sollten mit Leerzeilen gruppiert werden.

BEISPIEL

gestalteter Informationsblock	
Ihre Gesprächspartnerin:	Tanja Schwab[1]
Abteilung:	Verwaltung
Telefon:	0511 9876-32
Telefax:	0511 9876-10
E-Mail:	tanja.schwab@hoffmann-kg-wvd.de
Datum:	20..-05-27

Betreff

Der Betreff gibt stichwortartig den Inhalt des Briefs an und wird ohne Schlusspunkt geschrieben. Er kann durch Fettschrift oder Farbe hervorgehoben werden. Bei längeren Betreffangaben ist der Text sinngemäß auf mehrere Zeilen zu verteilen.

Brieftext

DIN 5008: Brieftext

- Im fortlaufenden Text sind zu kleine Schriftgrößen und ausgefallene Schriftarten und Schriftstile zu vermeiden. In der Praxis haben sich die Schriften Times New Roman (12 pt) und Arial (11 pt) als zweckmäßig erwiesen.
- Der Brieftext wird im Zeilenabstand 1 geschrieben.
- Zwischen Anrede und Text steht eine Leerzeile.
- Die Absätze im Brieftext sind durch je eine Leerzeile zu gliedern.

Der Brieftext fasst das Anliegen des Anschreibens in einer sachgerichteten und ansprechenden Form zusammen. Gerade in der Geschäftskorrespondenz sollte auf die Anwendung der DIN besonders geachtet werden.

Hervorhebungen im Brieftext

Der Brieftext wird in Sinnabsätze gegliedert. Als Hervorhebungen von Textteilen eignen sich:

Zentrierung	Einrückung
• geeignet für kurze einzeilige Hervorhebungen oder mehrere kurze Zeilen untereinander • nicht geeignet für Absätze mit Aufzählungen und Nummerierungen	• geeignet für mehrzeilige Texte/Absätze, Aufstellungen und Absätze mit Nummerierungen oder Aufzählungen • nicht geeignet für kurze Zeilen

DIN 5008: Einrücken und zentrieren

- Eingerückte und zentrierte Textteile werden vom vorausgehenden und vom folgenden Text durch je eine Leerzeile abgesetzt.
- Eine Einrückung beginnt auf 2,5 cm.
- Eine Einrückung oder Zentrierung kann zusätzlich noch durch Fettschrift hervorgehoben werden.

1 farbige Schrift = variable Elemente des Geschäftsbriefs

BEISPIEL für eine mehrzeilige Zentrierung

Wir zeigen Ihnen unsere neuen Kollektionen auf den Performance Days in München:

•

vom 6. Oktober bis zum 10. Oktober 20..

jeweils von 10:00 bis 11:00 Uhr

Halle 8, Stand L. 123

•

Unsere Mitarbeiterinnen und Mitarbeiter am Stand beraten Sie gerne. Bitte vereinbaren Sie ...

BEISPIEL für eine Einrückung

Leider praktizieren etliche Unternehmen Corporate Identity lediglich als oberflächliche Kosmetik des Images in der Öffentlichkeit. Unternehmensinterne Belange bleiben oft ausgeklammert. So kommt die anspruchsvolle, humane und ergonomische Gestaltung der Mitarbeiterbüros bei vielen Corporate-Identity-Strategien zu kurz.

•

2,5 cm **Unsere Broschüre beleuchtet alle wichtigen Aspekte zu diesem Thema, beschreibt Probleme und ihre Lösung.**

•

Sie haben noch Fragen? Dann rufen Sie uns einfach an! Telefon: 0511 9876-11. Ihre Ansprechpartnerin, Frau Gabriele Sander, hilft Ihnen gern weiter.

Mit den beiden Schaltflächen *Einzug verkleinern* und *Einzug vergrößern*, die sich auf der Menüband – Registerkarte *Start* – Gruppe *Absatz* befinden, können Absätze einfach per Mausklick um jeweils 12,5 mm nach rechts eingerückt bzw. wieder zurückgeschoben werden.

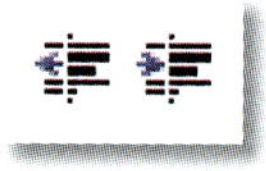

Briefschluss

Der Briefschluss beginnt mit der Grußformel. Zwischen der letzten Teile des Brieftextes und der Grußformel steht eine Leerzeile.

Regeln nach DIN 5008	**BEISPIELE**
Zwischen der Grußformel und der Bezeichnung des Unternehmens, der Behörde u. Ä. steht eine Leerzeile. Die Anzahl der Leerzeilen bis zur maschinenschriftlichen Wiederholung richtet sich nach der Notwendigkeit. Unterschreibt jemand sehr groß, muss die Anzahl der Leerzeilen entsprechend erhöht werden. In der Regel reichen aber drei Leerzeilen aus.	¶ Mit freundlichen Grüßen ¶ Hoffmann KG ¶ ¶ ¶ Volkan Karaca
Längere Firmennamen werden sinngemäß auf zwei Zeilen aufgeteilt. Wird der Brief in Vollmacht unterschrieben, kann die Abkürzung „i. V." vor den Namen gesetzt werden. Die gleiche Regel gilt für ppa. (per procura), i. A. (im Auftrag) usw.	¶ Freundliche Grüße ¶ Hoffmann KG ¶ ¶ ¶ i. V. Volkan Karaca
Unterschreiben zwei Personen, werden die Namen nebeneinander angeordnet. Die Zusätze (z. B. ppa. oder i. V.) können auch in derselben Zeile der Namenswiedergabe stehen. Es ist genügend Platz für die handschriftliche Unterschrift freizulassen.	¶ Freundliche Grüße ¶ Hoffmann KG ¶ ¶ ¶ ppa. Uwe Hetzel i. V. Volkan Karaca

7455486

Werden einem Brief Anlagen beigefügt, folgt der Anlagevermerk im Abstand von einer Leerzeile nach der maschinenschriftlichen Wiederholung der Unterschrift.

Die im Text genannten Anlagen müssen nicht einzeln aufgeführt werden. Es genügt das Wort *Anlagen*.

¶
Freundliche Grüße
¶
Hoffmann KG
¶
¶
¶
ppa. Uwe Hetzel
¶
Anlagen

Besteht der Briefschluss aus Grußformel und Anlagenvermerk, sollte ein Mindestabstand von drei Leerzeilen zur Unterschrift eingehalten werden.

Bekommt eine weitere Person eine Kopie des Schriftstücks, ist dies im Verteilvermerk zu berücksichtigen. Der Verteilvermerk folgt dem Anlagenvermerk nach einer Leerzeile. Bei Platzmangel darf die Leerzeile entfallen.

Die Wörter *Anlage(n)* und *Verteiler* dürfen durch Fettschrift hervorgehoben werden.

¶
Freundliche Grüße
¶
¶
¶
Volkan Karaca
¶
Anlagen
1 Scheck

Verteiler
Herrn Hoffmann

Der Anlagen- und Verteilvermerk darf rechts neben dem Gruß bei 10 cm (vom linken Rand) angeordnet werden:

¶	
Freundliche Grüße	**Anlage**
¶	1 Prospekt
Hoffmann KG	
¶	**Verteiler**
¶	Frau Hahne
¶	
ppa. Uwe Hetzel	

AUFGABEN

1. Welche Hervorhebungsmöglichkeiten eignen sich insbesondere für den Brieftext?
2. Erläutern Sie, warum das Anschriftfeld richtig gegliedert werden muss.
3. Beschreiben Sie, welche Angaben in den Briefschluss gehören.

AKTION

Öffnen Sie die Dokumentvorlage für den Geschäftsbrief *Briefvorlage-Hoffmann* aus den Downloadmaterialien und schreiben Sie den folgenden Brief an Frau Katharina Wolff, Lange Straße 18, 30159 Hannover.

Wir wollen uns mit Ihrer Hilfe weiterentwickeln!

[...] der Sommer macht Lust auf Neues, auf Entdeckungen, auf Bewegung! Wir von der Hoffmann KG möchten uns auch bewegen und mit Ihrer Hilfe weiterentwickeln. Wir haben Sie in der Vergangenheit bereits zu den Kunden unseres Hauses zählen dürfen. Uns geht es vor allem um Ihre Zufriedenheit. Wir möchten Sie deshalb heute bitten, uns Ihre ganz persönliche Erfahrung und Einschätzung mitzuteilen. Bitte füllen Sie den beigefügten Fragebogen aus und ergänzen Sie Ihre Kommentare. Ihre Antworten werden von uns sorgfältig und individuell ausgewertet und selbstverständlich streng vertraulich behandelt. Als Dankeschön erhalten Sie einen exklusiven „Sommer-Gutschein" im Wert von 25,00 €, den Sie bei Ihrer nächsten Bestellung einlösen können. Nutzen Sie dazu das beigefügte Bestellformular. Senden Sie uns den ausgefüllten Fragebogen und Ihre Bestellung im Rückumschlag bis zum 31.05.20.. zu. Wir freuen uns, bald von Ihnen zu hören.

Freundliche Grüße aus Hannover, Hoffmann KG, i. A. Carolin Saager, Anlagen

a) Gestalten Sie die Bezugszeichen, den Namen, die Kommunikationsangaben (E-Mail vorname.nachname@hoffmann-kg-wvd.de), das Datum, die Anrede und den Briefschluss gemäß der Eingangssituation.
b) Fügen Sie in den Brieftext Sinnabsätze ein.
c) Heben Sie den Textteil „Bitte füllen Sie den beigefügten Fragebogen aus und ergänzen Sie Ihre Kommentare. Ihre Antworten werden von uns sorgfältig und individuell ausgewertet und selbstverständlich streng vertraulich behandelt." durch Einrückung hervor.
d) Heben Sie den Textteil „‚Sommer-Gutschein' im Wert von 25,00 €," durch Fettschrift und Zentrierung hervor.
e) Führen Sie die Worttrennung durch.
f) Formatieren Sie den rechten Rand mit Blocksatz.
g) Erstellen Sie auf Ihrem Laufwerk das Verzeichnis *Geschäftsbriefe*.
h) Wählen Sie einen geeigneten Dateinamen mit angehängtem Speicherdatum.
i) Speichern Sie die Datei im Verzeichnis *Geschäftsbriefe*.
j) Präsentieren Sie Ihr Ergebnis.

ZUSAMMENFASSUNG

Bestandteile eines Geschäftsbriefs

Briefkopf

Absenderangabe mit Firmenlogo – nach dem Corporate Design der Firma werbewirksam gestaltet

Anschriftfeld

- für die Anschrift des Empfängers
- besteht aus der Zusatz- und Vermerkzone sowie Anschriftzone

Informationsblock, Bezugszeichenzeile oder Kommunikationszeile

Betreff

Anrede

Brieftext

- Fließtext mit Worttrennung und Blocksatz
- Sinnabsätze
- Hervorhebungen: Einrücken (mehrzeilige Textteile) und Zentrieren (kurze, einzeilige Textteile)

Briefschluss

- Grußformel
- Bezeichnung des Unternehmens
- maschinenschriftliche Wiederholung der Unterschrift
- Anlagen
- Verteiler

3.24 Wir verwenden Textbausteine in der geschäftlichen Korrespondenz

Einstieg

Die Hoffmann KG kann im Herbst wieder einen neuen Ausbildungsplatz zur Bürokauffrau/zum Bürokaufmann anbieten. Carolin Saager unterstützt die Sekretärin der Geschäftsleitung, Gabriele Sander, bei der Bearbeitung der vielen eingegangenen Bewerbungen. Eine große Anzahl von Bewerberinnen und Bewerbern soll zum Vorstellungsgespräch eingeladen werden. Carolin organisiert zusammen mit Frau Sander die Termine. Da sich in den Einladungsschreiben viele Textabschnitte wiederholen oder nur geringfügig voneinander unterscheiden, bittet Frau Sander Carolin, aus den vier Beispielbriefen Textbausteine zusammenzustellen.

Sehr geehrter Herr Maurer,

Ihre Bewerbung hat uns gefallen. Jetzt wollen wir Sie gern persönlich kennenlernen.

Wir schlagen Ihnen vor, am 15. April 20.. um 09:00 Uhr zu uns zu kommen. Bitte sprechen Sie den Termin mit Frau Adam, Durchwahl 35, ab. Ihre Reise- und Verpflegungskosten erstatten wir Ihnen selbstverständlich.

Die günstigsten Anfahrtswege haben wir für Sie auf dem beigefügten Plan zusammengestellt.

Wir freuen uns auf das Gespräch, in dem wir uns kennenlernen und unsere Vorstellungen austauschen können.

Mit freundlichen Grüßen

Sehr geehrte Frau Schulze,

wir haben Ihre Bewerbung mit Interesse gelesen und wollen Sie nun gern auch persönlich kennenlernen.

Kommen Sie bitte am 28. April 20.. um 09:00 Uhr zu uns. Sollte Ihnen dieser Tag nicht passen, vereinbaren Sie bitte mit Frau Adam, Durchwahl 35, einen anderen Termin.

Ihre Reisekosten übernehmen wir. Bitte bringen Sie den beigefügten Personalbogen ausgefüllt zu unserem Gespräch mit.

Wir freuen uns auf Ihren Besuch und wünschen Ihnen eine gute Anreise.

Mit freundlichen Grüßen

Sehr geehrter Herr Richter,

vielen Dank für Ihre Bewerbung. Die Vorauswahl haben wir nun getroffen und wollen mit Ihnen und zwei Ihrer Mitbewerber persönlich sprechen.

Bitte geben Sie mir Bescheid, ob Sie am 8. Mai 20.. um 09:30 Uhr zu uns kommen können. Wir können auch einen anderen Termin vereinbaren, wenn Ihnen dieser nicht passt.

Ihre Reise- und Verpflegungskosten erstatten wir Ihnen selbstverständlich. Bitte bringen Sie den beigefügten Personalbogen ausgefüllt zu unserem Gespräch mit.

Wir freuen uns auf das Gespräch, in dem wir uns kennenlernen und unsere Vorstellungen austauschen können.

Mit freundlichen Grüßen

Sehr geehrte Frau Schneider,

Ihre Bewerbung hat uns gefallen. Jetzt möchten wir Sie gern persönlich kennenlernen.

Kommen Sie bitte am 5. Mai 20.. um 09:30 Uhr zu uns. Sollte Ihnen dieser Tag nicht passen, vereinbaren Sie bitte mit Frau Adam, Durchwahl 35, einen anderen Termin.

Ihre Reise- und Verpflegungskosten erstatten wir Ihnen selbstverständlich. Damit Sie sich auf dem Weg zu uns nicht verirren (wir sind nicht ganz leicht zu finden), legen wir Ihnen eine Anfahrtsskizze bei.

Wir freuen uns auf Ihren Besuch und wünschen Ihnen eine gute Anreise.

Mit freundlichen Grüßen

1. Rufen Sie Ihre Dokumentvorlage für den Geschäftsbrief der Hoffmann KG auf.
2. Legen Sie eine Bausteinsammlung mit folgender Einteilung an:
   - Einladung
   - Termin
   - Reisekosten
   - Sonstiges
   - Anfahrt
3. Bilden Sie auch Textbausteine zu Betreff, Anrede und Gruß.
4. Speichern Sie die Textbausteine in der Dokumentvorlage und nennen Sie die Vorlage *Vorstellungsgespräche-Ausbildungsplatz*.

INFORMATIONEN

Textbausteine – eine Einführung

In vielen Schriftstücken wiederholen sich einzelne Textabschnitte immer wieder. Früher mussten diese Abschnitte jedes Mal zeitraubend neu geschrieben werden. Heute werden die – durch eine vorangegangene Textanalyse – ermittelten Textbestandteile in einem Texthandbuch zusammengefasst und auf der Festplatte oder im Intranet gespeichert. Diese Textteile werden Textbausteine genannt.

Textbausteine können Sätze, einzelne Wörter, Absätze oder Grafiken sein. Im Handbuch werden jedem Baustein zur einfacheren Handhabung eine Selektionsnummer und/oder ein Stichwort zugeordnet und ständig wechselnde Bezeichnungen (Datum, Preise, Werte) werden durch Variablen ersetzt.

Bei der Texteingabe kann jeder Textbaustein an jeder beliebigen Stelle eines Schriftstücks eingelesen werden. So kann jede Mitarbeiterin/jeder Mitarbeiter anhand des Texthandbuchs z. B. einen Bausteinbrief erstellen.

Im Programm können Textbausteine über die Schnellbausteine erstellt werden.

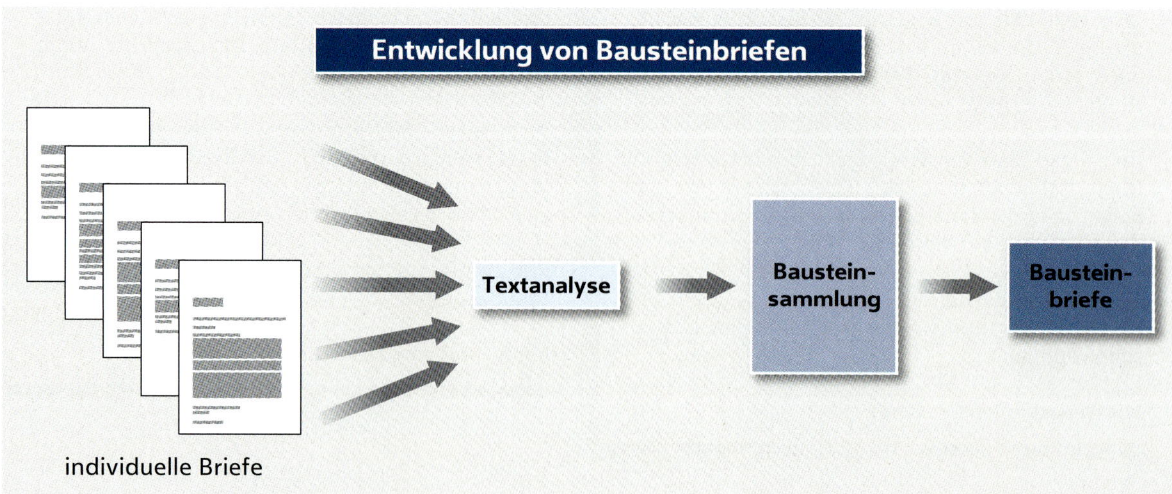

Bei der Erstellung von Textbausteinen ist zu beachten:

- Der Textbaustein kann beliebig lang sein.
- Komplett formatierte Texte können als Baustein gespeichert werden. Wird ein kompletter Absatz zum Baustein gemacht, ist es sinnvoll, den Absatz mit der Leerzeile, die nach dem Absatz folgt, zu speichern.
- Der Name eines Bausteins kann aus beliebigen Zeichenfolgen (auch Leerzeichen) bestehen. Empfehlenswert sind einprägsame, kurze Bezeichnungen oder Kürzel.
- Textbausteine werden immer in einer Dokumentvorlage gespeichert. Steht der Textbaustein in der *Normal.dotx*, so kann jederzeit auf den Textbaustein zugegriffen werden. Wird der Baustein in einer speziellen Vorlage gespeichert, steht er nur in den Dokumenten zur Verfügung, die auf dieser Vorlage basieren.

Textbausteine anlegen und in der *Normal.dotx* speichern

Häufig genutzte Texte können global als Textbaustein gespeichert werden. Im Programm wird diese Funktion von den Schnellbausteinen übernommen.

ARBEITSABLAUF

- Text erstellen, der als Textbaustein gespeichert werden soll
- Text markieren
- im Menüband Registerkarte *Einfügen* – Gruppe *Text – Schnellbausteine – Auswahl im Schnellbausteinkatalog speichern ...* wählen

  Im Eingabefeld des Dialogfelds *Neuen Baustein erstellen* steht der Anfang des markierten Textelements.
- den markierten Text durch eine treffende Kurzbezeichnung ersetzen
- mit *OK* bestätigen

  Der Textbaustein wird in die Liste der allgemeinen Schnellbausteine aufgenommen. Er ist in der Dokumentvorlage *Normal.dotx* abgespeichert und ist somit in allen Dokumenten, die im Programm erstellt werden, verfügbar.

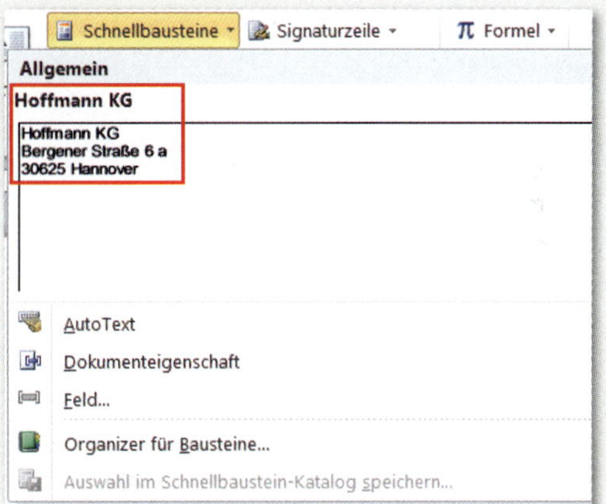

Textbausteine einfügen

ARBEITSABLAUF

- Cursor an die Stelle der Datei setzen, an der der Textbaustein eingefügt werden soll
- im Menüband Registerkarte *Einfügen* – Gruppe *Text – Schnellbausteine* wählen
- den Eintrag *Hoffmann-Anschrift* anklicken
- Die Firmenanschrift wird an der Cursorposition eingefügt.

Tipp

Mit der F3-Taste können Bausteine wesentlich schneller abgerufen werden als über das Menü, vorausgesetzt, man weiß die Bezeichnung für den benötigten Textbaustein auswendig. Dazu gibt man die Bezeichnung des Textbausteins an der gewünschten Stelle ein und drückt anschließend die F3-Taste.

Textbausteine (AutoText) in einer speziellen Dokumentvorlage speichern

Nicht immer ist es vorteilhaft, Textbausteine in der *Normal.dotx* zu speichern. Dies gilt besonders dann, wenn dort viele Bausteine zu unterschiedlichen Sachgebieten abgespeichert wurden. Um die Organisation der Textbausteine übersichtlicher zu gestalten, ist es angebracht, für jedes Sachgebiet eine eigene Dokumentvorlage zu erstellen, also ein Verzeichnis der Textbausteine anzulegen.

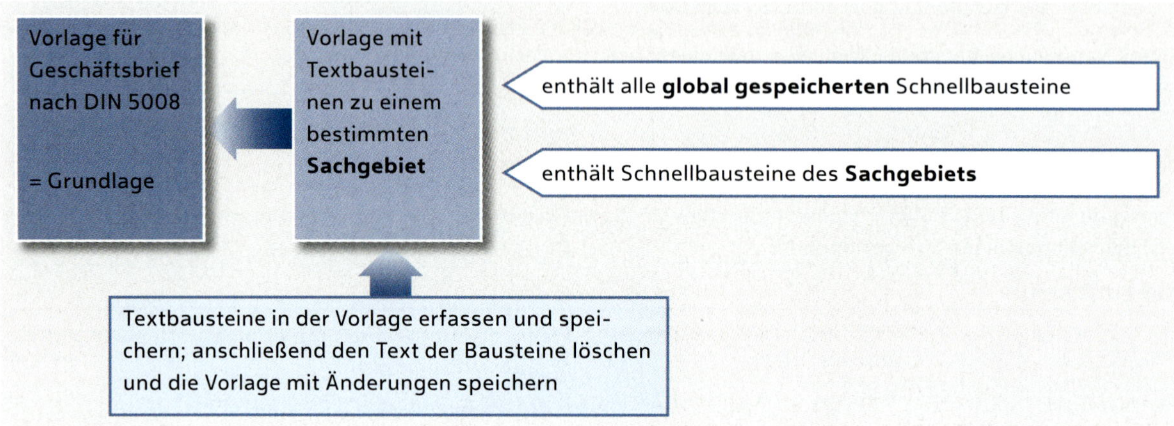

ARBEITSABLAUF

- Schaltfläche *Datei – Neu – Meine Vorlagen ...* wählen
- Registerkarte *Korrespondenz-Handbuch* wählen – *Briefvorlage-Hoffmann* anklicken – unter *Neu erstellen* Option *Vorlage* aktivieren

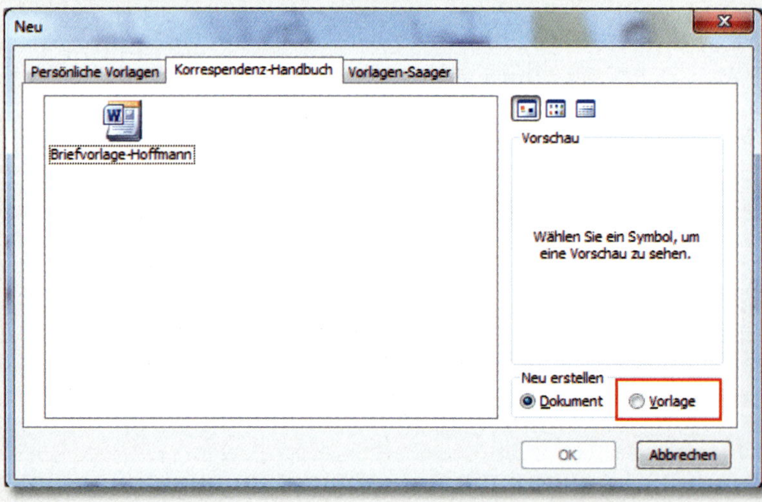

- über *Datei – Speichern unter* ein neues Verzeichnis *Textbausteine* erstellen und die neue Vorlage unter dem Namen *Hoffmann-Briefschlüsse* speichern
- Dokumentschutz aufheben
- Textbausteine erfassen
- Textbaustein markieren

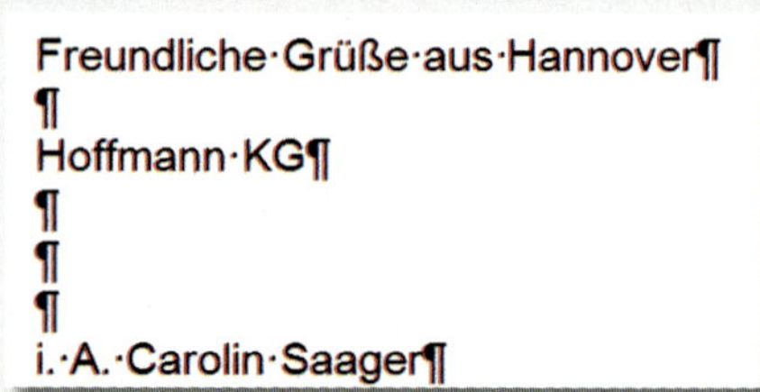
Freundliche·Grüße·aus·Hannover¶
¶
Hoffmann·KG¶
¶
¶
¶
i.·A.·Carolin·Saager¶

- Registerkarte *Einfügen* – Gruppe *Text* – *Schnellbausteine* – *Auswahl im Schnellbaustein-Katalog speichern...* wählen
- im Dialogfeld *Neuen Baustein erstellen* folgende Eintragungen vornehmen:

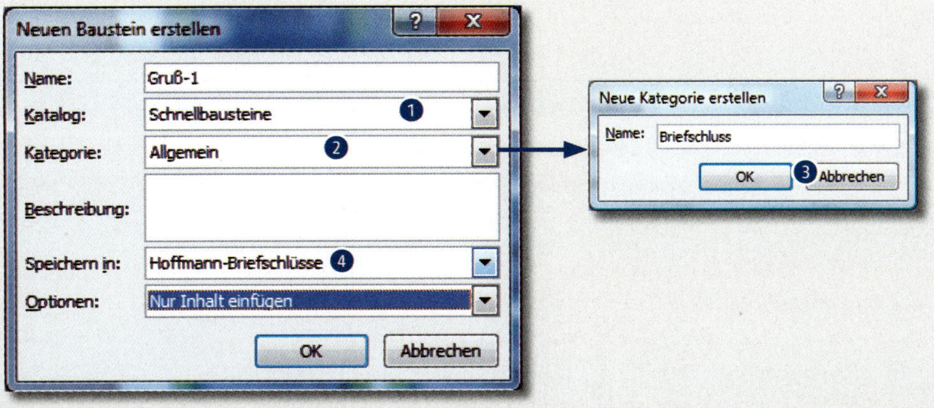

1. einen treffenden Namen eingeben
2. Die Option *Katalog: Schnellbausteine* ist sinnvoll, wenn wenige Textbausteine gespeichert werden sollen. Ansonsten ist die Option *AutoText* zu wählen. Die als AutoText gespeicherten Textbausteine werden in den *Organizer für Bausteine* aufgenommen und können dort verwaltet werden.
3. unter *Kategorie* die neue Kategorie *Briefschluss* erstellen, damit man die angelegten Textbausteine besser von den im Programm vorhandenen Bausteinen unterscheiden kann
4. die Dokumentvorlage auswählen, in der die Textbausteine gespeichert werden sollen (Im obigen Beispiel ist dies die Vorlage *Hoffmann-Briefschlüsse*.)

- alle Bausteine speichern
- die neue Briefvorlage *Hoffmann-Briefschlüsse.dotx* wieder in den ursprünglichen Zustand versetzen und mit einem Dokumentschutz versehen
- die Änderungen in der Dokumentvorlage speichern
- die Dokumentvorlage schließen

Textbausteine ändern

ARBEITSABLAUF

- Schaltfläche *Datei* – *Neu* anklicken – unter *Vorlagen* wählen: *Meine Vorlagen* ...
- Registerkarte *Textbausteine* wählen – Vorlage *Hoffmann-Briefschlüsse* aktivieren
- im Dialogfeld *Neu erstellen* die Option *Dokument* aktivieren
- den zu ändernden Textbaustein in das Dokument einfügen
- den Textbaustein ändern und anschließend markieren
- Registerkarte *Einfügen* – Gruppe *Text* – *Schnellbausteine* – *Auswahl im Schnellbaustein-Katalog speichern* ... wählen
- den geänderten Textbaustein unter gleichem Namen in der entsprechenden Dokumentvorlage speichern
- im Dialogfeld *Möchten Sie den Eintrag für den Baustein neu definieren* mit *Ja* bestätigen

Textbausteine löschen

ARBEITSABLAUF

- Schaltfläche *Datei* – *Neu* anklicken – unter *Vorlagen* wählen: *Meine Vorlagen* ...
- Registerkarte *Textbausteine* wählen – Vorlage *Hoffmann-Briefschlüsse* aktivieren
- im Dialogfeld *Neu erstellen* die Option *Dokument* aktivieren
- Registerkarte *Einfügen* – Gruppe *Text* – *Schnellbausteine* – *Organizer für Bausteine* ... wählen
- zu löschenden Textbaustein markieren und die Schaltfläche *Löschen* aktivieren
- die Abfrage mit *Ja* bestätigen

Textbausteine aus speziellen Dokumentvorlagen

Soll ein Textbaustein aus einer speziellen Vorlage eingefügt, geändert oder gelöscht werden, muss diese geöffnet sein. Der Textbaustein wird in der gewohnten Weise eingefügt.

ARBEITSABLAUF

- Schaltfläche *Datei – Neu* anklicken – unter *Vorlagen* wählen: *Meine Vorlagen...*
- Registerkarte *Textbausteine* wählen – Vorlage *Hoffmann-Briefschlüsse* anklicken
- im Dialogfeld *Neu erstellen* die Option *Dokument* aktivieren
- Dokumentschutz aufheben
- Schnellbausteine/AutoText einfügen

Textbaustein als Schnellbaustein einfügen

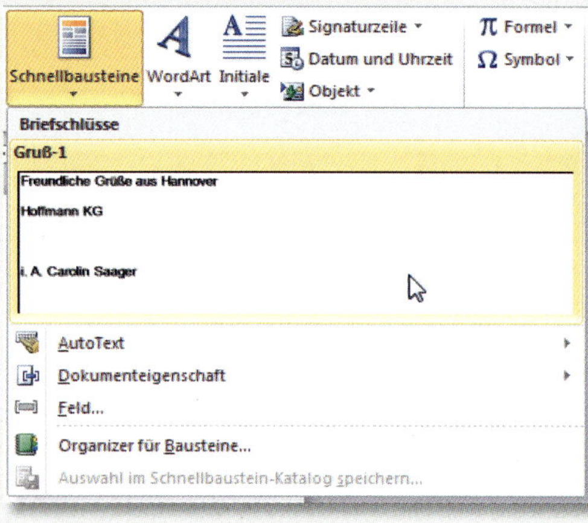

Textbaustein als AutoText einfügen

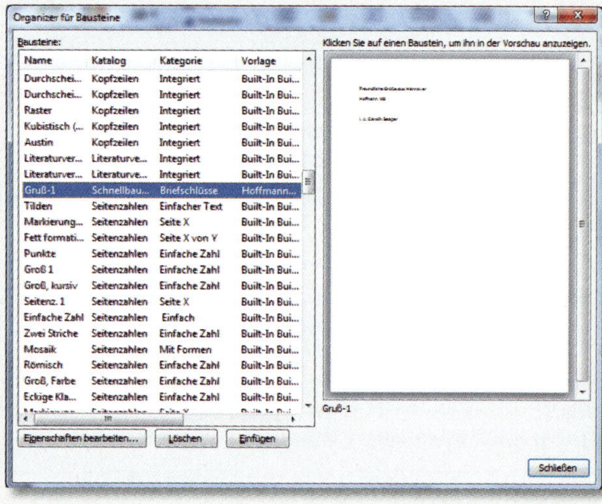

Bausteineinträge drucken

Um sich einen Überblick über die verschiedenen Textbausteine zu machen und sie in einem Handbuch abzulegen, können die Textbausteine auch in einer Liste ausgedruckt werden.

ARBEITSABLAUF

- Reiter *Datei – Drucken* anklicken
- im Bereich *Einstellungen* die Schaltfläche *Alle Seiten drucken* wählen
- unter *Dokumenteigenschaften* die Option *AutoText-Einträge* auswählen

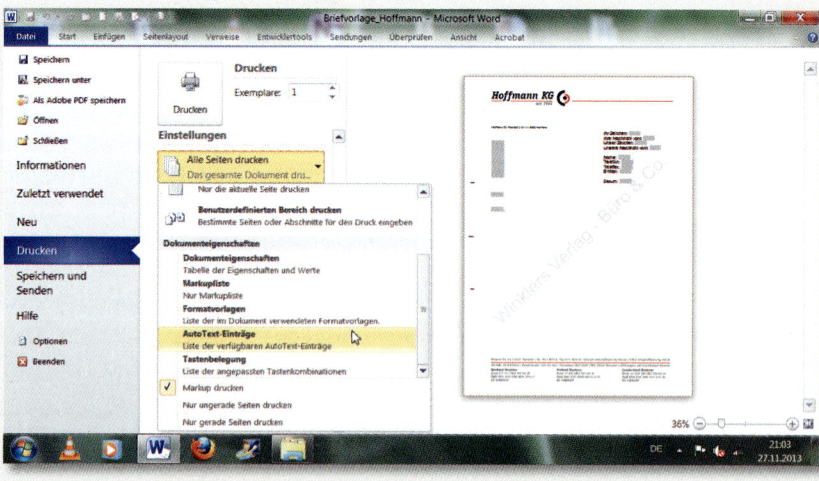

AUFGABEN

1. a) Erstellen Sie aufgrund der Vorlage *Briefvorlage-Hoffmann.dotx* eine neue Vorlage mit dem Namen *Hoffmann-Briefschlüsse.dotx*, in der Sie Textbausteine für Briefschlüsse speichern.

   Web

   b) Erfassen und speichern Sie die Textbausteine als Schnellbausteine.

Gruß 1	Gruß 2	Gruß 3
Freundliche Grüße aus Hannover • Hoffmann KG • • • i. A. Carolin Saager	Freundliche Grüße aus Hannover • Hoffmann KG • • • ppa. Martina Bertram	Freundliche Grüße aus Hannover • Hoffmann KG • • • i. A. Volkan Karaca

2. Beschreiben Sie den Arbeitsablauf, wie ein Textbaustein in ein Dokument eingefügt wird.
3. Wie kann ein bestehender Textbaustein geändert werden?
4. Beschreiben Sie das Löschen eines gespeicherten Textbausteins.

AKTION

Die Hoffmann KG will ihren Schriftverkehr durch Textbausteine rationalisieren. Carolin Saager macht den Vorschlag, mit Word eine Textbausteinsammlung für Angebote zu erstellen. Das Ergebnis ihrer Textanalyse sind die folgenden Textbausteine:

Kurzbezeichnung	Bausteintext
Betreffangabe	
Betreff-1	Ihre Anfrage vom
Betreff-2	Angebot über
Betreff-3	Die Hoffmann KG – die Garantie für Qualität
Betreff-4	Nutzen Sie unser günstiges Angebot
Anrede	
Anrede-1	Sehr geehrte Damen und Herren,
Anrede-2	Sehr geehrte Frau ,
Anrede-3	Sehr geehrter Herr ,
Einleitung	
Ein-1	Vielen Dank für Ihre Anfrage vom .
Ein-2	Gern beantworten wir Ihre Anfrage zu unseren .
Ein-3	Wir freuen uns, dass Sie auf die Qualitätsprodukte der Hoffmann KG setzen. Als erste Information erhalten Sie einen Prospekt über unsere .
Ein-4	Wir freuen uns, dass Sie sich von der Qualität unserer Produkte überzeugen möchten. Der mitgeschickte Prospekt informiert Sie über .

Kurzbezeichnung	Bausteintext
Ein-5	Wir freuen uns, dass Sie auch im nächsten Jahr wieder mit uns zusammenarbeiten wollen, und bieten Ihnen auf Basis unserer Lieferbedingungen freibleibend an:
Ein-6	Den Auftrag nehmen wir gerne an. Wir garantieren Ihnen Sportartikel von höchster Qualität und termingerechte Lieferung frei Haus.
Ein-7	Vielen Dank für Ihre Anfrage. Hier unser Angebot über die gewünschte Sport- und Freizeitkleidung:
Ein-8	Über Ihr Interesse an unseren Sportartikeln freuen wir uns.
Angebot	
An-1	Hier das gewünschte Angebot:
An-2	Wir bieten Ihnen an:
An-3	Hier unser Angebot:
Produktbeschreibung	
P-Beschr-Sportkleidung	Unsere Sport- und Freizeitkleidung zeichnet sich durch die natürlichen Materialien, das futuristische Design und die besondere Qualität aus. Ihre Entscheidung für diese besonderen Kleidungsstücke wird Sie täglich aufs Neue begeistern. Und die _____ Garantie auf alle _____ bietet Ihnen die Sicherheit, die Sie erwarten.
P-Beschr-Fahrräder	Das Crossbike Modell 400 ist noch einmal grundlegend verbessert worden und hat eine sehr gute Trekkingradgabel mit gutem Ansprechverhalten und Federkomfort. Die Verspannung der Gabel kann entsprechend dem Körpergewicht und den persönlichen Vorlieben eingestellt werden. Zusätzlich lässt sich die Gabel starr stellen. Die Rohre sind aus Messing gefertigt und überzeugen durch Langlebigkeit.
P-Beschr-Damenoberbekleidung	Unsere Jacken und Mäntel sind vom Stil und von der Funktionalität sehr hochwertig. Funktional ausgestattet sind sie die modische Antwort auf Regen, Schnee und Wind. Alle unsere Modelle verfügen über eine abknöpfbare, hoch schließbare Kapuze mit Tunnelzug und Kordel sowie einem hoch schließbarem Stehkragen, 2-Wege-Reißverschluss und verdeckte Druckknopfleiste.
P-Beschr-Materialinfo	Materialinformation zu Kapok: Kapok sind feine, seidig glänzende Fasern aus den Fruchtwänden der Kapseln des Kapokbaums (Ceiba pentandra) – auch Wollbaum oder Baumwollbaum genannt. Ursprünglich in Südamerika heimisch, ist er mittlerweile in allen Tropenländern anzutreffen. Kapok ist sechsmal leichter als Baumwolle und zeichnet sich durch besonders hohe Elastizität und eine natürliche, temperaturregulierende Wirkung aus.
P-Beschr-Herrenoberbekleidung	Die Lammlederjacke ist in kerniger Optik und im aktuellen Vintage-Look gearbeitet. Ein Charakterstück in weicher, hochwertiger Qualität, das durch die aufwendige manuelle Oberflächenveredelung den unverwechselbaren Look erhält. Sportlich und lässig mit einem herausnehmbaren Westeneinsatz mit Stehkragen, zwei Reißverschlusstaschen und diversen Innentaschen.
Konditionen	
Kon-1	Bei Aufträgen über mindestens _____ € liefern wir frei Haus.
Kon-2	Die Preise für _____ entnehmen Sie bitte der beiliegenden Preisliste.
Kon-3	Die Lieferung der _____ erfolgt vier Wochen nach Ihrer Bestellung. Den genauen Liefertermin sprechen wir mit Ihnen telefonisch ab.
Kon-4	Zahlungen erwarten wir spätestens 30 Tage nach Lieferung und Rechnungsdatum.
Kon-5	Unsere Rechnungen sind zahlbar innerhalb von 30 Tagen. Bei Zahlung innerhalb von _____ gewähren wir _____ % Skonto.

7455496

Kurzbezeichnung	Bausteintext
Kon-6	Dieses Angebot gilt bis zum ▬. Bis zu diesem Zeitpunkt bieten wir Ihnen eine verbindliche Option auf die ▬.
Kon-7	Dieses Angebot ist gültig bis ▬. Es gelten unsere allgemeinen Geschäftsbedingungen.
Kon-8	Dieses Angebot gilt nur, solange der Vorrat reicht.
Briefschluss	
Schl-1	Wenn Sie weitere Informationen wünschen, rufen Sie uns bitte an. Wir beraten Sie gern. Sie erreichen ▬ unter der Telefonnummer ▬.
Schl-2	Wir führen den Auftrag gern zu Ihrer vollsten Zufriedenheit aus. Bitte beziehen Sie sich bei Ihrem Auftrag auf dieses Angebot.
Schl-3	Wir freuen uns auf Ihre Bestellung.
Schl-4	Wir freuen uns auf Ihren Auftrag. Bitte bestellen Sie rechtzeitig.
Gruß	
G-1	Hannover• Hoffmann KG • • • i. A. Carolin Saager
G-2	Freundlichen Gruß • Hoffmann KG • • • ppa. Martina Bertram
G-3	Freundliche Grüße • Hoffmann KG • • • ▬
Anlage	
A-1	**Anlage**
A-2	**Anlagen**
A-3	**Anlage** 1 Rechnungskopie

a) Rufen Sie die Briefvorlage *Hoffmann* auf und erfassen und speichern Sie die Textbausteine in der Dokumentvorlage. Speichern Sie die Vorlage mit den Textbausteinen als neue Vorlage unter dem Namen *Angebot-Textbausteine.dotx*.

b) Erstellen Sie mithilfe der Textbausteinsammlung ein passendes Angebotsschreiben für den folgenden Vorgang. Schreiben Sie die angebotenen Artikel tabellarisch und weisen Sie jeweils den Gesamtbetrag aus.

Speichern Sie den Brief unter *Siebert.docx.*

Das Sporthaus Siebert GmbH (Hallinger Weg 43, 70178 Stuttgart) möchte sein Sortiment um Damenoberbekleidung vergrößern und bittet die Hoffmann KG um ein Angebot.

Herr Staub beauftragt am 14. Januar Carolin Saager, ein Angebot zu schreiben. Carolin bedankt sich für das Interesse und bietet die gewünschten Artikel wie folgt an: 25 Steppmäntel absolut atmungsaktiv und wasserdicht zu je 399,95 €, 10 Daunen-Steppjacken federleicht und winterwarm zu je 299,95 €, 60 Fleece-Jacken mit 2-Wege-Reißverschlüssen zu je 99,95 €, 15 Wende-Jacken gerader, bequemer Schnitt zu je 499,00 €.

In der Regel erfolgt die Lieferung vier Wochen nach der Bestellung, wobei der genaue Liefertermin mit den Kunden abgesprochen wird. Der Gesamtbetrag ist innerhalb von 30 Tagen zu bezahlen. Wird die Rechnung innerhalb von 14 Tagen beglichen, kann ein Abzug von 3 % Skonto gewährt werden.

Für telefonische Rückfragen gibt Carolin Saager ihre Telefondurchwahl -33 an und verschickt mit dem Angebot den aktuellen Prospekt.

c) Formulieren Sie einen passenden Textbaustein für die folgende Situation und fügen Sie den Textbaustein unter *Konditionen* in die Textbausteinsammlung der Hoffmann KG ein.

Es kommt immer wieder vor, dass Kunden in der Anfrage schon genaue Angaben zur gewünschten Damenoberbekleidung machen. Die angebotenen Artikel werden im Angebot nicht näher beschrieben, dafür wird auf den Prospekt hingewiesen. Der Prospekt enthält Abbildungen aller Kleidungsstücke und detaillierte Beschreibungen. Der Komplettpreis inklusive 19 % Mehrwertsteuer wird bis zum individuell festgelegten Termin garantiert. Im Preis ist die termingerechte Lieferung enthalten.

d) Rufen Sie die Dokumentvorlage *Angebot-Textbausteine* auf und erstellen Sie mithilfe der Textbausteinsammlung ein passendes Angebotsschreiben zu folgendem Vorgang. Speichern Sie das Angebot unter *Konrad-Stange.docx.*

Das Warenhaus Konrad & Stange GmbH (Fellbacher Straße 118, 70187 Stuttgart) benötigt für eine Aktion 25 Crossbikes Modell 400.

Herr Staub beauftragt am 25. März Carolin Saager, ein Angebot zu schreiben. Die Crossbikes werden zu einem Einzelpreis von 499,00 € inklusive Mehrwertsteuer angeboten und sind in der Regel in vier Wochen lieferbar. Der genaue Liefertermin sollte aber noch abgesprochen werden. Bei Aufträgen über 10.000,00 € wird frei Haus geliefert. Carolin Saager beantwortet gerne weitere Fragen und gibt ihre Telefonnummer an.

ZUSAMMENFASSUNG

Textbausteine

- Arbeitshilfe in einer Textverarbeitung, die eingesetzt wird, wenn Informationen immer wieder vorkommen. Solche Informationen werden als Bausteine gespeichert.
- Textbausteine können abgerufen und in Dokumente eingefügt werden, meist über den Namen des Bausteins oder eine Tastenkombination. Dieses Verfahren spart Zeit und Arbeit.
- Ein Textbaustein enthält kürzere oder längere Textpassagen; häufig auch andere Informationen wie Grafiken oder Tabellen.
- Textbausteine heißen in Word 2010 *Schnellbausteine.*

7455498

3.25 Wir formatieren Texte in Spalten

Einstieg

Katarzyna Lindemann und Dominik Schlote nehmen an ihrer Schule an dem Projekt „Das umweltfreundliche Büro“ teil. Für die Projektarbeit sollen sie die Herstellerangaben der vorhandenen Büromaterialien in ihrem Ausbildungsbetrieb untersuchen. Das Ergebnis wird auf einem Informationsblatt dokumentiert und der Text zur besseren Lesbarkeit in Spalten formatiert.

Mögliche Schadstoffe in Büromaterialien

Trichlorethan. Es wird als Lösungsmittel verwendet und gilt als gesundheitsgefährdend (krebserregend und erbgutverändernd). Weiterhin wird durch Trichlorethan die Ozonschicht in der Stratosphäre zerstört.

Aceton. Es wird als Lösungsmittel z.B. in Klebstoffen verwendet. Werden geringe Mengen über längere Zeit eingeatmet, kann es zu Störungen des Allgemeinbefindens wie Müdigkeit, Konzentrationsschwäche, Übelkeit und Kopfschmerzen kommen.

Alkohole. Sie werden als Lösungsmittel verwendet und sind gegenüber anderen Lösungsmitteln relativ harmlos. Nach chronischer Belastung in kleinen Dosen können Schädigungen des Nervensystems, Reizungen der Schleimhäute und Befindlichkeitsstörungen auftreten.

Alkylbenzol. Es ist ein Nervengift, das als Lösemittel in Faserschreibern oder in Stempelfarbe vorkommen kann.

Azofarbstoffe. Sie sind die größte Gruppe der organischen Farbstoffe. Sie können Allergien auslösen.

Benzol. Benzol gehört zur Gruppe der aromatischen Kohlenwasserstoffe und wirkt krebserregend.

Cadmium. Cadmium wird als Farbstoff und Stabilisator von PVC verwendet. Es ruft unter bestimmten Bedingungen Lungen- und Nierenschäden hervor.

Chlorierte Kohlenwasserstoffe. CKW wird als Lösungsmittel verwendet, hat narkotisierende Wirkung und reizt die Schleimhäute. Das kann Gehirn, Nerven, Nieren und Knochenmark schädigen.

Fluor-Chlor-Kohlenwasserstoffe. FCKW wird als Lösemittel verwendet und ist in Deutschland verboten. Durch FCKW wird die Ozonschicht zerstört.

Formaldehyd. Formaldehyd wird als Konservierungsmittel verwendet. Es löst allergische Reaktionen aus, wirkt erbgutverändernd sowie krebserzeugend und schwächt schon in geringer Konzentration das Immunsystem.

Methylcyclohexan. Es wird als Lösungsmittel häufig in Korrekturlacken und Stempelfarben verwendet. Methylcyclohexan gehört zu den Zellgiften.

Polystyrol. Es handelt sich hier um einen gesundheitsgefährdenden Kunststoff.

Polyvinylchlorid. PVC ist ein Kunststoff, der vor allem wegen seiner Weichmacher gesundheitsgefährdend ist.

Styrol. Styrol wird als Bindemittel in Buntstiften verwendet. Es kann insbesondere unter Einwirkung von Licht, Hitze und elektrischen Wellen aus Kunststoff ausdünsten und die Schleimhäute reizen, Entzündungen der Atemwege hervorrufen und Kopfschmerzen, Übelkeit und Schwindel verursachen.

Erläutern Sie, wie man einen einspaltigen Text in mehreren Spalten darstellen kann.

INFORMATIONEN

Spalten einrichten

Durch die Funktion *Spaltensatz* kann ein Text wie bei einer Tageszeitung in Form von Spalten angeordnet werden. Vor allem bei größeren Seitenformaten oder großen Textmengen erleichtert die Darstellung in Spalten das Lesen. Die Spalteneinteilung kann beim Erfassen des Textes oder nachträglich zugewiesen werden.

ARBEITSABLAUF:

- Cursor an der Stelle positionieren, ab der der Text in Spalten dargestellt werden soll
- Registerkarte *Seitenlayout* – Gruppe *Seite einrichten* wählen
- Befehl *Spalten – Weitere Spalten...*
- im Bereich *Voreinstellungen* z. B. die Option *Drei* anklicken
- im Bereich *Übernehmen für* die Option *Dokument ab hier* wählen
  Auf diese Weise wird die Überschrift, die über dem Text steht, nicht in die Spalten eingefügt.
- mit *OK* bestätigen

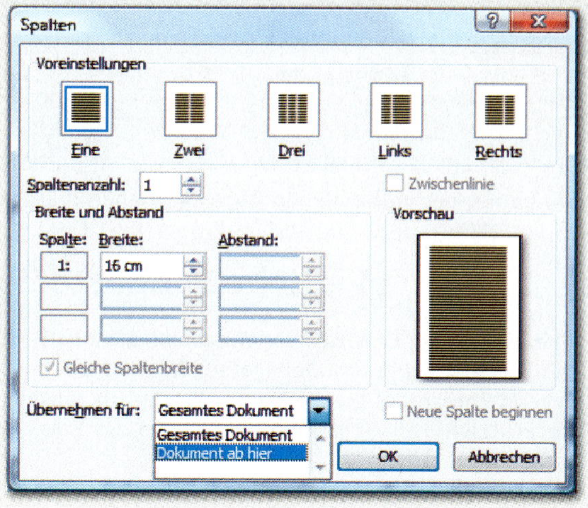

Die verschiedenen Einstellungen im Dialogfeld *Spalten:*

- **Voreinstellungen**
  Über die Optionen *Eine, Zwei* und *Drei* können gleich breite Spalten eingefügt werden. Verschieden breite Spalten lassen sich über die Optionen *Links* und *Rechts* einstellen.
- **Spaltenanzahl**
  Hier kann eine größere Anzahl an Spalten ausgewählt werden. Über das Kontrollkästchen ☑ *Zwischenlinie* kann ggf. eine Linie zwischen den Spalten eingefügt werden. Die Länge der Linie passt sich automatisch an die Spalten an. Die Linie kann nicht formatiert werden.
- **Breite und Abstand**
  Breite und Spaltenabstand können individuell festgelegt werden.
- **Gleiche Spaltenbreite**
  Unterschiedlich große Spalten können durch Aktivierung dieser Option auf die gleiche Spaltenbreite gesetzt werden.

Umbrüche gestalten

Die Gestaltung des Textes in Spalten kann durch Einfügen eines fortlaufenden Abschnittswechsels beeinflusst werden. Der Text kann zudem durch einen Spaltenumbruch optisch ansprechend auf die verschiedenen Spalten einer Seite verteilt werden.

BEISPIEL

Im ersten Abschnitt kann sich die Überschrift oder ein einleitender Text befinden. Der zweite Abschnitt wird zweispaltig und der dritte Abschnitt dreispaltig dargestellt.

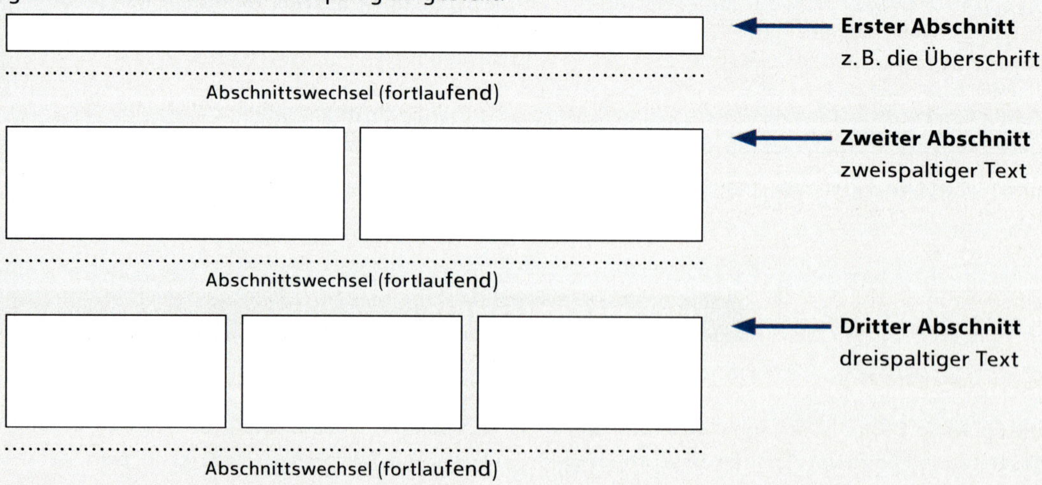

Abschnitte einfügen

ARBEITSABLAUF:

- Registerkarte *Seitenlayout* – Gruppe *Seite einrichten* wählen
- Befehl *Umbrüche*
- unter *Abschnittsumbrüche* die Option *Fortlaufend* wählen

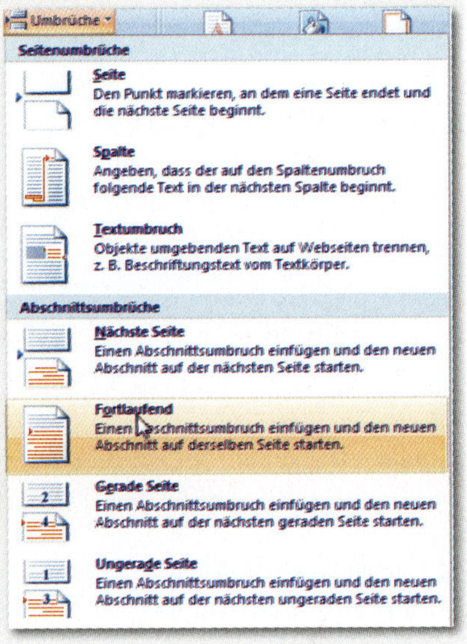

Ein weiterer positiver Effekt für das Seitenlayout kann durch das Einfügen eines fortlaufenden Abschnitts bei einer nicht ganz gefüllten Seite erreicht werden.

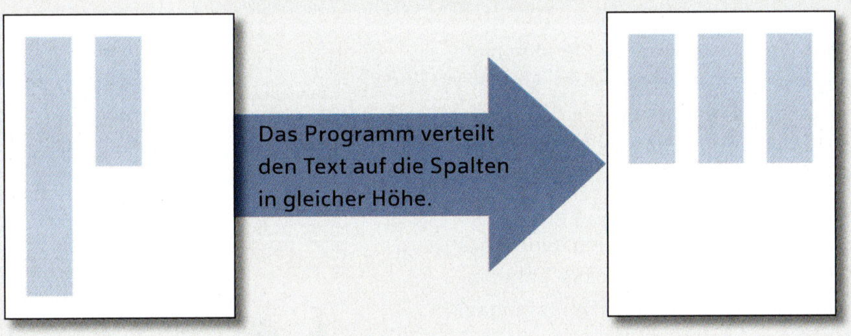

Spaltenumbruch

Ein Spaltenumbruch kann auch an einer ganz bestimmten Stelle manuell eingefügt werden.

ARBEITSABLAUF:

- Registerkarte *Seitenlayout* – Gruppe *Seite einrichten* wählen
- Befehl *Umbrüche*
- unter *Seitenumbrüche* die Option *Spalte* wählen

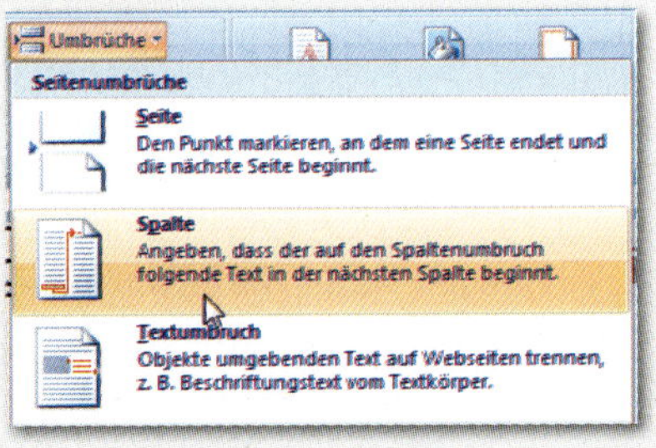

Allgemeine Gestaltungsregeln zum Spaltensatz

- Die Spaltenbreite ist von der Schriftart, der Schriftgröße und dem Zeilenabstand abhängig. Dabei steht die gute Lesbarkeit des Fließtextes im Vordergrund.
- Eine Spalte sollte nicht mehr als 65 Anschläge pro Zeile beinhalten.
- Die Formatierung mit Blocksatz kann unschöne Lücken verursachen. Abhilfe schafft die Worttrennung und/oder eine Verkleinerung der Schriftgröße.
- Die Spaltenabstände sind so anzulegen, dass sie weder zu eng noch zu weit sind.
- Wegen der Lesbarkeit und der besseren Optik sollten Spalten-/Seitenumbruchfehler vermieden werden. In der Druckersprache bezeichnet man diese Fehler als *Schusterjungen* und *Hurenkinder*. Ein *Schusterjunge* ist die erste Zeile eines neuen Absatzes, die ganz am Spalten-/Seitenende steht. Als *Hurenkind* wird die letzte Zeile eines Absatzes bezeichnet, die schon in die nächste Spalte/Seite läuft.

AUFGABEN

1. Welche Schriftgrößen empfehlen sich, wenn Text in Spalten dargestellt wird?
2. Erläutern Sie die Zuweisung von Spalten.
3. Beschreiben Sie die Funktion des Abschnittwechsels.

AKTIONEN

1. Im Unternehmen werden die Auszubildenden nicht nur im Umgang mit den Kunden geschult, sondern auch in Bezug auf das Verhalten untereinander und gegenüber Vorgesetzten. Zu diesem Zweck wurde für die Auszubildenden eine Inhouse-Schulung einer Benimm-Expertin durchgeführt. Katarzyna Lindemann und Dominik Schlote sollen den Vortrag mit den wichtigsten Regeln zur Business-Etikette auf einer A4-Seite 3-spaltig für das Firmenmagazin zusammenfassen.

Web Katarzyna und Dominik haben die wichtigsten Benimm-Regeln zusammengetragen und geschrieben. Nun muss der Text noch formatiert werden.

a) Rufen Sie den Text *Umgangsformen-im-Büro* auf.

b) Gestalten Sie den Text in drei gleichgroße Spalten.

c) Die Überschrift steht über den drei Spalten.

d) Fügen Sie an geeigneter Stelle eine passende Grafik ein.

e) Bringen Sie die drei Spalten auf gleiche Höhe.

f) Formatieren Sie den Text und die Überschrift angemessen.

g) Achten Sie auf einen optimalen Randausgleich.

Gute Umgangsformen im Büro

Begrüßung

Beim Begrüßen reicht immer der Ranghöhere zuerst die Hand. Eine Auszubildende/ein Auszubildender wartet ab, ob der Chef einen Handschlag wünscht. Bei der Begrüßung sollte das Gegenüber freundlich angeschaut und mit „Guten Tag" oder „Guten Tag, Frau/Herr ..." begrüßt werden. Der Gruß „Hallo" ist Freunden vorbehalten. Während der Begrüßung werden die Hände **nicht** in der Hosentasche versteckt.

Anreden

Der akademische Grad (z. B. Dr., Prof.) gehört zum Namen und muss erwähnt werden. Diplome, Master- und Bachelor-Titel bleiben unerwähnt.

Aufstehen zur Begrüßung

Im modernen Geschäftsleben gilt heute, dass Frauen zur Begrüßung von Männern genauso aufstehen wie die Herren. Im privaten Bereich bleibt es der Frau überlassen, ob sie aufstehen möchte oder nicht.

Duzen

Nur der „Ranghöhere" darf das „Du" anbieten. Der Neuling in einem Team darf niemals mit dem „Duzen" beginnen. Die Teamgepflogenheiten stehen im Vordergrund und sind zu respektieren. Im Privatleben hat der Ältere das Recht zu entscheiden, ob er sich mit einem Jüngeren duzen möchte.

Fahrstuhl

Vorgesetzte und Gäste betreten den Fahrstuhl zuerst. Grüßen Sie zudem immer freundlich, wenn Sie in einen Fahrstuhl steigen.

Distanzzonen

Die persönliche Distanzzone reicht von 50 cm bis zu 1 m und beschreibt den Abstand, der bei einer Begrüßung eingehalten wird. Eine Distanz von 60 cm bei einem Gespräch entspricht der intimen Zone zweier Gesprächspartner und bleibt guten Freunden vorbehalten. Für Geschäftsgespräche zu zweit empfiehlt sich eine Distanz von 1 Meter, in Gruppen sind 1 bis 2 Meter nahe genug.

Pünktlichkeit

Wer unpünktlich ist, geht mit der Zeit anderer nachlässig um und handelt rücksichtslos. In folgenden Situationen ist Pünktlichkeit unverzichtbar: Vorstellungsgespräch, Geschäftsbesuche, Arzttermine, private Feiern wie Hochzeiten, Taufen, Begräbnisse und runde Geburtstage. Ist der Beginn eines Termins nicht auf eine bestimmte Uhrzeit angesetzt, z. B. durch die Ankündigung „ab 18:00 Uhr", dann gilt ein Erscheinen von 18:00 Uhr bis 19:00 Uhr als angemessen. Eine besondere Regelung gibt es für Veranstaltungen mit der Angabe „zwischen ... und ... Uhr: Hier dürfen Sie eine halbe Stunde nach Beginn erscheinen und nach einer halben Stunde schon wieder gehen.

Mitfahren im Auto

Mitfahrer sitzen immer auf dem Beifahrersitz. Im Taxi sitzt der Ehrengast hinten rechts. Die zahlende Person, sitzt im Taxi immer hinter oder neben dem Fahrer.

Visitenkarten

Visitenkarten entsprechen dem Corporate Design des Unternehmens und werden in einem stilvollen Behältnis aufbewahrt. Wird Ihnen eine Karte übergeben, gehört es zum guten Ton, sie für den Gesprächspartner gut sichtbar durchzulesen, um sie anschließend sorgsam wegzustecken. Bei Geschäftsterminen übergibt der Besucher als Erster seine Karte. In Gruppen erhält sie zuerst der Ranghöhere. Ist keine Hierarchie erkennbar, verteilen Sie Ihre Karten der Reihe nach.

h) Wählen Sie für Ihr Ergebnis einen geeigneten Dateinamen mit angehängtem Speicherdatum.

i) Speichern Sie die Datei im entsprechenden Verzeichnis.

j) Präsentieren Sie Ihr Ergebnis.

2. Schreiben Sie den folgenden Text in der Schriftgröße 10 pt.
   - Weisen Sie dann zwei Spalten zu.
   - Kopieren Sie den Text erneut aus der Zwischenablage und weisen Sie diesem Text dann drei Spalten zu.
   - Speichern Sie den Text unter dem Namen *Spediteure*.

Spezialisierung in der Spedition

Bahnspediteur

Er ist der „verlängerte Arm" der Eisenbahn. Er holt die Stückgüter vom Absender zum Versandbahnhof und bringt die Stückgüter vom Empfangsbahnhof zum Empfänger.

Binnenumschlagspediteur

Er befasst sich mit der Transportvermittlung im Binnenschifffahrtsverkehr und mit der Umschlagstätigkeit vom Binnenschiff auf das Land und umgekehrt.

Kraftwagenspediteur

Er ist kein Frachtführer, sondern Transportvermittler. Vielfach hat er sich jedoch einem Unternehmen des Güterkraftverkehrs angegliedert.

Seehafenspediteur

Er erledigt die Transportvermittlung im Überseegeschäft.

Luftfrachtspediteur

Er vermittelt den Abschluss von Luftfrachtverträgen zwischen Auftraggeber und Luftverkehrsgesellschaften.

Grenzspediteur

Er erledigt hauptsächlich Zollformalitäten beim Ex- und Import über die „trockene Grenze".

Sammelgutspediteur

Er sammelt Stückgüter zahlreicher Kunden und expediert sie jeweils als Sammelladung per Eisenbahn oder mit Unternehmen des gewerblichen Güterkraftverkehrs.

ZUSAMMENFASSUNG

Einrichten von Spalten

- **Zuweisung über das Menüband**
  - Registerkarte *Seitenlayout*
  - Gruppe *Seite einrichten*
  - Befehl *Spalten*

Lernfeld 4

Sachgüter und Dienstleistungen beschaffen und Verträge schließen

4.1 Wir führen eine Beschaffungsplanung durch

Einstieg

Die Geschäftsführung hat mit den Abteilungsleitern die Planzahlen für die Umsätze festgelegt. Anschließend wird die Einkaufsabteilung beauftragt, die Beschaffungsplanung für das nächste Quartal vorzunehmen.

1. Stellen Sie fest,
   a) welche Bereiche die Beschaffungsplanung umfasst,
   b) was im Rahmen der Beschaffungsplanung bedacht werden muss.
2. Begründen Sie die Bedeutung des Einkaufs für die Gewinnsituation.
3. Stellen Sie die optimale Bestellmenge für einen bestimmten Artikel fest. Die Beschaffungskosten betragen 40,00 € je Bestellung, unabhängig davon, wie viel bestellt wird. An Lagerkosten fallen 0,20 € je Stück an. Es sollen innerhalb eines bestimmten Zeitraums 1500 Stück eines Artikels bestellt werden.
4. Die Geschäftsführung strebt in einer Warengruppe einen Umsatz von 500.000,00 € an. Sie möchte einen Kalkulationsabschlag von 35 % durchsetzen. Als Limitreserve plant sie 20 % ein. Wie hoch ist das Restlimit, wenn schon für 49.000,00 € Bestellungen vorliegen?

INFORMATIONEN

Im Rahmen der Beschaffungsplanung geht es für das beschaffende Unternehmen darum, die richtige Ware in der geforderten Menge und Qualität zum richtigen Zeitpunkt und zum günstigsten Preis beim richtigen Lieferanten einzukaufen. Zwei Arten von Informationen sind für Einkaufsentscheidungen von Bedeutung:

- Bedarfsinformationen, aus denen Menge, Art und Zeit des Einkaufs ermittelt werden
- Informationen, die die Auswahl des günstigsten Lieferanten ermöglichen

Bedarfsermittlung

Die Feststellung des Bedarfs ist die erste Voraussetzung für einen rationellen Einkauf. Der Bedarf ist die Warenmenge, die in angemessener Zeit durch den Betrieb voraussichtlich verkauft beziehungsweise verarbeitet werden kann.

Auch heute geschieht die Bedarfsfeststellung noch oft mit dem berühmten „Fingerspitzengefühl“. Dieses kann richtig sein, erweist sich jedoch häufig als völlig irreführend. Daher werden in vielen Betrieben Ein- und Verkaufsstatistiken geführt, aus denen der Einkäufer beträchtliche Schlüsse hinsichtlich der Entwicklung des Bedarfs ziehen kann.

In diesem Zusammenhang werden z. B. Händler durch Computerprogramme, sogenannte EDV-gestützte Warenwirtschaftssysteme, unterstützt. Die EDV-gestützten Warenwirtschaftssysteme ermöglichen unter anderem eine Verkaufsdatenanalyse, mit der der zukünftige Bedarf ermittelt werden kann.

Sortiments- und Produktprogramm-planung (WAS?)

Zunächst einmal muss das Unternehmen festlegen, welche Waren überhaupt geführt beziehungsweise produziert werden sollen. Es wird versuchen, solche Artikel im Rahmen seines Verkaufsprogramms zusammenzustellen, die der Kunde erwartet. Dadurch kommt es zur Sortimentsbildung beziehungsweise Festlegung des Produktprogramms.

Bei der Überlegung, was eingekauft werden soll, werden also Artikel nach Art und Qualität ausgesucht. Dabei müssen die Erfahrungen der Vergangenheit beachtet werden. Kundenwünsche oder Verkaufserfolge eines Mitbewerbers mit einem bestimmten Artikel können z. B. dazu führen, dass ein Händler ein neues Produkt in sein Sortiment aufnehmen möchte.

Aber auch Zukunftserwartungen müssen berücksichtigt werden. Hilfen hierzu bieten z. B. Marktuntersuchungen und Berichte von Außendienstmitarbeitern und Vertretern.

Schon beim Einkauf der Waren sollte man an den Absatz denken. Obwohl er zeitlich der Beschaffung der Waren folgt, ist er als übergeordnetes Ziel das bestimmende Element. Es dürfen nur solche Waren eingekauft werden, die sich auch absetzen lassen.

Mengenplanung (WIE VIEL?)

Bei der Mengenplanung wird entschieden, wie viel eingekauft werden soll. Die exakte Schätzung des Bedarfsumfangs ist schwierig. Ziel der Mengenplanung ist die Ermittlung der kostengünstigsten Bestellmenge (optimale Bestellmenge).

Das Unternehmen steht bei der Feststellung von Beschaffungsmengen vor zwei grundsätzlichen Möglichkeiten. Es beschafft

- große Mengen in großen Zeitabständen oder
- kleine Mengen in kleinen Zeitabständen.

Zwischen diesen beiden extremen Wahlmöglichkeiten hat der Einkäufer eine Fülle von weiteren Möglichkeiten. Zur Bestimmung der optimalen Bestellmenge muss er die Auswirkungen der verschiedenen möglichen Beschaffungsmengen auf die Höhe der Kosten untersuchen.

Dabei sind zwei Kostenarten zu unterscheiden:

- **Beschaffungskosten**
  Sie fallen z. B. für das Einholen des Angebots, das Schreiben der Bestellung oder die Wareneingangs- oder Rechnungsprüfung an. Mit zunehmender Bestellmenge werden die Beschaffungskosten je Wareneinheit geringer. Wird nur einmal innerhalb eines bestimmten Zeitraums bestellt, muss beispielsweise auch nur einmal eine Bestellung geschrieben werden. Bei größeren Bestellungen können außerdem mögliche Mengenrabatte in Anspruch genommen werden.
- **Lagerkosten**
  Sie nehmen bei einer Erhöhung der Beschaffungsmenge zu. Je mehr Ware bestellt und auf Lager genommen wird, desto mehr fallen z. B. Personalkosten für im Lager beschäftigte Personen an.

Diese beiden Kostenarten verlaufen also bei unterschiedlichen Beschaffungsmengen entgegengesetzt. Die Aufgabe der Mengenplanung besteht nun darin, die Beschaffungsmenge zu bestimmen, für die die Summe aus Beschaffungs- und Lagerhaltungskosten möglichst gering ist. Bei der **optimalen Bestellmenge** gleichen sich sinkende Bestellkosten und steigende Lagerhaltungskosten so aus, dass ein Minimum an Gesamtkosten entsteht.

Bestellkosten	Lagerkosten
• Gebühren (z. B. Porto, Telefon, Fax) • Material (z. B. Umschläge, Briefpapier, Druckerpatrone) • Personal (z. B. Buchhaltungspersonal, Schreibkräfte)	• Energiekosten (z. B. Strom, Heizung, Licht) • Gebäude • Personal (z. B. Mitarbeiter im Lager) • Warenpflege
Wird selten, aber in großen Mengen bestellt:	
▾ niedrige Bestellkosten	▴ hohe Lagerkosten
Wird oft, aber in kleinen Mengen bestellt:	
▴ hohe Bestellkosten	▾ niedrige Lagerkosten

BEISPIEL

In einem Unternehmen betragen die Beschaffungskosten 35,00 € je Bestellung, unabhängig davon, wie viel bestellt wird. An Lagerkosten fallen 0,25 € je Stück an. Es sollen innerhalb eines bestimmten Zeitraums 1000 Stück eines Artikels bestellt werden.

Anzahl der Bestellungen	Bestellmenge	Lagerhaltungskosten in €	Bestellkosten in €	Gesamtkosten in €
1	1000	250,00	35,00	285,00
2	500	125,00	70,00	195,00
3	333	83,25	105,00	188,25
4	250	62,50	140,00	202,50
5	200	50,00	175,00	225,00

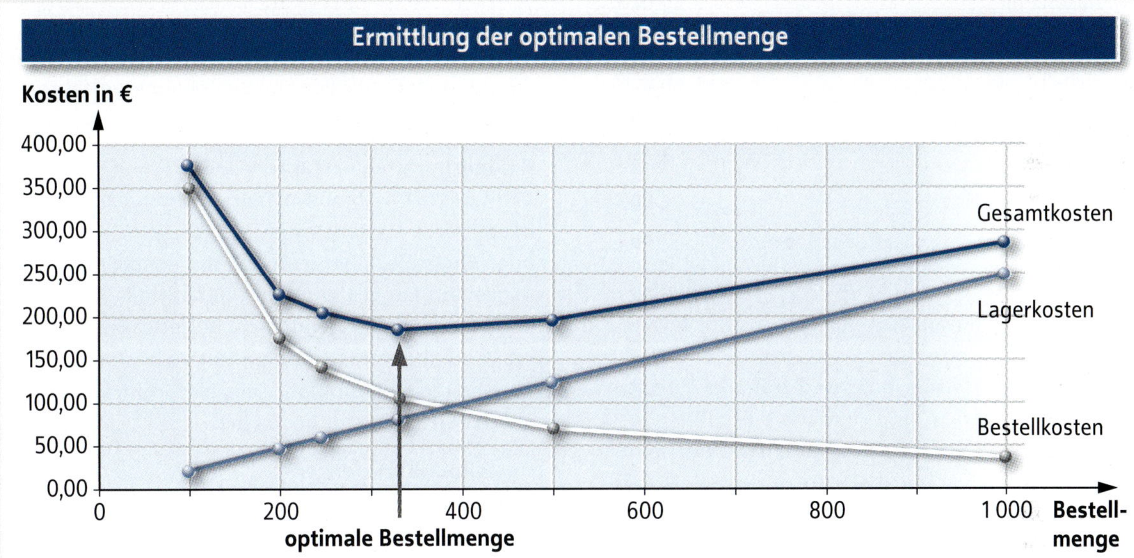

Die optimale Bestellmenge liegt bei 333 Stück. Dort entstehen Gesamtkosten von nur 188,25 €.

Die Höhe der Bestellmenge ist jedoch noch von weiteren Rahmenbedingungen abhängig:

- **wirtschaftliche Lage**
  Ist aufgrund konjunktureller Entwicklungen eine Verknappung von Artikeln zu erwarten, sollte das beschaffende Unternehmen sich mit größeren Mengen zu einem noch niedrigeren Preis eindecken.
- **Preis**
  Auf Märkten, die großen Preisschwankungen unterliegen, sollten bei niedrigen Preisen größere Mengen eingekauft werden.
- **Umsatz**
  Bei der Festlegung der Bestellmenge ist auch vom zu erwartenden Absatz auszugehen.

Bei der Planung der Einkaufsmenge kann auch die **Limitrechnung** angewandt werden. Sie ist ein Instrument, um die Finanzverhältnisse des Unternehmens zu kontrollieren und in Ordnung zu halten. Der Einkauf wird dadurch planbar und überprüfbar.

DEFINITION

Ein **Limit** gibt an, für wie viel Euro in einem bestimmten Zeitabschnitt Waren einer Warengruppe eingekauft werden dürfen. Diese Einkaufsgrenze sollte nicht überschritten werden.

BEISPIEL

Ein Textilgroßhändler führt mit einem EDV-gestützten Warenwirtschaftssystem eine Limitrechnung für eine bestimmte Warengruppe durch.

– **Limitrechnung** (Plan) –			
Haus 1	Abt. 1	WGR 1 Plansaison 1	Jahr
	Umsatz		100.000
–	erzielte Kalk.	50,0 %	50.000
=	Planumsatz EK		50.000
:	Umschlag	5,0	
=	Durchschn.-Lager		10.000
=	Saisonlimit		50.000
–	Limitreserve	10,0 %	5.000
=	freies Limit		45.000
–	Ist-Bestellungen		35.537
=	Restlimit		9.463
–	Freigabe 16. Nov.		2.000
=	Restlimit neu		7.463

Plan-/Ist-Vergleich? – J/N Speichern Planzahlen? – J/N Umsatzkontrolle? – J/N

Der Großhändler strebt aufgrund früherer Umsatzzahlen für die Warengruppe innerhalb des Planungszeitraums einen Umsatz von 100.000,00 € an. Er hofft, einen Kalkulationsabschlag (erzielte Kalkulation) von 50 % durchsetzen zu können: Der Bruttogewinn soll also 50.000,00 € betragen. Für den Wareneinsatz (Planumsatz zu Einstandspreisen) müssen daher 50.000,00 € eingeplant werden.

Als Saisonlimit ergibt sich der Betrag von 50.000,00 €. Dies ist der Gesamtbetrag, der im Planungszeitraum ausgegeben werden darf. Das Saisonlimit wird aufgeteilt in die Limitreserve und das freie Limit. Die Limitreserve wird in der Regel als Prozentsatz ausgedrückt (10 % = 5.000,00 €) und ist für Sonderfälle – wie z. B. Sonderangebote oder kurzfristige Nachbestellungen – vorgesehen. Das freie Limit (45.000,00 €) ist der Betrag, für den im Rahmen vorhersehbarer Bestellungen eingekauft werden darf.

Vom freien Limit wird der bisherige Auftragswert (Ist-Bestellung = 35.537,00 €) abgezogen. Der für Bestellungen noch offene Betrag von 9.463,00 € ist das sogenannte Restlimit. In diesem vereinfachten Beispiel bestellt der Großhändler Waren für 2.000,00 €, sodass sich ein neues Restlimit von 7.463,00 € ergibt.

Zeitplanung (WANN?)

Hat man die Bestellmenge annähernd ermittelt, so tritt für den Einkäufer das nächste Problem auf: Wann soll eingekauft werden? Bei der Zeitplanung geht es um den richtigen Zeitpunkt der Bestellung.

BEISPIELE

- Ein Händler muss seine Waren so rechtzeitig einkaufen, dass sie zum Verkaufstermin vorhanden sind. Bei Nachbestellungen muss beachtet werden, dass die Ware im Verkauf nicht ausgeht.
- Ein Industriebetrieb muss Roh-, Hilfs- und Betriebsstoffe so rechtzeitig beschaffen, dass sie zum Produktionstermin zur Verfügung stehen.

Um dies zu erreichen, werden entweder das Bestellrhythmusverfahren oder das Bestellpunktverfahren angewandt:

- **Bestellrhythmusverfahren**
  Beim Bestellrhythmusverfahren wird nach Ablauf von bestimmten Zeitabständen (Tage, Wochen, Monate oder Quartale) überprüft, ob sich noch ausreichend Artikel auf Lager befinden. Die Kontrolle, ob nachbestellt werden muss, wird nicht bei jeder Entnahme von Ware durchgeführt, sondern nur zu bestimmten, vorgegebenen Zeitpunkten. Dieses Verfahren wird also durch den Zeitfaktor gesteuert.
- **Bestellpunktverfahren**
  Das häufiger angewandte Bestellpunktverfahren dagegen wird durch Verbrauchsmengen gesteuert. Eine Bestellung wird jedes Mal ausgelöst, wenn der Lagerbestand des Artikels nicht mehr ausreicht, um den während der Beschaffungszeit zu erwartenden Bedarf zu decken. Dazu sind Bestandsprüfungen nach jedem Lagerabgang nötig. Dies erfordert einen hohen Aufwand, der aber durch den Einsatz von EDV-Anlagen und entsprechenden Programmen automatisch bewältigt werden kann.

Der Zeitpunkt für eine Bestellung hängt weiterhin ab von:

- **Beschaffungsdauer**
  Ist die Ware einen Tag später da, kann man jeden Tag nachbestellen.
- **Lagerfähigkeit der Waren**
  Artikel, die nicht lange gelagert werden können, müssen häufig bestellt werden.
- **Preisentwicklung** auf dem Markt
- **Umsatzgeschwindigkeit**

7455508

Bezugsquellenermittlung[1] (WO?)

Der Auswahl der Lieferanten muss besondere Aufmerksamkeit geschenkt werden. Von ihr hängt nämlich ganz entscheidend die Kostensituation eines Unternehmens ab. Grundsätzlich sollte dort eingekauft werden, wo es am günstigsten ist.

ABC-Analyse

Unternehmen z. B. müssen für ihre umfangreichen Sortimente oft bis zu 100 000 verschiedene Artikel beschaffen. Diese alle mit dem gleichen Aufwand hinsichtlich

- Bestellmengen,
- Bestellpunkten,
- durchschnittlicher Lagerdauer,
- Sicherheitsbeständen usw.

zu planen und zu kontrollieren, verbieten die Kosten eines solchen Vorgehens.

Daher wird häufig ein Verfahren angewandt, das die Kosten einer Planung und Kontrolle einzelner Artikel mit deren Bedeutung am Beschaffungsumfang in Beziehung setzt.

Die ABC-Analyse ist ein Verfahren, das eine bestehende Grundgesamtheit (in der Regel sind dies Artikel; es können aber beispielsweise auch Kunden oder Lieferanten sein) hinsichtlich bestimmter Kriterien wie Umsatz oder Rentabilität in drei Klassen einteilt. Angestrebt wird dabei das Auffinden derjenigen Artikel, Lieferanten oder Kunden, die am meisten (Klasse A), durchschnittlich (Klasse B) oder wenig (Klasse C) zum Unternehmenserfolg beitragen.

Im Rahmen der Beschaffung dient die ABC-Analyse als Instrument zur Minderung des Beschaffungsrisikos:

- Die wenigen umsatzstarken und damit sehr risikoreichen A-Artikel werden ihrer Bedeutung entsprechend mit besonderer Aufmerksamkeit behandelt. Ein Unternehmen kann umso erfolgreicher disponieren, je mehr Anstrengungen es bei den A-Artikeln unternimmt: Die Kosten für eine intensive und genaue Kontrolle halten sich angesichts der relativ geringen Zahl dieser Artikel in vertretbaren Grenzen. Bei diesen wichtigen Artikeln kommt es dadurch zu sehr großen Einsparungen. So werden z. B. für A-Artikel häufig Bestellungen durchgeführt, um kostenverursachende Lagerbestände zu verringern.
- Die zahlreichen C-Artikel dagegen werden nur mit einem einfachen System kontrolliert, das dem Disponenten wenig Mühe macht. Selbst wenn sich dadurch ein geringfügig erhöhter Lagerbestand ergeben sollte, lassen sich durch die Verminderung des Arbeitsaufwands große Einsparungen erzielen. Ist ein Artikel also unwichtig, so ist der Verlust, der durch eine Verminderung der Überwachungsarbeit entstehen könnte, sehr niedrig zu bewerten. Kontrollen und Lagerhaltung werden daher stark vereinfacht.
- Für B-Artikel kommt ein Mittelweg zwischen der Behandlung der A-Artikel und der C-Artikel in Betracht.

Die ABC-Analyse ist ein wichtiges, nicht nur auf den Bereich der Beschaffung beschränktes, Rationalisierungsinstrument. Sie hilft,

- sich auf wirtschaftlich bedeutende Artikel zu konzentrieren,
- hohen Arbeitsaufwand bei Artikeln untergeordneter Bedeutung zu vermeiden,
- die Transparenz der Lagerwirtschaft und Beschaffung und
- die Effizienz des Einkaufs zu steigern.

BEISPIEL

Für eine Warengruppe von zehn Artikeln soll eine ABC-Analyse durchgeführt werden. Dies geschieht in mehreren Schritten:

1. **Ermittlung des Stückpreises** in Euro und der Absatzmenge in Stück pro Jahr
2. **Berechnung des Umsatzes** in Euro pro Jahr
3. **Sortierung der Artikel** in absteigender Folge nach der Höhe ihres Umsatzes
4. **Berechnung des prozentualen Anteils** jedes Artikels am Gesamtumsatz

1 siehe Kap. 4.2

5. **Kumulierung der jeweiligen prozentualen Anteile jedes Artikels** am Umsatz: Der jeweilige prozentuale Anteil wird zu den vorhergehenden hinzugerechnet.
6. **Einteilung in A-, B-, C-Teile**
7. **Auswertung des Ergebnisses:** Mit 20 % der Artikel werden 60 % des Umsatzes erreicht: Nur zwei der insgesamt zehn Artikel bilden die A-Gruppe (Artikel 9 und 4). Die Hälfte der Artikel bildet die C-Gruppe (5, 8, 2, 10 und 1), die nur 10 % des gesamten Umsatzes erbringt.
8. **Anwendung von Maßnahmen:** Bei A-Artikeln könnten dies z. B. sein:
   - genaue Dispositionsverfahren
   - genaue Bestandsrechnung
   - strenge Terminkontrollen
   - sorgfältige Festlegung der wirtschaftlichen Bestellmengen
   - genaue Überwachung der Verweildauer im Betrieb

1. Schritt

Artikel	Stückpreis in €	Absatzmenge in Stück pro Jahr
1	32,00	125
2	0,02	500000
3	50,00	1000
4	2,50	50000
5	0,60	25000
6	1,00	60000
7	0,40	100000
8	20,00	625
9	1,75	100000
10	0,17	50000

2. Schritt

Umsatz in € pro Jahr
4.000,00
10.000,00
50.000,00
125.000,00
15.000,00
60.000,00
40.000,00
12.500,00
175.000,00
8.500,00

3. Schritt

Artikel		Umsatz in € pro Jahr
A	9	175.000,00
	4	125.000,00
B	6	60.000,00
	3	50.000,00
	7	40.000,00
C	5	15.000,00
	8	12.500,00
	2	10.000,00
	10	8.500,00
	1	4.000,00
Gesamtumsatz		500.000,00

4. Schritt

Prozent des Umsatzes
35
25
12
10
8
3
2,5
2
1,7
0,8

5. Schritt

Kumulierter prozentualer Anteil am Gesamtumsatz
35
60
72
82
90
93
95,5
97,5
99,2
100

7455510

AUFGABEN

1. Welches Ziel haben die Beschaffungstätigkeiten in einem Unternehmen?
2. Welche Maßnahmen müssen bei der Einkaufsvorbereitung getroffen werden?
3. Wie wirkt sich eine Erhöhung der Bestellmenge auf die Beschaffungs- oder Lagerkosten aus?
4. 400 Stück eines Artikels sollen bestellt werden. Die Lagerhaltungskosten betragen pro Stück 0,75 €, die Beschaffungskosten pro Bestellung 40,00 €. Ermitteln Sie die optimale Bestellmenge rechnerisch und grafisch.
5. In einem Industrieunternehmen betragen die Beschaffungskosten 135,00 € je Bestellung, unabhängig davon, wie viel bestellt wird. An Lagerkosten fallen 25 % des Werts der eingelagerten Ware an. Es sollen innerhalb eines bestimmten Zeitraums 12000 Stück eines Artikels zum Einstandspreis von 3,00 € bestellt werden. Wie hoch ist die optimale Bestellmenge?
6. Warum werden für den Einkauf von Artikeln häufig Limits festgesetzt?
7. Ein Händler strebt in einer Warengruppe einen Umsatz von 400.000,00 € an. Er möchte einen Kalkulationsabschlag von 40 % durchsetzen. Als Limitreserve plant er 20 % ein. Wie hoch ist das Restlimit, wenn für 45.000,00 € schon Bestellungen vorliegen?
8. Wodurch unterscheiden sich Bestellrhythmusverfahren und Bestellpunktverfahren?

AKTIONEN

1. Erstellen Sie mit Excel für drei typische Artikel des Sortiments Ihres Unternehmens im Lernbüro eine „Warendatei".
2. a) Legen Sie eine Excel-Tabellenkalkulation an, mit der Sie die optimale Bestellmenge berechnen können.
   b) Lösen Sie zur Kontrolle mithilfe der Excel-Tabelle die folgende Aufgabe: Für eine bestimmte Warengruppe sollen 200 Stück bestellt werden. Die Lagerhaltungskosten betragen pro Stück 0,80 €, die Beschaffungskosten pro Bestellung 50,00 €. Wie hoch ist die optimale Bestellmenge?
   c) Stellen Sie die Berechnung der optimalen Bestellmenge grafisch mithilfe von Excel dar.

ZUSAMMENFASSUNG

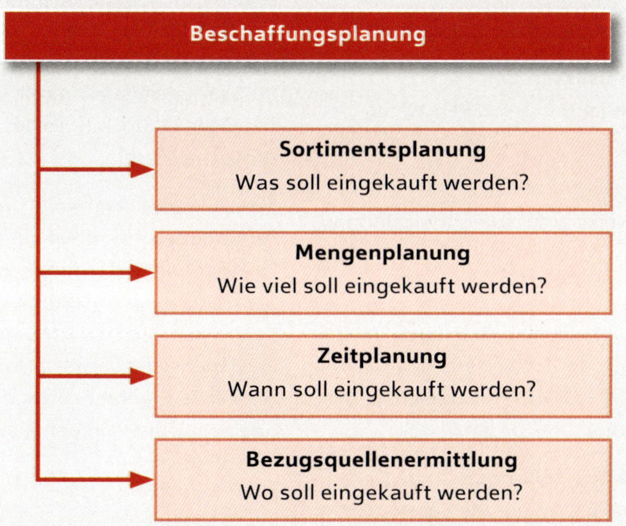

4.2 Wir finden Bezugsquellen

Einstieg

In der Zentrale der Hoffmann KG geht ein Schreiben ihres Hauptlieferanten für Herrenfreizeithemden – der Hessing GmbH, Sickingerstr. 9, 01309 Leipzig – ein.

In dem Schreiben wird mitgeteilt, dass wegen eines Großbrands bis auf Weiteres die Produktion eingestellt werden muss. Da der Bestand an Herrenfreizeithemden nur noch einen Monat ausreicht, muss ein neuer Lieferant gesucht werden.

Suchen Sie nach Möglichkeiten, wie die Hoffmann KG einen neuen Lieferanten für Herrenfreizeithemden finden kann.

INFORMATIONEN

Das beschaffende Unternehmen muss ständig den Beschaffungsmarkt beobachten und analysieren, wenn es wirtschaftlich arbeiten will. Dabei ist die Kernaufgabe die Ermittlung geeigneter Bezugsquellen. Bei der Bezugsquellenermittlung geht es darum, einen sicheren, schnellen, stets aktuellen Überblick über sämtliche infrage kommenden Lieferanten zu schaffen.

Auswahl von Erstlieferanten

Können bei Lieferanten, mit denen bereits Geschäftsbeziehungen bestehen, bestimmte Artikel nicht bezogen werden, muss sich der Einkäufer nach neuen Lieferanten umsehen.

Hilfen beim Aufsuchen günstiger Bezugsquellen sind:

- **Kataloge, Prospekte, Preislisten**
  Sie gehören zum grundlegenden Handwerkszeug des Einkäufers.
- **Fachzeitschriften**
  Hier finden sich oft Hinweise auf neue Entwicklungen und Produkte.
- **Adressenverzeichnisse**
  Sie liegen in Buchform vor, stehen aber auch im Internet zur Verfügung, z. B. „ABC der deutschen Wirtschaft“, „Wer liefert was?“, „Branchenverzeichnis des Telefonbuchs (Gelbe Seiten)“.
- Besuch von **Messen und Ausstellungen**
  In diesem Zusammenhang bieten gerade Kataloge von Fachmessen eine fast lückenlose Übersicht.
- Unterlagen von **Vertreterbesuchen**
- **Datenbankrecherchen**
  Verschiedene Institutionen führen Datenbanken, in denen im Internet nach gewünschten Informationen gesucht werden kann.

Suchmaschinen und Bezugsquellenermittlung

Allgemeine Suchmaschinen wie Google oder Bing sind nur bedingt für eine effektive Bezugsquellenermittlung geeignet. Bei Eingabe von Suchbegriffen zum Beispiel für Produkte gibt es zwar unzählige Ergebnisse. Diese enthalten jedoch sehr oft nur den Suchbegriff, aber nicht unbedingt den Lieferanten. Der Grund liegt in der Arbeitsweise der allgemeinen Suchmaschinen. Solche Suchmaschinen durchsuchen Webseiten vollautomatisch. Es findet keine menschliche Bewertung in Hinblick auf eine effektive Lieferantensuche statt.

Spezialsuchmaschinen sind Datenbanken, die nur Informationen für einen bestimmten Zweck (in diesem Fall also die Lieferantensuche) zur Verfügung stellen. Sie bringen für Einkäufer im Vergleich zu allgemeinen Suchmaschinen erhebliche Zeitvorteile: Da hier auch eine menschliche Bewertung stattfindet, werden nur relevante Ergebnisse angezeigt, die der Betreiber der Spezialsuchmaschinen als wichtig erachtet.

7455512

BEISPIELE

- Die Hoffmann KG möchte mehrere neue Fotokopierer und das entsprechende Zubehör anschaffen. Herr Hickel schaut in ein Branchenadressbuch:

Fotografische Laborapparate 6/9440
Fotogroßlabors 9/3409
Fotohüllen 6/2260
Fotokartons 6/2291
Fotokeramik 5/3805
Fotokissen 2/2387
Fotokoffer 6/2311
Fotokopier
-anstalten 9/4273
-bedarf 5/1763
-geräte 5/1753
-papiere 5/1783
Fotolabor
-einrichtungen 6/2285
-flaschen 6/2287
-taschen 6/2259
Fotolabors 9/3409
Fotolack-Beschriftungsmaschinen 5/6395
Fotolacke 4/2159

5
1783
Fotokopierpapiere
Photocopy paper
Papiers photocopiants
Carta per fotocopiatrics
Papeles para fotocopiadoras

HELLBUT & Co. GmbH
HELLBUT VERPACKUNGEN
Grosser Kamp 8
22457 Barsbüttel/Hamburg
Tel. 040 6702950
Fax 040 6702957

RANK XEROX GMBH
RANK XEROX
Emanuel-Leutze-Str. 20
40547 Düsseldorf
Tel. 0211 59930
Fax 0211 8584647

Über den Index – eine Art Inhaltsverzeichnis – kann er die Seiten mit den Bezugsquellen für Fotokopierpapier ermitteln.

- Ein importorientiertes, mittelständisches Einzelhandelsunternehmen sucht Schuhhersteller in Italien. In einer Datenbankrecherche werden die Suchworte „Italien", „Herrenschuhe", „Damenschuhe" oder „Kinderschuhe" verknüpft. Es wird ein Ergebnis von insgesamt 119 Dokumenten erzielt. Hier ein Beispiel für ein Firmenprofil:

DB	EURD, FIZ-Technik, Frankfurt: ABC Europa, (C)1988/06, ABC-Verlag
AN	E40724280
IN	SCARPA Calsaturificio, S.n.c., di Parisotto F. & C.
PS	Viale Tisiano, 26.
RE	I-31011 Asolo (TV).
CN	IT Italien
TL	Telefon: 0423 52132, Telegramm: SCARPA ASOLO.
PF	Schuhe fuer: Sport, Gebirgs- und Felswanderungen, Jagd, Gelaendemarsch, Telemark, Freizeit.
PE	Schuhe fuer Sport und Turnen, Skischuhe.
IC	Schuhe und Schuhteile.
MM	Francesco Parisotto, Luigi Parisotto. Geschäftsführung: Francesco Parisotto. Importleitung: Francesco Parisotto. Exportleitung: Dr. Miro Cremasco.
YR	Gegruendet: 1938.
EM	Beschäftigte: 110.
BK	Bankverbindungen: Banca Nazionale Del Lavoro, Banca Catolica Del Veneto, Cassa Di Risparmio Marca Trivigiana.

Exakte Artikelinformationen sind im Bestell- und Lieferverkehr eine absolut notwendige Forderung. Für Handel und Industrie ist mit der nationalen Artikeldatenbank SINFOS die Möglichkeit entwickelt worden, auf rationelle und preisgünstige Weise Artikelstammdaten für alle Interessenten bereitzustellen. Mittlerweile wird SINFOS in die internationale Stammdatenbank 1WorldSync integriert. Dadurch können auch die Artikeldaten internationaler Unternehmen erfasst werden.

Die Hersteller senden ihre Artikelinformationen mittels Datenträgern (z. B. per DVD) oder per Datenfernübertragung an die SINFOS-/1WorldSync-Artikelstammdatenbank. Die Handels- und Industriebetriebe rufen mit den gleichen Methoden die benötigten Artikelinformationen (z. B. für die Beschaffung) aus dem Datenpool ab.

Es können u. a. gezielte Abfragen nach bestimmten Produktgruppen oder speziellen Artikeleigenschaften einzelner Produkte durchgeführt werden. Zunehmende Bedeutung gewinnt die SINFOS-/1WorldSync-Artikelstammdatenbank auch für die Logistik. Informationen über Versandeinheiten sorgen für eine effektive Auslastung der Lieferfahrzeuge beziehungsweise eine optimale Steuerung von Hochregallagern.

Ausschnitt aus dem Datenbestand über einen Artikel in der SINFOS-/1WorldSync-Artikelstammdatenbank:

EAN der Verbrauchereinheit	40 05500 20920 1
Umsatzsteuer	7 (7 %)
CCG-Klassifikation	1245 (Instantgetr. auf Basis Kakao)
Artikel-Langtext	Nesquik 400 g
Artikel-Kurztext	Nesquik 400 g
Kassenbontext	Nestle Nesquik
Hersteller	Nestle Erzeugnisse
EAN der Verbrauchereinheit	40 05500 20920 1
Strichcode?	1 (ja)
Länge (Tiefe)	70 mm
Breite (Facing)	120 mm
Höhe	180 mm
Bruttogewicht	500 g
Ladungsträger	02 (Euro-Palette)
Fakturiereinheit	1 Stück
Listenpreis der Fakturiereinheit	2,65 EUR

EAN der nächsthöheren Einheit (Transporteinheit)	40 05500 20921 8
Strichcode?	1 (ja)
Länge (Tiefe)	710 mm
Breite (Facing)	240 mm
Höhe	180 mm
Bruttogewicht	12.000 g
EAN der nächstniedrigeren Einheit	40 05500 20920 1
Anzahl der nächstniedrigeren Einheit	24
Ladungsträger	02 (Euro-Palette)
Anzahl Einheiten auf der Palette	20
Anzahl Lagen auf der Palette	4
Fakturiereinheit	1 Stück
Listenpreis der Fakturiereinheit	63,60 EUR
Anzahl der Verbrauchereinheiten	24
Paletten-Ladehöhe	720 mm ohne Holz

Lieferantenauswahl

Obwohl sich das beschaffende Unternehmen immer über neue Liefermöglichkeiten informieren sollte, wird es oft auf bestehende Geschäftsverbindungen zurückgreifen. Dazu werden die eigenen Einkaufsunterlagen der Vergangenheit ausgewertet. Häufig wird eine Bezugsquellenkartei geführt, die einen schnellen Überblick über die einmal ermittelten Bezugsquellen gibt. Sie kann als Waren- oder Lieferantenkartei geführt werden:

- **Lieferantenkartei**
  Sie ist nach Lieferanten geordnet und enthält Informationen über deren lieferbare Waren.
- **Warenkartei**
  Sie ist nach Waren geordnet und enthält Angaben über die betreffenden Lieferfirmen.

Moderne Unternehmen speichern die Einkaufsinformationen mithilfe computergestützter Warenwirtschaftssysteme in ihren EDV-Anlagen. Die entsprechenden Dateien sind dann ähnlich der Karteien aufgebaut.

Kann das beschaffende Unternehmen einen gewünschten Artikel von mehreren Lieferanten beziehen, muss es diese beurteilen beziehungsweise bewerten. Dazu werden mehrere Beurteilungspunkte herangezogen:

- **Einhaltung der Qualität**
  Die Lieferung einwandfreier Qualität ist eine der wesentlichen Voraussetzungen für die Wahl eines Lieferanten. Würde das Unternehmen mangelhafte Ware verkaufen, könnte sein Ruf beeinträchtigt werden.
- **Einhaltung der Liefertermine**
  Hält der Lieferant die vereinbarten Liefertermine nicht ein, kann es zu Absatzstockungen beziehungsweise Produktionsausfällen kommen. Diese verursachen beträchtliche Kosten.
- **Einhaltung der Menge**
  Wenn ständig statt der vereinbarten Gesamtmenge Teilmengen angeliefert werden, verursacht dies im einkaufenden Unternehmen hohe Kosten.
- **Preis**
  Bei der Auswahl von Lieferanten spielt der Preis eine ausschlaggebende Rolle. Bevor jedoch ein Preisvergleich angestellt werden kann, müssen die vorgenannten Beurteilungsmerkmale überprüft werden. Wenn beispielsweise der gewünschte Liefertermin nicht eingehalten werden kann, ist ein Bezug selbst bei günstigem Preis nicht sinnvoll. Dasselbe gilt bei Abweichungen in der Qualität und der Menge.

- **Konditionen**
  Beim Preisvergleich sind selbstverständlich die Liefer- und Zahlungsbedingungen zu berücksichtigen.
- **geografische Lage**
  Sie muss insbesondere bei Artikeln beachtet werden, bei denen der Frachtkostenanteil erheblich ist.
- **Umwelt- und Gesundheitsverträglichkeit** der angebotenen Waren

Elektronische Adressverzeichnisse

Viele Adressverzeichnisse können auch auf elektronischem Weg eingesehen werden. Die Anbieter solcher Adressbücher bieten diese auf CD-ROM an oder ermöglichen eine direkte Suche über das Internet.

BEISPIEL

Die Hoffmann KG GmbH möchte ein Multifunktionsgerät (Drucker/Scanner/Kopierer kombiniert in einem Gerät) kaufen.
Herr Hickel möchte sich vor dem Kauf über das aktuelle Produktangebot informieren und gibt in einer Suchmaschine im Internet den gesuchten Begriff ein. Da er herausfinden möchte, welche Geräte zurzeit empfohlen werden, fügt er noch das Stichwort „Vergleich" hinzu.

Er wählt eine ihm bekannte und renommierte Internetseite aus, die ihm einen Vergleich von Multifunktionsgeräten anbietet. Es empfiehlt sich, mehrere Vergleichsportale anzusehen.

Unsere Redaktion vergleicht alle Produkte unabhängig. Dabei verlinken wir auf ausgewählte Online-Shops, in denen das jeweilige Produkt zu einem guten Preis erhältlich ist. Als Dankeschön für die Empfehlung erhält Vergleich.org ggf. eine Vergütung von den verlinkten Online-Shops, jedoch niemals vom Hersteller selbst. Mehr zu unserem TÜV-geprüften Test- und Vergleichsverfahren

Vergleich.org
Wir bewerten unabhängig & objektiv

Suchbegriff eintippen... Suchen | 698 User online | Kategorien

Multifunktionsdrucker Vergleich 20 . .

Die 11 besten Multifunktionsdrucker im Überblick.

Hier kann er die vorgestellten Geräte anhand von Merkmalen vergleichen und diejenigen finden, die den Anforderungen der Hoffmann KG am besten entsprechen.

Vergleichsergebnis Das Qualitätsmanagement für unser Test- und Vergleichsverfahren ist nach ISO 9001 TÜV-geprüft	Vergleich.org Bewertung 1,2 sehr gut 02/2018	Vergleich.org Bewertung 1,3 sehr gut 01/2018	Vergleich.org Bewertung 1,5 gut 01/2018	Vergleich.org Bewertung 1,6 gut 01/2018	Vergleich.org Bewertung 1,7 gut 01/2018	Vergleich.org Bewertung 1,9 gut 01/2018	Vergleich.org Bewertung 2,0 gut 02/2018
Kundenwertung bei Amazon	★★★★☆ 387 Bewertungen	★★★½☆ 51 Bewertungen	noch keine	★★★½☆ 248 Bewertungen	★★★½☆ 305 Bewertungen	★★★★☆ 16 Bewertungen	noch keine
Drucktechnologie	Laser	Laser	Tintenstrahl	Tintenstrahl	Laser	Tintenstrahl	Tintenstrahl
Drucktempo Schwarz/weiß	22 Seiten/Min	21 Seite/Min	12 Seiten/Min	20 Seiten/Min	18 Seiten/Min	15 Seite/Min	10 Seiten/Min
Drucktempo Farbe	22 Seiten/Min	21 Seite/Min	10 Seiten/Min	11 Seiten/Min	4 Seiten/Min	3 Seite/Min	7 Seiten/Min
Druckauflösung	2.400 x 600 dpi	600 x 600 dpi	6.000 x 1.200 dpi	1.200 x 600 dpi	2.400 x 600 dpi	4.800 x 1.200 dpi	4.800 x 1.200 dpi
Max. Papierzufuhr	250 Blatt	250 Blatt	100 Blatt	225 Blatt	150 Blatt	100 Blatt	100 Blatt
Datenübertragung	WLAN, USB	WLAN, USB, Ethernet	WLAN, USB, Ethernet, Kartenleser, NFC	WLAN, USB, Ethernet, NFC	USB	WLAN, Ethernet, Bluetooth, USB, Kartenleser	WLAN, USB
Display Darstellung	✓ in Farbe	✓ in Farbe	✓ in Farbe	✓ in Farbe	✓ in Schwarz/Weiß	✓ in Farbe	✓ in Schwarz/Weiß
Touchscreen	✓	✓	✓	✓	✗	✓	✓
Drucken	✓	✓	✓	✓	✓	✓	✓
Duplex Beidseitig drucken	✓	✓	✓	✓	✗	✓	✓
Kopieren	✓	✓	✓	✓	✓	✓	✓
Scannen	✓	✓	✓	✓	✓	✓	✓
Faxen	✓	✓	✓	✓	✗	✓	✗
Vorteile	⊕ sehr gute Druckqualität ⊕ sehr schneller Druck ⊕ großer Papierspeicher ⊕ "Blauer Engel" ausgezeichnet (ressourcenschonend) ⊕ "Energy Star" zertifiziert (energiesparend)	⊕ sehr schneller Farb-Druck ⊕ gute Druckqualität ⊕ leichte Installation ⊕ relativ kompakt	⊕ mit vielen Apps kompatibel ⊕ mit vielen Speicherkarten kompatibel ⊕ schneller S/W-Druck	⊕ gute Druckqualität ⊕ sehr schneller Druck ⊕ großer Papierspeicher	⊕ gute Druckqualität ⊕ sehr schneller Druck ⊕ Fax optional (ca. 40 €)	⊕ bedruckt unterschiedliche Papiersorten gleichzeitig ⊕ mit vielen Tinten-Patronen kompatibel	⊕ sehr gute Druckqualität ⊕ sehr schneller Druck ⊕ leichte Installation
Zum Angebot	Zum Angebot »	Zum Angebot »	Zum Angebot »	Zum Angebot »	Zum Angebot »	Zum Angebot »	Zum Angebot »

Herr Hickel nimmt drei Geräte in die engere Auswahl und möchte mehr über sie erfahren. Er sucht zu jedem Gerät im Internet nach Testberichten.

Multifunktionsgerät Pewlett Teckert X34 Test

Testberichte | Ich suche nach ... | Kategorien | Vergleichen | Anmelden

Startseite › Computer › Drucker › **Multifunktionsdrucker** — Wir sind nachhaltig

Multifunktionsdrucker Test: Die besten All-in-One-Drucker

Herrn Hickel sagt das Modell von Pewlett Teckert zu. Bevor er sich jedoch endgültig zum Kauf entscheidet, liest er im Internet Erfahrungsberichte und Bewertungen von Personen, die das Gerät bereits gekauft haben.

Druckerinstallation
umständliche Installation mittels WIFI am MAC, gelang erst nachdem mittels eigenem USB Kabel eine Verbindung zum Mac hergestellt worden war.

Vor 8 Tagen von **Dr. Schneider geschrieben**

In Ordnung
PT X34: arbeitet zuverlässig und macht hervorragende Abzüge bin sehr zufrieden damit und würde es weiterempfehlen macht auch hervorragende Fotos

Vor 8 Tagen von Herbert **geschrieben**

Schnell und Sehr gut
Er tut seinen Job ohne irgendwelche Probleme. Dabei noch perfekte Ergebnisse. Die Geschwindigkeit ist auch mehr als ausreichend, selbst bei komplizierten Farbdrucken.

Vor 8 Tagen von **tanja 3 geschrieben**

PT Drucker
Seit Jahren immer wieder PT Drucker.

Hochwertiger druck, einfacher Setup.
Im Heimnetzwerk integriert und von überall ohne Probleme nutzbar.

Vor 12 Tagen von **Druckprofi geschrieben**

Tolles Produkt mit kleinen Mängeln
Der PT X34 kann insgesamt jeden überzeugen, obwohl es auch kleinere Probleme gibt. Kleine Unklarheiten bei der Installation, Software- und Hardware-Bugs und suboptimale Standard-Druckeinstellungen vermiesen das Gesamtbild ein wenig.

Vor 12 Tagen von **Wolf H. geschrieben**

Herr Hickel hat sich für den Kauf des PT X34. Anschließend lässt er im Internet einen Preisvergleich vornehmen. Auch hier gibt es mehrere Portale, die einen solchen Service anbieten.

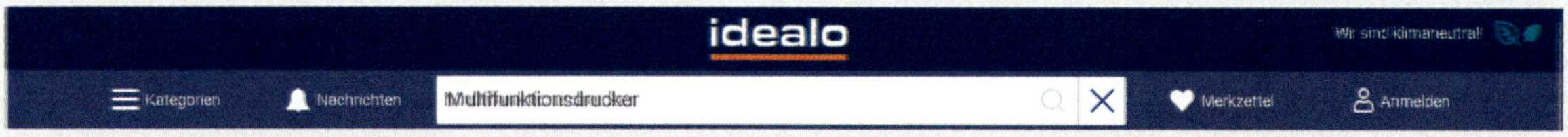

Primär- und Sekundärquellen

Die grundsätzlich möglichen Informationsquellen über Lieferanten, Waren und Dienstleistungen lassen sich einerseits durch eigene direkte und gezielte Erhebung von Beschaffungsmarktdaten (Primärquellen) und andererseits durch die Sammlung extern (außerhalb des Unternehmens) vorhandener Beschaffungsmarktdaten (Sekundärquellen) ermitteln.

A. Primärquellen
(eigene direkte und gezielte Erhebung von Beschaffungsmarktdaten)

- telefonische/schriftliche Lieferantenbefragung
- gezielte Anfragetätigkeit, Ausschreibung
- Lieferantenbesuch
- Betriebsbesichtigung
- Probelieferungen
- Erfahrungsaustausch mit Wettbewerbern, Kollegen in Einkäuferverbänden
- Messebesuch
- Besuch von Fachtagungen

B. Sekundärquellen
(Sammlung/gezielte Anfrage extern vorhandener Beschaffungsmarktdaten)

- Kataloge, Prospekte, Preislisten, Werbematerial
- Geschäftsberichte, Hauszeitschriften der Lieferanten
- Veröffentlichungen oder Anfragen
  - Banken, Auskunfteien
  - IHK, Wirtschaftsverbände
  - deutsche und ausländische Handelskammern, Handelsabteilungen der Botschaften, Konsulate
  - Markt-, Wirtschaftsforschungsinstitute
  - Makler, Vertreter
  - Informationsdienstleistungsunternehmen
  - statistische Ämter
  - nationale und internationale Einkäuferverbände
- Verzeichnisse
  - Bezugsquellennachweise
  - Firmenhandbücher
  - Branchenverzeichnisse
  - Adressbücher
- Fach-/Allgemeinpresse
  - Tageszeitungen
  - Fachzeitschriften
  - Börsen- und Marktberichte
- Messekataloge

Bezugsquellenermittlung von Dienstleistungen

Ein Bedarf an bestimmten Dienstleistungen entsteht meistens in einer Fachabteilung des Unternehmens.

BEISPIELE

- Die Hoffmann KG benötigt im Rahmen eines Projekts einen Übersetzer.
- Zur Reparatur von Maschinen werden Elektriker gebraucht.

Die Fachabteilung kann entweder selbst eine Bestellanforderung ausstellen oder – in den meisten Fällen – den Einkauf dazu auffordern. Die Bestellanforderung ist der Auslöser des Beschaffungsvorgangs von Dienstleistungen.

Zum Zeitpunkt der Bedarfsfeststellung wird in der Regel ein Beleg als Grundlage für den Beschaffungsprozess im ERP- (wie z. B. SAP) bzw. Warenwirtschaftssystem angelegt. Dies kann eine Bestellanforderung sein, aber auch ein Einkaufsbeleg wie z. B. eine Anfrage oder eine Bestellung:

- Der Beleg kann ein Leistungsverzeichnis enthalten, das die notwendigen Leistungen bereits detailliert aufweist.
- Das Unternehmen hat in dieser frühen Phase des Beschaffungsprozesses aber auch die Möglichkeit, das detaillierte Herausstellen konkreter Leistungen zu vermeiden. Da häufig erst bei der Durchführung der Arbeiten – vor allem von Fremdfirmen – klar wird, welche Leistungen erforderlich sind, setzt man Wertlimits (also Betragshöchstgrenzen) für ungeplante Leistungen an.

Zunächst prüft das ERP- oder Warenwirtschaftssystem, ob für die Dienstleistung Stammkonditionen von einem oder mehreren bisherigen Lieferanten vorhanden sind. In diesem Fall schlägt das Programm diese Lieferanten als Bezugsquelle vor. Im Warenwirtschaftssystem kann oft eingestellt werden, nach welchen Bedingungen die Bezugsquellen für Dienstleistungen ermittelt werden sollen. Eine Einstellmöglichkeit in einem solchen Programm ist, dass ein Anbieter der Dienstleistung dann als Bezugsquelle vorgeschlagen werden soll, wenn er mindestens eine Leistung aus der Bestellanforderung offeriert. Alternativ besteht die Möglichkeit, dass ein Anbieter nur dann vorgeschlagen werden soll, wenn er alle angeforderten Leistungen abdeckt.

Wird unter den bestehenden Lieferanten kein geeigneter Anbieter von Dienstleistungen gefunden, hat das Unternehmen zwei Möglichkeiten, Erstlieferanten für Dienstleistungen zu finden:

- Es schreibt die Dienstleistung aus und veröffentlicht sie.
- Es sucht in elektronischen Adressverzeichnissen und Datenbanken nach möglichen Anbietern.

Lieferantenbeurteilung

Eine der größten Herausforderungen für die Einkaufsabteilungen von Unternehmen ist es, gute, zuverlässige und günstige Lieferanten zu finden. Auch wenn man schon im Lauf der Zeit einen Stamm von zuverlässigen und seriösen Lieferanten aufgebaut hat, sollte dennoch eine regelmäßige Lieferantenbewertung erfolgen.

Um qualitätsstarke und zeitnahe Lieferungen zu garantieren, lohnt sich eine regelmäßige Lieferantenbeurteilung. Dadurch bekommen die Einkaufsabteilungen die Informationen,

- welche Lieferanten die Ansprüche erfüllen,
- besonders gute Leistungen erbringen
- oder größere Schwachstellen aufweisen.

Für die Bewertung kommen verschiedene Kriterien infrage. Diese hängen ab von den jeweiligen Unternehmen und den Prioritäten, die dort herrschen.

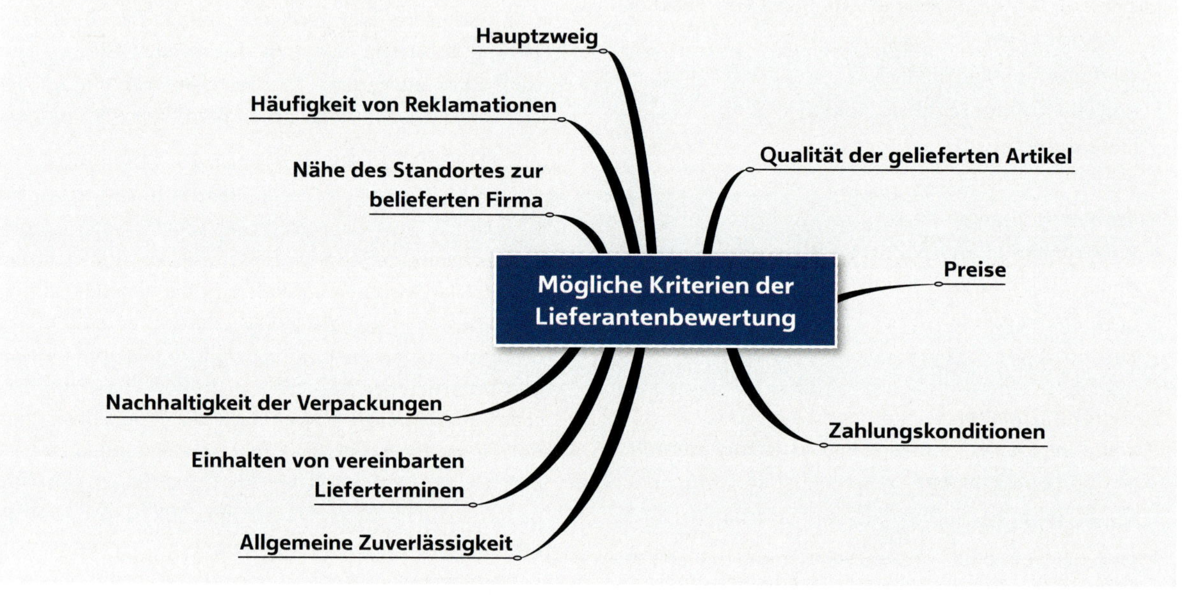

AUFGABEN

1. Welche Informationsquellen dienen der Auswahl von Erstlieferanten?
2. Welche Informationen enthält eine Bezugsquellenkartei beziehungsweise -datei?
3. Welche Kriterien müssen herangezogen werden, wenn ein Artikel von mehreren Lieferanten bezogen werden kann?
4. Welche Vorteile hat eine Suche nach Bezugsquellen mithilfe elektronischer Medien?
5. Nach welchen Kriterien würden Sie einen Lieferanten beurteilen?

7455518

AKTIONEN

1. Bearbeiten Sie in Gruppen jeweils eine der folgenden Leitfragen:
   - Welche Informationen benötigt die Hoffmann KG über Lieferanten? Halten Sie Ihre Ergebnisse auf Metaplankarten fest und beachten Sie hierbei die eingeführten Regeln zur Beschriftung von Karten.
   - Welche Anforderungen stellt die Hoffmann KG an Bezugsquellen? Halten Sie Ihre Ergebnisse in Form einer Mindmap auf Folie fest.

   Sie haben zehn Minuten Zeit zur Bearbeitung.

2. Entwerfen Sie jeweils ein Muster einer Lieferanten- oder Warenkarteikarte für einen typischen Artikel beziehungsweise Lieferanten Ihres Ausbildungsbetriebs.

3. Untersuchen Sie in Gruppenarbeit eine der folgenden Seiten hinsichtlich der Eignung als Hilfsmittel zur Ermittlung von Bezugsquellen:
   - Gruppen 1 und 4: *www.klicktel.de/Branchenbuch*
   - Gruppen 2 und 3: *www.mercateo.com*

   a) Zur Überprüfung der Leistungsfähigkeit sollen Recherchen durchgeführt werden:
      - Gruppen 1 und 4:
        Begeben Sie sich auf die Suche nach Büromaterialzulieferern. Geben Sie in die Suchmaske den Suchbegriff *Bürobedarf* ein und starten Sie die Suche. Wie viele Einträge erhalten Sie:
        - bundesweit?
        - für Hannover?
      - Gruppen 2 und 3:
        Begeben Sie sich auf die Suche nach Büromaterialzulieferern. Geben Sie in die Suchmaske den Suchbegriff *Bürobedarf* ein und starten Sie die Suche. Wie viele Artikel sind erhältlich?

   b) Erstellen Sie eine Wandzeitung. Beachten Sie dabei den Gliederungsvorschlag sowie die folgenden Punkte:
      - Schreiben Sie groß und deutlich.
      - Nutzen Sie Farben zur Strukturierung.
      - Kopieren Sie Auszüge der jeweiligen Internetseiten (Schriftzüge, Symbole usw.) zur Illustration.
      - Zur Fertigstellung Ihrer Wandzeitung haben Sie 45 Minuten Zeit.

      Nebenstehend ein Gliederungsvorschlag für die Wandzeitung.

   c) Für die mündliche Erläuterung teilen Sie die verschiedenen Bereiche Ihres Anbieters auf die Personen Ihrer Arbeitsgruppe auf (jeder Teilnehmer übernimmt einen Anteil bei der Vorstellung).

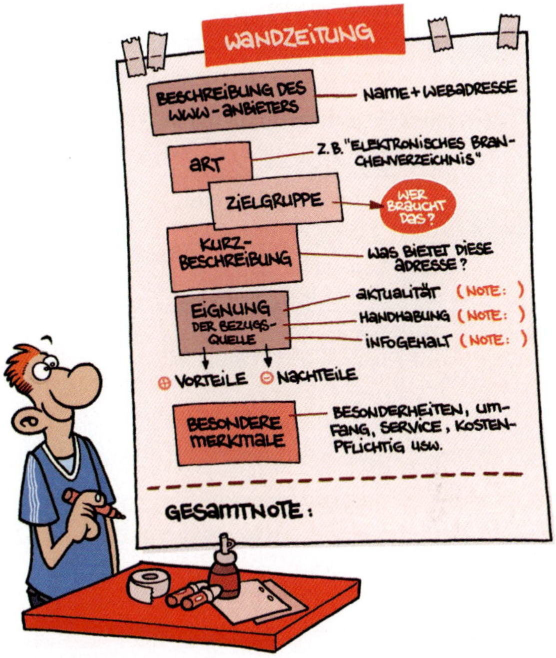

4. a) Entscheiden Sie sich für einen Artikel (zum Beispiel aus Ihrem Ausbildungssortiment), zu dem Sie einen Lieferanten suchen möchten.

   b) Besuchen Sie die folgenden Datenbanken (Spezialsuchmaschinen) und versuchen Sie dort, Lieferanten für den von Ihnen ausgewählten Artikel zu suchen:
      - *www.zentrada.de*
      - *www.lieferanten.de*
      - *www.wlw.de*
      - *www.europages.com*
      - *www.diedeutscheindustrie.de*
      - *www.kompass.com*
      - *www.industrystock.de*
      - *www.wer-zu-wem.de*

   c) Beurteilen Sie im Hinblick auf den von Ihnen gesuchten Artikel die Qualität der Suchmaschinen.

5. In dieser Aktion geht es darum, wie Sie eventuell effizienter lernen können.
   a) Schauen Sie sich mit Ihrem Partner die folgende Mindmap an.
   b) Überlegen Sie mit Ihrem Partner, wo Sie schon mit einem der Hinweise positive Lernerfahrungen gemacht haben.

ZUSAMMENFASSUNG

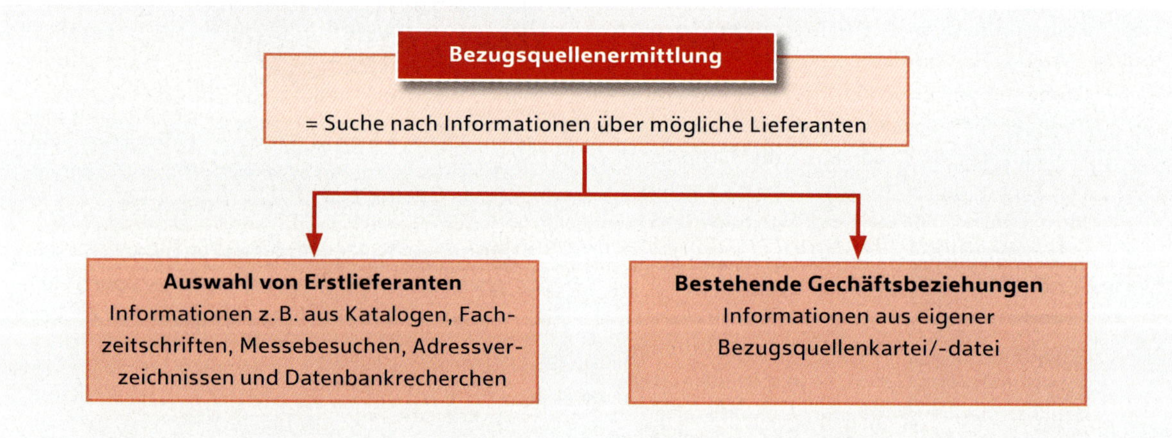

4.3 Wir erstellen Anfragen

Einstieg

Volkan Karaca, der gerade in der Abteilung Einkauf tätig ist, wird zu Herrn Hetzel gerufen.

Volkan Karaca:
„Guten Morgen Herr Hetzel. Frau Janssen sagte mir, dass Sie mich sprechen wollen."

Herr Hetzel:
„Guten Morgen Volkan. Ja, das ist richtig. Sie haben sicherlich von unserem Stammlieferanten, der Hessing GmbH, gehört. Aufgrund eines Großbrands im Betrieb kann das Unternehmen nicht mehr fristgerecht die bestellten 100 Herrenfreizeithemden mit ½ Arm liefern."

Volkan Karaca:
„Können wir die nicht woanders bestellen?"

Herr Hetzel:
„Das müssen wir, weil ein Großkunde in zwei Wochen beliefert werden muss. Die Hessing GmbH kann erst in einigen Monaten wieder liefern."

Volkan Karaca:
„Na, dann mache ich mich gleich an die Arbeit und suche neue Lieferanten in Branchenverzeichnissen und dem Internet."

Herr Hetzel:
„Sie sind ja sehr motiviert. Das hat Frau Janssen aber bereits erledigt. Die Leinenmeister GmbH und die Spengler & Sohn OHG sind mögliche Lieferanten."

Volkan Karaca:
„Super, dann bestellen wir doch direkt."

Herr Hetzel:
„So einfach geht das nicht. Wir müssen zunächst die Lieferkonditionen erfragen."

1. Geben Sie an, welche Konsequenzen eine verspätete Lieferung haben kann.
2. Schreiben Sie eine Anfrage über 100 Herrenfreizeithemden mit ½ Arm an die Spengler & Sohn OHG, Lahnstraße 14, 35578 Wetzlar.

INFORMATIONEN

Wenn sich ein Kaufinteressent entschließt, Sachgüter oder Dienstleistungen einzukaufen, dann schreibt er in der Regel zunächst eine Anfrage. Der Zweck dieser Anfrage kann unterschiedliche Ziele verfolgen. So ist es möglich, lediglich Informationen über die Lieferungsbedingungen (Lieferzeit, Zahlungsbedingungen) oder die Produkt- oder Dienstleistungspalette des möglichen Lieferanten einzuholen. Häufig geht es aber auch um die Ermittlung des günstigsten Lieferanten.

Um die Preise von Lieferanten miteinander vergleichen zu können, benötigt man verschiedene Angebote. Somit ist ein wesentlicher Grund für die Anfrage die Bitte um ein konkretes Angebot. Nur so lässt sich ein aussagekräftiger Angebotsvergleich durchführen.

DEFINITION

Die **Anfrage** hat noch keine rechtliche Wirkung. Es liegt hier noch keine Willenserklärung vor, weil sie unverbindlich ist und noch nicht zum Kauf verpflichtet. Es soll lediglich ein Kaufvertrag angebahnt werden.

Formal kann die Anfrage schriftlich (z.B. Brief, Fax, E-Mail) oder mündlich (z.B. per Telefon) erfolgen. Tendenziell sind mündliche Anfragen eher bei langjährigen Geschäftsbeziehungen üblich. Die schriftlichen Anfragen sollten nach den Anforderungen der Norm DIN 5008 angefertigt werden[1].

1 Geschäftsbrief nach DIN 5008 siehe Kap. 3.23

Inhaltlich können beispielsweise folgende Aspekte enthalten sein:

- Bitte um Übersendung eines Katalogs
- Informationen über die Lieferbedingungen und/oder die Allgemeinen Geschäftsbedingungen
- Preise
- besondere Wünsche (z. B. Besuch eines Außendienstmitarbeiters)

Hoffmann KG
seit 1949

Hoffmann KG – Postfach 21 31 41 – 30604 Hannover
Leinenmeister GmbH
Obernstraße 8
33602 Bielefeld

Ihr Zeichen:
Ihre Nachricht vom:
Unser Zeichen: vk
Unsere Nachricht vom:

Name: Volkan Karaca
Telefon: 0511 9876-67
Telefax: 0511 9876-10
E-Mail: volkan.karaca@hoffmann-kg-wvd.de

Datum: 20..-02-04

Anfrage

Sehr geehrte Damen und Herren,

wir benötigen dringend

100 Herrenfreizeithemden mit ½ Arm, weiß.

Senden Sie uns daher ein verbindliches Angebot mit konkretem Liefertermin.

Über eine schnelle Antwort würden wir uns sehr freuen.

Mit freundlichen Grüßen

Hoffmann KG

i. A. Volkan Karaca

Anlagen

Bergener Str. 6 a | 30625 Hannover | Tel. 0511 9876-0 | Fax 0511 9876-10 | Internet www.hoffmann-kg-wvd.de | E-Mail info@hoffmann-kg-wvd.de

USt-IdNr. 183 034 912 | Steuernummer 2320 041 014 | Zollnummer DE6115209 | HRA 200147 Hannover | Erfüllungsort und Gerichtsstand Hannover

Sparkasse Hannover
Konto 517 321 | BLZ 250 501 80
IBAN DE53 2505 0180 0000 5173 21
BIC SPKHDE2H

Postbank Hannover
Konto 15 305 | BLZ 250 100 30
IBAN DE82 2501 00300 000 0153 05
BIC PBNKDEFF

Commerzbank Hannover
Konto 141 919 100 | BLZ 250 400 66
IBAN DE09 2504 0066 0141 9191 00
BIC COBADEFF

7455522

AUFGABEN

1. Sie arbeiten in der Einkaufsabteilung und benötigen kurzfristig neue Ware. Welche Form wählen Sie, um Ihrem Stammlieferanten eine Anfrage zu stellen? Begründen Sie Ihre Entscheidung.
2. Welche Angaben und Inhalte sind wichtig, um eine schriftliche Anfrage zu stellen?
3. Warum hat eine Anfrage rechtlich keine Wirkung?
4. Nennen Sie mindestens drei Sachgüter und drei Dienstleistungen, die von Ihrem Betrieb angefragt werden.

AKTION

Erstellen Sie zwei Anfragen am PC unter Berücksichtigung der Vorgaben der Norm DIN 5008. Berücksichtigen Sie dabei jeweils die folgenden Angaben:

a) Wählen Sie bei der ersten Anfrage ein Produkt oder eine Dienstleistung Ihres Unternehmens, das/die Sie bei einem bekannten Lieferanten bestellen. Die Lieferung sollte kurzfristig erfolgen.

b) Wählen Sie bei der zweiten Anfrage ein Produkt oder eine Dienstleistung aus, das/die Sie bei einem möglichen neuen Lieferanten kaufen wollen. Fragen Sie sämtliche Informationen nach, die Ihnen wichtig erscheinen.

ZUSAMMENFASSUNG

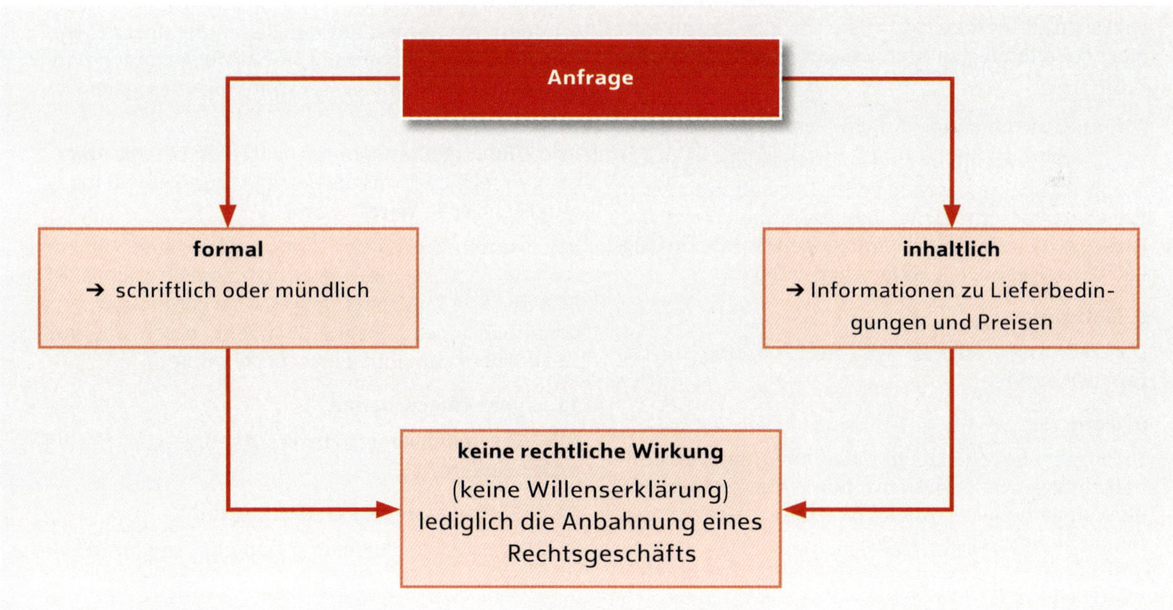

4.4 Wir berücksichtigen die Allgemeinen Geschäftsbedingungen bei der Lieferung

Einstieg

Volkan Karaca hat bei der Spengler & Sohn OHG eine Anfrage gestellt und bekommt nun das Angebot. Zunächst liest er das sogenannte *Kleingedruckte* auf der Rückseite:

Allgemeine Geschäftsbedingungen

1. Allgemeines

Unsere Lieferungen, Leistungen und Angebote erfolgen ausschließlich aufgrund dieser AGB. Alle weiteren Vereinbarungen sowie Abänderungen sind nur gültig, wenn sie von uns schriftlich bestätigt werden.

2. Vertragsabschluss

Unsere Angebote sind nur bei unverzüglicher Bestellung als verbindlich anzusehen, andernfalls freibleibend. Lieferungsangebote aufgrund von Prospekten, Katalogen oder Anzeigen sind freibleibend.

3. Auftragserteilung

An uns gerichtete Aufträge gelten erst dann als angenommen, wenn die Annahme von uns schriftlich bestätigt wurde.

Der Kaufvertrag kommt zu unseren AGB zustande.

Nachträgliche Auftragsänderungen können nur berücksichtigt werden, wenn sie im Bereich unserer Möglichkeiten liegen und von uns schriftlich bestätigt werden.

4. Konstruktionsänderungen, Farbabweichungen

Vertraglich vereinbart sind auch Abweichungen von der in Prospekten vorhandenen Darstellung oder in Angeboten beschriebenen Beschaffenheit (Form und Farbe), soweit sie aus der natürlichen Unregelmäßigkeit der verwendeten Materialien erfolgen.

5. Lieferung

Die Lieferung erfolgt ab Werk auf Rechnung und Gefahr des Kunden.

6. Lieferzeit

Nicht eingehaltene Lieferfristen oder Liefertermine berechtigen zur Geltendmachung von Rechten erst nach angemessener Nachfrist. Diese muss mindestens acht Werktage betragen.

7. Preise

Die Preise gelten ab Werk.

Bei Rücksendungen hat die Frachtkosten der Kunde zu tragen.

Sämtliche Preise sind Nettopreise ohne Umsatzsteuer.

8. Garantie

Wir leisten Garantie für Fabrikations- und Materialfehler. Die Garantiezeit beträgt zwei Jahre, gerechnet vom Empfang der Ware.

9. Mängelrügen

Mängel sind unverzüglich, spätestens innerhalb von vier Werktagen zu rügen.

10. Zahlungsbedingungen

Abzüge irgendwelcher Art sind nicht gestattet, es sei denn, sie werden auf der Rechnung speziell eingeräumt. Wechsel werden nur nach Absprache angenommen. Diskontspesen sind vom Bezogenen zu tragen.

Alle Zahlungen müssen so rechtzeitig bei uns eingegangen sein, dass uns die Beträge beim Fälligkeitstag gutgeschrieben worden sind.

Bei Überschreitung der Zahlungsfrist sind wir zur Geltendmachung eines Verzugsschadens nach § 247 BGB und § 288 BGB berechtigt. Dabei können wir, vorbehaltlich eines höheren Schadens, einen Zinssatz von 8 % über dem Basiszinssatz berechnen.

11. Eigentumsvorbehalt

Alle Waren bleiben bis zur vollständigen Bezahlung unser Eigentum.

12. Erfüllungsort und Gerichtsstand

Erfüllungsort für Lieferung und Zahlung ist 35578 Wetzlar.

1. Erläutern Sie, welche Bedeutung diese AGB für die Hoffmann KG haben.
2. Geben Sie an, welche Inhalte zu den Allgemeinen Geschäftsbedingungen Ihnen aus Ihrem Unternehmen bekannt sind.

7455524

INFORMATIONEN

Beim Abschluss von Verträgen ist es notwendig, dass Vertragsbestimmungen im Vorfeld geregelt werden. Dabei sind ein sehr bedeutender Bestandteil der Vertragsgestaltung die Allgemeinen Geschäftsbedingungen (AGB), das sogenannte *Kleingedruckte*.

DEFINITION

Allgemeine Geschäftsbedingungen sind alle für eine Vielzahl von Verträgen vorformulierten Vertragsbedingungen, die eine Vertragspartei (Verwender) der anderen Vertragspartei bei Abschluss eines Vertrags stellt (§ 305 BGB).

Auf diese Weise werden Vertragsabschlüsse für Käufer und Verkäufer vereinfacht, weil man nicht jedes Mal individuelle Bedingungen aushandeln muss.

Der Verwender, also der Vertragspartner, der die AGB formuliert hat, trifft damit Vereinbarungen, die von gesetzlichen Bestimmungen abweichen können. Die gesetzlichen Bestimmungen sind im Bürgerlichen Gesetzbuch (BGB) formuliert. Die §§ 305–310 BGB ersetzen seit dem 1. Januar 2002 das alte AGB-Gesetz.

Eine Problematik bei Kaufverträgen ist der Interessenkonflikt, den Käufer und Verkäufer miteinander haben können.

BEISPIEL

Die Hoffmann KG möchte gern 2 % Skonto bei frühzeitiger Zahlung eingeräumt bekommen. Wenn sie nun auf das in der Einstiegssituation dargestellte Angebot eingehen sollte, akzeptiert sie die Zahlungsbedingungen der Spengler & Sohn OHG und hat kein Recht auf Skontoabzug.

Es sind durchaus individuelle Änderungen möglich. Die AGB dürfen aber nicht unlauter sein, das heißt, sie müssen sich im Rahmen der in den §§ 305–310 BGB geregelten Klauseln bewegen. Dabei ist zwischen einem einseitigen und einem zweiseitigen Handelsgeschäft zu unterscheiden.

Ein zweiseitiges Handelsgeschäft besteht zwischen zwei Kaufleuten, ein einseitiges Handelsgeschäft existiert zwischen einem Kaufmann und einer Privatperson. Durch die gesetzlichen Regelungen soll der schwächere Vertragspartner besonders geschützt werden.

Damit ist der **Verbraucherschutz** ein Hauptzweck der in den §§ 305–310 BGB geregelten Bestimmungen zu den AGB. Der Verbraucher ist in der Regel der „schwächere" Vertragspartner, weil er kein Kaufmann ist und als Privatmann über seine Rechte häufig nicht informiert ist. Zu Beginn des Jahres 2022 gab es einige Gesetzesänderungen, die den Verbraucherschutz verbessern. Hierzu zählen beispielsweise überlange Vertragsverlängerungen (z. B. Handyverträge, Fitnessstudio etc.). Neben den AGB gibt es auch Behörden beziehungsweise Institutionen, die den Schutz des Verbrauchers besonders beachten. Dies sind beispielsweise:

- verschiedene Landesministerien in den Bundesländern (z. B. Senatsverwaltung Verbraucherschutz Berlin, Verbraucherschutzinformationssystem Bayern usw.)
- Bundesministerium für Ernährung, Landwirtschaft und Verbraucherschutz
- Bundesamt für Verbraucherschutz und Lebensmittelsicherheit
- Verbraucherzentralen
- Stiftung Warentest
- Foodwatch

AGB	
Vorteile	• Vertragsinhalte müssen nicht jedes Mal neu ausgehandelt werden. • Vereinheitlichung der Vertragsinhalte • Rationalisierung (Zeit- und Geldersparnis)
Nachteile (in der Regel Gefahren für den Käufer)	• Käufer muss oftmals AGB akzeptieren • Verlagerung der Risiken auf den Käufer (Benachteiligung des Käufers)

Kommentierte Gesetzesauszüge BGB

§	Überschrift	Gesetzesauszug	Kommentar/Beispiel
305	Einbeziehung Allgemeiner Geschäftsbedingungen in den Vertrag	(...) (2) AGB werden nur dann Bestandteil eines Vertrags, wenn der Verwender bei Vertragsschluss die andere Vertragspartei ausdrücklich oder, wenn ein ausdrücklicher Hinweis wegen der Art des Vertragsschlusses nur unter unverhältnismäßigen Schwierigkeiten möglich ist, durch deutlich sichtbaren Aushang am Ort des Vertragsschlusses auf sie hinweist und der anderen Vertragspartei die Möglichkeit verschafft, in zumutbarer Weise (...) von ihrem Inhalt Kenntnis zu nehmen. (...)	Der Verwender (meistens der Verkäufer) muss auf die AGB hinweisen.
305b	Vorrang der Individualabrede	Individuelle Vertragsabreden haben Vorrang vor AGB.	In den AGB steht z. B. „Lieferung so schnell wie möglich“, es wurde aber ein fester Termin vereinbart.
305c	überraschende und mehrdeutige Klauseln	(1) Bestimmungen in AGB, die (...) so ungewöhnlich sind, dass der Vertragspartner des Verwenders mit ihnen nicht zu rechnen braucht, werden nicht Vertragsbestandteil.	Überraschend ist z. B.: „Bei Kauf dieser Kaffeemaschine verpflichtet sich der Käufer zum Kauf von Kaffeepulver in unserem Unternehmen“.
306	Rechtsfolgen bei Nichteinbeziehung und Unwirksamkeit	(1) Sind AGB ganz oder teilweise nicht Vertragsbestandteil geworden oder unwirksam, so bleibt der Vertrag im Übrigen wirksam. (2) Soweit die Bestimmungen nicht Vertragsbestandteil geworden oder unwirksam sind, richtet sich der Inhalt des Vertrags nach den gesetzlichen Vorschriften.	In den AGB steht z. B. „Der Käufer muss Mängel innerhalb von einer Woche nach Entdeckung rügen“. Als Privatperson kann ein Kunde offene und versteckte Mängel innerhalb der Gewährleistungsfrist rügen. Dieser Vertragsbestandteil ist unwirksam, der Rest ist aber gültig.
307	Inhaltskontrolle	(1) Bestimmungen in AGB sind unwirksam, wenn sie den Vertragspartner des Verwenders entgegen den Geboten von Treu und Glauben unangemessen benachteiligen. (...)	Die AGB müssen z. B. klar verständlich, das heißt frei von Widersprüchen oder mit den gesetzlichen Regelungen vereinbar sein. Zweck ist auch ein besonderer Verbraucherschutz.
308	Klauselverbote mit Wertungsmöglichkeit	In Allgemeinen Geschäftsbedingungen ist insbesondere unwirksam (...)	Die in den AGB genannten Bestimmungen sind nur dann unwirksam, wenn sie den Käufer unangemessen benachteiligen. Schwer zu werten ist dabei, was mit „unangemessen“ der acht Unterpunkte des § 308 gemeint ist (juristische Abwägung ist notwendig).
309	Klauselverbote ohne Wertungsmöglichkeit	Auch soweit eine Abweichung von den gesetzlichen Vorschriften zulässig ist, ist in Allgemeinen Geschäftsbedingungen unwirksam (...)	Jede der in den AGB genannten 13 Klauseln, die in § 309 stehen, ist grundsätzlich unwirksam.

Bei den beiden Paragrafen 308 und 309 soll der Verbraucher besonders geschützt werden, unwirksam sind z. B. Klauseln wie „Modelländerungen vorbehalten“, „Der Verkäufer kann ohne Angabe von Gründen zurücktreten“, „Der Verkäufer übernimmt grundsätzlich keine Gewähr“.

7455526

AUFGABEN

1. Warum haben viele Unternehmen ihre AGB bereits vorformuliert?
2. Erläutern Sie folgende Paragrafen jeweils anhand eines praktischen Beispiels aus Ihrem Unternehmen.
   a) § 305 BGB
   b) § 305 b BGB
   c) § 307 BGB
3. Begründen Sie, ob nachfolgende AGB-Klauseln die §§ 305–310 BGB verletzen:
   a) Die Lieferung erfolgt ab Werk auf Rechnung und Gefahr des Kunden.
   b) Bei Vertragsrücktritt betragen die Gebühren 75 % des Preises.
   c) Bei verspäteter Zahlung wird direkt das gerichtliche Mahnverfahren eingeleitet.
   d) Unsere Angebote sind nur bei unverzüglicher Bestellung als verbindlich anzusehen, andernfalls freibleibend.
   e) Ein offener Mangel muss durch den Kunden innerhalb von sieben Tagen erfolgen, ansonsten entfallen die Gewährleistungsrechte.
   f) Bei Rücksendungen hat die Frachtkosten der Kunde zu tragen.
4. In § 305 c BGB ist von einer „überraschenden Klausel" die Rede. Warum sind überraschende Klauseln nicht erlaubt?

AKTIONEN

1. Bringen Sie aus Ihren Betrieben gültige AGB mit. Bilden Sie branchenähnliche Gruppen und erstellen Sie branchenspezifische AGB.
2. Vergleichen Sie die erstellten AGB mit denen einer branchenfremden Gruppe. Wo gibt es Unterschiede, wo Gemeinsamkeiten?

ZUSAMMENFASSUNG

Allgemeine Geschäftsbedingungen (AGB)

Gesetzliche Bestimmungen (§§ 305 – 310 BGB)

- Schutz vor unseriösen AGB
- Individuelle Absprachen haben Vorrang.
- Überraschende Klauseln sind unwirksam.
- Bestimmungen, die gegen den Grundsatz von Treu und Glauben verstoßen, sind unwirksam.
- Bei unwirksamen Klauseln gelten die gesetzlichen Bestimmungen.

Allgemeiner Zweck

- vorformulierte Vertragsbedingungen
- grundsätzliche Ausgestaltung von Verträgen
- besonderer Verbraucherschutz
- Rationalisierung (Zeitersparnis)

4.5 Wir führen einen Angebotsvergleich durch

Einstieg

Die Großhandlung Hoffmann KG benötigt 100 Herrenfreizeithemden mit ½ Arm. Ihr liegen dazu die folgenden Angebote vor:

Leinenmeister GmbH

Obernstraße 9
33602 Bielefeld

Leinenmeister GmbH – Obernstraße 8 – 33602 Bielefeld
Hoffmann KG
Herrn Volkan Karaca
Bergener Straße 6 a
30625 Hannover

Ihr Zeichen: vk
Ihre Nachricht vom: 20..-02-04
Unser Zeichen: b-l
Unsere Nachricht vom:

Name: Sarah Baumeister
Telefon: 0521 123-20
Telefax: 0521 123-21
E-Mail: sarah.baumeister@leinenmeister-gmbh-wvd.de

Datum: 20..02-07

Angebot in Freizeithemden

Sehr geehrter Herr Karaca,

wir danken für Ihre Anfrage. Folgende Sonderposten Freizeithemden können wir Ihnen zu einem besonders günstigen Preis anbieten:

Bestell-Nr. 245 Herrenfreizeithemden mit ½ Arm, bunt, kariert, 100 % Baumwolle, schadstoffgeprüft nach Öko-Tex-Standard 100, Größe 36 bis 45, zum Preis von 7,40 € pro Stück einschließlich Verpackung

Der Preis gilt frei Haus.

Ihre Zahlung erbitten wir innerhalb von 14 Tagen abzüglich 3 % Skonto oder innerhalb von 30 Tagen ohne Abzug.

Wir freuen uns auf Ihren Auftrag.

Mit freundlichen Grüßen

Leinenmeister GmbH

Sarah Baumeister

i. V. Sarah Baumeister

Spengler & Sohn OHG

Lahnstraße 14 – 35578 Wetzlar

Spengler & Sohn OGH
Hoffmann KG
Herrn Volkan Karaca
Bergener Straße 6 a
30625 Hannover

Ihr Zeichen: vk
Ihre Nachricht vom: 20..-02-04
Unser Zeichen: o-s
Unsere Nachricht vom:

Name: Bernd Gerhard
Telefon: 06441 123-55
Telefax: 06441 123-56
E-Mail: bernd.gerhard@spengler-ohg-wvd.de

Datum: 20..02-07

Angebot in Freizeithemden

Sehr geehrter Herr Karaca,

wir danken für Ihre Anfrage. Folgende Sonderposten Freizeithemden können wir Ihnen zu einem besonders günstigen Preis anbieten:

Bestell-Nr. 4537 Herrenfreizeithemden mit ½ Arm, bunt, kariert, 55 % Baumwolle, 45 % Polyester, Größe 36 bis 45, zum Preis von 8,10 € pro Stück einschließlich Verpackung

Bei Abnahme von mindestens 50 Stück gewähren wir Ihnen einen Mengenrabatt von 15 %.

Bei unserer Lieferung ab Lager Wetzlar stellen wir Ihnen pro Hemd 0,10 € Transportkosten in Rechnung. Die Hemden sind innerhalb 2 Wochen lieferbar.

Ihre Zahlung erbitten wir innerhalb von 4 Wochen ab Rechnungsdatum netto Kasse.

Wir freuen uns auf Ihren Auftrag.

Mit freundlichen Grüßen

Leinenmeister GmbH

Bernd Gerhard

i. V. Bernd Gerhard

Der Leiter der Einkaufsabteilung, Herr Hetzel, bittet die Auszubildenden Katarzyna Lindemann und Volkan Karaca, das günstigste Angebot auszusuchen.

Versetzen Sie sich in die Rolle von Katarzyna Lindemann oder Volkan Karaca und führen Sie den Angebotsvergleich durch.

7455528

INFORMATIONEN

Quantitativer Angebotsvergleich

Um das günstigste Angebot für eine Ware zu ermitteln, vergleicht der Käufer die Angebote mehrerer Lieferanten.

Zunächst berechnet der Käufer die Bezugspreise der angebotenen Waren. Dazu werden erst von dem im Angebot des Lieferanten genannten Listenpreis für die angebotene Ware der Lieferantenrabatt und das Lieferantenskonto abgezogen und dann die Bezugskosten hinzugerechnet.

Lieferantenskonto ist ein Preisnachlass, den der Lieferant dem Kunden für vorzeitige Zahlung gewährt.

Bezugskosten sind:

- Versandkosten (Fracht, Hausfracht, Wiege- und Verladekosten, Entladekosten)
- Kosten der Versandverpackung
- Transportversicherungsprämien
- Zoll
- Einkaufsvermittlungsgebühren (Einkaufsprovision, Maklergebühr)

	Listeneinkaufspreis (ohne USt)
–	Lieferantenrabatt
=	Zieleinkaufspreis
–	Lieferantenskonto
=	Bareinkaufspreis
+	Bezugskosten (ohne USt)
=	Bezugspreis (Einstandspreis)

BEISPIEL für einen quantitativen Angebotsvergleich

Die Hoffmann KG hat auf ihre Anfrage von zwei verschiedenen Anbietern Angebote über Freizeithemden mit ½-Arm erhalten (siehe S. 528). Da das Unternehmen 100 Stück benötigt, wird der Angebotsvergleich für diese Bestellmenge durchgeführt.

Artikel	Herrenfreizeithemden Gr. 36–45			
Menge	100 Stück			
Lieferant	Spengler & Sohn, Wetzlar		Leinenmeister, Bielefeld	
Listeneinkaufspreis	8,10 €/Stück	810,00 €	7,40 €/Stück	740,00 €
– Lieferantenrabatt ①	15 %	121,50 €		
Zieleinkaufspreis ②		688,50 €		740,00 €
– Lieferantenskonto ③		–	3 % innerhalb 14 Tg.	22,20 €
Bareinkaufspreis ④		688,50 €	–	717,80 €
+ Bezugskosten (Verpackungs- und Versandkosten)		10,00 €		–
Bezugspreis (= Einstandspreis) ⑤	698,50 €		717,80 €	

Rechenweg

① $\text{Lieferantenrabatt} = \dfrac{\text{Listeneinkaufspreis} \cdot \text{Lieferantenrabatt (\%)}}{100}$

② Zieleinkaufspreis = Listeneinkaufspreis – Lieferantenrabatt

③ $\text{Lieferantenskonto} = \dfrac{\text{Zieleinkaufspreis} \cdot \text{Lieferantenskonto (\%)}}{100}$

④ Bareinkaufspreis = Zieleinkaufspreis – Lieferantenskonto

⑤ Bezugspreis = Bareinkaufspreis + Bezugskosten

Skontonutzung

Der Käufer darf vom Zieleinkaufspreis dann Skonto abziehen, wenn er die gelieferte Ware deutlich vor Ablauf des Zahlungsziels bezahlt. Dies lohnt sich auch dann, wenn er für die vorzeitige Zahlung bei seiner Bank einen Kredit aufnehmen muss, denn die Ersparnisse durch die Ausnutzung von Skonto sind in der Regel wesentlich höher als der Zinsaufwand, der durch die Kreditaufnahme entsteht.

BEISPIEL

Der Hoffmann KG liegt eine Rechnung der Tankert AG aus München über 6.000,00 € vor. Die Zahlungsbedingung lautet: „30 Tage Ziel. Bei Zahlung innerhalb von zehn Tagen 2 % Skonto."

Zur sofortigen Zahlung fehlt der Hoffmann KG die Liquidität. Sie könnte jedoch einen Bankkredit zu 10 % aufnehmen.

6.000,00 €	Preis bei Zahlung nach 30 Tagen
– 120,00 €	2 % Skonto
= 5.880,00 €	Preis bei sofortiger Zahlung

Der Skontobetrag von 120,00 € ist als Zinsbetrag dafür zu sehen, dass die Hoffmann KG die Rechnung erst nach 30 Tagen dem Lieferanten bezahlen muss.

Es lohnt sich in diesem Fall, für 20 Tage (der Bankkredit wird ja erst am zehnten Tag benötigt) den Bankkredit aufzunehmen und den Skontoertrag sofort mitzunehmen. Die Kosten für die Aufnahme des Bankkredits betragen dann nach der Zinsformel 32,67 €.

FORMEL

$$Z = \frac{\text{Kapital} \cdot \text{Laufzeit in Tagen} \cdot \text{Zinssatz}}{100 \cdot 360}$$

$$Z = \frac{5.880{,}00\ € \cdot 20 \cdot 10}{100 \cdot 360} = 32{,}67\ €$$

Zieht man die Kosten für den Bankkredit (32,67 €) vom Skontoertrag (120,00 €) ab, ergibt sich eine Einsparung von 87,33 €.

Qualitativer Angebotsvergleich

Beim Angebotsvergleich achtet der Käufer nicht nur auf quantitative Aspekte, also den Bezugspreis, sondern auch auf qualitative Aspekte. Solche qualitativen Aspekte, die der Käufer in seine Überlegungen bei der Kaufentscheidung einbezieht, können z. B. sein:

- Lieferzeit (z. B.: wie schnell wird geliefert; kann innerhalb einer geforderten Zeit geliefert werden)
- Zahlungsbedingungen (z. B. Zahlungsziel)
- Zahlungsmöglichkeiten (z. B. Zahlungsarten und Möglichkeit der Ratenzahlung)
- Qualität der Ware
- Eigenschaften des Produkts
- ökologische Aspekte (z. B. Umweltverträglichkeit der Ware, ökologische Herstellung, Fair Trade)
- Image des Lieferanten (z. B. Bild in der Öffentlichkeit, mögliche Skandale, Kinderarbeit o. Ä.)
- Erfahrungen mit dem Lieferanten (bisherige Geschäftsbeziehungen)
- Serviceangebot des Lieferanten (möglicherweise Wartungsservice, Hotline o. Ä.)
- Lieferbedingungen (z. B. Umtausch, Reklamationen)
- Marktstellung des Lieferanten

Nutzwertanalyse

Qualitative Aspekte des Angebotsvergleichs können in der Regel nicht in Geld oder Geldeswert beziffert werden. Daher eignet sich die Nutzwertanalyse zur Beurteilung der bei einem Beschaffungsvorgang relevanten qualitativen Kriterien, die in den Angebotsvergleich einzubeziehen sind.

Vorgehen bei der Nutzwertanalyse

Bei der Nutzwertanalyse zur Beurteilung der qualitativen Kriterien, von denen eine Kaufentscheidung abhängt, wird wie folgt vorgegangen:

1. **Identifizierung** und Auflistung **der** für die bevorstehende (Kauf-)Entscheidung relevanten **Kriterien**

2. **Gewichtung** der einzelnen Kriterien nach ihrer Bedeutung für die anstehende (Kauf-)Entscheidung
   Es werden beispielsweise insgesamt 100 Gewichtungspunkte vergeben und diese werden auf die im ersten Schritt festgelegten relevanten Kriterien verteilt. Das wichtigste Kriterium erhält die höchste Anzahl an Gewichtungspunkten (z. B. 40), das zweitwichtigste Kriterium die zweithöchste Anzahl (z. B. 30) und so weiter. Die Art der Gewichtung kann auf beliebige Weise vorgenommen werden. Eine weitere Möglichkeit wäre, dass jedes Kriterium eine Gewichtung zwischen 1 (geringe Relevanz) und 10 (sehr hohe Relevanz) erhält. Kriterien, die von gleicher Bedeutung für die Entscheidung sind, können auch gleich gewichtet werden.

3. Identifizierung und **Festlegung** möglicher **K.-o.-Kriterien**
   K.-o.-Kriterien müssen unbedingt erfüllt sein, damit die Alternative (hier das Angebot) für die anstehende Entscheidung in Betracht gezogen wird.

BEISPIEL

Es ist bekannt, dass ein indischer Textillieferant seine Produkte u. a. durch Kinderarbeit herstellt. Da die Hoffmann KG Kinderarbeit strikt ablehnt, ist das Kriterium „keine Kinderarbeit" nicht erfüllt und somit kommt der indische Anbieter nicht mehr als Lieferant in Betracht. Alle anderen Kriterien müssen nicht weiter betrachtet und gewichtet werden.

Alternativen, die ein K.-o.-Kriterium nicht erfüllen, werden im weiteren Verlauf der Nutzwertanalyse nicht berücksichtigt, da sie nicht in Betracht kommen.

4. **Beurteilung der** einzelnen **Alternativen** (hier: Anbietern) hinsichtlich der Erfüllung der festgelegten Kriterien. Erfüllt eine Alternative ein Kriterium vollständig, so wird diese Alternative beispielsweise mit „3" Beurteilungspunkten bewertet, bei guter Erfüllung mit „2", bei weniger guter Erfüllung des Kriteriums mit „1" und bei schwacher oder gar keiner Erfüllung des Kriteriums mit „0". Die Beurteilungspunkte können auch nach einem beliebigen anderen System verteilt werden. Das System muss innerhalb einer Nutzwertanalyse aber bei allen Kriterien gleich sein.

5. **gewichtete Beurteilung** der Alternativen
   Bei jeder Alternative (Angebot) werden nun die Gewichtungspunkte jedes Kriteriums (siehe 2.) mit den jeweiligen Beurteilungspunkten (siehe 4.) multipliziert und das Ergebnis wird festgehalten.

6. **Addition der** in 5. **ermittelten gewichteten Beurteilungspunkte** für jede Alternative (jedes Angebot)

7. Auswahl der besten Alternative **(Treffen der Entscheidung)** aufgrund der erzielten Gesamtpunkte

Die Alternative mit den meisten Punkten ist aus qualitativen Gesichtspunkten die beste Alternative. Alternativen, bei denen ein mögliches K.-o.-Kriterium nicht erfüllt wird, kommen nicht in Betracht (s. o.).

Die Ergebnisse des quantitativen Angebotsvergleichs können als ein gewichtetes Kriterium in den qualitativen Angebotsvergleich einfließen.

Umsetzung der Nutzwertanalyse in Excel

Ein Tabellenkalkulationsprogramm eignet sich hervorragend zur Durchführung von Nutzwertanalysen, da Formeln nur einmal eingegeben werden müssen und die Ergebnisse bei richtiger Formatierung automatisch berechnet werden. Die einmal erstellte Vorlage lässt sich dann mit wenig Anpassungsaufwand für weitere Nutzwertanalysen verwenden. Im Folgenden wird die Umsetzung der einzelnen Schritte (ohne Schritt 3 Einbeziehung von K.-o.-Kriterien) kurz erläutert.

	A	B	C
1	**Entscheidungskriterium**		
2	Lieferzeit		
3	Qualität der Ware		
4	Erfahrungen mit Lieferant		
5	...		

Schritt 1: Identifizierung der relevanten Kriterien

	A	B	C
1	**Entscheidungskriterium**	**Gewichtungspunkte**	
2	Lieferzeit	30	
3	Qualität der Ware	35	
4	Erfahrungen mit Lieferant	15	
5	...	...	

Schritt 2: Gewichtung der Kriterien

Schritt 4: Beurteilung der Alternativen

	A	B	C	D	E	F	G	H
1			**Alternative A**		**Alternative B**		**Alternative C**	
2	**Entscheidungskriterium**	**Gewichtungspunkte**	**Erfüllung des Kriteriums**		**Erfüllung des Kriteriums**		**Erfüllung des Kriteriums**	
3	Lieferzeit	30	3		2		1	
4	Qualität der Ware	35	1		0		3	
5	Erfahrungen mit Lieferant	15	2		1		1	
6	...	...	...		...		...	

Schritt 5: gewichtete Beurteilung der Alternativen

	A	B	C	D	E	F	G	H
1			**Alternative A**		**Alternative B**		**Alternative C**	
2	**Entscheidungskriterium**	**Gewichtungspunkte**	**Erfüllung des Kriteriums**	**Gewichtete Beurteilung**	**Erfüllung des Kriteriums**	**Gewichtete Beurteilung**	**Erfüllung des Kriteriums**	**Gewichtete Beurteilung**
3	Lieferzeit	30	3	90	2	60	1	30
4	Qualität der Ware	35	1		0		3	
5	Erfahrungen mit Lieferant	15	2		1		1	
6	...	...	...		...		...	
7								
8								
9								
10								
11								
12								

Kommentar 1: =B3*C3

Kommentar 2: =B3*E3

Entscheidungskriterium	Gewichtungspunkte	Alternative A: Erfüllung des Kriteriums	Alternative A: Gewichtete Beurteilung	Alternative B: Erfüllung des Kriteriums	Alternative B: Gewichtete Beurteilung	Alternative C: Erfüllung des Kriteriums	Alternative C: Gewichtete Beurteilung
Lieferzeit	30	3	90	2	60	1	30
Qualität der Ware	35	1	35	0	0	3	105
Erfahrungen mit Lieferant	15	2	30	1	15	1	15
...	...	...		...		...	

Kommentar 1: Zeile wegen Formatierung einfügen

Kommentar 2: Formel bei jeder Alternative vervielfältigen

Schritt 6:

Addition der gewichteten Beurteilungen

Entscheidungskriterium	Gewichtungspunkte	Alternative A: Erfüllung des Kriteriums	Alternative A: Gewichtete Beurteilung	Alternative B: Erfüllung des Kriteriums	Alternative B: Gewichtete Beurteilung	Alternative C: Erfüllung des Kriteriums	Alternative C: Gewichtete Beurteilung
Lieferzeit	30	3	90	2	60	1	30
Qualität der Ware	35	1	35	0	0	3	105
Erfahrungen mit Lieferant	15	2	30	1	15	1	15
...	...	...		...		...	
Summe	80		155		75		150

Kommentar 1: =Summe(B4:B8) alternativ mit der Schaltfläche "AutoSumme"

Kommentar 2: =Summe(D4:D8) alternativ mit der Schaltfläche "AutoSumme"

Schritt 7:

Identifizierung der besten Alternative und möglicherweise Entscheidung

Entscheidungskriterium	Gewichtungspunkte	Alternative A: Erfüllung des Kriteriums	Alternative A: Gewichtete Beurteilung	Alternative B: Erfüllung des Kriteriums	Alternative B: Gewichtete Beurteilung	Alternative C: Erfüllung des Kriteriums	Alternative C: Gewichtete Beurteilung
Lieferzeit	30	3	90	2	60	1	30
Qualität der Ware	35	1	35	0	0	3	105
Erfahrungen mit Lieferant	15	2	30	1	15	1	15
...	...	...		...		...	
Summe	80		155		75		150

Identifizieren der qualitativ besten Alternative (Alternative mit den meisten gewichteten Punkten) und möglicherweise Entscheidung aufgrund der Nutzwertanalyse

AUFGABEN

1. Ein Früchtegroßhändler erhält zwei Angebote. Entscheiden Sie, welches Angebot (bei gleicher Qualität und Lieferzeit) angenommen werden soll.

   Angebot 1:
   400 Kisten Äpfel; Nettogewicht: 8600 kg; Preis (ohne USt) pro 100 kg Nettogewicht: 13,50 €; Mengenrabatt: 10 %; Skonto: 3 %; frachtfrei; Hausfracht (ohne USt): 95,20 €

   Angebot 2:
   400 Kisten Äpfel; Nettogewicht: 8600 kg; Preis (ohne USt) pro 100 kg Nettogewicht: 11,50 €; Skonto: 1 %; Fracht (ohne USt): 420,00 €; Hausfracht (ohne USt): 80,00 €

2. Sie sind Angestellte(r) der Großhandlung Hoffmann KG in Hannover. Die Personalabteilung soll mit Bürostühlen der Modellreihe „Comfort XL" ausgestattet werden. Es liegen ein Angebot der Kessler KG, Hannover, und ein Angebot der Bürosystem OHG, Göttingen, vor:

   Angebot der Kessler KG, Hannover:
   Listenpreis: 395,00 € (ohne USt), Rabatt 12,5 %, Zahlungsziel: 60 Tage netto Kasse, bei Zahlung innerhalb von 20 Tagen 3 % Skonto, Bezugskosten: Lieferung frei Haus, Lieferzeit: sofort nach Auftragserteilung

   Angebot der Bürosystem OHG, Göttingen:
   Listenpreis: 375,00 € (ohne USt), Rabatt 4 %, Zahlungsziel: 60 Tage netto Kasse, bei Zahlung inner-

halb von 20 Tagen 1,5 % Skonto, Bezugskosten: 10,00 € (ohne USt), Lieferzeit: vier Wochen nach Auftragserteilung

Entscheiden Sie, welchem Lieferanten Sie den Auftrag erteilen. Begründen Sie Ihre Entscheidung.

3. Einem Großhändler liegen drei Angebote über Pfirsichkonserven (Dose zu 400 g) vor. Für welches dieser Angebote sollte er sich entscheiden, wenn er 100 Dosen in spätestens zwei Wochen benötigt?

Angebot 1:
0,60 € je Dose, netto einschließlich Verpackung, frei Haus, 10 % Rabatt bei Abnahme von 100 Dosen, Lieferung sofort, Zahlung innerhalb von 30 Tagen netto Kasse.

Angebot 2:
0,55 € je Dose, netto ausschließlich Verpackung, Verpackungskosten für 100 Dosen: 2,70 €, Lieferung ab Werk (Transportkosten für 100 Dosen: 4,90 €) innerhalb von 14 Tagen, 15 % Rabatt bei Abnahme von 100 Dosen, Zahlung innerhalb von 30 Tagen netto Kasse.

Angebot 3:
0,50 € je Dose, netto einschließlich Verpackung, Lieferung frei Haus innerhalb von drei Wochen, 15 % Rabatt bei Abnahme von 100 Dosen, Zahlung innerhalb von 14 Tagen abzüglich 3 % Skonto oder innerhalb 30 Tagen netto Kasse.

4. Im Büro von Herrn Hoffmann sollen die Außenrolladen an beiden Bürofenstern ausgetauscht werden. Dazu liegen der Hoffmann KG zwei Angebote vor:

Angebot der Franke Bauelemente KG:
Listenpreis für zwei Panzer 240,00 €, Montagematerial 48,00 €, Arbeitskosten für die Montage 98,40 €, Kosten für die Anfahrt 35,50 €, Zahlung 30 Tage netto Kasse, bei Zahlung innerhalb 10 Tagen 3 % Skonto.

Angebot der Leinemann Metall- und Kunststoffbau KG:
Listenpreis für zwei Panzer 246,00 €, Montagematerial 52,00 €, Arbeitskosten für die Montage 96,00 €, Kosten für die Anfahrt 35,80 €, Zahlung 30 Tage netto Kasse, bei Zahlung innerhalb 10 Tagen 4 % Skonto.

Für welches Angebot sollte sich die Hoffmann KG entscheiden?

AKTIONEN

1. Da im Beschaffungsbereich eine Vielzahl von Angebotsvergleichen durchzuführen ist, möchte der Leiter der Einkaufsabteilung, Herr Hetzel, diese Arbeit durch den Einsatz des Tabellenkalkulationsprogramms Excel vereinfachen. Er bittet Carolin Saager und Volkan Karaca, eine Excel-Arbeitsmappe für den quantitativen Angebotsvergleich zu entwickeln.

   Versetzen Sie sich in die Rolle von Carolin Saager oder Volkan Karaca und entwickeln Sie zusammen mit einer Mitschülerin oder einem Mitschüler eine Arbeitsmappe zur Durchführung eines Angebotsvergleichs.

2. Die Hoffmann KG benötigt 1000 Geschirrtücher, Halbleinen. Es liegen folgende drei Angebote vor:

Angebot 1:
1,20 € je Geschirrtuch, netto ausschließlich Verpackung, Verpackungskosten für 1000 Geschirrtücher: 2,80 €, frei Haus, 15 % Rabatt bei Abnahme von 1000 Stück, Lieferung innerhalb einer Woche, Zahlung innerhalb von 30 Tagen netto Kasse.

Angebot 2:
1,05 € je Geschirrtuch, netto einschließlich Verpackung, Lieferung ab Werk (Transportkosten für 1000 Geschirrtücher: 8,75 €), 10 % Rabatt bei Abnahme von 1000 Stück, Zahlung innerhalb von 20 Tagen netto Kasse.

Angebot 3:
1,35 € je Geschirrtuch, netto einschließlich Verpackung, Lieferung frei Haus innerhalb von drei Wochen, 20 % Rabatt bei Abnahme von 1000 Stück, Zahlung innerhalb von 14 Tagen abzüglich 3 % Skonto oder innerhalb 30 Tagen netto Kasse.

Ermitteln Sie das preiswerteste Angebot mithilfe der von Ihnen entwickelten Excel-Arbeitsmappe zur Durchführung eines Angebotsvergleichs.

3. Der Bezugspreis ist nur ein Kriterium für die Auswahl des günstigsten Angebots. Darüber hinaus sollten weitere qualitative Kriterien bei der Auswahl eines Angebots berücksichtigt werden.
   a) Bilden Sie eine Arbeitsgruppe mit drei weiteren Mitschülerinnen und Mitschülern.
   b) Sammeln Sie in Ihrer Gruppe qualitative Kriterien für einen Angebotsvergleich.
   c) Gewichten Sie diese Kriterien.
   d) Dokumentieren Sie die Übersicht der gewichteten Kriterien auf einem Plakat.

e) Vergleichen Sie die Angebote auf S. 528 unter Berücksichtigung dieser Kriterien.

f) Präsentieren Sie Ihre Arbeitsergebnisse in Ihrer Klasse.

4. Die Hoffmann KG benötigt für die Verwaltung 27 neue Flatscreenbildschirme. Aufgrund der gestellten Anfragen sind die folgenden drei Angebote von unterschiedlichen Herstellern eingegangen.

Angebotsbedingungen Kaniconix

Artikel	Artikelnr.	Menge	Preis
Flatscreenbildschirm „Syncomat 22“	201556500	27	158,82 €

Der Preis versteht sich als Nettopreis ab Werk inkl. üblicher Verpackung. Die Transportkosten betragen 200,00 €. Ab einem Nettoauftragswert
ab 1.000,00 € gewähren wir 2 %,
ab 2.000,00 € 3 %,
ab 3.000,00 € 4 %,
ab 4.000,00 € 5 % Sofortrabatt.
Wir können Ihnen die gewünschten Monitore innerhalb von 8 Arbeitstagen nach Bestellungseingang liefern. Die Rechnung ist zahlbar innerhalb von 30 Tagen. Zahlen Sie innerhalb von 10 Tagen nach Erhalt der Rechnung, können Sie 1 % Skonto abziehen.

Angebotsbedingungen Startech

Artikel	Artikelnr.	Menge	Preis
Flatscreen „Stylo XLT25 LED“	1585129	27	175,63 €

Ab einem Nettobestellwert von 3.000,00 € gewähren wir Ihnen 5 % Sofortrabatt.
Der Preis versteht sich als Nettoeinzelpreis ab Werk inkl. üblicher Verpackung. Die Transportkosten betragen 100,00 €.
Wir können Ihnen die gewünschte Anzahl Monitore jederzeit liefern. Erreicht uns Ihre Bestellung vor 12:00 Uhr, erfolgt die Auslieferung an Sie am kommenden Werktag.
Da wir noch keinen geschäftlichen Kontakt hatten, bitten wir Sie um Vorauskasse.

Angebotsbedingungen Benkutech

Artikel	Artikelnr.	Menge	Preis
Monitor „M3224D“	1506436	27	147,06 €

Die Auslieferung erfolgt frei Haus. Allerdings erlauben wir uns zusätzlich 2,50 € Verpackungskosten pro Monitor zu berechnen.
Wir räumen Ihnen ein Zahlungsziel von 30 Tagen ein. Bei der Zahlung innerhalb von 14 Tagen ab Rechnungsdatum können Sie 2 % Skonto in Anspruch nehmen. Aufgrund unserer günstigen Liefer- und Zahlungsbedingungen können wir Ihnen leider keinen Rabatt gewähren.
Die von Ihnen gewünschte Anzahl von 27 Monitoren können wir jederzeit innerhalb von drei Werktagen liefern.

Über die Hersteller liegen folgende Informationen:

Kaniconix
Die Produkte von Kaniconix sind traditionsbewusst gut. Kaniconix gilt bei Kunden seit vielen Jahren als traditioneller, solider Hersteller guter Produkte in einem angemessenen Preisniveau. Das Serviceangebot von Kaniconix ist sehr gut. In der Regel werden Fehler und Mängel zeitnah und während der 2-jährigen Herstellergarantie kostenlos von einer der zahlreichen Niederlassungen vor Ort behoben. In der Vergangenheit hat die Hoffmann KG bereits des Öfteren Produkte von Kaniconix bezogen und war stets sehr zufrieden.

Startech
Die Marke Startech steht für Qualität. Im Bereich der Flachbildschirmtechnologie ist Startech Marktführer, was sich natürlich auch in den etwas höheren Preisen niederschlägt. Startech-Produkte sind angesagte Lifestyle-Produkte, aber das Ansehen des Unternehmens hat in der Vergangenheit etwas gelitten, weil die Produkte laut unbestätigten Berichten in Indien unter sehr bedenklichen Umständen gefertigt werden. Startech gewährt seinen Kunden eine 2-jährige Herstellergarantie. Der Kunde muss die Ware zu einem der wenigen Servicecenter bringen (per Einsendung oder Direktabgabe) und dort werden nicht fahrlässig verursachte Defekte kostenlos behoben.

Benkutech
Die Produkte von Benkutech haben laut Testergebnissen eine geringere durchschnittliche Lebensdauer, was auf teilweise schlechte Verarbeitung

zurückzuführen ist. Das Image von Benkutech ist in der Vergangenheit besser geworden, aber Kunden sehen Benkutech immer noch als Lowbudget-Produkthersteller. Benkutech gewährt seinen Kunden eine 1-jährige Herstellergarantie. Bisher wurden seitens der Hoffmann KG vereinzelt Geräte von Benkutech bezogen. Die Erfahrungen mit Benkutech aus diesen Geschäften sind unterschiedlich gewesen.

Informationen zur Bestellung:
Die Hoffmann KG möchte die Ware natürlich schnell erhalten, aber dies soll nicht die oberste Priorität haben. Es ist wichtig, dass die Lieferanten ein gutes Image haben und die Produkte auf jeden Fall unter menschenwürdigen und fairen Bedingungen hergestellt werden. Bei der Lieferung kommt es der Hoffmann KG nicht so sehr darauf an, dass sie schon Erfahrungen mit dem Lieferanten gemacht haben. Vielmehr ist es für sie wichtig, dass das Serviceangebot bezüglich der Herstellergarantie gut ist und dass die Qualität der Ware auf einem guten Niveau ist. Der Preis der Monitore ist natürlich ein Kriterium, das für jedes Unternehmen relevant ist, so auch für die Hoffmann KG.

Die Produkte sind mit Ausnahme der genannten Aspekte völlig miteinander vergleichbar.

Aufgaben

a) Erstellen Sie mit Excel eine Arbeitsmappe, die im Rahmen eines quantitativen Angebotsvergleichs das günstigste Angebot identifiziert. Bedenken Sie, dass diese Arbeitsmappe ohne größere Änderungen auch für weitere Angebotsvergleiche anwendbar sein sollte. Verwenden Sie daher möglichst häufig Formeln zur Vereinfachung.

b) Führen Sie nun mithilfe von Excel einen qualitativen Angebotsvergleich im Rahmen einer Nutzwertanalyse aus. Verwenden Sie auch hier möglichst häufig Formeln zur Vereinfachung und zur Anwendbarkeit auf weitere Nutzwertanalysen.

ZUSAMMENFASSUNG

Angebotsvergleich

Vergleich der Angebote mehrerer Lieferanten, um das günstigste Angebot für eine Ware zu ermitteln.

Vergleich der

- Bezugspreise
- Qualität
- Lieferzeiten
- Umwelt- und Gesundheitsverträglichkeit
- Zahlungsbedingungen
- usw.

Ermittlung des Bezugspreises

	Listeneinkaufspreis (ohne USt)
−	Lieferantenrabatt
=	Zieleinkaufspreis
−	Liefereantenskonto
=	Bareinkaufspreis
+	Bezugskosten (ohne USt)
=	Bezugspreis/Einstandspreis

4.6 Wir bestellen Sachgüter und Dienstleistungen

Einstieg

Aufgrund des Angebots der Spengler & Sohn OHG vom 7. Februar 20.. (siehe S. 528) schickt die Hoffmann KG folgende Bestellung:

Hoffmann KG
seit 1949

Hoffmann KG – Postfach 21 31 41 – 30604 Hannover
Spengler & Sohn OGH
Herrn Bernd Gerhard
Lahnstraße 14
35578 Wetzlar

Ihr Zeichen: o-s
Ihre Nachricht vom: 20..-02-07
Unser Zeichen: ek-ja
Unsere Nachricht vom: 20..-02-04

Name: Petra Janssen
Telefon: 0511 9876-42
Telefax: 0511 9876-10
E-Mail: petra.janssen@hoffmann-kg-wvd.de

Datum: 20..-02-09

Bestellung

Sehr geehrter Herr Gerhard,

wir danken Ihnen für Ihr Angebot. Wir bestellen Herrenfreizeithemden Bestell-Nr. 4537:

20 Stück Größe 38
20 Stück Größe 39
40 Stück Größe 40
20 Stück Größe 41

zum Stückpreis von 8,10 € einschließlich Verpackung, abzüglich 15 % Rabatt.

Die Lieferung soll innerhalb von zwei Wochen frachtfrei erfolgen. Die Zahlung erwarten wir innerhalb von vier Wochen ab Rechnungsdatum ohne Abzug.

Wir hoffen auf baldige Lieferung.

Mit freundlichem Gruß

Hoffmann KG
Petra Janssen
i. V. Petra Janssen

Bergener Str. 6 a | 30625 Hannover | Tel. 0511 9876-0 | Fax 0511 9876-10 | Internet www.hoffmann-kg-wvd.de | E-Mail info@hoffmann-kg-wvd.de
USt-IdNr. 183 034 912 | Steuernummer 2320 041 014 | Zollnummer DE6115209 | HRA 200147 Hannover | Erfüllungsort und Gerichtsstand Hannover

Sparkasse Hannover
Konto 517 321 | BLZ 250 501 80
IBAN DE53 2505 0180 0000 5173 21
BIC SPKHDE2H

Postbank Hannover
Konto 15 305 | BLZ 250 100 30
IBAN DE82 2501 00300 000 0153 05
BIC PBNKDEFF

Commerzbank Hannover
Konto 141 919 100 | BLZ 250 400 66
IBAN DE09 2504 0066 0141 9191 00
BIC COBADEFF

Begründen Sie, warum durch diese Bestellung kein Kaufvertrag zustande gekommen ist.

7455536

INFORMATIONEN

Bestellung

DEFINITION

Eine **Bestellung** (Auftragserteilung) ist eine Aufforderung an einen Hersteller, Händler oder Dienstleister, Sachgüter oder Dienstleistungen zu den angegebenen Bedingungen zu liefern bzw. zu erbringen.

Die Abgabe einer Bestellung ist an keine Formvorschrift gebunden. Sie kann also ebenso wie ein Angebot schriftlich, mündlich oder telefonisch erfolgen.

Eine Bestellung beinhaltet Angaben über:

- Art, Beschaffenheit und Güte der Ware
- Menge
- Preis und Preisabzüge
- Lieferbedingungen
- Zahlungsbedingungen

Wird in der Bestellung auf ein ausführliches Angebot Bezug genommen, erübrigt sich eine Wiederholung aller Angebotsbedingungen. Es genügt dann die Angabe von Warenart, Bestellmenge und Preis der Ware.

Bestellungen sind grundsätzlich verbindlich. Durch recht-zeitigen Widerruf erlischt die Bindung an die Bestellung. Ein Widerruf muss spätestens mit der Bestellung beim Lieferanten eingetroffen sein.

Abweichend davon beträgt bei Verträgen, die zwischen Unternehmen und Verbrauchern unter ausschließlicher Verwendung von Fernkommunikationsmitteln (z. B. Internet, E-Mails, Telefon, Brief) abgeschlossen wurden, die Widerrufsfrist 14 Tage nach Erhalt der Ware.

Bestellt ein Käufer aufgrund eines verbindlichen Angebots rechtzeitig zu den angegebenen Angebotsbedingungen, so kommt ein Kaufvertrag zustande.

Bestellt ein Käufer, ohne dass ihm ein verbindliches Angebot vorliegt, so gilt diese Bestellung als Antrag auf Abschluss eines Kaufvertrags.

Bestellungsannahme

Für das Zustandekommen eines Kaufvertrags ist eine Bestellungsannahme notwendig, wenn der Bestellung kein Angebot vorausging oder wenn sie aufgrund eines freibleibenden Angebots erfolgte. Auch wenn die Bestellung vom vorausgehenden Angebot abweicht, kommt der Kaufvertrag erst durch eine Bestellungsannahme zustande.

Die Bestellungsannahme ist an keine Formvorschrift gebunden.

Der Verkäufer kann in den Fällen, in denen eine Bestellungsannahme erforderlich ist, auch auf eine ausdrückliche Auftragsbestätigung verzichten und sofort liefern. In diesem Fall gilt die Lieferung als Annahme der Bestellung (= schlüssige Handlung).

Bestellt ein Käufer aufgrund eines Angebots rechtzeitig zu den angegebenen Angebotsbedingungen, so ist eine Bestellungsannahme für das Zustandekommen des Kaufvertrags nicht erforderlich.

Onlinebestellungen

Güter und Dienstleistungen werden von Unternehmen zunehmend online mithilfe elektronischer Netze (EDI oder Internet) beschafft, da Onlinebestellungen eine Reihe von Vorteilen aufweisen:

- Der Erfassungsaufwand wird verringert.
- Die Bestellabwicklung wird beschleunigt.
- Erfassungsfehler werden reduziert.
- Der Postweg entfällt.
- Der Geschäftspartner muss nicht persönlich erreichbar sein.
- Papier- und Postkosten sind geringer.

Die Mehrheit aller deutschen Unternehmen mit mehr als zehn Beschäftigten erledigen ihren Einkauf ganz oder teilweise online. Dabei werden insbesondere folgende Formen des elektronischen Handels zwischen Unternehmen (Business-to-Business-E-Commerce [B2B-E-Commerce]) genutzt:

- EDI
- B2B-Onlineshop
- elektronischer Marktplatz

EDI

EDI *(Electronic Data Interchange)* ist die rechnergestützte Zusammenarbeit von Geschäftspartnern, die sich immer mehr von anderen Formen der Datenübertragung ins Internet verlagert. Hier findet ein elektronischer Dokumentenaustausch über Geschäftstransaktionen zwischen Betrieben statt. Daten wie z. B.

- Bestellungen,
- Rechnungen,
- Überweisungen,
- Warenerklärungen

werden in Form von strukturierten, nach vereinbarten Regeln formatierten (z. B. Edifact- oder Branchen-Normen) Nachrichten übertragen. Der Empfänger kann die Daten dann direkt – ohne eigene Erfassungsarbeiten – in seinen Anwendungsprogrammen (z. B. EDV-gestützten Warenwirtschaftssystemen, ERP-Programmen) weiterverarbeiten.

Die elektronische Bestellung enthält dabei die gleichen Inhalte wie eine herkömmliche Bestellung auf Papier.

B2B-Onlineshop

Beim B2B-Onlineshop bietet ein Unternehmen anderen Unternehmen Güter und Dienstleistungen im Internet an. Bestellungen und Statusmeldungen beim Einkauf erfolgen über E-Mail oder über einen eigenen, nur dem Kunden zuständigen Bereich im Onlineshop.

Elektronischer Marktplatz

Elektronische Marktplätze sind Internetplattformen auf denen mehrere Anbieter ihre Güter und Dienstleistungen anbieten. Die Anbieter sind auf dieser Plattform registriert und über eine Suchmaschine leicht zu finden.

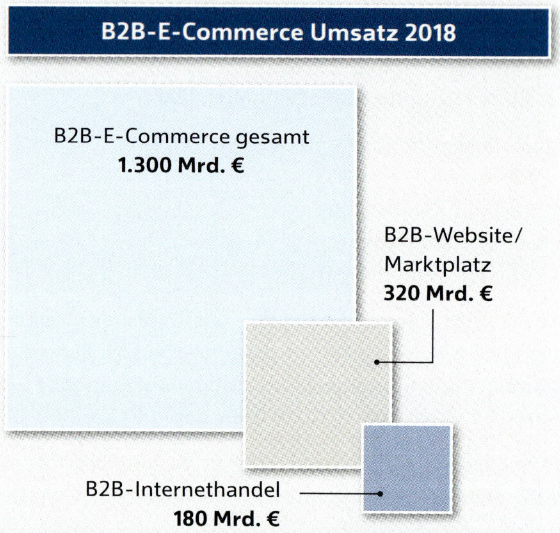

Eigene Darstellung nach Zahlen von IFH Köln Retail Consultants. 14.05.2019.

B2B-E-Commerce wächst auf 1.300 Milliarden Euro Umsatz

[...]
Wie digital ist die B2B-Beschaffung? Mit der neuen IFH-Studie „B2B-E-Commerce 2019" liegen endlich neue Zahlen vor, die den deutschen B2B-E-Commerce genau beziffern. Und diese zeigen: Der E-Commerce im B2B-Bereich ist ordentlich gewachsen. Knapp 1.300 Milliarden Euro wurden 2018 zwischen Geschäftskunden elektronisch umgesetzt. Damit erreicht der gesamte B2B-ECommerce-Markt einen Anteil von rund 24 Prozent am Gesamtumsatz aller betrachteten Wirtschaftszweige. Und: Die Beschaffung über das Internet nimmt kontinuierlich zu. Das durchschnittliche jährliche Wachstum liegt seit 2012 über sechs Prozent.

„Der B2B-E-Commerce-Markt ist weitaus komplexer als der Onlinehandel mit Endverbrauchern (B2C). Zwischen Geschäftskunden bestehen häufig längerfristige Geschäftsbeziehungen mit immer wiederkehrenden Käufen. Dennoch erwarten auch die B2B-Kunden bequeme Online-Bestellmöglichkeiten, die sie aus ihrem privaten Leben kennen," erklärt Hansjürgen Heinick, B2B-E-Commerce-Experte des IFH Köln.

1 Beim B2C-Onlinehandel bieten Unternehmen Verbrauchern Güter und Dienstleistungen im Internet an. (B2C = Business-to-Consumer)

Wachstumsimpulse über Onlineshops und Marktplätze

Rund ein Viertel der B2B-E-Commerce-Umsätze werden über Websites, Onlineshops und Marktplätze (ohne EDI) generiert. Dieser Anteil scheint zunächst gering – das Umsatzvolumen aber ist mit rund 320 Milliarden Euro beachtlich. Auch das Wachstum von durchschnittlich mehr als 15 Prozent jährlich seit 2012 ist beeindruckend.

„Der Vergleich zur deutlich geringeren Wachstumsrate des B2B-E-Commerce insgesamt zeigt, dass die Wachstumsimpulse aktuell vor allem aus dem Vertrieb über Websites, Onlineshops und Marktplätze kommen", so Hansjürgen Heinick, Autor der Studie.

Über 50 Prozent der Umsätze, die über Websites, Onlineshops und Marktplätze realisiert werden, entfallen auf güterbasierten Internethandel von Industrieunternehmen und Großhändlern. Das entspricht rund 180 Milliarden Euro. Dabei realisiert – anders als bei der E-Commerce-Betrachtung inkl. EDI – der Großhandel den größeren Anteil des B2B-Internethandels.

[...]

Quelle: IFH Köln, Pressemitteilung: „B2B-E-COMMERCE WÄCHST AUF 1.300 MILLIARDEN EURO UMSATZ". 14.05.2019. In: https://www.ifhkoeln.de/b2b-e-commerce-waechst-auf-1-300-milliarden-euro-umsatz/ [05.08.2022]

AUFGABEN

1. In welchen der folgenden Fälle kommt durch die Bestellung ein Kaufvertrag zustande?
   a) Ein Kunde bestellt am 17. Juli aufgrund eines Angebots vom 15. Juli zu den angegebenen Angebotsbedingungen.
   b) Ein Kunde bestellt aufgrund eines Angebots vom 10. August am 12. August. Er ändert die Lieferungsbedingung „ab Werk" in „unfrei" ab.
   c) Ein Kunde bestellt am 7. März aufgrund eines freibleibenden Angebots vom 4. März.
   d) Ein Kunde bestellt am 4. April telefonisch aufgrund eines schriftlichen Angebots vom 2. April.
2. Welche Angaben sollte eine ausführliche schriftliche Bestellung enthalten?
3. In welchen der folgenden Fälle ist eine Bestellungsannahme für das Zustandekommen eines Kaufvertrags erforderlich?
   a) Der Verkäufer macht ein freibleibendes Angebot. Der Käufer bestellt.
   b) Der Verkäufer unterbreitet ein schriftliches Angebot. Der Käufer bestellt rechtzeitig.
   c) Der Verkäufer macht ein schriftliches Angebot. Der Käufer bestellt rechtzeitig mit abgeänderten Bedingungen.
   d) Der Verkäufer macht ein telefonisches Angebot. Der Käufer bestellt am folgenden Tag schriftlich zu den während des Telefongesprächs vereinbarten Bedingungen.
4. Unterscheiden Sie die Formen des B2B-E-Commerce:
   - EDI
   - B2B-Onlineshop
   - elektronischer Marktplatz
5. Beurteilen Sie die Bedeutung der einzelnen Formen des B2B-E-Commerce für deutsche Unternehmen.
6. Erläutern Sie die Vorteile von Onlinebestellungen für den Käufer.

AKTIONEN

1. Die Hoffmann KG bezieht regelmäßig Geschirr- und Frottiertücher von der Leistner Wäsche GmbH, Ritterstraße 37, 28865 Lilienthal.

   Da die Niederlassung Hannover der Hoffmann KG nur noch wenige Geschirrtücher und Frottiertücher am Lager hat, beauftragt der Leiter der Einkaufsabteilung, Herr Hetzel, die Auszubildende Katarzyna Lindemann, folgende Artikel bei der Leistner Wäsche GmbH zu bestellen:
   - 500 Geschirrtücher, Artikelnummer 112/2 zum Preis von 1,50 € je Stück und
   - 500 Walkfrottiertücher, Artikelnummer 156/3 zum Preis von 4,50 € je Stück

   Die Liefer- und Zahlungsbedingungen der Leistner Wäsche GmbH findet Katarzyna Lindemann in der Lieferantendatei der Hoffmann KG.

Lieferer: 46213 Leistner Wäsche GmbH	Datum: 17. Juni 20..
1. Anschrift:	Ritterstr. 37, 28865 Lilienthal
2. Artikel:	Haushaltswäsche
3. Versandkosten:	frei Haus
4. Kosten der Versandverpackung:	netto einschl. Verpackung
5. Lieferzeit:	innerhalb 14 Tagen
6. Zahlungsbedingungen:	innerhalb 10 Tagen 3 % Skonto; innerhalb 30 Tagen ohne Abzug

   Versetzen Sie sich in die Rolle von Katarzyna Lindemann und erstellen Sie einen Entwurf für das Bestellschreiben.

2. Erkunden Sie den Ablauf des Beschaffungsprozesses in Ihrem Ausbildungsbetrieb. Stellen Sie den Ablauf dieses Beschaffungsprozesses in Ihrer Klasse vor. Benutzen Sie dazu ein Präsentationsmittel Ihrer Wahl.

3. Erstellen Sie eine Liste von B2B-Onlineshops, die Ihr Ausbildungsbetrieb für seine Einkäufe nutzen könnte. Nutzen Sie für die Suche im Internet eine Suchmaschine.

ZUSAMMENFASSUNG

Bestellung

= Aufforderung an einen Hersteller, Händler oder Dienstleister, Sachgüter oder Dienstleistungen zu den angegebenen Bedingungen zu liefern bzw. zu erbringen.

Form
- schriftlich
- fernschriftlich
- mündlich
- telefonisch

Inhalt

Wiederholung möglichst aller Angaben des Angebots, mindestens jedoch:
- Warenart
- Menge
- Preis je Einheit

rechtliche Wirkung
- Die Bestellung muss dem Empfänger zugegangen sein.
- Der Besteller ist an seine Bestellung gebunden.
- Durch rechtzeitigen Widerruf erlischt die Bindung an die Bestellung.

Bestellungsannahme

notwendig, wenn
- die Bestellung vom Angebot abweicht.
- die Bestellung aufgrund eines freibleibenden Angebots erfolgte.
- der Bestellung kein Angebot vorausging.

Bestellungen mithilfe elektronischer Netze

EDI

= *Electronic Data Interchange* (rechnergestützte Zusammenarbeit von Geschäftspartnern)

B2B-Onlineshop

= Angebot von Gütern und Dienstleistungen eines Unternehmens an andere Unternehmen im Internet

elektronischer Marktplatz

= Internetplattformen, auf denen mehrere Anbieter ihre Güter und Dienstleistungen anbieten

4.7 Wir schließen Rechtsgeschäfte ab

Einstieg

Inhaber und Beschäftigte der Hoffmann KG geben folgende Willenserklärungen ab:

- Carolin Saager leiht sich von einer Freundin für einen Wochenendausflug ein Fahrrad.
- Die Hoffmann KG macht dem Herrenausstatter Grüner ein Angebot über Herrenhosen. Beim Schreiben des Angebotsbriefs macht Dominik Schlote einen Tippfehler und schreibt 23,00 € je Stück anstatt 32,00 € je Stück. Der Herrenausstatter Grüner bestellt 20 Hosen zum Preis von 23,00 € je Stück.
- Herr Hoffmann schließt einen Vertrag über den Kauf eines Wochenendhauses mündlich ab.
- Der Sachbearbeiter im Verkauf der Hoffmann KG, Herr Weidner, kündigt seine Arbeitsstelle fristgerecht schriftlich, weil es ihm bei der Hoffmann KG nicht mehr gefällt. Die geschäftsführende Gesellschafterin der Hoffmann KG, Frau Hahne, ist mit der Kündigung nicht einverstanden.

Prüfen Sie, in welchen Fällen ein gültiges Rechtsgeschäft zustande gekommen ist.

INFORMATIONEN

Willenserklärungen

DEFINITION

Rechtsgeschäfte entstehen durch eine oder mehrere Willenserklärungen. **Willenserklärungen** sind gewollte und zwangsfreie Erklärungen einer Person.

BEISPIELE

- Ein Verkäufer bietet einer Kundin eine preisgünstige Kaffeemaschine an. Er will der Kundin die Kaffeemaschine verkaufen.
- Die Geschäftsführerin eines Technikkaufhauses kündigt einem Abteilungsleiter. Sie will, dass der Abteilungsleiter nicht mehr in dem Technikkaufhaus arbeitet.

Willenserklärungen werden abgegeben

- durch ausdrückliche mündliche oder schriftliche Äußerungen,
- durch bloße Handlungen, aus denen der Wille zu erkennen ist, z.B. Handzeichen bei Versteigerungen, Geldeinwurf in einen Zigarettenautomaten, Einsteigen in ein Taxi,
- in Ausnahmefällen durch Schweigen.

Unter Kaufleuten gilt Schweigen nur dann als Annahme einer unbestellten Lieferung, wenn zwischen beiden Kaufleuten ein regelmäßiger Geschäftsverkehr besteht. Sonst bedeutet das Schweigen Ablehnung der unbestellten Lieferung.

BEISPIEL

Der Großhändler Hahn schickt dem Lebensmitteleinzelhändler Grewe, den er regelmäßig mit Konserven beliefert, 100 Dosen Gemüsekonserven, ohne dass Grewe diese bestellt hat. Wenn sich der Einzelhändler Grewe zu dieser Lieferung nicht äußert, bedeutet dieses Schweigen, dass er mit der Lieferung einverstanden ist.

Ist der Empfänger der unbestellten Ware eine Privatperson, gilt ihr Schweigen immer als Ablehnung der unbestellten Lieferung. Der Verbraucher ist nicht verpflichtet, eine unerwünschte Ware zu bezahlen, und er muss die Ware auch nicht zurücksenden. Er ist auch nicht verpflichtet, den Absender davon zu unterrichten, dass er die Ware nicht kaufen möchte. Dies braucht er auch dann nicht zu tun, wenn es in der Sendung z. B. heißt, ein Kaufvertrag gelte als abgeschlossen, wenn nicht binnen bestimmter Frist Einspruch erhoben wird.

Einseitige Rechtsgeschäfte

Einseitige Rechtsgeschäfte entstehen durch die Willenserklärung nur einer Person. Sie können empfangsbedürftig oder nicht empfangsbedürftig sein.

Empfangsbedürftige Willenserklärungen sind z.B. Kündigungen, Mahnungen, Bürgschaften. Sie sind erst dann wirksam, wenn sie einer anderen Person zugehen.

Nicht empfangsbedürftige Willenserklärungen sind z. B. Testamente. Sie sind gültig, ohne dass sie einer anderen Person zugehen.

Mehrseitige Rechtsgeschäfte oder Verträge

Verträge kommen grundsätzlich durch die Abgabe von zwei übereinstimmenden gültigen Willenserklärungen zustande. Die 1. Willenserklärung wird als Antrag, die 2. Willenserklärung als Annahme bezeichnet. Mit der Annahme des Antrags ist ein Vertrag abgeschlossen.

Vertragsarten

Vertragsart	Vertragsinhalt	BEISPIEL
Kaufvertrag	Veräußerung von Sachen und Rechten	Ein Verkäufer verkauft einem Kunden einen Anzug gegen Bezahlung.
Tauschvertrag	gegenseitige Übereignung von Sachen oder Rechten	Ein Briefmarkensammler gibt einem anderen Briefmarkensammler eine Marke, die er doppelt hat. Als Gegenleistung erhält er eine andere Briefmarke.
Schenkung	unentgeltliche Vermögensübertragung an andere Personen	Ein junger Mann schenkt seiner Freundin einen Ring.
Mietvertrag	Überlassung einer Sache gegen Zahlung eines vereinbarten Mietpreises	Ein Mieter mietet eine Wohnung. Er erhält das Wohnrecht gegen Zahlung einer monatlichen Miete an den Vermieter.
Pachtvertrag	Überlassung von Sachen und Rechten zum Gebrauch und zur Nutzung gegen Zahlung eines vereinbarten Pachtzinses	Ein Landwirt pachtet ein Stück Land. Er darf auf diesem Land Ackerbau betreiben. Die Früchte, die er von dem Acker erntet, gehören ihm als Pächter.
Leihvertrag	Überlassung einer Sache zum unentgeltlichen Gebrauch	Jemand leiht in der Stadtbücherei kostenlos ein Buch aus und bringt es nach Ende der Leihfrist wieder zurück.
Darlehensvertrag	Überlassung von Geld oder anderen vertretbaren Sachen zum Verbrauch gegen spätere Rückgabe gleichartiger Sachen	Ein Einzelhändler nimmt bei einer Bank einen Kredit von 25.000,00 € auf. Er zahlt diesen Kredit bis zu einem vereinbarten Zeitpunkt an die Bank zurück.
Dienstvertrag	Leistung von Diensten gegen Bezahlung	Durch Abschluss eines Arbeitsvertrags verpflichtet sich ein Arbeitnehmer, für einen Arbeitgeber zu arbeiten. Der Arbeitgeber muss ihm als Gegenleistung Lohn oder Gehalt zahlen.
Werkvertrag	Herstellung eines Werks gegen Bezahlung	Eine Schneiderin näht für eine Kundin ein Kleid. Die Kundin liefert dazu den Stoff.
Reisevertrag	Erbringung von Reiseleistungen gegen Bezahlung	Ein junges Ehepaar bucht bei einem Reiseveranstalter eine vierzehntägige Pauschalreise nach Florida. Die Reiseleistungen, die der Reiseveranstalter erbringen muss, umfassen den Hin- und Rückflug und die Unterbringung in einem Hotel in Florida.
Versicherungsvertrag	Leistungen des Versicherers und die zu zahlenden Versicherungsbeiträge	Die Hoffmann KG schließt eine Einbruchdiebstahlversicherung ab. Die Versicherung bezahlt die durch Einbruchdiebstahl entstandenen Schäden und Verluste an Waren, Bargeld und sonstigen Sachen.

Vertragsfreiheit

Für den Abschluss von Rechtsgeschäften gilt der Grundsatz der Vertragsfreiheit, der sich aus drei Aspekten zusammensetzt:

Abschlussfreiheit
Jeder Person steht es frei, einen Vertrag abzuschließen. Personen können also nicht gezwungen werden, einen Vertrag abzuschließen.

Nur in wenigen Ausnahmefällen gibt es die Pflicht zum Vertragsabschluss (Kontrahierungszwang). Einem Kontrahierungszwang unterliegen z. B. Stromanbieter.

Formfreiheit
Der Abschluss eines Vertrags unterliegt normalerweise keiner Formvorschrift (Formfreiheit). Das heißt, Verträge können z. B. mündlich, fernmündlich, schriftlich, per Fax, per E-Mail, im Internet abgeschlossen werden. Nur in wenigen Ausnahmefällen ist eine bestimmte Form vorgeschrieben, z. B. Darlehensverträge, Ausbildungsverträge.

Inhaltsfreiheit
Die Vertragspartner können die Inhalte eines Vertrags frei festlegen.

Nichtigkeit und Anfechtbarkeit von Willenserklärungen

Nichtige Willenserklärungen

Nichtige Willenserklärungen sind von Anfang an ungültig. Sie haben keine Rechtsfolgen.

Nichtig sind ...	BEISPIEL
Willenserklärungen von Geschäftsunfähigen[1]	Ein sechsjähriger Schüler kauft eine Hörspielkassette.
Willenserklärungen, die im Zustand der Bewusstlosigkeit oder vorübergehenden Störung der Geistesfähigkeit abgegeben wurden	Ein Mann kauft im volltrunkenen Zustand eine Schlafzimmereinrichtung.
Willenserklärungen von beschränkt Geschäftsfähigen[1] gegen den Willen des gesetzlichen Vertreters	Ein siebzehnjähriger Auszubildender kauft ohne Zustimmung seines Vaters ein Motorrad.
Willenserklärungen, die gegenüber einer anderen Person mit deren Einverständnis nur zum Schein abgegeben wurden (= Scheingeschäft)	Ein Gast lässt sich in einem Restaurant von einem Kellner eine Quittung über 75,00 € geben, obwohl er nur 50,00 € bezahlt. Er will die Quittung als Beleg für Geschäftskosten verwenden, um damit Steuern zu sparen.
nicht ernst gemeinte Willenserklärungen (= Scherzgeschäfte)	Jemand sagt im Scherz: „Du kannst mein Haus geschenkt haben!"
Rechtsgeschäfte, die nicht in der vorgeschriebenen Form abgeschlossen wurden	Ein Vertrag über einen Hauskauf wurde nur mündlich abgeschlossen.
Rechtsgeschäfte, die gegen ein gesetzliches Verbot verstoßen	Ein Verkäufer verkauft Alkohol an Kinder.
Rechtsgeschäfte, die gegen die guten Sitten verstoßen	Ein Glasermeister nimmt nach einer Sturmkatastrophe überhöhte Preise für seine Glasscheiben (= Wucher).

1 siehe Kap. 4.10

Anfechtbare Willenserklärungen

Anfechtbare Willenserklärungen können im Nachhinein durch Anfechtung ungültig werden. Bis zur Anfechtung sind sie gültig.

Die **Anfechtung wegen Irrtums** muss unverzüglich nach Entdecken des Irrtums erfolgen. Entsteht durch die Anfechtung ein Schaden, so ist der Anfechtende schadensersatzpflichtig.

Bei **widerrechtlicher Drohung** muss die Anfechtung innerhalb eines Jahres, nachdem die Drohung nicht mehr besteht, erfolgen.

Bei **arglistiger Täuschung** muss die Anfechtung innerhalb eines Jahres, nachdem die Täuschung entdeckt wurde, erfolgen. Bei der Anfechtung wegen arglistiger Täuschung hat der Anfechtende Schadensersatzanspruch.

Anfechtungsgrund	BEISPIEL
Irrtum in der Erklärung Die Äußerung einer Person entspricht nicht dem, was sie sagen wollte.	Ein Einzelhändler bestellt irrtümlich 53 Mäntel anstatt 35 Mäntel.
Irrtum über die Eigenschaft einer Person oder Sache	Ein Großhändler stellt einen Buchhalter ein und erfährt nachträglich, dass dieser wegen Urkundenfälschung vorbestraft ist.
Irrtum in der Übermittlung Die Willenserklärung wurde von der mit der Übermittlung beauftragten Person oder Organisation (z. B. der Post) falsch weitergegeben.	Ein Einzelhändler bittet einen Angestellten, bei einem Großhändler telefonisch 100 A4-Blöcke, rautiert, zu bestellen. Der Angestellte bestellt irrtümlich karierte Blöcke.
Widerrechtliche Drohung Eine Person wird durch eine Drohung zur Abgabe einer Willenserklärung gezwungen.	Ein Zeitschriftenwerber bedroht eine alte Frau, damit sie ein Zeitschriftenabonnement bestellt.
Arglistige Täuschung Eine Person wird durch arglistige Täuschung zur Abgabe einer Willenserklärung veranlasst.	Ein Kunde kauft einen gebrauchten Pkw. Nach Angaben des Verkäufers ist er unfallfrei. Nachträglich stellt sich heraus, dass der Pkw einen Unfallschaden hatte.

BEISPIEL

Jens K. aus Hildesheim: „Ich habe für 5.500,00 € einen Gebrauchtwagen gekauft. Noch am selben Tag wollte der Autohändler das Geschäft rückgängig machen. Er habe den Preis versehentlich um 1.500,00 € zu niedrig angesetzt. Darf ich mein Schnäppchen trotzdem behalten?"

Antwort: Im vorliegenden Fall ist ein wirksamer Kaufvertrag zustande gekommen, sodass Jens K. den Wagen behalten darf. Zwar gilt nach dem BGB, dass Angebote anfechtbar sind, wenn ein Irrtum vorliegt. Allerdings gilt nicht jeder Irrtum als Anfechtungsgrund: So darf sich niemand auf den sogenannten „Berechnungsirrtum" berufen, wenn er sich bei der Preiskalkulation vertan hat. Wirksam anfechten könnte der Händler sein Angebot, wenn er sich beim Vertragsabschluss nur verschrieben oder sich im Verkaufsgespräch versprochen hätte. In solchen Fällen müsste der Käufer den Wagen zurückgeben.

Allerdings bekäme der Kunde die Kosten ersetzt, die durch das Vertrauen auf die Gültigkeit des Geschäfts entstanden sind, etwa weil ihm nachweislich eine andere günstige Kaufchance entgangen ist und er nun teurer kaufen muss.

AUFGABEN

1. In welcher Form können Willenserklärungen abgegeben werden?

2. Was bedeutet der Grundsatz der Vertragsfreiheit für den Abschluss von Rechtsgeschäften?

3. In welchen der folgenden Fälle ist ein Vertrag zustande gekommen? Begründen Sie Ihre Antwort.
   a) Der Reisebüromitarbeiter unterbreitet ein Reiseangebot. Der Kunde bucht die Reise zu den Angebotsbedingungen.
   b) Der Käufer bestellt, ohne ein Angebot erhalten zu haben. Der Verkäufer liefert die Ware.
   c) Die Hoffmann KG beauftragt ein Teppichreinigungsunternehmen mit der Reinigung der Teppichböden in der Zentralverwaltung. Das Teppichreinigungsunternehmen schickt eine Auftragsbestätigung.
   d) Carolin Saager bestellt eine Pizza Prosciutto. Der Pizzaservice liefert sofort eine Pizza Salami.

4. Um welche Vertragsarten handelt es sich jeweils in den folgenden Fällen?
   a) Ein Autofahrer lässt in einer Kfz-Werkstatt einen Kotflügel seines Wagens ausbeulen.
   b) Ein Bankkunde leiht bei seiner Bank Geld, das er mit Zinsen zurückzahlen muss.
   c) Ein Verkäufer arbeitet in einem Supermarkt für ein Monatsgehalt von 1.200,00 €.
   d) Ein Tischler fertigt für einen Kunden einen Einbauschrank an. Das Holz für den Schrank besorgt er selbst.

5. Wodurch unterscheiden sich Mietvertrag und Pachtvertrag?

6. Beurteilen Sie folgende Fälle:
   a) Eine Ware, die 198,00 € kostet, wird irrtümlich mit 189,00 € angeboten.
   b) Ein Kunsthändler verkauft die Kopie eines Bildes als Original.
   c) Der sechzehnjährige Frank Schrader kommt stolz mit einem Motorrad nach Hause. Er hat es für 1.250,00 € gekauft. Den Kaufpreis will er in zehn Raten abbezahlen. Sein Vater ist nicht so begeistert und verlangt, dass er das Motorrad zurückbringt.
   d) Ein Druckereibesitzer schließt den Kauf über ein Grundstück mündlich ab.
   e) Ein Einzelhändler verrechnet sich bei der Ermittlung des Verkaufspreises für eine Ware. Irrtümlich errechnet er 28,50 € anstatt 32,60 €.
   f) Der Kaufpreis eines Hauses war doppelt so hoch wie der durch ein späteres Gutachten ermittelte Wert.

AKTIONEN

1. Die Hoffmann KG hat bei Spengler & Sohn irrtümlich anstatt 100 Herrenhemden 1000 Herrenhemden bestellt. Da Spengler & Sohn von diesen Hemden nicht genügend Stück auf Lager hatte, hat Spengler & Sohn diese 1000 Herrenhemden bei dem Hersteller bestellt, um den Auftrag der Hoffmann KG ausführen zu können. Volkan Karaca erhält den Auftrag, das dadurch entstandene Problem in einem Gespräch mit der Spengler & Sohn OHG zu lösen. Versetzen Sie sich in die Rolle von Volkan Karaca.

   a) Entwickeln Sie zusammen mit Ihrem Nachbarn eine Lösungsstrategie für das Problem.
   b) Bereiten Sie zusammen mit Ihrem Nachbarn das Telefongespräch vor.
   c) Führen Sie zusammen mit Ihrem Nachbarn das Telefongespräche vor Ihrer Klasse im Rollenspiel durch.

2. Stellen Sie fest,
   a) welche Vertragsarten in Ihrem Ausbildungsbetrieb abgeschlossen werden und
   b) wie diese Verträge zwischen ihrem Ausbildungsbetrieb und seinen Vertragspartnern abgeschlossen werden.

   Präsentieren Sie Ihrer Klasse das Ergebnis mit einem von Ihnen gewählten Präsentationsmittel.

7455546

ZUSAMMENFASSUNG

Rechtsgeschäfte

einseitige Rechtsgeschäfte

werden durch **eine** Willenserklärung rechtswirksam

entstehen durch eine

- **empfangsbedürftige Willenserklärung**
  erst wirksam, wenn sie einer anderen Person zugeht
- **nicht empfangsbedürftige Willenserklärung**
  auch gültig, ohne dass sie einer anderen Person zugeht

mehrseitige Rechtsgeschäfte (Verträge)

werden durch **mindestens zwei** übereinstimmende Willenserklärungen (Antrag und Annahme) rechtswirksam

Vertragsarten sind z. B.

- Kaufvertrag
- Tauschvertrag
- Schenkung
- Mietvertrag
- Pachtvertrag
- Leihvertrag
- Darlehensvertrag
- Dienstvertrag
- Werkvertrag

Rechtsgeschäfte sind

nichtig
= von Anfang an ungültig

bei

- Willenserklärungen von Geschäftsunfähigen
- Willenserklärungen von beschränkt Geschäftsfähigen gegen den Willen des gesetzlichen Vertreters
- Willenserklärungen, die im Zustand der Bewusstlosigkeit oder vorübergehender Geistesstörung abgegeben wurden
- Scherzgeschäft
- Scheingeschäft
- sittenwidrigem Rechtsgeschäft
- Fehlen der vorgeschriebenen Form
- Verstoß gegen ein gesetzliches Verbot

anfechtbar
= bis zur Anfechtung gültig

wegen

- Irrtums
  - in der Erklärung
  - in der Eigenschaft einer Person oder Sache
  - in der Übermittlung
- widerrechtlicher Drohung

- arglistiger Täuschung

Schadensersatzanspruch!
(nur für den Anfechtenden)

4.8 Wir schließen Kaufverträge ab und erfüllen sie

Einstieg

Die Wodsack AG, Hildesheim, bietet der Hoffmann KG in Hannover 100 Damenjeans zu 24,90 € je Stück an. Der Leiter der Einkaufsabteilung der Hoffmann KG, Herr Staub, findet das Angebot günstig und bestellt die angebotene Ware.

1. Stellen Sie dar, durch welche Erklärungen der Vertrag über den Kauf von 100 Hemden zustande kommt.

2. Erläutern Sie die Pflichten, die die Wodsack AG und die Hoffmann KG nach Abschluss dieses Vertrags erfüllen müssen.

Abschluss des Kaufvertrags

Der Antrag auf Abschluss eines Kaufvertrags kann vom Verkäufer oder vom Käufer einer Sache oder eines Rechts ausgehen.

Abschluss des Kaufvertrags

1. Möglichkeit	**2. Möglichkeit**
Der Verkäufer macht einen Antrag auf Abschluss eines Kaufvertrags, indem er dem Käufer ein Angebot unterbreitet. Der Käufer nimmt das Angebot durch eine Bestellung an. Ein Kaufvertrag kommt zustande, wenn die Bestellung mit dem Angebot übereinstimmt.	Der Antrag auf Abschluss eines Kaufvertrags geht vom Käufer aus, wenn der Käufer bestellt, ohne dass er ein Angebot erhalten hat. Der Verkäufer nimmt diesen Antrag durch die sofortige Lieferung oder die Zusendung einer Bestellungsannahme (= Auftragsbestätigung) an.
Antrag (1. Willenserklärung) **Verkäufer**	Antrag (1. Willenserklärung) **Käufer**
1. Angebot ↓	1. Bestellung ↓
bei Übereinstimmung **= Kaufvertrag**	bei Übereinstimmung **= Kaufvertrag**
2. Bestellung ↑	2. Bestellungsannahme oder sofortige Lieferung ↑
Annahme (2. Willenserklärung) **Käufer**	Annahme (2. Willenserklärung) **Verkäufer**

Erfüllung des Kaufvertrags

Mit dem Abschluss des Kaufvertrags übernehmen die Vertragspartner folgende Pflichten:

- Der Verkäufer hat die Pflicht,
  - die mangelfreie Ware am richtigen Ort, zur richtigen Zeit zu übergeben,
  - dem Käufer das Eigentum an der Ware zu verschaffen.
- Der Käufer hat die Pflicht,
  - die ordnungsgemäß gelieferte Ware anzunehmen,
  - die ordnungsgemäß gelieferte Ware fristgerecht zu bezahlen.

Erst wenn beide Vertragspartner ihre Pflichten erfüllt haben, ist der Kaufvertrag erfüllt.

Eigentum und Besitz

Der Verkäufer verschafft dem Käufer das Eigentum an der Ware durch Einigung und Übergabe der Ware. Der Käufer wird damit Eigentümer der Ware.

Eigentümer einer Sache ist derjenige, dem eine Sache gehört (rechtliche Verfügungsgewalt).

Besitzer einer Sache ist derjenige, der eine Sache hat (tatsächliche Verfügungsgewalt).

Häufig sind Besitzer und Eigentümer einer Sache identisch.

BEISPIEL

Jemand liest ein Buch, das er in einer Buchhandlung gekauft hat. Der Besitzer des Buchs ist hier Eigentümer des Buchs. Es gehört ihm, weil er es rechtmäßig erworben hat.

Nur der Eigentümer einer Sache darf diese Sache verkaufen, weiterverarbeiten, vermieten, verleihen, verändern, verschenken und auch vernichten.

Eigentumsvorbehalt

Durch die ordnungsgemäße Übergabe einer Ware wird der Käufer Eigentümer dieser Ware, auch wenn er den Kaufpreis noch nicht bezahlt hat.

Als Eigentümer kann er über diese Ware frei verfügen. Er kann sie z. B. weiterverkaufen, verschenken oder weiterverarbeiten. Darum ist es für den Verkäufer häufig nicht möglich, die Rückgabe der Ware zu verlangen, sofern der Käufer den Kaufpreis der Ware nicht oder nicht fristgerecht zahlt.

Dieses Risiko kann der Verkäufer durch die Vereinbarung eines Eigentumsvorbehalts verringern.

Beim Eigentumsvorbehalt unterscheidet man:
- einfacher Eigentumsvorbehalt
- verlängerter Eigentumsvorbehalt
- erweiterter Eigentumsvorbehalt

Einfacher Eigentumsvorbehalt

Beim einfachen Eigentumsvorbehalt wird vertraglich vereinbart, dass die Ware so lange das Eigentum des Verkäufers bleibt, bis der Käufer den Kaufpreis vollständig bezahlt hat.

Dieser einfache Eigentumsvorbehalt erlischt jedoch, wenn
- die gelieferte Ware weiterverarbeitet wurde,
- mit einem Gebäude oder Grundstück fest verbunden wurde,
- weiterverkauft wurde.

Damit bietet der einfache Eigentumsvorbehalt nur einen unzureichenden Schutz vor Zahlungsausfällen.

Verlängerter Eigentumsvorbehalt

Beim verlängerten Eigentumsvorbehalt erlischt der Eigen-tumsvorbehalt nicht, wenn der Käufer die Ware weiterver-kauft. Beim Weiterverkauf wird die entstehende Forde-rung an den ursprünglichen Verkäufer übertragen.

BEISPIEL

Der Hemdenhersteller Spengler & Sohn verkauft 500 Herrenhemden an die Hoffmann KG auf Ziel. Er liefert die Hemden unverzüglich unter verlängertem Eigentumsvorbehalt. Bevor sie die Hemden bezahlt hat, verkauft die Hoffmann KG 300 dieser Hemden ebenfalls auf Ziel an die Ambiente Warenhaus AG. Da der Hoffmann KG die Hemden von Spengler & Sohn unter verlängertem Eigentumsvorbehalt geliefert wurden, wird die Forderung der Hoffmann KG an die Ambiente Warenhaus AG an den ursprünglichen Verkäufer Spengler & Sohn übertragen.

Erweiterter Eigentumsvorbehalt

Beim erweiterten Eigentumsvorbehalt erstreckt sich der Eigentumsvorbehalt nicht nur auf das Eigentum an der Ware, die noch nicht bezahlt wurde, sondern auf alle von dem Verkäufer an den Käufer gelieferten Waren. Beim erweiterten Eigentumsvorbehalt bleiben alle vom Verkäu-fer an den Käufer gelieferten Waren so lange Eigentum des Verkäufers, bis alle gelieferten Waren vollständig bezahlt wurden.

Erfüllungsort

DEFINITION

Der **Erfüllungsort** ist der Ort, an dem der Schuldner seine Leistung zu erbringen hat.

Gesetzliche Regelung

Wenn zwischen Käufer und Verkäufer keine vertragliche Regelung getroffen wurde, ist der Erfüllungsort der Wohn- oder Geschäftssitz des Schuldners (= gesetzlicher Erfüllungsort).

Da durch den Abschluss eines Kaufvertrags sowohl der Verkäufer als auch der Käufer Leistungsverpflichtungen übernommen haben, gibt es auch zwei Erfüllungsorte:

- Der Verkäufer schuldet dem Käufer die ordnungsgemäße Lieferung der Ware (= Warenschulden). Deshalb ist der Erfüllungsort für die Warenlieferung der Wohn- oder Geschäftssitz des Verkäufers.
- Der Käufer schuldet dem Verkäufer die fristgerechte Zahlung des Kaufpreises (= Geldschulden). Deshalb ist der Erfüllungsort für die Zahlung der Wohn- oder Geschäftssitz des Käufers.

Bedeutung des gesetzlichen Erfüllungsorts für die Warenschulden

Der Verkäufer muss die Ware fristgerecht an seinem Geschäfts- oder Wohnsitz übergeben oder zur Abholung bereitstellen (Warenschulden sind Holschulden):

- Beim Handkauf muss er dem Käufer die Ware in seinem Geschäft übergeben.
- Beim Platzkauf muss er dem Käufer die Ware zum vereinbarten Zeitpunkt in dessen Geschäft oder Wohnung übergeben.
- Beim Versendungskauf muss er die Ware zum vereinbarten Zeitpunkt an den mit dem Warentransport beauftragten Frachtführer übergeben.

Am Erfüllungsort geht die Haftung für die Beschädigung und den Verlust der Ware vom Verkäufer auf den Käufer über. Dies geschieht

- beim Handkauf und Platzkauf durch die Übergabe der Ware an den Käufer und
- beim Versendungskauf durch die Übergabe an den Frachtführer.

Der Erfüllungsort regelt auch die Übernahme der Versandkosten. Sofern vertraglich nichts anderes vereinbart wurde, muss der Käufer bei einem Versendungskauf die Transportkosten ab Versandstation am Geschäfts- oder Wohnsitz des Verkäufers bis zu seinem Geschäfts- oder Wohnsitz bezahlen.

Bedeutung des gesetzlichen Erfüllungsorts für die Geldschulden

Der Käufer muss die Ware zum vereinbarten Zeitpunkt an seinem Geschäfts- oder Wohnsitz bezahlen oder auf das Konto des Verkäufers überweisen (Geldschulden sind Bring- oder Schickschulden). Die Überweisungskosten trägt der Käufer.

Anders als bei den Warenschulden geht die Haftung für den Verlust des Geldbetrags aber nicht schon am Erfüllungsort (Geschäfts- oder Wohnsitz des Käufers), sondern erst am Geschäfts- oder Wohnsitz des Verkäufers auf den Verkäufer über. Der Geldversand erfolgt also auf Risiko des Käufers.

Vertragliche Regelung

Verkäufer und Käufer können Abweichungen von der gesetzlichen Regelung vertraglich vereinbaren (= vertraglicher Erfüllungsort).

BEISPIEL

Erfüllungsort für beide Teile ist der Geschäftssitz des Verkäufers.

Gerichtsstand

DEFINITION

Der **Gerichtsstand** ist der Ort, an dem die Vertragsparteien klagen oder verklagt werden können.

Gesetzliche Regelung

Der gesetzliche Erfüllungsort bestimmt den Gerichtsstand, wenn vertraglich nichts anderes vereinbart wurde. Für Warenschulden ist der Gerichtsstand somit der Geschäfts- oder Wohnsitz des Verkäufers. Für Geldschulden ist der Gerichtsstand der Geschäfts- oder Wohnsitz des Käufers.

Vertragliche Regelung

Zwischen Kaufleuten kann der Gerichtsstand abweichend von der gesetzlichen Regelung vertraglich vereinbart werden. Bei Verträgen mit Verbrauchern ist eine vertragliche Vereinbarung, die von der gesetzlichen Regelung abweicht, nicht zulässig.

AUFGABEN

1. Wie kommt in folgenden Fällen der Kaufvertrag zustande?
   a) Der Einzelhändler Reimann bestellt, ohne dass ihm ein Angebot vorliegt, bei der Hoffmann KG 100 T-Shirts zum Preis von 3,00 € je Stück. Die Hoffmann KG nimmt die Bestellung an und liefert die Ware.
   b) Eine Kundin lässt sich in den Geschäftsräumen der Hoffmann KG Pullover vorlegen. Nach langem Vergleichen entscheidet sie sich für einen Pullover. Sie sagt: „Den nehme ich."
   c) Frau Lange bestellt 1000 Briefumschläge für 1,50 €. Der Lieferant liefert zwei Tage später.

2. In welchen der folgenden Fälle ist ein Kaufvertrag zustande gekommen? Begründen Sie Ihre Antwort.
   a) Der Verkäufer unterbreitet ein Angebot. Der Käufer bestellt zu den Angebotsbedingungen.
   b) Der Käufer bestellt, ohne ein Angebot erhalten zu haben. Der Verkäufer reagiert überhaupt nicht.
   c) Der Verkäufer macht ein Angebot. Der Käufer bestellt mit abgeänderten Bedingungen.
   d) Der Käufer bestellt. Der Verkäufer liefert sofort.

3. Welche Pflichten muss
   a) der Verkäufer und
   b) der Käufer

   nach Abschluss eines Kaufvertrags erfüllen?

4. Unterscheiden Sie Besitz und Eigentum.

5. In einem Angebot findet sich der Satz „Die Ware bleibt bis zur vollständigen Bezahlung des Kaufpreises unser Eigentum".
   a) Aus welchem Grund hat der Anbieter diese Klausel in sein Angebot aufgenommen?
   b) Wodurch erlischt dieser einfache Eigentumsvorbehalt?

6. Unterscheiden Sie den erweiterten Eigentumsvorbehalt vom verlängerten Eigentumsvorbehalt.

7. Der Inhaber eines Herrenoberbekleidungsgeschäfts in Göttingen bestellt aufgrund eines Angebots der Hoffmann KG, Hannover, 50 Herrenoberhemden. Die Bestellung trifft am 15.11.20.. bei der Hoffmann KG ein. Die Lieferung soll gemäß Angebot spätestens 14 Tage nach Eingang der Bestellung erfolgen. Die Ware wird am 29.11.20.. mit einem Paketdienst an das Herrenoberbekleidungsgeschäft versandt und trifft dort erst am 01.12.20.. ein.
   a) Prüfen Sie, ob die Ware rechtzeitig geliefert wurde.
   b) Stellen Sie fest, wer für eine Beschädigung oder den Verlust der Ware auf dem Transport von Hannover nach Göttingen haftet.
   c) Wo befindet sich der Erfüllungsort für die Zahlung, wenn darüber vertraglich nichts vereinbart wurde?
   d) An welchem Ort muss die Hoffmann KG klagen, wenn sie den Kunden wegen nicht rechtzeitiger Zahlung verklagen möchte?

AKTIONEN

1. In den Geschäftsräumen der Spindler KG bietet ein Verkaufssachbearbeiter Carolin Saager Damenblusen aus der neuen Frühjahrskollektion an. Versetzen Sie sich in die Rolle von Carolin Saager und stellen Sie den Abschluss des Kaufvertrags über den Kauf von Damenblusen im Rollenspiel dar.

2. Stellen Sie fest, wie in Ihrem Ausbildungsbetrieb Kaufverträge mit den Kunden abgeschlossen werden. Präsentieren Sie das Ergebnis Ihren Klassenkameraden mit einem von Ihnen gewählten Präsentationsmittel.

ZUSAMMENFASSUNG

Abschluss des Kaufvertrags durch

- **Angebot + Bestellung**

oder

- **Bestellung + Bestellungsannahme (Auftragsbestätigung) oder Lieferung**

Pflichten

des Verkäufers

- ordnungsgemäße Übergabe der Ware
- Übereignen der Ware an den Käufer

des Käufers

- Annahme der Ware
- fristgerechte Bezahlung

Regelungen zur Vertragserfüllung	gesetzliche Regelung	vertragliche Regelungen
Eigentumsvorbehalt		• einfacher Eigentumsvorbehalt • verlängerter Eigentumsvorbehalt • erweiterter Eigentumsvorbehalt
Erfüllungsort	• für die Ware: Wohn- und Geschäftssitz des Verkäufers • für Geld: Wohn- und Geschäftssitz des Käufers	von der gesetzlichen Regelung abweichende Vereinbarungen möglich
Gerichtsstand	Erfüllungsort bestimmt den Gerichtsstand	von der gesetzlichen Regelung abweichende Vereinbarungen nur zwischen Kaufleuten möglich

4.9 Wir schließen Dienst-, Werk- und Mietverträge ab und erfüllen sie

Einstieg

Die geschäftsführende Gesellschafterin der Hoffmann KG, Susanne Hahne, benötigt eine neue Schrankwand für ihr Büro und ein neues Fotokopiergerät für ihr Vorzimmer. Die Schreinerei Schöller bietet ihr an, die Schrankwand nach ihren Wünschen zum Preis von 7.000,00 € herzustellen und einzubauen. Die Orga-Bürogeräte GmbH erklärt sich bereit, Frau Hahne ein Fotokopiergerät gegen eine monatliche Zahlung von 135,00 € zur Verfügung zu stellen. Frau Hahne findet die Angebote günstig. Sie beauftragt die Schreinerei Schöller mit dem Einbau der Schrankwand. Die Orga-Bürogeräte GmbH bittet sie, ihr ein Fotokopiergerät zur Verfügung zu stellen.

1. Erläutern Sie, durch welche Erklärungen der Vertragspartner die Verträge über den Einbau der Schrankwand und die Bereitstellung des Fotokopiergeräts zustande kommen.
2. Geben Sie an, um welche Vertragsart es sich handelt
   a) bei dem Vertrag über den Einbau der Schrankwand,
   b) bei dem Vertrag über die Bereitstellung des Fotokopiergeräts.
3. Klären Sie, welche Pflichten die Schreinerei Schöller, die Orga-Bürogeräte GmbH und Susanne Hahne nach Abschluss der Verträge zu erfüllen haben.

INFORMATIONEN

Dienstvertrag

DEFINITION

Der **Dienstvertrag** ist ein Vertrag über die Leistung von Diensten gegen Bezahlung. Er kommt durch zwei übereinstimmende Willenserklärungen eines Dienstberechtigten (Auftraggebers) und eines Dienstverpflichteten zustande.

Gegenstand des Dienstvertrags können Dienste jeder Art sein.

Es können zwei Grundformen des Dienstvertrags unterschieden werden:
- freier Dienstvertrag
- Arbeitsvertrag

Bei einem **freien Dienstvertrag** führt der Dienstverpflichtete die Tätigkeit selbstständig und eigenverantwortlich aus. Ein freier Dienstvertrag kann formlos abgeschlossen werden.

BEISPIEL für freie Dienstverträge

- Erteilen von Nachhilfeunterricht
- Trainingsstunden bei einem Tennislehrer
- Freie Dienste von z. B. Ärzten, Architekten, Rechtsanwälten, Steuerberatern
- Dienste von gelegentlichen Hilfskräften, z. B. Haushaltshilfen, Fensterputzern, Gebäudereinigern

Beim **Arbeitsvertrag**[1] führt der Dienstverpflichtete die Tätigkeit über einen gewissen Zeitraum in persönlicher und wirtschaftlicher Abhängigkeit vom Dienstberechtigten aus.

Die folgenden Ausführungen beziehen sich nur auf die allgemeinen Regelungen über Dienstverträge.

1 Die Besonderheiten des Arbeitsvertrags werden ausführlich im Lehrbuch Büro & Co., 2. Ausbildungsjahr, Lernfeld 8 behandelt.

Mit dem Abschluss eines Dienstvertrags übernehmen die Vertragspartner folgende Pflichten:

Der **Dienstverpflichtete hat die Pflicht,**

- die versprochenen Dienste gemäß der vertraglichen Vereinbarung zu leisten,
- die versprochenen Dienste im Zweifel persönlich zu erbringen,
- zur Aufklärung und zur Verschwiegenheit.

Der **Dienstberechtigte hat die Pflicht,** die vereinbarte Vergütung nach Leistung des Dienstes zu entrichten.

Beim Dienstvertrag schuldet der Dienstverpflichtete allein die Leistung der vereinbarten Tätigkeit. Der Erfolg der Dienstleistung spielt dabei keine Rolle. Der Dienstverpflichtete erbringt eine reine Tätigkeit und bekommt diese auch dann vergütet, wenn sie zu keinem Erfolg führt. Wenn die vereinbarte Tätigkeit jedoch von dem Dienstverpflichteten überhaupt nicht ausgeführt wird, muss ihm der Dienstberechtigte auch keine Vergütung bezahlen.

Da ein Arbeitserfolg beim Dienstvertrag nicht geschuldet ist, gibt es beim Dienstvertrag auch keine Abnahme der vereinbarten Leistung.

Bei Mängeln hat der Dienstberechtigte auch kein Recht auf Nachbesserung, Rücktritt vom Vertrag oder Minderung der Vergütung.

BEISPIEL

Die Hoffmann KG verpflichtet für ihren Betriebsunterricht die Berufsschullehrerin Claudia Fröhlich. Sie wird von der Hoffmann KG stundenweise bezahlt, unabhängig von den Ergebnissen der Auszubildenden in Klassenarbeiten und Prüfungen.

Bei schuldhaft schlecht erbrachten Leistungen hat der Dienstberechtigte jedoch einen Schadensersatzanspruch gegenüber dem Dienstverpflichteten.

BEISPIEL

Weil ein Rechtsanwalt schuldhaft eine Frist versäumt, wird die Klage seines Mandanten vom Gericht abgewiesen. Den dadurch entstandenen Schaden muss der Rechtsanwalt seinem Mandanten ersetzen.

Werkvertrag

DEFINITION

Der **Werkvertrag** ist ein formloser Vertrag über die Herstellung eines Werks gegen Bezahlung. Er kommt durch zwei übereinstimmende Willenserklärungen eines Bestellers (Auftraggebers) und eines Unternehmers (Werkunternehmers) zustande.

BEISPIELE für Werkverträge

- Streichen der Geschäftsräume der Hoffmann KG durch einen Malermeister
- Erstellen eines Büroregals für den Anlageberater Kurz
- Erstellung einer neuen Werkstatt für die Bauschlosserei Lienhardt durch das Bauunternehmen Lanz
- Inspektion der Firmenwagen der Hoffmann KG
- Haarschnitt durch eine Friseurin oder einen Friseur
- Reparatur der EDV-Anlage durch einen IT-Dienstleister
- Gütertransport durch eine Spedition
- Taxifahrt vom Büro des Architekten Grüneis bis zum Bahnhof
- Erstellung eines Rechtsgutachten durch den Rechtsanwalt König im Auftrag der Sparkasse Schönstadt

Mit dem Abschluss eines Werkvertrags übernehmen die Vertragspartner folgende Pflichten:

Der **Werkunternehmer hat die Pflicht,**
- das versprochene Werk herzustellen,
- dem Besteller das Werk frei von Sach- und Rechtsmängeln zu verschaffen.

Der **Besteller hat die Pflicht,**
- das vertragsgemäß hergestellte Werk abzunehmen,
- die vereinbarte Vergütung nach Abnahme des Werks zu bezahlen.

Der Werkvertrag unterscheidet sich vom Dienstvertrag dadurch, dass der Unternehmer dem Besteller (Auftraggeber) einen bestimmten Erfolg, ein bestimmtes Arbeitsergebnis (= Werk) schuldet. Durch seine Leistung muss der beauftragte Unternehmer eine Sache herstellen bzw. verändern oder einen durch Dienstleistung erbrachten Erfolg herbeiführen. Mit der Abnahme akzeptiert der Besteller das Werk als vertragsgemäß erbrachte Leistung. Erst mit der Abnahme des Werks wird die vereinbarte Vergütung fällig.

7455554

BEISPIELE

- Die Hoffmann KG möchte einen Zweigbetrieb in Kroatien eröffnen. Sie gibt bei einer Unternehmensberatung ein Gutachten in Auftrag. Erst nach Abnahme des Gutachtens durch die Hoffmann KG hat die Unternehmensberatung einen Anspruch auf Bezahlung.
- Die Hoffmann KG vergibt an einen Bauträger den Auftrag, in Nürnberg ein neues Lagergebäude zu errichten. Erst nach Abnahme des neuen Lagergebäudes durch die Hoffmann KG hat der Bauträger einen Anspruch auf die vollständige Bezahlung.

Stellt der Besteller des Werks bei der Abnahme einen Mangel fest, kann er von dem Werkunternehmer Nacherfüllung verlangen. Kommt der Werkunternehmer seiner Nacherfüllungspflicht nicht innerhalb einer ihm vom Besteller gesetzten angemessenen Frist nach, kann der Besteller den Mangel selbst beseitigen. Eventuelle Mehrkosten können auf den nicht leistenden Werkunternehmer, der schadensersatzpflichtig ist, abgewälzt werden. Wenn das Werk mangelhaft ist, kann der Besteller auch vom Vertrag zurücktreten oder die vereinbarte Vergütung mindern.

Für Werkverträge, deren Gegenstand die Lieferung herzustellender oder zu erzeugender beweglicher Sachen ist, gelten die Vorschriften über den Kauf (Kaufvertrag[1]).

Mietvertrag

DEFINITION

Ein **Mietvertrag** regelt die Überlassung einer Sache gegen Zahlung eines vereinbarten Mietpreises. Er kommt durch zwei übereinstimmende Willenserklärungen eines Vermieters und eines Mieters zustande.

Mietverträge können befristet oder unbefristet abgeschlossen werden. Bei einem befristeten Mietvertrag endet das Mietverhältnis nach Ablauf der in dem Mietvertrag festgelegten Zeit. Mit dem Abschluss eines unbefristeten Mietvertrags gehen Vermieter und Mieter ein Mietverhältnis auf unbestimmte Zeit ein. Der unbefristete Mietvertrag kann jedoch von jedem Vertragspartner jederzeit ohne Angabe eines Kündigungsgrundes gekündigt werden.

Mietverträge können über bewegliche Sachen (z. B. Kraftfahrzeuge, Maschinen, Büromaschinen) oder unbewegliche Sachen (Grundstücke, Gebäude, Geschäftsräume, Lagerräume, Wohnungen usw.) abgeschlossen werden.

BEISPIELE für Mietverträge

- Ein Gebäudereinigungsunternehmen mietet Büroräume. Es erhält das Recht, die Büroräume gegen Zahlung einer monatlichen Miete an den Vermieter zu nutzen.
- Ein Handwerker mietet ein Kopiergerät für sein Büro. Er darf das Kopiergerät in seinem Büro gegen Zahlung einer monatlichen Miete für die Erstellung von Fotokopien nutzen.

Mit dem Abschluss eines Mietvertrags übernehmen die Vertragspartner folgende Pflichten:

Der **Vermieter hat die Pflicht,**

- dem Mieter eine Sache zeitweise zu überlassen,
- dem Mieter während der Mietzeit den Gebrauch der vermieteten Sache zu ermöglichen,
- dem Mieter die Sache in einem gebrauchsfähigen Zustand zu überlassen,
- die Sache während der Mietzeit in einem gebrauchsfähigen Zustand zu erhalten,
- den vertragsgemäßen Gebrauch der Sache durch den Mieter zu dulden,
- die Versorgung vermieteter Räume mit Wasser, Strom und Heizung sicherzustellen.

Der **Mieter hat die Pflicht,**

- die vereinbarte Miete für die Sache zu bezahlen,
- die Sache nur vertragsgemäß zu gebrauchen,
- die Sache nicht ohne Erlaubnis einem Dritten zu überlassen,
- die Sache dem Vermieter nach Beendigung des Mietverhältnisses zurückzugeben.

1 siehe Kap. 4.8

AUFGABEN

1. Entscheiden Sie, ob in den folgenden Fällen ein Dienstvertrag, Werkvertrag oder Mietvertrag vorliegt.
   a) Haareschneiden beim Fiseur
   b) Auswechseln einer Platine in einem Fernsehgerät (Hausbesuch des Mechanikers)
   c) Durchführung eines Ölwechsels am Auto
   d) Bereitstellung von Konferenzmöbeln gegen eine monatliche Zahlung
   e) Auslichten von Obstbäumen durch einen Gärtner
   f) Einsetzen einer neuen Schaufensterscheibe
   g) Kürzen einer Hose
   h) Behandlung einer Beinverletzung durch einen Chirurgen
   i) Bereitstellung von Gläsern und Geschirr für eine Jubiläumsfeier
   j) Erstellen der Einkommensteuererklärung von Herrn Hoffmann durch einen Steuerberater
2. Wodurch unterscheiden sich Dienst- und Werkvertrag?
3. Welche Voraussetzung muss erfüllt sein, damit ein Werkunternehmer von dem Besteller (Auftraggeber) die Bezahlung des Werks verlangen kann?
4. Ein Maler hat den Auftrag, die Büroräume der Hoffmann KG zu streichen, mangelhaft ausgeführt. Welche Rechte kann die Hoffmann KG ihm gegenüber geltend machen?
5. Trotz aller Bemühungen ihres Rechtsanwalts wurde Claudia Jungmann von einem Gericht zu einer Geldstrafe verurteilt. Welche Rechte kann sie gegenüber ihrem Rechtsanwalt geltend machen?
6. Das von Susanne Hahne gemietete Fotokopiergerät ist in seiner Funktion gestört. Was kann sie tun?

AKTIONEN

1. Herr Hoffmann möchte in der Verwaltung die EDV-Systeme modernisieren. Er überlegt, ob er die neue EDV-Ausstattung kaufen oder mieten soll. Er bittet Carolin Saager und Dominik Schlote, die Vor- und Nachteile von Kauf und Miete der neuen EDV-Anlage in einer Übersicht gegenüberzustellen und ihm eine begründete Empfehlung zu geben.

   Versetzen Sie sich in die Rolle von Carolin Saager oder Dominik Schlote.

   a) Sammeln Sie in Partnerarbeit Vor- und Nachteile von Kauf und Miete einer EDV-Anlage.
   b) Dokumentieren Sie diese Vor- und Nachteile auf einem Plakat.
   c) Präsentieren Sie Ihre Ergebnisse in ihrer Klasse.
   d) Erläutern Sie Ihren Klassenkameraden die Empfehlung, die Sie Herrn Hoffmann geben würden.
2. Herr Hoffmann möchte den selbstständigen Gebäudereiniger Jürgen Fricke (Hildesheimer Str. 145, 30168 Hannover) beauftragen, seine Wohnräume einmal in der Woche in drei Stunden für ein Entgelt von 15,00 € pro Stunde zu reinigen. Erstellen Sie den Entwurf für einen schriftlichen Vertrag zwischen Herrn Hoffmann und Herrn Fricke.
3. Die Anlageberaterin Kirsten Schumann (Bleekstr. 12, 30165 Hannover) möchte ihr Büro renovieren lassen. Der Malerfachbetrieb Kunze (Herrenhäuser Str. 34, 30169 Hannover) ist bereit, die erforderlichen Arbeiten (Wände streichen, Teppichboden reinigen) für einen Pauschalbetrag von 1.200,00 € durchzuführen. Erstellen Sie den Entwurf für einen schriftlichen Vertrag zwischen Frau Schumann und dem Malerfachbetrieb Kunze.

7455556

ZUSAMMENFASSUNG

Dienstvertrag	Werkvertrag	Mietvertrag
= Vertrag über die Leistung von Diensten gegen Bezahlung	= Vertrag über die Herstellung eines Werks gegen Bezahlung	= Vertrag, der die Überlassung einer Sache gegen Zahlung eines vereinbarten Mietpreises regelt
↓	↓	↓
Pflichten des Dienstverpflichteten	**Pflichten des Unternehmers**	**Pflichten des Vermieters**
• Leistung der versprochenen Dienste • im Zweifel persönliche Erbringung der versprochenen Dienste • Pflicht zur Aufklärung und Verschwiegenheit	• Herstellung des versprochenen Werks • Verschaffung des Werks frei von Sach- und Rechtsmängeln	• zeitweise Überlassung einer Sache in gebrauchsfähigem Zustand • Erhaltung des gebrauchsfähigen Zustands der Sache während der Mietzeit • Duldung des vertragsgemäßen Gebrauchs der Sache durch den Mieter • Sicherstellung der Wasser-, Strom- und Heizungsversorgung der vermieteten Räume
↓	↓	↓
Pflicht des Dienstberechtigten	**Pflichten des Bestellers (Auftraggebers)**	**Pflichten des Mieters**
Zahlung der vereinbarten Vergütung nach Leistung des Dienstes	• Abnahme des vertragsgemäß hergestellten Werks • Zahlung der vereinbarten Vergütung nach Abnahme des Werks	• Zahlung der vereinbarten Miete • vertragsmäßiger Gebrauch der gemieteten Sache • Überlassung der Sache einem Dritten gegenüber nur mit Erlaubnis des Vermieters • Rückgabe der Sache nach Beendigung des Mietverhältnisses

4.10 Wir prüfen die Geschäftsfähigkeit der Geschäftspartner

Einstieg

Die siebzehnjährige Katarzyna Lindemann ist als Auszubildende zurzeit im Verkauf der Hoffmann KG beschäftigt. Aufgrund eines Angebots der Bätje OHG bestellt sie 250 Damenshirts bei der Bätje OHG.

Stellen Sie fest, ob Katarzyna Lindemann dieses Geschäft abschließen darf.

INFORMATIONEN

Rechtsfähigkeit

DEFINITION
Unter **Rechtsfähigkeit** versteht das Gesetz die Fähigkeit einer Person, Träger von Rechten und Pflichten zu sein.

Eine Person hat z. B. das Recht, ein Geschäft zu erben, oder die Pflicht, die Schule zu besuchen.

Rechtsfähig sind nicht nur Menschen (= natürliche Personen), sondern auch Personenvereinigungen, z. B. Vereine, Aktiengesellschaften, Gesellschaften mit beschränkter Haftung, Genossenschaften. Sie werden als juristische Personen bezeichnet.

Rechtsfähigkeit		
	natürliche Personen	**juristische Personen**
Beginn	Vollendung der Geburt	Gründung: AG: Eintragung ins Handelsregister
Ende	Tod	Auflösung: AG: Löschung im Handelsregister

Geschäftsfähigkeit

DEFINITION
Unter **Geschäftsfähigkeit** versteht das Gesetz die Fähigkeit von Personen, Rechtsgeschäfte rechtswirksam abzuschließen.

Eine geschäftsfähige Person kann z. B. Waren einkaufen oder verkaufen, eine Wohnung mieten oder eine Reise buchen.

Man unterscheidet drei Stufen der Geschäftsfähigkeit:

- Geschäftsunfähigkeit
- beschränkte Geschäftsfähigkeit
- unbeschränkte oder volle Geschäftsfähigkeit

Geschäftsunfähigkeit

Geschäftsunfähig sind:

- Kinder unter sieben Jahren
- dauernd geisteskranke Personen

Die Willenserklärung eines Geschäftsunfähigen ist nichtig, d. h. ungültig. Geschäftsunfähige Personen können also keine Rechtsgeschäfte rechtswirksam abschließen.

7455558

Beschränkte Geschäftsfähigkeit

Beschränkt geschäftsfähig sind Personen, die mindestens sieben, aber unter 18 Jahre alt sind. Eine beschränkt geschäftsfähige Person darf Rechtsgeschäfte normalerweise nur mit Zustimmung des gesetzlichen Vertreters (Vater, Mutter, Vormund) abschließen.

Rechtsgeschäfte, die sie ohne vorherige Einwilligung des gesetzlichen Vertreters abgeschlossen hat, sind schwebend unwirksam. Sie können durch die nachträgliche Genehmigung des gesetzlichen Vertreters wirksam werden.

BEISPIEL

Der 17-jährige Auszubildende Jochen Reinhard kauft einen DVD-Rekorder, ohne dass er seinen Vater vorher gefragt hat. Der Verkäufer des DVD-Rekorders fragt den Vater von Jochen später, ob er mit dem Kauf einverstanden ist. Wenn sich Jochens Vater mit dem Kauf einverstanden erklärt, ist ein Kaufvertrag zustande gekommen. Ist er nicht einverstanden, kommt kein Kaufvertrag zustande.

In Ausnahmefällen darf eine beschränkt geschäftsfähige Person Rechtsgeschäfte auch ohne Zustimmung ihres gesetzlichen Vertreters abschließen.

- Sie darf Willenserklärungen abgeben, die ihr nur rechtliche Vorteile bringen, z. B. ein Geschenk annehmen.
- Sie darf Verträge abschließen, die sie mit ihrem Taschengeld erfüllen kann.

BEISPIEL

Die 15-jährige Sabine Beyer kauft von ihrem Taschengeld eine CD zum Preis von 12,90 €.

- Sie darf Rechtsgeschäfte im Rahmen eines Arbeitsvertrags abschließen, den sie mit Zustimmung ihres gesetzlichen Vertreters eingegangen ist.

BEISPIEL

Ein 17-jähriger Verkäufer darf Ware an Kunden verkaufen, ohne vorher seinen gesetzlichen Vertreter zu fragen. Er darf ohne Zustimmung seines gesetzlichen Vertreters Vereinbarungen über Arbeitszeit, Gehalt, Pausen, Urlaub usw. treffen. Er darf das Arbeitsverhältnis, sofern es als Dienstverhältnis anzusehen ist, auch ohne Zustimmung des gesetzlichen Vertreters kündigen.

- Wenn sie ihr gesetzlicher Vertreter mit Erlaubnis des Vormundschaftsgerichts ermächtigt, einen selbstständigen Geschäftsbetrieb zu führen, darf sie ohne Zustimmung alle Rechtsgeschäfte abschließen, die dieser Betrieb mit sich bringt.

BEISPIEL

Die 16-jährige Carmen Freese führt selbstständig einen Jeansshop. Sie darf ohne Zustimmung ihres gesetzlichen Vertreters Ware einkaufen und verkaufen, Rechnungen bezahlen usw. Will sie jedoch privat von ihrem Geld eine teure Stereoanlage kaufen, muss sie ihren gesetzlichen Vertreter um Erlaubnis bitten.

Unbeschränkte Geschäftsfähigkeit

Unbeschränkt geschäftsfähig sind natürliche Personen, die das 18. Lebensjahr vollendet haben. Willenserklärungen unbeschränkt geschäftsfähiger Personen sind voll rechtswirksam.

Kann ein Volljähriger seine Angelegenheiten aufgrund einer psychischen Krankheit oder einer körperlichen, geistigen oder seelischen Behinderung ganz oder teilweise nicht erledigen, so bestellt das Vormundschaftsgericht für ihn einen Betreuer, der ihn gerichtlich und außergerichtlich vertritt.

AUFGABEN

1. Unterscheiden Sie Rechtsfähigkeit und Geschäftsfähigkeit.
2. Der 17 Jahre alte Hans Vollmer erhält von seinem Vater 500,00 € für ein Notebook. Der Händler besteht darauf, dass der Vater ihm gegenüber erklärt, dass er mit dem Kauf einverstanden ist. Warum verlangt der Händler diese Einverständniserklärung?
3. Die 14-jährige Sandra und der 15-jährige Thomas kaufen von ihrem Taschengeld einen gebrauchten CD-Player für 20,00 €. Ihr Vater will den Kaufvertrag rückgängig machen. Der Händler weigert sich. Wer hat recht? Begründen Sie Ihre Meinung.
4. Der neun Jahre alte Jürgen bekommt von seiner Tante einen MP3-Player geschenkt. Seine Eltern verbieten ihm die Annahme des Geschenks. Sind sie dazu berechtigt? Begründen Sie Ihre Meinung.
5. Die 17-jährige Anja Schneider schließt mit Einwilligung ihrer Eltern ein Ausbildungsverhältnis zur Kauffrau für Büromanagement bei einem Haushaltsgerätehersteller ab. Welches der folgenden Rechtsgeschäfte darf sie nur mit Zustimmung ihrer Eltern abschließen? Begründen Sie Ihre Meinung.
   a) In ihrem Ausbildungsbetrieb verkauft sie fünfzig Geschirrspülmaschinen an einen Kunden.
   b) Am Wochenende verkauft sie ihre Waschmaschine an eine Freundin.
6. Britta Körber arbeitet in der Abteilung „Unterhaltungselektronik" eines Warenhauses. Heute kommen unter anderem folgende Kunden zu ihr:
   - Ein 17-jähriger Schüler: Er möchte einen Laserdrucker zum Preis von 534,00 € kaufen.
   - Ein 6-jähriges Mädchen: Es möchte eine CD zum Preis von 7,00 € als Geburtstagsgeschenk für seine Mutter kaufen.
   - Ein 12-jähriger Junge: Er möchte DVD-Rohlinge im Wert von 5,60 € kaufen.
   - Ein ca. 30 Jahre alter Mann: Er möchte ein Fernsehgerät zum Preis von 560,00 € kaufen.

   Wie sollte sich Britta Körber gegenüber den einzelnen Kunden verhalten?
7. Der 17 Jahre alte Frank Förster führt mit Genehmigung des Vormundschaftsgerichts den Betrieb seines verstorbenen Vaters. Welche der folgenden Rechtsgeschäfte darf er ohne Zustimmung seines gesetzlichen Vertreters abschließen? Begründen Sie Ihre Meinung.
   a) Einkauf einer neuen Maschine für den Betrieb
   b) Kauf eines Ferienhauses in Griechenland
   c) Kauf eines Taschenrechners im Wert von 15,00 €
   d) Einstellen eines neuen Mitarbeiters

AKTIONEN

1. Stellen Sie die rechtlichen Regelungen zusammen, die ein 16-jähriger Auszubildender im Baustoffhandel beim Abschluss von Kaufverträgen mit Kunden beachten muss. Erstellen Sie eine Übersicht mithilfe einer Mindmap.
2. Die 17-jährige Katarzyna Lindemann möchte in einem Mehrfamilienhaus in Hannover-Stöcken eine Zweizimmerwohnung mieten. Der Vermieter möchte ihr grundsätzlich die Wohnung überlassen. Als er jedoch hört, wie alt sie ist, weigert er sich, mit ihr den Mietvertrag abzuschließen. Sie möchte das Problem in einem Gespräch mit dem Vermieter lösen. Versetzen Sie sich in die Rolle von Katarzyna Lindemann.
   a) Entwickeln Sie eine Lösungsstrategie für das Problem.
   b) Erläutern Sie Ihre Lösungsstrategie Ihrem Nachbarn.

7455560

ZUSAMMENFASSUNG

Rechtsfähigkeit

= Fähigkeit einer Person, Träger von Rechten und Pflichten zu sein

natürlicher Personen

- beginnt mit der Vollendung der Geburt
- endet mit dem Tod

juristischer Personen

- beginnt mit der Gründung
- endet mit ihrer Auflösung
- handelt durch ihre Organe (AG = Vorstand; GmbH = Geschäftsführer)

Geschäftsfähigkeit

= Fähigkeit einer Person, Rechtsgeschäfte rechtswirksam abzuschließen

Geschäftsunfähigkeit

Willenserklärungen von

- Kindern unter sieben Jahren und
- dauernd geisteskranken Personen

sind **nichtig.**

beschränkte Geschäftsfähigkeit

Willenserklärungen von Personen, die mindestens sieben Jahre, aber unter 18 Jahre alt sind, sind bis auf bestimmte Ausnahmen **schwebend unwirksam.**

unbeschränkte Geschäftsfähigkeit

Personen, die das 18. Lebensjahr vollendet haben, können **uneingeschränkt** Rechtsgeschäfte abschließen.

4.11 Wir nehmen Waren an

Einstieg

Im Zentrallager der Hoffmann KG:

Ein Spediteur bringt eine Sendung mit 500 Geschirrtüchern und 500 Walkfrottiertüchern der Leistner Wäsche GmbH, Ritterstraße 37, 28865 Lilienthal. Herr Landsberg nimmt im Lager die Sendung entgegen. Ein Paket ist außen beschädigt.

1. Führen Sie auf, wie ein Unternehmen bei der Annahme von Waren vorgehen muss.
2. Erstellen Sie eine Tatbestandsaufnahme für das beschädigte Paket.

INFORMATIONEN

Vorgehensweise beim Wareneingang

Bestellte Waren werden durch die Post oder die Bahn, durch Paketdienste oder gewerbliche Güterverkehrsunternehmer zugestellt. Vertragsmäßig gelieferte Ware muss abgenommen werden. Nicht immer jedoch ist die Lieferung einwandfrei. Die Ware kann Mängel aufweisen, die entweder der Hersteller zu verantworten hat oder die durch den Transporteur verursacht wurden. Damit das einkaufende Unternehmen als Käufer nicht das Recht zur Reklamation[1] verliert, müssen beim Wareneingang verschiedene Prüfungen vorgenommen werden.

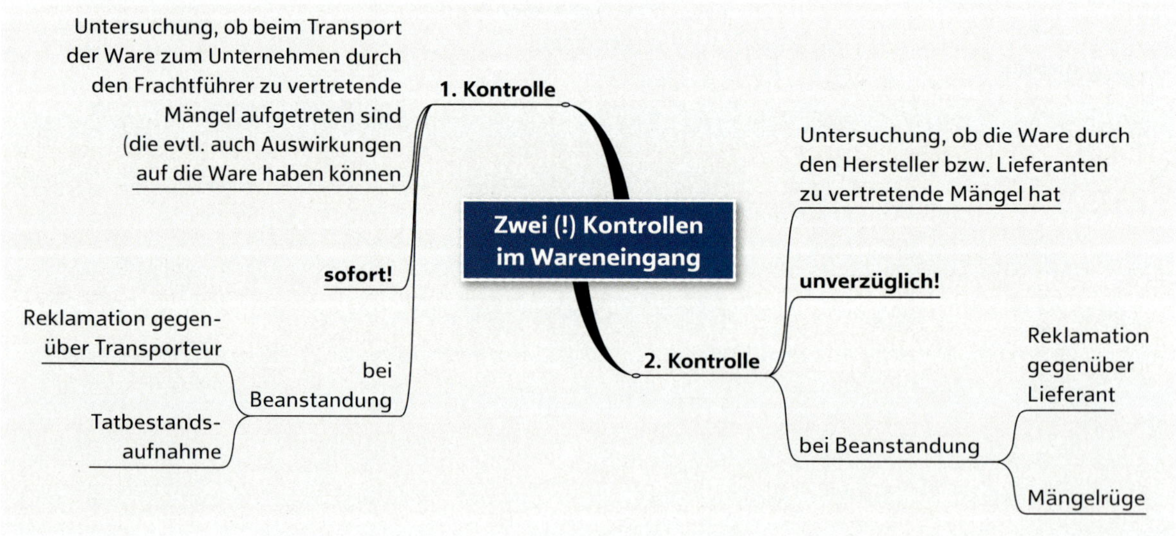

1 siehe Kap. 4.18

Kontrolle gegenüber dem Frachtführer

Es wird sofort – also auf der Stelle – mithilfe der Warenbegleitpapiere die Berechtigung der Lieferung kontrolliert. Es könnte sich z. B. um Irrläufer oder unverlangte Ware handeln. Irrläufer ergeben sich meist schon durch die falsche Adresse. Unverlangte Sendungen sind zu erken-nen, wenn die Warenannahme im Betrieb (z. B. durch die Einkaufsabteilung) rechtzeitig über jeden zu erwartenden Eingang unterrichtet ist.

Auch die Verpackung muss sofort überprüft werden. Noch in Gegenwart des Überbringers ist festzustellen, ob die Verpackung in irgendeiner Weise beschädigt ist. Bei Artikeln, die nicht verpackt sind, ist das Äußere der Ware auf Mängel hin zu untersuchen.

Anschließend wird eine Mengenprüfung vorgenommen. Es wird dabei geklärt, ob die Anzahl beziehungsweise das Gewicht der Versandstücke mit den Versandpapieren übereinstimmt.

Als Papiere zur Kontrolle können im Wareneingang herangezogen werden:

- Lieferscheine
- Ladescheine
- Frachtbriefe
- Paketkarten

Ergeben sich bei den genannten Kontrollen Mängel, verlangt der Mitarbeiter des beschaffenden Unternehmens eine **Tatbestandsaufnahme.** Diese richtet sich gegen den Transporteur der Ware. Das Unternehmen ist dann berechtigt, die Abnahme der Ware zu verweigern oder die Ware nur unter Vorbehalt anzunehmen.

Kontrolle von Anschrift, äußerer Beschaffenheit und Richtigkeit des Transportmittels

↓

Abgleich der gelieferten Waren nach Menge und Art mit Lieferscheinen

↓

Dokumentation der Mängel auf Lieferscheinen

↓

Bestätigung der Mängel durch Anlieferer

↓

Empfangsbestätigung und Quittung

Kontrolle gegenüber dem Lieferant

Auch der Zustand der Waren muss untersucht werden. Nach dem Auspacken der Ware ist zu prüfen, ob die gelieferten Artikel den im Kaufvertrag vereinbarten Eigenschaften entsprechen. Eine genaue Kontrolle lässt sich aus zeitlichen Gründen nicht immer sofort bei der Übergabe der Ware durchführen. Sie hat aber „unverzüglich“ zu erfolgen. Unverzüglich bedeutet: die Prüfung darf ohne wichtigen Grund nicht verzögert werden; die Ware muss zum nächstmöglichen Zeitpunkt auf eventuelle Mängel hin untersucht werden. Bei größeren Mengen kann eine Stichprobenkontrolle erfolgen.

Als Kontrollunterlagen bei dieser zweiten Prüfung im Wareneingang können herangezogen werden:

- Lieferscheine
- Packzettel
- Rechnungen
- Versandanzeigen
- Bestellunterlagen des Betriebs

Kontrolle der Indentität:
Wurde die Ware richtig geliefert?

↓

Quantitätsprüfung:
Entspricht die gelieferte der bestellten Menge?

↓

Überprüfung der Qualität:
Hat die gelieferte Ware die vereinbarte Güte?

↓

Untersuchung der Beschaffenheit:
Fallen an der Ware Beschädigungen auf?

Stellt das beschaffende Unternehmen fest, dass die Ware beispielsweise beschädigt ist, teilt es dies dem Lieferanten mit. Die fehlerhafte Ware wird mit der **Mängelrüge**[1] beim Lieferanten beanstandet, damit das Unternehmen keine Ansprüche verliert.

Ist die Ware einwandfrei, wird sie ins Lager oder in die Verkaufsräume gebracht. Gleichzeitig wird der Einkaufsabteilung und der Buchhaltung gemeldet, dass bestellte Ware eingetroffen ist.

EDV-gestützte Warenwirtschaftssysteme im Wareneingang

Damit die Arbeiten des Wareneingangs im belieferten Unternehmen lagergerecht erfüllt werden können, werden detaillierte Informationen pro Artikel über die bei Lieferanten getätigten Bestellungen benötigt. Das EDV-gestützte Warenwirtschaftssystem stellt die zum Zeitpunkt der Anlieferung notwendigen Daten für die Übernahme der Ware und deren Kontrolle zur Verfügung.

Bei fortgeschrittenen Warenwirtschaftssystemen wird der erwartete Wareneingang mit Angaben aus der Bestelldatei über die Menge, das Gewicht und das Volumen der Ware pro entsprechenden Lagerbereich und Lagergang angekündigt. Die Wareneingangsabteilung kann dann schon rechtzeitig alle erforderlichen Vorkehrungen treffen, um die Ware später rasch und reibungslos zu übernehmen, zu kontrollieren und einzulagern.

Aufgrund dieser Informationen sollte das belieferte Unternehmen:

- freie Abladestellen für die Lkw-Anlieferung bereithalten
- ausreichenden Platz für das Abstellen der Ware reservieren
- innerbetriebliche Transportmittel bereithalten
- Personal- und Lagerkapazität vorhalten

Die tatsächlich gelieferte Ware wird im Rahmen der Wareneingangserfassung hinsichtlich verschiedener Kriterien mit der vom EDV-gestützten Warenwirtschaftssystem früher erfassten Bestellung überprüft. Grundlage für die Annahme und Kontrolle der Ware sind die Warenbegleitpapiere.

Dabei muss das belieferte Unternehmen äußerst sorgfältig vorgehen: Im Wareneingang, bei der Wareneingangskontrolle und der entsprechenden Datenerfassung verursachte Fehler wirken sich in allen übrigen Bereichen der Warenwirtschaft des Unternehmens aus. Die nachfolgend an das EDV-gestützte Warenwirtschaftssystem angeschlossenen Betriebsstellen würden dann zwangsläufig auf falsche oder unvollständige Angaben zugreifen.

Im Normalfall erfolgt die Wareneingangserfassung als integrierte Bestellabwicklung. Dadurch wird die kostspielige Mehrfacherfassung von Daten an den verschiedenen Stellen des Unternehmens zum großen Teil vermieden. Es werden nur die Bestelldaten aufgerufen und bestätigt, lediglich Abweichungen werden neu erfasst und in das Warenwirtschaftssystem eingegeben.

Die festgestellten Abweichungen stellen die Grundlage für unterschiedliche Auswertungen des EDV-gestützten Warenwirtschaftssystems dar.

Untersucht werden in diesem Zusammenhang:

- **Termintreue**
  Terminüber- oder -unterschreitungen
- **Menge**
  Über- beziehungsweise Untermengen
- **Qualität**
  Vergleich bestimmter qualitativer Werte

Oft genügen diese beim Wareneingang gewonnenen Informationen. In vielen Fällen werden diese Daten jedoch in weitere Unterprogramme des Warenwirtschaftssystems übertragen und dort zu anderen Auswertungen weiterverarbeitet.

BEISPIELE

- Lieferantenauswahl nach den oben ausgeführten Kriterien
- Soll-Ist-Abweichungen bei bestimmten Warengruppen oder Produkten

AUFGABEN

1. Warum muss das belieferte Unternehmen bei der Annahme von Waren bestimmte Kontrollen vornehmen?
2. Erklären Sie den Unterschied zwischen einer sofortigen und einer unverzüglichen Prüfung.
3. Welche Kontrollen müssen sofort vorgenommen werden?
4. Was kann unverzüglich kontrolliert werden?
5. Welche Maßnahmen hat das belieferte Unternehmen bei Beanstandungen zu ergreifen?

1 siehe Kap. 4.18

6. Welche Maßnahmen muss der Einkauf ergreifen, wenn das EDV-gestützte Warenwirtschaftssystem den Wareneingang von Ware ankündigt?

7. Wie unterstützen Warenwirtschaftssysteme den Wareneingangsbereich z. B. eines Großhandelsbetriebs? Was muss der Großhändler bei der Annahme von Waren beachten?

8. Es werden 18 000 Konserven angeliefert. Welche Aussage ist richtig?
   a) Die Ware muss bei der Annahme in Anwesenheit des Unternehmers geprüft werden.
   b) 15 % der Ware sind zu prüfen.
   c) Die Ware kann ohne Prüfung eingelagert werden, wenn der Spediteur erklärt, die Ware sei sachgemäß verpackt worden.
   d) Bei Lieferung von Massengütern kann die Einlagerung der Ware ohne Kontrolle erfolgen.
   e) Die Ware muss durch Stichproben in angemessener Zahl geprüft werden.

9. Am 21. Juli trifft eine Lieferung bei der Hoffmann KG ein. Was müssen Sie in Anwesenheit des Frachtführers prüfen, bevor Sie den Empfang der Ware quittieren?
   a) die äußere Verpackung
   b) den Preis der Ware
   c) die Art der Ware
   d) die Qualität der Ware
   e) die Beschaffenheit der Ware

AKTIONEN

1. **a)** Erkunden Sie, wie die Warenannahme in Ihrem Ausbildungsbetrieb geregelt ist.
   b) Informieren Sie in einem Kurzreferat Ihre Klasse.

2. Bis jetzt haben Sie schon eine Menge Klassenarbeiten geschrieben. Auch die Abschlussprüfung rückt immer näher. Damit diese erfolgreich wird, sollten Sie versuchen, alle eventuellen Lernschwierigkeiten auszuschließen. Betrachten Sie die unten stehende Mindmap über Lernprobleme.
   a) Überprüfen Sie, ob eine der vorgestellten Lernschwierigkeiten auf Sie zutrifft.
   b) Überlegen Sie, welche Ursache diese Lernschwierigkeiten bei Ihnen haben könnte.
   c) Versuchen Sie, eine mögliche Lösung zu finden.

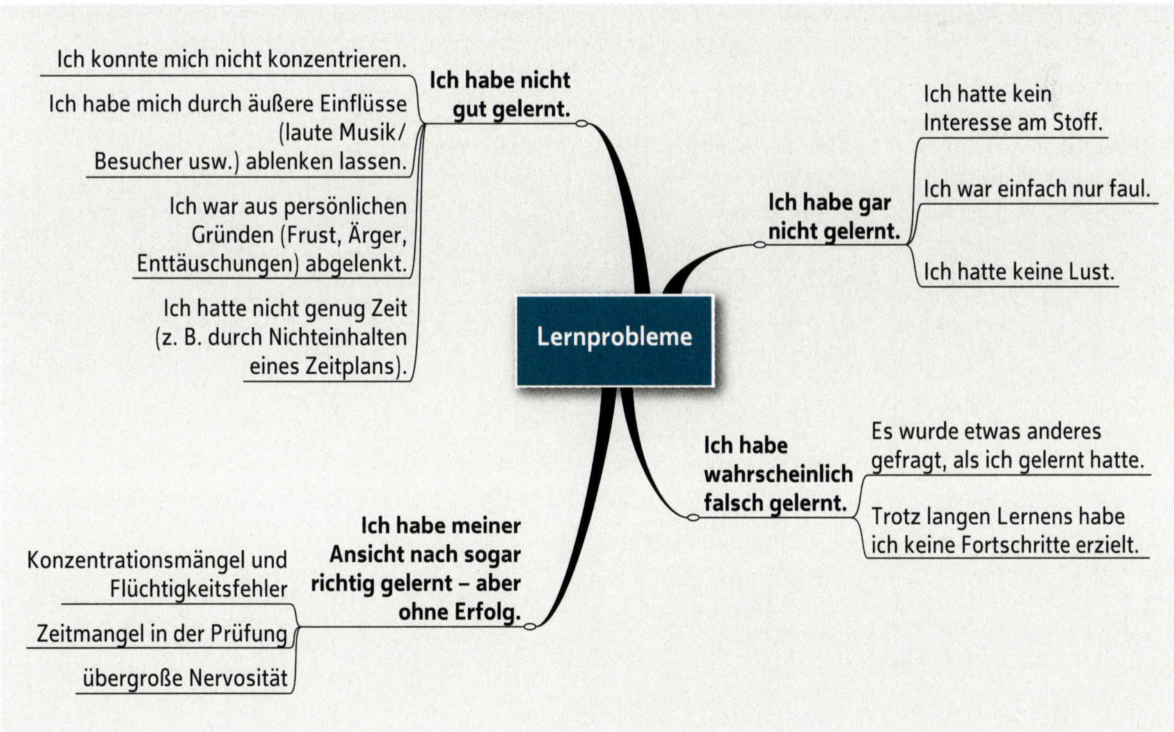

ZUSAMMENFASSUNG

In der Warenannahme

muss die gelieferte **Ware kontrolliert** werden, damit der Betrieb nicht das Recht zur Reklamation verliert.

sofort

d.h.
- auf der Stelle
- in Anwesenheit des Überbringers

unverzüglich

d.h. ohne schuldhafte Verzögerung

bei Beanstandungen

Tatbestandsaufnahme

über
- **Berechtigung der Lieferung**
- **Zustand der Verpackung**
- **richtige Menge**

Mängelrüge

über
Zustand der Ware

Die Warenannahme wird unterstützt durch:

EDV-gestützte Warenwirtschaftssysteme

- Bereitstellung von entscheidungsrelevanten Informationen im Vorfeld des Wareneingangs
- Datenerfassung nur der Abweichungen des Wareneingangs von den Bestellungen
- Auswertungen für den Wareneingangsbereich des Betriebs
- Bereitstellung von Informationen für andere Bereiche der Warenwirtschaft

4.12 Wir erfüllen im Lager verschiedene Aufgaben

Einstieg

Carolin Saager ist im Rahmen ihrer Ausbildung seit Kurzem im Zentrallager eingesetzt. Mittlerweile hat sie dort schon verschiedene Tätigkeiten durchgeführt. Ihr Ausbilder weist sie auf die Bedeutung von Lagern für Unternehmen hin. Sie erfüllen für diese verschiedene Aufgaben.

1. Führen Sie auf, welche Funktionen Lager erfüllen.
2. Stellen Sie am Beispiel Ihres Ausbildungsunternehmens die verschiedenen Lagerarten vor.
3. Suchen Sie Beispiele für Waren, bei denen das Lager
   a) die Zeitspanne zwischen Ein- und Verkauf überbrückt,
   b) der Umformung bzw. Pflege von Waren dient.

INFORMATIONEN

Lagerhaltung

DEFINITION

Unter einem **Lager** versteht man den Ort, an dem Ware, Produkte oder Materialien auf Vorrat aufbewahrt werden.

Kaum ein Händler ist in der glücklichen Lage, jede gerade gelieferte Ware sofort wieder verkaufen zu können. Da der Händler die Nachfrage der Kunden nicht vorhersehen kann, ist es nahezu unmöglich, die Beschaffung und den Absatz von Waren zeitlich und mengenmäßig genau aufeinander abzustimmen. Es gelingt einem Handelsbetrieb fast nie, nur so viel einzukaufen, wie für den Verkauf gerade benötigt wird. Ein Industriebetrieb steht vor ähnlichen Problemen: Für die Produktion müssen z. B. Roh-, Hilfs- und Betriebsstoffe zur Verfügung stehen. Daraus ergibt sich die Notwendigkeit der Lagerhaltung, die Spannungen zwischen Einkauf und Verkauf bzw. Verbrauch möglichst vermeiden soll.

Aufgaben der Lagerhaltung

Hauptziel der Lagerhaltung ist der Ausgleich zwischen Beschaffung und Absatz von Waren bzw. zwischen Herstellung und Verkauf von Produkten. In diesem Zusammenhang erfüllt das Lager verschiedene Aufgaben.

Sicherung der Verkaufsbereitschaft bzw. der Produktionsfähigkeit

Artikel werden im Lager bereitgehalten, um die Nachfrage sofort und bedarfsgerecht versorgen zu können. Die Aufrechterhaltung des Verkaufs- und Produktionsprozesses wird gesichert. Das Lager soll also einerseits verhindern, dass Schwierigkeiten bei der Beschaffung von Waren (wie z. B. Lieferverzögerungen oder Transportschwierigkeiten) die Verkaufsbereitschaft oder die Produktion stören. Andererseits werden aber auch Artikel auf Vorrat gehalten, um Nachfrageschwankungen abzufangen. Solche Unregelmäßigkeiten im Verkauf können aus modischen, saisonalen oder konjunkturellen Gründen auftreten.

Überbrückung der Zeit

Wenn Einkauf und Verkauf bzw. Produktion zeitlich auseinanderfallen, dient das Lager dazu, die Zeit so lange zu überbrücken, bis die Artikel vom Kunden benötigt werden. Das Lager ermöglicht also den zeitlichen Ausgleich zwischen Beschaffung und Absatz bzw. Produktion.

BEISPIEL

Bestimmte Waren können nur zu bestimmten Jahreszeiten beschafft werden, der Verkauf muss aber ganzjährig stattfinden (z. B. Obst und Gemüse).

Ausnutzung von Preisvorteilen

Das Lager ermöglicht, Preis- und Kostenvorteile wahrzunehmen, die der Beschaffungsmarkt bietet. Sehr oft liegen die Preise der Lieferanten niedriger, wenn die Nachfrage zu bestimmten Zeiten nicht so groß ist. Dann empfiehlt es sich für das beschaffende Unternehmen, die Waren günstig einzukaufen und auf Vorrat zu nehmen. Aber auch die Vorteile des Großeinkaufs kann man durch ein Lager nutzen. Die Einkaufspreise können sich erheblich verringern durch Mengenrabatte, die dem beschaffenden Unternehmen gewährt werden. Oft erreicht man überdies durch den Einkauf größerer Mengen, dass die Verpackungs- oder Beförderungskosten sinken oder ganz vom Lieferanten übernommen werden.

Pflege und Umformung von Lagergütern

Eine weitere Aufgabe der Lagerhaltung ist die zweckmäßige Behandlung und Pflege der Lagergüter, durch die deren Gebrauchsfähigkeit erhalten wird. Darüber hinaus wird im Lager oft noch nicht verwendungsfähige Ware in einen verkaufsfähigen Zustand gebracht. Hier finden Umpack-, Umfüll-, Misch- und Sortiervorgänge statt. Um den Kunden beispielsweise eine große Auswahl zu bieten, wird die Ware in den vom Kunden gewünschten Mengen bereitgestellt.

BEISPIEL

Tee wird im Lager in 1000-kg-Säcken angeliefert und in kundenfreundliche 500-g-, 250-g- und 100-g-Tüten umgepackt.

Veredelung von Waren

In seltenen Fällen soll im Lager eine qualitative Veränderung der Ware bewirkt werden. So wird dort Obst aufbewahrt, um zu reifen. Wein gewinnt an Wert, wenn er sorgsam gelagert wird.

Lagerarten

Lager gibt es in unterschiedlichen Formen und Größen. Sie können nach verschiedenen Merkmalen unterschieden werden, wobei in der Praxis häufig Mischformen auftreten.

Lagerarten in verschiedenen Wirtschaftszweigen		
Industrie → Herstellung	**Großhandel** → Mittler zwischen Industrie und Einzelhandel	**Einzelhandel** → Verkauf an Endverbraucher
• **Materiallager** – Bereitstellung von Materialien – Arten: • **Rohstofflager** Hauptbestandteile der Produkte • **Hilfsstofflager** Stoffe, die nur mit geringem Anteil in das Produkt eingehen • **Betriebsstofflager** Stoffe werden bei der Herstellung verbraucht, gehen aber nicht ins Produkt ein • **Zwischenlager** – Werkstattlager – Wartezeiten auf verschiedenen Fertigungsstufen werden überbrückt • **Fertigwarenlager** – Einlagerung der fertigen Produkte bis zum Verkauf	• **Handelswarenlager** – das eigentliche Lager des Großhandels • **Auslieferungslager** – zusätzliche Lager in Kundennähe, um Transportwege und Lieferzeiten zu verkürzen • **Kommissionslager** – Sonderform: Hersteller stellt Großhandel auf eigene Kosten Ware zur Verfügung – Lagerung beim Großhandel	• **Verkaufslager** – die Verkaufsräume – für Kunden zugänglich • **Reservelager** – zur Verhinderung von Engpässen – Warenannahme – Warenmanipulation

Weitere Lagerarten

Einteilung nach dem Ort der Aufbewahrung

Eigenlager
Von einem Eigenlager spricht man, wenn ein Unternehmen seine Ware in eigenen Geschäftsräumen lagert.

Fremdlager
Aus bestimmten Gründen verwenden Unternehmen oft fremde Lagerräume in Lagerhäusern, bei Spediteuren oder Kommissionären für ihre Warenvorräte.

Einteilung nach dem Grad der Aufteilung der Lagergüter

zentrales Lager
Alle Waren werden an einem Ort gelagert.

dezentrales Lager
Die Waren werden auf verschiedene Lager verteilt, beispielsweise auf die Lager von Filialen.

Einteilung nach ihrer Aufgabe

Vorratslager
Hauptaufgabe ist es, eine hohe Kapazität für die Aufnahme von Waren zur Verfügung zu stellen. Als wichtigstes Ziel wird eine langfristige Pufferfunktion angestrebt, also die Zeitüberbrückung zwischen Produktion und Verwendung.

Umschlagslager
Diese Lagerart soll kurzfristig die Güter zwischen dem Umschlag von Transportmittel zu Transportmittel aufnehmen. Es dominieren die Bewegungsprozesse: Nicht so sehr eine hohe Lagerkapazität, sondern die Erzielung einer hohen Umschlagsgeschwindigkeit ist wichtigste Zielsetzung.

Verteilungslager
Hier sind Lager- und Bewegungsprozesse von gleicher Bedeutung. Wichtigste Zielsetzung ist die Leistungsfähigkeit zur Umstrukturierung des Güterflusses. Man unterscheidet:
- **Zulieferungslager:** Güter werden von unterschiedlichen Lieferanten gesammelt und an einen oder mehrere Kunden verteilt. Hauptaufgabe dieser beschaffungsorientierten Lagerart ist also eine hohe Konzentrationsleistung.
- **Auslieferungslager:** Güter werden z. B. aus der Produktion gesammelt und an verschiedene Kunden ausgeliefert. Sie sind absatzorientiert und streben eine hohe Auflöseleistung an.

Einteilung nach Bauformen

Freilager

Sie sind für witterungsunempfindliche Güter die preisgünstigste Möglichkeit. Ihr häufigster Anwendungsbereich liegt bei Schüttgütern, Holz, Baustoffen oder einigen Stahlerzeugnissen.

Flachlager

Lager, die in Gebäuden bis zu maximal 7 m Höhe untergebracht sind. Voraussetzung ist eine ausreichend vorhandene Grundfläche. Sie sind nicht hochgradig automatisierbar und somit personalaufwendig.

Etagenlager

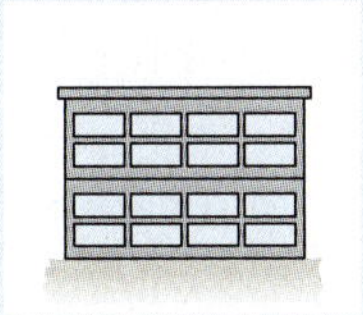

Ein Etagenlager ist ein übereinander angeordnetes Flachlager auf mehreren Stockwerken. Es wird Grundfläche im Lager eingespart, der Warenfluss im Lager jedoch oft durch Aufzüge verlangsamt.

Hochflachlager/ Hochregallager

Hochflachlager sind Lager mit bis zu 12 m Höhe. Hochregallager sind Lager mit Höhen über 12 m. Die höchsten Lager in der Praxis haben sogar Höhen von z. T. über 45 m. Sie haben eine kleine Grundfläche. Hochregallager besitzen eine kapitalintensive Lagereinrichtung, weil sie u. a. über eine hohe Automatisierung mit EDV-gestützten Regalförderzeugen verfügen.

Bunker-/Silo-/Tanklager

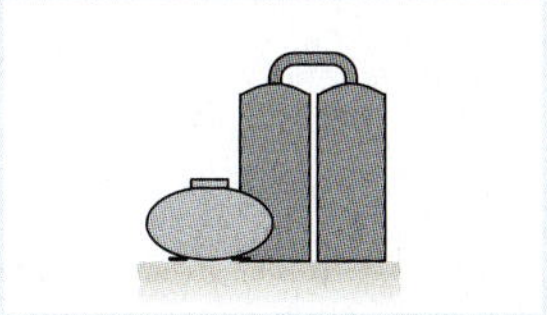

Bunker, Silos oder Tanks sind Speicherbehältnisse zur Lagerung von Schüttgütern, Flüssigkeiten oder Gasen. Es werden Höhen bis zu 50 m und Nutzinhalte von 2000 Kubikmetern erreicht. Die Beschickung der Bunker geschieht sehr häufig von oben über Krane oder Stetigförderer, während die Entnahme meist über Auslaufeinrichtungen am Boden erfolgt.

spezielle Lagertypen für unterschiedliche Zwecke

Reservelager
Ein Reservelager dient der Aufnahme von Sicherheitsbeständen zur Aufrechterhaltung der Verkaufsbereitschaft.

Wareneingangslager
Hier befinden sich Waren, die vom Wareneingang noch nicht für die eigentliche Lagerung bzw. den Verkauf freigegeben worden sind.

Kühllager
Sie dienen zur Aufbewahrung wärmeempfindlicher Waren.

Sonderlager durch gesetzliche Bestimmungen

In bestimmten Fällen müssen aus gesetzlichen Gründen spezielle Lager eingerichtet werden. Dabei ist der Verbleib der Ware gesondert nachzuweisen und die Ware unter strengstem Verschluss zu halten.

Lager für gefährliche Güter
Hierzu gehören z. B. Betäubungsmittel, radioaktive Stoffe und explosionsgefährliche Waren.

Steuerlager
Aufgrund der Gesetzgebung sind bestimmte Waren wie z. B. Alkohol getrennt zu halten und abzurechnen.

Zollgutlager
Es dient der Verwahrung von Zollgut.

AUFGABEN

1. Warum sind Lager notwendig?
2. Was versteht man unter einem Lager?
3. Welche Lagerarten unterscheidet man?
4. Welche Aufgaben erfüllt das Lager?
5. Erläutern Sie, ob bzw. wie in Ihrem Ausbildungsbetrieb Ware behandelt oder veredelt wird.
6. Finden Sie Beispiele für Umpack-, Umfüll-, Misch- und Sortiervorgänge in Unternehmen.
7. Welche Aufgabe erfüllen die Lager in den folgenden Fällen?
   a) Damit eine bestimmte Anzahl an Pullovern am 1. Juli ausgeliefert werde kann, wird für die Produktion Baumwollstoff aus dem Rohstofflager entnommen.
   b) Schon im August werden Schokoladenweihnachtsmänner gelagert.
   c) Emmentaler-Käselaibe werden in Scheiben geschnitten und in 100-g-Plastikpackungen verpackt.
   d) Vor den Weihnachtsfeiertagen werden bei vielen Warengruppen die Bestände erhöht.
   e) Gleich nach der Herstellung werden verschiedene Weinsorten bei den Erzeugern gekauft und auf Lager genommen.
   f) Aufgrund des Brandes bei dem weltweit führenden Prozessorhersteller wird mit einer Verknappung und damit Verteuerung der Prozessoren gerechnet, was nach Ansicht der Einkäufer zu einer Erhöhung der Einkaufspreise von Computern führen wird. Da gerade ein günstiges Angebot einer taiwanesischen Firma vorliegt, die sofort liefern kann, kauft man 200 Laptops sowie 400 Computer.

AKTIONEN

1. Schreiben Sie einen Fachbericht mit dem Thema „Unser Lager".
   Dem Fachbericht soll mindestens entnommen werden können, welche Lagerarten Ihr Ausbildungsbetrieb hat und welche Aufgaben das Lager für Ihren Betrieb erfüllt. Dabei kommt es vor allem auf die jeweilige Begründung an.
2. Klären Sie die Begriffe
   - Fremdlager,
   - Wareneingangslager,
   - Hochregallager,
   - Betriebsstofflager

   mithilfe einer Internetrecherche.
3. Erstellen Sie eine Wandzeitung. Diese soll am Beispiel eines Artikels aus Ihrem Ausbildungssortiment anschaulich erläutern, wie das Lager verschiedene Aufgaben erfüllt. Bereiten Sie sich darauf vor, dies zu präsentieren.
4. Um optimal – z. B. für Klassenarbeiten in der Berufsschule – lernen zu können, müssen Sie Ihren Arbeitsplatz so gestalten, dass dort optimal gearbeitet werden kann. Dies gilt natürlich erst recht für jeden beruflichen Arbeitsplatz. Versuchen Sie daher, jeden Störfaktor am Arbeitsplatz auszuschalten:
   a) Überprüfen Sie, ob eine der vorgestellten Störfaktoren an Ihrem Arbeitsplatz vorkommt.
   b) Überlegen Sie, ob dies bei Ihnen negative Folgen gehabt haben könnte bzw. hat.
   c) Versuchen Sie, eine mögliche Lösung zu finden.

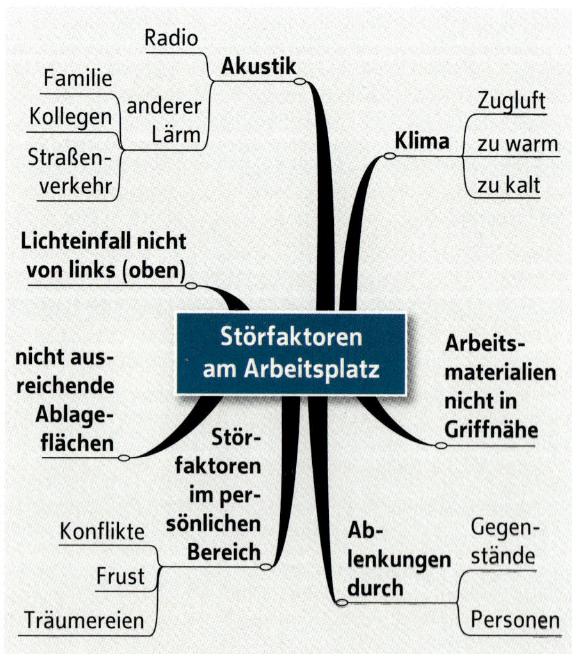

ZUSAMMENFASSUNG

Lager

= Ort, wo Ware aufbewahrt wird

Aufgaben des Lagers

Sicherung der Verkaufsbereitschaft bzw. Produktionsfähigkeit
Das Lager gewährleistet eine optimale Belieferung der Kunden.

Überbrückung der Zeit
Das Lager ermöglicht den Zeitausgleich zwischen Einkauf und Verkauf bzw. Produktion.

Ausnutzung von Preisvorteilen
Das Lager ermöglicht günstige Einkäufe.

Pflege und Behandlung der Ware
Im Lager wird die Ware gebrauchsfähig erhalten bzw. verkaufsfertig gemacht.

Veredelung
Im Lager gewinnt die Ware an Qualität.

Lagerarten

nach dem Wirtschaftszweig
- Industrielager
- Großhandelslager
- Einzelhandelslager

nach dem Ort der Aufbewahrung
- Eigenlager
- Fremdlager

nach dem Grad der Aufteilung der Lagergüter
- zentrales Lager
- dezentrales Lager

nach ihrer Aufgabe
- Vorratslager
- Umschlagslager
- Verteilungslager

nach Bauformen
- Freilager
- Flachlager
- Etagenlager
- Hochflachlager
- Hochregallager
- Bunker-/Silo-/Tanklager

spezielle Lager
- Reservelager
- Wareneingangslager
- Kühllager
- Sonderlager durch gesetzliche Bestimmungen

4.13 Wir beachten allgemeingültige Grundsätze bei der Arbeit im Lager

Einstieg

Herr Kreipe, Lagerleiter in der Hoffmann KG, berichtet Carolin Saager aus der Gründungszeit des Unternehmens:

„Damals hatten wir einige Schwierigkeiten. Unser Lager war zunächst einmal sehr klein. Ein Teil der Ware musste in den Kellerräumen eines anderen Gebäudes untergebracht werden. Auf der ungesicherten Kellertreppe kam es zu zwei Arbeitsunfällen. Oft musste Ware gesucht werden, weil wir nicht wussten, wo benötigte Artikel standen. Wertvolle Ware wurde offen in den Regalen aufbewahrt ..."

1. Machen Sie Vorschläge, wie ein Lager organisiert sein muss, um diese Schwierigkeiten zu vermeiden.
2. Stellen Sie fest, welche Gesichtspunkte bei der Lagerung von Waren beachtet werden müssen.
3. Geben Sie an, welche Tätigkeiten üblicherweise in Ihrem Lager durchgeführt werden.

INFORMATIONEN

Um die Unternehmensziele zu erreichen, werden im Lager unterschiedliche Tätigkeiten durchgeführt.

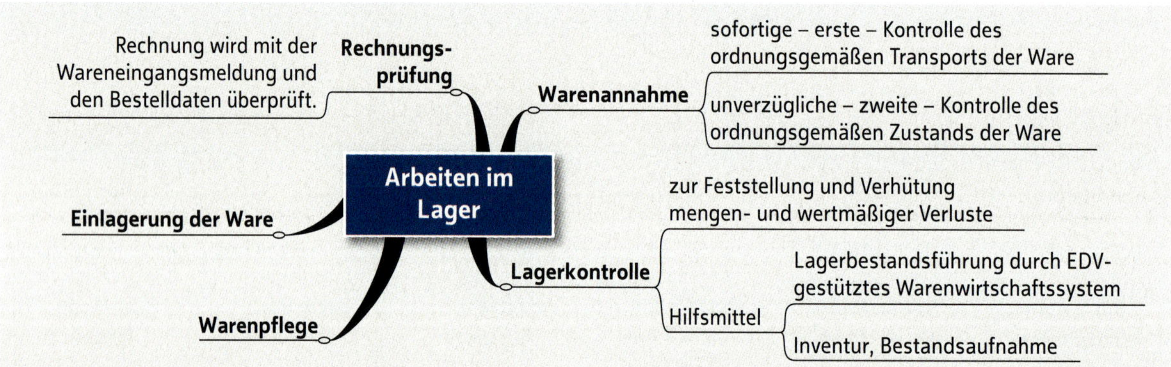

Ordnungsgemäße Durchführung aller im Lager anfallenden Tätigkeiten

Das Lager muss so organisiert sein, dass alle dort normalerweise anfallenden Vorgänge des Warenhandlings (Warenhandhabung) ordnungsgemäß durchgeführt werden können. Im Rahmen des Warendurchlaufs durch den Betrieb fallen folgende Tätigkeiten im Lager an:

Warenannahme und Eingangskontrolle

In fast allen Unternehmen wird eine Annahme der vom Lieferanten ankommenden Waren durchgeführt. Das Personal hat die per Lkw, Bahn, Schiff oder Flugzeug eintreffende Ware in der betrieblichen Anlieferzone zu übernehmen. Der nächste im Lager zu organisierende Schritt ist die körperliche Wareneingangskontrolle. Es muss festgestellt werden, ob die gelieferte Ware nach Art, Menge und Qualität der aufgegebenen Bestellung entspricht.

Physische Lagerführung

In einem Unternehmen stellt die Lagerführung eine wesentliche Funktion dar. Dazu gehören im engeren Sinn folgende Teilaufgaben:
- Einlagerung der gelieferten Ware
- die eigentlichen Lagerhaltung
- Warenpflege
- körperliche Inventurdurchführung

Aufgrund der erheblichen Durchflussmengen an Waren können solche Aufgaben nur noch bei Anwendung einer spezialisierten Technik und Organisation wirtschaftlich bewältigt werden.

Kommissionierung

DEFINITION

Kommissionieren bedeutet das Zusammenstellen von Aufträgen.

Die vom Kunden benötigten Waren müssen im Lager gesammelt und bis zum Versandplatz transportiert werden. Einer sinnvollen Organisation der Kommissionierung kommt in Industrie- und Handelsunternehmen eine große Bedeutung zu. Die Kommissionierung verursacht einerseits durch hohen Personal- und Sachmitteleinsatz hohe Kosten, beeinflusst aber andererseits durch den Grad der Fehlerfreiheit der Kommissionen die Zufriedenheit der Kunden beträchtlich. Daher müssen die Zusammenstellwege und -zeiten minimiert werden. In diesem Zusammenhang sind verschiedene Kommissioniersysteme entwickelt worden.

DEFINITION

Unter **Kommissioniersystemen** versteht man die Sammelmethoden, mit denen einzelne Artikelpositionen zu den vollständigen Kundenaufträgen zusammengestellt werden.

Warenpflege

Die gelagerten Waren stellen Vermögenswerte dar. Um Verderb und Beschädigungen zu vermeiden, müssen sie gepflegt werden. Die Warenpflege gehört zu den täglich anfallenden Aufgaben der im Lager Beschäftigten. Sie umfasst alle Arbeiten, um die Waren in einem gebrauchs- oder verkaufsfähigen Zustand zu erhalten. Im Verkaufslager eines Einzelhandelsunternehmens z. B. fallen im Rahmen der Warenpflege folgende Aufgaben an:

- Verbesserung der Umschlagshäufigkeit und der Vermeidung von Bevorratungslücken

BEISPIELE

- ständige Bestandskontrolle, damit keine Lücken entstehen
- Kommt es dennoch einmal zu Lücken aufgrund fehlender Ware, sollte der Warenträger „vorübergehend“ mit vorhandener Ware gefüllt werden – aber wirklich nur, bis der Fehlbestand behoben ist.

- Bestandsauffüllung (Nachfüllen)

BEISPIELE

- Warenanordnung beim Nachfüllen beibehalten
- Waren übersichtlich stapeln, aneinanderreihen, auf Haken hängen
- das Packungsbild aus der Sicht des Kunden stets nach vorne platzieren
- mit Grifflücken den Kunden einladen und bequemes Entnehmen ermöglichen

- Gewährleistung eines angemessenen Erscheinungsbilds des Angebots

BEISPIELE

- nur einwandfreie Ware in die Warenträger bringen
- Ware ständig auf Beschädigungen prüfen
- beschädigte oder verdorbene Ware aussortieren
- Ware nur in der angemessenen Sauberkeit anbieten
- Ware reinigen bzw. entstauben
- Überprüfung von Ware auf Überschreitung des Verfalldatums und evtl. Aussortieren
- Überprüfung der Ware auf korrekte Preisauszeichnung

Warenmanipulation

Häufig müssen im Lager Tätigkeiten durchgeführt werden, die die Waren erst in einen verkaufsfähigen Zustand (also zur Verwendungsreife) bringen.

BEISPIELE

- Reifelagerung (Wein, Cognac)
- Mischung (Futtermittel, Tee)
- Vorverpackung (Obst, Gemüse)
- Sortierung (landwirtschaftliche Produkte)

Aufgrund der Vielzahl der Manipulationsvorgänge ergibt sich eine hohe Regelungsbedürftigkeit.

Innerbetrieblicher Transport

Die Ausgestaltung des innerbetrieblichen Warentransports hängt ganz entscheidend von der baulichen Struktur und der flächenmäßigen Ausdehnung einer Betriebsstätte ab. Für Transporte kommen Gabelstapler, Hubwagen, Elektrofördermittel, Krane und Ähnliches infrage. Daneben spielt im Hinblick auf Umlagerungen die Anzahl und regionale Verteilung der Verkaufsstellen von Mehrbetriebsunternehmen eine Rolle.

Lagergrundsätze

Damit die Aufgaben der Lagerhaltung optimal erfüllt werden können, müssen bei der Einrichtung des Lagers bestimmte allgemeingültige Grundsätze beachtet werden.

Geräumigkeit

Das Lager sollte groß genug sein. Im Großhandel z. B. werden neben der eigentlichen Aufbewahrung Waren auch angenommen, ausgepackt und geprüft. Anschließend sollen die Waren eventuell noch sortiert, abgepackt, umgefüllt oder abgewogen werden. Schließlich müssen die Artikel mühelos entnommen und transportiert werden können. Für all diese Arbeiten wird ausreichend Platz benötigt. Ein zu enges oder zu kleines Lager würde zusätzliche Kosten durch Zeitverlust verursachen. Außerdem wäre der rationelle Einsatz von maschinellen Hilfsmitteln, wie z. B. Gabelstaplern, nicht möglich.

Übersichtlichkeit

Oft können Preisvorteile, die beim Einkauf der Ware gewonnen wurden, durch eine unübersichtliche Lagerung wieder verloren gehen. Wird in solchen Lagern ohne vorgeplante Lagerordnung gearbeitet, kann ein erhebliches Durcheinander entstehen. Das Lager sollte so gestaltet werden, dass die Ware schnell und sicher aufgefunden werden kann. In diesem Zusammenhang müssen im Lager Entscheidungen getroffen werden über:

- die Lagerplatzzuordnung
- das Verbrauchsfolgeverfahren
- das Kommissionierungssystem

Hier wird gegen die Lagergrundsätze der Geräumigkeit und Übersichtlichkeit verstoßen.

Ziel einer optimalen **Lagerplatzzuordnung** ist es, den einzelnen Artikeln jenen Lagerort zuzuordnen, der die gesamten Kosten des Warenflusses zwischen Ein- und Auslagerung minimiert. Es werden zwei Methoden unterschieden:

- **feste Lagerplatzzuordnung**
  Bei der festen Lagerplatzzuordnung ist stets jedem Artikel ein fester Lagerort zugewiesen. Der Platzbedarf orientiert sich dabei am Höchstbestand, weswegen ein hoher Raumbedarf anfällt. Die im Lager zu führenden Güter werden nach einem systematischen Lagerplatznummernsystem platziert. Dabei kann ein Lagerplatz in etwa wie folgt gekennzeichnet sein:

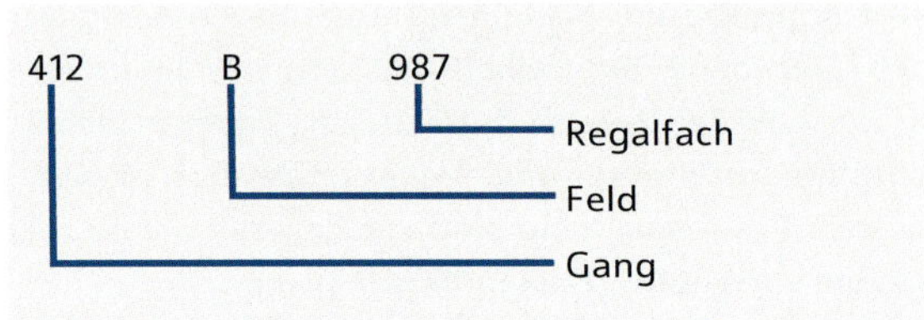

  Vorteilhaft wirkt sich aus, dass eine große Übersichtlichkeit und Zugriffssicherheit im Lager besteht: Da jeder Artikel seinen angestammten Lagerplatz hat, können Einlagerung und Kommissionierung notfalls auch ohne EDV-Unterstützung durchgeführt werden. Oft wird in einem **Lagerplan** festgehalten, wo ein bestimmter Artikel zu finden ist.

- **chaotische Lagerplatzzuordnung**
  Bei der chaotischen Lagerplatzzuordnung wird jede Ware dort eingelagert, wo zufällig ein genügend großer Platz frei ist. Diese Form der Lagerung verfolgt das Ziel einer optimalen Ausnutzung der Lagerkapazität. Da es letztlich vom Zufall abhängt, welchen Lagerplatz

7455574

ein Artikel erhält, kann gleiche Ware an weit auseinanderliegenden Stellen gelagert sein. Diese Form der Lagerordnung erfordert durch die große Anzahl von Lagerplätzen den Einsatz der EDV zur Steuerung der Kontrolle von Ein- und Auslagerung.

Im Rahmen der **Verbrauchsfolgeverfahren** wird die Reihenfolge der Güter bei den Einlagerungs- und Auslagerungsprozessen festgelegt. Die beiden wichtigsten Verfahren sind:

- **Fifo: „First in – first out"**

  Wenn nicht bestimmte Gründe dazu führen, ein anderes Verfahren zu verwenden, sollte man stets das Prinzip „first in – first out" beachten: Um Veralterung und Verderb bzw. Ladenhüter zu vermeiden, sollten die zuerst eingelagerten Artikel auch zuerst ausgelagert werden.

- **Lifo: „Last in – first out"**
  In einigen Fällen ist es empfehlenswert, die zuletzt eingelagerten Vorräte zuerst auszulagern, um einen schnellen Zugriff zu ermöglichen. Das Lifo-Verfahren wird in der Regel nur bei Schüttgütern wie Kohle oder Getreide angewandt.

Artgemäße Lagerung

Oft kommt es zu erheblichen Lagerverlusten, weil die Lagergüter nicht sachgerecht behandelt werden. Einige Güter haben bestimmte Eigenschaften, auf die man bei der Lagerung Rücksicht nehmen muss. Sind die Lagerbedingungen den Eigenschaften der Güter angepasst, wird deren Alterungsprozess verzögert. Deshalb müssen die eingelagerten Güter – je nach ihrer Beschaffenheit – geschützt werden vor:

Licht
Insbesondere die unmittelbar einfallenden Sonnenstrahlen wirken schädlich auf verschiedene Materialien wie z. B. Papiere, Bücher, bestimmte Nahrungsmittel, Gummi und Gummierzeugnisse sowie bunte Gewebe. Als Maßnahme empfiehlt sich eine Abdeckung bzw. Abdunklung.

Schädlinge
Verschiedene Insekten können Ware durch Verunreinigung, Fressen oder Nagen unbrauchbar machen. Ein Schutz wird erreicht durch strengste Sauberhaltung des Lagers. Darüber hinaus können chemische Mittel eingesetzt werden.

Geschmacksverlust oder -übertragung
Bestimmte Artikel (Käse, Wurst, Butter, Tee, Kaffee, Kakao usw.) können artfremde Gerüche annehmen. Um eine Geschmacksübertragung zu verhindern, sollten gefährdete Artikel getrennt aufbewahrt werden.

Wärme
Verschiedene Lebensmittel (Fleisch, Wurst, Fisch, Milchprodukte, Gemüse, Obst) müssen beispielsweise in Kühlräumen vor höheren Temperaturen geschützt werden.

Feuchtigkeit
Bücher, Papiere, Leder, Metall- und Holzartikel sowie bestimmte Lebensmittel reagieren empfindlich auf Nässe und Feuchtigkeit. Derart gefährdete Artikel sollten isoliert werden.

Austrocknung
Artikel wie Käse, Tabak, Gummi, Wolle usw. verlieren an Wert, wenn sich der Feuchtigkeitsgehalt im Material verringert. Abhilfe kann eine Klimaanlage schaffen.

Sachgerechte Lagereinrichtung

Eine grundlegende Aufgabe des Lagers besteht darin, alle Artikel so aufzubewahren, dass sie nicht beschädigt werden und dass alle Lagertätigkeiten reibungslos und wirtschaftlich ausgeführt werden können. Zu diesem Zweck ist jedes Lager mit verschiedenen Einrichtungen ausgestattet. Unter Lagereinrichtungen werden alle Hilfsmittel verstanden, die zum Aufbewahren der Artikel dienen. Die Wirtschaftlichkeit der Lagereinrichtung ist weniger von den Anschaffungskosten abhängig als vielmehr von der zweckmäßigen Planung, der leichten Bedienbarkeit und der Möglichkeit zum Umbauen.

Lagerregale sind durch ihre vielseitigen Anwendungsmöglichkeiten die häufigsten Lagereinrichtungen. Sie können durch ein Baukastensystem für jedes Lager nach den jeweiligen Bedürfnissen aufgebaut werden. Die Aufstellung der Regale soll bei bester Raumausnutzung größte Übersichtlichkeit und einwandfreie Lagerung gewährleisten.

Dabei muss oft abgewogen werden: Einerseits wird der Raum durch hohe Regale besser ausgenutzt. Andererseits steigen durch den erschwerten Zugang aber auch die Unfallgefahren und die Kosten für die zusätzlich aufgewendete Arbeitszeit.

Schränke unterscheiden sich von Regalen dadurch, dass sie mit Türen versehen sind. Sie dienen zur Aufbewahrung von Artikeln, die mit Rücksicht auf ihre Eigenschaften (Schutz vor unbefugten Personen) zusätzlich gesichert werden müssen.

In Verkaufslagern sind auch **Vitrinen** von Bedeutung. Sie werden regelrecht als Schaukästen benutzt, um bestimmte Waren bevorzugt ausstellen zu können.

Umweltschutz

Ein umweltbewusstes Lager muss so gestaltet sein, dass keine Stoffe bzw. Güter ungewollt – also durch Versickern, Abfließen oder Ausströmen – in die natürliche Umwelt gelangen. Um diese Anforderung zu erfüllen, können technische Maßnahmen (z.B. Auffangbecken, Verschalungen), aber auch organisatorische Maßnahmen (u.a. Einführung eines Überwachungssystems für eingehendes Gefahrgut) ergriffen werden.

Sicherheit

Durch Vorsorge- und Sicherungsmaßnahmen kann im Lager die Gefahr eines Brands, eines Diebstahls oder eines Unfalls vermindert werden.

Jeder Lagerbrand würde einen erheblichen wirtschaftlichen Verlust verursachen, weil gerade in den Lagern große Gütermengen vorrätig sind. Aus diesem Grund ist die Sicherung der Lager vor Feuer eine wichtige Aufgabe. Die Mehrzahl der Brandursachen lässt sich völlig beseitigen, wenn die für den Betrieb geltenden **Brandschutzvorschriften** genau eingehalten werden. Darüber hinaus können auch technische Brandschutzvorrichtungen wie Feuerlöscher, Sprinkler- und Alarmanlagen den Eintritt eines Brands verhindern.

Einbrüche oder Diebstähle werden erschwert, indem das Lager beispielsweise durch Schlösser und Stahltüren besonders gesichert wird. Weiterhin empfehlen sich Kontrollen und **Überwachungsmaßnahmen** (im Verkaufslager z.B. Fernsehanlagen und Spiegel). Besonders ist darauf zu achten, dass außer dem Lagerpersonal niemand das Lager betritt.

Die Arbeitsbedingungen im Lager müssen den Vorschriften des **Arbeitsschutzes** entsprechen. Die Mitarbeiter des Lagers müssen so weitgehend wie möglich vor Einflüssen geschützt werden, die schädlich auf ihre Gesundheit einwirken oder sie anderweitig gefährden können. Für die Unfallverhütung haben die Berufsgenossenschaften Unfallverhütungsvorschriften ausgearbeitet, zu deren Bekanntmachung der Arbeitgeber verpflichtet ist. Die Unfallverhütungsvorschriften enthalten Regelungen über

- das Verhalten, das die Arbeitnehmer zur Verhütung von Arbeitsunfällen im Lager an den Tag legen sollen,
- Einrichtungen, Anordnungen und Maßnahmen, die die Arbeitgeber in den Betrieben zu treffen haben.

Die Sicherheitskennzeichnung im Lager weist auf mögliche Gefahren und Risiken hin.

BEISPIELE

Verbotszeichen

Feuer, offenes Licht und Rauchen verboten

Warnzeichen

Warnung vor gefährlicher elektrischer Spannung

Gebotszeichen

Schutzschuhe tragen

Rettungszeichen

Richtungsangabe zur Ersten Hilfe

AUFGABEN

1. Warum sollte ein Lager geräumig sein?
2. Wie kann ein übersichtliches Lager erreicht werden?
3. Was versteht man unter einer artgemäßen Lagerung?
4. Wovor müssen die nachstehenden Waren geschützt werden?
   a) Papier
   b) Leder
   c) Käse
   d) Obst
   e) Tabak
   f) Filme
   g) Holz
5. Wodurch unterscheiden sich die verschiedenen Lagereinrichtungen?
6. Welche Maßnahmen unterstützen die Sicherheit im Lager?
7. Welche Aufgaben fallen üblicherweise im Lager an?
8. Erläutern Sie die folgenden Begriffe:
   a) Kommissioniersystem
   b) chaotische Lagerung
   c) Fifo
   d) Festplatzsystem
   e) Lagerplan
   f) Warenmanipulation
9. Welche Vorteile bietet die
   a) feste,
   b) chaotische
   Lagerplatzzuordnung?
10. Das Weihnachtsgeschäft steht vor der Tür. Für die großen Warenmengen, die deswegen eintreffen, wird im Lager der benachbarten Sandvoß KG viel Platz benötigt. Bei welcher Verhaltensweise verstoßen die Mitarbeiter gegen einen der Grundsätze zur ordnungsgemäßen Lagerung?
    a) Sie lagern Kerzen nicht in der Nähe von Heizungen.
    b) Sie führen einen Lagerplan, um die Ware schneller wiederzufinden.
    c) Sie lagern die neue Ware hinter der älteren.
    d) Sie stellen neu eingetroffene Waren vor gleiche Artikel, um die Übersicht zu behalten.
    e) Sie decken Kleidungsstücke mit Folie ab, um sie vor Schmutz und Staub zu schützen.

AKTIONEN

1. a) Suchen Sie mithilfe der Kopfstandmethode Fehler, die man bei Tätigkeiten im Lager machen kann, bzw. was dort schiefgehen kann.
   b) Formulieren Sie für jeden gefundenen Fehler einen Oberbegriff, der ein positives Vorgehen kennzeichnet.
2. Führen Sie in Partnerarbeit/Gruppenarbeit eine Internetrecherche durch. Sammeln Sie Informationen über Sicherheitskennzeichnungen im Lager.
3. Erstellen Sie anschließend ein Wandplakat, das jeweils mindestens fünf
   - Verbotszeichen,
   - Warnzeichen,
   - Gebotszeichen,
   - Rettungszeichen

   und entsprechende Erläuterungen dazu enthält.
4. In dieser Aktion geht es um die Auswertung des vergangenen Unterrichtsverlaufs für ein erfolgreiches Lernen in der Zukunft.

   Viel kann man auch lernen aus der Analyse des vorangegangenen Unterrichts: Sie sollten die einzelnen Lernabschnitte und die Arbeit im Unterricht insgesamt reflektieren. Aus der Auswertung des Unterrichtsverlaufs der vergangenen Zeit können Sie Rückschlüsse und Konsequenzen für eine erfolgreiche Arbeit in der Zukunft ziehen.

   - Beantworten Sie also die Fragen des Fragebogens auf der folgenden Seite.
   - Vergleichen und besprechen Sie die Ergebnisse anschließend mit den Mitgliedern Ihrer Arbeitsgruppe.
   - Versuchen Sie aus Ihren Ergebnissen und aus den Rückmeldungen der anderen Arbeitsgruppenmitglieder Konsequenzen für Ihr Lernverhalten im weiteren Verlauf Ihrer Ausbildung zu ziehen.

1. Sind Sie zufrieden mit dem Ergebnis Ihrer Arbeitsgruppe?
2. Gab es Schwierigkeiten bei der Informationsbeschaffung?
3. Was ist besonders gut gelaufen?
4. Was ist besonders schlecht gelaufen?
5. War die Arbeit intensiv und ohne Ablenkung?
6. Wie beurteilen Sie die Arbeit in Ihrer Gruppe (Ausmaß der Beteiligung, dominierende oder „störende" Personen)?
7. Wo konnten Sie Lernzuwächse (Fach-, Methoden und Sozialkompetenz) erzielen?
8. Was sollte in Ihrem Lernverhalten und in dem der Arbeitsgruppe in Zukunft verbessert werden?

Bei der Besprechung des Fragebogens in der Arbeitsgruppe sollte Folgendes immer beachtet werden:

- Formulieren Sie Ihre Rückmeldung sachlich und konstruktiv, sodass sie für andere annehmbar und nicht verletzend ist.
- Bekommen Sie Rückmeldung, nehmen Sie eine eventuelle Kritik nicht persönlich, sondern fassen Sie sie als persönliche Anregung auf.

ZUSAMMENFASSUNG

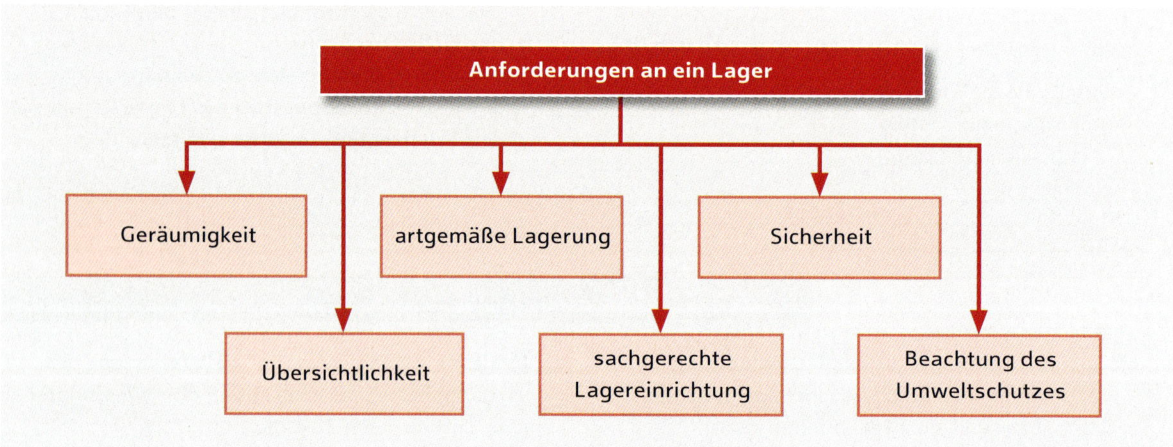

4.14 Wir versuchen, uns dem optimalen Lagerbestand zu nähern

Einstieg

Der Lagerleiter, Herr Kreipe, und der Leiter der Einkaufsabteilung, Herr Hetzel, sind unterschiedlicher Meinung:

Herr Hetzel: „Aufgrund des vorhergesagten schönen Wetters ist mit einer verstärkten Nachfrage der Kunden nach Sonnenhüten zu rechnen. Wir wollen jeden möglichen Umsatz mitnehmen. Deshalb haben wir erheblich mehr als üblich bestellt.“

Herr Kreipe: „Aber wir haben keinen Platz mehr im Lager. Wo soll ich die Ware unterbringen?“

Herr Hetzel: „In der Nachbarschaft ist doch ein Lagerraum frei.“

Herr Kreipe: „Das bedeutet aber zusätzliche Kosten.“

1. Führen Sie auf, welche Kosten für einen zusätzlichen Lagerraum in der Nachbarschaft anfallen könnten.
2. Begründen Sie, wer von beiden recht hat.

INFORMATIONEN

Optimaler Lagerbestand

Das Hauptproblem im Rahmen der Lagerhaltung ist die Ermittlung des **optimalen Lagerbestands**. Darunter versteht man den für das beschaffende Unternehmen günstigsten Lagervorrat. Dieser muss einerseits aus Kostengründen so klein wie möglich gehalten werden. Andererseits muss er aber auch groß genug sein, um die Lieferbereitschaft aufrechterhalten zu können. Optimal ist ein Lagerbestand dann, wenn die Nachteile eines zu großen sowie die eines zu niedrigen Lagerbestands vermieden werden können.

Lagerkosten

Kosten für die Lagerbestände
- Zinsen für das in den Lagerbeständen gebundene Kapital
- Prämien für die Versicherung der Lagerbestände
- Wertminderung der Warenvorräte durch Diebstahl, Schwund, Veralten und Verderb

Kosten für die Lagerausstattung
- Raumkosten
- Instandhaltung, Strom, Heizung
- Abschreibungen auf Gebäude und Einrichtungen
- Verzinsung des Kapitals, das in Gebäude und Einrichtung investiert wurde

Kosten für die Lagerverwaltung
- Löhne und Gehälter des Lagerpersonals
- Büromaterial für die Lagerverwaltung

Nachteile eines unangemessenen Lagerbestands

Ein **zu großer Lagerbestand** würde zu unnötig hohen Lagerkosten führen. Eventuell müssten neue Lagerräume angemietet werden, neues Personal wäre einzustellen. Darüber hinaus besteht die Gefahr einer Wertminderung der Bestände. Liegt die Ware zu lange auf Lager, kann sie veralten, unmodern werden oder verderben. Auch darf das beschaffende Unternehmen nicht übersehen, dass es in den hohen Warenvorrat Geld angelegt hat, das es anderswo im Betrieb hätte besser gebrauchen können. Da dieses gebundene Kapital („totes Kapital“) überdies nicht gewinnbringend bei einer Bank angelegt kann, entgehen dem Unternehmen mögliche Zinseinnahmen.

Bei einem **zu kleinen Lagerbestand** könnte der Fall eintreten, dass der Kunde Waren, die er benötigt, nicht kaufen kann. Abgesehen von dem entgangenen Gewinn besteht für den Betrieb die Gefahr, dass der Kunde in Zukunft andere Unternehmen bevorzugt. In einem Industrieunternehmen besteht die Gefahr, dass es zu Produktionsengpässen kommen könnte. Ein weiterer möglicher Nachteil eines zu kleinen Lagerbestands sind höhere Kosten beim Bezug kleinerer Mengen, da z. B. kein Mengenrabatt gewährt wird.

Der Unternehmer und der optimale Lagerbestand

Der optimale, d.h. den gegebenen Umständen nach „beste" Lagervorrat ist abhängig von der Marktlage, den Transportverhältnissen und auch von der Leistungsfähigkeit des Lieferanten. Je besser diese Voraussetzungen sind, umso kleiner kann der Lagerbestand sein, da ja jederzeit nachgekauft werden kann. Der optimale Lagerbestand lässt sich nicht eindeutig berechnen, weil der Unternehmer die Nachfrage seiner Kunden nicht voraussehen kann. Er wird aber immer versuchen, so wirtschaftlich wie möglich zu planen. Dazu müssen die Bestände ständig kontrolliert[1] und Lagerkennziffern[2] gebildet werden.

Risiken der Lagerhaltung

Beim optimalen Lagerbestand fallen auch die Risiken der Lagerhaltung in einem vertretbaren Ausmaß an.

Jedes Warenlager birgt Risiken, die durch keine Versicherung abzudecken sind. Deshalb müssen die Mitarbeiter im Lager darauf achten, diese Risiken gering zu halten.

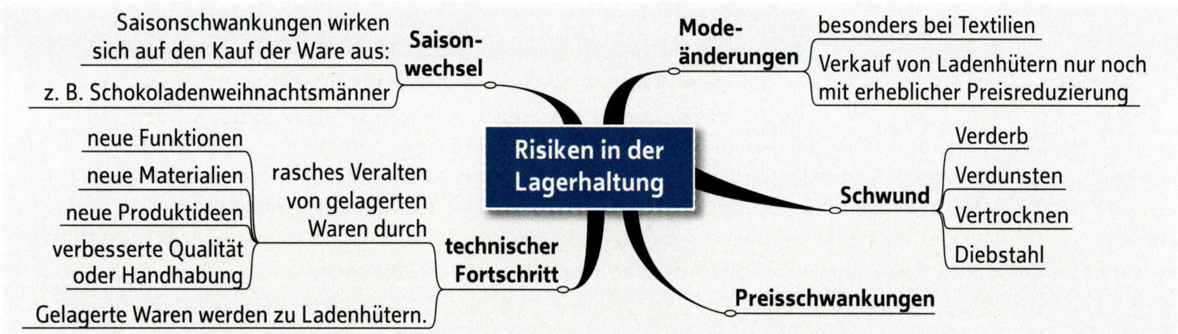

AUFGABEN

1. Was versteht man unter dem optimalen Lagerbestand?
2. Welche Nachteile hat ein zu großer Lagerbestand?
3. Nennen Sie die Nachteile eines zu kleinen Lagerbestands.
4. Nennen Sie Beispiele für Lagerkosten.
5. Warum lässt sich der optimale Lagerbestand nicht eindeutig ermitteln?
6. Erläutern Sie den Begriff *totes Kapital* in Zusammenhang mit den Lagerbeständen.
7. Welche Aussage über den optimalen Lagerbestand ist richtig?
   a) Der optimale Lagerbestand ermöglicht das Ausnützen der günstigsten Einkaufskonditionen.
   b) Beim optimalen Lagerbestand werden Vergleiche zwischen Soll- und Ist-Beständen überflüssig.
   c) Der optimale Lagerbestand ermöglicht die größte Wirtschaftlichkeit der Lagerhaltung.
   d) Bei Erreichen des optimalen Lagerbestands muss neue Ware bestellt werden.
   e) Beim optimalen Lagerbestand ist die Umschlagshäufigkeit am geringsten.
8. Welche Kostenart müssen Sie den Lagerkosten zuordnen?
   a) Kosten für die Zustellungen von Waren an Ihre Kunden
   b) Schutzverpackungen bei bestimmten Warengattungen
   c) Zinsen für das im Warenbestand gebundene Kapital
   d) Entsorgungskosten von Batterien bzw. Sondermüll
   e) Bezugskosten der Hausfracht bei Warenanlieferungen

1 siehe Kap. 4.15 2 siehe Kap. 4.16

7455580

AKTIONEN

1. Erstellen Sie eine PowerPoint-Präsentation, die die Kosten vorstellt, die im Lager vorkommen. Die einzelnen Kostenarten sollen durch entsprechende Abbildungen visualisiert werden.

2. Erstellen Sie zu dem folgenden Text, der die Problematik des optimalen Lagerbestands zusammenfasst, eine Mindmap:

Optimaler Lagerbestand
Gebundenes Kapital in Form eines hohen Lagerbestands ist totes Kapital. Der optimale Lagerbestand verursacht möglichst geringe Lagerkosten sowie einen reibungslosen Betriebsablauf. Dazu muss die optimale Bestellmenge passend abgestimmt sein.
Niedrige Lagerbestände haben negative Auswirkungen wie:
- Kundenverluste durch mangelnde Verkaufsbereitschaft und unvollständiges Sortiment – somit weniger Gewinn
- keine Ausnutzung von Mengenrabatten – „Im Einkauf liegt der Gewinn"

Hohe Lagerbestände haben ebenfalls negative Auswirkungen wie:
- Flüssige Mittel werden weniger.
- Lagerkosten sind hoch.
- Hoch ist auch das Risiko durch Verderben, Modewechsel, Saisonwechsel, Veralten und Diebstahl.

Gegenmaßnahmen bei zu hohen Lagerbeständen sind alle Instrumente des Marketingmix und Sonderverkäufe, wobei Letzteres auch Nachteile für das Unternehmen und den ganzen Markt mit sich bringt.

Das Ziel der Ermittlung optimaler Lagerbestände ist:
- Erhöhung der Lagerumschlagshäufigkeit
- Verringerung der durchschnittlichen Lagerdauer
- Verringerung des Lagerzinssatzes und der Lagerzinsen
- Verringerung der Versicherungsprämien
- Verringerung der allgemeinen Lagerrisiken
- Verringerung der Kapitalbindung
- Erhöhung des Risikos der eigenen Lieferbereitschaft

3. Untersuchen Sie eine GuV-Rechnung und stellen Sie dar, welche Posten Kosten der Lagerhaltung enthalten können.

4. Sie sind in der Geschäftsführung der Freizeitartikel Produktions GmbH in Stralsund. Zwei Warengruppen bereiten Ihnen Sorgen. Welche Entscheidungen könnten Sie treffen?
   a) Im Frühjahr wurden große Mengen an Garten- und Grillbedarf bestellt. Dieser Sommer ist – anders als vorhergesagt – jedoch kalt und total verregnet. Die Artikel verzeichnen kaum einen Absatz.
   b) Sehr beliebt bei Kindern ist die Fernsehserie Telehubbies. Im Einkauf entscheidet man sich für den Kauf größerer Mengen an T-Shirts, Schlafanzügen, Bettwäsche und Handtüchern. Nachdem ein anderer Sender zur gleichen Zeit die Sendung mit der Laus ausstrahlt, geht der Absatz dieser Artikel sprunghaft zurück.

ZUSAMMENFASSUNG

Optimaler Lagerbestand = Warenvorrat, bei dem die größte Wirtschaftlichkeit erreicht wird

vermeidet

Nachteile eines zu hohen Lagerbestands
- Kapitalbildung
- Lagerkosten

Nachteile eines zu niedrigen Lagerbestands
- entgangener Gewinn
- Kundenverlust
- Produktionsengpässe

4.15 Wir kontrollieren die Bestände im Lager

Einstieg

Dominik Schlote erfährt in einem Gespräch mit dem Lagerleiter, Herrn Kreipe: „Seitdem wir unsere Lagervorräte systematisch kontrollieren, haben sie sich um ungefähr ein Drittel verringert. Dadurch konnte das im Lager gebundene Kapital erheblich gesenkt werden. Das bringt Liquidität und macht Mittel frei für andere Dinge, die wichtig sind ...“

Herr Kreipe fährt fort: „Wir wollen die Badeshorts ‚Nizza‘ der Firma Schlie neu ins Sortiment aufnehmen. Für unvorhergesehene Fälle sollen immer 150 Stück vorrätig sein. Die Firma Schlie hat nach unserem Warenwirtschaftssystem eine Lieferzeit von 30 Tagen. Wir rechnen mit einem Absatz von 10 Stück pro Tag. Ich brauche jetzt die Bestandsgrößen ...“

1. Führen Sie auf, welche Bestände im Lager regelmäßig kontrolliert werden müssen.
2. Berechnen Sie die Bestandsgrößen.
3. Stellen Sie die Bestandsgrößen grafisch dar.

INFORMATIONEN

Bestandskontrolle

Die rechtzeitige und mengenmäßig richtige Lagerergänzung ist eines der schwierigsten Probleme in einem Unternehmen. Um einen angemessenen und wirtschaftlichen Lagervorrat zu erreichen, müssen die Bestände ständig überwacht werden. Die dazu notwendige Bestandskontrolle kann sowohl körperlich als auch buchmäßig mithilfe von Listen, Karteien und Bildschirmanzeigen erfolgen. Ziel der Bestandskontrolle ist eine möglichst genaue Ergänzung der Vorräte.

Aus Kostengründen soll nur so viel Ware gelagert werden, wie in absehbarer Zeit benötigt wird. Um dies zu erreichen, wird ein Artikel oft erst dann bestellt, wenn sein Vorrat unter einen vorher festgelegten Bestand gesunken ist. Bei diesem häufig angewandten Verfahren sind verschiedene Bestandsarten zu unterscheiden.

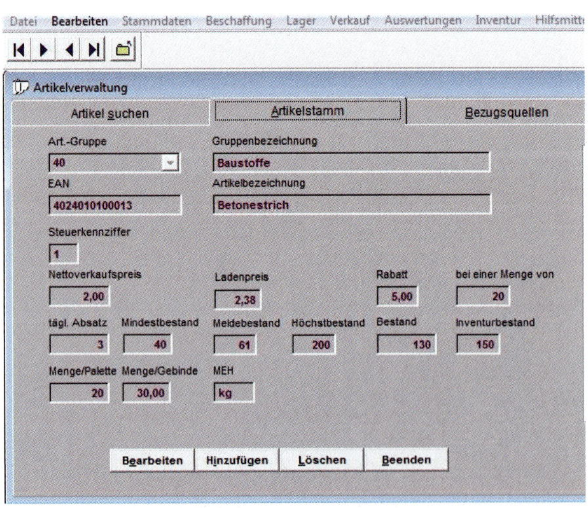

Sehr viele Programme kontrollieren ständig die Bestände im Lager.

Mindestbestand

Jedes Unternehmen sollte immer über einen Reservebestand verfügen, der einen störungsfreien Ablauf der Betriebstätigkeit ermöglicht. Dieser Bestand wird oft auch **Mindestbestand** oder **eiserner Bestand** genannt.

Der Mindestbestand darf – mit Zustimmung der Geschäftsleitung – nur dann angetastet werden, wenn die Verkaufs- bzw. Produktionsbereitschaft gefährdet ist. Dies kann der Fall sein, wenn

- der tatsächliche Absatz der Waren größer ist als der geplante Absatz,
- aus nicht vorhersehbaren Gründen die Beschaffung eines Artikels länger dauert als geplant. Hervorgerufen werden können solche Lieferstörungen beispielsweise durch Streiks oder schlechte Witterungsverhältnisse.

Der Mindestbestand wird aufgrund von Erfahrungswerten festgelegt. Er sollte jedoch nicht zu hoch angesetzt werden. Zu viel in den Lagergütern gebundenes Kapital wäre praktisch stillgelegt und würde zudem Zinsen kosten.

7455582

Inventurliste			Tag der Inventur:							Blatt			
Abteilung:		Lagerort: Lager	Aufgenommen am: 4. Jan. durch: Hühn/Lottermann					Preise einges.:		Ausgerechnet:			Nachgerechnet:
V	Nr.	Artikel	Größe	Anzahl	Einheit	Einzelpreis €	ct	Gesamtpreis Verkaufswert €	ct	Kalk.-Abschl. %	Inventurwert €	ct	Bemerkungen
		Messer		14									
		Schrauben		2	Pkg.								
		Dübel, 6 mm		1	Pkg.								
		Hammer		17									
		Zange		5									

Auszug aus einer Inventurliste

Meldebestand

Neben dem Mindestbestand muss auch die Menge an Lagergütern berücksichtigt werden, die ausreicht, die Zeitspanne zwischen Bestellung und Auslieferung eines Lagerguts zu überbrücken. Bei Erreichen des sogenannten **Meldebestands** muss sofort nachbestellt werden. Zwar wird während der Beschaffungszeit weiterhin Ware verkauft bzw. Material für die Produktion verbraucht, bei einem pünktlichen Eintreffen der bestellten Artikel wird das Lager jedoch rechtzeitig wieder aufgefüllt. Der Mindestbestand muss also nicht angegriffen werden.

Der Meldebestand entspricht dem erfahrungsgemäßen Verkauf während der Beschaffungszeit zuzüglich des Mindestbestands, der ja immer gehalten werden soll.

Er lässt sich folgendermaßen berechnen:

FORMEL

Meldebestand = (täglicher Absatz · Lieferzeit) + Mindestbestand

BEISPIEL

Die Hoffmann KG verkauft täglich durchschnittlich 40 Fahrräder. Die Produktionszeit dieser Fahrräder beträgt zehn Tage. Ihr Mindestbestand wurde von der Unternehmensleitung auf 100 Stück festgelegt.

Meldebestand = (40 · 10) + 100 = 500 Stück

Ist der Lagerbestand auf 500 Stück gesunken, muss produziert werden. Es wäre falsch, erst Nachschub in der Produktionsabteilung zu ordern, wenn der Artikel ausgegangen ist. Da die Fahrräder dann wegen der Produktionszeit zehn Tage nicht vorrätig wären, würden die Kunden verärgert zur Konkurrenz wechseln.

Höchstbestand

Durch die Festlegung eines Höchstbestands soll ein überhöhter Lagervorrat vermieden werden, der zu einer extremen Steigerung der Lagerkosten führen würde.

Der Höchstbestand gibt an, welche Menge von Artikeln insgesamt auf Lager sein darf, ohne dass dem Betrieb unnötige Lagerkosten entstehen.

Der Höchstbestand ist abhängig von den Lagermöglichkeiten, die zur Verfügung stehen. Da er meist nach dem Eingang der bestellten Menge erreicht wird, lässt sich der Höchstbestand auch berechnen.

FORMEL

Höchstbestand = Mindestbestand + Bestellmenge

BEISPIEL

Nach Erreichen des Meldebestands von 500 Stück werden 3000 Stück neu bestellt. Nach zehn Tagen trifft die Ware ein. Beim Eintreffen der Ware befindet sich nur noch der Mindestbestand von 100 Stück auf Lager.

Höchstbestand = 100 + 3000 = 3100

Bestandskontrolle und Bestellzeitpunkt

Für die Bestandskontrolle ist eine aktuelle und richtige Bestandsfortschreibung sehr wichtig. Dadurch wird auch eine Zeitplanung ermöglicht, mit der man den Bestellzeitpunkt für Waren optimal festlegen kann.

Der Bestellzeitpunkt ist der Tag, an dem der Meldebestand erreicht wird.

BEISPIEL

Ein Handelsunternehmen hat einen Artikel im Sortiment, von dem täglich durchschnittlich 20 Stück verkauft werden. Die Lieferzeit für diesen Artikel beträgt fünf Tage. Es soll ständig ein Mindestbestand von 40 Stück gehalten werden. Der Höchstbestand beträgt 400 Stück.

Erläuterung zum folgenden Schaubild:
Am Morgen des ersten Arbeitstags hat der Warenvorrat noch den Höchstbestand von 400 Stück (1). Setzt das Unternehmen durchschnittlich 20 Stück pro Tag ab, dann befinden sich am Ende des 1. Tages nur noch 380 Stück auf Lager (2). Am Abend des 13. Tages wird der Meldebestand von 140 Stück erreicht (3). Dieser Tag ist der Bestellzeitpunkt. Innerhalb der Lieferfrist von fünf Tagen verkauft das Unternehmen weitere 100 Stück der Ware, sodass am Ende des 18. Tages nur noch 40 Stück auf Lager liegen (4). Diese 40 Stück stellen den Mindestbestand dar, der unter normalen Umständen nicht unterschritten werden darf. Der Bestellzeitpunkt (bzw. Meldebestand) ist so gewählt, dass an dem Tag, an dem der Mindestbestand erreicht wird, neue Ware geliefert wird. Am Abend des 18. Tages – dem Lieferzeitpunkt – befinden sich wieder 400 Stück auf Lager (5).

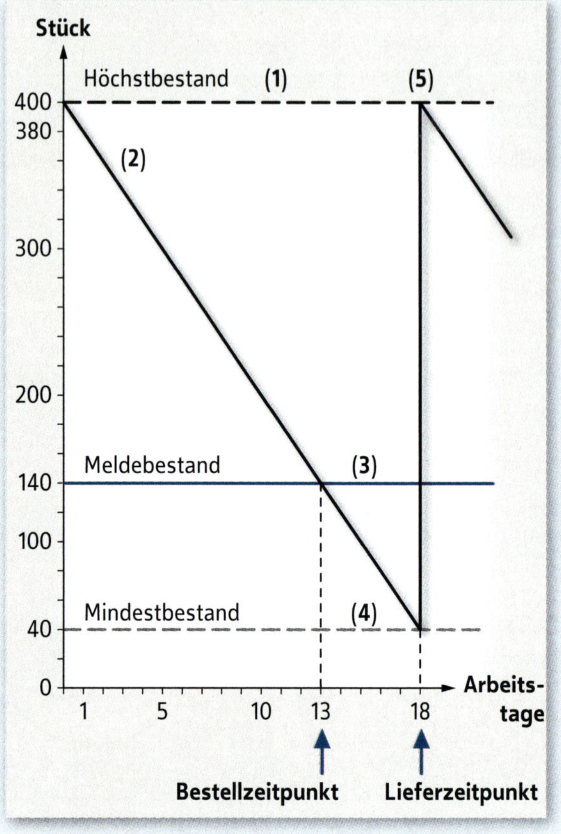

Die Bedingungen des Beispiels sind vereinfacht. In der Praxis sind solche Fälle nur selten anzutreffen. Bei vielen Artikeln kommt es nämlich zu stark schwankenden Umsätzen, wodurch die Arbeit des Einkäufers erschwert wird. Er muss seine Entscheidungen bei Unterschreiten des Meldebestands oft überdenken oder ihn auch neu festlegen.

AUFGABEN

1. Welche Aufgabe hat die Bestandskontrolle?
2. In welchen Fällen kann die Verkaufsbereitschaft gefährdet sein?
3. Wozu dient der Mindestbestand?
4. Welche Bedeutung hat der Meldebestand?
5. In einem Fachgeschäft werden täglich durchschnittlich 120 Stück eines bestimmten Artikels verkauft. Die Lieferzeit beträgt 20 Tage. Als Mindestbestand wurden 200 Stück festgelegt.
   Wie hoch ist der Meldebestand?
6. Die Hoffmann KG verkauft von einer Ware täglich durchschnittlich 45 Stück. Die Lieferzeit beträgt 14 Tage.
   Wie viel Stück beträgt der Meldebestand, wenn der Mindestbestand (eiserner Bestand) für 10 Tage reichen soll?

7. Carolin Saager hat für einen Artikel einen eisernen Bestand von 45 Stück ermittelt. Der Meldebestand für diesen Artikel wurde mit 144 Stück berechnet. Aus der Statistik ergab sich ein täglicher Absatz von 9 Stück. Von wie viel Tagen Lieferzeit war Carolin bei der Berechnung des Meldebestands ausgegangen?

8. Welcher Zusammenhang besteht zwischen Lagerbestand und Lieferzeit?
   a) Je höher der Lagerbestand ist, desto länger muss die Lieferzeit sein.
   b) Je kürzer die Lieferzeit ist, desto größer muss der Lagerbestand sein.
   c) Je kürzer die Lieferzeit ist, desto geringer kann der Lagerbestand sein.
   d) Je länger die Lieferzeit ist, desto geringer kann der Lagerbestand sein.
   e) Je niedriger der Lagerbestand ist, desto länger kann die Lieferzeit sein.

9. Welche Abhängigkeit besteht zwischen Meldebestand und anderen Lagerbestandszahlen?
   a) Der Meldebestand entspricht in der Regel dem durchschnittlichen Lagerbestand.
   b) Der Meldebestand wird auch als eiserner Bestand bezeichnet.
   c) Der Meldebestand und der Mindestbestand sind in der Regel gleich groß.
   d) Der Meldebestand ist in der Regel höher als der Mindestbestand.
   e) Der Meldebestand ist in der Regel niedriger als der Mindestbestand.
   f) Der Meldebestand wird auch als optimaler Lagerbestand bezeichnet.

AKTIONEN

1. Erstellen Sie eine Excel-Tabelle, die nach Eingabe
   - des Mindestbestands,
   - der Lieferzeit,
   - des Höchstbestands,
   - des täglichen Absatzes

   den Meldebestand berechnet.

2. Berechnen Sie mithilfe der Excel-Tabelle den Meldebestand bei Vorliegen folgender Bedingungen:
   - täglicher Absatz: 10 Stück
   - Lieferzeit: 5 Tage
   - Mindestbestand: 20 Stück
   - Höchstbestand: 200 Stück

3. Stellen Sie die Lösung der Aufgabe mithilfe von Excel grafisch dar.

ZUSAMMENFASSUNG

Bestandskontrolle
dient der rechtzeitigen und mengenmäßig richtigen Lagerergänzung

Mindestbestand	Reserve zur Aufrechterhaltung der Verkaufs- bzw. Produktionsbereitschaft
Meldebestand	• Bestand, bei dem bestellt werden muss, damit neue Ware spätestens beim Erreichen des Mindestbestands angeliefert wird • Meldebestand = (täglicher Absatz · Lieferzeit) + Mindestbestand • Der Tag, an dem der Meldebestand erreicht wird, ist der Bestellzeitpunkt.
Höchstbestand	Bestand, bis auf dessen Höhe das Lager aufgefüllt werden darf

4.16 Wir überprüfen die Wirtschaftlichkeit des Lagers mit Lagerkennziffern

Einstieg

Herr Kreipe, der Lagerleiter, liest in einer Unternehmensmitteilung, dass ein bestimmter Artikel im Durchschnitt aller Unternehmensfilialen 25 Tage auf Lager liegt. Herr Kreipe untersucht daraufhin die Situation in seinem Lager in Hannover. Die durchschnittliche Lagerdauer des Artikels beträgt hier 32 Tage.

1. Stellen Sie fest, welche Aussagen solche Kennzahlen zulassen.
2. Schlagen Sie Maßnahmen vor, wie die Hoffmann KG betriebswirtschaftlich reagieren soll.
3. Berechnen Sie aus der jeweiligen durchschnittlichen Lagerdauer die Umschlagshäufigkeit.

INFORMATIONEN

Lagerkennziffern

Ein Artikel verursacht umso mehr Lagerkosten, je länger er auf Lager liegt. Jedes Unternehmen wird also versuchen, die Lagerdauer der gelagerten Artikel so kurz wie möglich zu halten. Um die Wirtschaftlichkeit der Vorratshaltung kontrollieren zu können, werden in der Praxis regelmäßig Lagerkennziffern errechnet.

Durchschnittlicher Lagerbestand →	Wie hoch sind die Warenvorräte im Durchschnitt des Jahres?
Lagerumschlagshäufigkeit →	Wie oft wird der durchschnittliche Lagerbestand pro Jahr ausgewechselt?
Durchschnittliche Lagerdauer →	Wie lange liegen die Bestände auf Lager?
Lagerzinssatz →	Wie viel Zinsen würde das in den Beständen gebundene Kapital bei den Banken bringen?

Durchschnittlicher Lagerbestand

Während eines ganzen Jahres ergeben sich aufgrund von Lagerzugängen oder -abgängen unterschiedliche, zum Teil stark voneinander abweichende Lagerbestände. Deshalb wird zur Übersicht aus Einzelwerten ein Mittelwert errechnet.

DEFINITION

Der **durchschnittliche Lagerbestand (DLB)** gibt für einen bestimmten Zeitabschnitt an, wie groß der Vorrat eines bestimmten Artikels im Durchschnitt ist. Zur Ausschaltung von Zufallsergebnissen wird in der Regel vom durchschnittlichen Jahresbestand ausgegangen.

Die Genauigkeit dieser Kennziffer hängt davon ab, wie viele Bestände zur Berechnung herangezogen werden. Werden die Vorräte im Lager nur im Rahmen einer Jahresinventur kontrolliert, dann stehen nur der Anfangsbestand zum 1. Januar des Jahres und der Endbestand zum 31. Dezember des Jahres zur Bildung des durchschnittlichen Lagerbestands zur Verfügung:

FORMEL

$$\textbf{Durchschnittlicher Lagerbestand} = \frac{\text{Anfangsbestand} + \text{Endbestände}}{2}$$

Der durchschnittliche Lagerbestand kann sowohl mengen- als auch wertmäßig errechnet werden.

Als **Mengenkennziffer** wird der durchschnittliche Lagerbestand in Stück angegeben.

BEISPIEL

Ein Schreibwarengeschäft vertreibt u. a. auch Aktenordner. Am Anfang des Jahres hatte der Betrieb einen Vorrat von 520 Stück; am Ende des Jahres betrug der Bestand 800 Stück.

Als durchschnittlicher Lagerbestand werden 660 Stück ermittelt.

$$\text{DLB} = \frac{520 + 800}{2} = 660 \text{ Stück}$$

Der durchschnittliche Lagerbestand als **Wertkennziffer** sagt dagegen aus, in welcher Höhe Kapital durch die Lagervorräte im Durchschnitt gebunden ist.

BEISPIEL

Am 1. Januar eines Jahres hat eine Autowerkstatt Batterien im Wert von 4.200,00 € auf Lager. Am 31. Dezember wird ein Bestand von 2.800,00 € ermittelt.

$$\text{DLB} = \frac{4.200,00\text{ €} + 2.800,00\text{ €}}{2} = 3.500,00\text{ €}$$

Es befinden sich also durchschnittlich Batterien im Wert von 3.500,00 € auf Lager.

Genauer und empfehlenswerter ist die Berechnung des durchschnittlichen Lagerbestands auf der Grundlage der 12 Monatswerte. Die Formel für den durchschnittlichen Lagerbestand lautet dann:

FORMEL

Durchschnittlicher Lagerbestand =

$$\frac{\text{Jahresanfangsbestand} + 12 \text{ Monatsendbestände}}{13}$$

BEISPIEL

Im Sortiment einer Großhandlung befinden sich auch DVDs.

Artikel: DVD XR 90			
Meldebestand: 210		**Höchstbestand: 480**	
Tag	**Eingang**	**Ausgang**	**Bestand**
1. Jan.			220
7. Jan.	230		450
3. Febr.		100	350
17. Febr.		138	212
9. März		20	192
23. März	150		342
25. März		31	311
7. April		13	298
20. Mai		118	180
25. Juni	180		360
28. Juni		8	352
15. Juli	100		452
21. Juli		39	413
28. Aug.		32	381
2. Sept.		153	228
5. Okt.		50	178
23. Okt.	67		245
11. Nov.		49	196
1. Dez.	150		346
15. Dez.		62	284

Aus der oben aufgeführten Lagerkartei ergaben sich während des Jahres folgende Bestände:

Anfangsbestand am 1. Januar: 220 Stück
Monatsendbestände

Jan.:	450	Mai:	180	Sept.:	228
Febr.:	212	Juni:	352	Okt.:	245
März:	311	Juli:	413	Nov.:	196
April:	298	Aug.:	381	Dez.:	284

DLB = (220 + 450 + 212 + 311 + 298 + 180 + 352 + 413 + 381 + 228 + 245 + 196 + 284) : 13 = 3770 : 13 = 290 Stück

Durchschnittlich lagen 290 Stück auf Lager.

Der durchschnittliche Lagerbestand kann auch wie folgt berechnet werden:

FORMEL

Durchschnittlicher Lagerbestand =

$$\frac{\text{Wareneinsatz}}{\text{Lagerumschlagshäufigkeit}}$$

Lagerumschlagshäufigkeit

DEFINITION

Die **Lagerumschlagshäufigkeit** (verkürzt oft als Umschlagshäufigkeit) gibt an, wie oft der Lagerbestand eines Artikels innerhalb eines Jahres erneuert wird.

Wurde der durchschnittliche Lagerbestand **mengenmäßig** ermittelt, dann lässt sich die Umschlagshäufigkeit nach folgender Formel berechnen.

FORMEL

Lagerumschlagshäufigkeit =

$$\frac{\text{Jahresabsatz}}{\text{durchschnittlicher Lagerbestand}}$$

BEISPIEL

Ein Industrieunternehmen hat während eines Jahres von einem Artikel 2320 Stück verkauft. Der durchschnittliche Lagerbestand dieser Ware betrug 290 Stück.

$$\text{Lagerumschlagshäufigkeit} = \frac{2320}{290} = 8$$

Die Umschlagshäufigkeit dieses Artikels beträgt 8, d. h., der durchschnittliche Lagerbestand wurde innerhalb eines Jahres achtmal verkauft und ersetzt.

Liegt der durchschnittliche Lagerbestand **wertmäßig** vor, wird die Umschlagshäufigkeit in dieser Form ermittelt:

FORMEL

Lagerumschlagshäufigkeit =

$$\frac{\text{Wareneinsatz}}{\text{durchschnittlicher Lagerbestand zu Einstandspreisen}}$$

BEISPIEL

Der Wareneinsatz eines Supermarkts für eine Warengruppe betrug 450.000,00 €. Der durchschnittliche Lagerbestand lag bei 75.000,00 €.

$$\text{Lagerumschlagshäufigkeit} = \frac{450.000,00\ €}{75.000,00\ €} = 6$$

Der Warenvorrat dieser Warengruppe wurde also sechsmal im Jahr umgesetzt.

Durchschnittliche Lagerdauer

Kennt man die Umschlagshäufigkeit eines Artikels, kann man auch dessen durchschnittliche Lagerdauer angeben.

DEFINITION

Die **durchschnittliche Lagerdauer** zeigt, wie lange ein Artikel durchschnittlich bevorratet wird. Sie misst die Zeitspanne zwischen der Ankunft des Artikels im Lager und der Ausgabe bzw. dem Verkauf.

FORMEL

Durchschnittliche Lagerdauer =

$$\frac{360}{\text{Lagerumschlagshäufigkeit}}$$

Eine Erhöhung der Umschlagshäufigkeit bewirkt eine Verkürzung der durchschnittlichen Lagerdauer.

BEISPIEL

- Ein bestimmter Artikel hat eine Umschlagshäufigkeit von 8.
  Durchschnittliche Lagerdauer = 360 : 8 = 45 Tage
  Es ergibt sich eine durchschnittliche Lagerdauer von 45 Tagen.
- Die Lagerumschlagshäufigkeit wurde von 8 auf 10 erhöht.
  Durchschnittliche Lagerdauer = 360 : 10 = 36 Tage
  Wenn der Artikel jetzt zehnmal im Jahr umgesetzt wird, liegt er nur noch durchschnittlich 36 Tage auf Lager.

Lagerzinssatz

Eine ebenfalls häufig verwendete Lagerkennziffer ist der Lagerzinssatz.

DEFINITION

Mit dem Lagerzinssatz werden die Zinskosten erfasst, die durch die Investition in Lagervorräte entstehen. Diese Kennzahl gibt somit Auskunft über das in den Lagerbeständen angelegte Kapital.

Das dort gebundene, tote Kapital würde bei den Geschäftsbanken Zinsen erbringen.

FORMEL

Berechnungsmöglichkeiten für den Lagerzinssatz

a) $= \frac{\text{Jahreszinssatz}}{\text{Lagerumschlagshäufigkeit}}$

b) $= \frac{\text{Jahreszinssatz} \cdot \text{durchschnittliche Lagerdauer}}{360}$

c) $= \frac{\text{Jahreszinssatz} \cdot \text{durchschnittlicher Lagerbestand}}{\text{Wareneinsatz}}$

BEISPIEL

Ein Unternehmen hat einen Wareneinsatz von 1.350.000,00 €. Der durchschnittliche Lagerbestand beträgt 180.000,00 €. Der Jahreszinssatz der Banken liegt bei 9 %.

Berechnung der Umschlagshäufigkeit:
1.350.000,00 € : 180.000,00 € = 7,5

Berechnung der durchschnittlichen Lagerdauer:
360 : 7,5 = 48 Tage

Berechnung des Lagerzinssatzes nach Formel:
a) 9 : 7,5 = 1,2 % oder
b) 9 · 48 : 360 = 1,2 %

Je höher der Lagerzinssatz, desto größer ist der Zinsverlust infolge auf Lager liegender Ware.

Mithilfe des Lagerzinssatzes und des durchschnittlichen Lagerbestands können die Lagerzinsen ermittelt werden. Sie betragen 1,2 % von 180.000,00 €.

$$\textbf{Lagerzinsen} = \frac{180.000{,}00\ € \cdot 1{,}2}{100} = 2.160{,}00\ €$$

Für die 180.000,00 €, die der Unternehmer in Ware investierte, bekäme er an Zinsen 2.160,00 €, wenn er den Geldbetrag bei einer Bank zu 9 % anlegen würde.

Bedeutung der Lagerkennziffern

Für den Unternehmer sind die Lagerkennziffern von besonderer Bedeutung. Im Zeitvergleich zeigen sie zunächst Entwicklungstendenzen des Unternehmens, einer Warengruppe oder eines Artikels auf.

Die Umschlagshäufigkeit einzelner Warengruppen kann äußerst unterschiedlich sein. Branchenuntersuchungen zeigen, dass die Lagerumschlagshäufigkeit im Lebensmittelbereich etwa bei 14, bei Schuhen nur bei ca. 2 liegt.

BEISPIEL

Die durchschnittliche Lagerdauer für eine Warengruppe betrug im Vorjahr 45 Tage; in diesem Jahr liegt sie bei 50 Tagen. Der Unternehmer erkennt, dass sich die durchschnittliche Lagerdauer dieser Warengruppe verschlechtert hat. Er wird untersuchen, wie es zu dieser negativen Entwicklung kommen konnte, und eventuell Maßnahmen ergreifen.

Aber auch im überbetrieblichen Vergleich lassen sich interessante Erkenntnisse gewinnen. So wird für fast alle Branchen eine typische Umschlagshäufigkeit ermittelt, anhand der man die Wirtschaftlichkeit eines Betriebs beurteilen kann.

BEISPIEL

Als Lagerumschlagshäufigkeit einer Branche wurde die Kennzahl 12 ermittelt. Ein Unternehmen dieser Branche hat die Umschlagshäufigkeit 8. Dieser Betrieb weist ein schlechteres Ergebnis als der Durchschnitt aller Unternehmen dieser Branche auf. Es müssen nun die Ursachen für diese Abweichung erforscht werden. Sie könnten u. a. liegen:

- in einer schlechten Bestellorganisation
- an zu hohen Mindestbeständen
- an Ladenhütern
- an einer Sortimentszusammensetzung, die sich vom Durchschnitt in der Branche unterscheidet

Ein Unternehmer sollte immer versuchen, eine hohe Umschlagshäufigkeit zu erzielen. Sie bewirkt nämlich, dass der Einsatz von Kapital für den Warenvorrat geringer wird.

BEISPIEL

Zwei vergleichbare Betriebe einer Branche haben in einer Warengruppe einen Wareneinsatz von je 200.000,00 €. Für den ersten Betrieb wurde eine Umschlagshäufigkeit von 10, für den zweiten eine von 4 ermittelt.

1. Betrieb:

$$\text{Umschlagshäufigkeit} = \frac{\text{Wareneinsatz}}{\text{durchschnittlicher Lagerbestand}}$$

$$10 = \frac{200.000{,}00\ €}{DLB}$$

$$DLB = \frac{\text{Wareneinsatz}}{\text{Umschlagshäufigkeit}}$$

$$DLB = \frac{200.000{,}00\ €}{10} = 20.000{,}00\ €$$

2. Betrieb:

$$\text{Umschlagshäufigkeit} = \frac{\text{Wareneinsatz}}{\text{durchschnittlicher Lagerbestand}}$$

$$4 = \frac{200.000{,}00\ €}{DLB}$$

$$DLB = \frac{\text{Wareneinsatz}}{\text{Umschlagshäufigkeit}}$$

$$DLB = \frac{200.000{,}00\ €}{4} = 50.000{,}00\ €$$

Beim ersten Betrieb waren im Lager durchschnittlich nur 20.000,00 € gebunden, beim zweiten aber 50.000,00 €. Obwohl er im Jahr dieselbe Menge an Waren verkaufte, hat der erste Betrieb im Gegensatz zu seinem Mitbewerber 30.000,00 € Kapital zusätzlich frei für andere Zwecke.

Da durch eine höhere Umschlagshäufigkeit das in die Artikel investierte Kapital in kürzeren Abständen zurückfließt, werden auch die Lagerkosten geringer. Dies wirkt sich positiv auf die Gewinnsituation des Betriebs aus.

BEISPIEL

Der erste Betrieb mit dem durchschnittlichen Lagerbestand von 20.000,00 € braucht für seine Warenvorräte weniger Verderb und Schwund zu fürchten als das zweite Unternehmen (mit durchschnittlichen 50.000,00 € auf Lager). Er wird auch weniger Lagerraum und Lagerpersonal benötigen.

Eine Erhöhung der Umschlagshäufigkeit bzw. eine Verkürzung der durchschnittlichen Lagerdauer kann u. a. erreicht werden durch:

- permanente Lagerbestandsüberwachung
- Festlegung von Höchstbeständen
- Straffung des Warenangebots
- Kauf auf Abruf

Wer immer den Überblick behält, muss mit nur wenig verdorbener Ware rechnen.

AUFGABEN

1. Was versteht man unter dem durchschnittlichen Lagerbestand?
2. Worüber gibt die Lagerumschlagshäufigkeit Auskunft?
3. Wie wird die durchschnittliche Lagerdauer berechnet?
4. Aus der Lagerkartei der Textilgroßhandlung Erwin Lottermann OHG ergaben sich für Herrenanzüge einer bestimmten Größe während des Jahres folgende Bestände:

Anfangsbestand: 130 Stück

Monatsendbestände:

Jan.:	55	Mai:	34	Sept.:	27
Febr.:	12	Juni:	37	Okt.:	28
März:	40	Juli:	32	Nov.:	88
April:	27	Aug.:	11	Dez.:	21

Der Jahresabsatz betrug 170 Stück.

Berechnen Sie:

a) den durchschnittlichen Lagerbestand
b) die Lagerumschlagshäufigkeit
c) die durchschnittliche Lagerdauer

7455590

5. Welche Aussage zum durchschnittlichen Lagerbestand ist richtig?
   a) Es ist der Bestand, der immer vorhanden sein muss, um einen störungsfreien Betriebsablauf zu sichern.
   b) Es ist der Bestand, der durch die Inventur festgestellt wird.
   c) Es ist der Bestand, der aus dem Inventurbestand und den im Laufe des Jahres vorhandenen Monatsbeständen errechnet wird.
   d) Es ist der Bestand, der am Jahresende vorhanden ist.
   e) Es ist der Bestand, der aus Kostengründen nicht überschritten werden sollte.

6. Das Warenwirtschaftssystem sowie die Finanzbuchführung weisen für eine Abteilung der Hoffmann KG die folgenden Zahlen aus:

Warenanfangsbestand	40.000,00 €
12 Monatsendbestände	545.000,00 €
Umsatz zu Einstandspreisen	350.000,00 €
Reingewinn	48.000,00 €
Eigenkapital	800.000,00 €

   Wie viel Euro beträgt der durchschnittliche Lagerbestand?

7. Durch eine Marketingmaßnahme konnte die Hoffmann KG den Warenabsatz innerhalb einer Warengruppe um 20 % steigern.

   Wie wirkt sich dies auf die Umschlagshäufigkeit aus?

   a) Eine Steigerung des Warenabsatzes bewirkt keine Veränderung der Umschlagshäufigkeit, weil sich verkaufte Mengen nur auf den Lagerbestand auswirken.
   b) Die Umschlagshäufigkeit steigt, wenn die durchschnittliche Lagerdauer entsprechend der Absatzsteigerung um 20 % steigt.
   c) Die Umschlagshäufigkeit sinkt, wenn der durchschnittliche Lagerbestand sich nicht verändert.
   d) Die Umschlagshäufigkeit steigt, wenn der durchschnittliche Lagerbestand entsprechend der Absatzsteigerung um 20 % steigt.
   e) Die Umschlagshäufigkeit steigt, wenn sich der durchschnittliche Lagerbestand nicht verändert.
   f) Die Umschlagshäufigkeit sinkt, wenn die durchschnittliche Lagerdauer entsprechend der Absatzsteigerung um 20 % sinkt.

8. Die Umschlagshäufigkeit einer Warengruppe ist 50. Wie viele Tage beträgt die durchschnittliche Lagerdauer?

9. Die Umschlagshäufigkeit eines Artikels soll verbessert werden, ebenso die davon abhängige durchschnittliche Lagerdauer. Durch welche Maßnahme kann die durchschnittliche Lagerdauer verkürzt werden?
   a) Sie nehmen Waren mit hoher Umschlagshäufigkeit aus dem Sortiment.
   b) Sie kaufen größere Mengen zur Nutzung der Nachlässe.
   c) Sie erhöhen die Mindestbestände.
   d) Sie vereinbaren mit unseren Lieferanten möglichst Kauf auf Abruf.
   e) Sie erhöhen die Höchstbestände

10. In einer Filiale soll eine Auszubildende den Wareneinsatz berechnen. Sie zieht dazu die folgenden Informationen heran:
    Anfangsbestand Januar €: 240.000,00 €
    Summe der 12 Monatsendbestände €: 3.200.000,00 €
    Umschlagshäufigkeit: 8
    Ermitteln Sie ebenfalls den Wareneinsatz.

11. Volkan Karaca liest in einer Fachzeitschrift, dass unterschiedliche Branchen unterschiedliche Lagerumschlagshäufigkeiten haben. In einem Gespräch mit Schülerinnen und Schülern seiner Schulklasse werden ihm folgende Zahlen genannt:
    Ein Blumengeschäft hat durchschnittlich eine Lagerumschlagsgeschwindigkeit von 27, ein Lebensmitteleinzelhandelsgeschäft von 12 und ein Uhrengeschäft von 3.
    a) Berechnen Sie jeweils die durchschnittliche Lagerdauer.
    b) Begründen Sie, worauf die Unterschiede bei der Lagerumschlagshäufigkeit bzw. bei der durchschnittlichen Lagerdauer zurückzuführen sind.

AKTION

EDV-gestützte WWS stellen im Rahmen von Auswertungen häufig auch Lagerkennziffern zur Verfügung. Dazu gehört unter anderem auch der durchschnittliche Lagerbestand.

$$DLB = \frac{\text{Jahresanfangsbestand} + \text{Jahresendbestand}}{2}$$

Erstellen Sie mithilfe von Excel eine Tabelle zur Berechnung des durchschnittlichen Lagerbestands.

ZUSAMMENFASSUNG

Lagerkennziffern

Durchschnittlicher Lagerbestand

- gibt Auskunft über den durchschnittlichen Warenvorrat während eines Jahres.
- Berechnungsmethoden:

$$\frac{\text{Anfangsbestand} + \text{Endbestand}}{2}$$

$$\frac{\text{Jahresanfangsbestand} + \text{12 Monatsendbestände}}{13}$$

$$\frac{\text{Wareneinsatz}}{\text{Umschlagshäufigkeit}}$$

Lagerumschlagshäufigkeit

- informiert darüber, wie oft der Warenvorrat während eines Jahres umgesetzt wurde.
- Berechnungsmethoden:

$$\frac{\text{Jahresabsatz}}{\text{durchschnittlicher Lagerbestand}}$$

$$\frac{\text{Wareneinsatz}}{\text{durchschnittlicher Lagerbestand zu Einstandspreisen}}$$

Durchschnittliche Lagerdauer

- sagt aus, wie lange eine Ware auf Lager liegt.
- Berechnungsmethode:

$$\frac{360}{\text{Lagerumschlagshäufigkeit}}$$

Lagerzinssatz

- erfasst die Zinskosten des in den Warenvorräten gebundenen Kapitals.
- Berechnungsmethoden:

$$\frac{\text{Jahreszinssatz} \cdot \text{durchschnittliche Lagerdauer}}{360}$$

$$\frac{\text{Jahreszinssatz}}{\text{Lagerumschlagshäufigkeit}}$$

$$\frac{\text{Jahreszinssatz} \cdot \text{durchschnittlicher Lagerbestand}}{\text{Wareneinsatz}}$$

4.17 Wir nutzen besondere Funktionen von Excel

Einstieg

Herr Mitschke:
„Guten Morgen Volkan! Sie wissen ja bereits, wie man eine normale Tabelle mit Excel anlegen kann. Nun sollten Sie noch ein paar spezielle Funktionen kennenlernen. Da passt es gut, dass ich gerade zwei Tabellen anfertigen muss. Das könnten Sie eigentlich übernehmen."

Volkan Karaca:
„Hallo Herr Mitschke! Gerne, worum geht es denn genau?"

Herr Mitschke:
„Ich brauche erstens eine Tabelle, die mir den durchschnittlichen Lagerbestand bei Monatsinventuren berechnet. Wie die Formel lautet, wissen Sie?"

Volkan Karaca:
„Ja, gerade in der Berufsschule gehabt: Jahresanfangsbestand und die 12 Monatsendbestände werden addiert und dann durch 13 geteilt."

Herr Mitschke:
„Richtig, da arbeiten Sie am besten mit dem Funktionsassistenten von Excel. Dann brauche ich noch eine Tabelle, die mir die Höhe der Umsatzrückvergütungen, die wir unseren Kunden gewähren, berechnet."

Volkan Karaca:
„Mit Umsatzrückvergütung meinen Sie doch Bonus?"

Herr Mitschke:
„Ja. Sie müssten mit Bedingungen arbeiten. Jeder Kunde, der 100.000,00 € Umsatz macht, bekommt von uns ja am Ende des Jahres 2 % Bonus. Da ich jetzt gleich zu Frau Sander muss, habe ich Ihnen Unterlagen mitgebracht, wo Sie sich mal schlaulesen können."

Volkan Karaca:
„Okay, ich versuche mal mein Bestes ..."

1. Erstellen Sie eine Tabelle zur Berechnung des durchschnittlichen Lagerbestands unter Zuhilfenahme des Funktionsassistenten.
2. Legen Sie eine Tabelle an, die die Umsatzrückvergütungen berechnet.

INFORMATIONEN

Kopieren von Zellinhalten

Häufig gleiche Eingaben kann man sich durch die Kopierfunktion ersparen.

BEISPIEL EINES ARBEITSABLAUFS

Volkan Karaca möchte in Spalte A die Werte 250 und 500 eintragen.

- Er gibt in den Zellen A1 und A2 die Werte 250 und 500 vor.

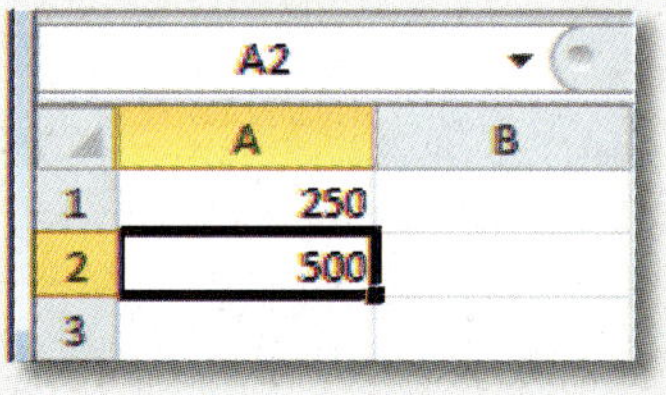

- Er markiert die beiden Zellen und zieht so an dem kleinen Kopierpunkt rechts unten, dass der Mauszeiger zum schwarzen Kreuz wird.
- Er öffnet die Autoausfülloption rechts unten am ausgefüllten Bereich.
- In dem Menü, das aufgeht, wählt er *Zellen kopieren*.
- Excel füllt die folgenden Zellen automatisch abwechselnd mit 250 und 500 auf.

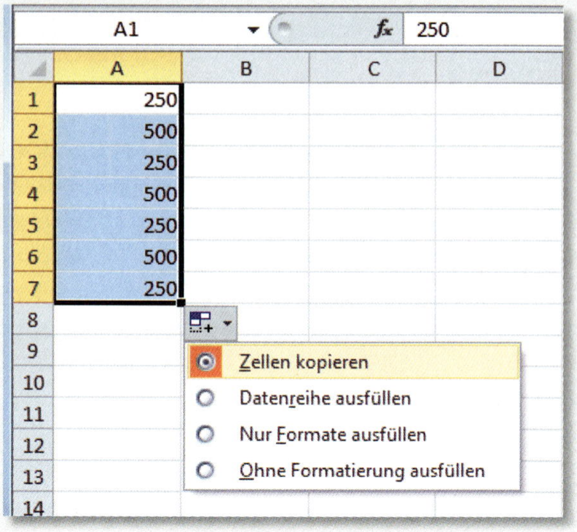

Mit Datenreihen arbeiten

Automatisches Ausfüllen

Ein Anwender kann sich unnötige Arbeit ersparen, wenn er die automatische Ausfüllfunktion von Excel kennt. Viele Eingaben sind Datenreihen in einer bestimmten Form, die im Laufe der Zeit immer wieder eingegeben werden müssen. Excel erstellt diese Datenreihen automatisch. Es muss dazu immer nur ein Wert eingegeben werden.

BEISPIEL EINES ARBEITSABLAUFS

Um als Datenreihe die Monate möglichst komfortabel und schnell in die Spalte A einzugeben, geht Volkan Karaca folgendermaßen vor:

- Er gibt in Zelle A1 als Text *Januar* ein.
- Er geht mit der Maus auf den Punkt in der rechten unteren Ecke der Zelle. Dort ändert sich der Mauszeiger in ein Fadenkreuz. Das Fadenkreuz wird auf die Zellen nach unten gezogen, die mit den Monatsnamen automatisch gefüllt werden sollen.
- Das Ergebnis ist eine Datenreihe mit nur einer getippten Eingabe:

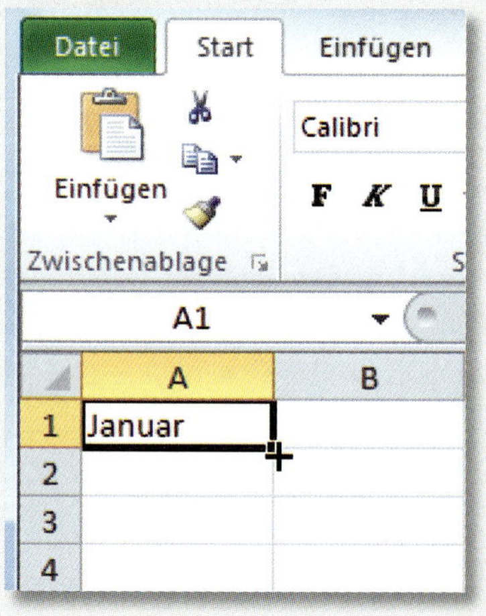

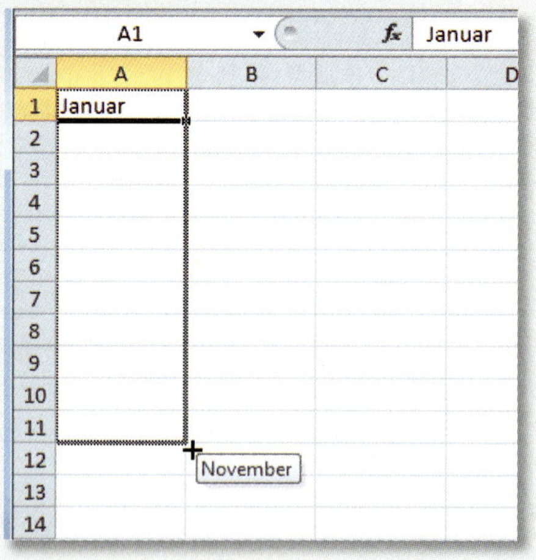

Excel kennt viele weitere automatische Ausfüllmöglichkeiten von Datenreihen, bei denen jeweils immer nur ein Wert in die erste Zelle eingegeben werden muss.

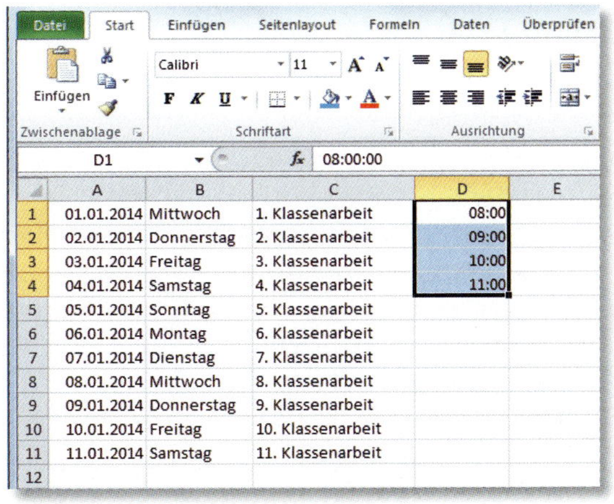

	A	B	C	D
1	01.01.2014	Mittwoch	1. Klassenarbeit	08:00
2	02.01.2014	Donnerstag	2. Klassenarbeit	09:00
3	03.01.2014	Freitag	3. Klassenarbeit	10:00
4	04.01.2014	Samstag	4. Klassenarbeit	11:00
5	05.01.2014	Sonntag	5. Klassenarbeit	
6	06.01.2014	Montag	6. Klassenarbeit	
7	07.01.2014	Dienstag	7. Klassenarbeit	
8	08.01.2014	Mittwoch	8. Klassenarbeit	
9	09.01.2014	Donnerstag	9. Klassenarbeit	
10	10.01.2014	Freitag	10. Klassenarbeit	
11	11.01.2014	Samstag	11. Klassenarbeit	
12				

Auf- und absteigende Zahlenreihen

Sehr leicht kann man in Excel auch Datenreihen mit Zahlenreihen erzeugen, die um einen bestimmten Wert auf- oder absteigen. In diesen Fällen müssen jeweils nur die beiden Anfangszellen vorgegeben werden.

BEISPIEL EINES ARBEITSABLAUFS

Volkan Karaca möchte in Spalte A eine Datenreihe mit Zahlen erzeugen, die jeweils um den Wert 250 steigen:

- Er gibt in den Zellen A1 und A2 die Werte 250 und 500 vor.
- Er markiert die beiden Zellen und zieht so an dem kleinen Kopierpunkt rechts unten, dass der Mauszeiger zum schwarzen Kreuz wird.
- Er öffnet die Autoausfülloption rechts unten am ausgefüllten Bereich.
- In dem Menü, das aufgeht, wählt er *Datenreihe ausfüllen*.
- Excel bildet nun die entsprechende Zahlenreihe bis 1250. Das Ergebnis wird mit nur zwei Eingaben erzeugt.

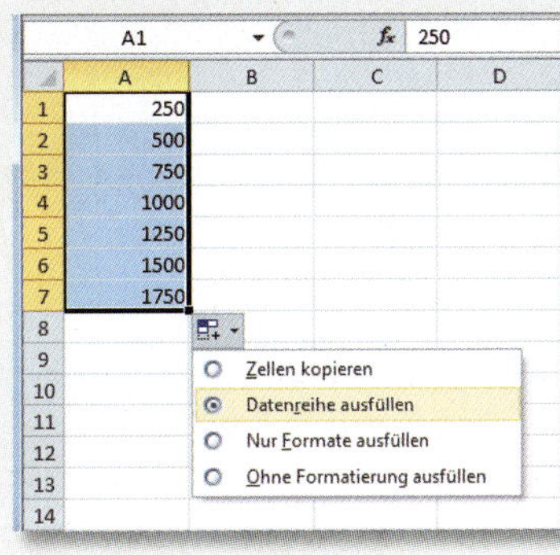

	A	B	C	D
1	250			
2	500			
3	750			
4	1000			
5	1250			
6	1500			
7	1750			

Auffüllen von Formeln

Formeln können ohne zusätzliche Eingaben an neue Spalten oder Zeilen angepasst werden.

BEISPIEL

Ausgangssituation:

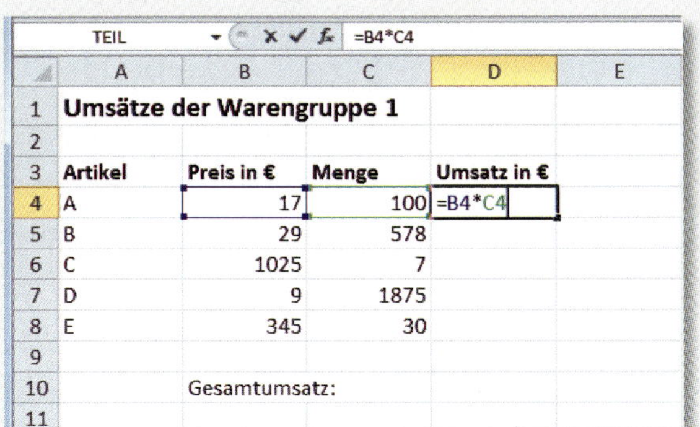

	A	B	C	D
1	**Umsätze der Warengruppe 1**			
2				
3	**Artikel**	**Preis in €**	**Menge**	**Umsatz in €**
4	A	17	100	=B4*C4
5	B	29	578	
6	C	1025	7	
7	D	9	1875	
8	E	345	30	
9				
10		Gesamtumsatz:		
11				

Statt in den Zellen D5 bis D8 jeweils arbeitsintensiv die entsprechenden Formeln einzugeben, wird an den Formeln quasi gezogen:

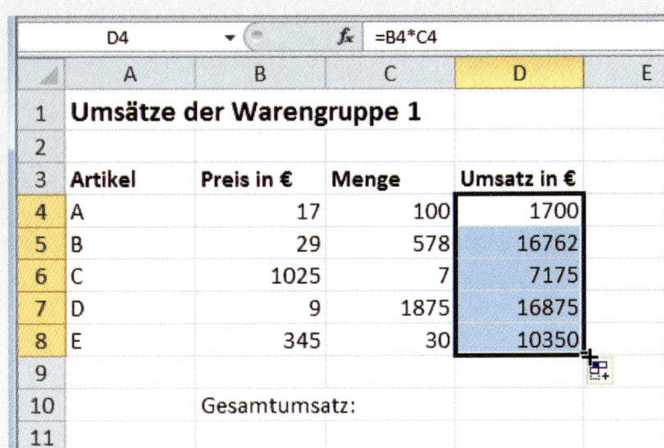

	A	B	C	D
1	**Umsätze der Warengruppe 1**			
2				
3	**Artikel**	**Preis in €**	**Menge**	**Umsatz in €**
4	A	17	100	1700
5	B	29	578	16762
6	C	1025	7	7175
7	D	9	1875	16875
8	E	345	30	10350
9				
10		Gesamtumsatz:		
11				

Datenreihen erzeugen, die Excel nicht kennt

Viele Datenreihen aus den Bereichen des Unternehmens bzw. des Privatlebens sind so speziell, dass Excel sie nicht von vornherein kennen kann. Excel bietet jedoch die Möglichkeit, diese selbst definierten Datenreihen in Excel aufzunehmen, sodass sie später auch automatisch erzeugt werden können.

BEISPIEL EINES ARBEITSABLAUFS

Um eine Excel bisher unbekannte Datenreihe, z. B. mit den Filialen eines Unternehmens, zu erzeugen, geht man folgendermaßen vor:

- über den Reiter *Datei* den Befehl *Optionen* aufrufen
- links auf *Erweitert* klicken, dann rechts runterscrollen bis zum Balken *Allgemein*
- Schaltfläche *Benutzerdefinierte Listen bearbeiten* ... anklicken
- im Feld *Benutzerdefinierte Listen* auf *Neue Liste* klicken und anschließend die Einträge, beginnend mit dem ersten Eintrag, in das Feld *Listeneinträge* eingeben, dabei nach jedem Eintrag die Eingabetaste drücken
- mit *OK* bestätigen

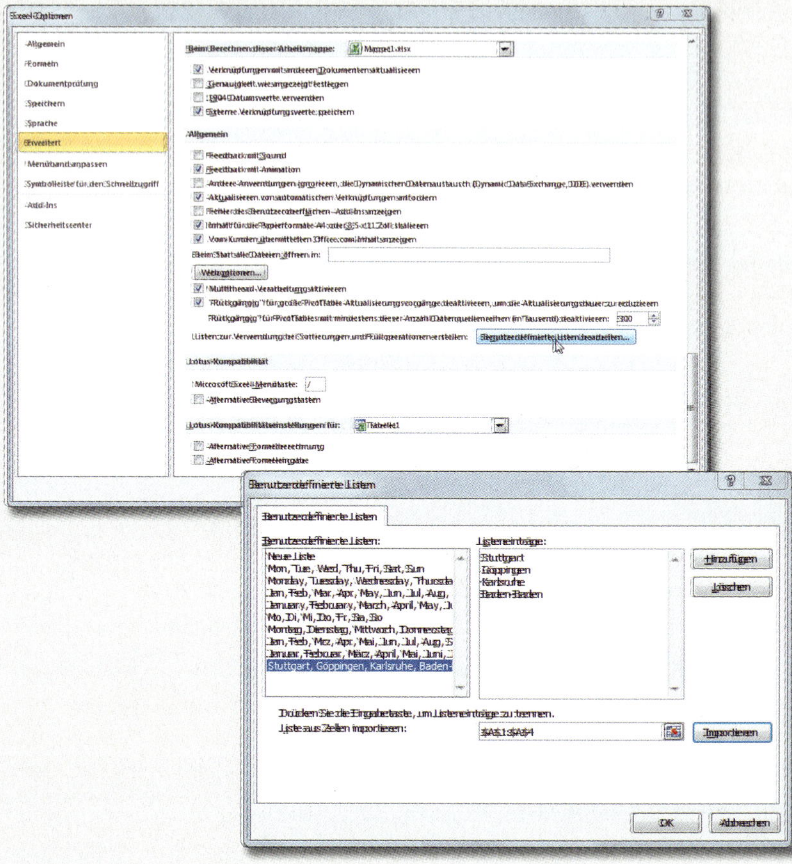

- Nach Anlegen der Datenreihe wird sie dann mit einer Eingabe eines Listeneintrags automatisch vorgegeben.

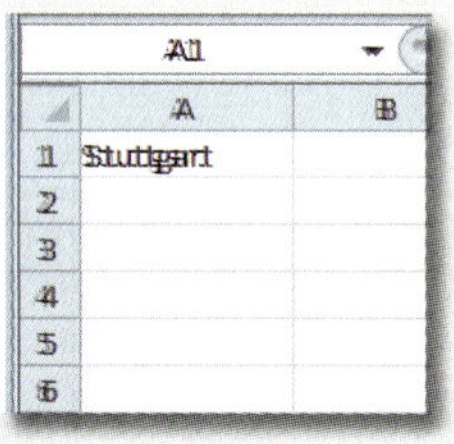

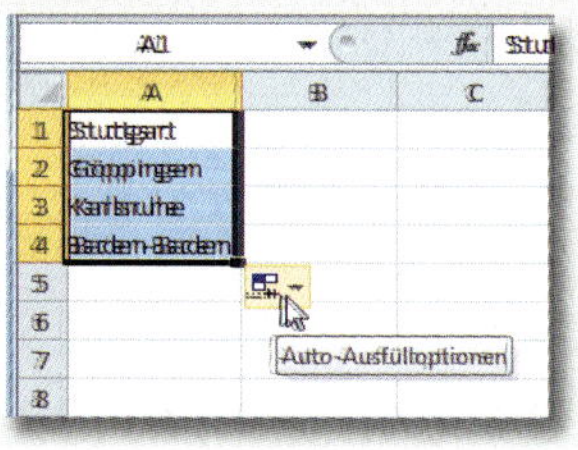

Mit relativen und absoluten Adressen arbeiten

In Excel hat jede Zelle ihre Adresse. Der Normalfall ist die sogenannte **relative Adressierung**.

Diese setzt sich zusammen aus der Bezeichnung der Spalte (z. B. C) und der jeweiligen Zeilennummer (z. B. 7).

BEISPIEL

Eingaben: C7; A9; D5 usw.

Werden Formeln kopiert, passt Excel Zelladressen, die sich in den zu kopierenden Zellen befinden, im Zielbereich automatisch an ihre neue Position an. Die Zelladressen wandern also beim Kopieren oder Verschieben mit.

Excel kennt jedoch zusätzlich noch die **absolute Adressierung**.

BEISPIEL

Eingaben: c7 ; A9 usw.

Hier findet ein Bezug auf eine feste, unveränderbare Zelle statt. Beim Kopieren ändert sich nichts. Absolute Zellbezüge bleiben mit den ursprünglichen Koordinaten erhalten.

Eine absolute Adressierung kann mit dem $-Zeichen oder mittels Zellbenennung vorgenommen werden.

7455596

BEISPIEL EINES ARBEITSABLAUFS

Volkan Karaca erstellt eine Verkaufsliste.
Bei der Berechnung des Nettogesamtpreises in Spalte D arbeitet er zunächst mit **relativen Adressen**:

- In Zelle D2 ergibt sich der „Gesamtpreis, netto“ als Ergebnis der Multiplikation der Zellen B2 und C2.

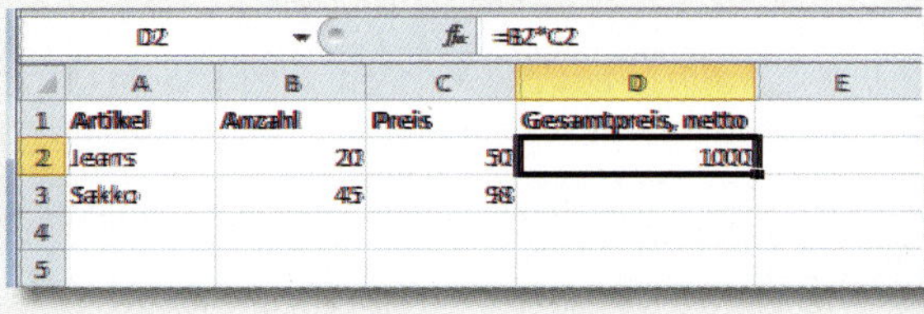

- In der Zelle D2 wird der Punkt in der unteren rechten Ecke angesteuert. Das anschließend eingeblendete Fadenkreuz wird mit der gedrückten linken Maustaste bis zu der gewünschten Zelle (in diesem Fall D3) gezogen. In allen gewünschten Zellen steht die Ausgangsformel (Multiplikation von Anzahl und Preis), allerdings immer auf die neue Zelle angepasst. Für die Zelle D3 ergibt sich also automatisch als Formel B3*C3 und damit als Ergebnis 4410.

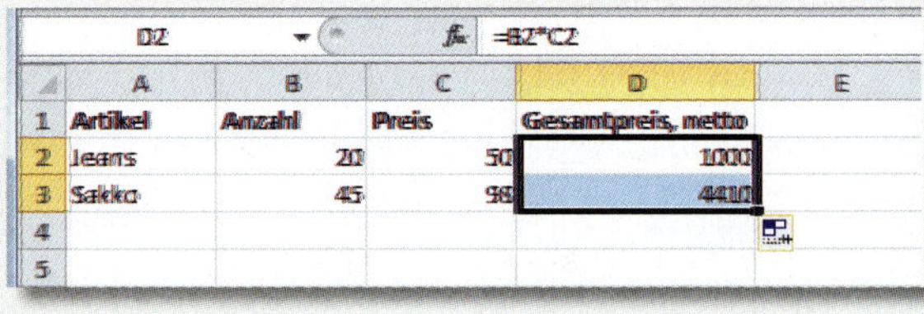

Zur Berechnung der gezahlten Umsatzsteuer arbeitet Volkan Karaca mit einer **absoluten Adresse**:

- Der aktuelle Umsatzsteuersatz in der Zelle mit der relativen Adresse B12 wird bei der Berechnung der zu zahlenden Umsatzsteuer in der Zelle E2 mit der absoluten Adresse B12 herangezogen.
- Bau der Formel in E2 durch das Eintippen von = beginnen
- Zelle D2 anklicken
- über die Tastatur in E2 das Malzeichen * eingeben
- Zelle B12 anklicken
- um einen absoluten Zellbezug zu erhalten, auf der Tastatur die Taste F4 drücken: Aus B12 wird B12.
- über die Tastatur/100 eingeben
- Formeleingabe durch Drücken der Entertaste beenden

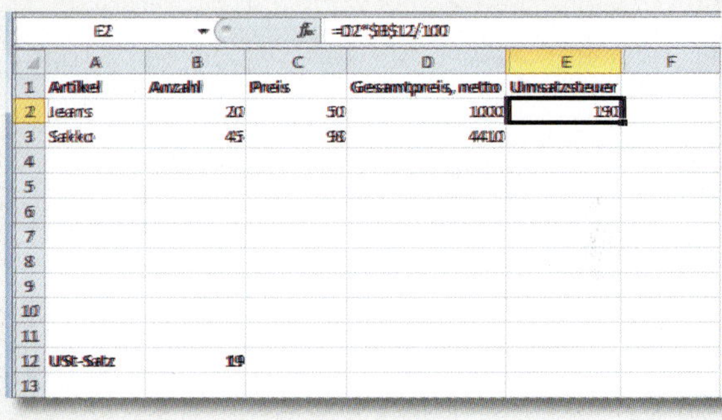

- Soll die Formel nun korrekt auch in die Zeile 3 kopiert werden, verändert sich zwar die relative Adresse für den „Gesamtpreis, netto“ von D2 auf D3. Die absolute Adresse B12 für den aktuellen Umsatzsteuersatz verändert sich beim Kopieren dagegen nicht.

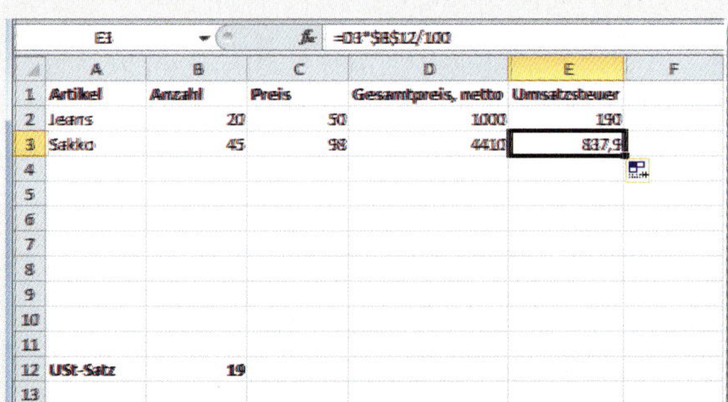

Mit Funktionen arbeiten

Die meisten Berechnungen mit Excel erfordern die Anwendung von Formeln. In vielen Fällen müssen die Formeln jedoch nicht individuell erstellt werden, weil sie in Excel schon vordefiniert sind. Diese quasi vorgefertigten Formeln nennt man Funktionen. Mit ihnen können sehr schnell auch komplexe Berechnungen durchgeführt werden. Zugang zu allen Funktionen bekommt man über den Funktionsassistenten.

BEISPIEL EINES ARBEITSABLAUFS

Volkan Karaca erstellt eine Tabelle zur Berechnung des durchschnittlichen Lagerbestands[1] bei Jahresinventuren:

FORMEL

$$\text{durchschnittlicher Lagerbestand} = \frac{\text{Jahresanfangsbestand} + \text{Jahresendbestand}}{2}$$

- Der durchschnittliche Lagerbestand, der sich in Spalte D ergibt, ist mathematisch gesehen ein einfacher Mittelwert.
- Der Funktionsassistent wird aufgerufen über den Button *Funktion einfügen*.

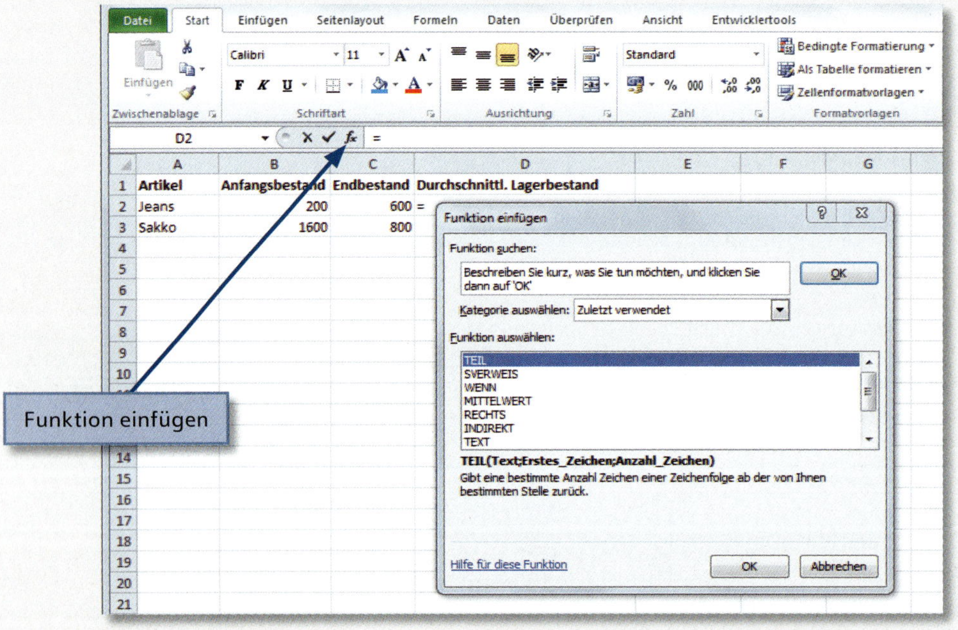

- Die Funktion wird ausgewählt:

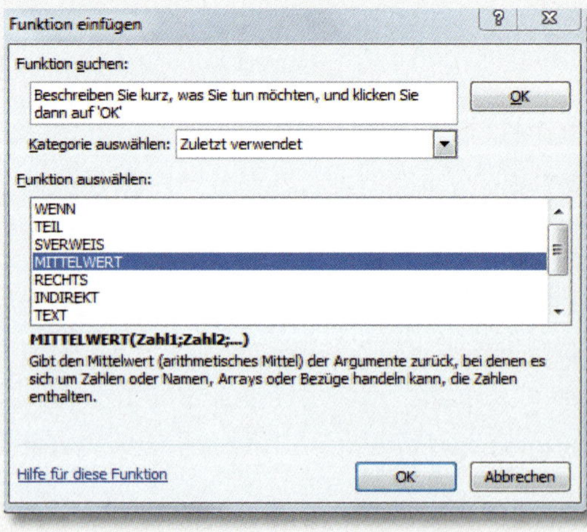

- Das Ergebnis:

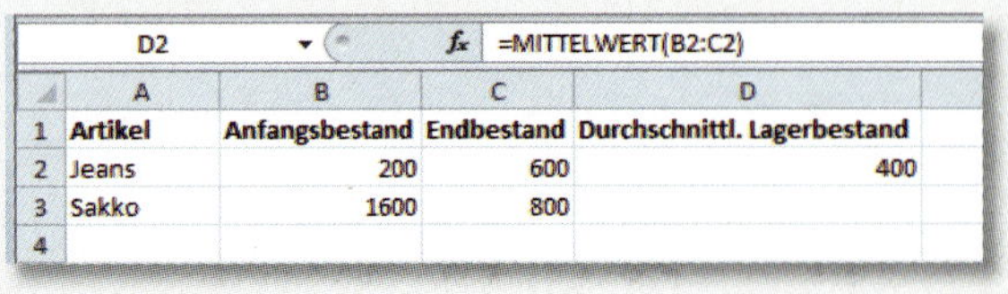

	A	B	C	D
1	Artikel	Anfangsbestand	Endbestand	Durchschnittl. Lagerbestand
2	Jeans	200	600	400
3	Sakko	1600	800	
4				

1 siehe Kap. 4.16

Einige ausgewählte Funktionen		
Funktion	**Bedeutung**	**BEISPIELE**
Summe (Bereich)	Summe	=Summe(A1:A10)
Mittelwert (Bereich)	Mittelwert/Durchschnitt	=Mittelwert(A1:A10)
Min (Bereich)	kleinster Wert	=Min(A1:A10)
Max (Bereich)	größter Wert	=Max(A1:A10)
Runden (Zahl,Stellen)	auf eine bestimmte Anzahl von Stellen runden	=Runden(summe(A1:A10);2)
Kürzen (Zahl,Stellen)	auf eine bestimmte Anzahl von Stellen abgeschnittener Wert	=Kürzen(Summe(A1:A10);1)
Anzahl (Bereich)	Anzahl der Zahlen in einem Bereich	=Anzahl(A1:A10)

Mit Bedingungen arbeiten

In der Praxis hängt das Ergebnis einer Berechnung oft von bestimmten Faktoren ab. So kann man die Ausführung einer Formel von einer Bedingung abhängig machen. Je nachdem ob die Bedingung wahr oder falsch ist, wird entweder in den Ja-Zweig oder in den Nein-Zweig gegangen.

Bei umfangreichen und komplexen Excel-Tabellen hat es sich bewährt, vorher ein Struktogramm anzulegen. Diese Visualisierungsmethode zerlegt das Gesamtproblem, das man mit der Excel-Tabelle lösen will, in immer kleinere Teilprobleme, bis schließlich nur noch elementare Grundstrukturen wie Sequenzen und Kontrollstrukturen zur Lösung des Problems übrig bleiben.

Die Regeln für eine Sequenz:

- Jede Anweisung wird in einen rechteckigen Strukturblock geschrieben.
- Die Strukturblöcke werden nacheinander von oben nach unten durchlaufen.
- Leere Strukturblöcke sind nur in Verzweigungen zulässig.

Daneben gibt es noch verschiedene Möglichkeiten, Verzweigungen oder Schleifen darzustellen.

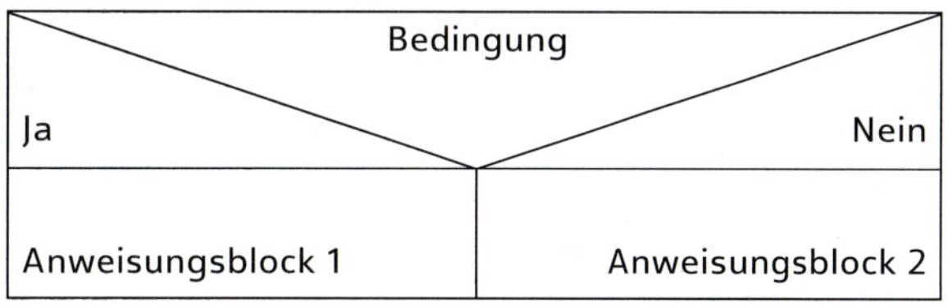

Wenn die Bedingung zutreffend (wahr) ist, wird der Anweisungsblock 1 durchlaufen. Trifft die Bedingung nicht zu (falsch), wird der Anweisungsblock 2 durchlaufen. Ein Anweisungsblock kann aus einer oder mehreren Anweisungen bestehen. Der Austritt erfolgt unten nach Abarbeitung des jeweiligen Anweisungsblocks.

BEISPIEL

In einer gerade anzulegenden Vertreterdatei sollen u.a. – abhängig von einem bestimmten Umsatz – die Umsätze kommentiert werden.

In dem Struktogramm sieht dies auszugsmäßig wie folgt aus:

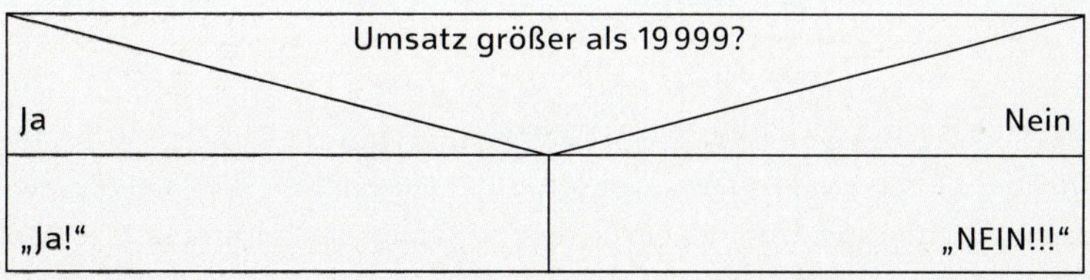

In der Umsetzung wird in die entsprechenden Excel-Zellen die Bedingung eingegeben.

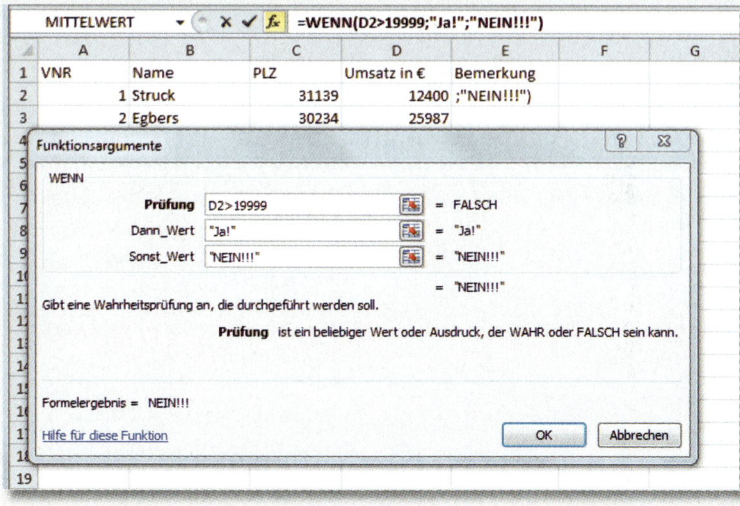

Es ergibt sich folgende Tabelle:

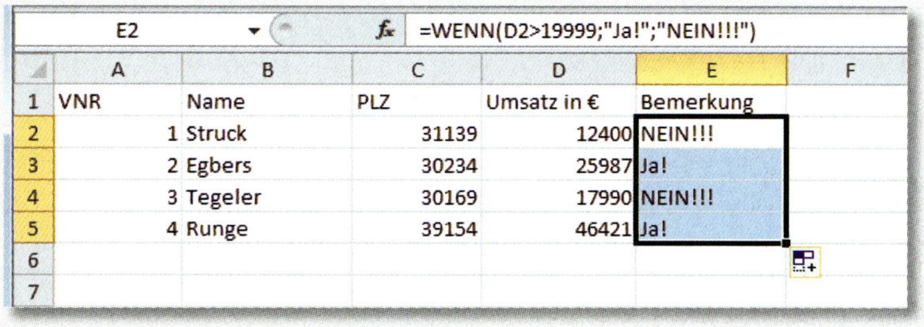

	A	B	C	D	E	F
1	VNR	Name	PLZ	Umsatz in €	Bemerkung	
2	1	Struck	31139	12400	NEIN!!!	
3	2	Egbers	30234	25987	Ja!	
4	3	Tegeler	30169	17990	NEIN!!!	
5	4	Runge	39154	46421	Ja!	
6						
7						

Allgemein sieht die Abfrage von Bedingungen in einer Excel-Zelle folgendermaßen aus:
=Wenn(Bedingung;Ja-Wert;Nein-Wert)

BEISPIEL

Die Reisenden der Hoffmann KG erhalten neben ihrem Fixum eine Provision in Abhängigkeit vom Umsatz. Ist der Umsatz größer als 20.000,00 €, so werden 5 % Provision gezahlt, sonst 3 %. Volkan Karaca soll eine Excel-Tabelle zur Berechnung der Umsätze erstellen.

Dazu erstellt er das nebenstehende Struktogramm:

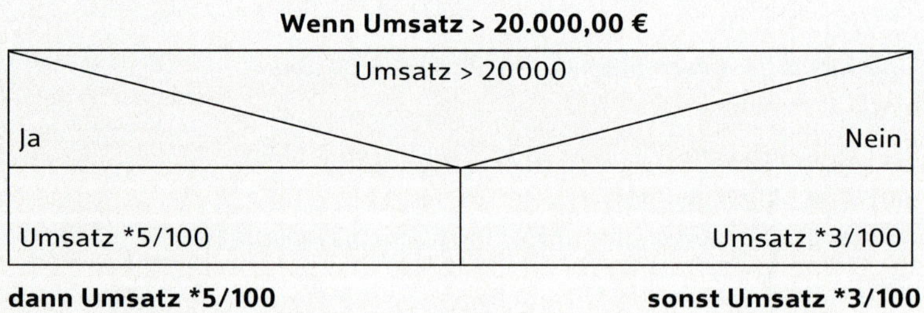

Volkan Karaca könnte dann in die entsprechende Zelle beispielsweise eingeben:
=Wenn(C3<20000;"keine Provision"; wenn(C3>20000;C3*5/100;C3*3/100))

Ist die Bedingung wahr, so wird der Ja-Wert ausgeführt, ansonsten wird der Nein-Wert ausgeführt. Zur Formulierung der Bedingung werden zwei Werte miteinander verglichen. Folgende Vergleichsoperatoren können benutzt werden: =, <>, <, >,<= und >=.

Der Ja-Wert (Nein-Wert) kann:
- eine Formel oder Funktion sein
- eine leere Zeile sein (zwei Anführungszeichen direkt hintereinander)
- aus Text bestehen (in Anführungszeichen)

BEISPIEL

In einer Excel-Tabelle zur Berechnung des durchschnittlichen Lagerbestands soll eine Spalte darauf hinweisen, ob der durchschnittliche Lagerbestand zu groß (ab 1 000 Stück) oder klein ist (gleich oder unter 1 000 Stück). Volkan Karaca baut die Excel-Tabelle auf:

E2 | fx | =WENN(C2>1000;"DLB ist groß";"DLB ist klein")

	A	B	C	D	E
1	**Artikel**	**Anfangsbestand**	**Endbestand**	**Durchschnittl. Lagerbestand**	**Ergebnis**
2	Jeans	200	600	400	DLB ist klein
3	Sakko	1600	800		
4					

Fallunterscheidungen können auch verschachtelt werden:

BEISPIEL

=Wenn(C2<20000;“keine Provision“; wenn(C2>30000;C2*6/100;C2*3/100))

Mithilfe der logischen Funktionen und(), oder() und nicht() lassen sich mehrere Bedingungen miteinander verknüpfen.

Logische Funktion	**BEISPIELE**
und (Bedingung 1; Bedingung 2; ...)	=wenn(und(C2>=40000;C2<=60000);“durchschnittlich“;“negativ“)
oder (Bedingung 1; Bedingung 2; ...)	=wenn(oder(C2<0;C2>100000);“Achtung“;““)
nicht (Bedingung)	=wenn(nicht(und(C2>=20000;C2<=30000));C2*10/100;C2*2/100) Wenn Zelle C2 nicht zwischen 20000 und 30000 liegt, sollen 10 %, ansonsten 2 % berechnet werden.

SVERWEIS

Möchte man in größeren Excel-Tabellen nur einen bestimmten Wert eines Datensatzes abfragen, findet man diesen mithilfe der Funktion *SVERWEIS*. In dieser Funktion müssen drei Angaben gemacht werden:

- Zuerst muss ein bestehender Wert des Datensatzes vorgegeben werden.
- Dann wird der Tabellenbereich angegeben, in dem sowohl der vorgegebene als auch der gesuchte Wert stehen.
- Zuletzt wird die Spalte angegeben, in der der gesuchte Wert zu finden ist.

Excel durchsucht nun zunächst die gesamte Matrix nach dem vorgegebenen Wert, springt dann innerhalb der Zeile, in der dieser Wert steht, bis zu der angegebenen Spalte, die den gesuchten Wert enthält, und gibt den dort stehenden Wert zurück.

BEISPIEL EINES ARBEITSABLAUFS

Eine Excel-Tabelle enthält Artikelstammdaten. Katarzyna Lindemann möchte sich mithilfe der Funktion *SVERWEIS* die Artikelbezeichnung zu einer bestimmten GTIN (*Global Trade Item Number* = globale Artikelnummer, früher EAN) ausgeben lassen.

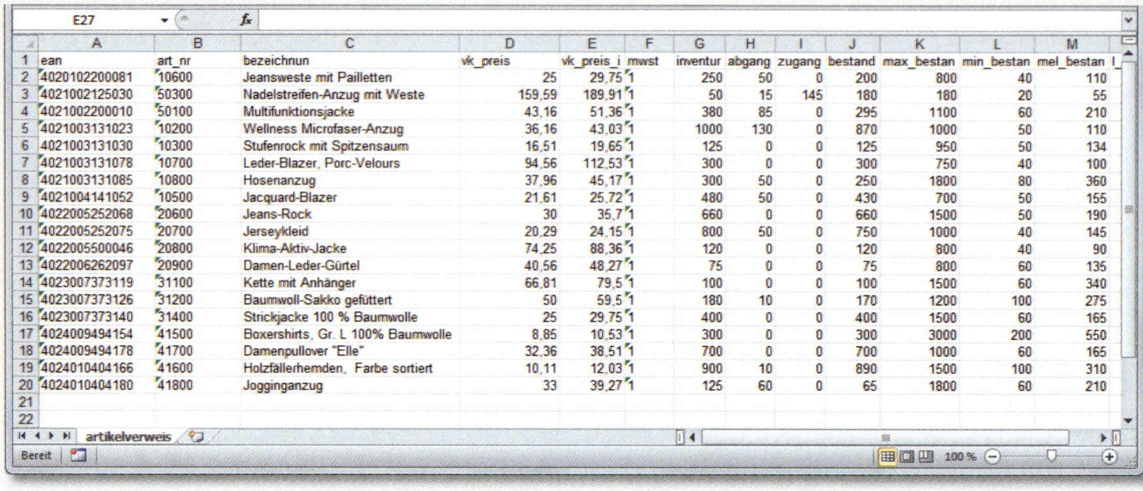

E27

	A	B	C	D	E	F	G	H	I	J	K	L	M
1	ean	art_nr	bezeichnun	vk_preis	vk_preis_i	mwst	inventur	abgang	zugang	bestand	max_bestan	min_bestan	mel_bestan
2	4020102200081	10600	Jeansweste mit Pailletten	25	29,75	1	250	50	0	200	800	40	110
3	4021002125030	50300	Nadelstreifen-Anzug mit Weste	159,59	189,91	1	50	15	145	180	180	20	55
4	4021002200010	50100	Multifunktionsjacke	43,16	51,36	1	380	85	0	295	1100	60	210
5	4021003131023	10200	Wellness Microfaser-Anzug	36,16	43,03	1	1000	130	0	870	1000	50	110
6	4021003131030	10300	Stufenrock mit Spitzensaum	16,51	19,65	1	125	0	0	125	950	50	134
7	4021003131078	10700	Leder-Blazer, Porc-Velours	94,56	112,53	1	300	0	0	300	750	40	100
8	4021003131085	10800	Hosenanzug	37,96	45,17	1	300	50	0	250	1800	80	360
9	4021004141052	10500	Jacquard-Blazer	21,61	25,72	1	480	50	0	430	700	50	155
10	4022005252068	20600	Jeans-Rock	30	35,7	1	660	0	0	660	1500	50	190
11	4022005252075	20700	Jerseykleid	20,29	24,15	1	800	50	0	750	1000	40	145
12	4022005500046	20800	Klima-Aktiv-Jacke	74,25	88,36	1	120	0	0	120	800	40	90
13	4022006262097	20900	Damen-Leder-Gürtel	40,56	48,27	1	75	0	0	75	800	60	135
14	4023007373119	31100	Kette mit Anhänger	66,81	79,5	1	100	0	0	100	1500	60	340
15	4023007373126	31200	Baumwoll-Sakko gefüttert	50	59,5	1	180	10	0	170	1200	100	275
16	4023007373140	31400	Strickjacke 100 % Baumwolle	25	29,75	1	400	0	0	400	1500	60	165
17	4024009494154	41500	Boxershirts, Gr. L 100% Baumwolle	8,85	10,53	1	300	0	0	300	3000	200	550
18	4024009494178	41700	Damenpullover "Elle"	32,36	38,51	1	700	0	0	700	1000	60	165
19	4024010404166	41600	Holzfällerhemden, Farbe sortiert	10,11	12,03	1	900	10	0	890	1500	100	310
20	4024010404180	41800	Jogginganzug	33	39,27	1	125	60	0	65	1800	60	210
21													
22													

artikelverweis

Bereit 100 %

Zur Vorbereitung legt sie fest, in welcher Zelle der von ihr angelegten Spalte mit der Kurzbezeichnung EAN sie die vorhandene GTIN eintippt und in welcher Zelle die dazugehörige Artikelbezeichnung angezeigt werden soll. Sie entscheidet sich für die Zellen C24 für die Eingabe und C26 für die Ausgabe. Eine der GTINs trägt sie in Zelle C24 als Suchvorgabe ein.

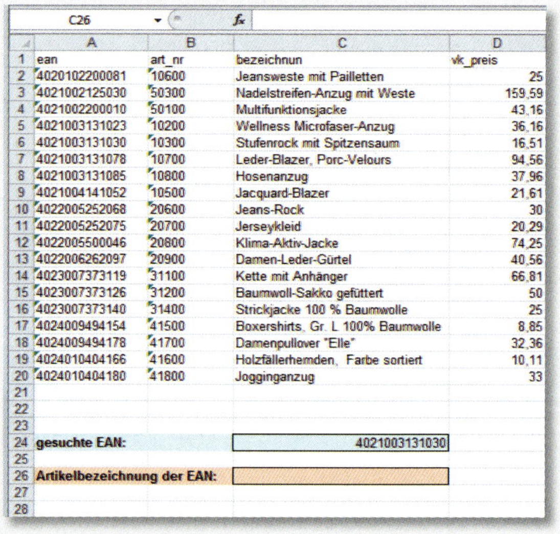

C26

	A	B	C	D
1	ean	art_nr	bezeichnun	vk_preis
2	4020102200081	10600	Jeansweste mit Pailletten	25
3	4021002125030	50300	Nadelstreifen-Anzug mit Weste	159,59
4	4021002200010	50100	Multifunktionsjacke	43,16
5	4021003131023	10200	Wellness Microfaser-Anzug	36,16
6	4021003131030	10300	Stufenrock mit Spitzensaum	16,51
7	4021003131078	10700	Leder-Blazer, Porc-Velours	94,56
8	4021003131085	10800	Hosenanzug	37,96
9	4021004141052	10500	Jacquard-Blazer	21,61
10	4022005252068	20600	Jeans-Rock	30
11	4022005252075	20700	Jerseykleid	20,29
12	4022005500046	20800	Klima-Aktiv-Jacke	74,25
13	4022006262097	20900	Damen-Leder-Gürtel	40,56
14	4023007373119	31100	Kette mit Anhänger	66,81
15	4023007373126	31200	Baumwoll-Sakko gefüttert	50
16	4023007373140	31400	Strickjacke 100 % Baumwolle	25
17	4024009494154	41500	Boxershirts, Gr. L 100% Baumwolle	8,85
18	4024009494178	41700	Damenpullover "Elle"	32,36
19	4024010404166	41600	Holzfällerhemden, Farbe sortiert	10,11
20	4024010404180	41800	Jogginganzug	33
21				
22				
23				
24	gesuchte EAN:		4021003131030	
25				
26	Artikelbezeichnung der EAN:			
27				
28				

Nun klickt sie in die Zelle C26 und fügt die Funktion *SVERWEIS* ein.

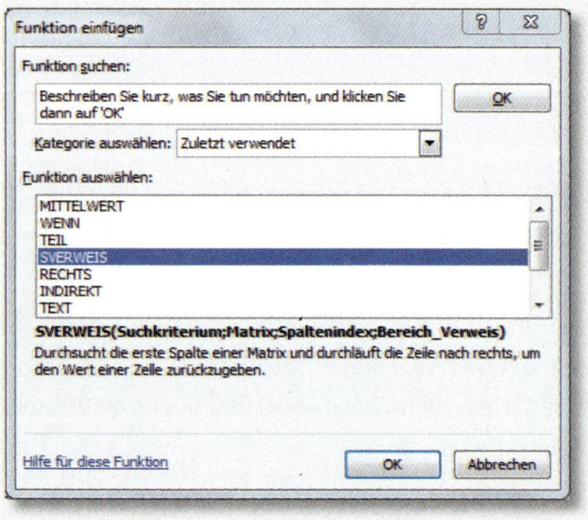

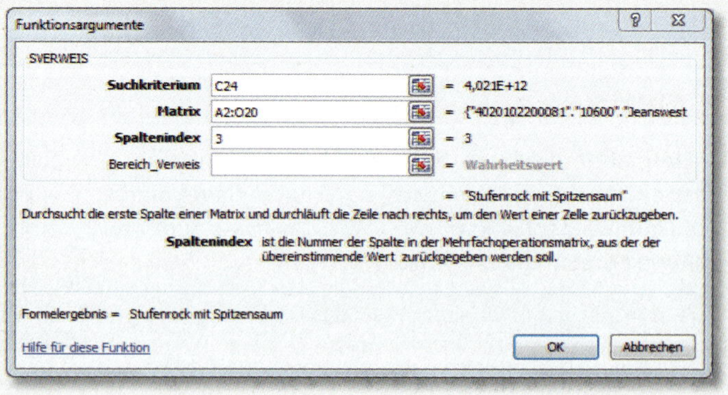

Diese Funktion braucht drei Funktionsargumente:

- das **Suchkriterium:** in diesem Fall die Zelle C24, in die Katarzyna die GTIN eingegeben hat.
- die **Matrix:** das ist der Teil der Tabelle, der Werte enthält, also die gesamte Tabelle ohne Überschriften. Katarzyna markiert die Zellen A2 bis O20.
- den **Spaltenindex:** dies ist die Spalte, die den gesuchten Ausgabewert, also die Artikelbezeichnung, enthält. Da alle Artikelbezeichnungen in der Spalte C stehen und dies die dritte Spalte der Tabelle ist, gibt Katarzyna die Ziffer 3 ein.

Die vierte Angabe *Bereich_Verweis* lässt Katarzyna leer. Ihre Eingabe beendet sie mit *OK*.

Die Funktion *SVERWEIS* durchsucht nun die Matrix nach der vorgegebenen GTIN (1), findet diese in Zelle A6 (2) und springt von dort zur Zelle C6 (3), um die dort enthaltene Artikelbezeichnung als Funktionsergebnis in C26 auszugeben (4).

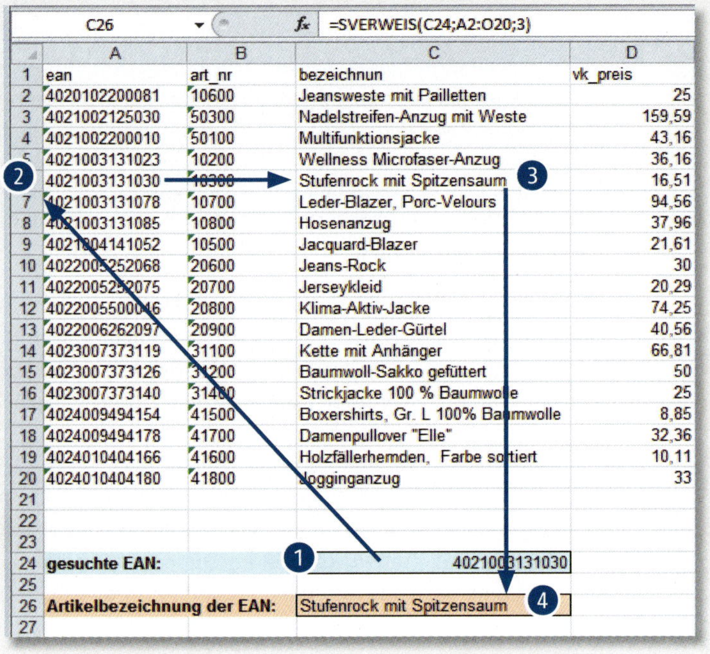
C26 =SVERWEIS(C24;A2:O20;3)

	A	B	C	D
1	ean	art_nr	bezeichnun	vk_preis
2	4020102200081	10600	Jeansweste mit Pailletten	25
3	4021002125030	50300	Nadelstreifen-Anzug mit Weste	159,59
4	4021002200010	50100	Multifunktionsjacke	43,16
5	4021003131023	10200	Wellness Microfaser-Anzug	36,16
6	4021003131030	10300	Stufenrock mit Spitzensaum	16,51
7	4021003131078	10700	Leder-Blazer, Porc-Velours	94,56
8	4021003131085	10800	Hosenanzug	37,96
9	4021004141052	10500	Jacquard-Blazer	21,61
10	4022005252068	20600	Jeans-Rock	30
11	4022005252075	20700	Jerseykleid	20,29
12	4022005500046	20800	Klima-Aktiv-Jacke	74,25
13	4022006262097	20900	Damen-Leder-Gürtel	40,56
14	4023007373119	31100	Kette mit Anhänger	66,81
15	4023007373126	31200	Baumwoll-Sakko gefüttert	50
16	4023007373140	31400	Strickjacke 100 % Baumwolle	25
17	4024009494154	41500	Boxershirts, Gr. L 100% Baumwolle	8,85
18	4024009494178	41700	Damenpullover "Elle"	32,36
19	4024010404166	41600	Holzfällerhemden, Farbe sortiert	10,11
20	4024010404180	41800	Jogginganzug	33
21				
22				
23				
24	gesuchte EAN:		4021003131030	
25				
26	Artikelbezeichnung der EAN:		Stufenrock mit Spitzensaum	
27				

Gibt Katarzyna in ihr Suchfeld C24 nun eine andere GTIN ein, so gibt Excel mit der Funktion *SVERWEIS* in C26 wiederum die passende Artikelbezeichnung aus.

Mit Excel Daten visualisieren

Mit Excel können die Werte einer Tabelle auf vielfältige Weise übersichtlich als Grafik dargestellt werden. Excel bietet für die grafische Gestaltung verschiedene Diagrammtypen zur Auswahl an, die sich noch jeweils weiter variieren lassen. Solche Diagramme sind wichtig für Präsentationen, da sie Tabellendaten grafisch wirkungsvoller und übersichtlicher darstellen als reine Zahlenkolonnen.

ARBEITSABLAUF

- Tabelle laden, aus deren Werten ein Diagramm erstellt werden soll
- Bereich, der in der grafischen Darstellung erscheinen soll, markieren
- um ein Diagramm sehr schnell zu erstellen, die F11-Taste betätigen
  Es wird dann ein Diagramm mit Standardeinstellungen auf einem separaten Diagrammblatt erzeugt.

Eine Alternative ist die Verwendung von *Einfügen – Diagramm*.

BEISPIEL EINES ARBEITSABLAUFS

Katarzyna Lindemann möchte die monatlichen Umsätze als Säulendiagramm anzeigen. Sie geht von der Tabelle aus, die sie gerade angelegt hat.

- Bei gedrückter Strg-Taste markiert sie die gewünschten Bereiche: die Spalten A und D sowie die Zeile 10.
- Sie ruft *Einfügen-Diagramme-Säule* auf.
- Sie wählt in der sich dann öffnenden Auswahlbox die gewünschte Art des Säulendiagramms aus.
- Anschließend kann das Diagramm noch auf vielfältige Weise gestaltet werden, indem man durch Rechtsklick auf das Diagramm das entsprechende Kontextmenü aufruft.

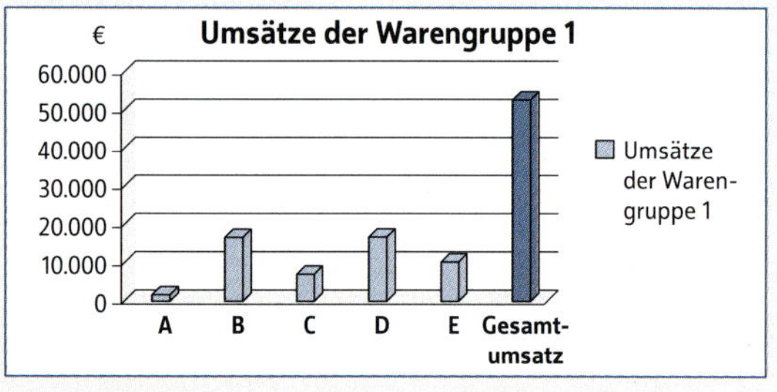

Diagrammarten

Ein Diagramm wird verwendet, um Werte wie

- Größenverhältnisse,
- Zahlenreihen
- oder Bestandsgrößen

leichter erfassen und vor allem optisch ansprechender präsentieren zu können. Der Vorteil von Diagrammen liegt darin, dass sie das Verständnis für die enthaltenen Informationen erhöhen: Leicht kann man daraus Vergleiche, Trends oder Muster ablesen.

Alle der im Folgenden aufgeführten Diagrammarten veranschaulichen die Zusammenhänge zwischen zwei Messgrößen.

Liniendiagramme

Möchte man Veränderungen über einen bestimmten Zeitraum zeigen, eignen sich besonders gut Liniendiagramme. Sie stellen also Trends oder Zeitreihen dar.

BEISPIEL

In einer Präsentation möchte Herr Hoffmann die Personalkostenentwicklung einer Filiale im Vergleich über einzelne Monate zeigen. Er verwendet dazu ein Liniendiagramm.

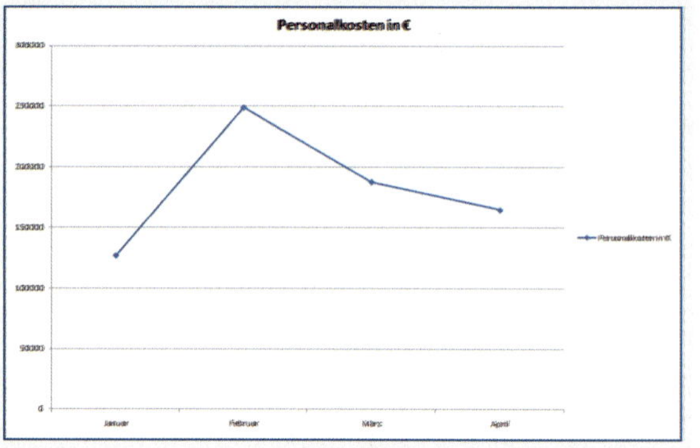

Die zwei abhängigen Werte (z. B. Monat, Kosten) ergeben Punkte. Diese werden miteinander durch Linien verbunden. Dies können Geraden – dann liegt das eigentliche Liniendiagramm vor – oder Kurven – dann spricht man auch von Kurvendiagrammen – sein.

Kreisdiagramme

Das Kreisdiagramm wird oft auch **Tortendiagramm** genannt. Mit einem solchen Diagramm kann man sehr gut den Anteil eines Einzelwerts an einem Gesamtwert zeigen. Die Werte werden dabei in Tortenstücken ähnelnden Kreissegmenten dargestellt, um die Größenverhältnisse der Anteile deutlich aufzuzeigen. Der ganze Kreis entspricht 100 %; die Tortenstücke visualisieren, wie die einzelnen Positionen im Verhältnis zueinander und zum Gesamtwert stehen. Mit einem Tortendiagramm kann man also die Struktur eines Gesamtwerts deutlich machen.

BEISPIEL

Herr Hoffmann möchte die Umsatzanteile der fünf Artikel einer Warengruppe veranschaulichen.

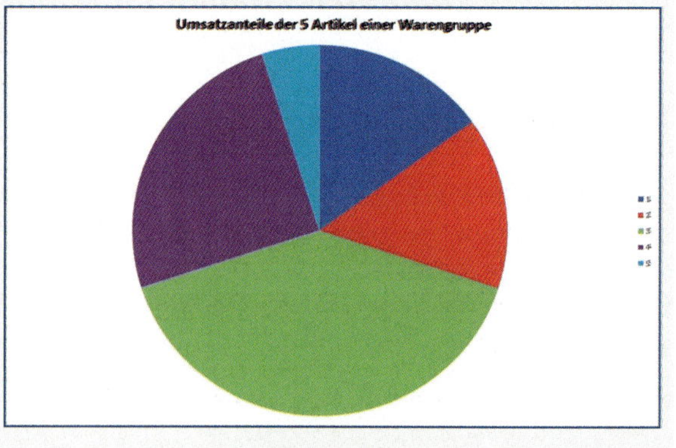

Säulendiagramme

Bei einem Säulendiagramm werden einzelne Werte durch Säulen dargestellt. Deren Höhe zeigt die Ausprägung der einzelnen Werte. Ein Säulendiagramm wird in der Regel verwendet, um Werte verschiedener Kategorien zu vergleichen.

Ein **Balkendiagramm** ist eine Sonderform des Säulendiagramms, bei der die x- und y-Achse vertauscht werden.

BEISPIEL

Mit einem Säulen- oder Balkendiagramm kann jemandem der Personalbestand einzelner Filialen erheblich besser vermittelt werden als durch Nennung der einzelnen Zahlen.

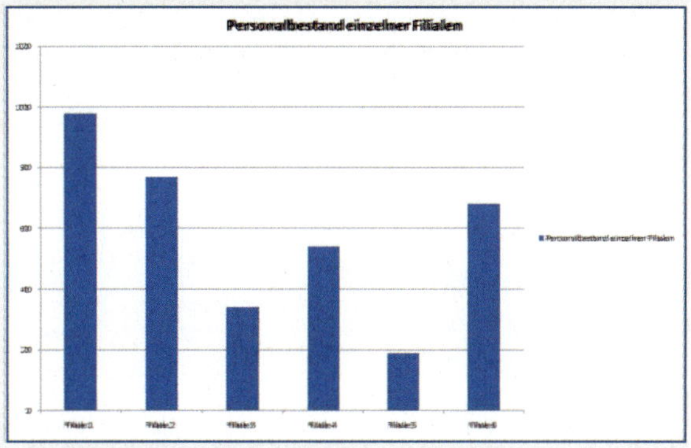

Säulendiagramm

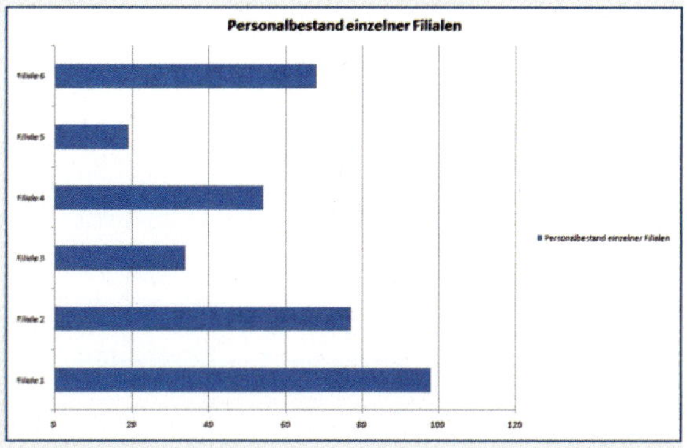

Balkendiagramm

Bei einem **gestapelten Säulendiagramm** werden Werte mehrerer Datenreihen jeweils aufeinandergestapelt dargestellt. Der Gesamtbalken ist jeweils der Gesamtwert.

BEISPIEL

In diesem gestapelten Säulendiagramm werden die monatlichen Abverkäufe eines Artikels in verschiedenen Filialen verdeutlicht.

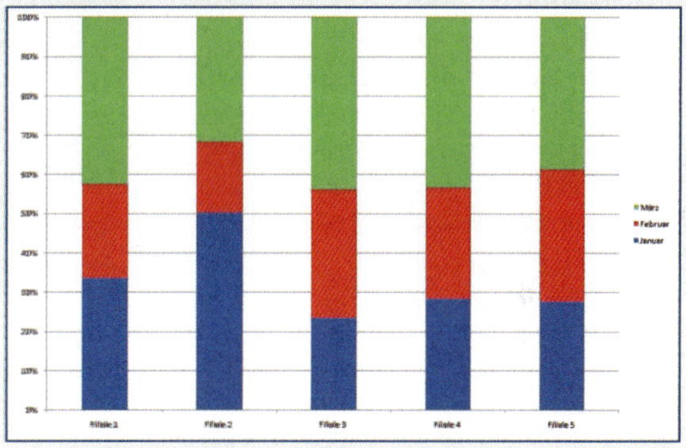

AUFGABEN

1. Welche Arten, Daten in Excel zu kopieren, gibt es?
2. Welchen Vorteil hat das automatische Ausfüllen?
3. Führen Sie Beispiele für typische Datenreihen auf.
4. Mit welchen Arbeitsschritten erzeugt man eine absteigende Zahlenreihe?
5. Die Zelle in der Spalte F und der Zeile 23 soll als
   a) absolute Adresse,
   b) relative Adresse
   angegeben werden.
6. Welche Unterschiede gibt es beim Kopieren von Zellen mit absoluter und relativer Adresse?
7. Was versteht man in Excel unter Funktionen?
8. Wie kann man den Funktionsassistenten aufrufen?
9. Wie lautet allgemein formuliert die Zelleingabe bei der Arbeit mit einer Bedingung?
10. Welche Vergleichsoperatoren können bei der Arbeit mit Bedingungen verwendet werden?

AKTIONEN

1. Legen Sie eine Artikelliste nach nebenstehendem Schema an:

   Mithilfe der absoluten Adressierung soll eine Erhöhung der Verkaufspreise möglich sein.

Artikel	Bestand	bisheriger Verkaufspreis	neuer Verkaufspreis
A	95	225,00 €	
B	180	370,00 €	
C	23	85,20 €	
...	...	...	

2. Erstellen Sie eine Tabelle für die Absatzzahlen von vier Artikeln nach folgendem Schema:

Absatzzahlen				
	Artikel A	**Artikel B**	**Artikel C**	**Artikel D**
Januar	12	150	324	54
Februar	45	177	276	66
März	9	112	167	44
April	187	89	259	53
Mai	94	128	273	32
Juni	22	165	198	49
Juli	65	132	156	51
August	66	150	212	82
September	78	123	234	78
Oktober	14	136	309	60
November	79	98	302	50
Dezember	54	148	288	42
Gesamtabsatz				
durchschnittlicher Absatz				
minimaler Absatz				
maximaler Absatz				

   a) Verwenden Sie zur Berechnung den Funktionsassistenten.
   b) Führen Sie eine Berechnung mit eigenen Absatzwerten durch.

3. Erstellen Sie eine Tabelle, die den Umsatz wichtiger Kunden in den letzten vier Jahren zeigt.
   a) Ermitteln Sie den durchschnittlichen Umsatz des Kunden.
   b) Arbeiten Sie mit Bedingungen (Wenn-Funktion): Ist der durchschnittliche Umsatz kleiner als 20.000,00 €, sollte in einer Spalte „Besuch" als Hinweis für den Außendienst der Text „ja" ausgegeben werden.

4. Die Geschäftsleitung möchte die Telefonkosten überprüfen. Sie werden gebeten, eine Tabelle anzufertigen. Diese soll die monatlichen Kosten erfassen. Berechnet werden sollen:
   a) die jährlichen Gesamtkosten
   b) die durchschnittlichen monatlichen Telefonkosten (Mittelwert)
   c) der minimale und der maximale Wert der Telefonkosten

5. Ein Karlsruher Industrieunternehmen hatte in den letzten Jahren die folgende Entwicklung bei den Beschäftigtenzahlen:

	2020	**2021**	**2022**	**2023**
Einkauf	39	42	37	51
Lager	48	55	58	64
Produktion	57	68	77	85
Verkauf	21	23	25	25
Gesamt				

   a) Tragen Sie die Daten in eine Excel-Tabelle ein.

7455606

b) Berechnen Sie im Rahmen der Excel-Tabelle den jeweiligen prozentualen Anteil der Abteilungen am Gesamtpersonalbestand.
c) Erstellen Sie eine Grafik (gestapeltes Balkendiagramm), die für die vier Jahre jeweils den jeweiligen prozentualen Anteil der Abteilungen am Gesamtpersonalbestand darstellt.
d) Entwickeln Sie ein Kreisdiagramm, das für das Jahr 2023 den jeweiligen prozentualen Anteil der Abteilungen am Gesamtpersonalbestand zeigt.

6. Die Elektronikartikel Produktions GmbH in Stuttgart bietet ihren Mitarbeitern ständig Teilnahme an Seminaren an. In den letzten drei Jahren fielen folgende Seminarkosten an:

	Mitarbeiter insgesamt	**Teilnehmer an Seminaren**	**Kosten in €**
2021	180	38	28.000,00
2022	162	36	32.000,00
2023	198	48	38.000,00

a) Erstellen Sie eine Excel-Tabelle, die die durchschnittlichen Kosten der Seminare pro Teilnehmer pro Jahr angibt.
b) Die durchschnittlichen Kosten für ein Seminar sollen als Liniendiagramm angezeigt werden.
c) Weiterhin soll die Tabelle den prozentualen Anteil der Seminarteilnehmer an der Anzahl der gesamten Beschäftigten berechnen.

7. Mit dieser Aktion können Sie Ihr Wissen über Funktionen vertiefen.
a) Überprüfen Sie mithilfe des folgenden Textes, ob Ihnen die Bedeutung der einzelnen Funktionen klar ist.
b) Legen Sie exemplarisch eine Excel-Tabelle an. Erproben Sie die Wirkung der einzelnen Funktionen in einer separat von Ihnen ausgewählten Zelle. Geben Sie die Funktionen entweder direkt ein oder verwenden Sie den Funktionsassistenten.

Funktion	**Bedeutung**	**BEISPIEL**
MAX	In der Zelle soll der größte Wert des angegebenen Bereichs aufgenommen werden.	= MAX(D1:D23) In die Zelle wird der größte Wert aus dem Bereich D1 bis D23 geschrieben.
MIN	In der Zelle soll der kleinste Wert des angegebenen Bereichs aufgenommen werden.	= MIN(D1:D23) In die Zelle wird der kleinste Wert aus dem Bereich D1 bis D23 geschrieben.
MITTELWERT	In die Zelle wird der Mittelwert des angegebenen Bereichs aufgenommen.	=MITTELWERT(D1:D23) In die Zelle wird der Mittelwert aus dem Bereich D1 bis D23 geschrieben.
SUMME	Einzelne Zahlen oder ganze Bereiche werden zusammengerechnet.	= SUMME(C2:C5) In die Zelle wird die Summe aus den Zahlen des Bereichs C2 bis C5 geschrieben.
RUNDEN	Eine Zahl wird auf die angegebene Anzahl an Nachkommastellen kaufmännisch gerundet.	=RUNDEN(E5;2) In die Zelle wird der Wert aus E5 kaufmännisch auf 2 Nachkommastellen gerundet geschrieben.
ABRUNDEN	Die Zahl in dieser Zelle wird immer abgerundet.	=ABRUNDEN(E5;2) Der in der Zelle E5 stehende Wert (z. B. 3467) wird hier auf 2 Stellen abgerundet (3400) dargestellt.
AUFRUNDEN	Die Zahl in dieser Zelle wird immer aufgerundet.	=AUFRUNDEN(E5;2) Der in der Zelle E5 stehende Wert (z. B. 3467) wird hier auf 2 Stellen aufgerundet (3500) dargestellt.

Funktion	Bedeutung	BEISPIEL
GANZZAHL	Die Zahl in dieser Zelle wird immer zur nächsten ganzen Zahl abgerundet.	=GANZZAHL(E5) Aus dem in der Zelle E5 stehenden Kommawert (z. B. 7,8) wird eine ganze Zahl (7).
KÜRZEN	Diese Funktion schneidet Nachkommastellen ab.	=KÜRZEN(B2;2) Die Zahl, die in B2 steht (z. B. 45,123456), wird bis auf 2 Stellen nach dem Komma abgeschnitten (45,12).
WENN	In der Zelle erfolgt die Abfrage einer Bedingung (WENN). Anschließend wird angegeben, was getan werden soll, wenn die Bedingung stimmt (DANN). Im dritten Schritt (SONST) wird die Alternative eingegeben, falls die Bedingung nicht stimmt.	=WENN(B7>50000;"Gut";"Schlecht") Ist der Inhalt der Zelle B7 größer als 50000, dann wird in diese Zelle „Gut" geschrieben, ansonsten „Schlecht".
WENN UND	In Kombination mit der WENN-Funktion tritt der DANN-Wert in Kraft, wenn alle Bedingungen erfüllt sind. Sind ein oder mehrere Bedingungen nicht erfüllt, tritt der SONST-Wert in Kraft.	=WENN(UND(B7>40;B8>50;B9>60);"Gut";"Überprüfen") Wenn in allen drei angegebenen Zellen B7, B8 und B9 die jeweilige Bedingung erfüllt ist, soll in die Zelle, die diese Funktion enthält, „Gut" geschrieben werden. Ansonsten wird dort „Überprüfen" hineingeschrieben.
WENN ODER	In Kombination mit der WENN-Funktion tritt der DANN-Wert in Kraft, wenn auch nur eine der Bedingungen zutrifft. Nur wenn keine der Bedingungen erfüllt ist, tritt der SONST-Wert in Kraft.	=WENN(ODER(B7>40;B8>50;B9>60);"Gut";"Überprüfen") Auch wenn nur in zwei oder einer der drei angegebenen Zellen B7, B8 und B9 die jeweilige Bedingung erfüllt ist, soll in die Zelle, die diese Funktion enthält, „Gut" geschrieben werden. Ansonsten wird dort „Überprüfen" hineingeschrieben.
SVERWEIS	Ein Wert wird über einen Suchbegriff aus einer großen Datentabelle ermittelt und ausgegeben. Dabei durchsucht die Funktion die angegebene Spalte.	=SVERWEIS(A3;Tabelle2!A3:B16;2;Falsch) Aus dieser Funktionsangabe lässt sich Folgendes ablesen: Das Suchwort befindet sich in Zelle A3 der Tabelle 1. Anschließend ist der Bereich angegeben (in der Tabelle 2 der Bereich A3 bis B16), in dem der Suchwert gesucht wird. Weiterhin ist noch angegeben, aus welcher Spalte der 2. Tabelle der Wert genommen werden soll (hier die 2 .Spalte). Die Angabe FALSCH – oder 0 – sagt aus, dass nach der genauen Entsprechung gesucht wird.
WVERWEIS	Wie SVERWEIS. Die Funktion durchsucht hier die die angegebene Zeile.	=WVERWEIS(B7;B2:E7;4;0) Das Suchkriterium steht in Zelle B7. Der Suchbereich ist in derselben Tabelle der Bereich B2 bis E7. Genommen wird der genaue Wert (0) aus der 4. Zeile.
ANZAHL	Es wird die Anzahl aller Zahlen in einem Bereich festgestellt.	=ANZAHL(C4:C9) In der Zelle wird die Anzahl der Werte, die im Bereich C4 bis C9 stehen, angegeben.
ANZAHL2	Es werden alle Zellen im festgelegten Bereich, die eine Information (Formel, Text usw.) enthalten, gezählt.	=ANZAHL2(C4:C9) In der Zelle mit dieser Funktion wird die Anzahl der Zellen des Bereichs C4 bis C9 geschrieben, die Informationen enthalten.

7455608

Funktion	Bedeutung	BEISPIEL
RANG	Diese Funktion gibt den Rang einer bestimmten Zahl innerhalb einer Reihe von Zahlen wieder.	=RANG(B5;B2:B10) In der Zelle mit dieser Funktion wird der Rang von der Zahl in B5 (im Bereich der Zahlen von B2 bis B10) ermittelt.
HEUTE	In der Zelle mit dieser Funktion wird das aktuelle Datum geschrieben.	=HEUTE() Es wird das aktuelle – also heutige – Datum in der Zelle ausgegeben. Möglich sind auch Angaben der folgenden Art: =HEUTE()+10 Angegeben wird das Datum in 10 Tagen.
JETZT	Wie die Funktion HEUTE, nur dass zusätzlich noch die aktuelle Zeit ausgegeben wird.	= JETZT () Das aktuelle Datum und die aktuelle Zeit werden in die Zelle geschrieben.
DATUM	Diese Funktion dient dazu, ein Datum zu definieren.	= DATUM (2023;10;5+D8) Steht in der Zelle D8 der Wert 10, dann wird in die Zelle mit dieser Funktion das Datum 5.10.2023 geschrieben.

ZUSAMMENFASSUNG

Arbeit mit Excel

kann optimiert werden u. a. durch

- Kopieren von Zellinhalten
- Verwendung absoluter und relativer Adressen
- Arbeit mit dem Funktionsassistenten
- Ausführung von Formeln mit Bedingungen
- automatisches Ausfüllen von Datenreihen

Diagrammarten

- **Liniendiagramm**: stellt Trends oder Zeitreihen dar.
- **Kreisdiagramm**: macht die Struktur eines Gesamtwerts deutlich.
- **Säulendiagramm**: vergleicht Werte verschiedener Kategorien.

4.18 Wir nehmen unsere Rechte bei einer Schlechtleistung wahr

Einstieg

In der Clique von Carolin Saager diskutiert man kontrovers.

Dominik Schlote:
„Schenken ist eine wunderbare Sache, aber Geschmack ist häufig reine Glückssache. Und ebenso häufig hat man leider kein Glück – und dann öffnet der Beschenkte zu Weihnachten sein Paket und lächelt eher gequält als selig. Da liegt nun ein Ding auf dem Gabentisch, das keiner haben will – und was jetzt? ... Schon schlimm genug: und dann ist das Geschenk auch noch beschädigt. Also umtauschen! Gleich nach Weihnachten ab zum Händler und das Unding auf den Ladentisch gewuchtet, damit er es zurücknimmt. Nur – häufig will er es nicht mehr, denn er war froh, es vor Weihnachten endlich noch losgeworden zu sein. Und er hat leider auch noch recht!“

Carolin Saager:
„So ganz eindeutig, wie du das gesagt hast, ist die Sache nicht ... Ah, da kommt ja Katarzyna ...“

Katarzyna Lindemann:
„Hallo, ihr zwei. Im Lager gibt es gerade mal wieder Ärger: Die Bernhard Müller OHG hat falsche Ware geliefert. Herr Hoffmann hat mich beauftragt, den Fall zu bearbeiten. Wie gehe ich denn nun vor?“

1. Beurteilen Sie die Rechtslage in beiden Fällen.
2. Schlagen Sie Maßnahmen vor, die Katarzyna Lindemann ergreifen sollte.

INFORMATIONEN

Reklamation

Eine der Haupttätigkeiten der Mitarbeiter in Unternehmen ist die Behandlung von Reklamationen der Kunden. Um Reklamationen angemessen bearbeiten zu können, müssen Mitarbeiter und Mitarbeiterinnen zunächst einmal die rechtlichen Folgen von Reklamationen kennen.

Reklamierende Kunden sind oft aufgeregt, empfindlich, manchmal sogar verärgert. Durch ein richtiges Verhalten der Mitarbeiter können Kundenverluste vermieden werden. Oft ist eine richtige Behandlung von Reklamationen ein Weg zu einer stärkeren Kundenbindung.

7455610

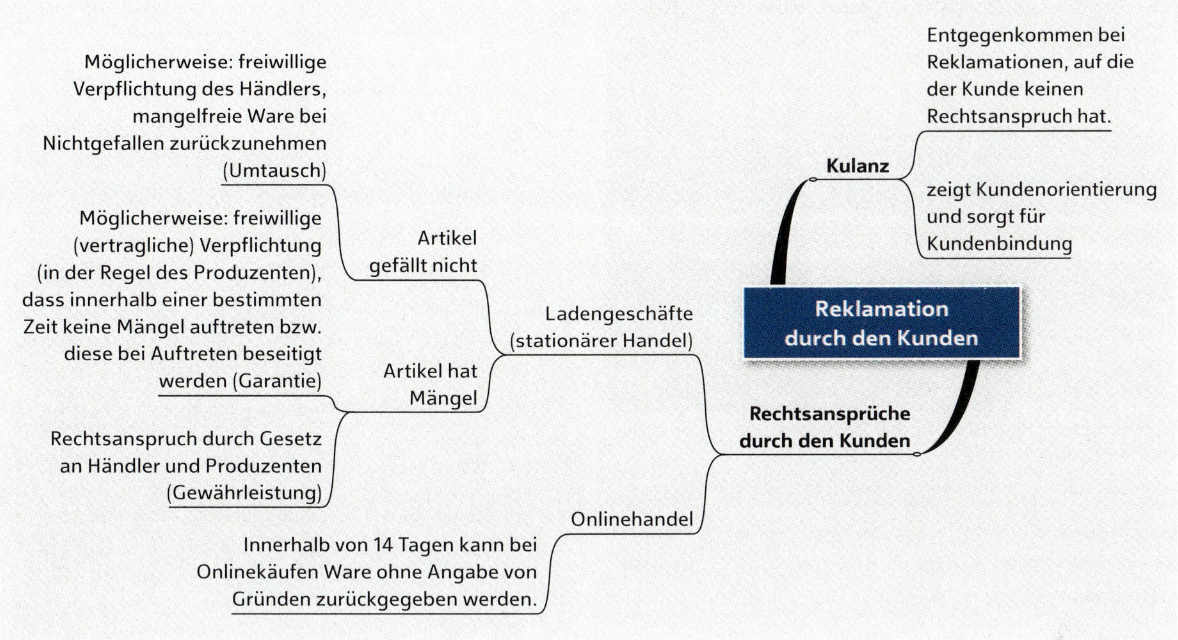

Umtausch

DEFINITION

Beim **Umtausch** nimmt das Unternehmen Ware ohne Mängel freiwillig zurück.

Es gibt eine Reihe von Gründen, die bei Kunden zu Umtauschwünschen führen können:

- Dem Kunden gefällt der gekaufte Artikel nicht mehr.
- Angehörigen sagt die Ware nicht zu.
- Der Kauf war unüberlegt.
- Größe, Form, Farbe usw. der Ware passen nicht.
- Die für einen Dritten gekaufte Ware (Geschenke) ist schon vorhanden, gefällt oder passt nicht.
- Der Kunde sieht den gleichen Artikel günstiger bei einem Konkurrenzunternehmen.

Im deutschen Recht herrscht der Grundsatz, dass einmal geschlossene Verträge eingehalten werden müssen. Ein Rechtsanspruch auf Umtausch einer mangelfreien Ware besteht deshalb nach dem Gesetz nicht.

BEISPIEL

Corinna Schwarz möchte bei der Hoffmann KG einen Pullover für ihren 14-jährigen Sohn Birk kaufen. Sie geht zur Kasse. Dadurch macht sie ein Angebot zum Abschluss des Kaufvertrags, das von der Hoffmann KG angenommen wird. Corinna Schwarz zahlt den Kaufpreis und bekommt den Pullover von der Verkäuferin in einer Tragetasche übergeben. Damit übertragt die Verkäuferin den Besitz und das Eigentum an Corinna Schwarz.

Kurze Zeit später möchte Corinna Schwarz den Pullover umtauschen, weil ihrem Sohn der Pullover nicht gefällt und er außerdem schon wieder gewachsen ist.

Die Hoffmann KG könnte den gewünschten Umtausch mit dem Hinweis auf den ordnungsgemäß abgeschlossenen Kaufvertrag ablehnen.

Ohne Einverständnis des Kaufmanns ist ein Umtausch zunächst einmal nicht möglich. Doch dies geschieht nur in den seltensten Fällen: Umtausch wird als Kundendienstleistung betrachtet. Außerdem ist Großzügigkeit beim Umtauschen eine sehr kostengünstige Werbung für das Unternehmen.

Wenn der Einzelhändler nicht besonders auf das Umtauschrecht des Kunden hinweist, muss jeder Kunde, der etwas kauft und sich die Rückgabe vorbehalten will, also fragen, ob die Ware zurückgegeben werden kann. Deshalb weisen viele Unternehmen extra darauf hin, dass Waren bei Nichtgefallen umgetauscht werden.

Will man Missverständnisse vermeiden, sollten Verkäufer und Kunde ausdrücklich vereinbaren, dass der Kaufmann die Ware aus Kulanzgründen zurücknimmt, falls der Umtausch gewünscht wird.

Viele Unternehmen haben für den problemlosen Umtausch eigene Bereiche eingerichtet.

Wenn das Unternehmen dem Kunden die Umtauschrechte schriftlich einräumt, muss es klar und deutlich darauf hinweisen, welche Artikel vom Umtausch ausgeschlossen sein sollen.

BEISPIELE

- Bestimmte Artikel sind aus hygienischen Gründen vom Umtausch ausgeschlossen, z. B. Kosmetikartikel, Perücken oder Unterwäsche.
- Auch in den Saison-Schlussverkäufen wird das generelle Umtauschrecht meistens ausdrücklich von den Einzelhandelsunternehmen ausgeschlossen. Von der Absicht her, in kurzer Zeit die Lager zu räumen, ist dieses Verhalten des Einzelhandels verständlich.

In weiten Kreisen des Einzelhandels hat sich jedoch eingebürgert Umtauschrechte ohne vorherige besondere Vereinbarung einzuräumen.

Der Einzelhändler kann die Umtauschregeln beim Umtausch aus Kulanzgründen selbst gestalten.

Bei einem Umtausch sind vom Verkaufspersonal die folgenden Punkte zu prüfen:

- Ist der Artikel unbeschädigt (kann er damit wiederverkauft werden)?
- Liegt der Kassenbon vor?
- Ist die betriebliche Umtauschfrist eingehalten worden?

Wie großzügig dabei verfahren wird, ist von Unternehmen zu Unternehmen unterschiedlich.

BEISPIEL

Die Hoffmann KG hat eine Umtauschfrist bestimmt, auf die sie schriftlich hinweist. In der Regel wird lediglich eine Gutschrift über die Kaufsumme ausgestellt und nicht der Kaufpreis zurückerstattet. Eine anderslautende Vereinbarung kann jedoch jederzeit vom Abteilungsleiter getroffen werden.

All dies gilt selbstverständlich nur, wenn die Ware nicht mangelhaft ist. Liegt eine berechtigte Reklamation vor, stehen dem Kunden die Rechte im Rahmen der gesetzlichen Gewährleistung zu.

Garantie

Im Gegensatz zum Umtausch geht es sowohl bei der Garantie als auch der gesetzlichen Gewährleistung um die rechtliche Behandlung von Mängeln der Ware.

Die Übernahme einer Garantie muss klar von der gesetzlichen Gewährleistung unterschieden werden. Dies wird in der geschäftlichen Praxis oft versäumt. Auch Kunden verwechseln Garantie und Gewährleistung häufig beziehungsweise (er)kennen den Unterschied nicht.

Der entscheidende Unterschied zwischen Garantie und Gewährleistung besteht darin, dass

- die Garantie auf einem freiwilligen Vertrag, die Gewährleistung aber auf einem Gesetz beruht,
- bei der Gewährleistung der Mangel bereits bei der Übergabe vorhanden sein musste.

Die Garantierechte des Käufers stehen also selbstständig neben den gesetzlichen Gewährleistungsrechten.

DEFINITION

Unter **Garantie** versteht man das freiwillige Versprechen eines Unternehmens, dass während einer bestimmten Zeitdauer ab Übergabe der Ware keine Mängel auftreten und der Unternehmer für die Mängelfreiheit einsteht. Zumeist übernimmt diese Haftung der Hersteller.

Unternehmen sind nicht gesetzlich verpflichtet, eine Garantie zu übernehmen. Sie bedarf daher der ausdrücklichen vertraglichen Vereinbarung, die den Inhalt und Umfang sowie die Garantiefrist bestimmt.

Die Garantieübernahme von Herstellern erfolgt oft über Garantiekarten, die der Hersteller seinen Erzeugnissen beilegt. Darin werden dem Endverbraucher Rechte zumeist auf Nachbesserung oder Ersatzlieferung eingeräumt. Da diese Rechte eine freiwillige und zusätzliche Leistung des Herstellers sind, kann er sie nach seinen Vorstellungen inhaltlich ausgestalten. Es kommt ein Garantievertrag direkt zwischen dem Endkunden und dem Hersteller zustande.

BEISPIEL

Susanne Eilers kauft bei der Larstadt Warenhaus AG einen Geschirrspüler des Herstellers Dosch, dem eine Garantiekarte des Herstellerwerks beigefügt ist. Diese weist eine Garantiefrist von 48 Monaten nach Kauf aus.

Wenn beispielsweise nach drei Jahren der Geschirrspüler defekt würde, müsste der Hersteller Dosch je nach eingegangener Verpflichtung auf der Garantiekarte entweder eine Reparatur vornehmen oder Susanne Eilers ein neues Gerät zur Verfügung stellen.

Der Garantiegeber (also entweder der Hersteller oder auch der Händler) muss seine Garantieerklärungen dem Käufer immer in Textform übergeben, auch wenn der Kunde dies nicht verlangt hat. Dies kann auf einem (analogen) Datenträger in Papierform (zum Beispiel Garantiekarte, Garantieurkunde) oder auf einem digitalen Datenträger erfolgen. Dies muss spätestens zum Zeitpunkt der Lieferung der Kaufsache geschehen.

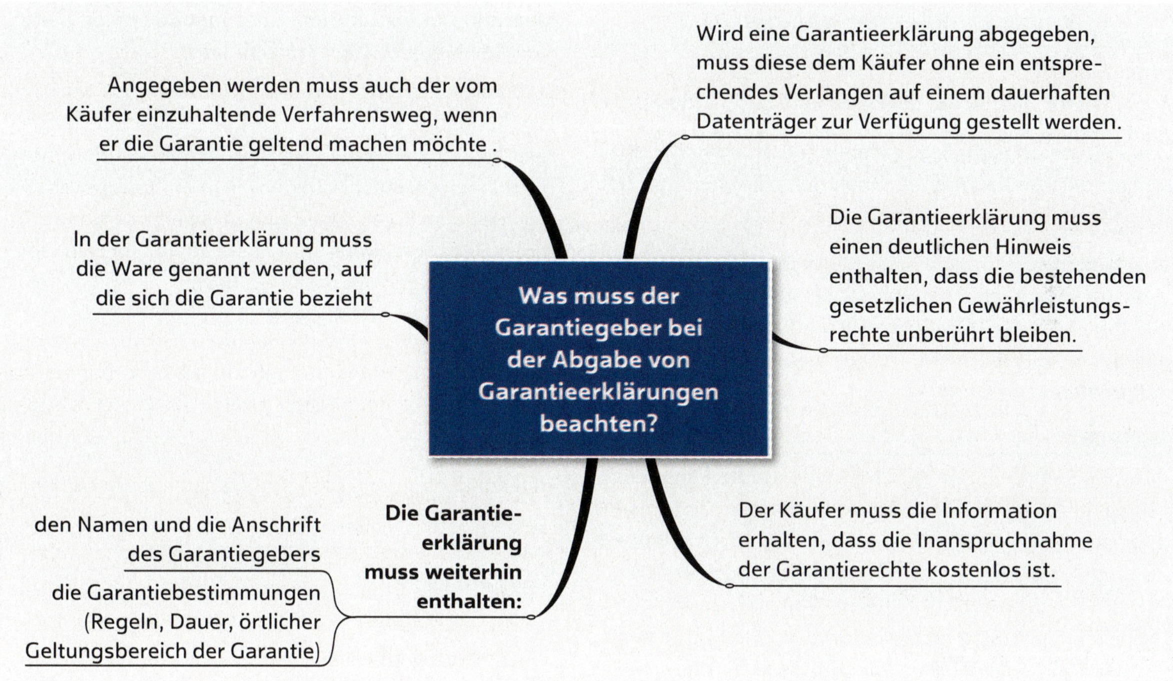

Widerrufsrecht des Verbrauchers bei Onlinekäufen

Unabhängig davon, ob der Grund der Rücksendung aufgrund der gesetzlichen Gewährleistung, aufgrund eines Garantieversprechens oder wegen eines bewusst eingeräumten Umtauschrechts erfolgt, kann der Kunde bei **Onlinekäufen** die Ware auch ohne Angabe von Gründen zurückgeben. Mit seinem Widerrufsrecht kann er die Ware ohne Begründung zurückschicken.

Der Verbraucher kann also innerhalb von 14 Tagen den **Fernabsatzvertrag** ohne Angabe von Gründen widerrufen. Er ist dann nicht mehr an den Vertrag gebunden.

Diese Regelung gilt u.a. nicht bei Fernabsatzverträgen zur Lieferung von:

- Frischeartikeln, z.B. Lebensmittel, Blumen,
- Presseartikeln,
- Waren, die ersteigert wurden,
- Produkten, die entweder nach Kundenspezifikationen angefertigt wurden oder sich nicht für die Rücksendung eignen,
- Software, wenn sie vom Käufer entsiegelt wurde,
- Video- und Audioaufzeichnungen.

Generell gilt zunächst einmal, dass die Widerrufsfrist beginnt, wenn der Verbraucher eine ordnungsgemäße Widerrufsbelehrung erhalten hat. Verpflichtend vorgeschrieben ist, dass der Verkäufer den Käufer auf ein Musterformular für einen Widerruf hinweist, das der Käufer im Bedarfsfall nutzen kann. Er kann aber auch auf andere Weise widerrufen:

- per Brief,
- per Fax,
- per E-Mail,
- per Telefon (hier ist auf die Beweisbarkeit zu achten).

Das Fernabsatzrecht legt zusätzlich fest, dass bei Warenlieferungen die Frist bei Erhalt der Ware beginnt, bei Dienstleistungen beim Vertragsabschluss.

Das Widerrufsrecht wird nicht dadurch ausgeschlossen, dass der Verbraucher die Ware ausprobiert oder benutzt hat. Innerhalb der 14-tägigen Widerrufsfrist dürfen Kunden bestellte Ware nicht nur anschauen, sondern auch ausprobieren.

BEISPIEL

Carolin Saager hat bei einem Onlinehändler ein Kleid bestellt. Nach der Lieferung probiert sie es zu Hause vor dem Spiegel aus. Dies ist zulässig. Nicht erlaubt dagegen ist es, dass sie mit dem Kleid ausgeht. Der Onlinehändler kann in diesem Fall das zurückgeschickte Kleid nicht mehr weiterverkaufen. Um einen Wertersatz einfordern zu können, muss er allerdings beweisen, dass Carolin die Ware über die Überprüfung und Anprobe hinaus für andere Zwecke benutzt hat.

Zur fristgerechten Rückgabe innerhalb der 14-Tages-Frist ist die Originalverpackung nicht gesetzlich vorgeschrieben. Nur wenn der Onlinehändler darüber hinaus freiwillig eine längere Widerrufsfrist anbietet, darf er die Rücknahme von der Originalverpackung abhängig machen. In diesem speziellen Fall darf der Onlinehändler sogar einen angemessenen Wertersatz für eine fehlende bzw. beschädigte Originalverpackung verlangen

Kulanz

Für Unternehmen kann die Kulanz eine wichtige Eigenschaft sein, mit der sie bei Kunden positiven Eindruck erzielen können. Unter Kulanz wird das Entgegenkommen des Verkäufers nach dem Verkauf einer Ware bei einer Reklamation des Kunden verstanden, wobei es dazu keine rechtliche Verpflichtung des Herstellers oder Verkäufers gibt.

BEISPIEL

Heike Fleck hat sich ein Auto gekauft und ist damit zwei Jahre lang ohne Probleme gefahren. Nach 25 Monaten hat ihr Auto einen Motorschaden. Die Reklamationsfrist von zwei Jahren (24 Monaten) ist gerade abgelaufen. Sie kann daher keine Rechte mehr im Rahmen der gesetzlichen Gewährleistung in Anspruch nehmen.

Heike Fleck ist verärgert, weil sie den Zeitraum für Reklamationen im Rahmen einer mangelhaften Lieferung um einen Monat verpasst hat.

Das Autohaus möchte Heike Fleck weiter als Stammkunden behalten und bietet ihr deshalb an, die Reparaturkosten zu übernehmen, obwohl es rechtlich nicht mehr dazu verpflichtet gewesen wäre: Das Autohaus gewährt also Kulanz. Heike Fleck ist sehr zufrieden. In ihrem Bekanntenkreis spricht sie oft von ihren positiven Erfahrungen mit dem Autohaus.

Kulanz ist letztlich ein Serviceangebot eines Unternehmens. Es kommen zwar Kosten auf ein Unternehmen zu. Oft sind die Vorteile jedoch größer als dieser Nachteil, weil

- die Kundenbindung (der zufriedenen Kunden) erheblich gestärkt wird,
- die Gewährung von Kulanz sich oft bei weiteren Personen herumspricht.

Gesetzliche Gewährleistung

Aufgrund gesetzlicher Vorschriften stehen jedem Käufer von Waren bestimmte Rechte zu, wenn die Ware Mängel hat. Diese Rechte existieren unabhängig von ggf. zugesagten Umtauschmöglichkeiten oder Garantieerklärungen.

Oft beschweren sich Kunden über Ware. Sind tatsächlich Mängel vorhanden, so hat als Kunde Rechte im Rahmen der gesetzlichen Gewährleistung. Unter Gewährleistung versteht man die gesetzliche Verpflichtung eines Schuldners – in diesem Falle also des Verkäufers, Sachen (z. B. Waren) in einem mangelfreien Zustand zu liefern. Die Rechte im Rahmen der gesetzlichen Gewährleistung dürfen nicht mit Rechten aus Umtausch- oder Garantieverpflichtungen verwechselt werden.

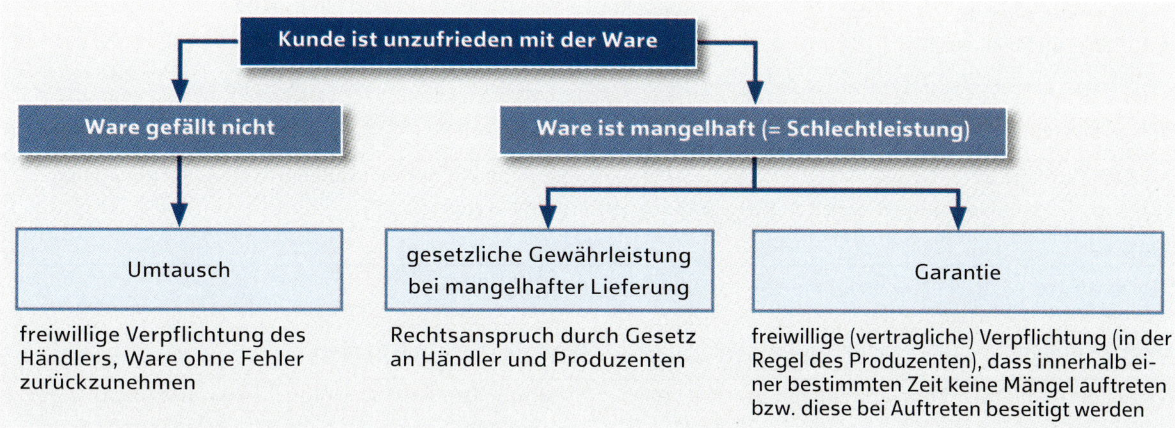

Gewährleistung für mangelfreien Lieferung

Durch die gesetzliche Gewährleistung haftet der Unternehmer dafür, dass die Ware zum Zeitpunkt der Übergabe die zugesicherten Eigenschaften besitzt und mangelfrei ist.

Gemäß den rechtlichen Vorschriften muss ein Verkäufer dem Käufer seine Sache grundsätzlich fehlerfrei übergeben und ihm das Eigentum an dieser Sache verschaffen. Die gesetzlichen Rechte, die ein Kunde bei Schlechtleistung in Anspruch nehmen kann, hängen ab von der Art des Mangels. Der Käufer muss deshalb zunächst feststellen, um

- welche Art von Ware und um
- welche Fehlerart

es sich handelt, um reklamieren zu können.

Verträge für unterschiedliche Arten von Produkten

Bevor ein Mangel reklamiert wird, muss zunächst einmal untersucht werden, welche Kaufvertragsart im Hinblick auf die Kaufsachen vorliegt. Die Klärung, um welches Produkt es sich handelt, ist wichtig, weil sich davon abhängig zusätzliche oder unterschiedliche Gewährleistungsvorschriften ergeben. Unterschieden werden

- (analoge) Waren,
- digitale Produkte,
- Waren mit digitalen Elementen.

(Analoge) Waren

Waren sind rein physische Güter. Sie haben für den Menschen einen Gebrauchswert und werden deshalb gehandelt. Es sind Produkte ohne digitale Elemente. Waren bestehen aus einem oder mehreren materiellen Bestandteilen.

BEISPIELE für Waren

- Lebensmittel
- Textilien
- Bücher
- Werkzeuge
- Spielzeug
- Möbel

Digitale Produkte

Digitale Produkte umfassen alle digitalen Inhalte und Dienstleistungen, die Gegenstand von Kaufverträgen (aber auch von Dienstverträgen, Werkverträgen oder Mietverträgen) sind. Digitale Produkte können auf einem Datenträger gespeichert sein oder aus dem Internet geladen werden. Zu den digitalen Produkten zählen auch digitale Dienstleistungen, die es zum Beispiel Verbrauchern ermöglichen, Daten digitaler Form zu erstellen, zu verarbeiten, zu speichern und zu nutzen bzw. ein Zugang zu solchen Daten zu bekommen.

BEISPIELE für digitale Produkte

- Computerspiele auf Speichern wie CDs oder DVDs
- Computerspiele im Internet
- Apps
- Nutzung von Clouds

- Nutzung von Programmen und Daten über Datenfernübertragung bzw. das Internet
- Social-Media-Dienste
- Messenger-Dienste
- E-Paper und E-Books

Im Gegensatz zu den (analogen) Waren hat der Verkäufer hier nicht die Pflicht, eine körperliche Kaufsache zu übergeben. Stattdessen muss er ein digitales Produkt bereitstellen.

Digitale Produkte

Als Kaufverträge über digitale Produkte gelten auch Verträge, in denen der Verbraucher statt (oder zusätzlich zu) einer Geldzahlung mit der Bereitstellung personenbezogener Daten „zahlt".

BEISPIEL

Viele Dienste im Bereich sozialer Medien verlangen von ihren Usern kein Geld.

Digitale Inhalte (digitale Produkte im engeren Sinn)

Daten, die in digitaler Form erstellt und bereitgestellt worden sind

BEISPIELE

- Programme
- Video- und Audiodateien
- Musik Dateien
- eBooks
- Musik-Dateien

Digitale Dienstleistungen

Sie ermöglichen dem Verbraucher die Erstellung, Verarbeitung oder Speicherung von Daten in digitaler Form oder den Zugang zu solchen Daten.

BEISPIELE

- Software-as-a-Service
- Spiele, die in einer Cloud-Computing-Umgebung und in sozialen Medien angeboten werden
- Streamingdienste
- Social-Media-Mitgliedschaften
- Messenger-Dienste
- Live-Trainings
- Webinare

Der Verbraucher kann als Kunde die Bereitstellung des digitalen Produkts unverzüglich nach Vertragsschluss verlangen. Ein digitales Produkt (Inhalte) gilt als bereitgestellt, sobald der Kunde Zugang zu diesem hat.

Waren mit digitalen Elementen

Waren mit digitalen Elementen sind im Vergleich zu digitalen Produkten eher körperliche Gegenstände, die aber digitale Inhalte bzw. digitale Dienstleistungen umfassen.

BEISPIELE

- Smartphones
- Tablets
- Smart Watches
- Digitalkameras
- intelligente Haushaltsgeräte (zum Beispiel Waschmaschine mit Sensoren und Steuerungsprogramm)
- intelligente Fernsehgeräte
- Personal Computer

Bei Waren mit digitalen Elementen sind zwei Fälle zu unterscheiden:

- Die digitalen Elemente sind für die Funktion des Kaufgegenstandes entscheidend: Ohne sie wird der Zweck der Sache nicht erfüllt.

BEISPIEL

Der Bildschirm eines Tablets ist defekt. Für diesen Fall gelten die Regeln für digitale Produkte.

- Die Kaufsache kann ihre Funktion (eventuell eingeschränkt) erfüllen: Die Gewährleistungsrechte können je nach betroffenem Produktteil in Anspruch genommen werden.

BEISPIEL

Bei einem smarten Kühlschrank gilt das Kaufrecht für analoge Waren, wenn es zu einem Fehler bei der Kühlung kommt. Fällt jedoch aufgrund eines Softwarefehlers die intelligente Steuerung der Temperaturen aus, gelten die Regeln für digitale Produkte.

7455616

Die Erkennbarkeit von Mängeln

Abhängig davon, inwieweit ein Mangel bei der Übergabe der Ware dem Käufer bekannt war, hat dieser zum Teil unterschiedliche Rechte und Pflichten.

Mängelarten im Hinblick auf die Erkennbarkeit		
Art	**Beschreibung**	**BEISPIELE**
offene Mängel	Bei der Übergabe der Ware kann der Käufer deutlich erkennen, dass die Ware einen Mangel hat.	Bei einem gelieferten Büroschrank ist die Oberfläche stark verkratzt.
versteckte Mängel	Diese Mangelart liegt vor, wenn der Mangel trotz einer gewissenhaften Überprüfung der Ware zunächst nicht erkennbar ist.	Bei einem Computer funktioniert ein Teil des Hauptspeichers nicht.
arglistig verschwiegene Mängel	Bei arglistig verschwiegenen Mängeln verheimlicht der Verkäufer dem Käufer einen versteckten Mangel absichtlich.	Die Hoffmann KG kauft eine größere Menge Wollpullover. Der Verkäufer verschweigt dabei, dass die Pullover durch einen Wasserschaden in seinem Lager nass geworden sind.

Sachmängel

Weist eine Kaufsache nicht die Beschaffenheit auf, die sie nach Ansicht der Vertragspartner haben soll, liegt ein Sachmangel vor

Mangelfreiheit von Sachmängeln

Ein Produkt ist frei von Sachmängeln, wenn es den subjektiven Anforderungen, den objektiven Anforderungen und Montageanforderungen entspricht. Diese drei Kategorien zur Bestimmung der Mangelfreiheit sind gleichwertig. Nur wenn die gelieferte Sache **alle** drei Voraussetzungen erfüllt, ist sie frei von Sachmängeln.

Die Mangelfreiheit von Kaufsachen		
Eine Kaufsache hat keine Mängel vor, wenn sie drei Anforderungen ***gleichzeitig*** erfüllt:		
Subjektive Anforderungen	Objektive Anforderungen	Montageanforderungen
Die Kaufsache muss dem entsprechen, was Käufer und Verkäufer im Vertrag im Hinblick auf die Beschaffenheit vereinbart haben.	Die Kaufsache muss sich für die branchenübliche Verwendung eignen oder eine Beschaffenheit haben, die für Sachen der gleichen Art üblich ist.	Montageanforderungen fallen im Prinzip auch schon unter subjektive und objektive Anforderungen. Sie sind aber vom Gesetzgeber darüber hinaus noch einmal ausdrücklich vereinbart worden.
Bemerkenswert ist, dass ein Kaufgegenstand also auch dann mangelhaft sein kann, wenn er der vereinbarten Beschaffenheit vollständig entspricht (und damit die subjektiven Anforderungen erfüllt). Dies wäre etwa der Fall, wenn die Beschaffenheit dem Vereinbarten entspricht, die Sache sich jedoch nicht für eine gewöhnliche Verwendung eignet (also nicht den objektiven Anforderungen entspricht).		

Subjektive Anforderungen

Eine mangelfreie Kaufsache liegt vor, wenn sie die **im Kaufvertrag** vereinbarte Beschaffenheit aufweist und sich auch für die im Kaufvertrag vorausgesetzte Verwendung eignet. Grundlage, ob wegen eines Mangels reklamiert werden kann, ist also zunächst einmal die Beschaffenheitsvereinbarung des Kaufvertrages.

Ein subjektiver Mangel ist also gegeben, wenn die Ist-Beschaffenheit der Kaufsache von der im Kaufvertrag festgelegten Soll-Beschaffenheit negativ abweicht.

BEISPIEL

Katarzyna Lindemann kauft einen Luxus-Staubsauger. Im Kaufvertrag ist neben dem Kaufpreis nur festgelegt, dass es sich um das Modell XR 1200 in Rot handelt. Geliefert bekommt sie einen Staubsauger des Modells XC 600 in Gelb.

Da die Ware nicht die im Kaufvertrag vereinbarte Beschaffenheit hat, entspricht sie nicht den subjektiven Anforderungen: Es liegt ein Mangel vor.

Objektive Anforderungen

Ist dies nicht ausdrücklich ausgeschlossen worden (siehe unten), gilt eine Kaufsache zudem als mangelfrei, wenn sie der üblichen Beschaffenheit vergleichbarer Kaufgegenstände entspricht und sich für die gewöhnliche Verwendung eignet. Grundlage, ob Rechte wegen einer mangelhaften Lieferung in Anspruch genommen werden können, ist also zusätzlich noch, ob die Ware **branchenüblichen** Anforderungen entspricht. Eine große Bedeutung spielen in diesem Zusammenhang auch Werbeaussagen des Herstellers.

BEISPIEL

Nach einer Reklamation bekommt Katarzyna endlich das Staubsaugermodell XR 1200 in Rot ausgeliefert. Sie probiert den Staubsauger das erste Mal aus. Der Boden ist tatsächlich sauber. Ihr schmerzen aber die Ohren, weil der Staubsauger extrem laut war. Zweimal sprangen die Sicherungen raus, weil der in der Werbung mit „extrem energiesparend“ beworbene Staubsauger anscheinend sehr viel Strom verbraucht.

Hier entspricht der Staubsauger zwar den im Kaufvertrag festgelegten subjektiven Anforderungen (Modell R 1200; Farbe Rot; Funktionsfähigkeit, weil das Gerät saugt). Nicht erfüllt sind aber die objektiven Anforderungen, weil Katarzyna Lindemann als Käuferin eine Beschaffenheit des Staubsaugers erwartet hat, wie bei Staubsaugern derselben Art üblich sind.

Hat der Verkäufer eine Probe oder ein Muster bereitgestellt, so muss die Kaufsache diesem entsprechen, um die objektiven Anforderungen zu erfüllen.

Montageanforderungen

Diese Anforderungen gelten nur, wenn eine Montage erforderlich ist. Sie sind erfüllt, wenn die Montage

- sachgerecht durchgeführt worden ist oder
- zwar unsachgemäß durchgeführt worden ist, dies jedoch weder auf einer unsachgemäßen Montage durch den Verkäufer noch auf einem Mangel in der vom Verkäufer übergebenen Anleitung beruht.

Subjektive Anforderungen	Objektive Anforderungen	Montageanforderungen
Das Vorliegen eines Mangels ist an Bestimmungen des Kaufvertrages gebunden.	Das Vorliegen eines Mangels wird nicht aus dem speziellen Kaufvertrag zwischen Käufer und Verkäufer abgeleitet, sondern daraus, was üblicherweise bei Kaufverträgen dieser Art allgemein erwartet werden kann.	Das Vorliegen eines Mangels kann unabhängig vom Vorliegen der subjektiven und objektiven Anforderungen bei Notwendigkeit und Durchführung einer Montage abgeleitet werden.
Die Kaufsache muss den Vereinbarungen zwischen Käufer und Verkäufer im Rahmen des Kaufvertrages entsprechen, ansonsten ist die Kaufsache mangelhaft.	Wenn nicht wirksam (im Kaufvertrag) etwas anderes vereinbart wurde, muss die Kaufsache für eine gewöhnliche Verwendung, die bei Sachen derselben Art zu erwarten ist, geeignet sein. Ist dies nicht der Fall, liegt eine mangelhafte Kaufsache vor.	Ein Mangel liegt vor, wenn die Kaufsache • entweder vom Verkäufer unsachgemäß montiert wird • oder vom Käufer aufgrund einer fehlerhaften Bedienungsanleitung unsachgemäß aufgebaut wird.
Eine Mangelfreiheit liegt vor, wenn die Sache: • die vereinbarte Beschaffenheit hat, • sich für die nach dem Vertrag vorausgesetzte Verwendung eignet • und mit dem vereinbarten Zubehör und den vereinbarten Anleitungen, einschließlich Montage- und Installationsanleitungen, übergeben wird.	Eine Mangelfreiheit liegt vor, wenn die Kaufsache einem allgemein anerkannten Produkt Standard entspricht.	Ist die Montage sachgemäß durchgeführt worden (oder beruht eine unsachgemäße Montage nicht auf einem Fehler des Verkäufers), gilt die Kaufsache als mangelfrei.

Rechtsmängel

In einigen Fällen können beim Abschluss von Kaufverträgen auch Rechtsmängel auftreten. Dies ist eine besondere Form eines Mangels: Ein Rechtsmangel liegt vor, wenn Dritte im Hinblick auf die Ware Rechtsansprüche stellen können, ohne dass dies beim Kauf vereinbart wurde.

BEISPIEL

- Ein Verkäufer ist nicht Eigentümer der Ware. Dies kann beispielsweise der Fall sein, wenn ein Handyshop gestohlene Smartphones verkauft.
- Eine Ware ist zur Absicherung eines Kredits mit einem Pfandrecht belastet.

Bei Rechtsmängeln hat der Käufer die gleichen Rechte wie bei Sachmängeln.

Digitale Mängel

Für digitale Produkte gilt genau wie bei analogen Waren, dass sie mangelfrei sind, wenn sie den subjektiven und objektiven Anforderungen entsprechen. Zusätzlich müssen sie jedoch noch den Anforderungen an die Integration entsprechen.

Kann ein digitales Produkt so in das EDV-System eingebunden bzw. mit diesem verbunden werden, dass es ordnungsgemäß vom Verbraucher genutzt werden kann, liegt eine gelungene Integration vor.

Die Integration eines digitalen Produkts muss vom Verkäufer sachgemäß durchgeführt werden bzw. darf im Falle einer unsachgemäßen Durchführung durch den Käufer nicht auf einem Mangel der vom Verkäufer bereitgestellten Anleitung beruhen.

Ein weiterer Mangel, der nur bei digitalen Produkten und bei Waren mit digitalen Elementen auftreten kann, ist die Nichtzurverfügungstellung von Aktualisierungen. Der Verkäufer ist verpflichtet, durch Software-Aktualisierungen und Sicherheitsupdates eine dauerhafte Nutzbarkeit dieser Produkte zu gewährleisten. Wird dagegen verstoßen, liegt ein digitaler Mangel vor.

Die Aktualisierungspflicht des Verkäufers

Anbieter von Kaufsachen müssen dafür sorgen, dass die in der Sache enthaltenen digitalen Elemente während des Bereitstellungszeitraums mangelfrei sind und auch bleiben. Verkäufer haben daher grundsätzlich die Pflicht, Aktualisierungen für den Zeitraum der üblichen Nutzungs- und Verwendungsdauer eines digitalen Produkts bereitzustellen. Zusätzlich müssen sie den Käufer auf anstehende Aktualisierungen hinweisen. Ein Verstoß gegen diese Pflicht liegt vor, wenn während des Bereitstellungszeitraums mindestens zwei Jahre ab Ablieferung der Kaufsache keine vertraglich vereinbarten oder üblicherweise zu erwartenden Updates zur Verfügung gestellt werden. Ist vertraglich ein längerer Zeitraum über die zwei Jahre hinaus vereinbart worden, gilt der vereinbarte Zeitraum.

Aktualisierungen bereitstellen muss der Verkäufer in einem Verbrauchsgüterkauf, wenn

- sie im Kaufvertrag vereinbart worden sind und
- in jedem Fall auch zusätzlich, wenn dies auch erwartet werden kann, damit die Vertragsmäßigkeit der Kaufsache erhalten bleibt.

Ein Mangel liegt auch vor, wenn der Verbraucher nicht über die jeweiligen Aktualisierungen und ihre Bereitstellung informiert wird. Die Verkäufer sind also verpflichtet, Updates zur Verfügung zu stellen, die die Funktionsfähigkeit und informationelle Sicherheit der Kaufsache gewährleisten.

Die Aktualisierungspflicht gilt nicht für Verbesserungen der digitalen Elemente einer Kaufsache.

BEISPIEL

Ein Smart-TV und dessen Software funktionieren einwandfrei. Inzwischen gibt es eine neue Version der Software, die weitere, zusätzliche Vorteile bringt. Wenn Zwischenhändler und Käufer nicht extra die Bereitstellung solcher Upgrades vereinbart wurde, hat der Händler Pflicht, die Software zu aktualisieren.

Die Regelungen zu digitalen Mängeln gelten im Prinzip zwar nur für Verträge im Rahmen von Verbrauchsgüterkäufen. Möchte ein Unternehmer beim Vorliegen eines Mangels aber auf seinen Lieferanten regressmäßig zurückgreifen, spielen diese auch im B2B-Bereich eine Rolle.

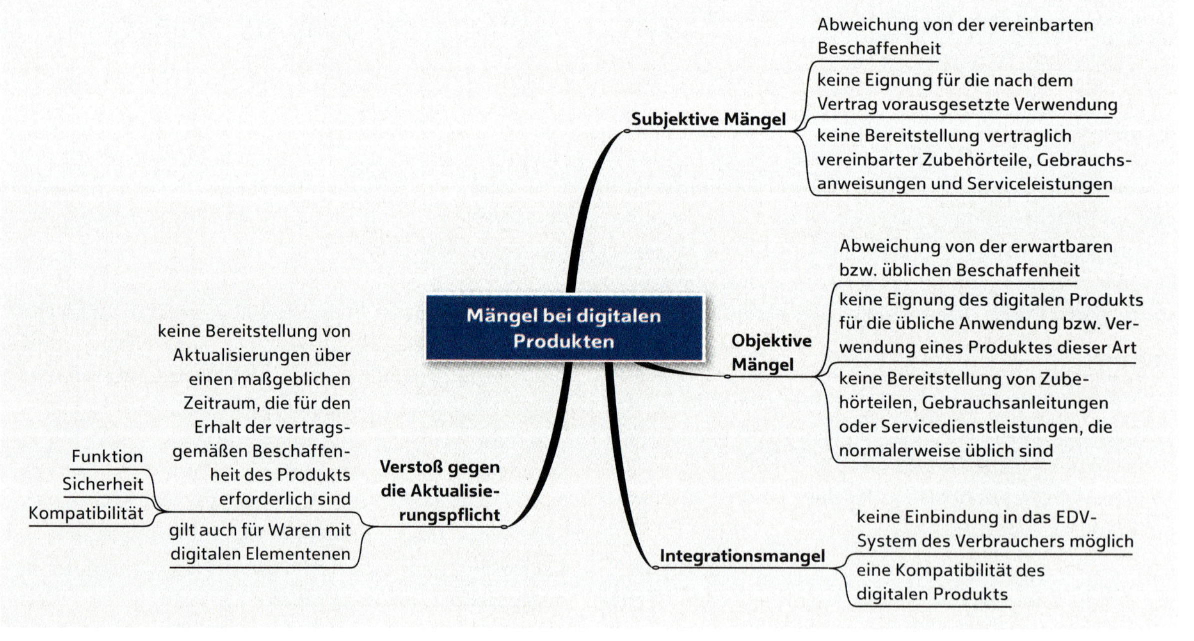

Die Beschaffenheit von Kaufsachen

Eine Kaufsache darf nicht von der vereinbarten und erwartbaren Beschaffenheit abweichen. Mängel können auftreten, wenn die Ware nicht den subjektiven und objektiven Anforderungen entspricht. Zur Überprüfung der Mangelfreiheit einer Ware sollten folgende Merkmale der Beschaffenheit eines Produkts überprüft werden. Bei diesen Beschaffenheitsmerkmalen können sowohl subjektive als auch objektive Mängel auftreten, unter anderem:

- Qualität
- Art
- Menge
- Kompatibilität und Interoperabilität:
- sonstige Merkmale

Einige Erscheinungsformen von Mängeln: Wie können Mängel auftreten?			
Qualitätsmangel (Mangel in der Beschaffenheit im engeren Sinn)	Ein Qualitätsmangel liegt vor bei einer negativen Abweichung der Produktqualität. Die Ware ist fehlerhaft: • Die Ware ist ganz oder teilweise beschädigt. • Die Ware ist verdorben.	Ein der Hoffmann KG gelieferter Schreibtisch hat eine zerkratzte Arbeitsfläche.	objektiver und subjektiver Mangel
Mangel in der Art	Bei diesem Mangel wird eine andere Ware als bestellt geliefert. Die Falschlieferung wird manchmal auch als Aliud-Lieferung bezeichnet.	Statt des Druckers HAPE t400 wird ein einwandfreies Gerät HAPE t200 geliefert.	objektiver Mangel
Mangel in der Menge	Hier liegt eine nicht vollständige Warenlieferung vor.	Die Hoffmann KG hat 1000 Packungen Kopierpapier bestellt. Geliefert werden aber nur 500 Stück.	objektiver und subjektiver Mangel
falsche Werbeaussagen	Ein Mangel liegt auch vor, wenn Eigenschaften der Ware entgegen öffentlichen Äußerungen des Verkäufers nicht vorhanden sind.	Ein Drucker soll nach Aussagen des Herstellers in Werbeanzeigen 60 Seiten pro Minute drucken können. Tatsächlich schafft er aber nur 20 Seiten in der Minute.	subjektiver Mangel
Montagefehler	Ein Montagefehler liegt vor, wenn der Verkäufer etwas unsachgemäß montiert.	Ein Möbelhaus liefert die neue Teeküche für die Hoffmann KG und baut diese auf. Zwei Türen eines Schranks lassen sich anschließend nicht öffnen.	objektiver und subjektiver Mangel, wird vom Gesetzgeber aber zusätzlich explizit herausgestellt

Einige Erscheinungsformen von Mängeln: Wie können Mängel auftreten?			
mangelhafte Montageanleitung	Fehlt eine Montageanleitung oder hat diese Fehler, sodass es zu einer falschen Montage durch den Käufer kommt, gilt dies auch als Sachmangel.	• Uwe Otte kauft einen technisch anspruchsvollen Blu-Ray-Player mit japanischer Bedienungsanleitung, die nicht zu verstehen ist. Er kann daher das Gerät nicht bedienen. Es ist damit mangelhaft. • Gabriela Gomez kauft in der Möbelabteilung von Kaufstadt ein Regal, das sie aufgrund unverständlicher Montageanleitung nicht aufbauen kann. Sie kann sich auf einen Mangel des Regals berufen. • Markus Merks hat eine kleine Anrichte gekauft. Auf dem Paket steht groß und deutlich: „Problemloser Aufbau! Auspacken und Zusammenbau in fünf Minuten!“ Da Markus Merks wegen der fehlenden Bedienungsanleitung falsche Teile zusammengeschraubt hat, werden die Teile beschädigt.	objektiver und subjektiver Mangel, wird vom Gesetzgeber aber zusätzlich explizit herausgestellt
Kompatibilitäts- und Interoperabilitätsmangel	• Ein digitales Produkt funktioniert auf einem oder mehreren Systemen nicht ohne Probleme. • Digitale Produkte können sich nicht verbinden und auf koordinierte Weise kommunizieren.	• Ein Softwareprodukt kann bestimmte Standards bzw. gesetzliche Bestimmungen nicht einhalten • Ein Softwarepaket kann auf bestimmten Computersystemen nicht installiert werden.	nur bei digitalen Produkten: objektiver und subjektiver Mangel

Die negative Beschaffenheitsvereinbarung

Bei B-Ware, gebrauchten Artikeln und Artikeln mit (bekannten) Mängeln kann für Händler das Problem auftauchen, dass die Ware einerseits die vertraglich vereinbarte Beschaffenheit aufweist und somit kein subjektiver Mangel vorliegt. Andererseits erfüllt solche Ware aber nicht die objektiven Anforderungen, weswegen dennoch ein objektiver Mangel vorliegt.

Damit die Warenlieferung nicht als Schlechtleistung gilt, können in den Kaufverträgen negative Beschaffenheitsvereinbarungen verwendet werden. Durch diese haben Verkäufer und Käufer die Möglichkeit, die objektiven Anforderungen durch vertragliche Vereinbarung außer Kraft zu setzen: Die negative Beschaffenheitsvereinbarung dient dazu, dass der Kunde aktiv über den Mangel informiert wird.

- Bei **bürgerlichen Käufen** (C2C- Geschäften) und **zweiseitigen Handelskäufen** (B2B-Geschäften) ist dies vergleichsweise einfach.

Schließen zwei Privatleute einen Kaufvertrag ab, liegt ein bürgerlicher Kauf vor. Ein zweiseitiger Handelskauf liegt vor, wenn beide Geschäftspartner im Rahmen eines Kaufvertrages Unternehmen sind.

Es muss nur eine entsprechende Erklärung, dass man von den objektiven Anforderungen abweichen möchte, bewusst und deutlich in den Kaufvertrag aufgenommen werden.

7455622

BEISPIEL

Ein Kaufvertrag zwischen Privatleuten enthält die Klausel „gekauft wie gesehen". Damit wird die Mängelhaftung im Hinblick auf objektive Anforderungen ausgeschlossen. Etwaige Mängel, die gegen Beschaffenheitsvereinbarungen des Kaufvertrages verstoßen, können weiterhin reklamiert werden.

- Bei zweiseitigen Handelskäufen und bürgerlichen Käufen ist es relativ unkompliziert, dem Käufer durch einen Hinweis im Kaufvertrag aufzuzeigen, dass der Kaufgegenstand von schlechterer Qualität ist, als man objektiv erwarten kann. Bei Verbrauchsgüterkäufen müssen zusätzliche Voraussetzungen erfüllt sein.

Beim Verbrauchsgüterkauf ist der Verkäufer ein Unternehmen, der Käufer eine Privatperson.

Eine negative Beschaffenheitsvereinbarung gilt bei einseitigen Handelsgeschäften (Verbrauchsgüterkäufen) nur noch dann als abgegeben, wenn

- der Käufer – vor Abschluss des Kaufvertrages – bewusst und deutlich auf schlechtere Beschaffenheit des Kaufgegenstandes hingewiesen wurde, und
- anschließend dies – im Kaufvertrag – ausdrücklich und gesondert (also in einem vom Kaufvertrag getrennten Dokument) vereinbart wurde.

Im Onlinehandel kann dies durch einen Button oder eine Schaltfläche erreicht werden, die der Verbraucher anklicken oder auf andere Weise bestätigen kann.

Pflichten des Käufers

Der Käufer einer Ware ist verpflichtet, zunächst die Ware zu prüfen und festgestellte Mängel dem Verkäufer mitzuteilen. Versäumt der Käufer, einer dieser beiden Pflichten nachzukommen, kann er Rechtsansprüche gegenüber dem Verkäufer verlieren.

Mängelrüge

Wird also ein Mangel entdeckt, muss der Käufer dies beim Verkäufer reklamieren. Diese Mitteilung heißt Mängelrüge. Dabei muss der entsprechende Mangel sehr genau beschrieben werden. Die Mängelrüge ist grundsätzlich formfrei. Aus Beweissicherungsgründen sollte man eine Mängelrüge jedoch in Schriftform an den Verkäufer senden.

Rügefristen

Mängelrügen müssen innerhalb bestimmter Fristen – der sogenannten Rügefristen[1] – beim Verkäufer eingegangen sein. Diese Fristen sind bei den verschiedenen Arten des Verkaufs unterschiedlich.

Bei einem **zweiseitigen Handelskauf** verkauft ein Unternehmer (z. B. ein Industrieunternehmen) einem anderen Unternehmen (z. B. einem Einzelhandelsunternehmen)

Hoffmann KG
seit 1949

Hoffmann KG – Postfach 21 31 41 – 30604 Hannover
Dieter Molzanski GmbH
Lehnhast 40
55122 Mainz

Ihr Zeichen: vk-we
Ihre Nachricht vom: 20..-03-11
Unser Zeichen: ek-ja
Unsere Nachricht vom: 20..-02-01

Name: Petra Janssen
Telefon: 0511 9876-42
Telefax: 0511 9876-10
E-Mail: petra.janssen@hoffmann-kg-wvd.de

Datum: 20..-03-13

Mangelhafte Lieferung: Unsere Bestellung 2398 vom 1. Februar d. J.

Sehr geehrte Damen und Herren,

wir haben Ihre Lieferung fristgerecht am 12. März erhalten.

Bei der unverzüglichen Überprüfung der Sendung stellten wir allerdings folgenden Mängel fest:

Statt der bestellten 500 Jeans mit der Bestellnummer 768543 haben Sie uns nur 300 Stück geliefert.

Zur Behebung dieses Mangels bitten wir Sie, die fehlenden Artikel umgehend frachtfrei nachzuliefern.

Trotz dieser mangelhaften Lieferung hoffen wir auch zukünftig auf gute Zusammenarbeit.

Mit freundlichem Gruß

Hoffmann KG

Petra Janssen

Petra Janssen

Bergener Str. 6 a | 30625 Hannover | Tel. 0511 9876-0 | Fax 0511 9876-10 | Internet www.hoffmann-kg-wvd.de | E-Mail info@hoffmann-kg-wvd.de
USt-IdNr. 183 034 912 | Steuernummer 2320 041 014 | Zollnummer DE6115209 | HRA 200147 Hannover | Erfüllungsort und Gerichtsstand Hannover

Sparkasse Hannover
Konto 517 321 | BLZ 250 501 80
IBAN DE53 2505 0180 0000 5173 21
BIC SPKHDE2H

Postbank Hannover
Konto 15 305 | BLZ 250 100 30
IBAN DE82 2501 00300 000 0153 05
BIC PBNKDEFF

Commerzbank Hannover
Konto 141 919 100 | BLZ 250 400 66
IBAN DE09 2504 0066 0141 9191 00
BIC COBADEFF

1 Rügefrist ist ein anderer Begriff für Reklamationsfrist.

eine Ware. Gibt es einen offenen Mangel, so muss unverzüglich gemahnt werden. Ist der Mangel versteckt, muss die Reklamation innerhalb von zwei Jahren erfolgen. Sie muss in diesem Zeitraum jedoch unverzüglich nach Entdeckung erfolgen. Bei arglistig verschwiegenen Mängeln beträgt die Reklamationsfrist drei Jahre.

Die Rügefristen für den **einseitigen Handelskauf** unterscheiden sich von denen des zweiseitigen Handelskaufs bzw. von denen des bürgerlichen Kaufs: Bei einem einseitigen Handelskauf verkauft ein Kaufmann (z. B. ein Einzelhandelsunternehmen) einer Privatperson eine Ware. Für feste Sachen (z. B. Grundstücke) oder bewegliche Sachen (dann spricht man vom Verbrauchsgüterkauf) gilt für offene und versteckte Mängel eine zweijährige Rügefrist. Für arglistig verschwiegene Mängel beträgt die Rügefrist drei Jahre.

Zum Schutz des Verbrauchers gilt im Rahmen des Verbrauchsgüterkaufs bei einseitigen Handelskäufen eine Besonderheit, die **Beweislastumkehr**: Tritt in den ersten zwölf Monaten nach Kauf der Ware ein Mangel auf, geht man davon aus, dass er schon bei Lieferung bestand und somit vom Verkäufer verschuldet wurde. Im Streitfall muss der Verkäufer nachweisen, dass die Ware zum Zeitpunkt des Verkaufs mangelfrei war.

BEISPIEL

Volkan Karaca kauft in einem Einzelhandelsgeschäft einen Regenschirm, der sich nach dem ersten Regen als defekt erweist. Daraufhin reklamiert er den Mangel.

Volkan muss in den ersten zwölf Monaten nach dem Kauf nicht darlegen, auf welche Ursache der Defekt des Regenschirms zurückzuführen ist. Dagegen muss das Einzelhandelsunternehmen überzeugend beweisen, dass der Defekt am Regenschirm zum Zeitpunkt des Gefahrenübergangs noch nicht vorhanden war. Gelingt dem Unternehmen das nicht (zum Beispiel, weil es auch nach einer Beweisaufnahme unklar bleibt), geht das zulasten des Verkäufers.

Erst nach Ablauf der zwölf Monate findet eine Beweislastumkehr statt. Nun muss der Käufer beweisen, dass der Mangel nicht von ihm verursacht wurde.

BEISPIEL

Würde Volkan Karaca den Regenschirm erst nach Ablauf von zwölf Monaten reklamieren, müsste nun er ab dem 13. Monat nachweisen, dass der Mangel vom Anfang an vorhanden war.

Die Beweislastumkehr

Unter der Beweislastumkehr versteht man die für den Verbraucher vorteilhafte Annahme, dass im ersten Jahr nach Erhalt einer Ware allgemein davon ausgegangen wird, dass es sich bei einem auftretenden Fehler um einen bereits bei der Übergabe vorhandenen Sachmangel handelt. Ein Verbraucher kann im Rahmen der Beweislastumkehr in den ersten zwölf Monaten nach Kauf seine Gewährleistungsrechte damit leichter und mit weniger Aufwand geltend machen.

Der **bürgerliche Kauf** ist ein Kauf unter Privatleuten. Auch hier gilt die Rügefrist von zwei Jahren. Gewährleistungsansprüche können aber beim bürgerlichen Kauf vertraglich ausgeschlossen werden.

	Rügefristen		
	offene Mängel	**versteckte Mängel**	**arglistig verschwiegene Mängel**
zweiseitiger Handelskauf	unverzüglich	unverzüglich nach Entdeckung; spätestens innerhalb der Gewährleistungspflicht von zwei Jahren	unverzüglich nach Entdeckung; innerhalb von drei Jahren
einseitiger Handelskauf	innerhalb der Gewährleistungspflicht von zwei Jahren	innerhalb der Gewährleistungspflicht von zwei Jahren	innerhalb von drei Jahren
bürgerlicher Kauf	innerhalb der Gewährleistungspflicht von zwei Jahren	innerhalb der Gewährleistungspflicht von zwei Jahren	innerhalb von drei Jahren

7455624

Beim zweiseitigen Handelskauf muss ein Käufer noch die Regelungen zur Aufbewahrung der mangelhaften Ware beachten.

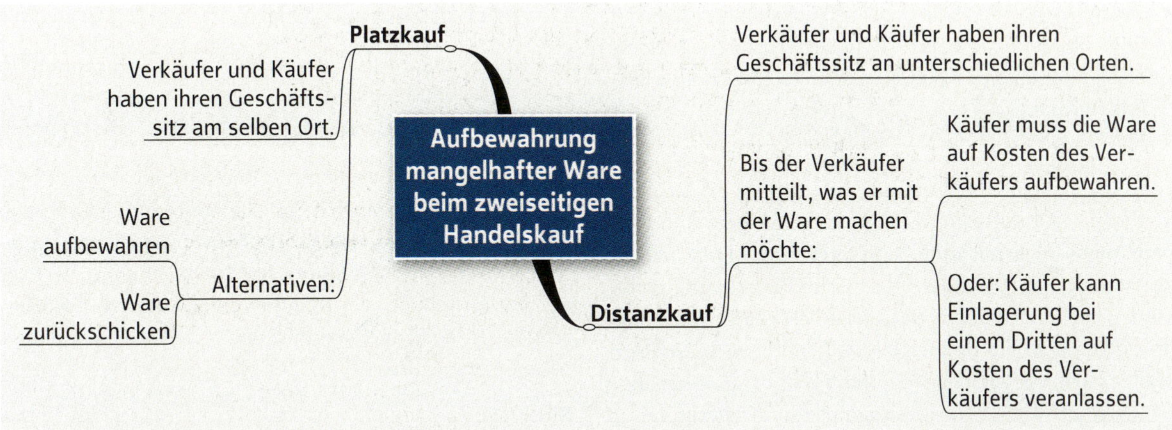

Rechte des Käufers

Die Nacherfüllung als vorrangiges Recht

Zunächst einmal hat der Käufer einen Nacherfüllungsanspruch, den er geltend machen muss, bevor er auf die anderen Gewährleistungsrechte zurückgreifen kann. Bei der Nacherfüllung kann der Kunde grundsätzlich zwischen

- der Beseitigung des Mangels (Nachbesserung)
- oder der Neulieferung einer mangelfreien Sache

wählen.

BEISPIELE

- Die Hoffmann KG hat einen neuen Firmen-Pkw gekauft. Gleich nach der Auslieferung fällt er wegen eines Motorschadens aus. Die Hoffmann KG kann nun wählen, ob sie den Motor reparieren lässt oder sich einen neuen Firmen-Pkw liefern lässt.
- Die Hoffmann KG kauft hochwertige Sportschuhe. Bei der Auslieferung stellt sich heraus, dass die Schnürsenkel nicht wie im Angebot beschrieben weiß, sondern schwarz sind. In Anbetracht der Geringfügigkeit dieses Mangels wäre es wohl für den Verkäufer unzumutbar, von ihm die Neulieferung der einwandfreien Sportschuhe zu verlangen. Hier besteht nur Anspruch auf Nachbesserung. Der Hersteller der Sportschuhe braucht also nur weiße Schnürsenkel nachzuliefern.

Nacherfüllung	
Der Kunde kann zunächst auswählen zwischen	
Neulieferung:	**Nachbesserung:**
Verkäufer stellt Ersatz für mangelhafte Ware	Reparatur der mangelhaften Ware

Der Verkäufer kann die vom Käufer gewählte Art der Nacherfüllung zurückweisen, wenn

- dies mit unverhältnismäßig hohen Kosten verbunden ist,
- die Neulieferung (z. B. bei einem Einzelstück) oder Nachbesserung (es gibt zum Beispiel keine Ersatzteile mehr) unmöglich ist,
- dies für den Verkäufer unzumutbar ist.

Für die Nacherfüllung muss der Käufer den Verkäufer zur Nacherfüllung auffordern. Beim **zweiseitigen Handelskauf** muss dies mit einer angemessenen Fristsetzung verbunden sein. Dagegen ist es beim **Verbrauchsgüterkauf** nicht erforderlich, dass dem Verkäufer eine ausdrückliche Frist zur Nacherfüllung gesetzt wird. Der Verkäufer muss von sich aus innerhalb einer angemessenen Frist nacherfüllen. Was als angemessene Frist gilt, hängt dabei vom Aufwand ab, den die Nacherfüllung für den Verkäufer bedeutet. Der Verkäufer hat die im Rahmen der Nacherfüllung entstehenden Kosten zu tragen.

BEISPIEL

Der Verkäufer einer mangelhaften Ware muss sowohl die Versandkosten des Käufers sowie alle Reparaturkosten zahlen. Der Käufer muss bereit sein, dem Verkäufer die Kaufsache zur Überprüfung der Mängelrüge zur Verfügung zu stellen. Die Kosten der Einsendung sowie der Überprüfung der vermeintlich mangelhaften Sachen fallen ebenfalls zulasten des Verkäufers.

Hat der Käufer die Mangelfreiheit jedoch fahrlässig nicht erkannt (bzw. wusste sogar vom Fehlen von Mängeln), muss er die Einsendungs- und Überprüfungskosten übernehmen.

Der Käufer ist verpflichtet, die Kaufsache zum Zwecke der Nacherfüllung dem Verkäufer zur Verfügung zu stellen. Er muss die Ware also z. B. zur Nachbesserung (also Reparatur) an den Händler schicken bzw. dem Händler übergeben. Ausnahmen gibt es, wenn die Rücksendung mit einer erheblichen Unannehmlichkeit für den Käufer verbunden ist.

Die nachrangigen Rechte

Die Nacherfüllung ist gescheitert, wenn sie unmöglich oder unverhältnismäßig ist oder eine Frist zur Nacherfüllung als erfolglos abgelaufen gilt.

Bei Verbrauchergeschäften (einseitigen Handelsgeschäften) entfällt hinsichtlich der Geltendmachung von Schadensersatz und Rücktritt die Erfordernis der – ausdrücklichen – Fristsetzung zur Nacherfüllung. Bereits mit der Mitteilung des Mangels durch den Verbraucher an den Unternehmer beginnt eine – fiktive – angemessene Frist zu laufen.

BEISPIEL

Der Rentner Uwe Brandes hat bei einem Autohaus einen Gebrauchtwagen gekauft. Nach einiger Zeit stellt er einen Mangel fest, den er schriftlich reklamiert. Nach vier Monaten hat er noch immer keine Antwort vom Autohaus bekommen. Das Autohaus läuft nun Gefahr, den Kaufpreis gegen Rückgabe des gebrauchten Pkw zurückzahlen zu müssen, wenn Uwe Brandes dies möchte.

Erst wenn die Nacherfüllung gescheitert ist, kann der Käufer die anderen Gewährleistungsansprüche geltend machen. Er kann dann

- vom Vertrag zurücktreten,
- den Kaufpreis herabsetzen (= Minderung) oder
- Schadensersatz verlangen.

Die Inanspruchnahme von Rücktritt und Minderung (und auch vorher die Nacherfüllung) sind auch dann möglich, wenn der Verkäufer den Mangel überhaupt nicht zu vertreten hat. Lediglich bei der Durchsetzung eines Schadensersatzanspruches ist das Verschulden des Verkäufers notwendig.

Nachrangige Rechte der Käufer bei mangelhafter Lieferung und ihre Voraussetzungen	
Rücktritt vom Vertrag	1. Ein Sach- oder Rechtsmangel liegt vor. 2. Es darf **kein unerheblicher Mangel** sein. **BEISPIEL** An einem Schreibtisch fehlen drei Schrauben zur Montage der Griffe. Da hier ein unerheblicher Mangel vorliegt, kann nicht vom Kaufvertrag zurückgetreten werden. Es darf allerdings der Kaufpreis gemindert werden. 3. Eine angemessene Frist zur Nacherfüllung muss als erfolglos abgelaufen gelten beziehungsweise entbehrlich sein. 4. Der Käufer muss eine Rücktrittserklärung abgeben: Dies kann formfrei geschehen.

7455626

Nachrangige Rechte der Käufer bei mangelhafter Lieferung und ihre Voraussetzungen	
Minderung (Herabsetzung des Kaufpreises)	1. Ein Sach- oder Rechtsmangel liegt vor. 2. Dieses Recht kann **auch bei unerheblichen Mängeln** (anders als beim Rücktritt!) in Anspruch genommen werden. 3. Eine angemessene Frist zur Nacherfüllung muss als erfolglos abgelaufen gelten beziehungsweise entbehrlich sein. 4. Die Minderung kann erst nach einer entsprechenden Erklärung gegenüber dem Verkäufer vorgenommen werden. 5. Der Kaufpreis darf in dem Verhältnis gemindert werden, in dem der Wert des Kaufgegenstands im mangelfreien Zustand zu dem Wert der mangelhaften Sache steht. **BEISPIEL** Die Hoffmann KG hat einen gebrauchten Firmen-Pkw zu einem Preis von 10.000,00 € gekauft. Es stellt sich heraus, dass der Pkw früher einen Unfall gehabt hat. Da der Wagen nun als Unfallwagen gilt, ist er nach offiziellen Listen nur noch 6.000,00 € wert. Die Hoffmann KG behält den Firmen-Pkw und übt ihr Minderungsrecht aus.
Schadensersatz	1. Ein Sach- oder Rechtsmangel liegt vor. 2. Ein Verschulden des Verkäufers muss vorliegen. Im Streitfall trägt der Verkäufer die Beweislast, dass er kein Verschulden hat. 3. Es darf **kein unerheblicher Mangel** sein. 4. Eine angemessene Frist zur Nacherfüllung muss als erfolglos abgelaufen gelten beziehungsweise entbehrlich sein. 5. Unterschieden werden zwei Arten des Schadensersatzes: • Beim **Schadensersatz neben der Leistung** behält der Käufer die mit Mängeln versehene Ware. Bei dieser Art Schadensersatz werden die Kosten ersetzt, die die Mängel beseitigen können. • Beim **Schadensersatz statt der Leistung** verzichtet der Käufer auf die Ware und gibt sie zurück (Rücktritt vom Kaufvertrag). Abgedeckt wird der Schaden, der durch die nicht zustande gekommene Warenlieferung entstanden ist.

Nachrangige Rechte bei der Schlechtleistung		
Schlägt die Nachbesserung durch den Verkäufer fehl, hat der Käufer anschließend die folgenden Rechte:		
Wandlung	**Preisminderung**	**Schadensersatz**

Der Kunde tritt vom Vertrag zurück.	Der Kaufpreis wird herabgesetzt.	Die Kosten, die durch die mangelhafte Lieferung entstanden sind, werden erstattet.

Bei zweiseitigen Handelsgeschäften und bei bürgerlichen Käufen muss man zunächst eine angemessene Frist setzen, um eines dieser drei Rechte in Anspruch nehmen zu können. Dies gilt nicht, wenn

- zwei Nacherfüllungsversuche fehlgeschlagen sind,
- die Nacherfüllung für den Käufer beziehungsweise Verkäufer unzumutbar ist,
- der Verkäufer die Nacherfüllung verweigert,

- der Mangel nicht behebbar ist,
- die Leistung bei einem Fixkauf bzw. Zweckkauf vom Verkäufer nicht rechtzeitig erbracht wurde (deshalb ist die Kaufsache ab diesem Tag für den Käufer nicht mehr von Interesse).

Beim **Verbrauchsgüterkauf** (also beim einseitigen Handelskauf, wo Kaufverträge zwischen Unternehmen und Verbrauchern abgeschlossen werden) ist es nicht mehr nötig, dass der Käufer eine ausdrückliche Frist zur Nacherfüllung setzt. Hier ist festgelegt, dass der Verkäufer die Nacherfüllung von sich aus innerhalb einer angemessenen Frist erbringt. Läuft eine solche Frist ergebnislos ab, kann der Käufer sofort den Rücktritt oder eine Minderung erklären und gegebenenfalls Schadensersatz erheben.

Rechte des Käufers bei mangelhafter Lieferung (Schlechtleistung)

vorrangiges Recht: Nacherfüllung

nach Wahl des Käufers

Nachbesserung
Beseitigung des Mangels

Nachlieferung
Ersatzlieferung eines Artikels ohne Mangel

- Nacherfüllt werden muss auch bei geringfügigen Mängeln.
- Wenn unverhältnismäßig hohe Kosten anfallen würden, kann der Verkäufer Neulieferung und/oder Nachbesserung verweigern. Die Beweislast dafür liegt bei ihm.
- Nach zwei erfolglosen Versuchen gilt die Nacherfüllung als fehlgeschlagen.

nachrangige Rechte

Rücktritt vom Vertrag

Minderung
(auch bei geringfügigen Mängeln)

Schadensersatz

nur nach erfolglosem Ablauf einer dem Verkäufer zur Nacherfüllung gesetzten Frist

Besonderheit beim Verbrauchsgüterkauf: Der Ablauf einer angemessenen Zeit nach Mitteilung des Mangels gilt als (fiktive) Frist.

Diese ist nicht notwendig bei:

- Verweigerung der Nacherfüllung durch den Verkäufer
- Unzumutbarkeit der Nacherfüllung für Verkäufer beziehungsweise Käufer
- Fehlschlagen zweier Nacherfüllungsversuche

Die Ablaufhemmung

Die reguläre Verjährungsfrist für Mängelansprüche beträgt zwei Jahre ab Auslieferung der Sache. Zum Schutz des Kunden bei Verbrauchsgüterkäufen kann sich die 24-Monats-Frist noch im Rahmen der sogenannten Ablaufhemmung verlängern.

Die zwei Varianten der Ablaufhemmung bei Verbrauchsgüterkäufen

Verlängerung der Verjährungsfrist um vier Monate nach dem erstmaligen Auftreten des Mangels	Verlängerung der Verjährungsfrist um zwei Monate nach einer vorgenommenen Nacherfüllung durch den Verkäufer
Ziel ist es, dem Verbraucher mehr Zeit zur Geltendmachung seiner Mängelrechte zu verschaffen. Es soll vermieden werden, dass die Privatperson keine oder zu wenig Zeit hat, den Mangel geltend zu machen, falls sich kurz vor Ablauf der Gewährleistungsfrist ein Mangel zeigt. **BEISPIEL** Eine Privatperson hat sich vor 23 Monaten einen Monitor gekauft. Nun tritt ein gravierender Mangel auf. Der Käufer kann seine Rechtsansprüche noch bis zum 27. Monat nach Kauf geltend machen.	Ziel ist es, dass • einerseits die Verjährung nicht abläuft, während sich die Kaufsache zur Nacherfüllung beim Verkäufer befindet, • andererseits der Käufer nach Rückerhalt des Kaufgegenstandes überprüfen kann, ob die Nacherfüllung erfolgreich war. Die Verjährung von Ansprüchen wegen geltend gemachter Mängel soll also erst nach Ablauf von zwei Monaten nach dem Zeitpunkt einsetzen, in dem die nachgebesserte oder ersetzte Ware dem Verbraucher übergeben wurde. **BEISPIEL** Eine Privatperson hat nach 23 Monaten wegen eines Mangels reklamiert. Der Verkäufer führt im Rahmen der Nacherfüllung eine Reparatur durch und gibt die Ware am letzten Tag der zweijährigen Gewährleistungsfrist ab. Dadurch läuft die Gewährleistungsfrist noch zwei Monate weiter und verlängert sich somit praktisch auf 26 Monate.

Einschränkung von Gewährleistungsfristen

Beim Verbrauchsgüterkauf im Rahmen des einseitigen Handelskaufs darf – wie oben schon dargestellt – bei neuen Sachen die Gewährleistungsfrist – vertraglich oder im Rahmen der AGB – nicht verkürzt werden. Bei gebrauchten Sachen ist eine Verkürzung auf ein Jahr möglich.

Beim zweiseitigen Handelskauf ist eine komplette Streichung der Gewährleistungspflicht für Mängelansprüche dagegen möglich. Voraussetzung dafür ist, dass es sich um eine eindeutige individuelle Absprache zwischen Lieferant und Käufer handelt. Die Mängel dürfen zudem vom Verkäufer nicht arglistig verschwiegen worden sein. Verwendet der Lieferant Allgemeine Geschäftsbedingungen, kann bei der Lieferung neuer Waren eine kürzere Frist als die normale Gewährleistungsfrist vereinbart werden. Möglich ist hier allerdings eine Begrenzung des Gewährleistungsanspruchs auf mindestens ein Jahr.

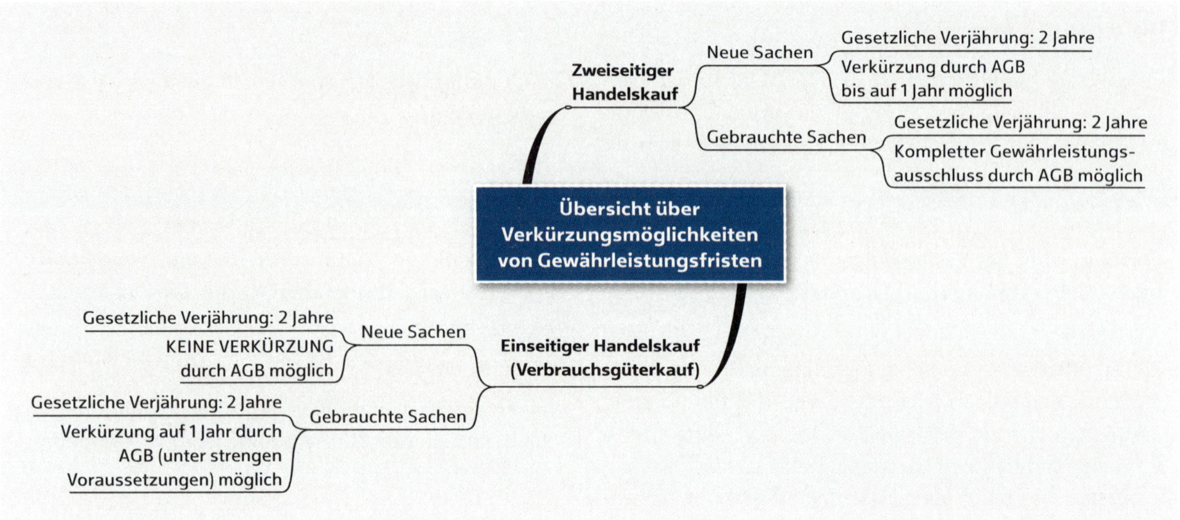

Unternehmerrückgriff

Wenn ein Unternehmen als letzter Verkäufer eine gelieferte Ware wegen eines Mangels vom Endkunden wieder zurücknehmen oder den Kaufpreis mindern muss, kann es die gleichen Rechte gegenüber seinem Lieferanten geltend machen.

AUFGABEN

1. Was versteht man unter Gewährleistung?
2. Wodurch unterscheidet sich ein Umtausch von der Neulieferung im Rahmen der gesetzlichen Gewährleistung?
3. Nennen Sie Umtauschgründe.
4. Wodurch unterscheidet sich die Garantie von der gesetzlichen Gewährleistung?
5. Was versteht man unter einem zweiseitigen Handelskauf?
6. Erläutern Sie
   a) den einseitigen Handelskauf,
   b) den bürgerlichen Kauf.
7. Unterscheiden Sie die Verträge für unterschiedliche Arten von Produkten.
8. Führen Sie Beispiele für digitale Produkte auf.
9. Welche Art von Produkten liegt vor?
   a) Digitalkamera
   b) Spiel im Internet
   c) Puppe „Anja“
   d) Tablet
   e) Herrenoberhemd
   f) E-Book
   g) Textverarbeitungsprogramm auf CD
10. Erläutern Sie die Rechtslage, wenn einer Privatperson im Rahmen eines Onlinegeschäft eine Ware nicht (mehr) gefällt.
11. Unterscheiden Sie
    a) offene,
    b) versteckte,
    c) arglistig verschwiegene Mängel.
12. Wann liegt ein Sachmangel vor?
13. Was versteht man unter einem subjektiven Mangel?
14. Erläutern Sie, wann ein objektiver Mangel vorliegt.
15. Geben Sie an, ob in den folgenden Fällen jeweils ein objektiver oder subjektiver Mangel vorliegt.
    a) Ein Auto wird in der Werbung als Geländewagen bezeichnet. Jan Tiemann schließt einen Kaufvertrag ab. In diesem werden nur die Leistungsmerkmale aufgeführt, eine spezielle Eignung als Geländewagen ist laut Vertrag nicht vorgesehen. Jan ist auf normalen Straßen sehr zufrieden damit, wie das Auto fährt. Es zeigt sich aber nach einiger Zeit, dass der Wagen für Geländefahrten überhaupt nicht geeignet ist.

7455630

b) Auch Carolin Saager kauft ein Auto. Im Kaufvertrag wurde vereinbart, dass am Auto Winterreifen installiert sind. Bei der Übergabe stellt Stefanie fest, dass der Wagen nur Sommerreifen hat.

16. Was versteht man unter einem *Rechtsmangel*?

17. Erläutern Sie, was ein *digitaler Mangel* ist.

18. Erklären Sie den Begriff der *Integration* im Rahmen digitaler Mängel.

19. Führen Sie verschiedene Erscheinungsformen objektiver und subjektiver Mängel auf.

20. Was versteht man unter einer *negativen Beschaffenheitsvereinbarung*?

21. Stellen Sie für die folgenden Fälle jeweils fest, welche Erscheinungsform objektiver und subjektiver Mängel vorliegt:
a) Die Hoffmann KG kauft Outdoor-Kaffeetassen. Bei zwei Tassen sind die Henkel abgebrochen.
b) Die Hoffmann KG liefert an einen Einzelhändler schwarze statt blaue Jeans.
c) Aufgrund fehlerhafter Nähte können Sportschuhe nach kurzer Einsatzzeit nicht mehr verwendet werden. Dies reklamieren mehrere Einzelhandelsunternehmen.
d) Ein italienischer Pullover hat einen Webfehler.

22. Heike Fleck möchte sich einen Geländewagen kaufen. Zufälligerweise stolpert sie in ihrer Tageszeitung über eine Anzeige eines bekannten Automobilherstellers. Dort ist die Rede von „Der ideale Geländewagen“ und „Verbrauch maximal 9 l/100 km“. In einem Autohaus schließt sie einen Kaufvertrag ab. In diesem wird festgehalten:
- die Modellbezeichnung,
- die Farbe,
- die PS-Zahl,
- der Preis.

Nach dem Kauf muss Heike feststellen, dass das Auto immer mindestens 12 l/100 km verbraucht. Zudem ist es überhaupt nicht geländegängig. Beurteilen Sie die Situation.

23. Welche Voraussetzungen müssen gegeben sein, damit die Käufer ihre Rechte bei der mangelhaften Lieferung in Anspruch nehmen können?

24. Wie lang ist die gesetzliche Gewährleistung
a) bei neuen Sachen,
b) bei gebrauchten Sachen?

25. Erläutern Sie den Begriff der *Beweislastumkehr*.

26. Führen Sie die Rechte auf, die der Kunde im Rahmen der Nacherfüllung hat.

27. Welche Rechte hat der Käufer, wenn die Nacherfüllung gescheitert ist?

28. In der Warenannahme wird festgestellt, dass bei einer Lieferung von 200 Herrenhemden bei 24 Hemden jeweils ein Knopf fehlt. Verkäufer war die Hotex GmbH. Dominik Schlote wird beauftragt, diesen Fall von Schlechtleistung weiter zu bearbeiten.
a) Zunächst einmal muss er feststellen, um was für einen Fehler es sich handelt. Welche Mängelart liegt vor?
b) Wie muss Dominik weiter vorgehen?
c) Welches Recht wird die Hoffmann KG wahrscheinlich wahrnehmen?

29. Die Hoffmann KG kauft bei der Bürobedarfs-Spezialisten GmbH fünf neue Computersysteme. Nach der Inbetriebnahme zeigt sich, dass vier Monitore defekt sind. Katarzyna Lindemann reklamiert telefonisch und setzt eine Nachfrist von 14 Tagen. Der Gesprächspartner lehnt dies jedoch empört ab mit der Begründung: „Unser Experte ist seit gestern für vier Wochen im Urlaub.“ Kann die Hoffmann KG daraufhin vom Vertrag zurücktreten?

30. Auch bei einer weiteren Lieferung der Bürobedarfs-Spezialisten GmbH gibt es Probleme. Vor sechs Wochen wurden drei Schreibtische zum Selbstaufbau geliefert. Die Lieferung war weitgehend in Ordnung, es fehlten lediglich fünf Schrauben. Der Verkäufer wurde sofort – mit einer Nachfristsetzung – darüber informiert. Nach 14 Tagen wurde per Brief noch einmal zur Nachbesserung aufgefordert. Die fehlenden Schrauben wurden aber immer noch nicht geliefert. Sein Vorgesetzter lässt Volkan Karaca die fehlenden Schrauben für 3,20 € im Baumarkt besorgen. Es wird mit dem Aufbau der Schreibtische begonnen.

Welches Recht kann die Hoffmann KG in Anspruch nehmen?

31. Die Nichte von Herrn Hoffmann kauft einen Fernseher. Es stellt sich heraus, dass ein Pfandsiegel auf der Rückseite entfernt wurde. Stellen Sie fest, welcher Mangel hier vorliegt

32. Die Holauf KG kauft bei einem Händler einen Lkw für Auslieferungsfahrten. Vier Wochen später – beim ersten kalten Herbsttag – wird festgestellt, dass die Heizung nicht funktioniert. Beurteilen Sie die Situation.

33. Carolin Saager kauft bei einem Sportartikelhändler ein japanisches Laufband. Sie baut das Laufband erst fünf Monate später auf, weil sie sich zwischenzeitlich eine Verletzung zugezogen hatte und das Gerät daher nicht benötigte. Der Aufbau misslingt, da sie die japanischen Schriftzeichen in einer dem Paket beiliegenden Broschüre nicht entziffern kann. Beurteilen Sie die Situation.

34. Erläutern Sie die Ablaufhemmung bei der Verjährung für Mängelansprüche.

AKTIONEN

1. Erstellen Sie eine Tabelle, die folgende Fragen für die unten stehenden Situationen beantwortet:
   - Welche Art Kaufvertrag liegt vor?
   - Welche Mängelart liegt vor?
   - Welche Reklamationsfristen muss der Käufer einhalten?
   - Welche Rechte kann er geltend machen?

   Fall 1: Die Hoffmann KG bekommt statt der bestellten Farblaserdrucker Schwarz-Weiß-Laserdrucker geliefert.

   Fall 2: Die Hoffmann KG bekommt statt der bestellten 100 Pakete Kopierpapier nur 60.

   Fall 3: Die Hoffmann KG hat ein fahrbares Regal gekauft, das sie selbst zusammenbauen muss. Beiliegende Hinweise sind nur auf Schwedisch. Der Aufbau misslingt.

   Fall 4: Das Privatauto von Herrn Hoffmann verbraucht dreimal so viel Benzin wie in der Werbung versprochen.

   Fall 5: Sabine Wiegand verkauft an Herrn Hoffmann eine alte, von ihrer Großmutter geerbte Halskette. Diese schenkt er seiner Frau. Frau Hoffmann bemerkt, dass sich der Verschluss nicht richtig schließen und öffnen lässt.

2. Entwerfen Sie für Fall 2 aus Aktion 1 eine Mängelrüge.

7455632

ZUSAMMENFASSUNG

Kunde ist unzufrieden mit der Ware

Ware gefällt nicht

- **Online-Widerrufsrecht**: 14-tägiges Recht des Verbrauchers, bei Nichtgefallen über das Internet bestellte Ware ohne Angabe von Gründen zurückgeben zu dürfen
- **Umtausch**: freiwillige Verpflichtung des Händlers, Ware ohne Fehler zurückzunehmen

Ware ist mangelhaft (= Schlechtleistung

- **gesetzliche Gewährleistung bei mangelhafter Lieferung**: Rechtsanspruch durch Gesetz an Händler und Produzenten
- **Garantie**: freiwillige (vertragliche) Verpflichtung (in der Regel des Herstellers), dass innerhalb einer bestimmten Zeit keine Mängel auftreten bzw. diese bei Auftreten beseitigt werden

Verkäufer ← Kaufvertrag → Käufer

➔ Pflicht für den Verkäufer, die Ware mangelfrei zu liefern

wird verletzt

↓

gesetzliche Gewährleistungen

= Unternehmer haftet aufgrund gesetzlicher Vorschriften dafür, dass die Ware zum Zeitpunkt der Übergabe die zugesicherten Eigenschaften besitzt und mangelfrei ist

Mängelarten

nach Erkennbarkeit
- offener Mangel
- versteckter Mangel
- arglistig verschwiegener Mangel

Rechtsmangel
- Ware gehört nicht dem Verkäufer
- Ware ist mit Rechten Dritter belastet

Sachmangel
- objektiver Mangel
- subjektiver Mangel
- Verstoß gegen Montageanforderungen

Pflichten des Käufers

= müssen erfüllt werden, um keine Reklamationsrechte zu verlieren

- Ein festgestellter Mangel muss dem Verkäufer mit einer **Mängelrüge** mitgeteilt werden.
- Der Käufer muss bestimmte **Rügefristen** einhalten.

zweiseitiger Handelskauf

- offene Mängel: unverzüglich
- versteckte Mängel: unverzüglich nach Entdeckung, innerhalb von zwei Jahren

Rechte des Käufers

vorrangiges Recht: Nacherfüllung

grundsätzliches Wahlrecht des Käufers zwischen

Nachbesserung

Nachlieferung

nachrangige Rechte, wenn

- Nacherfüllungsfrist erfolglos abgelaufen
- Nacherfüllung zweimal fehlgeschlagen
- Verkäufer Nacherfüllung verweigert
- Mangel nicht behebbar

Rücktritt vom Kaufvertrag

Kaufpreisminderung

Schadensersatz

7455634

4.19 Wir handeln bei einer nicht rechtzeitigen Lieferung

Einstieg

Die Hoffmann KG bestellte am 21. Juli des Jahres 1000 Anzüge bei der Kinke AG, An der Bojewiese 80 A, 21033 Hamburg. Im Angebot war verbindliche „Lieferung bis Ende August" zugesagt worden. Dies wird noch einmal in der Auftragsbestätigung vom 24. Juli bestätigt.

Am 15. September hat die Kinke AG immer noch nicht geliefert. Ein Mitarbeiter hat dort nach Abschicken der Auftragsbestätigung die Bestellung verlegt. Zwischenzeitlich hat der Hersteller andere Aufträge angenommen. Die Hoffmann KG selber hat mittlerweile eine Bestellung der Ambiente Warenhaus AG über 1000 Anzüge vorliegen.

1. Stellen Sie fest, ob eine Nicht-rechtzeitig-Lieferung vorliegt.
2. Beurteilen Sie die rechtlichen Möglichkeiten der Hoffmann KG.

INFORMATIONEN

Eine selbstverständliche Pflicht des Verkäufers ist die rechtzeitige, also termingerechte Lieferung der vereinbarten Ware. Wenn ein Lieferant seinen Kunden eine Ware aber gar nicht oder verspätet liefert, dann liegt eine sogenannte **Nicht-rechtzeitig-Lieferung** vor. Früher wurde diese Kaufvertragsstörung auch Lieferungsverzug genannt.

Voraussetzungen

Um überhaupt Rechte in Anspruch nehmen zu können, muss geprüft werden, ob tatsächlich eine Nicht-rechtzeitig-Lieferung vorliegt. Für diesen Fall müssen nämlich bestimmte Voraussetzungen gegeben sein.

Fälligkeit der Lieferung

Erste Voraussetzung für die Nicht-rechtzeitig-Lieferung ist die Fälligkeit der Lieferung: Der Zeitpunkt der Lieferung muss tatsächlich gekommen sein. Dies ist unproblematisch, wenn der Lieferzeitpunkt kalendermäßig genau bestimmt oder bestimmbar ist. Ist dies jedoch nicht der Fall, muss der Lieferant durch eine Mahnung in Verzug gesetzt werden. Die Nicht-rechtzeitig-Lieferung gilt dann ab Zugang der Mahnung. Die Mahnung ist formfrei. Aus Beweissicherungsgründen sollte sie jedoch schriftlich sein und ihre Zustellung bewiesen werden können.

Liefertermin kalendermäßig nicht bestimmt bzw. nicht bestimmbar	**Liefertermin kalendermäßig bestimmt bzw. bestimmbar**
Eine Mahnung ist beispielsweise bei den folgenden Formulierungen erforderlich:	Keine Mahnung ist beispielsweise bei den folgenden Formulierungen erforderlich:
• Lieferung acht Wochen nach Bestellung • Lieferung sofort • Lieferung bald • Lieferung demnächst • Lieferung ab dem 01.06.20.. • Lieferung 30 Tage nach Rechnungserhalt	• Lieferung bis zum 28.02.20.. • Lieferung bis Ende März • Lieferung in der 20. Kalenderwoche • Lieferung 30 Tage nach Bestelldatum

Die Mahnung selber sollte eindeutig darauf hinweisen, dass sich der Lieferant in Verzug befindet. Abhängig davon, welche Rechte der Käufer in Anspruch nehmen möchte, sollte die Mahnung zudem

- entweder zur Lieferung auffordern oder
- eine Nachfrist setzen und die Inanspruchnahme weiterer Rechte androhen.

Neben der Nicht-rechtzeitig-Lieferung bei kalendermäßig genau bestimmbaren Terminen muss in drei weiteren Fällen nicht gemahnt werden:

- **bei Verweigerung der Leistung**
  Dadurch setzt sich der Verkäufer selber in Verzug.
- **beim Fixkauf**
  Dies ist eine Kaufvertragsart, deren wichtigster Vertragsbestandteil ist, dass der Verkäufer an einem ganz bestimmten, vereinbarten Termin (also weder vorher noch nachher) liefern muss.

  BEISPIEL

  Wenn die Hoffmann KG mit der Kinke AG eine „Lieferung am 30. August fix" vereinbart, dann ist die entscheidende – von beiden Vertragsparteien anerkannte – Vertragsleistung die Lieferung genau am 30. August.
- **beim Zweckkauf**
  Hier ist beiden Vertragspartnern klar, dass eine spätere Lieferung für den Käufer keinen Sinn mehr macht.

  BEISPIEL

  verspätete Lieferung von Badeanzügen nach der Badesaison

Verschulden des Verkäufers

Eine weitere Voraussetzung des Lieferungsverzugs ist das Verschulden des Verkäufers. Es liegt vor, wenn er

- entweder mit Absicht die Ware nicht rechtzeitig liefert (Vorsatz)
- oder bei der Lieferung nicht mit der Sorgfalt handelt, die angebracht wäre (Fahrlässigkeit).

Handelt es sich um Gattungswaren, muss ein Verschulden des Lieferanten nicht nachgewiesen werden. Gattungswaren werden durch Gattungsmerkmale beschrieben und können ersetzt werden: Gattungswaren sind also vertretbare Sachen. Dem Empfänger genügt es, wenn er die bestellte Menge in einer bestimmten Qualität erhält. Der Gesetzgeber geht davon aus, dass der Lieferant diese Art von Waren noch woanders hätte beschaffen können.

BEISPIELE

- Jeans
- neue Autos
- Kartoffeln

Liegt höhere Gewalt vor, trifft den Verkäufer keine Schuld. In diesem Fall ist es dem Käufer jedoch möglich, vom Rücktrittsrecht Gebrauch zu machen.

Höhere Gewalt: Durch einen Streik der Lokführer im Güterverkehr bleiben die Züge mit den Containern im Überseehafen in Bremerhaven stehen.

Rechte des Käufers

Welche Rechte der Käufer in Anspruch nimmt, hängt davon ab, ob er weiterhin ein Interesse an der Lieferung hat.

Bestehen auf Lieferung

Der Käufer kann auf der Erfüllung des Kaufvertrags bestehen. Dies wird oft gemacht, z. B. wenn

- die Ware woanders überhaupt nicht zu kaufen ist,
- die Ware bei anderen Lieferanten nur mit noch größerem Zeitaufwand zu beschaffen ist,
- es sich um einen Stückkauf handelt. Hier liegt ein Kaufvertrag vor, der sich auf eine individuell bestimmte Sache bezieht.

  BEISPIEL

  Der Gebrauchtwagen von Rudolf Schmidt ist ein Einzelstück und somit eine nicht vertretbare Sache.

Ist ein Verzugsschaden beweisbar und ist zudem eine entsprechende Mahnung erfolgt, kann zusätzlich noch ein **Schadensersatz wegen verspäteter Lieferung** verlangt werden.

Rücktritt vom Vertrag

Kann der Käufer die benötigte Ware woanders preisgünstiger oder schneller beschaffen, hat er die Möglichkeit, vom Vertrag zurückzutreten und das dem Lieferanten gegenüber mitzuteilen. Dies geht jedoch nur nach erfolglosem Ablauf einer Nachfrist.

Die Nachfrist kann entfallen, wenn
- der Verkäufer die Lieferung endgültig verweigert,
- es sich um einen Zweckkauf oder Fixkauf handelt,
- in bestimmten Fällen besondere Umstände gelten.

BEISPIEL

Die Fahrradproduktionsabteilung der Hoffmann KG wartet am vereinbarten Termin vergeblich auf eine Just-in-time-Lieferung eines Lieferanten.

Warten auf die Lieferung

Gleichzeitig zum Rücktritt kann der Käufer, dem ein Nichterfüllungsschaden entsteht, **Schadensersatz statt der Leistung** verlangen.

Hier kann auf eine Nachfristsetzung verzichtet werden, wenn
- der Lieferant endgültig die Lieferung ablehnt,
- besondere Umstände auftreten.

Bei den Schäden, die ersetzt werden müssen, können zwei Arten unterschieden werden:

- Bei **konkreten Schäden** kann deren Höhe genau berechnet werden.

BEISPIEL

Die Hoffmann KG kauft wegen einer ausgebliebenen Lieferung von Waren im Wert von 1.200,00 € identische Artikel bei einem anderen Lieferanten zu einem Preis von 1.500,00 €. Es fallen noch 100,00 € Kosten für Büromaterial, Schreibarbeiten und Telefonate an. Bei diesem Deckungskauf kann der Schaden konkret berechnet werden:

höherer Preis für die Waren des Deckungskaufs	1.500,00 €
– Preis für die Waren des Lieferungsverzugs	– 1.200,00 €
+ sonstige Kosten	+ 100,00 €
= Schadensersatzanspruch gegenüber dem nicht liefernden Verkäufer	= 400,00 €

- Bei **abstrakten Schäden** handelt es sich um Schätzgrößen für den Fall, dass keine Deckungskäufe vorgenommen werden. Dabei geht es in der Regel um den entgangenen Gewinn, der bei rechtzeitiger Lieferung mit großer Wahrscheinlichkeit hätte erzielt werden können.

Gerade bei der abstrakten Schadensberechnung gibt es oft Streitereien zwischen den beiden Vertragsparteien, die durch die Vereinbarung von Konventionalstrafen vermieden werden können. Unabhängig davon, wie hoch der tatsächlich entstandene Schaden ist, verpflichtet sich der Verkäufer zur Zahlung einer Geldsumme als Strafe für eine Nicht-rechtzeitig-Lieferung.

Haftungsverschärfung

Während des Lieferungsverzugs gilt die sogenannte *Haftungsverschärfung:* Der Lieferant muss Schadensersatz leisten bei zufälligem Untergang der zu liefernden Sache während der Nicht-rechtzeitig-Lieferung.

BEISPIEL

Bei der STO AG, Nadelweg 5, 44532 Lünen ist eine Bestellung der Hoffmann KG verloren gegangen. Daraufhin mahnte die Hoffmann KG und setzte die STO AG in Lieferungsverzug.

Die STO AG produziert daraufhin die Artikel, verliert diese aber direkt vor der Auslieferung durch einen selbst verschuldeten Wasserschaden. Da der Schaden nicht passiert wäre, wenn vor dem Lieferungsverzug ordentlich geliefert worden wäre, haftet die STO AG.

Die Haftungsverschärfung gilt nicht bei höherer Gewalt.

Unmöglichkeit der Lieferung

Die Nicht-rechtzeitig-Lieferung wird als vorübergehende Leistungsstörung angesehen. Man geht dabei davon aus, dass der Lieferant zwar noch nicht geliefert hat, aber liefern könnte. Sollte sich nach Vertragsabschluss herausstellen, dass endgültig nicht geliefert werden kann, hat der Käufer keinen Anspruch auf eine Lieferung. Er kann jedoch Schadensersatz statt der Lieferung bekommen.

AUFGABEN

1. Was ist eine Nicht-rechtzeitig-Lieferung?
2. Führen Sie die Voraussetzungen auf, die bei einer Nicht-rechtzeitig-Lieferung vorliegen müssen.
3. In welchen Fällen kann auf eine Mahnung verzichtet werden?
4. Die Hoffmann KG hat mit verschiedenen Lieferanten Kaufverträge abgeschlossen. Deren Angebote enthielten die folgenden Formulierungen:
   a) Lieferung sofort
   b) Lieferung 60 Tage nach Rechnungserhalt
   c) Lieferung bis zum 01.10. diesen Jahres
   d) Lieferung in der 10. Kalenderwoche nächsten Jahres
   e) Lieferung ab 15.07.

   Entscheiden Sie, in welchen Fällen bei verspäteter Lieferung gemahnt werden muss.
5. In welchem Fall kommt ein Lieferant trotz Lieferfristüberschreitung eines kalendermäßig genau bestimmten Termins nicht in Lieferungsverzug?
6. Die Hoffmann KG kauft bei der Stockmann OHG, Bachstr. 38, 75180 Pforzheim, 2000 Hosen. Vereinbart wurde eine „Lieferung ab der 12. Kalenderwoche". In der 14. Kalenderwoche ist immer noch kein Wareneingang zu verzeichnen.
   a) Ist die Stockmann OHG bereits im Lieferungsverzug?
   b) Welche rechtlichen Möglichkeiten hat die Hoffmann KG?
7. Die Hoffmann KG hat bei der Mathesmat KG, Heinkelstr. 15, 88520 Weingarten, am 5. April Verpackungsmaterial bestellt. In der Auftragsbestätigung wurde noch einmal auf die Lieferbedingung „so schnell wie möglich" hingewiesen. Am 1. Juni ist die Ware immer noch nicht geliefert worden. Das Verpackungsmaterial wird dringend benötigt. Es kann leider nicht auf andere Anbieter ausgewichen werden.
   a) Sind die Voraussetzungen für eine Nicht-rechtzeitig-Lieferung gegeben?
   b) Welche Rechte kann die Hoffmann KG in Anspruch nehmen?
8. Die Hoffmann KG bestellt aufgrund eines Angebots am 5. Juni bei einem Erftstädter Unternehmen 15 Regale. Als Lieferungstermin wird eine Lieferung am 19. Juni vereinbart. Der Termin wird vom Lieferanten bestätigt. Am 27. Juni ist noch keine Lieferung zu verzeichnen gewesen.
   Beurteilen Sie diesen Fall.
9. Wodurch unterscheiden sich konkrete und abstrakte Schäden im Rahmen der Nicht-rechtzeitig-Lieferung?
10. Die Hoffmann KG wollte für 5.000,00 € Waren bei einem Göttinger Unternehmen kaufen, das jedoch nicht liefert. Stattdessen müssen die Artikel bei einer Hamburger Großhandlung für 6.200,00 € bestellt werden. Es fallen 400,00 € zusätzliche Kosten im Rahmen dieses Deckungskaufs an. Berechnen Sie den konkreten Schaden.
11. Die Hoffmann KG hat mit einem Lieferanten einen Kaufvertrag abgeschlossen, der die folgende Klausel enthält: „Erfolgt die Lieferung nicht bis zum 15. November, dann muss für jeden Tag der Verspätung eine Vertragsstrafe von 200,00 € an den Käufer gezahlt werden."
    a) Wie wird eine solche Vereinbarung genannt?
    b) Welchen Zweck hat eine solche Vereinbarung?
12. Erläutern Sie die Haftungsverschärfung.

AKTION

Die in diesem Kapitel vorgestellten Regelungen zur Nicht-rechtzeitig-Lieferung basieren auf den rechtlichen Grundsätzen des BGB (Bürgerliches Gesetzbuch). In manchen Zweifelsfällen ist es ratsam, immer auch den jeweiligen Gesetzestext zu untersuchen. Deshalb soll in dieser Aktion die Arbeit mit Gesetzestexten geübt werden.

- Gehen Sie zur Internetadresse *www.gesetze-im-internet.de/aktuell.html*
- Suchen Sie unter der dort angegebenen Sortierung unter dem Buchstaben B das BGB (Bürgerliches Gesetzbuch).
- Beantworten Sie die folgenden Fragen mithilfe der angegebenen Paragrafen des BGB.

7455638

a) Was sind die Voraussetzungen für den Eintritt einer Nicht-rechtzeitig-Lieferung?
➔ § 286 (1) und 286 (4) BGB

b) Wann wird von einem Verschulden des Verkäufers gesprochen?
➔ §§ 276 bis 278 BGB

c) Wann muss der Käufer keine Nachfrist setzen?
➔ § 281 BGB

d) Welche Rechte hat der Käufer bei einer Nicht-rechtzeitig-Lieferung?
➔ § 281, § 284, § 286 und § 323 BGB

ZUSAMMENFASSUNG

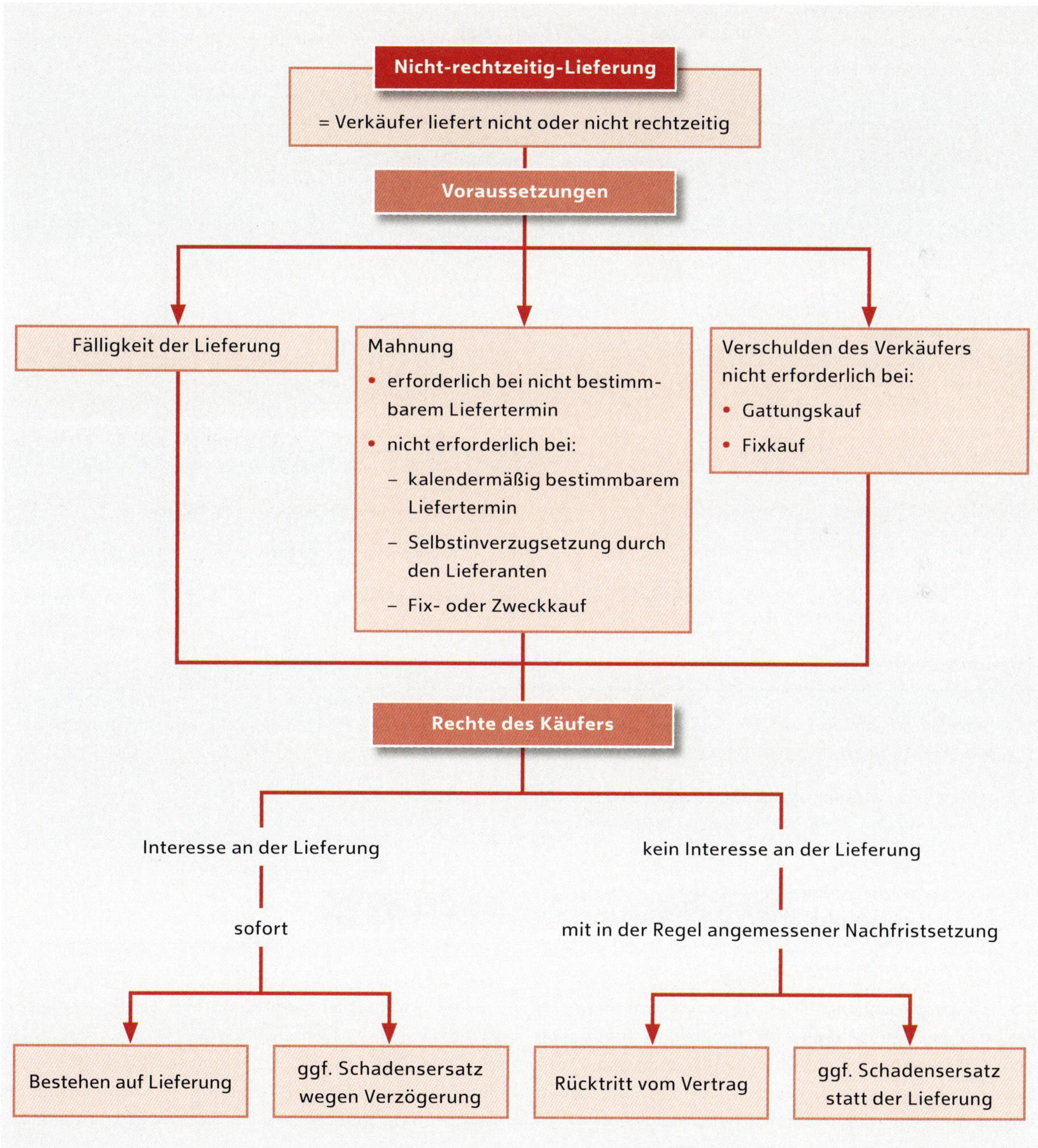

4.20 Wir prüfen Rechnungen

Einstieg

Dominik Schlote ist bei Frau Duchnik im Rechnungswesen eingesetzt. Frau Duchnik ist dafür zuständig, dass die eingehenden Rechnungen auf ihre rechnerische Richtigkeit geprüft und gebucht werden. Leider wurde bei der vorliegenden Rechnung noch keine Prüfung der sachlichen Richtigkeit vorgenommen.

Die Prüfung der folgenden Rechnung soll Dominik übernehmen:

Spengler & Sohn OHG

Lahnstraße 14 – 35578 Wetzlar

Spengler & Sohn OGH – Lahnstraße 14 – 35578 Wetzlar
Hoffmann KG
Herrn Volkan Karaca
Bergener Straße 6 a
30625 Hannover

Kunde Nr.:	10 109
Lieferdatum:	20..-06-10
Bestelldatum:	20..-06-03
Sachbearbeiter/-in:	Frau Mohns
Rechnung Nr.:	1020/06
Lieferdatum:	20..-06-10
Rechnungsdatum:	20..-06-10

Rechnung

Pos.	Einheit	Artikel	Menge	Preis je Einheit/€	Betrag/€
1	Stück	Herrenfreizeithemd, Art.-Nr. 4537	100	8,10	810,00
				– 15 % Rabatt	121,50
					688,50
				+ Versandkosten	10,00
					698,50
				19 % USt	132,72
				Rechnungsbetrag	**831,22**

Zahlung: Innerhalb von vier Wochen ab Rechnungsdatum, bei Zahlung innerhalb von 7 Werktagen gewähren wir Ihnen 1,5 % Skonto.

1. Geben Sie an, anhand welcher anderen Dokumente die Rechnung geprüft werden könnte.
2. Überlegen Sie, was der Unterschied zwischen der sachlichen und rechnerischen Prüfung einer Rechnung ist.
3. Erläutern Sie, was bei der Rechnungsprüfung zu beachten ist.

INFORMATIONEN

Prüfung von Rechnungen

Jede Eingangsrechnung eines Unternehmens wird vor der Bezahlung genau überprüft. Die Belegprüfung stellt sicher, dass die bestellten Waren gemäß den Konditionen des Angebots geliefert worden sind. Die Prüfung erfolgt in vielen Unternehmen im Rahmen eines festgelegten Prozesses, welcher allerdings unternehmensspezifisch ist.

Die Überprüfung beinhaltet häufig zwei Schritte. Zunächst wird die sachliche Richtigkeit der Rechnung geprüft. Anschließend erfolgen die rechnerische Überprüfung und dann die Bezahlung der Rechnung. Für eine sorgfältige Belegprüfung müssen alle der Rechnung zugrunde liegenden Dokumente vorliegen. Dies sind insbesondere die

Bestellung und der Lieferschein. Bezieht sich eine Bestellung ausdrücklich auf ein konkretes Angebot, muss auch dieses zur Belegprüfung herangezogen werden.

Sachliche Prüfung

Die sachliche Prüfung der Rechnung wird in den meisten Unternehmen von der Person vorgenommen, die die Bestellung vorgenommen hat. Bei der Prüfung der sachlichen Richtigkeit einer Rechnung wird der Beleg hinsichtlich der folgenden Aspekte geprüft:

Prüfungsinhalt	Prüfungshandlung
• Wurde die gelieferte Ware überhaupt bestellt?	• Abgleich mit Bestellung (z. B. Auftrags-/Bestellnummer)
• Stimmen Art und Umfang der gelieferten Ware?	• Abgleich mit Bestellung und Lieferschein (z. B. Artikelnummer, Anzahl, Gewicht, Größe)
• Werden die korrekten Einzelpreise ausgewiesen?	• Abgleich mit Bestellung
• Wurden die Liefervereinbarungen eingehalten?	• Abgleich mit Bestellung (ggf. Angebot)
• Erfüllt die Rechnung die umsatzsteuerlichen Anforderungen an eine ordnungsgemäße Rechnung?	• Abgleich mit § 14 (4) UStG (und ggf. Sondervorschriften, siehe Exkurs unten: Umsatzsteuer in der Belegprüfung)

Wird die sachliche Richtigkeit des überprüften Belegs festgestellt, so notiert man dies direkt auf dem Beleg (z. B. Stempel: „sachlich richtig") und versieht den Prüfungsvermerk mit einer Unterschrift/einem Kürzel.

Umsatzsteuer in der Belegprüfung

Unternehmen können sich die gezahlten Umsatzsteuerbeträge als Vorsteuer vom Finanzamt erstatten lassen (sogenannter *Vorsteuerabzug*). Um diese Erstattung in Anspruch zu nehmen, muss dem Unternehmen eine ordnungsgemäße Rechnung im Sinne von § 14 Abs. 4 UStG vorliegen. Nach diesem muss eine ordnungsgemäße Rechnung grundsätzlich folgende Angaben enthalten:

- vollständiger Name und Anschrift des leistenden Unternehmers und des Leistungsempfängers
- Steuernummer oder Umsatzsteuer-Identifikationsnummer des leistenden Unternehmers
- Ausstellungsdatum
- Rechnungsnummer (fortlaufend und einmalig)
- Menge und Art der gelieferten Gegenstände oder Umfang und Art der erbrachten sonstigen Leistung
- Zeitpunkt der Lieferung oder sonstigen Leistung
- Entgelt, das heißt der Nettopreis
- anzuwendenden Steuersatz (7 %, 19 % oder Hinweis auf Steuerbefreiung)

Zu dieser Thematik existieren zahlreiche Sondervorschriften, die hier im Einzelnen nicht erläutert werden können. Insbesondere gibt es Besonderheiten und Erleichterungen bei:

- Rechnungen über Kleinbeträge bis 250,00 € brutto (§ 33 UStDV)
- Fahrausweisen, die als Rechnungen gelten (§ 34 UStDV)
- Sachverhalten, in denen der Leistungsempfänger die Umsatzsteuer schuldet (§§ 13 b, 14 a UStG)

Rechnerische Prüfung

Bei der rechnerischen Prüfung einer Eingangsrechnung wird die Berechnung der Positionen nachvollzogen. Hierzu werden beispielsweise die in Rechnung gestellten Verkaufspreise, die Umsatzsteuer, mögliche Rabatte und die Berücksichtigung eventueller Anzahlungen geprüft.

BEISPIEL

Dominik Schlote muss bei der Prüfung der Rechnung der Spengler & Sohn OHG folgende Beträge prüfen:

- 100 Stück · 8,10 €/Stück = 810,00 €
- $\frac{810{,}00\text{ €} \cdot 15}{100} = 121{,}50\text{ €}$
- 810,00 € – 121,50 € = 688,50 €
- 688,50 € + 10,00 € = 698,50 €
- $\frac{698{,}50\text{ €} \cdot 19}{100} = 132{,}72\text{ €}$
- 698,50 € + 132,72 € = 831,22 € = Überweisungsbetrag

Bei Skontonutzung kommen folgende Berechnungen hinzu:

- $\frac{831{,}22\text{ €} \cdot 1{,}5}{100} = 12{,}47\text{ €}$
- 831,22 € – 12,47 € = 818,75 € = Überweisungsbetrag

Nach der abschließenden Prüfung erhält die Eingangsrechnung den Vermerk „rechnerisch richtig“ und die verantwortliche Person zeichnet diesen Vermerk ab. Der Vermerk erfolgt direkt auf der Rechnung. Häufig wird die erforderliche Buchung in der Buchhaltung des Unternehmens auch sofort vorgenommen. Dieser Teil der Belegbearbeitung wird im zweiten Ausbildungsjahr behandelt.

Konsequenzen der Belegprüfung

Werden im Rahmen der Belegprüfung sachliche und/oder rechnerische Fehler in der Rechnung festgestellt, ist der Lieferant unverzüglich zu kontaktieren. Die Fehler müssen angezeigt und besprochen werden. Dies erfolgt in der Regel telefonisch. Der Lieferant wird dann zur Ausstellung einer neuen, fehlerfreien Rechnung aufgefordert. Es sollte geklärt werden, wie mit dem offenen Betrag und den Skontofristen verfahren wird.

AUFGABEN

1. Geben Sie an, welche Prüfungen im Rahmen der sachlichen Belegprüfung vorgenommen werden.
2. Erläutern Sie, welche Prüfungen im Rahmen der rechnerischen Belegprüfung erfolgen.
3. Erläutern Sie, wie verfahren werden sollte, wenn sich im Rahmen der Belegprüfung Probleme ergeben.

AKTIONEN

1. Führen Sie eine Belegprüfung mit einer Eingangsrechnung durch. Verwenden Sie hierfür eine Eingangsrechnung Ihres Ausbildungsbetriebs (fragen Sie bitte vorher um Erlaubnis). Achten Sie darauf, dass der Bruttobetrag der Rechnung über 250,00 € liegt.
2. Finden Sie auf der Seite *www.gesetze-im-internet.de* die Umsatzsteuerdurchführungsverordnung. Erstellen Sie einen kurzen tabellarischen Überblick über die Besonderheiten der Angaben, die
   a) eine Kleinbetragsrechnung gemäß § 35 Abs. 1 in Verbindung mit § 33 UStDV,
   b) ein Fahrausweis gemäß § 35 Abs. 2 Satz 1 in Verbindung mit § 34 UStDV

   haben muss, damit ein Vorsteuerabzug möglich ist.

ZUSAMMENFASSUNG

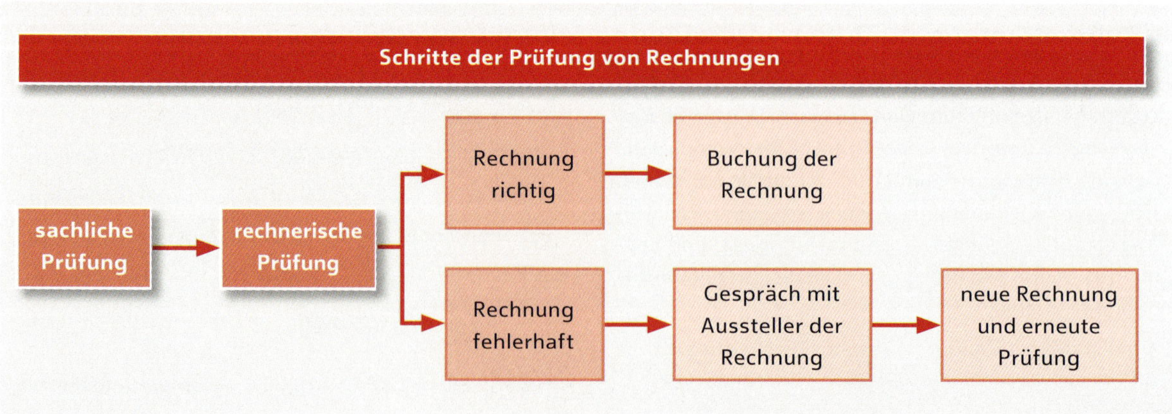

4.21 Wir bezahlen bar

Einstieg

Die Hoffmann KG hatte zwei Gärtner beauftragt, das Firmengelände mit Blumen zu verschönern. Die Gärtner wollten gern bar bezahlt werden.

Frau Duchnik:
„Das ist ja sehr schön geworden ..."

Gärtner Müller:
„Ja, wir haben uns Mühe gegeben. So, dann kommen wir mal zur Bezahlung!"

Frau Duchnik:
„Bezahlung??? Wieso?? Ich habe doch heute Morgen Ihrem Kollegen den Geldbetrag übergeben!"

Gärtner Müller:
„Das glaube ich nicht."

1. Stellen Sie fest, wie die Hoffmann KG die Zahlung nachweisen kann.
2. Führen Sie Nachteile der Barzahlung aus Sicht der Hoffmann KG auf.

INFORMATIONEN

DEFINITION

Bei der **Barzahlung** wechselt das Geld physisch den Besitzer: Übergeben werden Münzen beziehungsweise Banknoten. Weder der Schuldner noch der Gläubiger benutzen ein Konto.

Quittung

Bei jeder Form der Barzahlung ist es wichtig, dass die Übergabe des Bargelds später auch bewiesen werden kann. Daher muss die Übergabe von Bargeld durch Quittungen bestätigt werden.

Eine Quittung ist eine Empfangsbestätigung für den Erhalt einer Leistung, also in der Regel eines Geldbetrags. Mit der Quittung kann der Schuldner nachweisen, dass eine Forderung nicht mehr besteht. Der Gläubiger ist verpflichtet, die Quittung auszustellen.

Eine Quittung muss immer mindestens die folgenden Angaben enthalten:

- Name des Zahlers
- Zahlungsbetrag in Buchstaben und Ziffern
- Grund der Zahlung
- Ort und Tag der Ausstellung
- Empfangsbestätigung
- Unterschrift des Zahlungsempfängers

Netto € ct
+ % USt € ct
Gesamt € 98,00

Quittung
Nr. 448

Gesamtbetrag € in Worten -achtundneunzig- Cent wie oben
(Im Gesamtbetrag sind % Umsatzsteuer enthalten)
von Michael Hoffmann
für Gartenarbeiten
richtig erhalten zu haben, bestätigt
Ort Hannover Datum 20..-11-19
Buchungsvermerke
Stempel/Unterschrift des Empfängers Gerwinn Knorr

Ausgefüllter Quittungsvordruck

Als Quittungen gelten:
- ausgefüllte Quittungsvordrucke
- eigenständig erstellte schriftliche Quittungen
- Kassenzettel
- auf Rechnungen angebrachte Quittungsvermerke

Ein Kassenbon bescheinigt ebenfalls rechtlich gesehen die Bezahlung einer Dienstleistung oder eines Einkaufs, erfüllt aber formal nicht das Schriftformgebot (Unterschrift) einer Quittung.

Bis zu einem Betrag von 150,00 € muss bei zweiseitigen Handelsgeschäften die Umsatzsteuer nicht ausgewiesen werden (Kleinbetragsrechnung).

Boutique Petra
Inh. Petra Maier
Nordendstr. 4
82357 München
Tel.: 089/123456

Artikel	Menge	Summe
012345 Leuchter Ciao	1	3,45
012345 Leuchter Ciao	1	3,45
033421 Kerzen	2	2,50
	Gesamt EURO	9,40
	Betrag, netto	7,90
	MWST 19%	1,50
	Bar	10,00
	Rückgeld	0,60

Vielen Dank für Ihren Besuch!
Umtausch nur mit Kassenbon
Es bediente Sie Frau Hafner
Datum 19.01.20..
Bon Nr.: 00000212304

Kassenbon

Annahmepflicht von Bargeld

In der Eurozone sind Banknoten gesetzliches Zahlungsmittel: Aufgrund gesetzlicher Bestimmung muss jeder dieses Geld annehmen, wenn damit finanzielle Verpflichtungen erfüllt werden sollen. Es kann jedoch per Vertrag oder AGB vereinbart werden, dass

- eine Verbindlichkeit nicht mit Bargeld beglichen werden kann,
- die Annahme von Banknoten auf eine bestimmte Höhe beschränkt ist.

BEISPIEL

Ein Schild an einer Zapfsäule weist darauf hin, dass keine 500-Euro-Noten angenommen werden.

Für Münzen gilt die folgende Regelung: Niemand ist im Geltungsbereich des Euros verpflichtet, mehr als fünfzig Münzen in einer Zahlung anzunehmen. Mit dieser Regelung ist keine Wertangabe verbunden.

Arten der Barzahlung

Bei der **unmittelbaren** Barzahlung erfolgt die Zahlung von Hand zu Hand. Das Bargeld wird persönlich oder durch eine Boten übergeben. Bei der **mittelbaren** Barzahlung wird das Bargeld unter Einbeziehung der Post oder anderer Anbieter über größere räumliche Entfernungen weitergegeben. Hierbei werden allerdings immer relativ hohe Gebühren fällig.

Expressbrief

Mit einem DHL-Expressbrief der Deutschen Post kann Bargeld im Laufe des folgenden Tages dem Empfänger zugestellt werden. Gegen eine zusätzliche Gebühr ist auch eine Zustellung vor 09:00, 10:00 oder 12:00 Uhr möglich. Gehaftet wird im Regelfall bis 500,00 € bei Verlust oder Beschädigung. Es sind viele zusätzliche Services möglich, z. B. Eigenhändig oder Rückschein.

Bargeldtransfer mit Western Union

In allen Postbank Finanzcentern, in größeren Filialen der Post sowie bei weiteren Western Union-Vertriebspartnern (Travelex, diverse Sparkassen und Kreissparkassen, AGw in Hamburg sowie Schiller 5 in München, in letzter Zeit vermehrt auch Tankstellen, Kioske, Einzelhandelsunternehmen) kann Bargeld eingezahlt werden. Dazu muss ein Formular ausgefüllt werden. Benötigt wird nur ein gültiger Ausweis. Die Gebühren richten sich nach der Höhe der Summe und dem jeweiligen Empfängerland. Sie werden nur dem Absender berechnet; der Empfänger zahlt keine Gebühren.

BEISPIEL

Für einen Bargeldtransfer von 5.000,00 € von Deutschland nach Frankreich werden für die Auszahlung bei einer französischen Filiale der Western Union Bank 171,00 € Gebühr erhoben.

Nach der Einzahlung erhält der Absender eine Transaktionsnummer (*Money Transfer Control Number* = MTCN), die er zur Sendungsverfolgung verwenden kann. Anschließend muss er sich mit dem Empfänger in Verbindung setzen, ihm den Bargeldtransfer ankündigen und ihm die MTCN mitteilen. Es kann zusätzlich vereinbart werden, dass der Empfänger eine Frage des Geldversenders richtig beantworten muss.

Damit der Empfänger das Bargeld an einem von mehr als 355 000 Vertriebsstandorten in 200 Ländern weltweit ausgezahlt bekommt, benötigt er:
- den Namen des Absenders der Barzahlung
- Höhe und Ursprungsland des Geldtransfers
- den eigenen Ausweis mit Lichtbild
- die MTCN

7455644

Bedeutung der Barzahlung

Die Barzahlung spielt noch eine relativ große Rolle – wenn auch mit abnehmender Tendenz – im Einzelhandel sowie im Personenbeförderungsgewerbe.

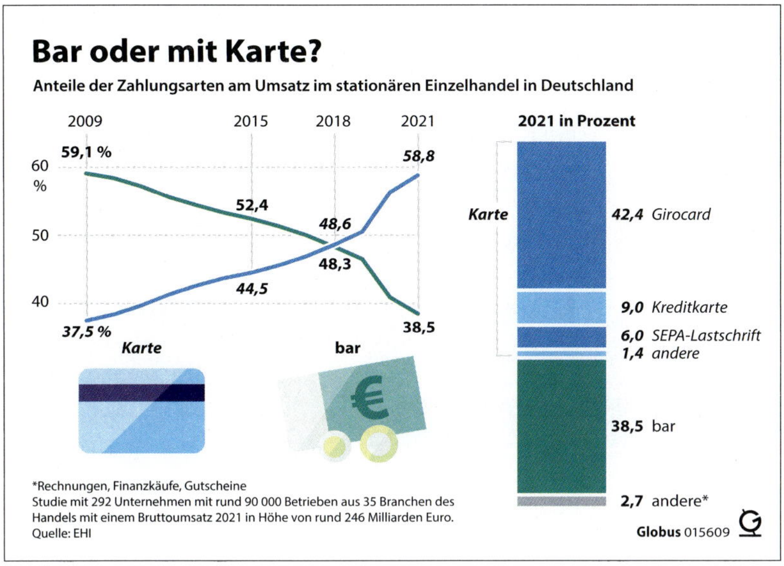

Halbbare Zahlung

Nicht zu verwechseln mit den Formen der Barzahlung sind die halbbaren Zahlungsformen. Diese sind eine Zwischenstufe zwischen der Barzahlung und dem bargeldlosen Zahlungsverkehr: Entweder der Zahlungsempfänger eines Zahlungsvorgangs erhält Bargeld oder der Zahlungspflichtige zahlt Bargeld ein. Der jeweils andere Geschäftspartner besitzt jedoch ein Konto, auf dem er eine Lastschrift bzw. eine Gutschrift erhält.

Hat der Schuldner – also der Zahlungspflichtige – ein Konto, der Empfänger soll aber Bargeld ausbezahlt bekommen, kann ein **Barscheck** ausgestellt werden.

Im umgekehrten Fall zahlt der Schuldner Bargeld auf ein Konto des Zahlungsempfängers ein: Dies kann er mit einem **Zahlschein** (teurer als bei einer normalen Überweisung von Konto zu Konto) bei allen Banken oder der Postbank machen.

Eine weitere Möglichkeit ist die Zahlung per **Nachnahme:** Der Schuldner bezahlt beim Empfang der Ware diese bar beim liefernden Post- bzw. Logistikunternehmen, das den Betrag auf das Konto des Lieferanten weiterleitet.

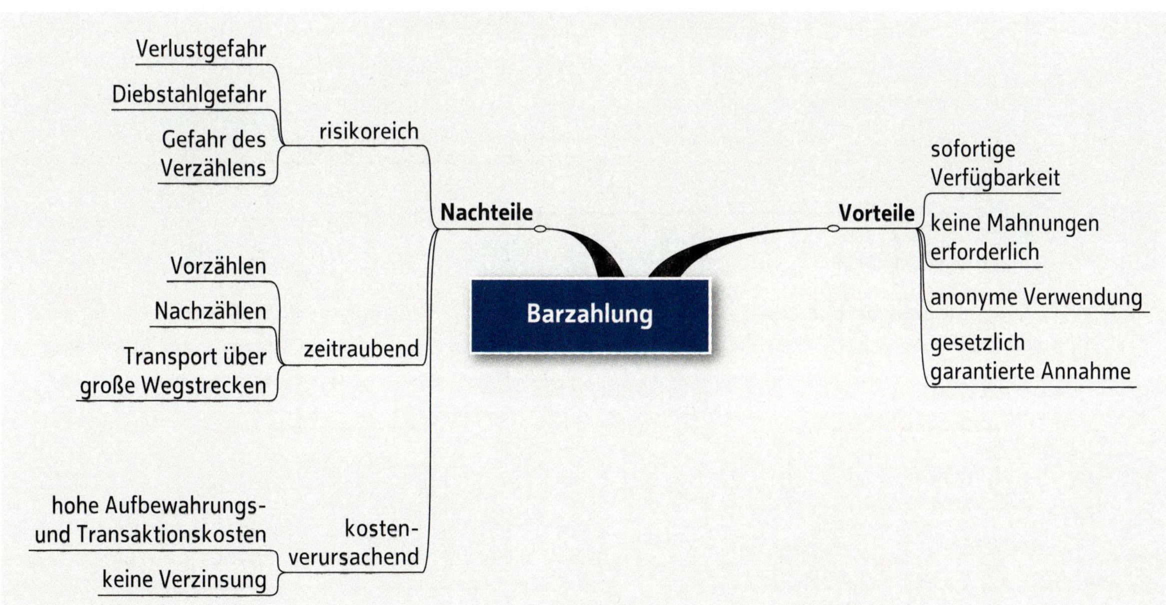

AUFGABEN

1. Beschreiben Sie, wie eine Barzahlung abläuft.
2. Was ist eine Quittung?
3. Was gilt als Quittung?
4. Führen Sie die Bestandteile einer Quittung auf.
5. Auf zwei Rechnungen sind Vermerke angebracht:
   a) „Von Frau Diedrichs habe ich dankenswerterweise den Rechnungsbetrag erhalten. Meier"
   b) „Für kleinere Tapezierarbeiten habe ich von Frau Diedrichs 112,00 € erhalten. 21.07.20.. Schiech"

   Welche Fehler wurden hier gemacht?
6. Wodurch unterscheidet sich die unmittelbare von der mittelbaren Barzahlung?
7. Erläutern Sie die Barzahlung mit:
   a) einem Expressbrief
   b) einem Bargeldtransfer mit der Western Union
8. Mit welchen Arten der mittelbaren Barzahlung können die folgenden Beträge gezahlt werden?
   a) 80,00 €
   b) 340,00 €
   c) 12.500,00 €
9. Welche Vor- und Nachteile hat die Barzahlung?

AKTIONEN

1. Die Hoffmann KG möchte Bargeld versenden. Berechnen Sie mithilfe der Internetadresse *www.dhl.de/de/express/filialprodukte.html* den Preis für einen Expressbrief mit dem Gewicht von 1 kg, der vor 09:00 Uhr am nächsten Tag zugesandt werden soll.
2. Suchen Sie unter *www.westernunion.de* (unter *Hilfe* Link *Standort finden*) den nächsten Vertriebspartner
   a) in der Nähe Ihrer Berufsschule,
   b) in der Nähe Ihres Ausbildungsunternehmens.

ZUSAMMENFASSUNG

4.22 Wir wickeln Zahlungen mit der Girocard ab

Einstieg

Der geschäftsführende Gesellschafter Herr Hoffmann nutzt für die Bezahlung von Rechnungen im Handel, in Gaststätten und Hotels gern seine Girocard. Dabei sind ihm die Bequemlichkeit und die Sicherheit der Zahlung sehr wichtig. Mit Interesse liest er deshalb die folgende Pressemitteilung im Internet:

PIN-Sicherheit

[...]

In den letzten Jahren wurde die Sicherheit des heutigen PIN-Verfahrens bei Debitkarten (girocard) in mehreren Gerichtsverfahren und unter Zuhilfenahme von Sachverständigen- und Expertengutachten wiederholt bestätigt. So ist es mathematisch ausgeschlossen, die PIN einzelner Karten aus den auf ihnen vorhandenen Daten ohne vorherige Erlangung des zur Verschlüsselung verwendeten Institutsschlüssels zu errechnen. Die von den Kreditinstituten verwendeten PIN-Verschlüsselungsverfahren sind ebenfalls uneingeschränkt sicher und können nicht geknackt werden.

Geheimhaltung der PIN

Als Karteninhaber sollten Sie mit Ihrer girocard und mit Ihrer persönlichen Geheimzahl sorgfältig und achtsam umgehen. So muss die PIN in jedem Fall geheim gehalten und möglichst auswendig gelernt werden. Bewahren Sie die Zahlungskarte weder zusammen mit Ihrer Geheimzahl auf, noch vermerken Sie die PIN auf der Karte.

Werden Magnetstreifendaten und PIN an Geldautomaten, Terminals im Handel oder an Türöffnern zu Kreditinstituten ausgespäht und kommt es daraufhin durch Kartendubletten zu missbräuchlichen Verfügungen im Ausland, übernimmt die deutsche Kreditwirtschaft diese Schäden in voller Höhe.

Tipps zum Merken der PIN

Als Karteninhaber müssen Sie grundsätzlich dafür sorgen, dass kein Fremder Kenntnis Ihrer persönlichen Geheimzahl (PIN) zu Ihrer Zahlungskarte erlangt. Am besten, man lernt die PIN so schnell wie möglich auswendig. Wir geben ein paar Tipps, wie man sich die Geheimzahlen einfach im Gedächtnis speichert.

1. **Zahlen in Geschichte einbauen**
   Denken Sie sich zur Ihrer Geheimzahl eine einfache, kurze Geschichte aus und bauen Sie die Zahlen geschickt ein:
   Bei der Geheimzahl 1225 könnte das zum Beispiel heißen: Ein Einzelkind (1) und zwei Zwillinge (22), das sind zusammen fünf Personen (5).
2. **Zahlen jeweils ein Bild oder Symbol in Geschichte zuordnen**
   Ordnen Sie jeder Zahl ein eingängiges Bild oder Symbol zu und stellen Sie sich eine Geschichte zusammen:
   Ihrer Fantasie sind dabei keine Grenzen gesetzt. Je obskurer die Geschichte ist, desto leichter merkt man sie sich, so unser Tipp.

   Für die Zahl 8459: Ein Schneemann (Kugelkopf und kugeliger Bauch bilden die 8) springt ins Auto (die Räder stehen für die 4), er startet mit der rechten Hand (Finger stehen für die 5) und fährt auf eine Katze zu (hat neun Leben). Dauerhafte Gedächtnisleistung ist nur zu erzielen, wenn rechte und linke Gehirnhälften zusammenwirken.

   [...]
3. **Muster zur Tastatur-Grafik**
   Nutzen Sie die Tastatur des Geldautomaten als optische Hilfestellung, indem Sie sich die unsichtbare Linie, die beim Eingeben Ihrer Geheimzahl entsteht, einprägen. Dieser Trick ist jedoch nur dann geeignet, wenn sich eine für Sie auf Anhieb einprägsame Linie ergibt.
4. **Mathematische Reihen und Formeln**
   Bringen Sie, wenn möglich, Ihre Zahl mit mathematischen Formeln in Verbindung: Wenn Ihre Geheimzahl 1225 ist, merken Sie sich einfach: zwei mal zwölf (als die ersten beiden Ziffern) ist 24 plus eins ist 25 (die letzten beiden Ziffern), schon haben Sie Ihre PIN.
5. **Eselsbrücke**
   Für die PIN 1225: Das ist verdreht der erste Weihnachtsfeiertag.
6. **Melodie**
   Machen Sie aus der Tastatur eine Klaviatur und merken Sie sich beim Eingeben eine erfundene Melodie, die sie immer beim Eingeben „spielen“.

   [...]

Quelle: EURO Kartensysteme GmbH: PIN-Sicherheit. o. D. In: kreditkartensicherheit.de. https://www.kartensicherheit.de/oeffentlich/meine-kartensicherheit/pin-sicherheit.html [17.08.2022].

Beurteilen Sie die Sicherheit der Zahlung mit einer Girocard.

Zahlungen mit der Girocard

Die Besitzer einer Girocard können mit ihrer Karte und ihrer persönlichen Identifikationsnummer (PIN = *Personal Identification Number*) an Geldautomaten Bargeld abheben oder im Electronic Cash System bargeldlos bezahlen (POS-Zahlung[1], z. B. im Handel an der Kasse).

In Deutschland kann man an mehr als 58000 und in Europa an über 580000 Geldautomaten mit der Girocard Bargeld abheben.

DEFINITION

Unter **Electronic Cash** wird das bargeldlose Zahlen nur mit der Girocard verstanden.

Sobald der zu zahlende Betrag feststeht, schiebt der Kunde seine Girocard in das bereitstehende elektronische Lesegerät und bestätigt den angezeigten Betrag per Tastendruck. Als Nächstes wird die persönliche Geheimnummer PIN eingetippt. Damit ist der Zahlungsvorgang für den Kunden abgeschlossen, eine Unterschrift ist nicht erforderlich.

Die Abwicklung ist schnell, denn es entfällt bei Electronic Cash das zeitaufwendige Ausfüllen eines Scheckformulars beziehungsweise das Wechseln von Bargeld. Für das Unternehmen verringert sich wegen des geringeren Bargeldbestands das Beraubungsrisiko, auch Kassenfehlbeträge sind mit Electronic Cash weitgehend ausgeschlossen. Um die hohen Sicherheitsanforderungen zu erfüllen, sind alle Electronic-Cash-fähigen Datenkassen online mit Netzknotenrechnern privater Betreibergesellschaften verbunden, die den elektronischen Zahlungsverkehr abwickeln.

Sobald also ein Zahlungsvorgang eingeleitet wird, erfolgt innerhalb weniger Sekunden – für Verkäufer und Kunden unbemerkbar – eine Autorisierungsanfrage, die über den Netzknotenrechner an den jeweiligen Zentralrechner der Bankengruppe weitergeleitet wird. Dort wird dann je nach individueller Programmierung der Zahlungsvorgang unmittelbar untersucht oder noch einmal zum Computer des kontoführenden Instituts weitergeleitet.

Geprüft werden u. a. die richtige Eingabe der Geheimnummer sowie eine eventuelle Sperre der Karte. Das ebenso überwachte Ausgabenlimit kann von jeder Bankengruppe individuell vorgegeben werden. Möglich ist sowohl die Festlegung eines bestimmten Höchstbetrags (z. B. 1.000,00 € pro Woche) wie auch der unmittelbare Zugriff auf das Kundenkonto und das darin gespeicherte Guthaben beziehungsweise Kreditlimit.

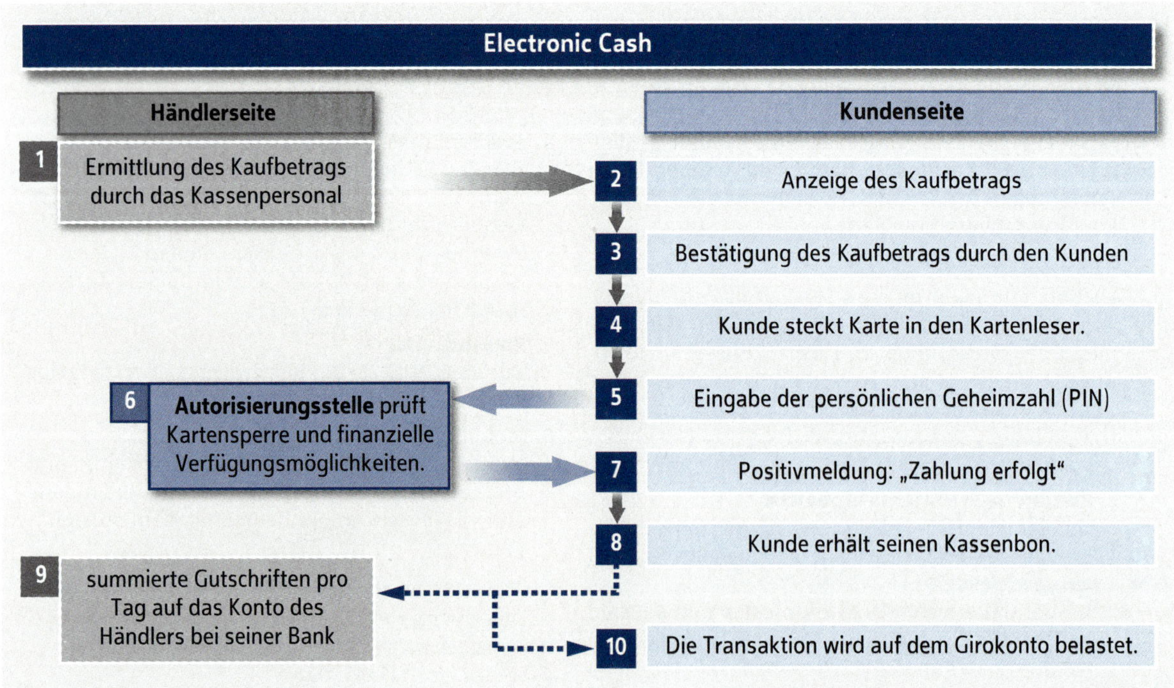

vgl. www.electronic-cash.de, Zugriff 30. März 2008

1 POS = *point of sale* = Ort, an dem der Verkauf stattfindet

7455648

Untersuchungen haben gezeigt, dass mit Electronic Cash die Höhe der einzelnen Einkäufe und die Zahl der Spontankäufe deutlich zunimmt. Zudem kann eine höhere Kundenbindung erreicht werden.

Verbraucherschutzverbände weisen in diesem Zusammenhang auf folgende Probleme hin:

- Der Kauf mit der Girocard kostet den Kunden häufig Geld. Viele Banken berechnen für die einzelnen Kontenbewegungen Postengebühren.
- Electronic Cash kann zu einer „Entsinnlichung" des Zahlens führen. Die Kunden verlieren den Überblick über ihre Käufe. Es besteht eine größere Neigung, sich zu verschulden.

Lastschriftverfahren bei der Zahlung mit Girocard

Die mit Electronic Cash verbundenen Kosten für die Händler (Bankgebühren, Leitungskosten, Hardwareausstattung) führten dazu, dass einige experimentierfreudige Händler Alternativen entwickelten. Bei dem von verschiedenen Händlern angewandten Lastschriftverfahren benötigt der Kunde nur seine Girocard, mit deren Hilfe über einen Magnetstreifenleser Kontonummer und Bankleitzahl ermittelt sowie ein Lastschriftbeleg erstellt wird.

Mit seiner Unterschrift auf dieser Einzugsermächtigung bevollmächtigt der Kunde den Händler, den Zahlbetrag von seinem Konto einzuziehen. Es findet dabei keine Prüfung der persönlichen Identifikationsnummer statt. Die Unternehmen sparen Kosten, da keine Gebühren für eine Verbindung zu einer Autorisierungszentrale anfallen. Das Unternehmen trägt jedoch das volle Risiko für die Zahlbeträge.

Smartcards

Die Girocard entwickelt sich zunehmend zur Smartcard (= kluge Karte). Statt wie bisher mit einem Magnetstreifen, wird sie mit einem Mikrochip ausgerüstet. Dadurch wird die Girocard quasi zu einem Minicomputer mit eigenem Betriebssystem und eigener Logik. Der Chip ist in der Lage sein, selbstständig einen größeren Teil der Autorisierung bei POS-Zahlungen vorzunehmen. Somit erfolgt sowohl die Prüfung der Geheimnummer als auch die Prüfung des Ausgabenlimits „vor Ort".

Smartcards mit Mikrochips

Aufgaben der Chipkarte

„debitorische Börse"

- Kleingeldspeicher, der beim Einkauf um den Kaufbetrag entladen wird
- Ist die „debitorische Börse" leer, wird sie bei der Bank wieder aufgeladen. Dabei wird das Konto des Karteninhabers belastet.

Speicherung aktueller Informationen über die Zahlungsfähigkeit des Kunden

- Eingabe der PIN am Kassenterminal
- Kassenterminal reduziert Verfügungsrahmen im Chip um den Einkaufsbetrag und erhält von der Karte einen gesicherten Buchungssatz.
- Zahlungsvorgänge werden im Kassenterminal gespeichert.
- Aus den Chipkartenumsätzen des Unternehmens werden Lastschriftdateien erstellt. Sie werden bei der Hausbank des Händlers zur weiteren Bearbeitung – also zum Einzug der jeweiligen Kaufbeträge – eingereicht.
- Diese Offlineabwicklung macht Electronic-Cash für die Betriebe erheblich attraktiver. Kommunikationskosten entfallen zum großen Teil. Nur wenn der Einkaufsbetrag den Verfügungsrahmen übersteigt, wird online (also über DFÜ) abgefragt.

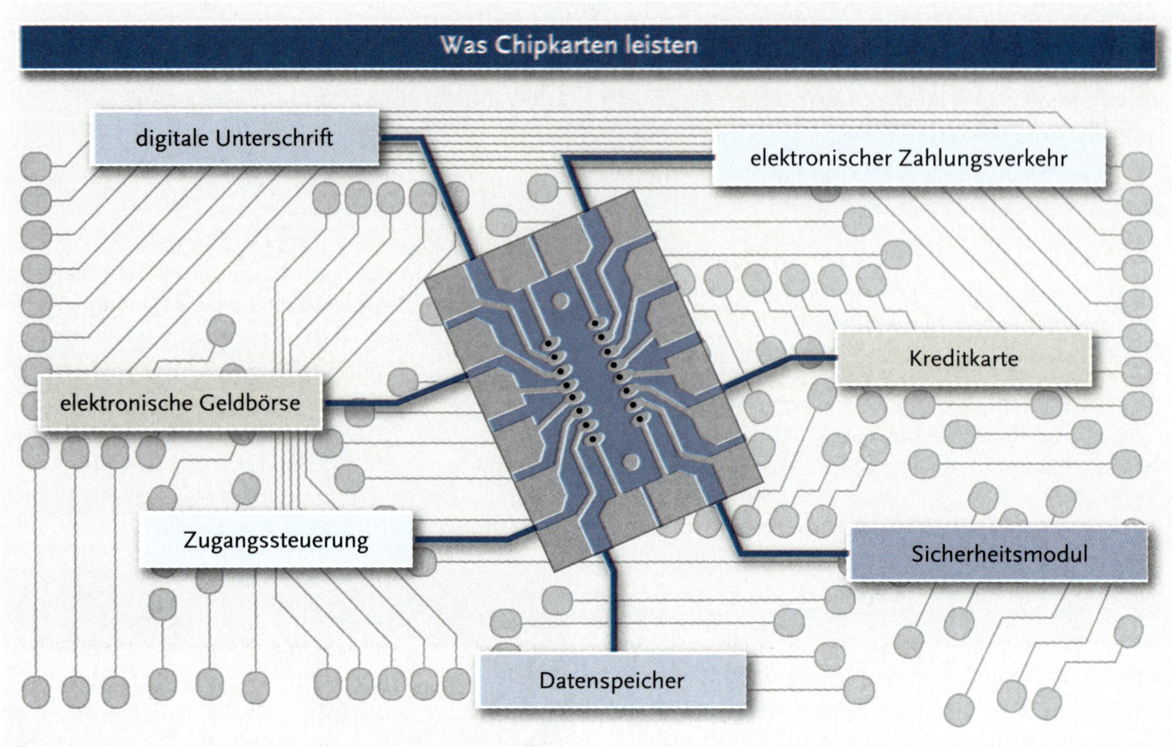

Zahlung mittels Near Field Communication

Die Girocard kann auch mittels *Near Field Communication* (NFC) zum kontaktlosen Bezahlen genutzt werden.

Der NFC-Übertragungsstandard ermöglicht eine kontaktlose Kommunikation im Nahbereich bis zu zehn Zentimetern. Damit eine Girocard zum kontaktlosen Bezahlen eingesetzt werden kann, muss in ihr ein RFID-Chip *(Radio-Frequency-Identification-Chip)* integriert sein.

Bei der kontaktlosen NFC-Zahlung muss der Zahler seine Girocard nur kurz in einem Abstand von weniger als vier Zentimeter an das Terminal des Zahlungsempfängers halten. Nachdem der Zahlungsempfänger das Terminal durch die Eingabe des Zahlungsbetrags aktiviert hat, wird dieser Betrag in weniger als einer Sekunde von dem auf der Girocard gespeicherten Guthaben abgebucht. Bis zu einer Obergrenze von 20,00 € oder 25,00 € erfolgt diese Zahlung ohne Eingabe einer PIN.

Auch mit einem Handy kann mittlerweile im NFC-System kontaktlos gezahlt werden. Die großen Mobilfunknetzwerke bieten ihren Kunden die Möglichkeit an, in Einzelhandelsbetrieben mit ihren Handys zu bezahlen. Damit ein Handy zur kontaktlosen Zahlung eingesetzt werden kann, muss an ihm jedoch ein NFC-Sticker angebracht sein.

AUFGABEN

1. Wofür kann der Inhaber einer Girocard seine Karte benutzen?
2. Was versteht man unter Electronic Cash?
3. Welche Vorteile bietet Electronic Cash dem Zahlungsempfänger?
4. Beschreiben Sie den Zahlungsvorgang beim Electronic Cash.
5. Wodurch unterscheidet sich Electronic Cash vom Lastschriftverfahren?
6. Welche Vorteile bietet eine Girocard mit integriertem Chip?
7. Beschreiben Sie den Ablauf einer NFC-Zahlung mit der Girocard an einer Kasse.

AKTIONEN

1. Die Bätje OHG bietet ihren Kunden seit mehreren Jahren an, die in ihren Geschäftsräumen gekaufte Ware mit ihrer Girocard im Lastschriftverfahren zu bezahlen. Da laut Zeitungsmeldungen der Kartenmissbrauch stark zugenommen hat, überlegt die Geschäftsleitung, ob sie ihren Kunden diese Zahlungsmöglichkeit weiterhin einräumen soll. Dazu fordert sie von Frau Lieberwirth eine schriftliche Stellungnahme an.

   Erstellen Sie die schriftliche Stellungnahme, die Auskunft geben soll über:
   a) Vor- und Nachteile des Lastschriftverfahrens mit Girocard
   b) Bedeutung dieses Zahlungsverfahrens
   c) Alternativen zum Lastschrifteinzugsverfahren
   Präsentieren Sie diese Stellungnahme in Ihrer Klasse.

2. Carolin Saager möchte ein Kostüm zum Preis von 549,00 € mit ihrem Handy bezahlen. Versetzen Sie sich in die Rolle des Verkäufers des Kostüms und stellen Sie die folgenden Situationen im Rollenspiel dar:
   a) Der Verkäufer akzeptiert die Zahlung mit Handy.
   b) Der Verkäufer lehnt die Zahlung mit Handy ab und schlägt Carolin Saager Zahlungsalternativen vor.

ZUSAMMENFASSUNG

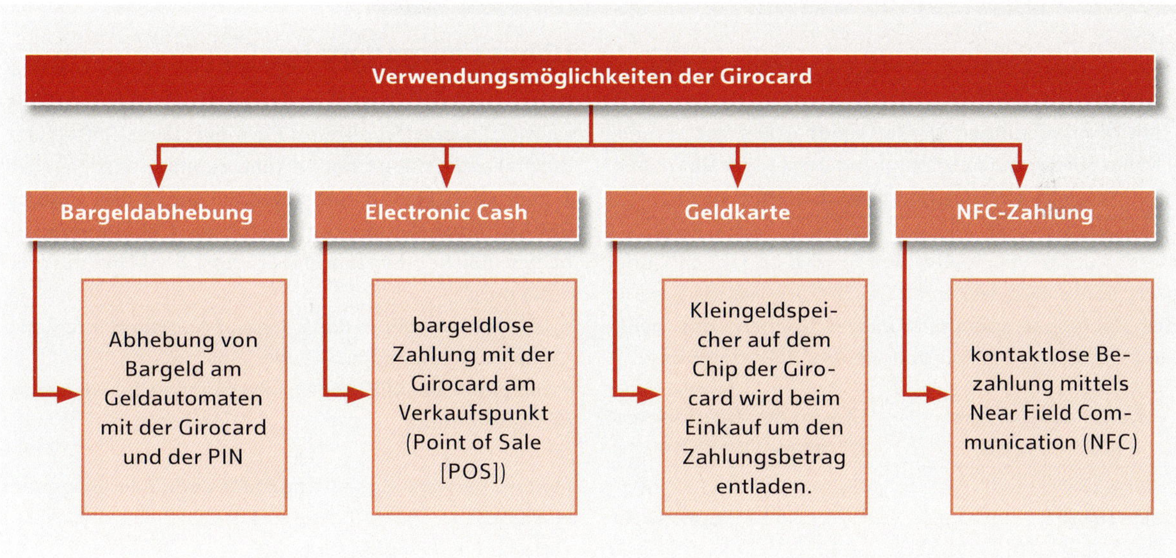

4.23 Wir nehmen Möglichkeiten der bargeldlosen Zahlung wahr

Einstieg

Die Spengler & Sohn OHG fügt der Lieferung von 100 Herrenfreizeithemden an die Hoffmann KG die nebenstehende Rechnung bei[1].

Die Rechnung der Spengler & Sohn OHG wurde von Dominik Schlote bereits geprüft.[2] Die Hoffmann KG begleicht die Rechnung mit einer Banküberweisung.

Spengler & Sohn OHG

Lahnstraße 14 – 35578 Wetzlar

Spengler & Sohn OGH – Lahnstraße 14 – 35578 Wetzlar
Hoffmann KG
Herrn Volkan Karaca
Bergener Straße 6 a
30625 Hannover

Kunde Nr.: 10 109
Lieferdatum: 20..-06-10
Bestelldatum: 20..-06-03
Sachbearbeiter/-in: Frau Mohns

Rechnung Nr.: 1020/06
Lieferdatum: 20..-06-10
Rechnungsdatum: 20..-06-10

Rechnung

Pos.	Einheit	Artikel	Menge	Preis je Einheit/€	Betrag/€
1	Stück	Herrenfreizeithemd, Art.-Nr. 4537	100	8,10	810,00
				– 15 % Rabatt	121,50
					688,50
				+ Versandkosten	10,00
					698,50
				19 % USt	132,72
				Rechnungsbetrag	**831,22**

Zahlung: Innerhalb von vier Wochen ab Rechnungsdatum, bei Zahlung innerhalb von 7 Werktagen gewähren wir Ihnen 1,5 % Skonto.

Erläutern Sie die Vorteile der Zahlung durch Banküberweisung für
- die Spengler & Sohn OHG sowie
- die Hoffmann KG.

INFORMATIONEN

Überweisung

DEFINITION

Mit **Überweisungen** werden Geldbeträge von einem Konto auf ein anderes Konto umgebucht. Der Überweisungsbetrag wird vom Konto des Zahlers abgezogen.

Man sagt dazu auch „Der Betrag wird abgebucht" oder „Das Konto wird belastet". Der Betrag wird dem Konto des Zahlungsempfängers gutgeschrieben, das heißt, sein Konto wird um den Überweisungsbetrag erhöht.

Konto des Zahlers (Hoffmann KG)		Konto des Empfängers (Spengler & Sohn OHG)	
– 831,22 € **Lastschrift**			+ 831,22 € **Gutschrift**

Überweisung →

Überweisungen werden von Banken und Sparkassen ausgeführt.

Überweisungsauftrag

Euro-Überweisungen im einheitlichen Eurozahlungsraum in Europa (*Single Euro Payments Area* [SEPA]) werden mit einer SEPA-Überweisung durchgeführt. Seit dem 1. Februar 2014 sind auch Überweisungen im Inland mit SEPA-Überweisungen durchzuführen. Dabei werden die bisher üblichen Kontonummern und Bankleitzahlen ersetzt durch
- IBAN (*International Bank Account Number* = Internationale Bankkontonummer) und
- BIC (*Bank Identifier Code* = internationale Bankleitzahl)

des Empfängers.

In den Überweisungsauftrag muss der Zahler Folgendes eintragen:
- Namen des Empfängers
- IBAN und BIC des Empfängers
- Überweisungsbetrag
- seinen Namen und seine IBAN
- Ausstellungsdatum und seine Unterschrift

Außerdem sollte er den Verwendungszweck angeben (z. B. Rechnungsnummer), damit der Empfänger daraus ersehen kann, wofür er das Geld erhält.

1 siehe Kap. 4.5
2 siehe Kap. 4.20

SEPA-Überweisungen können ausschließlich in Euro abgewickelt werden. Zahlungen in anderen Währungen müssen mit einer **Auslandsüberweisung** durchgeführt werden.

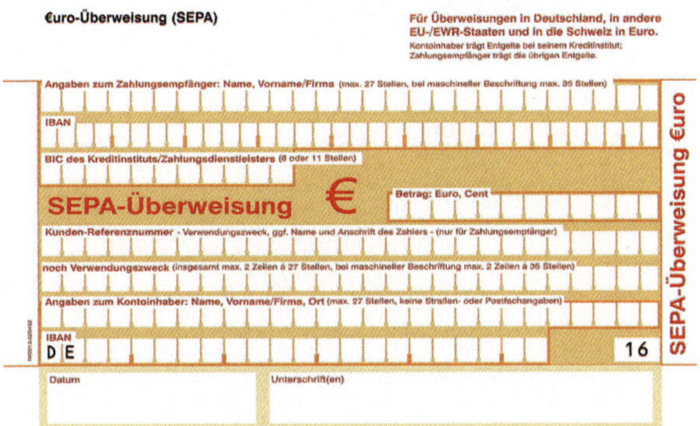
€uro-Überweisung (SEPA)

Für Überweisungen in Deutschland, in andere EU-/EWR-Staaten und in die Schweiz in Euro.
Kontoinhaber trägt Entgelte bei seinem Kreditinstitut; Zahlungsempfänger trägt die übrigen Entgelte.

Angaben zum Zahlungsempfänger: Name, Vorname/Firma (max. 27 Stellen, bei maschineller Beschriftung max. 35 Stellen)

IBAN

BIC des Kreditinstituts/Zahlungsdienstleisters (8 oder 11 Stellen)

SEPA-Überweisung €

Betrag: Euro, Cent

Kunden-Referenznummer - Verwendungszweck, ggf. Name und Anschrift des Zahlers - (nur für Zahlungsempfänger)

noch Verwendungszweck (insgesamt max. 2 Zeilen à 27 Stellen, bei maschineller Beschriftung max. 2 Zeilen à 35 Stellen)

Angaben zum Kontoinhaber: Name, Vorname/Firma, Ort (max. 27 Stellen, keine Straßen- oder Postfachangaben)

IBAN DE

16

SEPA-Überweisung €uro

Datum

Unterschrift(en)

Standard-SEPA-Überweisungsformular

Überweisungsfristen

Wird ein Überweisungsauftrag erteilt, wird das Konto des Auftraggebers noch am selben Tag belastet. Hat der Zahlungsempfänger sein Konto bei demselben Geldinstitut, erfolgt die Gutschrift meist schon am selben Geschäftstag. Bei Überweisungen auf Konten anderer Geldinstitute kann es einige Tage dauern, bis der Überweisungsbetrag gutgeschrieben wird.

Soweit keine anderen Fristen vereinbart werden, sind Überweisungen im Rahmen der gesetzlichen Fristen gemäß § 675 s Abs. 1 BGB durchzuführen.

GESETZ

§ 675 s Ausführungsfrist für Zahlungsvorgänge

(1) Der Zahlungsdienstleister des Zahlers ist verpflichtet sicherzustellen, dass der Zahlungsbetrag spätestens am Ende des auf den Zugangszeitpunkt des Zahlungsauftrags folgenden Geschäftstags beim Zahlungsdienstleister des Zahlungsempfängers eingeht. Für Zahlungsvorgänge innerhalb des Europäischen Wirtschaftsraums, die nicht in Euro erfolgen, können ein Zahler und sein Zahlungsdienstleister eine Frist von maximal vier Geschäftstagen vereinbaren. Für in Papierform ausgelöste Zahlungsvorgänge können die Fristen nach Satz 1 um einen weiteren Geschäftstag verlängert werden.

Besondere Formen der Überweisung

Besondere Formen der Überweisung sind:

- Sammelüberweisungsauftrag
- Dauerauftrag
- Lastschriftverfahren

Sammelüberweisungsauftrag

Inhaber von Girokonten können mehrere Überweisungsaufträge an verschiedene Zahlungsempfänger in einem Sammelüberweisungsauftrag zusammenfassen.

Sammelüberweisungsaufträge sind zeit- und kostensparend. Mit einem einzigen ordnungsgemäß unterschriebenen Sammelüberweisungsauftrag können beliebig viele zusammengefasste Überweisungen zum Preis einer einzigen Buchung durchgeführt werden.

In den Sammelüberweisungsauftrag wird nur die Gesamtsumme der Überweisungen eingetragen. Für jeden Zahlungsempfänger muss ein Überweisungsträger ausgestellt werden. Die dafür notwendigen Endlosformulare erhält der Auftraggeber bei seiner Bank oder Sparkasse.

Dauerauftrag

Mit einem Dauerauftrag beauftragt ein Kontoinhaber sein Geldinstitut, regelmäßig zu einem bestimmten Termin einen bestimmten Betrag auf das Konto des Zahlungsempfängers zu überweisen.

Daueraufträge eignen sich für wiederkehrende Zahlungen in derselben Höhe (z. B. Miete, Versicherungsprämien).

Lastschriftverfahren

Beim Lastschriftverfahren erlaubt der Zahlungspflichtige dem Zahlungsempfänger, Zahlungen für einen bestimmten Zweck von seinem Girokonto abzubuchen.

Das Lastschriftverfahren bietet sich bei regelmäßigen Zahlungen von Beträgen in unterschiedlicher Höhe an (z. B. Telefongebühren, Strom-, Gas- und Wasserkosten).

Seit Februar 2014 ist im einheitlichen Eurozahlungsraum nur noch die SEPA-Lastschrift möglich. Sie ersetzt die nationalen Lastschriftverfahren in den Euro-Ländern. Ebenso wie bei SEPA-Überweisungen ersetzt bei einer SEPA-Lastschrift die IBAN die bisherige Kontonummer und die BIC die bisherige Bankleitzahl.

Für eine SEPA-Lastschrift muss der Kontoinhaber ein schriftliches Mandat erteilen, indem er den Zahlungsempfänger zum Einzug fälliger Forderungen mittels Lastschrift berechtigt und seiner Bank oder Sparkasse den Auftrag erteilt, die Lastschrift durch die Belastung seines Kontos einzulösen.

Bei der SEPA-Lastschrift gibt es zwei Verfahren:

- die SEPA-Basislastschrift für alle Bankkunden
- die SEPA-Firmenlastschrift, die ausschließlich für Zahlungen zwischen Geschäftskunden genutzt werden kann

Bei beiden Verfahren muss der Zahlungsempfänger den Kontoinhaber vierzehn Tage vor der Kontobelastung über den Lastschrifteinzug informieren, damit dieser für die genügende Deckung seines Kontos zum Zeitpunkt des Lastschrifteinzugs sorgen kann.

SEPA-Basislastschriften können innerhalb acht Wochen nach dem Belastungstag ohne Angabe von Gründen rückgängig gemacht werden.

Electronic Banking

Beim Electronic Banking erfolgt eine beleglose Auftragserteilung durch den Kunden und eine Weiterleitung der Daten an die Bank auf elektronischem Weg. Alle wichtigen Bankgeschäfte werden durch die Geschäftskunden der Bank vom Betrieb aus oder durch die Privatkunden – im Rahmen des sogenannten *Homebanking* – von zu Hause aus mittels Datenfernübertragung erledigt. Dies geschieht überwiegend auf dem Übertragungsweg Internet.

BEISPIEL

Die Hoffmann KG kann – ohne Papierbelege auszufüllen und die Bank direkt aufzusuchen – die folgenden Bankgeschäfte in Auftrag geben:

- Kontenstand-Abfragen
- Daueraufträge
- Überweisungen
- Mitteilungen an die Bank

Beim Electronic Banking wendet man sich über das Internet an seine Hausbank. Um eine Überweisung auszuführen, geht man folgendermaßen vor:

- Einstieg in das System
- Auswahl der Leitseite der Bank
- Eingabe der Kontonummer und der PIN
  Die PIN (Persönliche Identifikationsnummer) ist eine Geheimzahl, die den Zugang zum Bankrechner und dem dort geführten Konto ermöglicht.
- Auswahl der Bankleistung
- Eingabe der TAN
  Die TAN (Transaktionsnummer) berechtigt als zusätzliches Sicherungsmittel zu bestimmten Handlungen: Überweisungen können beispielsweise nur mit ihr durchgeführt werden. Die TAN „verbraucht" sich, das heißt, sie kann jeweils nur für eine Handlung verwendet werden.
- Durchführung des Dialogs mit dem Bankcomputer

Das Electronic Banking bringt folgende **Vorteile:**

- Zeitersparnis
- Kostenersparnis
- sichere Übergabe von Überweisungen und Lastschriften
- Verkürzung der Einreichungszeiten
- Aufträge außerhalb der Schalteröffnungszeiten

BEISPIEL

Die Hoffmann KG nahm früher 3000 beleghafte Buchungen vor. Achtmal in der Woche besuchte der zuständige Sachbearbeiter (Gehaltskosten: Stundensatz 50,00 €) die Hausbank für jeweils 30 Minuten.

	beleghafte Buchungen	beleglose Buchungen
Anzahl der monatlichen Buchungen	3000 Stück	3000 Stück
Preis für eine Buchung	0,25 €	0,05 €
monatliche Kosten der Buchungen	750,00 €	150,00 €
monatliche Kosten durch Zeitaufwand für Bankbesuche	200,00 € (4 Stunden à 50,00 €)	–

Gegenüber der bisher angewandten herkömmlichen Methode bringt die elektronische Kontenführung der Hoffmann KG folgende Kostenvorteile:
Kostenvorteil aufgrund der elektronischen Zahlung:
750,00 € – 150,00 € = 600,00 €
Kostenvorteil durch Zeitersparnis: 200,00 €
Gesamtkostenvorteil: 600,00 € + 200,00 € = 800,00 €

7455654

In Deutschland hat sich das Electronic Banking innerhalb weniger Jahre zu einer der meistgenutzten Tele-Dienstleistungen entwickelt. Es hat damit nicht nur das Dienstleistungsprofil der eingeführten Banken erweitert, sondern auch spezielle Onlinebanken (Direktbanken) hervorgebracht, die ohne ein kostspieliges Filialnetz auskommen. Welche Geschäfte im Einzelnen ausgeführt werden können, unterscheidet sich von Bank zu Bank. Im Allgemeinen bieten Kreditinstitute ihren Onlinekunden die Möglichkeit, den Stand ihres Kontos abzufragen, Überweisungen zu veranlassen, Daueraufträge einzurichten oder zu ändern und Wertpapieraufträge zu erteilen.

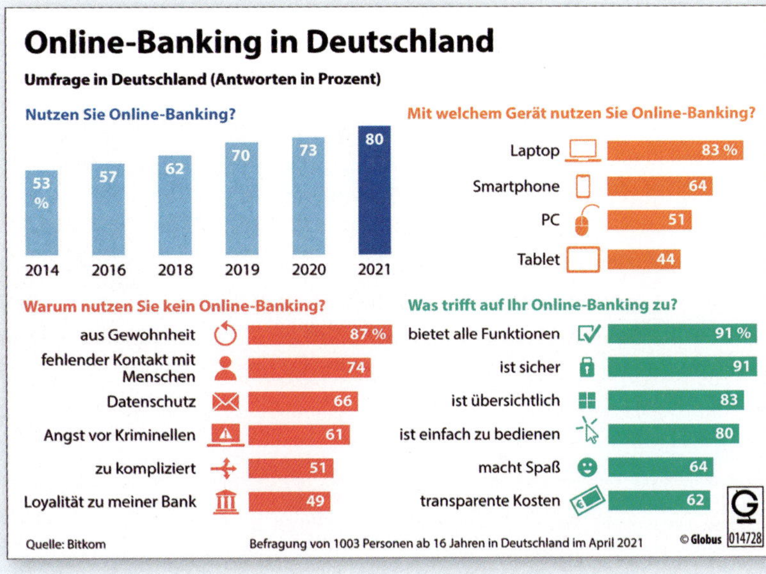

AUFGABEN

1. Wie kann ein Zahler nachweisen, dass er seiner Bank einen Überweisungsauftrag erteilt hat?
2. Welche besonderen Formen der Überweisung würden Sie in folgenden Fällen jeweils wählen? Begründen Sie Ihre Meinung.
   a) Zahlung der Telefongebühren
   b) Zahlung des IHK-Beitrags
   c) Zahlung von Mitgliedsbeiträgen (Partei, Sportverein)
   d) Zahlungen an mehrere Zahlungsempfänger
   e) Zahlung der Miete
   f) Zahlung der Stromrechnung
   g) Zahlung der Gehälter an die Angestellten des Betriebs
3. Wozu dienen beim Electronic Banking
   a) die PIN, b) die TAN?
4. Welche Vorteile hat das Electronic Banking?

AKTIONEN

1. Die Hoffmann KG hat bei der Leistner Wäsche GmbH folgende Artikel bestellt:
   - 500 Geschirrtücher, Artikelnummer 112/2, zum Preis von 1,50 € netto je Stück
   - 500 Walkfrottiertücher, Artikelnummer 156/3, zum Preis von 4,50 € netto je Stück

   Erstellen Sie die Rechnung für die Hoffmann KG.
2. Die Leistner Wäsche GmbH bietet der Hoffmann KG an, der Leistner Wäsche GmbH für alle zukünftigen Zahlungen ein Mandat für eine SEPA-Lastschrift zu erteilen. Der Leiter der Einkaufsabteilung, Herr Hetzel, bittet Carolin Saager, eine Übersicht mit den Vorteilen dieses Zahlungsverfahrens für die Hoffmann KG und die Leistner Wäsche GmbH zu erstellen.
3. Erstellen Sie eine Übersicht über mögliche Risiken des Electronic Banking.
   Führen Sie dazu eine Internetrecherche durch.

ZUSAMMENFASSUNG

Überweisung

= Umbuchung von Konto zu Konto

Zahler
hat ein Girokonto bei einer Bank oder Sparkasse

Empfänger
hat ein Girokonto bei einer Bank oder Sparkasse

SEPA-Überweisungen
Euro-Überweisungen im neuen einheitlichen Eurozahlungsraum in Europa (*Single Euro Payments Area* [SEPA])

Auslandsüberweisungen
Zahlungen in Länder des einheitlichen Eurozahlungsraums in anderen Währungen und in Länder außerhalb des einheitlichen Eurozahlungsraums

Besondere Formen der Überweisung

Sammelüberweisungsauftrag
für zusammengefasste Überweisungen an mehrere Zahlungsempfänger

Dauerauftrag
für regelmäßige Zahlungen in derselben Höhe

Lastschriftverfahren
für regelmäßige Zahlungen in unterschiedlicher Höhe

Electronic Banking

- beleglose Weiterleitung von Zahlungsdaten per Datenfernübertragung
- Erledigung aller wichtigen Bankgeschäfte von zu Hause (Homebanking) oder vom Betrieb aus

4.24 Wir wickeln Zahlungen mit der Kreditkarte ab

Einstieg

Warum akzeptieren immer mehr Händler in Deutschland Kreditkarten?

Kreditkarten werden bei immer mehr deutschen Händlern akzeptiert. Liegt das an der Verbreitung unter den Kunden in Deutschland oder an anderen Faktoren?

Kreditkarten im Handel – Hintergründe zur steigenden Akzeptanz

Kreditkarten sind in den vergangenen Jahren zu einem immer beliebteren Zahlungsmittel geworden. In Deutschland werden aber im Vergleich zu vielen anderen Ländern auch weiterhin wenige Kreditkarten eingesetzt. Doch das beginnt sich zu ändern. Egal ob im Supermarkt, an der Tankstelle oder im Online-Handel – Kreditkarten von Visa und Co können Sie hierzulande immer häufiger einsetzen. In diesem Ratgeber-Text erklären wir, warum Kreditkarten von immer mehr Händlern in Deutschland akzeptiert werden.

Gründe für höhere Kreditkartenakzeptanz im Einzelhandel

Schnelle und sichere Zahlungsabwicklung

Für Händler bietet die Akzeptanz von Kreditkarten mehrere Vorteile. Dazu gehört allen voran eine schnelle und sichere Zahlungsabwicklung. Ist bei Bargeld beispielsweise eine Prüfung auf Echtheit nötig, wird eine Zahlungsabwicklung bei Kreditkarten elektronisch geprüft. So wird das Risiko menschlicher Fehler deutlich reduziert, wodurch die Sicherheit für die Händler wiederum steigt. Dass immer mehr Händler in Deutschland Kreditkarten akzeptieren, liegt auch daran, dass die Abwicklung per se deutlich schneller geht.

Zahlen Sie mit Kreditkarte, so dauert der gesamte Bezahlprozess meist nicht länger als 30 Sekunden. Selbst mit Eingabe Ihrer PIN vergeht in der Regel nur etwas mehr Zeit, bis die Zahlung abgewickelt ist. Noch schneller geht es mit der modernen NFC-Technologie. Die sogenannte Near Field Technology macht es möglich, dass Zahlungen bis 25 Euro ohne Eingabe einer PIN oder Unterschrift durchgeführt werden können. Sie müssen Ihre Karte dazu nur an das Lesegerät halten und schon wird die Zahlung automatisch durchgeführt. So können Händler davon profitieren, dass die Dauer des Zahlungsvorgangs noch kürzer ist, wodurch Sie sich einerseits über geringere Wartezeiten freuen dürfen und andererseits die Händler möglicherweise Personalkosten sparen können.

Geringere Kosten für die Abwicklung von Kreditkartenzahlungen

Dass immer mehr Händler in Deutschland Kreditkarten akzeptieren, liegt auch daran, dass die Kosten für die Abwicklung von Zahlungen mit Kreditkarten mittlerweile deutlich günstiger sind als früher. Durch eine EU-Verordnung, die Ende 2015 in Kraft getreten ist, wurden die Gebühren für Zahlungen mit Kreditkarten auf 0,3 Prozent der jeweiligen Zahlungssumme begrenzt (ausgenommen sind Zahlungen mit sogenannten Firmenkreditkarten sowie American Express-Kreditkarten). Diese sogenannten Interbankenentgelte muss der Händler an die jeweilige Kreditkartenbank bezahlen. Sie persönlich merken von diesen Gebühren entsprechend nichts. Bevor die neue EU-Verordnung, die in Deutschland ohne zusätzlichen Gesetzgebungsakt an Geltung gewonnen hat, in Kraft getreten ist, lagen die Gebühren teilweise bei bis zu zwei Prozent der jeweiligen Zahlungssumme.

Dadurch, dass die Gebühren bei einer Zahlung in Höhe von beispielsweise 100 Euro mittlerweile nur noch bei 30 Cent liegen, sind Kreditkartenzahlungen für Händler mittlerweile sogar günstiger als die Abwicklung von Bargeldzahlungen. Zwar entstehen bei der Barzahlung per se keine Kosten, die Sicherung und der Transport von Bargeld ist allerdings teuer. Eben diese Kosten sind für viele Händler mittlerweile höher als die Gebühren bei Transaktionen mit Kreditkarten. Entsprechend überrascht es nicht, dass immer mehr Händler in Deutschland Kreditkarten akzeptieren.

[...]

Quelle: Warum akzeptieren immer mehr Händler in Deutschland Kreditkarten?. In: www.bezahlen.de, https://www.bezahlen.de/kreditkarten-im-handel.php [17.08.2022].

1. Stellen Sie fest, warum man in Deutschland immer mehr Unternehmer Kreditkarten akzeptieren.
2. Erläutern Sie, warum es vorteilhaft sein kann, eine Kreditkarte als Zahlungsmittel zu nutzen.

INFORMATIONEN

Kreditkartenarten

In der Bundesrepublik Deutschland werden Kreditkarten von Einzelhandelsbetrieben in eigener Regie oder von Kreditkartenorganisationen und Banken ausgegeben.

Kundenkarten von Einzelhandelsbetrieben

Die Kreditkarten, die einzelne Einzelhandelsbetriebe (meist Waren- und Kaufhäuser) kreditwürdigen Kunden auf Antrag ausstellen (sogenannte Kundenkarten), berechtigen zum Kauf auf Kredit in dem jeweiligen Einzelhandelsbetrieb. Solche Kundenkarten werden an die Kunden kostenlos oder gegen eine geringe Servicegebühr abgegeben.

Kreditkarten von Kreditkartenorganisationen und Banken

Mit einer Kreditkarte, die von einer Kreditkartenorganisation oder Bank ausgegeben wurde, kann der Karteninhaber bei allen in- und ausländischen Vertragsunternehmen des Kreditkartenherausgebers Waren oder Dienstleistungen bis zu einer bestimmten Höchstsumme auf Kredit erhalten. Zur Bezahlung muss er nur seine Kreditkarte vorlegen und die Zahlung autorisieren. Dabei sind grundsätzlich zwei Authentifizierungsverfahren möglich: PIN und Unterschrift. Für die von Kreditkartenorganisationen und Banken ausgegebenen Kreditkarten muss der Inhaber in der Regel einen festen Jahresbeitrag bezahlen.

Die wichtigsten Kreditkartenorganisationen auf dem deutschen Markt sind zurzeit VISA, MasterCard, American Express und Diners Club.

Dieses Schild findet man weltweit nur noch selten.

Vertragsunternehmen sind hauptsächlich Einzelhandelsbetriebe, Hotels und Gaststätten, aber auch Banken, Tankstellen, Reisebüros und Fluggesellschaften.

Abwicklung der Zahlung mit Kreditkarte

Der Karteninhaber legt beim Kauf seine Kreditkarte vor. Auf dieser Plastikkarte sind der Name des Karteninhabers und verschiedene Nummerierungen (u. a. Kartennummer und Verfalldatum) in erhabenem Druck eingeprägt. Der Verkäufer stellt die Kreditkartenrechnung aus und lässt sie vom Kreditkarteninhaber autorisieren.

Kreditkartenrechnungen können elektronisch mit einem Kartenlesegerät oder mechanisch mit einem Handdrucker erstellt werden.

Zur Erstellung der Kreditkartenrechnung mit einer Datenkasse muss der Kassierer zunächst die Zahlungsartentaste „Kreditkarte“ drücken und der Kunde seine Kreditkarte in das mit der Datenkasse verbundene Kartenlesegerät stecken. Nachdem durch eine Online-Überprüfung festgestellt wurde, dass die Kreditkarte nicht gesperrt ist, erstellt die Datenkasse zwei Kreditkartenbelege.

Nachdem der Kunde die Kreditkartenzahlung durch PIN oder Unterschrift bestätigt hat, händigt der Zahlungsempfänger dem Kunden eine Kopie des Kreditkartenbelegs aus.

Den Kreditkartenbeleg schickt der Vertragsunternehmer (z. B. Restaurantbesitzer oder Einzelhändler) an den Kreditkartenherausgeber. Der Kreditkartenherausgeber begleicht dann diese Rechnung innerhalb einer vertraglich festgesetzten Frist. Von der Rechnungssumme behält er eine ebenfalls vertraglich vereinbarte Umsatzprovision (zurzeit 0,3 % des Rechnungsbetrags) ein. Dafür trägt er das volle Kreditrisiko, das heißt, wenn der Karteninhaber seine Rechnungen nicht begleicht, geht dies zulasten des Kreditkartenherausgebers.

7455658

Der Kreditkartenherausgeber verlangt meist einmal monatlich von dem Karteninhaber die Bezahlung aller Rechnungen. Sofern der Karteninhaber eine Einzugsermächtigung erteilt hat, lässt der Kreditkartenherausgeber den Betrag vom Konto des Karteninhabers durch Lastschrift einziehen. Der Karteninhaber braucht keine Zuschläge auf die von ihm unterschriebenen Rechnungen zu zahlen.

Vor- und Nachteile der Kreditkarte

	Kreditkarteninhaber	Vertragsunternehmen
Vorteile	• zinsfreier Kredit bis zum Fälligkeitsdatum der Monatsrechnung • übersichtliche Abrechnung: exakte und detaillierte Aufstellung aller Zahlungen mit Kreditkarte während eines Monats • bequemes Zahlungsmittel: Zahlung mit Karte und Unterschrift • sicheres Zahlungsmittel: Anstelle größerer Geldmengen braucht man nur eine Kreditkarte zum Einkauf mitzunehmen. Das Verlustrisiko wird dadurch erheblich vermindert.	• Steigerung des Umsatzes: Kreditkarten können zu Mehreinkäufen führen. • kein Kreditrisiko, wenn der Kunde mit Kreditkarte zahlt, die von einer Kreditkartenorganisation oder Bank herausgegeben wurde • Einsatz der Kreditkarte im Electronic Cash
Nachteile	• Einkauf mit Kreditkarte nur bei Vertragsunternehmen • Gefahr, mehr einzukaufen, als wenn mit Bargeld bezahlt würde • Offenlegen persönlicher Daten: Im Kreditkartenantrag werden u. a. Angaben über Familienstand, Monatseinkommen und Arbeitgeber verlangt. • Gefahr des Kreditkartenmissbrauchs im Internet	• höhere Kosten: Der Kreditkartenherausgeber behält von den Kreditkartenumsätzen eine Umsatzprovision ein. • größerer Verwaltungsaufwand durch Abwicklungsformalitäten

Bezahlen mit Kreditkarte im Internet

Beim Einkauf in Onlineshops bezahlt mittlerweile jeder fünfte Käufer den Einkauf mit seiner Kreditkarte.

Bei der Zahlung im Internet mit Kreditkarte muss der Käufer nur die Daten übermitteln, die auf der Karte offen lesbar angegeben sind:

- Kreditkartennummer
- Ablaufdatum der Kreditkarte
- dreistellige Kreditkartenprüfnummer (CVC oder KPN genannt), die auf der Rückseite der Kreditkarte angegeben ist

Die geheime PIN darf der Kreditkarteninhaber beim Kauf im Internet grundsätzlich nicht angeben.

Die Zahlung mit Kreditkarte beim Einkauf in Online-Shops, die ihren Standort in Deutschland haben, gilt als sehr sicher, da nur zuverlässige Shops die Zahlung mit Kreditkarte anbieten dürfen.

AUFGABEN

1. Welche Unterschiede bestehen zwischen Kreditkarten, die von Kreditkartenorganisationen herausgegeben werden, und Kundenkarten einzelner Einzelhandelsbetriebe?
2. Weshalb geben Einzelhändler an ihre Kunden Kundenkarten aus?
3. Ein Kunde will in einem Fachgeschäft mit Kreditkarte bezahlen. Wie verhält sich der Verkäufer, wenn das Fachgeschäft Vertragsunternehmen des Kreditkartenherausgebers ist?
4. Wer trägt die Kosten, die bei der Zahlung mit Kreditkarte entstehen?
5. Weshalb ist der Anteil der Kunden, die mit Kreditkarte bezahlen, in der Bundesrepublik Deutschland im Vergleich zu anderen Ländern noch relativ klein?
6. Ein Gastwirt entschließt sich, Vertragsunternehmer einer Kreditkartenorganisation zu werden. Welche Vorteile verspricht er sich davon?
7. Wie kann eine Kreditkartenrechnung erstellt werden?
8. Wie kann sich ein Kreditkarteninhaber gegen Kreditkartenmissbrauch schützen?
9. Welche Daten muss ein Käufer in einem Onlineshop bei der Zahlung mit Kreditkarte angeben?

AKTIONEN

1. Vergleichen Sie die Konditionen von drei Kreditkartenanbietern.
   a) Führen Sie dazu gemeinsam mit einem Mitschüler eine Internetrecherche durch.
   b) Erstellen Sie eine Übersicht der Konditionen auf einem Plakat.
   c) Präsentieren Sie Ihr Ergebnis in Ihrer Klasse.
2. a) Sammeln Sie Vor- und Nachteile von Kundenkarten für die Kunden.
   b) Erstellen Sie dazu eine Mindmap.
   c) Präsentieren Sie die Mindmap in Ihrer Klasse.

ZUSAMMENFASSUNG

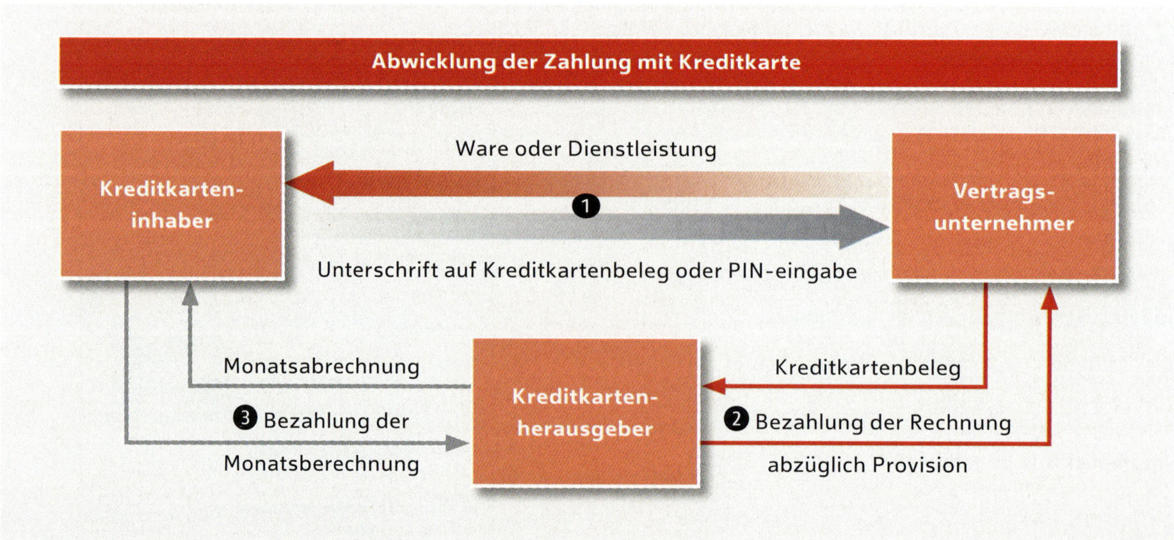

Sachwortverzeichnis

T

U

Bildquellenverzeichnis

2.0Promotion GbR, Leipzig: 392.2
Bioland e.V., Mainz: 382.1
Demeter e.V., Darmstadt: 382.2
Deutsche Gesetzliche Unfallversicherung e.V. (DGUV), Berlin: DGUV Information 215-450 „Softwareergonomie 169.1, 169.2
Deutsche Post AG, Bonn: 121.7, 121.8, 121.11, 121.12, 122.1, 122.2, 122.6, 122.7, 122.10, 122.11, 285.2, 287.1, 288.1, 289.1, 289.2
Europäische Kommission: 381.2
Fairtrade Deutschland e.V., Köln: 384.1
Forest Stewardship Council® (FSC®) Deutschland, Freiburg im Breisgau: 382.5
fotolia.com, New York: aerogondo 101.1; AR 433.3, 553.1; Balk, Stefan 649.1; BillionPhotos.com 29.1; Dietl, Jeanette 29.5; dimakp 275.1; Dron 333.1; dudek 257.1; Eppele, Klaus 562.1; F., Sascha 15.1; Fälchle, J. 154.1; ferkelraggae 73.2; fotomek 20.1; goodluz 29.6; Hamels, Laurent 29.4; Hohlfeld, Daniel 56.1; JackF 29.7; Jirsk, Jakub 407.2; Kneschke, Robert 502.3, 590.1; konradbak 29.3; krasyuk 140.3; Kroener, Udo 75.2; Lucky Dragon 303.1; Melnikov, Dmitriy 141.2; mumi 302.2; Nerlich Images 613.1; photo 5000 74.1; Picture-Factory 406.4; Racle Fotodesign 317.1; RRF 400.1; sepy 29.2; Stoll, Christian 119.4; Supynska, Mila 155.5; SyB 160.2; Veneziano, Andrea 38.1; Yang, Stefan 653.1
Görmann, Felix, Berlin: 12.1, 70.1, 73.1, 83.1, 95.1, 96.1, 105.2, 112.1, 112.2, 124.1, 131.1, 136.1, 173.1, 188.1, 201.1, 213.1, 230.1, 237.1, 243.1, 249.1, 262.1, 273.1, 280.1, 315.1, 367.1, 374.1, 388.1, 427.1, 435.2, 442.1, 490.1, 505.1, 509.1, 512.1, 514.1, 519.1, 521.1, 525.1, 537.1, 548.1, 563.1, 593.1, 654.1
Görmann, Felix (RV), Berlin: 24.1, 35.1, 53.2, 67.1, 167.1, 182.1, 268.1, 308.1, 559.1, 574.1, 575.1, 575.2, 582.2, 583.2, 583.3, 586.1, 588.1, 635.1
Grüner Strom Label e.V., Bonn: www.gruenerstromlabel.de 382.3
Hild, Claudia, Angelburg: 19.1, 21.1, 22.1, 27.1, 30.1, 31.1, 31.2, 32.1, 33.1, 33.2, 36.1, 39.1, 39.2, 40.1, 65.1, 76.1, 79.1, 79.2, 81.1, 84.2, 87.2, 88.1, 90.1, 92.1, 102.1, 125.1, 126.1, 127.1, 127.2, 129.1, 130.1, 133.1, 134.1, 134.2, 136.3, 137.1, 141.3, 141.4, 142.1, 142.2, 142.3, 142.4, 148.1, 156.1, 157.1, 159.1, 160.1, 160.3, 160.4, 160.5, 160.6, 160.7, 160.8, 160.9, 160.10, 160.11, 185.1, 189.1, 190.1, 190.2, 190.3, 190.4, 190.5, 190.6, 190.7, 190.8, 190.9, 190.10, 190.11, 190.12, 190.13, 190.14, 190.15, 190.16, 190.17, 190.18, 190.19, 190.20, 190.21, 190.22, 190.23, 190.24, 190.27, 192.2, 196.1, 198.1, 198.2, 198.3, 201.2, 203.1, 203.2, 207.1, 208.1, 208.2, 213.2, 219.1, 225.1, 226.1, 226.2, 227.1, 227.2, 227.3, 227.4, 230.2, 230.3, 239.1, 246.1, 250.1, 251.1, 256.1, 258.2, 260.1, 263.1, 265.1, 274.1, 278.1, 281.1, 281.2, 290.1, 292.1, 298.1, 299.1, 300.1, 302.1, 308.2, 310.1, 310.2, 311.1, 311.2, 312.1, 313.1, 326.1, 327.1, 334.1, 340.1, 341.1, 358.1, 359.1, 360.1, 361.1, 363.1, 365.1, 383.1, 385.1, 390.1, 391.1, 392.1, 398.1, 406.3, 407.1, 407.3, 407.4, 408.1, 409.3, 409.5, 409.6, 416.1, 424.1, 425.6, 425.7, 425.8, 432.1, 432.2, 443.1, 443.2, 444.1, 448.1, 450.1, 453.1, 453.2, 454.2, 454.4, 456.1, 457.1, 480.1, 481.1, 490.2, 502.2, 507.1, 513.1, 513.2, 513.3, 520.1, 540.1, 565.1, 569.1, 569.2, 569.3, 569.4, 569.5, 570.1, 572.1, 576.1, 580.1, 583.1, 584.1, 604.2, 625.1, 643.2, 645.2, 648.1, 649.2, 650.1
idealo internet GmbH, Berlin: 516.6
INVOID – Klaus Röhricht, München: 143.1, 143.2
iStockphoto.com, Calgary: adventtr 105.1; Henvry 121.4, 408.2, 408.3; Jitalia17 352.1; MiquelMunill 452.1; Morsa Images 120.1; Schmidt, Chris 103.2
Jecht, Hans, Hildesheim: 263.2, 345.1, 418.4, 472.1, 514.2, 515.3, 582.1, 604.1, 604.3, 605.1, 605.2, 605.3
KonzeptQuartier GmbH, Fürth: 153.1
Microsoft Deutschland GmbH, München: 113.1, 114.1, 114.2, 114.3, 115.1, 115.2, 115.3, 115.4, 115.5, 116.3, 116.4, 116.5, 116.6, 117.1, 117.2, 117.3, 118.1, 118.2, 118.3, 119.1, 119.2, 119.3, 119.5, 119.6, 168.1, 168.2, 175.2, 176.1, 176.2, 177.1, 177.2, 178.1, 178.2, 178.3, 178.4, 178.5, 186.1, 190.25, 190.26, 191.1, 191.2, 191.3, 191.4, 192.1, 192.3, 192.4, 192.5, 193.1, 194.1, 198.4, 199.1, 199.2, 199.3, 203.3, 203.4, 203.5, 204.1, 204.2, 204.3, 204.4, 204.5, 204.6, 210.1, 210.2, 210.3, 210.4, 210.5, 210.6, 211.1, 211.2, 211.3, 216.1, 216.2, 216.3, 216.4, 216.5, 217.1, 222.1, 222.2, 227.5, 304.1, 305.1, 305.2, 369.1, 370.1, 371.1, 372.1, 373.1, 373.2, 374.2, 375.1, 375.2, 375.3, 375.4, 376.1, 376.2, 376.3, 379.1, 379.2, 379.3, 403.1, 404.1, 404.2, 404.3, 404.4, 405.1, 405.2, 405.3, 405.4, 405.5, 405.6, 406.1, 406.2, 408.5, 408.6, 408.7, 409.1, 409.2, 409.4, 409.7, 410.1, 410.2, 410.3, 410.4, 410.5, 410.6, 411.1, 411.2, 411.3, 411.4, 411.5, 411.6, 412.1, 412.2, 412.3, 412.4, 413.1, 413.2, 413.3, 417.1, 418.1, 418.2, 418.3, 418.5, 422.1, 422.2, 422.3, 422.4, 424.3, 425.1, 425.2, 425.3, 425.4, 425.5, 425.9, 426.1, 426.2, 426.3, 428.1, 428.2, 429.1, 429.2, 432.3, 432.4, 433.1, 433.2, 433.4, 436.1, 436.2, 436.3, 436.4, 436.5, 437.1, 437.2, 437.3, 437.4, 437.5, 437.6, 438.1, 438.2, 438.3, 438.4, 439.1, 440.1, 440.2, 440.3, 440.4, 440.5, 454.3, 460.1, 460.2, 460.3, 461.1, 461.2, 461.3, 462.1, 462.2, 467.1, 467.2, 467.3, 468.1, 469.1, 469.2, 469.3, 470.1, 478.1, 486.1, 491.1, 491.2, 492.1, 492.2, 493.1, 493.2, 494.1, 494.2, 494.3, 500.1, 501.1, 501.2, 531.1, 531.2, 531.3, 531.4, 532.1, 532.2, 532.3, 593.2, 594.1, 594.2, 594.3, 594.4, 595.1, 595.2, 595.3, 595.4, 596.1, 596.2, 596.3, 596.4, 597.1, 597.2, 597.3, 597.4, 598.1, 598.2, 598.3, 600.1, 600.2, 601.1, 602.1, 602.2, 602.3, 602.4, 603.1
news aktuell GmbH, Hamburg: 380.1
orangefluid GmbH, Detmold: Titel
Picture-Alliance GmbH, Frankfurt a.M.: dpa-infografik 53.1, 62.1, 62.2, 68.1, 68.2, 71.1, 74.4, 80.1, 80.2, 85.1, 89.1; dpa-Infografik 149.1; dpa-infografik 149.2, 155.1, 243.2, 291.1, 319.1, 320.1, 321.1, 381.1, 645.1, 655.1, 659.1; dpa/ Spata, Ole 240.1; dpa/Jaspersen, Carmen 636.1; dpa/Ossinger, Horst 74.2; dpa/ Schultes, Rolf 74.3; Hackenberg, Rainer 612.1; www.bildagentur-online.com 325.1; ZB /Schindler, Karlheinz 643.1; ZB/ Kahnert, Sebastian 75.1; ZB/Thieme, Wolfgang 69.1
Pitopia, Karlsruhe: juniart 339.1
Producto GmbH - Testberichte.de, Berlin: 515.4
RAL gGmbH, Bonn: 382.4
Shutterstock.com, New York: Goodluz 155.4; jojje 103.1; Kaliva 354.1; racorn 155.3; Rido 155.2; rumka_vodki 83.2
Stephan, Ingrid, Backnang: 112.3, 112.4, 116.1, 116.2, 121.1, 121.2, 121.5, 121.6, 344.1, 378.2, 416.2, 435.1, 482.1, 482.2, 482.3, 483.1, 483.2, 483.3, 483.4, 483.5, 483.6, 484.1, 484.2, 484.3, 528.1, 528.2, 640.1, 652.1; Hild, Claudia, Angelburg 378.1, 502.1, 522.1, 536.1, 623.1
stock.adobe.com, Dublin: Apart Foto 396.1; apfelweile 637.1; besjunior 277.2; Buzunowa, Alina 574.2; bymakin 285.1; Chopard Photography 258.1; contrastwerkstatt 84.1; Cookie Studio 558.1; Coprid 278.2; Dalmatin.o 282.2; deagreez 1.1; DearTravallure 216.6; Destina 277.1; Do Ra 516.1, 516.2, 516.3, 516.4, 516.5; Drobot Dean 9.3; dynamixx 238.2; Dzmitry 408.4; endostock 137.3; eveleen007 141.1; Gauert, Sebastian 610.1; goodluz 132.1; H_Ko 282.1; industrieblick 567.1; inegvin 121.3, 138.2; JackF 57.1; Kneschke, Robert 49.1; leszekglasner 137.2, 137.4; Levitsky, Seva 9.2; Lilanakani 138.1; LinedPhotography 216.7; luismolinero 9.4; magraphics 454.1; malginka 184.1, 184.2, 184.3, 184.4; maranso 307.1; Marem 121.9, 121.10, 121.13, 121.14, 122.3, 122.4, 122.5, 122.8, 122.9, 122.12, 122.13; miket 256.2; Monopoly919 394.1; morane 104.1; murattellioglu 424.2; Nadalin, David 217.2, 405.7; nsdpower 1.3; olegganko 120.2; ozanbulbul 625.3; Pashkevich, Laura 216.9; picoStudio 627.2; Pumba 238.1; Raths, Alexander 9.1, 43.1, 43.2; rcfotostock 419.1; Rido 162.1; rogerphoto Titel; rotschwarzdesign 280.2; sabelskaya 133.2; Shebeko, Maksim 87.1; SiberianPhotographer 658.1; silvae Titel; sljubisa 199.4, 205.1, 211.4, 217.3, 223.1, 227.6, 235.1; smolaw11 281.3; ssstocker 140.1, 140.2; stokkete 257.2; Subbotina, Anna 216.10; takuro54 1.2; Tiko 447.1; urbanprod 216.8; volff 658.3; wachiwit 175.1; Weis, Yvonne 627.3; WJRVisuals 216.11; WoGi 625.2, 658.2; Wylezich, Björn 555.1, 627.1
TÜV Rheinland AG, Köln: 138.3
VGL Publishing AG, Berlin: https://www.vergleich.org/ 515.1, 515.2
Zahlenbilder, Bergmoser + Höller Verlag AG, Aachen: Zahlenbilder 136.2

7455668